JN436210

고용차별론

– Employment Discrimination –

임 공 수

청목출판사

머리말

평등원칙 내지 차별금지의 문제는 인권인 평등권에서 근원을 찾을 수 있는데, 평등권은 인간의 권리로서 천부적으로 인간에게 부여된 권리로서 민주주의 국가원리에는 이러한 평등권을 국민의 기본권으로 천명하고 있다. 우리의 헌법도 법 앞에서의 평등을 천명하고 있다. 이러한 헌법적인 정신은 고용상에서 소극적으로는 차별금지제도를 통하여, 그리고 적극적으로는 평등증진제도를 통하여 실질적인 평등을 실현하고 있다.

평등과 차별은 양면성을 가지며, 평등의 의미에는 일체의 차별적 대우를 부정하는 것이 아니라 모든 인간에 대하여 평등하게 대우하되 합리적인 이유 내지 근거가 있거나 정당한 사유가 있는 경우에는 차등대우가 가능하다는 상대적인 평등을 의미한다. 합리적인 이유가 없는 차등은 자의적인 차별이 되고 이는 사회적인 정의에 반하게 된다. 헌법재판소도 헌법의 평등원칙은 법 적용이나 입법에 있어서 불합리한 조건에 의한 차별을 해서는 아니 된다는 상대적·실질적 평등을 뜻하는 것이라는 입장이다

아직 고용차별론(고용평등론, 고용인권론)은 생소한 개념으로 인식될 수 있다. 그러나 고용현장에서 현실적으로 발생하고 있는 차별문제를 해소하고, 평등권의 침해에 대한 보다 적극적인 구제정책을 마련함은 물론 고용차별을 예방할 수 있는 대안의 탐색, 고용환경을 둘러싼 이해관계자들에 대한 인식의 전환 내지 제고를 통하여 고용환경을 합리적으로 구축운영하기 위하여는 고용차별론적인 새로운 접근과 더불어 해소방안 및 구제방안 들에 대한 체계적인 제도적 장치와 추가적인 연구가 필요하다. 본서를 통하여 새로운 분야인 고용차별분야를 연구하는 작은 씨앗이 되기를 희망하며, 고용차별론에 대한 시각을 새롭게 함은 물론 고용환경에서 차별을 해소하고 고용인권을 확립하는 시발점이 되고, 진정

한 상생의 고용환경을 만들어 실질적인 고용평등이 실현되고, 차별 없는 고용문화가 정착되기를 희망해 본다.

저자

차 례

제 1 장
총 론

제1절 고용환경의 변화와 차별문제

고용환경은 많은 변화를 겪고 있다. 농업사회를 시작으로 상업사회, 산업사회, 정보사회로 진행하면서 고용의 양상도 많은 변화를 가져왔고, 고용형태나 고용환경에 대한 변화도 다양화되었다. 이러한 다양화된 고용환경에서 평등에 대한 문제, 특히 고용평등에 대한 문제는 고용환경에서 매우 중요한 과제가 되고 있다. 고용평등과 관련하여서는 주로 차별금지라는 제도적인 장치를 마련하여 각국이 실행하고 있다.

국내에서의 고용상 차별의 문제는 주로 남녀 성차별, 장애인차별, 비정규직차별 중심으로 논의되어 왔다. 그러나 산업연수생 등 외국인 근로자의 급증[1] 다문화가정의 확대,[2] 국제적 인적자원의 교류확대 등으로 인종적, 국적, 민족적 차별과 용모를 비롯한 신체적 조건, 피부색, 가족상황, 언어 등 다양한 차별문제가 부각되고 있어 국가인권위원회의 판단 등에서 차별금지문제가 급증하는 등

1) 국내에 취업한 외국인은 2013년말 현재 76만명이다(통계청 홈페이지 : http://kosis.kr/statHtml/statHtm). 국내에 체류 중인 외국인은 2000년대 중반에 이미 100만명을 넘었다.
2) 2010년 인구총조사 당시 국내 다문화 가구 수는 386,977가구이고, 당시 다문화 가구의 가구당 평균 가구원 수는 2.4명이었으므로 대략 93만명이 된다.
(통계청 홈페이지 : http://kosis.kr/statHtml/statHtm)

사회적 이슈로 부각되고 있다. 특히 고용과 관련한 차별문제는 매우 중요한 과제로 이를 합리적으로 판단·운영할 필요성과 판단기준 및 법령 정비의 필요성이 커지고 있다. 즉, 고용과 관련한 차별문제는 채용과 연계된 차별행위가 가장 많이 발생하고 있는데,[3] 이로 인하여 취업기회를 박탈당하고 고용시장으로의 진입을 봉쇄하여 사회경제적인 활동을 할 수 없게 만들고 있어 사회적인 갈등까지 만들고 있다.

평등 내지 차별금지의 문제는 인권인 평등권으로 인식되고 있다. 즉, 평등권은 인간의 권리로서 천부적으로 인간에게 부여된 권리라는 점이다. 이를 우리 헌법 제11조에서는 "모든 국민은 법 앞에 평등하다. 누구든지 성별·종교 또는 사회적 신분에 의하여 정치적·경제적·사회적·문화적 생활의 모든 영역에 있어서 차별을 받지 아니한다."고 규정하고 있다. 또, "사회적 특수계급의 제도는 인정되지 아니하며, 어떠한 형태로도 이를 창설할 수 없고, 훈장 등의 영전은 이를 받은 자에게만 효력이 있고, 어떠한 특권도 이에 따르지 아니한다."고 규정하고 있다.

헌법에서 규정하고 있는 평등권은 '법 앞에서의 평등'을 상정하고 있다. 평등에 대비하여 차별 내지 불평등의 반대가 곧 평등이라고 할 수 만은 없을 수도 있다. 그것은 실질적으로는 차별이지만 차별의 예외사유에서 볼 수 있는 것처럼 진정직업자격, 적극적 개선 조치, 국제노동기준에 부합하려는 조치, 합리적인 이유가 있는 경우 등 불가피한 사유가 있는 경우 내지 정책적인 고려는 차별로 보지 않기 때문이다. 그럼에도 평등의 실현은 차별금지라는 규제를 통하여 보완된다고 볼 수 있고, 현실적으로 평등 내지 평등권의 구체화는 법률적으로 차별금지 내지 균등대우라는 정책적인 고려와 실질적인 평등조치를 통하여 실현된다고 할 수 있겠다.

평등권과 관련하여 가장 이슈가 되는 것은 차별의 문제이다. 앞에서 언급했듯 평등과 차별의 상관성은 상호보완관계에 있다고 할 수 있다. 즉, 평등권의 실현을 위하여 모든 사회의 분야에서 차별금지 내지 균등대우라는 규정을 통하여 규제하고 실현하는 도구로 활용되고 있다고 할 수 있다. 특히 이러한 규제규정

---

3) 국가인권위원회, 「연간보고서(2012)」, 2013, 154~5면.

들은 고용과 관련한 노동법의 영역에서 많이 다루어지고 있는데 그 대표적인 규정이 근로기준법(이하 "근기법"이라 한다), 남녀고용평등과일·가정양립지원에관한법률(이하 "남녀고용평등법"이라 한다), 고용정책기본법(이하 "정책법"이라 한다), 장애인차별금지및권리구제에관한법률(이하 "장애인차별금지법"이라 한다) 등에서 다루어지고 있다. 물론 사회 모든 분야에서의 차별금지를 포괄적으로 규정하고 있는 국가인권위원회법(이하 "인권위법"이라 한다)도 있다.

차별행위를 규제하여 헌법상의 평등권을 실현하고자 하는 노력은 많은 부분에서 진행되어 왔다. 통합적인 차별금지를 규제하는 법인 '차별금지법(안)'이 발의되었으나 각 사회의 이해관계집단과 합의를 보지 못해 회기도과로 폐기되었던 사례가 있고, 근기법상의 균등대우 규정과 관련하여 차별사유를 확대 규정하려는 개정 법안들이 국회에 제출되기도 하였다. 이러한 법령의 개정논의는 평등권실현과 차별행위에 대한 금지를 요구하는 사회적인 이슈가 배경이 되어 있다고 할 수 있다. 이는 차별문제를 직접적으로 다루고 있는 국가인권위원회(이하 "인권위"라 한다)[4]와 노동위원회(이하 "노동위"라 한다)의 사건통계를 통하여서도 판단해 볼 수 있다. 우선, 차별문제를 다루는 한축인 인권위가 설립된 이래 진정사건 누적통계를 보면 각종 인권침해사건이 전체사건의 70%이상을 차지하고 있고, 차별사건은 20% 이상으로 나타나고 있다. 이 수치는 인권위 초기인 2003년 말 차별사건이 7.38%, 2005년 말 11%를 넘고, 2015년에는 20%를 넘는 등 지속적으로 증가[5]하여 그 비중이 커지고 있는 상황임을 알 수 있다.[6] 차별사건을 사유별로 보면 장애를 이유로 한 사건이 42%로 가장 많고, 사회적 신분, 성희롱 순으로 나타나고 있다.

---

4) 고용과 관련하여 포괄적인 차별여부를 판단하는 국가인권위원회는 헌법적인 평등권 실현을 위한 장치로 인식될 수 있다. 그러나 권고적인 기능만을 가지고는 차별금지에 대한 강력한 집행력을 행사할 수 없어 한계점을 가지고 있다. 그럼에도 상징적으로 차별여부를 판단하여 집행부서의 법령 제·개정과 정책적 입안에 간접적으로 강제력을 가질 수 있다는 점에서 의의가 있다고 할 수 있다.

5) 국가인권위원회 홈페이지 통계자료에 의하면 2015년 11월말 현재 차별사건은 21%이다(http://www.humanrights.go.kr).

6) 진정사건이 아닌 국가인권위원회 직권조사사건은 인권침해(45.7%)에 비해 차별행위(54.3%)가 높다.

〈인권위, 차별 진정사건 차별사유별 처리현황[7]〉

사유별 구분	접수	종결	수사의뢰	조정	권고	고발	징계권고	합의종결	각하	이송	기각	조사중지	조사중	구성비(%)
합계	14,387	13,522	2	21	1,001	7	5	425	7,927	92	3,939	103	847	100
성별	459	449			45			3	283	2	105	11	10	3.0
종교	116	115			8			1	74		30	2	1	1.0
장애	5,997	5,418	2	5	343	7		183	2,726	28	2,110	14	579	42.0
나이	1,085	1,052		1	120			22	645		260	4	33	8.0
사회적 신분	1,426	1,373		2	118			8	868	13	357	7	53	10.0
출신지역	90	86			2			1	63	1	19		4	0.6
출신국가	242	238			11			3	144	6	68	6	4	1.7
출신민족	12	12							12					0.1
용모.신체조건	213	208			27			3	132	1	42	3	5	1.5
혼인여부	76	76			5				56		14	1		0.5
임신, 출산	168	165			12			10	109		32	2	3	1.2
가족상황	104	99		1	7			1	64		26		5	0.7
인종	54	53			2			2	34	1	14		1	0.4
피부색	8	8			1				4		3			0.1
사상, 치적의견	30	30			3			1	18		8			0.2
전과	148	143			10			1	103		28	1	5	1.0
성적지향	48	47			8			2	23	1	12	1	1	0.3
병력	283	272			17			10	179		65	1	11	2.0
학벌/학력	383	373			28			5	157	4	175	4	10	2.7
성희롱	1,344	1,300		12	126		5	163	825	13	120	36	44	9.3
기타	2,083	2,005			108			6	1,408	22	451	10	78	14.5
미분류	32													0.2

아울러, 차별문제를 다루는 다른 한축인 노동위의 비정규직 차별사건의 처리상황[8]을 보면 시정명령에 도달한 것은 불과 4.7%로 차별시정문제의 실효성에

7) 차별 진정사건 유형별 처리현황(국가인권위원회 홈페이지 인권통계자료 (http://www.humanrights.go.kr/03__sub/body03.jsp)를 참조하여 정리, 단위 : 건, 비율).

8) 노동위 차별시정 신청사건 처리건수(중앙노동위원회, 「차별시정 판정 사례집」, 2009.10.7면(www.nlrc.go.kr)을 활용하여 정리)

구 분	합계	시정명령	기각	각하	조정	취하
건 수	2,139	101	594	90	487	867
비율(%)	100	4.7	27.8	4.2	22.8	40.5

대한 의구심을 갖게 한다고 보여진다. 물론 조정(22.8%)을 통하여 많은 부분이 해소되었다고 할 수도 있지만, 차별사건에 대한 보다 근본적이고 효율적인 처리·대응방법들에 대한 고민을 해야 할 것으로 판단된다. 차별사건의 접수 처리현황(중노위와 인권위)을 살펴보면 표와 같다.

〈중앙노동위원회, 차별시정사건 접수 및 처리현황〉

구분	접수건수	차별 접수 및 처리 내역(2010~2015)								진행
		소계	전부인정	일부인정	기각	각하	조정	중재	취하	
2015	212	112	74	11	24				3	100
2014	97	66	2	10	21		25		8	31
2013	142	110	20	40	1	34			15	32
2012	111	71	1	6	43	21				40
2011	119	102		22	36	10			34	17
2010	294	95	14	58	20	3				71
합계	975	556	111	147	145	68	25	0	60	291
누계	1,708	1,068	259	191	317	150	49	0	102	

자료 : 임공수, "고용상 차별금지제도에서의 합리적 이유에 관한 연구", 고려대학교박사학위논문, 2016, 4면.

〈국가인권위원회, 고용관련 내용별 차별접수 현황〉

구분	접수건수	고용내용에서의 차별 접수건수(2010~2014)											
		모집	채용	배치	교육	승진	임금	금품	융자	정년	퇴직	해고	기타
2014	573	65	123	47	14	27	72	41	1	14	15	68	86
2013	617	56	158	41	9	15	46	27	2	30	11	53	169
2012	774	125	138	27	11	21	112	35	1	58	23	44	179
2011	480	75	114	28	7	14	57	16		14	16	49	90
2010	578	118	112	33	5	16	66	8	1	32	18	43	126
합계	3,022	439	645	176	46	93	353	127	5	148	83	257	650
누계	5,867	1,095	1,232	319	79	219	673	204	6	218	168	565	1,089

자료 : 임공수, "고용상 차별금지제도에서의 합리적 이유에 관한 연구", 고려대학교박사학위논문, 2016, 4면.

이처럼 차별문제가 점점 증가하고 있고, 고용상의 차별문제는 이제 고용현장의 가장 큰 이슈가 되어가고 있다. 이러한 변화의 과정에서 과거 남녀성차별 및 장애차별 중심의 차별문제는 근래 비정규직차별로 이슈가 되어 왔고, 다양한 형태의 차별문제가 부각되고 있으나, 고용상 차별에 대한 체계적인 관리 및 구제받을 수 있는 정책적·제도적인 시스템은 미진한 상태라고 할 수 있어 이를 체계적으로 정비할 필요성도 그만큼 커지고 있다고 볼 수 있다.

한편, 각국의 법령에서는 고용상 차별 내지 사회 각 영역의 차별을 금지하는 사항을 명시한 통합법령을 운영하거나 별도의 개별법령을 제정하여 운영하고 있는 것으로 보인다. 국제노동기구(이하 "ILO"라 한다)에서는 각종 조약, 권고 등을 통하여 각 회원국의 노동환경을 차별이 없는 평등한 환경조성을 위한 제도적인 장치를 만들어 실행하도록 권고하고 있고, 유럽연합(EU)도 입법지침을 마련하여 각 고용영역에서의 차별을 금지하는 지침을 시행하여 이러한 지침에 따라 유럽연합의 각 회원국들이 내국법의 법원(法源)으로 활용하고 있다. 물론 세계인권선언에서도 인간의 평등을 선언하고 천부적인 본래의 인간권리의 보장과 각 개인의 특성에 의한 사유로 차별받지 않을 권리를 천명하고 있다.

이러한 노력 외에도 독일, 프랑스, 영국, 미국 등 선진 제 국가들은 물론이고 여타의 국가들도 다양한 형태의 차별금지사항을 규율하는 법령 등을 제정하여 운영하고 있다. 다만, 각 나라마다 고유한 특성 즉, 사회적인 관습과 관행 및 문화적인 특성이 반영된 각종 기준과 사유가 접목되어 운영되고 있는 것이 특징이다. 이러한 국제적인 차별행위 금지와 관련하여 ILO의 조약과 권고사항, 국내외 법령, 유럽연합 및 유럽사법재판소, 국내외 판결례 등에서 고용상의 차별규정과 판단기준 등을 고찰하고, 합리적인 차별판단으로 볼 수 있는 제 기준에 대한 검토를 통하여 고용상 차별행위 억제 및 구제방안의 대안(정책적인 방향)과 합리적인 차별행위 관리방안을 모색하는 것이 고용차별론의 주요 배경이라고 할 수 있다.

제2절 고용차별문제의 논의 대상

차별의 문제는 평등을 전제로 하여 논하여지기 때문에 차별을 논하기 위해서는 먼저 평등의 문제를 살필 필요가 있다. 평등(平等)은 인간의 존엄, 인격, 가치 등에 있어 차별이 없는 상태를 말한다. 평등은 다양한 의미를 내포하고 있어 사용하는 사람의 사상과 철학에 따라 다른 의미를 가진다. 평등은 자유의 평등으로 인식되는데, 불평등한 자유는 성립할 수 없고 부자유한 상태의 평등도 원천적으로 가능하지 않을 뿐더러 헌법에 보장된 정치·사회·법적 권리의 평등은 바로 자유의 평등이기 때문이다. 본질적으로 자유와 평등은 동일한 가치로 보완관계에 놓여 있으며 헤겔이 말한 자유의 신장사도 곧 평등의 확장사이다. 역사에서 자유는 일인 내지 소수에서 모든 인류의 평등으로 진보해 왔다. 그래서 인간은 모두 선천적으로 평등하다는 천부인권사상은 민주주의의 가장 핵심적인 이념이고 사회정의를 결정짓는 본질적 요소이며 인권을 가늠하는 척도이다.

사상사적으로 보면 평등은 평등사상 또는 평등주의(平等主義)로, 이는 특정한 자격·책임·의무가 있는 사람들, 또는 모든 인간이 법적·정치적·경제적·사회적으로 공평하게 다루어지게 될 것을 지향하는 사상이다. 이는 자유주의 등과 함께 현대의 인권 개념을 지원하는 주요 사상이며, 인권 개념 자체가 원래 평등주의에 속해 있다는 점에서, 평등주의는 현대 사회 사상의 다른 일체의 사상에 대해 우월하고 근대 정치 사회 사상과 현대 민주주의의 근간을 이루고 있다. 인간은 세상의 모든 가치에 있어서 동등하여야만 하고, 사회에서 권리나 권력 또는 위세를 획득하고 그에 따라 균등한 기회를 갖게 되는 사상적 이념이 평등주의라고 한다. 인간은 모두 태어나서부터 인종, 성격, 특징 등 부분마다 모두 다르기 때문에 평등하다는 생각은 특별한 방식의 생각을 추구하게 된다. 평등주의 사상적인 이념을 최초로 전개하였던 스토아학파는 모든 인간은 서로 비슷한 능력을 갖춘 이성적 존재로서 사실적으로 평등하다고 생각하였지만 중세에 들어서는 인간은 평등하지 않으며 각자 다르다는 생각이 널리 퍼져 있었으나, 17세기의 로크와 홉스 등의 평등적인 사상을 거쳐 가며, 18세기의 프랑스 철학자인 콩디야크와 엘베시우스 등에 의해 모든 인간은 발전 가능한 잠재력을 가지고 태어난다는 점에서는 모두 동등한 주장이긴 하나, 생활환경과 서로 다른 경험의 차이가 불평등을 낳았다고 주장하게 되었다. 루소는 문명과 이에 따른 인간적 위세성이 사회적 불평등을 낳는다고 생각하였고 불평등의 시정을 요구하였다. 결국, 평등사상은 근대시민혁명을 부르고, 러시아 혁명을 거치면서 인간이 평등함을 증명했다. 그리고 1968년, 세계68혁명(프랑스 5월혁명)으로 여성, 학생까지 평등의 주체로 포함됨으로써 모든 인간의 평등 시대로 들어섰다. 국내에서는 계몽주의의 사조가 없었지만 동학의 대두로 인간이 곧 하늘이다(인내천)라는 절대평등사상이 널리 확산되었는데, 국내의 평등사상은 여러 시점을 기준으로 보는 시각이 있으나 가장 일반적으로 논의되는 것은 동학사상(혁명)의 기점을 출발점으로 보고 있다.

한편, 평등사상은 인권으로 인식되면서 이를 보호하기 위한 기본적 권리로서 인식되면서 각국은 헌법에 평등권을 규정하였고, 이를 국제적 인권으로 보장하기 위하여 국제적 노력이 진행되었다. 대표적인 것으로 세계인권선언을 들 수 있다. 세계인권선언(Universal Declaration of Human Rights)은 1948년 12월 10일 유엔 총회에서 당시 가입국 58개 국가 중 50개 국가가 찬성하여 채택된 인권에 관한 세계 선언문이다. 1946년의 인권장전 초안과 1948년의 세계인권선언 그리고 1966년의 국제인권규약을 합쳐 국제인권장전이라고 부르기도 한다. 세계인권선언은 유엔의 결의로서 비록 직접적인 법적 구속력은 없으나 오늘날 대부분의 국가 헌법 또는 기본법에 그 내용이 각인되고 반영되어 실효성이 클 뿐만 아니라 1966년 국제인권규약은 세계 최초로 법적 구속력을 가진 세계적인 인권 관련 국제법이다. 또, 인권의 국제적 보호를 위해 유엔 헌장은 「경제적·사회적·문화적 또는 인도적 성격의 국제문제를 해결하고 또한 인종·성별·언어 또는 종교에 따른 차별없이 모든 사람의 인권 및 기본적 자유에 대한 존중을 촉진하고 장려함에 있어 국제적 협력을 달성한다(제1조). 사람의 평등권 및 자결원칙의 존중에 기초한 국가간의 평화롭고 우호적인 관계에 필요한 안정과 복지의 조건을 창조하기 위하여, 유엔은 "인종, 성별, 언어 또는 종교에 관한 차별이 없는 모든 사람을 위한 인권 및 기본적 자유의 보편적 존중과 준수" 를 촉진한다(제55조). 모든 회원국은 제55조에 규정된 목적의 달성을 위하여 기구와 협력하여 공동의 조치 및 개별적 조치를 취할 것을 약속한다(제56조).」 같은 인권 관련 조항을 가지고 있다.

역사적으로 평등에 대한 문제는 불평등에 대한 투쟁의 산물이었다.[9] 인간의 권리를 보장받기 위하여 역사적으로 투쟁의 대상이었던 평등권의 보장문제는 대부분의 국가가 헌법을 비롯해 법률에 규정하여 평등권의 실현과 차별을 시정하려는 근거를 마련하여 시행하고 있다. 이러한 정책적인 이유는 사회 전반의 차별과 불평등의 문제가 사회와 국가의 통합과 발전을 저해하고, 고용에서는 구성원간의 갈등을 유발하여 고용안정과 생산성을 저해하는 원인이 되기 때문이다. 이러한 평등의 문제는 국제적으로도 보편화된 인간으로서의 기본 권리로 인정되고 있다. 고용상의 문제와 관련하여서는 특히 국제노동기구(이하 ILO[10])로

9) 절대왕정시대에는 절대지배자와 피지배자의 관계는 충성이라는 매개를 통하여 복종과 분급이 이루어지고 충성의 정도문제는 생존과 인적·물적보상과 관련된 과제라고 할 수 있었다. 그러나 인간은 평등을 갈구하고 인간 본연의 문제인 존엄성의 회복과 불평등을 해소하여 차별이 없는 완전한 평등을 실현하기 위한 투쟁의 긴 여정을 가져왔다. 어쩌면 민주주의라는 문제는 그러한 역사적 과정의 산물이라고 할 수 있다. 현재 이러한 평등의 문제는 절대지배자와 피지배자의 문제에서 가진 자와 가지지 못한 자의 대립과정을 통하여 리더(Leader)와 추종자(Follow)문제로 귀착되면서 리더십(Leadership)과 팔로우십(Followship)을 만들어 냈다. 결국, 리더와 추종자는 충성심의 문제가 아닌 신뢰관계라는 새로운 관계를 설정하게 된다. 그러나 어느 사회이든 능력과 역량의 차이에 있어, 생산성과 보상의 연관성을 고려하지 않을 수 없는 문제를 가지고 있다. 이러한 과정에서 남녀 또는 사회적인 신분과 학력, 연령, 인종과 민족 등 다양한 특성을 가진 부분들에 대한 평등의 문제가 새로운 과제로 부각되었으며, 사회 전반의 차별을 해소하는 과제를 가지게 되었다. 특히 고용관계에서의 불평등 문제는 첨예한 갈등의 관계를 만들고 있다. 이는 사회적인 동물인 인간은 조직생활을 통하여 사용자와 근로자의 관계에서 경제적인 활동의 근원이 되는 소득의 획득과 사회적인 활동의 기반을 가질 수 있기 때문이다. 즉 사용자는 근로자를 활용하여 경영상 최대의 이익을 추구하고 근로자는 자신의 역량과 성과에 따라 사용자로부터 경제적인 소득과 지위를 얻게 되었다. 이것이 현대 경제생활의 근간이 되는 관계로 설정되었다. 그러나 급부 등 고용환경의 상황은 고용상의 제반 평등내지 불평등, 즉 차별의 문제가 발생하게 되었고 이는 노사간, 노노간의 긴장된 관계를 설정할 수밖에 없는 결과가 되었다.

10) International Labor Organization(ILO)는 근로자의 노동조건 개선 및 지위를 향상시키기 위하여 설치한 국제연합의 전문기구로 1919년 설립되었고, 스위스 제네바에 본부를 두고 있는 명실공이 세계 최고의 노동관련 기관이다. 연역적으로 보면 1919년 베르사유조약 제13편(노동편)을 근거로 창설되었다. 1948년부터 제29차 총회에서 채택된 국제노동

표기한다) 헌장을 비롯하여 조약(협약) 및 권고사항 등을 제시하고 있는데, 이를 국가가 비준하는 경우 국내법과 동일한 효력을 인정하고 있다.[11] 즉, 고용상의 문제는 이제 국내적인 문제가 아니며, 국제적인 교류와 글로벌화 된 고용구조를 통하여, 한정된 고용환경(국내 및 특정지역)에 근거하여 고용문제를 다룰 수가 없다는 점을 인식하는데 기인한다고 할 수 있고, 또 고용환경의 개선을 위한 국제공조가 필요한 이유이기도 하다. 물론 국내 문제만을 다룬다고 하더라도 이미 국외 인적교류 및 외국인 근로자의 대량유입은 많은 고용환경의 변화를 요구하고 있다.

근로조건의 문제나 채용부터 퇴직까지 발생하는 모든 고용환경에 대한 차별 등의 문제는 실무적으로나 법리적으로 사안별 판단이 어려운 것이 현실이다. 더욱이 법령상의 규정해석을 두고도 명확한 판단이 서질 않는 것이 고용상의 차별 내지 불평등의 문제이다. 현재 대부분의 국가는 차별금지조항과 평등의 문제를 천명하고 각종 법령과 지침, 가이드라인 등으로 규정하여 시행하고 있다. 우리나라의 경우는 헌법과 각종 노동관계법규와 인권위법 등 관련 법령에서 상세

헌장에 입각하여 운영되고 있다. 이에 따라 UN(United Nations:국제연합)과 밀접한 관계를 갖고 있으며, 처음으로 국제연합의 전문기구로 시작하였다. 다른 국제기구는 대부분 정부가 회원국의 대표로 있지만, ILO는 사용자·근로자·정부 대표가 이사회에 속해 있다. 상설기관으로는 총회, 이사회, 사무국이 있으며, 보조기관으로는 각 지역별 회의와 여러 노조위원회가 있다. 매년 1회 개최되는 총회에는 각 가맹국의 정부대표 2인과 노사대표 각 1인이 참석하며, 국제노동조약과 권고가 결정된다. 주요활동은 각국의 노동입법 수준을 발전시켜 노동조건을 개선하고 사회정책과 행정·인력 자원을 훈련시키며 기술을 지원한다. 그리고 협동조합과 농촌에 공장을 세우는 것도 지원한다. 이러한 활동을 하기 위하여 국제 노동통계를 수집하고 불완전고용, 노사관계, 경제발전 등에 관해 연구한다. 또한 연구 결과와 수집된 자료를 이용하여 「국제노동평론」과 「노동통계연감」을 발간한다. 국제노동기구는 FAO(Food and Agriculture Organization of the United Nations : 국제연합식량농업기구)와 UNESCO(United Nations Educational, Scientific and Culture organization:국제연합교육과학문화기구)와도 협정을 체결하고 있으며, 또한 국제노동헌장에 따라 WFTU(World Federation of Trade Unions:세계노동조합연맹)·ICFTU(International Confederation of Free Trade Unions:국제자유노동조합연맹)와도 협력하고 있다. 우리나라는 1991년 12월 152번째 회원국으로 가입하여 활동하고 있다.

11) 헌법에 의하여 체결공포된 조약은 물론 일반적으로 승인된 국제법규를 국내법과 마찬가지로 준수하고 성실히 이행함으로써 (중략) 국회의 동의를 얻어 국제인권규약들의 대부분을 수락한 체약국이자 국제노동기구의 정식 회원국으로서 유엔의 세계인권선언이나 국제인권규약들, 국제노동기구의 협약들과 권고들을 국제적 협력의 정신을 존중하여 되도록 그 취지를 살릴 수 있도록 노력하여야 하므로 입법권자가 (중략) 이러한 점을 고려하여야 한다(헌법재판소 2005.10.27. 선고 2003헌바50 결정).

히 규정하고 있다. 이처럼 차별의 문제는 국내외를 막론하고 인간의 기본적인 인권인 평등권을 실현하기 위한 것으로, 그리고 사회적 약자를 배려하기 위한 정책적 고려에서 상세하게 입법화되어 있는데, 이러한 사안들에 대한 고용상의 차별문제를 체계적으로 검토하는 것이 논의의 대상이라고 할 수 있다.

제 2 장

고용차별 일반론

제 1 절 평등과 차별의 논의변화와 고용차별의 이슈

모든 언어와 개념이 사회적 구성물이듯, 차별에 대한 개념도 사회, 역사적 상황의 변화에 따라 그 의미가 새롭게 구성되어 변모해 왔다. 특히 차별을 판단할 수 있는 구체적 기준이 마련되어 있지 않은 법령들에 포함된 차별 개념[1]은 불확정 개념으로서, 해석과 판례[2]에 따라 그 구체적 의미가 규정되어 왔고, 차별

1) 현재 법령에서 차별에 대한 개념을 정의하고 있는 것으로 남녀고용평등법을 들 수 있다. 남녀고용평등법 제2조 제1호에서 이 법에서의 "차별"이란 「사업주가 근로자에게 성별, 혼인, 가족 안에서의 지위, 임신 또는 출산 등의 사유로 합리적인 이유 없이 채용 또는 근로의 조건을 다르게 하거나 그 밖의 불리한 조치를 하는 경우[사업주가 채용조건이나 근로조건은 동일하게 적용하더라도 그 조건을 충족할 수 있는 남성 또는 여성이 다른 한 성(性)에 비하여 현저히 적고 그에 따라 특정 성에게 불리한 결과를 초래하며 그 조건이 정당한 것임을 증명할 수 없는 경우를 포함한다]를 말한다.」고 규정하고 있다. 이 규정은 직접차별 뿐만 아니라 간접차별에 대한 개념적인 접근이 가능한 규정을 하고 있는 것으로 풀이된다. 즉 본문의 대원칙으로 규정한 부분(직접차별)과 괄호안의 부분(간접차별)으로 구분될 수 있다. 한편, 헌법은 차별이라는 표현보다는 평등권이라는 측면에서, 근로기준법은 균등대우라는 표현으로, 그리고 대부분의 노동법은 차별금지 내지 차별적 처우, 불리한 처우의 금지라는 표현으로 그 내용을 규정하고 있다.

2) 기간제 근로자의 차별과 관련하여 "불리한 처우"란 사용자가 임금 그 밖의 근로조건 등에서 기간제 근로자와 비교 대상 근로자를 다르게 처우함으로써 기간제 근로자에게 발생하는 불이익 전반을 의미하고, 합리적인 이유가 없는 경우라 함은 기간제 근로자를 달리 처우할 필요성이 인정되지 아니하거나, 달리 처우할 필요성이 인정되는 경우에도 그 방법·

에 대한 법적 제재가 가해지기 시작한 초기 단계에서 차별은 직접적이고 의도적으로 특정 개인이나 집단[3]을 불리하게 대우(disparate treatment)한 경우를 의미했다. 그러나 현재 국제기구를 비롯하여 서구 각국에서 금지하는 차별은 직접차별과 간접차별, 그리고 괴롭힘을 의미한다. 반면에 과거 차별의 결과로 형성된 현재의 정치·사회·문화·경제적 구조를 개선하기 위해 과거의 차별이 현재에 영향을 미치지 않을 때까지 취하는 한시적인 적극적 차별 수정조치는 차별로 보지 않는다.[4]

정도 등이 적정하지 아니한 경우를 의미한다고 할 것이다. 그리고 합리적인 이유가 있는지 여부는 개별 사안에서 문제가 된 불리한 처우의 내용 및 사용자가 불리한 처우의 사유로 삼은 사정을 기준으로 기간제 근로자의 고용형태, 업무의 내용과 범위·권한·책임, 임금 그 밖의 근로조건 등의 결정요소 등을 종합적으로 고려하여 판단하여야 한다고 보고 있다. 또, 동 판례에서는 차별적 처우의 판단기준이 되는 비교대상 근로자와 관련하여 판단을 하였는데, 비교 대상 근로자로 선정된 근로자의 업무가 기간제 근로자의 업무와 동종 또는 유사한 업무에 해당하는지 여부는 취업규칙이나 근로계약 등에 명시된 업무 내용이 아니라 근로자가 실제 수행하여 온 업무를 기준으로 판단하되, 이들이 수행하는 업무가 서로 완전히 일치하지 아니하고 업무의 범위 또는 책임과 권한 등에서 다소 차이가 있다고 하더라도 주된 업무의 내용에 본질적인 차이가 없다면, 특별한 사정이 없는 이상 이들은 동종 또는 유사한 업무에 종사한다고 보아야 할 것이라고 판단하고 있다(대법원 2012.10.25. 선고 2011두7045 판결).

3) 특정 집단이나 단체에 대한 차별에 대한 판단과 관련하여 그 판단상의 고려점을 판례는 예시하고 있다. 사적 단체는 사적 자치의 원칙 내지 결사의 자유에 따라 그 단체의 형성과 조직, 운영을 자유롭게 할 수 있으므로, 사적 단체가 그 성격이나 목적에 비추어 그 구성원을 성별에 따라 달리 취급하는 것이 일반적으로 금지된다고 할 수는 없다. 그러나 사적 단체의 구성원에 대한 성별에 따른 차별처우가 사회공동체의 건전한 상식과 법감정에 비추어 볼 때 도저히 용인될 수 있는 한계를 벗어난 경우에는 사회질서에 위반되는 행위로서 위법한 것으로 평가할 수 있고, 위와 같은 한계를 벗어났는지 여부는 사적 단체의 성격이나 목적, 차별처우의 필요성, 차별처우에 의한 법익 침해의 양상 및 정도 등을 종합적으로 고려하여 판단하여야 한다. 특히 사적 단체의 성격이나 목적과 관련해서는, 대외적으로 그 단체가 사회공동체 내에서 순수하게 사적인 영역에서만 활동하는지 아니면 일정 부분 공공적 영역에서 활동하며 공익적 기능도 수행하는지와 대내적으로 그 단체의 구성원들에게 제공되는 구체적인 역무의 내용과 성격 등을, 차별처우의 필요성과 관련해서는 그러한 차별처우가 단체의 정체성을 유지하기 위하여 불가피한 것으로서 필요한 한도 내의 조치였는지 여부를, 차별처우에 의한 법익 침해의 양상 및 정도와 관련해서는 해당 구성원의 단체가입 목적, 이를 위한 단체 내 활동에서의 제약 정도와 기간, 그 가입목적 달성을 위한 대체적 단체의 가입 가능성 유무, 가입시 단체 내 차별처우의 존재에 대한 인식 여부, 차별처우에 대한 문제제기 기간과 이에 대한 그 단체의 대응방식 등을 우리 사회의 건전한 상식과 법 감정에 비추어 합리적으로 고려하여야 한다(대법원 2011.1.27. 선고 2009다19864 판결).

4) 조순경, “차이의 신화와 차별의 현실”, 「한국인권의 현황과 과제」, 한국인권재단(인권학술회의), 2002, 24면.

한편, 차별과 불평등은 평등과 상치되는 개념으로 인식될 수 있고,[5] 차별의 문제도 절대적인 차별의 문제와 상대적인 차별의 문제로 생각해 볼 수 있다.[6] 그러나 평등의 입장에서 보면 상대적 차별은 실질적인 평등실현조치를 수반하는 것으로 평등실현을 촉진하는 기능을 한다. 또, 고용관계에서의 차별문제는 헌법에서 규정하는 기본권의 문제에서부터 현실적인 불이익취급행위까지 연관된다. 헌법은 차별의 문제를 인간의 존엄과 가치에 근거하여 평등권의 개념에서 다루고 있는데 평등권은 인간의 태생적 본래의 기본권인 자유권적 기본권과 생존권적 기본권이 공존하는 인권의 영역이라 할 수 있다. 일반적으로 고용상 평등의 문제가 이슈화된 것은 남녀 간의 고용상 불평등의 문제에서라고 할 수 있다.[7] 이를 계기로 남녀고용평등법이 제정되고, 장애인에 대한 평등문제, 그리고 근래에는 정규직과 비정규직간의 불평등 문제가 이슈가 되어 왔다. 이러한 이슈화 과정에서 고용과 관련한 모든 영역에서 차별의 문제에 대한 구체적인 논의가 진행되었고, 이제는 모집채용단계에서부터 고용상의 모든 과정과 퇴직까지의 일련의 과정상의 차별문제가 구체적으로 논의되기에 이른 것이다. 초기 남녀 간의 불평등 문제는 기회의 보장이라는 문제에서 평등한 기회보장과 균등한 보상의 문제를 염두에 두면서 세부적인 고용상의 과정들에 대한 사례들로 깊숙이 그 논의가 진행되어 왔으며, 보다 구체적인 법리상의 문제와 실제 현장에서의 사례들을 토대로 체계적인 고용상의 차별문제와 평등의 문제가 다루어지고 있다.

---

5) 일반적으로 균등대우와 차별금지를 같은 선상에서 인식하고 있는 것으로 판단된다(김형배, 『노동법』, 박영사, 2012. 214~245면). 한편, 균등대우 또는 차별금지와 관련하여 평등대우의 원칙(균등처우의 원칙, 차별금지의 원칙)이라는 표현을 하기도 한다(임종률, 『노동법』, 박영사, 2012. 358면).

6) 절대적평등과 상대적평등의 개념에서 유추될 수 있다(이준일, 『차별금지법』, 고려대출판부, 2007, 30~45면).

7) 미국의 경우를 보면 주로 인종차별에서 그 시발점이 된 것으로 보인다. 즉, 노예제 등 흑인에 대한 차별문제가 그 중심이었던 것으로 보인다(Dred Scott v. Sanford, 60 U.S. 393(1856) ; Strauder v. West Virginia, 100 U.S. 303(1879)).

제2절 평등과 고용차별

Ⅰ. 평등과 평등권

1. 평등의 의의

평등[8]에 대한 정의를 사전(辭典)적인 의미로 보면 권리, 의무, 자격 등에서 차별이 없는 상태를 말한다. 그러나 평등이라는 의미는 아주 넓은 의미를 갖고 있어 사용하는 사람의 사상과 경우에 따라 조금씩 다른 의미로 사용된다. 때문에 자유에서와 마찬가지로 어떠한 차별이 없는 상태로 정의하기도 한다. 예를 들어 남녀평등은 성별에 의한 차별이 없는 상태를 말한다. 이러한 평등에는 세 가지의 주요한 형태가 있는데, 기회의 평등, 조건의 평등, 결과에서의 평등이 그것이다.

기회의 평등은 관련되어 있는 사회집단간의 제도나 사회적 위치에 접근할 평등을 말한다. 즉, 남녀 공히 모든 개개인이 처해있는 모든 상황이나 조건 및 이유를 막론하고 출신과 무관하게 학생들이 대학에 입학할 수 있는 기회가 부여되는 평등과 같은 것이다. 우리 헌법이나 여러 법문에서도 평등권을 선언하면서 기회의 평등을 천명하고 있다.[9] 고용에서의 평등을 규정한 여러 법령들도 기회의 평등을 규정하고 있다. 즉, 고용시장으로의 진입장벽을 해소하기 위하여 채용과정에서의 차별금지를 규정하고 있는 정책법, 남녀고용평등법 등을 들 수 있

8) 평등이란 개념은 둘 이상의 객체들이 일정한 비교의 관점에서 볼 때 여전히 서로 구별되는 표지들을 가지고 있기는 하지만, 그 비교의 관점을 구성하는 표지들에 있어서 서로 일치하는 관계를 표현하기 위해서 사용되는 관계개념이라고 한다(하경효・박종희・이정・이철수・김재훈・김홍영, "근로관계법상 균등처우 관련 제도개선 방안 연구", 노동부, 2006, 5면).

9) 헌법 전문에서 "모든 사회적 폐습과 불의를 타파하며, 자율과 조화를 바탕으로 자유민주적 기본질서를 더욱 확고히 하여 정치・경제・사회・문화의 모든 영역에 있어서 각인의 기회를 균등히 하고"라고 규정하고 있고, 남녀고용평등법 제1조에서는 "평등이념에 따라 고용에서 남녀의 평등한 기회와 대우를 보장하고"라고 규정하고 있다.

겠다. 아울러, 기회의 평등은 실질적인 평등실현조치들에서도 나타나는데 할당제나 목표제 방식의 제도적인 장치들이 이에 해당한다.

조건의 평등은 모든 관련되어 있는 사회집단의 삶의 조건에서의 평등. 즉, 소득의 평등과 같은 것이다. 조건의 평등을 수반하지 않고 기회의 평등을 극대화하는 것은 불가능하다. 상이한 능력을 가진 개인에 의해 획득된 다양한 특혜를 즐기는 기회의 평등 옹호자들은 성공을 거둔 한 세대에 의해 다음 세대로 전달할 수 있는 물질적, 문화적 이점을 무시한다.[10] 조건의 불평등은 기회의 평등을 방해하는데 이는 모든 사람들이 동일지점에서 출발하는 것은 아니기 때문이다. 가령 고용에서 동일한 직무수행자를 모집하면서 채용조건으로 남녀를 달리 기준을 정하거나 특정 집단이나 개인에게 별도의 기준 등을 적용하는 것은 실질적인 평등실현조치를 위한 적극적 조치가 아닌 한 차별행위가 되는 것이다.

결과에서의 평등은 궁극적인 평등의 시발점으로서, 불평등을 변혁하기 위해 다양한 사회집단에 서로 다른 정책이나 과정을 적용하는 것으로, 교육이나 직업적 선발에서 여성이나 인종, 혹은 도시 내의 빈민에게 유리하게 차별대우하는 것은 조건의 불평등을 상쇄하는 것을 의미하는데, 그렇지 않으면 기회의 평등이 무의미해질 것이다. 사회적 평등은 무계급성과 동의어가 아니다. 계급의 정의는 다양하지만 계급의 철폐가 그 자체로서 모든 사회적 불평등을 제거하는 것은 아니라는 것이 받아들여지고 있다. 간접차별의 경우 중립적인 기준을 적용해도 결과적으로 차별이 되는 경우 이를 차별이라고 판단하고 있다. 이러한 규정은 남녀고용평등법 차별의 정의에서도 규정하고 있는 내용으로 평등은 기회나 과정에서의 차별은 물론 결과에서의 차별도 없어야 가능한 것으로 인식되고 있다.

2. 인격 및 사회적 평등과 고용상 평등

(1) 인간으로서의 인격과 평등

원래 평등의 뜻은 인격의 평등을 의미했다. 인간이 평등하다는 뜻은 다 같은 인간이고 그 인간이라는 점에 있어서는 아무런 구별이나 차별이 있어서는 안

10) 예를 들어 근로자 개인의 능력이나 자격과 무관한 부모의 재산규모, 배경 등을 조건으로 하는 경우 이를 배제하는 것을 들 수 있다.

된다는 의미이다. 인류는 종족적으로 여러 가지 차이가 있다. 피부의 색이 누르고, 희고, 검은 차이가 있는가 하면, 키가 큰 인종도 있고 또 키가 매우 작은 인종도 있다. 또, 문화나 문명을 비교해 보더라도 고도의 물질적 문명을 창조해 내서 높은 문화생활을 하고 있는 민족도 있고, 아직도 원시적이고 미개한 상태를 크게 벗어나지 못하고 극히 저급한 문화생활을 하고 있는 민족도 없지 않다. 그러므로 인간은 인종 또는 민족적으로 차이가 있고 그 육체적 특성이나 정신적 상태까지 여러 가지로 차이가 있어서 얼핏 보면 인간이 평등하다는 원리는 모순된 것같이 보인다. 그러나 인간이 평등하다는 뜻은 이러한 피부색이나 신체의 강약 또는 기타 어떠한 차이도 인정할 수 없다는 의미가 아니라 오히려 이러한 인종간의 차이나 특징은 인종과 인종을 구별하고, 민족과 민족의 사고방식이나 생활양식의 차이는 그 민족의 고유한 전통이나 문화로서 크게 존중되기까지 한다. 이러한 모든 차이에도 불구하고 인간이 평등하다는 이념은 그가 인간된 자격 즉 '인격'에 있어서는 아무런 차별이 있어서는 안 된다는 뜻이다.[11] 결국, 인간이라는 전제하에 각각 처해 있는 상황이나 제반사정 등을 이유로 차별이 되어서는 안 되는 것이며 동일한 인격의 존재로서 인식되어야 한다는 것이다. 근세의 시민적 자유는 인격의 평등에서 도출된 또 하나의 이념이고 실천이라고 할 수가 있다. 농노적(農奴的)인 구속이나 노예의 신분적 구속의 배제는 인격의 평등 때문이고 그러한 구속이 배제된 결과는 모든 사람이 귀천 없이 자

11) 원래 인간의 평등이라는 원리가 나오게 된 역사적 배경을 살펴보면 왜 인간의 평등이라는 것이 근대사회 발전의 근본이념이 되는가를 더욱 깊이 이해할 수 있다. 중세 이전에는 동양이나 서양에는 사람은 날 때부터 귀하고 천한 구별이 엄연하게 있었고, 그 구별에 따라 귀족계급, 평민계급, 노예계급 등의 계급적 차이가 엄격히 유지되고 있었다. 또 우리나라 조선시대의 예를 보더라도 양반과 평민 또는 천민(노비 등)의 구별이 있어서 이러한 계급적 차별은 매우 심한 것이었다. 특히 신라시대의 골품제도와 같은 것은 출생에 따라 인간을 선천적으로 불평등화한 예의 하나라고 할 수 있다. 사람이 우연히 귀족집에 태어났다고 해서 잘났고 존귀하며 또 상민이나 노예의 아들딸로 태어났다고 해서 죽을 때까지 상놈이나 노예로서 남의 천대만 받아야 한다는 것은 오늘의 개명된 눈으로 본다면 크게 잘못된 생각이고 관념이라 하지 아니할 수가 없다. 그래서 근대정신은 사람은 날 때부터 귀하고 천한 구별이 있는 것이 아니라는 인간 평등의 사상이 주장되고 인격의 평등은 민주주의의 큰 원리의 하나가 되어서 오늘에 이르고 있다. 민주주의란 인간의 평등, 즉 인간위에 인간이 없고 인간 밑에 인간이 없는 사회의 실현을 말한다고 할 수 있고, 따라서 민주주의의 실천과 완성은 이러한 인간의 평등이 현실사회 속에 그대로 실현되는 사회를 말한다고 할 수 있다.

유를 누릴 수 있는 사회를 실현케 한 점이었다.12)

(2) 사회적 활동과 평등

자유주의의 결과 근세 시민사회에는 큰 변화가 일어났다. 그것은 한마디로 말해서 산업혁명을 통한 경제발전이 과거의 어느 때보다도 크고 빠르게 진전했다는 사실이다. 근대에 들어와서 산업혁명을 치른 결과 인간의 물질적 생활정도는 과거의 어느 누구도 상상할 수가 없을 만큼 높아졌고 다양해졌다. 뿐만 아니라 이러한 물질적 문명은 과거와 같은 소수의 귀족들만이 누리는 특권적인 것이 아니고 모든 인간이 다 같이 누리고 즐길 수 있는 전 인류적이며 범인간적이고 시민적인 것이라는 데에 그 특징이 있다. 따라서 근대사회는 물질적 풍요가 가장 큰 특징의 하나이고, 인간의 생활은 이러한 풍요한 물질 속에서 편리하고 고도로 발달된 생활수단의 혜택 속에서 삶을 즐기는 시대가 되었다 할 수 있다. 특히 자본주의 사회가 성숙해 감에 따라 사회 속에는 현격한 빈부의 차이가 생겨나고, 이 차이는 이제는 개인의 힘으로는 극복할 수 없는 무서운 장벽을 이루게 되었다. 인간의 평등, 즉 인격의 평등에서 시작된 근대가 격심한 경제적 불평등이라는 결과에 도달하게 되었고, 자본주의 사회가 발전함에 따라 이러한 지나친 생활조건의 불평등은 마침내 인격의 평등 그 자체를 정면에서 부인하는 상태에까지 이르게 되었다. 경제적 생활의 격심한 불평등 속에서 인격의 평등을 부르짖는다는 것은 무의미한 일이 아니고 오히려 유해한 짓이라고 하여야 할 것이다. 그러므로 이젠 인격의 평등을 명실상부하게 이룩하기 위해서는 격심한 경제적 불평등을 제거하여 모든 사람이 큰 빈부의 차이 없이 생활하는 사회조

---

12) 인격의 평등은 사회적 조건에 대해 어느 정도의 평등이 없이는 불가능하다. 근세 초기에 인간이 평등해야 한다는 원리를 내세운 것은 그때까지만 해도 인간은 사회적으로 출생과 더불어 매우 불평등한 처우를 받고 있었기 때문이었다. 그러므로 이러한 신분적인 불평등을 타파하지 않고는 모든 인간은 자유롭고 활발하게 자기의 개성을 개발하여 각자의 최선을 실현할 수가 없었기 때문이다. 농민의 아들로 태어나면 아무리 재주가 뛰어나고 큰 뜻을 품고 있다고 하더라도 농부의 신세를 벗어날 길이 없는 상태는 그 개인에게는 큰 불행이고 불운일 뿐 아니라 사회적으로도 큰 손실이 아닐 수 없다. 그러므로 모든 사람이 자유롭게 그가 원하는 바를 힘껏 행할 수 있는 상태를 만들기 위해서 인간 평등의 원리가 높게 외쳐졌으며 그로 인해서 근세인은 과거의 신분적·계급적 구속에서 해방(사회적인 평등)되어 각자가 자기의 재능과 희망을 최대한도로 발휘하는 자유를 누리게 되었던 것이다.

건의 형성이 앞서야 한다는 것을 알게 되었다. 즉, 사회적인 활동의 결과 소득과 경제적인 활동이 가능하게 된 것이며, 여기에 사회적인 평등의 문제를 해결하는 것이 중요한 과제가 되었다고 할 수 있다. 결국 인간은 사회활동을 통하여 생활하는 존재이고, 이러한 존재의식 하에서 차별적인 처우는 인간이 인간답게 생활할 수 없게 만드는 것이며, 사회적인 악이 되는 것이므로, 사회적 평등은 인간존엄성의 회복과 평등실현을 위하여 불가결한 것이라 할 수 있다.

(3) 권리로서의 고용상 평등

자본주의 사회가 발달하면서 자발적이고 독립적인 인간의 사회적인 활동은 피할 수 없는 명제라고 할 수 있다. 특히 인간의 사회적인 활동영역 그 중심축에는 고용관계 내지 노동현장을 배제하기는 어렵다. 결국 노동을 공급받는 사용자와 노동을 공급하는 근로자라는 지위에서 형성된 고용현장의 사회적인 활동은 현대 사회의 보편적인 사회활동의 장이 되었다. 그러나 이러한 보편적인 사회활동의 장이 종속관계 내지 불평등적인 관계가 형성되면서 많은 문제를 야기하고 사회적인 또는 인간사회의 긴장을 유발하는 문제가 발생하여 사회의 통합과 결속을 저해하면서 고용상의 평등문제가 중요한 이슈로 부각되었다.

헌법에 의한 근로권과 노동3권에 기초하여 근로의 기회와 고용관계 및 노사관계에서 노동활동과 고용문제에 관련한 각종 법령과 그 법령에 의한 합리적인 고용기준에 따라 동등하게 대우 받을 권리, 고용에서의 균등한 기회와 대우의 보장 및 불평등 내지 차별받지 않을 권리 등을 고용상의 평등 내지 고용상 평등권이라고 할 수 있다. 이러한 고용상의 평등 문제는 세계인권선언 및 규약, ILO헌장과 조약, EU입법지침, 각국의 법령, 우리나라의 헌법, 특히 직접적으로는 고용과 관련하여 근기법에서 균등처우의 원칙을 천명하였고, 정책법, 남녀고용평등법, 장애인차별금지법 등 각종 고용관련 법령과 노사관계법령 등에도 규정하고 있다. 특히 인권위법에서는 사회전반(고용관련부분 포함)에 대한 차별문제를 규제하는 내용을 담고 있다.

고용상 평등이 중요한 이유는 민주주의의 기본원리인 평등권이 자본주의의 발달과 함께 경제적 불평등이 심화되고 심각한 경제적 예속이 강화되어 왔다는 데 있다. 즉, 대부분의 근로자는 종속적 노동관계에서 근로를 통해 경제적 사회활동을 하고 있으며, 이러한 예속이 대등한 노사관계가 아닌 종속적 근로관계에서 비롯되기 때문에 상대적으로 힘이 약한 근로자는 사용자에게 경제적, 사회적 종속이 가속화되고 불평등이 초래될 수 있다는 점이다.

고용상의 불평등을 시정하여 평등을 실현하는 것은 각종 법령에 의해 보호된다고 하더라도 현실적인 문제는 간단하지 않은 것 같다. 현장에서의 각종 사례들은 고용상의 평등실현이 매우 어렵고도 난해한 현실을 가지고 있다는 것을 보여주고 있다. 이러한 고용과정상의 차별행위들은 세부적으로는 채용이전부터, 즉 모집단계부터 그 차별여부를 판단할 수 있으며, 고용과정상 뿐만 아니라 고용관계가 단절된 상황까지도 사안에 따라서는 관련이 된다고 할 수 있다.[13)]

3. 평등권과 평등의 원리

(1) 평등권의 의의

평등권이란 모든 사람은 태어나면서부터 생래적으로 동등한 대우를 받을 권리가 있고 차별대우 받지 않을 권리가 있음을 말한다. 우리 헌법은 법 앞에 평등하다[14)]는 것을 내용으로 하는 권리로 규정하고 있다.[15)] 모든 인간은 어떠한 사회적 환경에서도 인간으로서의 가치는 똑같고 평등한 존재라는 것은 민주주의사상의 가장 본질적인 내용을 이루는 것이다. 그래서 근대이후 각국의 헌법은 예외 없이 평등권을 인정한다. 대한민국헌법도 "모든 국민은 법 앞에 평등하다. 누구든지 성별·종교 또는 사회적 신분에 의하여 정치적·경제적·사회적·문화

---

13) 고용과정상의 주요 내용을 보면 모집 및 채용과정에서부터 보임 및 업무배분과정, 승진 및 승급과정, 평가 및 보상과정, 복리후생 및 복리후생시설의 이용과정, 교육훈련 및 교육훈련시설 이용과정, 정년 및 퇴직과 해고과정, 조합활동 및 노사관계활동(불이익취급 등) 등으로 구분해 볼 수 있다.

14) 하경효·박종희·이정·이철수·김재훈·김홍영, "근로관계법상 균등처우 관련 제도개선방안 연구", 노동부, 2006, 4~5면에서는 평등에 대하여 형식적 평등과 실질적 평등으로 구분하면서 헌법 제11조 법 앞에서의 평등을 법적용의 평등 혹은 형식적 평등이라고 하고, 법 내용에서의 평등 혹은 법제정의 평등 양자가 모두 포함된 것으로 평등을 보아야 실질적인 평등의 보장이 담보된다고 한다.

15) 평등권이란 국가로부터 부당하게 차별대우를 받지 아니함은 물론 국가에 대하여 평등한 처우를 요구할 수 있는 개인의 주관적 공권으로, 이러한 평등권은 실정법상의 권리가 아니라 인간이 자연적 상태에서부터 누려 온 생래적·천부적 권리라고 한다(권영성, 『헌법학원론』, 법문사, 2010, 393면).

적 생활의 모든 영역에 있어서 차별을 받지 아니한다(헌법 제11조 1항)"고 규정하고 있다. 즉, 법 앞의 평등이란 헌법·법률·명령·조약 등의 내용에 적어도 불평등한 사항이 규정되어서는 아니 되며, 여기에서 사회적 신분이란 직업이나 장기간에 걸쳐 형성된 사회적 지위를 말한다. 아울러, 연령·재산·교육 등에 의한 차별도 물론 금지된다. 그러나 연령이나 능력에 따라 차이를 두는 것은 그 사유와 기준이 합리적일 경우 일정부분 합리적인 차별로서 허용될 수도 있다. 우리 헌법은 지금까지 현저한 불평등이 존재했던 혼인과 가족생활관계에 관하여 평등을 보장하기 위하여 헌법 제36조 1항(혼인과 가족생활에서의 개인의 존엄과 양성의 평등)의 규정을 두고, 또 교육을 균등하게 받을 권리(제31조 1항) 등에 관하여서도 규정하고 있다.[16)]

(2) 절대적 평등과 상대적 평등

평등권은 헌법에 규정된 인간의 불가침적 천부인권으로 국가와 사회집단으로부터 불평등한 대우를 받지 않고 상향적 평등과 역할을 적극적으로 요구할 수 있는 권리이다. 평등권은 그 자체가 독립된 기본적 인권의 성격을 지니면서 다른 기본권들의 보장, 실현에도 적용되는 기본권 보장의 방법적 기초가 되는 기본권 중의 기본권이다.

1) 절대적 평등원리

철학에서는 인간을 절대적 존재라고 정의한다. 즉, 인간은 우주에서 유일적이고 초월적 존재이며 각각의 개인도 그 무엇으로도 대체할 수 없는 유일자로 절대적인 존재로 인식한다. 따라서 인간은 절대 평등하다는 명제가 도출된다. 이런 사상은 멀리 고대의 자연법사상으로 소급되지만 신이 세상을 지배하던 신본주의 시대가 가고 인간 스스로 역사의 주인임을 자각하기 시작한 르네상스기의 인본주의를 거쳐, 과학혁명과 18세기 계몽주의사조의 영향으로 인간의 지위가

---

16) 헌법 제11조 제1항의 '모든 국민의 법 앞에서 평등하다'는 규정은 기회균등 또는 평등의 원칙을 선언하고 있는 바, 평등의 원칙은 국민의 기본권 보장에 관한 우리 헌법의 최고원리로서 국가가 입법을 하거나 법을 해석 및 집행함에 있어 따라야 할 기준인 동시에, 국가에 대하여 합리적 이유 없이 불평등한 대우를 하지 말 것과 평등한 대우를 요구할 수 있는 모든 국민의 권리로서, 국민의 기본권 중의 기본권이다(헌법재판소 1989.01.25. 선고 89헌가7 결정).

신을 대체하기에 이르면서 보편화되었다. 칸트는 인간을 신과 다름없는 목적적 존재라고 정의했다. 중세에는 신만이 목적이었으나 이제 인간이 절대존재요 당연히 누구나 절대평등하다는 것이다. 평등사상은 근대시민혁명을 부르고, 러시아 민중혁명을 거치면서 인간이 절대 평등함을 증명했다. 그리고 세계68혁명으로 여자, 학생까지 평등의 주체로 포함됨으로써 모든 인간의 절대평등 시대로 들어섰다. 국내에서는 계몽주의의 사조가 없었지만 19세기 동학의 대두로 인간이 곧 하늘이라는 인내천사상으로 절대평등사상이 널리 확산되고 동학도들은 빈부귀천, 남녀노소 할 것 없이 평등을 직접 실천했다. 하지만 우리사회는 보편적이고 전통적인 인간의 절대평등사상을 등한시하여온 것이 사실이다. 그러나 누구도 양성평등을 부정하지 않으며 절대평등을 승인하는 것이고, 양성평등을 말할 때는 절대·상대라는 용어 자체를 쓰지 않는데 이는 어떤 차별도 거부한다는 것으로 절대평등을 의미한다. 인간이 평등하다는 것을 인정하지 않고 남녀가 결코 절대 평등할 수는 없다. 또 인간평등은 인류평등을 전제한다. 인류는 인종과 국경을 초월하여 절대평등하다는 것을 세계인권선언은 천명하고 있다. 절대적 평등설은 절대빈곤은 물론 상대빈곤층의 복지도 적극 보장한다는 입장이다.

평등권은 자연권이고 자연권은 절대적이고 보편적인 불변의 천부인권이다. 절대적 평등설은 인간에 대한 차별을 최소화하고 가급적 평등의 최대화를 지향한다. 주체적이고 자발적인 인간들에 의한 평등한 공동체사회를 지향하는 사민주의, 사회주의, 자유사회주의들의 주장이 절대적 평등설에 해당한다.

2) 상대적 평등원리

상대적 평등이 정확히 무엇을 뜻하는지 학계의 일치된 견해는 존재하지 않으며 지금도 논쟁은 계속되고 있다. 분명한 것은 평등을 포함한 모든 인권은 고정되어 있지 않고 진화하고 발전하며 선진국일수록 평등은 최대한 보장한다는 원칙을 고수하고 있다.

만일, 일각의 주장대로 상대적 평등을 제한적 차별로 해석해서 고착화한다면 이는 위헌적일뿐만 아니라 민주주의에 대한 중대한 침해가 아닐 수 없다. 민주주의는 무엇보다 평등의 산물이다. 불평등한 신분, 봉건사회를 타파하고 모든 인간이 주권자로 나라의 주인으로서 평등하다는 대전제 하에서만 작동하는 시스템이 민주주의이다. 그래서 헌법은 평등의 확고한 보장을 위해 평등을 강조하고 천명했다. 헌법은 전문에서부터 제1조, 제10조 내지 제11조는 물론 전 기본권조항을 통해 평등의 보장을 각인해 놓고 있다. 특히, 전문의 정의, 인도주의와 평등한 생활 향상의 보장과 제11조의 누구나 정치, 경제, 사회, 문화적 생활을 함에 있어 어떠한 차별도 받아선 안 된다고 규정함으로써 선진국이 추구하는 경제적 평등도 명시했다.

평등사상은 역사적으로 민주주의가 형식적, 절차적 민주주의를 거쳐 실질적, 사회 전반적 민주주의로 발전해 왔듯이, 근대 시민혁명과 함께 정치적 평등에서부터 시작하여, 사회적 평등으로, 다시 경제 또는 결과적 평등의 단계에까지 진입했다. 오늘날 서구의 앞선 복지사회의 실현은 경제적 평등의 결정체이다. 전 국민에게 보장되는 대학까지의 완벽한 무상교육, 무상의료만 해도 경제적 평등을 상당부분 실현하지 않고는 불가능한 것이기 때문이다. 그런데 의료와 교육은 대표적인 기회의 평등에 해당된다. 따라서 기회평등이라는 말도 통념과 달리 결과의 평등을 전제하게 되는 것이다.

우리 사회에서도 헌법 제99조 및 제123조 등에서 규정하고 있는 것처럼 경제적 평등의 취지에서 사회복지 자체를 부정하는 경우는 없다. 복지국가의 실현을 추구한다는 것은 기회평등은 물론 경제평등을 어느 정도 인정한다는 것이고 당연히 상대적 평등[17)]은 제한적 차별을 강조하는 것이 아니라 완전한 평등 또는 무조건적 평등에 대해서 반대하는 것으로 볼 수 있다. 그러나 절대적 평등설도 평등의 최대화를 추구할 뿐 무조건적 평등을 주장하지 않는다는 점에서 결코 이 학설들은 대립한다고만 할 수 없다.

온건한 자유민주적 입장의 상대적 평등설은 가능한 한 차별을 최소화하고 평등의 최적화를 적극 지지하는 것이다. 자유주의 철학자로 유명한 존 롤스는 자유권의 평등한 보장 및 최소 수혜자에게 최대의 몫이 돌아가게 하라는 최소최대화원칙을 강조했는데 전형적인 상대적 평등론의 시각이라고 할 수 있다.

---

17) 헌법 제11조 제1항이 규정하는 평등원칙은 일체의 차별적 대우를 부정하는 절대적인 평등을 의미하는 것이 아니라, 법의 적용이나 입법에 있어 불합리한 조건에 의한 차별을 하여서는 안 된다는 상대적·실질적인 평등을 뜻하는 것이다(헌법재판소 2015.12.23. 선고 2014헌마303 결정).

Ⅱ. 고용차별금지의 근거 및 성격

1. 고용상 차별금지의 의의 및 내용

(1) 차별금지의 의의

전통적으로 차별은 평등 내지 평등권에 반하는 것으로 인식되어 왔고, 차별금지는 평등 내지 평등권을 보완하거나 실현하는 과정으로 인식되어졌다. 신분제도를 타파하고 민주주의원리가 사회전반을 지배하면서 평등은 인간의 기본적인 권리로 인식되었고, 차별은 금지되거나 해소되어야 인간의 평등이 신장될 수 있는 것으로 인식되고 있다. 소극적으로는 차별금지를 통하여 평등권을 신장하고, 적극적으로는 평등증진제도를 통하여 평등을 실현한다. 즉, 차별금지를 통하여 차별을 통제하고 규제하여 평등권이 실현되도록 하고, 적극적 개선조치 등 상대적이고 실질적인 평등실현조치 및 우대조치 등 합리적인 차등대우를 통하여 평등을 강화해 간다고 할 수 있다. 결국, 불확정적인 법령상의 차별개념[18]은 이러한 조치들을 통하여 평등실현을 위한 장치로써 구체화되고 있으며, 직접차별[19]은 물론 간접차별[20]에도 확대되고 있다고 할 수 있다.

---

18) 현재 법령에서 차별에 대한 개념을 정의하고 있는 것으로 남녀고용평등법(제2조 제1호)을 들 수 있다. 이 규정은 직접차별 뿐만 아니라 간접차별에 대한 개념적인 접근이 가능한 규정을 하고 있는 것으로 풀이된다. 즉 본문의 대원칙으로 규정한 부분(직접차별)과 괄호안의 부분(간접차별)으로 구분될 수 있다. 한편, 헌법은 차별이라는 표현보다는 평등권이라는 측면에서, 근로기준법은 균등한 처우(차별적 대우, 차별적 처우)라는 표현으로, 그리고 대부분의 노동법은 차별금지 내지 차별적 처우, 불리한 처우의 금지라는 표현으로 그 내용을 규정하고 있다.

19) 고용상 직접차별과 관련하여 국내에서는 직접차별과 관련하여 인권위법 제2조 제3호의 각목, 근기법 제6조, 남녀고용평등법 제2조, 노동조합법 제9조, 정책법 제7조, 직안법 제2조, 고령자고용법 제4조4, 제4조의5, 제4조의9, 장애인차별금지법 제4조이하 등 각조 규정, 장애인고용법 제5조 등에 규정하고 있다. 그리고 EU입법지침에서는 고용과 직업에 있어 종교, 믿음, 장애, 나이, 성적지향, 인종적 또는 민족적 지향을 이유로 상대적 비교가 가능한 상황에서 다른 사람보다 호의적으로 대우 받지 못하였거나 향후에도 호의적으로 대우 받지 못할 때 발생하는 차별, 인종적 또는 민족적 지향의 이유로 상대적 비교가 가능한 상황에서 다른 사람보다 호의적으로 대우 받지 못하였거나 향후에도 호의적으로 대우 받지 못할 때 발생하는 것으로 규정하여 현실적으로 발생한 사항 외에도 발생가능성이 있는 사안까지 규제하고 있다.

20) 간접차별과 관련하여 남녀고용평등법(제2조 제1호)은 사업주가 채용 또는 근로의 조건은

한편, 고용상 균등대우 또는 차별금지로 인식[21]되는 고용차별의 문제는 헌법에서 규정하는 기본권의 문제에서부터 현실적인 고용과정과 내용에서의 불이익취급(차별적 처우)행위까지 연관된다. 헌법은 차별의 문제를 인간의 존엄과 가치에 근거하여 평등권의 개념에서 다루고 있다. 아울러, 고용관련 법령에서 '합리적인 이유 없는 차별'을 금지하고 있고, '합리적인 이유'가 있다면 차별이 아닌 것으로 보고 있다. 결국 우리 헌법에서 법 앞에서의 평등권을 규정하고 있는 것처럼 차별행위는 금지되고, 차별금지제도[22]는 헌법적 원리인 평등권을 보호하고 신장하기 위하여 필요한 제도적인 목적을 가지고 있다고 할 것이다.

(2) 고용상 차별금지제도의 주요 내용

1) 헌법상의 차별금지 내용

우리나라의 차별금지제도는 헌법상의 평등권(제11조, 제36조 등), 차별금지(제32조 등), 기회균등(전문, 제31조 등) 규정을 비롯하여 민주주의와 인간의 존엄과 가치(전문, 제1조, 제10조 등)를 규정한 헌법상의 평등규정을 근원으로 관련 법령들이 각각 차별사유들에 대하여 규정하고 있다.

헌법상의 여성차별금지를 비롯한 평등권 내지 평등규정[23]은 곧 차별금지제도

동일하게 적용하더라도 그 조건을 충족할 수 있는 남성 또는 여성이 다른 한 성에 비하여 현저히 적고 그로 인하여 특정한 성에게 불리한 결과를 초래하며 그 조건이 정당한 것임을 입증할 수 없는 경우를 포함한다고 규정하고 있고, 장애인차별금지법(제4조 제1항 제2호)에서는 장애인에 대하여 형식상으로는 제한·배제·분리·거부 등에 의하여 불리하게 대하지 아니하지만 정당한 사유 없이 장애를 고려하지 아니하는 기준을 적용함으로써 장애인에게 불리한 결과를 초래하는 경우에는 차별행위에 해당한다고 규정하고 있다. EU입법지침은 중립적 조항, 기준 또는 관행이 어떤 사람에게 그렇지 않은 사람과 비교하여 특별히 불이익 하도록 특정한 종교, 신념, 특정한 장애, 특정한 연령 또는 특정한 성적지향을 갖도록 요구하는 경우에 발생하고, 그러한 중립적 조항, 기준 또는 관행은 객관적으로 합법적인 목적과 그러한 목적을 달성하기 위한 적절하고 필요한 방법에 의한 경우에 정당화될 수 있다고 규정하고 있다.

21) 일반적으로 균등대우와 차별금지를 같은 선상에서 인식하고 있는 것으로 판단된다(김형배, 『노동법』, 박영사, 2012. 214~245면). 한편, 균등대우 또는 차별금지와 관련하여 평등대우의 원칙(균등처우의 원칙, 차별금지의 원칙)이라는 표현을 하기도 한다(임종률, 『노동법』, 박영사, 2012. 358면).

22) 고용상 차별금지제도의 법적 근거를 헌법상의 평등권설, 근로계약상 (부수적)의무설, 가치론적 노동권설로 분류(박성희, "고용상 차별의 구제에 관한 연구", 단국대박사학위논문, 2012, 7~10면 참조)하기도 한다.

23) 헌법상 차별금지제도로서의 평등권은 헌법 전문에서 정치·경제·사회·문화의 모든 영

의 근간이 된다고 할 수 있다. 이러한 헌법적인 규정을 토대로 포괄적인 차별금지규정을 두고 있는 인권위법은 성별 등의 사유로 합리적인 이유 없이 고용, 재화용역의 이용 등에서 제한·배제·분리하거나 불리한 처우를 하는 것을 차별행위로 규정하면서, 신청 또는 직권으로 조사하여 위반여부를 판단할 수 있고, 소관 행정기관 등에 개선권고, 시정요구 등을 할 수 있도록 하고 있다. 그러나 동 법률은 차별금지에 대한 기본법 내지 종합법률로서의 상징성은 있으나 집행력과 실행력에 한계점을 안고 있다. 그럼에도 관련기관 등의 법령집행에서 차별금지를 유도할 수 있어 정책적으로 차별금지를 통하여 헌법상의 평등권을 실현할 수 있도록 하는데 의미가 있다.[24)]

2) 고용법령상 차별금지제도의 내용

우리나라의 고용상 차별금지제도는 헌법상의 평등규정을 토대로 개별 노동관계법령에서 구체적으로 규율하는 방식을 취해 왔는데, 제정 근로기준법에서 균등처우 규정을 두었고, 1987년에는 남녀고용평등법을 제정하여 특별히 별도의 규정을 두었으며, 장애인에 대한 차별금지,[25)] 비정규직에 대한 차별금지[26)]와 연령차별금지를 규정하게 되었다. 아울러, 모집과 채용 등에서의 차별금지를 규

역에서의 기회균등과 국민생활의 균등한 향상을 선언하고 있다. 아울러, 평등한 민주주의, 인간의 존엄과 가치, 법 앞의 평등, 균등한 교육기회, 고용에서의 여성차별금지, 가족생활에서의 양성평등, 선거권 및 투표권, 균형 있는 경제와 소득분배에 관한 규정은 모두 평등권을 천명하여 차별을 금지하는 근거규정이라고 할 수 있다.

24) 즉, 인권위는 차별판단의 결과 강제적인 구속력을 가진다기보다는 권고기능으로 활용되기 때문에 해당기관이나 차별행위자가 이행하지 않을 경우 그 실행력을 담보하기 어렵다는 한계가 있다. 그럼에도 헌법에서 규정하고 있는 각종 평등조항들에 대한 차별여부의 판단과 정책기관들에게 실행력을 강화하도록 정책적인 제언이 될 수 있고, 각각의 법령들이 차별금지제도를 규정하는데 부담으로 작용할 수 있기 때문에 선언적이면서도 직·간접적인 강제가 가능하다고 할 수 있다. 현실적으로는 인권위의 결정을 이행하지 않는 경우 인권위는 해당 소관 부처(감독기관)에 이행할 것을 통지하고 해당 소관 부처는 대상기관에 대하여 실행결과를 보고하도록 하여 강제성을 강화하고 있다. 이후 이러한 점을 보완하기 위하여 차별의 문제를 포괄적으로 다루는 법률인 차별금지법안을 마련하였으나 회기내에 처리되지 못해 폐기되었는데, 동 법안이 규정하고 있는 차별사유는 향후 입법정책적으로 고용상 차별금지제도에서 고려되어야 할 과제로 판단된다.

25) 장애인의 차별금지와 권리구제 등에 관한 법률은 2007.4.10.제정되어 2008.4.11.에 시행되었다.

26) 대표적인 비정규직 입법으로 기간제법(2007.1.1.시행) 및 파견법(1998.7.1.시행)을 들 수 있다.

정한 정책법, 직업소개 등에서의 차별금지를 규정한 직업안정법(이하 "직안법"이라 한다), 고용영역 및 사회 일반에 대한 차별금지를 규정한 인권위법[27] 등 다양한 법령에서 고용상 차별금지 규정을 두고 있다. 이처럼 우리나라는 고용상 차별금지제도를 규정하면서 헌법을 비롯한 인권위법의 통합적인 법률과 헌법에서 규정한 차별금지사항을 구체화하거나 추가적인 정책입법을 통하여 개별법[28]에서 각각의 목적에 부합하는 차별사유와 내용을 담아 규율하는 체계를 가지고 있다. 특징적인 것은 다인종 국가인 미국[29] 등과는 달리 민족적 단일성이 특색인 우리나라에서는 평등대우를 받아야 할 개인이나 집단이 자연히 인종이나 민족이라는 특성보다 성별, 장애, 종교 등의 특성에 기하여 분류된 집단 내지 개인의 개념이 주류를 이루고 있으며, 최근에는 비정규직의 이슈, 고령화 사회로 인한 고령자의 근로활동이 확대되면서 고용현장에서 연령상의 차별문제도 부각되고 있다.

주요 노동법령에서 금지하고 있는 차별사유를 중심으로 차별금지제도를 살펴보면, 근로관계의 기본법인 근기법(제6조)에서는 "사용자는 근로자에 대하여 남녀의 차별적 대우를 하지 못하며, 국적, 신앙 또는 사회적 신분"을 이유로 근로조건[30]에 차별적 처우를 하지 못하도록 규정[31]하고 있는데 근기법은 채용된

27) 동법은 2001.11.25. 시행시에는 국가인권위원회의 설치와 구제업무 등에 대하여 규정하고 있었으나, 현재와 같은 '평등권침해의 차별행위'에 대하여 상세히 규정한 것은 2005.7.29. 개정시부터이다.

28) 남녀고용평등법, 고령자고용법, 장애인차별금지법, 장애인고용촉진및직업재활법(이하 "장애인고용법"이라 한다) 등 각각의 고용관련법령에서 세부적인 차별금지 및 균등대우 규정을 하고 있고, 헌법상의 평등 규정(제11조)을 근거로 여러 법령 즉, 노동조합및노동관계조정법(이하 "노동조합법"이라 한다), 정책법, 직안법, 파견법, 구 여성발전기본법(현 양성평등기본법), 장애인복지법(이하 "복지법"이라 한다), 국가유공자등예우및지원에관한법률(이하 "국가유공자법"이라 한다), 외국인근로자법(이하 "외국인고용법"이라 한다), 소위 비정규직보호법이라 할 수 있는 기간제법 등에도 차별금지규정을 두고 있다.

29) 미국의 경우를 보면 주로 소수민족에 대한 인종차별에서 그 시발점이 된 것으로 보인다. 즉, 노예제 등 흑인에 대한 차별문제가 그 중심이었던 것으로 보인다(Dred Scott v. Sanford, 60 U.S. 393(1856) : Strauder v. West Virginia, 100 U.S. 303(1879)).

30) 근로자의 개인적인 업무의 성질 및 능력이나 근무부서의 난이도 등에 따라 상여금 지급액의 차등을 두는 것이나, 근속연한에 따라 상여금 지급률의 차등을 두거나, 근속수당·학자금 등의 근로조건에 차별을 두는 것, 사용자가 업무능력 및 업무태도에 따라 근로자를 우대 조치하는 것은 근기법 제6조에 위반되는 차별적 대우가 아니다. 이와 관련하여 헌법재판소는 근기법 제34조 위헌확인과 관련하여 근속연한 등에 대한 차별가능여부가 문제된 사안에서 법률조항에서 '계속근로기간이 1년 미만인 근로자'를 퇴직급여 대상에서 제외하

후 고용내용에서의 근로조건을 중심으로 차별금지를 다루고 있고, 노동조합법(제9조)에서는 "조합원은 어떠한 경우에도 인종, 종교, 성별, 연령, 신체적조건, 고용형태, 정당 또는 신분"에 의하여 차별대우를 받지 아니한다고 하여 조합 활동에서의 차별금지를 규정하고 있다.[32] 또, 고용정책의 기본사항을 규정하고 있는 정책법(제19조)에서는 "모집과 채용에 있어서 합리적인 이유 없이 성별, 신앙, 연령, 사회적 신분, 출신지역, 학력, 출신학교, 혼인, 임신 또는 병력"을 이유로 차별을 하여서는 아니되고 균등한 취업기회를 사업주가 보장하여야 하는 것으로 고용정책과 취업기회에서의 차별금지를 규정하고 있고, 직안법(제2조)에서는 "누구든지 성별, 종교, 사회적 신분 또는 혼인 여부" 등의 이유에 의해 직업소개, 직업지도 또는 고용관계의 결정에 있어서 차별대우를 금지하고 있다. 특히 고용에서 성차별을 특별히 규제하기 위하여 제정된 남녀고용평등법은 차별의 개념[33]을 구체적으로 정의하고 있을 뿐만 아니라, 근기법이 포괄적으로 금지하고 있는 성차별을 모집과 채용, 임금, 정년,[34] 해고, 퇴직, 복리후생, 교

여 '계속근로기간이 1년 이상인 근로자'와 차별취급하는 것은, 퇴직급여가 1년 이상 장기간 근속한 근로자의 공로를 보상하고 업무의 효율성과 생산성의 증대 등을 위해 장기간 근무를 장려하기 위한 것으로 볼 수 있으며, 입법자가 퇴직급여법의 확대적용을 위한 지속적인 노력을 기울이는 과정에서 한편으로 사용자의 재정적 부담능력 등의 현실적인 측면을 고려하고, 다른 한편으로 퇴직급여제도 이외에 국민연금제도나 실업급여제도 등 퇴직근로자의 생활을 보장하기 위한 다른 사회보장적 제도도 함께 고려하였다고 할 것이므로, 그 차별에 합리적 이유가 있으므로 청구인의 평등권이 침해되었다고 보기 어렵다고 판단하였다. 이 내용에서 근속연한에 대하여 차이를 두는 것은 일정부분 가능한 것으로 판단할 수 있다(헌법재판소 2011.07.28. 선고 2009헌마408 결정).

31) 연혁적으로는 초기 규정에서 별다른 변화 없이 차별금지사유를 유지하고 있으며, 위반시 벌칙규정으로 1989년에 책정된 벌금액이 그대로 현재까지 유지되고 있다.

32) 장애인차별금지법에서는 노동조합이 장애인 근로자의 조합 가입을 거부하거나 조합원의 권리 및 활동에 차별을 두어서는 아니 된다고 명시하고 있다(제10조 제2항).

33) 남녀고용평등법(제2조)의 규정이 함의 하는 차별개념은 직접차별과 간접차별로 구분하고 있다는 것이다. 즉 ① 직접차별은 "사업주가 근로자에게 성별, 혼인 또는 가족상의 지위, 임신, 출산 등의 사유로 합리적인 이유 없이 채용 또는 근로의 조건을 달리하거나 그 밖의 불이익한 조치를 취하는 경우"를 말하고, ② 간접차별은 "사업주가 채용 또는 근로의 조건을 동일하게 적용하더라도 그 조건을 충족시킬 수 있는 남성 또는 여성이 다른 한 성에 비하여 현저히 적고, 그로 인하여 특정한 성에게 불리한 결과를 초래하며 그 기준이 정당한 것임을 입증할 수 없는 경우"를 들고 있다.

34) 법원은 단체협약에서 동일부서 내의 남녀정년을 남자는 55세, 여자는 53세로 달리 정하고 있는 경우 이는 근기법 제5조(현, 제6조)와 남녀고용평등법 제8조(현, 제11조) 위반으로서 무효라고 판단한 바 있다(대법원 1993.04.09. 선고92누15765판결).

육, 배치, 승진에 관한 성차별 등 구체적인 사항별로 규제하여 근기법에 의한 성차별 금지를 보완하고 있다. 그러나 직무의 성질상 특정 성(性)이 불가피하게 요구되는 경우(BFOQ : Bona Fide Occupational Qualification)[35], 근로여성의 임신, 출산, 수유 등 모성보호를 위한 조치를 취하는 경우, 현존하는 차별을 해소하기 위하여 국가·지방자치단체 또는 사업주가 잠정적으로 특정한 성을 우대하는 조치를 취하는 경우(AA : Affirmative Action)에는 차별로 보지 않는다.[36] 아울러, 1990년 제정된 장애인고용촉진등에관한법률(이후 장애인고용촉진및직업재활법으로 변경, 이하 "장애인고용법"으로 통칭한다)에서는 사업주에 대하여 장애를 이유로 하여 채용·승진·전보 및 교육훈련 등 인사관리상의 차별대우를 금지하고 있으며, 2007년 제정된 장애인차별금지법에서는 장애인 차별에 대하여 구체적으로 정의하고 있고, 이에 대한 판단 기준 및 금지되는 행위에 대해 고용을 비롯한 사회생활 전반에 대한 차별금지를 상세히 규정하고 있다. 고령자고용법은 고용상 연령을 이유로 하는 차별을 금지하기 위하여 제정되었으며, 사업주에게 도집, 채용 또는 해고에 있어서 정당한 사유없이 차별하여서는 아니된다는 의무와 함께 기준 고용률 이상의 고령자를 고용하도록 하는 노력의무를 부과하고 있다.[37]

한편, 비정규직 보호입법의 하나인 기간제법에서는 기간제근로자 및 단시간근로자에 대한 불합리한 차별을 시정하고 기간제근로자 및 단시간근로자의 근로

35) 이는 미국 고용차별금지제도에도 나타나고 있는 '진정직접자격'을 말한다(민권법 제7편 Bona Fide Occupational Qualification : BFOQ).

36) 2005년 차별행위에 관한 권리구제의 일원화방안을 배경으로 하여 여성부가 수행하던 남녀차별개선 관련사무가 인권위로 이관되고 남녀차별개선위원회가 폐지되었으며 인권위가 성차별과 성희롱에 관한 조사구제 업무를 전문적으로 하기 위한 인권위법이 개정, 공포되었다. 그 후 노동부는 남녀고용평등법을 개정하여 고용평등위원회를 폐지하였고, 인권위는 남녀차별시정에 있어서 전담기구가 되었다. 한편, 고용노동부는 노동위원회법을 개정하여 노동위원회에 차별시정사건을 담당하는 차별시정위원을 별도(기간제·단시간·파견근로자 등 비정규직 대상)로 운영하고 있다. 그러나 노동문제에 관하여 전문성을 가지고 있는 고용노동부 또는 노동위원회가 고용관련 차별사항에 대하여 전반적인 차별판정 등 시정권고 권한을 갖는 것이 바람직하다고 본다.

37) 미국의 ADEA는 보호 대상자의 범위를 40세 이상의 자로 한정하고 있다. 1967년 법제정 당시에는 40~65세의 자가 보호 대상자였으나 그 후 1978년 법개정을 통해 법적용 대상 연령 상한선이 70세로 연장되었다가 1986년 개정시에 연령 상한선이 완전히 폐지되었다(조용만, 「고용차별금지법의 국제비교」, 한국노동연구원, 2004, 128면).

조건 보호를 강화함으로써 노동시장의 건전한 발전에 이바지함을 목적으로 규정하여 불합리한 차별 시정을 목적으로 하고 있다. 또, 파견법에서는 파견사업주와 사용사업주는 파견근로자임을 이유로 사용사업주의 사업 내의 동종 또는 유사한 업무를 수행하는 근로자에 비하여 파견근로자에게 차별적 처우를 금지하고 있다.

2. 고용상 차별금지의 근거 및 성격

(1) 고용상 차별금지제도 근거로서의 평등권

평등권이란 모든 사람은 태어나면서부터 동등한 대우를 받을 권리가 있고 차별대우 받지 않을 권리가 있음을 말한다. 즉, 평등권은 인간의 불가침적 천부인권으로 보장되는 권리로 국가와 사회집단으로부터 불평등한 대우를 받지 않고 상향적 평등과 역할을 적극적으로 요구할 수 있는 권리이며, 평등권은 그 자체가 독립된 기본적 인권의 성격을 지니면서 다른 기본권들의 보장·실현에도 적용되는 기본권 보장의 방법적 기초가 되는 기본권 중의 기본권이다.[38] 우리 헌법은 법 앞에 평등하다는 것을 내용으로 하는 권리로 규정하고 있다. 법 앞의 평등이란 헌법·법률·명령·조약 등의 내용에 적어도 불평등한 사항이 규정되어서는 아니된다는 것이다. 또, 우리 헌법에서 누구든지 성별·종교 또는 사회적 신분에 의하여 정치적·경제적·사회적·문화적 생활의 모든 영역에 있어서 차별을 받지 않는다고 규정하고 있다. 그러나 연령이나 능력에 따라 차이를 두는 것은 그 사유와 기준이 합리적일 경우 일정부분 합리적인 차별로서 허용될 수도 있다.

평등권과 관련한 우리 헌법의 세부규정으로 전문에서는 "정치·경제·사회·문화의 모든 영역에 있어서 각인의 기회를 균등히 하고", "국민생활의 균등한 향상을 기하고"라고 선언하고 있다. 여기서 정치·경제·사회·문화의 모든 영

38) 헌법 제11조 제1항의 '모든 국민의 법 앞에서 평등하다'는 규정은 기회균등 또는 평등의 원칙을 선언하고 있는 바, 평등의 원칙은 국민의 기본권 보장에 관한 우리 헌법의 최고원리로서 국가가 입법을 하거나 법을 해석 및 집행함에 있어 따라야 할 기준인 동시에, 국가에 대하여 합리적 이유 없이 불평등한 대우를 하지 말 것과 평등한 대우를 요구할 수 있는 모든 국민의 권리로서, 국민의 기본권 중의 기본권이다(헌법재판소 1989.01.25. 선고 89헌가7 결정 ; 헌법재판소 2001.08.30. 선고 99헌바92 결정).

역에 있어서 기회를 균등히 한다는 것과 국민생활의 균등한 향상을 기한다는 점은 평등선언에 해당한다. 아울러, 제1조 평등한 민주주의, 제10조 인간의 존엄과 가치, 차별금지 내지 평등에 대한 가장 직접적인 규정인 제11조 법 앞의 평등, 제31조 균등한 교육기회, 제32조 고용에서의 여성차별금지, 제36조 가족생활에서의 양성평등,[39] 제41조 이하 선거권 및 투표권, 제99조 및 제123조 균형 있는 경제와 소득분배에 관한 규정은 모두 평등권을 천명하여 차별을 금지하거나 제한하는 근거라고 할 수 있다. 이러한 헌법적인 평등규정을 토대로 고용상에서 차별금지근거로서 개별법령에서 구체화하여 규정하고 있고, 고용관계의 성립과 유지 등의 내용에는 고용관계 당사자가 지켜야 할 의무로서 고려되어야 한다.

1) 헌법적 평등권의 고용상 실현을 위한 구체화 근거

평등권은 실정법상의 권리이전의 자연적인 생래적·천부적 권리로 초헌법적인 권리라고 할 수 있다.[40] 천부적 권리는 민주주의 국가가 입법을 함에 있어 당연히 국민의 권리로서 보장되도록 규범화를 고려하여야 한다. 그리고 평등권은 헌법상의 규정에 따라 자동규범성을 가지거나 헌법규정의 수권규범으로서 개별법령에서 정할 경우에 그 집행력과 구제수단의 활용 등 실질적인 법적 효력을 가질 수 있다고 보아야 한다. 즉, 인권인 평등권은 헌법이 이를 천명하고 규정함으로써 국민의 권리로 인정되고, 이는 사회 모든 분야(제11조)에서 지켜지고 실천되어져야 할 규범(개별법령에서 그 규범적 실천 사항을 고려하여 구체화 하여 직접적으로 규정한 사항 등)이 된다. 고용영역에서의 차별금지제도는 평등권이 시원적인 근거가 된다고 할 것이므로, 고용영역에서의 행위도 당연히 평등과 배치되는 차별행위는 금지되며, 헌법상의 평등규정은 고용상에서 차별을 금지하는 직접적인 근거가 된다. 결국, 고용관련 개별법령에서 규정하고 있는

---

39) 우리 헌법은 지금까지 현저한 불평등이 존재했던 혼인과 가족생활관계에 관하여 평등을 보장하기 위하여 혼인과 가족생활에서의 개인의 존엄과 양성의 평등(제36조) 규정을 두고 있다.

40) 평등권이란 국가로부터 부당하게 차별대우를 받지 아니함은 물론 국가에 대하여 평등한 처우를 요구할 수 있는 개인의 주관적 공권으로, 이러한 평등권은 실정법상의 권리가 아니라 인간이 자연적 상태에서부터 누려 온 생래적·천부적 권리라고 한다(권영성, 『헌법학원론』, 법문사, 2010, 393면).

차별금지규정 등은 헌법적인 평등규정을 고용상에서 구체화한 것이고, 특히 처벌규정 등 강행성을 규정한 법령은 그 실행력을 강화한 것이라고 할 수 있다.

2) 고용계약의 부수적 의무로서의 차별금지 근거

헌법적인 규정은 구체적인 실행법령이 없을 경우 고용상에서 선언적인 규범에 불과한 것이 될 수도 있다. 그러므로 균등대우나 차별금지는 개별법령에서 규정하는 경우에 그 실행력을 담보할 수 있다. 고용관련 법령은 고용상에서의 차별금지를 규정하면서 균등대우 등을 규정하고 있고, 개별근로관계는 실질적으로 단체협약, 취업규칙, 근로계약의 내용에 의하여 정해지는 것이므로 그 내용에 따라 달리 정할 수는 있다. 즉, 고용계약 등은 당사자 간의 자유로운 의사에 따라 그 내용을 결정할 수 있으므로 사적자치의 영역에 해당하는 고용계약 당사자 간의 자유로운 의사를 통제하기는 원칙적으로 어렵다. 그러나 고용관계법령은 많은 부분이 현실적으로는 시장원리에 대한 수정원리가 적용되는 영역이라고 할 수 있다. 법령에서 금지하는 내용을 근로계약에 담는 것은 실정법의 위반에 해당하고, 고용계약 내용의 결정과 이행은 평등의 이념(균등대우의 원칙 등)을 전제로 하여야 한다. 이 평등이념은 헌법의 기본적인 결단인 객관적 가치질서를 구체화한 것으로 고용관련 법률관계도 헌법상의 기본권 규정에 적합하게 규율되어야 하므로 근기법 등에 의한 고용관계의 영역에도 영향을 미치는 것이며 고용관계의 당사자는 평등의 이념에 구속되어 차별금지의무는 고용계약 등에 수반되는 의무가 되는 것이다.[41] 즉, 계약상의 부수적 의무에 해당한다고 할 수 있다.[42]

(2) 평등권의 성격과 대사인적 효력

1) 헌법상 평등권의 성격

고용상 차별금지제도의 근원인 평등권에 대한 시각은 몇 가지로 구분되는데 법규범적 성격을 지닌 것으로 보는 법규범설은 평등은 하나의 원칙이며 개인에

41) 근로자의 인격적 이익침해금지의 부수적 의무와 취업규칙의 내용통제이론에서 근로관계에서 사용자는 균등대우의무를 가진다고 보는 견해가 있다(전윤구, "근로관계에서의 균등대우원칙에 관한 연구", 고려대박사학위논문, 2004, 30~58면).

42) 김형배, 『노동법』, 박영사, 2012, 240면.

게 주어지는 청구권적 성격은 아니고 단지 법치국가의 법질서에 의해 반사적으로 얻는 이익이라고 본다. 또 평등에 대한 주관적인 권리로 인정하는 권리설은 자연권적 기본권으로 모든 개인은 평등하게 대우받을 권리가 있고, 국가 실정법을 통해 국민의 평등권을 침해하게 되면 국가를 상대로 시정을 요구하거나 위헌심사를 청구할 수 있는 권리로 보고 있다. 한편, 앞의 두 가지 성격을 모두 지니고 있다고 보는 양면설은 평등규정을 객관적 법규범으로서의 성격과 주관적 공권으로서의 성격을 모두 인정하는데, 평등권은 국가가 지녀야 할 하나의 법질서로서의 이념인 동시에 국민이 국가에 대해서 평등한 취급을 요구할 수 있는 개인의 공권으로 인식하는 것으로 다수설의 입장을 보이고 있다.[43)]

법적용의 대상이 되는 모든 인간을 원칙적으로 공평하게 다루어져야 한다는 법원칙인 '평등원칙'은 기본권보장을 위한 최고의 헌법원리이자, 공동체의 생활관계에서 모든 구성원을 부당하게 차별해서는 아니되고, 민주국가의 법질서를 구성하는 요소이며, 헌법해석의 지침인 동시에 입법·집행·사법 등 모든 공권력발동의 기준이며, 최고의 헌법원리이므로 헌법개정을 통해서도 폐지할 수 없는 개정금지사항에 해당하는 것이다.[44)] 아울러, '평등'의 의미에 대하여는 일체의 차별적 대우를 부정하는 절대적 평등설과 상대적 평등설로 구분되는데, 통설인 상대적 평등설은 모든 인간에 대하여 평등하게 대우하되 합리적인 이유 내지 근거가 있거나 정당한 사유가 있는 경우에는 차등대우가 가능하다는 입장이다. 합리적인 이유가 없는 차등은 자의적인 차별이 되고 이는 사회적인 정의에 반하게 된다. 헌법재판소도 헌법 제11조 제1항의 평등의 원칙은 절대적 평등을 의미하는 것이 아니고 법 적용이나 입법에 있어서 불합리한 조건에 의한 차별을 해서는 안된다는 상대적·실질적 평등을 뜻하는 것이라고 판시하고 있다.[45)] 결국, 고용상 차별금지제도에서의 합리적 이유에 관한 문제는 헌법적인 '평등'에서의 상대적 평등설에 입각하여 고용에서의 실질적인 평등실현을 목적으로 하

---

43) 권영성, 『헌법학원론』, 법문사, 2010, 393면에서는 평등권의 성격을 전국가적 자연권성, 주관적 공권성, 기능적·수단적 권리성, 양면적 권리성, 객관적 법질서성으로 구분하여 설명하고 있다.

44) 권영성, 『헌법학원론』, 법문사, 2010, 389면 : 헌법재판소 1989.01.25. 선고88헌가7결정 : 헌법재판소 2002.12.18. 선고 2001헌마546결정 외.

45) 헌법재판소 2004.12.16. 선고 2004헌마376결정 외.

는 문제와 관련된 것이라고 할 수 있다.

2) 평등권의 대사인적 효력

공권의 성격을 가지는 기본권인 평등권을 사인간의 관계에도 적용할 수 있는가에 대해서는 여러 가지 견해[46]를 보이고 있는데, 우리나라 학설은 대체적으로 대사인적 효력을 인정하고 있는 경향이다.[47] 다만, 사법의 일반원칙을 통하여 규율된다고 할 것이므로, 평등권을 보다 효과적으로 실현하기 위해서는 헌법 및 개별법을 통하여 구체적으로 실현방법을 규정하여야 한다. 즉, 평등한 대우를 요구할 뿐 아니라 사인간의 관계에서도 평등을 세부적으로 보장받기 위해서

---

46) 기본권의 제3자적 효력과 관련한 제견해로는 효력부정설, 직접적용설 그리고 간접적용설이 있으나, 다수설은 간접적용설이라 할 수 있다. 간접적용설의 요체는 기본권의 본래적인 효력은 대국가적인 공권이므로 대사인간에는 직접적인 효력을 갖지 못하나 사법(私法)의 일반원칙이나 일반조항을 통해 간접적으로 적용된다고 보는 것이고, 간접적용설을 취하는 입장에서도 모든 기본권에 대해 간접적 효력을 인정하는 것이 아니라 개별기본권의 성질에 따라 나누어서 인정하고 있다. 그러나 기본권의 제3자적 효력은 기본권주체의 기본권만이 아니라 그 기본권에 구속을 받게 되는 사인의 기본권과 충돌된다는 점, 사법의 독자성을 구축하고 있는 사적 자치의 원리 및 이에 따른 기본권 처분의 자유와 공익의 관점에서 갖는 사적 자치의 한계 등이 함께 고려되어야 한다는 점, 입법자의 입법활동은 기본권 보장원리를 구체적으로 실현하고 있으므로 헌법의 구체화로서 사법의 지위가 드러난다는 점에서 사인간에 적용할 기본권 존중의 정확한 법률규정이 없거나 혹은 그러한 법률규정이 있더라도 입법자의 자의적인 형성이 개재되어 위헌인 경우와 같이 법률의 흠결이 있는 경우를 배제하고는 직접적용설에는 수긍하기 어렵고, 나아가 기본권은 개인의 대국가적인 방어권으로 주관적 공권적 성질 이외에 객관적 원칙규범으로서의 성질을 가지고 있고 그 한도에서 기본권규범은 전체 법질서를 구성하는 요소로서 사법관계의 형성의 기초를 이룬다는 점, 기본권이 입법·집행(행정) 및 사법(司法)을 구속하는 직접적인 효력규범으로서 이들에게 지침을 부여하는 한 사법규정도 객관적인 원칙규범에 위반되어서는 안되며 모든 사법규정은 기본권규범의 정신에 따라 해석되어야 한다는 점 등에서 효력부인설의 입장도 수긍하기 어렵고, 이런 견지에서 본다면 일반적 평등원칙을 규정하고 있는 헌법 제11조 제1항 제1문의 규정은 개인의 주관적 공권 이외에 객관적인 원칙규범으로서 작용하고 있으므로 사법의 적용에서도 이러한 원칙에 구속받는 것으로 보아야 하므로, 평등원칙이 사법관계를 지배하는 객관적 원칙규범으로 인정할 경우 사인간의 법률관계를 규율하는 사법규정의 해석 및 평등원리를 직접적으로 구현하고자 하는 규정의 적용에 기본원리로 작용하는 것으로 인정하여야 한다는 입장을 보이고 있다(하경효·박종희·이정·이철수·김재훈·김홍영, "근로관계법상 균등처우 관련 제도개선 방안 연구", 노동부, 2006, 10~11면).

47) 우리 헌법은 제10조에서 국가는 개인이 가지는 불가침의 기본적 인권을 확인하고 이를 보장할 의무를 진다고 규정함으로써, 소극적으로 국가권력이 국민의 기본권을 침해하는 것을 금지하는데 그치지 아니하고 나아가 적극적으로 국민의 기본권을 타인의 침해로부터 보호할 의무를 부과하고 있다(헌법재판소 1997.01.16. 선고 90헌마110·136(병합) 전원재판부 결정).

는 헌법상의 평등조항 뿐만 아니라 개별법을 통하여 구체적으로 명문화할 필요가 있다 할 것이다.

판례[48]는 헌법상의 기본권은 제1차적으로 개인의 자유로운 영역을 공권력의 침해로부터 보호하기 위한 방어적 권리이지만 다른 한편으로 헌법의 기본적인 결단인 객관적인 가치질서를 구체화한 것으로서, 사법을 포함한 모든 법 영역에 그 영향을 미치는 것이므로 사인간의 사적인 법률관계도 헌법상의 기본권 규정에 적합하게 규율되어야 한다는 입장이다. 다만 기본권 규정은 그 성질상 사법관계에 직접 적용될 수 있는 예외적인 것을 제외하고는 사법상의 일반원칙을 규정한 민법 제2조, 제103조, 제750조, 제751조 등의 내용을 형성하고 그 해석기준이 되어 간접적으로 사법관계에 효력을 미치게 된다.

결국, 헌법상의 기본권은 제1차적으로 개인의 자유로운 영역을 공권력의 침해로부터 보호하기 위한 방어적 권리이지만 다른 한편으로 헌법의 기본적인 결단인 객관적인 가치질서를 구체화한 것으로서, 사법을 포함한 모든 법 영역에 그 영향을 미치는 것이므로 사인간의 사적인 법률관계도 헌법상의 기본권 규정에 적합하게 규율되어야 한다. 헌법 제11조는 "모든 국민은 법 앞에 평등하다. 누구든지 성별·종교 또는 사회적 신분에 의하여 정치적·경제적·사회적·문화적 생활의 모든 영역에 있어서 차별을 받지 아니한다."라고 규정하여 평등의 원칙을 선언함과 동시에 모든 국민에게 평등권을 보장하고 있다. 따라서 사적 단체를 포함하여 사회공동체 내에서 개인이 성별에 따른 불합리한 차별을 받지 아니하고 자신의 희망과 소양에 따라 다양한 사회적·경제적 활동을 영위하는 것은 그 인격권 실현의 본질적 부분에 해당하므로 평등권이라는 기본권의 침해도 사법의 일반원칙을 통하여 사법상 보호되는 인격적 법익침해의 형태로 논하여질 수 있고, 그 위법성 인정을 위하여 반드시 사인간의 평등권 보호에 관한 별개의 입법이 있어야만 하는 것은 아니다.[49] 물론, 이러한 사법의 일반원칙이 헌법규정이나 헌법에 의해 개별법령에서 명시적으로 규정한 차별금지규정을 우선하여 적용되어야 한다는 것을 의미하는 것은 아니며, 차별행위에 대한 구제이익

48) 대법원 2010.04.22. 선고 2008다38288 전원합의체 판결.
49) 대법원 2011.01.27. 선고 2009다19864 판결.

에도 차이가 있음은 고려되어야 한다.

(3) 실질적 고용평등 실현에서의 상대적 평등

헌법에서의 평등원칙은 절대적인 평등이 아니라, 상대적인 평등이고 실질적인 평등의 개념이다.50) 즉, 일률적으로 모든 것을 동가치한 것(절대적 평등)으로 보고 나누는 것이 아닌, 다른 것을 다르게 취급하고 같은 것을 같게 취급(상대적 평등)하는 것을 말하는 것으로 평등원칙이란 일체의 차별적 대우를 부정하는 의미가 아니다. 그렇기 때문에 절대적 평등은 형식적 평등이라고도 하고, 상대적 평등은 실질적 평등이라고도 한다.51)

특히 상대적 평등은 고용상 차별금지제도에서 차별의 전제조건으로 검토해야 할 합리적인 이유와 연관성을 크게 갖는 개념이라고 할 수 있으며, 적극적 개선조치 등 약자의 평등실현을 위한 조치들은 실질적 고용평등 실현을 위한 상대적 평등의 개념으로 접근될 수 있다. 그래서 상대적 평등은 비례적 평등이라고도 한다. 예를 들어 주민세는 해당 지역 주민이면 동일하게 세금을 부과한다. 반면에 소득세는 소득에 비례52)해서 과세하게 되는데 전자를 절대적 평등의 개

---

50) 헌법 제11조 평등의 개념은 형식적·절대적 평등이 아니라 합리적 근거에 기한 사리에 맞는 차별은 허용한다는 실질적·상대적평등을 의미한다는 것이 헌법재판소의 일관된 판단이다(헌법재판소 1991.02.11. 선고 90헌가27 결정 ; 헌법재판소 1994.02.24. 선고 93헌바10 결정 ; 헌법재판소 1995.07.21. 선고 94헌마136 결정 ; 헌법재판소 1996.10.04. 선고 95헌가1 결정 ; 헌법재판소 2015.12.23. 선고 2014헌마303 결정 등). 아울러, 헌법재판소는 "헌법 제11조 제1항의 평등의 원칙은 일체의 차별적 대우를 부정하는 절대적 평등을 의미하는 것이 아니라 입법과 법의 적용에 있어서 합리적 근거 없는 차별을 하여서는 아니된다는 상대적 평등을 뜻하고 따라서 합리적 근거 있는 차별 내지 불평등은 평등의 원칙에 반하는 것이 아니다. 그리고 합리적 근거 있는 차별인가의 여부는 그 차별이 인간의 존엄성 존중이라는 헌법원리에 반하지 아니하면서 정당한 입법목적을 달성하기 위하여 필요하고도 적정한 것인가를 기준으로 판단되어야 한다."라고 판시하여 합리적 근거 있는 차별은 인정하는 상대적 평등이라고 설시하고 있다(헌법재판소 1994.02.24. 선고 92헌바43 결정 ; 김은철, "헌법상 평등심사기준에 관한 연구", 「미국헌법연구(제26권 제1호)」, 미국헌법학회, 2015, 170면).

51) 하경효·박종희·이정·이철수·김재훈·김홍영, "근로관계법상 균등처우 관련 제도개선 방안 연구", 노동부, 2006, 4~5면에서는 평등에 대하여 형식적 평등과 실질적 평등으로 구분하면서 헌법 제11조 법 앞에서의 평등을 법적용의 평등 혹은 형식적 평등이라고 하고, 법 내용에서의 평등 혹은 법제정의 평등 양자가 모두 포함된 것으로 평등을 보아야 실질적인 평등의 보장이 담보된다고 한다.

52) 조세의 합형평성의 원칙은 조세관계법률의 내용이 과세대상자에 따라 상대적으로 공평(상대적평등)하여야 함을 의미하는 것으로서, 비슷한 상황에는 비슷하게, 상이한 상황에는

념에서 후자를 상대적 평등의 개념에서 접근될 수 있는 문제라고 할 수 있다. 결국 절대적 평등은 무조건적인 평등과 동일한 사유 내지 사안에서의 차별금지, 상대적 평등은 조건적인 평등과 상이한 사유 내지 조건을 고려하는 전제에서의 차별금지라는 연관성을 가진 것이다. 헌법에서의 평등권에 기한 고용상 평등의 문제는 상대적 평등개념에 기초한 것이고, 상대적 평등은 차별문제에서 실질적인 평등실현차원에서의 합리적인 이유를 전제하고 있어 차별판단에서 중요한 근거가 되고 있다.

(4) 헌법상 평등원리의 고용상 수정원리

법적으로 평등을 한 개의 권리(평등권)로서 직접 규정한 것은 헌법 제11조인데, 헌법상의 규정으로 판단한다면 모든 고용상의 차별은 금지되어야 하고 완전한 평등의 원칙이 지배되어야 한다고 할 수 있다. 그러나 고용영역은 사적자치의 원리가 지배하는 영역으로, 계약자유의 원칙에 따라 사용자와 근로자가 자유로이 계약내용을 정하고 그에 따라 노무제공과 급부를 제공하는 것이 기본적인 구조이다. 이렇게 사적자치가 지배한다면 계약내용에 따라 근로내용이 같아도 다른 대우가 가능하다는 결론에 이르게 된다. 그러나 고용관계법은 동일가치노동 동일임금을 전제하고 있으며, 고용상 동종 또는 유사한 업무에 종사하는 근로자와 비교하여 동등한 대우를 받아야 하고 차별적 취급은 금지되고 있다. 이러한 원칙들은 헌법상의 평등권이 고용상에서는 수정적인 조치가 이루어지고 있다는 것을 의미한다. 즉, 고용상 평등 내지 차별금지는 헌법상의 평등권, 근로계약상의 인격적 가치침해를 제어하는 부수적 의무 등 논자에 따라 이론적인 근거를 달리 보고 있지만[53], 고용영역이 노동법이 지배하는 영역으로 일정한 부분 사적자치를 제한·강제(최저임금, 사용금지, 산재보험 등)하는 등 법령에 의해 국가적인 통제가 가능한 영역이라는 점을 고려할 때 근본적인 근거는 헌법상의 평등권설에 근거하여 관련 고용법령에서 추구하는 시장원리에 대한 수

상이하게 그 상대적 차등에 상응하는 법적 처우를 하도록 하는 비례적·배분적 평등을 의미하며, 본질적으로 불평등한 것을 자의적으로 평등하게 취급하는(내용의) 법률의 제정을 불허함을 의미하는 것이다(헌법재판소 1990.09.03. 선고89헌가95결정).

53) 박성희, "고용상 차별의 구제에 관한 연구", 단국대박사학위논문, 2012, 7~10면.

정원리가 적용되는 영역으로 판단되어야 할 것이다. 이러한 판단으로 각종 고용법령에서 합리적인 이유 등이 존재하는 경우 차별이 아닌 것으로 파악하는 입법적 취지도 그 정당성을 인정받을 수 있기 때문이다. 그리고 이러한 수정원리에 따라 차별금지 등에 대한 제재조치가 가능하고 국가는 실질적인 평등을 실현하고자 적극적 개선조치 등 정책적으로 고용상에서의 차별문제에 대하여 개입할 수 있는 근거가 될 수 있다.

즉, 헌법이 규정한 평등권은 모든 사회영역에 적용되는 원리로서 이러한 헌법적인 정신은 공법영역 외에도 사법적인 영역에서 더욱 강조되어야 할 문제로 사법적인 영역에서의 계약자유원칙이라든가, 사적자치의 원리를 우선시하여 공법적인 평등원리를 배제한다면 평등권이 사법적인 영역에서 작용할 여지가 없어지고, 고용영역에서의 평등권실현 내지 차별금지는 그 실효성을 담보할 수 없을 것이다. 그러므로 고용영역에서 발생하는 불평등 내지 차별상황을 개선하기 위하여 특별법령을 통하여 국가가 정책적인 측면에서 개입하고, 이는 근로자를 보호하는 측면에서 더욱 강화되어 가고 있는 현실을 감안할 때, 평등권의 고용영역에서의 적용은 당연한 결과라고 할 수 있을 것이고, 헌법적인 정신인 상대적 평등실현을 위하여 개별법령에서 규정한 적극적 개선조치나 정책적 우대조치 등을 통한 개입도 정당성을 인정받을 수 있다. 다만, 사안에 따라서는 특별법적인 지위에 있는 개별사안들은 사적자치가 우선적으로 고려되어야 하는 부분도 있음을 염두에 두어야 한다.

(5) 민주주의원리로서의 고용평등

인간은 모두 태어날 때부터 평등하다는 것은 민주주의의 가장 기본적인 이념으로 헌법상의 평등권은 기본적인 인권의 하나로서 규정된 것이지만 이미 앞에서 보아온 바와 같이 평등의 원리는 민주주의 그 자체를 지탱하고 있는 기둥이다. 평등의 원리를 실현하기 위해서 정치제도로서는 민주정치가 발달하게 되었고, 인간의 생활원리나 방식으로서는 민주주의가 발전해 왔다. 만약 민주주의나 민주정치에서 인간의 평등이라는 대원리를 제외해 버린다면 민주주의나 민주정치 그 자체가 존재의 의의를 상실한다는 것을 의미하게 된다고 할 것이며, 이러한 민주주의원리는 고용상의 평등에도 원용된다고 할 것이다. 그러므로 우리 헌법은 근로의무의 내용과 조건은 민주주의원칙에 따라 법률로 정한다(헌법 제32조 제2항)고 규정하고 있다. 즉, 고용상의 평등을 실현하는 것은 합리적인 민주성의 원리에 따라 기회와 절차, 결과가 고용현장에서 보장되어야 한다는 점을 강조하고자 하는 것이라 할 수 있고, 고용관계는 그 내용에서 근로조건 등과 관련하여 개별근로자와 사용자간의 평등한 지위에서 민주적인 절차에 따라 이루어지고 그러한 근로조건 내용의 결정에는 평등의 이념이 전제되어 있다고 할 수 있다.

또, 자본주의 사회가 발달하면서 자발적이고 독립적인 인간의 사회적인 활동은 피할 수 없는 명제라고 할 수 있다. 특히 인간의 사회적인 활동영역에서의 중심축에는 고용관계 내지 노동현장을 배제하기는 어렵다. 평등은 헌법 제11조 및 제32조 외에도 제33조에 의한 노동3권을 보장하고 있고, 이에 기초한 노조법에서는 노조활동과 참여 및 운영에서의 민주성원리가 전제가 되어야 하며, 조합원은 조합 활동에 참여함에 있어 차별받지 않음을 명시하여 평등을 실현할 수 있도록 규정하고 있다. 즉, 이러한 규정들은 민주주의 원리가 고용관계에 내재되어 있어 차별금지 및 평등실현에 작용하고 있다고 보아야 한다.

(6) 평등과 고용상 차별금지의 상관성

평등이란 둘 이상의 객체들이 일정한 비교의 관점에서 볼 때 여전히 서로 구별되는 표지들을 가지고 있기는 하지만, 그 비교의 관점을 구성하는 표지들에 있어서 서로 일치하는 관계를 표현하기 위해서 사용되는 관계개념[54]으로, 권리·의무·자격 등에서 차별이 없는 상태를 말한다. 예를 들어 남녀평등은 권리나 의무 등에서 성별을 이유로 하여 차등을 두지 않는 차별이 없는 상태를 말한다. 그렇다고 성별에 의한 근본적인 성적 특성을 부인하는 의미로 인식되어지는 것은 아니다.

평등에 대하여 우리 헌법은 인간의 존엄과 가치를 지키기 위한 법 앞의 평등에 대하여 평등권을 중심으로 민주주의의 기본이념인 기본적인 인권으로서의 평등을 그 내용으로 하고 있다. 이와 관련하여 고용분야에서의 평등은 차별금지

54) 하경효·박종희·이정·이철수·김재훈·김홍영, "근로관계법상 균등처우 관련 제도개선 방안 연구", 노동부, 2006, 5면.

라는 제도적인 장치를 토대로 균등대우를 실현하여 평등을 촉진하고 차별을 규제하는 것으로 규율하고 있으며, 헌법과 고용관련법령은 공통적인 평등실현인 기회의 평등[55] 등을 중심으로 다루고 있다. 여기에 고용관련법령은 더 나아가 직·간접적으로 과정에서의 평등과 결과에서의 평등도 고려하고 있는데, 평등의 내용에서 고용상 평등은 고용영역으로의 진입을 방해하는 장애물을 제거하고 균등하게 기회를 부여해야 한다는 기회의 평등[56], 고용상에서 임금 및 근로조건 등 고용내용에서의 균등한 대우에 의한 평등[57], 그리고 고용상 취해지는 정책이나 제도, 대우가 결과적으로 차별적인 요소가 제거되어야 한다는 결과에서의 평등[58]을 담고 있다.

실질적 평등으로서의 상대적 평등에서는 차별 내지 불평등의 반대가 곧 평등이라고 단정하지는 않는다. 그것은 실질적으로는 차별이지만 차별로 보지 않는 사유도 있기 때문이다. 즉, 차별과 불평등은 평등 및 균등대우의 개념과 상반되는 동전의 양면성을 가지는 것으로 판단해도 틀린 문제는 아닐 것으로 판단되

55) 헌법 전문에서 "모든 사회적 폐습과 불의를 타파하며, 자율과 조화를 바탕으로 자유민주적 기본질서를 더욱 확고히 하여 정치·경제·사회·문화의 모든 영역에 있어서 각인의 기회를 균등히 하고"라고 규정하고 있고, 정책법 제7조에서는 "균등한 취업기회 보장" 규정과, 남녀고용평등법 제1조에서는 "평등이념에 따라 고용에서 남녀의 평등한 기회와 대우를 보장하고"라고 규정하고 있다.

56) 기회의 평등은 관련되어 있는 사회집단간의 제도나 사회적 위치에 접근할 평등을 말한다. 즉 남녀 공히 개개인이 처해 있는 모든 상황이나 조건 및 이유를 막론하고 모든 사람에게 고용의 기회가 부여되는 평등과 같은 것이다. 우리 헌법이나 여러 법문에서도 평등권을 선언하면서 기회의 평등을 천명하고 있다. 특히 고용상 기회의 평등은 노동시장으로의 진입을 가로막는 진입의 장벽을 제거하는 것에 중요한 의미를 갖는다. 정책법, 남녀고용평등법에서도 이러한 진입을 방해하는 것을 금지하고 있다. 결국 기회의 평등은 모든 활동에서 기회조차 주어지지 않는 경우 진정한 평등의 실현은 불가능하다는 점을 인식한 것이다.

57) 과정에서의 평등은 인간의 삶의 과정에서의 평등을 의미한다. 고용상에서 판단해 본다면 기회의 평등이 고용시장으로의 진입을 방해하는 요소들을 제거하는 것이라고 한다면, 과정의 평등은 그러한 고용과정(채용부터 퇴직까지)에서의 평등이 보장되어야 하는 것이다. 동일한 조건으로 고용된 근로자가 특정 집단의 소속 내지 특징적인 요소(성별 등)로 인하여 승진에서 제외되거나 불이익한 처우를 받게 된다면 이는 과정에서의 평등이 무너진 결과라고 할 수 있다. 고용상 평등의 문제 대부분은 이러한 과정에서의 평등을 실현하는 내용을 담고 있다(근기법 등).

58) 결과의 평등은 평등의 원칙에 대한 적용인 것처럼 다루어진 정책이나 기준들이 불평등한 결과를 유발해서는 안 되는 것이고 결과에서도 평등이 실현되어야 한다는 것을 말한다. 간접차별에서 중립적인 기준을 적용해도 결과적으로 특정 집단이나 개인에게 차별적인 결과를 가져오는 경우 이를 차별로 보는 것과 같은 관점에서 이해될 수 있을 것이다(남녀고용평등법 등).

며, 평등의 실현은 차별금지라는 규제를 통하여 보완된다고 볼 수 있고, 현실적으로 고용상 평등 내지 평등권의 구체화는 법률이나 각종 규제 등을 통하여 차별금지 내지 균등대우라는 정책적인 고려에서 실현된다고 할 수 있겠다.

Ⅲ. 고용상 차별에서의 쟁점

1. 차별사유에 관한 문제

차별금지사유로 헌법에서는 성별・종교 또는 사회적 신분을 명시하였고, 근기법에서는 성별・국적・신앙・사회적 신분을 규정하고 있다. 이러한 차별사유는 남녀고용평등법에서는 성별 차별에 대하여 상세히 규정하였고, 장애인차별금지법에서는 장애를 이유로 하는 차별사항을 상세히 규정하고 있으며, 기간제법 등 비정규직법에서는 기간제 및 단시간근로자, 파견근로자에 대하여 차별금지를 규정하고 있다. 차별사항에 대한 이슈는 고용환경의 변화로 인적교류의 국제화와 다문화가정의 증가로 인종 및 국적, 출신민족, 피부색 등의 새로운 이슈에 대한 판단이 필요하고 이러한 현상은 복합적인 사회적 신분으로 나타날 수 있다. 헌법과 근기법에서 규정한 종교나 신앙의 문제를 경향성과 연계하여 고용과정에서의 차별사항에 개념적인 논의가 필요한 사안으로 판단된다.

(1) 인종 및 국적

단일민족으로 단일인종에 속해 있던 우리나라는 인종에 대한 차별문제는 상대적으로 고민의 대상이 아니었다. 그러나 최근 외국인근로자의 유입증가 및 다문화가정의 확산으로 인좋 및 국적 등에 대한 차별문제가 부각되고 있는데, 국적이라 함은 국적법상의 국민으로서의 지위를 말한다. 국적에 의한 근로조건상의 차별대우는 금지된다. 특정 국적에 의한 차별대우가 문제될 수 있는 것은 주로 한국인 근로자와 외국인 근로자와의 차별 대우이나, 국적별 외국인 근로자간의 차별대우도 포함된다. 또, 2중국적자 등에 대한 차별대우도 원칙적으로 근기법 제6조 위반이 된다. 일반외국인[59]은 물론 출입국관리법 등을 위반한 불법취

59) 인터넷전화서비스와 관련하여 외국인의 경우 요금납부를 신용카드로만 인정하고 은행통

업 외국인에게도 근기법 등 고용관계법을 적용하는 것이 원칙이나, 관련 법령에서 예외적으로 외국인에 대한 채용을 일정부분 제한하는 규정을 두는 경우도 있다.[60] 국적에 따라 근로조건을 차별한 것이 근기법 제6조 위반이 되는지 여부의 판단은 내외국인 또는 외국인 근로자 사이의 근로조건 등을 종합적으로 비교하여야 하며, 이러한 차별이 국적만을 이유로 한 것인지 아니면 업무능력, 직장보장의 정도, 생계비 및 채용 시의 기타 여건 등을 감안한 합리적 차별인지를 구체적으로 검토하여 판단하여야 한다.[61] 아울러, 인종 및 고유국적 차별은 대한민국의 국적을 갖고 있음에도 불구하고 흑백인·혼혈아 등의 인종[62] 또는 화교 등의 출신국적을 이유로 차별대우하는 것이 근기법 제6조의 위반이 되는가가 문제가 된다. 국적의 법적인 개념에는 인종 또는 출신국적의 개념이 포함되지 아니하는 것이 원칙이나, 국적을 이유로 하는 차별을 금지한다는 개념은 동일한 국적을 가진 근로자는 균등하게 대우한다는 사실을 당연한 전제로 하고 있으므로 우리나라 국적을 가진 근로자를 인종 또는 출신국적(귀화 전 원래국적·출신국가 등)을 이유로 차별해서는 아니 될 것으로 판단된다. 이러한 인종 및 국적과 관련한 차별사유는 고용상에서 외국인근로자, 인종 및 인종적 요소

장을 통한 자동이체는 제한한 건과 관련하여 해당 외국인은 한국에 장기간 거주하여 주거지가 일정하고 직업이 있어 수입도 일정하며 은행에 별도 계좌가 있음에도 은행자동이체 요금납부를 제한한 것은 외국인이라는 이유로 불합리하게 차별하는 것이므로 요금수납 시 외국인에 대하여 은행자동이체 납부를 거부하는 관행을 시정할 것을 권고하였다(국가인권위원회 2009.12.21. 09진차369결정).

60) 국가공무원법 제26조의3(외국인과 복수국적자의 임용)에서는 ① 국가기관의 장은 국가안보 및 보안·기밀에 관계되는 분야를 제외하고 국회규칙, 대법원규칙, 헌법재판소규칙, 중앙선거관리위원회규칙 또는 대통령령으로 정하는 바에 따라 외국인을 공무원으로 임용할 수 있다. ② 국가기관의 장은 다음 각 호(1. 국가의 존립과 헌법 기본질서의 유지를 위한 국가안보 분야, 2. 내용이 누설되는 경우 국가의 이익을 해하게 되는 보안·기밀 분야, 3. 외교, 국가 간 이해관계와 관련된 정책결정 및 집행 등 복수국적자의 임용이 부적합한 분야)의 어느 하나에 해당하는 분야로서 국회규칙, 대법원규칙, 헌법재판소규칙, 중앙선거관리위원회규칙 또는 대통령령으로 정하는 분야에는 복수국적자(대한민국 국적과 외국 국적을 함께 가진 사람을 말한다. 이하 같다)의 임용을 제한할 수 있다고 규정하고 있다.

61) 법원은 외국인도 근기법상의 근로자에 해당되며, 외국인이라는 것을 이유로 임금 및 근로시간 등 근로조건에 있어 어떠한 차별도 받지 아니한다고 보고 있다(대법원 1995.09.15. 선고94누12067판결).

62) 인종차별 및 모욕을 당한 사건. 즉 경찰서에서 조사를 받는 중 인종차별적 발언 및 조사태도와 관련하여 ○○경찰서장에게 행위자에게 주의조치하고, 재발방지를 위해 인종차별금지에 관한 인권교육을 실시할 것을 권고하였다(국가인권위원회 2010.05.31. 09진인3104결정).

(피부색, 신체적 특성, 언어, 민족, 국적 등)에 의한 차별행위에 대한 문제와도 연관성이 있다고 할 것이다.

(2) 신앙 및 정치적 신조

헌법에서는 '종교', 근기법에서는 '신앙'으로 규정하고 있는데 신앙이란 천주교, 기독교, 불교 등의 종교적 신념을 의미하므로 같은 의미로 이해된다. 따라서 신앙을 이유로 한 차별금지라 함은 특정 종교를 갖고 있거나 또는 종교가 없는 것을 이유로 근로조건에 대해 차별대우를 하지 못한다는 것을 의미한다. 근로자의 내면적 신앙의 자유는 절대적 자유이나 이러한 신앙이 외부로 표출되어 종교행사로 되는 경우에는 종교행위가 경영 질서를 문란케 하는 등의 경우에 한하여 이를 규제할 수 있다.[63] 한편, 신앙의 개념에 정치적 신조[64]가 포함되는지의 여부가 문제시 된다. 이에 대하여 신앙의 개념에 정치적 신조는 포함되지 아니하나 균등대우원칙의 근본취지가 근로능력의 평가와 관계없는 불합리한 근로조건의 차별금지에 목적이 있으므로 정치적 신조를 이유로 하는 차별대우는 금지된다고 할 것이다.

또, 신앙 등과 관련하여 경향사업체의 문제를 들 수 있는데, 경향사업체[65]는

63) 예컨대, 종업원이 회사의 종교행사에 참가하는 것을 거부하였다고 하여 이에 대하여 차별대우를 하거나, 채용 당시 종교적 신앙과 관련된 어떠한 사실을 밝히지 아니하였다는 이유로 하는 징계해고 등 불이익한 조치는 근기법 위반이다. 그러나 근무시간 중에 종교행사를 치루는 것과 같이 기업의 경영 질서를 문란하게 하거나 저해하는 것을 이유로 이를 제한한다 하더라도 근기법 등 법률 위반은 아니다. 판례는 어떤 기사의 편집행위가 사시에 반하는지의 여부나 어떤 일련의 사태가 언론의 자유와 근로자의 신분에 부당한 침해가 되는 것인지의 여부에 관한 판단은 각자의 주관과 정치적 또는 종교적 신념과 양심에 따라 결론을 달리할 수 있는 것이라 하더라도 그 의도하는 바를 실천에 옮김에 있어서, 그 행위 자체는 고용계약이나 근무규정 등 기업체의 규범에서 오는 제약과 양립되는 범위 내에서 허용되는 것이므로 고용계약상의 노무제공을 거부하며 근무규정상의 의무에 반하여 기업체내의 질서를 문란케 하는 내용의 행동은 기업의 운명을 좌우하는 중대한 고용계약의 위반행위라고 보고 있다(대법원 1980.09.09. 선고 77다2030 판결).

64) 일본 노동기준법은 우리의 근로기준법에 규정된 균등대우의 원칙을 규정하면서 '사용자는 국적, 신조 또는 사회적 신분을 이유로 하여 임금, 근로시간 기타 근로조건에 대하서 차별적 취급을 해서는 안 된다(노동기준법 제3조)'고 하여 우리와는 다르게 '신앙' 대신 '신조'라는 용어를 사용하고 있다. 여기에서 '신조'는 사상, 신념 그 밖의 사람 마음속의 사고방식을 의미하며 종교적 신조, 정치적 신조, 그 밖의 여러 사상을 포함한다고 한다(이정 譯(管野和夫 著), 『일본노동법』, 법문사, 2007, 141~142면).

65) 서울특별시 도시개발공사의 직원이 부동산매매업을 영위하거나, 부동산 투기를 목적으로 다량의 부동산 거래행위를 하였음을 이유로 위 공사가 해당 직원을 해임하였고 이에 대하

특정한 종교적 활동 또는 정치적 목적 등의 수행과 관련되어 영위되는 사업체로, 그 추구하고자 하는 활동 또는 목적이 사업의 수행에 필요불가결한 경향성을 가진다는 점에서 일반사업체와 구별되고, 경향사업체의 경우 종교적 활동 또는 정치적 목적에 반하는 행위를 한 근로자에 대하여 해고 등의 차별대우를 하더라도 근기법 위반에 해당되지 아니한다. 예컨대, 기독교 교리를 연구·전파하기 위하여 설립된 신학교에서 교사가 기독교 교리에 반하는 내용의 행위 등을 하는 경우 당해 교사에 대한 해고 등의 차별대우는 정당하다고 할 것이다. 다만, 이러한 경우는 경향사업의 핵심적 역할을 담당하는 경우의 본질적인 업무(진정직업자격으로 인정되는 경우 등)에 직접 관련된 자만을 제한적으로 적용하여야 하며, 일반적인 비핵심 부수업무자로 확대하는 것은 차별의 문제가 될 수 있다. 이러한 신앙의 문제는 경향사업체의 경향성과 직무본질론적인 요소, 종교 활동과 근로관계에서의 문제들이 차별행위 등으로 표출될 여지도 크다고 할 것이다.

(3) 복합적인 사회적 신분

복합적인 사유가 결합된 차별사유라고 할 수 있는 사회적 신분을 이유로 사용자는 근로자를 차별대우 하여서는 아니 되는데, 무엇이 사회적 신분인가에 대해서는 견해가 나뉘고 있다. 이에는 사회적 신분을 사람이 태어나면서부터 가지고 있는 봉건적·특권적인 선천적 신분이라고 보는 견해, 선천적인 신분뿐 아니라 자기 의사에 의하여 피할 수 없는 후천적인 신분도 포함된다는 견해가 있다.[66] 시대적으로 대부분의 봉건적 계급체제가 붕괴된 현재 실정을 감안하여 볼 때에 사회적 신분을 봉건적 신분으로 해석하는 것은 설득력이 없다고 본다. 이러한 관점에서 사회적 신분은 선천적 신분뿐 아니라 후천적 신분도 포함된다고 보는 견해가 합리적일 것으로 판단된다. 이 경우 선천적 신분에는 출신지역

여 중노위와 법원은 경향사업체의 특례를 인정하고 정당한 해고임을 판시한 바 있다. 이 경우 서울시 도시개발공사의 직원은 공공의 이익을 위하여 개인의 사익을 추구하는 업무 활동을 금하는 내용을 위반한 것으로 경향사업체의 특성이 반영된 사안으로 판단하여, 기존에 일반적으로 논하고 있는 종교적인 성향 내지 정당 등의 경향사업만을 의미하지 않고 있다(대법원 1994.12.13. 선고93누23275판결).

66) 권영성, 『헌법학원론』, 법문사, 2010, 395면.

및 혈연 등이 해당되고, 후천적 신분에는 장애인, 고아 등이 이에 해당될 수 있다고 본다. 이러한 사회적 신분은 사회생활을 하면서 상당한 기간이 지남으로써 사람이 가지게 되는 지위로서 그의 의사에 의하여 피할 수 없는 사회적 분류를 말하고, 근로계약의 내용 자체에 따라 정해진 기간제근로자, 단시간근로자, 상용근로자나 노동조합의 임원의 지위는 사회적 신분에 포함되지 않는다. 즉, 사회적 신분이란 사람이 태어나면서부터 생래적으로 가지고 있는 지위 또는 후천적으로 가지게 된 지위로서 자신의 의사로도 피할 수 없는 것(장기간 유지는 되는 지위)을 가리키는 것이고, 노조의 선출직 간부 등 일시적 지위는 이에 해당되지 아니한다고 보고 있다.[67] 한편, 서울남부지법(민사합의 13부)의 "고용·근로형태도 사회적 신분"으로 보는 판례가 나와 주목되고 있다.[68] 즉, 정규직과 유사한 업무를 수행하는 무기계약직에게 차등 임금을 지급한 ○○방송에게 미지급 임금과 지연이자 30억여원을 지급하라고 주문한 법원 판결에서 그 근거로 근기법 제6조의 '사회적 신분'을 이유로 들면서, 고용형태(근로형태) 역시 차별이 금지되는 사회적 신분에 해당한다는 것이 법원의 판단이다.[69] 법원은 "일반직과 업무직이 동일한 취업규칙·직제규정·인사규정을 적용받고, 업무분장이 구분되지 않고 동일한 장소에 혼재돼 근무하고, 상호 순환·교대·교차근무 또는 동일·동종업무를 수행하고, 업무직으로만 구성된 부서의 경우 과거 일반직이 하던 업무를 대체했다"며 "일반직과 업무직이 담당하는 업무 내용과 범위, 업무의 양이나 난이도, 회사에 대한 기여도 등에 차이가 없고 직종별 업무 유사도가 대부분 부서에서 90%에 이른다"고 판단하였다. 즉, 법률상 정규직인 무기계약직의 경우 고용형태(근로형태)를 근기법에 서술된 '사회적 신분'으로 보고, ○○방송의 무기계약직에 대한 임금 차별이 근기법 위반에 해당한다고 판단했

---

67) 김형배, 『노동법』, 박영사, 2012, 230면.

68) 경향신문 2016년 6월 13일자 8면(http://epaper.khan.co.kr).

69) 이 사건의 ○○방송 정규직은 일반직과 업무직으로 구분되는데, 일반직은 공채 과정을 거쳐 채용되고, 부서장 보직을 부여받을 수 있으며, 직급승진이 이뤄진다. 반면 이 사건 원고인 업무직은 공채가 아닌 추천 과정을 거쳐 기간제 형태로 입사해 일하던 중 2004년 노사합의를 통해 무기계약직으로 전환됐다. 업무직은 부서장 보직을 받을 수 없고, 직급승진도 이뤄지지 않는다. 일반직과 업무직은 기간의 정함이 없는 근로계약을 맺고 있다는 점에서 같은 정규직이지만, 각기 다른 보수규정을 적용받는다. 업무직에게는 주택수당·가족수당·식대 등이 지급되지 않는데, 수행하는 업무가 거의 일치한다.

다. 재판부는 "이 사건 업무직의 경우 자신의 의사나 능력과 상관없이 보직을 부여받을 수도 없고 직급승진도 할 수 없는 구조에 있다"며 "업무직이라는 고용형태 내지 근로형태는 피고회사 내에서 자신의 의사나 능력발휘에 의해 회피할 수 없는 사회적 신분에 해당한다고 봄이 타당하다"고 판시했다. 이어 "이 사건 수당을 일반직에게만 지급하고 업무직에게는 지급하지 않기로 하는 내용의 업무직 보수규정과 근로계약은 근기법 제6조 균등처우 규정을 위반해 무효"라고 덧붙였다. 사회적 신분이 오랜 기간 또는 일생동안 탈피하기 어려운 사회적인 지위라는 관점에서 벗어나 한정된 조직 내의 지위에 대하여 사회적 신분을 인정하는 것으로 그동안의 인식과는 다른 것으로 판단된다. 즉, 이 판결은 법원이 견지해 온 일반적 해석론에서 벗어난 것이다. 법원은 그동안 고용·근로형태는 사회적 신분으로 보기 어렵고, 고용·근로형태에 따른 근로조건의 차이와 관련해 근기법 제6조를 적용하기 어렵다는 입장을 유지했다. 고용환경 등 사회적 변화가 법원의 기존 해석론에 영향을 미친 것으로 해석되는바, 사회적 신분 및 고용형태에 대한 차별문제에 대하여 의미 있는 전환점이 될 것으로 판단된다. 여하튼 사회적 신분에 대한 차별은 헌법을 비롯한 근기법 등 고용관계법령에서 금지되고 있으므로 이를 이유로 한 차별은 허용되지 않는다. 그럼에도 복합적인 인종적 요소(출신민족, 신체적 특성, 언어, 국적 등)와 결부되어 다양한 사회적 신분 요소가 고용상에서 차별행위로 표출될 가능성이 크고, 현실적으로도 차별행위가 발생하고 있으므로 사회적 신분의 문제는 광범위한 개념적 요소를 가지는 것이라고 할 수 있어, 차별행위나 요소에서는 보다 구체적인 범위설정이 필요하다고 할 것이다.

2. 차별에서의 일반화 문제

(1) 개별 법령의 차별사유에 대한 일반화

헌법에서 특별히 차별금지를 규정한 차별사유나 개별 법령에서 규정하고 있는 차별사유는 특정사유에 대하여만 규정하고 있고 인권위법처럼 망라하여 규정하고 있지는 않다. 헌법 제11조 제1항은 "모든 국민은 법 앞에 평등하고, 누구든지 성별·종교 또는 사회적 신분에 의하여 정치적·경제적·사회적·문화적 생활의 모든 영역에 있어서 차별을 받지 아니한다"고 규정하고 있다. 이와 관련하여 헌법에 규정된 사유와 영역은 차별을 받지 아니하는 사유를 한정한 것이기 때문에 열거된 사유가 아니면 차별이 가능하다고 보는 한정설(제한적 규정설)과 헌법에 규정한 사유는 예시적인 것이므로 그 이외의 사유라 할지라도 그 차별이 불합리한 것이면 허용되지 아니한다고 보는 예시설로 나뉘고 있는데, 헌법적인 통설은 예시설이며,[70] 헌법재판소도 예시설의 입장을 보이고 있다.[71]

마찬가지로 고용법령에서 개별 고용법령의 목적에 부합하는 차별사유로 규정한 차별사유와 규정하고 있지 않은 특정한 차별사유에 대하여 차별근거로 적용할 수 있는지가 문제가 될 수 있다. 즉, 개별법령에서 각기 다르게 규정하고 있는 차별사유들이 열거주의인지 예시주의인지에 관한 문제이다. 통상적으로 차별행위에 대하여는 벌칙이 부여되는 것으로 죄형법정주의의 원칙상 열거된 사유만을 적용하는 것이 원칙이라 할 수 있다.[72] 그러나 열거되지 않은 차별사유도 이를 배제하고 있다고 보기는 어려운 문제가 있다.[73] 즉 법령에서 열거한 사유 외에 차별사유를 적용하여 차별해도 된다는 것을 허용하는 취지로 해석하기에는 무리가 있다. 근기법을 예로 든다면, 성별을 이유로 차별해서는 아니되지만 인종을 이유로 차별을 할 수 있다고 판단할 수 없는 것과 같다. 즉, 근로조건에서 균등한 대우는 인종이 다르다고 하여 달리 적용해야할 합리적인 근거는 없다는 점이며, 차별이 불합리한 것이면 금지된다고 보아야 한다. 그러므로 개별법령에서 특별히 제한적으로 엄격히 규정하고 있는 사안이 아닌 한 일반적인 차별사유를 이유로 합리적인 이유 없이 차별해서는 아니된다고 보아야 한다. 즉, 직접 규정된 차별사유는 특별히 강조하여 보호하는 규정으로 고려하여야 하지

70) 권영성, 『헌법학원론』, 법문사, 2010, 394면.

71) 헌법재판소 2011.06.30. 선고 2010헌마460 결정 ; 헌법재판소 2011.03.31. 선고 2008헌바141 결정 등.

72) 근기법상 균등한 처우 규정위반은 벌칙이 부과되기 때문에 죄형법정주의 원리와 조화된 해석을 위해서는 차별금지사유를 규정한 제6조의 차별사유는 제한적으로 열거한 것으로 보아야 한다는 견해를 보이고 있다(전윤구, "근로관계에서의 균등대우원칙에 관한 연구", 고려대박사학위논문, 2004, 114면).

73) 장애인차별금지법 제9조에서는 동 법에서 규정한 것 외에는 인권위법의 규정에 따른다고 규정하고 있다. 즉, 차별사유 등을 일반적으로 규정한 인권위법을 제반규정에 따라 차별행위에 대하여 규제하고 있다.

만, 열거되지 않은 차별사유를 배제하는 것으로 볼 수는 없다고 할 것이다.[74)]

(2) 간접차별의 일반화

간접차별의 적용근거로는 헌법(제11조)의 성별·종교 또는 사회적 신분에 의하여 차별을 받지 아니 한다는 규정에서 직접차별은 물론 간접차별도 포괄할 수 있는데, 헌법재판소가 제대군인 가산점 제도의 평등권 침해 여부를 다룬 판결[75)]에서 그 존재를 사실상 인정하고 있다. 고용관련법령에서는 남녀고용평등법(제2조 제1호), 장애인차별금지법(제4조 제1항 제2호), 고령자고용법(제4조의4 제2항)에서 명시적으로 규정하고 있다. 이러한 규정들은 헌법상의 규정을 각각의 개별 법령에서도 수용하고 있는 내용들로 간접차별행위에 대한 근거로 볼 수 있다. 간접차별은 중립적인 기준 등을 적용하였으나 그 기준이 특정 개인이나 집단에게 현저하게 불리한 결과를 야기하고, 해당 기준이 합리적이고 정당한 것임이 입증될 수 없는 결과적 차별이다. 여기서 중립적 조항, 기준 또는 관행이 객관적으로 합법적인 목적과 그러한 목적을 달성하기 위한 적절하고 필요한

---

74) 직업안정법은 근로자의 직업안정을 도모하기 위한 법률이고, 근로자의 지위는 근로기준법 제5조에서 명시하고 있듯이 국적을 불문하고 차별적 대우를 받지 않게 되어 있으며, 직업안정법 제19조의 유료직업소개사업에 대하여 노동부장관의 허가를 받도록 하고 있는 입법취지 역시 무분별한 직업알선으로 인하여 근로자가 입게 될 피해 등을 막기 위하여 정부가 알선기관을 감독하고자 하는 것으로서, 그 주된 목적이 근로자를 보호하기 위한 법조항이라고 보아야 하며, 같은 법 제2조 "균등처우" 조항에서 성별, 종교, 사회적 신분, 혼인 여부 등의 이유로 차별대우를 받지 아니한다라고만 하였을 뿐 국적을 표시하지 않았다 하더라도 위와 같은 사유들은 예시적인 것일 뿐, 거기에 국적이란 사유가 열거되지 않았다 하여 외국인을 제외하는 취지로 보아야 할 이유가 없고, 또 외국인 근로자를 포함한다고 해석하는 것이 죄형법정주의에 위배되는 법해석이라고 할 근거도 없으므로, 같은 법 제19조가 규정하고 있는 유료직업사업에 관한 허가규정은 외국인 근로자를 국외로 알선하여 주는 소개업에도 적용된다(대법원 1995.09.29. 선고 95도1331 판결). 아울러, 근로관계 개별법령에서 열거한 차별사유에 대한 위반의 경우 벌칙규정이 수반되는 점을 감안하면 각각의 법령에서 규정한 처벌규정과 구제방법 및 구제이익이 동일한 것이 아니므로 죄형법정주의 원칙상 엄격하게 제한하는 것이 필요하다. 그러나 각각의 개별법령이 규정하고 있는 차별사유는 통일되어 있지 않고, 벌칙규정도 일부법령은 있는가 하면 일부 법령은 없는 경우도 있으므로, 본서에서의 논의 대상과 범위는 고용과 관련한 차별문제를 차별적 요소들에 대한 합리성과 이유를 검토하는 측면에서 일반적으로 다루고자 차별사유를 일반적으로 다루기 위한 논지를 구성하였다. 다만, 헌법재판소와 법원의 예시설적인 입장과 간접차별 입장에서는 구체적으로 명시되지 않은 경우도 차별문제로 다룰 수 있음을 고려하고자 한다.

75) 헌법재판소 1999.12.23. 선고 98헌마363 결정.

방법에 의해 정당화되지 않을 때 중립적 조항, 기준 또는 관행은 어떤 사람에게 그렇지 않은 사람과 비교하여 특별히 불이익 하도록 특별한 특징적 지향을 갖도록 요구하는 경우에 차별이 발생[76]하고, 그 기준이 현저하게 불리한 결과를 야기한다는 것은 차별사유와는 무관한 기준을 비교되는 개인 또는 집단들에게 적용하였으나 어느 한 특정 개인 또는 집단이 다른 개인 또는 집단보다 그 기준을 현저히 충족시키지 못하고 그로 인하여 그 집단 및 그에 속한 개인들에게 현저하게 불리한 결과가 초래되는 것을 의미한다고 할 수 있다.[77] 고용상 간접차별은 실질적 평등을 저해하는 요소로 작용할 가능성이 크다고 할 수 있고, 고용상 차별금지제도에서의 합리적인 이유를 찾는 것은 이러한 간접차별의 상황에 대한 합리성 여부를 판단하는 문제가 관건이 될 것으로 판단된다.

직접차별은 법문에서 규정하고 있는 내용에 따라 직접적인 실행력을 가진다고 할 수 있다. 그러나 간접차별의 경우는 남녀고용평등법 등에서 규정하고 있는 경우처럼 명시적으로 표현하지 않는 경우 이를 다른 차별사유 등에 일반적으로 규율할 수 있는가가 문제될 수 있다. 특히, 간접차별의 경우는 독일의 경우처럼 일반적인 규정으로 간접차별을 개념화하지 않고, 남녀고용평등법 등에서처럼 특정한 법령 내지 사유에 대하여만 규정하고 있는 점을 감안할 때 실질적인 차별금지를 통하여 평등권을 담보하기가 어려운 것이 현실이다. 그리고 차별금지정책을 실행해도 결과적으로 차별문제가 발생한다면 이는 차별금지제도가 제대로 작용하고 있다고 할 수는 없을 것이다. 결국, 중립적인 기준 등을 사용해도 결과적으로 차별이 발생하는 문제가 해소되어야 진정한 평등이 실현될 수 있다는 현실을 감안할 때, 직접차별과 더불어 간접차별의 문제도 고려되어야 고

76) EU입법지침(인종 또는 출신민족의 구별없는 사람들 사이의 평등대우원칙에 관한 입법지침, 이하 "2000/43/EC"로 표기한다) 제2조 제2항(b) 참조.

77) 국제규범에서 정한 내용도 차별판단의 기준으로 적용하게 되는데, 인권위법 제2조 제1호가 명시하듯 "인권이란 대한민국이 가입·비준한 국제인권조약 및 국제관습법에서 인정하는"규정에 따라 우리 정부가 가입·비준한 국제인권조약내용을 차별 행위의 판단 기준으로 적용하게 된다. 우리 정부가 1997년에 가입한 고용과 직업상의 차별에 관한 협약(ILO 협약 제111호) 제1조는 차별 대우를 "인종, 피부색, 성별, 정치적 견해, 출신국 또는 사회적 출신에 의거하여 행하여지는 모든 차별, 배제, 또는 우대로서, 고용 또는 직업에 있어서의 기회 또는 대우의 균등을 파괴하거나 저해하는 효과가 있는 것"이라고 규정하고 있는데 여기서 효과라는 용어는 직접차별은 물론 간접차별 개념도 포괄한다고 보아야 한다.

용에서의 평등이 실현될 수 있으므로, 간접차별의 일반화는 시대적인 요청이라고 할 수 있다. 즉, 형식적인 평등(명문으로 규정한 직접규정 등)의 실현만으로는 실질적인 평등의 실현을 담보할 수 없으므로 간접차별은 특정 법령에서 명시적으로 제외하지 않는 한 차별문제에서 일반적으로 고려되어야 할 사안으로 판단된다.

한편, 보편적으로 인정되고 있는 간접차별의 경우 이를 입증하는 것이 차별판단의 중요한 문제인데, 간접차별 존재의 입증은 현저하게 불리한 결과의 존재를 입증하고 동일하게 적용된 기준과 현저하게 불리한 결과 사이의 인과관계를 입증하는 것이다. 간접차별의 존부의 입증은 두 가지 입증으로 이루어진다. 첫째는 해당 기준을 상당히 또는 특별히 충족시키지 못하는 것 또는 상당하게 또는 특별하게 불리한 결과가 발생한 것을 입증하는 것이다. 둘째는 해당 기준의 적용과 그 기준의 상당한 또는 특별한 불충족(또는 상당하게 또는 특별하게 불리한 결과) 사이의 인과관계의 존재를 입증하는 것이다. 그 두 가지 중 어느 하나라도 입증되지 못하면 간접차별은 일단 입증되지 아니한 것으로 본다.[78] 고용 영역에서의 간접차별은 그것이 직무 관련성이나 경영상의 필요성 때문에 불가피하였다는 점이 입증되면 면책된다. 간접차별에 대한 좀더 일반적인 객관적 정당화 기준은 해당 중립적 기준으로써 추구하는 목적이 적법해야 하고, 그 기준이 해당 목적을 달성하는데 적합하고 동시에 필요한 것이어야 하며, 해당 목적의 필요성이 해당 기준의 부과로써 피해를 보는 집단이 겪는 불이익한 영향보다 더 커야 한다는 것이다. 직무 관련성이라 함은 직무 본질이 안전하고 효율적인 수행과 관련이 있음을 의미하고, 경영상 필요성은 사업의 본질이 정상적

78) 유럽연합에서는 원고에게 차별적 결과의 일단입증의 책임을 부과하고 피고인에게는 동등대우원칙의 위반이 없었음을 입증하게 하나, 사실 조사의 책임이 법원 및 기타 소관기관에 있는 경우에는 그와 같은 입증책임의 배분 원칙을 적용하지 아니한다('고용 및 직업에 관한 평등대우의 일반적 구성'에 관한 입법지침, 이하 "2000/78/EC"로 표기한다. 제10조). 미국의 경우, 미연방대법원은 1991년 민권법 개정 이전에는 인과관계의 입증책임을 진정인에게 부과하기도 하고 피진정인에게 부과하기도 하는 등, 일관성을 유지하지 못하였다. 그러나 1991년 민권법은 특정한 기준과 차별적 결과 사이의 인과관계의 입증책임을 원고에게 부과하는 것으로 확정지었다. 한편, 우리나라 노동위는 진정인(피해자)이 제출한 근거에 따라 피진정인이 입증하고 노동위가 보완한다. 그러나 인권위는 원칙적으로 입증은 당사자, 관계인, 관계기관 등으로부터 사실과 증거자료를 수집한다.

운영을 위해 필요함을 의미한다. 이 두 요건 중 적어도 어느 한 요건을 충족시켰음을 입증하면 간접차별은 면책된다. 아울러, 간접차별의 객관적 정당화 기준의 엄격성 정도도 유동적 접근법 등에 의거 객관적 정황에 따라 결정 되어야 한다. 간접차별의 객관적 정당화의 심사척도는 적어도 단순 합리성 심사 이상일 필요가 있는데, 그 이유로 우선 간접차별 개념은 외견상 차별적이지 않은 합법적 또는 합리적인 기준을 적용하였음을 전제로 하는 것이기 때문에 그 객관적 정당화에서 해당 기준의 합리성 또는 합법성 여부만을 심사하는 단순 합리성 심사를 적용하는 것은 논리적으로 문제가 있다. 또한 단순 합리성 심사는 합리적 이유를 주장하는 선의를 평가하는 측면이 강한데, 간접차별 개념은 선의만으로는 차별적 결과를 야기하는 외견상 중립적인 기준을 금지할 수 없다는 생각에서 출발하므로 그 객관적 정당화에 대해 단순 합리성 심사를 하는 것은 간접차별 개념을 무의미하게 만들 수도 있다.

(3) 노동가치차별의 일반화

임금에서의 평등대우를 실현하려는 '동일노동 동일임금의 원칙'은 로마조약 제119조에서 시작되었다. 이는 조약 제141조[79]로 대체되었는데, 남녀 근로자에게 '동일가치노동'에 대한 동일임금의 원칙이 적용된다. 이때 임금의 범위에는 근로관계에서 발생하는 도든 보수가 포함된다. 조약 제141조(로마조약 제119조)의 동일임금원칙은 유럽연합입법지침(동일임금에 관한 지침, 75/117/EEC)으로 구체화되었는데, 이 지침의 의의는 로마조약 제119조에 구현된 원칙을 더욱 발전시켜 제119조의 범위를 동일근로(equal work) 뿐만 아니라 동일가치근로(work of equal value)까지 확대하였다. 한편, ILO의 1951년 제100호 협약인 '동일가치노동에 대한 남녀동일보수에 관한 협약(Convention concerning

---

79) 로마조약 제119조에서는 "Each Member State shall during the first stage ensure and subsequently maintain the application of the principle that men and women should receive equal pay for equal work."라고 하였고, 암스테르담 조약 제141조, "Each Member State shall ensure that the principle of equal pay for male and female workers for 'equal work or work of equal value' is applied"라고 명시하고 있다. 두 조항의 변화를 비교할 때, 암스테르담 조약 제141조에 '동일가치노동(work of equal value)'의 개념이 추가되어, 근로자 보호의 범위가 확대되어 있음을 알 수 있다.

Equal Remuneration for Men and Women Workers for Work of Equal Value)'에 의해 선언된 동일가치노동 동일임금원칙은 동일한 가치를 지닌 노동에 대한 임금의 지급에 있어서 남녀의 성별을 이유로 차별하여서는 안 된다는 원칙이다. 우리나라에서 동일가치노동 동일임금원칙이 입법화된 것은 남녀고용평등법의 제정(1987년)을 통해서 이다.[80] 동일가치노동에 대한 판단기준에 대하여, 동법에서는 "직무수행에서 요구되는 기술, 노력, 책임 및 작업조건 등"이 동일한 경우를 의미한다고 규정하고만 있을 뿐, 이에 대한 구체적인 판단기준은 명시되어 있지 않다.

동일가치노동의 판단기준과 관련하여 대부분의 판결에서 반복적으로 인용되는 기준은 '(주)한길사건'[81]에서 대법원이 제시한 정의 및 판단기준이다.[82] 대법원은 동일가치의 노동에 대하여 "당해 사업장 내의 서로 비교되는 남녀 간의 노동이 동일하거나 실질적으로 거의 같은 성질의 노동 또는 그 직무가 다소 다르더라도 객관적인 직무평가 등에 의하여 본질적으로 동일한 가치가 있다고 인정되는 노동에 해당하는 것을 말하고, 동일가치의 노동인지 여부는 소정의 직무수행에서 요구되는 기술, 노력, 책임 및 작업조건을 비롯하여 근로자의 학력·경력·근속연수 등의 기준을 종합적으로 고려하여 판단하여야 하며,[83] '기술, 노력, 책임 및 작업조건'은 당해 직무가 요구하는 내용에 관한 것으로서, '기술'은 자격증, 학위, 습득된 경험 등에 의한 직무수행능력 또는 솜씨의 객관적 수준을, '노력'은 육체적 및 정신적 노력, 작업수행에 필요한 물리적 및 정신적 긴

---

80) 박은정, "동일노동 동일임금의 판단에 관한 소고", 「노동정책연구(제5권 제1호)」, 한국노동연구원, 2005, 186~189면.

81) (주)한길사건은 대법원(대법원 2003.03.14. 선고 2002도3883 판결)에서 처음으로 다룬 임금차별사건으로서 일련의 타일제조공정 과정에서 일하는 근로자들에 대하여 회사가 성차별을 기준으로 남녀간의 임금차이(2만원)을 둔 것에 대하여 남녀고용평등법상 동일가치노동 동일임금원칙에 위반된다고 판단한 사건이다. 다만 이 사건은 민사소송을 통한 차액임금청구소송이 아닌 형사사건이다.

82) 정형옥, "성별에 근거한 임금차별 판단기준과 쟁점", 「한국여성학(제26권 제1호)」, 한국여성학회, 2010, 168면.

83) 대법원은 사업주가 동일한 사업내에서 근무하는 남녀근로자가 제공하는 노동이 가치임에도 합리적인 이유 없이 여성근로자에 대하여 남성근로자보다 적은 임금을 지급할 경우는 불법행위를 구성하고, 사업주는 임금차별을 받은 여성근로자에게 그러한 차별이 없었더라면 받았을 적정한 임금과 실제 받은 임금의 차액 상당 손해를 배상할 책임이 있다고 판시하였다(대법원 2013.03.14. 선고2010다101011 판결).

장 즉, 노동 강도를, '책임'은 업무에 내재한 의무의 성격 · 범위 · 복잡성, 사업주가 당해 직무에 의존하는 정도를, '작업조건'은 소음, 열, 물리적 · 화학적 위험, 고립, 추위 또는 더위의 정도 등 당해 업무에 종사하는 근로자가 통상적으로 처하는 물리적 작업환경을 말한다."고 판시하였다. '콜텍사건'[84]에서도 위에 언급한 한길사건의 논지를 그대로 인용하여 당해 사안의 경우 동일가치노동에 해당한다고 판시하였다.[85]

일반적으로 성별에 의한 동일가치노동 동일임금원칙은 세계적인 추세이다. 즉, 동일한 가치가 있는 직무와 직책 및 역할에 대하여는 차별하지 못하지만, 이와 다른 경우에는 차별이 가능하다는 것을 전제하고 있는 것이다. 그러므로 보상에서도 직무의 가치, 직책, 직무의 난이도와 책임권한, 보유한 역량의 차이, 결과적으로 성과 등이 다른 경우, 시간적으로 비례성이 인정되는 경우 등은 차이를 두는 것은 차별이 아니다.[86] 결국 고용 내용에서 가치의 차이가 인정되는 범위 내에서는 보상 등에서 차이를 두는 것은 용인되는 것이라고 할 수 있다. 이러한 점은 차별의 합리적인 이유에도 해당하는 것으로 고용내용에서 세부적으로는 차별판단의 기준으로 볼 수 있을 것이다. 이러한 동일가치노동 동일임금의 경우 성별을 이유로 한 차별금지에서 규정하고 있지만, 동일가치노동과 동일임금의

84) 콜텍사건은 악기 및 관련제품을 제조하는 회사의 공장에서 기계반 소속 남성근로자에 비해 여성근로자에게는 낮은 임금을 지급하여 문제가 된 사안이다. 남녀근로자는 하나의 공장 안에서 연속된 작업공정에 배치되어 함께 근무하였으며, 임금책정 기준과 관련된 취업규칙 등이 없이 공장장이 임의로 책정하는 방식으로 이루어졌다. 이에 대해 여성근로자들은 동일한 노동에 대해 차별임금을 받았다고 주장하며 형사고소와 민사소송을 제기하였고, 형사소송에서는 회사에 벌금(10,000,000원)이 내려졌으며, 민사소송에는 1,2심 모두 원고승소, 대법원 판결을 통해 확정되었다(대법원 2011.04.28. 선고 2011다6632 판결).

85) 이러한 판단에 대하여 사실상 남녀근로자가 혼재근무를 하고 업무대체가 가능한 구조를 취하는 경우에는 실질적으로 같은 성격의 노동으로 볼 수 있다는 '동일노동'을 의미하는 것이지 이는 동일가치노동을 의미하는 것으로 보기 어렵다며, 직무는 다소 상이하지만 직무가치가 동일한 노동의 판단기준에 대해서는 해명되지 않았다는 지적이 있다(이승욱, "남녀고용평등법상 동일가치노동의 판단기준", 「조정과심판(제21호)」, 중앙노동위원회, 2005, 46면).

86) 직종에 따른 정원과 신규채용의 자격, 호봉 산정 등에 관한 규정은 당해 사업장에서 근로자가 제공하는 근로의 성질 · 내용 · 근무형태 · 인력수급상황 등 제반 여건을 고려하여 합리적인 기준을 둔다면 같은 사업장 내에서도 직종과 직급 등에 따라 서로 차이가 있을 수 있는 것이고 이러한 기준에 따라 사용자가 정한 인사규정이 공무원이나 동종회사 근로자에 관한 것과 다르다거나 그보다 다소 불리하다고 하여 이를 법률상 무효라고 할 수 없다(대법원 2002.02.26. 선고 2000다39063 판결).

문제는 동일한 가치의 노동에는 동일한 보상이 전제되어야 한다는 평등이념이 녹아 있기 때문에 명문의 규정이 없어도 동등대우에 대한 차별판단구조 속에 내재되어 있다고 보아야 한다. 통상 보상과 관련한 차별문제에서 비교대상과 동종·유사한 업무(동일가치노동)에 종사하는 경우 동등대우여부를 판단하여 차별여부를 판단하므로 인종 등 다른 차별사유에서 이를 적용하는 것은 당연한 것이라고 할 수 있다. 즉, 업무의 난이도, 직책 등 수행하는 업무가 동종 유사한 직무로써 통상적으로 같은 수준의 업무를 수행하는 경우라면 성별차이 외에도 연령, 인종 등 다른 차별사유에도 같은 취지로 동일가치노동 동일임금의 원칙을 적용하는 것은 당연하다고 판단되며, 달리 취급하는 경우 차별행위가 될 소지가 크다.

3. 합리적 이유 판단을 위한 문제

(1) 모집 · 채용에서의 차별

고용관련법령에서 일부는 채용부터 차별행위금지를 규정하고, 일부는 채용부분을 고려하지 않고 차별금지를 규정하고 있어 일반적으로 근로계약이 체결되기 전단계의 모집 및 채용과정에서도 사용자가 구직 중에 있는 근로자를 차별대우 하여서는 아니되는지의 문제가 발생한다. 고용상 차별의 문제에서 '고용상의 범위'를 근로관계로 한정하는 경우 채용 후의 문제에 대하여만 차별의 문제를 접목할 수 있는 오류를 범할 수 있다. 이러한 범위의 제한은 고용과 관련한 차별의 문제를 체계적으로 다룰 수 없으며, 근로관계와 노사관계 및 채용과정을 별개로 확연히 구분할 수 없는 문제와도 연관되므로, 고용상의 범위를 채용과정부터 연관하여 검토되어야 할 필요가 있다. 아울러, 각각의 노동법령이 규정하고 있는 차별사유나 차별내용에 대하여, 일부는 채용 이후의 근로관계에서, 일부는 노사관계에서, 일부는 채용과정부터 규율하고 있기 때문에 차별문제를 효율적으로 판단하기 위해서는 범위를 채용과정부터 다루는 것이 필요하다. 즉, 고용관계의 범위와 관련하여 헌법적 의미의 평등권 내지 평등규정에 대한 의미를 채용 후부터 논하는 것은 그 범위를 너무 축소하는 것으로 판단되고, 차별판단기관들의 차별판단양상을 배제하는 것은 고용관련 차별문제를 제한적으로 다루게 되는 한계를 극복하기 위한 것이다. 이러한 문제는 결국 채용이 근기법 상의 근로조건의 개념에 포함될 수 있는가의 문제와도 연관이 있다. 이에 대하여 학설은 채용을 근로조건에 포함시키는 견해도 있으나, 채용은 근로관계 이전의 사항이므로 정책법, 남녀고용평등법, 장애인차별금지법, 고령자고용법, 인권위법 등에서와 같이 별도의 규정이 없으면 포함되지 아니한다는 것이 노동법상 일반적인 견해이다.[87] 그러나 차별과 관련하여서는 헌법재판소 등의 사례와 외국의 사례에서 보면 채용과정상 면접과정 등에서 차별적인 질문이나 응모의 제한 등은 근로조건과는 상관없이 차별행위로 보고 있다. 채용과정의 일부는 근로조건에 포함될 수도 있고, 또 포함되지 않는다고 하더라도 공정한 기준과 합리적인 이유 없이 특정사항에 대하여 차별을 두는 경우 문제가 될 수 있다고 본다.[88] 예컨대 동일한 업무를 수행하게 될 남녀근로자를 채용하면서 여성근로자에게만 신장, 체중 및 용모단정 등의 신체적 조건을 부과하거나, 특정 지역출신 근로자를 채용하지 아니하거나, 사용자와 동일한 종교를 믿는 근로자를 우대하는 등의 채용행위는 이러한 차별대우가 근로자의 업무수행 또는 기업경영(경향사업 등)과 밀접히 연관되지 아니하는 한, 차별금지에 반하는 것으로 볼 수 있을 것이다. 이는 근로과정에 진입하려는 자체를 봉쇄(기회 박탈)하여 사회적 활동을 할 수 없도록 하는 장애요인으로 발생할 것이므로 채용과정상에서의 차별문제는 고용 중의 차별문제 이상으로 중요한 과제라고 할 수 있고[89], 채용에서의 차별금지는 기회의 평등을 천명한 헌법적인 정신에 부합하는 것으로 고용상에서 실질적인 평등실현을 위한 제1단계의 실천적과제라고 할 수 있다.

---

87) 김형배, 『노동법』, 박영사, 2012, 231면. 법원은 근기법에서 취업규칙에 정한 기준에 미달하는 근로조건을 판단하는 경우 등 근로조건에는 채용에 관한 기준은 포함되지 아니한다고 보고 있다(대법원 1992.08.14. 선고92다1995판결).

88) 채용과 관련하여 "근기법상의 근로자가 아니라 하더라도 취업할 의사를 가진 응모자는 모집·채용에 있어서 차별적 대우를 받지 않을 남녀고용평등법상의 보호를 받으며, 채용된 후에는 근기법과 남녀고용평등법의 경합적 보호를 받는다"는 견해가 있다(김형배, 『노동법』, 박영사, 2012, 234면).

89) 모집·채용에서의 차별금지를 규정한 법령으로 정책법(제7조), 고령자고용법 제4조의4, 남녀고용평등법 제2조, 인권위법 제2조를 들 수 있다.

(2) 비교대상의 범위

어떤 행위가 차별이 되기 위해서는 서로 비교되는 개인이나 집단을 전제로 하는데,[90] 이러한 비교집단[91]은 차별행위와 관련하여 특정되어 설정되어야 한다. 물론, 가상적인 사람에 대해 불리하게 취급되는 경우도 차별로 보기도 한다.[92] 또한, 그 목적이란 취급되어지는 대상과 관련하여 비교의 대상을 이루는 두 개의 사실관계 사이에 서로 상이한 취급을 정당화할 수 있을 정도의 차이가 없음에도 불구하고 두 사실관계를 서로 다르게 취급한다면 이는 불평등한 차별행위가 될 수 있는 것이다.[93] 한편, 차별여부를 판단하기 위한 차별상황은 차별받는 대상이 비교되는 대상과 비교하여 불이익하거나 낮은 처우 내지 대우를 받는 상황이 있어야 하고, 그러한 불리한 처우나 대우가 합리적인 이유(적법한 목적 등)가 없어야 한다. 여기에서 차별대상과 비교되는 대상의 문제는 차별의 상황을 판단하는 중요한 기준 내지 근거점이 될 수 있는 요소에 해당한다.[94] 통상 비교대상은 차별받는 근로자가 근무하는 당해 사업 또는 사업장에서 동종·유사업무에 종사하는 다른 근로자를 전제로 한다.[95] 예를 들어 같은 사업

90) Evelyn Ellis, *EU Anti-Discrimination Law*, Oxford University Press, 2005, 161~162면.

91) 비교집단과 관련하여 노동위원회는 비교집단을 동종·유사업무에 종사하는 근로자라는 관점을 보이고 있다(중앙노동위원회 2010.07.28. 2010차별6 결정 ; 중앙노동위원회 2010.06.11. 2010차별5 결정 등).

92) EU입법지침(2000/78/EC) 제2(2(a))조에서는 「직접차별은 비교될 수 있는 상황에서, 제1조의 모든 차별 사유를 이유로 한 사람이 다른 사람보다 덜 유리하게 취급되거나, 되었거나, 되었을 것이라고 가정되는 경우에 발생하는 것으로 본다.」라고 규정하고 있다.

93) 헌법재판소 1996.12.26. 선고 96헌가18 결정.

94) 비교대상과 관련하여 노동위원회(중앙노동위원회 2014.06.09. 2014차별3 결정)는 ① 전화상담원은 노동 분야의 전화민원 상담이 주 업무인 반면, 상담공무원은 노동 분야와 고용분야 전체의 인터넷민원 상담이 주 업무인 점, ② 전화민원 상담이 구두로 고용노동관계법령 등에 대한 안내 또는 사실관계 확인에 그치는데 비해, 인터넷민원 상담은 국민신문고 등 전자민원창구에 질문하면 답변을 서면으로 회신하거나 인터넷에 게시하는 것으로 고용노동관계법령 전반에 대한 상당한 법률적 지식과 전문성 및 책임이 요구되어 전화상담원이 대체 수행할 가능성이 없는 점 등을 종합해 볼 때, 전화상담원의 업무와 상담공무원의 업무 간에는 본질적인 차이가 있으므로 상담공무원을 비교대상근로자로 보기 어렵다고 보면서, 이 사건에서 비교배상근로자가 존재하지 않으므로 불리한 처우에 대한 합리적 이유를 판단할 필요가 없어 기각결정을 하였다. 이처럼 중노위는 해당 사건에서 비교대상자로 적시한 대상이 잘못 되었거나 비교대상근로자가 없는 경우 기각결정을 내리고 있다.

95) 당해 사업 또는 사업장에서 동종·유사업무에 종사하는 근로자와 관련하여 비교대상을

장에 같은 업무를 수행하는 비정규직 근로자가 있고 정규직 근로자가 있다면, 비정규직 근로자에 대한 비교대상은 정규직 근로자가 된다.

이러한 비교대상에 대한 판단요소로 첫째, 당해 사업 또는 사업장의 종사자여야 하는데, 당해 사업 또는 사업장이란 동일한 사업체에 의해 운영되는 사업 내에 있는 경우를 말한다. 하나의 법인이 지방사무소를 가지고 있어도 일체성을 갖는 경우 하나의 사업으로 볼 것이다. 다만, 파견근로자의 경우는 사용사업주의 사업 내에서 비교대상을 찾아야 한다(파견법 제21조). 아울러, 사업장은 같은 장소, 사업은 장소는 달라도 사업의 일체성을 같은 사업체의 전부를 말하는 것으로 우선적으로 동일한 사업장이 먼저 고려되고, 없는 경우 사업 내에서 그 비교대상을 찾아야 할 것이다. 그리고 비교대상은 차별행위가 있는 시기에 동일 사업장 내지 사업에 종사하고 있는 근로자를 대상으로 하여야 한다.[96] 둘째, 동종·유사한 업무에 종사한다는 것을 전제로 한다. 동종·유사한 업무는 직종이나 직무, 수행업무내용의 동일·유사성을 가지고 본질적인 부분에 대하여 판단하게 된다.[97] 수행업무의 내용이 여러 가지로 혼재하고 있는 경우는 우선 주된

정해 본다면 성별차별과 관련하여 여성이 차별을 받은 경우는 남성근로자가 비교대상이 되고, 장애인이 차별을 받는 경우 비장애인이 비교대상이 되며, 비정규직이 차별을 받는 경우 정규직이 비교대상이 된다. 물론 "동종·유사한 업무에 종사하는 다른 근로자"이므로 정규직간, 비정규직간, 성별 간에도 비교대상이 된다고 할 수 있다.

96) 한편, 헌법재판소는 동일사업장내를 기준으로 판단하지 않고 병역의무를 이행하는 수단으로 넓게 확장하여 유사한 제도적인 형태를 비교대상으로 판단한 사례도 있다. 즉, 제대군인지원에 관한 위헌확인사건에서 병역법상 병역은 현역, 예비역, 보충역, 제1국민역, 제2국민역으로 구분되고, 그 중 보충역에는 공익근무요원, 산업기능요원, 전문연구요원, 승선근무예비역, 공중보건의, 공익법무관, 징병전담의사, 공중수의사 등이 있음을 들면서 산업기능요원과 공익근무요원 제도를 비교하였는데, 산업기능요원 제도는 병역자원 일부를 군 필요인원 충원에 지장이 없는 범위 내에서 국가산업의 육성·발전과 경쟁력 제고를 위하여 병무청장이 선정한 지정업체에서 연구 또는 제조·생산 인력으로 활용하도록 지원하는 병역대체복무 제도이고, 공익근무요원 제도는 1994년 단기사병 소집제도가 폐지됨에 따라 1995년 상근예비역과 함께 신설된 것으로서, 국민개병주의 원칙에 입각한 공평한 병역의무 부과와 잉여 병역자원의 효율적인 활용을 위하여 예산확보가 곤란한 국가기관·지방자치단체·공공단체 및 사회복지시설의 공익목적 수행에 필요한 분야에 근무하게 하는 제도이고, 구체적으로 공익근무요원은 행정관서요원과 예술·체육요원, 국제협력요원으로 구분된다고 하면서 병역의무이행제도에 해당하는 수단(방법)에 해당하는 제도적인 비교대상을 들고 있다(헌법재판소 2012.08.23. 선고 2010헌마328 결정).

97) 비교대상과 관련하여 법원은 기간제 및 단시간근로자 보호 등에 관한 법률 제8조 제1항은 "사용자는 기간제 근로자임을 이유로 당해 사업 또는 사업장에서 동종 또는 유사한 업무에 종사하는 기간의 정함이 없는 근로계약을 체결한 근로자에 비하여 차별적 처우를 하

업무[98] 내지 중심적 업무를 기준으로 판단한다. 아울러 수행업무는 업무분장 등에 따라 구분하여 지정된 형식적인 것이 아닌 실제수행하고 있는 업무를 대상으로 판단하여야 한다.[99]

차별판단에서 기준점이 되는 비교대상은 일반적으로 고용형태를 이유로 한 문제로 인식하고 있으나, 무기계약직 내지 소위 정규직간의 문제를 배제하기 어렵다.[100] 즉, 일반적인 차별사유(성별, 장애, 국적, 인종 등)에서 정규직과 소위 비정규직만을 염두에 두는 것은 아니라는 점이며,[101] 고용과정과 내용에서의 차

여서는 아니 된다."고 정하여, 기간제 근로자에 대하여 차별적 처우가 있었는지를 판단하기 위한 비교 대상 근로자로 '당해 사업 또는 사업장에서 동종 또는 유사한 업무에 종사하는 기간의 정함이 없는 근로계약을 체결한 근로자'를 들고 있다. 비교 대상 근로자로 선정된 근로자의 업무가 기간제 근로자의 업무와 동종 또는 유사한 업무에 해당하는지는 취업규칙이나 근로계약 등에 명시된 업무 내용이 아니라 근로자가 실제 수행하여 온 업무를 기준으로 판단하되, 이들이 수행하는 업무가 서로 완전히 일치하지 않고 업무의 범위 또는 책임과 권한 등에서 다소 차이가 있다고 하더라도 주된 업무의 내용에 본질적인 차이가 없다면, 특별한 사정이 없는 이상 이들은 동종 또는 유사한 업무에 종사한다고 보아야 한다고 판단하였다(대법원 2012.10.25. 선고 2011두7045 판결).

98) 주된 업무는 해당 사업의 본질을 전제로 판단하게 되는데, 항공기운항사업을 하는 사업장의 조종사나 승무원은 승객을 안전하게 운송하는 것이 사업의 본질이 되는 것이지 고객의 선호에 따라 승객을 기쁘게 하는 것은 본질이 아닌 것과 같은 것이다(Wilson v. Southwest Airline Co. 517 F Supp 292(5th Cir. 1981)).

99) 대법원 2012.10.25. 선고 2011두7045 판결.

100) 법원은 비교대상과 관련하여 공무원은 인사와 복무, 보수 등에서 국가공무원법 및 공무원보수규정 등 관련 법령의 적용을 받기는 하나 기본적으로 임금을 목적으로 근로를 제공하는 근로자에 해당한다(대법원 2002.11.08. 선고 2001두3051 판결)고 예시하면서, 기간제법 제3조 제3항은 국가 또는 지방자치단체의 기관에 대하여도 이 법이 적용됨을 명시적으로 규정하여 공공부문에서 근무하는 비공무원인 기간제 근로자와 공무원 사이의 비교가능성을 열어 두고 있는 것으로, 이러한 사정들과 함께 기간제 근로자에 대한 불합리한 차별을 시정하고 기간제 근로자의 근로조건 보호를 강화함으로써 노동시장의 건전한 발전에 이바지함을 목적으로 하는 기간제법의 입법 취지를 종합하여 보면, 기간제법 제8조 제1항이 비교대상 근로자로 들고 있는 '기간의 정함이 없는 근로계약을 체결한 근로자'를 '사법상 근로계약'을 체결한 근로자로 한정하여 해석할 것은 아니라고 판단하고 있다(대법원 2014.11.27. 선고 2011두5391 판결).

101) 대법원은 비정규직인 계약직에서 일반직으로 전환되는 직원과 공개경쟁시험을 통해 일반직으로 임용되거나 정규직 내의 직렬 통합에 따라 일반직으로 자동 전환된 직원들 사이에는 임용경로에 차이가 있고, 비정규직 근로자를 차별할 의도로 형식적으로만 임용경로를 구분해 놓은 것이라고 보이지 않을 뿐 아니라 대상자에 따라 일반직 임용경로가 다르게 적용된 것에는 합리적 이유가 있다고 판단하고 경력인정이나 호봉인정 등에 차이를 둔 것이 합리적이라고 하고 있다(대법원 2015.10.29. 선고 2013다1051 판결). 이는 임용경로 즉, 채용방식 및 채용조건에서 다른 근로조건을 적용할 수 있음을 인정한 것이라고 볼 수 있다. 노동위원회도 채용방식이 다른 경우 동종·유사한 업무를 수행해도 보상내용을 달리

별사유를 전제로 하는 비교대상은 동종, 유사한 업무[102]에 종사하는 모든 대상이 상호 비교되는 대상이 될 수 있다 할 것이다.

(3) 헌법적 평등심사기준의 차별판단기준 원용 가능성

고용상에서의 차별행위나 사유 등에 대하여는 규정하고 있지만 실제 차별행위가 발생한 경우 이를 판단하는 기준 내지 준거점에 대하여 현행 법령은 명시적으로 제시하고 있지는 않다. 특히 고용상 차별에서 노동위원회가 고용형태를 이유로 한 차별행위 즉, 비정규직에 대한 차별판단에 대한 권한만을 가지고 있어 이론적으로는 그 개념을 명확히 하고 있지 못하다. 다만, 헌법재판소의 평등권위반 법률(위헌법률심판 등) 등에 대한 판단에서 차별여부를 판단하고 있는 기준들은 상당부분 이론적인 체계를 구축하고 있다. 이는 헌법재판소의 판단이 개별적인 차별사유에 대한 판단은 아니지만 법률 등의 위헌여부를 판단하면서 차별여부를 가늠하는 기준점을 제시한 것으로서 헌법재판소의 판단이 법률의 해석이나 적용에서 모든 기관들이 구속된다는 점을 감안할 때, 고용차별론에서 핵심과정으로 검토되어야 할 고용상 차별판단의 심사기준과 합리적인 이유여부에 대한 기준점을 제시하고 있는 헌법재판소의 결정을 원용하는 것이 문제가 없을 것으로 판단된다.[103] 아울러, 노동위원회가 비정규직에 대한 차별문제를 다루는데 반하여, 인권위가 고용상 차별문제에 대하여 전반적으로 다루고 있어 참고적으로 인권위의 판단기준도 고려되어야 할 것으로 판단된다. 물론 법원의 개별사건에 대한 차별판단도 당연히 차별판단기준으로 고려되어야 할 것이다. 판단기준에 관한 세부사항은 후술하기로 한다.

할 수 있음을 적시하고 있다(중앙노동위원회 2012.02.07. 2011차별6결정).

102) 법원은 비교대상 근로자로 선정된 근로자의 업무가 기간제 근로자의 업무와 동종 또는 유사한 업무에 해당하는지 여부는 취업규칙이나 근로계약 등에 명시된 업무내용이 아니라 근로자가 실제 수행하여 온 업무를 기준으로 판단하되, 이들이 수행하는 업무가 서로 완전히 일치하지 아니하고 업무의 범위 또는 책임과 권한 등에서 다소 차이가 있다고 하더라도 주된 업무의 내용에 본질적인 차이가 없다면 특별한 사정이 없는 이상 이들은 동종 또는 유사한 업무에 종사한다고 보아야 한다고 판단하고 있다(대법원 2014.11.27. 선고 2011두5391 판결).

103) 본서에서 차별심사기준으로 기술하고 있는 사안에 대하여, "균등대우의무의 위반여부의 통제기준"으로 설명하고 있는 견해가 있다(전윤구, "근로관계에서의 균등대우원칙에 관한 연구", 고려대박사학위논문, 2004, 119~128면).

4. 차별적용 예외사항 문제

차별금지제도에서 합리적인 이유는 합리적인 차별(차별이 아닌 것)을 인정하여 상대적 평등실현과 실질적인 평등실현을 도모하고자 하는 것이다. 즉, 이러한 사항들은 법령에서 차별의 예외 가능성을 명시하였지만 아직도 그 세부적인 수준 내지 기준은 명확하지는 않아 개별사안마다 판례 등을 통하여 해석의 여지가 있다. 그럼에도 일반적으로 직무에 대한 책임이나 난이도, 성과, 근속기간 등 개별사유가 정한 이유에 의한 것은 일정한 범위를 벗어나지 않는 한 합리성이 인정되는 사항들에 해당한다.

법규상으로 차별행위가 가능할 수 있음을 규정한 사례로 고령자고용법(제4조의4)에서는 '근속기간의 차이'를 고려하여 임금이나 임금 외의 금품과 복리후생에서 합리적인 차등을 두는 경우, 이 법이나 다른 법률에 따라 근로계약, 취업규칙, 단체협약 등에서 '정년'을 설정하는 경우, 이 법이나 다른 법률에 따라 특정 연령집단의 '고용유지·촉진을 위한 지원조치'를 하는 경우(제4조의5)에는 차별로 보지 않는다고 규정하고 있으며, 남녀고용평등법(제2조)에서는 여성 근로자의 임신·출산·수유 등 모성보호를 위한 조치를 하는 경우를 들고 있고, 고용평등을 촉진하기 위하여 잠정적으로 특정한 성을 우대하는 조치(제2조 제3호)가 가능함을 규정하고 있다. 이러한 차별예외사항[104)]은 한편으로는 직무가 가지고 있는 특성에 의한 불가피성을 용인하는 것이고, 다른 한편으로는 차별해소를 통한 실질적 평등실현의 측면에서 용인되는 것으로 그 합리성을 가진다고 할 것이다.

모든 차등대우가 위법한 것은 아니기 때문에 근로자의 능력과 특성, 성과 및 책임과 권한 등의 차이에 의한 경우, 노동의 가치에 차이가 있는 경우의 차별은 차별판단구조 속에 내재되어 있는 것으로 합리적인 이유가 있는 사안에 해당하는 것으로 차별의 관점에서 판단하는 것은 합리성이 없다. 아울러, 직무본질상의 특성에 의한 차별의 경우도 특정한 직무본질상 안전하고 효율적인 수행이나 사업본질의 정상적 운영을 위해 합리적으로 필요한 경우에 해당하는 것으로 합

104) 장애인차별금지법, 인권위법 등에도 규정하고 있다.

리적인 이유로 내재되어 있다고 볼 수 있다. 한편, 해당 차등대우가 정당화될 수 있는 적극적 개선조치에 해당하는 경우, 정책적 우대조치로서 합리성을 가지는 경우도 일반적으로 해당 차등대우가 합리적인 이유를 가진 경우로 이러한 차등대우는 차별행위가 아니다. 또, 근로자의 생명과 안전보호를 위한 조치 등도 차별이 아니라고 보아야 한다. 아울러, 여성의 임신 및 출산을 보호하기 위한 국제 협약과 권고에 해당하는 것일 경우와 같은 차등대우(여성의 재생산 기능을 보호할 목적[105])가 국제노동기준상의 특별한 보호나 조치를 위한 차등대우는 차별이 아니다. 마찬가지로 연소자의 근로보호나 고령자의 근로보호 등의 경우도 특별한 보호나 조치인 경우 이를 이행하는 것은 차별행위가 아니다.[106] 결국, 어떠한 차등대우가 객관적 정당성이 있는 것으로 입증되는 경우 일반적으로 합리적 이유가 있음이 객관적으로 입증된 차등대우로 차별 예외라고 할 수 있다.[107]

---

105) 그 예로는 "임신 중의 여성에게 유해한 것이 증명된 유형의 작업에는 동 여성에 대한 특별한 보호를 제공"하도록 한 「여성에 대한 모든 형태의 차별철폐에 관한 협약」이 있다. 그와 유사한 ILO 협약 및 권고로는 「여성의 산전산후 고용에 관한협약(제3호)」, 「모성보호에 관한 협약(제103호 및 제183호)」, 「방사선으로부터 근로자 보호에 관한 권고(제114호)」, 「작업장에서의 화학물질 사용상 안전에 관한 협약(제170호)」, 「노동자 복지시설에 관한 권고(제102호)」, 「유급교육휴가에 관한 협약(제140호)」 등이 있다.

106) ILO의 고용과 직업상의 차별에 관한 협약(제111호)도 국제노동기준상의 특별한 보호 및 지원 조치인 경우는 위법한 차등대우가 아니라고 규정하고 있다. 국내법으로는 국제노동기준에 의한 조치들에 대한 규정이 많은데, 연소근로자 및 여성근로자보호조치를 위하여 헌법상의 모성보호를 비롯하여 양성평등기본법(구, 여성발전기본법), 근기법, 남녀고용평등법 등이 대표적인 것이다. 연소근로자의 근로보호조치를 통하여 어린 근로자들이 과도한 노동으로 착취되거나 건강을 해치는 경우를 방지함은 물론 모성보호를 위하여 여성근로자의 위험작업 금지, 임신 중 근로시간 단축 및 업무 변경, 출산휴가 등 다양한 형태의 제도를 규정하고 있는데, 이러한 특별 보호조치인 연소근로자나 여성근로자의 모성보호조치 등은 사회적으로 용인되는 합리성을 가지는 장치들이다. 이처럼 국제노동기준 및 국제법을 준수하는 것은, 국제적인 인적교류와 더불어 증가하고 있는 인종 등 다양한 형태의 차별이 발생하고 있는 상황을 고려할 때 고용평등의 실현은 특정 국가만의 노력으로는 실현될 수 있는 것이 아니고 국제적인 공조가 필요하며 국제사회의 일원으로서 당연히 인정되어야 할 문제로 판단된다. 이러한 조치는 정책적 보호조치로 풀이될 수 있다.

107) 고용 영역에서 가장 핵심적인 차별 예외는 진정직업자격인 경우인데, 그와 같이 고용영역에서의 객관적 정당화의 법리는 비교적 체계화되어 있다. 영국 정부는 단일남녀고용평등법안에서 "진정서비스요건"(genuine service requirement)이라는 개념으로 그 상응하는 차별 예외를 확립하는 것을 고려하고 있다(Communities and Local Government, Discrimination Law Review - A Framework for Fairness : Proposals for a Single Equality Bill for Great Britain, June 2007, 46면).

Ⅳ. 고용상 차별금지제도의 특징 및 합리적 차별을 인정하는 목적

1. 고용법령상 차별금지에서 합리적 이유의 내용

(1) 남녀고용평등법에서의 차별금지와 합리적인 이유

남녀고용평등법은 헌법의 평등이념에 따라 고용에서 남녀의 평등한 기회와 대우를 보장하는 것을 목적으로 제정된 법으로, 동법은 남성에 대비한 여성의 권익신장을 위한 차별금지사항을 중심으로 규율하고 있어 실질적인 측면에서는 여성에 대한 차별을 금지하는 법이라고 할 수 있다. 그러므로 동법에서의 '차별'은 사업주가 근로자에게 성별, 혼인, 가족 안에서의 지위, 임신 또는 출산 등의 사유로 '합리적인 이유' 없이 채용 또는 근로의 조건을 다르게 하거나 그 밖의 불리한 조치를 하는 경우(사업주가 채용조건이나 근로조건은 동일하게 적용하더라도 그 조건을 충족할 수 있는 남성 또는 여성이 다른 한 성에 비하여 현저히 적고 그에 따른 특정한 성에게 불리한 결과를 초래하며 그 조건이 정당한 것임을 증명할 수 없는 경우를 포함한다)라고 밝히고 있다(제2조). 다만 직무의 성격에 비추어 특정한 성이 불가피하게 요구되는 경우, 여성 근로자의 임신·출산·수유 등 모성보호를 위한 조치를 하는 경우, 그 밖에 이 법 또는 다른 법률에 따라 적극적 고용개선조치를 하는 경우는 차별에 대한 예외로 들고 있는데, 여기서 '적극적 고용개선조치'란 현존하는 남녀 간의 고용차별을 없애거나 고용평등을 촉진하기 위하여 잠정적으로 특정한 성을 우대하는 조치라고 규정하고 있다.

고용과정에서의 영역별 금지사항을 보면 모집과 채용에서는 근로자를 모집하거나 채용할 때 남녀차별을 금지[108]하면서, 여성 근로자를 모집·채용할 때 그

108) 헌법재판소(1999.12.23. 선고98헌마363결정)는 소위 군가산점제도와 관련한 판결에서 군복무를 행한 남성이 가산점을 주로 받게 되므로 여성(신체장애자, 병역변제, 보충역 복무 등도 차별의 대상이 된다고 판시하고 있다)이 차별을 받는 대상이 된다고 판단하고 있다. 한편 인권위(2008.01.28., 07진차654결정)는 간호사 모집 시 간호사자격증을 보유한 남성 지원자의 응시를 제한하고 남성이라는 이유로 채용에서 배제하는 것은 차별행위라고 판단하고 개선할 것을 권고하는 결정을 내린 사례도 있다.

직무의 수행에 필요하지 아니한 용모·키·체중 등의 신체적 조건, 미혼 조건, 그 밖에 고용노동부령으로 정하는 조건을 제시하거나 요구하는 것을 금지하고, 임금은 동일한 사업 내의 동일 가치 노동[109]에 대한 동일한 임금을 지급하여야 하며, 동일 가치 노동의 기준으로 직무수행에서 요구되는 기술, 노력, 책임 및 작업조건[110]을 제시하고 있다. 임금 외의 금품 등에 근로자의 생활을 보조하기 위한 금품의 지급 또는 자금의 융자 등 복리후생에서 남녀 차별금지, 근로자의 교육·배치 및 승진에서 남녀 차별금지, 근로자의 정년·퇴직 및 해고에서 남녀 차별 금지, 특히 여성 근로자의 혼인, 임신 또는 출산을 퇴직사유로 예정하는 근로계약체결의 금지를 규정하고 있다.

고용상 차별금지제도에서 '합리적인 이유'를 판단하는데 있어 남녀고용평등법은 매우 중요한 단서를 제공하는 규정을 두고 있다는 점을 알 수 있다. 상기에서 차별의 예외사항으로 규정하고 있는 진정직업자격, 모성보호조치, 적극적 개

---

109) 구 남녀고용평등법(2007. 12. 21. 법률 제8781호 '남녀고용평등과 일·가정 양립 지원에 관한 법률'로 개정되기 전의 것) 제8조 제1항은 "사업주는 동일한 사업 내의 동일가치의 노동에 대하여는 동일한 임금을 지급하여야 한다."고 규정하고 있는바, '동일가치의 노동'이란 당해 사업장 내의 서로 비교되는 남녀 간의 노동이 동일하거나 실질적으로 거의 같은 성질의 노동 또는 그 직무가 다소 다르더라도 객관적인 직무평가 등에 의하여 본질적으로 동일한 가치가 있다고 인정되는 노동에 해당하는 것을 말한다. 동일가치의 노동인지는 같은 조 제2항에서 정한 직무 수행에서 요구되는 기술, 노력, 책임 및 작업조건을 비롯하여 근로자의 학력·경력·근속연수 등의 기준을 종합적으로 고려하여 판단하여야 하는데, 여기서 '기술'은 자격증, 학위, 습득된 경험 등에 의한 직무수행능력 또는 솜씨의 객관적 수준을, '노력'은 육체적 및 정신적 노력, 작업수행에 필요한 물리적 및 정신적 긴장 즉, 노동 강도를, '책임'은 업무에 내재한 의무의 성격·범위·복잡성, 사업주가 당해 직무에 의존하는 정도를, '작업조건'은 소음, 열, 물리적·화학적 위험, 고립, 추위 또는 더위의 정도 등 당해 업무에 종사하는 근로자가 통상적으로 처하는 물리적 작업환경을 말한다(대법원 2013.03.14, 선고 2010다101011 판결).

110) 기간제법(제8조 제1항)은 사용자는 기간제 근로자임을 이유로 당해 사업 또는 사업장에서 동종 또는 유사한 업구에 종사하는 기간의 정함이 없는 근로계약을 체결한 근로자에 비하여 차별적 처우를 하여서는 아니 된다고 정하여, 기간제 근로자에 대하여 차별적 처우가 있었는지를 판단하기 위한 비교 대상 근로자로 '당해 사업 또는 사업장에서 동종 또는 유사한 업무에 종사하는 기간의 정함이 없는 근로계약을 체결한 근로자'를 들고 있다. 비교 대상 근로자로 선정된 근로자의 업무가 기간제 근로자의 업무와 동종 또는 유사한 업무에 해당하는지는 취업규칙이나 근로계약 등에 명시된 업무 내용이 아니라 근로자가 실제 수행하여 온 업무를 기준으로 판단하되, 이들이 수행하는 업무가 서로 완전히 일치하지 않고 업무의 범위 또는 책임과 권한 등에서 다소 차이가 있다고 하더라도 주된 업무의 내용에 본질적인 차이가 없다면, 특별한 사정이 없는 이상 이들은 동종 또는 유사한 업무에 종사한다고 보아야 한다(대법원 2012.10.25. 선고 2011두7045 판결 참조).

선조치는 물론 동일 가치 노동기준(직무 수행에서 요구되는 기술, 노력, 책임 및 작업조건이 다른 경우)의 제시와 직무수행에 필요하지 않는 조건(용모·키·체중 등의 신체적 조건, 미혼 조건 등)의 요구, 혼인·임신·출산을 퇴직사유로 예정하는 근로계약의 체결 등이 그것이다. 아울러, 남녀고용평등법은 근로관계에서 채용 이후의 근로조건에 대하여 균등대우를 일반적으로 규정하고 있는 근기법 등의 경우와 달리 채용단계부터 차별을 금지하여 고용기회를 보장하고, 선발과정에서의 평등실현을 강화하고 있다는 점이다.

(2) 고령자고용법에서의 차별금지와 합리적인 이유

고령자고용법은 우리 사회가 고령화 사회로 진입하면서, 고령자의 경제활동과 인적자원의 활용을 도모하고자 고령자의 고용촉진 등을 위하여 제정된 법으로 연령을 이유로 하는 차별을 금지하고 있다. 즉, '합리적인 이유' 없이 연령을 이유로 하는 고용차별을 금지하고, 합리적인 이유 없이 연령을 이유로 근로자 또는 근로자가 되려는 자를 모집·채용,[111] 임금, 임금 외의 금품 지급 및 복리후생, 교육·훈련, 배치·전보·승진, 퇴직·해고[112] 분야에서 차별하여서는 아니되며, 동 사항을 적용할 때 합리적인 이유 없이 연령 외의 기준을 적용하여 특정 연령집단에 특히 불리한 결과를 초래하는 경우에는 연령차별로 본다(제4조의4). 다만, 직무의 성격에 비추어 특정 연령기준이 불가피하게 요구되는 경우,[113] 근속기간의 차이를 고려하여 임금이나 임금 외의 금품과 복리후생에서

---

111) 헌법재판소(2012.05.31. 선고2010헌마278)는 경찰공무원임용령 제39조 제1항과 관련한 사건에서 응시연령을 30세 이하로 규정한 것은 헌법상의 평등이념에 배치된다고 헌법불합치 결정을 내린 바 있다. 한편 인권위(2013.02.13. 12진정0947300결정)는 ○○상공회의소 조사홍보팀으로서 그 직무내용은 조사·연구·홍보·홈페이지 관리 등의 사무 업무이므로 해당 직위는 그 성질 상 30세 이상인 자가 수행하기 어려운 특수한 사정이 있는 것이라고는 보기 어렵고, 동 담당자 채용과 관련하여 신입직원 채용을 위한 서류전형에서 암묵적으로 나이를 고려하여 30세 이상의 지원자들을 불리하게 대우한 것은 합리적인 이유 없는 고용상의 차별행위에 해당한다는 결정을 내린 바 있다.

112) 나이가 많다는 이유로 퇴직을 종용당하고 그로 인하여 고용재계약에 이르지 못하였다는 청구인의 주장을 인정할 증거가 없다는 이유로 청구인의 진정을 기각한 국가인권위원회의 결정은 청구인의 평등권을 침해한 것이 아니다(헌법재판소 2012.07.26 선고 2011헌마637 결정).

113) 아파트 경비원을 채용함에 있어 71세 이상의 고령자를 배제한 건과 관련하여, 우리 사회에서 일반적으로 아파트 경비원의 업무는 주로 정년을 마치고 퇴직한 고령자들이 새로 갖는 직업인 경우가 많고, 일상생활에서 쉽게 만나는 아파트 경비원들의 연령 또한 고령

합리적인 차등을 두는 경우, 이 법이나 다른 법률에 따라 근로계약, 취업규칙, 단체협약 등에서 정년을 설정하는 경우, 이 법이나 다른 법률에 따라 특정 연령집단의 고용유지·촉진을 위한 지원조치를 하는 경우에는 차별로 보지 않는다.

고령자고용법은 남녀고용평등법과 같이 '합리적인 이유'없이 연령을 이유로 또는 연령외의 기준을 적용하여 특정연령집단이 불리한 결과를 입는 경우 차별행위로 판단하면서, 진정직업자격이나 적극적 개선조치로 고용촉진을 실행하거나 근속기간 등의 차이에 따른 임금이나 복리후생 등에 차이를 두는 것 등은 합리성이 있다는 점을 밝히고 있다. 즉, 채용과정부터 차별금지를 규정한 고령자고용법은 남녀고용평등법보다는 미약하지만 나름의 합리적인 이유를 판단할 수 있는 근거를 제시하고 있다고 판단된다.

(3) 기간제법과 파견법에서의 차별금지와 합리적인 이유

소위 비정규직에 대한 입법으로 분류되는 기간제법과 파견법은 기간제근로자, 단시간근로자, 파견근로자의 차별금지를 규정한 법이다. 기간제법은 기간제근로자 및 단시간근로자에 대한 불합리한 차별을 시정하고 기간제근로자 및 단시간근로자의 근로조건 보호를 강화함을 목적으로 제정된 것으로, 이 법에서 차별적 처우는 다른 법령에서 규정한 채용 등의 사유는 규정하지 않고, 임금 등 보상과 관련한 사항과 근로조건을 중심으로 규정하고 있다. 즉, "근기법 제2조 제1항 제5호에 따른 임금, 정기상여금·명절상여금 등 정기적으로 지급되는 상여금, 경영성과에 따른 성과금, 그 밖에 근로조건 및 복리후생 등에 관한 사항에 있어서 '합리적인 이유' 없이 불리하게 처우하는 것(제2조)"을 차별적 처우로 보고 있다.[114] 이러한 차별적 처우가 금지되는 비교대상은 기간제근로자가 고용되어

인데, 이는 일반적으로 아파트 경비원의 업무가 고령자도 수행할 수 있는 업무라는 반증이며, 아파트 경비원의 업무는 아파트 내 도난, 재난, 침입 따위의 사고가 일어나지 않도록 미리 살피고 지키는 업무로서 일정정도의 체력과 건강이 요구되며, 경우에 따라서는 강도 높은 신체적 능력이 뒷받침되어야 하는 것은 사실이다. 또한 대체적으로 나이가 많은 사람이 나이가 적은 사람에 비하여 건강이나 신체적 능력이 부족한 경우가 많은 것 또한 사실이다. 그러나 그렇다 하더라도 71세를 기준으로 하여 71세 이상인 자는 일률적으로 이러한 신체적 능력과 건강을 갖추지 못하였으니 경비업무에 적합하지 않고, 71세 미만인 자는 적합하다고 볼 수는 없는 것이다. 결국 모집/채용에 있어 합리적인 이유 없이 연령을 이유로 근로자 또는 근로자가 되려는 자를 차별한 것이다(국가인권위원회 2010.03.29 10진차12 결정).

있는 당해 사업 또는 사업장에서 동종 또는 유사한 업무에 종사하는 기간의 정함이 없는 근로계약을 체결한 근로자와 단시간근로자가 고용되어 있는 당해 사업 또는 사업장의 동종 또는 유사한 업무에 종사하는 통상근로자로 규정하고 있다.[115] 이때 동종 또는 유사한 업무에 해당하는지 여부는 취업규칙이나 근로계약 등에 명시된 업무 내용이 아니라 '근로자가 실제 수행하여 온 업무를 기준'으로 판단하되, 이들이 '수행하는 업무가 서로 완전히 일치하지 아니하고 업무의 범위 또는 책임과 권한 등에서 다소 차이가 있다고 하더라도 주된 업무의 내용에 본질적인 차이가 없다면, 특별한 사정이 없는 이상 이들은 동종 또는 유사한 업무에 종사한다고 보아야 할 것이다.[116] 아울러, 파견법에서도 기간제법에서와 같이 차별적 처우의 대상을 보상과 근로조건으로 규정하고 있다(제2조). 즉, 차별적 처우란 근기법 제2조 제1항 제5호에 따른 임금, 정기상여금·명절상

---

114) 기간제법(제2조 제3호)에서 말하는 불리한 처우란 임금 그 밖의 근로조건 등에서 기간제 근로자와 비교대상 근로자를 다르게 처우함으로써 기간제 근로자에게 발생하는 불이익 전반을 의미하므로, '불리한 처우' 해당 여부를 따지기 위해서는 '기간제 근로자'가 비교대상 근로자인 '정규직 근로자'와 비교할 때 불리한 처우를 받았는지 여부를 기준으로 판단하여야 하고, 차별적 처우를 '임금 그 밖의 근로조건 등에서 합리적인 이유 없이 불리하게 처우하는 것'으로 정의하고 있는바, 여기서 '합리적인 이유'가 없다는 것은 기간제 근로자를 달리 처우할 필요성이 인정되지 않거나, 달리 처우할 필요성이 인정되더라도 그 방법·정도 등이 적정하지 않은 것을 의미한다. 나아가 합리적인 이유가 있는지는 개별 사안에서 문제가 된 불리한 처우의 내용 및 사용자가 불리한 처우의 사유로 삼은 근로자의 고용형태, 업무 내용과 범위·권한·책임, 임금 그 밖의 근로조건 등의 결정요소 등을 종합적으로 고려하여 판단하여야 한다고 설시하고 있다(대법원 2014.09.24. 선고 2012두2207 판결 ; 대법원 2014.11.27. 선고2011두5391 판결).

115) 판례는 기간제법에서 규정하고 있는 비교대상 근로자와 동종 또는 유사한 업무에 대한 판단을 하면서 그 기준으로 기간제 및 단시간근로자 보호 등에 관한 법률 제8조 제1항은 "사용자는 기간제 근로자임을 이유로 당해 사업 또는 사업장에서 동종 또는 유사한 업무에 종사하는 기간의 정함이 없는 근로계약을 체결한 근로자에 비하여 차별적 처우를 하여서는 아니 된다."고 정하여, 기간제 근로자에 대하여 차별적 처우가 있었는지를 판단하기 위한 비교 대상 근로자로 '당해 사업 또는 사업장에서 동종 또는 유사한 업무에 종사하는 기간의 정함이 없는 근로계약을 체결한 근로자'를 들고 있다. 비교 대상 근로자로 선정된 근로자의 업무가 기간제 근로자의 업무와 동종 또는 유사한 업무에 해당하는지는 취업규칙이나 근로계약 등에 명시된 업무 내용이 아니라 근로자가 실제 수행하여 온 업무를 기준으로 판단하되, 이들이 수행하는 업무가 서로 완전히 일치하지 않고 업무의 범위 또는 책임과 권한 등에서 다소 차이가 있다고 하더라도 주된 업무의 내용에 본질적인 차이가 없다면, 특별한 사정이 없는 이상 이들은 동종 또는 유사한 업무에 종사한다고 보아야 한다고 판단하고 있다(대법원 2012.10.25. 선고 2011두7045 판결).

116) 대법원 2012.10.25. 선고 2011두7045 판결.

여금 등 정기적으로 지급되는 상여금, 경영성과에 따른 성과금, 그 밖에 근로조건 및 복리후생 등에 관한 사항에 있어서 '합리적인 이유' 없이 불리하게 처우하는 것[117]으로, 파견사업주와 사용사업주는 파견근로자임을 이유로 사용사업주의 사업 내의 동종 또는 유사한 업무를 수행하는 근로자에 비하여 파견근로자에게 차별적 처우를 하여서는 아니 된다.

기간제법은 합리적인 이유에 대한 차별여부 및 차별수준의 판단기준점으로 비교대상[118]에 대한 규정을 두고 있는데, 비교대상(기간의 정함이 없는 근로자,

117) 근로자를 고용하여 타인을 위한 근로에 종사하게 하는 경우, 파견근로자보호 등에 관한 법률이 적용되는 근로자파견에 해당하는지 판단하는 기준으로, 파견근로자보호 등에 관한 법률(이하 '파견근로자보호법'이라 한다)의 목적과 내용 등에 비추어 보면, 근로자를 고용하여 타인을 위한 근로에 종사하게 하는 경우 그 법률관계가 파견근로자보호법이 적용되는 근로자파견에 해당하는지 여부는 당사자들이 붙인 계약의 명칭이나 형식에 구애받을 것이 아니라, 계약의 목적 또는 대상에 특정성, 전문성, 기술성이 있는지 여부, 계약당사자가 기업으로서 실체가 있는지와 사업경영상 독립성을 가지고 있는지 여부, 계약 이행에서 사용사업주가 지휘·명령권을 보유하고 있는지 여부 등 그 근로관계의 실질에 따라 판단하여야 한다(대법원 2013.11.28. 선고 2011다60247 판결).

118) 법원은 비교대상의 존부와 차별적 처우의 존부에 대한 판단을 하고 있는데, ㉠ (비교대상 근로자의 존부)기간제 및 단시간근로자 보호 등에 관한 법률 제8조 제1항은 '사용자는 기간제근로자임을 이유로 당해 사업 또는 사업장에서 동종 또는 유사한 업무에 종사하는 기간의 정함이 없는 근로계약을 체결한 근로자에 비하여 차별적 처우를 하여서는 아니 된다'고 규정하고 있다. 여기에서 '당해 사업 또는 사업장에서 동종 또는 유사한 업무에 종사하는 기간의 정함이 없는 근로계약을 체결한 근로자'(이하 '비교 대상 근로자'라고 한다)의 업무가 기간제근로자의 업무와 동종 또는 유사한 업무에 해당하는지 여부는 취업규칙이나 근로계약 등에서 정한 업무 내용이 아니라 근로자가 실제 수행하여 온 업무를 기준으로 판단하되, 이들이 수행하는 업무가 서로 완전히 일치하지 않고 업무의 범위나 책임과 권한 등에서 다소 차이가 있더라도 주된 업무의 내용에 본질적인 차이가 없다면, 특별한 사정이 없는 한 이들은 동종 또는 유사한 업무에 종사한다고 보아야 한다. 그런데 원고는 ○○초교에서 학급담임 업무를 수행하였고 경상남도의 계약직 교원 운영지침 3. '기간제 교원 종류별 운영지침' 가.의 8)항은 기간제 교원의 경우 정규교원과 동일하게 복무하도록 규정하고 있으므로 ○○초교에서 학급담임 업무를 수행하는 정규교원이 원고의 비교 대상 근로자에 해당한다고 할 것이다. ㉡ (차별적 처우의 존부)기간제 및 단시간근로자 보호 등에 관한 법률 제2조 제3호는 '차별적 처우'를 '임금 그 밖의 근로조건 등에서 합리적인 이유 없이 불리하게 처우하는 것'으로 정의하고 있다. 여기에서 불리한 처우란 사용자가 임금 그 밖의 근로조건 등에서 기간제근로자와 비교 대상 근로자를 다르게 처우함으로써 기간제근로자에게 발생하는 불이익 전반을 의미하고, 합리적인 이유가 없는 경우란 기간제근로자를 다르게 처우할 필요성이 인정되지 않거나 다르게 처우할 필요성이 인정되는 경우에도 그 방법·정도 등이 적정하지 않은 경우를 의미한다(서울행정법원 2012.11.13. 선고 2012구합16220 판결). 그리고 대법원은 합리적인 이유가 있는지 여부는 개별 사안에서 문제된 불리한 처우의 내용과 사용자가 불리한 처우의 사유로 삼은 사정을 기준으로 기간제근로자의 고용형태, 업무의 내용과 범위, 권한과 책임, 임금 그 밖의

통상근로자 등)과 비교대상의 근로조건은 차별여부를 판단하는 기준점으로서 매우 중요한 단서가 된다.[119] 즉, 비교대상에 비하여 불리한 처우가 아닌 경우 차별이 되지 않는다. 아울러, 파견근로자에 대한 차별판단도 사용사업주의 사업 내의 동종 또는 유사한 업무를 수행하는 자와 비교하여 불리한 대우를 하는 경우를 판단기준으로 제시하고 있어, 기간제근로자와 같은 수준에서 합리적인 이유를 판단할 수 있을 것이다.[120]

(4) 정책법에서의 차별금지와 합리적인 이유

정책법에 따르면 취업기회의 균등한 보장을 위하여 사업주는 근로자를 모집·채용할 때에 '합리적인 이유' 없이 성별, 신앙, 연령, 신체조건, 사회적 신분, 출신지역, 학력, 출신학교, 혼인·임신 또는 병력 등(이하 "성별 등"이라 한다)을 이유로 차별을 하여서는 아니 되며, 균등한 취업기회를 보장하여야 하고, 고용서비스를 제공하는 자는 그 업무를 수행할 때에 '합리적인 이유' 없이 성별 등을 이유로 구직자를 차별하여서는 아니 되며, 직업능력개발훈련을 실시하는 자는 훈련대상자의 모집, 훈련의 실시 및 취업지원 등을 하는 경우에 '합리적인 이유' 없이 성별 등을 이유로 훈련생을 차별하여서는 아니된다(제7조).

그러나 정작 합리적인 이유에 대하여는 규정하고 있는 사항이 없다. 다만, 차별주체로 사업주, 고용서비스를 제공하는 자, 직업능력개발훈련을 실시하는 자는 근로자, 구직자, 훈련생에게 성별 등을 이유로 차별을 할 수 없고, 차별사유와 차별행위가 금지되는 범위만을 짐작할 수 있다는 점이다. 물론 정책법의 특성상 선언적이면서도 정책적인 방향에 대한 근거로서 다른 법령에서처럼 현실적으로 제재를 수반하여 강제하는 기능에서는 차이가 있는 점을 고려할 필요는 있는 것으로 판단된다. 아울러, 정책법은 근로조건의 내용보다는 채용과 관련하여 고

근로조건 등의 결정요소 등을 종합적으로 고려하여 판단하고 있다(대법원 2012. 3. 29. 선고 2011두2132 판결).

119) 비교대상자로 지목한 대상자가 비교대상자가 아니라는 이유로 기각결정을 내린 바 있다(중앙노동위원회 2011.04.29. 2011차별1결정 : 중앙노동위원회 2014.06.09. 2014차별3 결정 등).

120) 파견운전직 차별사건에서 주된 업무가 달라 동종 또는 유사업무에 종사하는 비교대상근로자가 없어 차별시정신청을 기각하는 결정을 내린 바 있다(중앙노동위원회 2012.06.26. 2012차별5,6(병합) 결정).

용기회의 균등보장이라는 측면에서 합리적 이유가 전제되어야 할 것을 요청하고 있다.

(5) 인권위법에서의 차별금지와 합리적인 이유

인권위법은 직접적인 노동관련법령은 아니지만 고용과 관련한 차별금지규정을 두고 있다. 즉, 이 법에서 평등권 침해의 차별행위란 '합리적인 이유' 없이 "성별, 종교, 장애, 나이, 사회적 신분, 출신 지역(출생지, 등록기준지, 성년이 되기 전의 주된 거주지 등을 말한다), 출신 국가, 출신 민족, 용모 등 신체조건, 기혼·미혼·별거·이혼·사별·재혼·사실혼 등 혼인 여부, 임신 또는 출산, 가족 형태 또는 가족 상황, 인종, 피부색, 사상 또는 정치적 의견, 형의 효력이 실효된 전과(前科), 성적(性的) 지향, 학력, 병력(病歷) 등을 이유로 고용(모집, 채용, 교육, 배치, 승진, 임금 및 임금 외의 금품 지급, 자금의 융자, 정년, 퇴직, 해고 등을 포함한다)과 관련하여 특정한 사람을 우대·배제·구별하거나 불리하게 대우"하는 행위를 말한다. 다만, 현존하는 차별을 없애기 위하여 특정한 사람(특정한 사람들의 집단을 포함한다)을 잠정적으로 우대하는 행위와 이를 내용으로 하는 법령의 제정·개정 및 정책의 수립·집행은 평등권 침해의 차별행위(이하 "차별행위"라 한다)로 보지 아니한다(제2조).

인권위법은 고용상 차별과 관련하여 세부적인 차별사유를 규정하면서 합리적인 이유를 모든 차별사유와 모집채용을 비롯한 모든 고용과정과 내용에서의 차별행위를 전제하여 광범위하게 합리적 이유를 전제조건으로 규정하고 있고, 단서규정에서 적극적 개선조치를 차별행위의 적용 예외로 들고 있다.

2. 고용법령상 차별금지제도의 특징 및 문제점

고용관련 주요 법령의 차별금지사유 및 금지영역 등을 종합하면 차별금지사유는 매우 다양하고[121] 차별금지 영역은 광범위하다. 다만, 각각의 고용관계법은

121) 고용상 차별사유(고용관련법령과 인권위법 등)로 성별, 종교, 국적, 출신지역, 출신학교, 학력, 출신국가, 출신민족, 신앙, 사회적신분, 혼인 또는 가족상의 지위, 가족상황, 임신, 출산, 노동조합활동, 파견근로자, 단시간근로자, 기간제근로자, 장애, 인종, 정당, 병력, 나이, 고령, 준고령, 민족, 피부색, 사상 또는 정치적 의견, 형(징계)의 효력이 실효된 전과(기록), 성적지향, 성희롱을 규정하고 있는 것으로 파악된다. 이들 사유 중 개정 논의가 진행

개별법에서 규율하는 목적에 해당하는 부분에 대한 차별을 염두에 두기 때문에 열거하고 있는 차별사유는 제한적일 수 있다. 이러한 차별사유에 대하여 헌법 제11조의 차별금지사유를 두고 예시설과 열거제한설이 있지만 예시설을 통설로 보고 있고 헌법재판소도 예시설의 입장을 보이고 있다.[122] 또, 차별행위가 금지되는 고용영역은 모든 법령이 통일되어 있지는 않지만 개별법령을 종합적으로 판단하면, 모집 및 채용, 임금 및 복리후생, 교육·배치·승진·전보, 정년·퇴직·해고 등 고용전반에 해당한다.

〈주요 법령의 차별금지 사유 및 영역[123]〉

법령별	차별금지사유	차별금지영역	비고
헌 법	성별, 종교, 사회적 신분	생활의 모든 영역	
근기법	남녀의 성, 국적, 신앙, 사회적 신분	근로조건	
남녀고용평등법	성별, 혼인, 가족상의 지위, 임신 출산 등	채용, 근로조건	
파견법	파견근로자의 성별, 종교, 사회적 신분 또는 정당한 노동조합 활동 등	부당한 차별적 처우 근로자파견계약의 해지	
기간제법	기간제근로자, 단시간근로자	임금 그 밖의 근로조건	
장애인차별금지법 장애인고용법	장애	고용전반	
노동조합법	인종, 종교, 성별, 연령, 신체적 조건, 고용형태, 정당, 신분	조합원 지위의 취득·유지 조합운영에의 참여	
정책법	성별, 신앙, 연령, 신체조건, 사회적 신분, 출신지역, 학력, 출신학교, 혼인 및 임신, 병력 등	근로관계의 성립(모집·채용)	
구, 여성정책기본법	성별, 임신, 출산 등	고용전반(채용, 승진, 교육훈련 등)	
양성평등	성별	정치·경제·사회·문화	

되고 있는 내용인 고용형태(기간제, 단시간제, 용역직, 파견직, 정규직, 비정규직 등)나 근로형태 내지 근무형태를 세부적으로 고려할 수 있겠다.

122) 헌법의 차별금지사유를 예시설(예시적 규정설)로 보는 것이 통설이라고 한다(권영성, 『헌법학원론』, 법문사, 2010, 394면) ; 이와 관련하여 헌법재판소도 같은 입장을 보이고 있다(헌법재판소 2011.06.30. 선고 2010헌마460 결정).

123) 박종희 외, "비정규직 차별금지 판단기준 및 운영에 관한 연구", 중앙노동위원회, 2006, 23면의 도표를 활용하여 보완한 것임.

법령별	차별금지사유	차별금지영역	비고
기본법		모든 영역	
고령자 고용법	연령(고령, 준고령)	근로관계의 성립·종료(모집·채용·해고)	
장애인 복지법	장애	생활의 모든 영역	
직안법	성별, 종교, 사회적 신분, 혼인 여부 등	직업소개·직업지도·고용관계의 결정	
인권위법	성별, 종교, 장애, 나이, 사회적 신분, 출신 지역, 출신 국가, 출신 민족, 용모 등 신체조건, 혼인 여부, 임신 또는 출산, 가족상황, 인종, 피부색, 사상 또는 정치적 의견, 형의 효력이 실효된 전과, 성적 지향, 병력, 성희롱 등	고용, 재화이용, 교육 등	
국가유공자법	이 법에 의한 취업	직급의 부여, 보직, 승진, 승급 등	
외국인 고용법	국적(외국인)	근로관계의 존속	

이러한 고용상 차별금지제도의 변화를 보이고 있는 우리나라의 고용상 차별금지제도는 몇 가지 특징으로 정리해 볼 수 있다.[124] 첫째, 남녀차별문제를 중심으로 차별문제를 다루게 되었다는 점이다. 이는 전통적인 사회가 여성의 사회적 참여를 제한하는 역사적 배경을 가지고 있었고, 우리의 특성상 여권의 신장에 따른 사회참여의 확대로 상대적으로 차별을 받는 대상이 여성이었다는 인식에서 기인하는 것이다. 이러한 이유로 장애, 비정규직, 연령 등의 차별문제는 점차 부각되었으나, 상대적으로 다양한 형태의 차별사유가 논의되지 않고 있다. 즉, 단일민족의 특성상 최근 국제적 인적교류와 다문화가정의 확대 등으로 부각되는 인종(출신민족 내지 국가, 외국인, 피부색, 언어 등) 등의 요소에 대한 차별인식이 보편화되어 있지 않았었다. 둘째, 각 법령에서 규정하고 있는 차별사

124) 하경효·박종희·이정·이철수·김재훈·김홍영, "근로관계법상 균등처우 관련 제도개선 방안 연구", 노동부, 2006, 26~32면 ; 박종희 외, "비정규직 차별금지 판단기준 및 운영에 관한 연구", 중앙노동위원회, 2006, 24~31면에서는 노동관계법에서의 차별금지규범의 헌법적 기초와 관련하여 노동보호 수단으로써 차별금지, 성차별에 대한 불합리한 편견 불식을 위한 차별금지, 집단적 자치의 기초로서의 단결권 보호를 위한 차별금지, 고용정책의 기본방향 설정의 의미로서의 차별금지, 인권보호 목적에서의 차별금지로 나누어 설명하고 있다.

유들은 각각의 법에서 추구하는 목적이 다르다는 점을 감안하더라도 고용상황에서 발생하는 기준이 동일할 것이 요청되지만 규정사항들이 달라 정합성의 문제를 가진다. 아울러 처벌규정의 경중도 달라 같은 사안을 가지고 동일하게 적용하지 못하는 결함을 가지고 있다. 셋째, 권리구제와 관련하여 기관이 분리된 것(비정규직에 대한 차별판단은 노동위원회에서 다루지만 나머지 차별사유에 대한 판단은 인권위에서 다룬다는 점이다)은 물론 단지 차별행위금지 내지 처벌규정 뿐이라는 점이다. 차별행위에 대한 정신적·물질적 손해배상제도가 일반적으로 확립되어 있지 않다.[125] 넷째, 차별에 대한 개념적 요소에 대한 정의가 규정되어 있지 않다. 남녀고용평등법(차별)이나 인권위법(차별행위) 등을 제외하면 차별에 대한 명확한 개념적 규정이 없다. 차별개념, 직접차별, 간접차별, 비교대상, 차별행위의 주체와 객체, 역차별 등 차별 개념에서 매우 중요한 요소에 대한 정의나 범위, 판단기준 등에 대한 명확한 규정이 필요하다 할 것이다. 다섯째, 제도적으로는 진정직업자격이나 적극적 개선조치는 주로 남녀성별, 장애, 연령 등에 해당하는 경우 제한적으로 인정하고 있고, 합리적 이유도 모든 고용과정이 아니라 일부는 채용과정부터 적용하고, 일부는 채용 후부터의 과정에서 적용하고 있다. 여섯째, 차별여부의 핵심검토사항인 차별판단기준은 물론 차별여부의 전제조건으로 규정하고 있는 '합리적인 이유'에 대한 사유나 상황에 대하여 명확히 밝히고 있지 않아, 고용상 차별행위 판단을 위한 기준점이 모호하다.

3. 합리적 차별을 인정하는 목적

일반적으로 합리적인 차등이 인정되는 사유는 근로자가 수행하는 '노동의 질과 양 및 책임과 권한' 등에 차이가 있는 경우, 근로자 개인의 '능력과 자격 및 성과와 생산성' 등에 차이가 있는 경우를 들 수 있다.[126] 즉, '근로자의 특성과

125) 기간제법에서는 2014년 개정시에 차별행위에 대한 시정명령으로 배상명령이 가능하도록 규정하였다. 이때 배상액은 차별적 처우로 인하여 기간제근로자 또는 단시간근로자에게 발생한 손해액을 기준으로 정하되, 노동위원회는 사용자의 차별적 처우에 '명백한 고의가 인정되거나 차별적 처우가 반복되는 경우'에는 손해액을 기준으로 3배를 넘지 아니하는 범위에서 배상을 명령할 수 있도록 규정하고 있어, 기간제근로자와 단시간근로자에 대하여는 배상명령이 가능하도록 하고 있다.

직무 내지 직무수행에 내재되어 있는 특성에 기인하거나 차이에서 오는 경우이다. 또, 직업 내지 직무의 본질적인 사유와 특수성에 기인하는 경우, 차별해소를 위한 개선조치 및 보호대상의 이익을 강화시키는 조치, 국제노동기준에 부합하려는 조치, 국가안전보장과 공공복리 등을 위한 조치, 근로자의 안전을 고려한 조치인 경우' 등도 합리적인 이유로 인정되는 사안이다. 차별금지제도에서 합리적인 사유를 인정하는 것은 '차등대우의 가능성을 열어두는 것이고, 차등대우를 하는 경우에도 합리적인 조건을 전제하도록 하여 부당한 차별행위를 방지하려는 것이고, 헌법적인 정신인 상대적이고 실질적인 평등을 실현하기 위한 것이며, 차별행위가 발생한 경우 그 차별여부를 합리적으로 판단하기 위한 것'이라고 할 수 있다. 즉, 불리한 처우의 정당화는 합리적인 차별을 인정하여 차별이 아닌 것으로 인정되며, 이는 차별의 정당성에 내재하는 사유가 된다고 할 것이다. 한편, 실제는 차별이지만 차별적용 예외로 인정하여 차별이 아닌 것으로 보는 사안들이 있는데, 이는 사업의 본질적인 수행을 보호하고, 차별을 해소함은 물론, 사회적인 형평과 다양성을 확보하는 것은 오히려 상대적이고 실질적인 평등을 촉진하고 평등실현을 도모하기 위한 의도를 법령이 정책적으로 고려하고 있음을 시사한다고 할 수 있다.[127)]

---

126) 김형배, 『노동법』, 박영사, 2012. 224면.

127) 물론 임금 등 급부에서의 차별이 정당화되는 사유로 근속기간, 직책이나 직급이 다른 경우, 업무의 범위·권한·책임 등이 다른 경우, 노동생산성의 차이를 인정하는 경우, 능력·기술·자격·경력·업적 등의 차이를 인정하는 경우, 작업조건 등이 다른 경우도 합리적인 이유 있는 것으로 인정될 수 있고, 직무의 성격에 따른 연령기준의 불가피성이 있는 경우, 단시간근로에서의 시간비례원칙에 의한 경우도 그 정당성을 인정하는 것이 가능하다. 아울러, 합리적인 이유가 있는 차별로 우리나라가 국제사회의 일원으로 국제노동기구나 국제헌장 등에서 규정한 사항을 국제법적인 차원에서 수용하는 경우 국내법적인 지위를 가지게 되므로 적용됨은 물론, 법령의 수준에 해당하지 않더라도 각종 협약에 따라 노동기준을 실행하기 위한 장치로서 그리고 국제노동기준에 부합하려는 목적에서 취해지는 조치들을 들 수 있다. 또, 합리적인 차원에서 차별적용 예외는 '직무 특성상 차별의 불가피성을 인정하여 직무수행의 정상적인 운영을 도모하고자 하는 것이고, 차별해소 및 특정계층 내지 대상자의 고용촉진을 위해 다른 집단이 일정부분 차별은 감수해야 공공의 이익을 도모할 수 있는 효용이 크고, 취약계층의 보호조치가 다양성을 증진시키고 고용환경을 개선하여 실질적인 평등을 실현할 수 있고, 특정한 대상자의 상태 및 특수성을 인정하여 고용조건과 내용에서의 실질적인 평등실현을 도모하고자 하는 것'이라고 할 수 있다.

제 3 절 차별에서의 개념적 요소와 고용상 차별

Ⅰ. 일반적인 차별개념과 고용상 차별의 개념

1. 차별의 개념

차별에서 구분되어야 하는 개념적인 부분은 차이와 차등의 문제이다. 같은 것은 같게 다른 것은 다르게 대우하는 것은 차이를 인정하는 개념이다. 즉, 차이는 서로 같지 않고 다른 것으로 구별할 수 있는 특성을 지닌 것으로 어떤 사물이나 사람 등을 구별할 수 있는 특성과 그 정도 및 상태이다. 그러나 같은 것을 다르게 다른 것을 같게 취급하는 것은 차별이라고 한다. 즉, 개인이나 집단 등 둘 이상의 대상을 각각 등급이나 수준 따위의 차이를 두어서 구별하는 것을 차별이라고 하는데, 기본적으로 평등한 지위의 집단을 자의적(恣意的)인 기준에 의해 불평등하게 대우함으로써, 특정집단을 사회적으로 격리시키는 통제 형태[128]라고 할 수 있다. 헌법은 차별의 개념[129]보다는 평등 내지 평등권의 개념에서 규정되어 있고 개별법령들에서 차별에 대한 개념을 찾을 수 있다. 평등에 대비되는 차별 내지 불평등의 반대가 곧 평등이라고 할 수 없는 경우가 있다.

---

128) 일반적으로 차별 받는 사람들의 실제행동과는 거의 무관하거나 전혀 관계없는 생각에 근거하여 열등성을 부여하는 제도화된 관행을 통하여 이루어진다. 사회적 차별이 문제가 되는 것은, 구별(differentiation) 그 자체가 아니라 선지배적(先支配的)인 요소에 의해 규정되는 내집단에 대한 입회승인의 기준이 보편적인 타당성을 갖고 있느냐 하는 것이다. 따라서 구별이 차별적인 것으로 간주되는가의 여부는 특정사회 안에서 계층구분이 부인되느냐 승인되느냐 하는 데 달려 있다. 사회적 차별은 평등의 기본원리를 표방하는 사회에도 명백히 존재한다. 이 불일치는 의도적인 기만 또는 무지에 기인하기도 하고, 제멋대로의 감정적인 반응 또는 전통적 편견의 잔여물에 의한 것일 수도 있는데, 대표적인 예로 성차별을 들 수 있다. 여성은 아직도 교육 · 고용 · 재산권 · 군복무 · 부양수당 등에서 단지 여성이라는 이유로 남성에 비하여 차별적인 대우를 받는 경향이 많다.

129) 문무기 · 윤문희, 「근로자 균등대우 실현을 위한 노동법적 과제」, 한국노동연구원, 2007, 11면에서는 차별에 대한 사전적인 의미로 '둘이상의 대상을 각각 등급이나 수준 등에 차이를 두어 구별하고 나누는 것'이라고 한다.

그것은 실질적으로는 차별이지만 차별의 예외사유에서 볼 수 있는 것처럼 적극적 개선조치, 진정직업자격, 정책적 차별, 합리적인 이유와 불가피한 사유가 있는 경우는 차별로 보지 않기 때문이다. 즉, 평등은 인간의 존엄성을 유지하는 생래적 권리로서 차별을 하지 말아야 할 기준점 내지 목적점이라고 한다면, 이에 반하여 차별은 행위적이든 제도적 조치든 인간권리를 해치거나 인간의 존엄성을 훼손하는 사후적인 행위적 결과물이라고 할 수 있다.

한편, 평등개념과 비교하여 불평등 내지 차별은 평등의 상대개념이다. 그러나 차별은 개념적으로 명확히 하는데 범위의 설정이 필요하다. 즉, 법문에 따라서는 '불이익한 처분 내지 취급', '불리한 처우 내지 대우', '부당한 조치 내지 처분', '정당하지 못한 조치나 처분, 대우' 등 용어상으로는 평등성이 훼손되는 행위들에 대하여 다양하게 표현하고 있다. 그러므로 차별의 문제는 불이익취급 등 광의의 개념으로 넓게 보아 공평하지 못하고 합리적이지 못한 모든 처분 내지 조치를 차별로 보아야 한다. 물론 이러한 것들이 평등의 상대개념인 불평등의 개념과 상통한다고 보기는 무리가 있을 것이다. 그럼에도 광의개념에서는 차별행위에 포함될 수 있다고 보아야 한다. 결국 불평등, 차별 내지 차별행위, 불이익취급은 같은 선상에서 서로 대부분 중첩되는 부분이 상당하고 그 강약의 차이가 있을 수 있으나 같은 범주에서 보아야 할 문제로 판단된다.

결국, 합리성에 근거하여 고용상 차별문제는 차등대우 등이 합리성을 가지는 경우 평등권의 실현을 보다 강화하는 측면에서 용인되는 것으로 볼 수 있으며, 합리성이 결여된 행위는 평등권을 침해하는 차별행위가 되는 것이다. 즉, 평등 및 평등권의 실현은 차별금지라는 규제를 통하여 보완된다고 볼 수 있고, 현실적으로 평등 내지 평등권의 구체화는 법률이나 각종 규제 등 제도를 통하여 차별금지 내지 균등대우라는 정책적인 고려에서 실현된다고 할 수 있겠다. 특히 고용상의 차별 내지 차별행위에 대한 금지는 곧 고용상 평등권의 실현 수단이며 그 자체가 된다고 판단된다.

2. 고용에서의 차별 개념

고용관련법령상 차별에 대하여는 남녀고용평등의 개념으로 접근할 수 있다.

즉 고용관련법령에서 고용상 차별에 대하여 법령상 가장 명확한 개념정의를 규정한 것은 남녀고용평등법이다. 동법 제2조(정의)에서는 '차별'에 대하여 "사업주가 근로자에게 성별, 혼인, 가족 안에서의 지위, 임신 또는 출산 등의 사유로 합리적인 이유 없이 채용 또는 근로의 조건을 다르게 하거나 그 밖의 불리한 조치를 하는 경우(사업주가 채용조건이나 근로조건은 동일하게 적용하더라도 그 조건을 충족할 수 있는 남성 또는 여성이 다른 한 성(性)에 비하여 현저히 적고 그에 따라 특정한 성에게 불리한 결과를 초래하며 그 조건이 정당한 것임을 증명할 수 없는 경우를 포함한다)를 말한다.[130]"라고 규정하고 있고, 차별행위의 예외가 되는 사항을 적시하고 있다. 즉, 제2조 제1호 각목에서는 "직무의 성격에 비추어 특정한 성이 불가피하게 요구되는 경우, 여성 근로자의 임신·출산·수유 등 모성보호를 위한 조치를 하는 경우, 그 밖에 이 법 또는 다른 법률에 따라 적극적 고용개선조치를 하는 경우"를 차별행위에 대한 예외로 규정하고 있다. 또, '직장 내 성희롱'과 관련하여 "사업주·상급자 또는 근로자가 직장 내의 지위를 이용하거나 업무와 관련하여 다른 근로자에게 성적 언동 등으로 성적 굴욕감 또는 혐오감을 느끼게 하거나 성적 언동 또는 그 밖의 요구 등에 따르지 아니하였다는 이유로 고용에서 불이익을 주는 것을 말한다."라고 규정하면서, '적극적 고용개선조치'로 "현존하는 남녀 간의 고용차별을 없애거나 고용평등을 촉진하기 위하여 잠정적으로 특정한 성을 우대하는 조치를 말한다."라고 규정하고 있고, 이 법에서 규정한 근로자를 사업자에게 고용된 자 외에 취업할 의사를 가진 자를 포함하면서 취업 전 단계부터 차별여부를 판단할 수 있는 대상으로 볼 수 있게 하고 있다.

한편, 근로관계 즉 고용관계의 기본적 기준을 정한 법이라 할 수 있는 근기법 제6조에서는 "사용자는 근로자에 대하여 남녀의 성(性)을 이유로 차별적 대우를 하지 못하고 국적·신앙 또는 사회적 신분을 이유로 근로조건에 대한 차별적 처우를 하지 못한다."라고 규정하고 있고, 노사관계를 규율하고 있는 노동조합및노동관계조정법(이하 "노조법"이라 한다) 제9조(차별대우의 금지)에서는 "노동조합의 조합원은 어떠한 경우에도 인종, 종교, 성별, 연령, 신체적 조건,

130) 동 규정에서 본문사항은 직접차별로 괄호부분은 간접차별로 판단하게 된다.

고용형태, 정당 또는 신분에 의하여 차별대우를 받지 아니한다."라고 규정하고 있다.

또, 장애인고용법 제5조(사업주의 책임)에서는 "사업주는 근로자가 장애인이라는 이유로 채용·승진·전보 및 교육훈련 등 인사관리상의 차별대우를 하여서는 아니 된다."고 규정하고 있을 뿐만 아니라 장애인차별금지법을 통하여 보다 체계적이고 구체적인 사항을 통해 장애인의 고용상의 차별은 물론 사회전반적인 활동과 생활에 대하여 포괄적으로 차별행위를 금지하는 내용을 규정하고 있고[131], 고령자고용법 제4조의4(모집·채용 등에서의 연령차별 금지)에서 "① 사업주는 모집·채용, 임금, 임금 외의 금품 지급 및 복리후생, 교육·훈련, 배치·전보·승진, 퇴직·해고 분야에서 합리적인 이유 없이 연령을 이유로 근로자 또는 근로자가 되려는 자를 차별하여서는 아니 된다. ② 제1항을 적용할 때 합리적인 이유 없이 연령 외의 기준을 적용하여 특정 연령집단에 특히 불리한 결과를 초래하는 경우에는 연령차별로 본다."고 규정하면서 제4조의9(해고나 그 밖의 불리한 처우의 금지)에서는 "사업주는 근로자가 이 법이 금지하는 연령차별행위에 대한 진정, 자료제출, 답변·증언, 소송, 신고 등을 하였다는 이유로 근로자에게 해고, 전보, 징계, 그 밖의 불리한 처우를 하여서는 아니된다."고 규정하고 있다. 반면에 동법 제4조의5(차별금지의 예외)에서 "직무의 성격에 비추어 특정 연령기준이 불가피하게 요구되는 경우, 근속기간의 차이를 고려하여 임금이나 임금 외의 금품과 복리후생에서 합리적인 차등을 두는 경우, 이 법이나 다른 법률에 따라 근로계약, 취업규칙, 단체협약 등에서 정년을 설정하는 경우, 이 법이나 다른 법률에 따라 특정 연령집단의 고용유지·촉진을 위한 지원조치를 하는 경우 중 어느 하나에 해당하는 경우에는 제4조의4에 따른 연령차별로 보지 아니한다."고 규정하고 있다.

차별행위에 대하여 일반적으로 포괄적인 규정을 하고 있는 것은 인권위법이다. 동 법 제2조에 의하면 제4호에서는 평등권침해의 차별행위라는 개념으로 "합리적인 이유 없이 성별, 종교, 장애, 나이, 사회적 신분, 출신지역(출생지, 등

131) 박지순·이홍재·전광석, 『사회보장법』, 신조사, 2011, 257~262면에서는 장애인의 차별금지와 관련하여서는 '평등실현'이라는 관점에서 설명하고 있다.

록기준지, 성년이 되기 전의 주된 거주지역 등을 말한다), 출신국가, 출신민족, 용모 등 신체조건, 기혼·미혼·별거·이혼·사별·재혼·사실혼 등 혼인 여부, 임신 또는 출산, 가족형태 또는 가족상황, 인종, 피부색, 사상 또는 정치적 의견, 형의 효력이 실효된 전과, 성적(性的) 지향, 학력, 병력(病歷) 등을 이유로 한 행위를 말한다. 다만, 현존하는 차별을 해소하기 위하여 특정한 사람(특정한 사람들의 집단을 포함한다. 이하 같다)을 잠정적으로 우대하는 행위와 이를 내용으로 하는 법령의 제·개정 및 정책의 수립·집행은 평등권침해의 차별행위(이하 "차별행위"라 한다)로 보지 아니한다."라고 규정하고 있다. 그리고 ㉮목에서는 고용과 관련하여 "고용(모집, 채용, 교육, 배치, 승진, 임금 및 임금 외의 금품 지급, 자금의 융자, 정년, 퇴직, 해고 등을 포함한다)과 관련하여 특정한 사람을 우대·배제·구별하거나 불리하게 대우하는 행위", ㉯목에서는 재화 등과 관련하여 "재화·용역·교통수단·상업시설·토지·주거시설의 공급이나 이용과 관련하여 특정한 사람을 우대·배제·구별하거나 불리하게 대우하는 행위", ㉰목에서는 교육 등과 관련하여 "교육시설이나 직업훈련기관에서의 교육·훈련이나 그 이용과 관련하여 특정한 사람을 우대·배제·구별하거나 불리하게 대우하는 행위", ㉱목에서는 "성희롱 행위"를 규정하고 있고 이러한 행위를 차별행위로 보고 있다.

한편 제5호에서는 성희롱에 대하여 "업무, 고용 그 밖의 관계에서 공공기관의 종사자, 사용자 또는 근로자가 그 직위를 이용하거나 업무 등과 관련하여 성적 언동 등으로 성적 굴욕감 또는 혐오감을 느끼게 하거나 성적 언동 그 밖의 요구 등에 대한 불응을 이유로 고용상의 불이익을 주는 것을 말한다."라고 규정하고 있고, 제7호에서는 장애와 관련하여 "신체적·정신적·사회적 요인에 의하여 장기간에 걸쳐 일상생활 또는 사회생활에 상당한 제약을 받는 상태를 말한다."라고 규정하고 있다.

이러한 규정들은 사회적 활동과 관련한 일반적인 차별행위의 종류와 영역에 대하여 규정하면서 각 행위를 차별적인 행위로 판단하고자 하는 기준을 제시한 것으로 판단할 수 있다. 물론 동 규정의 단서규정에 의하면 "현존하는 차별을 해소하기 위하여 특정한 사람(특정한 사람들의 집단을 포함한다. 이하 같다)을 잠정적으로 우대하는 행위와 이를 내용으로 하는 법령의 제·개정 및 정책의 수립·집행은 평등권침해의 차별행위(이하 "차별행위"라 한다)로 보지 아니한다."라고 규정하여 우대사항이나 적극적인 개선조치사항들이 차별이 되지 않을 수 있음도 제시하고 있다. 다만, ㉮~㉰목에서 특정한 사람을 잠정적으로 우대하는 경우 차별을 전제하므로 적극적 조치 등 사회적 배려행위가 잠정적이지 않고 상대적으로 과도하여 다른 사람에 차별적 기준을 초과한다면 이것도 차별행위(역차별)가 될 수 있다고 볼 수 있다.

결국, 고용상 차별이란 각종 법령에서 규정하고 있는 차별사유(성별, 종교, 장애, 나이, 신분, 학력, 실효된 전과, 성적 지향, 인종, 피부색, 신체 조건, 국적, 나이, 출신 지역, 사상이나 정치적 견해 등)로 모집, 채용, 교육, 배치, 승진, 임금 및 수당지급, 정년, 퇴직, 해고, 복리후생 등에 있어서 특정한 사람을 우대, 배제, 구별하거나 불리하게 대우하고, 정치, 사회, 경제적으로 평등권을 침해하는 행위를 말한다고 할 수 있다.

3. 절대적 차별과 상대적 차별

헌법에서의 평등은 평균적 정의(正義)를 실현하는 절대적 평등이 아니라, 배분적 정의를 실현하는 상대적 평등을 의미한다. 곧 자의(恣意)의 금지원칙에 따라 본질적으로 같은 것은 같게, 본질적으로 다른 것은 다르게 취급하는 평등을 추구하는 것이다. 차별에서도 행위적인 측면에서 판단했을 때 의도적이고 명백한 차별[132]을 절대적인 차별행위로 볼 수 있다. 그러나 의도하지 않았으나 결과적으로 차별의 결과가 되는 경우 등은 상대적 차별로 볼 수 있다. 다만, 절대적 차별은 예외가 없이 명백한 차별행위를 상대적 차별은 차별의 의도와는 상관없이 비교대상과 연계하여 상대적으로 차별이 발생할 수 있는 상황을 말한다고 할 수 있다. 일반적으로 차별은 대부분 절대적 차별에 해당한다. 그것이 간접차별이라고 하더라도 말이다. 그러나 적극적 개선조치나 우대조치 등과 같이

132) 차별의 개념으로 명백한 차별과 숨겨진 은밀한 차별을 들 수 있다. 명백한 차별은 법령 등의 규정에 따라 명백히 차별행위로 들어나는 차별행위이며, 은밀한 차별은 외관상 차별을 드러내지 않고 차별의도를 숨긴 채 차별행위를 하는 경우를 들 수 있다. 입증곤란성을 기준으로 보면 명백한 차별보다는 은밀한 차별은 입증이 매우 어렵다. 그렇기 때문에 은밀한 차별은 적발과 처벌 등에 어려움이 따른다.

상대적으로 차별적 효과를 발생할 수 있는 경우 이는 상대적으로 차별이 될 수 있다.

4. 우대조치와 역차별

특정집단의 부당한 차별을 보호하기 위하여 마련한 제도나 장치가 너무 강하여 오히려 이를 적용받아 보호되는 사람 외의 다른 사람들이 차별을 받는 경우를 역차별이라고 한다. 이러한 역차별은 적극적 우대조치 등의 형태로 나타나는 것이 일반적인데, 역차별은 사회정책적인 조치에 의한 것으로 엄격한 의미에서의 차별은 아니다. 다만, 부당한 차별을 시정하기 위하여 취해지는 조치라고 하더라도 이를 너무 과도하게 추진하여 이에 따라 보호되는 상대방의 권리와 지위가 상당한 수준 불이익하게 되는 경우는 문제가 될 수 있다. 그러므로 적정한 수준의 우대조치가 설정되어야 할 문제이다.[133] 즉, 역차별 제도가 현실성 있는 제도가 되려면 우선 특정 집단의 선정에 주의를 기울여야 한다. 사회 제도나 관행 탓으로 차별받아 왔다는 것이 인정되는 집단에 국한하여 역차별 제도를 시행해야 하며 그렇지 않으면 차별받는 새로운 집단을 양산하여 사회 정의를 훼손하게 된다.

또한, 특정 집단이 선정되면 그에 대해 특별 대우하는 기준(비율 등)을 합리적으로 결정해야 한다. 그 비율을 지나치게 낮게 잡으면 역차별 제도의 실효성이 의심스럽게 되고, 지나치게 높게 잡으면 선의의 희생자가 발생하여 사회 전체적으로 화합이 이루어지지 않을 것이기 때문이다. 마지막으로, 이 역차별 제도는 어디까지나 차별적인 제도로서 잘못을 시정하겠다는 취지에서 일정수준까

133) 정부에서는 여성의 취업 기회를 확대하기 위하여 공무원 채용 시 일정 비율의 여성을 의무적으로 채용하는 여성 고용 할당제(일정비율 인원 우선선발 등) 등을 실시하고 있다. 이러한 제도는 기존의 차별을 없애고자 하는 일종의 차별 철폐 조치 내지 적극적 조치로 남성에 대비하면 역차별 대우라고 한다. 정부가 이러한 정책을 시행한 배경에는 이 제도는 이제까지 여성이 차별을 받아왔기 때문에 현재 남녀 불평등이 심각한 상태에 이르렀으며, 이 불평등을 시정하는 가장 효과적인 방법 중의 하나로 인식되어 시행되었다. 이에 대해 평등이란 법 앞에서의 평등 내지 기회 균등을 의미하는데 우리나라는 이런 의미의 평등이 보장된 사회이기 때문에 남자와 여자 사이에 불평등이 존재하지 않는다고 주장하면서 이러한 제도의 실시에 대해 일부에서는 평등 이념에 어긋나는 제도라고 반발하기도 한다.

지 시정된 수준에서 정지하겠다는 목표 하에 실시되는 제도이기 때문에 잠정적·한시적(限時的)으로 운영되어야 하며, 이를 고착화하여 장기간 지속한다면 차별시정이 또 다른 상대방의 차별을 만들게 되고 말 것이다.

Ⅱ. 고용상 직접차별과 간접차별

1. 고용상 직접차별

(1) 직접차별의 의의와 근거

직접차별[134]이란 특정 개인 또는 특정 집단에 속하는 개인들에 대하여 법률이 금지하고 있는 사유, 개인이나 집단이 가지고 있는 속성을 이유로 다른 집단에 속하는 다른 개인이나 집단과 비교하여 합리적인 이유 없이 불리하게 취급하거나 대우하는 것이다.[135]

이러한 직접차별과 관련하여 인권위법 제2조 제3호의 각목, 근기법 제6조, 남녀고용평등법 제2조, 노조법 제9조, 정책법 제7조,[136] 직안법 제2조,[137] 고령자

134) 직접차별은 법률에 의하여 금지된 차별사유를 직접적인 이유로 하여, 비교되는 다른 근로자에 비해서 불리한 처우를 하는 것(김형배, 『노동법』, 박영사, 2012, 220~221면), 직접차별이란 특정 집단에 속하는 사람(들)을 그 집단에 속한다는 이유로 다른 집단에 속하는 다른 사람(들)과 비교하여 합리적인 이유없이 불리하게 대우하는 행위(최승철, 『차별금지법의 이해』, 한울, 2012, 35면), 직접차별은 일정한 법규범이 제정되거나 일정한 관행 또는 조치가 최초로 시행될 당시부터 차별목적이 의도되고 명시적으로 표현된 차별대우(이준일, 『차별금지법』, 고려대출판부, 2007, 51면), 직접차별이란 합리적인 이유없이 개인이나 집단이 가지고 있는 속성을 이유로 그 개인이나 집단에 대해 불이익한 대우를 하는 것을 의미한다(하경효·박종희·이정·이철수·김재훈·김홍영, "근로관계법상 균등처우 관련 제도개선 방안 연구", 노동부, 2006, 53면).

135) 문무기·윤문희, 「근로자 균등대우 실현을 위한 노동법적 과제」, 한국노동연구원, 2007, 14면에서는 직접차별을 합리적 이유없이 성이나 연령, 신체조건, 성적지향 등 개인의 태생적 또는 후천적 속성을 기준으로 그 개인에 대해 불이익한 대우를 하는 것이라고 한다.

136) 제7조(취업기회의 균등한 보장) ① 사업주는 근로자를 모집·채용할 때에 합리적인 이유 없이 성별, 신앙, 연령, 신체조건, 사회적 신분, 출신지역, 학력, 출신학교, 혼인·임신 또는 병력(病歷) 등(이하 "성별 등"이라 한다)을 이유로 차별을 하여서는 아니 되며, 균등한 취업기회를 보장하여야 한다. ② 고용서비스를 제공하는 자는 그 업무를 수행할 때에 합리적인 이유 없이 성별 등을 이유로 구직자를 차별하여서는 아니 된다. ③ 직업능력개발훈련을 실시하는 자는 훈련대상자의 모집, 훈련의 실시 및 취업지원 등을 하는 경우에 합리적인 이유 없이 성별 등을 이유로 훈련생을 차별하여서는 아니 된다.

137) 제2조(균등처우) 누구든지 성별, 연령, 종교, 신체적 조건, 사회적 신분 또는 혼인 여부

고용법 제4조의4, 제4조의5, 제4조의9,[138] 장애인차별금지법 제4조[139]이하 등 각조 규정, 장애인고용법 제5조[140] 등 많은 법령들이 고용상 차별에 대하여 규정하고 있다.[141]

등을 이유로 직업소개 또는 직업지도를 받거나 고용관계를 결정할 때 차별대우를 받지 아니한다.

138) 제4조의4(모집·채용 등에서의 연령차별 금지) ① 사업주는 모집·채용, 임금, 임금 외의 금품 지급 및 복리후생, 교육·훈련, 배치·전보·승진, 퇴직·해고의 분야에서 합리적인 이유 없이 연령을 이유로 근로자 또는 근로자가 되려는 자를 차별하여서는 아니 된다. ② 제1항을 적용할 때 합리적인 이유 없이 연령 외의 기준을 적용하여 특정 연령집단에 특히 불리한 결과를 초래하는 경우에는 연령차별로 본다.

제4조의5(차별금지의 예외) 다음 각 호의 어느 하나에 해당하는 경우에는 제4조의4에 따른 연령차별로 보지 아니한다.

1. 직무의 성격에 비추어 특정 연령기준이 불가피하게 요구되는 경우
2. 근속기간의 차이를 고려하여 임금이나 임금 외의 금품과 복리후생에서 합리적인 차등을 두는 경우
3. 이 법이나 다른 법률에 따라 근로계약, 취업규칙, 단체협약 등에서 정년을 설정하는 경우
4. 이 법이나 다른 법률에 따라 특정 연령집단의 고용유지·촉진을 위한 지원조치를 하는 경우

제4조의9(해고나 그 밖의 불리한 처우의 금지) 사업주는 근로자가 이 법이 금지하는 연령차별행위에 대한 진정, 자료제출, 답변·증언, 소송, 신고 등을 하였다는 이유로 근로자에게 해고, 전보, 징계, 그 밖의 불리한 처우를 하여서는 아니 된다.

139) 장애인차별금지법 제4조(차별행위)에서는 차별사유(1. 장애인을 장애를 사유로 정당한 사유 없이 제한·배제·분리·거부 등에 의하여 불리하게 대하는 경우, 2. 장애인에 대하여 형식상으로는 제한·배제·분리·거부 등에 의하여 불리하게 대하지 아니하지만 정당한 사유 없이 장애를 고려하지 아니하는 기준을 적용함으로써 장애인에게 불리한 결과를 초래하는 경우, 3. 정당한 사유 없이 장애인에 대하여 정당한 편의 제공을 거부하는 경우, 4. 정당한 사유 없이 장애인에 대한 제한·배제·분리·거부 등 불리한 대우를 표시·조장하는 광고를 직접 행하거나 그러한 광고를 허용·조장하는 경우. 이 경우 광고는 통상적으로 불리한 대우를 조장하는 광고효과가 있는 것으로 인정되는 행위를 포함한다. 5. 장애인을 돕기 위한 목적에서 장애인을 대리·동행하는 자(장애아동의 보호자 또는 후견인, 그 밖에 장애인을 돕기 위한 자임이 통상적으로 인정되는 자를 포함한다. 이하 "장애인 관련자"라 한다)에 대하여 제1호부터 제4호까지의 행위를 하는 경우. 이 경우 장애인 관련자의 장애인에 대한 행위 또한 이 법에서 금지하는 차별행위 여부의 판단대상이 된다. 6. 보조견 또는 장애인보조기구 등의 정당한 사용을 방해하거나 보조견 및 장애인보조기구 등을 대상으로 제4호에 따라 금지된 행위를 하는 경우)로 들고 있지만, 동조 제3항 제2호에서는 특정 직무나 사업 수행의 성질상 불가피한 경우(이 경우 특정 직무나 사업 수행의 성질은 교육 등의 서비스에도 적용되는 것으로 본다)에는 차별행위로 보지 아니한다고 규정하고 있다.

140) 제5조(사업주의 책임) ② 사업주는 근로자가 장애인이라는 이유로 채용·승진·전보 및 교육훈련 등 인사관리상의 차별대우를 하여서는 아니 된다.

141) 직접차별과 관련하여 독일일반평등대우법(AGG 제3조)에서는 제1조(인종 또는 민족적 혈통, 성별, 종교 또는 세계관, 장애, 연령 또는 성적 정체성)에서 열거된 사유를 이유로

(2) 직접차별의 유형

직접차별의 유형으로는 법령 등에 근거한 사항에 대하여 외관상 명백히 판단할 수 있는 명백한 차별과 행위자가 교묘하게 드러내지 않고 행하여 외관상 명백히 판단하기 곤란한 숨겨진 차별로 구분해 볼 수 있다. 명백한 차별은 개인이나 특정집단에 속하는 사람을 그 집단에 속한다는 이유로 차별한다는 점을 명백히 밝히는 차별이다. 이러한 차별이유를 명백히 밝히는 것은 대개 문서화된 법령, 각종 규칙, 기준 등의 형태로 이루어진다. 경우에 따라서는 그것은 공식적으로 이루어진 구두 진술의 형태를 띨 수도 있다. 명백한 차별은 차별행위가 명백히 밝혀지기 때문에 차별의 존재를 입증하기가 쉽다.[142] 이는 법규 등의 내용을 모르고 하는 경우가 아닌 한 정상적인 경우 현실적으로 이러한 행위가 법위반에 해당한다는 것을 알고 하는 것으로 볼 수 있다. 반면에 숨겨진 차별은 차별한다는 점을 밖으로 드러나지 않도록 감추면서 몰래 행하는 차별이다. 많은 경우 숨겨진 차별은 교묘하게 이루어지기 때문에 그를 입증하기가 쉽지 않으나 차별 가해자의 발설 등과 같은 직접 증거와 그 밖의 다른 정황 증거를 통해서 입증할 수 있다.[143] 이는 심증은 있으나 물증이 없는 경우와 같은 것인데 고용

유사한 상황에 있는 다른 자가 받고 있거나 받았거나 또는 받을 수 있는 것보다 낮은 대우를 받게 되는 경우를 말한다고 규정하고 있다. 또, 유럽입법지침(2000/78/EC) 제2조에서는 직접적 차별이란 제1조(종교, 믿음, 장애, 나이, 성적지향)에서 명시한 이유로 상대적 비교가 가능한 상황에서 다른 사람보다 호의적으로 대우 받지 못하였거나 향후에도 호의적으로 대우 받지 못할 때 발생한다(Direct discrimination shall be taken to occur where one person is treated less favourably than another is, has been or would be treated in a comparable situation, on any of the grounds referred to in Article 1)고 규정하고 있고, 인종과 민족의 차이를 이유로 한 차별금지를 규정한 유럽입법지침(2000/43/EC) 제2조에서도 직접적 차별을 같은 취지로 규정하고 있다.

142) 교원임용 시 가산점 문제와 관련한 사건에서 교육공무원임용령 제11조의2가 교육임용시험 응시 연령을 40세로 제한하는 것은 평등권 침해라는 주장에 대하여 국가기관은 응시 연령의 제한은 업무의 원활한 수행을 위한 체력과 업무 습득 능력 등을 고려하여 정하여졌고 이는 교직 사회의 원활한 순환구조를 위해서도 필요한 사항이라고 주장하였다. 인권위는 교원으로서의 능력은 교원임용시험으로 입증하여야 하는 것인바, 교원으로서의 업무수행 능력이 교원 임용의 일차적 기준이 되어야 할 것이고 교직 사회의 원활한 순환구조 유지 등은 부차적 목표일 것인데 일정한 연령 이상이 사람을 절대적으로 배제하는 것은 불합리한 차별행위로 판단하였다(국가인권위원회 2004.06.28. 03진차119 결정).

143) 징역 등 전과가 있는 자가 군무원 공채시험에 응시하여 필기시험에는 합격하였으나 면접시험에서 전과경력 등을 질문하고, 중퇴 학력 등 낮은 학력과 전과를 이유로 자신을 불합격시켰다고 주장한 사안에서 인권위는 낮은 학력 및 전과를 이유로 진정인이 불합격 처

상차별은 이러한 차별행위가 현실적으로 많을 수 있으므로 가해자에게 입증책임을 부과하거나 처벌기준을 강화하여 숨겨진 차별을 방지할 필요성이 크다고 할 것이다.

2. 고용상 간접차별[144][145]

(1) 중립적 기준과 불리한 결과

간접차별은 중립적인 기준을 적용하였으나 그 기준이 개인이나 특정집단에게 현저하게 불리한 결과를 야기하고 해당 기준이 합리적이고 정당한 것임이 입증될 수 없는 결과적 차별이다.[146] 그 기준이 현저하게 불리한 결과를 야기한다

리되었는지는 확인 또는 인정하기 어려우나 면접시험에서 피진정인이 직무와 관련 없는 전과에 대해 질문함으로써 전과자를 차별하였다고 판단하였다(국가인권위원회 2006.07.18. 04진차300결정).

144) 간접차별은 외관상으로는 중립적인 기준 또는 절차에 따라 근로자를 모집·채용·대우·승진·해고하도록 되어 있으나 결과적으로 어느 특정 집단이나 부류의 근로자들에게 불이익이 돌아가게 되어 법률이 금지하고 있는 차별사유에 위배하게 되는 경우(김형배, 『노동법』, 박영사, 2012, 221면), 중립적인 기준을 적용했으나 그 기준이 특정 집단이나 개인에게 현저하게 불리한 결과를 야기하고 해당 기준이 정당함을 입증할 수 없는 결과적 차별(최승철, 『차별금지법의 이해』, 한울, 2012, 115면), 법규범이 제정되거나 일정한 관행 또는 조치가 최초로 시행될 당시에는 의도된 명시적인 차별목적이 없었지만 법규범이 적용되거나 관행 또는 조치가 시행됨으로써 결과적으로 발생한 차별대우(이준일, 『차별금지법』, 고려대출판부, 2007, 51면), 중립적인 기준을 적용하였으나 그러한 중립적인 기준이 특정 소수자 집단에게 불이익한 결과를 야기하는 경우를 차별로 보는 개념이다(하경효·박종희·이정·이철수·김재훈·김홍영, "근로관계법상 균등처우 관련 제도개선 방안 연구", 노동부, 2006, 53면).

145) 간접차별과 관련하여 독일일반평등대우법(AGG 제3조)에서는 외관상 중립적인 규정, 기준 또는 절차에 의해 제1조(인종 또는 민족적 혈통, 성별, 종교 또는 세계관, 장애, 연령 또는 성적 정체성)에서 열거된 사유를 이유로 다른 자에 의해 특히 불리한 대우를 받게 되는 경우를 말한다. 다만 해당 규정, 기준 또는 절차가 합법적 목적을 달성하기 위한 것으로 그 목적달성을 위한 수단이 적절하며 필요한 것인 경우에는 그러하지 아니하다고 규정하고 있다. 또, 유럽입법지침(2000/78/EC) 제2조에서는 간접적 차별이란 분명히 중립적 조항, 기준 또는 관행이 어떤 사람에게 그렇지 않은 사람과 비교하여 특별히 불이익하도록 종교, 신념, 특별한 장애, 특별한 연령 또는 특별한 성적지향을 갖도록 요구하는 경우에 발생한다(Indirect discrimination shall be taken to occur where an apparently neutral provision, criterion or practice would put persons having a particular religion or belief, a particular disability, a particular age, or a particular sexual orientation at a particular disadvantage compared with other persons unless)고 규정하고 있고, 인종과 민족의 차이를 이유로 한 차별금지를 규정한 유럽입법지침(2000/43/EC) 제2조에서도 간접적 차별을 같은 취지로 규정하고 있다.

146) 남녀고용평등법 제2조 제1호 및 장애인차별금지법 제4조 제1항 제2호 참조.

는 것은 차별사유와는 무관한 기준을 비교되는 개인 또는 집단들에게 적용하였으나 어느 한 특정 개인 또는 집단(특정집단)이 다른 개인 또는 집단(비교집단)보다 그 기준을 현저히 충족시키지 못하고 그로 인하여 그 집단 및 그에 속한 개인들에게 현저하게 불리한 결과가 초래되는 것을 의미한다고 볼 수 있다.

여기에서 중립적인 기준은 공식적으로 표명된 법령, 규칙 및 기타 공식 문서상의 조건뿐만 아니라 비공식적인 또는 문서화되지 않은 규칙이나 관행상의 조건도 포함될 수 있다. 또한, 그 기준은 객관적으로 측정하기가 불가능하고 그래서 사실상 주관적 판단과 재량에 따라 측정되는 주관적 기준도 포함한다. 고용결정과 관련하여 그러한 주관적 기준으로 창의력, 지도력, 성실성, 판단력 등 주로 태도와 관련하여 관찰자의 주관에 따라 좌우되는 것들이다.

또, 차별행위의 판단근거가 되는 해당 기준을 현저히 충족시키지 못한다 함은 특정집단에 속한 개인들이 다른 집단에 속한 개인들보다 특별히 또는 상당하게 충족시키지 못함을 의미한다고 볼 수 있다. 그것은 해당 기준을 충족시키는 수준이나 비율에서 두 집단 사이에 상당한 차이가 있음을 의미하는데 간접차별의 존재를 추정하는데 과거의 해당 조직에서의 고용상의 통계를 활용하는 방법이 사용되는 경우를 고려할 수 있겠다.

아울러, 중립적인 기준이 특정집단에게 현저하게 불리한 결과를 야기한다는 것은 그 기준을 적용함에 따라 발생한 결과가 불리한 것으로 적용과 발생 사이에 인과적 관계가 존재해야 함을 의미한다. 만일 인과 관계가 증명되지 않는 경우나 합리적이고 정당한 경우 그러한 불리한 결과를 야기한 기준은 간접차별사유가 될 수 없다. 한편, 고용영역에서는 해당 기준의 부과와 관련한 행위가 직무관련성이나 경영상 필요성을 위해 필요하고도 불가피하다는 것이 입증될 경우에도 차별에 해당하지 아니할 수 있다.

(2) 간접차별의 적용 범위

간접차별은 원칙적으로 모든 차별사유에 대해 금지되는데 성별을 포함하여 법령에 열거된 차별사유에 대하여 금지된다. 이러한 간접차별의 적용근거로는 헌법 제11조의 "성별·종교 또는 사회적 신분에 의하여 차별을 받지 아니한다."는 규정에서 직접차별은 물론 간접차별도 포괄할 수 있는데, 헌법재판소가 제대군인 가산점 제도의 평등권 침해 여부를 다룬 판결[147)]에서 그 존재를 사실상 인정하고 있다. 또, 남녀고용평등법 제2조 제1호에 의하면 "차별이란 사업주가 채용 또는 근로의 조건은 동일하게 적용하더라도 그 조건을 충족할 수 있는 남성 또는 여성이 다른 한 성에 비하여 현저히 적고 그로 인하여 특정한 성에게 불리한 결과를 초래하며 그 조건이 정당한 것임을 입증할 수 없는 경우를 포함한다."고 규정하고 있고, 장애인차별금지법 제4조(차별행위) 제1항 제2호에서는 "장애인에 대하여 형식상으로는 제한·배제·분리·거부 등에 의하여 불리하게 대하지 아니하지만 정당한 사유 없이 장애를 고려하지 아니하는 기준을 적용함으로써 장애인에게 불리한 결과를 초래하는 경우"에는 차별행위에 해당한다고 규정하고 있다. 이러한 규정들은 각종 고용관련 법령에서 많이 찾아볼 수 있는데 이는 헌법상의 규정을 각각의 개별 법령에서도 수용하고 있는 내용들로 간접차별행위에 대한 근거로 볼 수 있다. 또, 일반적인 차별행위를 규정하고 있는 인권위법 제2조 제3호의 "평등권 침해의 차별행위라 함은 합리적인 이유 없이 성별 등을 이유로"에서 이유를 좁게 해석한다면 차별 행위자의 차별 의도의 이유를 의미하는 것이어서 직접차별을 암시하는 것일 수 있으나 넓게 해석할 경우 차별사유 및 차별 영역을 새로 창설한 것이 아니라 헌법상 평등권을 좀더 구체화한 것이기 때문에 그와 같은 넓은 해석이 가능하다.

한편, 국제규범에서 정한 내용도 차별판단의 기준으로 적용하게 되는데, 헌법에 의하여 체결 공포된 조약은 물론 일반적으로 승인된 국제법규를 국내법과 마찬가지로 준수하고 성실히 이행하여야 하는바,[148)] 인권위법 제2조 제1호가 명시하듯 "인권이란 대한민국이 가입·비준한 국제인권조약 및 국제관습법에서 인정하는"규정에 따라 우리 정부가 가입·비준한 국제인권조약내용을 차별 행위의 판단 기준으로 적용하게 된다. 우리 정부가 1997년에 가입한 고용과 직업상의 차별에 관한 협약(ILO협약 제111호) 제1조는 차별 대우를 "인종, 피부색, 성별, 정치적 견해, 출신국 또는 사회적 출신에 의거하여 행하여지는 모든 차별, 배제, 또는 우대로서, 고용 또는 직업에 있어서의 기회 또는 대우의 균등을 파

147) 헌법재판소 1999.12.23. 선고 98헌마363 결정.
148) 헌법재판소 2005.10.27. 선고 2003헌바50 결정.

괴하거나 저해하는 효과가 있는 것"이라고 규정하고 있는데 여기서 효과라는 용어는 직접차별은 물론 간접차별 개념을 포괄한다고 보아야 한다.

Ⅲ. 차별행위의 주체 및 비교집단

1. 차별행위의 주체

차별행위는 그 행위를 하는 주체(가해자)가 있고 차별을 당하는 자(피해자)가 있다. 여기에서 차별행위의 주체와 관련하여 우리 헌법은 모든 국민과 기관으로 보고 있다. 각종 고용관련법령에서는 사용자 또는 사업주, 다른 근로자 및 기관(법령마다 그 목적에 따라 주체에 대하여 약간씩 차이가 있음)이다. 노조법에서는 사용자는 물론 노동조합 또는 조합원이 주체가 되기도 한다. 반면에 인권위법에서는 행위주체로 집단이나 개인인데, 집단에는 기관(국가, 지자체 등) 및 법인과 단체 등을 포괄하는 넓은 의미로 규정하고 있다. 어떤 행위가 차별이 되기 위해서는 서로 비교되는 개인이나 집단을 전제로 한다.[149] 이러한 비교집단[150]은 차별행위와 관련하여 적법한 목적에 의해 특정되어 설정되어야 한다. 물론 가상적인 사람에 대해 불리하게 취급되는 경우도 차별로 보기도 한다.[151]

적법한 목적이란 고용과 관련하여 일정 자격요건을 요하는 업무를 수행하는 근로자를 채용할 경우 그 자격과 조건을 가지고 있는 자를 채용하고, 가지고 있지 않은 자를 채용하지 않는 것이다. 또 그 목적이란 취급되어지는 대상과 관련하여 비교의 대상을 이루는 두 개의 사실관계 사이에 서로 상이한 취급을 정당화할 수 있을 정도의 차이가 없음에도 불구하고 두 사실관계를 서로 다르게 취급한다면 이는 불평등한 차별행위가 될 수 있는 것이다.[152]

---

149) Evelyn Ellis, *EU Anti-Discrimination Law*, Oxford University Press, 2005, 161~162면.

150) 비교집단과 관련하여 노동위원회는 비교집단을 동종·유사업무에 종사하는 근로자라는 관점을 보이고 있다(중앙노동위원회 2010.07.28. 2010차별6 결정 ; 중앙노동위원회 2010.06.11. 2010차별5 결정).

151) EU입법지침(2000/78/EC) 제2(2(a))조에서는 「직접차별은 비교될 수 있는 상황에서, 제1조의 모든 차별 사유를 이유로 한 사람이 다른 사람보다 덜 유리하게 취급되거나, 되었거나, 되었을 것이라고 가정되는 경우에 발생하는 것으로 본다.」라고 규정하고 있다.

2. 준거집단과 비교집단

준거집단(특정한 개인이나 집단)은 비교집단과 대비되는 것으로 차별행위를 받고 있는 개인 또는 집단으로 차별판단의 기준이 되는 집단인 성별, 장애, 인종, 혼인 여부, 출신 국가 등의 차별사유에 의해 구분되는 개인이나 집단을 가리킨다. 즉, 성별이라는 기준에 의해서는 남성과 여성이 구분되고, 장애에 의해서는 장애인과 비장애인이 구분되며, 인종에 의해서는 백인종, 흑인종, 황인종 등이 구분된다. 동일한 차별사유라도 세부적인 특징으로 구분할 수 있는데 장애는 장애인과 비장애인을 구분하는 이외에 장애의 종류에 따라 지체장애인과 지적장애인 등을 구분할 수 있다. 인종은 크게 백인종, 흑인종, 황인종으로 나눌 수 있고, 세부적으로는 각국의 수없이 많은 종족 내지 민족(한족, 만주족, 몽고족 등등)으로 구분할 수 있다. 이에 비하여 비교집단은 준거집단과 동종, 유사한 집단 내지 특성을 가진 집단[153]을 말한다. 즉, 비정규직의 임금차별문제를 다룰 때 해당 비정규직근로자가 수행하는 동종 내지 유사한 업무수행을 하는 정규직근로자의 임금수준을 비교하여 판단하게 되는데 이때 동종, 유사한 업무를 수행하는 정규직근로자는 비교대상 집단이 되는 것이다.

일정한 집단에 속하는 사람은 준거집단에 속하는 것으로 간주되는 사람이라는 의미도 포함하는데 준거집단에 속하는 것으로 간주된다 함은 어떤 사람이 실제로는 준거집단에 속하지 않음에도 불구하고 그 집단에 속한다고 생각하는 경우를 말한다. 즉, 신규 직원을 채용하려는 고용주가 어떤 지원자가 특정 인종이 아님에도 불구하고 그 사람의 외모를 보고 특정 인종이라고 추측하였을 경우 만약 고용주가 그 지원자를 특정 인종으로 간주하여 그를 면접에서 탈락시켰다면 이는 특정 인종에 의한 차별이 되는데,[154] 이 때 간주된 특정 인종은

152) 헌법재판소 1996.12.26. 선고 96헌가18 결정.

153) 차별적 처우의 판단기준이 되는 비교대상 근로자라 함은 비교 대상 근로자로 선정된 근로자의 업무가 기간제 근로자의 업무와 동종 또는 유사한 업무에 해당하는지 여부는 취업규칙이나 근로계약 등에 명시된 업무 내용이 아니라 근로자가 실제 수행하여 온 업무를 기준으로 판단하되, 이들이 수행하는 업무가 서로 완전히 일치하지 아니하고 업무의 범위 또는 책임과 권한 등에서 다소 차이가 있다고 하더라도 주된 업무의 내용에 본질적인 차이가 없다면, 특별한 사정이 없는 이상 이들은 동종 또는 유사한 업무에 종사한다고 보아야 할 것이라고 판단하고 있다(대법원 2012.10.25. 선고 2011두7045 판결).

준거집단이 된다.

준거집단에 속하는 사람은 어떤 준거집단의 구성원과 밀접한 관계 또는 연계를 가지고 있는 사람을 포함할 수 있다. 준거집단과 밀접한 연계를 맺고 있다는 이유로 개인들을 불리하게 대우하는 것도 차별에 해당할 수 있고 이러한 차별은 연계차별이라 부른다. 즉, 고용주가 해당 근로자에게 직접 관련된 사항이 아님에도 근로자의 배우자나 인척, 친교관계, 활동조직 및 단체 등이 특정 인종, 특정 민족 등이라는 이유로 그 근로자에게 불리한 고용 결정을 내리는 것은 연계차별에 해당한다.

국내외 차별금지법령들은 법으로 규제하는 차별사유를 규정하고 있다. 법으로 규제하는 차별사유를 정한 근본 이유는 그러한 차별사유가 사회에 기여하거나 수행할 수 있는 능력,[155] 또는 보다 넓은 의미에서 사회생활을 할 수 있는 능력 등과 관련성이 없음에도 해당 사회가 그 차별사유로써 구분되는 특정 집단이 그러한 능력이 없다는 등의 불합리한 이유로 그들을 불리하게 대우하는 경향이 있기 때문이다. 그러한 불리한 대우는 사회정의를 훼손하여 사회통합을 저해할 뿐만 아니라 사회적 효율성을 훼손하기 때문에 법으로 규제된다.

법으로 적극 규제되는 차별사유는 몇 가지 공통적인 특징들을 지닌다 할 수 있는데 차별사유가 구분하는 비교 집단들은 사회에 기여하거나 수행할 수 있는 능력 또는 사회생활을 할 수 있는 능력과 거의 무관하다는 점, 그로써 구분되는 집단들의 한 축이 분리되고 고립된 사회적 소수자 집단이라는 점,[156] 그러한 차별사유가 한 사회에서 상당한 기간 동안 역사적으로 차별을 받아온 집단을 구분한다는 점, 특정한 사회적 맥락이나 국가 차원에서 정치적 영향력을 행사하

154) 미국 연방규제규칙(part 1630)미국장애인법의 고용평등조항의 시행을 위한 규칙 §1630.2에서는 개인에 대한 장애의 의미와 관련하여 「해당 개인의 한 가지 이상의 주요 생활 활동을 실질적으로 제한하는 신체적 또는 정신적 손상, 그러한 손상의 기록, 또는 그러한 손상을 가진 것으로 간주됨」을 규정하고 있는데 이러한 규정은 '간주 차별'이라고 개념에서 접근하고 있는 것으로 보인다. 이와 관련하여 영국에서는 나이, 인종, 종교, 신념, 그리고 성적 지향에서만 간주 차별을 인정하고, 성별의 경우에는 실익이 없어 그를 인정하지 않으며, 장애의 경우에는 간주 차별을 적용할 경우 차별 금지 의무를 지는 측의 부담이 지나치게 증가한다는 이유로 인정하지 않고 있다.

155) Frontiero v. Richardson, 411 U.S. 677, 686 (1973).

156) Graham v. Richardson, 403 U.S. 365, 372 (1971).

여 자신들의 이해관계를 보호할 능력이 취약한 집단을 구분한다는 점, 그러한 차별사유는 개인들을 생물학적 요인, 태생적 요인, 사회적 요인 등의 비자발적 요소를 통해 준거집단에 귀속시키며, 그렇기 때문에 개인들은 해당 집단에 속하게 되는데 선택의 여지가 아예 없거나 큰 폭의 제한을 받는다는 것이며, 또한 이와 관련한 것으로 그렇게 어느 한 집단에 속한 개인이 다른 집단으로 그 소속을 전환하는 것은 거의 불가능하거나 상당히 어려운 경우가 많다는 특징이 있다.157)

인권위법 제2조 제4호에서는 여러 차별사유와 "등을 이유로"라고 명시하고 있는데 이는 열거된 차별사유 외에도 기타 차별사유의 존재를 인정하고 있는 것이며, 기타 차별사유를 이유로 차별행위를 하는 경우 이법의 위반으로 간주될 수 있음을 전제로 한다고 할 수 있다. 열거된 차별사유 모두는 사회에 기여하거나 수행할 수 있는 능력 또는 사회생활을 할 수 있는 능력과 거의 무관한 집단을 구분하는 특징을 가지고 있고, 그 외에 적어도 다른 특징들을 하나 이상 가지고 있다. 어떤 차별사유가 기타 차별사유가 되기 위해서는 앞의 특징 이외에 다른 특징을 지닐 필요가 있다.

상기의 특징 외에 준거집단은 분리되고 고립된 사회적 소수자 집단, 역사적으로 차별을 받아온 집단, 정치적 영향력을 행사하여 자신들의 이해관계를 보호할 능력이 취약한 집단을 구분하는 특징들을 지니는 차별사유는 비교적 확인하기 쉽다.158) 어떤 차별사유를 기타 차별사유로 인정하는데 있어 주의를 기울일 필요가 있는 특징, 즉 개인을 생물학적, 태생적, 불가항력적인 사회적 요인 등을 통하여 특정 집단에 귀속시키는 것이다. 이와 관련하여 주목해야 할 것은 상대적으로 확인하기 쉬운 생물학적·태생적 요인보다는 불가항력적인 사회적 요인이다. 개인을 어떤 집단에 속하게 하는 사회적 요인의 영향력이 상당할 경우 해당 집단의 귀속에 작용하는 개인의 자발적 선택의 폭은 좁다.

상기의 특징을 충족시키지 못하였다는 전제하에 기타 차별사유가 충족시켜야

157) 예를 들면 태생적으로 변경이 불가능한 사유인 남성이 여성으로 여성이 남성으로 바꾸는 것(사회적으로 또는 정책적으로 예외적인 경우가 있음), 태생적으로 귀족과 평민의 신분에 의한 계급집단 등은 개인의 차원을 넘어서는 사회적 요소에 기인한다고 볼 수 있다.

158) 차별연구모임, 「국가인권위원회법 해설집」, 국가인권위원회, 2002.

할 최소한의 기본적인 요건 중의 하나는 그로써 구분되는 준거집단에 속하는 것이 개인의 자발적 선택보다는 사회적 요인에 의한 것이라는 점이다.[159] 강제된 선택이 아니라 개인의 자발적 선택으로 구성되는 집단들을 구분하는 사유는 기타 차별사유로 보지 않는다.[160] 그 자발적 선택에는 물권의 자발적 소유도 포함하는데 물권의 자발적 소유에 따르는 차등은 결국 물권 소유자가 스스로에게 가한 차등이므로 차별이라 할 수 없다. 개인의 자발적 선택으로 구성되는 집단을 구분하는 사유에 의한 차별은 개인이 어떤 영역에 관여하게 되는 것이 사회적 요인보다는 주로 자발적 선택에 의한 경우에 그 영역에서 발생하는 차별은 차별이 아닐 가능성이 크다. 반면, 일반 대중 또는 일반 대중의 한 부분이 자신들의 삶을 영위하기 위하여 불가피하게 관여하게 되는 영역들의 경우 사회적 요인이 크게 작동하는 것으로 볼 수 있는데 고용관계, 복리시설 이용, 교육훈련 등이 그에 해당한다. 이와는 대조적으로 사적 클럽처럼 개인들이 자발적으로 모여서 이루는 자발적 결사체의 경우 일단 그것은 일반 대중을 상대하는 것이 아니며 개인의 자발적 선택에 크게 좌우된다. 개인의 자발적 선택에 의해 그 가입과 탈퇴가 자유로운 사적 클럽의 영역에서 발생하는 차별, 즉 회원가입이나 혜택 등에서의 차별은 차별이 아니라고 할 수 있으나, 직능단체와 같은 특정 자발적 결사체에서의 차별과 자발적 결사체의 특정 차별은 예외적으로 차별판단

159) 이러한 사회적 요인으로 유교적인 관습사회에서 우리나라 종중은 여성회원을 종원으로 인정하지 않는 것이 일반적인 것으로 여겨졌었다. 이와 관련하여 법원은 비법인사단인 종중의 총회결의에서 구체적인 종중재산의 분배기준을 정하도록 위임받은 이사회가, 세대주인 종원과 비세대주인 종원 사이에 분배금에 2배 이상의 차이를 두면서도 세대주에 1인 세대주까지 포함시키는 것으로 결의한 것은 단지 주민등록표상 세대주로 등재되었다는 사정만으로 종원을 차별하는 것으로서 합리적인 근거가 있다고 볼 수 없고, 또한 남자 종원의 경우는 혼인 여부에 관계없이 주민등록표상 세대주이면 1인 세대주라도 비세대주 종원에 비하여 많은 금액을 분배받을 수 있도록 하면서도 여자 종원의 경우에는 세대주 종원이 아닌 비세대주 종원으로서만 분배받을 수 있도록 한 것은 남녀 종원 사이의 성별에 따라 차별을 둔 것에 불과하여 위 이사회결의는 그 내용이 현저하게 불공정하여 무효라고 판단한 사례가 있다(대법원 2010.09.30. 선고 2007다74775 판결).

160) 한 아파트 시공사는 1~7단지 아파트 건물에는 지하 주차장과 지상을 연결하는 엘리베이터를 설치한 반면 8단지 아파트 건물에는 그러한 엘리베이터를 설치하지 않았다. 진정인인 8단지 거주자는 아파트 시공사가 8단지에 그러한 엘리베이터를 설치해 주지 않음으로써 8단지 거주자들을 차별하였다고 주장하였다. 인권위는 이 진정사건이 조사 대상에 해당되지 않는다고 판단하여 각하 처리하였다(국가인권위원회 2006.09.14. 06진차464 결정).

의 대상으로 간주할 수 있다. ① 경영지도사, 공인노무사, 변호사 등 전문자격 직종들의 협회[161]에서처럼 특정 직능단체에 속하는 것이 해당 직업세계로 진입하는 하나의 자격이 되거나 유일한 관문으로 인정되는 경우, 또는 보다 넓게 말해서 해당 직능단체에 속하는 것이 관련 직업세계에서 활동하는데 상당히 유리한 경우, 그 회원자격과 그 조직이 제공하는 혜택과 권리 등에서의 차별, ② 자발적 결사체의 회원이나 임원의 임명이 사실상의 고용, 준고용, 또는 유사고용에 해당하는 경우 그 직위에 대한 접근에서의 차별, ③ 특정 차별사유로써 구분되는 비교 집단들 모두에게 회원 자격을 주는 자발적 결사체가 회원들에게 부여하는 혜택과 권리에서 그들 비교 집단들을 차별하는 것은 그 결사체의 규모가 매우 큰 경우에 한하여 간주될 수 있다. 사회적 영향력을 가진 전국적인 규모의 사적 클럽이 남녀 모두에게 회원 자격을 주면서도 회원들에게 부여하는 혜택에서 남성회원과 여성회원을 달리하는 것을 예로 들 수 있다.[162]

EU입법지침[163]이나 인권위 결정에서도 여러 사례를 볼 수 있다. 즉, 전국규모의 자발적 단체가 여성회원들에 대해 여성이라는 이유로 총회 의결권과 선거권 및 피선거권을 주지 않은 것에 대해서 인권위는 이를 성별에 의한 차별로 판단하였다.[164] 단지 준거집단에 속한다는 이유로 그 구성원을 불리하게 대우하

161) 반면에 의사나 한의사협회는 의사나 한의사가 특정 교육과정을 이수해야 자격시험에 응시할 수 있고, 이러한 응시자격(기본적으로 일정한 요건의 충족여부)이 고도의 전문성을 요하는 경우 이들에 대한 선발에서 의사 및 한의사만으로 특정하여 채용공고(병의원이 아니라도 의료업무와 연관된 직무)를 내거나 이들만을 대상으로 선발해야만 하는 경우 다른 전문 자격사들과 다르게 이러한 과정을 학력(의사나 한의사는 예과와 본과를 모두 거쳐야 하므로)에 대한 간접차별로 간주할 수는 없을 것이다.

162) 영국 정부는 여러 개의 차별금지법들을 하나로 묶기 위해 '단일평등법'안을 만들고 있다. 영국 정부가 제안한 법안의 내용 중에는 사적 클럽이 남녀 모두를 회원으로 받아들이면서도 회원 활동이나 클럽이 회원들에게 제공하는 혜택에서 여성 회원을 차별하는 것을 금지하겠다는 것도 들어 있다(Communities and Local Government, Discrimination Law Review - A Framework for Fairness: Proposals for a Single Equality Bill for Great Britain, June 2007, 155면~156면) : 대법원 2011.01.27. 선고 2009다19864 판결(YMCA 사건).

163) 유럽입법지침(2000/78/EC) 제3조(범위) 제1호(유럽공동체에 부여된 권한 영역의 범위 안에서, 본 지침은 공적 기구를 포함하여 공적 부문과 사적 부문 둘 모두에서 아래의 사항에 대하여 모든 사람들에게 적용된다.)의 (d)는 근로자·고용주 조직 및 모든 특정 직업인들의 조직에서의 회원자격과, 그러한 조직이 제공하는 혜택을 받는 것을 포함한, 조직에 대한 회원의 관계를 규정하고 있다.

164) 여성 회원들은 임원이 될 수 있는 피선거권을 박탈당하였는데, 임원은 월급과 업무추진

는 것은 그 자체가 합리적이지 못하여 차별의 소지가 있으며, 준거집단에 속한다는 이유로 불리하게 대우할 경우 그에 대해 합리적인 이유를 밝히지 않는 한 그것은 위법한 차별이다.

차별금지원칙의 핵심은 준거집단의 일반적인 특성이나 준거집단에 대한 고정관념에 입각해서 그 집단에 속하는 개인들을 일괄적으로 평가하지 말고 개인들 각자의 능력에 따라 개별적으로 평가해야 한다는 것이다. 집단의 일반적인 특성 등에 입각하여 그 집단의 개별 구성원들을 평가하고 그에 따라 불리하게 대우하는 것에 대하여 미국연방규제규칙[165]에서도 차별행위로 규정하고 있다. 단, 준거집단에 소속된 개인은 모두 또는 거의 대부분 자격이 안 된다거나 또는 능력이 부족하다고 믿을 만한 실질적인 근거가 있거나 개인들의 능력을 개별적으로 평가하는 것이 불가능할 경우, 극히 드물지만 이 근거에 따라 개인들을 일괄적으로 평가하는 것이 허용될 수 있을 것이다. 개인들을 개별적으로 평가하는 것이 불가능한 사유에 있어서 경제적 효율성은 해당되지 아니한다고 보고 있다.[166]

준거집단에 속한다는 이유로 불리하게 대우할 경우 불리하게 대우한 것에 대해 합리적인 이유를 밝혀야 면책되는데 이것은 해당 비교 집단이 서로 같은 자격이나 조건을 가지지 아니하였음을 입증하여야 함을 의미한다. 즉, 차등대우의

비 등을 받는 등 사실상의 유사고용 상태에 있는 것으로 판단되므로 임원 직위에의 접근에서의 차등대우는 인권위법상의 조사 대상이 될 수 있다. 또한 남녀 모두에게 회원 자격을 주면서도 선거권 및 피선거권이라는 권리에서 여성을 불리하게 대우하는 것은 인권위법상의 조사 대상이 될 수 있다(국가인권위원회 2004.05.10. 04진차12 결정).

165) 미국 연방규제규칙(성별에 근거한 차별에 대한 가이드라인) §1604.2 성별과 진정직업자격에서 (a)위원회는 성에 관한 진정직업자격 예외 조항이 협의로 해석되어야 한다고 믿고 있다. "남자들의 직무"나 "여자들의 직무"라는 딱지는 어느 한 성의 고용기회를 불필요하게 거부할 가능성이 있다. (1) 위원회는 다음과 같은 행위들에 대해서 진정직업자격 예외 조항이 적용될 수 없다고 보고 있다. (ⅰ) 여자들이 일반적으로 나타내는 고용상의 상대적 특징에 대한 가정(예컨대, 여자의 이직률이 남자의 이직률보다 더 높다는 가정)에 근거하여 여자의 채용을 거부하는 행위. (ⅱ) 성에 대한 고정관념에 근거해서 개인의 채용을 거부하는 행위. "남자들은 정교한 장비를 조립하는 능력이 부족하다" 또는 "여자들은 공격적으로 판매활동을 하는 능력이 부족하다"는 인식은 그러한 고정관념의 예에 속한다. 차별금지원칙에 따라서, 개인들은 그들이 속한 집단의 일반적 특징이 아니라 그들 각자의 능력에 의거해서 평가받아야 한다.

166) 김진 외, "진정직업자격 등 고용차별 판단기준에 관한 외국 판례 조사", 2005년도 인권상황실태조사연구용역보고서, 53면.

이유가 합리적인 것인 경우 위법하지 않은 차등대우가 된다. 어떤 차등대우가 합리적인지를 검토할 때, 또는 차등대우에 대한 어떤 정당화가 객관적인지를 검토할 때 심사기준이 적용되는데 소위 차별심사기준은 그 엄격성의 정도에 따라 엄격심사기준 또는 완화된 심사기준 등으로 분류된다. 같은 차등대우라도 완화된 심사기준을 적용하면 합리적인 것으로 판단되나 엄격한 심사기준을 적용하면 합리적이지 않은 것으로 판단 될 수도 있다.

직접차별은 의도적으로 불리하게 대우하는 행위로써 차별가해자는 문제의 규칙, 정책, 기준, 관행, 행동 등이 특정 집단에 속하는 개인에게 불리하게 작용한다는 것을 알기 때문에 또는 알면서도 선택한다.[167] 그러므로 차별피해자의 입장에서 볼 때 차별가해자의 그와 같은 차별 의도는 정당하지 못하다. 그러나 설령 차별가해자가 나름대로 좋은 동기에서 그 피해자를 차등대우 하였더라도 그러한 좋은 동기와 관계없이 여전히 그것은 위법한 차별이다.[168]

준거집단에 속한다는 이유로 불리하게 대우하는 것은 특정 차별사유에 근거하여 불리하게 대우하는 경우인데 차별사유에 근거한 것이 아닌 다른 정당한 사유에 근거한 불리한 대우와 같은 것이다. 즉, 어떤 개인은 준거집단에 속한다는 이유가 아니라 그 자신의 불리한 자격 또는 조건 때문에 정당하게 불리한 대우를 받을 수 있다. 그렇게 불리한 대우를 받은 개인은 차별사유상의 준거집단에 속할 수 있으나 그 소속과 불리한 대우 사이에는 아무런 관계가 없다. 현실 세계에서는 개인에 대한 불리한 대우가 준거집단에 속한다는 이유뿐만 아니

---

167) 영국의 성차별금지법 및 인종관계법에 대한 판례법들은 직접차별인지 여부를 결정하는데 있어 의도나 동기는 무관하다고 본다. 문제가 되는 것은 차등대우에 대한 인과적 이유라는 것이다. 그러한 인과적 이유는 소위 "아니었더라면" 심사로써 입증된다. ; 또, 읍의회는 노령연금자들에게 무료로 수영장을 이용할 수 있게 해 주었다. 그에 따라 수영장 무료 이용 자격은 남성이 65세, 여성이 60세였다. 법원은 그러한 규칙이 그 동기와 관계없이 성차별이라고 보았다. 원고인 James와 같은 61세의 남성은 자신의 성이 남성이 "아니었더라면" 자신의 아내와 동등하게 무료로 수영장을 이용할 자격을 받았었을 것이다(James v EastleighBorough Council (1990) ICR 554면).

168) 영국의 장애차별법 Sec. 19. 재화, 시설 및 서비스와 관련한 차별 「1. 서비스 제공자가 장애인에 대해 ⅰ) 장애인에게 다른 사람들이 이용하는 서비스를 제공하는 것을 거부하거나 의도적으로 회피하는 경우 © 설령 악의적인 조치가 아니었다 할지라도, 그 의도와 동기에 상관없이 장애인에 대해 서비스 제공을 하지 않는 것은 위법적일 수 있다.」라고 규정하고 이와 같은 차별 행위를 하는 것은 위법이라고 한다.

라 차별사유와 무관한 어떤 정당한 사유 때문에 발생하기도 한다. 이처럼 정당한 사유와 부당한 사유의 복합에 근거하여 발생하는 불리한 대우의 사건은 복합적인 동기 사건이라 불린다. 예를 들어 해당 여성이 회사의 명예를 크게 훼손한 정당한 이유뿐만 아니라 여성이라는 불합리한 이유로 정리해고심사에서 불이익을 당하였다면 이는 복합동기에 의한 차별에 해당한다. 복합동기 사건의 경우, 불합리한 이유가 불리한 대우를 야기했음을 입증하는 것은 소위 직접증거를 통해서 입증된다. 직접 증거가 있는 경우 정당한 동기에 대한 증거는 불합리한 이유, 즉 차별의 동기를 반증하지는 못하고 단지 해당 불리한 대우에 정당한 동기와 차별의 동기가 함께 작동하였음을 입증할 뿐이다. 이처럼 해당 불리한 대우가 불합리한 동기뿐만 아니라 정당한 동기에 의해서 발생한 것임이 입증되면 그 정당한 동기의 존재 때문에 차별 가해자에 대한 처벌의 수위는 낮아질 수 있으나 그는 완전히 면책되지는 아니한다. 이때 정당한 동기가 있었음을 입증하기 위해서는 차별 가해자는 차별의 동기가 없었어도 피해자에게 동일한 불리한 대우를 하였을 것임을 입증해야 한다.[169)]

누군가를 불리하게 대우하는 행위는 그의 물질적·정신적 이해관계에 반하는 행위를 의미한다. 단지 두 집단을 구별하되 아무런 이해관계의 훼손도 야기하지 않는 행위는 불리하게 대우하는 행위에 속하지 않는다. 예를 들면 다수의 선호도에 따라 회사 야유회나 체육대회에서의 단체복을 남자직원은 청색을 여직원은 노란색을 입게 하는 것은 불리하게 대우하는 행위에 속하지 아니한다. 그러나 구별 그 자체가 불리한 대우를 함축할 소지가 큰 경우가 있는 경우에는 구별 그 자체를 차별로 볼 수 있는데, 그 구별이 특정 집단이 다른 집단보다 우월하다는 것을 함의하는 경우가 그에 해당한다.

한편 공간적으로 구별하는 분리는 그 사유가 인종인 경우 그 자체로서 차별로 간주될 수 있다.[170)] 이와 관련하여 영국의 고용에서의 인종평등에 대한 법

---

169) EEOC, Employer EEO Responsibilites : Preventing Discrimination in the Workplace / The Law and EEOC Procedures, U.S. EEOC Technical Assistance Program, Jan. 2002, 67~69면.

170) 초등학교에서 출석부상의 개인 번호를 부여할 때 남학생에게 1번부터 앞 번호를 부여하고 여학생에게는 남학생의 마지막 번호보다 후순위인 뒤 번호를 부여하는 것이 차별이라는 진정에 대하여, 인권의는 그러한 구별이 어린 학생들에게 남성이 여성보다 우선한다는

적인 실무지침(Code of Practice on Racial Equality in Employment)에 의하면 인종을 이유로 어떤 사람을 다른 사람들로부터 분리하는 것은 그를 불리하게 대우하는 것을 자동적으로 의미하고 이는 위법한 직접차별을 구성하며, 인종 집단에 의한 근로자의 분리는 비록 그들이 승진, 훈련 또는 임금 및 노동조건에 대해 다른 근로자와 동일한 접근성을 갖더라도 불법이라고 보고 있다.

Ⅳ. 차별행위의 증거와 입증책임

1. 증거수집의 변론주의와 직권탐지주의

노동위원회는 소관 사무와 관련하여 사실관계의 확인 등 그 사무집행을 위하여 필요하다고 인정할 때에는 사용자·사용자단체·노동조합 기타 관계인에 대하여 출석·보고 또는 필요한 서류의 제출을 요구하거나 위원장 또는 부문별위원회위원장이 지명한 위원 또는 조사관으로 하여금 사업 또는 사업장의 업무상황·서류 기타 물건을 조사하게 할 수 있다(노동위법 제23조). 또, 인권위는 당사자에 대한 출석 요구, 당사자의 진술 청취 및 진술서 제출 요구, 당사자·관계인·관계기관 등에 대한 자료 제출 요구, 실지 조사 등을 적극적으로 실시함으로써 당사자가 주장하는 증거 자료는 물론 당사자가 주장하지 않은 것도 수집하여 차별을 판단한다(인권위법 제36조).

인권위나 노동위는 차별을 판단하기 위한 사실과 증거의 수집에 있어 변론주의와 직권탐지주의를 병행하고 있는 것으로 보인다. 변론주의라 함은 소송자료 즉 사실과 증거의 모집·제출의 책임을 당사자에게 맡기고 당사자가 수집·제출한 소송자료만을 재판의 기초로 삼아야 한다는 입장이고, 직권탐지주의는 소송자료의 수집·제출 책임을 당사자가 아닌 판단 주체가 지게 된다는 입장이다. 다만, 노동위는 변론주의가 다소 강하고 직권탐지주의도 보완적으로 병행하고

생각을 무의식적으로 심어줄 수 있는 성차별적 관행으로 볼 수 있고, 그로부터 초래되는 폐해는 학생 관리의 편의성이라는 이유로써 정당화할 수 없을 만큼 크기 때문에, 이는 합리적 이유없이 여학생의 평등권을 침해한 것으로 판단하였다(국가인권위원회 2005.09.28. 05진차517 결정).

있으며, 인권위는 당사자가 제시한 증거 자료에만 의존하지 않고 당사자, 관계인, 관계기관 등을 대상으로 사실과 증거를 수집하여 차별을 판단하는 등 직권탐지주의가 보다 강한 것으로 판단된다. 한편, 당사자가 미처 제시하지 못한 사항에 대하여 인권위가 적극적으로 조사·수집한 사실과 증거도 증명력을 가진다. 그렇다고 하여 인권위가 통상적 범위의 조사 외에 모든 방법을 동원하여 증거 조사를 해야 할 의무가 있다고 볼 수는 없다.[171)]

2. 차별입증과 증거채택

당사자가 서로 상반된 사실과 증거를 주장할 경우, 또는 사실과 증거가 당사자 사이에서 서로 상반될 경우, 그 양자의 신빙성을 비교하여 진정인 측이 피진정인 측보다 우월하면 차별이 입증된 것으로 본다. 그러나 어느 한 쪽의 개연성이 우월하지 못하고 서로 비슷한 정도라고 하면 차별이 입증되지 아니한 것으로 본다. 즉, 어떠한 증거를 인정 가능한 증거로 채택할 것인가에 대하여 개연성의 추정이라는 기준을 사용한다. 이것은 수집된 사실과 증거가 당사자 사이에서 서로 다를 경우, 그 중 상대적으로 우월한 쪽의 것을 인정하게 하는 기준이다.[172)]

차별이 일단 입증된 경우라 하더라도, 즉, 차별의 존재를 주장하는 진정인 측의 입장의 신빙성이 상당히 크다고 하더라도 그 입증 내용 및 방법상의 오류가 발견될 경우 그 신빙성은 약화된다. 양측 중 어느 한 쪽의 입장이 분명한 우위에 설 때까지 증거의 제시 또는 수집은 계속될 수 있다. 결국, 어느 한 쪽의 개연성이 구분이 될 정도로 우월하지 못하고 서로 비슷한 정도라고 하면 차별이 입증되지 아니한 것으로 본다. 한편 진정인의 주장이 사실이 아님이 명백하거나 사실이라고 인정할 만한 객관적 증거가 없는 경우에도 해당 사건은 기각 처리

---

171) 국가인권위원회, 「국가인권위원회법 해설집」, 2005, 537면.

172) 특정 사안에 관한 법률상 규정이 없는 경우에는 형법의 '무죄의 추정(beyond reasonable doubt)' 원칙보다는 민법의 '개연성의 추정(balance of probabilities)' 원칙을 적용하는 것도 고려해야 한다. 인권 침해가 의심되는 상황에서 증거 문제가 빈번하게 발생하고, 대다수 조사제도들이 처벌보다는 구제를 목적으로 한다는 점을 감안하면 개연성의 균형원칙의 유형에 해당하는 기준을 채택하는 것이 바람직하다(국가인권위원회, 「국가인권위원회법 해설집」, 2005, 539면.)

된다(인권위법 제39조).

명백한 차별의 경우에서처럼 차등대우의 존재가 입증할 필요도 없이 분명할 경우 피진정인은 해당 차등대우가 객관적으로 정당화될 때에만 면책된다. 이때 객관적 정당화의 주체가 반드시 피진정인일 필요는 없다. 객관적 정당화가 성립되었는지를 심사하는 기준은 그 엄격성 정도의 측면에서 흔히 차별심사기준이라 부른다. 그 기준의 엄격성의 정도에 따라 차별판단기준은 일반적으로 엄격한 판단기준 및 완화된 판단기준 등으로 구분된다.

Ⅴ. 합리적인 이유와 정당한 사유

1. 합리성과 합리적인 이유

합리성이라는 개념은 아리스토텔레스, 홉스, 베버 등 여러 시대의 사상가나 철학자들의 고전적 업적 중에 언급되었으며 오래 전부터 정치학과 관계되어 왔다. 그러나 개개의 정치형태자의 합리성을 중심에 두고 정치적 현상을 설명하는 것이 정치학의 큰 조류가 된 것은 1980년대 이후 특히 경험실증주의적인 연구에 있어서 합리적 선택이론이 대두한 것에 의한다. 그리고 문화 인류학이나 포스트모더니즘 철학의 영향을 받은 연구자들은 종종 합리성이란 서유럽 근대의 산물에 불과하기 때문에 합리성을 중심으로 한 견해 자체를 상대화할 필요가 있다는 것을 주장한다. 물론 정치행위자는 비합리적이라고 하여 합리성의 전제를 전혀 받아들이지 않는 입장을 취하는 정치학자도 많다. 여기서 합리성의 개념적 접근에서 중심이 되는 점은 '일반적, 보편적'이라는 점을 합리성의 근거로 판단하고 있다는 점이다. 이러한 개념은 법학적인 측면에서는 '사회통념상'이라는 용어를 사용하기도 한다. 사회통념이라는 점은 사회일반적으로 납득되거나 받아들여질 수 있는 정도라고 할 수 있겠다.

아울러 합리적인 이유와 관련하여 대부분의 고용관계법령에서 차별의 전제조건으로 '합리적인 이유'없는 차별을 금지하고 있지만 그 개념에 대하여는 명확한 정의를 내리지 않고 있다. 다만, 여러 판례에서 고용상 차별과 관련하여 언급하고 있는 내용을 중심으로 합리적인 이유에 대한 개념적 범위를 유추할 수 있다. 법원[173]은 기간제근로자 차별에 대한 심판에서 '차별적 처우'를 '임금 그 밖의 근로조건 등에서 합리적인 이유 없이 불리하게 처우하는 것'으로 정의하고 있다. 여기에서 불리한 처우란 사용자가 임금 그 밖의 근로조건 등에서 기간제근로자와 비교 대상 근로자를 다르게 처우함으로써 기간제근로자에게 발생하는 불이익 전반을 의미하고, 합리적인 이유가 없는 경우란 기간제근로자를 다르게 처우할 필요성이 인정되지 않거나 다르게 처우할 필요성이 인정되는 경우에도 그 방법·정도 등이 적정하지 않은 경우를 의미한다. 그리고 합리적인 이유가 있는지 여부는 개별 사안에서 문제된 불리한 처우의 내용과 사용자가 불리한 처우의 사유로 삼은 사정을 기준으로 기간제근로자의 고용형태, 업무의 내용과 범위, 권한과 책임, 임금 그 밖의 근로조건 등의 결정요소 등을 종합적으로 고려하여 판단하여야 한다[174]고 한다. 아울러, 고용관련법령에서 불이익처우나 차별대우에 대하여 거의 동일하게 '합리적인 이유'없는 차별을 금지하면서 합리적인 이유가 있는 경우 불이익처우나 차별이 가능하다는 규정을 두고 있다. 그리고 그러한 합리적인 차별을 통상적으로 차별의 예외라고 인식되어지고 있다. 즉, 차별을 해소하기 위한 잠정적인 우대조치나 적극적 개선조치들을 규정하고 있다. 또 진정직업자격의 경우 차별의 예외로, 국가안전보장상의 이유나 국제노동기준상의 이유 등도 차별의 예외로 규정하고 있다. 결국 합리적인 이유란 해당 차별의 행위가 불가피한 것이거나 법문 상 허용되고 있는 경우로 요약할 수 있고, 그렇지 못한 경우를 합리적이지 않다고 반대유추할 수 있을 것이다.

2. 정당성과 정당한 사유

합리성과 합리적인 이유와 유사한 개념으로 '정당성'과 '정당한 사유'를 들고 있는 경우도 있다. 장애인차별금지법 제4조(차별행위)에서는 차별금지사유로 장애인을 장애를 사유로 정당한 사유 없이 제한·배제·분리·거부 등에 의하여 불리하게 대하는 경우, 장애인에 대하여 형식상으로는 제한·배제·분리·거부 등에 의하여 불리하게 대하지 아니하지만 정당한 사유 없이 장애를 고려하지 아

173) 서울행정법원 2012.11.13. 선고 2012구합16220 판결.
174) 대법원 2012.03.29. 선고 2011두2132 판결.

니하는 기준을 적용함으로써 장애인에게 불리한 결과를 초래하는 경우, 정당한 사유 없이 장애인에 대하여 정당한 편의 제공을 거부하는 경우, 정당한 사유 없이 장애인에 대한 제한·배제·분리·거부 등 불리한 대우를 표시·조장하는 광고를 직접 행하거나 그러한 광고를 허용·조장하는 경우 등을 들고 있다. 여기에서 "정당한 편의"라 함은 장애인이 장애가 없는 사람과 동등하게 같은 활동에 참여할 수 있도록 장애인의 성별, 장애의 유형 및 정도, 특성 등을 고려한 편의 시설·설비·도구·서비스 등 인적·물적 제반 수단과 조치를 말하고, 금지된 차별행위를 하지 않음에 있어서 과도한 부담이나 현저히 곤란한 사정 등이 있는 경우, 금지된 차별행위가 특정 직무나 사업 수행의 성질상 불가피한 경우 등은 정당한 사유가 있는 것으로 보아 차별로 보지 아니한다. 정당성은 주로 적법한 근거가 있는가, 법문의 규정내용을 바르게 해석 적용할 수 있는가 등에 연관되는 것으로 보인다.[175] 고용상 차별판단과 관련하여서는 열거적인 차별사유나 예시적인 차별사유의 해석이나 적용에서 그 정당성여부를 판단하게 될 것이다.

3. 사회통념상 합리성

고용차별판단에서 합리적인 이유나 합리성 측면에서 사회통념상 합리성은 또 하나의 유사한 해석 방법 내지 용어라고 판단된다. 이와 관련하여 취업규칙의 불이익변경과 관련한 판례[176]에서 그 판단기준을 제시하고 있다고 보여진다. 즉, 동 판례에서 근로자의 집단적 의사결정방법에 의한 동의 없이 근로자에게 불리하게 작성·변경된 취업규칙이라도 사회통념상 합리성이 있다고 인정되는 경우에는 그 적용이 가능하다고 판단하면서 합리성 유무의 판단 기준을 제시하였다. 판례는 사용자가 일방적으로 새로운 취업규칙의 작성·변경을 통하여 근로자가 가지고 있는 기득의 권리나 이익을 박탈하여 불이익한 근로조건을 부과하는 것은 원칙적으로 허용되지 아니한다고 할 것이나, 당해 취업규칙의 작성 또는 변경이 그 필요성 및 내용의 양면에서 보아 그에 의하여 근로자가 입게

175) 제재 사유의 정당성 판단(대법원 2014.02.13. 선고 2011다78804 판결) ; 정기상여금의 통상임금의 판단(대법원 2013.12.18. 선고 2012다89399 판결(전원합의체 판결)) 사건에서는 법문의 해석과 적용에서 '적법한 근거'와 '도구개념은 현실을 규범과 조화롭게 해석할 수 있는 기능을 잘 수행할 수 있을 때'를 정당성이 있다고 보고 있다.

176) 대법원 2001.01.05. 선고 99다70846 판결.

될 불이익의 정도를 고려하더라도 여전히 당해 조항의 법적 규범성을 시인할 수 있을 정도로 사회통념상 합리성이 있다고 인정되는 경우에는 종전 근로조건 또는 취업규칙의 적용을 받고 있던 근로자의 집단적 의사결정방법에 의한 동의가 없다는 이유만으로 그 적용을 부정할 수는 없다고 보았다. 한편 여기에서 말하는 사회통념상 합리성의 유무는 취업규칙의 변경에 의하여 근로자가 입게 되는 불이익의 정도, 사용자측의 변경 필요성의 내용과 정도, 변경 후의 취업규칙 내용의 상당성, 대상조치 등을 포함한 다른 근로조건의 개선상황, 노동조합 등과의 교섭 경위 및 노동조합이나 다른 근로자의 대응, 동종 사항에 관한 국내의 일반적인 상황 등을 종합적으로 고려하여 판단하여야 한다고 한다.[177]

물론, 사회통념상 합리성과 관련하여 초기에는 사회의 일반통례[178]라는 용어를 사용하기도 하고, 사회통례상 합리성[179]이라는 표현을 쓰기도 하였다. 그러나 대부분의 판례[180]는 사회통념상 합리성이라는 표현을 사용하고 있다. 특히 사회통념상 합리성과 관련한 구체적인 기준이 제시되기도 하였는데 취업규칙

177) 이러한 판단의 이유로 재단법인 ○○기계금속시험연구소(이하 '○○기계금속시험연구소'라고만 한다)의 1980.03.06. 퇴직금지급규정이 재단법인 ○○정밀기기센터(이하 '○○정밀기기센터'라고만 한다)의 1970.01.01. 퇴직금지급규정에 비하여 그 지급률에 있어서 불이익한 것은 사실이나, ○○기계금속시험연구소의 1980.03.06. 퇴직금지급규정을 제정할 당시 한국정밀기기센터 출신 직원들과 기존의 ○○기계금속시험연구소 직원들 사이에 서로 다른 퇴직금지급률을 조정하고, 통일적인 퇴직금지급규정을 마련할 필요성이 높았던 점, ○○정밀기기센터 출신 직원들의 정년이 통합 후 55세에서 65세로 10년이나 연장됨에 따라 연장된 기간만큼 더 근무하면서 이에 상응하는 임금을 지급받게 된 점, 통합을 전후하여 ○○정밀기기센터 출신 직원들의 임금이 인상되고, 호봉이 조정됨에 따라 퇴직금 산정의 기초가 되는 임금이 인상되는 등 통합 후 다른 근로조건이 개선되었고, 이로써 퇴직금지급률의 저감에 따른 불이익이 상당 정도 완화된 점, 통합에 앞서 원고를 포함한 ○○정밀기기센터 출신 직원들이 ○○정밀기기센터를 형식적으로 퇴직하면서 인상된 임금을 기초로 종전의 높은 퇴직금지급률에 의한 퇴직금을 이의 없이 수령하였고, 따라서 통합 당시에는 원고를 포함한 ○○정밀기기센터 출신 직원들도 향후 제정될 ○○기계금속시험연구소의 퇴직금지급규정이 자신들에게 적용될 것으로 예상하고 있었다고 추정되는 점 등의 제반 사정에 비추어 볼 때, ○○기계금속시험연구소의 1980.03.06. 퇴직금지급규정은 ○○정밀기기센터 출신 직원들의 집단적 의사결정방법에 의한 동의를 받지 않아도 될 만한 사회통념상의 합리성이 있었다고 봄이 상당하고, 따라서 이는 원고를 포함한 한국정밀기기센터 출신 직원들에게도 적용된다고 판단하고 있다.

178) 대법원 1978.09.12. 선고 78다1046 판결 ; 대법원 1997.05.16. 선고 96다2507 판결.

179) 대법원 1988.05.10. 선고 87다카2853 판결.

180) 대법원 1996.04.26. 선고 94다306638 판결 ; 대법원 1996.09.10. 선고 96다3241 판결 ; 대법원 1996.09.10. 선고 95다15414 판결 등.

불이익변경과 관련하여 변경의 취지와 경위, 해당 사업체의 업무의 성질, 취업규칙 각 규정의 전체적인 체재 등 제반 사정을 종합하여 판단[181]하는 것이 필요하다는 입장을 보인 바도 있다. 다만 대법원은 이러한 사회통념상 합리성이라는 개념적인 적용을 실제에서는 엄격하게 해석하려는 태도를 보이고 있다는 것이다. 결국 앞의 판례에서 사회통념상 합리성의 개념을 취업규칙의 변경이 '불이익'한 것인지 여부를 실질적으로 판단하는 기준의 하나로 인정하고 있다.

제 4 절 차별적용 예외사항과 합리적 이유

Ⅰ. 차별적용의 합리적 이유

차별금지제도에서 원칙적으로는 차별행위이지만 차별금지행위 예외사유로 인정되고 있는 사안들로 법문에서는 차별을 금지하면서 예외적으로 차별이 아니라고 규정한 사항들이 이에 해당한다. 이러한 사유로 직무의 본질적인 요인에 내재되어 있는 특성에 의하여 차등의 불가피성이 인정되는 사유와 법령 등에서 특별히 규정하고 있는 일정한 요건을 가지는 정책적인 조치들로 차별적용 예외인 경우가 있는데, 이러한 예외사항들은 실제는 차별행위이지만 차별이 아닌 것으로 취급되는 것으로, 실질적으로는 평등을 촉진하고 차별을 시정하는 효과를 가져올 수 있기 때문에 각 법령에서 예외사항으로 규정하고 있다. 즉, 합리적인 이유 있는 차별행위로 법문에서 규정하고 있는 진정직업자격이나 적극적 개선조치 및 적법·타당한 우대조치들은 합리적인 이유를 판단하는 매우 중요한 단서가 되고 있다. 다만, 차별금지제도에서 진정직업자격의 경우는 사업의 본질에 속해 있는 내재적인 사유를 전제로 하므로 협의의 차별적용 예외 사유로 판단해 볼 수 있고, 적극적 개선조치의 경우는 현존하는 차별을 해소하기 위한 제도적인 장치로서, 그리고 정책적 우대조치는 현존하는 차별상황보다는 다양성의

181) 대법원 1997.05.16. 선고 96다25077 판결.

확보 내지 기회의 확대라는 측면에서 정책적으로 고려되는 부분으로서 별도의 조치가 수반되는 점을 고려할 때 광의의 합리적인 이유로 판단해 볼 수도 있다.

차별의 시정은 역사적인 차별에 대한 인식개선과 각종 규제행위 등 제도적인 개선으로 가능한 일이다. 즉, 차별받고 있는 개인이나 집단에 대한 보호조치나 우대조치 들은 역차별로 다루어질 수도 있지만, 차별해소를 통하여 실질적인 평등을 실현하기 위한 과정으로 중요한 의미가 있다. 그러므로 미국 등에서 진정직업자격 및 적극적 개선조치 등에 대하여 합리적 판단기준으로 오래 전부터 제도적으로 운영되고 있음은 시사하는 바가 크다. 그리고 그러한 정책적인 판단이나 배려는 우리나라도 법령에서 규정하고 있고, 차별해소 내지 실질적인 평등실현을 위한 장치로서 정책적인 개선조치 내지 우대조치들이 실행되고 있다. 즉, 고용상 차별금지제도에서의 합리적인 이유와 함께 차별예외사항들은 차별행위가 인정되는 합리성을 갖는 사유가 무엇인지를 가리기 위한 중요한 단서가 되는 것이므로, 이러한 합리적인 이유 있는 차별행위에 대한 판단요소 및 합리적인 이유가 가지는 의미와 내용을 검토하는 것은 고용차별론에서 중요한 문제라고 할 수 있다.

Ⅱ. 합리적 이유 있는 차별로서의 진정직업자격

1. 진정직업자격의 내용

(1) 진정직업자격의 의의 및 요건

진정직무자격, 진정직업자격(BFOQ : Bona Fide Occupational Qualification, 미국) 또는 직업조건(Occupational Requirements, 유럽)[182]이란 특정한 직무나 사업이 본질적으로 가진 성격 내지 특수성에 대해 요구되는 자격이라고 할 수 있다. 용어상으로는 occupational에 대한 해석을 '직업'으로 보느냐 '직무'로

182) 진정직업자격은 미국에서는 bona fide occupational qualification(BFOQ), 캐나다에서는 bona fide occupational requirement(BFOR), 영국에서는 Genuine Occupational Qualification(GOQ), EU입법지침은 직업조건(Occupational requirements) 또는 본질적이고 결정적인 직업조건(genuine and determining occupational requirement)으로 언급되고 있다.

보느냐에 따라 진정직업자격 또는 진정직무자격으로 볼 수가 있는데, EU입법지침에서는 직업조건으로 규정하고 있다(이하에서는 선행 연구들에서 일반적으로 사용하고 있는 '진정직업자격'으로 통칭한다). 진정직업자격이 '사업의 본질에 대한 부분과 직무의 특수성'을 전제로 하므로 어떤 용어를 사용하더라도 큰 차이는 없어 보인다. 다만 우리 법령에서는 '직무의 성격' 또는 '직무나 사업수행의 성질'로 표기하고 있어 '직무'에 초점을 두고 있는 것으로 보인다. 직무적인 특수성에 기한 예로 여성목욕탕의 근로자, 출산전문 산부인과 분만담당 간호사[183] 등은 여성이라는 직무적인 특수성 내지 성격으로 인하여 진정직업자격으로 인정하고 있는 점을 들 수 있다. 그러나 고객의 선호나 사업의 본질과 거리가 먼 사유로는 진정직업자격으로 인정될 수 없다. 상기의 예에서 목욕탕사업에서 목욕탕내부업무를 직접적으로 수행하는 직무와 산부인과에서 출산·분만담당 업무와 직접적으로 관련된 업무는 해당 사업의 본질적인 부분 내지 직무적인 특수성과 관련된 것이고, 이러한 업무를 직접적으로 수행하는 사람의 업무는 진정직업자격의 대상이 될 수 있다. 이에 반하여 목욕탕 밖에서 수행하는 업무나, 출산과 무관한 병원의 다른 업무를 수행하는 경우 사업의 본질적인 부분이나 특수한 문제가 될 수는 없다. 그러므로 사업의 본질과 무관한 경우에는 진정직업자격의 범주에 제외됨이 상당하다. 각국의 법령은 공통적으로 성별, 종교, 연령에 대한 차별에서의 진정직업자격을 규정하고 있으며, 여기에 더하여 조금씩 다른 차별사유를 예시하고 있다. 결국, 진정직업자격은 직업 내지 직무에 내재되어 있는 특정한 사유로 차별행위를 하여도 차별이 아니라는 점(차별적용 배제)을 요점으로 하고 있다. 즉, 일반적으로 진정직업자격은 수행해야 할 업무나 활동의 종류 또는 그 활동 수행의 조건 때문에 본질적이고 결정적인 직업상 필연성이 인정되는 때에는 그 목적에 적합하고 적정한 범위 내인 경우 허용되는 것으로 판단되고 있다. 여기에서 그 사업의 본질적인 것, 직무상 필연성 내지 특수성, 그 목적에 적합하고 적정한 범위내의 것을 진정직업자격의 요건으로 볼 수 있다.

183) 간호사와 달리 의사의 직업적인 본질은 신체적인 치부문제보다 더 중요한 환자의 생명을 다루고 병을 치료하는 것으로 남녀를 구분하여 볼 수 없으며, 이는 본질적인 차원이 다른 문제로 다루어지고 있다.

1) 사업의 본질적인 부분일 것

사업의 본질적인 것이란 해당 사업 내지 수행업무의 핵심적인 사안에 해당하는 것으로 해당사업의 존재이유 내지 미션과 같은 의미로 인식할 수 있는 것이다. 예를 들어 항공여객사업의 본질은 승객을 안전하게 목적지까지 운송해 주는 것이다. 그런데 안전한 운송과 무관하게 고객들이 선호한다는 이유로 객실승무원에 대하여 남성은 고용에서 배제한다면 이는 사업의 본질과 무관한 문제에서 고용상 차별을 받게 되는 것이다.[184] 결국 해당 사업의 본질은 그 사업이 존재하는 이유이며, 추구하는 핵심가치로 해당사업에서 필수적인 요소(필수 직무 등)에 해당하는 업무가 이에 해당하는 것으로 이를 수행하는데 필수불가결한 사항을 말한다고 할 수 있다. 한편, 사업의 본질적인 부분과 부수적인 부분이 공존하여 그 구분이 곤란한 경우에는 어떻게 보아야 하는가가 문제가 될 수 있다. 즉, 대부분의 사업은 본질적인 부분과 부수적인 부분들이 공존한다. 이 경우 본질적인 부분과 부수적인 부분에 대한 판단과 이들 사안에 대하여 본질적인 부분으로 볼 것인지 부수적인 부분으로 볼 것인지가 문제될 수 있다. 즉, 본질적이면서도 부수적인 부분이 공존하는 경우 사업의 본질적인 부분으로 판단할 것인가 부수적인 것으로 판단할 것인가 의문이 설 수 있는데, 우선 사업에 대하여는 일정부분 본질적인 부분의 성격을 함유하고 있는 직무라면 본질적인 부분에서 판단해야 할 것으로 판단된다. 그러한 부분들이 일정비율로 나누기는 어려운 문제이고 본질적인 부분이 공존한다면 비중에 상관없이 본질적인 부분에 강조하여 수행할 수밖에 없는 현실적인 문제가 있음을 간과할 수 없기 때문이다. 그러나 수행하는 사람에 따라서는 달리 볼 필요가 있어 보인다. 즉, 극히 일부가 아닌 수행하는 업무의 대부분이 본질적인 부분에 해당하는 경우와 그 반대의 경우, 비중이 비슷한 경우로 나누어 생각해 볼 수 있을 것이다. 이러한 경우에는 수행자의 업무 비중의 경중 등 종합적인 상황을 고려하여 판단되어야 할 것으로 보인다.

184) Diaz v. Pan American World Airways, Inc. 442 F 2d 385(1971).

2) 직무상 성격 내지 특수성이 요구될 것

직무수행상의 필연성은 사업내의 직무가 요구되는 필연성을 말한다. 예를 들면 산부인과 분만담당 간호사는 산모가 안전하게 건강한 태아를 분만할 수 있도록 돕는 것은 사업의 본질이다.[185] 그러나 직무의 특성상 신체적 치부를 드러내는 것을 꺼려서 주 고객인 여성이 남자간호사를 기피하여 병원을 찾는 환자가 없어진다면 병원 본연의 정상적인 운영을 할 수 없는 상황에 직면하게 될 것이다. 이처럼 직무상 특수성으로 인하여 필연적으로 특정한 성이 요구되는 사업의 경우는 특정한 성을 배제할 수 있다.[186] 여기서 산부인과 분만담당 간호사는 직무상 필연적으로 여성이어야만 산부인과 사업이 정상적으로 운영될 수 있게 되는데 이는 업무상 필연적으로 요구되는 사안이라고 할 수 있다. 같은 취지로 여성목욕탕 내부 관리인은 여성이어야 한다는 것은 직무의 특수성으로 인하여 직무수행상 필연적으로 요구되는 사안이라고 할 것이다.[187]

185) 이 경우 산부인과의사도 여성이어야 하는 것이 아닌가 하는 문제를 제기할 수 있다. 그러나 본질적으로 의사는 환자의 생명을 다루는 직업으로, 이는 업무의 특수성에 기인하는 문제보다는 더 중요한 부분에 해당하므로 본질적으로 다르게 보아야 한다. 즉 산부인과의 본질이 산모의 안전과 태아의 안전을 지키는 것으로 이는 의사가 수행하는 업무에 해당한다. 그러나 분만담당 간호사는 의사를 보조하는 업무로 특히 분만은 여성의 치부를 드러내는 문제와 관련한 특수성이 인정되는 부분에 해당한다는 점에서 본질적인 부분과는 구분해서 보아야 한다.

186) Backus v. Baptist Medical Ctr. 510 F Supp 1191 (9th Cir. 1981).

187) 남녀고용평등업무처리규정(2013.06.21 예규 제57호)에서는 진정직업자격과 관련한 합리적 이유 판단기준(제2조)을 명시하고 있는데, 성을 사유로 근로자를 달리 대우함에 합리적 이유가 있으려면 해당 사업의 목적과 직무의 성질·태양·작업조건 등을 구체적·종합적으로 고려하여 기업경영상 남녀를 다르게 대우할 필요성이 인정되고 그 방법·정도 등이 적정하여야 한다고 하면서, '직무의 성격에 비추어 특정 성이 불가피하게 요구되는 경우'란 특정 성이 반드시 직무의 핵심적인 내용을 수행하여야 하는 경우로, 예술 그 밖의 예능 분야에서 표현의 진실성을 이유로 특정 성을 필요로 하는 경우(예: 남성 역할을 위한 남성 배우·모델 등), 직무 수행상 탈의나 신체접촉 등이 발생하여 프라이버시 유지를 위해 특정 성을 필요로 하는 경우(예: 여성 목욕탕의 여성 목욕관리사, 여성 장애인·여성 환자의 여성 도우미 등), 사업장의 성격 또는 장소로 특정 성의 근로자가 사용자가 제공하는 시설 외에서 거주하는 것이 불가능하고 적절한 대체시설을 이용하기 어려운 경우(예: 여성 기숙사의 여성 사감 등), 그 밖에 직무상 특정 성으로 하는 것이 불가피한 것으로 인정되는 경우를 들고 있다.

3) 적정한 범위와 목적에 적합할 것

신학교에서의 목적은 해당 신학교가 추구하는 종교적인 교육사업이다. 그러므로 해당 종교의 선교를 위한 신학과목 수업을 담당하는 교원의 경우는 해당 종교를 믿는 사람이어야 한다는 등의 목적적 조건을 가질 수 있다. 그러나 신학교에도 부수적인 업무를 수행하는 사람도 있을 것이므로 모든 수업과목 내지 업무 수행자가 해당 신학교가 추구하는 종교적인 믿음을 가져야 하는 것은 아니다. 즉 모든 종사자가 해당종교의 신도여야만 한다는 고용조건은 적정한 범위를 벗어난 것으로 볼 수 있다. 그러나 해당 종교의 교리과목을 가르치는 교원이 해당 종교의 신자가 아니라면 직무를 정상적으로 수행한다(교리의 이해 수준, 예법의 선험적 체득, 종교적 진정성 등)는 것은 기대하기 어려울 수도 있다.[188) 결국 신학교의 설립목적에 부합하고 신학교 설립정신을 바르게 가르칠 수 있는 교리과목의 교원은 해당 종교의 신자가 되는 것은 신학교의 목적에 적합하고 적정한 범위내의 것으로 인정될 수 있다.

(2) 진정직업자격에 대한 비교법적인 검토

1) 진정직업자격에 대한 국내 고용법령의 규정

국내법령에서 진정직업자격을 규정하고 있는 법령으로 남녀고용평등법(제2조)은 '직무의 성격'에 비추어 특정성이 불가피하게 요구되는 경우, 장애인차별금지법(제4조)은 금지된 차별행위가 특정 '직무나 사업 수행'의 성질상 불가피한 경우(이 경우 특정 직무나 사업수행의 성질은 교육 등의 서비스에도 적용되는 것으로 본다), 고령자고용법(제4조의4)은 '직무의 성격'에 비추어 특정 연령기준이 불가피하게 요구되는 경우를 규정하고 있다. 결국 고용상의 차별금지제도에서 국내법령이 규정하고 있는 진정직업자격에 해당하는 경우 차별행위가 아니다. 즉, 우리나라의 경우 명시적으로는 성별, 장애, 연령만을 규정하고 있는데, 여기에서 다른 차별사유들도 진정직업자격으로 인정될 수 있는 여지는 없는

188) 예수회 소속 교단이 운영하는 Loyola 대학의 특성과 전통을 유지하기 위하여 예수회출신의 교수가 일정수준 유지되는 것이 대학을 성공적으로 운영하는데 필요하다고 판단하였다(Pime v. Loyola University of Chicago 803 F 2d 351 (7th Cir. 1986)).

것인지가 의문시된다. 예를 들어 특정한 연기에서 출신민족의 역할, 특정한 가족상황의 역할, 외국인의 역할 등 정서적·문화적으로 다양한 상황이 발생할 수 있고, 특정한 피부색이나 인종에 대한 역할 등도 진정직업자격이 될 가능성도 있다. 그러므로 열거되지 않은 사유들도 합리적인 이유와 진정하고도 불가피한 경우 진정직업자격의 사유가 될 여지가 있을 것으로 판단된다.

2) '본질적이고 결정적인 직업상의 요건'에 대한 EU입법지침 규정

EU입법지침 중 고용상 진정직업자격 규정을 두고 있는 2000/78/EC 제4조[189]에서는 종교, 신념, 장애, 연령, 성적지향이 특정 직업적 활동이나 그것이 행해지는 정황의 본질 상, 그 특성이 '본질적[190]이고 결정적인 직업상의 요건'이 되며, 그 목적이 정당하고 그 요건이 균형 잡힌 것일 때에는 앞의 사유들에 관한 특성에 근거한 차등처우는 차별에 해당하지 않는다고 규정하고 있고, 2000/43/EC 제4조[191]에서는 인종 또는 출신민족이 특정 직업적 활동이나 그

---

189) 제4조(직업조건, occupational requirements)

1. 제2조 (1)항과 (2)항에도 불구하고, 특정한 직업적 행위의 특징이 '본질적이고 결정적인 직업조건(genuine and determining occupational requirement)'을 구성하고, 목적이 합법적이고 조건이 적정하다면, 회원국은 제1항에 언급된 사유들과 관련된 특징에 근거한 차별대우는 차별을 구성하지 않는다고 규정할 수 있다.
2. 교회나 그 기풍이 종교나 신념에 근거한 공·사 조직 안에서의 직업적 활동의 사안에 있어서, 이러한 활동이나 수행되는 정황의 본질을 이유로 조직의 기풍을 고려할 때 한 개인의 종교나 신념이 실질적이고 합법적이며 정당화된 진정직업자격을 구성할 경우 개인의 종교나 신념에 근거한 차별대우가 차별을 구성하지 않는다는 것에 따라, 회원국은 이 지침이 채택되는 날 시행 중인 법률을 유지하거나, 이 지침이 채택되는 날 존재하는 관행들을 구체화하는 미래의 법을 제시할 수 있다. 이러한 차별대우는 회원국의 헌법상의 조항, 원칙, 및 공동체법의 일반원칙을 고려하여 실행되며, 다른 근거에 따른 차별은 정당화되지 않는다. 이 조항이 달리 적용된다면, 이 지침은 개인에게 각각의 신념이나 기관의 정신에 바탕을 두어 일하는 것을 요구하는 교회와 다른 공·사 기관의 권리를 침해하지 않는다.

190) 유럽입법지침에서 'genuine'이라고 규정하고 있는 사안을 번역하면 '진실한, 진짜의'와 같은 개념이다. 여기에서 미국식의 진정직업자격의 '진정'이라는 개념적인 표현이 된 것으로 앞서 진정직업자격의 요건에서 설명한 것처럼 여기서는 '본질적'인 의미로 표기하기로 한다.

191) 제4조(본질적이고 결정적인 직업조건, genuine and determining occupational requirements) 제2조 제1항 및 제2항에도 불구하고 회원국은 인종과 출신민족과 관련된 특징에 기초한 차별대우는, 관련된 특정 직업적 활동의 성질과 이것이 수행되는 상황을 이유로, 목적이 합법적이고 조건이 적정하다면, 그러한 특징이 본질적이고 결정적인 직업조건을 구성할 때 차별을 구성하지 않는다고 규정할 수 있다.

것이 행해지는 정황의 본질 상, 그 특성이 '본질적이고 결정적인 직업상의 요건'이 되며, 그 목적이 정당하고 그 요건이 균형 잡힌 것일 때에는 그 종교나 민족적 기원에 관한 특성에 근거한 차등 처우는 차별에 해당하지 않는다고 규정하고 있다. 또, 고용 및 직업에 있어 남녀간의 기회균등 및 평등대우원칙에 관한 입법지침(2006/54/EC) 제14조에서는 회원국은 고용의 접근성과 관련하여 성별에 따른 특징에 기초한 대우의 차이점이 특정한 직업적 활동의 본질이나 수행되는 환경을 이유로 위와 같은 특징이 '본질적이고 결정적인 진정직업자격'을 구성할 경우, 목표가 합법적이고 요건이 적절하다면 차별이 되지 않는다고 규정하고 있다. 이들 지침은 공통적으로 '진정하고 결정적인 직업상의 요건'에 해당하는 경우 차별행위가 되지 않음을 규정하고 있다.

3) '본질적이고 결정적인 직업상 필연성'에 대한 독일법령의 규정

독일 일반평등대우법에서는 인종, 민족적 출신, 성별, 종교·세계관, 장애, 연령 또는 성적 정체성을 사유로 차별을 예방하고 배제하는 것을 목적으로 규정하면서 제8조에서 앞에 열거된 사유를 이유로 하는 차별대우가, 수행해야 할 활동의 종류 또는 그 활동 수행의 조건 때문에 본질적이고 결정적인 직업상 필연성이 인정되는 때에는 그 목적에 적합하고 적정한 범위 내인 경우 허용된다고 규정하면서 열거된 사유를 이유로 하는 동일 또는 동일가치의 노동에 대한 저액의 보수합의는 열거된 사유를 이유로 한 특별 보호규정을 적용한다는 방식으로는 정당화되지 않는다고 규정하고 있다. 아울러, 종교·세계관에 대한 진정직업자격규정은 제9조에서 연령에 의한 진정직업자격은 제10조에서 규정하고 있다. 독일의 경우 성적 정체성을 규정하고 있는데 이는 유럽연합의 소속국가인 점을 미루어 EU입법지침에서 규정하고 있는 내용을 수용한 것으로 판단된다.

4) '합리적으로 필요한 진정한 직업적 자격요건'에 대한 미국법령의 규정

미국은 진정직업자격에 대하여 법리적으로 체계화가 된 것으로 평가받고 있는데 민권법 제2000e-2조(e)(1)(제703조)[192]에서 종교, 성별 또는 출신민족이

192) 민권법 제2000e-2조(e)(1)
(e) 본 장의 여타 규정에도 불구하고, 다음의 행위는 불법 고용 관행에 해당하지 아니한다.

해당 특정 사업 또는 기업의 통상적인 운영에 있어 '합리적으로 필요한 진정한 직업적 자격요건'에 해당하는 경우에는 차별행위가 아님을 밝히고 있다. 합리적이고 필요한 진정한 직업적 자격요건이라는 표현은 EU입법지침에서 규정하고 있는 의미와 큰 차이는 없는 것으로 판단된다. 한편, 연령차별금지법 제623조(f)(1)[193]에서는 특정 업무의 정상적인 수행을 위한 '진정한 직업적 자격요건'을 규정하고 있다. 또, 장애인법 제103조(a)[194]에서는 장애인을 배제하거나 배제하는 경향이 있는 자격기준이나 시험, 선택기준이라고 할지라도 직무와 관련되고, 사업상의 필요에 부합하며, 그와 같은 기능이 합리적인 편의제공으로 달성될 수 없다는 것은 이 법에 의한 차별에 대한 진정에 있어서 항변이 된다고 하여 장애로 인한 진정직업자격을 규정하고 있는데 이는 민권법의 규정과는 좀 다른 진정한 직업적 자격요건을 규정하고 있다. 민권법이 합리적으로 필요한 선의의 직업적 자격요건으로 다소 진정직업요건을 엄격하게 범위를 강화한 것으로 판단된다.

2. 진정직업자격에 대하여 고려되는 부분과 합리적 이유 판단

(1) 진정직업자격에서 공통적으로 고려되는 부분

각국에서 개념적으로 규정한 진정직업자격은 유럽연합의 '진정(본질적)하고 결정적인 직업상'의 요건, 미국의 '합리적으로 필요한 진정한 직업적 자격'요건,

---

(1) 종교, 성별 또는 출신국가가 해당 특정 사업 또는 기업의 통상적인 운영에 있어 '합리적으로 필요한 진정한 직업자격(bona fide occupational qualification reasonably necessary)'인 경우에, 그 종교, 성별 또는 출신국가를 근거로, 사용자가 근로자를 채용 및 고용하는 것, 직업 소개기관이 개인을 구분하거나 취업을 알선하는 것, 노동단체가 회원자격을 구분하는 것과 개인을 구분하거나 취업을 알선하는 것, 또는 사용자, 노동단체, 도제제도 또는 기타 훈련 및 재훈련을 관리하는 노사공동위원회가 그러한 프로그램에서 개인이 가입하게 하거나 개인을 고용하는 것.

193) 이 조의 연령에 관한 (a), (b), (c), or (e)항에서 금지된 행위가 특정 업무의 정상적인 수행을 위한 진정한 직업적 자격요건이거나, 연령이 아닌 합리적인 요소에 근거한 구별이거나, 외국의 사업장의 근로자와 관련하여 위 항들을 준수하는 것이 해당 사업장이 소재하는 국가의 법률을 위반하는 결과가 초래되는 경우.

194) 장애인을 배제하거나 배제하는 경향이 있는 자격기준이나 시험, 선택기준이라고 할지라도 직무와 관련되고, 사업상의 필요에 부합하며, 그와 같은 기능이 합리적인 편의제공으로 달성될 수 없다는 것은 이 법에 의한 차별에 대한 진정에 있어서 항변이 된다.

독일의 '본질적이고 결정적인 직업상 필연성'으로 표현되고 있으나 같은 의미로 이해되고 있다. 그리고 진정직업자격으로 규정하고 있는 차별사유들에는 공통적으로 성별, 종교, 연령, 장애를 규정하고 있고, 독일이나 유럽연합은 인종 등도 진정한 진정직업자격으로 규정하고 있다. 이러한 진정직업자격의 판단과 관련하여 대표되는 양축인 유럽과 미국의 경우를 살펴보면 우선 유럽연합은 회원국의 차별문제에서 EU입법지침등과 관련된 개별적인 사안이 발생하면 우선적으로 유럽사법재판소(ECJ)의 의견을 구하거나 재판을 의뢰하여 판단을 받은 후 각국의 법원에서 최종적인 결정을 내리는 것이 일반적이다. 그러므로 ECJ의 결정은 유럽연합의 최고 재판소의 기능 내지 판단기능을 가진다고 할 수 있는데, 진정직업자격과 관련하여 결정적인 요소의 판단은 명확성의 원칙을 적용하고 있으며 매우 엄격한 해석을 하여야 한다는 입장을 가지고 있다.

한편, 미국은 대상 집단의 핵심 업무에 대한 문제, 사업운영의 본질에 대한 객관적인 수행과 직접적으로 관련된 것을 요구하는 매우 엄격한 심사 기준을 적용하고 있다. 예를 들면 성별 및 임신의 경우에 근로자 및 근로자의 태아와 다른 사람의 안전, 고객 등 타인의 권리 보호, 사업 수행목적과의 직접 관련성 등이 진정직업자격의 판단요소에 해당하지만, 단순히 차별적 고정관념에 따라 고객의 선호나 신체적 능력은 진정직업자격을 판단하는 요소가 될 수 없고, 종교와 관련하여서는 설립 목적의 유지를 위해서 종교기관의 업무에 대한 본질적인 부분의 성격이 세속적인 것일 때에는 특정 종교를 차별하여 취급할 수 없고, 연령에 근거한 진정직업자격은 특정 연령 이상의 근로자 모두 내지 대부분이 해당 직무수행을 위한 자격이나 능력이 부족하다는 실질적인 근거 또는 근로자의 직무능력을 개별적으로 판단하는 것이 너무 비현실적이라는 점 등을 입증해야 한다. 또, 장애의 경우 적절한 편의제공의 유무에 관계없이 직무와 관련한 필수적인 요건들을 충족시키면서 필수적인 기능들을 수행할 수 있는지가 판단의 기준이 된다고 보고 있다.

이처럼 진정직업자격은 각국에서 추구하는 공통적인 개념 내지 합의된 의미는 몇 가지로 요약해 볼 수 있다.[195] 우선, 진정직업자격이 주로 문제되는 사안

195) 김진・김태선・정형옥, "진정직업자격 등 고용차별 판단기준에 관한 외국판례조사", 국

은 성별, 종교, 신앙, 장애, 연령에 관한 것이고, 법원은 진정직업자격인 직무를 인정함에 있어 상당히 엄격한 기준을 적용하고 있으며 문제가 된 직무의 구체적인 내용검토를 통해 구체적인 연관성을 검증하되, 그 입증책임은 사용자가 부담한다는 것이다. 또, 진정직업자격은 주로 직접차별에 대한 예외 사유로 논의되기 시작했지만 판례 등을 통해 볼 때 간접차별에 대해서도 유사하게 엄격한 판단기준을 적용하고 있다는 점이다. 아울러, 고객의 선호나 객관적인 근거가 없는 고정관념이나 선입견 등은 제외되고, 큰 부담 없이 편의제공할 수 있는 시설 등은 판단 요소에서 제외하고 있으며, 이러한 직무의 성질과 관련된 차별 예외 사항의 법리는 성문규정을 두고 있다는 점이다.

(2) 우리나라에서 진정직업자격에 대한 판단

우리나라의 경우 고용관계법에서 진정직업자격을 명시적으로 규정한 법령은 앞에서 살펴본 것처럼 그 사유로 성별, 장애, 연령을 들 수 있다. 그렇다고, 법령에서 규정하지 않는 차별사유들에 대하여는 진정직업자격을 다룰 여지가 없는 것은 아니다. 다만, 명시적으로 규정하고 있는 세 가지 사유에 대하여 판단해 보고자 한다.

1) 성별 차이에 따른 진정직업자격

직무의 성질이 본질적으로 특정한 성의 근로자가 아니면 본질적인 업무의 정상적인 수행이 곤란하여 당해 직종에 특정한 성의 근로자만을 채용하는 경우는 진정직업자격에 해당하는 것으로 합리적인 이유 있는 차별로 간주된다.[196] 남녀고용평등법은 직무의 성질상 특정한 성이 불가피하게 요구되는 경우는 차별로 보지 아니한다고 규정하고 있다. 사용자가 모든 특정한 성별의 구성원이 핵심직무를 수행할 수 없다는 것을 보여줄 수 없다면, 사용자는 문제가 된 개별 근로자의 실제적인 능력을 측정하여 핵심 직무수행이 불가능하다는 것을 보여주어

가인권위원회, 2005, 226~231면.

196) 이러한 규정으로 남녀고용평등법 제2조 제1호 가목, ILO 제111호 협약(고용·직업에서의 차별금지협약), EU입법지침(2002/73/EC) 제2조 제6항, 미국 민권법(Civil Rights Act of 1964) 제2000e-2조(제703조) 불법 고용 관행, 캐나다인권법(Canadian Human Rights Act) 제H-6장 15(예외) 등에서 근거를 볼 수 있다.

야만 차별의 혐의를 벗을 수 있다.[197] 진정직업자격을 판단할 때 기준이 되는 것은 특정한 성이 수행하도록 계획된 업무가 아니라 실제 수행된 업무이며, 성별에 관한 고정관념에 근거한 차별은 진정직업자격에 해당하지 않는다.[198]

2) 장애를 이유로 한 진정직업자격

업무의 성격 등이 특정한 장애를 가진 경우 정상적인 업무수행을 할 수 없고, 이를 대체할 수 있는 다른 수단이 존재하지 않는 경우 장애를 사유로 한 차별대우는 합리적인 이유 있는 차별행위로 진정직업자격에 해당할 수 있다. 이러한 상황은 신뢰할만한 객관적 증거(예를 들어 의학적 증거 등)에 의해 해당 업무의 정상적 수행과 특정한 장애 등이 없을 것과의 사이에 직접적인 상관관계가 있고, 개인의 업무수행능력을 개별적으로 평가하는 것이 불가능한 경우 특정 장애인 등을 제한·배제·분리·거부하는 것은 진정직업자격에 해당되어 정당화될 수 있다. 그러나 장애의 존재와 직무수행능력 간의 직접적 상관관계에서 상반된 견해와 증거의 존재 및 장애에 대한 근거 없는 편견의 개입 등과 같이 의심이 있는 경우나 개인의 직무능력에 대한 개별적 평가가 현실적으로 가능한 경우에는 진정직업자격으로 보기에는 무리가 있다. 한편, 현재의 장애가 근로제한 등 차별적 대우를 정당화하는 사유가 될 수도 있는데, 이러한 경우는 장애인 등 본인의 생명, 신체에 위험이 급증할 경우 등에 한정하여 매우 엄격하게 적용되어야 하겠지만, 정상적인 직무수행상 불가피한 사유가 있는 경우 제한이 가능하다고 보아야 한다.[199]

197) 김진·김태선·정형옥, 「진정직업자격 등 고용차별 판단기준에 관한 외국 판례 조사」, 국가인권위원회, 2005, 223면.

198) 예를 들어 간호사의 간호업무(간호업무의 본질은 환자를 치료하는 것이 아니라 환자를 간호하고 의사의 의료업무를 지원하는 것이다)는 여성만이 할 수 있는 일이라는 고정관념에 의해 간호학과 입학자격을 여성으로 한정하거나, 여성의 특정분야라고 인식되는 산부인과 의사(의사업무의 본질은 병을 치료하고 환자의 생명과 건강을 지키는 것이다)는 남성이 할 수 없다고 여기는 등의 고정관념을 통해 의대 전공에서 입학자격을 제한하거나 개업을 할 수 없도록 하는 경우 등을 들 수 있겠다.

199) 주행 중 발생하는 소음을 검사하는 차량품질관리업무의 특성상 청력은 개인능력의 한 부분으로 평가될 수 있고, 진정인이 지원한 차량품질관리팀의 업무가 차량의 미세한 소음을 관리하는 부서라면 청력은 개인의 중요한 능력의 한 부분으로 평가될 것인데 이러한 이유로 오른쪽 귀를 전혀 듣지 못하는 진정인을 채용부적격자로 판단하였다면 단지 진정인의 병력만을 이유로 채용에서 원천적으로 배제하여 차별하였다고 인정하기 어렵다고 판

3) 연령을 이유로 한 진정직업자격

고령자고용법(제4조의5)에서 규정하고 있는 것처럼 직무의 성격에 비추어 특정한 나이 또는 나이 관련 특성이 해당 업무의 정상적인 수행을 위해 불가결하게 요구되고 다른 수단이 존재하지 않는 경우 나이제한은 차별에 해당하지 않고, 합리적인 이유 있는 차별행위로 인정될 수 있다.[200] 즉, 신뢰할만한 객관적 증거에 의해 해당 업무의 정상적 수행과 특정 나이 사이에 직접적인 상관관계가 있고, 개인의 업무수행능력을 개별적으로 평가하는 것이 불가능한 경우 특정 나이는 진정직업자격에 해당한다. 합리적인 이유 있는 차별로서의 진정직업자격은 일반적으로 엄격하게 해석되고 있으므로 나이에 의한 차등도 엄격히 적용되어야 한다. 그렇지 않으면 차별예외의 범위가 지나치게 확대되고 차별금지의 실효성이 약화될 수도 있다.[201] 업무의 성격이나 업무수행의 상황에 비추어 특정한 나이가 해당 업무를 정상적으로 수행하기 위한 불가결한 요건으로 인정되는 경우는 많지 않을 것이다. 따라서 나이는 예외적인 상황에서 진정직업자격으로

단하였다(국가인권위원회 2004.01.19. 03진차66 판결).

200) 우리 사회에서 일반적으로 아파트 경비원의 업무는 주로 정년을 마치고 퇴직한 고령자들이 새로 갖는 직업인 경우가 많고, 일상생활에서 우리가 쉽게 만나는 아파트 경비원들의 연령 또한 고령이다. 이는 일반적으로 아파트 경비원의 업무가 고령자도 수행할 수 있는 업무라는 반증이라 할 것이다. 아파트 경비원의 업무는 아파트 내 도난, 재난, 침입 따위의 사고가 일어나지 않도록 미리 살피고 지키는 업무로서 일정정도의 체력과 건강이 요구되며, 경우에 따라서는 강도 높은 신체적 능력이 뒷받침되어야 하는 것은 사실이다. 또한 대체적으로 나이가 많은 사람이 나이가 적은 사람에 비하여 건강이나 신체적 능력이 부족한 경우가 많은 것 또한 사실이다. 그러나 그렇다 하더라도 71세를 기준으로 하여 71세 이상인 자는 일률적으로 이러한 신체적 능력과 건강을 갖추지 못하였으니 경비업무에 적합하지 않고, 71세 미만인 자는 적합하다고 볼 수는 없는 것이다. 결국 피진정인의 행위는 모집·채용에 있어 합리적인 이유 없이 연령을 이유로 근로자 또는 근로자가 되려는 자를 차별한 것이다(국가인권위원회 2010.03.29 10진차9 결정).

201) 항공사 여자승무원 응시연령 상한(만 25세 이하) 제한과 관련하여 합리적인 필요성이 인정되어야 한다고 한다(국가인권위원회 2006.11.13. 05진차662 결정). 또, 공무원 5급 및 6·7급 공개경쟁채용시험 응시연령제한(5급 32세 이하, 6·7급 35세 이하)과 관련해서는 일반적으로 공무원의 직급별 업무내용을 보면 8급 이하는 단순 행정업무, 6·7급은 전문행정업무, 5급은 정책의 기획 및 관리 업무를 담당하고 있는바 35세 및 32세를 초과하는 자의 대부분이 전문 행정업무나 정책의 기획 및 관리업무를 수행하는 데 필요한 기본적 능력을 갖고 있지 못하다거나 담당업무를 수행할 수 없는 특성을 가졌다고 단정할 근거가 없다고 보면서 그러한 제한에 문제가 있음을 지적하고 있다(국가인권위원회 2007.04.30. 05진차317 결정).

인정될 수 있을 것으로 판단되며, 생명·안전과 관련된 경호, 항공기 조정, 소방업무 등의 경우 해당 업무의 정상적 수행과 특정한 나이 사이의 직접적 관련성에 대한 신뢰할만한 의학적 증거 등 객관적인 증거가 존재하고, 개인의 업무수행능력에 대한 개별적 평가가 불가능하거나 비현실적인 경우에는 나이제한이 진정직업자격에 해당할 수 있다. 그러나 나이와 직무수행능력의 직접적 상관관계에 대한 의심이 있는 경우나 개인의 직무능력에 대한 개별적 평가가 현실적으로 가능한 경우에는 인정될 수 없다고 보아야 한다.[202]

(3) 유럽사법재판소의 진정직업자격에 대한 판단

유럽연합은 차별금지를 위한 중요한 지침들을 제정하여 회원국이 이를 지키고 문제가 된 경우 이를 개선할 수 있도록 하고 있다. 그리고 분쟁이 생긴 경우 EU입법지침에서 규정한 내용은 각 회원국들의 차별판단의 기준이 되므로 유럽사법재판소(ECJ)가 관할권을 가지고 있는 사안에 대하여는 각국의 법원은 ECJ의 결정을 받아 최종적인 심사를 하게 된다. 물론 각국에 부여된 입법재량권을 모두 박탈하는 것은 아니다. 그러므로 차별판단과 관련한 유럽연합 개별국가의 판단 외에 ECJ의 판단기준 등을 살피는 것은 중요한 과정이 될 것이다.

1) 고객선호를 이유로 한 인종차별

고객들이 정비공이 일하는 동안 그들의 주거지에 접근하는 것을 꺼려하기 때문에 이민자(민족적 기원 내지 인종)를 채용하지 않았다는 Ferlyn의 정비공 채용에 영향이 있는 이사회의 공개 성명서를 근거로 하여 차별문제가 다루어진 사건[203]에서, ECJ는 고용주가 특정 인종 및 민족 출신의 직원을 채용하지 않

202) 경호공무원 7급 등 공개경쟁채용시험 응시연령제한(국가인권위원회 2007.04.11. 05진차492 결정)과 소방간부후보생 공개경쟁시험 응시연령(30세 이하)제한(국가인권위원회 2007.09.20. 07진차238·246 결정(병합))합리성이 없다고 판단하고 있다.

203) Judgment of the Court (Second Chamber) of 10 July 2008 (reference for a preliminary ruling from the Arbeidshof te Brussel (Belgium)) – Centrum voor gelijkheid van kansen en voor racismebestrijding v Firma Feryn NV(Case c-54/07). 이 사건의 문제가 된 피고는 여닫이문과 조립식문 설치 판매 전문업체(Feryn)로 이 업체의 고객들이 원하지 않기 때문(정비공이 일하는 동안 고객들의 주거지에 접근하는 것을 꺼려하기 때문)에 해당 소수민족의 근로자를 채용하지 않는다고 공개적으로 표명하였다. 이러한 사실과 관련하여 고용주가 특정 인종 또는 민족의 직원을 고용하지 않을 것이라는 것을 공개적으로 표명하여 특정 후보들의 지원서 제출을 강하게 억제

을 것이라는 공개적인 성명으로 고객들이 안심하고 자신의 제품(노무제공 등)을 선호하여 사업을 영위하기 위한 것이라고 주장한 것은 그 정당성이 없다고 판단하고 있다. 즉, 특정 후보자의 지원서 제출을 강하게 억제하여 노동시장에 그들의 접근을 막은 사실은 인종과 민족에 상관없이 사람 사이의 평등대우원칙의 실행을 위해 시행된 EU입법지침(2000/43/EC)의 제2조 제2항 a목의 의미 내에서 채용에 따른 직접적인 차별에 해당되며, 특정 인종 및 민족 출신의 직원을 채용하지 않을 것이라는 회사 채용정책이 알려진 고용주의 공개 성명서는 동 지침 제8조 제1항의 의미 내에서 직접적인 차별 채용정책의 존재 추정에 충분하고, 고용주가 평등대우원칙의 위반 사실이 없음을 증명해야 하는데 그러한 성명서와 다르게 실제 채용정책의 수행을 보여줌으로써 증명할 수 있다고 판단하였다. 또, 국가(EU회원국)법원은 주장된 사실의 성립 증명과 평등대우원칙의 위반사실이 없음을 지지하는 고용주의 제출증거에 대하여 충분성에 대한 평가를 하며, 동 지침의 제15조는 그 지침을 입법화하기 위해 채택된 국가(EU회원국)규정의 위반에 적용할 수 있는 제재에 관한 규칙이 식별 불가능한 피해자가 있어도 효과적이고, 균형적이며, 예방적인 것이어야 한다는 등을 근거로 들고 있다. 결국 진정직업자격의 요건으로 단순한 고객의 선호기준이 될 수는 없고, 정비공이라는 직무의 성격 내지 주택수리업이라는 직업의 진정성에 기초한 것이어야 인정될 수 있다는 엄격한 기준에 의한 판단으로 풀이된다.

2) 업무성격을 이유로 한 성차별

특정한 성을 고용하는 것은 업무의 성격에 해당하는 것으로 판단한 사례로 영국 성차별금지법에서 규정한 성차별 규정은 조산원에게는 적용되지 않는다고 규정한 사안에 대하여, 조산원은 산모와의 친밀감을 중요시하는 직업으로 이는 조산원의 특성상 직업적으로 결정적인 요소라고 판단하여 조산원을 여성으로만

시키고, 그에 따라 그들의 노동시장 접근을 방해한 사실에 대하여 평등기회와 인종차별과의 투쟁센터(Centrum voor gelijkheid van kansen en voor racismebestrijding)가 벨기에 노동법원(브뤼셀)에 인종차별을 이유로 호소함에 따라, 벨기에 법원은 유럽입법지침 2000/43/EC(직원선발-입증책임-형벌을 위한 차별적 기준)에 대하여 ECJ에 해당 사건의 판결을 위하여 그러한 행위가 유럽입법지침에 위반되는지 판단을 요청하였다. 이에 ECJ가 동 사건의 유럽입법지침에 근거하여 인종차별 해당여부, 채용과 관련한 차별의 판단여부, 차별행위를 하지 않았음을 입증하는 방법 등에 대한 판단을 내린 사건이다.

채용하는 것은 허용된다고 판단하였다.[204] 또, 독일에서 구인광고를 내면서 그 직무에서 근로자의 성별이 불가결한 전제조건이 되는 경우에는 적법하다는 예외규정을 두고 있는 것과 관련한 사안에서 노래, 연기, 춤과 예술적인 것, 패션모델 등 명확하게 정의되는 직업에 대하여는 인정할 수 있고, 이러한 예외규정을 두는 것은 EU입법지침이 허용할 수 있는 사항으로 각국의 재량권에 해당하는 것이라는 판단을 하였다.[205] 한편, 여성 경관에게는 살인의 위험에 노출되는 것을 방지하기 위하여 무기소지를 못하게 하고 전업 여성 경관의 계약갱신을 거절한 영국에서, 여성을 남성보다 더 보호한다는 관점에서 여성을 특정한 직무에서 배제하는 것은 허용되지 않으며, 공중의 안전이 결정적인 요소에 해당하는 것이라고 판단하였는데[206] 이 사건에서 경찰관의 직무는 공중의 안전이라는 목적을 달성하기 위해 적절하고 필요한 것이어야 한다는 점을 강조하였다. 결국 직무 내지 직업의 성격이 불가피하게 성적 특성을 요소로 하는 경우에는 진정직업자격이 인정되지만, 성적 특성이 핵심이 되지 않는 경우는 진정직업자격이 인정되지 않는다.

3) 장애를 이유로 한 차별이 진정직업자격이 되기 위한 조건

Coleman은 2001년 1월부터 한 법률회사의 비서로 근무하다가 2005년 명예퇴직을 하게 되었는데, 명예퇴직의 주된 이유는 자신의 자녀가 장애인이고, 장애인인 자녀를 돌보기 위한 것이었다. 퇴직 몇 달 후 Coleman은 자신의 퇴직이 장애차별금지법에 반하는 부당해고에 해당한다는 소송을 제기하였다. Coleman은 관리자로부터 아이의 건강상태 때문에 지각할 때마다 한 번만 더 늦으면 해고한다는 말을 들었으나, 관리자는 다른 지각한 근로자들에게는 그러한 말을 한

---

204) Judgment of the Court of 8 November 1983 in Case 165/82: Commission of the European Communities v. United Kingdom of Great Britain and Northern Ireland (Failure of a State to fulfil its obligations – Equal treatment for men and women).

205) Judgment of the Court of 21 May 1985 in Case 248/83: Commission of the European Communities v. Federal Republic of Germany (Equal treatment for men and women).

206) Judgment of the Court (Second Chamber) of 20 June 1985 in Case 228/84: Maurice Pauvert v. Court of Auditors of the European Communities (Officials – Promotion – Legitimate expectation).

사실이 없었다. 나아가 비장애아동의 부모인 근로자가 했던 비슷한 요청들은 수용된 반면, Coleman의 요청은 거부당했으므로 장애를 이유로 불리한 대우를 받았다고 주장하였다. 이와 관련하여 ECJ[207]는 EU입법지침(2000/78/EC)의 차별금지규정을 언급하면서 차별예외로 ① 그 조항, 조건 또는 관행이 객관적으로 정당한 목표와 그 목표 달성의 수단으로 정당화 하는 것 또는 적절하고 필요할 때, ② 특정 장애, 고용주 또는 지침이 적용되는 어떤 사람이나 조직과 관련됨으로써 수반되는 단점을 제거하기 위해 적절한 조치를 취한 경우 등을 적시하였는데, 이는 장애를 이유로 한 진정직업자격의 요건을 제시하고 있는 것으로 이러한 정당한 목적과 수단의 정당성, 조치의 적절성 등은 비례심사의 기준에서 고려되고 있는 입장을 견지하는 것으로 판단된다. 다만, 동 사건은 판단내용에서 장애를 이유로 하는 진정직업자격의 요건을 적시하고 있지만, 소위 가족상황을 이유로 한 차별의 사례로 판단할 수도 있다.

4) 연령차별이 정당화되기 위한 진정직업자격의 요건

영국의 연령차별금지법(제30조)은 연령을 기준으로 강제적으로 이루어지는 정년제도(compulsory retirement)는 직접적인 연령차별을 구성하나 사업체에서 정년연령을 65세 이상으로 정할 경우 이는 연령차별의 예외사항이 된다고 규정하였다. 이에 따르면 65세 이상의 근로자를 사용자가 정년을 이유로 퇴직시키는 것을 연령차별에 해당하지 않는다. 이러한 연령차별과 관련하여 영국의 시민단체인 Age Concern은 이 조항이 연령차별금지법의 모법이 되는 EU입법지침(2000/78/EC)에 위배된다고 주장하며 영국 행정법원에 소송을 제기하였는

207) Judgment of the Court (Grand Chamber) of 17 July 2008 in Case C-303/06 - S. Coleman v Attridge Law and Steve Law. 이 사건에서 Coleman은 장애아동을 둔 싱글맘으로서 아이의 주된 양육자였기 때문에 여러 번의 휴가와 휴직을 사용하였고 휴가를 신청하였을 때, 다른 비장애인 아이들을 가진 부모들이 휴가를 신청했을 때와는 달리 관리자로부터 "게으르다"는 말을 들었던 점, 출산휴가 후 이전 업무로 복귀시켜 달라는 요청을 회사에 신청하였으나 거부당한 점, 근무시작의 조정을 신청하였으나 역시 거부당한 점, Coleman이 공식적으로 이의를 제기하였을 때 제대로 다루어지지 않았고 이의를 철회해야 한다는 압박을 관리자로부터 느낀 점, 관리자로부터 그녀 또는 그녀의 아이에 대한 욕설과 모욕적인 언사를 들었는데, 그 예가 "아이를 이용해 일하는 시간을 바꾸려 하지 말라"는 말이었던 점 등을 근거로 하여 차별받았다고 주장하여 장애를 이유로 한 차별로 판정되었다.

데, ECJ[208]는 EU입법지침(2000/78/EC)에서 회원국들이 나이에 따른 차등대우를 두는 조치를 하는 것은 허용될 수 있고, 그것은 객관적이며 합리적이고, 합법적인 고용정책 및 노동시장과 직업훈련의 목적 등 합법적인 목적이 있으면 정당화되고, 목적을 달성하는 수단이 적절하고 필요한 것이어야 한다고 규정한 점을 적시하면서, 영국 연령차별금지법이 규정한 연령차별이 정당화되기 위한 진정직업자격으로 연령기준이 ① 직업에 고유하고도 결정적인 요건이고, ② 그러한 요구가 적정하다면 사용자는 연령기준을 사용할 수 있고, 연령이 직업의 고유하고도 결정적인 요건이 되는 경우는 특별히 활동적인 직업을 제외하고는 드물 것으로 예상되나 이 경우에도 그 연령기준은 비례성의 원칙에 입각해야 하며, 고유한 직업요건에 의한 연령차별의 정당화는 적극적 조치에 의한 정당화와 마찬가지로 그 차별이 직접차별일 경우에만 가능하다는 규정을 언급하면서 이는 각국의 입법에 대하여 재량적인 사안으로 차별적인 규정은 아니라는 점을 적시하였다. 즉, 고용과 직업에 있어서 균등처우에 대한 일반적 기준을 정한 EU입법지침(2000/78/EC) 제6조(1)는 특히 제2조(2)(a)에 정의된 직접차별의 범위 내에 해당하는 회원국의 연령을 이유로 한 차별적인 조치를 방해하지 않는다는 의미로 해석되어야 하지만, 제6조(1)은 고용정책, 노동시장 또는 직업훈련에 관련된 사항들과 같은 적절한 사회 정책적 목적을 정당화하는 조치에 대해서만 그러한 원칙을 배제할 수 있음을 명시하고 있으므로, 회원국의 각 법원은 사용자가 정년에 도달한 근로자를 해고할 수 있도록 하는 회원국의 사법이 합법적인 목적과 일치하는지 그리고 회원국의 사법당국과 규제당국이 회원국의 사회정책 문제에 대하여 재량권을 고려하면서 선택한 방법들이 그러한 목적을 이루는데 적절하고 필요했던 것인지를 합법적으로 고려하였는지 확인하고 있으며, 연령기준에 대한 차별판단에서 진정직업자격의 여부는 비례성 심사기준에 입각하여 정당성이 확보되어야 함이 강조되고 있다.

5) 근속기간에 대한 차별이 진정직업자격이 되는 요건

단시간근로자와 단시간근로자 간(통상근로자에 비하여 1/2~3/4과 3/4이상

---

208) Judgment of the General Court of 6 May 2010 in Case T-388/07 – Comune di Napoli v Commission.

단시간근로자), 단시간근로자와 통상근로자 간의 차별대우가 문제가 된 사안[209]에서 각각의 차별대우가 객관적으로 정당화되는 요소에 의한 것임이 입증되는 경우에만 차별의 혐의를 벗어날 수 있다는 점을 재확인 하면서, 장시간 근무가 경험을 낳고, 경험이 숙련을 낳는다는 명제의 단순한 일반화만으로는 안 되고 수행되는 직무의 속성과 일정시간을 근무해야 축적된다고 하는 경험 사이의 관계를 기준으로 삼아, 그 직무의 본질상 근로시간에 따른 경험의 축적이 업적이나 숙련도와 밀접하게 관계가 있다는 점이 확인되어야 차별의 정당화가 성립될 수 있다고 판단하였다. 그러나 그러한 기준의 객관성은 각각의 사건에서의 모든 환경에 따라 달라지고, 특히, 특정 직무의 속성과 일정한 근무시간을 거쳐 업무를 수행하면서 쌓은 경험 사이의 관계에 좌우되는데, 그러한 일반화가 무조건 단시간 근로자에 대한 임금차별을 정당화하는 합리적이고 성차별과 무관한 기준이라고 할 수는 없다. 따라서 이를 정당화하기 위해서 사용자는 직무의 속성과 일정시간 업무수행에 의해 축적되는 경험사이의 관계를 객관적으로 증명할 수 있어야 할 것이다.

(4) 미국 대법원의 진정직업자격에 대한 판단

미국 민권법 제7편에서는 인종, 피부색, 종교, 성별, 출신민족 등에 대하여 차별을 금지하고 있고, 연령차별금지법, 장애인법 등에서도 차별금지를 규정하고 있다. 이러한 차별사유들은 진정직업자격으로서 합리적인 이유 있는 차별사항으로 논의될 수 있다. 물론 인종에 대한 차별행위는 절대적으로 금지되고 있는 만큼 진정직업자격으로 인정받을 여지는 적어 보인다. 그리고 인종과 연계된 피부색도 같은 맥락에서 이해될 수 있다. 이하에서는 종교, 성별, 출신민족, 연령, 장애를 중심으로 검토하기로 한다.

1) 근로자 생명보호를 위해 불가피한 종교적 차별

미국 민권법 제7편 제2000-e조에서는 종교적인 법인 등의 활동과 관련된 업무수행을 위해서는 특정한 종교를 가진 사람을 채용하는 것은 위법한 차별이

209) Judgment of the Court (Sixth Chamber) of 7 February 1991 in Case C-184/89 Helga Nimz v. Freie und Hansestadt Hamburg.

아니라고 규정하고 있고, 법원은 종교와 관련된 고객의 선호 내지 개인의 선호는 진정직업자격과 무관하고, 단순한 추측에 의해 진정직업자격을 인정할 수 없다는 입장이다.[210] 종교를 이유로 차별하는 경우 근로자의 종교적 신념 내지 의무·관행 때문에 본질적인 업무를 수행하는 것이 불가능하다는 것을 사용자가 입증해야 한다.

Kern사건[211]에서 헬리콥터 조종 업무를 하는 해당 회사는 이슬람 성지인 메카를 거쳐 가는 조종사를 공급하는 계약을 A사와 체결하였고, 사우디는 이슬람 교리에 따라 성지에 이슬람교도가 아닌 자가 들어오면 사형에 처하도록 규정되어 있어, 해당 회사는 A사와의 계약을 이유로 조종사에게 개종할 것을 요구하였으나 거부하여 사용자는 조종사업무를 못하게 하고 다른 업무를 제시하였으나 조종사가 이를 거부하고 소송을 제기하였다. 이에 대하여 법원은 Weeks사건[212]에서 제시된 기준을 검토하고 Diaz사건[213]을 인용하면서 조종사업무는 해당 회사의 본질적인 업므에 해당하고 메카로 비행하는 경우 조종사 등은 이슬람교도이어야 한다는 것이 계약내용에 포함되어 있음을 인정하면서, 이 사건은 고객의 선호문제[214]가 아니라 사우디의 법에 의거 사형에 처해질 수도 있는 조

210) Abrams v. Baylor College of Medicine 805 F 2d 528(5th Cir. 1986).

211) Kern v. Dynalectron Corp. 577 F Supp 1196 746 F 2d 810(5th Cir. 1984).

212) Weeks v. Southern Bell Tel. Co. 408 F 2d 228(5th Cir. 1969). 이 사건은 고정관념에 대한 항변으로 전화국의 여성 근로자인 윅스(Weeks)는 전철수라는 직무로의 전근을 회사에 요청하였으나 거절당하자 소송을 제기하였는데, 회사는 전철수가 30파운드 이상의 중량물을 들어 올려야 하고 야근을 해야 하는 격렬한 직무로서 여성에게는 적합하지 않다는 진정직업자격 항변을 하였다. 이에 법원은 고용주가 남성이어야 함이 해당 직무의 진정직업자격임을 주장하려면 모든 여성이 실질적으로 그 직무를 안전하고 효율적으로 수행할 수 없다고 믿을 만한 이유를 실질적인 사실에 기초하여 입증해야 한다고 보면서, 성별에 관한 고정관념에 근거한 차별은 진정직업자격에 해당하지 않는다고 판단한 사례이다.

213) Diaz v. Pan American. World Airways, Inc. 442 F 2d 385(1971). 이 사건은 항공사 여자승무원을 고객이 선호한다는 점을 들어 남성고용을 기피한 사안이 된 부분에 대하여 고객의 선호를 수용하는 것은 항공사의 본질적인 업무에 해당하지 않고 부수적인 것에 해당하므로 진정직업자격이 될 수 없다고 판단한 사례이다.

214) 고객의 선호문제나 개인의 선호문제 등이 사건의 중심판단에 쟁점이 되는 사안들이 많은데 개개의 선호문제는 진정직업자격으로 인정되지 않는 것이 일반적인 것으로 보인다. 사례로 설립자의 유언에 따라 설립된 Kamehameha Schools에서는 교사가 모두 개신교도여야 한다는 유지에 따라 문제가 된 사안에서 법원은 유언자가 유언 내용에서 미션스쿨을 지정한 것도 아니고, 개신교 교사로서 지녀야 할 자격에 대해 규정한 것도 아니어서 이는 진정직업자격에 해당하지 않고, 유언에서 개신교도여야 한다는 것은 개인적인 선호에

종사인 근로자 본인의 생명에 대한 위험 때문에 해당 회사의 조치는 진정직업자격에 해당한다고 완화된 기준에 의해 판단하였다. 결국 사업본질의 진정성도 중요한 고려사항이 되어야 하지만 근로자의 생명위험을 제거하고 안전성을 확보하는 조치도 중요한 문제가 될 수 있음을 제시하는 것으로 판단할 수 있다.

2) 신체적 특성상 불가피한 업무에서의 성차별

남녀는 분명히 신체적으로 구분되는 사안이다. 여성이 남성스러움이나 남성이 여성스러움과 같은 것은 엄격히 구분되는 남녀의 구분을 무색하게 할 수는 없다. 일반적으로 남녀 성별에 대한 진정직업자격으로 인정되는 것은 신체적 특성과 역할에 대한 개념인 것으로 판단된다. 즉, 각각의 성에 대한 신체적인 차이 및 각각의 성에 대한 역할이 불가피한 직무, 각각의 성에 의해 직접적으로 연계되어 있는 직무 등은 성별에 의해 구분될 수 있는 직업적인 특성을 가진 것으로 판단된다.

이러한 사안은 Backus사건[215]이나 Brooks사건[216]을 통하여 진정직업자격에 대한 판단을 해 볼 수 있다. Backus사건은 산부인과 분만담당 간호사의 직무에 여성만을 채용하는 것이 문제가 된 사안으로 출산을 하는 환자는 여성으로서 대다수가 남성간호사의 은밀한 접촉을 거부하고 산부인과 환자들은 남성 간호사를 받아들이지 않는다는 병원측의 의견을 수용하면서, 법원은 분만담당 간호사의 대부분 업무가 환자의 생식기의 노출과 관련한 일이기 때문에 이 업무에 여성간호사만을 채용하는 것은 진정직업자격에 해당하는 것으로 차별이 아니라고 판단하였다. 또, Brooks사건은 남성 근로자들이 사용하는 목욕탕의 청소를 포함한 직무를 담당할 관리인을 채용하면서 그 자격을 남성으로 제한한 것에 대하여 여성인 Brooks가 민권법 제7편을 위반한 차별행위라고 주장한 사건으로, 법원은 남성 목욕탕에 여성 관리인을 배치하면 사업의 본질이 위태롭게 될

불과하여 진정직업자격에 해당하지 않는다고 판단하였다(EEOC v. Kamehameha Schools Bishops Estate 990 F 2d 458(9th Cir. 1993)). 또, 고객의 선호문제를 다룬 사건으로 (Diaz v. Pan American. World Airways, Inc. 442 F 2d 385(1971) ; Wilson v. Southwest Airlines Co. 517 F Supp 292(5th Cir. 1981))을 들 수 있다.

215) Backus v. Baptist Medical Ctr. 510 F Supp 1191(9th Cir. 1981).

216) Brooks v. ACF Industries, Inc. 537 F Supp 1122(4th Cir. 1982).

것이라는 사용자의 믿음에 대한 근거가 있고, 관리인으로서 고용될 권리와 목욕탕을 사용할 남성근로자의 권리 사이의 충돌을 완화시키거나 피할 수 있는 대안이 존재하지 않는다는 이유로 남성 근로자들이 사용하는 목욕탕관리인 직무에 남성이 배치되는 것이 진정직업자격에 해당한다고 판결하였다.

병원사업의 본질은 환자의 생명을 안전하게, 그리고 환자의 치유를 돕는 것이 본질이라고 한다면 산부인과의사는 남녀의 구분없이 위급한 생명을 다루는 문제가 될 것이다. 그리고 간호사의 경우는 의사의 보조업무를 수행하는 직업으로 생명을 다루는 부분과는 구분되고 여성의 신체노출에 대한 특수한 문제가 본질이 될 수 있고, 남성목욕탕 관리인의 경우도 남성의 신체에 대한 노출이 특수한 문제가 될 수 있는 사안으로 사업의 본질보다는 수행하는 업무의 특수성 측면에서 그 타당성이 일반적으로 인정될 수 있는 사안으로 판단될 수 있다.

3) 억양(언어구사능력)에서 비롯된 출신민족에 대한 차별

미국 EEOC에 의하면 출신민족(또는 출신국가) 차별은 어느 개인 또는 그의 조상들이 특정 장소에서 오기 때문에 자신의 민족이나 억양, 자신이 특정 민족 배경을 가지고 있는 경우, 특정 국적의 사람과 결혼하는 등으로 인하여 차별받는 것을 금지하고 있다. 특히, 언어적인 측면에서 악센트(억양) 차별을 규정하고 있는데, 악센트가 실질적으로 업무수행을 방해하지 않는 한 고용주는 직원의 외국 악센트에 의한 고용여부결정에 활용하지 않을 수 있다고 규정하여 업무수행에 문제가 되는 경우 진정직업자격이 될 여지를 규정하고 있으며, 영어전용규칙을 통하여 비즈니스 등에 영어전용규칙을 적용할 수 있음을 규정하고 있다. 이와 관련하여 EEOC가이드라인에서는 특정 출신민족의 구성원과 결혼 등 친밀관계를 유지하고 있는 경우, 특정 출신민족 집단과 관련이 있거나 그 집단의 이익을 도모하는 단체에 가입했거나 그 단체와 친밀한 관계를 맺고 있는 경우, 특정 출신민족 집단의 구성원들이 주로 이용하는 학교나 예배장소에 다니고 있는 경우, 본인 또는 배우자의 이름이 특정 출신민족과 관련이 있는 경우가 차별의 문제가 된 사안은 출신민족을 이유로 한 차별로 간주되고 있다.[217)]

---

217) EEOC(2002), Part 1606-Guidelines on discrimination because of national origin.

Fragnate사건[218]에서 사무직원 선발 필기시험에서 높은 점수를 받고도 면접 시험에서 강한 필리핀 억양 때문에 의사소통기술의 부족을 이유로 탈락하여 소를 제기하였다. 법원은 억양이 직무수행을 방해할 때 억양을 이유로 불리한 고용결정을 내리는 것은 정당하다고 하면서, 효과적이고 명확한 의사소통능력은 해당 직무의 직업적 요건으로 합법적인 것이라고 판결하였다. 이 사건은 직접적으로는 출신민족에 대한 차별이 아닌 출신민족 차별판단의 범주에 드는 직무수행의 필수적 요소인 언어구사능력(억양)의 부족에 대한 판결로 결과적으로 보면 원어민보다 유창할 수 없는 한계(사회문화적인 이해 등)가 있는 점을 고려할 때 간접적으로는 출신민족에 대한 차별가능성도 배제하기 어렵다고 판단된다. 물론 의사소통능력이 필수적인 업무수행에서 이를 적절히 수행할 수 없는 경우라면 언어표현에 대한 장애요인으로 업무수행이 불가능하게 되고, 이는 직무수행을 위한 가장 기초적인 장애요인이 될 수 있다. 결국 언어적인 문제는 직무수행에 필수적인 요소로 진정직업자격이 되는 것이지만, 해당 직무수행은 지식, 기술, 기능 등 다양한 요소들이 접목되어 수행되는 것으로 의사소통에 문제가 없는 적정성이 확보되는 경우 가능할 것이고, 직무의 특성에 따라서는 완화된 기준이 필요한 경우도 있으므로 모든 직무에 엄격하게 적용하여야만 하는 것은 아니라고 할 것이다.

4) 사업의 본질적 운영에 해당하는 연령제한

연령차별이 합리적 이유가 있는 요건으로는 특정 사업의 정상적인 운영에 있어서 연령이 합리적으로 필요한 진정직업자격에 해당하는 경우, 연령 이외의 합리적인 요소에 근거하여 차이를 두는 경우, 그러한 관행이 해외의 사업장에서 행해지고 있고 그러한 관행이 사용자가 경영하는 사업체로 하여금 사업장이 위치해 있는 국가의 법률을 위반하는 경우를 연령차별금지법(제623조)은 들고 있다. 그러나 현실적으로 연령차별이 진정직업자격에 해당하는 것을 증빙하기는 매우 어려운 문제이다. 가령 역할연기를 위한 배우 등의 경우 어린아이의 역할에 40세 이상의 성인이 응모하여 이를 배제하는 경우처럼 외관상 드러나는 것

218) Fragnate v. City and County of Honolulu 888 F 2d 591(9th Cir. 1989).

외에도 신체적·정신적 연령까지 다양한 상황에서 물리적인 연령만을 기준으로 진정직업자격을 판단하기는 매우 어려운 문제이기 때문이다. 연령이 진정직업자격의 요건을 충족하기 위해서는 단순한 추정이나 예감만으로는 충분하지 않고 직무수행능력을 판단하기 위한 의학적 증거(신체적, 생물학적, 정신적 측면 등 연령과의 상관성), 전문가의 분석 및 타당성 연구결과, 연령과 해당직무 수행과의 성과(실적 기여율 등) 내지 부적합성(사고율 등)에 대한 통계결과 등이 입증되어야 한다.

이러한 사례로 35세 이상은 시외버스 기사로 채용하지 않는 버스회사에 소송을 제기한 사건[219]으로, 법원은 버스회사는 대중운송사업의 경우 승객의 생명과 안전을 책임지는 것이 사업의 본질로 설시하면서, 해당회사의 시외버스 기사는 정기 운행업무와 부정기 운행업무를 담당하는데, 부정기 운행업무는 신체적·정신적 스트레스가 많고 생활리듬을 파괴하는 업무이며, 노조와의 단체협약으로 신규 채용자는 연령에 상관없이 10년에서 40년 정도 부정기 운행업무를 해야 하고, 부정기 운행업무가 정신적으로 격무에 해당하고 사람의 신체기능과 감각기능의 퇴화는 30대 후반에 진행된다는 점, 사용자회사에서 사고율이 가장 낮은 운전사는 16년에서 20년의 운전경력을 가진 50세에서 55세 사이의 운전자로서 40세 이상의 신규 근로자를 채용하였을 경우 사고율을 줄이기 위한 연령과 운전경력과의 최적 조화를 달성하기 힘들다는 점 등에 대한 여러 증거와 통계자료, 자동차 교통 안전국의 공무원 등의 증언을 종합하여 사용자가 채용연령 상한 제도를 없앨 경우 승객 안전상의 위험이 커질 것이라고 믿을 만한 합리적인 근거가 있다고 판단하였다. 이 사건에서처럼 연령에 대한 진정직업자격은 의학적·통계적·객관적인 자료가 기반이 되어야 하고, 이러한 통계자료 등은 연령과의 상관성을 뒷받침할 수 있는 근거로서 엄격하게 정리되어야 한다.

5) 직무수행이 불가능한 신체적 특성을 이유로 한 장애차별

장애는 육체적·정신적 장애를 모두 포함한다. 그리고 넓게는 병적인 상황까지도 장애적인 요소에 포함시키기도 한다. 장애차별에서의 또 하나는 편의제공

219) Hodgson v. Greyhound Lines, Inc. 499 F 2d 859(7th Cir. 1974).

이다. 적절한 편의제공을 하여야 차별을 면할 수 있는데, 그러한 편의제공이 기술적·물리적으로 불가능하거나, 당해 사업체의 능력상 과도한 부담이 되는 경우[220] 편의제공부담을 면할 수 있다. 장애차별과 관련하여 신체적인 장애의 경우가 차별판단 소송에서 많이 다루어지고 있다.

그 사례를 보면 Treadwell은 군인으로 신체적 장애를 입어 관상동맥 보조장치를 달고, 부대 기술단에서 계절적 임시기술자로 일해 왔는데, 심장병 등 때문에 사바나지역의 기술단에서 직무수행불가로 해고되었다. Treadwell이 수행하는 업무는 하루에 6시간 이상을 걸어야 하고 1시간 이상을 서 있어야 하고 15~44파운드를 들어 올릴 수 있고 상당한 거리를 이동해야 하는 업무인데 Treadwell은 1마일 이상을 걸을 수 없는 상황이었다. 법원은 기술자로서의 실질적인 기능을 수행할 수 없고, 이러한 직무수행을 다른 근로자들이 하도록 하는 것은 사용자에게 과도한 부담을 준다고 판단하였다. 즉, 신체적인 장애로 기술자로서의 본질적인 업무수행을 할 수 없어 해고한 것은 정당하다고 판결하였다.[221] 또, 편지배달원이었던 Hall은 엉덩이와 다리 등에 부상을 입어 연방근로자재해보상법에 의해 급여를 받아 요양 중이었는데 요양종결 통지를 받고 우체국에 복귀하고자 당초 수행하던 업무인 편지배달원의 걷고 들어 올리고 하는 일들을 수행할 수 없었기 때문에 배달사무직을 맡기를 희망하였는데, 우체국은 Hall의 신체 상태로는 배달사무직도 수행할 수 없다는 이유로 복직을 거부하였다. 법원은 배달사무직에 요구되는 업무가 70파운드를 들어 올리고 반복된 포장작업을 하는 것으로 반복적으로 무거운 짐의 운반이 필수적으로 요구되는 일이라고 판단하고, Hall의 신체조건을 고려한다면 배달사무직의 일도 수행할 수 없으므로 복직을 거부한 것은 장애를 이유로 한 차별이 아니라고 판단하였다.[222] 앞의 사건과 함께 해당 직무에서 요구하는 직무기술서상의 기능적인 필수요건을 토대로 신체적인 장애로 인하여 해당직무를 수행할 수 있는지 여부에 대하여 판단하고 있다. 이는 장애로 인하여 해당 직무의 본질적인 직무수행이 불가

220) Donald Barth v. Bruce S. Gelb, Director, U.S. Information Agency, et al. 2 F 2d 1180(1993).
221) Roger B. Treadwell v. Clifford Alexander 707 F 2d 473(11th Cir. 1983).
222) Hall v. U. S. Postal Service, 847 F 2d 1073(6th Cir. 1988).

능한 경우 불이익한 조치를 취하는 것은 진정직업자격요건에 해당하는 것으로 합리적인 이유 있는 차별로 보고 있다는 것이다. 결국 신체적인 장애의 문제는 장애인의 장애상태와 직무의 특성에 따라서 수행가능여부가 결정될 수 있고, 장애인의 보호차원에서도 고려하여야 할 것이므로 사안별로 객관적인 타당성이 검증되어야 할 것이다.

3. 소결

고용 영역에서 특정한 성별, 특정한 종교인, 또는 특정한 출신민족 등 차별사유상의 특정한 집단에 속해야 하는 것이 해당 직업 및 직무에 있어 본질적으로 안전하고 효율적인 수행과 사업의 본질적인 정상적 운영을 위해 합리적으로 필요하다고 객관적으로 인정되는 경우 해당 집단의 구성원만을 선발하는 것은 차별이 아니다. ILO의 고용과 직업상의 차별에 관한 협약(제111호)도 특정 차등대우가 직업 또는 직무에 고유한 것인 경우는 위법한 차등대우가 아니라고 규정하고 있다. 해당 직무의 본질은 그 직무의 내용이 주변적 또는 부수적인 것이 아니라 핵심적인 것임을 의미한다. 이러한 직무의 부수적인 문제와 관련하여 미국의 한 회사가 자사의 판매대행 직무가 여성에게 부적합하다는 이유로 그 직무에 여성을 채용하지 않은데 대해 치트우드라는 여성이 소송을 제기하였는데 법원은 본질적인 업무와 부수적인 업무를 구별하면서 지방에서 업무를 수행하는 중에 발생한다고 주장되는 불편한 요소들은 해당 직무의 부수적인 것이며 그로써 여성이 해당 직무를 수행할 수 없다는 것을 입증하지는 못한다고 판단하였다.[223)]

아울러, 해당 직무 본질의 효율적인 수행을 위한 안전은 직무수행에서 고객 및 동료는 물론 자신에게 안전해야 함을 의미하며,[224)] 품위 및 사생활 보호의

223) Cheatwood v. South. Cent. Bell Tel. & Tel. Co. 303 F Supp 754 (1969)).

224) 직무의 본질이 안전한 수행을 위한 고용 차별과 관련하여 여객기 승무원의 임신 사실이 알려지는 경우 즉시 모성휴가를 실시하도록 한 항공사의 정책이 임신차별이라는 제소 내용에 대해 법원은 먼저 승객의 안전이 여객기 사업의 본질이라고 결정한 다음 임신한 여객기 승무원에게 계속 비행 업무를 하도록 허용하는 것은 승무원 직무상 승객의 안전의 위협과 관련되어 있다는 사실에 입각하여 해당 정책이 승객의 안전을 위해 합리적으로 필요하다는 점이 인정된다고 판단하였다(Harris v. Pan American World Airways, Inc. 649 F 2d 670 (1980)).

확보도 포함된다고 볼 수 있다. 또, 효율은 해당 직무로써 합법적으로 추구하고자 하는 목적이 정상적으로 획득되는 것을 의미하고, 공연이나 오락물 등 연극·영화의 배역, 패션모델처럼 진정한 역할이 필수적인 경우 등도 포함된다고 볼 수 있다.[225] 그러므로 같은 사안을 사업운영의 본질과 무관하게 남녀의 성을 달리하여 적용하는 것은 중립적이지 못하여 고용차별로 볼 수 있고,[226] 사업의 본질에 대한 정상적 운영은 해당 사업으로써 합법적으로 추구하고자 하는 목적이 정상적으로 획득되는 것을 의미하고, 정상적 운영이 이루어지지 않는다는 것은 사업 운영에 있어 상당한 타격 또는 훼손을 당하는 것을 의미하므로 해당 사업에 있어 본질이 아닌 주변적 또는 부수적 부분이 상당한 타격을 받는 것은 사업의 정상적 운영상의 훼손이 아니다.[227]

특정 집단에 속해야 하거나 속하지 않아야 하는 것이 합리적으로 필요하기 위해서는 추구하는 목적의 달성에 결정적이고 그것이 없으면 추구하는 목적 또는 목적의 달성이 심대하게 훼손되는 것을 의미한다. 보다 구체적으로는 합리적으로 필요하다는 것은 특정 집단에 속하는 사람들은 전부 또는 거의 대부분 해

---

225) 영국의 1984년 성차별금지법 제7조에서 「(a) 업무의 필수적인 성격상 생리적인 이유로(육체적인 힘이나 정력은 배제) 남성을 필요로 하고, 공연이나 기타 오락물에서 여성이 그 역할을 수행할 경우 실제로 차이가 크기 때문에 남성의 진정한 역할이 필수적일 때, 또는 (b) 품위와 사생활을 지키기 위해서는 남성이 그 업무를 수행할 필요가 있을 때, 즉 (ⅰ) 남성과 신체 접촉의 개연성이 많은 사업장에서 만약 그 일을 여성이 수행할 경우 거부감을 줄 수 있는 곳, 또는 (ⅱ) 업무가 남성만의 일일 가능성이 큰 곳, 예를 들면 옷을 벗고 있기 때문에 또는 화장실 이용 중이기 때문에 여성의 출현에 거부감을 가질 수 있는 곳, 또는 A) 직무가 남성만의 일일 가능성이 크다든지 또는 거주지에서 또는 개인의 집에서 남성이 해야 할 필요성이 있는 업무에 여성의 출입을 허용하면 거부감을 줄 수 있는 직무」를 남성이 진정한 직무자격요건인 경우라고 규정하고 있다.

226) 존슨컨트롤스(Johnson Controls)라는 건전지 제조업체는 제조 공정상 존재하는 납 성분에 노출될 가능성이 있는 직무에 대해 여성 근로자를 배치하지 않는다는 태아보호정책을 택하였는데 이는 가임 여성 근로자의 잠재적 태아를 보호하기 위한 것이라고 주장했지만, 납 성분이 남성의 생식기관을 약화시킨다는 보건상 의학적인 증거가 있음에도 불구하고 남성에게는 동일하게 적용되지 않아 중립적이지 못하다(International Union Auto. etc. v. Johnson Controls, Inc. 449 US 187(1991)).

227) 디아즈(Diaz)는 팬암 항공사의 객실승무원 채용에 지원하였으나 남성이라는 이유로 고용이 거부되었는데, 법원은 객실 서비스 업무를 남성보다 여성이 더 잘 수행할 수 있다고 할지라도 그 서비스는 여객기 사업의 본질인 안전 수송에 비해 부수적인 것으로 남자 객실 승무원의 채용으로 인해 여객기 사업의 운영에 상당한 타격이 발생한다고 볼 수 없고, 고객의 선호 및 구인난 등의 이유가 소위 진정직업자격의 항변으로 인정될 수 없다고 판단하였다(Diaz v. Pan American World Airways, Inc. 442 F 2d 385(1971)).

당 직무를 안전하고 효율적으로 수행할 수 없다는 것을 의미한다. 또는 그것은 사업의 정상적 운영에 심대한 훼손을 끼친다는 것을 의미한다. 이러한 점이 객관적으로 입증되지 않는다면 그러한 차등대우는 차별이다. 특히 특정 집단에 속하는 사람들 전부 또는 거의 대부분이 해당 직무를 안전하고 효율적으로 수행할 수 없다는 것을 입증할 때 실질적인 근거를 대야 하고 각 개인의 직무 능력을 개별적으로 평가하는 것이 현실적으로 불가능하다는 점도 입증해야 한다. 이것은 고용결정은 원칙적으로 개인의 직무 능력에 대한 개별적 평가에 입각해야 한다는 점을 전제로 한다.[228] 중량물을 들어 올려야 하고 야근까지 해야 하는 업무에 여성은 부적합하다는 판단 하에 해당 직무로 이동을 요청하였으나 거절된 건은 상당하고 실질적인 사실이 아닌 성별에 관한 고정관념에 근거한 차등대우로 볼 수 있으며,[229] 특정 연령대가 버스 회사의 부정기 운행업무에 적합하지 않다는 연령과 사고율간의 통계적 증거는 증명력이 부족하다고 보고 있다.[230] 또, 항공사의 엔지니어 정년을 60세로 정한 것은 나이 차별이라는 입장을 보인 바도 있다.[231]

진정직업자격과 관련한 법령의 규정과 판단사례를 종합해 보면 진정직업자격의 판단 전제는 합리적인 평등의 실현을 위하여, 직무의 특성에 내재된 본질을 인정하면서, 직무의 특수성에 기한 불가피한 경우, 직업의 본질적인 조건으로 인정되는 경우, 근로자의 건강과 생명보호를 위한 경우 등은 진정직업자격으로 고려되고 있다. 진정직업자격에 대한 문제는 해당업무가 지닌 핵심적이고 본질적인 부분을 수행하기 위하여 요구되는 요건이 무엇인지를 상정하고 있다는 점이다. 즉, 진정직업자격 여부에 대한 판단은 엄격한 심사기준을 적용하는 것이 중심이 되고 있고, 특정 사안에 따라서는 완화된 심사도 필요한 것으로 판단된다. 결국, 진정직업자격을 보다 엄격하게 규율하여야 하는 이유는 너무 완화하여 판단하게 되면 대부분의 사유가 진정직업자격에 해당하여 차별의 범위가 넓

228) 인권위는 항공사 여승무원 채용시 응시연령의 상한을 만23세에서 25세로 제한하는 관행은 진정직업자격에 해당한다고 볼 수 없다는 결정을 한 바 있다(국가인권위원회 2006.11.03. 05진차662 결정).

229) Weeks v. Southern Bell Tel. Co. 408 F 2d 228(1969).

230) Usery v. Tamiami Trail Tours, Inc. 531 F 2d 224(1976).

231) Western Air Lines, Inc. v. Criswell 407 U.S. 472(1985).

어져서 차별금지제도에서의 실효성을 확보하는데 문제가 된다고 할 것이다.

이러한 점에서 유럽연합은 '진정하고 결정적인 직업상의 요건'이라는 표현을 EU입법지침에 규정하면서 명확성의 원칙을 적용하여 매우 엄격하게 해석하고 있으며, 진정직업자격은 정책의 필요한 목적을 충족시키고 그것이 목적을 달성하는데 적합하고 필수적이어야 한다는 기준을 적용하면서, 해당 직무의 속성이 무엇인지, 해당 직무가 필연적으로 요구하는 것은 무엇인지를 기준으로 판단하고 있다고 보여진다. 한편, 미국의 경우는 '합리적으로 필요한 선의의 직업적 자격요건'이라는 표현을 규정하면서 EEOC는 엄격한 적용을 예시하는 판단기준을 마련하고 있고, 법원도 같은 입장을 보이면서 해당업무의 본질적이고 객관적인 수행과 직접적으로 관련이 되어 있음을 증빙할 수 있어야 함은 물론, 객관적이고 의학적·통계적인 증거까지 요구하는 엄격한 기준을 적용하고 있다.

우리나라의 경우 아직 판례 등에서 많은 사례가 축적되지는 못한 것으로 분석되어 심사수준의 엄격성 여부를 판단하기에는 부족함이 있고, 고용노동부의 예규나 인권위의 결정을 통하여 법령에서 규정하고 있는 진정직업자격의 판단기준을 살펴볼 수 있는데, 고용노동부의 예규에서는 주로 남녀 성별에 대한 진정직업자격에 대한 판단기준을 마련하고 있는 바, 예능이나 운동경기종목, 채용금지 직종으로 규정한 사항들에 대하여 직종별로 제한적인 진정직업자격의 판단기준을 예시하고 있다. 결국, 각국에서는 진정직업자격을 차등행위에 대하여 합리적인 이유가 있는 것으로 인정하고 있다. 고용상 차별금지제도에서의 진정직업자격은 합리적인 이유 있는 행위로써 차별행위가 아니지만 그 인정범위가 광범위한 것은 무리가 있는 것으로, 제한적이고 엄격하게 해석·적용하려는 고려가 필요하다.

Ⅲ. 실질적 고용평등증진으로서 적극적 개선조치

1. 적극적 개선조치의 내용

(1) 적극적 개선조치의 형성과정과 의의

연혁적으로 적극적 개선조치(Affirmative Action : AA)는 미국사회에서 인종차별을 불식시키기 위하여 시작된 반차별 정책(anti-discrimination policy) 중에 하나로 형성되기 시작하였는데, 이는 반차별만으로는 인종간의 실질적인 평등을 이룩할 수는 없어 반차별 정책에서 한 걸음 더 나아가 경쟁의 조건을 같이 해주기 위한 정책적 배려로서 적극적 조치가 시작되었다. 미국의 적극적 조치는 이러한 과거 차별에 대한 보상과 현재의 왜곡된 불평등 상황을 시정하기 위한 치료책으로 주로 흑인과 여성에게 이를테면 채용·승진·훈련 등에서 백인과 남성보다 우선적 기회를 제공해 주는 정책인 것이다. 미국의 적극적 조치는 1941년 루즈벨트 대통령 시절 인종에 근거한 고용차별을 금지하는 행정명령을 시작으로 지속적으로 발전하였고, 고용차별과 관련하여 적극적 조치라는 용어가 처음 등장하는 것은 1961년 케네디대통령 시절이었다. 이후 1964년 민권법 제7편이 통과되면서 인종·피부색·종교·성·국적 등에 근거한 차별금지가 명문화되었고, 특히 25명 이상을 고용하는 민간 및 공공사업장에서의 고용평등기회를 보장하기 위해 필요하다면 법원은 적극적 조치를 명령할 수 있도록 명기하였다. 이후 1965년 존슨대통령은 케네디 대통령의 행정명령을 보완한 행정명령(제11246호)을 공포하여 연방정부와 10,000달러 이상의 계약을 체결하는 사업자는 인종·피부·종교·국적 등에 의해 차별을 해서는 아니 되고, 이들이 신분에 상관없이 고용되고 처우 받도록 적극적 행동을 취하도록 하였으며, 노동성 연방계약준수국은 이 명령을 시행할 감독권한을 부여받았다. 한편 여성에 대한 차별금지와 고용기회 증진을 적극적 조치에 포함한 것은 1967년도였다. 우리나라의 경우는 남녀고용평등법(법률 제4126호, 1989.4.1., 일부개정)에서 현존하는 차별을 해소하기 위하여 국가, 지방자치단체 또는 사업주가 잠정적으로 특정성의 근로자를 우대하는 조치를 취하는 것은 이 법에서 말하는 차별로 보지 아니한다고 규정하였는데 이후 개별법령에서 규정하기 시작하였다. 한편, 적극적 고용개선조치란 적극적 개선조치(AA)를 고용부문에 적용한 개념으로 사업주가 현존하는 고용상의 차별을 해소하거나 고용평등을 촉진하기 위하여 잠정적으로 취하는 모든 조치 및 그에 수반되는 절차를 말하며, 적극적 고용개선조치는 능력주의나 업적주의를 침해하지 않는 방법으로 소수집단의 대표성을 확대시켜 나가는 방식이다.[232] 예를 들어 여성에 대한 적극적 고용개선조치제도는 동종업종의 다른 기업에 비하여 여성을 현저히 적게 고용하였거나 여성 관리자비율이 낮은 기업에 대하여 간접차별의 징후가 있다고 보고, 모든 인사관리 단계를 점검하여 개선방안을 발굴·수립하여 시행하는 제도로 여성고용이 미흡한 원인을 찾아 기업 스스로 또는 정책적으로 개선해 나가는 제도라고 할 수 있다. 이처럼 고용상 적극적 개선조치는 그동안 고용부문에서 소수집단에 해당하는 여성, 장애인 등(미국의 경우 흑인과 여성 등)에 대하여 고용시장에의 진입장벽을 제거 내지 축소하고, 고용기회를 확대하는 등 고용과정 전반에서의 평등을 촉진하는 일련의 과정을 말한다.

(2) 적극적 고용개선조치의 목표와 기본원칙

적극적 개선조치는 전통적으로 차별을 받아온 집단 내지 개인 등에 대하여 차별해소를 위한 목적으로 취해지는 조치[233]라고 할 수 있으므로, 과거부터 현재까지 현실적인 차별상태가 있어 왔고 그러한 차별상태가 상당부분 해소되지 못하는 경우 법령 등에 의하여 강제적인 해소조치를 취하게 된다. 그러나 근래에는 차별의 상황을 해소하는 것에 그치지 않고 사회적인 다양성의 측면에서 소수집단 내지 대상 집단의 균형적인 사회활동을 지원하기 위한 정책적인 배려에서 취해지는 경우도 많다(이 부분은 정책적인 우대조치에서 후술한다). 한편, 적극적 개선조치는 불가피하게 역차별의 문제를 발생시킬 수도 있으므로 고용

---

232) 고용노동부, "적극적 고용개선조치제도 매뉴얼", 3～4면 (http://www.moel.go.kr/policyinfo).

233) 적극적 조치의 목적 내지 필요성은 다양할 수 있는데, 과거차별의 시정, 다양성의 강화, 역할모델의 제공, 소수공동체에 제공되는 부와 서비스의 향상 등을 들고 있다(장지연 외 7인, "노동시장 차별과 적극적 고용개선조치", 한국노동연구원, 2006, 127～128면).

상에서 '통계적으로 또는 비례적'으로 현격한 불균형적인 상황이 발생하는 경우 일정한 수준까지 '한시적이고 잠정적'으로 개선조치를 통하여 형평을 달성하고자 하는 '필요성과 타당성'을 가져야 한다. 아울러, 적극적 고용개선조치는 성별·인종 등 타고난 특질에 기초한 고용차별은 잘못된 것이므로 이를 시정하여야 하고, 차별에 의하여 왜곡된 노동시장의 구조를 바로 잡아 공정한 경쟁이 이루어지게 하여야 하며, 나아가 소극적인 차별금지로는 그간의 차별로 인하여 불평등에 시달리는 집단의 고용평등을 실현할 수 없으므로 좀더 강도 높은 정책을 시행하여야 한다는데 중점을 두고 있다. 여기에서 '적극적'이라는 의미는 만일 채용에 있어 후보자의 조건이 동등하다면 여성 또는 소수민에게 우선권을 부여하자는 것이지 무자격자에게 부당하게 특혜를 베푸는 것을 뜻하는 것은 아니다.[234]

적극적 조치는 단일한 정책이나 프로그램이 아니고, 여러 중복되는 종류의 정책 및 프로그램 뿐 아니라 고용분야에만 국한된 것이 아니고 교육, 사업, 조합성원 등 다양한 분야에 적용되며, 소극적 차별금지부터 소수민 특별우대, 할당(고용할당·승진할당 등 쿼터제도)에 이르기까지 그 방법도 다양하다.[235] 적극적 조치를 시행하기 위하여 가장 중요한 것은 '목표와 시간표'를 정하도록 하는 것이다. 그러나 적극적 조치를 위하여 구체적으로 어떤 자료와 어떤 방법을 사용하여 과소 고용을 판단하고 목표와 시간표를 정해야 한다는 규정이 없다. 말하자면

234) 이에 대하여 일부에서는 한정된 자원을 두고 경쟁을 벌이는 상황에서 여성과 특정한 소수집단이 더 많은 몫을 차지하면 남성 등에게 돌아가는 몫이 줄어들 수 있으므로 남성 등 다수집단에 대한 역차별 문제를 거론할 수도 있다. 그러나 역사적으로 오랜 차별관행으로 경제적 구조에서 불리한 입장에 있는 여성과 소수집단에게 능력을 발휘할 수 있도록 문을 열어주는 것 역시 사회정의에 부합되는 정책이므로 이러한 과정에서 기득권자들의 이익이 감소하는 것은 전체 사회가 얻는 이익(적극적 조치를 통하여 여성과 소수집단이 제자리를 차지하면 사회적 화합을 증진시키고 집단 간 분쟁과 갈등이 줄어들어 사회적·경제적 효율성이 훨씬 증가할 수 있음)에 비한다면 역차별의 손실은 사회적으로 용인될 수준이라고 할 수 있다.

235) 미국에서 실시한 적극적 조치 형태를 보면, 교육부문에서는 대학입학에서 소수민을 우대하는 정책들이 있고, 고용분야에서는 채용·승진·배치·훈련·노동조합가입·해직·해고 등에서 여성 및 소수민에게 혜택을 주는 것 등이 있으며, 기업가들에 대한 배려로는 여성이나 흑인과 같은 소수민이 소유한 기업은 공공사업 계약에서 우선적 배정을 받도록 하거나, 은행에서도 우대조치를 해주는 것 등이 있다. 적극적 조치는 앞에서와 같이 민권법 제7편과 행정명령에 의하여 발효되었는데 미국도 시행초기에는 구체적 지침이 없이 시행되고 법원에 제소된 소송에서 결정된 사법적 명령이 시행지침의 역할을 하였다.

목표와 시간표를 정하는 것은 어디까지나 고용주체의 재량과 판단에 의하도록 되어 있다. 그러나 미국에서는 대체적으로 인구통계·노동력통계·특정 직위에 자격을 갖춘 여성비율을 기초로 산정된 기준[236]에 의하여 판단하고 있는데, 가장 많이 사용하는 방법으로 법원의 판례를 통하여 확립된 '4/5(four-fifth rule) 규칙'[237]을 적용하는 것이다.

결국, 적극적 고용개선조치를 통하여 달성하고자 하는 기대효과는 '사회적 형평의 달성과 차별해소를 통한 합리적이고 민주적인 고용환경을 구축'하는데 있다고 할 수 있다. 이러한 기대효과를 초기 적극적 고용개선조치를 추진하였던 미국에서 실행된 적극적 고용조치의 기대효과는 크게 두 가지로 나누어 살펴볼 수 있다. 우선, '여성과 소수자의 전반적 고용상황 개선', 즉 고용비율을 제고하는 것이고, 다음으로는 백인 남성 대비 '소수자 및 여성의 고용지위를 향상'시키는 것, 즉 블루칼라 직종에서의 여성과 소수자 집단의 고용집중을 개선하고 이들에게 보다 높은 고용지위를 보유할 수 있는 기회를 제공하는 것이 그것이다.[238]

---

236) 예를 들어 사범대학의 여성비율이 30%라면 교육기관에서의 교사채용 시에 여성을 적어도 30%충원하도록 하는 것이다.

237) 남성이 25명이 지원하여 15명이 선발되었다면 합격률은 60%이나, 여성이 20명이 응시하여 5명이 채용되었다면 합격률이 25%이다. 남성합격률에 4/5율을 적용하면 48%를 계산 해낼 수 있는데 이는 여성채용률이 적어도 48%는 되어야 한다는 의미이다. 따라서 이 경우에는 여성합격인원을 최소한 9명으로 늘리는 목표를 세워야 차별하지 않았다는 판정을 받을 수 있다는 것이다.

238) 미국에서 적극적 조치의 일환으로 실시한 '계약준수제'의 효과에 대하여 평가한 것(Pineda, 1983)을 보면, 시작초기(1966년) 적용대상기업에서 여성고용비율은 31.5%였으나 1979년에는 40%로 향상되었고, 사무관리직의 여성비율도 초기에는 10%미만이었지만 1979년에는 18.1%로, 전문직의 경우는 14%에서 35.5%로 향상되었다. 또, 다른 보고서(Leonard, 1984)에 의하면 총 7만개 기업에 대한 심층 조사결과 '계약준수제'시행으로 1974년 이후 고기술 화이트칼라직무에 소수자집단과 여성이 진출하는 데 긍정적인 영향을 미쳤으며, 1984년 발표된 보고서(Citizen's Commission on Civil Rights)에서는 연방정부와 계약을 맺은 기업에서는 여성의 고용비율이 15.2% 증가한 반면, 그렇지 않은 기업에서는 2.2%에 불과하였고, 중간급 이상 관리직에서도 여성의 수가 계약 기업의 경우 더 많았다. 연방계약준수국의 자체평가에서도 적극적 조치 프로그램으로 인하여 여성이 관리직으로 크게 진출하였고, 1970년 관리직 내 여성비율은 단지 10%에 불과하였으나 1993년에는 29%로 증가하였다고 평가하였다. 근래 연구결과(Holzer and Neumark, 2000)에서도 적극적 조치 실시기업에 근무하는 여성과 소수집단의 자질(교육정도)은 비실시 기업보다 낮았지만, 그들의 성과에 대한 평가는 낮지 않았다. 또한 적극적 조치 실시기업은 미실시 기업보다 더 광범위하게 인적자본을 찾고, 더 많은 흑인과 여성을 이끌어 들이며,

(3) 적극적 고용개선조치에 대한 비교법적 검토

1) 국내법령에서의 적극적 고용개선조치 규정

적극적 개선조치는 헌법의 평등 조항(헌법 제11조 1항)을 근거로 각각의 고용관련 법령에서 규정하고 있다. 또, 여성근로자보호(헌법 제32조 4항)도 적극적 고용개선조치의 근거가 되고 있다. 고용관련 법령에서 적극적 고용개선조치의 내용으로, 남녀고용평등법(제2조)에서는 여성 근로자의 임신·출산·수유 등 모성보호를 위한 조치를 하는 경우, 그 밖에 이 법 또는 다른 법률에 따라 적극적 고용개선조치를 하는 경우는 차별이 아니라고 규정하고 있다. 적극적 고용개선조치와 관련하여 남녀고용평등법이 의미 있는 것은 남녀의 성차별을 해소하기 위하여 고용개선조치를 하는 것은 물론 모성보호를 위한 조치도 적극적 고용개선조치의 일환(AA와 정책적 우대조치 함의)으로 규정하고 있고, 특히 적극적 고용개선조치에 대한 개념적인 정의를 내리고 있다는 점이다. 즉, 이 법(제2조 제3호)에서 '적극적 고용개선조치'란 현존하는 남녀 간의 고용차별을 없애거나 고용평등을 촉진하기 위하여 잠정적으로 특정성을 우대하는 조치라고 규정하고 있다. 또, 고령자고용법(제4조의4)은 차별의 예외사항으로 이 법이나 다른 법률에 따라 특정 연령집단의 고용유지·촉진을 위한 지원조치를 하는 경우(제4조의5)를 적극적 고용개선조치로 규정하고 있고, 장애인차별금지법(제4조)은 금지된 차별행위를 하지 않음에 있어서 과도한 부담이나 현저히 곤란한 사정 등이 있는 경우(편의제공의무에 대한 부담 등)를 정당한 이유(합리적인 이유)가 있는 경우로 보아 차별예외로 규정하고 있는데 여기서의 편의제공의무가 장애인들의 근로환경을 개선하여 그 활동을 장려하기 위한 것으로 적극적 고용개선조치의 일환으로 판단할 여지가 있다. 한편, 인권위법 제2조 제4호 단서규정에서는 "현존하는 차별을 해소하기 위하여 특정한 사람(특정한 사람들의 집단을 포함한다. 이하 같다)을 잠정적으로 우대하는 행위와 이를 내용으로 하는 법령의 제·개정 및 정책의 수립·집행은 평등권침해의 차별행위(이하 "차

공식적 성과평가에 더 의존하고 더 많은 훈련 기회를 제공한다. 소규모 기업의 경우 여성의 채용과 생산성간에 어더한 관계도 발견할 수 없었지만, 대규모 기업에서는 더 많은 여성을 고용할수록 그 기업의 성과가 높은 것으로 나타났다.

별행위"라 한다)로 보지 아니한다."고 규정하고 있는데 이는 우대조치 들이 적극적 개선조치가 될 여지를 규정한 것이라 판단된다. 아울러, 유엔여성차별철폐협약(제4조 제1항)도 우리나라(협약 제855호)가 비준하였으므로 국내법적인 효력을 가지는 적극적 개선조치를 규정한 근거로 볼 수 있다.[239] 또, 공무원 임용시험령에서의 여성고용채용목표제신설(1995.12) 등도 적극적 개선조치의 일환으로 이해된다.

2) EU입법지침 등에서의 적극적 고용개선조치 규정

유럽연합은 유럽연합 설립조약인 로마협약(1958년)에서 여성과 남성의 동일노동 동일임금을 실천하도록 하고 있으며, EU입법지침(2000/78/EC)에서는 회원국들은 동 지침 이행을 위한 적극적 조치를 취할 의무를 규정하고 있다. 즉, 제7조(Positive action[240]))에서는 시행에 있어 완전한 평등을 구현하기 위하여 균등대우원칙에 대하여 회원국들이 종교, 믿음, 장애, 나이, 성적지향과 관련하여 불이익을 예방하거나 또는 보상하기 위하여 특별한 방안을 유지하거나 수용하는 것을 제한하지 않으며, 장애자와 관련된 균등대우의 원칙은 회원국들이 직업에 있어 건강과 안전보호를 규정하는 조항을 유지하거나 수용할 권리 또는 안전을 위한 규정 및 설비를 만들거나 유지하고, 근로환경의 동일조건을 촉진하기 위한 방안을 제한하지 않는 등 적극적 조치에 대하여 규정하고 있다.[241] 또,

---

239) 유엔여성차별철폐협약에서는 잠정적 특별조치는 차별로 보지 않고(목적 달성 시 폐지), 유엔여성차별위원회 권고(1997년)는 잠정적 특별조치를 강조하고 있다.

240) EU입법지침(2000/78/EC) Article 7(Positive action)

1. With a view to ensuring full equality in practice, the principle of equal treatment shall not prevent any Member State from maintaining or adopting specific measures to prevent or compensate for disadvantages linked to any of the grounds referred to in Article 1.
2. With regard to disabled persons, the principle of equal treatment shall be without prejudice to the right of Member States to maintain or adopt provisions on the protection of health and safety at work or to measures aimed at creating or maintaining provisions or facilities for safeguarding or promoting their integration into the working environment.

유럽에서의 Positive action은 미국의 Affirmative Action으로 이해되고 있고, 우리가 일반적으로 알고 있는 적극적 개선조치와 같은 의미로 유럽식의 표현으로 판단된다.

241) EU입법지침(2000/78/EC) 제5조(장애자에 대한 합리적 편의제공)에서는 장애자에 대

유럽연합통합조약인 마스트리트조약(1992년)에서는 직업생활에서의 불이익을 지원하기 위한 여성지원 조치는 허용되며, 암스테르담 조약(1997년)에서 공동체는 불평등의 철폐와 남성과 여성의 평등을 촉진하여야 한다고 규정하고 있다. 유럽연합의 지침은 유럽공동체의 법으로서 회원국의 법보다 우선적인 효력을 가지므로 유럽연합의 지침이 결정되면, 모든 회원국에 직접효력이 발생하며, 각 회원국은 이 지침에 부합하도록 자국법을 개정하여야 한다.

3) 독일법령에서의 적극적 고용개선조치 규정

독일 일반평등대우법은 인종, 민족적 출신, 성별, 종교 및 세계관, 장애, 연령 또는 성적 정체성을 원인으로 하는 현존하는 차별을 해소 또는 완화시키기 위한 적합한 또는 적정한 조치로서 행하여지는 적극적 조치는 허용된다고 규정하고 있다. 아울러, 동 법은 차별이 허용되는 경우로 직업상 필요(제8조), 종교 및 세계관(제9조), 연령(제10조) 등을 들고 있고, 종교, 세계관, 장애, 연령, 성적 정체성, 성별로 인한 차별대우가 객관적인 이유가 있는 때에는 차별금지 위반이 아니라고 하면서(제20조) 이러한 차별대우가 정당화될 수 있는 경우로 위험의 회피, 손해의 예방 또는 이에 준하는 다른 목적을 위한 경우, 사생활 또는 개인의 안전보호를 위하여 필요한 경우, 차별대우가 특별한 이익을 주는 반면 평등대우로는 실익이 없는 경우, 종교 및 세계관과 관련하여 그리고 종교단체, 법형식과 무관하게 그 종교단체에 부속된 기관 및 자기이해를 고려할 때 종교 및 세계관에 관한 공동체의 사무를 그 과제로 하는 결사가 종교의 자유와 세계관의 자유 및 자기결정권을 행사하는 것과 관련하여 이루어지는 경우를 들고 있다. 이러한 규정들은 소위 합리적인 이유 있는 차별행위에 해당하는 것으로 볼 수 있다. 특이한 것으로 세계관 및 성적 정체성에 대하여도 규정하고 있고, 차별이 정당화될 수 있는 요건을 상세하게 규정하고 있어 차별여부를 판단하는

한 균등대우의 원칙준수를 보장하기 위하여 합리적인 편의가 제공되어야 하고, 이것은 사용자들이 특별히, 필요한 경우에 적절한 조치를 취해야 한다는 것을 의미하며 이러한 조치가 사용자에게 부적절한 부담을 부과하지 않는다면 장애자의 고용에 있어 기회, 참여 또는 촉진 및 직업훈련을 가능하도록 해야 한다는 것을 의미하는 것으로, 이러한 부담은 회원국들의 장애자 정책의 기본구조에 포함된 조치들에 의해서 충분히 구제될 때 적절하다고 규정하고 있다.

기준이 명확해 법규해석과 집행에 상당한 편의를 도모할 수 있다는 점을 들 수 있다.

4) 미국법령에서의 적극적 고용개선조치 규정

미국에서의 적극적 고용개선조치의 중요한 법적 근거는 대통령이 발하는 행정명령과 민권법 제7편이라고 할 수 있다. 먼저 대통령의 행정명령은 루즈벨트 대통령의 행정명령(8802호, 1941년)을 시작으로 연방정부 계약업체의 인종, 신념, 피부색, 출신국가에 대한 차별을 금지시켰고, 케네디 대통령(행정명령 10925호, 1961년)은 연방정부와 계약체결 하는 업체는 인종, 신념, 피부색, 출신국가에 관계없이 고용과 처우를 받을 수 있게 적극적 조치를 취하도록 규정하였다. 이 명령은 채용, 승진, 해고, 보상, 교육훈련 등 모든 고용과정에서의 조치를 요구하였고, 부통령을 의장으로 하는 EEOC를 발족하여 적극적 조치를 이행하지 않는 사업자에게 계약 해제와 같은 처벌을 할 수 있는 권한을 부여하였는데, 이러한 과정에서 적극적 조치의 토대가 마련되었다고 볼 수 있다. 아울러 존슨 대통령(행정명령 11375호, 1967년)은 기존의 차별사유에 성별을 추가하여 적극적 조치의 대상을 확대하였다. 그리고 카터 대통령(행정명령 12086호, 1978년)은 고용기회평등조항의 관련 기능을 감시하는 연방기관을 노동부에 통합시키고, 노동부 장관명으로 최초 설립된 노동부 산하 연방계약준수사무국(존슨 대통령 행정명령 11246호, 1965년)을 확대하여 자료수집 및 관련 후속지령과 법률을 집행하는 역할을 수행하게 하였고,[242] 행정명령(12138호)은 전미여성기업인정책을 수립하여 여성인 기업을 지원하는 적극적 조치를 이행토록 하였다.

한편, 민권법 제7편은 인종, 피부색, 종교, 성별, 출신국가를 이유로 하는 고용차별을 금지(제703조)하고 있고, 고용차별행위가 있는 경우 법원은 그 차별행위의 금지, 복직이나 재고용 등 적절한 적극적 조치를 명할 수 있다(제706조(g)). 즉, 동 법에서 규정하고 있는 차별사유에 대한 차별금지는 민간부문(25

242) 미국에서의 적극적 조치의 대표적인 것으로 '계약준수제'를 들 수 있다. 계약준수제는 1961년 케네디 대통령의 행정명령에 의한 계약준수규정(정부기관에서의 적극적 조치)을 1965년 존슨 대통령의 행정명령 11246호로 확립된 것으로, 동 행정명령에서 이행심의와 불이행 처벌에 대한 세부 절차의 윤곽을 제시하고 노동부를 발족하여 법의 집행을 강화하였다.

인 이상의 기업 및 노동단체), 공공부문, 정부와 지방정부 모두에게 적용되는데 법원이 동법을 근거로 차별행위에 대한 차별구제의 수단으로 적극적 조치를 명할 수 있는 것이다.

2. 적극적 개선조치에서 고려되는 부분과 합리적 이유 판단

(1) 적극적 개선조치에서 고려되는 부분

적극적 개선조치는 목적의 명확한 설정, 필요성과 설정기준의 명확한 타당성 검증, 실행방법이나 절차상의 합리적인 접근, 추진 기간에 대한 합리적 방법으로 한시성과 잠정성 등이 고려되어야 한다. 우선 목적적인 측면에서는 특정 집단 등에게 진행되어 왔고 진행 중인 차별해소라고 할 수 있다. 필요성의 측면에서는 차별해소 없이는 사회적인 불평등의 해소가 불가능하거나 통합적인 사회발전을 저해하거나 여성 등 차별계층 내지 집단이 받는 불이익이 해소되지 않아 이를 제거하여야 하는 것이다. 이러한 상황은 현실적인 통계자료나 근거 등을 통하여 검증할 수 있다. 그리고 방법론적인 측면에서 특정 집단의 차별해소를 위하여 다른 집단의 평등을 과도하게 침해하는 것은 또 다른 차별을 발생하므로 공정한 기준으로 실행되는 것을 방해하는 요인들을 제거하는 방법론적인 접근이 필요하다. 아울러 영구적인 개선조치는 기대하기 어렵다. 따라서 일정한 기간 내지 적정한 비율에 해당하는 목표를 설정하고 이를 달성하는 한시성 내지 잠정적인 조치라는 특징이 수반되고 있다.[243)]

우리나라에서는 1989년 남녀고용평등법 개정시 여성고용차별을 효과적으로 해소하기 위하여 잠정적으로 여성을 우대할 수 있는 법적 근거를 마련한 바 있

---

243) 적극적 조치에 대한 미국의 사례를 보면, 미국의 적극적 개선조치는 노예제와 인종차별이라는 특이한 역사의 산물로 이러한 차별에 대한 보상과 차별의 결과로 유발된 왜곡된 구조를 치유하는 사회적 노력으로 고안된 것이다. 이와 같이 미국의 적극적 조치는 무엇보다도 정의와 평등을 실현하기 위한 정책프로그램으로 공정한 경쟁을 할 수 있는 기반을 마련하는데 중점을 두고 있다. 흑인들이 족쇄에서 해방되었다 하더라도 취약해진 경쟁기반으로는 공정한 경쟁을 할 수 없기 때문에 반차별 고용관행 정착과 우대적 대우 양축으로 고용평등을 이룩하는 것이다. 여성의 경우 적절한 역할모델과 네트웍이 부족할 뿐 아니라, 자녀양육의 일차적 책임자로서 노동시장에서의 경쟁력이 떨어지고, 이로 인해 지속적인 차별의 대상이 되어온 만큼 여성의 고용평등이 확보되기까지 적극적 조치가 잠정적으로 실시될 필요가 있었다.

다.[244] 이러한 법령의 출현은 국가마다 처한 상황이 다르고 차별상황이 다르므로 현실적으로 가장 취약한 부분에서 먼저 적극적 개선조치를 통한 차별시정이 고려되고 있는데, 우리의 경우는 여성차별문제가 가장 우선적으로 고려되고 있다는 점을 시사하고 있다. 비록 미국처럼 계약준수제를 통한 적극적 조치의 실시가 민간까지 확대되지 못하고, 여성과 같이 명백하고 주된 차별의 대상에 한정되어 실시된다 하여도 궁극적으로 인적자원관리의 합리화와 공정성 확보를 통해 고령자나 장애인 등에 따른 차별 역시 추가적으로 시정되는 효과를 기대할 수 있으리라고 판단된다.

(2) 우리나라에서의 적극적 개선조치에 대한 판단

우리나라의 대표적인 적극적 개선조치는 남성에 비하여 여성의 차별에 대한 해소를 위한 일환으로 출발하였다고 할 수 있다. 여성에 대한 적극적 개선조치로 공무원임용시험에서 남녀성별을 고려하여 일정비율까지 개선조치할 수 있는 규정을 들 수 있고, 최근에는 고용에서의 우선고용 할당제, 승진에서의 할당제 등이 정책적으로 활용되고 있다. 이러한 적극적 고용개선조치는 성별에 대한 차별 외에도 장애차별 및 연령차별에 대한 적극적 개선조치를 들 수 있다.

1) 성차별 해소와 채용할당제 및 채용목표제

남녀고용평등법에서 규정하고 있는 성별을 이유로 하는 적극적 개선조치는 사회문화적으로 차별받아 왔거나 현재에도 차별받는 특정한 성별 구성원의 차별해소, 고용평등 촉진을 위해 잠정적으로 우대하는 행위나 조치 등은 차별로 보지 않는데,[245] 우대받지 못하는 개인 또는 집단의 이익을 지나치게 침해하지

---

244) 실제로 제한된 의미의 적극적 조치로서 여성공무원 채용목표제, 관리직 여성공무원 임용목표제, 공기업 여성채용 인센티브제 등이 실시된 바 있지만 이와 같이 공공부문에 한정된 할당제의 파급력은 미미한 형편이고, 현재 거의 시정되지 못하고 있는 간접차별의 예방을 위하여 보다 효과적인 적극적 조치의 실행을 위해 미국의 계약준수제와 같이 국가와 계약을 체결하고자 하는 일정규모 이상의 민간기업에게 고용평등이행계획서를 제출할 수 있도록 하는 방안이 모색되어야 한다.

245) 이밖에 이와 관련 규정으로 인권위법 제2조 제4호 단서에서는 「현존하는 차별을 해소하기 위하여 특정한 사람(특정한 사람들의 집단을 포함한다. 이하 같다)을 잠정적으로 우대하는 행위와 이를 내용으로 하는 법령의 제·개정 및 정책의 수립·집행은 평등권침해의 차별행위(이하 "차별행위"라 한다)로 보지 아니한다.」, 구 여성발전기본법 제6조에서는 「① 국가 및 지방자치단체는 여성의 참여가 현저히 부진한 분야에 대하여 합리적인 범위

않아야 한다. 원칙적으로 적극적 개선조치는 의무사항에 해당하는 것은 아니다. 또, 여성의 관리직 비율이 현저하게 낮은 사업장에서 적극적 조치의 일환으로 여성에게 관리직에 지원하도록 장려하거나, 여성관리자 양성을 위한 특별한 교육훈련을 실시하는 것 등은 적극적 조치로 고려될 수 있다. 아울러, 여성에 대한 능력개발 및 자아실현의 기회를 목적으로 설립된 여직원복지센터 등의 프로그램에서 남성을 일부 제한하거나 배제하는 것은 여성들이 오랫동안 사회문화적으로 차별 받아 온 역사를 볼 때 목적의 정당성을 인정할 수 있고, 또 남성들의 경우 임직원복지센터 등 다른 시설의 이용을 통해 유사한 프로그램을 수강하는 것이 가능한 경우 수단의 정당성을 인정하고 있다.[246] 그러나 특정한 분야에서 적극적 조치를 실시하면서 성차별적 편견에 근거해 특정 직무만을 적극적 조치의 대상에서 제외하는 것은 성차별에 해당할 수 있다.[247] 성차별해소를 위한 적극적 개선조치로 채용할당제 및 채용목표제 등이 활용되는데, 할당제와 채용목표제 두 제도는 결과에서는 같은 효과를 가져올 수도 있으나 방법과

안에서 여성의 참여를 촉진함으로써 실질적인 남녀평등이 이루어질 수 있도록 관계법령이 정하는 바에 따라 적극적 조치를 취할 수 있다. ② 여성가족부장관은 국가기관 및 지방자치단체의 장에 대하여 제1항의 규정에 의한 적극적 조치를 취하도록 권고하고 그 결과를 점검하여야 한다.」, 남녀고용평등법 제2조에서는 「그밖에 이 법 또는 다른 법률에 의하여 적극적 고용개선조치를 취하는 경우는 차별이 아닌 것으로 규정하고 있으며 여기서 적극적 고용개선조치라 함은 현존하는 남녀 간의 고용차별을 해소하거나 고용평등을 촉진하기 위하여 잠정적으로 특정한 성을 우대하는 조치를 말한다.」를 들 수 있다.

246) 여성복지관의 남성수강기회 제한과 관련한 사건에서 여성복지관에서 운영하고 있는 프로그램 중 직업교육은 10%에 한해 남성도 수강생을 받고 있으나 문화교육은 여성들에게만 수강기회를 주고 있어 남성들이 피해를 보고 있다고 주장이 제기되었다. 이에 대해 인권위는 직업전문교육에 한해 정원의 10%내에서 남성의 수강을 허용하고 있고, 또한 도서관, 종합복지관 및 주민자치센터 등을 통해 여타 문화·취미과정을 교육받을 수 있는 기회가 별도로 있다는 것 그리고 여성복지관의 설립 목적이 여성의 능력개발 및 자아실현 기회를 확대하고 저소득 여성의 자활능력지원 및 여성복지증진에 두고 있는 점을 감안할 때, 일부 프로그램에 대해 여성들에게 대해서만 수강자격을 부여하는 것은 합리적인 이유가 있다고 판단하였다(국가인권위원회 2005.08.22. 05진차469 결정).

247) 양성평등채용목표제실시지침(제정 2002.12.30. 행정자치부예규 제105호) 중 실시대상시험의 종류에서 검찰사무직렬을 제외하는 것은 평등권 침해의 차별행위라고 판단하였으나, 양성평등채용목표제는 남녀평등을 촉진하기 위한 잠정적 조치로서 남녀차별로 볼 수 없다고 판단하였다(국가인권위원회 2003.09.01. 03진차10 결정). 이 지침은 행정고시를 비롯하여 국가공무원경쟁채용시험에서 적극적 조치를 규정한 것으로 한시적으로 단계별 채용비율을 규정하고 있고, 그 적용기간은 2003.1.1.부터 2007.12.31.까지로 규정하고 있다. 다만, 검찰사무직렬, 교정직렬, 소년보호직렬은 제외하였다.

세부 내용면에서 차이가 있다. 즉, 할당제는 할당채용대상(성별 등)을 선발예정 인원의 일정비율 내지 인원을 점수 등에 상관없이 배정하여 선발하는 것이고, 채용목표제는 목표비율 내지 인원을 설정하고 해당인원 내지 비율에 미달하는 경우 일정한 조건 값에 해당하는 대상자를 목표인원까지 순차적으로 선발하는 것이다.

① 채용목표제의 합리성

헌법재판소는 채용목표제와 관련한 판단을 군 가산점제도 위헌심판[248])에서 언급하고 있다. 즉, 여성공무원채용목표제는 공무원임용시험령 제11조의3, 지방공무원임용령 제51조의2에 근거를 두고 1996년부터 실시되었는데, 행정·외무고등고시, 7급 및 9급 국가공무원 채용시험 등에서 연도별 여성채용목표비율[249])을 정해놓고, 여성합격자가 목표비율 미만인 경우 5급 공채는 -3점, 7·9급 공채는 -5점의 범위내에서 목표미달 인원만큼 추가로 합격처리하는 제도이다. 이러한 채용목표제는 평등지향의 목표 자체가 제한적인 것으로, 2002년 최종연도까지 행정·외무고등고시의 경우 20%, 7급 공채(교정·소년보호·보호관찰 직렬 제외)의 경우 25%, 9급 공채의 경우 30%를 목표로 삼고 있다는 점과 채용목표제는 한시적·잠정적 제도로, 2002년이 지나면 그리고 목표가 달성되면 채용목표제는 종료된다는 점은 합리성을 인정할 수 있다. 즉, 여성채용목표제는 이른바 잠정적 우대조치(여성의 적극적 개선조치)의 일환으로 시행되는 제도로, 잠정적 우대조치의 특징으로는 이러한 정책이 개인의 자격이나 실적보다는 집단의 일원이라는 것을 근거로 하여 혜택을 준다는 점, 기회의 평등보다는 결과의 평등을 추구한다는 점, 항구적 정책이 아니라 구제목적이 실현되면 종료하는 임시적 조치라는 점 등이 합리성을 인정받을 수 있다고 할 것이다. 또, 자격요건과 상관없이 무조건적인 일정 비율 내지 일정 인원의 여성 등에 대하여 선발하는 할당제와는 달리 채용목표 인원을 정해두고 이에 미달하는 경우 일정한 자격요건(상기에서 최저 -3, -5점 이내 자)에 해당하는 자(무자격자 및 자격미

---

248) 헌법재판소 1999.12.23. 선고98헌마363결정.

249) 7급 공채의 경우 1996년 10%, 1997년 13%, 1998년 15%, 1999년 20%, 2000년 20%, 2001년 23%, 2002년 25%, 9급 공채의 경우는 1999년 20%, 2000년 20%, 2001년 25%, 2002년 30%.

달 자는 제외되는 것을 전제로 함)만을 선발하는 것으로 방법·수단에서의 합리성 제고를 고려하고 있고 상대적인 이익균형도 고려하는 등 합리성을 가지고 있다고 할 것이다.

② 양성평등채용목표제의 문제점

채용할당제 및 채용목표제와 유사한 개념으로 양성평등채용목표제가 있는데, 이는 특정 직무 등에 남녀 양성의 채용비율을 동등하게 유지하여야 한다는 점을 전제(사실상 할당제)하고 있다. 이와 관련하여, 공립중등학교 교사임용후보자 선정경쟁시험에서 양성평등채용목표제도를 실시하는 절차를 두고 있지 않다는 이유로 입법부작위에 대한 헌법소원심판청구를 한 사건[250]을 통해서 살펴보면, 공립중등학교 교사는 법적으로 국가공무원의 일종인 교육공무원의 신분을 지니는데, 교육공무원법에 의하면 교사자격이 있는 자에게는 공개전형시험에서 자신의 능력을 실증함으로써 교사로 임용될 수 있는 균등한 기회가 부여되어야 한다. 다만, 헌법의 기본원리나 특정조항에 비추어 능력주의원칙에 대한 예외를 인정할 수 있는 경우가 있는데, 그러한 헌법원리로는 우리 헌법의 기본원리인 사회국가원리를 들 수 있고, 헌법조항으로는 여자·연소자근로의 보호를 규정하고 있는 헌법 제32조 제4항 등을 들 수 있다. 그런데 능력주의원칙의 예외로서 교육공무원의 임용시에 여성과 남성의 평등한 임용기회를 보장하기 위하여 여성 또는 남성이 선발예정인원의 일정비율 이상이 될 수 있도록 하는 양성평등채용목표제를 실시하는 법률을 제정할 것을 입법자에게 입법위임을 하는 그러한 규정은 우리 헌법 어디에도 없으며, 헌법해석상 그러한 법령을 제정하여 교육공무원 내 남녀의 성비가 균형을 이루도록 함으로써 양성의 평등을 제고하여야 하여야 할 입법자의 행위의무 내지 보호의무가 발생하였다고 볼 여지가 없어 진정입법부작위에 대하여 헌법소원을 제기할 수 있는 경우에 해당하지 아니한다고 판단하고 있다. 결국, 양성채용목표제는 절대적 평등을 추구하는 개념으로 남녀 동등한 비율을 유지할 것을 주장하고 있다. 그러므로 실제 운영내용에

250) 이 사건은 양성평등채용목표제도를 두고 있지 않은 교육공무원법 제11조 제1항·제2항, 교육공무원임용령 제9조, 제11조에 대한 헌법소원심판청구의 적법 여부를 구한 입법부작위 등 위헌확인도 함께 판단하고 있다(헌법재판소 2006.05.25. 선고2005헌마362결정(전원재판부)).

서는 강제할당제와 같은 사안으로 풀이될 수 있다. 이러한 강제할당제는 헌법이 추구하는 평등의 개념이 상대적 평등인 점을 고려할 때 헌법으로 특별히 평등조치 내지 차별금지를 규정한 사항 외에는 모든 부분에서의 절대적 평등은 사실상 불가능하며, 헌법적인 가치와도 배치되는 사안에 해당한다. 헌법재판소의 판단은 이러한 점을 고려하고 있는 것으로 판단되며, 동등비율을 추구하는 양성평등채용목표제는 합법성과 합목적성 등을 충족할 수 없는 사안으로 판단된다.

③ 여성할당제의 한계와 역차별

현재 여성에 대한 고용할당 등의 적극적 개선조치가 이루어지고 있는데, 특수한 분야는 이미 여초현상이 두드러지게 나타나고 있다. 예를 들어 초등학교 교사의 입직률은 이미 여성이 절대다수비율을 차지하고 있다. 그렇다면 이러한 분야에서는 적극적 개선조치의 문제는 이제 더 이상 그 합리성을 인정받기 어려울 것이다. 아울러 사회 모든 분야에서의 여성할당을 전제로 한다면, 모든 구성체(장애, 인종 등)의 각각의 사유별로 비율에 따라 적극적 개선조치가 수반되어야 할 것이다. 그러므로 여성할당에 대한 적극적 개선조치도 특정분야 등에 한정하여야 할 필요성이 있으며, 정책적 우대여부도 면밀히 검토하여 그 타당성의 인정여부를 결정하여야 할 것이다. 즉, 채용목표제가 아닌 할당제방식으로 운영할 경우 합목적성, 적합성 및 적정성, 비례성 및 균형성 등을 고려한 더욱 엄격한 판단이 필요하다고 할 것이다.

우리나라 산업화의 초기에는 여성의 경제적 활동은 매우 제한적이었다. 그러나 여성의 사회활동이 적극적으로 이루어지고 그동안 적극적 고용개선조치를 통하여 많은 부분 해소의 과정을 진행하고 있다. 적극적 고용개선조치는 지속적이고 현격한 사회적인 차별문제를 해소하기 위하여 추진되는 경우 그 합리성을 인정받을 수 있다. 일자리는 유한하고 누군가 일방이 그 자리를 차지하면 다른 일방은 일자리가 없게 되는데, 지나친 정책추진은 상대적으로 여성에 대비한 남성의 역차별문제가 제기될 수 있다. 그러므로 강제할당을 통한 일자리의 일정비율을 우선적으로 여성에게 제공하는 것보다는 일정한 요건을 구비한 조건에 해당하는 자 중 일정비율까지만 적용하는 목표제의 방식이 더 설득력을 갖는다고 판단된다.

④ 소결

성별에 따라 채용예정인원 또는 비율을 명시하는 경우 성차별에 해당(합리적인 적극적 개선조치, 진정직업자격 등이 아닌 경우)하며, 명시적으로 성별에 따라 채용예정인원 또는 비율을 제시하지는 않았지만 사실상 제한한 경우도 차별이다. 할당제와 관련한 사건[251]에서 여성할당제도는 역사적으로 차별을 받아 왔기 때문에 특별한 보호가 필요한 여성은 사회적 약자이고, 과거의 차별로 인한 불이익을 시정하고 이를 보상해 주기 위한 적극적 평등실현조치로서 인정된다는 견해를 보이고 있다.[252] 여성할당제와 관련하여 가장 큰 이슈는 고용에서의 신규인력 채용시에 일정비율을 우선하여 선발(할당제)하는 것으로, 임용시험 등의 경우 전체응시자 중 여성을 일정비율(또는 인원)이상 우선 합격시키는 것이다. 유사한 내용을 공무원 임용시험령[253]에도 규정하고 있는데, 법규상으로는 남성 또는 여성을 특정하지 않고 양성 모두를 우선 선발할 수 있는 가능성을 갖도록 규정하고 있지만 사실상 운영은 여성에 대하여 할당제를 적용하고 있는 것이 일반적이라는 점이다. 아울러, 공공기관의 경우 여성할당제를 일정비율 유지하도록 권고(정부가 행정업무지시를 통해서 시달)하여 경영평가 등에 반영하는 등 일정부분 정책적으로 강제되고 있다. 아직도 전체 고용된 근로자의 비율에서 여성비율이 적고, 육아 및 가사 돌봄 등에 대한 역할 때문에 사회진출이 어려운 현실을

251) 헌법재판소 2014. 8. 28. 선고 2013헌마553 결정.

252) 한편, 고용관련 사건은 아니지만 여성할당제에 대한 주장으로 헌법소원을 제기한 사건에서 청구자의 주장은 공직선거법 제49조 제8항, 제52조 제1항 제2호 및 제7호는 비례대표후보자추천 시 여성추천의 비율과 순위를 위반한 등록신청을 수리거부 또는 등록무효하도록 함으로써 평등의 원칙·선거권과 공무담임권을 침해하고, 여성할당제를 위반하였다고 하여 비례대표후보자 전부에 대해 등록을 무효로 하는 것은 과잉금지의 원칙을 위반한 것이며, 또한 시·도의원선거에 대하여만 등록무효 하도록 함으로써 평등권을 침해하고, 무소속후보자가 정당의 당원이 된 경우 등록무효 하도록 함으로써 정당선택의 자유를 침해한다고 주장하였으나 자기관련성이 없어 기각처리된 사례가 있다(헌법재판소 2008. 10. 30. 선고 2006헌마369 결정).

253) 공무원 임용시험령 제20조(여성 또는 남성의 선발예정인원 초과합격) ① 시험실시기관의 장은 여성과 남성의 평등한 공무원 임용기회를 확대하기 위하여 필요하다고 인정하는 경우에는 제23조·제23조의3·제25조·제30조 및 제40조에도 불구하고 한시적으로 여성 또는 남성이 시험실시 단계별로 선발예정인원의 일정 비율 이상이 될 수 있도록 선발예정인원을 초과하여 여성 또는 남성을 합격시킬 수 있다. ② 제1항에 따라 여성 또는 남성을 합격시키는 경우에 그 실시대상 시험의 종류, 채용목표 비율, 합격자 결정방법, 그 밖에 시험 시행에 필요한 사항은 시험실시기관의 장이 정한다.

감안할 때 적극적 개선조치의 일환으로 당분간 지속될 여지가 크다. 다만, 상대적으로 여성할당제는 남성에 대한 역차별의 문제를 유발할 수도 있는 만큼 경제활동인구·사회참여활동비율·노동시장에서의 참여 및 활동비율, 현존 사업장의 구성인력비율, 진정직업적인 측면에서의 업무적인 특성 등을 고려한 '목표제방식'의 운영을 통해 그 합리성을 보완해 가야 할 것으로 판단된다. 아울러, 이러한 할당제와 목표제방식을 민간부분에 강제적으로 확대하지 않는 것(기업의 자발적인 평등실현조치는 예외로 하더라도)은 공공부분의 역할과 책임이 민간부분과는 차이가 있는 이유라고 할 수 있다. 그러므로 민간기업의 경영자율권을 침해하지 않는 선에서 공공부분에만 한정하여 운영하는 것은 또 다른 차별문제를 유발하지 않는 장치를 고려한 것으로 합리성이 있다고 판단된다.

2) 장애인의 차별해소와 장애인고용의무

장애인차별금지법에 의하면 장애인의 실질적 평등을 실현하고 장애인에 대한 차별을 시정하기 위한 적극적 조치는 차별행위가 아니다. 즉, 현존하는 차별을 해소·완화하기 위하여 특정 장애인 또는 해당 집단을 잠정적으로 우대하는 행위는 차별로 보지 아니한다. 현존하는 차별은 적극적 조치를 계획·실행하는 자가 과거에 행하였던 장애 등 차별 및 그 현재적 결과뿐만 아니라 적극적 조치의 실행자와는 무관하게 사회·경제적 환경 속에서 역사적으로 형성된 장애에 대한 관행적 차별을 포함한다.[254] 또, 적극적 조치는 목적 달성을 위한 잠정적인 것이어야 하는데, 적용기간이 명시적으로 정해져 있는 경우 또는 명시적인 적용기간이 설정되어 있지 않더라도 추구하는 목표 도달 시에 그 시행의 종료가 예정된 경우에는 잠정적인 것으로 볼 수 있다. 차별예외로 인정될 수 있는 적극적 조치의 종류에는 공공부문에서 법령·조례 등에 근거하여 국가·지자체 등이 시행하는 공적 성격의 적극적 조치와 민간부문에서 사업주 등 개인이 자

254) 적극적 조치는 그 대상 그룹에 속하지 않는 자들에 대한 역차별의 논란을 불러일으킬 수 있기 때문에 수단의 측면에서도 정당하여야 하나, 차별 판단과는 달리 상대적으로 융통성 있게 판단되어야 한다. 적극적 조치의 대상 그룹에 속한 모든 자들이 장애 때문에 현실적으로 불이익을 경험하는 것은 아니지만 사회적 해악·불공정을 시정함에 있어서 장애 외에 다른 현실적·합리적인 방법이 존재하지 않는다면 장애에 근거한 대상 그룹의 결정은 불가피하다고 보아야 한다.

발적으로 시행하는 사적 성격의 적극적 조치가 있을 수 있다. 특정 장애 등 유형에 대한 적극적 조치를 내용으로 하는 법령의 제·개정의 경우 민간부문의 자발적인 적극적 조치와 달리 수단의 정당성을 평가함에 있어서 헌법상의 기본권을 침해하지 않는 한 완화된 심사기준을 적용할 필요가 있다. 이는 권력분립 원칙 및 입법재량을 존중하여야 하기 때문이다. 따라서 장애 등 기준채택의 필요성, 채택된 장애 등 기준의 적정성, 우대수준 및 그에 따른 피해의 적정성 등에 대한 판단에서 엄격한 비례원칙을 적용하지 않고, 합리적 입법재량의 범위 내에 있다고 인정되면 그 정당성이 인정될 수 있을 것이다. 그러나 직업선택의 자유나 근로권 등과 같은 기본권에 대한 침해를 초래하는 경우에는 비례원칙에 따른 엄격심사기준이 적용되어야 할 것이다. 신규 근로자를 채용함에 있어 장애인 의무고용 대상자를 우선 선발하여 채용하는 우대조치는 차별행위가 아니다.[255] 사업장의 주차장에 장애인 전용 주차 구역을 설치하는 것, 사업장 통근버스의 경우 장애인 지정석을 운영하는 것 등은 편의제공 활동으로 볼 수 있는데, 장애인의 편의도모를 위하여 고용환경의 개선 내지 시설보완 등을 실행하는 것은 적극적 개선조치의 일환으로 받아들여진다.

① 장애인고용의무의 정책적 특성

현실적으로 차별사건의 통계에서 보여지는 것처럼 장애를 이유로 하는 차별사건이 많은 것이 사실이다. 아울러 장애인의 재활과 사회참여가 보장되지 않고는 사회적 약자의 정책을 논하기는 어려운 것이 세계적인 추세라고 할 수 있다. 결국 장애인고용의무는 그동안 장애를 이유로 차별을 받아온 사실과 정상적인 사람들과 경쟁을 통해서 장애인이 고용될 가능성은 희박하다는 현실적인 문제를 해소하기 위하여 취해지는 적극적 고용개선조치이면서 정책적 우대조치의 일환이라고 할 수 있다. 아울러, 장애인에 대한 고용의무는 원조(援助)적인 지

255) 장애인고용법 제27조(국가와 지자체의 장애인고용의무) 및 제33조(장애인부담금의 납부 등)에 규정을 참고할 수 있는데, 이것은 기업이 장애인의 고용을 꺼려하거나 장애인에 대한 편견에 의해 고용이 기피될 경우를 위해서 만든 규정이며, 이러한 규정이 없을 경우 장애인에 대한 편견과 기피가 사라지지 않는 한 우리 사회의 주류를 이루고 있는 비장애인의 힘에 밀려 장애인의 취업은 불가능하게 된다. 따라서 장애인에 대한 의무고용제도는 장애인의 고용을 보장하기 위한 최소한의 규정으로서 적극적 조치에 해당하므로, 비장애인에 대한 차별로 보지 아니한다.

원책의 한계를 극복하고 장애인이 스스로 자발적으로 사회생활을 영위할 수 있도록 하는 장치라는데 정책적 특성이 있다고 할 수 있다. 또한, 고용의무와 더불어 고용부담금도 징수한다는 점과 다른 적극적 고용개선조치와는 다르게 특별법에서 보다 강하게 보호되고 있으며, 그 지속성을 유지하고 있다는 점이 특색이라고 할 수 있다.[256] 그리고 적용대상도 공공부분뿐만 아니라 민간부분에도 확대하여 운영되고 있고, 고용비율이상을 고용하는 경우 장려금을 지원하는 제도적인 장치도 마련하고 있다.

256) 장애인고용의무를 그대로 적용하기 어려운 업종에 대해서는 노동부장관이 정하는 적용제외율에 따라 근로자의 총수에서 일정 수의 근로자를 제외할 수 있도록 규정한 장애인고용 제24조 제1항 단서규정에 대하여 헌법재판소는 입법목적, 포괄위임금지의 원칙에 위반여부, 명확성원칙과 포괄위임금지의 원칙의 관계, 위임의 명확성에 대한 요구의 정도를 판단하는 기준에 대하여 설시하고 있다. 즉, ① 장애인을 고용하더라도 업종에 따라 업무에 크게 지장을 받지 않는 업종과 그렇지 않은 업종이 있을 것이고, 그럼에도 일정수 이상의 근로자를 고용하는 모든 사업주에게 일률적으로 의무고용률을 적용한다면, 업종의 성격에 따라 사업주가 져야하는 부담의 정도가 매우 상이하므로, 장애인을 고용하는 경우 업무의 효율에 있어서 현저한 불리함이 있다고 판단되는 업종에 대해서는 장애인고용의무를 어느 정도 완화, 경감시키고자 하는 것이 바로 이 사건 법률조항의 입법목적인 것이다. ② 이 사건 법률조항에서 입법자가 직접 규정한 내용만 가지고서도 그 입법목적으로부터 노동부장관이 정할 내용의 대강을 충분히 예측할 수 있고, 이 사건 법률조항이 내포하는 불명확성은 규율대상이 지극히 전문적·기술적인 문제이고 규율대상이 포함하는 사실관계가 매우 광범위하고 다양하다는 규율대상의 특성에 의하여 정당화되는 것이므로, 입법위임의 명확성을 요청하는 헌법 제75조에 위반되지 않는다. ③ 헌법 제75조는 "대통령은 법률에서 구체적으로 범위를 정하여 위임받은 사항과 법률을 집행하기 위하여 필요한 사항에 관하여 대통령령을 발할 수 있다"고 규정함으로써 위임입법의 근거를 마련함과 동시에 입법권의 위임은 "구체적으로 범위를 정하여" 하도록 하여 입법위임의 명확성을 요구하고 있다. 헌법 제75조는 행정부에 입법을 위임하는 수권법률의 명확성원칙에 관한 것으로서, 법률의 명확성원칙이 행정입법에 관하여 구체화된 특별규정이다. 법률의 명확성원칙은 '법률의 수권은 그 내용, 목적, 범위에 있어서 충분히 확정되고 제한되어 있어서 국민이 행정의 행위를 어느 정도 예측할 수 있어야 한다'는 것을 의미한다. ④ 수권법률의 명확성의 정도에 대한 요구는 일반적으로 확정될 수 있는 성질의 것이 아니라, '규율하고자 하는 생활영역이 입법자로 하여금 어느 정도로 상세하고 명확하게 규정하는 것을 가능하게 하는가' 하는 규율대상의 특수성 및 수권법률이 당사자에 미치는 규율효과에 따라 다르다. 다양한 형태의 사실관계를 규율하거나 규율대상인 사실관계가 상황에 따라 자주 변화하리라고 예상된다면 규율대상인 사실관계의 특성을 고려하여 명확성에 대하여 엄격한 요구를 할 수 없다. 한편, 법률에 의한 기본권제한의 효과가 중할수록, 법률의 명확성에 대하여 보다 엄격한 요구를 해야 한다. 따라서 위임에 의하여 제정된 행정입법이 국민의 기본권을 침해하는 성격이 강할수록 보다 명확한 수권이 요구되며, 침해적 행정입법에 대한 수권의 경우에는 급부적 행정입법에 대한 수권의 경우보다 그 수권이 보다 명확해야 한다(헌법재판소 2003.07.24. 선고2002헌바82결정(전원재판부)).

② 장애인고용의무의 내용

장애인 고용의무제도는 자유경쟁을 원칙으로 하는 사회에서 심신의 장애로 인해 취업의 어려움이 있는 장애인이 스스로 고용의 장을 확보한다는 것은 어려운 일이므로, 사회연대책임의 원칙에 의하여 장애인 고용의무를 국가 및 지방자치단체, 사업주 등에게 부과하는 것으로, 장애인 고용의무제도의 실효성 확보수단으로서 가장 강력한 수단으로 평가되는 고용부담금제도는 사회연대책임의 이념을 반영하여 장애인의 고용에 따르는 경제적 부담을 장애인을 고용하는 사업주와 고용하지 아니하는 사업주 간에 평등하게 조정하고, 실업 중인 장애인의 고용촉진을 위해 장애인을 새로이 고용하는 사업주가 작업설비 등의 개선을 위하여 지는 부담을 줄이기 위한 사업주의 공동 갹출금이라고 할 수 있다. 이 부담금제도는 고용률을 하회하는 사업체의 사업주로부터 기금을 납부받아 고용률을 초과해서 장애인을 고용한 사업주에게 고용지원금을 지급함으로써 사업주 간의 장애인고용에 수반되는 경제적 부담을 평등화하자는 것이다. 그러므로 이상적으로는 장애인 고용의무가 완벽하게 지켜져서 부담금을 징수하지 않아도 되는 상태가 바람직하다는 점에서 볼 때, 장애인 고용부담금은 재정적인 목적보다는 고용에 어려움을 겪는 장애인의 고용촉진을 주된 목적으로 하는 '유도적·조정적(특별)부담금'의 성격이 강하다고 할 수 있다.[257] 장애인의 고용의무는 상시고용인원의 일정비율(5% 범위)을 고용하는 의무사항과 미고용인원에 대하여 고용부담금을 징수(납부)하는 것으로 크게 구분된다.

우선, 장애인 고용의무와 관련하여, 장애인고용법은 공무원을 비롯하여 상시고용인원 50인 이상의 사업장에 대하여 장애인고용의무를 부담하도록 규정하고 있다. 공무원의 경우는 3%, 기타 사업은 5%범위내에서 의무고용인원을 유지하여야 한다.[258] 고용비율의 차이와 관련하여 형평의 문제 소지가 있다. 즉, 공무원과 공공부분이 부담을 더 가져야 민간에서 부담하는 것을 완충할 수 있는 부분이 있음에도 고용인원의 대부분을 차지하는 민간기업은 더 많은 고용부담을

257) 헌법재판소 2003.07.24. 선고2001헌바96결정.

258) 헌법재판소는 장애인의무고용과 부담금징수를 규정한 장애인고용법의 내용은 명확성원칙과 과잉금지원칙에 위배되지 않는다고 판단하였다(헌법재판소 2012.03.29. 선고2010헌바432결정(전원재판부)).

가지게 되는 결과를 초래하게 되므로 공공부문과 민간부문간에 형평성의 문제가 될 수 있다. 아울러, 동법은 장애인고용촉진을 지원하기 위하여 장애인고용촉진공단을 설치하여 운영하도록 규정하고 있다. 고용의무 비율산출에서 쟁점은 상시고용인원의 산출에 관한 것인데 직종을 불문하고 국내의 사업장에 근무(내국인의 해외 파견인력은 포함하고 현지 채용 등의 인원은 불포함)하는 상시근로자 수를 기준으로 고용인원을 산출한다.[259] 다음으로, 고용부담금 징수 및 고용장려금 지급과 관련하여서는 장애인의무고용에 미달하는 사업주는 고용부담금을 납부하여야 한다. 부담금의 수준은 최저임금의 100분의 60 이상으로 고용노동부장관이 고시하는 금액이다. 정해진 일정에 따라 미납하는 경우 가산금을 납부하여야 하며, 체납의 경우 국세체납처분의 방법에 따라 조치할 수 있다. 이는 의무고용에 대한 실행력을 강화하고 미고용부담금을 징수하여 장애인복지사업 및 새로운 고용창출사업을 추진하기 위한 재원 등으로 활용하게 된다. 부담금의 징수업무는 장애인고용촉진공단에서 담당하고 있다.

한편, 장애인의무고용비율에 미달한 부분에 대하여는 고용부담금을 징수하지만, 의무고용비율이상을 초과하여 고용한 경우에는 고용장려금을 지원하고 있다. 이는 장애인고용촉진을 유도하는 장치로 풀이된다. 아울러 부담금징수와 고용장려금 지원은 고용의무이행을 대체할 수 있는 장치로 활용할 수 있다. 즉, 장애인 채용을 위하여 신규 일자리가 창출되지 않고는 기존의 인력을 해고하거나 퇴직자가 발생하지 않는 등의 결원이 생기지 않는 한 고용이 불가능한 점을 고려할 때 부담금징수는 고용의무에 대한 대체수단이면서 합리적인 공평의 부담을 기하는 장치가 될 수 있다. 또, 초과 고용시에는 장려금을 지원하여 고용촉진을 유도하는 것은 장애인 고용촉진의 실효성을 한층 강화할 수 있는 장치가 되고 고용주에게는 동기부여를 할 수 있는 합리적인 장치라고 평가할 수 있겠다.

③ 장애인고용의무의 합리적 이유

장애인고용의무와 관련한 부담금납부 사건을 통하여 살펴보면, 구 장애인고용촉진 및 직업재활법 제2조 제4호에 대한 헌법소원사건으로 청구인은 ○○대학교를 비롯한 11개 학교를 운영하는 법인으로, 장애인 고용의무와 고용부담금납

259) 대법원 2010.04.08. 선고 2009두21055 판결.

부와 관련하여 상시고용인원 등의 산정에 이견이 있어 청구한 것이나 각하 처리되었다. 이 사건에서 헌법재판소[260]는 고용의무조항 및 고용부담금조항은 장애인이 그 능력에 맞는 직업생활을 통하여 인간다운 생활을 할 수 있도록 장애인의 고용을 촉진하기 위한 것으로 그 입법목적의 정당성이 인정되고, 사업주에게 일정한 비율의 장애인을 고용할 의무를 부과하고 이를 지키지 못한 사업주에게 부담금을 부과하는 것은 장애인고용을 촉진한다는 입법목적을 달성하기 위한 효과적인 방법이므로 방법의 적절성도 인정하고 있다. 또한 달리 이보다 덜 침해적인 방법으로 사업주에게 장애인 고용의무를 강제할 방법을 찾기 어렵고, 장애인 의무 고용률의 수준 또는 장애인 고용부담금의 금액이 과도하다고 볼 수 없어 최소 침해성 원칙에 위반되지 아니하며, 장애인의 고용촉진이라는 공익은 그로 인하여 제한되는 청구인의 직업의 자유 및 재산권에 비하여 적지 않다고 할 것이어서 법익의 균형성도 충족한다며 엄격한 심사(비례심사)기준을 적용하였다.

이 사건에서 청구인이 평등권 위반이라고 주장하고 있지만 장애인의 평등실현 내지 합리성 여부와 관련하여 차별심사기준에 의거하여 판단해 보면, 동 법령은 상대적으로 취업이 어려운 장애인의 고용촉진이라는 장애인 보호차원의 필요성 등에서 입법목적의 정당성이 인정되고, 고용의무를 강제하되 이행하지 않는 경우 부담금을 징수하는 것은 의무이행의 형평성을 기하였고, 대체보완수단을 제시함으로써 방법적으로도 합리성이 있고, 고용부담비율에서 공공부분이 적고 민간부분이 많은 것은 형평성의 문제소지가 있다고 볼 수도 있지만 우선적으로 국가와 지자체 및 공공기관과 일정규모이상의 기업들에게 부과하는 것으로 최소 침해성도 인정되고, 장애인이 정상적인 사회활동을 영위하기 위해서는 경제적인 활동이 기반이 되어야 하는데 고용은 이러한 기반을 가지는 기본적인 것으로 고용의무를 통한 수단의 적절성 등 합리성이 있다고 할 것이다.

또한, 이러한 장애인 고용의무와 부담금징수에 대하여 헌법재판소[261]도 자유경쟁을 원칙으로 하는 사회에서 심신의 장애로 인해 취업의 어려움이 있는 장

260) 헌법재판소 2012.03.29. 선고 2010헌바432 결정.
261) 헌법재판소 2003.07.24. 선고 2001헌바96 결정.

애인이 스스로 고용의 장을 확보한다는 것은 어려운 일이고, 이런 이유로 사회연대책임의 원칙에 의하여 장애인 고용의무를 국가 및 지방자치단체, 민간 사업주에게 부과하는 것으로 정당하다는 입장을 보이고 있어 합리적인 판단을 뒷받침하고 있다. 이 사건에서 장애인고용의무 부담이 합리성이 인정되는가의 문제는 장애인을 보호하기 위하여 다른 취업희망자에 우선하여 고용할당(의무고용)을 해야 한다면 제한된 일자리에 대하여 상대적으로 다른 취업희망자들의 기회를 박탈하는 결과를 초래하여 차별행위가 되느냐 하는 것이다. 그렇다면 장애인의 취업보호를 하는 방법으로 다른 대체수단이 없는가가 고려되어야 한다. 현실적으로 정상적인 취업희망자와 경쟁을 할 경우 장애인이 우선하거나 동등하게 경쟁할 여지는 적어 보인다. 사업주의 입장에서 보면 장애인을 고용하는 경우 편의제공의무를 수반하게 되고 사무환경조성에 따라서는 추가적인 비용이 발생한다. 그리고 통상적인 경우 생산성도 동등이상을 기대하기는 어려움이 있는 것이 현실이므로, 고용을 촉진하거나 보장하기 위해서는 일정수준 장애인의 취업을 보호하는 수단으로 고용의무를 부과하는 방법밖에 대안이 없어 보인다고 할 것이다. 결국 헌법재판소도 이러한 측면에서 장애인의 취업을 보호하는 가장 강력한 수단으로 그 실효성이 크다고 보고 있는 취지와 같다고 할 것이다.

④ 소결

장애인의 권리보호를 규정한 대표적인 것이 장애인차별금지법과 장애인고용법이다. 헌법은 신체장애자는 법률이 정하는 바에 의하여 국가의 보호를 받는다(제34조 제5항)고 규정하고 있는데, 이러한 헌법의 정신을 구체적으로 규정한 것이 이들 법률이라고 할 수 있다. 인간다운 삶을 영위할 권리를 보호하고, 장애인의 자립을 촉진하기 위해서는 고용활동을 통한 경제적 자립이 가장 중요한 문제가 되며, 자율적인 경쟁력이 약한 장애인에 대한 지원이 가능하도록 한 고용의무 등의 조치는 장애인을 특별히 보호받아야 할 대상으로 규정한 헌법적인 정신에 비추어 고용의무를 구체화한 사안은 그 정당성이 인정된다고 할 것이다. 결국, 장애인 고용의무는 사회적인 취약계층에 대한 적극적 개선조치이면서 정책적 우대조치의 일환으로 마련된 제도로서 그 목적의 정당성과 수단과 방법의 정당성이 인정되고 있는데, 이는 장애인의 자활에 대한 근본적인 문제는 다양한 사회활동 참여 중에서 근로의 기회가 보장되지 않는 한 장애인이 정상인과 경쟁하며 생활할 수 있는 여지가 적기 때문에 고용할당을 포함한 고용의무 및 고용부담금징수 등을 통해서만이 그 보장의 실효성이 강하게 확보될 수밖에 없는 사안을 감안한 것으로 풀이된다.

한편, 장애인고용의무는 청년할당제, 여성채용목표제・할당제와는 다르게 한시적인 제한이 없다는 점이다. 이는 일시적인 사회현상이 아니고 상시적인 보호정책이 필요한 장애인의 특성을 반영한 것으로 풀이된다. 아울러, 청년할당제 등과는 다르게 고용의무이행을 고용부담금으로 대체할 수 있는 부가적인 장치를 마련하였다는 점이다. 즉, 고용의무를 이행하는 것이 우선이지만 불가피한 사유 등으로 미이행한 부분은 부담금납부로 그 의무이행을 대체보완하고 있고, 고용의무율을 초과하는 경우 장려금을 지원하여 고용촉진을 유도하기도 한다는 점이 특징적이라고 할 수 있다. 다음으로 청년할당제 등이 주로 공공부분에 한정되어 있는 것에 비해 장애인의 고용의무는 일정규모이상의 모든 기업 내지 기관에 적용된다는 점이다. 이러한 장애인고용의무 조치들은 장애라는 특수성으로 인하여 취업부분에서 취약한 점을 적극적으로 보호하지 않고는 경쟁력이 없는 점을 고려한 것으로 합리성이 있다고 할 수 있다.

3) 특정 연령의 평등 및 고용촉진

고령자고용법에 의하면 특정 연령집단의 고용유지 및 촉진을 위한 지원조치를 하는 경우는 차별행위가 아니다. 아울러, 특정 연령층과 관련한 현존 차별의 시정 내지 직업적・사회적 통합을 목적으로 하는 국가적・사적 차원의 개선조치는 이러한 조치로 인해 나이에 따른 대우의 차이가 발생하더라도 수단적 측면에서 정당한 것[262]인 한 나이차별에 해당하지 않는다. 이러한 적극적 개선조

262) 업무추진역발령 등 후선보임자의 선발과정에서 그 대상자 선정 기준이 연령, 인사고과 불량자, 기타 인사자료를 활용하여 선발하였으나 대상자 중에는 많은 인원들이 고령자가 포함됨에 따라 이를 연령차별에 대한 불이익 조치라는 관점에서 다툼이 있었는 바, 법원은 대상자 선발 기준에는 단지 연령만을 기준으로 정한 것이 아니라 다른 선정기준과 함께 고령자도 포함된 것으로 합리성과 공정성을 결여한 연령차별이 아니라고 판단하고 있다. 이는 연령차별이 수단적인 측면에서 정당성을 인정받기 위해서는 단지 연령에 의한 심사기준이 아니라 여러 요소들 가운데 하나의 기준에 해당하는 경우는 가능하다는 점을 보여주고 있다고 보인다(대법원 2009.03.26. 선고 2007다54498, 54504 판결).

치로는 정리해고에서 상대적으로 재취업이 어렵고 상대적으로 부양가족수가 많은 고연령자를 후선으로 젊은 연령층을 우선적인 대상으로 정하는 등 연령을 고려하는 경우,[263] 해고의 위험을 완충하기 위하여 임금피크제를 적극 권장하고 적용 사업장에 고용유지금을 지원하는 조치,[264] 특정 고연령의 구직활동을 지원하기 위하여 취업활동이 어렵고 생계유지가 어려운 고연령자를 우선 채용하는 경우나 정년 후 재고용조치를 하는 경우[265] 등은 연령 등을 고려한 적극적 개선조치의 일환으로 풀이될 수 있다. 이처럼 특정 연령층이 나이로 인해 겪는 어려움이 나이차별의 직접적 결과임을 보여주는 증거가 없더라도 그들이 처한 열악한 지위를 개선하기 위한 조치 또는 그들의 직업적·사회적 통합을 촉진하기 위한 조치는 실질적 평등의 촉진 차원에서 차별예외에 해당하는 적극적 조치로 해석할 수 있다.[266] 차별예외로 인정될 수 있는 적극적 조치에서 공공부문에서

263) 대법원 2013.06.13. 선고 2011다60193 판결.

264) 2008년부터 임금피크제 보전수당제도를 도입하여 2010년에 임금피크제 지원금제도로 명칭변경되어 시행되고 있다.

265) 유럽사법재판소(ECJ)는 2005년 Mangold v Helm 사건(2005. 11. 22. 판결, Case C-144/04)에서 상대적으로 높은 실업률을 보이는 고령자의 고용을 촉진하기 위해 52세 이상 고령자의 경우 최고 2년을 초과하는 기간제 근로계약의 연쇄적 체결을 예외적으로 허용하는 독일의 개정법(2003.1.1. 시행)을 EU입법지침(2000/78/EC)에 위반하는 나이차별로 판결하였다. 독일 구법 하에서는 58세 이상 고령자의 경우 사용자는 객관적 사유 없이도 최고 2년의 범위 내에서 기간제 근로계약을 체결할 수 있게 했었다. 기간제 근로계약의 체결요건을 완화한 개정법에 대해 유럽사법재판소는 비례원칙에 반하는 것으로 판단했다. 단지 나이 때문에 안정적 고용의 이익으로부터 배제될 위험(즉, 고령근로자의 고용권 약화)이 있기 때문에 독일 개정법은 고령자의 직업적 통합을 달성하기 위한 적절하고 불가결한 수단의 범위를 벗어났다는 것이 판단의 이유이다. 한편, 영국의 고용평등(연령)규칙(2006년)에서는 특정 연령 또는 연령층의 사람들이 특정한 일을 하거나 하려고 할 때 겪는 나이와 관련된 불이익을 방지하거나 보상하는 것이 합리적인 경우, ⓐ그 일에 적합한 훈련기회를 부여하는 것 또는 ⓑ그 일을 행할 기회를 이용할 수 있게 장려하는 것은 불법적 행위에 해당하지 않는다(제29조 제1항)고 규정하고 있다. 호주의 연령차별금지법(2004년)에서도 같은 취지를 규정하고 있다.

266) 헌법재판소는 청년고용촉진 특별법(법률 제11792호로 개정된 것)에 대한 판단에서, 적극적 평등실현조치(Affirmative Action)에 대하여 대체로 '일정한 혜택을 통하여 종래 차별을 받아온 소수집단에게 사회의 각 영역에서 보다 많은 참여의 기회를 부여하려는 제반 조치'를 의미하는데, 미국에서 인종차별의 관행을 철폐하기 위하여 시행되어 온 소수인종집단에 대한 우대정책을 그 대표적인 예로 들었다. 우리 헌법재판소는 제대군인가산점제도 사건에서 '잠정적 우대조치'라는 표현을 사용하면서, "잠정적 우대조치라 함은, 종래 사회로부터 차별을 받아 온 일정집단에 대해 그동안의 불이익을 보상하여 주기 위하여 그 집단의 구성원이라는 이유로 취업이나 입학 등의 영역에서 직·간접적으로 이익을 부여하는 조치를 말한다."라고 설시한 바 있다(헌법재판소 1999.12.23. 선고 98헌마363 결정)는

법령·조례 등에 근거하여 국가·지자체 등이 시행하는 공적 성격의 적극적 조치 외에 민간부문에서 사업주 등 개인이 자발적으로 시행하는 사적 성격의 적극적 조치도 인정된다고 본다.

(3) 유럽연합의 적극적 개선조치에 대한 판단

1) 채용에서의 여성고용할당제

브레멘 주(州) 남녀고용평등법의 쿼터규정에 대한 분쟁에서 비롯된 사건에서 해당 부서에는 남녀 각 1명의 후보자중 남성후보자를 채용하려고 하다가 공무원대표위원회가 이에 동의하지 않고 주(州)의 중재위원회에 담당하도록 하였다. 중재위원회는 남녀 후보자가 동일한 자격이 있다는 것을 확인한 후에 주법의 쿼터규정에 기초하여 여성을 채용해야 할 것이라는 결정을 내렸는데, 이에 불복한 남성후보자가 노동법원에 제소하였다.[267] 그 결과 연방노동법원은 브레멘법의 쿼터규정은 합헌이라 판단하면서, EU법과의 적법성에 관하여 유럽재판소의 판결을 구하였고, ECJ는 쿼터규정이 EU법에 위반된다는 판결을 하였다. 즉, 동일한 자격일 때 자동적으로 여성을 우선하는 쿼터규정은 EU법에 합치하지 않는다고 하고 쿼터제에 대해 타격을 주는 판결을 내린 것이다.[268] 그 후 법개정이 행해져 현재에는 가혹조항(사회적 제한조항)이 법률에서 정비되었다.

선례를 인용하면서 위와 같이 적극적 평등실현조치는 과거부터 가해진 차별의 결과로 현재 불리한 처지에 있는 집단을 다른 집단과 동등한 처지에까지 끌어 올려 실질적 평등을 달성하고자 한다는 점에서 그 정당성의 근거를 찾을 수 있다고 설시하고 있다(헌법재판소 2014.08.28, 선고 2013헌마553 결정).

267) Eckhard Kalanke v. Freie Hansestadt Bremen(1995.10.17.). 이 카란케사건은 유럽연합의 평등대우와 적극적 조치에 관하여 규정한 입법지침 76/207 제2조의 해석을 둘러싸고 최초로 제기되었는데(쿼터제를 둘러싼 최초의 판결), 브레멘주 공직남녀평등처우법의 적용에 의해 적극적조치가 입법지침(76/207호 제2조)이 인정하는 한계를 넘는 위법한 조치인가 아닌가라는 문제를 다룬 것으로, 브레멘주 공직남녀평등처우법에 따르면 그 자리에 대해 여성의 진출도가 낮은 경우에는 그 응모 내지 승진을 둘러싸고는 「남성후보자와 동등한 자격을 가진 여성이 우대된다」라고 하고, 「진출도가 낮은 경우(under-representation)」라는 것은 「관련인사부서에서의 각 개별보수표의 직원수가 적으며 반수를 여성이 점하고 있지 않는 경우」를 말한다(4조 5항).

268) ECJ의 판결에 대해 독일 국내에서는 「경직된 쿼터(경직된 할당제)」는 전부 허용되지 않는다는 해석과 사회적 제한조항 내의 자동적인 경직된 쿼터(경직된 할당제) 적용을 금지하는 것에 지나지 않는 것이라고 하는 해석이 대립하고 있다가, 이 판결 이래 행정법원이 쿼터제는 허용되지 않는 것이라는 판결을 여러 차례 내리면서 결국 대부분 경직된 쿼터(경직된 할당제)는 일시적으로 적용될 수 없는 상태가 되었다.

당시 해당 법령에 대한 독일연방노동법원의 입장은 자격의 유무에도 불구하고 여성후보자에게 일정비율의 자리를 유보하는 엄격한 쿼터제는 아니되고, 후보자의 능력에 의존한 쿼터제이어야 하며, 양성이 동등한 자격을 가지는 것이 아니라면 여성은 우선권을 얻지 않는다는 것이었다. ECJ판결은 Tesauro 법무관의견에 따라 이러한 제도를 설계한 브레멘 공직남녀평등처우법이 입법지침(76/207호)을 위반하는 것이라는 결론을 내렸고, ECJ는 여기에서 적극적 조치(입법지침 76/207호 제2조 제4항)는 평등대우조치(동 제1항), 즉 개인의 권리에 대한 예외 조치이므로 과거의 판례로부터 엄격하게 해석되지 않으면 아니된다고 판단하고 있다. 즉, 적극적 조치가 '외견적으로는 차별적이라도 현실의 불평등한 상황을 불식 내지 감소시키기 위해'라는 목적이 있는 점은 인정하여야 하지만, 입법지침(76/207호)이 장려하는 것은 기회균등에 있고, 평등한 진출이라는 결과는 기회균등보장을 통하여서만 달성되는 것이며, 남녀가 동등한 자격을 가진다고 평가된 경우에 진출도가 낮은 부문에 있어서 '자동적으로', '절대 그리고 무조건의 우선권'을 여성에게 부여하는 조치는 입법지침(76/207호 제2조 제4항)이 인정하는 예외조치를 넘고 있는 것으로 적극적 조치의 경우도 일정한 한계가 있다는 점을 주지시키는 것이라는 데 의미가 있다.

2) 승진에서 여성할당제

주(州) 교사인 마샬(Marschall)이 슈베어테시에 있는 학교로 승진발령을 요청하였으나 관할 아른스베르크시는 그 자리에 여성을 채용할 계획이므로 신청을 받을 수 없다고 회신하였고, 이에 재심 청구하였으나 기각되자 지방행정법원에 소를 제기하면서 발생한 마샬사건은 교원의 인사를 둘러싼 소송으로 노르트라인 베스트팔렌주 여성지위향상법의 쿼터규정이 문제가 되었다. 1989년 여성지위향상법에 의해 정하여진 주(州)공무원법(제25조 제5항)의 쿼터규정에 기초하여 행하여진 남녀후보자 중 여성후보자를 승진시킨 결정에 관하여, 남성후보자가 이에 불복하면서 겔젠키르헨 지방행정법원에 제소한 사건으로, 동법원은 1995년 ECJ의 선행판결을 구하였다. 그 결과 ECJ[269]는 동규정은 가혹조항(사

269) Hellmut Marschall v. Land Nordrhein-Westfalen(1997.11.01).

회적 제한 조항)이 들어 있다면, 이에 따라 절대적인 여성우선이 회피되어지는 한, 여성쿼터는 입법지침이 허용하는 적극적 조치(positive action)에 상당하는 적법한 것이라는 판결을 내렸는데 이는 카란케사건[270]과는 다른 입장에서의 판결에 해당한다. 이 사건은 독일 노르트라인 베스트팔렌주 공무원법에 "특정 직무계층의 상급직위에 있는 여성비율이 남성보다 적은 경우, 적격성·능력·직무실적에서 동등 하다면 개개의 남성후보자에 유리하게 기울어진 특별한 사정이 없는 한 여성의 승진이 우선된다"고 규정된 여성우대조치가 EU입법지침에 위반하지 않는 것이라는 판단을 내렸다.[271] 즉, 마샬사건은 Ⓐ 남녀가 동등한 자격을 가진 때에 여성에게 우선권을 부여하는 것은 '절대적이고 무조건적인 우선권'이 아니라는 점, Ⓑ 입후보는 '모든 후보자에 특유한 개인적인 사정'을 고려하는 '객관적 평가'의 대상이 된 점이 카란케 사건의 결론과 다르며, 여성우대조치가 평등대우원칙위반이 아니라고 결정을 내린 것이다.

270) EC위원회는 마샬사건이전 1996.03.27. 카란케 사건의 해석에 관한 코뮤니케(COM(1996)88final)를 발표하였는데, 거기에는, 엄격하고 자동적인 정원제에 이르지 않는 쿼터제도는 합법적이라고 말하면서, 합법적 조치로 ① 직무자격에 연결된 쿼터제에서, 진출도가 낮은 성에 속한 자를 우선하는 것을 원칙으로 하면서, 개개후보자의 고유한 상황에 부응하여, 예외를 인정하는 제도, ② 여성의 증가를 일정비율까지 일정의 기한 내에 달성하는 것으로 시행하고, 개개의 채용, 승진인사에 관하여는 자동적인 여성 우선룰(rule)을 과하지 않는 것, ③ 사용자에 대하여 진출도가 낮은 성에 속한 자를 우선적으로 채용 또는 승진시킬 의무를 과하는 것만으로 우선될 권리는 누구에게도 인정되지 않을 것, ④ 노동시장에 복귀한 여성을 고용하거나, 여성진출도가 낮은 분야에 일을 시키기 위해 여성을 고용하는 기업에 대해서는 사회보장비 부담을 경감하는 것, ⑤ 기타 적극적 조치로는 훈련, 전문직 오리엔테이션, 노동시간표재편성, 육아에 초점을 둔 조치를 예시하였다.

271) ECJ의 판결은 남녀후보자가 동등한 자격을 가진 경우에도 노동생활에 있어 여성의 역할이나 능력에 관한 편견이나 고정관념의 존재를 지적하였다. 또, 여성은 빈번히 일을 중단하고, 가사나 가정의 의무에 따라 노동시간의 유연성이 부족하고, 임신, 출산, 수유 때문에 일을 그만둘 가치가 있다는 우려 때문에 여성보다도 남성후보자를 우선적으로 승진시키는 경향이 있으므로 남성후보자와 여성후보자가 동등한 자격을 가졌다는 사실만으로는 균등한 기회가 주어진다는 것을 의미하는 것은 아니라고 하여, 동법의 적용이 평등지침 76/207호에 위반하지 않는다는 결론을 내렸다. 더하여 개별 사건에 있어서 입후보자가 객관적 평가(an objective assessment)의 대상이 된다는 것을 여성후보자와 동등한 자격을 가진 남성후보자에 보장하지 않으면 아니 되고, 그러한 평가에 있어서는 후보자 개개인 특유의 모든 기준이 고려되어야 하며, 그 중 하나 내지 복수의 기준이 남성후보자에게 유리하게 작용할 경우에는 여성후보자에 부여해 준 우선권을 뒤엎는다고 해야 한다고 판단하면서, 이 때 이러한 기준은 여성후보자를 차별하는 것이어서는 안 된다는 조건을 붙였다.

3) 여성할당제에 대한 적극적 조치의 적부 조건

채용이나 승진에서의 할당제는 '경직된 쿼터(경직적 할당제)[272]'는 포함하지 않으며 남녀평등계획 전체 중에 여성의 지위향상을 목적으로 한 결과의 쿼터를 중심으로 한 법률인 독일 헤센주 남녀동등권법의 규정이 문제가 된 사건에서, 1994년 동법에 비판적인 바덱 외 45명의 헤센주 의회의원이 헤센주 헌법재판소에 대해 그 규범심사를 구하였고 헤센주 헌법재판소는 1997년 ECJ에 선행판결을 구하였다. 이에 ECJ[273]는 EU헌법에 합치하는 것이라는 판결을 내렸는데 이는 마샬사건 판결을 답습·추인한 경우에 해당한다. 즉, 동일자격인 경우에 자동적이고 무조건적으로 우선하는 것이 아니라 더하여 후보자 개인의 특별한 사정을 고려한 경우에는 합법적이라는 것이다. 이 사건은 암스테르담 조약 체결(1997) 후 2000년 남녀동등권 및 행정에 있어 여성차별철폐에 관한 독일 헤센주법에서 정한 여성우대조치에 관한 판단으로 동법(제1조)은 목표를 정하여 여성의 고용·승진을 위한 조건 및 그 노동조건에 관한 촉진계획을 채택함에 따라 공직에서 남녀고용기회균등에 그 목적이 있다고 정하고 있다. 여성 진출 기회가 과소한 부문에서 남녀후보자가 동등자격을 가진 경우에는 여성고용촉진계획의 목적에 따르기 위해 필요하다는 점이 증명되고, 다른 것 보다 중요한 법적 문제가 발생하지 아니할 때 입후보가 모든 후보자에 특유한 개인적 사정을 고려한 객관적평가의 대상이 된 것을 조건으로 하고, 여성후보자에 우선권을 부여하는 것이라고 하고 있는 것에 대하여 ECJ는 그 내용이 입법지침(76/207호)에 반하지 않는다고 판단하였다.[274]

---

272) 경직적 할당제는 앞서 우리 헌법재판소(헌법재판소 2006.05.25. 선고2005헌마362결정(전원재판부))의 판단에서처럼 직무성격이나 구직인원 내지 경제활동인구 등과 무관하게 남성과 여성의 채용비율을 동일하게 가져가는 것으로 이러한 조건 없는 경직된 할당제는 합리성이 없는 것으로 볼 수 있다. 이는 헌법이 추구하는 상대적 평등이념에도 부합하지 않는 것이다.

273) Georg Badeck and Others v. hesischer Ministerpraesident and Landeswalt beim Staatsgerichhof des Landes Hessen(2000.03.28).

274) ECJ에 따르면 후보자의 선발절차에서 적성·능력·업무실적(자격)의 평가가 행해지는데 ① 후보자의 적성·능력·실적의 판단에 관하여 가정에서 일하면서 얻게 된 능력과 경험을 고려하게 되는 것, ② 연령이나 최후의 승진 년은 중요한 요소가 되는 경우 이외는 고려하지 않는 것, ③ 가정상황과 배우자의 수입은 중요시되지 않고, ④ 육아·개호를 필요로 하는 가족의 상황을 본 결과로서 아르바이트를 행하고 직업훈련을 중지하고 혹은 그

결국 Ⓐ 대학교육에서 비상근직 및 조수에 대해 적어도, 각 전공에서의 졸업생, 학위취득자 및 학생 간에 여성이 점하는 비율과 동률이 될 것을 요구하는 조치, Ⓑ 여성의 진출도가 낮고 훈련을 요하는 직업에 있어서 훈련생 중 적어도 반 정도가 여성에 할당되게 하는 것을 요구하는 조치, Ⓒ 남녀후보자가 동등한 자격을 가진 경우 요구된 모든 조건을 충족한 여성후보자는 여성의 진출도가 현저히 낮은 부분에서는 면접대상이 되는 것을 요구하는 조치, Ⓓ 근로자의 대표조직 및 관리감독직의 구성에 관하여 적어도 반수의 구성원이 여성이어야 한다는 목표를 감안하는 것을 권고한다는 조치가 입법지침(76/207호)에 위반하지 않으며, 이러한 요건들은 기타 여성우대조치로 활용할 수 있는 할당제의 적법성을 지니기 위한 조건들로 참고가 될 것으로 판단된다.

4) 성별 적극적 조치에서의 적정성

스웨덴 예테보리 대학 교수직 취임을 둘러싸고 내린 판결에서 동대학은 '평등촉진을 위한 교수직·연구직에 관한 법률'에 근거해 남성응시자보다 자격면에서 조금 떨어지나 그 직을 수행할 충분한 자격을 갖추고 있으며 그 자격차가 인사상의 객관적 요건을 침해하지 않는다고 판단하여 여성교수를 임용한 것이 문제가 되었다. 이에 대하여 ECJ[275]는 입법지침(76/207호) 및 EC조약(암스테르담협약) 제141조에 위반된다고 판결하였다. 이 사건은 스웨덴 남녀고용평등법의 내용에 있는 위법한 성적차별[276]이 입법지침(76/207호) 및 EC조약(제141조 제4항)에서 인정하는 한도(적극적 조치)를 넘는지에 대해 검토할만한 판결이라고 할 수 있다. 판결에 의하면 EC조약(제141조 제4항)은 노동생활에서 남녀의

종료를 늦춰지도록 하는 것이 소극적 의미를 갖지 않는 것과 같은 적극적·소극적 기준을 나타내고 있고, 이러한 기준은 형식적이기 보다는 사회생활의 현실에서 발생하는 불평등을 감소시킴으로써 실질적 평등에 도달하는 것을 목적으로 한다고 설시하였다.

275) Katarina Abrahamsson, Lief Anderson v. elisabey Fogelqvist(2000.7).

276) 여기서 위법한 성적차별이라는 것은 각 후보자의 능력차이가 채용에서 요구된 객관성을 침해하는 정도가 크지 않은 경우에 진출도가 낮은 성에 속하고, 그 직위에 충분한 자격을 가진 자가 그렇지 않으면 임용되었을 다른 성에 속한 후보자에 우선하여 선발되는 것을 요구하는 조치이다. 이러한 조치는 그 조건의 범위와 효과가 명백하지 않고 궁극적으로는 진출도가 낮은 성에 속하고 있다는 사실 만에 기초하여 선발이 행해지는 결과에 이르게 될지도 모른다는 것, 또 입후보자가 모든 후보자에 특유한 개인적 사정을 고려한 객관적 평가에 따르지 않는다는 점에 있어 입법지침 위반이라 지적하였다.

완전한 평등을 보장하기 위해 직장에서 불이익을 방지하거나 또는 보상하는 것을 목적으로 우대조치를 구성원 국가에 인정하도록 하고 있으며, 그 추구하는 목적과의 관계에서 비례원칙에 반하는 수단을 선택하는 것은 인정되지 않는다는 것이다. 예정된 수의 직위 또는 적극적 조치의 적용을 인정하는 개별 상급교육기관에서 특정 프로그램의 일부로서 창설된 직위를 충족하기 위한 절차로만 적용된다는 국내입법에 관해서도 적용범위를 한정하는 정도는 그 적극적 조치 또한 비례원칙에 반하는 성질을 변질시키는 것은 아니되지만, 복수의 후보자가 동등 또는 실질적으로 동등한 능력을 가지고 모든 후보자에게 특유한 개인적 사정을 고려한 객관적 평가에 따른다는 것을 조건으로 하여 진출도가 낮은 성에 속한 후보자에게 다른 성에 속한 경합후보자에 대항하는 우선권을 주는 판례법은 입법지침(76/207호) 및 EC조약(제141조 제4항)에 반하지 않는다고 간주되며, 상급교육기관에의 임용에서 적극적 조치를 규정한 국내규범의 합법성이 부인된 것은 충족된 직위의 레벨에 따라서는 판단할 수 없다는 것이다. 결국 적극적 개선조치도 비례원칙은 준수되어야 하고, 그 판단에서의 기준은 객관성을 유지하여야 정당성을 인정받을 수 있다는 점을 주지할 필요가 있다고 할 것이다.

(4) 미국에서의 적극적 개선조치에 대한 판단

1) 선발에서의 소수인종차별

고용선발에서 흑인(소수인종 차별)에 대한 적극적 고용개선조치[277]에서 노조와 고용주인 알루미늄 화학회사(Kaiser)간 숙련근로자의 인종불균형을 시정하기 위해 적극적 개선조치를 취하기로 단체협약을 체결하였는데, 이 조치는 숙련기술훈련생의 정원을 흑인들에게 배정키로 하되, 잠정적으로 공장숙련근로자 중 흑인의 비율이 그 지역 노동시장에서 차지하는 흑인의 비율인 39%에 이를 때까지로 제한하였다. 그 결과 회사에서 숙련기술훈련생 13명을 선발하면서 그 중 7명이 흑인이었고 백인이 6명이었으며 선발된 흑인 근로자 중 가장 연공서열이 높은 근로자도 탈락한 백인근로자들 몇 사람보다 연공서열이 낮았는데, 탈락한

277) Weber v. United Steelworkers of America, 443 U.S. 193(1979).

웨버(Weber)는 그러한 적극적 조치가 민권법 위반이며 백인 피용자를 차별한다고 주장하며 소송을 제기하였다. 재판에서 지방법원은 웨버의 주장을 지지하면서 적극적 조치가 민권법 제7편을 위반하였다고 판단하였고, 순회법정 상고심은 지방법원 판결을 지지하면서 적극적 조치에서 인종적 특혜는 민권법 제7편(이하 "제7편"이라 함) 위반이라는 판단을 하였다. 그러나 연방대법원은 순회법정 판결을 파기하며, 회사와 노조가 인종적 불균형과 격리를 해소하기 위해 자발적으로 채택한 적극적 조치는 제7편 위배가 아니며, 제7편 제정취지에도 어긋나지 않는다고 하였다. 이 사건은 자발적인 적극적 조치 계획의 타당성을 지지하면서, 할당제라고 무조건 위법은 아니라는 판단을 하였다는데 의미가 있다.[278)]

한편, 고용과 직접관련은 없지만 기회의 차별측면에서 대학입학선발(대학입학에서의 소수민 우대조치)과 관련한 Bakke사건[279)]에서는 경직된 할당제는 위법이지만, 소수민에 대한 특혜적 대우를 하는 것 자체는 불법이 아니라고 판단하였다. 결국 미국 대법원은 소수민 우대가 역차별이 되어서는 아니되고, 입증책임은 피해자가 아니라 고용주에 있으며, 이러한 적극적 조치가 헌법과 법률에 위배되지 않는다는 점을 확인하였다는데 의의가 있다. 아울러, 적극적 개선조치는 일정비율 합리적인 목표제를 전제로 하며, 적용기간에 대한 기간설정도 한시적인 측면을 고려하여야 한다는 점을 제시하고 있다.

---

278) 그러나 카이저 회사는 자발적으로 적극적 개선조치를 실행한 것이 아니라 인종차별적 고용관행과 관련 연방법을 위반하여 기소된 상태였으며, 더욱이 채용상의 목적이 아닌 내부 노동시장에서 승진 등과 관련된 특혜에 불과했던 것이다.

279) 이 사건은 백인 남자 배키(Bakke)가 의대에 2년 연속 입학을 거절당하자 입학을 요구하는 소송을 제기하였다. 해당 의대는 100명중 16명을 소수민에게 배정, 배키는 특별 입학한 소수민의 성적이 자기보다 낮았음을 알고 헌법의 동등조항, 민권법 위반으로 소를 제기한 결과 예심법원에서는 학교당국은 인종을 고려해서 입학여부를 결정해서는 안되고, 특별입학프로그램은 연방헌법과 주 헌법 및 민권법(제6조)에 위배된다고 하였다. 다만, 배키는 특별입학프로그램이 없었으면 자신이 입학할 수 있으리라는 사실을 입증하지 못했으므로 입학허용 받을 자격이 없다고 하였다. 주 대법원은 예심판결 확인 및 변경(배키의 입학불가판정 변경)에 대한 입증책임이 대학에 있으며, 대학은 배키가 입학하지 못했으리라는 것을 입증하지 못했다고 판단하였고, 연방대법원은 이러한 주 대법원의 판단을 지지하였다. 반면에 대학이 앞으로의 입학사정에서 인종에 대해 어떠한 고려도 해서는 안 된다는 판결에 대해서는 거부하였다(Bakke v. Regents of the University of California at Davis 1978).

2) 승진에서 소수민보호와 할당제

승진에서 소수민보호 등을 위한 할당제 내지 목표제에 대한 적극적 고용개선 조치가 그 합리성을 갖기 위해서는 이해관계자의 합의를 통한 목표설정과 합리적이고 적정한 비율에 근거한 합리적인 근거설정이 필요하다. 이러한 예로 승진에서 소수민 보호를 위한 적극적 조치로 클리블랜드시 소방관을 대변하는 소방관 조합지부 93지부가 시와 뱅가즈(The Vangards : 클리브랜드시에 고용된 흑인과 히스패닉 소방관들의 단체)간에 체결된 합의규약이 제7편에 위배된다고 주장하며 소를 제기하였는데, 클리블랜드 소방부는 소수민에 대한 차별을 해오다 1973년 소송에서 패하자 소수민 채용을 늘리게 되었다. 이후 소수민에 대한 할당제를 골격으로 하는 적극적 개선조치프로그램을 제시하여 합의하였는데, 합의규약의 내용은 이미 정해진 승진인원 중에서 일정수를 소수민에게 배정하며 앞으로의 승진시 일정비율을 소수민에게 할당하는 것으로 할당제는 4년 동안만 실시하기로 하였다. 법원은 이러한 규약이 과거의 차별에 대해 무고한 비소수계 소방관들에게 역효과를 주지만 그들은 사실상 과거의 차별로부터 혜택을 입었기 때문에 해소를 위해 그 정도의 짐을 나누어지는 것은 정의에 어긋나지 않고, 더욱이 소수민에 대한 이러한 특혜적 승진제도는 자격미달의 흑인을 채용하도록 요구하는 것도 아니고 백인 소방관을 해고하라는 것도 아니며 비소수민 승진에 지장을 주는 것도 아니라는 것을 적시하였다.[280] 이 사건은 승진할당제 및 목표제를 근간으로 하는 합의규약이 제7편에 반하지 않는다는 것임을 확인하였다는데 의의가 있다.

또, 소수민에 대한 승진할당제(특혜적 승진제도)[281]를 통한 적극적 조치와

---

280) Local Number93, International Association of Firefighters v. Cleveland, 1985.

281) 이 사건은 특혜적 승진제도(할당제)에 관한 사건이다. 1972년 전국흑인지위향상협의회가 알라베마주 방위대를 흑인에 대한 고용차별을 이유로 패러다이스가 흑인측을 대표(원고)해 소송을 제기하였는데, 지방법원은 주방위대가 차별을 해왔다고 판정(한명의 흑인 순찰대원도 없었음)하고, 대략 흑인 고용이 25%에 이를 때까지 백인 한명을 채용할 때마다 흑인대원 한명을 채용토록 명령하면서, 앞으로 채용과 승진 등에서 차별을 하지 않을 것과 이와 같은 50%할당제가 과거차별에 대한 현재의 결과를 해소하기 위한 것이라고 명시하였고, 하사로의 진급에는 자격을 갖춘 흑인들에게 50%를 배정하고, 하사보다 높은 직위에는 자격을 갖춘 흑인지원자 중 흑인 비율이 25%에 미치지 못한 경우에는 흑인들에게 50% 승진할당을 하도록 명령하였다(Paradise v. United States, 1986).

관련하여 승진 할당제는 동등보호조항에 의하더라도 정당화될 수 있는 것으로 특히 승진 할당제로 인해 진급의 기회가 막힌 것은 해고나 채용에서의 탈락과 비교해 보면 어떤 의미에서 진급 또는 승진이 늦어지는 것에 지나지 않기 때문에 비소수민이 입는 손상은 용인할 수 있는 정도이며 이로써 승진 할당제는 적법하다는 것으로, 승진할당제도가 어떤 경우에는 헌법의 동등보호조항에 위배되지 않음을 보여준 것이라는데 의의가 있다.

아울러, 채용과 승진에서 여성과 소수민을 위한 적극적 조치와 관련하여 1978년 산타클라라 교통청이 여성과 소수민을 위해 채용과 승진에 대해 채택한 적극적 프로그램[282]에 대하서도 다투어진 바 있다. 이에 대해 흑인에 대한 과거차별의 보상과 해소라는 명분으로 출발한 적극적 조치에 대한 명분은 어느 정도 사회적 합의가 조성되었고, 여성은 성별 직업 및 직무의 분리는 왜곡된 시장상황을 반영하는 것이고, 여성이 전통적인 남성 직업이나 직무로 진입하는 것을 기피한 결과를 반영한 것이기도 하고, 사회적 편견이나 사회화 또는 문화적 풍토 등이 사회일반의 태도 때문에 여성은 남성 지배적인 직무분야를 선택하는 것을 기피한다고 할 수 있다는 이유로 볼 때, 여성에게도 흑인과 마찬가지로 적극적 조치를 취하는 것이 정당하다는 점을 인정해 준 것이다.

3) 해고에서의 연공서열보호

연공서열에서의 적극적 조치는 역차별을 제거하거나 최소화하는 방안을 선택하여야 한다. 또한 이러한 적극적 조치는 선의의 목적을 가져야 하며, 일정한

282) 이 사건에서 교통청은 전통적인 성별직무와 남성지배적인 직무에서 여성의 과소대표성을 개선하기로 결정하고 자격을 갖춘 지원자의 성을 고려해서 선발하기로 하였는데, 그 이유는 산타클라라 카운티의 여성이 36.4%를 차지하는데 비해 교통청의 여성인력은 전통적으로 여성직무들에 집중되었고 이른바 숙련직에는 단 한명의 여성도 없었기 때문에, 교통청은 여성과 소수민이 과소 대표되고 있는 직무들에서 소수민의 비율이 그 지역의 소수민 노동력 비율에 이를 때까지 채용과 훈련, 그리고 승진에서 장기적인 적극적 조치를 실시하기로 결정하였다. 1982년 교통청은 55석의 숙련직 중에서 여성에게 6%에 해당하는 3석을 부여한다는 목표를 세웠는데 이 목표는 지나치지 않으며, 남성은 최소한의 침해를 받을 뿐이며 여전히 숙련직의 94%를 부여받고 있는 셈이고, 또한 조이스가 여성이라는 것이 유일한 결정요인이 아니라 여러 요인 중 하나이며, 남성인 존슨보다 먼저 조이스를 승진시킴으로써 존슨에게는 승진이 조금 늦어졌을 뿐이라는 부담을 지운 반면 다른 여성들에게 남성지배적인 업무를 선택하도록 하는 격려는 매우 클 것으로 기대된다고 하였다(Johnson v. Transportation Agency Santa Clara, California, 1978).

관행이 차별의 문제를 해소하는 기준이 될 수 없다. 해고에서의 연공서열보호와 관련하여 테네시주 멤피스 소방부사건[283]에서 예산삭감으로 소방대원을 감축하면서 해고는 연공서열 순으로 가장 나중에 채용된 사람부터 먼저 해고하는 것을 원칙으로 적용한 결과 적극적 조치에 의해 최근에 채용된 흑인들이 먼저 해고를 당하게 되었다. 이에 지방법원은 흑인들의 해고를 금지하는 임시명령을 내려, 특정 직무의 흑인 근로자들의 비율을 감소시키는 한 연공서열을 적용해 해고를 할 수 없도록 하였고, 상고심은 지방법원 판결을 확정하였는데, 연공서열제가 선의에 의한 것이 아니며 소수민에게 편중된 해고를 막기 위해 단제협약을 수정하는 것은 정당하다고 보았다. 그러나 연방대법원은 상고심을 파기하면서, 연공서열을 적용하면 서열이 낮은 흑인이 해고 될 것인데 백인근로자를 해고토록 한 하급법원 판결은 지나친 월권이며, '선의의' 연공서열제를 보호함에 있어 무고한 근로자가 연공서열의 이익을 누리지 못하도록 하는 것은 합당하지 않다는 이유에서, 소수민의 해고를 막기 위한 적극적 조치는 적법하지 않다고 판단한 사례이다.

또, 잭슨교육위원회 사건[284]에서는 해고는 연공서열의 역순으로 하지만, 해고를 할 당시의 소수민 교사 비율보다 더 큰 비율의 소수민 교사를 해고해서는 안 된다는 단체협약에 덧붙여진 해고규정에 따라 소수민 교사들보다 비소수민 교사들이 해고를 당하자 동등보호조항과 제7편을 위반하였다고 소송을 제기하였다. 지방법원은 비소수민의 주장을 기각하면서 소수민 학생들에게 역할 모델을 제공함으로써 사회적인 차별을 치유하려는 시도로서 소수민 교사에 대한 특혜대우는 용인할 수 있다고 판결하였고, 순회상고심은 이를 확정하였다. 그러나 연방대법원은 원심파기결정을 하였는데, 해고에서 적극적 조치를 취할 경우 그 짐을 소수의 해고를 당한 사람들이 부담하게 되고, '해고를 당하면 모든 기회를 잃는 것'이므로 해고에 적극적 조치를 사용하는 것은 위헌이라고 판시하였다. 결국 해고에서의 적극적 조치는 승진 등에서의 경우와는 달리 엄격하게 판단하고 있는데, 그것은 적극적 조치를 통하여 '이익을 보는 개인이나 집단보다 상대

283) Stotts v. Firefighters Local Union No. 1784, 1983.

284) Wygant v. Jackson Board of Education, 1985.

적으로 피해를 보는 집단에게 매우 심각한 결과를 야기하는 것'은 인정하지 않는다는 것이다. 이러한 점에서 적극적 조치의 경우도 일정한 한계점이 있음을 주지할 필요가 있다.

4) 조합가입에서의 인종차별과 채용목표제

노동조합을 비롯하여 단체의 가입에서 가입자격에 대한 요건들은 차별적인 요소를 배제하여야 한다. 물론 각 단체의 목적에 적합한 기준을 마련하고, 그 목적에 맞는 활동을 하는 것은 당연한 것이지만 각 법령에서 금지하는 차별사유에 근거하여 가입대상을 제한하는 것은 차별행위가 될 수 있다. 또한, 법원도 직권으로 적극적 개선조치를 명할 수 있다. 이러한 사례로 철판노조와 뉴욕의 28지부는 오랜 인종차별의 역사를 지닌 곳으로 처음부터 백인노조로 출발하였다. 1946년 인터내셔널 유니언(전국노조)은 공식적으로 인종적인 제한을 철폐하였으나 28지부는 1969년까지 흑인 가입을 배제하고 있었는데, 그 방식은 노조가입을 위해 반드시 견습공 프로그램 훈련을 받도록 하고 흑인들에게 그 프로그램에 들어오지 못하게 하는 방식이었다. 즉, 발주자들이 조합을 통해 일을 부여하므로 뉴욕지역에서 일자리를 얻으려면 조합원이 되어야 했으나 흑인 및 히스패닉은 견습공 프로그램에서 배제하였다. 이에 대해 뉴욕주는 주법원에 시정명령을 요청하고 주법원은 견습공 선발절차에 인종제한 철폐명령을 내렸으나, 28지부가 명령준수를 거부함에 따라 연방정부(EEOC)는 소송을 제기하였다.[285] 그 결과 지방법원은 28지부가 가입시험, 직무수행과 연관되지 않은 교육프로그램의 이수 등 다양한 차별관행으로 유색인종을 배제시켰다고 결론을 내리고, 28지부에게 1981년까지 29%의 유색인종 조합원을 확보토록 목표를 정해주었다. 그러나 28지부는 1982년까지 10.8%의 유색인종 조합원을 보유, 채용목표제를 준수하지 못했다는 판정을 받고 1987년까지 29.23%까지 유색인종 조합원을 확보토록 명령하였다. 이에 순회 상고심도 지방법원 판결을 지지하였고, 대법원은 상고심 판결을 확정하였는데, 체계적이고 지속적인 차별을 종식시키기 위해서는 차별의 실제 희생자들이 아니더라도 적극적 조치에 의해 평등한 고용

285) Local 28 of the Sheet Metal Workers' International Association v. EEOC, 1986.

기회를 누리게 할 수 있음을 판시하고, 법원의 차별해소적인 명령이 적법하다는 결론을 내렸다. 이 사건으로 채용목표제를 법원이 강제하는 조치의 타당성을 인정받았다고 할 수 있다.

3. 소결

적극적 고용개선조치가 고용상 차별금지제도에서 차별이 아닌 것으로 인정되는 것은 특정 집단 등이 자력에 의한 차별해소가 어려우므로 실질적인 평등실현 장치(조치)가 필요하고 이를 통하여 사회적인 인격의 가치를 실현할 수 있는 수단이 될 수 있다는 것이다. 물론 적극적 고용개선조치의 합리성 확보(전제조건)를 위해서는 그 필요성(장기간 사회적 불평등 해소 등 개선 필요)이 면밀하게 검토되고, 목표 수준(통계적 수치 등 수준)을 명확히 하여야 하며, 한시성 내지 잠정성을 가지고 추진되어야 한다. 아울러, 과도한 조치로 역차별의 문제가 야기되지 않도록 하여야 하며, 선의의 소수자 등을 보호하는 장치도 고려하는 등 엄격한 심사기준이 필요하다고 할 것이다. 다만, 적극적 개선조치가 차별해소를 목적으로 추진되므로 그 차별의 수준이 현격한 상황에서는 이를 해소하고자 하는 경우 합목적적이고 타당한 근거가 인정되면 합리성을 인정하고 있어, 이러한 부분에 해당하는 경우는 완화된 비례심사를 하고 있다고 판단된다.

각국의 적극적 개선조치는 역사적인 배경과 사회적인 현상을 기반하고 있음을 주지할 필요가 있다. 각국의 제도 내용과 법원 등의 판단을 종합해 보면, 노예제의 유산을 가진 미국과 달리, 유럽은 자유주의 확산에 따른 여권신장, 저출산·고령화에 따른 여성고용증대 필요성 및 고용상 실질적 남녀평등을 구현할 목적으로 적극적 고용개선조치를 도입하였다. 적용대상도 미국과 달리 인종, 종교, 피부색, 민족, 성별 등 다양한 부문에서 고려되고 있고, 고용확대보다는 성차별의 해소에 초점을 두었으며, 사회민주주의 이념을 바탕으로 한 북유럽국가들의 경우 정부의 시장개입이 강하며, 공공부문 고용비중이 크다. 민간부문의 적극적 고용개선조치에 대하여는 기업에 의무를 부과하되, 노조와 기업간의 자율적 교섭방식으로 계획을 작성·시행토록 하였고, 공공부문은 법에 의해 적극적 고용개선조치를 도입운영하고 있으며,[286] 구조적 불평등에 대한 보상보다는 일하기를 원하는 여성에 대한 사업주(공공부문 포함)의 우대조치를 강조하고 있다. EU의 평등지침은 여성고용 증진을 위한 적극적 조치를 각 국가에 권고함과 동시에 국가 간 적극적 고용개선조치의 한도 내지 범위를 정함으로써 역내 노동시장에 대한 국가 구제의 일관성을 확보토록 하고 있다. 공공부문에 한정된 판례이기는 하나 무조건적인 경직된 할당제에 대하여는 실질적 남녀평등을 침해할 우려가 있다는 점에서 제한되고 있는 반면, 동등한 능력·기술·경력을 갖추고 남성이 그 직위에 가야할 만한 더 중요한 이유가 없는 한 유연한 할당제는 인정된다.

한편, 미국의 판례는 인종(백인에 대비하여 흑인 등), 성별(남성들에 비하여 여성들)에 대한 불평등한 처우를 보상할 필요성과 현존하는 차별을 개선하기 위해 고용상 소수인 흑인을 우대하여 발생하는 부담을 다수인 백인들이 어느 정도 감수해야 한다는 점과 약자인 여성을 우대하여 발생하는 부담을 남성들이 어느 정도 감수해야 한다는 측면을 강조하고 있다.[287] 미국 대법원의 판결을 종합해 보면 적극적 조치는 일반적인 사회적 차별이상의 과거차별이 있었음을 입증해야 한다. 과거차별을 치료하는 의도에서 수립되고 시행되며, 소수민에게 단순히 역할모델을 제시하는 것 이상의 목표를 가져야 하고, 인종 또는 성의 균형을 유지하기 위해서가 아니라 실질적 평등을 달성하기 위해서 실시되어야 한다. 또, 비소수민의 해고나 해직을 초래하는 적극적 조치는 찬성하지 않으며, 소수민이나 비소수민의 고용기회를 완전히 차단하거나 역차별 소지가 있는 프로그램에 대해서는 반대하는 입장을 취하고 있고, 노동조합이나 구성원들의 동의가 없는 연공서열제도에 관한 단체협약은 적법성 확보가 어렵고, 종료일이 명시되지 않더라도 소수민의 노동력이 일정비율에 이를 때까지 일시적으로 시행하고 일단 목표를 달성하면 자동으로 폐기되는 형태의 적극적 조치인 한시적인 프로그램을 선호한다. 아울러, 고정된 할당제가 아니라 유연성을 가지는 프로그

---

286) 정치분야(정당)에 먼저 도입하였는데, 영국 40%, 독일 50%, 프랑스 50%, 스웨덴의 사회민주당 40% 여성참여 할당제를 들 수 있다. 우리나라의 경우 여성공무원 채용목표제(30%), 정치분야에서 비례대표의원 비율 할당이 정당 규정으로 시행하고 있다.

287) 유럽판례도 모성과 가사를 부담하는 여성의 특수성을 감안하나, 남녀간 능력과 객관적 자격이 동등한 경우, 여성을 우대할 수 있다고 해석하는 경향이다.

램을 지지하고, 특히 성이나 인종이 채용과 승진을 결정하는 유일하고 결정적인 요인이 아니라 하나의 부가적인 요인으로 적극적 조치에서 고려될 경우를 지지하고 있다. 이러한 적극적 조치 판결은 민권법 제7편과 헌법의 동등보호조항에 대한 해석에 기초하며, 이 조항들을 자발적인 단체협약 및 법원명령 등에 적용하여 일정한 정의를 구현하려는 것들을 고려하고 있다.

우리의 경우도 법규상으로는 성별, 장애, 연령 등에 대하여 적극적 개선조치를 규정하고 있고, 이러한 조치는 각각의 법령에서 제도적으로 실행되고 있다. 사유별로 보면 성별에 의한 적극적 개선조치는 특히 여성에 대하여 채용이나 선발에서 주로 활용되고 있고, 일정부분 할당제를 기본 골격으로 운영하고 있는 것으로 보인다. 또, 장애인의 경우는 고용의무[288]를 비롯하여 보다 강력한 각종 시설 및 설비의 보완 등을 중심으로 편의제공의무를 부과하여 보호하고 있고, 이는 고용상에서 근로제공을 원만히 수행할 수 있도록 지원하는데 주안점을 두고 있는 것으로 풀이된다. 한편 연령에 대한 적극적 개선조치는 몇 가지 제도적인 장치를 제외하면 현실적으로 많은 개선조치가 실행되지 못하고 일부 제한적인 부분에 대하여만 실행되고 있는 것으로 판단된다. 즉, 적극적 개선조치가 우리나라의 경우는 아직 채용과 승진 등 고용과정과 내용의 일부에서 적용되고 있는 반면에 미국 등의 경우는 채용과 승진, 해고, 조합 활동에 이르기까지 고용전반에 대하여 적용되고 있다는 점이 다르다.

결국, 적극적 조치란 차별의 금지만으로는 실질적으로 해소하기 불충분한 현존하는 현저한 차별을 해소하는데 필요한 조치로서 해당 차별을 받는 특정 집단에 속하는 개인을 잠정적으로 우대하되, 그로 인해 불이익을 당하는 비우대 집단의 개인이익을 과도하게 침해하지 않고 경직적이지 않은 조치이다. 이와 같은 특성을 지닌 적극적 조치는 차별이 아니다. 이는 차별의 금지만으로는 실질적으로 해소하기 어려운 현존하는 뿌리 깊은 차별을 해소하기 위한 조치이므로[289] 차별의 시정이 아니라 취약계층에 대한 보호조치 등 순전히 다양성을 확

288) 고용의무부담을 상시 인력의 일정비율을 고용 유지하는 것을 법규화하고 있는데, 미고용 시 고용부담금을 징수하고, 초과 고용 시 사업장에 고용지원금을 지급하고 있다.

289) ILO의 협약 및 권고의 적용에 관한 전문가 위원회는 "차별의 금지는 차별을 실제로 해소하기에 불충분하다는 견지"에서 비롯된 것임을 지적한다(ILO, Equality in

보하기 위한 차원에서 특정 집단을 우대하는 것은 적극적 조치라고 볼 수 없다. 이러한 적극적 조치는 ILO의 고용과 직업상의 차별에 관한 협약(제111호)에도 위법하지 않은 행위라고 규정하고 있다.

한편, 적극적 조치는 현저한 차별을 시정하는 것을 목표로 삼아야 한다. 즉, 어떠한 우대조치가 적극적 조치로 인정되기 위해서는 그것이 목표로 삼는 현저한 차별의 존부가 밝혀져야 한다. 현저한 차별 또는 불균형이 어느 정도의 불균형을 의미하는지는 사안별로 구체적으로 판단되어야 할 문제이지만 그를 판단하기 위해서는 불균형을 드러내는 통계적 수치 이외에 그 지속성도 함께 고려될 필요가 있다. 아울러, 현저한 불균형을 시정하여 달성하고자 하는 목표치는 구체적으로 설정되는 것이 바람직하다.290)

적극적 조치는 그로써 시정하고자 하는 불균형이 시정되면 종료되는 잠정적 또는 한시적인 것이어야 하며, 그 자체가 한시적인 것임을 명시적으로 또는 암시적으로 밝혀야 한다. 참고로 목표제 방식의 적극적 조치 프로그램은 정해진 목표를 달성하고 그를 위해 계획된 조치를 점진적으로 시행하기 위한 시간계획표를 포함하는 것이 필요하다. 또한 적극적 조치 프로그램은 그 진행 사항을 주

Employment and Occupation, General Survey of the Reports on the Discrimination (Employment and Occupation) Convention (No. 111) and Recommendation (No. 111), 1958, Report III (Part 4B), International Labour Conference, 75th Session, 1988, paragraph 166 및 146).

290) ILO의 '협약 및 권고의 적용에 관한 전문가 위원회'는 적극적 조치 프로그램이 다음 네 가지 구성 요건을 포함할 필요가 있다고 보았다. 1) "우대하고자 하는 집단에 속하는 개인들의 진출 숫자와 같은 구체적인 목표", 2) "문제된 차별의 효과를 시정하기 위하여 필요한 수단", 3) "정해진 목표를 달성하고 그를 위해 계획된 조치를 시행하기 위한 시간 계획표", 4) "진행 사항을 검토하고 프로그램의 시행 상의 어려움을 진단하며 어떤 조정이 이루어져야 할지를 결정하는 감독기구." 상기의 첫 번째 권고에 따라 적극적 조치 프로그램은 달성하고자 하는 목표치를 구체적으로 설정할 필요가 있다. 이때 그 조치는 위에서 언급한 불균형의 현저성을 측정하는 방법에서 비교 대상의 비율(지역노동시장의 비율, 해당 산업의 평균치 등) 또는 그에 근거한 특정 비율이 구체적 목표치로 설정될 수 있다(ILO, International Labour Conference, 75th Session, 1988, paragraph 168 참조). 한편, 미국에서는 공장 내 숙련 근로자 중 특정인종의 비율이 현격히 낮아 이를 지역노동시장에서의 비율에 접근할 수 있는 적극적 조치를 노사가 합의하여 결정하고 시행하는 것은 자발적이고 인종 의식적인 적극적 조치 계획으로 법에 위반되지 않는다는 결론과 함께 전통적으로 분리된 직업 범주에서의 현저한 인종적 불균형의 시정을 목적으로 하는 적극적 조치는 합법이라고 보고 있다(United Steelworkers of America v. Weber, 443 U.S. 193, 99 S.Ct. 2721(1979)(www.dol.gov)).

기적으로 검토하고 필요시 프로그램을 조정하며 여전히 프로그램이 필요한지 평가하는 것이 바람직하다. 반면에 적극적 조치 프로그램이 비우대집단의 개인의 권리 또는 이익을 과도하게 침해할 경우 정당화될 수 없다. 이때 과도한 침해가 어느 정도의 침해를 의미하는지는 사안별로 구체적으로 판단되어야 한다. 과도한 침해를 평가하는 척도는 해당 프로그램이 비우대집단의 기회를 가로막는 정도 및 비우대집단의 개인의 생활에 끼치는 악영향 등을 고려할 수 있다. 즉, 어떤 적극적 조치 프로그램이 비우대집단이 고용될 가능성을 지나치게 낮출 경우, 또는 비우대집단 소속 개인들의 해고 등을 야기하여 그들의 생활에 큰 타격을 가할 경우에는 과도한 침해가 발생하였다고 볼 수 있다.[291]

한편, 경직적 조치는 주로 경직적인 할당제 방식의 적극적 조치 프로그램을 의미하는 것으로 이는 정당화되기 어려운 경우도 있다. 할당제(절대적[292], 상대적[293])란 미리 특정 소수 집단에게 일정한 선발 비율을 할당하여 그 비율에 따라 해당 집단에 소속된 개인들을 선발하는 제도이다.[294] 할당제 이외에 목표제 방식[295]의 적극적 조치 프로그램을 고려할 수도 있다.

---

291) 미국연방대법원은 적극적 조치가 비우대 집단 소속 개인의 차별적 해고를 야기하여 해당 개인에게 심각한 피해를 야기할 경우 정당하지 않은 것으로 판단하였고 채용이나 훈련에서의 차별을 야기할 경우 비우대 집단이 짊어질 부담이 사회 전반으로 분산되어 그리 무겁지 않다는 점에서 정당한 것으로 판단하였다(Jane Hodges-Aeberhard, 'Affirmative Action in Employment: Recent Court Approaches to a Difficult Concept', International Labour Review, Vol. 138(1999), No.3, 254면. ; Wygant v. Jackson Bd. of Educ. 476 U.S. 267, 106 S.Ct. 1842 (1986)).

292) 절대적 할당제란 미리 특정 소수 집단에게 일정한 선발 비율을 할당하고 유자격 여부 또는 동등한 자격 여부와 관계없이 해당 집단에 소속된 개인들을 우선적으로 선발하는 제도이다. 할당제가 인정되는 예외적 경우는 불균형이 매우 크되 그를 시정하기 위하여 해당 소수 집단에 할당한 비율이 매우 낮을 경우인데, 장애인 및 소수 인종 집단을 위한 낮은 비율의 할당제는 비록 그것이 절대적이더라도 정당한 것으로 인정될 수도 있다.

293) 상대적 할당제는 비록 특정 소수 집단에게 일정한 선발 비율을 할당하되 해당 집단의 후보자들이 일정 수준의 자격에 미달하는 경우 그들 대신 그들과 경합 중인 비우대 집단의 유자격자를 선발하는 제도로서 이때 해당 소수 집단에 속한다는 점이 선발을 결정하는 기준 중 단지 하나로 정해지는 것이 일반적이다. 이처럼 우대 집단에 속함이 선발의 결정적인 요소가 아니라는 요건은 선발에 있어서 일정 정도의 경쟁을 보장한다는 점에서 적극적 조치 프로그램의 정당성을 인정하게 하는 중요한 요건이다. 이와 같이 특정 소수 집단을 우대하되 일정 정도 경쟁을 보장하는 적극적 조치는 정당화된다.

294) 우리나라는 청년고용할당제, 여성고용할당제, 지방인재할당제 등을 들 수 있다. 또, 일정 규모이상의 사업체에 대하여 장애인고용(2~3%)을 의무화하고 있고, 국가유공자 및 그 가족에 대하여 의무고용(3~8%) 등을 관계법령에서 규정하고 있다.

Ⅳ. 합리적 이유로서의 정책적 우대조치

1. 정책적 우대조치의 의의 및 전제조건

(1) 정책적 우대조치의 의의

정책적 우대조치는 결과적인 측면에서 보면 적극적 개선조치와 중첩되는 외형을 갖고 있다. 그러나 적극적 개선조치가 가지는 가장 큰 목적이 과거부터 현재까지 특정한 집단 등이 차별받아온 것을 해소하고자 하는 목적에 기인한 것으로 본다면, 정책적 우대조치는 차별해소와는 무관한 경우도 많고 사회적인 형평 내지 다양성을 반영한 정책적인 목적을 포함하는 것으로 달리 볼 여지가 있으므로 별도 검토가 필요하다고 할 것이다.

고용상 정책적 우대조치는 크게 세 가지로 요약된다. 첫째는 고용기회 확대 및 촉진에 대한 우대조치이다. 이는 채용시험에서 가산점을 부여하여 채용을 우대하는 방법, 채용목표 내지 고용할당을 통하여 일정비율까지 우선 선발하는 방법, 국가유공자 등 취업보호대상자에 대한 채용을 강제하는 방법(고용명령, 가산점 부여, 고용할당제), 미고용인력에 대하여 부담금을 징수하거나 초과 고용에 대하여 장려금을 지원하여 고용을 촉진하는 방법 등을 들 수 있다. 다음으로 승진 등에서의 우대조치로 일정비율을 상위로 승진하는데 할당제(쿼터제) 내지 목표제를 적용하여 여러 제재조치 내지 유인책을 취하여 이를 강제하는 것이다. 그리고 사회적 형평을 고려한 것으로 지역인제 할당제(지방대학출신, 비수도권 출신 등), 이공계우대조치(선발비율에 반영), 고졸채용 목표제, 여성고용 및 승진할당제, 장애인고용할당제, 기타 취약계층 우대조치 등을 들 수 있다.[296]

---

295) 목표제 방식은 해당 소수 집단에 미리 할당된 선출 비율을 정해진 특정 시점까지 점진적으로 달성하기로 하고 그를 위해 성실히 노력하기로 하는 방식이다. 목표제는 일정 정도 경쟁을 보장할 경우 정당화되는데 목표제는 그 점진적인 성격 때문에 상대적 할당제보다 좀 더 쉽게 정당화될 수 있다. 예로 여성공무원채용목표제 등이 활용되고 있다.

296) 이러한 대상으로는 연소근로자, 국가유공자, 여성근로자, 고령근로자, 장애근로자, 저소득층 및 사회적 취약계층 등을 들 수 있고, 이를 배려하는 고용상 정책적인 용어들은 연소자 및 여성근로자 보호정책, 여성고용할당제, 국가유공자 및 그 자녀의 취업보호, 지방 및 지방대학출신할당제, 장애인고용할당제, 고령자우대정책, 이공계출신자고용우대정책, 출

정책적 우대조치는 사실상 차별이지만 법률적으로는 차별이라고 할 수 없는 합리적인 이유가 있는 차별의 내용들이 일반적이다. 그러나 헌법재판소의 공무원채용시험에서 군가산점을 규정한 사안에 대한 위헌결정처럼, 법률에 규정되어 있어도 위헌판결 등으로 그 합리성을 인정받지 못하는 경우도 있다. 이는 과도한 우대조치는 역차별을 불러올 수 있고 우대조치에 따른 다른 개인이나 집단의 형평이 더 큰 위험에 빠질 가능성이 크다면 그 합리성을 인정할 수 없기 때문이다. 즉, 법률에 의한 정책적인 차별도 그 정도가 과하여 보호대상 근로자에 비하여 상대적으로 비보호대상 근로자가 받는 불이익의 정도가 과도하다면 이 또한 차별행위가 될 수 있다. 이러한 사안은 미국의 적극적 개선조치의 사례에서 살펴보았다. 통상 정책적 차별은 사회적인 약자이거나, 국가정책 및 사회적으로 특별한 보호가 필요한 대상을 일반적인 사람들(근로자 등)과 구별하여 특별히 보호하기 위한 정책적인 사회적 배려행위에 해당된다.

(2) 정책적 우대조치의 전제조건으로서 고려되는 부분

사회적 형평의 달성과 다양성의 확보라는 목적을 가진 정책적 우대조치는 잘못하면 적정수준 이상의 과도한 조치로 오히려 역차별 내지 불평등을 야기한다. 통상 적극적 개선조치에서 요구되는 것과 마찬가지로 정책적 우대조치에서도 보다 열악한 조건의 집단이나 계층에게 사회적 형평의 기회를 마련하거나 다양성을 확보하고자 하는 목적을 가지고 있으므로 그러한 조치를 취하고자 하는 목적을 명확히 하고, 그 목표수준을 적정하게 함은 물론, 상대적으로 다른 집단이나 계층에게 과도한 부담이나 역차별을 야기하지 않아야 하고, 추진기간에 대한 한시성의 전제조건이 필요하게 된다.

1) 합목적성과 공익적인 필요성

법령 등에서 규정하는 정책적 우대조치는 그 필요성과 합목적성이 명확해야 한다. 이와 관련하여 국가유공자의 채용시 가산점제도[297]에 대하여 헌법재판소

산장려정책에 따른 복지수혜 등 우대정책, 군필자 가산점수제도, 기타 취업보호제도 등을 들 수 있다.

297) 헌법재판소 2001. 2. 22. 선고 2000헌마25 결정.

는 가산점제도의 주된 목적은 신체의 상이 또는 가족의 사망 등으로 정신적, 재정적으로 어려움을 겪어 통상적으로 일반인에 견주어 수험준비가 상대적으로 미흡한 국가유공자와 그 유족 등에게 가산점의 부여를 통해 헌법(제32조 제6항)이 규정하고 있는 우선적 근로의 기회를 제공함으로써 이들의 생활안정을 도모하고, 다시 한 번 국가와 사회에 봉사할 수 있는 기회를 부여하는데 있다고 할 수 있고, 이러한 입법목적은 헌법에 근거한 것으로서 정당하다고 판단하면서 입법목적의 정당성을 인정하였다. 또, 이 판결에서 유공자에 대한 가산점제도는 입법목적의 정당성 뿐만 아니라, 차별대우의 적합성(10%가산점 수준), 차별대우의 필요성 및 법익의 균형성이 모두 인정된다고 판단하였다. 반면에 공무원임용시험에서 가산점을 부여하는 제도인 제대군인지원에 관한 법률의 위헌심판[298]에서는 그 합리성을 인정하지 않았다. 결국 정책적 우대조치에서 유공자는 자신의 희생으로 자신뿐만 아니라 가족의 생활까지 곤궁하게 하는 상태에까지 이르고 자력으로 근로활동에서 동등하게 경쟁할 여력이 없는 상태를 회복해 주려는 의도가 있다. 반면에, 제대군인의 경우는 복무형태는 다양하고, 남성 국민이면 모두가 수행하는 군복무는 상대적으로 취업의 기회가 박탈될 만큼 불이익한 상황에 처해지지도 않은데, 오히려 상대적으로 여성 등에게 불리한 결과를 초래함으로써 사회적 불평등을 야기하는 결과를 초래하게 되므로 그 정당성을 인정받지 못하였다. 또, 정책적 우대조치는 공익적인 측면에서도 필요성이 인정되어야 한다. 즉 정책적 우대조치로 보호되는 소수의 이익이 공공의 이익을 해하게 된다면 정당성을 인정받기 어렵게 된다. 이러한 측면에서 공공복리 및 국가안보와 질서유지를 위하여는 개인의 권리도 일부 제한할 수 있는 근거가 될 수 있다.

2) 통계적 평등수준

우대조치에서의 통계적인 기준은 중요한 지표로 풀이될 수 있다. 즉, 인구 구성비나 특정집단의 해당 조직에서 차지하는 비율 등은 차별을 판단하는 기준이 되기도 한다. 그러한 적정한 수준을 정하는 것은 평등수준을 정하는 기준이 될

298) 헌법재판소 1999. 12. 23. 선고 98헌마363 결정.

수 있다. 고용할당제에서 특히 각종시험이나 각종 할당제에서 일정비율을 우선적으로 특정 집단에 대하여 배정하는 것은 절대적으로 부족한 구성비를 일정수준으로 끌어올리는 정책적인 장치가 된다. 앞서의 국가유공자 채용가산점제도에서도 그러한 통계적인 자료가 판단에 활용되었음은 시사하는 바가 크다. 동 사건에서 국가유공자와 그 유족 등에 대한 지원제도는 여러 가지가 있으나, 그 중에서 이들의 생활안정과 직접적인 관련이 있는 것은 보상금과 취업보호라고 할 수 있을 것이다. 국가보훈처장이 제출[299] 한 가산점제도 사건 심판자료(사회지표 대비 2000년 보상금수준 비교)에 의하면, 국가유공자인 독립유공자 및 군경희생자에 대한 보상금은 2000년을 기준으로 평균 67만 4천원으로서 최저생계비 92만원 8천원의 72.6% 수준에 그치고 있고, 채용응시자와 실제 합격자 간의 비중에서 국가유공자를 우대하는 것은 합당하다는 판결을 내린 바 있다. 이처럼 사회적 형평과 다양성을 확보하기 위한 정책적 우대조치는 현실적인 통계수준과 목표하고자 하는 달성 수치를 통계적인 수준에서 정할 필요가 있고, 그러한 통계적인 수준은 합리성을 확보하는 지표가 될 수 있기 때문에 합리적인 타당한 근거를 가져야 한다. 이때 통계적인 수준의 기준은 절대적인 수치 외에도 비례적인 수치가 고려될 필요가 있다. 즉, 고용상에서 여성근로자가 절대적으로 부족한 상황이라면 일정비율까지 고용하는 절대적인 수치를 기준으로 삼고, 승진에서 근로 중인 여성근로자가 절대 소수인데 비하여 절대수치를 적용할 수

299) 이 사건과 관련하여 국가보훈처장이 제출한 의견으로, 본 청구가 권리침해의 직접성과 현재성을 결여하였다고 하면서, 헌법 제32조 제6항은 "국가유공자·상이군경 및 전몰군경의 유가족은 법률이 정하는 바에 따라 우선적으로 근로의 기회를 부여받는다"고 규정하고 있고, 이 사건 법률조항에 의한 10%의 가산점 제도는 신체의 상이를 입은 국가유공자 본인 또는 가장의 사망, 부상 등으로 정신적·재정적인 곤란을 겪거나 상이자에 대한 간호 등으로 일반인에 견주어 수험준비에 전념하기 어려운 환경에서 성장한 국가유공자의 자녀에게 10%의 가산점을 부여함으로써 나라를 위하여 공헌·희생하는 과정에서 일반인에 비하여 입은 불이익을 보충하는 제도로서 합리적 차별이라 할 것이고, 국가유공자와 그 유가족에 대한 가산점제도가 없다면 오히려 나라를 위하여 공헌하거나 희생한 국가유공자와 그로 인하여 수험준비에 미흡하였던 그 유가족의 공무담임권과 직업선택의 자유를 제약하는 결과를 초래할 우려가 있으며, 1999년말 현재 취업보호대상자 중 국가·지방자치단체의 공무원 가점취업자는 7,108명으로 일반직 전체공무원 290,511명의 2.4%에 불과한 실정으로 일반기업체의 의무고용비율 3~8%에 훨씬 미달되는 수준으로서, 취업보호대상자에 대한 가산점부여는 제대군인에 대한 가산점 부여시와는 달리 일반국민의 기본권인 공무담임권을 제한하는 수준에는 크게 미달하는 실정으로 청구인의 주장은 이유가 없다는 견해를 보이고 있다.

없는 경우 일정한 비례수치를 종합하여 우대조치를 실행하는 것도 고려되어야 한다는 것이다.

3) 상대적인 형평성

헌법재판소는 제대군인지원에 관한 법률(제16조 제1항 등) 위헌확인 판결[300]에서 시혜적 법률조항의 평등권 침해 판단에 관하여 이 사건 법령조항들의 내용은 일정한 군 복무기간을 공무원 재직기간에 산입할 수 있도록 하여 군복무를 마친 자에 대해 일종의 혜택을 부여하는 것이라 할 수 있는 바, 그러한 시혜적 성격의 법률에는 입법자에게 광범위한 입법형성의 자유가 인정되는 것으로 보았다. 이에 따라 그 내용이 합리적인 근거를 가지지 못하여 현저히 자의적일 경우에만 헌법에 위반된다고 판단하고 있으며, 앞서의 제대군인 가산점제도에 대하여는 공무원 채용시험에서 주로 군복무자가 남성인 점, 가산점이 당락을 좌우할 만큼 비중이 크다는 점, 다른 방법들로 보상이 가능한 점, 그리고 상대적으로 여성 등이 차별되는 상황이 발생한다는 점을 들어 위헌으로 판단하였다. 이는 보호되는 집단의 이익에 비하여 상대적으로 비보호 되는 집단의 차별을 크게 발생시키는 우대조치는 합리성을 결한다는 점을 판단하고 있는 것이다.[301] 즉, 헌법재판소는 제대군인 가산점 사건에서 차별적 취급으로 인하여 다른 중대한 제한을 초래하게 된다면 입법형성권은 축소되어 보다 엄격한 심사척도가 적용되어야 할 것이라고 판단하였다.[302]

한편, 앞의 판례[303]에서 산업기능요원과 공익근무요원은 그 제도의 취지, 직무의 성격과 내용 등에 있어 상당한 차이가 있는 바, 산업기능요원은 공익근무요원과 달리 자신의 자율적 의사에 따라 그 복무를 선택하고, 그 복무관계는 공무수행관계로 보지 아니하며, 사기업체에서 자유로운 근무환경에서 근무하면서 자신의 전공과 기술을 활용할 수 있고 상당한 보수를 지급받기 때문에 이 사건

---

300) 헌법재판소 2012.08.23. 선고 2010헌마328 결정.

301) 미국에서도, 적극적 조치 등 정책적 우대조치를 통하여 이익을 보는 개인이나 집단보다 상대적으로 피해를 보는 집단에게 매우 심각한 결과를 야기하는 하는 것은 인정하지 않는 입장을 보이고 있다(Wygant v. Jackson Board of Education, 1985).

302) 헌법재판소 1999.12.23. 선고 98헌마363 결정.

303) 헌법재판소 2012.08.23. 선고 2010헌마328 결정.

법령조항들이 군 복무기간의 유형과 내용에 따라 공무원 재직기간 산입 여부를 달리 보아 산업기능요원의 복무기간을 공무원 재직기간에 산입하지 않는 것은 합리적 차별이라고 할 것이므로, 산업기능요원의 평등권을 침해하지 않는다고 판단하였는데[304] 이러한 사례들은 상대적인 형평의 문제를 판단하는 근거가 될 수 있겠다.

4) 정책적 우대조치의 잠정성

정책적 우대조치는 특정 목적을 달성하기 위한 수준 내지 기간설정이 필요하다. 정책적 우대조치도 적극적 개선조치와 같이 목표한 수준에 도달하면 조치가 해제되는 것이 일반적이다.[305] 그리고 그 적용범위나 기간의 제한 설정을 하거나, 일정기간 단위로 평가·분석 등을 통하여 추가적인 조치 내지 종료 등을 선언하게 되는데 이러한 점은 정책적 우대조치가 영구성을 가지는 것이 아니라 잠정성 내지 한시성을 가진다는 특징을 보여준다. 미국의 판례에서도 잠정성에 대한 판단을 보여주고 있다. 즉, 숙련훈련인원의 선발에서 흑인 인원을 50%까지 배정하면서 이에 도달하는 우대선발을 인정한 Weber 사건[306]과 흑인 인원을 50%까지 진급시키는 Paradise 사건[307]의 명령이 한시적이라는 점을 언급하고 있고, 소수인종우대정책의 정당성을 인정한 Metro Broadcasting 사건[308]에서는 우대정책이 범위나 기간이 적절하게 제한되어 있고, 그 확대나 재제정 이전에 의회에 의한 재평가의 대상이라는 판단을 한 바 있다. 결국, 정책적 우대조치는 추구하는 목표값에 도달하는 경우 폐지하는 한시성을 가지므로 그 적정 수준과 기간 설정 및 추진상황에 따른 점검 내지 재평가와 피드백을 통한

304) 이러한 재판부의 판단과 달리 일부 반대의견으로 공무원연금법 제23조 제3항은 공무원 임용 전의 군 복무기간을 공무원 재직기간으로 산입할 수 있도록 하는 근거조항일 뿐이고, 같은 법 시행령 제16조의2에 의하여 비로소 산업기능요원의 복무기간이 공무원 재직기간에 산입되지 않게 되어 기본권 침해 문제가 발생하게 되므로, 공무원연금법 제23조 제3항에 대한 청구는 기본권침해의 직접성을 인정할 수 없어 각하하여야 한다고 하였다.

305) 그러한 예는 앞의 미국의 사례에서도 살펴보았다. 국내에서도 양성평등채용목표제실시지침(제정 2002.12.30. 행정자치부예규 제105호)에 의한 한시적인 규정(5년간), 청년고용촉진특별법(법률 제7185호, 2004년 제정)에 의한 한시적인 규정(2018년까지)에서도 찾아볼 수 있다.

306) United Steelworkers of America, v. Weber, 443 U.S. 193, 99(1979).

307) U.S. v. Paradise, 480 U.S. 149, 107(1987).

308) Fullilove v. Klutznick 448 U.S. 448, 100(1980).

조정 등 합리적인 고려가 필요하다.

2. 주요 정책적 우대조치에 대한 합리적인 이유

우리나라가 시행하는 주요 정책적 우대조치는 주로 취업기회의 보장을 확대하려는 것이 대부분이다. 그리고 남녀성별에 대한 우대조치로 승진 상의 우대조치를 통하여 일정한 형평성을 찾으려는 승진할당제 등을 들 수 있다. 이러한 우대조치를 몇 가지 접근법으로 구분한다면 취업기회의 보호 내지 확대를 위한 우대조치, 고용촉진을 유도하려는 우대조치, 사회적 형평을 추구하는 우대조치로 구분해 볼 수 있다. 이들 취업기회의 확대, 고용촉진을 위한 조치, 사회적 형평을 위한 조치는 주로 가산점 제도, 할당제, 부담금의 징수 내지 장려금의 지급, 고용명령제도, 제재조치 등으로 표출되고 있다.[309]

(1) 취업기회의 보호 · 확대를 위한 우대조치

1) 여성취업기회 확대를 위한 모성보호조치의 합리적 이유

고용상에서 모성보호조치는 근로활동이 가능한 환경을 조성하여 여성이 취업하고자 하는 의욕을 증대시켜 취업기회를 확대하고 보호하고자 하는 일환으로 풀이된다. 여성근로자의 보호에 관하여는 헌법상의 모성보호를 비롯하여 일반법적인 것으로 양성평등기본법,[310] 근기법,[311] 남녀고용평등법[312]이 있다. 남녀고용평등법에서는 차별이 아닌 사유로 여성 근로자의 임신, 출산, 수유 등 모성보

---

309) 고용관련 우대조치로는 여성고용할당제, 국가유공자 고용의무 및 가산점제도, 장애인고용의무 및 부담금징수와 고용장려금 지급, 이공계출신우대조치, 지역인재우대조치, 고졸자취업촉진우대조치, 사회적 취약계층 우대조치, 청년실업대책의 일환으로 청년인턴제, 고령자고용촉진대책 등이 대표적이다.

310) 여성발전기본법상 차별금지 등과 관련하여서는 남녀평등의 촉진, 모성(母性)의 보호, 성차별적 의식의 해소, 적극적 조치, 성희롱 등을 규정하고 있다(동법은 현재 양성평등기본법(시행 2015.07.01., 법률 제12844호, 2014.11.19.))으로 변경되었다.

311) 근기법상 여자근로자를 보호하는 주요 규정으로는 생리휴가, 임신 중 근로제공의무의 경감, 산전·후 휴가 및 휴가 중 해고제한, 유급수유시간, 연장근로제한, 사용금지 및 갱내근로금지 등을 들 수 있다.

312) 남녀고용평등법상 여자근로자 보호를 위한 주요 규정으로는 여성근로자에 대한 차별대우금지(모집과 채용에 있어서의 평등, 임금에 있어서의 평등, 임금 외의 금품에 있어서의 평등, 교육·배치 및 승진에 있어서의 평등, 정년·퇴직 및 해고에 있어서의 평등), 여성근로자의 모성보호 및 직장과 가정생활의 양립지원(육아휴직제도, 보육시설의 설치, 산전후 휴가에 대한 지원), 직장내 성희롱 금지 등을 규정하고 있다.

호를 위한 조치를 하는 경우를 들고 있다. 즉, 임신과 관련한 각종 법률 등에 규정된 보호규정을 따르는 것은 차별에 해당하지 않는 바, 이와 관련하여서는 근기법(제5장의 여성보호와 임산부의 보호) 등에서도 규정하고 있다.[313] 따라서 위 근기법(제74조)상 임산부의 보호는 차별로 보지 않으며, 생후 1년 미만의 유아를 가진 여성근로자에게 근기법(제75조)에 해당하는 유급수유시간을 주는 것은 차별행위가 아니다. 또, 장애인등편의법에 의거 임산부를 위한 각종 편의시설을 설치하는 경우는 차별에 해당하지 않는다. 그러한 예로 시내버스나 지하철에서 임산부에 대한 우대석을 지정하는 경우가 이에 해당된다. 우리의 헌법도 가족생활에서의 양성 평등과 모성보호를 규정하고 있는데[314], 이러한 규정들은 모성보호를 위한 조치는 국가 등이 적극적으로 취하여야 하고 보장받는다는 것을 천명한 것이라 할 수 있다. 아울러, 모성보호조치는 성별에 의한 여성차별의 해소라는 측면의 의미도 담고 있다고 판단된다. 이러한 모성보호조치는 남성에 비하여 상대적으로 약자라고 인식되는 여성을 보호하고자 하는 것이고, 인류의 존속을 위한 출산과 육아를 담당하는 모체를 보호하려는 것이고, 건강한 모성의 보호는 건강한 미래세대를 위한 조치이며, 여성차별적인 요소를 제어하여 양성의 평등을 실현하기 위한 조치라고 할 수 있다. 그리고 이러한 보호조치에 의해 여성이 근로활동을 원만하게 정상적으로 수행할 수 있도록 하여 사회적인 형평의 달성과 취업기회를 획득하고 근로생활의 질을 향상할 수 있는 기반을 마련해 주고자 하는 측면에서 합리적인 이유가 있다고 할 것이다.

결국, 모성보호조치는 여성의 임신 및 출산을 보호하기 위한 국제 협약과 권고에 해당하는 것일 경우와 같은 차등대우(여성의 재생산 기능을 보호할 목적[315])가 국제노동기준상의 특별한 보호나 조치를 위한 차등대우는 차별이 아

313) 근기법 제74조, 여성발전기본법 제18조(모성보호의 강화), 건강가정기본법 제8조(혼인과 출산), 장애인등편의법 제3조(편의시설 설치의 기본원칙) 등에서 근거를 볼 수 있다.

314) 헌법 제36조 ① 혼인과 가족생활은 개인의 존엄과 양성의 평등을 기초로 성립되고 유지되어야 하며, 국가는 이를 보장한다. ② 국가는 모성의 보호를 위하여 노력하여야 한다. ③ 모든 국민은 보건에 관하여 국가의 보호를 받는다.

315) 그 예로는 "임신 중의 여성에게 유해한 것이 증명된 유형의 작업에는 동 여성에 대한 특별한 보호를 제공"하도록 한 「여성에 대한 모든 형태의 차별철폐에 관한 협약」이 있다. 그와 유사한 ILO 협약 및 권고로는 「여성의 산전산후 고용에 관한협약(제3호)」, 「모성보호에 관한 협약(제103호 및 제183호)」, 「방사선으로부터 근로자 보호에 관한 권고(제114

니다. ILO의 고용과 직업상의 차별에 관한 협약(제111호)도 국제노동기준상의 특별한 보호 및 지원 조치인 경우는 위법한 차등대우가 아니라고 규정하고 있다. 이러한 사항은 국내법으로도 국제노동기준에 의한 조치들에 대한 규정을 통하여 모성보호를 위한 여성근로자의 위험작업 금지, 임신 중 근로시간 단축 및 업무 변경, 출산휴가 등 다양한 형태의 제도를 규정하고 있고, 이러한 특별 보호조치인 여성근로자의 모성보호조치 등은 사회적으로 용인되는 합리성을 가지는 장치들이다.

2) 국가유공자 및 군필자 우대정책에 대한 합리적 이유

국가유공자와 군필자에 대한 사건에서 공통점은 가산점의 부여에 관한 것이다. 유공자의 가산점 제도는 합헌, 군필자의 가산점제도는 위헌판결을 내린 점은 앞에서 살펴보았다. 더불어 국가유공자의 경우는 고용명령제도를 취하고 있다. 공무원 및 공공기관 등에 일정비율을 의무적으로 고용토록 하고 미이행 시 고용명령을 통하여 비율도달까지 고용의무를 지우고 있다.

국가유공자의 경우는 헌법(제32조 제6항)에서 규정하고 있는 것처럼 국가유공자·상이군경 및 전몰군경의 유가족은 법률이 정하는 바에 의하여 우선적으로 근로의 기회를 부여받는다. 이러한 취지는 국가유공자법(제2조)에서 규정하고 있는 것처럼 대한민국의 오늘은 애국정신을 바탕으로 전몰군경과 전상군경을 비롯한 국가유공자의 희생과 공헌 위에 이룩된 것이므로 이러한 희생과 공헌이 우리와 우리의 자손들에게 숭고한 애국정신의 귀감으로서 항구적으로 존중되고, 그 희생과 공헌의 정도에 상응하여 국가유공자와 그 유족의 영예로운 생활이 유지·보장되도록 실질적인 보상이 이루어져야 한다는 취지에서 천명하고 있다. 국가유공자의 예우를 통한 근로기회의 보장을 받는 유공자의 범위는 국가유공자법(제4조)에서 규정하고 있다.[316] 한편, 군필자는 제대군인지원에 관

호)」, 「작업장에서의 화학물질 사용상 안전에 관한 협약(제170호)」, 「노동자 복지시설에 관한 권고(제102호)」, 「유급교육휴가에 관한 협약(제140호)」 등이 있다.

316) 국가유공자법에서 정하는 국가유공자의 범위는 법 제4조(적용 대상 국가유공자)에서 규정하고 있다. 이러한 대상이 되는 유공자 및 그 유가족은 취업보호를 받게 되는데 이는 헌법에서 규정하고 이를 법률에서 규정하고 있으므로 그 범위내에서는 일정부분 우대조치가 있어도 차별행위에 해당하지 않게 된다. 또 유공자 및 그 유가족에 대하여는 국가보훈처장이 국가기관 및 공공기관 등에 대하여 취업명령을 내릴 수 있고, 이 경우 해당 기관

한 법률에 의하여 일정한 요건이 충족되는 경우 취업보호를 받을 수 있다. 물론 국가유공자법에 준하여 국가보훈처장으로 하여금 국가기관 및 공공기관에 대하여 취업명령을 내릴 수 있도록 규정하고 있다. 다만, 군필자의 취업에서의 우대 문제인 가산점제도는 제대군인지원에관한법률에 의거 취업보호(제14조)를 받을 수 있었으나 헌법재판소의 결정에 따라 폐지되었다.[317] 그럼에도 불구하고 동법에 따라 가산점제도를 제외한 부분 외에 제대군인에 대한 취업보호의 문제는 법률에 의하여 보호받고 있으며 정책적 배려가 합법적으로 보장되고 있다고 보아야 한다. 이러한 유공자 등의 우대조치는 국가를 위해 헌신한 공로를 배려하는 측면도 있지만 유공자 등이 국가를 위해 헌신하는 동안 가정과 가사에 집중하지 못한 결과 그 가족들의 생활여건이 상대적으로 열악한 경우가 많기 때문에 이를 개선하기 위한 조치로 그 합목적성이 있다고 보여진다. 이러한 점은 국가유공자에 대한 앞의 판결에서 그 합리성이 인정되었음을 확인하였다.

(2) 고용촉진을 위한 조치

1) 장애인 고용촉진을 위한 조치의 합리적인 이유

고용촉진을 위한 우대조치로 대표적인 것이 장애인고용 우대조치이다. 장애인에 대한 차별금지는 물론, 편의제공의무와 더불어 장애인고용의무비율을 규정하여 법률로 강제하고 있다. 즉, 공공기관 및 일정 규모 이상의 사기업에 대하여 고용비율을 규정하고 미이행시에는 고용부담금을 징수하고, 초과 고용하는 경우 고용장려금을 지급하여 촉진하고 있다. 그리고 이를 위반하는 경우 제재조치를 취하고 있다.

장애인 고용 우대정책은 사회적인 약자를 배려한다는 합리적인 측면에서 접근된 사안이다. 특히 고용 등에서의 장애인에 대한 차별을 금지하고, 장애인의 정보 및 시설 등에의 접근, 편의제공의무 등의 사업을 펼치도록 하고 있다. 이를 위하여 고용노동부를 비롯하여 장애인고용촉진공단, 국가 및 지자체, 공공기

에서는 특별한 사유가 없는 한 고용명령을 이행하여야 한다.

317) 헌법재판소 1999.12.23. 선고 98헌마363결정 이후 현재까지(헌법재판소 2013.05.15. 선고2013헌마259 결정 ; 헌법재판소 2013.02.26. 선고 2013헌마68 결정 등) 여러 차례 군가산점 불인정에 대한 위헌확인이 진행되었으나 대부분 각하되었다.

관, 기타 각종 기관들에게 의무를 부과하고 있다. 크게 나누어서 장애인 우대정책을 살펴보면, 사회생활에 적응할 수 있도록 하는 각종 지원사업, 각종 시설의 설치 및 편의제공사업, 공공기관 등 일정비율 고용의무사업,[318] 직업훈련 및 직업지도사업 등을 들 수 있다. 이를 효과적으로 수행하기 위하여 국가 및 지자체와 각 사업체에게 부담할 의무사항을 규정하고 위반 시에는 처벌하는 규정까지 마련하고 있다. 이를 위한 법률로는 장애인차별금지법, 장애인고용법 등이 있는데, 장애인고용법은 제2장(장애인 고용촉진 및 직업재활)과 제3장(장애인 고용의무 및 부담금)에서 그 주요 내용을 규정하고 있다. 물론, 장애인차별금지법에서도 고용상 차별을 금지하는 내용과 편의제공의무[319] 등을 통하여 고용상 우대조치를 규정하고 있다. 과거부터 단지 장애를 가졌다는 이유만으로 고용현장에서 배제되어온 것은 사실이다. 그러나 장애인도 그 능력에 따라서 사회활동을 할 수 있고, 그러한 능력을 발휘할 수 있는 기회가 보장되어야 하는 것은 당연한 것이다. 만일 장애인이 정상적인 사회활동을 하지 못하고 소득이 없는 상황에서 국가나 사회가 부담해야 하는 비중은 그만큼 커질 수밖에 없다. 자발적인 소득활동을 통한 생활안정과 장애인이 가진 능력을 활용하여 국가적인 생산성을 향상시켜, 사회적 부담을 줄이고 사회적인 통합과 국민경제의 활력을 찾는 것은 합리적인 이유로서 큰 의미가 있다고 할 것이다. 특히 자발적인 취업활동이 어려운 현실을 감안할 때 고용부담과 부담금징수 및 장려금지원 등 촉진정책은 사회가 부담해야 할 일정한 부분을 고용영역에서 나누는 것이라고 할 수

318) 국가 및 지자체 등은 상시고용인원의 100분의 3 이상을 의무고용 하여야 하며, 미이행 시에는 고용부담금을 납부하여야 한다. 국가는 이러한 재원과 특별재원을 기반으로 장애인 고용을 위한 고용촉진사업과 직업지도 및 사회에 적응할 수 있는 재활사업, 편의시설 설치 및 운영사업을 실행하고 있다. 또 상시고용인원 50인 이상의 사업체는 100분 5 범위를 장애인으로 고용하여야 한다. 이를 위반할 경우 미이행에 대한 고용부담금 및 벌칙규정을 두고 있다.

319) 고용과 관련한 장애인근로자에 대한 차별행위를 할 수 없음은 물론 고용된 장애인을 위하여 작업활동과 근로활동이 가능하도록 각종 시설기준을 마련하고 있다. 물론, 고용과 관련한 것이 아닌 사회활동 일반에서는 전용좌석제, 승강기, 주차시설, 각종 요금할인제, 기타 많은 부분의 편의제공사업을 추진하고 있다. 고용과 관련하여서도 이에 준하는 조치들이 취해지고 특히 작업시설, 공동편의시설 등에 별도의 부가시설을 갖추어야 한다. 고용과 관련한 안정성을 확보하기 위하여 고용의무제, 해고금지사항 등 다양한 제도가 마련되어 있다.

있다.

2) 고령자 고용촉진을 위한 조치의 합리적 이유

고령자고용법 제4조의5(차별금지의 예외)에서는 이 법이나 다른 법률에 따라 특정 연령집단의 고용유지·촉진을 위한 지원조치를 하는 경우는 연령차별로 보지 않는다고 규정하고 있다. 고령자의 고용기회를 확대하기 위해서는 고령자가 수행할 수 있는 직무의 개발과 활용에 대한 정책적인 노력이 필요하겠지만, 특히 고용현장에 고령자가 잔류하거나 재진입하기 위한 기회가 확보되어야 한다. 그러므로 모집 및 채용단계에서의 차별이 제거되어야 하는데, 일반적으로 모집 및 채용단계에서의 연령에 대한 차별상황으로 대표적 유형은 지원자의 나이 특히 최고 연령을 제한하거나 특정 나이층을 선호하는 경우이다.[320] 나이에 관한 발언 모두가 차별의 증거로 되는 것은 아니다. 나이에 관한 언급이 불이익한 결정과는 무관하거나 흔히 있을 수 있는 견해 표명에 불과한 경우 불법적인 차별의도에 해당하지 않는다.[321] 생년월일이나 나이를 묻는 것 자체를 나이차별로 단정할 수는 없지만,[322] 나이 많은 지원자를 배제하거나 나이에 근거한 차

---

320) 영국 고용평등(연령)규칙에 관한 ACAS(The Advisory, Conciliation and Arbitration Service)의 가이드라인에서는 "면접에서 나이와 관련된 질문은 피하는 것이 좋다. 그리고 당신은 이 직책을 담당하기에는 상당히 젊다 또는 당신 같은 사람은 보다 많은 책임감이 요구되는 일을 찾아보는 것이 좋지 않겠는가? 등"과 같은 언급은 하지 않아야 한다고 규정하고 있다(ACAS, Age and the Workplace, A guide for employers, 2006, 15면).

321) Mack A. Player, *Federal law of employment discrimination*, 3rd ed., West Group, 1992, 137~138면.

322) 미국 ADEA 관련 EEOC 규칙(29 C.F.R. §1625.5) - 입사지원서 등 고용관련 신청서 : 입사지원서 등 고용관련 신청서(employment applications)에 '생년월일'이나 '나이'와 같은 정보를 밝히도록 요구하는 것 자체가 법 위반은 아니다. 그러나 그러한 요구는 고령자를 단념케 하거나 나이에 근거한 차별을 암시할 수 있기 때문에, 그러한 요구가 법이 허용 내지 금지하는 목적을 위한 것인지 확인하기 위해 위와 같은 정보를 요구하는 고용관련 신청서는 엄격한 심사의 대상이 된다. 그 목적이 법이 금지하는 것이 아니라는 점을 해당 신청서에 "1967년 고용에서의 연령차별금지법(ADEA)은 40세 이상의 자에 대한 나이를 이유로 하는 차별을 금지하고 있다"라는 취지로 명시하거나 다른 수단으로 진정인들에게 알려야 한다. '고용관련 신청서'는 고용에 관한 일체의 요구서 혹은 이력서와 자기소개서 등 채용·승진을 위한 원서를 의미하고, 채용 이전에 요구하는 서면뿐만 아니라 채용 후 근로조건 등에 관해 근로자에게 요구하는 서면을 포함한다. ; 영국 고용평등(연령)규칙에 관한 ACAS의 가이드라인 : 지원서 양식에서 나이, 생년월일 기재란을 삭제하라. 또한 기간이나 날짜에 관한 불필요한 정보를 기재토록 요구하고 있지 않은지 검

별의도를 드러내는 것일 수 있기 때문에 나이차별에 해당할 수 있다.[323] 또, 특정 나이집단만을 대상으로 하는 모집·채용 광고는 간접차별에 해당할 수 있다.[324] 반면에 진정직업자격이나 정책적 우대조치에 해당하는 경우에는 나이차

토해야 한다. 지원서 양식에서 나이와 관련된 정보를 요구하는 것은 나이차별에 해당할 수 있다(ACAS, Age and the Workplace, A guide for employers, 2006, 11면.).

323) Barbara T. Lindemann and David D. Kadue, Age Discrimination in Employment Law, Washington, D.C. : Bureau of National Affairs, 2003, 1185~1186면 ; 직업경험의 최고 한도 설정과 관련하여 아일랜드의 평등조사관청(평등심판소)은 2~3년을 초과하지 않는 직업경험요구는 젊은 지원자들에 비해 진정인에게 불리하게 작용하는 것으로, 피진정인이 나이와 무관한 객관적 능력 기준에 관한 증거를 제시하지 못했기 때문에 간접차별에 해당한다고 판단하였다(Tom O'Connor v LIDL Ireland GmbH(DEC-E2005-12). 홈페이지(www.equalitytribunal.ie)) ; 채용광고와는 달리 직업자격경험의 사실상 최고한도 설정과 관련하여 아일랜드의 평등조사관청은 회계원들이 통상적으로 20대 중반에 자격을 갖추는 점을 감안할 때 최고 2~3년의 자격경험은 실제상 30세 이상의 연령그룹에 속하는 현저히 적은 비율의 자들이 충족할 수 있는 조건으로 보다 나이가 많은 지원자들에 대한 간접차별이고, 피진정인은 이런 조건을 객관적으로 정당화하는 증거를 제시하지 못했다고 판단(Noonan v Accountancy Connections (DEC-E2004-42). 홈페이지(www.equalitytribunal.ie)) ; 고령자가 절대 다수를 차지하는 파트타임 재고용 거부와 관련하여 희망퇴직자의 약 96%가 50세 이상이라는 사실로부터 아일랜드의 평등조사관청은 희망퇴직자를 파트타임 재고용 대상에서 배제하는 것은 나이가 젊은 근로자들보다 50세 이상의 근로자들에게 상당히 심각한 영향을 미치고, 피진정인은 회사의 정책이 나이차별과 무관하거나 비용절감이라는 경제적인 이유 외에 다른 정당한 사유를 입증하지 못했다는 점에 근거하여 차별로 판단하였다(McLoughin v Bus Eireann (DEC-E 2004-59). 홈페이지(www.equalitytribunal.ie)) ; 영국 고용평등(연령)규칙에 관한 ACAS의 가이드라인에서는 운전학원의 운전강사를 모집·채용함에 있어서 운전자격증을 보유하고 있고 10년 이상의 운전경력을 요구하는 경우 이러한 요구는 28세 미만인 자의 지원을 막는 차별적인 것일 수 있고, 운전강사의 자격으로 4년 이상의 운전경력이면 충분한 상황에서 28세 미만인 자가 나이차별을 주장하는 경우 사용자는 10년 이상의 운전경력이 왜 필요한지를 정당화하여야 한다(ACAS, Age and the Workplace, A guide for employers, 2006, 12면) ; 영국 고용평등(연령)규칙에 관한 ACAS의 가이드라인에서는 사용자가 직원을 채용함에 있어서 대학 졸업자일 것을 자격요건으로 요구하고 있는데, 오늘날에는 몇 십 년 전에 비해 훨씬 많은 사람들이 대학을 다니지만, 충분한 실무적 경험을 갖고 있는 고령자들이 대학교 졸업자일 가능성은 상대적으로 적으므로 사용자가 대학 졸업자 요구의 정당성을 입증할 수 없는 경우에는 간접적인 나이차별에 해당할 수 있다(ACAS, Age and the Workplace, A guide for employers, 2006(op. cit.), 14면).

324) 영국 고용평등(연령)규칙에 관한 ACAS의 가이드라인 : 광범위한 지원자 풀을 대상으로 모집·채용에 관한 광고를 하는 것이 바람직하다. 특정 연령층에 한정된 광고는 지원자의 다양성을 저해하고 간접차별에 해당할 수 있다. 예를 들어, 젊은 사람들을 고객으로 삼고 있는 잡지에만 광고를 내는 것은 고령자들에 대한 간접차별이 될 수 있다. 왜냐하면, 고령자들은 그 잡지를 구독할 가능성이 더 적고, 따라서 해당 구인광고를 보고 지원할 가능성도 더 적기 때문이다.

별이 성립하지 않는다.[325] 그러므로 모집채용에서의 응시연령제한 폐지, 정년연장조치 등은 고령자의 고용촉진을 위한 조치로 풀이된다.

미국 연방대법원은 2004년 판결[326]에서 상대적으로 나이가 많은 고령근로자들에 대한 사용자의 우대·선호는 나이차별이 아니며, EEOC해석규칙(29 C.F.R. §1625.2, 법에 의해 보호되는 자들 간의 차별)은 명백히 잘못되었다고 밝히고 있다.[327] 이러한 연방대법원의 입장에 따라 EEOC는 해석규칙의 개정

---

325) EU입법지침(2000/78/EC)은 채용에서의 나이차별(직접차별)의 예외로 설정 가능하다고 규정하고 있다. 우리나라의 경우 근기법상 취업최저연령규정과 임산부와 18세미만자의 도덕상 또는 보건상 유해하고 위험한 사업에 사용을 금지하는 규정, 항공법상 항공업무 종사자의 조종사자격증 보유규정과 자격증명 최저연령 등을 들 수 있다. 해당 업무가 요구하는 교육훈련 또는 퇴직 이전의 합리적인 고용기간에 근거한 채용상의 최고 연령의 설정(EU입법지침, 2000/78/EC)도 가능한데, 호주에서는 교육훈련비용에 근거한 나이제한의 정당성 여부와 관련한 군 헬기 조정사의 나이제한(임용시점 19세 이상 28세 미만)에 대하여 호주의 인권기회평등위원회(HREOC)는 훈련투자비용에 대한 보상 가능성(훈련투자에 드는 높은 비용을 충분한 기간의 군복무로 보상받을 가능성)은 지원자의 전반적인 업무적합성을 판정하기 위한 기준의 일부를 형성할 수는 있으나 그 경우에도 직접적으로 판정되어야 하고 나이를 근거로 이러한 가능성이 가정되어서는 아니 된다고 언급(Robert Bledly사건. HREOC, Report of Inquiry into Complaints of Discrimination in Employment and Occupation Age Discrimination in the Australian Defence Force, Report No.8, Commonwealth of Australia, 2000).

326) 상대적으로 나이 많은 자에 대한 우대 내지 선호 : 50세 미만의 근로자들에게는 퇴직건강급여(retiree health benefits)의 수급자격을 폐지하고 50세 이상의 근로자들에 대해서만 계속 인정하겠다는 사용자의 결정에 반대하여 원고들(40대)이 소를 제기했다. 미국의 하급심 법원은 일종의 역나이차별(reverse age discrimination)로 보았으나 연방대법원은 상대적으로 젊은 근로자들에게 유리하게 작동하는 차별로부터 상대적으로 고령인 근로자를 보호하려는 것이 의회의 입법의도였기 때문에 보다 나이가 많은 고령근로자들에 대한 선호는 법(ADEA) 위반이 아니라고 보았다. 미국의 연방대법원은 ADEA 제623조 (a)상의 '나이'는 그 의미가 모호하고 두 가지(하나는 생물학적 연령, 다른 하나는 고령)로 해석할 수 있다고 지적하면서, 40세 이상의 자들만을 대상으로 하는 동법의 적용범위, 나이차별이라는 용어의 사회적 역사, 동법이 규정하고 있는 입법취지 및 의회의 기록 전반에 근거하여 위와 같은 결론을 내렸다(General Dynamics Land Systems, Inc. v. Cline, 540 U.S. 581(2004)).

327) 이 판결이 있기 이전까지 EEOC는 법(ADEA)상의 나이를 '생물학적' 나이로 해석하였다. 현행 EEOC해석규칙 역시 40세 이상의 사람들 사이에서 나이에 근거하여 보다 나이 많은 사람을 우대하거나 보다 나이 적은 사람을 우대하는 등의 어떠한 선호도 금지하고 있다. 다만 나이차별과 관련한 문제점들에 대응하기 위해 40세 이상의 고령근로자들에게 사용자가 추가적 편익을 제공하는 것은 예외적으로 허용하고 있다. 그런데 연방대법원은 법(ADEA)상의 나이를 생물학적 나이가 아니라 고령으로 해석하여 위와 같은 결론을 도출하였다. 미국의 고용상 연령차별금지법(ADEA)은 그 적용대상이 40세 이상인 자로 한정되어 있기 때문에 동법상의 나이를 생물학적 나이가 아닌 고령으로 해석할 여지가 있지만 우리의 경우에는 나이차별로부터 보호되는 자의 범위가 특정 연령층에 국한되지 않

안을 제안하였다.[328] 일본의 경우도 '고연령자 등의 고용안정 등에 관한 법률'에서는 1994년 60세 정년을 의무화하고 2004년 고연령자고용확보조치(정년연장·정년폐지 또는 계속고용제도의 도입)의 실시를 의무화(2006.4.1. 시행)하였다.[329]

고령자를 위한 정책적 우대조치에는 공공부문에서 법령·조례 등에 근거하여 국가·지자체 등이 시행하는 공적 성격의 정책적 조치와 민간부문에서 사업주 등 개별 기업이 자발적으로 시행하는 사적 성격의 정책적 조치가 있다.[330] 특히 정부는 현재 노인복지법에 의해 노인 일자리 사업을 추진하고 있다. 이러한

으므로 미국처럼 해석하기는 곤란하다.

328) 미국 ADEA 관련 EEOC규칙 개정안(29 C.F.R. §1625.2) - 법에 의해 금지되는 차별 : 고용의 어떠한 측면에서도 사용자가 40세 이상이라는 이유로 사람을 차별하는 것은 법상의 예외규정이 적용되지 않는 한 위법하다. 나이를 이유로 젊은 사람보다 나이든 사람을 선호하는 것은 그 젊은 사람이 40세 이상이라고 할지라도 동법(ADEA) 하에서 위법한 차별이 아니다.

329) 제8조(정년을 정한 경우의 연령) : "사업주가 그가 고용하는 근로자의 정년을 정하는 경우 당해 정년은 60세를 하회할 수 없다. 다만, 당해 사업주가 고용하는 근로자 가운데, 고연령자가 종사하는 것이 곤란하다고 인정되는 업무로서 후생노동성령에서 정한 업무에 종사하고 있는 근로자에 대해서는 그러하지 아니 하다." 동법 시행규칙 제4조의2 : "법 제8조의 후생노동성령에서 정한 업무는 광업법 제8조에 규정된 사업에서의 갱내작업의 업무로 한다." 제9조(고연령자고용확보조치) : "① 정년(65세 미만의 자에 한정. 이하 이 조에서는 동일함)을 정하고 있는 사업주는 그가 고용하는 고연령자가 65세까지 안정적인 고용을 확보할 수 있도록 다음 각 호의 조치(이하 '고연령자고용확보조치'라고 함)의 어느 것이든 이를 강구하여야 한다.(1. 당해 정년의 인상, 2. 계속고용제도(현재 고용하고 있는 고연령자가 희망하는 때에는 당해 고연령자를 그 정년 후에도 계속해서 고용하는 제도를 말함. 이하 동일)의 도입, 3. 당해 정년의 정함의 폐지), ② 사업주는 당해 사업장에 근로자의 과반수로 조직된 노동조합이 있는 경우에는 그 노동조합, 근로자의 과반수로 조직된 노동조합이 없는 경우에는 근로자의 과반수를 대표하는 자와의 서면에 의한 협정으로 계속고용제도의 대상이 되는 고연령자에 관한 기준을 정하고, 당해 기준에 근거한 제도를 도입한 때에는 전항 제2호에 규정된 조치를 강구한 것으로 본다."

330) 유럽사법재판소(ECJ)는 2005년 Mangold v Helm 사건(2005. 11. 22. 판결, Case C-144/04)에서 상대적으로 높은 실업률을 보이는 고령자의 고용을 촉진하기 위해 52세 이상 고령자의 경우 최고 2년을 초과하는 기간제 근로계약의 연쇄적 체결을 예외적 허용하는 독일의 개정법(2003.1.1. 시행)을 EU입법지침(2000/78/EC)에 위반하는 나이차별로 판결하였다. 독일 구법 하에서는 58세 이상 고령자의 경우 사용자는 객관적 사유 없이도 최고 2년의 범위 내에서 기간제 근로계약을 체결할 수 있게 했었다. 기간제 근로계약의 체결요건을 완화한 개정법에 대해 유럽사법재판소는 비례원칙에 반하는 것으로 판단했다. 단지 나이 때문에 안정적 고용의 이익으로부터 배제될 위험(즉, 고령근로자의 고용권 약화)이 있기 때문에 독일 개정법은 고령자의 직업적 통합을 달성하기 위한 적절하고 불가결한 수단의 범위를 벗어났다는 것이 판단의 이유이다.

고령자를 위한 우대조치들은 인구구조의 변화에 기인하는 바가 크다. 고령사회를 넘어 초고령사회로 진입하고 있는 우리의 현실에서 출산율은 저하되고 노동력은 그만큼 축소되고 있다. 결국 인력활용의 문제가 발생하게 되었고, 더욱이 평균수명이 연장되면서 사회적 부담은 증가하고, 기존의 정년체계에서 퇴직 후 장기간의 노후를 보장할 수 있는 소득이 확보되지 못하고 있다. 그러므로 숙련된 노동력의 활용을 통한 생산력의 제고와 고령자의 생계유지 등 사회문제를 해소하는 대안이 될 수 있는 현실을 감안할 때 고령자에 대한 고용유지 및 고용촉진정책은 시대가 요구하는 사안이며, 사회문제를 해소하는 방안이라고 할 것이다.

(3) 사회적 형평을 위한 조치

1) 지방출신 및 지역별 할당제에 대한 합리적 이유

최근에는 국가 성장에 대하여 균형 있는 경제성장, 지역 간・계층 간 균형을 강조하면서 취업기회도 정책적인 배려가 필요하다는 여론이 강해지고, 국가는 일정부분 지방출신자의 고용할당제[331]나 지방대학출신 졸업자들에 대한 고용할당제[332] 등을 정책적으로 추진하고 있다.[333] 이러한 정책적인 고려가 사실상

331) 지방 및 지역할당제는 고용과 관련하여 지역할당제 즉 지방출신자에 대한 고용할당제는 균형 있는 국민경제의 성장 및 안정과 적정한 소득의 분배를 유지하기 위한 일환으로 이해될 수 있다. 이러한 개념은 헌법적인 규정에 의한 것이라고 판단할 수도 있으나 자유민주주의 공공선의 측면에서도 사회적 배려, 기회의 균등한 부여라는 측면에서 긍정적이면서도 필요한 정책적 배려라고 판단할 수 있다. 다만, 객관적인 능력과 기능을 가진 경우에도 서울출신자라고 하여 현격하게 뒤진 지방출신자가 우대되는 경우에는 이는 매우 불합리한 결과(역차별)를 초래하는 것이라고 판단할 수 있다. 그러므로 일정한 수준이상의 요건을 마련하고, 상대적으로 서울출신자와의 능력과 비교형량하여 현격한 차별을 유발하지 않는 범위 내에서의 우대정책이 되어야 할 것이다.

332) 현재 운영되고 있는 공공기관의 지방학교 출신자의 할당제는 30%수준 이내로 제한적으로 실행되고 있는 것으로 파악되고 있다. 그러나 이러한 수치는 적정성에 대한 판단은 별개로 하고 객관적인 능력의 차이가 분명하고 이러한 선발절차가 존재함에도 열심히 공부하여 노력한 결과를 평가받지 못하는 등 불합리한 결과를 초래할 수가 있다. 현격한 실력의 차이가 있고, 객관적인 판단의 근거가 명확함에도 단지 지방학교 출신자라는 이유로 더욱이 청년실업이 현실적으로 심각한 수준에 있는 현 시점에서 서울학교출신자가 차별을 받게 된다면 문제가 될 소지는 매우 크다. 또한, 승진절차 등에서도 그러한 비율을 능력과 성과에 상관없이 운영한다면 더욱 큰 차별적인 문제를 수반할 수가 있다. 그러므로 보다 합리적인 수준이나 범위를 설정하여야 할 것이다. 통상적으로 수능시험이나 대학입학시험의 성적순에 따라 서울학교와 지방학교 간 서열이 매겨지는 상황에서는 이러한 문제가 더

상대적으로 수도권에 밀집한 대학이나 출신자가 전국적으로 편중된 현실을 감안할 때 또 다른 갈등과 경쟁을 유발할 수도 있는 것이 사실이다. 모든 국가의 정책이 합리적일 수만은 없다. 다만, 상대적으로 약자를 보호하고자 하는 것, 또는 상대적으로 기회가 덜 주어지는 집단에 대한 정책적인 고려사항이 될 수밖에 없고, 이러한 측면에서 지방할당제 등의 문제는 많은 논의가 필요한 부분이라고 할 수 있다.[334] 물론 최근에는 전국적인 성적수준과 상관없이 대학입시에서도 지방출신 고교졸업자의 지역입학할당제를 도입하여 운영하는 등 많은 부분에서 편중 심화에 대한 조정의 노력이 있다. 그러나 어느 편에서 보나 인구비례 또는 지역비례 등 일면 각각의 목소리에 타당성은 있으므로 정책적인 배려가 가지는 필요성과 합리성을 기준으로 판단할 수밖에 없는 일이라 판단된다. 헌법에서도 균등한 교육을 받을 권리(제31조)를 규정하고 있고, 국가는 균형있는 국민경제의 성장 및 안정과 적정한 소득의 분배를 유지하고, 시장의 지배와 경제력의 남용을 방지하며, 경제주체간의 조화를 통한 경제의 민주화를 위하여 경제에 관한 규제와 조정을 할 수 있다(제119조)고 규정하고 있다. 이러한 헌법차원에서의 규정을 위시하여 균형과 조화, 형평의 민주주의를 실현하기 위한 장치들이 정책적으로 그려되면서 지역 간, 수도권과 지방간의 불균등현상을

욱 크다고 할 수 있다. 객관적인 수리능력이 저조한 사람과 비교하여 오히려 일자리를 갖지 못하도록 하는 할당제가 합리적인 민주주의의 정책이라고 할 수 있느냐의 문제는 지역적 여건과 국가정책적인 필요성과 합리적인 이유가 존재하고 이러한 이유들이 국가 미래를 위하여 반드시 필요 불가급한 일이라고 판단되는 수준의 것이어야 한다는 점을 염두에 두어야 한다.

333) 지역인재 채용우대 등에 관하여는 '지방대학 및 지역균형인재 육성에 관한 법률(지방대육성법)'에서 규정하고 있으며, 직접적인 근거규정은 제3조, 제12조, 제13조를 들 수 있다.

334) 국가기관의 지역인재 균형 등용을 위한 적극적 조치와 관련하여 인권위는 공무원 채용에 있어 지역인재추천채용제(이른바 6급 견습직원채용제)가 공직 진입에 있어 특정지역 출신대학의 과중편중 현상으로 인한 지역간 불균형이 심화되어 적극적인 평등 조치가 필요하게 됨에 따라 도입된 제도로서, 지역간 불균형을 해소하기 위하여 학업성적이 우수한 지역인재의 균형 있는 등용을 도모하기 위한 적극적 조치이므로 인권위법 제2조 제4호에 따라 평등권침해의 차별행위로 보지 않는다고 판단하였다(인권위, 05진차1037, 05진차1067). 이 사건은 지역인재추천채용제가 전국 4년제 대학 졸업예정자와 졸업자 가운데 학교성적 상위 5%로 제한하고, 특정 광역자치단체의 합격인원이 선발인원의 10%를 넘지 않도록 하여 선발하고 있는바, 이렇듯 대학 졸업자를 우대하는 것이 능력 위주 평가에 반하여 합격자 비율을 조정하는 것이므로 불합리하고, 응시자격을 학사학위 이상자 또는 졸업예정자 중 대학 성적 상위 5% 이내로 제한하고 추천권을 대학에 위임한 것 역시 부당하다고 진정한 것이었다.

시정하여 기회의 균등을 통해 보다 조화로운 전 국민의 생활수준을 향상시키고자 하는 노력의 일환이라는 측면에서 그 합리성이 있다고 판단된다.

2) 이공계 우대정책에 대한 합리적 이유

이공계출신자 우대정책은 과학고도화 산업의 육성과 국가의 과학기술대국을 준비하는 과정에서 불가피한 선택의 문제라고도 한다. 그러나 한편에서는 정책적인 배려측면에서 이공계출신우대정책을 고용상의 선발과정에서의 우대정책으로 실행하는 것이 아니라 이공계출신자가 그 역량을 최고도로 발휘할 수 있고 국가의 인재가 이러한 직종으로 선호되는 과정을 만드는 것이 더 필요하다고도 한다. 즉, 그동안 우리나라는 소위 문관출신이 우대되었고 이들이 국가권력의 주도권을 가지고 정책적인 결정을 하였으며, 기업에서도 인문사회계통인 경영학이나 법학 등 사회과학출신자가 주도권을 가지고 운영해온 것이 사실이다. 이러한 과정과 기업문화 속에서 이공계는 산업의 기술혁신이 핵심사항임에도 상대적으로 그 입지를 굳게 하지 못하고 일정한 정책 하에 그 정책을 수행하는 과정상의 역할 즉 기술을 연구개발하고 이를 상품화하는 과정에서의 기술자 내지 스텝기능 위주의 역할을 하는 존재로 여겨져 왔다. 그러나 산업기술대국은 이들의 기능이 단순한 역할수행이 아닌 고도의 과학을 기반으로 첨단산업의 첨병역할을 할 수 있도록 하는 기반을 조성해 주는 국가정책적인 노력이 필요한 시기가 된 것이다.[335)]국가의 미래 백년대계를 위한 철저한 투자와 인재전략이 이러한 관점에서 이공계 우대정책으로 나타나야만 한다는 것이 일반적인 견해인 것이다. 즉, 누구나 이러한 계통으로 진출하고자 하는 유인책이 강하게 작용할 수 있는 정책적인 배려와 경제적으로도 보다 우월한 보장과 성취감을 고도로 높여줄 수 있는 정책적인 고려가 선행되어야 한다는 것이다. 결국 이러한 우대정책은 그 필요성[336)]에 대한 검토, 우대정책의 대상[337)]에 대한 검토 등에 대한

335) 이러한 정책적인 근거로서 마련된 법률이 '과학기술기본법'인데 동 법에서는 과학기술발전을 위한 기반을 조성하여 과학기술을 혁신하고 국가경쟁력을 강화함으로써 국민경제의 발전을 도모하며 나아가 국민의 삶의 질을 높이고 인류사회의 발전에 이바지함을 목적으로 하며, 과학기술혁신이 인간의 존엄을 바탕으로 자연환경 및 사회윤리적 가치와 조화를 이루고 경제·사회 발전의 원동력이 되도록 하며, 과학기술인의 자율성과 창의성이 존중받도록 하고, 자연과학과 인문·사회과학이 서로 균형적으로 연계하여 발전하도록 함을 기본이념으로 한다고 밝히고 있다.

과제[338]를 가지고 면밀하게 검토되고 운영되어야 상대적인 역차별을 방지할 수 있을 것이다.

직접적으로 이공계우대정책을 판단한 것은 아니지만 이공계열(전산직) 공무원응시자격을 전산관련 산업기사 이상으로 제한하고 있는 공무원임용시험령에 대한 헌법재판소의 판결에서 동 시행령이 규정한 응시자격제한은 '기술인력의 사회적 지위 향상과 국가경제발전에 이바지하기 위한 것'으로 정당하다는 입장을 설시하고 있다.[339] 동규정은 전산직렬 직무수행을 위한 것으로 입법목적과 수단의 적절성이 인정되고 전산직 업무수행에 필요한 정도의 최소한의 요건(최소 침해성)이며, 업무의 전문성을 강화하여 국민에게 양질의 서비스를 제공하기 위하여 국가기술자격 취득자를 우대하는 것은 법익균형성이 인정되는 것이라는

---

336) 이공계우대정책의 필요성은 과학기술대국으로 발전해야만 하는 절박한 필요성, 기초과학부터 응용과학까지 다른 나라에 비하여 절대적인 우위를 확보하지 않고는 우리나라가 경쟁에서 생존할 수 없는 필연의 시대적 요청이라는 것이다. 오늘날 기술경쟁력은 곧 국가경쟁력이다. 고부가가치상품을 개발하여 판매하는 것이, 적은 자원과 비용으로 많은 부를 확보할 수 있으며, 특히 우리나라는 무역주도의 산업구조를 가지고 있고, 부존자원이 없는 나라로써 기술력만이 생존의 조건이 될 수 있다. 이러한 현실적인 국가적 과제를 당면한 사안으로 판단하고 국가는 이공계우대정책들을 입안하면서 다른 모든 여건들을 개선하는 것은 물론, 고용상의 문제에서도 이공계우대정책을 추진할 수밖에 없는 현실적인 요청을 받게 된 것이다.

337) 통상적으로는 문과계열에 대비한 자연과학이나 공학계열을 지칭하는 것으로 판단되지만 요즘은 간학문적인 성격의 등장으로 이공계와 문과계열이 협학되는 상태도 등장하고 있어 사실상 그 구분이 명확하지 못한 부분도 있다. 그러므로 이공계우대정책은 상대적인 정책이 될 수가 있는데, 정부가 추구하는 이공계우대정책은 통상적인 문과와 이과의 구분을 통한 우대 내지 차별이 아닌 핵심과학분야, 예를 들면 기초과학을 통한 응용과학이 산업기술에 절대적으로 영향을 미치는 분야들을 중심으로 정책적인 배려가 되어야 한다. 이는 핵심인재의 발굴과 육성이라는 측면에서도 모든 분야를 우대하거나 지원할 수 없는 재정적, 인재 전략적, 정책적 문제가 있기 때문이며, 너무 포괄적인 인재육성전략은 오히려 그 실효성을 거두기가 어려울 수 있기 때문이다.

338) 정부는 이공계우대를 위한 각종 정책들을 내놓고 있다. 입학시부터 장학금의 수혜를 늘리고, 전략적 산업의 육성을 위한 핵심인재개발 프로젝트를 운영한다든가, 우선 고용내지 우대(채용, 임금, 교육훈련 등 근로조건)정책들을 통하여 필요한 인재를 필요에 맞게 선발 육성해서 가장 효율적으로 활용할 수 있는 대안들을 마련하는 것이 필요한 것이다. 이를 통하여 진정한 국가적 인재가 성장할 수 있고, 이러한 성장을 기반으로 국가적인 전략산업이 육성되고 과학기술이 성장하고 미래기반을 다질 수 있는 초석을 만들 수 있는 유인책이 되어야 한다. 그러기 위해서는 인재들이 모이게 만드는 환경조성, 대우, 기타 여건을 대폭적으로 확대 운영할 필요가 있다. 물론 이러한 조치가 가능하도록 예산의 확보와 탄력적인 인재전략의 운영프로그램을 구축하고, 관리・유지될 수 있도록 하여야 할 것이다.

339) 헌법재판소 2012.07.26. 선고 2010헌마264 결정.

엄격한 기준에 의해 그 정당성을 판단하고 있다.

3. 청년채용할당제의 합리적 이유

(1) 청년할당제의 정당성 및 필요성

적극적 개선조치를 취해야 하는 경우는 오랜 기간 차별을 받아온 문제를 해소하기 위한 목적이 있어야 한다. 그러나 청년실업의 문제는 차별상황의 상존보다는 경기침체 등 경제적인 상황에 기인하는 것이 큰 원인에 해당한다. 물론 경기침체로 신규인력보다는 같은 임금으로 입직교육 등이 필요하지 않고 즉시 활용이 가능한 기왕의 경력근로자를 선호하는 것은 기업의 입장에서 보면 상대적으로 비용적인 측면에서 유리하기 때문에 이를 기준으로 선발에서 상대적인 배제 사유가 될 가능성이 없는 것은 아니다. 한편, 경기적인 측면에서 일정기간 청년실업은 사회문제를 야기하고 청년인력의 활용이 불가능할 경우 새로운 지식과 기능을 활용할 수 없고, 일시적으로는 경력직이 선호되지만 장래의 일군을 확보하지 못하면 기업의 입장에서는 장기적인 인력정책에 실패하게 될 가능성이 크다. 이러한 현실을 감안하여 민간부분이 아닌 공공부분에 대하여 일시적으로 특별법을 통하여 할당제를 취하는 것은 정부정책에서 일응 합리성을 가질 수 있을 것이다. 그러므로 청년고용할당제는 정책적 우대조치 측면에서 판단되어야 할 사안이라고 할 수 있다.

(2) 청년고용촉진특별법 사건

1) 사건 개요

2013.05.22. 법률 제11792호로 개정된 청년고용촉진 특별법 제5조 제1항은 2014.01.01.부터 한시적으로 대통령령으로 정하는 공공기관과 지방공기업은 매년 정원의 100분의 3 이상씩 청년 미취업자를 고용하도록 의무화하였다. 청년할당제를 규정하고 있는 법 제5조 제1항과 그 시행령 제2조가 헌법상 보장된 청구인들(공공기관과 지방공기업에 취업하려고 하는 사람들)의 평등권, 직업선택의 자유 등을 침해한다고 주장하며 2013.08.06. 헌법소원심판을 청구하였는데, 청구인 중 1인은 자기관련성이 없어 각하처리되었고, 다른 청구인들의 심판청구

는 기각되었다.

소위 청년할당제는 34세 이하의 청년 미취업자를 공공기관 및 공기업으로 하여금 일정비율 이상 채용하도록 규정한 청년고용촉진특별법 제5조 제1항에 대한 사건[340]인데, 이 사건은 동법에서 규정한 해당기관에 매년 정원의 3%를 채용하도록 한 것은 35세 이상자의 평등권을 침해(연령차별)한다는 이유로 위헌소송을 청구한 사건으로 합헌(4인)과 위헌(5인)의 양론이 팽팽한 견해를 가지고 있었으나 위헌정족수 미달로 위헌결정은 나지 않았다. 그러나 양측의 견해를 살펴보면 청년할당제에 대하여 쟁점을 기준으로 합리적인 이유를 판단하는 기준을 살필 수 있다. 동 사건은 평등권 및 다른 미취업자의 직업선택의 자유 침해여부를 판단한 것으로 엄격한 심사기준이 활용되었다.

2) 청년할당제의 정당성의 입장과 부당성의 입장

동 사건은 과잉금지원칙 내지 비례성심사기준을 활용하고 있다. 즉, 이러한 입법의 목적적인 측면에서의 정당성과 수단의 적합성, 피해의 최소성, 법익 균형성 등을 판단하면서 합헌의 의견은 보호대상이 34세 이하이고 이는 35세 이상의 평등권을 침해하지 않는 것이며, 한시적인 운영(2018년까지 일시적으로 운영)으로 사회적인 문제가 되고 있는 청년실업은 이를 통하여 해소될 수 있고, 이를 통하여 지속적인 경제성장과 사회 안정을 가져오는 공익적인 목적이 크다는 것이 정당성의 입장이다.

반면에 청년할당제가 위헌적이라는 부당성의 입장은 공공기관의 경영사정 내지 인력수요를 고려하지 않고 강제하므로 기존 인력의 감축이 강제되고 결과적으로 고령근로자에 대한 차별로 이어질 수 있고, 한정된 일자리를 감안할 때 적정한 일자리를 창출하지 않고 특정 연령대의 청년층에게 우선 배분하는 것은 세대 간의 갈등을 조장할 수 있으며, 채용에 있어서 일반국민에게 균등한 취업기회를 보장하고, 성별·나이 등을 배격하고 능력주의 내지 성적주의에 입각한 공정한 경쟁에 의한 채용기회를 보장하지 않는 것은 다른 연령층 미취업자들의 직업선택의 자유를 침해하는 것으로 합리성이 없다고 보았다.

---

340) 헌법재판소 2014.08.28, 선고 2013헌마553 결정.

(3) 청년할당제와 고령자 차별 문제

청년할당제는 과거부터 현재까지 청년취업의 차별문제가 발생하고 이를 해소하기 위하여 취해진 것이 아니므로 적극적 개선조치로 보기에는 무리가 있고, 정책적 우대조치로 보아야 한다. 청년할당의 필요성은 이미 앞에서 살펴보았으므로 한시성을 중심으로 판단해 본다면 이 정책은 2018년까지 운영되는 특별법의 성격을 지니고 있다. 모든 청년실업을 구제하기 위한 것이 아니고, 일시적인 청년실업문제를 다소 해소할 목적을 가지고 있다. 그러므로 과도하지 않는 비중과 함께 과도하지 않은 기간을 운영하는 한시성을 가지고 있다. 이러한 점은 일응 경기변동이나 최근의 경기상황과 실업수준을 고려할 때 합리적인 수준으로 판단된다. 다만, 실업해소문제는 미시적인 고용할당보다는 근본적으로 일자리창출을 확대하는 인력정책이나 경제정책의 거시적인 관점도 고려하는 것이 필요할 것으로 판단된다.

특별법에 우선적으로 고려되는 연령층은 34세 이하자이다. 소위 청년층이라는 개념의 범주에 해당하는 사람들이다. 이는 청년실업이 문제가 되어 이를 해소하고자 하는 정책적 고려사항이다. 그렇다면 35세 이상자의 실업은 문제가 없다는 것인가. 물론 통상적인 경우라면 이러한 연령층은 이미 취업을 하였을 것이다. 그러나 우선 고려되는 비중은 3%수준으로 과도하지 않은 점은 정당성을 주장하는 입장이 틀린 것은 아닌 것으로 판단된다. 그러나 엄격한 기준으로 판단한다면 부당성을 주장하는 입장에서처럼 보다 나이 많은 사람은 연령 때문에 상대적인 차별을 당하게 되는 점은 부정할 수 없다. 즉, 고령자고용촉진의 문제와도 상충되는 사안으로 비록 그 비중이 적다고 하지만 고령자를 차별하는 정책임에는 부인할 수 없다고 할 것이다.

일자리는 일정한 한계를 가지고 있는 것이 현실이다. 그러므로 누군가(청년 등)가 그 자리를 메우면, 다른 취업희망자(고령자 등)는 기존 근로자에 의해 공석이 생기지 않으면 취업할 수가 없다.[341] 특별법에 대한 부당성을 주장하는

---

341) 일자리의 유한성을 상정하고 판단하면, 청년층과 고령층 고용이 대체관계에 있다는 것으로 풀이된다. 즉, 경제고용규모가 고정되어 있어 어느 한쪽이 확대 고용되면 다른 한쪽은 축소(노동총량이론)되는 결과가 되는 것이다. 그러나 고용총량이 지속적인 경제성장으

입장에서처럼 특정 연령대를 정책적으로 구제하기 위하여 우선 선발하는 경우 그 만큼 다른 연령대의 사람은 상대적으로 불이익을 받을 가능성을 배제하기는 어렵다. 그러므로 상대적으로 비보호대상에 대한 피해를 최소화하기 위하여 정책적인 배려가 필요한데, 과도하지 않은 우대정책의 비중, 적용대상의 한정, 적용기간 제한 등을 고려한 운영의 필요성이 크다고 할 것이므로, 이러한 측면에서 특별법이 과도하지 않은 비중(3%)과 적용범위(공공기관)를 한정하고, 한시성(5년간)을 가지고 있는 것은 합리적인 장치로서의 조치가 수반되고 있다고 할 수 있을 것이다.

(4) 청년할당제의 합리적 이유

청년할당제는 최근 경기불황에 따라 청년실업이 크게 증가하고 이는 사회적인 문제가 되고 있고, 이를 해소하기 위하여 정책적 우대조치로 마련된 조치이다. 이러한 조치에 대하여 바라보는 시각은 갈리고 있고, 헌법재판소도 같은 상황이라고 할 수 있다. 즉, 상기 헌법재판소의 판단에서 합헌과 위헌의 양 견해는 청년실업의 해소를 위한 문제 해결을 거시적으로 보느냐, 미시적으로 보느냐의 문제에서 근본적인 입장이 갈리는 것으로 보인다. 합헌의 견해는 미시적인 관점으로 한시적(2018년까지)으로 시행되는 법으로 현실적으로 처한 청년실업의 과잉상황을 고용할당이라는 제도를 통하여 해소하는 것은 일응 상당한 합리성과 일정부분 실업문제해소를 가져올 수 있다는 입장인데 반하여, 위헌의 입장은 실업의 문제는 거시적인 관점에서 근본적으로 경기위축, 국내기업의 해외이전으로 인한 산업공동화 현상, 기업 간의 임금격차에 따른 인력의 수요와 공급의 불일치에 있으므로 적정한 일자리를 창출하는 것이 근본적인 해결책이라는 점에서 출발하고 있다는 점이다. 양측의 견해는 각각의 합당한 사유가 전제되고 있다. 그러나 한정적인 대상기관에 대하여 한시적인 기간 동안, 일시적으로 발생한 사회현상에 대한 해결책을 위하여 마련된 특별법의 위헌여부를 다투는 사

로 새로운 일자리를 창출하면 한쪽의 고용확대가 다른 쪽의 고용을 구축하지 않게 된다. 그러므로 경기가 위축되는 경우 일자리에 한계가 있어 대체성이 강하게 나타날 것이고, 경제가 활성화되면 양쪽 모두에게 고용은 확대될 것이다(한국은행, "국제경제리뷰", 제 2015-19호, 2015.10. 참조).

건에서 사회전반의 문제해소를 근본적으로 전제하고 판단하는 것은 그 범위를 너무 확대 해석한 것으로 합헌의 견해가 합리성을 갖는 것으로 판단된다. 만일 위헌의 입장에서처럼 해석한다면 국가유공자 고용의무비율[342)]이나 장애인 고용의무비율[343)] 등에 대한 정책적인 조치도 그 정당성을 인정받기 어려울 것이다.

4. 소결

적극적 고용개선조치가 사회문화적인 배경과 현존하는 차별에 대하여 그 차별을 해소하거나 완화하기 위한 조치의 일환으로 그 범위를 크게 설정하면 정책적 우대조치와 중첩되는 영역이다. 그러나 정책적 우대조치는 현존하는 차별 해소가 중점이 되는 것이 아니고, 고용환경의 변화, 고용정책의 변화, 사회문화적인 현실적인 문제, 상대적으로 열악한 약자의 보호와 다양성을 보완하여 사회적 형평을 도모하고자 하는 장치로 이해되는 것이 적극적 조치와는 차이라고 할 수 있다. 예를 들어 여성차별 해소를 위한 적극적 개선조치로 고용할당제 등을 취한다면, 같은 여성의 우대조치로 금지직종이나 취업 중 배려조치 등 모성보호조치는 여성차별의 개념에서의 접근이 아니라 정책적인 우대조치의 일환으

342) 국가유공자예우등에관한법률 제32조(국가기관등의 채용 의무) ① 제30조제1호에 해당하는 취업지원 실시기관으로서 기관장이 대통령령으로 정하는 일반직공무원과 기능군무원(이하 "일반직공무원등"이라 한다)의 임용권을 가지고 있고 일반직공무원등의 정원이 5명 이상인 기관(이하 "국가기관등"이라 한다)은 일반직공무원등의 정원에 대하여 대통령령으로 정하는 채용비율(이하 "채용비율"이라 한다) 이상으로 취업지원 대상자를 일반직공무원등으로 채용하여야 한다. 이 경우 일반직공무원등의 정원은 그 일반직공무원등에 대한 임용권을 가지는 국가기관등에 포함된 것으로 본다. 동법 제33조의2(기업체 등의 우선고용 의무 등) ① 제30조제2호에 해당하는 취업지원 실시기관은 전체 고용인원의 3퍼센트 이상 8퍼센트 이하의 범위에서 대통령령으로 정하는 대상업체별 고용비율 이상으로 취업지원 대상자를 우선하여 고용하여야 한다.

343) 장애인고용촉진 및 직업재활법 제27조(국가와 지방자치단체의 장애인 고용 의무) ① 국가와 지방자치단체의 장은 장애인을 소속 공무원 정원의 100분의 3 이상 고용하여야 한다. ② 각 시험 실시 기관(이하 "각급기관"이라 한다)의 장은 장애인이 신규채용 인원의 100분의 3(장애인 공무원의 수가 해당 정원의 100분의 3 미만이면 100분의 6) 이상 채용되도록 시험을 실시하여야 한다. 동법 제28조(사업주의 장애인 고용 의무) ① 상시 50명 이상의 근로자를 고용하는 사업주(건설업에서 근로자 수를 확인하기 곤란한 경우에는 공사 실적액이 고용노동부장관이 정하여 고시하는 금액 이상인 사업주)는 그 근로자의 총수(건설업에서 근로자 수를 확인하기 곤란한 경우에는 대통령령으로 정하는 바에 따라 공사 실적액을 근로자의 총수로 환산한다)의 100분의 5의 범위에서 대통령령으로 정하는 비율(이하 "의무고용률"이라 한다) 이상에 해당(그 수에서 소수점 이하는 버린다)하는 장애인을 고용하여야 한다.

로 볼 수 있는 여지가 크고, 여성차별해소를 위한 적극적 개선조치로 볼 여지도 함께 고려되고 있는 것으로 판단할 수 있다.

아울러, 앞에서 설명된 것처럼 국가보훈대상자가 특별히 고용상 차별을 받아온 것은 아니다. 그러나 국가에 봉사한 공로를 인정하고 현실적으로 처한 가정환경 등의 어려운 사정 등을 고려하여 취업상의 우대조치를 취하는 것은 정책적인 우대조치에 해당하는 것이다. 특히 최근에는 저소득층에 대한 사회적인 배려차원에서의 고용지원제도를 시행하는 것은 정책적 우대조치의 일환으로 이러한 사유들은 적극적 개선조치와는 다른 영역으로 상대적인 차별행위가 아닌 사유가 된다고 할 수 있다.

다만, 정책적 우대조치도 그 한계점이 없이 무한대로 합리적인 이유를 가지는 것은 아니고, 적극적 개선조치와 같은 일정한 한계점을 내재하고 있다고 판단된다. 즉, 정책적 우대조치가 합리성을 갖기 위해서는 명확하고 합리적인 목적이 있어야 한다. 그리고 그 목표는 합리적이고 객관성이 높은 통계적 지표 등 타당한 수준을 정해야 하고, 정책적 우대조치가 영구적으로 고착되는 것이 아닌 상대적인 역차별을 고려하여 잠정성 내지 한시성이 유지되어야 한다. 결국 고용우대조치도 상대적인 상황을 반영할 수밖에 없는 정책적인 과제를 지니고 있다고 판단된다. 일자리가 한정된 고용시장에서 고령자 고용우대를 취하면 청년실업이 늘어나고, 청년고용을 우대하면 고령자 고용은 퇴출되어야 하는 것처럼 정책적인 우대조치는 형평성과 적정성을 비교형량하여 추진되어야 그 합리성을 인정받을 수 있을 것이다. 즉, 정책적 우대조치도 역차별을 고려하는 등 적극적 개선조치에 준하는 엄격한 기준이 전제되어야 그 합리성을 인정받을 수 있을 것으로 판단된다.

제 3 장

고용차별금지 법령 및 차별금지 세부사항

제 1 절 차별금지 사항의 국제적 동향

Ⅰ. 인권선언 및 차별철폐 국제협약

1. 세계인권선언

제2차 세계대전 후 세계인권선언은 인류의 고유한 존엄성과 평등하고 양도할 수 없는 권리를 인정하는 것이 세계의 자유, 정의, 평화의 기초가 됨을 선언하면서 기본적 인권과, 인간의 존엄과 가치, 남녀의 동등한 권리에 대한 신념을 재확인하고 회원국들은 국제연합과 협력하여 인권과 기본적 자유에 대한 보편적 존중과 준수의 증진을 달성할 것을 서약하고, 모든 국민들과 국가에 대한 공통의 기준으로서 선포하였다.

세계인권선언에서는 모든 사람은 태어날 때부터 자유롭고, 존엄성과 권리에 있어서 평등하고, 모든 사람은 인종, 피부색, 성, 언어, 종교, 정치적 또는 그 밖의 견해, 민족적 또는 사회적 출신, 재산, 출생, 기타의 지위 등에 따른 어떠한 종류의 구별도 없이, 이 선언에 제시된 모든 권리와 자유를 누릴 자격이 있고, 나아가 개인이 속한 나라나 영역이 독립국이든 신탁통치지역이든, 비자치지역이든 또는 그 밖의 다른 주권상의 제한을 받고 있는 지역이든, 그 나라나 영역의 정치적, 사법적, 국제적 지위를 근거로 차별이 행하여져서는 아니된다고 선언문에서 규정하고 있다.

세부적으로 보면 모든 사람은 어디에서나 법 앞에 인간으로서 인정받을 권리를 가지고, 모든 사람은 법 앞에 평등하고, 어떠한 차별도 없이 법의 평등한 보호를 받을 권리를 가진다. 모든 사람은 이 선언을 위반하는 어떠한 차별에 대하여도, 또한 어떠한 차별의 선동에 대하여도 평등한 보호를 받을 권리를 가지며, 모든 사람은 헌법 또는 법률이 부여하는 기본권을 침해하는 행위에 대하여 담당 국가법원에 의하여 효과적인 구제를 받을 권리를 가진다. 또, 성년에 이른 남녀는 인종, 국적 또는 종교에 따른 어떠한 제한도 받지 않고 혼인하여 가정을 이룰 권리를 가진다. 이들은 혼인 기간 중 및 그 해소 시 혼인에 관하여 동등한 권리를 가지며, 모든 사람은 사상, 양심 및 종교의 자유에 대한 권리를 가진다. 이러한 권리는 자신의 종교 또는 신념을 바꿀 자유와 선교, 행사, 예배, 의식에 있어서 단독으로 또는 다른 사람과 공동으로, 공적으로 또는 사적으로 자신의 종교나 신념을 표명하는 자유를 포함한다. 모든 사람은 근로의 권리, 자유로운 직업 선택권, 공정하고 유리한 근로조건에 관한 권리 및 실업으로부터 보호받을 권리, 어떠한 차별도 받지 않고 동등한 노동에 대하여 동등한 보수를 받을 권리, 모든 근로자는 자신과 가족에게 인간적 존엄에 합당한 생활을 보장하여 주며, 필요할 경우 다른 사회적 보호의 수단에 의하여 보완되는, 정당하고 유리한 보수를 받을 권리, 모든 사람은 자신의 이익을 보호하기 위하여 노동조합을 결성하고, 가입할 권리를 가진다.

2. 인종차별철폐협약

국제연합 헌장이 모든 인간에게 고유한 존엄과 평등의 원칙에 기본을 두고 있으며 모든 회원국이 인종, 성별, 언어 또는 종교의 구별 없이 만인을 위한 인권과 기본적 자유에 대한 보편적 존중과 준수를 증진시키고 촉진하는 국제연합의 목적 중의 하나를 성취하는 데 있어서 국제연합과의 협조 아래 공동적 및 개별적 조치를 취하기로 서약하였음을 고려하고 있다. 세계인권선언이 만인은 존엄과 권리에 있어 태어날 때부터 자유롭고 평등함을 선언하고 또한 특히 인종, 피부색 또는 출생지에 대하여 어떠한 종류의 구별도 하지 않고 동 선언에 언급된 모든 권리와 자유를 누구나 향유할 수 있음을 선언하고 있음을 고려하고, 만인은 법 앞에 평등하며 어떠한 차별에 대해서도 그리고 어떠한 차별의 고무에 대해서도 법의 균등한 보호를 받을 자격이 있음을 고려하고 있다.

아울러, 국제연합이 어떠한 형태로든 또한 어디에 그들이 존재하든 식민주의와 그리고 그와 결탁한 차등과 차별의 모든 관행을 규탄하고 1960년 12월 14일자 식민지 및 그 인민에 대한 독립 부여 선언(총회결의 1514(XV))이 그들을 신속히 무조건 종식시켜야 할 필요성을 확인하고 또한 엄숙히 선언하였음을 고려하고, 1963년 11월 20일자 모든 형태의 인종차별 철폐에 관한 국제연합 선언(총회결의 1904(XVIII))이 전 세계에서 모든 형태와 양상의 인종차별을 신속히 철폐하고 인간의 존엄성에 대한 이해와 존중을 확보할 필요성을 엄숙히 확인하고 있음을 고려하고 있다. 또, 인종차별에 근거한 어떠한 우수 인종 학설도 과학적으로 허위이며 도덕적으로 규탄받아야 하며 사회적으로 부당하고 위험하며 또한 어느 곳에서든 이론상으로나 실제상으로 인종차별에 대한 정당화가 있을 수 없다는 것을 확신하고, 인종, 피부색 또는 종족의 기원을 근거로 한 인간의 차별은 국가 간의 우호적이고 평화적인 관계에 대한 장애물이며 국민간의 평화와 안전을 그리고 심지어 동일한 단일 국가 내에서 나란히 살고 있는 인간들의 조화마저 저해할 수 있다는 것을 재확인하고 있다.

인종적 장벽의 존재가 어떠한 인류사회의 이상과도 배치됨을 확신하고, 세계 일부 지역에서 아직도 실증적인 인종차별의 시현과 또한 인종적 우월성 또는 증오감에 근거를 둔 "남아프리카의 인종차별정책", 인종분리 또는 격리와 같은 정부 정책에 경악을 금치 못하고, 모든 형태와 양상에 있어 인종차별을 신속히 철폐시키기 위한 모든 필요 조치를 채택하고, 인종간의 이해를 증진시키기 위하여 인종주의자의 이론과 실제를 방지하고 격퇴시키며 모든 형태의 인종분리 및 인종차별이 없는 국제공동사회를 건설할 것을 결의하고 있다. 1958년 국제노동기구가 채택한 고용 및 직업에 있어서의 차별에 관한 협약과 1960년 국제연합 교육과학문화기구가 채택한 교육에 있어서의 차별금지협약에 유의하고, 모든 형태의 인종차별 철폐에 관한 국제연합 선언에 포용된 제반 원칙을 실행할 것과 이 목적을 위한 실제적 조치의 최단 시일 내 채택을 확보할 것을 열망하며 합의하였다.

협약에서 "인종차별"이라 함은 인종, 피부색, 가문 또는 민족이나 종족의 기원에 근거를 둔 어떠한 구별, 배척, 제한 또는 우선권을 말하며 이는 정치, 경제, 사회, 문화 또는 기타 어떠한 공공생활의 분야에 있어서든 평등하게 인권과 기본적 자유의 인정, 향유 또는 행사를 무효화시키거나 침해하는 목적 또는 효과를 가지고 있는 경우로, 체약국이 자국의 시민과 비시민을 구별하여 어느 한 쪽에의 배척, 제한 또는 우선권을 부여하는 행위에는 적용되지 아니하고, 이 협약의 어느 규정도 국적, 시민권 또는 귀화에 관한 체약국의 법규정에 어떠한 영향도 주는 것으로 해석될 수 없다. 단, 이러한 규정은 어느 특정 국적에 대하여 차별을 하지 아니한다.

어느 특정 인종 또는 종족의 집단이나 개인의 적절한 진보를 확보하기 위한 유일한 목적으로 취해진 특별한 조치는 그러한 집단이나 개인이 인권과 기본적 자유의 동등한 향유와 행사를 확보하는 데 필요한 보호를 요청할 때에는 인종차별로 간주되지 않는다. 단, 그러한 조치가 결과적으로 상이한 인종집단에게 별개의 권리를 존속시키는 결과를 초래하여서는 아니 되며, 또한 이러한 조치는 소기의 목적이 달성된 후에는 계속되어서는 아니 된다. 또, 체약국은 인종차별을 규탄하며 모든 형태의 인종차별 철폐와 인종간의 이해증진 정책을 적절한 방법으로 지체 없이 추구할 책임을 지며 이 목적을 위하여, (a) 각 체약국은 인간이나 인간의 집단 또는 단체에 대한 인종차별 행위를 하지 않을 의무 또는 인종차별을 실시하지 않을 의무를 지며 또한 모든 국가 및 지방공공기관과 공공단체가 그러한 의무에 따라 행동하도록 보증할 의무를 지고, (b) 각 체약국은 인간이나 또는 조직에 의한 인종차별을 후원, 옹호 또는 지지하지 않을 의무를 지며, © 각 체약국은 어디에 존재하든 간에 인종차별을 야기시키거나 또는 영구화시키는 효과를 가진 정부, 국가 및 지방정책을 면밀히 조사하고 또한 상기 효과를 가진 법규를 개정, 폐기 또는 무효화시키는 효율적 조치를 취하며, (d) 각 체약국은 어느 인간, 집단 또는 조직에 의한 인종차별을 해당 사정에 따라 입법을 포함한 모든 적절한 수단으로써 금지하고 종결시키며, (e) 각 체약국은 적절한 경우 다종족 통합주의자단체와 인종간의 장벽을 폐지하는 운동 및 기타 방법을 장려하고 또한 인종분열을 강화할 성향이 있는 어떠한 것도 막아야 한다고 규정하고 있다. 또, 체약국은 상황이 적절한 경우 사회적, 경제적, 문화적 그리고 기타 분야에 있어서 특정 인종집단 또는 개인의 적절한 발전과 보호를 보증하는 특수하고 구체적인 조치를 취하여 이들에게 완전하고 평등한 인권과 기본적 자유의 향유를 보장토록 한다. 이와 같은 조치는 어떠한 경우에도 소기의 목적이 달성된 후 별개의 상이한 인종집단에 대한 불평등 또는 별개의 권리를 존속시키는 일을 초래하여서는 아니 된다.

3. 여성에 대한 모든 형태의 차별철폐에 관한 협약[1)]

국제연합 헌장이 기본적 인권, 인간의 존엄과 가치 및 남녀평등권에 대한 신뢰를 재확인하고 있다. 세계인권선언은 차별이 허용될 수 없다는 원칙을 확인하고 있으며, 모든 인간은 자유롭게 그리고 존엄과 제반 권리에 있어 평등하게 출생하며 성에 기인한 차별을 포함한 어떠한 종류의 차별도 받지 아니하고, 동 선언에 규정된 모든 권리와 자유를 누릴 권리가 있다고 선언하고 있음에 유의하고 있다. 아울러, 국제인권규약 당사국은 모든 경제적, 사회적, 문화적, 시민적 및 정치적 권리를 향유할 남녀의 평등권을 보장할 의무를 지고 있음에 유의하고, 국제연합 및 전문기구의 후원 하에 체결된 남녀권리의 평등을 촉진하는 제 국제협약을 고려하고, 국제연합 및 전문기구에 의해 채택된 남녀권리의 평등을 촉진하는 결의, 선언 및 권고에도 유의하고 있다. 그러나 이러한 제도에도 불구하고 여성에 대한 광범위한 차별이 계속 존재하고 있음을 우려하고, 여성에 대한 차별은 권리평등 및 인간의 존엄성의 존중원칙에 위배되며, 여성이 남성과 동등한 조건하에 국가의 정치적, 사회적, 경제적 및 문화적 생활에 참여하는 데 장애가 되며, 사회와 가정의 번영의 증진을 어렵게 하며, 그들 국가와 인류에

1) 대한민국 정부는 이 협약을 검토한 후 동 협약 제9조와 제16조 제1항 중 (c), (d), (f), (g)에 대하여 유보하면서 동 협약을 비준하였다가, 동 협약 제16조 제1항 중 (c), (d), (f)를 1991년 3월 15일 유보철회하였고, 동 협약 제9조를 1999년 8월 24일 유보철회 하였다.

대한 봉사에 있어 여성의 잠재력의 완전한 개발을 더욱 어렵게 함을 상기하고 있다. 궁핍한 상황 하에서는 식량, 건강, 교육, 훈련 및 취업 기회와 기타의 필요에 있어 여성이 가장 혜택받기 어려운 점을 우려하고, 형평과 정의에 기초를 둔 신 국제 경제 질서의 수립이 남녀평등을 도모하는 데 크게 기여할 것임을 확신하고, 인종격리정책, 모든 형태의 인종주의, 인종차별, 식민주의, 신식민주의, 침략, 외국의 점령 및 지배와 국내문제에 대한 간섭 등의 제거가 남성과 여성의 권리의 완전한 향유에 필수적임을 강조하고 있다. 국제평화와 안전의 강화, 국제긴장의 완화, 국가의 사회적, 경제적 체제에 관계없이 국가 간의 상호 협력, 전반적이고 완전한 군비축소, 특히 엄격하고 효과적인 국제적 통제하의 핵군축, 국제관계에 있어서의 정의 평등 및 호혜의 원칙의 확인, 외국의 식민 지배와 외국의 점령 하에 있는 인민의 자결권 및 독립권의 실현 그리고 국가주권 및 영토보전에 대한 존중 등이 사회 진보와 발전을 촉진하며 결과적으로 남성과 여성 사이의 완전한 평등의 성취에 기여할 것임을 확인하고 있다. 국가의 완전한 발전과 인류의 복지 및 평화를 위해서는 여성이 모든 분야에 남성과 평등한 조건으로 최대한 참여하는 것이 필요함을 확신하고, 현재까지 충분히 인식되지 못하고 있는 가정의 복지와 사회의 발전에 대한 여성의 지대한 공헌, 모성의 사회적 중요성 및 가정과 자녀양육에 있어서의 부모의 역할을 명심하며 또한 출산에 있어서의 여성의 역할이 차별의 근거가 될 수 없으며, 아동의 양육에는 남성, 여성 및 사회전체가 책임을 분담해야 함을 인식하고, 남성과 여성 사이에 완전한 평등을 달성하기 위하여 사회와 가정에서 여성의 역할뿐만 아니라 남성의 전통적 역할에도 변화가 필요함을 인식하고 있다. 아울러, 여성에 대한 차별의 철폐에 관한 선언에 명시된 제 원칙을 이행하며, 이러한 목적으로 모든 형태 및 양태에 있어서의 차별을 철폐하는 데 필요한 조치를 취할 것을 결의하면서 합의하였다.

한편, 동 협약에서 "여성에 대한 차별"이라 함은 정치적, 경제적, 사회적, 문화적, 시민적 또는 기타 분야에 있어서 결혼 여부에 관계없이 남녀동등의 기초 위에서 인권과 기본적 자유를 인식, 향유 또는 행사하는 것을 저해하거나 무효화하는 효과 또는 목적을 가지는 성에 근거한 모든 구별, 배제 또는 제한을 의미한다고 규정하고 있다. 당사국은 여성에 대한 모든 형태의 차별을 규탄하고 여성에 대한 차별을 철폐하기 위한 정책을 모든 적절한 수단을 통해 지체 없이 추진하기로 합의하며 이러한 목적으로 (a) 남녀평등의 원칙이 헌법 또는 기타 적절한 입법에 아직 규정되지 않았다면 이를 구현하며 법 또는 기타 적절한 수단을 통해 동 원칙의 실제적 실현을 확보할 것, (b) 여성에 대한 모든 차별을 금지하는 적절한 입법 및 기타 조치를 채택하고 필요한 경우 제재를 포함시킬 것, (c) 남성과 동등한 기초 위에서 여성의 권리에 대한 법적 보호를 확립하며 권한 있는 국내 법정과 기타 공공기관을 통하여 여성을 여하한 차별행위로부터 효과적으로 보호하도록 확보할 것, (d) 여성에 대한 여하한 차별행위 또는 관행에 따르는 것을 삼가며 공공 당국과 기관이 동 의무와 부합되게 행동하도록 확보할 것, (e) 여하한 개인, 조직 또는 기업에 의한 여성 차별도 철폐되도록 모든 적절한 조치를 취할 것, (f) 여성에 대한 차별을 구성하는 현행 법률, 규칙, 관습 및 관행을 수정 또는 폐지하도록 입법을 포함한 모든 적절한 조치를 취할 것, (g) 여성에 대한 차별을 구성하는 모든 국내형사법 규정을 폐지할 것을 규정하고 있다. 아울러, 남성과 여성 사이의 사실상의 평등을 촉진할 목적으로 당사국이 채택한 잠정적 특별조치는 본 협약에서 정의한 차별로 보지 아니하나, 그 결과 불평등한 또는 별도의 기준이 유지되어서는 결코 아니 된다. 기회와 대우의 평등이라는 목적이 달성되었을 때 이러한 조치는 중지되어야 하고, 모성을 보호할 목적으로 본 협약에 수록된 제 조치를 포함한 특별조치를 채택하는 것은 차별적인 것으로 보아서는 아니 되며, (a) 일방의 성이 열등 또는 우수하다는 관념 또는 남성과 여성의 고정적 역할에 근거한 편견, 관습 및 기타 모든 관행을 없앨 목적으로, 남성과 여성의 사회적 및 문화적 행동양식을 수정할 것, (b) 사회적 기능의 하나로서의 모성에 대한 적절한 이해와 자녀의 양육과 발전에 있어서 남녀의 공동책임에 대한 인식이 가정교육에 포함되도록 확보하되, 모든 경우에 있어서 자녀의 이익이 최우선적으로 고려되도록 할 것을 위하여 모든 적절한 조치를 취하여야 한다.

또한, 당사국은 고용 분야에서 남녀평등의 기초 위에 동일한 권리 특히 (a) 모든 인간의 불가침의 권리로서의 근로의 권리, (b) 동일한 채용기준의 적용을 포함한 동일한 고용기회를 보장받을 권리, (C) 직업과 고용의 자유로운 선택권, 승진, 직장안정 및 역무에 관련된 모든 혜택과 조건을 누릴 권리, 그리고 견습, 고등직업훈련 및 반복훈련을 포함한 직업훈련 및 재훈련을 받을 권리, (d) 수당을 포함하여 동등한 보수를 받을 권리 및 노동의 질의 평가에 있어 동등한 처우와 동등한 가치의 노동에 대한 동등한 처우를 받을 권리, (e) 유급휴가를 받을 권리 및 사회보장, 특히 퇴직, 실업, 질병, 병약, 노령 및 기타 노동 무능력의 경우에 사회보장에 대한 권리, (f) 건강보호에 대한 권리 및 생식기능의 보호조치를 포함한 노동조건의 안전에 대한 권리를 확보할 목적으로 여성에 대한 차별을 철폐하기 위한 모든 적절한 조치를 취하여야 한다. 아울러, 결혼 또는 모성을 이유로 한 여성에 대한 차별을 방지하며 여성의 근로에 대한 유효한 권리를 확보하기 위하여 (a) 임신 또는 출산휴가를 이유로 한 해고 및 혼인 여부를 근거로 한 해고에 있어서의 차별을 금지하고 위반시 제재를 가하도록 하는 것, (b) 종전의 직업, 선임순위 또는 사회보장 수당을 상실함이 없이 유급 또는 이에 상당하는 사회보장급부를 포함하는 출산휴가제를 도입하는 것, (C) 특히 아동 보육시설망의 확립과 발전의 촉진을 통하여 부모가 직장에서의 책임 및 사회생활에의 참여를 가사의 의무와 병행시키는 데 도움이 될 필요한 사회보장 혜택의 제공을 장려하는 것, (d) 임신 중의 여성에게 유해한 것이 증명된 유형의 작업에는 동 여성에 대한 특별한 보호를 제공하는 것을 위한 적절한 조치를 취하여야 한다.

Ⅱ. 국제노동기구(ILO)의 조약

차별금지원칙 중에서도 가장 대표적인 것이 성에 의한 차별이라는 것은 여러 나라의 법령상의 규정을 보아도 알 수 있지만, ILO가 평등문제에 관하여 채택한 최초의 일반적 조약이 바로 제100호 조약이다. 즉, 성에 의한 차별을 금지하면서 특히 임금[2] 등에 대한 문제로서 동일노동·동일임금의 원칙을 천명하고

2) ILO 제100호 조약 제1조는 임금 및 평등에 관하여 정의하고 있고, 동조 (가)에 따르면 「임금에는 통상의, 기본의, 또는 최저의 임금 또는 급료 및 사용자가 근로자에 대하여 그 고용을 원인으로 해서 현금 또는 현물에 의해 직접 또는 간접으로 지불하는 모든 추가적

있다. 결국 동 조약은 평등이라는 것은 단순한 숫자적인 평등이 아니고 동일가치노동에 대한 평등임을 명기하면서 임금 등에 대한 차별금지를 규정하고 있다.

한편, ILO 제111호 조약은 여러 가지를 망라한 모든 차별대우를 금지하고 있는데, 인종, 피부색, 성, 종교, 정치적 견해, 사회적 출신에 의한 것(제1조) 및 그 외에 가맹국이 각각 그 절차에 따라 정의하고 있는 차별이 금지대상이 된다. 여기에서 인종에는 소수민족 등도 포함되고, 성에는 기혼·미혼도 포함되며, 성적 희롱도 그 안에 포함된다.

Ⅲ. 유럽연합(EU)입법지침

EU법은 유럽연합의 모든 회원국들에게 적용되는 것으로 많은 의미를 가지는데, EU법은 1차적 법원(primary sources)인 EU설립과 관련한 조약들과 그 부속서들,[3] EU 제 기관이 제정한 2차 입법, EU법을 이행하는 회원국의 국내법, 국제기구와 국제조약을 규율하는 국제법, 법의 일반원칙 등으로 구성된다. 여기에서 EU의 2차적 법원(secondary sources)은 1차적 법원인 공동체 설립조약을 근거로 하여 EU기구에서 직접 제정(규칙,[4] 지침,[5] 결정,[6] 권고 및 의

급부를 포함하고 있다. 한편, ILO 제95호 임금보호협약에 의하면 「임금」이라 함은 명칭 또는 계산방법의 여하를 불문하고 금전으로 평가할 수 있고, 쌍방의 합의나 국내의 법령으로 정해진 보수 또는 소득으로, 완성되었거나 앞으로 완성될 일 또는 제공되었거나 앞으로 제공될 용역에 관하여 사용자가 문서 또는 구두에 의한 고용계약에 의거하여 근로자에게 지불하는 것을 규정하고 있다.

3) EU에 대한 세 개의 공동체 설립조약, 즉 유럽석탄철강공동체(ECSC : European Coal and Steel Community)설립조약, 유럽공동체(EC : European Community)설립조약(이하 "EC조약"이라 한다), 유럽원자력공동체(Euratom : EURopean ATOMic Energy Community)설립조약과 이에 부가된 부속조약들 인 부속서와 의정서로 구성된다(박지순, "유럽노동법의 기본구조와 관련 입법지침의 개관Ⅱ", 「국제노동브리프(2005년 9월호)」, 한국노동연구원, 54~58면). 이는 EU회원국들이 일반적 조약체결방식에 따라 체결한 조약으로 EU의 지주를 이루는 법원이다. 각 공동체의 위원회와 이사회의 통합을 정한 기관통합조약(Merger Treaty, 1965), 예산조약(Budgetary Treaty), 신규회원국 가입조약(Accession treaties), EEC 조약의 수정을 주된 내용으로 하는 단일유럽의정서(Single European Act, 1987), 마스트리히트 조약(1993), 암스테르담조약(1999), 니스조약(2003) 등도 설립조약의 부속조약 등을 EU의 1차적 법원(primary sources)에 해당한다.

4) 규칙(regulation)은 일반 적용성과 전적인 구속력을 지니며 모든 회원국에게 직접 적용되는 법원이다(EC조약 제249조 제2항). 일반 적용성이라 함은 한정되는 대상이 아닌 불특

견[7])하는 법규정이다.[8] 2차적 법원의 형태 등에 관하여는 EC조약 제249조[9])

정 다수의 모든 사람에게 적용된다는 의미로서 이는 수범자가 특정되어지는 지침 및 결정과 구별된다. 구속력이라 함은 수범자에게 권리를 부여하거나 의무를 부과함을 말하고, 전적인 구속력이 있다는 것은 결과 달성의 형태나 방법 등에 관한 사항에 대해서도 구속력을 가진다는 의미이다. 아울러, 직접 적용이라 함은 규칙이 제정됨과 동시에 자동적으로 회원국 내 법질서의 일부를 형성하며 효과 발생을 위한 특별한 국내적 편입절차가 요구되지 않는다는 의미이다(이승욱・이철수, "우리나라와 EU의 노동법제 비교연구", 노동부, 2007, 7면).

5) EC조약 제249조에 의하면 지침(directive)은 구속력 있는 법적 행위이나 규칙과 달리 전부 구속력이 있는 것이 아니고 달성되어야 하는 결과에 대해서만 지침이 통고된 각 회원국을 구속한다. 그리고 결과 달성의 형식 및 방법의 선택은 회원국에게 달려 있다. 지침은 회원국 외에 개인에 대하여 내려질 수 없으며, EC조약 제249조의 규정상 직접적용성이 인정되지 않는다. 즉 지침에서는 목표만 수립되고 적당하다고 생각되는 방법에 따라 그 목표를 달성하는 것은 회원국에 일임되는 재량권이 인정되므로 지침은 국내법으로의 변형이 필요하다. 또한 지침의 실시가 반드시 국내법의 개폐 혹은 제정을 필요로 하는 것은 아니며, 지침은 일반적으로 그 국내적 실시에 기한을 정하고 있으므로 기한이 완료되기 전에는 직접효력을 갖지 못하는데 이 점이 다르다(이승욱・이철수, "우리나라와 EU의 노동법제 비교연구", 노동부, 2007, 7~8면).

6) 결정(decision)은 당사자에게 전적인 구속력을 가진다. 전적인 구속력이 있다는 점에서 규칙과 같고 지침과 다르다. 결정은 개별적으로 행해지며 회원국, 기업 또는 개인을 대상으로 개별 적용성을 갖는다는 점에서 일반 적용성을 가지는 규칙과 차이가 있다. 결정은 보통 다른 공동체 규정을 실행하는 행정적 성격을 갖고 있으므로 그 대상자에게 통지된 날로부터 효력을 갖는다(이승욱・이철수, "우리나라와 EU의 노동법제 비교연구", 노동부, 2007, 8면).

7) 권고(recommendation)란 일정한 상대방에게 특정행위를 요구하는 국제기구의 일방행위이며, 의견(opinion)이란 특정 대상자 없이 제3자의 요청으로 단순한 견해를 표시하는 것이다. 일반적으로 권고는 공동체 집행기관이 회원국들의 국내 법규를 조화시키기 위해 간접적인 행동수단으로 기능하는데, 권고 및 의견은 모두 법적 구속력이 없다(EC조약 제249조). 그러나 권고 및 의견이 다른 EU법의 해석에 기준을 제공하는 한 법원성을 인정할 수 있을 것이다(이승욱・이철수, "우리나라와 EU의 노동법제 비교연구", 노동부, 2007, 8~9면).

8) EU의 입법(규칙, 지침, 결정, 권고 및 의견)은 집행위원회(European Commission)와 각료이사회(Council of Minister)를 양축으로 하여 이루어진다. 즉 집행위원회가 제안을 제출하고, 각료이사회는 이 제안을 심의하여 통과 여부를 최종 결정한다. 유럽의회(European Parliament)는 암스테르담 조약에 의하여 그 지위가 강화되어 종래의 협의적 역할에서 공동결정자의 역할로 나아가게 되었다. 다만 의회는 여전히 스스로 법안을 발의할 수는 없고, 집행위원회를 통한 간접 법안제출권만 행사할 수 있다.

9) Article 249. "In order to carry out their task and in accordance with the provisions of this Treaty, the European Parliament acting jointly with the Council, the Council and the Commission shall make regulations and issue directives, take decisions, make recommendations or deliver opinions.

A **regulation** shall have general application. It shall be binding in its entirety and directly applicable in all Member States.

A **directive** shall be binding, as to the result to be achieved, upon each

가 규정하고 있다. 한편, EU의 공동체설립조약들은 유럽사법재판소(European Court of Justice, 이하 'ECJ'라 한다)에 각 조약의 해석 및 조약의 준수를 보장하기 위하여 관할권을 인정하고 있다. EU법원에는 1차적 입법, 2차적 입법, 체결승인된 국제법 외에 불문법으로서 ECJ의 판결례인 법의 일반원칙이 포함된다.

이러한 특징을 가진 EU입법지침에서 차별금지와 관련한 주요 지침으로는 남녀 근로자의 동일임금에 관한 지침(75/117/EEC)[10], 남녀 근로자의 균등대우에 관한 지침(76/207/EEC)[11], 차별의 입증책임에 관한 지침(97/80/EC),[12] 인종과 민족을 이유로 한 차별금지에 관한 지침(2000/43/EC)[13], 고용과 직업에서 균등대우에 관한 지침(2000/78/EC),[14] 고용 및 직업에 있어 남녀간의 기회균등 및 평등대우원칙에 관한 입법지침(2006/54/EC),[15] 기간제근로에 관한 지침(99/70/EC)[16] 등을 들 수 있다. 특히, 고용과 직업에서 균등대우에 관한 지침(2000/78/EC)은 취업과 직업상의 기회를 종교·세계관·장애·연령·

Member State to which it is addressed, but shall leave to the national authorities the choice of form and methods.

A decision shall be binding in its entirety upon those to whom it is addressed.

Recommendations and opinions shall have no binding force."

10) Directive of 10 February 1975 on the approximation of the laws of the Member States relating to the application of the principle of equal pay for men and women(75/117/EEC).

11) Council Directive of 9 February 1976 on the implementation of the principle of equal treatment for men and women as regards access to employment, vocational training and promotion, and working conditions(76/207/EEC).

12) Directive No. 97/80/EC of 15 December 1997on the burden of proof in cases of discrimination based on sex.

13) Council Directive 2000/43/EC of 29 June 2000 implementing the principle of equal treatment between persons irrespective of racial or ethnic origin.

14) Council Directive 2000/78/EC of 27 November 2000 establishing a general framework for equal treatment in employment and occupation.

15) Directive 2006/54/EC of the European Parliament and of the Council of 5 July 2006 on the implementation of the principle of equal opportunities and equal treatment of men and women in matters of employment and occupation.

16) Council Directive 1999/70/EC of 28 June 1999 concerning the framework agreement on fixed-term work concluded by ETUC, UNICE and CEEP.

성적 지향 등에 관계없이 모든 사람에게 동등하게 보장하는 것을 목적으로 하고 있고, 단시간근로에 관한 지침(97/81/EC)과 기간제근로에 관한 지침(99/70/EC)은 비정규직 보호 지침에 해당하고, 남녀 및 인종과 민족에 대한 차별금지도 지침에서 규정하고 있음을 알 수 있다. 이러한 EU의 입법지침들에서 볼 수 있는 차별금지사항 들은 평등기회와 양성평등 대우의 원칙(EC조약 제141조), 차별대우 금지 및 균등대우원칙(EC조약 제13조 제1항[17]))에 기반을 두고 있다고 할 수 있다.

한편, EU헌법안의 일부로 2000년에 선포된 기본권헌장(Charter of Fundamental Rights)은 법 앞의 평등(제20조)과 차별금지 원칙(제21조)을 규정하고 있다. 즉, EU기본권헌장 제21조 제1항에서는 "성, 인종, 피부색, 출신민족이나 사회적 출신, 유전적 특성, 언어, 종교 또는 신념, 정치적 또는 다른 종류의 의견, 소수민족, 재산, 태생, 장애, 연령 또는 성적 취향"과 같은 이유에 근거한 어떠한 차별도 금지된다고 규정하고 있다. 또, 제2항에서는 "EC조약과 EU조약의 적용 범위 내이고 이 조약의 특정 규정에 대한 위반이 없는 한에서 국적에 근거한 어떠한 차별도 금지"된다고 규정하고 있다. 아울러, 차별의 예외로서 특정한 성이 직무수행에 필수적 요건인 경우[18]), 모성보호를 위한 경우[19]), 잠정적 우대조치를 통한 적극적 차별시정조치인 경우[20])를 들고 있다.

---

17) 각료이사회는 집행위원회의 제안에 만장일치로 찬성하고 유럽의회의 자문을 구한 후 성, 인종 또는 출신민족, 종교 또는 신념, 장애, 연령 또는 성적 취향에 근거한 차별에 맞서기 위한 적절한 조치를 취할 수 있다고 규정하고 있다.

18) EU입법지침(76/207/EEC) 제2조 제2항은 「그 직업의 속성상 또는 그 이행여건과 관련하여 특정한 성만이 그 업무를 수행할 수 있는 직업과 직업교육」을 차별금지조항의 예외로 인정하고 있다. 한편, 영국의 성차별금지법에서는 genuine occupational qualification(GOQ)이라고 하고, 미국에서는 bona fide occupational qualification(BFOQ)이라고 하는데, 이는 진정한 직업상 자격 또는 진정직업자격이라고 번역할 수 있다.

19) EU입법지침(76/207/EEC) 제2조 제3항은 「이 지침은 여성, 특히 임산부나 모성에 대한 보호규정에 반하지 않는다.」고 규정하고 있다. 따라서 여성의 임신 등과 같은 생리적 특성에 기초한 객관적인 사유가 존재하고, 이것이 여성의 보호를 목적으로 하는 경우에는 남녀에 대한 차별적 대우가 허용된다.

20) 적극적 차별시정조치는 기회의 평등만으로는 역사적, 구조적으로 이루어진 차별로 인해 발생해 온 사회적 소수자의 고용상의 열악한 지위나 과소대표성을 해소하기 어렵다는 인식을 기초로 하여 실질적 평등을 효과적으로 실현하기 위한 목적으로 잠정적으로 고용기회나 승진, 대우, 직업훈련 등에서 사회적 소수자를 우대하는 조치를 말한다(김엘림, "고용상 성차별의 개념과 판단기준", 「노동법학(15호)」, 한국노동법학회, 2002, 12면). 한편,

제 2 절 주요 국가의 차별금지법 및 차별금지사항

Ⅰ. 독일

독일은 노동관련 차별금지사항을 일반평등대우법에서 규정하고 있다. 일반평등대우법(AGG : Allgemeines Gleichbehandlungsgesetz)은 『평등대우원칙의 실현을 위한 유럽연합지침의 수용을 위한 법률』 제1조로 공포되었다. 이 법률의 제1장에는 법률과 관련된 모든 법 영역에 동일하게 적용되는 총칙이 규정되어 있다(제1조 내지 제5조). 제1조는, "인종 또는 민족적 혈통, 성별, 종교 또는 세계관, 장애, 연령 또는 성적 정체성을 이유로 한 차별을 예방하고 제거하는 것"을 이 법률의 목적임을 분명히 하고 있다. 노동법상 중요한 의미를 가진 규정은, 차별로부터 취업자를 보호하기 위한 제2장의 규정이다(제6조 내지 제18조). 제3장은 민사거래에 있어서 차별로부터의 보호를 규정한다. 그 이외의 장에는 법적 보호 및 공법상의 복무관계에 대한 특별규정이 포함되어 있다.

일반평등대우법의 제정에 의해 성별로 인한 차별금지를 규정한 민법 제611조의a, 제611조와 제612조의 제3항은 삭제되었다. 성별에 따른 차별금지규정은 현재 일반평등대우법 제1조, 제2조, 제7조 내지 제8조에서 동일한 규정을 찾을 수 있다. 뿐만 아니라 일반평등대우법에서는, 근로자와 유사한 자도 적용범위에 포함시키는 의미에서 '취업자[21)]'라는 용어를 사용함으로써 종전보다 적용범위를 확대하고 있다.[22)]

잠정적 우대조치에 대하여 미국은 Affirmative action, 유럽은 Positive Action이라고 한다.

21) 일반평등대우법 제6조에서 취업자란 "근로자, 직업교육을 받고 있는 자, 경제적 종속성으로 인해 근로자와 유사한 자로 간주되는 자, 이에는 가내근로에 종사하는 자 및 이에 준하는 자도 포함되며, 구직자 및 고용관계가 종료된 자도 취업자로 본다"고 규정하고 있다.

22) 일반평등대우법에 의해 차별행위에 대한 구제청구권자로 취업자 외에도 취업을 위한 지원자도 포함되고, 자영업자도 개별거래를 제외한 대량거래의 경우 가능하고, 공무원도 포함된다고 한다(하경효, "독일일반평등대우법에 대한 평가와 시사점", 법무부, 2009, 6~7면).

차별사유를 인종 또는 민족적 혈통, 성별, 종교 또는 세계관, 장애, 연령 또는 성적정체성(제1조)로 규정하면서 차별행위의 금지사항(제2조)으로 Ⓐ 분야 및 직위를 막론하고 선발기준 및 채용조건을 포함한 종속적 또는 자영적 영리활동의 영위를 위한 조건 및 승진에 관한 조건, Ⓑ 임금 및 해고의 조건을 포함한 고용 또는 근로조건, 특히 고용관계의 종료 및 승진에 있어서는 개별적 또는 집단적 합의 내지 조치상의 내용, Ⓒ 직업훈련, 직업능력향상교육 및 직업전환교육 및 실제 직업경험을 포함한 일체의 직업상담, 직업교육을 받기 위한 조건, Ⓓ 취업자가 결성한 단체, 사용자단체 또는 특정 직업군으로 구성된 단체 내의 가입 또는 활동(이들 단체로부터 받을 수 있는 지원을 포함한다), Ⓔ 사회적 안전 및 의료서비스를 포함한 사회적 보호, Ⓕ 사회보장적 지원, Ⓖ 교육, Ⓗ 주거를 포함한 공공에게 제공되는 재화 또는 서비스의 영위 또는 조달을 규정하고 있다.

또, 괴롭힘[23] 및 성적 괴롭힘,[24] 차별대우의 지시[25]도 차별로 규정하고 있다. 그러나 적극적 조치는 차별로 취급되지 않는데(제5조), 동 법에서 열거된 차별사유를 이유로 한 차별을 적절한 조치에 의해 예방 또는 완화하기 위한 차별적 대우는 허용될 수 있다. 아울러, 업무 또는 업무수행의 특성으로 말미암은 채용조건에 관련하여 달리 대우하는 것(제8조), 종교 또는 세계관을 이유로 한 것(제9조), 연령을 이유로 달리 대우하는 것(제10조)은 일정한 조건에서 달리 대우하는 것이 허용된다. 또, 달리 대우하는 것이 허용되는 경우(제20조)인 정당한 사유로 Ⓐ 위험의 예방, 손해 또는 기타 유사한 목적의 방지를 위한 경우, Ⓑ 사생활보호의 필요성을 감안한 경우, Ⓒ 해당자에게 특별한 이익이 부여되고

23) 제1조에 열거된 사유와 관련성을 가지고 있는 바람직스럽지 못한 행동방식이 해당자의 존엄을 침해하고 불안, 적대심, 굴욕, 인격손상 또는 모욕감이 두드러진 환경을 조성하는 것을 목적으로 하거나 이에 영향을 주는 경우에, 괴롭힘은 차별에 해당한다(제3조).

24) 바람직스럽지 못한 성적인 특별한 태도(바람직하지 못한 성적인 행동, 이에 대한 요구, 특정 신체부위의 성적 접촉, 성적인 내용의 언사 및 포르노그라피적 묘사의 제시가 이에 포함된다)가 해당자의 존엄을 침해하고, 특히 불안, 적대심, 굴욕, 인격손상 또는 모욕감이 두드러진 환경을 조성하는 것을 목적으로 하거나 이에 영향을 주는 경우에, 성적 괴롭힘은 제2조 제1항 제1호 내지 제4호와 관련한 차별에 해당한다(제3조).

25) 제1조에 열거된 사유를 이유로 한 차별대우의 지시는 차별로 본다. 특히 제2조 제1항 제1호 내지 제4호와 관련하여 제1항에 열거된 사유로 인해 취업자에게 불리하거나 불리할 수도 있는 행동을 지정한 경우 이러한 지시에 해당한다(제3조(5)).

평등대우를 실행할 이익이 없는 경우, Ⓓ 종교와 관련된 경우로서, 종교단체, 법적 형태를 불문하고 이에 부속된 기관 또는 종교 또는 세계관의 부흥을 목적으로 하는 단체의 자기결정권이나 종교의 자유와 관련하여 각각의 교리를 고려하였을 때, 달리 대우하는 것을 정당한 경우로 들고 있다. 또, 동법에서는 직접차별[26]과 간접차별[27]에 대한 개념정의도 규정하고 있다.

Ⅱ. 프랑스

프랑스에서 노동관계를 규율하는 법으로는 노동법전(Code du travail, 이하 "L"로 표기한다)이 있다. 법률 또는 국제규범이 금지하는 사유를 이유로 하여 동일·유사한 상황에 처한 사람들을 달리 대우하는 것을 차별이라고 하면서, 노동법전은 이를 구체적으로 규정하고 있다. 노동법전이 금지하는 차별의 대표적인 범주에는 직접차별, 간접차별, 정신적 학대, 보복차별을 들 수 있다. 이 중 직접차별과 간접차별은 유럽국가의 법원에 해당하는 EU입법지침(2000/78/EC)을 따르고 있다고 보여지며, 보복차별(L.122-45조 제3항)과 그리고 이와 연관된 성희롱(L.122-46조) 및 정신적 학대(L.122-49조)의 경우에도 차별로 규정되고 있다.

일반적으로 금지되는 차별사유 및 행위로 L.122-49조는 출신,[28] 성별,[29] 품행 및 성적 지향,[30] 연령,[31] 가족상황 및 임신상황, 유전적 특성, 민족 및 국가

26) 직접차별이라 함은, 제1조에 열거된 사유를 이유로 유사한 상황에 있는 다른 자가 받고 있거나 받았거나 또는 받은 수 있는 것보다 낮은 대우를 받게 되는 경우를 말한다. 임신 또는 자녀의 양육을 이유로 제2조 제1항 제1호 내지 제4호와 관련하여 여성을 불리하게 대우하는 경우에도 성을 이유로 한 직접차별에 해당한다(제3조(1)).

27) 간접차별이라 함은, 외관상 중립적인 규정, 기준 또는 절차에 의해 제1조에 열거된 사유로 다른 자에 의해 특히 불리한 대우를 받게 되는 경우를 말한다. 다만 해당 규정, 기준 또는 절차가 합법적 목적을 달성하기 위한 것으로 그 목적달성을 위한 수단이 적절하며 필요한 것인 경우에는 그러하지 아니하다(제3조(2)).

28) 소위 사회적 신분이라는 개념으로 학생, 실업자, 전과자, 파산자 등과 같은 사회적 지위가 출신이라는 용어에 의해 포괄한다.

29) 성별은 생물학적인 의미의 성으로서 남성 또는 여성이 서로 다르게 갖는 생래적·생리적 특성 혹은 사회문화적 의미의 성으로 남성 또는 여성에 대해 사회적으로 다르게 요구되고 평가되는 역할과 행동 및 능력과 기질 등을 의미한다(국가인권위원회, 「국가인권위원회법 해설집」, 2005, 277면).

또는 인종, 정치적 견해 또는 조합활동, 종교적 신조,[32] 신체적 외관,[33] 성씨,[34] 건강상태, 장애, 파업권의 정당한 행사[35]를 이유로 하는 차별을 금지하고 있는데 이 규정은 노동영역에서의 차별을 금지하고 있는 일반적 규정이라고 할 수 있다.[36] 특히 근로자와 관련하여 본 조에 위반하는 일체의 규정 내지 행위는 무효임을 명시하고 있다.

L.122-45조 제1항은 L.122-49조에서 규정하고 있는 차별사유를 이유로 한

30) 품행의 의미에는 차별행위 대상자의 성생활뿐만 아니라 개인적 또는 집단적 삶의 습성에 관련된 모든 것이 포함된다. 예컨대 내연관계가 가족상황이라는 차별상에 해당하지 않는다고 하더라도 품행의 한 형태에 해당하기 때문에 이를 이유로 한 차별은 금지된다. 한편, 1985년 법률이 품행을 차별사유로 정한 주된 취지는 동성애자에 대한 차별을 해소하기 위한 것이었으나 2001년 11월 16일 법률에 의해 성적 지향이 별개의 차별사유로 도입되었다.

31) 연령은 2001년 11월 16일 법률에 의해 새롭게 도입된 차별사유이다. 연령은 사전적 의미에서 사람이 태어나서 현재까지 경과한 기간을 연단위로 계산한 수치이고, 생물학적으로는 정신적·심리적·육체적 성장과 변화를 반영하며, 사회학적으로는 사람에게 일정한 지위와 역할·책임을 부여하는 중요한 기준으로 여겨진다. 특이한 점은 우리나라 등 다른 나라에 비해 프랑스 노동법전에서는 연령차별 보호 대상자의 범위를 특정 연령기준으로 한정하지 않는다(국가인권위원회, 「국가인권위원회법 해설집」, 2005, 322~323면).

32) 기성종교처럼 확립되고 조직화되어 있는 신앙 외에도 신과 피안에 대한 믿음이 종교적 신조에 포괄될 수 있다. 또, 종교적 신조는 무신앙과 같은 소극적 측면까지 포함하는 것으로 해석된다.

33) 신체적 외관은 2001년 11월 16일에 법률에 의해 새롭게 차별사유로 규정되었다. 신체적 외관에는 키, 몸무게, 체형, 외모 등 외관상 보여지는 신체적 특징을 의미하는 것으로 해석할 수 있다. 또, 예쁘다, 밉다, 아름답다 등 인상적인 특성까지 포함될 수 있다.

34) 성명에서의 성(성씨)은 2001년11월16일 법률에 의해 새롭게 차별사유로 규정되었다. 성을 이유로 하는 차별금지는 출신, 국적, 민족 등에 관한 정보를 간접적으로 알려주므로 이에 대한 차별을 금지하는 것은 기존의 차별금지제도를 강화하는 수단이 되고, 성이 갖는 우스꽝스러움이나 주변성 내지 진부함에 근거한 차별을 규제할 수 있는 근거를 제시한다고 할 수 있다.

35) L.122-45조 제2항에 의하면 어떤 근로자도 파업권의 정당한 행사를 이유로 하여 징계·해고되거나 제1항이 규정하는 차별적 조치의 대상이 될 수 없다고 규정하고 있다. 파업권은 헌법이 보장하는 기본권이다. 때문에 파업권의 정당한 행사를 이유로 차별은 당연히 금지되고 있는 것이다(강현주·이승욱·조용만, 「쟁의행위 정당성의 국제비교」, 한국노동연구원, 2000, 86면).

36) 금지되는 차별의 목록은 해마다 길어지고 있으며, 가장 완성된 형태의 목록은 노동법전 L.1132-1조의 목록으로서, 이 조항은 근로자의 출신, 성별, 풍습, 성적 지향성, 나이, 가족상황, 유전적 특성, 어떤 민족이나 국가 또는 인종에 속하는지 여부, 정치적 견해, 노동조합 활동 또는 단체활동, 종교적 신념, 외모, 성(姓) 또는 건강상태나 장애를 고려하는 것을 금지하고 있으며, 이에 반하는 법률행위나 규정은 무효로 하고 있다고 한다(박제성 譯(Alain Supiot 著), 『프랑스 노동법』, 도서출판 오래, 2011, 77면).

차별행위가 금지되는 영역을 고용관계의 모든 영역으로 설정하고 있다. 즉, 누구도 L.122-45조 제1항이 금지하는 차별사유를 이유로 하여 채용절차 또는 인턴이나 기업내 훈련과정의 기회로부터 배제될 수 없다. 이는 근로계약의 관계가 성립하기 이전 단계에서 발생할 수 있는 차별을 금지하기 위해 설정된 것이다. 또, 어떤 근로자도 L.122-45조 제1항이 금지하는 차별사유를 이유로 하여 징계나 해고, 특히 임금, 성과 내지 주식의 배분, 교육훈련, 배치전환, 직업자격, 직무분류, 승진, 강등 또는 계약갱신 등과 관련하여 직·간접적인 차별조치의 대상이 될 수 없다.

이외에도 남녀 고용평등(L.123-1조 이하), 정규직에 대한 비정규직의 권리평등(L.122-3-3조), 장애인에 대한 편의조치 의무(L.152-2조), 정신적 학대 행위(L.122-49조 내지 51조)를 금지하고 있다.

한편, 국제규범[37]이나 EU입법지침[38]처럼 프랑스 노동법전은 성별과 관련한 진정직업자격을 차별의 예외사유로 인정하고 있고(L.123-1조),[39] 국제규범[40]이나 EU입법지침[41]에서처럼 적극적 조치는 전통적으로 차별을 받았던 특정한

37) 고용 및 직업에서의 차별금지에 관한 ILO 제111호 협약(1958년)의 제1조 제2항은 특정 직업에 고유한 자격요건에 근거한 구별·배제 내지 우대는 차별로 간주되지 않는다고 규정하고 있다.

38) EU입법지침(2000/78/EC) 제4조 제1항은 동 지침이 규정하는 차별사유와 관련된 특성에 근거한 대우의 차이가 해당 직업의 성격 또는 그 직업이 수행되는 상황에 비추어 그러한 특성이 진정하고도 결정적인 직업자격에 해당하고 그 목적이 합법적이고 직업자격요건이 적절한 것인 한 차별에 해당하지 않는다고 규정하고 있다.

39) 특정한 성이 고용이나 직업활동에서 결정적인 조건인 경우에는 성별을 고려하거나 성별에 따라 달리 대우하는 것이 차별에 해당하지 않는다(L.123-1조 제1항). 그리고 특정한 성이 결정적인 조건에 해당하는 직무 내지 직업의 리스트는 전국적 차원에서 가장 대표적인 노사단체와의 협의를 거쳐서 시행령으로 정하며, 이러한 리스트는 정기적으로 개정되어야 한다(L.123-1조 제3항). L.123-1조는 특정한 성이 결정적 조건에 해당하는 고용 내지 직업활동의 종류를 열거하고 있는데, 여성 내지 남성의 역할을 연기하여야 하는 연예인, 의류나 액세서리를 선보이는 패션모델, 그 외의 여성모델 및 남성모델을 들고 있다.

40) ILO 제111호 협약 제5조 제2항은 성별, 나이, 장애, 가족부양 책임 또는 사회·문화적 지위 등의 이유로 특별한 보호 내지 지원이 요구된다고 일반적으로 인정되는 자의 특정한 요구를 충족시키기 위하여 국가가 노사단체와 협의 후에 정한 특별조치는 차별로 간주되지 않는다고 규정하고 있다.

41) EU입법지침(2000/78/EC) 제7조 제1항에서도 「실제상으로 완전한 평등을 달성하기 위한 목적으로 국가(회원국)가 본 지침상의 차별사유와 연관된 불이익을 예방하거나 보상하기 위한 특별조치를 유지 내지 채택하는 것은 평등대우원칙에 반하지 않는다.」라고 규정하고 있다.

집단을 우대함으로써 차별에 대한 시정을 통해 실질적 평등을 촉진하기 위한 제도로서 적극적 조치를 취하고 있는데, 이는 미국의 Affirmative action정책에서 기원[42]한 것으로 프랑스 노동법전에서 규정하고 있는 것은 여성 우대의 적극적 조치,[43] 장애인을 위한 적절한 편의조치,[44] 장애인 고용의무제[45] 등을 들 수 있다. 또, 연령차별의 예외로 L.122-45-3조 제1항에 의하면 연령에 기초한 대우의 차이가 고용정책목적 등과 같은 합법적인 목적에 의해 객관적·합리적으로 정당화되고, 그러한 목적을 실현하기 위한 수단이 필요하고 적정한 경우에는 차별에 해당하지 않는다. 그리고 동조 제2항은 그 예를 두 가지 제시하고 있다. 하나는 청년 및 고령근로자를 보호하기 위하여 고용기회를 제한하거나 특별한 근로조건을 설정하는 것이다. 다른 하나는 해당 직무가 요구하는 직업훈련에 근거하여, 또는 퇴직 이전의 합리적인 고용기간의 필요성에 근거하여 채용에서의 연령상한을 정하는 것이다.[46] 아울러, 장애차별의 예외로 L.122-45-4조

42) 조용만, "고용차별 해소를 위한 적극적 조치의 정당성-미국 판례법에 기초한 남녀고용평등법의 해석론", 「노동법연구20」, 서울대노동법연구회, 2006, 35~85면 ; 장지연, "미국의 적극적조치 논쟁과 시사점", 「남녀고용평등토론회-한국노동연구원 토론회 자료집」, 2006.4.6, 61~85면 ; 김연진, "차별의 시정인가, 우대인가 : 소수세력차별시정정책과 그에 대한 논쟁", 「미국사연구18」, 한국미국사학회, 2003, 159~185면.

43) L.123-3조 제1항에 의하면 특히 여성의 기회에 영향을 미치는 사실상의 불평등의 시정 등 남녀 사이의 기회평등을 확립하기 위하여 여성을 우대하는 잠정적 조치는 차별에 해당하지 않는다. 이러한 잠정적 우대조치는 채용·교육훈련·승진·노동조직화·노동조건의 영역과 관련한 시행령이나 효력확장에 의해 적용되는 산업·업종별 단체협약, 기업별 단체협약 등에 근거하여 가능하다(L.123-3조 제2항).

44) 장애인 직업재활 및 고용에 관한 ILO 제159호 협약(1983년) 및 제168호 권고(1983년)는 장애인근로자와 일반근로자 간의 효과적인 평등한 기회·대우를 목적으로 하는 특별한 적극적 조치는 일반근로자에 대한 차별로 간주되어서는 아니 된다고 규정하고 있다(제159호 협약 제4조, 제168호 권고 제9조).

45) 프랑스의 경우 1924년 법률에 의해 상이군인의 고용의무가 기업에 부과되었다. 후속 법률들에 의해 이러한 고용의무의 수혜자가 점차 확대되었고, 1987년 법의 시행 이후 20인 이상의 근로자를 사용하고 있는 모든 사업주는 종업원의 6%를 장애인으로 고용하여야 한다. 장애인고용의무제는 직업지도·재활전문위원회가 장애인으로 인정한 자, 그리고 기타 여러 범주의 장애인, 그 중에서도 특히 산업재해에 의해 노동능력의 10%이상의 영구적 손상을 입은 자에게 적용된다. 다만, 사업주는 장애인의 직접고용뿐만 아니라 간접적 방법을 통해 고용의무를 이행할 수 있다.

46) 위와 같은 프랑스의 연령차별예외의 법제화는 EU입법지침(2000/78/EC)에 직접적 영향을 받은 것으로 판단된다. 동 지침 제6조는 「연령에 근거한 대우의 차이가 국내법적 상황에서 고용정책·노동시장·직업훈련상의 목적 등 합법적인 목적에 의해 객관적이고 합리적으로 정당화되고, 그러한 목적을 달성하기 위한 수단이 적절하고 필요한 경우 회원국

제1항에 의하면, 건강상태 또는 장애에 기인하는 것으로서 노동법전 제2권 제4편이 정하는 바에 따라 산업보건의에 의해 확인된 부적격에 근거한 대우의 차이가 객관적이고 필수적이며 적절한 경우에는 차별에 해당하지 않는다고 규정하고 있다.

Ⅲ. 미국

미국의 경우에는 다양한 사유에 의한 고용차별을 규제하는 여러 특별법들이 입법화되었다. 성에 따른 임금차별에 대한 1963년 동일임금법(EPA : Equal Payment Act),[47] 인종,[48] 피부색, 종교, 성별, 출신국을 이유로 차별을 금지하는 1964년 민권법 제7편(Title VII of the Civil rights Act),[49] 연령으로

은 이를 차별로 보지 않을 수 있다」고 규정하면서, 여기에는 「(a) 청년·고령근로자·부양책임자의 직업적 통합을 촉진하거나 이러한 자의 보호를 목적으로 고용·직업훈련의 기회 및 근로조건(해고 및 임금 등)에 관한 특별한 요건을 설정하는 것, (b) 고용기회 또는 고용관련 특정 이익을 제공함에 있어서 연령·직업경험 또는 재직기간에 대한 최저기준을 설정하는 것, (c) 해당 직무가 요구하는 훈련에 비추어 또는 은퇴 이전의 합리적인 고용기간의 필요성에 근거하여 채용에서 최고연령을 설정하는 것」이 포함될 수 있다고 하고 있다.

47) EPA에 의하면 사용자는 동일한 사업소 내에서 그 수행을 위해 동일한 기능, 노력 및 책임을 요하며, 또한 똑같은 노동조건하에서 행해지는 직무에 있어서 실질적으로 동일한 노동에 대해 성별에 의한 임금차별을 행해서는 안 된다. 다만 ① 선임권제도, ② 능력 및 성적에 의한 임용제도, ③ 생산의 양과 질에 의한 개수제 임금제도, ④ 그 밖의 성별 이외의 요소에 근거한 차이에 의한 경우는 위법이 아니다.

48) 인종차별금지(미국법전 제42편 제1981조)와 관련하여 제1981조는 인종에 따른 차별만을 대상으로 한다. 동 조문의 규정 형식에 의하면 백인에 대한 차별은 대상에서 제외된다. 1976년 Santa Fe사건에 따르면 백인에 대한 차별도 제1981조에 위반한다고 명확하게 판단하고 있다. 인종의 개념도 반드시 엄밀한 인류학상의 분류에 따르지 않고 혈통적·민족적으로 일체화되는 집단이라면 충분하다. 제1981조에서는 제7편과 같은 차별적 효과법리를 부정하고, 어디까지나 의도적인 인종차별만을 적용한다. 제1981조에 근거하여 직접 연방법원에 출소하여 징벌적 손해배상을 포함한 구제를 받을 수 있다. EEOC(Equal Employment Opportunity Commission, 미국 고용평등위원회)등에서 절차를 거칠 필요는 없고, 출소기한도 매우 장기간이다. 또한 근로자가 15명 미만인 경우 제7편의 적용에 제외되는 사용자도 제1981조는 적용된다고 하는 장점도 있다. 이전에는 구제로서 손해배상이 제1981조의 가장 커다란 매력이었지만 1991년 민권법 제7편에서도 손해배상을 할 수 있기 때문에 그 의의는 약간 적어졌다. 그러나 현재에도 제1981조에는 배상액에 상한이 없다는 점에서 다르다.

49) 안주엽·윤문희·이인재·조용만/清家篤, 「노동과차별(1) : 선진국의 반차별 법제도」, 한국노동연구원, 2006, 23면.

인한 차별과 관련해서는 1967년 고용에서의 연령차별금지법(ADEA), 장애로 인한 차별에 대해서는 1973년 재활법, 1990년 미국인 장애인법(ADA : Americans with Disability Act)이 제정되었으며, 1978년 임신 및 출산관련 차별을 금지하는 임신차별금지법(PDA : Pregnancy Discrimination Act)이 있다. 특히 민권법 제7편은 고용차별금지법의 모델에 해당하는 일반법 내지 기본법으로서의 지위를 갖고 있고, 이후 고용차별금지입법에 많은 영향을 미쳤는데[50), 민권법 제7편은 고용차별금지 입법의 근간을 이루고 있는 연방법이다. 민권법 제7편 703조(a)에서 사용자에게 Ⓐ 인종, 피부색, 종교, 성별, 또는 출신국을 이유로 하여 개인을 고용하지 않거나, 고용을 거부하거나, 해고하는 것, 또는 고용함에 있어서 보수, 조건, 권리에 대해 차별하는 것, Ⓑ 인종, 피부색, 종교, 성별, 또는 출신국을 이유로 하여 개인의 고용기회를 박탈한다거나 그 피고용자로서의 지위에 불리한 영향을 주려고 하는 방법으로 피고용자나 구직자를 제한, 격리 또는 분류하는 것 같은 차별행위를 금지하고 있다. 또, 보복적 차별[51)]도 금지된다.

요컨대, 채용에서 해고까지 고용의 모든 과정에 대하여 인종, 피부색, 종교, 성별, 또는 출신국에 근거한 사용자의 차별이 포괄적으로 금지된다. 차별의 주체로 민권법 제7편에서는 사용자뿐만 아니라 노동단체 및 고용알선기관도 고용차별의 주체로서 규정하고 있다(ADEA도 동일하게 적용). 고용알선기관에 의한 차별은 직업 소개에 있어서의 차별이나 격리가 전형적인 예이며, 노동단체에 의한 차별은 조합원 자격상의 차별이나 단체협약 등을 통하여 사용자에게 차별을 행하게 하는 것이 전형적인 예이다.

민권법 제7편에서 인정하는 차별의 종류는 크게 두 가지 종류가 있다. 하나

50) 조용만, 「고용차별금지법의 국제비교」, 한국노동연구원, 2004, 89면.

51) 제704조(a)는 근로자가 제7편 위반행위에 대하여 반대하거나 제7편의 구제절차로 신청 및 증언 등의 활동을 이유로 하는 차별을 금지하고 있다. 이러한 법률상의 권리행사 및 절차참가를 이유로 하는 보복의 금지는 다른 여러 가지 법률에서도 규정하고 있다. 특히 제7편의 경우는 전단의 반대의 범위가 넓다. 구두항의에서 외부의 반차별 조직에 통보, 서명운동, 유인물 배포 및 대중매체를 통한 선전활동, 파업 및 피켓팅 등의 단체행동까지 다양한 행동을 포함한다. 이 경우 실제로 사용자의 행위가 제7편 위반이었던 것은 필요하지 않고, 근로자가 그렇게 신뢰해야 하는 합리적 이유가 있다면 충분하다. 물론 위법인 행위, 허위에 의한 비방·중상, 부당한 업무저해 등은 보호의 대상에서 제외된다.

는 차별적 취급(disparate treatment)이라고 불리는데, 인종, 성별 등의 차별요소에 근거하여 사용자가 의도적으로 차별을 행하는 것이다.[52] 차별적 취급은 다시 개별적인 차별적 취급[53]과 체계적인 차별적 취급[54]으로 나뉜다. 또 하나는 제도적으로는 중립적으로 볼 수 있는 제도이나 결과적으로 부당한 차별을 초래한다고 하는 차별적 효과(disparate impact)[55]이다. 이 경우에는 사용자에게 차별의사가 없다고 해도 위반이 성립될 수 있다. 이는 민권법 제7편의 목적이 차별의도를 금지하는 것만이 아닌 차별적 효과를 가진 인위적, 자의적, 불필요한 장벽을 제거하는 것도 포함하는 것임을 나타낸다.

한편, 미국은 진정한 직업자격 등을 인정하고 있다.[56] 민권법 제7편 제703조 (e)(1)은 차별적 취급이 정당화되는 예외적인 경우로 진정한 직업자격, 이른바 BFOQ(Bona Fide Occupational Qualification)를 규정하고 있다. 즉 종교, 성별 또는 출신국이 참으로 특정한 업무가 정상적인 운영에 합리적으로 필요한 자격조건으로 인정되는 경우에 한정하지 않고, 이것들에 근거한 차별적 취급을

---

52) 이승길, 「미국의 노동법제」, 한국경영자총협회, 2005, 205면.

53) 관리자 승진 심사 시 여성 후보자에게 심사위원이 '미용학원에 다니는 것이 좋겠다. 승진하기 위해서는 여성스러운 화법, 복장이 필요하다'는 충고를 하는 것은 성적 고정관념에 의한 차별의사가 있었음을 알리는 증거라는 판단을 하고 있다(Price Waterhose 사건 - Price Waterhouse v. Hopkins, 490 U.S. 228 (1989)).

54) 사용자의 한 방침으로서 다수의 피고용자, 구직자에 대해 계속적으로 차별이 행해진 경우는 체계적인 차별적 취급이라고 불리는 유형에 해당한다. 이 경우 차별의사 증명은 개인이 아닌 전체적인 경향이나 패턴, 예를 들면 통계자료에 의한 경우가 많다. 체계적인 차별에 대한 입증이 성공하게 되면 차별의사의 추정이 포괄적인 형태로 발생하기 때문에 사용자로서는 이미 항상 가장 적합한 자를 채용해 왔다는 일반적인 주장으로는 대항할 수 없게 된다. 설령 각 개인마다 합리적인 이유를 보여주어도 그것이 전체로서의 패턴을 무너뜨릴 수 있는 정도에 이르지 않는 한 다른 사람에 대한 차별의 존재를 부정할 수 없다.

55) 1971년 Griggs사건에서, 사용자가 발전소 작업원 자격요건으로 일정한 학력과 테스트 시험의 합격을 요구하였다. 연방대법원은 과거 교육상 차별 때문에 흑인에 대해 차별적인 효과를 가져왔고, 또한 어느 요건도 업무상 필요성이나 직무관련성이 인정되지 않는다는 점을 지적하며 설령 사용자에게 차별의사가 없었다고 해도 제7편에 위반됨을 밝혔다. 1991년 민권법 수정이후, 차별적 효과라는 단어가 법문에 명기되고, ① 원고가 어느 사용자의 행위에 의해 차별적 효과가 발생함을 증명한 것에 대해서 사용자가 그것이 해당 지위에서의 직무와 관련성이 있고 또한 업무상 필요성에 합치하고 있음을 증명하지 않은 경우, ② 원고가 그에 대신할 별도의 방법이 존재함을 증명한 것에 대해 사용자가 그 수용을 거부하는 경우 등 차별적 효과 판단 기준을 명시하였다.

56) 진정직업자격과 관련한 판단기준 및 판례상의 사례는 김진 · 김태선 · 정형옥, "진정직업자격 등 고용차별판단기준에 관한 외국 판례 조사", 국가인권위원회, 2005, 9~84면 참조.

허용한다. 인종과 피부색은 BFOQ로 되지 않는 것에 주의할 필요가 있다. 판례[57]는 BFOQ를 매우 엄격하게 해석하고 있다. 일반적으로 말하면 그 속성이 업무운영 그 자체의 본질적 요소이고 합리적으로 필요하다는 2단계 심사를 통과해야 한다.

또, 우대조치와 역차별의 문제와 관련하여 우대조치란 차별시정, 평등실현을 위한 적극적인 우대행위를 말하는데 그 배경 또는 내용은 다양하다. 민권법 제7편의 관점에서 보면 우대조치에 인종 또는 성에 따른 우대라는 요소가 포함되는 경우에는 이른바 역차별의 문제가 발생한다. 민권법 제7편은 인종차별 또는 성차별이 오랜 세월동안 걸쳐서 행해져 온 현실을 전제로 역차별을 근절하기 위하여 제정한 법률이다.[58]

Ⅳ. 영국

차별금지 규정과 관련하여 영국은 초기에 대부분 성과 인종차별 해소에 중점을 두고 있었다. 차별금지와 관련한 몇 가지 중요한 법률을 살펴본다면, 1970년 평등임금법(또는 동일임금법이라고도 한다)에서는 동일 직업에서의 남녀평등대우 요건을 규정하면서 특히 여성에 대한 임금 및 기타 계약상의 차별금지를 규정하고 있다. 1975년 성차별금지법은 성별(여성 또는 남성 차별)과 결혼을 사유로 한 차별, 임신 또는 출산 휴가를 사유로 하는 차별, 성전환을 이유로 하

57) 1977년 Dothard사건에서는 성범죄자를 포함한 많은 흉악범을 수용하고 또한 인원 및 설비의 부족으로 큰 위험이 따르는 남성전용 형무소에서 죄수와 직접 상대하는 직무에 대하여 여성을 배제한 것이 BFOQ에 해당한다고 인정하였다. 그러나 판례의 취지는 이 사건이 극한에 가까운 폭력·무질서의 상황임을 강조하고 있고, 보안·경비직으로는 남성이 BFOQ로 된다고 하는 적절한 분위기는 아니다. 1991년 Johnson Control사건은 납을 취급하는 축전지 공장에서 사용자가 임신하는 경우 태아에게 미치는 악영향을 우려하여 임신 가능성이 있는 여성의 사용을 거부한 사례이다. 연방대법원은 이 사건에 대하여 BFOQ가 매우 좁은 예외라는 점을 지적하고 여성도 해당 작업 자체를 처리할 수 있는 이상 안전을 이유로 한 BFOQ를 인정할 수 없다고 판결하고 있다.

58) 1976년 Santa Fe사건에서는 백인은 제7편의 보호대상에 포함하지 않는다는 해석을 부정하고, 원고가 백인이거나 흑인이라도 동일하게 인종차별이 금지한다고 판시하고 있다. 즉, 제703조(a)는 기본원칙이 고용상의 여러 가지 결정에 있어서 인종 또는 성별을 고려하지 않는 것이다.

는 차별을 금지하고, 성적 괴롭힘을 포함한 괴롭힘에 대하여도 규정하고 있다. 다만 성별이 진정한 직업 자격인 경우 등의 사유는 예외를 규정하고 있다. 1976년 인종관계법은 서로 다른 인종집단에 속한 사람들 사이의 인종 및 관계에 근거한 차별을 금지하면서 인종, 피부색, 국적, 출신국가 등을 이유로 하는 모든 차별의 금지, 장애인에 대한 고용영역에서의 차별금지 등 다양한 차별금지의 규정을 두고 있다. 다만 진정한 직업적 필요요건을 위한 예외[59]와 진정한 직업상 자격요건에 관한 예외[60]를 규정하고 있다. 2010년 평등법[61]이 제정되

---

59) 4 A **Exception for genuine occupational requirement**

(1) In relation to discrimination on grounds of race or ethnic or national origins－

(a) section 4(1)(a) or (c) does not apply to any employment; and

(b) section 4(2)(b) does not apply to promotion or transfer to, or training for, any employment; and

(C) section 4(2)(c) does not apply to dismissal from any employment; where subsection (2) applies.

(2) This subsection applies where, having regard to the nature of the employment or the context in which it is carried out－

(a) being of a particular race or of particular ethnic or national origins is a genuine and determining occupational requirement;

(b) it is proportionate to apply that requirement in the particular case; and

(C) either－

(i) the person to whom that requirement is applied does not meet it, or

(ii) the employer is not satisfied, and in all the circumstances it is reasonable for him not to be satisfied, that person meets it.]

60) 5 **Exceptions for genuine occupational qualifications.**

(1) In relation to racial discrimination [in cases where section 4A does not apply]－

(a) section 4(1)(a) or (c) does not apply to any employment where being of a particular racial group is a genuine occupational qualification for the job; and

(b) section 4(2)(b) does not apply to opportunities for promotion or transfer to, or training for, such employment.

(2) Being of a particular racial group is a genuine occupational qualification for a job only where－

(a) the job involves participation in a dramatic performance or other entertainment in a capacity for which a person of that racial group is required for reasons of authenticity; or

(b) the job involves participation as an artist's or photographic model in the

어 개별적인 차별금지법령들을 단일법화하게 된다. 이 평등법을 중심으로 살펴본다면 차별금지의 대상은 연령, 장애, 성전환, 결혼 및 사실혼, 인종, 종교 및 신념, 성, 성적 지향성 등을 들고 있고, 금지행위로는 직접차별, 간접차별, 이중차별, 장애로 인한 차별, 임신과 모성차별, 기타 괴롭힘과 불합리한 희생 강요 등을 들고 있다. 또, 차별금지영역으로는 서비스와 공공분야, 고용, 교육, 협회 등 단체, 계약영역, 장애인에 대한 이동권 등을 들 수 있다. 물론 영국도 유럽연합의 일원으로서 EU입법지침 등에서 규정하고 있는 규정들에 대하여 이를 국내법에 반영하거나 직접 수용・적용하는 것으로 보인다.

---

production of a work of art, visual image or sequence of visual images for which a person of that racial group is required for reasons of authenticity; or

(C) the job involves working in a place where food or drink is (for payment or not) provided to and consumed by members of the public or a section of the public in a particular setting for which, in that job, a person of that racial group is required for reasons of authenticity; or

(d) the holder of the job provides persons of that racial group with personal services promoting their welfare, and those services can most effectively be provided by a person of that racial group.

(3) Subsection (2) applies where some only of the duties of the job fall within paragraph (a), (b), (c) or (d) as well as where all of them do.

(4) Paragraph (a), (b), (c) or (d) of subsection (2) does not apply in relation to the filling of a vacancy at a time when the employer already has employees of the racial group in question—

(a) who are capable of carrying out the duties falling within that paragraph; and

(b) whom it would be reasonable to employ on those duties; and

(C) whose numbers are sufficient to meet the employer's likely requirements in respect of those duties without undue inconvenience.

61) 2006년 평등법을 새로이 제정하여 기존의 차별금지법령과 병존하되 국내에서 불평등현상을 해소하기 위한 강화된 조치를 내용으로 하였다. 즉 기존의 차별금지관련 입법이 주로 차별금지에 중점을 두었던 것에 반해 주로 적극적 평등을 장려하는 방향으로 개정되고 있었던 흐름을 반영한 것으로 풀이된다. 또 이 평등법으로 평등인권위원회를 설립하는 것을 목적으로 함에 따라 기존의 인종평등위원회, 장애인인권위원회, 평등기회위원회를 통합하였다.

제3절 국내 주요 법령상의 차별금지 사항

우리나라에서 고용상의 차별근거를 규정하고 있는 법령[62]으로는 평등권을 규정한 헌법 및 균등대우규정을 둔 근기법, 남녀고용차별을 금지한 남녀고용평등법 등에서 차별금지 규정을 두고 있다. 한편, 인권위법은 고용상의 차별에서부터 사회 전반에 대한 차별금지사항을 포괄적으로 규정하고 있다. 근로자 보호를 위한 노동관계법은 1953년에 이미 근기법에 균등처우 조항이 제정되었었지만, 그 실효성이 미미하였기에 구체적인 차별금지법들이 제정되고 있는 것으로 보인다.

복합인종 국가인 미국 등과는 달리 민족적 단일성이 특색인 우리나라(최근 국제결혼 및 외국인근로자의 유입으로 다문화가정이 증가하고 있어 복합문제로 발전되고 있음)에서는 평등 대우를 받아야 할 소수 집단의 개념이 자연히 인종이나 민족이라는 특성보다 성별, 장애, 연령별 내지 종교 등의 특성에 기하여 분류된 집단 개념이 될 수밖에 없었던 것으로 보이며, 최근에는 비정규직이 이슈가 되면서 차별문제로 부각되어 왔다.

Ⅰ. 헌법규정

우리의 헌법 전문에서는 "정치・경제・사회・문화의 모든 영역에 있어서 각

62) 남녀고용평등법, 고용상연령차별금지및고령자고용촉진에관한법률(이하 "고령자고용법"이라 한다), 장애인차별금지및권리구제등에관한법률(이하 "장애인차별금지법"이라 한다), 장애인고용촉진및직업재활법(이하 "장애인고용법"이라 한다) 등 각각의 고용관련법령에서 세부적인 차별금지 및 균등대우 규정을 하고 있고, 헌법상의 평등 규정(제11조)을 근거로 여러 법령 즉, 노동조합및노동관계조정법(이하 "노조법"이라 한다), 고용정책기본법(이하 "정책법"이라 한다), 직업안정법(이하 "직안법"이라 한다), 파견근로자보호등에관한법률(이하 "파견법"이라 한다), 여성발전기본법, 장애인복지법(이하 "복지법"이라 한다), 국가유공자등예우및지원에관한법률(이하 "국가유공자법"이라 한다), 외국인근로자법(이하 "외국인법"이라 한다), 소위 비정규직보호법이라 할 수 있는 기간제및단시간근로자보호등에관한법률(이하 "기간제법"이라 한다) 등에도 차별금지규정을 두고 있다.

인의 기회를 균등히 하고," "국민생활의 균등한 향상을 기하고"라고 하여 선언하고 있다. 여기서 정치, 경제, 사회, 문화의 모든 영역에 있어서 기회를 균등히 한다는 것과 국민생활의 균등한 향상을 기한다는 구절은 평등선언이다. 아울러, 제1조 평등한 민주주의, 제10조 인간의 존엄과 가치, 차별금지 내지 평등에 대한 가장 직접적인 규정인 제11조 법 앞의 평등, 제31조 균등한 교육기회, 제32조 고용에서의 여성차별금지, 제36조 가족생활에서의 양성평등, 제41조 이하 선거권 및 투표권, 제99조 및 제123조 균형 있는 경제와 소득분배에 관한 규정은 모두 평등권을 천명하여 차별을 금지하는 규정이라고 할 수 있다.

Ⅱ. 주요 노동관계법의 규정

근로관계의 기본법인 근기법 제6조에서는 "사용자는 근로자에 대하여 남녀의 차별적 대우를 하지 못하며, 국적, 신앙 또는 사회적 신분을 이유로 근로조건에 차별적 처우를 하지 못한다."고 규정하고 있다. 또, 노조법 제9조에서는 "조합원은 어떠한 경우에도 인종, 종교, 성별, 연령, 신체적조건, 고용형태, 정당 또는 신분에 의하여 차별대우를 받지 아니한다."고 규정하고 있다.[63)]

고용정책의 기본사항을 규정하고 있는 정책법 제19조(취업기회 균등보장)에서는 "모집과 채용에 있어서 합리적인 이유 없이 성별, 신앙, 연령, 사회적 신분, 출신지역, 학력, 출신학교, 혼인, 임신 또는 병력을 이유로 차별을 하여서는 아니된다."고 규정하면서 균등한 취업기회를 사업주가 보장할 것을 규정하고 있고, 직안법 제2조에서는 "누구든지 성별, 종교, 사회적 신분 또는 혼인 여부 등을 이유로 직업소개, 직업지도 또는 고용관계의 결정에 있어서 차별대우를 받지 아니한다."고 규정하고 있다.

고용에서 성차별을 특별히 규제하기 위하여 1987년 12월에 남녀고용평등법이 제정되었다. 이 법이 규정하고 있던 차별개념은 현행 남녀고용평등법이 그대로 계수하였다. 남녀고용평등법은 차별의 개념[64)]을 구체적으로 정의하고 있을 뿐만

63) 장애인 차별금지 및 권리구제에 관한 법률에서는 노동조합이 장애인 근로자의 조합 가입을 거부하거나 조합원의 권리 및 활동에 차별을 두어서는 아니 된다고 명시하고 있다(제10조 제2항).

아니라, 근기법이 포괄적으로 금지하고 있는 성차별을 임금, 정년, 해고, 퇴직, 복리후생, 교육, 배치, 승진에 관한 성차별 등 구체적인 사항별로 규제하여 근기법에 의한 성차별 금지를 보완하고 있다. 나아가 직장내 성희롱의 금지와 예방을 규정하고 있다. 남녀고용평등법에서 차별은 사업주가 근로자에게 성별, 혼인 또는 가족상의 지위, 임신, 출산 등을 이유로 합리적인 이유 없이 채용 또는 근로의 조건을 달리하거나 그 밖의 불이익한 조치를 취하는 경우를 말한다. 또한 사업주가 채용 또는 근로의 조건을 동일하게 적용하더라도 그 조건을 충족시킬 수 있는 남성 또는 여성이 다른 한 성에 비하여 현저히 적고 그로 인하여 특정한 성에게 불리한 결과를 초래하며 그 기준이 정당한 것임을 입증할 수 없는 경우에도 이를 차별로 본다. 그러나 직무의 성질상 특정 성(性)이 불가피하게 요구되는 경우,[65] 근로여성의 임신, 출산, 수유 등 모성보호를 위한 조치를 취하는 경우, 현존하는 차별을 해소하기 위하여 국가, 지방자치단체 또는 사업주가 잠정적으로 특정한 성을 우대하는 조치를 취하는 경우에는 차별로 보지 않는다.[66] 그리고 성에 따라 근로자를 달리 대우함에 합리적 이유가 있다고 하기 위해서는 당해 사업의 목적, 당해 직무의 성질・태양・작업조건 등을 구체적・종합적으로 고려하여 기업경영상 남녀를 달리 대우할 필요성이 인정되고 그 방

64) 남녀고용평등법(제2조)의 규정이 함의 하는 차별개념은 직접차별과 간접차별로 구분하고 있다는 것이다. 즉 ① 직접차별은 "사업주가 근로자에게 성별, 혼인 또는 가족상의 지위, 임신, 출산 등의 사유로 합리적인 이유 없이 채용 또는 근로의 조건을 달리하거나 그 밖의 불이익한 조치를 취하는 경우"를 말한다. ② 간접차별은 "사업주가 채용 또는 근로의 조건을 동일하게 적용하더라도 그 조건을 충족시킬 수 있는 남성 또는 여성이 다른 한 성에 비하여 현저히 적고, 그로 인하여 특정한 성에게 불리한 결과를 초래하며 그 기준이 정당한 것임을 입증할 수 없는 경우"를 말한다.

65) 이는 미국 고용차별금지제도에도 나타나고 있는 '진정직접자격'을 말한다(민권법 제7편 Bona Fide Occupational Qualification : BFOQ).

66) 2005년 차별행위에 관한 권리구제의 일원화방안을 배경으로 하여 여성부가 수행하던 남녀차별개선 관련사무가 인권위로 이관되고 남녀차별개선위원회가 폐지되었으며 인권위가 성차별과 성희롱에 관한 조사구제 업무를 전문적으로 하기 위한 인권위법이 개정, 공포되었다. 그 후 노동부는 남녀고용평등법을 개정하여 고용평등위원회를 폐지하였고, 인권위는 남녀차별시정에 있어서 전담기구가 되었다. 한편, 고용노동부는 노동위원회법을 개정하여 노동위원회에 차별시정사건을 담당하는 차별시정위원을 별도(기간제・단시간・파견근로자 등 비정규직 대상)로 운영하고 있다. 그러나 노동문제에 관하여 전문성을 가지고 있는 고용노동부 또는 노동위원회가 고용관련 차별사항에 대하여 전반적인 차별판정 등 시정권고 권한을 갖는 것이 바람직하다고 본다.

법 · 정도 등이 적정하여야 한다고 규정하고 있다.[67)]

또, 비정규직 보호입법의 하나인 기간제법 제1조(목적)에서는 "이 법은 기간제근로자 및 단시간근로자에 대한 불합리한 차별을 시정하고 기간제근로자 및 단시간근로자의 근로조건 보호를 강화함으로써 노동시장의 건전한 발전에 이바지함을 목적으로 한다."고 규정하여 불합리한 차별 시정을 목적으로 하고 있음을 밝히면서, 차별적 처우라 함은 임금 그 밖의 근로조건 등에 있어서 합리적인 이유 없이 불리하게 처우하는 것(기간제법 제2조 제3항)이라고 정의하고, 사용자는 기간제근로자임을 이유로 당해 사업 또는 사업장에서 동종 또는 유사한 업무에 종사하는 기간의 정함이 없는 근로계약을 체결한 근로자에 비하여 차별적 처우를 하여서는 아니 되며, 사용자는 단시간근로자임을 이유로 당해 사업 또는 사업장의 동종 또는 유사한 업무에 종사하는 통상근로자에 비하여 차별적 처우를 하여서는 아니 된다(기간제법 제8조)고 규정하고 있다. 즉, 소위 정규직과의 차별을 금지하는 규정을 두고 있는 것이다. 비정규직 보호입법의 다른 하나인 파견법에서는 파견사업주와 사용사업주는 파견근로자임을 이유로 사용사업주의 사업 내의 동종 또는 유사한 업무를 수행하는 근로자에 비하여 파견근로자에게 차별적 처우를 하여서는 아니 되며, 파견근로자는 차별적 처우를 받은 경우 노동위원회에 그 시정을 신청할 수 있다. 또, 고용노동부장관은 파견사업주와 사용사업주가 이에 위반하여 차별적 처우를 한 경우에는 그 시정을 요구할 수 있도록 하여 파견근로자의 차별적 처우에 대한 보호조치를 규정하고 있다.

1990년 제정된 장애인고용촉진등에관한법률(이후 장애인고용촉진및직업재활법으로 변경됨) 제5조 제2항에서는 사업주에 대하여 장애를 이유로 하여 채용 · 승진 · 전보 및 교육훈련 등 인사관리 상의 차별대우를 금지하고 있다. 한편, 장애인차별금지법에서는 장애인 차별에 대하여 구체적으로 정의하고 있고, 이에 대한 판단 기준 및 금지되는 행위에 대해 상세히 규정하고 있다. 제10조(차별금지)에서는 사용자는 모집 · 채용, 임금 및 복리후생, 교육 · 배치 · 승진 · 전보, 정년 · 퇴직 · 해고에 있어 장애인을 차별하여서는 아니 된다. 이 법에서 금지한 차별행위를 행하고 그 행위가 악의적인 것으로 인정되는 경우, 법원은 차별을

---

67) 남녀고용평등업무처리규정 제2조, 노동부 예규 제57호(2013.06.21.).

한 자에 대하여 3년 이하의 징역 또는 3천만원 이하의 벌금에 처할 수 있다고 규정하고 있다. 여기서 악의적이라 함은 ㉠ 차별의 고의성, ㉡ 차별의 지속성 및 반복성, ㉢ 차별 피해자에 대한 보복성, ㉣ 차별 피해의 내용 및 규모 등을 전부 고려하여 판단하여야 한다. 아울러, 제11조에서는 장애인에 대한 편의제공 의무를 규정하고 있다.

고령자고용법은 고용상 연령을 이유로 하는 차별을 금지하기 위하여 제정(제1조)되었으며, 55세 이상을 고령자, 50세 이상 55세 미만은 준고령자로 정의하고, 사업주에게 모집, 채용 또는 해고에 있어서 정당한 사유없이 차별하여서는 아니된다는 의무와 함께 기준 고용률 이상의 고령자를 고용하도록 노력해야 하는 의무를 부과하고 있다.[68]

Ⅲ. 인권위법[69]의 규정

인권위법은 인권위를 설립하여 모든 개인이 가지는 불가침의 기본적 인권보호 등을 실행하는 것을 목적으로 하고 있다. 이 법 제2조에서는 "평등권 침해의 차별행위라 함은 합리적인 이유 없이 성별, 종교, 장애, 나이, 사회적 신분, 출신 지역, 출신 국가, 출신 민족, 용모 등 신체조건, 혼인 여부, 임신 또는 출산, 가족상황, 인종, 피부색, 사상 또는 정치적 의견, 형의 효력이 실효된 전과, 성적 지향, 병력, 성희롱을 이유로 하는 고용분야 등에서의 차별 행위를 말한다."고 규정하고 있다.

기존의 법률은 차별금지의 선언적인 표명에 그치는 경우가 대부분이거나, 특정 분야에 한정되어 있거나, 차별의 구제에 있어 미흡하다는 비판이 제기됨에 따라 기존의 법률을 보완하여 보다 효과적으로 차별을 시정하고, 광범위하게 발생하고 있는 차별의 문제를 포괄적으로 다루는 법률을 마련하고자 인권위에서

---

68) 미국의 ADEA는 보호 대상자의 범위를 40세 이상의 자로 한정하고 있다. 1967년 법제정 당시에는 40~65세의 자가 보호 대상자였으나 그 후 1978년 법개정을 통해 법적용 대상 연령 상한선이 70세로 연장되었다가 1986년 개정시에 연령 상한선이 완전히 폐지되었다(조용만, 「고용차별금지법의 국제비교」, 한국노동연구원, 2004, 128면).

69) 국가인권위원회, 「차별금지법 권고법안권고 결정문」 및 「차별금지법 권고법안」, 2006 참조.

는 차별금지법안[70]을 마련하였다. 동 법안이 규정하고 있는 차별의 사유는 인권위법에 근간을 두고 있다.[71]

Ⅳ. 고용법규 외의 고용관련 차별금지규정

고용과 관련한 차별사유는 주로 노동관계법에서 규정하고 있지만 기타 법령에도 별도의 규정을 두고 있다. 즉, 양성평등기본법은 성별, 임신, 출산 등을, 외국인법은 국적을 차별금지사유로 규정하고 있다. 출입국관리법은 국적·성별·종교·사회적 신분 등에 의한 피보호자의 차별금지를, 행형법(형의 집행 및 수용자의 처우에 관한 법률)은 수형자 또는 미결수용자도 국적·성별·종교 또는 사회적 신분 등에 의한 수용자의 차별금지를 규정하고 있다.

Ⅴ. 차별금지법규에서의 주요 차별금지사유의 특징

차별대우의 사유와 관련하여 근기법은 성별·국적·신앙 또는 사회적 신분을 이유로 하는 것을 금지하고 있다. 이 경우 근기법에 명시된 성별·국적·신앙 또는 사회적 신분만이 차별금지의 사유로서 국한되는 것인지 아니면 이들 사항은 차별금지의 단순예시사항으로서 이들 외에도 차별금지의 다른 사유가 존재하는 것인지의 여부가 문제시된다. 이에 대하여 이를 단순예시규정으로 보는 견해도 있으나, 이를 위반하는 경우 형벌이 부과되므로 죄형법정주의의 원칙상 제한열거규정으로 파악하는 견해도 있다. 근로형태 및 근무성적 등 근로자의 근무능력의 평가 등에 대한 합리적인 차별대우는 근기법 제6조 위반이라고 볼 수

70) 당초 차별금지법(안)이 입법예고 될 당시에는 차별행위와 사유에 대하여 포괄적으로 통합적인 법안을 입안하였고 차별사유도 20가지의 차별사유를 규정하고 있었으나 그 후 7가지는 삭제되었고, 법안이 국회를 통과하지 못했다.

71) 당초 차별금지법안은 이해관계에 따라 이견이 많아 확정되지는 못했지만 동 법은 기본권보장에 관한 우리 헌법의 핵심 원리인 평등의 원칙을 실현하기 위한 확인적 입법으로서, 정치·경제·문화·사회의 모든 영역에서 평등을 추구하는 헌법 이념의 실현을 도모하기 위한 법으로 법에 산재하여 있는 차별규정에 대한 일반법의 기능을 갖는다. 따라서 동 법안이 확정된다면 차별을 규정하고 있는 개별법들과의 중복에 있어서는 차별금지법은 상위법으로서의 위치를 가지며 각 개별법을 보완하는 기능을 갖게 될 것으로 판단된다.

없다. 예컨대, 근로자의 개인적인 업무의 성질 및 능력이나 근무부서의 난이도 등에 따라 상여금 지급액의 차등을 두는 것이나, 근속연한에 따라 상여금 지급률의 차등을 두거나, 근속수당·학자금 등의 근로조건에 차별을 두는 것, 사용자가 업무능력 및 업무태도에 따라 근로자를 우대 조치하는 것은 근기법 제6조에 위반되는 차별적 대우가 아니다.[72] 또, 성별에 따른 차별대우를 금지하고자 우리나라는 헌법 제11조 제1항, 제32조 제4항, 제34조 제3항과 제36조 제2항에서 여성의 보호를 규정하고 있다. 아울러, 근기법 제6조 및 제5장은 여성근로자의 평등대우와 보호를 규정하고 있다. 한편, 1987년에는 남녀 성을 이유로 하는 차별금지를 위한 남녀고용평등법을 제정하여 시행하고 있다. 이후 현행 남녀고용평등법에 따라 남녀 성을 이유로 근로관계에서 모집과 채용, 임금, 교육·배치 및 승진, 정년·퇴직 및 해고 등에 관한 차별대우를 하여서는 아니된다.[73]

최근 외국인근로자의 유입증가 및 다문화가정의 확산으로 국적 및 인종 등에 대한 차별문제가 부각되고 있는데, 국적이라 함은 국적법상의 국민으로서의 지위를 말한다. 국적에 의한 근로조건상의 차별대우는 금지된다. 특정 국적에 의한 차별대우가 문제될 수 있는 것은 주로 한국인 근로자와 외국인 근로자와의 차별 대우이나 특정 외국의 국적을 가진 근로자와 다른 외국의 국적을 가진 근로자간의 차별대우도 포함된다. 또, 2중국적자 등에 대한 차별적인 대우를 하는 경우에도 원칙적으로는 근기법 제6조 위반이 된다. 일반외국인[74]은 물론 출입

72) 헌법재판소(2011.07.28. 선고 2009헌마408 결정)는 근기법 제34조 위헌확인과 관련하여 근속연한 등에 대한 차별가능여부가 문제된 사안에서 법률조항에서 '계속근로기간이 1년 미만인 근로자'를 퇴직급여 대상에서 제외하여 '계속근로기간이 1년 이상인 근로자'와 차별취급하는 것은, 퇴직급여가 1년 이상 장기간 근속한 근로자의 공로를 보상하고 업무의 효율성과 생산성의 증대 등을 위해 장기간 근무를 장려하기 위한 것으로 볼 수 있으며, 입법자가 퇴직급여법의 확대적용을 위한 지속적인 노력을 기울이는 과정에서 한편으로 사용자의 재정적 부담능력 등의 현실적인 측면을 고려하고, 다른 한편으로 퇴직급여제도 이외에 국민연금제도나 실업급여제도 등 퇴직 근로자의 생활을 보장하기 위한 다른 사회보장적 제도도 함께 고려하였다고 할 것이므로, 그 차별에 합리적 이유가 있으므로 청구인의 평등권이 침해되었다고 보기 어렵다고 판단하였다. 이 내용에서 근속연한에 대하여 차이를 두는 것은 일정부분 가능한 것으로 판단할 수 있다.

73) 법원(대법원 1993.04.09. 선고92누15765판결)은 단체협약에서 동일부서 내의 남녀정년을 남자는 55세, 여자는 53세로 달리 정하고 있는 경우 이는 근기법 제5조(현, 제6조)와 남녀고용평등법 제8조(현, 제11조) 위반으로서 무효라고 판단한 바 있다.

74) 인터넷전화서비스와 관련하여 외국인의 경우 요금납부를 신용카드로만 인정하고 은행통장을 통한 자동이체는 제한한 건과 관련하여 해당 외국인은 한국에 장기간 거주하여 주거

국관리법 등을 위반한 불법취업 외국인에게도 근기법 등 고용관계법을 적용하는 것이 원칙이나, 관련 법령에서 예외적으로 외국인에 대한 차별대우를 규정하는 경우도 있다. 예컨대 외무공무원 등 관련법령에서 국가안보 및 국가기밀의 유지 등을 이유로 외국인의 채용을 일정부분 제한하고 있다.[75] 국적에 따라 근로조건을 차별한 것이 근기법 제6조 위반이 되는지 여부의 판단은 외국인 근로자와 내국인 근로자 사이의 근로조건 등을 종합적으로 비교하여야 하며, 이러한 차별이 국적만을 이유로 한 것인지 아니면 업무능력, 직장보장의 정도, 생계비 및 채용 시의 기타 여건 등을 감안한 합리적 차별인지를 구체적으로 검토하여 판단하여야 한다.[76] 아울러, 인종 및 고유국적 차별은 대한민국의 국적을 갖고 있음에도 불구하고 흑인·혼혈아 등의 인종[77] 또는 화교 등의 고유국적을 이유로 차별대우하는 것이 근기법 제6조의 위반이 되는가가 문제가 된다. 국적의 법적인 개념에는 인종 또는 고유국적의 개념이 포함되지 아니하는 것이 원칙이다. 그러나 국적을 이유로 하는 차별을 금지한다는 개념은 동일한 국적을 가진 근로자는 균등하게 대우한다는 사실을 당연한 전제로 하고 있으므로 우리나라 국적을 가진 근로자를 인종 또는 고유국적(귀화 전의 원래국적 등 출신국가 또는

지가 일정하고 직업이 있어 수입도 일정하며 은행에 별도 계좌가 있음에도 은행자동이체 요금납부를 제한한 것은 외국인이라는 이유로 불합리하게 차별하는 것이므로 요금수납 시 외국인에 대하여 은행자동이체 납부를 거부하는 관행을 시정할 것을 권고하였다(국가인권위원회 2009.12.21. 09진차369결정).

75) 국가공무원법 제26조의3(외국인과 복수국적자의 임용)에서는 ① 국가기관의 장은 국가안보 및 보안·기밀에 관계되는 분야를 제외하고 국회규칙, 대법원규칙, 헌법재판소규칙, 중앙선거관리위원회규칙 또는 대통령령으로 정하는 바에 따라 외국인을 공무원으로 임용할 수 있다. ② 국가기관의 장은 다음 각 호(1. 국가의 존립과 헌법 기본질서의 유지를 위한 국가안보 분야, 2. 내용이 누설되는 경우 국가의 이익을 해하게 되는 보안·기밀 분야, 3. 외교, 국가 간 이해관계와 관련된 정책결정 및 집행 등 복수국적자의 임용이 부적합한 분야)의 어느 하나에 해당하는 분야로서 국회규칙, 대법원규칙, 헌법재판소규칙, 중앙선거관리위원회규칙 또는 대통령령으로 정하는 분야에는 복수국적자(대한민국 국적과 외국 국적을 함께 가진 사람을 말한다. 이하 같다)의 임용을 제한할 수 있다고 규정하고 있다.

76) 법원(대법원 1995.09.15. 선고94누12067판결)은 외국인도 근기법상의 근로자에 해당되며, 외국인이라는 것을 이유로 임금 및 근로시간 등 근로조건에 있어 어떠한 차별도 받지 아니한다고 보고 있다.

77) 인종차별 및 모욕을 당한 사건. 즉 경찰서에서 조사를 받는 중 인종차별적 발언 및 조사태도와 관련하여 ○○경찰서장에게 행위자에게 주의조치하고, 재발방지를 위해 인종차별금지에 관한 인권교육을 실시할 것을 권고하였다(국가인권위원회 2010.05.31. 09진인3104결정).

출신국적)을 이유로 차별대우하여서는 아니될 것으로 판단된다.

또 다른 주요한 차별사유로는 신앙 및 정치적 신조 등에 관한 차별문제이다. 신앙이란 천주교, 기독교, 불교 등의 종교적 신념을 의미한다. 따라서 신앙을 이유로 한 차별금지라 함은 특정 종교를 갖고 있거나 또는 종교가 없는 것을 이유로 근로조건에 대해 차별적인 대우를 하지 못한다는 것을 의미한다. 근로자의 내면적 신앙의 자유는 절대적 자유이나 이러한 신앙이 외부로 표출되어 종교행위로 되는 경우에는 종교행위가 경영 질서를 문란하게 하는 경우에 한하여 이를 규제할 수 있다. 예컨대, 종업원이 회사의 종교행사에 참가하는 것을 거부하였다고 하여 이에 대하여 차별대우를 하거나, 채용 당시 종교적 신앙과 관련된 어떠한 사실을 밝히지 아니하였다는 이유로 하는 징계해고는 근기법 위반이다. 그러나 근무시간 중에 종교행사를 치루는 것과 같이 기업의 경영 질서를 문란하게 하거나 저해하는 것을 이유로 하여 이를 제한한다 하더라도 근기법 제6조의 위반은 아니다. 한편, 신앙의 개념에 정치적 신조[78]가 포함되는지의 여부가 문제시된다. 이에 대하여 균등대우원칙의 근본취지가 근로능력의 평가와 관계없는 불합리한 근로조건의 차별금지에 목적이 있으므로 신앙에는 종교적 신념 이외의 정치적 신조도 포함된다고 해석하는 견해와 신앙은 그 개념상 종교적 양심이므로 정치적 신조는 이에 포함되지 아니하는 것으로 보는 것이 타당하다는 견해가 있다. 신앙의 개념에 정치적 신조는 포함되지 아니하나 정치적 신조를 이유로 하는 차별대우는 금지된다고 할 것이다. 또 신앙 등과 관련하여 경향사업체의 문제를 들 수 있는데, 경향사업체[79]라 함은 특정한 종교적 활동 또는

78) 일본 노동기준법은 우리의 근로기준법에 규정된 균등대우의 원칙을 규정하면서 '사용자는 국적, 신조 또는 사회적 신분을 이유로 하여 임금, 근로시간 기타 근로조건에 대하서 차별적 취급을 해서는 안 된다(노동기준법 제3조)'고 하여 우리와는 다르게 '신앙'대신 '신조'라는 용어를 사용하고 있다. 여기에서 '신조'는 사상, 신념 그 밖의 사람 마음속의 사고방식을 의미하며 종교적 신조, 정치적 신조, 그 밖의 여러 사상을 포함한다고 한다(이정 譯(管野和夫 著), 『일본노동법』, 법문사, 2007, 141~142면).

79) 서울특별시 도시개발공사의 직원이 부동산매매업을 영위하거나, 부동산 투기를 목적으로 다량의 부동산 거래행위를 하였음을 이유로 위 공사가 해당 직원을 해임하였고 이에 대하여 중노위와 법원(대법원 1994.12.13. 선고93누23275판결)은 경향사업체의 특례를 인정하고 정당한 해고임을 판시한 바 있다. 이 경우 서울시 도시개발공사의 직원은 공공의 이익을 위하여 개인의 사익을 추구하는 업무활동을 금하는 내용을 위반한 것으로 경향사업체의 특성이 반영된 사안으로 기존에 일반적으로 논하고 있는 종교적인 성향의 경향사업

정치적 목적 등의 수행과 관련되어 영위되는 사업체를 말한다. 경향사업체는 그 추구하고자 하는 활동 또는 목적이 사업의 수행에 필요불가결하여 이러한 활동 또는 목적의 추구 없이는 사업을 영위할 필요가 없다는 점에서 일반사업체와 구별된다. 경향사업체의 경우 종교적 활동 또는 정치적 목적에 반하는 행위를 한 근로자에 대하여 해고 등의 차별대우를 하더라도 근기법 위반에 해당되지 아니한다. 예컨대, 기독교 교리를 연구·전파하기 위하여 설립된 신학교에서 직원 또는 교사가 기독교 교리에 반하는 내용의 행위 등을 하는 경우 당해 직원 또는 교사에 대한 해고 등의 차별대우는 정당하다고 할 것이다.

다음으로 복합적인 사유가 결합된 차별사유라고 할 수 있는 사회적 신분을 이유로 한 차별의 문제이다. 사용자는 근로자의 사회적 신분을 이유로 하여 차별대우를 하여서는 아니 된다. 무엇이 사회적 신분인가에 대해서는 견해가 나뉘고 있다. 이에는 사회적 신분을 사람이 태어나면서부터 가지고 있는 봉건적·특권적인 선천적 신분이라고 보는 견해, 선천적인 신분뿐 아니라 자기 의사에 의하여 피할 수 없는 후천적인 신분도 포함된다는 견해가 있다. 시대적으로 대부분의 봉건적 계급체제가 붕괴된 현재 실정을 감안하여 볼 때에 사회적 신분을 봉건적 신분으로 해석하는 것은 설득력이 없다고 본다. 이러한 관점에서 사회적 신분은 선천적 신분뿐 아니라 후천적 신분도 포함된다고 보는 견해가 합리적일 것으로 판단된다. 이 경우 선천적 신분에는 출신지역 및 혈연 등이 해당되고, 후천적 신분에는 학연관계, 장애인, 극빈자, 권력층, 부유층 및 고아 등이 이에 해당될 수 있다고 본다.[80]

끝으로 고용상의 차별문제는 근기법의 적용대상인 고용 후 퇴직까지만 해당되는 것이 아니다. 근로계약이 체결되기 전까지의 채용과정에서도 사용자가 근로자를 차별대우 하여서는 아니되는지의 문제가 발생한다. 이러한 문제는 결국

만을 의미하지 않고 있다.

80) 사회적 신분은 사회생활을 하면서 상당한 기간이 지남으로써 사람이 가지게 되는 지위로서 그의 의사에 의하여 피할 수 없는 사회적 분류를 말하고, 근로계약의 내용 자체에 따라 정해진 기간제근로자, 단시간근로자, 상용근로자나 노동조합의 임원의 지위는 사회적 신분에 포함되지 않는다(김형배, 『노동법』, 박영사, 2012, 230면). 즉, 사회적 신분이란 사람이 태어나면서부터 생래적으로 가지고 있는 지위 또는 후천적으로 가지게 된 지위로서 자신의 의사로도 피할 수 없는 것(장기간 유지는 되는 지위)을 가리키는 것이고, 노조의 선출직 간부 등 일시적 지위는 이에 해당되지 아니한다고 본다.

채용이 근기법 상의 근로조건의 개념에 포함될 수 있는가의 문제이다. 이에 대하여 학설은 채용을 근로조건에 포함시키는 견해도 있으나, 채용은 근로관계 이전의 사항이므로 남녀고용평등법 등에서와 같이 별도의 규정이 없으면 포함되지 아니한다는 견해가 노동법상의 다수설이다. 그러나 인권위 등의 사례와 외국의 사례에서 보면 채용과정상 즉, 면접과정 등에서 차별적인 질문이나 응모의 제한 등은 차별행위로 보는 것이 일반적이다.[81] 채용과정의 일부는 근로조건에 포함될 수도 있고, 또 포함되지 않는다고 하더라도 공정한 기준에 합리적인 이유 없이 특정사항에 대하여 차별을 두는 경우 문제가 될 수 있다고 본다. 예컨대 동일한 업무를 수행하게 될 남녀근로자를 채용하면서 여성근로자에게만 신장, 체중 및 용모단정 등의 신체적 조건을 부과하거나, 특정 지역출신 근로자를 채용하지 아니하거나, 사용자와 동일한 종교를 믿는 근로자를 우대하는 등의 채용행위는 이러한 차별대우가 근로자의 업무수행 또는 기업경영과 밀접히 연관되지 아니하는 한, 차별금지에 반함은 물론 노동관계법 위반으로 볼 수 있을 것이다. 이는 근로과정에 진입하려는 자체를 봉쇄하여 사회적 활동 자체를 할 수 없도록 하는 장애요인으로 발생하고 이러한 현실이 오늘날 적극적 조치로 보완되어야 할 사안으로 지목되고 있으므로 채용과정상에서의 차별문제는 고용 중의 차별문제 이상으로 중요한 과제라고 할 수 있다.[82]

81) 법원(대법원 1992.08.14. 선고92다1995판결)은 근기법에서 취업규칙에 정한 기준에 미달하는 근로조건을 판단하는 경우 등 근로조건에는 채용에 관한 기준은 포함되지 아니한다고 보고 있다.

82) 정책법 제19조에서 모집과 채용에 있어서 합리적인 이유 없이 성별, 신앙, 연령, 사회적 신분, 출신지역, 출신학교, 혼인, 임신 또는 병력을 이유로 차별을 금지하면서 균등한 취업기회를 보장하고자 한 취지를 감안한다면 채용확정되기 전인 모집하는 과정에서부터의 차별을 금지하고 있다고 보여진다.

제4절 차별금지사유 및 영역과 유형별 분류

Ⅰ. 차별원인별 접근법

유형별 차별형태는 차별사유 및 원인에 대한 관점별 시각을 크게 세 가지로 구분해 볼 수 있겠다. 첫째, 사회문화적인 관점이다. 차별의 문제가 사회문화적으로 역사적인 흐름 속에서 당연시되어 오던 것들이 차별의 문제가 되는 사안들이다. 둘째, 제도정책적인 관점이다. 사회적 약자 내지 제도적 정책적인 관점에서 차별사유로 보호해야할 문제들에 대한 차별이다. 특히, 적극적 고용개선조치나 역차별적인 법령과 정책들에서 많이 나타날 수 있다. 셋째, 인식관념적 관점이다. 동등한 기준에서 바라보는 것이 아닌 새로운 다른 시각에서 바라보는 관점이 차별이 되는 상황이라고 할 수 있다.[83)]

〈차별 요인별 유형 및 차별사유〉

유형 구분	차별사유 및 내용·과정	비 고
환경적 요인	출신국가·민족·지역, 가족형태, 성희롱 등	
고용형태적 요인	정규직, 비정규직(기간제, 파견직 등), 근무형태 등	
근로자의 외재적 특성 요인	성별, 신체조건, 장애 등	
근로자의 내재적 특성 요인	성적지향, 종교, 사상이나 정치적 견해 등	
정책적 요인	우대정책, 역차별, 적극적 고용조치 등 정책적 요인	
고용과정별	모집·채용에서 고용내용 및 퇴직까지 고용과정별	

83) 박종희·강성태·김상호·전윤구·강선희, "비정규직 차별금지 판단기준 및 운영에 관한 연구", 중앙노동위원회, 2006, 24~31면에서는 노동관계법에서의 차별금지규범의 헌법적 기초와 관련하여 노동보호 수단으로써 차별금지, 성차별에 대한 불합리한 편견 불식을 위한 차별금지, 집단적 자치의 기초로서의 단결권 보호를 위한 차별금지, 고용정책의 기본방향 설정의 의미로서의 차별금지, 인권보호 목적에서의 차별금지로 나누어 설명하고 있다.

Ⅱ. 차별금지사유

차별사유에 대하여는 인권위법이 가장 많은 종류를 예시하고 있다. 각종 고용관계법에서 개별적으로 규정하고 있는 사항보다 많은 사유를 예시한 것은 인권위법이 포괄적인 차별문제를 다루는 법이기 때문이다. 다만, 각각의 고용관계법은 개별법에서 규율하는 목적에 해당하는 부분에 대한 차별을 염두에 두기 때문에 열거하고 있는 차별사유는 제한적일 수 있다. 그러나 이러한 예시가 제한적이라고 하여 이와 유사한 다른 차별사유가 적용되지 않는 것은 아니다. 대부분의 차별사유들은 고용과정상에 표출되는 근로조건이나 제반사항에 대하여 대부분 적용된다고 판단할 수 있기 때문에 열거되지 않은 사유도 차별행위가 발생할 경우 헌법에서 보장하고 있는 인간의 존엄성에 근거한 인권, 인간다운생활을 할 권리와 행복추구권, 법 앞에서의 평등 규정에 따라 이를 차별행위로 적용할 수 있을 것이다.

〈국내 주요 고용관련 법령의 차별금지 사유와 영역 및 행위주체〉

법	차별금지사유	차별금지영역	차별금지 행위주체
헌 법	성별, 종교, 사회적 신분	생활의 모든 영역	모든 국민/기관
근기법	남녀의 성, 국적, 신앙, 사회적 신분	근로관계 존속, 종료	사용자
남녀고용평등법	성별, 혼인, 가족상의 지위, 임신 출산 등	근로관계의 성립·존속·종료	사용자
파견법	파견근로자의 성별, 종교, 사회적 신분 또는 정당한 노동조합 활동 등	부당한 차별적 처우 근로자파견계약의 해지	파견/사용사업주 사용사업주
기간제법	기간제근로자, 단시간근로자	임금 그 밖의 근로조건	사용자
장애인차별금지법 장애인고용법	장애	고용전반	사업주
노조법	인종, 종교, 성별, 연령, 신체적 조건, 고용형태, 정당, 신분	조합원 지위의 취득·유지 조합운영에의 참여	노동조합

법	차별금지사유	차별금지영역	차별금지 행위주체
정책법	성별, 신앙, 연령, 신체조건, 사회적 신분, 출신지역, 학력, 출신학교, 혼인 및 임신, 병력 등	근로관계의 성립(모집·채용)	사업주
양성평등기본법	성별 등	사회 전반	국가 및 지방자치단체 등
고령자고용법	연령(고령, 준고령)	근로관계의 성립·종료(모집·채용·해고)	사업주
복지법	장애	생활의 모든 영역	모든 국민
직안법	성별, 종교, 사회적 신분, 혼인여부 등	직업소개·직업지도·고용관계의 결정	고용정책운영기관 및 관련단체 등
인권위법	성별, 종교, 장애, 나이, 사회적 신분, 출신 지역, 출신 국가, 출신 민족, 용모 등 신체조건, 혼인 여부, 임신 또는 출산, 가족상황, 인종, 피부색, 사상 또는 정치적 의견, 형의 효력이 실효된 전과, 성적 지향, 병력, 성희롱 등	고용, 재화이용, 교육 등	법인, 단체, 사인
유공자법	이 법에 의한 취업	직급의 부여, 보직, 승진, 승급 등	취업보호실시기관
외국인법	국적(외국인)	근로관계의 존속	사용자

앞에서 살펴본 각 법령에서의 규정들을 통해서 주요 법령의 차별금지사유 및 금지영역 등을 종합하면 그용상 차별사유로 "성별, 종교, 국적, 출신지역, 출신학교, 학력, 출신국가, 출신민족, 신앙, 사회적신분, 혼인 또는 가족상의 지위, 가족상황, 임신, 출산, 노동조합활동, 파견근로자, 단시간근로자, 기간제근로자, 장애, 인종, 정당, 병력, 나이, 고령, 민족, 피부색, 사상 또는 정치적 의견, 형(징계)의 효력이 실효된 전과(기록), 성적지향, 성희롱"을 규정하고 있는 것으로 파악된다. 이들 사유 중 개정 논의가 진행되고 있는 내용인 고용형태(기간제, 단시간제, 용역직, 파견직, 정규직, 비정규직 등)나 근로형태 내지 근무형태(본사, 지사, 국내, 국외, 내근직, 외근직 등)를 세부적으로 고려할 수 있고, 나이나 고령을 연령으로 본다고 해도 적어도 차별사유는 20가지가 넘는다. 여기에 외국의 경우 특이한 규정인 언어, 성씨, 유전적 특성, 성전환, 소수민족, 정당한 파

업활동 등 다양한 사유를 종합하면 30여 가지가 된다.

Ⅲ. 차별금지 영역

차별행위가 금지되는 고용영역은 모집 및 채용, 임금 및 복리후생, 교육・배치・승진・전보, 정년・퇴직・해고로 고용전반에 해당하고, 이를 고용과정별로 분류해 보면, 모집 및 채용과정, 직무 및 보직부여과정, 평가 및 승진・승급・보상과정, 교육훈련 및 교육훈련시설이용과정, 복리후생 및 복리후생시설이용과정, 고용종료과정, 조합활동과정 등으로 나누어 볼 수도 있다.

Ⅳ. 차별유형별 분류

상기에서의 차별사유 내지 영역들은 차별에 대한 관점에 대한 개괄적인 것으로 차별발생 원인 등을 일정한 틀로 유형화하여, 유사한 원인들에 대해 차별사유를 나누어 설명해 볼 수 있다.[84] 다만, 이러한 차별사유들의 유형은 고용과정에서 복합적으로 나타날 수 있기 때문에 고용과정별로 종합적인 논의가 필요할 것이다. 다만, 고용관계법령에서 차별금지 사유로 정하고 있는 사회적신분의 경우는 각 차별사유에 이미 연계되어 있다고 판단되므로 별도로 분류하지 않는다.

첫째, 환경적 요인에 의한 차별이다. 환경적 요인에 의한 차별은 차별행위나 사유가 고용환경에서 문화적, 관습적, 관행적인 행태에 따라 진행되어 오는 과

84) 유형별 차별형태에 따라 개괄적으로 분류해 본다면, 우선 차별의 문제는 우리나라의 전통과 관습 및 고용관행, 고용환경적 특성이 많은 부분을 차지한다고 할 수 있다. 이러한 고용관행의 가장 큰 문제가 여성의 차별문제이고, 그로인한 차별임금 등 근로조건상의 차별문제가 연계되어 있다고 할 수 있다. 또, 최근에는 정규직과 비정규직의 문제와 관련하여 차별문제가 이슈가 되었는데 이는 관념적인 작용도 있지만 직접적으로는 정년제 고용방식에서 변형된 고용방식이 접목되면서 발생되는 사안으로 판단하여 고용형태의 차이에 대한 차별적인 문제로 구분하고, 다음으로 각각의 주요 차별사유는 근로자 개인의 특성 즉, 개인이 가지고 있는 기본적인 신체적, 정신적, 이념적, 경험적 특성과 관련된 사항에 대하여 행해지는 것이므로 이를 근로자(종업원)특성별 차별로 구분해 볼 수 있겠다. 또, 엄격히 말하면 차별행위는 아니지만 지나칠 경우에는 차별이 될 수도 있는 우대조치나 적극적 개선조치 들에 대하여 역차별의 관점에서 논할 수도 있겠다.

정에서 굳어진 차별행위들로 이러한 차별행위는 인식의 변화를 유도할 수 있는 교육이나 규제 및 제도개선, 고용환경의 개선을 통하여 변화시켜야만 차별행위가 개선될 수 있는 특성을 가지는 것들이다. 이러한 예로는 연고주의적인 성향에 따른 차별, 가족형태 및 가정환경적인 원인에 대한 차별, 출신민족 및 출신국가 등에 근거한 차별, 남녀 간의 특성에 기초하여 차별적 임금설정을 통한 차별, 직장 내 적대적 환경과 같은 분위기가 만들어 내는 성희롱을 통한 불이익취급, 조합 활동과 노사관계, 다소 거리가 멀 수도 있지만 경향사업체(이념적, 종교적, 특정 목적성 등)라는 기업의 환경적인 문제나 지역에 기반한 기업의 지역적 특성을 반영한 사업장의 특성이 반영된 차별행위 들을 환경적인 요인에 의한 차별행위의 사유들로 예시할 수 있겠다. 다만, 남녀 간의 성별차이에 대한 차별은 환경적인 차별적 성향이 강하지만 성은 외관상으로 근로자의 특성에서 현격히 구분되므로 근로자 특성별 요인에 의한 차별로 분류하기로 한다.

둘째, 고용 형태적 요인에 의한 차별이다. 전통적으로 차별의 문제가 고용형태를 달리 취급한 남녀 간의 성별 차이에 의한 차별(관리직, 일반직 등)이 가장 큰 이슈가 되었으나 이를 해소하기 위한 노력은 세계 각국에서 진행된 결과 많은 개선과 평등의 기준을 마련하였다고 본다. 최근에는 고용형태별 차별취급이 사실상 가장 큰 이슈가 되고 있다. 즉, 비정규직의 문제가 그러한 예인데 기존의 정규직에 비하여 비정규직에 대한 차별문제는 최근 우리나라에서는 가장 큰 고용현장의 이슈 주제였다. 이처럼 비정규직과 정규직의 문제는 노사 간의 갈등을 넘어 노노간의 갈등을 유발하는 등 아주 어려운 과정을 가져왔고 지금도 진행 중인 고용상의 이슈이다. 고용형태별 차별문제는 크게는 무기 계약직과 유기 계약직의 문제로 구분되나 통상적으로는 정규직과 비정규직의 문제, 기간제직과 단시간제직 문제, 파견직과 용역직 문제, 내근직과 외근직, 본부직과 지방직, 국내직과 해외직 등 그 고용형태 내지 근로형태별로 취급되는 차별문제로 모두가 노사간, 노노간 갈등을 가지고 있는 차별사유 요인들이다.

셋째, 근로자의 특성적(내외) 요인에 의한 차별이다. 근로자의 특성별 차별문제는 이미 인권위법이나 각종 노동법령 등에서 규정하고 있는 차별사유가 대부분 해당된다. 이들 특성들은 각각의 개인이 가지고 있는 특성에 대하여 차별행위가 진행되는 것이다. 물론 그러한 개인들이 다수 모인 집단이 있는 경우 그러한 집단에 대한 차별도 이러한 기준으로 분류할 수 있다. 사유별로 보면, 남녀간의 성별, 연령, 혼인, 임신, 성적지향, 신체조건, 종교, 사상이나 정치적 견해, 장애, 학력, 전과 등을 들 수 있다. 여기에는 외재적 특성과 내재적 특성으로 구분할 수 있겠다.

넷째, 정책적 요인에 의한 차별이다. 정책적 요인에 의한 차별은 사실상 차별이 아니라고 할 수 있다. 적극적 개선조치나 우대조치 등의 경우가 해당되고, 차별예외사항으로 규정하고 있거나 법령에 의해 특별 보호되고 있는 특성에 의한 것들로 여기에는 여성근로자우대, 국가유공자 및 군필자우대, 지방과 지역출신 할당제 및 우대조치, 이공계우대정책, 장애인우대정책 등 대부분 고용과정상의 우대조건이 부가된 사유들이다. 정책적 차별은 잠정적이고 한시적인 것이 일반적이다. 다만, 여성근로자나 장애인의 우대조치는 예외적으로 잠정적이거나 한시적인 사유가 아닌 특별한 사유에 해당한다. 그렇다면 이러한 우대조치가 왜 차별의 문제를 앓고 있는가 하는 것이 의문인데, 이러한 우대조치가 잠정성과 한시성을 넘어 영구적, 지속적으로 고착화되거나 과도하게 운영되는 경우 상대적으로 우대받지 못하는 사람들이 차별대우를 받게 되므로 이러한 사유를 역차별의 문제에서 다루어질 수 있겠다. 한편, 고용과정별로 분류해 보면, 모집 및 채용과정, 고용 내용(직무 및 보직부여과정, 평가 및 승진·승급·보상과정, 교육훈련 및 교육훈련시설이용과정, 복리후생 및 복리후생시설이용과정, 조합활동과정), 고용종료과정 등 고용차별 영역에 해당하는 고용과정상의 차별로 종합적인 접근이 가능할 것이다.

제 4 장

고용차별의 이론적 접근 및 판단기준

제 1 절 논의의 대상 및 범위

고용차별의 판단문제는 헌법상 평등권의 원리로부터 도출되어 고용에서는 주로 차별금지의 문제로 논의된다. 이러한 차별금지는 각 법령에서 규정하고 있는 차별사유와 행위들에 대한 사항을 중심으로 규제되지만, 승인된 조약이나 국제법령들도 국내법으로 활용된다. 조약이나 국제법령이 일반적으로 차별판단기준을 마련하고 있지 않으므로 국제법적으로 직접적인 판단기준을 검토하는 데는 무리가 있다. 다만, 유럽연합이나 미국, 독일 등 주요 국가의 평등권 위반 및 차별금지위반에 대한 판단기준 등을 검토함으로써 활용 가능한 판단기준을 가늠해 볼 수 있을 것이다. 유럽연합은 유럽연합법 및 입법지침에 규정한 차별사유 등에 대한 규정과 유럽사법재판소의 판단을 통하여 적용기준을 활용하고 있는 것으로 보인다. 차별판단심사기준과 관련하여서는 독일이나 미국의 경우가 이론적으로 체계화시킨 것이 특징이라고 할 수 있다. 특히 미국 및 독일의 심사기준은 일응 우리나라의 심사기준에도 직·간접적으로 연관된다고 보여진다. 또, 국내에서의 차별판단 내지 심사기준으로 헌법재판소의 판결례를 통하여 정립되고 있으며, 이를 토대로 국가인권위원회가 원용하고 있다고 보여진다. 국내법으로 고용차별금지사항을 규정한 법령은 헌법의 평등권을 비롯하여 국가인권위원회법과 노동관계법령에서 규정하고 있다. 그러나 법령에서는 사안마다 명확한 차별심사 내지 판단기준을 규정하고 있지 않고 있어 판결례 등의 기준들이 검토될 수 있다. 다만, 헌법재판소의 판결례가 법원에도 판단기준으로 적용될 수 있으나, 아직까지 법원은 헌법재판소의 판결례를 그대로 원용한다기보다는 합리성 측면의 판단을 전제로 사회통념상 합리성을 주로 언급하고 있다. 노동관계법을 토대로 판단을 주로 하는 노동위원회의 경우도 각 법령에서 규정하고 있는 합리적인 이유를 중심으로 판단을 하고 있어 차별판단 내지 심사기관 모두가 일치된 이론적인 심사기준 내지 판단기준이 통일되어 있다고는 볼 수 없다. 그러나 합리성측면이 대전제되어 있다는 것만은 분명한 것 같다.

한편, 차별판단 내지 심사에서 언급 내지 고려되는 합리성과 합리적인 이유, 정당성과 정당한 사유, 사회통념상 합리성 등에 대한 검토를 통하여 차별판단의 심사기준 내지 판단기준을 보다 합리적인 측면에서 접근할 수 있을 것으로 보여지므로 각 법령상의 규정과 판례상의 표현에 대한 개념적인 검토가 필요할 것으로 보인다.

제 2 절 고용상 차별론의 이론적 접근

Ⅰ. 고용차별의 이론적 접근방법

일반적으로 차별판단을 위한 기준들은 평등권위반여부(위헌법률심사 등)를 판단하는 기준으로부터 발전한 것으로 보인다. 유럽연합의 경우 차별판단과 관련한 기준으로 EC조약 등을 비롯한 공동체 조약 등에 의한 사유별 판단을 하고 있고 유럽사법재판소의 판단으로 유럽연합법 우위의 원칙, 직접효과이론, 간접효과이론을 정립하였다고 보여진다. 또, 차별과 관련하여 평등기회와 양성평등대우의 원칙, 차별대우금지 및 균등대우원칙, 기본적인 인권보호를 위한 일반원칙, 비례의 원칙을 준용하고 있다. 그러나 직무수행에 필수요건인 경우, 모성보호를 위한 경우, 잠정적 우대조치를 통한 적극적 차별시정조치인 경우에는 차별예외로 판단함에 따라 비례성과 합리적인 수준의 판단을 기본으로 하는 것으로 보인다. 앞서 살펴본 것처럼 독일의 경우는 비례성심사와 자의금지원칙을 중심으로 다루고 있다. 입법자의 광범위한 형성의 자유를 전제하여 법내용의 평등여부에 대한 판단인 자의금지를 통하여 입법자가 자의적으로 차별하는 경우가 아니라면 입법자의 판단을 존중하는 것이다. 비례성심사는 차별의 목적과 수단의 관계에서 수단의 적합성, 필요성, 균형성을 엄밀하게 요구하며 보다 강도 높은 심사를 하고 법적용의 평등과 법내용의 평등에 관한 심사에도 일정한 경우 이를 적용한다. 또, 인적 집단의 비교의 대상으로 하는 인적평등의 경우에는 엄격한 비례성 심사를 하고, 생활관계를 비교의 대상으로 하는 목적평등의 경우에는 전통적인 자의금지원칙에 따른 합리성 심사를 하고 있고, 영국의 경우는 합리성, 비례성의 원칙, 이중차별기준을 활용하고 있다. 그리고 차별판단과 관련한 판단기준으로 이론적인 체계를 갖춘 미국의 경우는 합리성심사기준, 엄격심사기준, 중간심사기준을 활용하고 있는데, 이는 독일의 심사기준과 더불어 우리나라의 헌법재판소의 판단기준과 근접하는 것으로 판단된다.

한편, 국내 주요 기관들의 차별판단기준에서 헌법재판소는 합리성심사기준을 대전제로 하여 비례심사, 엄격심사(자의금지)를 기준으로 하고 있고 사안에 따라 엄격하게 또는 완화된 기준을 적용하고 있다. 즉, 자의심사의 경우에는 차별을 정당화하는 합리적인 이유가 있는 지만을 심사하기 때문에 그에 해당하는 비교대상간의 사실상의 차이나 입법목적(차별목적)의 발견·확인에 그치는 반면에, 비례심사의 경우에는 단순히 합리적인 이유의 존부문제가 아니라 차별을 정당화하는 이유와 차별간의 상관관계에 대한 심사, 즉 비교대상간의 사실상의 차이의 성질과 비중 또는 입법목적(차별목적)의 비중과 차별의 정도에 적정한 균형관계가 이루어져 있는가를 심사하여 법익의 균형성 등을 판단한다. 국가인권위원회도 헌법재판소의 판단기준을 대부분 수용·활용하면서 합리성심사, 비례심사, 완화된 비례심사기준을 적용하고 있다. 다만 법원은 자의금지와 비례심사를 하면서도 사회통념상 합리성기준을 일반적으로 활용하고 있다. 즉, 취업규칙의 변경과 관련한 판단에서 사회통념상 합리성의 유무는 취업규칙의 변경에 의하여 근로자가 입게 되는 불이익의 정도, 사용자측의 변경 필요성의 내용과 정도, 변경 후의 취업규칙 내용의 상당성, 대상조치 등을 포함한 다른 근로조건의 개선상황, 노동조합 등과의 교섭 경위 및 노동조합이나 다른 근로자의 대응, 동종 사항에 관한 국내의 일반적인 상황 등을 종합적으로 고려하여 판단한다. 또, 노동위원회는 노동관계법령의 규정에 충실한 합리적인 이유여부를 중심으로 판단하고 있다. 결국 우리나라의 주요 차별판단기관은 독일이나 미국 등의 차별판단기준과 유사한 기준을 적용하면서 합리적 이유 등의 합리성을 중심으로 차별행위여부를 판단하고 있는 것으로 보인다.

다만, 고용상 차별의 판단과 관련하여서는 합리성이라는 근거를 대전제로 하여 차별사유별 판단근거인 해당 법령의 규정에 따른 강행법 등에 근거한 개별행위들에 대한 적법성 판단, 법익의 보호를 위한 목적성 측면에서의 합목적성 판단, 우대조치 등 정책적 측면에서의 필요성 내지 개선조치 및 진정직업자격으로서의 필요성 판단, 자의금지를 전제로 하는 비교대상과의 비례성 내지 소위 비정규직인 단시간 및 기간제 등과의 비교척도 기준에 상당하는 비례성 등의 판단이 차별행위 여부를 가름하는 기준이 되어야 할 것으로 생각된다.

일반적이고 보편적인 분류기준은 방법론적 접근으로 직접차별, 간접차별, 역차별로 논의할 수 있지만, 이하에서는 차별론의 접근법을 세부사항으로 접근하여 권리론적 접근(기본권론), 차별행위론적 접근(차별사유론), 차별목적론적 접근(타당성론), 차별판단론적 접근(차별심사론), 차별방어론적 접근(차별구제론), 우대보호론적 접근(역차별론)을 중심으로 이론적 토대를 검토하기로 한다.

Ⅱ. 권리론적 접근

기본권론은 평등권이라는 관점에서 차별이론을 바라보는 것으로 평등권의 권리론적 측면에서 차별이론을 논하는 것이다. 즉, 평등권은 인간의 기본권으로서 이에 반하는 행위인 차별은 권리로서 배척되거나 그 권리로서 주장되거나 청구되거나 배제되어야 하며, 기본권으로서 보호권의 기능을 하게 된다. 이러한 입장에서 기본권론은 권리론적 접근이라는 입장을 갖는다고 할 것이다.

1. 천부인권론

차별이론의 기원을 찾는다면 헌법상 평등권을 중심으로 논의가 전개되고 있다. 헌법상 평등권은 거의 모든 견해들이 인간본연의 기본권으로 보는 것이 일반적이다. 인간이기 때문에 생래적으로 타고난 기본권이라는 것이다. 하늘이 부여한 권리를 의미하는 천부인권론은 결국 기본권 중의 기본권이라는 점을 강조하는 것이 그 중심이라고 보여진다. 천부인권론은 인간이기 때문에 당연히 누릴 수 있는 권리이며, 당연히 보장되어야 하므로 국가 등은 이러한 권리를 당연히 보장할 수 있도록 하여야 한다는 것이다. 오늘날 기본적인 이념과 보편적인 가치로 여겨지는 민주주의의 근간에는 평등권을 기반으로 하고 있다. 즉, 천부인권인 평등권이 내재되지 않는 민주주의를 논하는 것은 그 이념적 기반을 부인하는 것과 같다고 할 수 있다.

2. 자유권적 기본권론

헌법상의 기본권으로서 자유권적기본권으로 논의된다. 즉, 천부인권론도 해당 국가의 국민의 지위에서 평등한 권리를 가질 수 있고 누릴 수 있는 근거가 된다는 것이다. 그러나 이것은 헌법에서 기본권으로 보장되어야 권리로 인정된다는 점을 중심으로 논의된다. 다만, 인간본연의 권리이기 때문에 선언적인 것만으로도 해당 국가의 법령에 의한 보호와 권리주장이 가능하다는 점을 중심으로 본다. 자유권적 기본권은 국민이 국가의 권력이나 부당한 간섭으로부터 자유로울 권리라고 할 수 있는데, 차별받는 것으로부터의 자유를 통하여 평등권이 확보될 수 있다는 점을 고려하면 자유권적 기본권의 성격을 가진다고 할 수 있고, 평등권이 침해되어 차별이 되는 경우 행복추구권의 침해를 가져올 수 있고, 인간다운 삶의 장애가 된다고 할 수 있다.

3. 사회권적 기본권론

차별론은 사회권적기본권으로 논의된다. 즉, 평등권은 특히 고용상 차별의 문제는 평등권을 실현하는 기능을 하면서 고용상에서는 차별금지라는 규제를 통하여 평등권이 실현되는 것이므로 차별금지는 곧 고용상의 민주성을 기반으로 하는 그리고 그 기본권을 사회적 약자의 지위에 있는 근로자 등에 대하여 국가가 보호해 주어야할 사회권의 존재로서 의미를 갖는 다는 것이다. 약자 등을 위한 적극적 개선조치나 다양성 확보를 위한 정책적 우대조치 등의 성격에는 이러한 사회권적 기본권의 특성이 반영되어 있다고 할 수 있다.

4. 청구권적 기본권론

평등권은 차별금지를 위반하는 행위에 대하여 평등한 대우를 요구할 수 있고, 국가나 구제기관을 통하여 차별상황이 발생한 경우 또는 발생할 것을 예방 내지 구제 및 배상청구 등을 요청할 수 있는 청구권의 성질로 논의된다. 결국 사전적이고 사후적인 청구권이 가능한 것으로 적극적인 권리로 판단된다. 이러한 청구권적 기본권은 국민이 자신의 권리나 이익이 침해되는 경우나 침해 가능성이 있는 경우 국가에 대하여 적극적으로 일정한 행위를 요구할 수 있는 권리로 청구권적 기본권은 다른 기본권을 보장하기 위한 수단적 권리로써의 특성을 가진다고 할 수 있다. 그러므로 다른 기본권을 위한 기본권 내지 이를 보장하기 위한 절차적 측면이 강조된다고 할 수 있다. 고용상 차별행위가 발생한 경우 노동위원회, 국가인권위원회, 법원 등에 이러한 차별에 대한 배제,[1] 원상회복, 배상청구 등이 가능한 것은 이러한 권리가 내제되어 있다고 할 수 있다.

Ⅲ. 행위론적 접근

합리적 차별론은 차별행의가 합리적인 이유가 없는 경우 차별에 해당하고 합리적인 이유가 있는 경우는 차별이 아닌 행위가 된다는 것이다. 인권위법이나 고용상 차별금지 규정을 두고 있는 법령은 대부분 합리적인 이유를 차별행위여

1) 평등권 침해에 대해서는 차별행위를 배제할 수 있는 권리나 권한이 부여되는 것으로 특히 사업장에서의 차별행위 등에 대한 차별배제를 강제하거나 요구할 수 있는 권리가 발생하는데 이러한 것을 차별배제론이라고 할 수 있다. 이러한 성격들은 모두 기본권이라는 관점에서 평등권 내지 차별론에 대한 이론적인 배경에서 논의되는데, 청구권의 일종으로서 보상기능을 제외한 단순이 차별취급 배제 등 소극적인 거부권의 일종으로 보게 된다.

부의 전제적 조건으로 규정하고 있다.

1. 합리적 이유론

합리적인 이유란 차별행위를 함에 있어 합리적인 행위가 될 수 있는가 하는 것이다. 즉, 차별하는 상황 등이 차별이 아닌 것으로 인정될 수 있고, 목적이나 절차, 내용 등이 합리성을 갖는 경우를 들고 있다. 이러한 측면에서 합리적 이유론이 고용상 차별행위에 대한 주류이론이라고 할 수 있다. 또, 합리적인 이유가 있는 경우를 차별행위의 예외사항이라고 하는데, 이러한 상황은 진정직업자격, 적극적 개선조치, 국가안보상의 이유, 국제노동기준에 부합하기 위한 조치, 모성보호를 위한 조치, 사회적 약자를 보호하기 위한 조치, 각종 우대조치 등을 들 수 있다. 아울러, 능력, 기능, 기술, 업적, 근로의 질과 양이 다른 경우 차등을 인정하여 대우할 수 있는데, 이러한 경우에 차별을 하는 것은 합리적인 이유가 될 수 있다.

2. 사회통념상 합리성론

합리적 차별론의 내용에서 사회통념상 합리성론은 불이익조치 등이 일반적인 사회평균적인 관점에서 용인될 수 있는 수준에 해당하는 경우를 들 수 있다. 각종 권리의 행사와 관련한 문제에서나 규제 등에 관한 사항까지 사회통념상 합리성을 인용하는 판례는 무수하다. 결국 차별행위가 법령 등의 위반이 되는지 여부는 법원을 통하여 구제받게 되는데 사회통념상 합리성은 광범위하게 법의 판단에 대한 근거로 제시되고 있다. 사회통념이란 평균적이고 일반적인 사람의 판단에서 인정될 수 있는 수준을 말한다. 그러므로 사회통념상 합리성이란 보통의 상식과 일반원칙이 누구에게나 용인될 수 있는 수준에서의 합리성을 말한다고 할 수 있다. 법원이 주로 징계처분에 대한 합리성을 판단함에 있어 이러한 사회통념상 합리성을 기준으로 판단하고 있다.[2)]

2) 공무원인 피징계자에게 징계사유가 있어서 징계처분을 하는 경우 어떠한 처분을 할 것인가는 징계권자의 재량에 맡겨진 것이고, 징계권자가 재량권의 행사로서 한 징계처분이 사회통념상 현저하게 타당성을 잃어 징계권자에게 맡겨진 재량권을 남용한 것이라고 인정되는 경우에 한하여 그 처분을 위법하다고 할 수 있으며, 공무원에 대한 징계처분이 사회통념상 현저하게 타당성을 잃었다고 하려면 구체적인 사례에 따라 징계의 원인이 된 비위사

3. 정당성 내지 정당한 사유론

정당성은 합리성과 더불어 법규내용의 규정과 집행에서 양날의 칼과 같은 것이다. 즉, 행위적인 관점에서 일정한 행위가 정당성을 갖기 위해서는 처해 있는 상황 등을 종합적으로 고려하여 판단을 해야 하겠지만 행위자체의 합법성 내지 합목적적인 귀착을 가져올 수 있어야 그 정당성이 인정된다는 관점이다. 차별이 정당한 행위인지 여부를 판단하는 것이다.

아울러, 정당한 사유론은 고용상 차별금지 법규 등에서 합리적 이유와 유사한 관점에서 규정하고 있는 이론인데 목적이나 절차의 정당성을 준수하고 있느냐의 관점에서 판단할 수 있다. 즉, 금지되는 차별사유에 부합하는지, 해당 규정의 실현에 합당한 것인지에 대한 판단의 근거가 된다고 할 수 있다. 이러한 관점에서 정당한 사유론은 정당성론과 개념적인 유사성을 갖는다고 할 것이다. 차별금지와 관련하여 '정당한 사유'를 규정한 법령은 장애인차별금지법 등을 들 수 있다. 다른 법규가 차별을 함에 있어 합리적인 이유가 없는 경우를 금지하는데 반하여 장애인차별금지법은 정당한 사유없이 차별하는 경우를 들고 있다. 큰 틀에서는 같거나 유사한 것으로 판단되지만, 합리적인 이유가 차별의 전제가 되는 사유의 합리성을 염두에 둔 것이라면, 정당한 사유는 법규 등에서 규정된 내용에 대하여 합당한 조건에 부합하는지를 판단하는 것으로 달리 볼 여지가 있다고 할 수 있다. 즉, 차별에서의 정당한 사유란 차별이 금지된 부분에 대하여 행할 수밖에 없는 합당한 이유를 절차적, 방법적, 결과적으로 판단하는 것이라고 할 수 있다.

실의 내용과 성질, 징계에 의하여 달성하려고 하는 행정목적, 징계 양정의 기준 등 여러 요소를 종합하여 판단할 때에 그 징계 내용이 객관적으로 명백히 부당하다고 인정할 수 있는 경우이어야 한다. 따라서 징계권의 행사가 임용권자의 재량에 맡겨진 것이라고 하여도 공익적 목적을 위하여 징계권을 행사하여야 할 공익의 원칙에 반하거나 일반적으로 징계사유로 삼은 비행의 정도에 비하여 균형을 잃은 과중한 징계처분을 선택함으로써 비례의 원칙을 위반하거나 또는 합리적인 사유 없이 같은 정도의 비행에 대하여 일반적으로 적용하여 온 기준과 어긋나게 공평을 잃은 징계처분을 선택함으로써 평등의 원칙에 위반한 경우라면 이러한 징계처분은 재량권의 한계를 벗어난 처분으로서 위법하다고 할 것이다(대법원 2012.10.11. 선고 2012두10895 판결).

Ⅳ. 목적론적 접근

법령상 차별사유는 다양하다. 국가마다 문화적인 특성이나 전통적인 관례 등 처해 있는 상황에 따라 달리 규정된다. 마찬가지로 고용법령에서 각각의 법령들이 규정하고 있는 차별사유는 각기 해당 법령이 규율하는 목적과 대상에 따라 특정한 사유들(타당성론)을 명시하고 있다. 이러한 것은 해당 법령이 추구하는 목적성과 보호해야 할 대상의 특성 등을 반영한 것으로 차별사유를 해소하기 위한 정책적인 방향을 가늠할 수 있게 한다.

1. 합목적성 및 목적론적 차별론

차별사유와 차별행위는 평등권을 침해하는 행위이고, 차별금지사유는 평등권을 보장하고, 불평등을 해소하기 위한 근거가 된다. 이러한 차별사유들은 합목적적인 규정이 필요하다. 헌법상의 규정 내지 천부인권적인 평등권에 위배되는 차별금지사유 등은 평등권실현을 위한 합목적론적인 측면(합목적성론)에서 규정되어야 하고, 고용환경 등에서의 불균등 내지 불이익취급 등의 관행 내지 문화적인 악제를 제거하여 합리적인 고용환경의 구축에 기여할 수 있어야 한다. 결국, 개별 법규에서 규정하는 차별사유는 특정 법령의 목적에 합당한 목적성을 추진(해당 차별의 해소 등)하기 위한 사유가 된다. 차별금지 및 판단 등의 경우 차별해소를 위한 목적론적인 측면(목적론적 차별론)에서 이루어져야 한다. 합목적론이 새로운 규제 등에 고려되는 것이라면 목적론적 차별론은 적용상의 목적상에 부합하여야 한다는 관점이다.

2. 법익균형론

차별행위를 규제하는 것은 불평등을 해소하고 차별을 제거하기 위한 것이나, 반면에 보호대상에서 제외되는 비교집단 등의 권리나 법익이 침해되지 않도록 배려를 해야 한다. 아무리 훌륭한 법규나 사유도 그로 인하여 또 다른 차별을 유발하는 것이라면 합리성을 인정받기 어려울 수 있다. 그러므로 그러한 규정들은 다른 권리나 다른 집단 등과의 법익균형성(법익균형론)을 유지할 수 있어야 한다. 즉, 문제를 해소하고 그 해소된 집단 등이 다른 집단과 비교하여 결과적으로 형평을 확보할 수 있도록 하는데 규제의 의미가 있다고 보는 것으로 적용이나 절차, 방법 등에서 효과면의 법익균형을 확보할 수 있어야 한다.

3. 필요성론

법령 및 내규 등에서 규정하는 차별사유나 금지사유 및 차별예외사유(우대조치 등 포함)등 세부기준 등은 차별해소 등을 위한 가장 합당하고 필요한 사항에 대한 사유와 절차, 방법 등이 고려되어야 한다는 입장으로 필요성에 부합한 사유들이 검토되고 규범화되어야 하며, 그 필요성 달성을 위한 조치 등이 검토되고 실행되어야 한다는 입장이다.

4. 합법성론

법규내용 및 차별사유 등의 규정은 합법적인 측면(합법성론)이 고려되어야 한다. 그리고 집행 내지 적용상에서 합법적인 절차와 방법 등이 고려되어야 한다. 차별사유가 법이 추구하는 목적을 달성함에 있어서 합법성을 갖지 않는다면 정당한 차별이 될 수 없다. 즉, 차별행위는 법이 추구하는 목적에 부합하되 합법성을 갖출 때 타당성을 인정할 수 있다는 관점이다.

V. 판단론적 접근

차별심사론 내지 판단론은 차별행위가 발생한 경우 그러한 행위가 차별사유 내지 법령위반에 해당하는지 여부를 판단하는 기준을 중심으로 판단근거를 어떻게 접근하느냐의 문제를 다룬다. 각각의 법령들에 대한 규정이 헌법 규정 등에 위반되는지 여부를 판단하는 위헌법률심사에서부터 개별법령에서 규정한 법규 내용에 대한 위반행위를 한 경우에도 판단기준으로 고려된다. 헌법재판소를 비롯하여 법원, 인권위, 노동위 등 차별판단기관에서 주로 채택하는 심사기준으로 활용되고 있다. 현실적인 차별판단이론이라고 할 수 있다. 아울러, 미국을 비롯한 각국에서도 차별판단심사기준을 이론적으로 정립한 것으로 판단된다. 차별심사론은 엄격한 심사인 비례심사와 완화된 심사인 자의금지원칙이 기본이지만 엄격심사 등의 정도에 따라 다양하게 논의되고 있다.

1. 합리성심사론

차별행위 내지 평등권위반에 대한 차별심사기준은 합리성심사론을 대전제로 한다. 대부분의 국가에서 채택하고 있는 것으로 판단되며, 우리나라의 경우도 헌법재판소를 비롯하여 인권위의 판단 등에서 언급되고 있다. 물론 노동법규 등에서 그 근거를 규정하고 있다. 즉, 합리성 심사론은 합리적인 이유가 그 판단의 근거가 되는데, 합리적인 이유가 없는 경우 차별행위 내지 평등권 위반규정 및 정책 등은 차별금지를 위반하는 문제가 발생한다. 비례심사론과 엄격심사론의 경우에도 합리성심사론을 대전제로 하여 판단하고 있다.

2. 엄격한 비례심사론

비례심사론은 차별대상과 비교대상간의 비례성 등을 기준으로 판단하는 것이다. 구체적으로 보면 비례성심사는 목적의 타당성, 방법 및 수단의 적정성, 필요성 내지 차별의 불가피성, 최소 침해의 원칙, 차별로 인하여 피해를 보는 이익균형 등을 주요 골자로 판단한다.

한편, 비례성 심사는 엄격심사론으로 표현되기도 하는데, 앞서 차별판단기준에서 설명한 것처럼 헌법 등에서 금지 규정한 사항에 대한 차별여부 판단, 다른 기본권의 침해 등에 관련한 차별문제에서 엄격한 기준을 적용하여 심사하는 것이다.

3. 자의금지원칙과 완화된 심사론

엄격심사론에 비하여 다소 완화된 심사론을 들 수 있는데, 사회 및 경제 규제 영역에서와 같이 입법형성권이 넓게 인정되는 경우, 그리고 침해적인 법률이 아닌 시혜적인 법률과 자격에 관한 법률에서처럼 입법형성권이 넓게 인정되면 될수록, 더욱 더 완화된 심사기준을 적용하게 된다. 즉, 완화된 심사론은 엄격심사를 보다 완화하여 비례적으로 덜 엄격하게 판단하는 것이다. 한편, 완화된 심사는 자의금지의 원칙으로 표현되기도 하는데 자의금지원칙[3]은 입법권자의 재량권을 인정하는 것으로 입법목적의 타당성 등이 인정되는 경우 차별이 아닌 것으로 판단하는 것으로 비례심사에 비하여 덜 엄격한 심사를 적용한다.

4. 중간심사론

비례심사와 엄격심사의 중간 정도의 심사를 행하는 것으로 중간심사론으로 논의된다. 즉, 동일 사건에서 엄격한 심사기준을 적용해야 할 경우와 완화된 심사기준을 적용해야 할 경우가 존재할 경우, 엄격한 심사기준과 완화된 심사기준의 중간 단계의 심사기준을 활용하게 되는 접근법이다. 비례성의 정도에 따라서 엄격성 정도가 비례심사에 가까운 경우와 자의금지에 가까운 정도에 따라 달리 판단하고 있다.

5. 이중심사론

각각의 심사기준을 이중적인 기준을 함께 고려하여 판단하는 이중심사론이 있는데 영국 등의 경우 이러한 심사론을 채택하고 있다. 즉, 복합적인 사안에서 단일한 심사기준을 활용하는 경우 합리성을 확보하기 어렵거나 적절한 판단이 곤란한 경우 등에 여러 가지 심사기준을 복합적으로 활용하는 것이다. 물론, 단계별로 심사기준을 이중화하는 경우도 고려된다.

Ⅵ. 방어론적 접근

차별행위에 대한 구제는 결국 차별행위로 인하여 침해된 권리를 회복하고, 불이익한 조치 등에 따라 발생한 손해의 보전과 명예를 회복하고자 하는데 목적

3) 자의금지심사론은 법령제정권자 등의 자의금지 즉, 자의성을 배제하는 전제하에 논의된다. 세부적으로는 법규 등의 제·개정상의 자의금지(법령제개정(국가·국회 등), 사규제개정(사용자 등)의 자의금지, 단체협약·취업규칙·근로계약 등 작성(사용자·노동조합 등)의 자의금지, 법규 등 적용 및 해석상의 자의금지(법원·행정부처·판단기관 등·사용자 등)를 검토하여 판단하게 된다.

이 있다. 그러나 구제를 통하여 동일 사안에 대한 재발방지를 위한 제어적인 기능도 크게 작용한다고 볼 수 있다. 그러므로 차별구제는 새로운 차별과 동일유사한 차별의 재발방지를 위한 것으로 인식될 수 있다. 자력구제와 국가구제에서 모두 이해당사자가 구제신청을 할 수 있고 이 신청을 통하여 구제절차가 진행되는 만큼 구제청구론은 일반적으로 인정되는 것이다. 그 청구의 대상·범위·절차 등은 각 법령에서 규정하고 있다. 다만, 직권조사가 아닌 한 대부분의 이해관계자의 청구에서 구제절차가 진행된다는 점에서 접근되는 관점이다. 아울러, 차별 방어론적 접근(차별구제론)은 차별행위에 대한 배제청구권 등이 내재되어 있다고 할 수 있다.

1. 자력구제론

차별구제론은 크게 자력구제 또는 국가구제로 구분할 수 있겠다. 그러나 정당방위 등이 보장되는 사안이 아닌 만큼 사력(자력)구제를 온전히 용인하는 것으로 보기에는 문제가 있을 수 있으나, 개별적으로 침해된 평등권 내지 차별행위에 대하여 당사자가 이를 구제하기 위한 노력 내지 권리를 배제한다면 평등권 실현 및 차별행위금지는 그 실효성을 확보할 수 없을 것이다. 즉, 현실적으로 자력구제를 실현하는 권리가 온전히 인정되는 것은 아니지만 구제신청은 이해관계 있는 당사자의 권리이자 권한으로 보장되어야 하고 현행 법령에서도 구제신청권을 갖는 등 자력구제는 일정부분 인정된다고 보아야 한다.

2. 국가구제론

국가구제론은 당사자의 구제신청 뿐만아니라 인권위 등의 경우 평등권위반이나 차별사항에 대하여 직권조사권을 가지고 차별행위를 조사하여 구제하는 것은 물론, 차별구제를 법원, 국가인권위원회, 노동위원회 등 국가기관에 신청하여 구제받을 수 있는 것처럼 국가구제론은 차별행위에 대하여 일반적인 구제수단이라고 할 수 있다.

3. 원상회복론

구제 및 구제청구의 효과와 관련하여 침해된 권리(평등권 위반 내지 차별행위, 불이익한 처분 등)에 대한 원상회복과 손해배상의 처분 등에 대한 청구권도 보장되어야 한다는 측면에서 원상회복론은 의미를 갖는다. 결국, 보상 내지 차별행위 이전의 상태로 되돌리는 것이 가장 중심적인 구제의 목적이므로 원상회복론은 큰 의미를 갖는다고 할 수 있다.

4. 손해배상론

차별행위에 대한 손해배상은 그러한 행위로 인하여 피해를 입은 대상자 및 집단은 차별행위자 등에 대하여 원상회복과 함께 발생한 손해를 배상할 책임이 있다고 할 것이다. 이는 불법 내지 부당한 법규위반행위에서 비롯되는 당연한 결과라고 할 수 있다. 그러므로 손해배상론은 이론적으로 용인된다고 보여지고, 이러한 처분과 함께 징벌적 손해배상 내지 형사처벌 등의 부과가 가능하다는 입장이다.

5. 징벌론

차별금지위반에 따른 제재조치들은 일반적으로 징벌적인 성격을 가진다. 그러한 것이 손해배상이든 형사처벌이든 차별행위자에게 부담되는 처분의 경우 징벌적 성격을 인정할 수 있고, 이러한 입장에서 징벌론은 이론적으로 설득력을 갖는다고 보여진다. 손해배상론과 징벌론이 결합되어 징벌적 손해배상제도가 도입되어 운영되고 있고,[4] 실제 노동위원회는 이러한 근거에 따라 징벌적인 배액배상결정[5]을 내린 바도 있다.

4) 징벌적 손해배상제도는 하도급공정화에관한법률과 기산제법(2014년 도입)에서 규정하고 있다.

5) 중앙노동위원회 2015.06.30. 2015차별3~11(병합) 결정.

Ⅶ. 우대보호론적 접근

적극적 개선조치는 차별을 해소하여 실질적인 평등을 실현하는 수단으로 활용되고 있다. 또한, 각종 우대조치들도 합리성과 합법성을 갖는 한 이러한 측면에서 실질적인 평등실현 수단이라고 할 수 있다. 그러나 과도한 적극적 조치나 우대조치는 상대적으로 역차별을 유발할 수도 있다. 역차별론은 과도한 보호조치 내지 우대조치가 상대적으로 또 다른 차별이 발생할 수 있는 가능성을 염두에 둔 이론으로 일정한 수인한도를 초과하는, 합리성이 결여된 우대보호는 차별행위로 간주될 수 있다. 그러나 합리성의 한도 내에서는 차별행위로 간주되지 않고 차별의 예외사항으로 분류된다.

1. 우대조치론

역차별은 역사적으로 또는 관행적으로 차별받아온 개인 내지 집단에 대한 우대보호조치가 다른 집단들에게 상대적으로 차별이 발생하는 경우이다. 이러한 우대보호조치 등에는 사회적인 약자들에 대한 보호조치, 사회형평을 실현하기 위한 우대보호조치, 국가정책으로 필요성에 따라 우대보호조치가 취해지는 경우 등 다양한 사유가 예시될 수 있다. 이러한 역차별의 문제 내지 우대조치 등은 진정직업자격, 적극적 개선조치, 노동권보호, 모성보호, 국제노동기준, 국가안보와 공공의 안녕 질서유지 등으로 나타나는데, 정책적인 측면에서 차별의 문제는 아니지만 과도한 경우 상대적인 차별행위가 될 수 있고, 장기화되거나 고착화되는 경우 등에는 또 다른 차별을 발생시킨다는데 정책적인 고려가 심도 있게 검토되어야 할 사안이라고 할 수 있다. 대부분의 역차별문제는 우대정책론으로 집약될 수 있다. 이공계우대, 유공자우대, 장애인우대, 여성우대, 지역우대 등 대부분의 우대보호조치는 정책적인 고려에 의해서 추진되기 때문이다.

2. 사회적 약자보호론 및 사회적 형평론

역차별의 대상범위에서 노령자 보호조치, 사회적 취약계층 보호조치 등은 사회적 약자를 보호하기 위한 조치들이 일반적인 경우이다. 그러므로 약자보호론은 현대 사회국가에서 국가정책의 일반적인 고려사항에 해당하는 것으로 차별정책의 문제도 예외는 아니라고 본다.

아울러, 차별의 해소문제는 형평의 원칙에 근거한다. 즉, 사회형평은 남녀, 지역 등 편중 내지 불편부당함을 시정하기 위하여 취해지는 정책적인 사항들이다. 지역인재 등용, 여성고용할당제, 저소득층 우대조치 등 대부분의 사회적 취약계층을 위한 사회형평정책은 사회형평론의 범주에서 논의될 수 있는 사안이라고 할 수 있다.

3. 모성보호론

우대정책에는 여성보호를 위한 사안들이 많다. 남녀평등, 여성근로자의 보호, 임신 및 출산등과 관련한 보호조치, 가족 및 가족상황에서의 보호조치 등 특히 근로관계에서의 승진, 임금, 기타 근로조건 등에 대한 특별보호 규정은 모성보호론적인 입장에서 논의되는 이론이다. 차별행위와 관련하여서도 모성보호론적인 입장에서 접근되는 사안들이 상당부분 비중을 갖는다.

4. 다양성론

우대정책은 다양한 목적을 기반으로 하고 있다. 다양한 사회구성원이 합당한 대우와 공존하는 구성원이 되도록 하기 위한 조치들은 사회 각 구성원의 다양한 욕구와 기회를 보장하기 위한 장치들로 인식된다. 그러므로 우대정책의 일면에는 사회 구성원의 다양성을 기반으로 이를 반영하는 정책적인 고려가 되고 있다고 할 수 있다. 이러한 측면에서의 국제적인 인적교류에 따른 외국인 근로자의 급증, 국제결혼으로 증가하고 있는 다문화가정에 대한 우대조치 등은 변화하는 우리 사회의 구성원의 다양성을 반영하는 제도적인 장치라고 할 수 있다.

제 3 절 고용상 차별판단 심사기준

Ⅰ. 차별판단 심사기준 개관

고용상 차별판단은 먼저 고용상 차별 내지 차별행위에서의 차별판단을 위한 심사기준들에 대한 검토가 필요하다. 즉, 법령에서 합리적인 이유를 규정하고도 세부사항에 대한 판단기준을 명시적으로 규정하고 있지 않으므로 헌법재판소를 비롯한 법원, 노동위원회, 인권위 등의 차별판단심사기준을 살펴볼 필요가 있고, 우리나라의 차별판단심사기준에 영향을 미친 것으로 판단되는 독일과 미국의 차별판단심사기준도 검토할 필요가 있다. 이러한 차별판단 심사기준은 엄격한 심사기준인 비례원칙과 완화된 심사기준인 자의금지원칙으로 대별된다. 먼저 '엄격한 심사기준인 비례의 원칙'은 헌법이 스스로 평등권을 구체화한 사항에 대하여 차별의 문제가 발생한 경우와 기본권에 대한 중대한 제한 내지 침해가 발생한 차별에 대하여 심사기준으로 적용되는 것으로 심사요건으로는 입법목적의 정당성 내지 차별의 정당성, 차별의 적합성, 차별에 대한 피해의 최소성 내지 불가피성, 차별로 인하여 발생한 부담의 비례성 내지 공익과의 균형을 들 수 있다. 이 때 적용되는 사유는 헌법이 차별금지규정으로 규정한 성별, 종교, 사회적 신분, 근로영역에서의 성차별, 혼인과 가족생활에서의 차별 등을 들 수 있다. 다음으로 '완화된 심사기준인 자의금지원칙'은 입법부를 존중하여 입법형성의 자유를 인정하는 영역에 대한 차별이 발생한 경우에 적용하는 것으로 심사요건으로는 상호배타적인 비교대상이 존재하고, 같은 것을 다르게 다른 것을 같게 취급하는 사안에 대하여 차별취급에서의 자의성이 반영되어 합리적인 이유 없는 차별의 경우에 적용되는 심사기준으로 침해적인 법률에 의한 차별과 수혜·시혜적인 법률에 의한 차별의 경우에 주로 활용되는 기준이라고 할 수 있다.[6)]

6) 평등대우의 구체화와 관련한 기준으로 자의적 차별금지를 기초로 하여 평등한 대우, 기회

고용상 차별금지제도에서 '합리적인 이유'는 해당 차별사유별 차별행위에 대한 내용과 결과가 차별인지 아닌지를 판단하는 전제적 조건이 되기 때문에 매우 중요한 차별여부의 기준점이라고 할 수 있다. 주요 고용관련법령에서도 '합리적인 이유'에 대한 규정을 두고 있는 것도 이러한 전제적 조건을 부여한 것으로 풀이된다. 그러나 앞서 설명한 것처럼 합리적인 이유에 대하여 구체적으로 어떠한 상황 내지 요건 등을 말하는지 명확한 기준 내지 근거를 규정하지 않고 있다. 아울러, 이러한 합리적인 이유여부를 판단할 수 있는 판단기준도 명시적으로 규정하고 있지 않아 심사기준 내지 판단기준에 대한 구체적인 검토가 필요하다.[7] 즉, 각각의 차별행위에 대한 차별판단기준이 명확히 정립되어 있지 않

의 균등, 분배의 평등이 제시되고 있는데, 첫째 평등한 대우는 획일적이고 기계적 평등이 아닌 '같은 것은 같게, 다른 것은 다르게 취급'하는 상대적이고 비례적인 관점에 관한 것이다. 이러한 평등대우의 요청은 헌법적 평등원칙의 가장 기본적인 것으로 헌법상의 평등원칙은 형식적 의미뿐만 아니라 실질적인 의미의 평등까지도 적극적으로 실현시킬 것을 요구하는데 국가에 의한 불평등한 법적용의 금지, 법 내용의 평등원칙에 대한 부합, 평등실현을 위한 적극적인 활동을 요청하는 것을 의미한다. 둘째 기회의 균등은 모든 개인에게 물질적이든 정신적이든 재화를 획득할 수 있는 기회를 동등하게 주어지는 것을 말하는 것으로 형식적인 기회 내지 실질적인 기회를 포함하는 개념으로 인식된다. 즉 특정 개인의 권리나 기회가 국가나 기관 또는 집단 내지 다른 개인들에 대하여 침해되거나 박탈되지 않을 형식적 기회균등과 조건을 창출할 수 있는 국가 등의 적극적인 지원 등 실질적인 기회균등을 의미한다. 셋째 분배의 평등은 사회국가의 원리측면에서 오늘날 평등의 문제가 가장 중시되는 사안 중에 하나이다. 즉 분배의 평등은 양적 분배와 질적 분배를 분배의 형평 측면에서 논하게 되는 것이다.

7) 법령상에는 판단기준이 명시되어 있지는 않고, 유일하게 합리적인 이유 판단기준을 규정한 것은 남녀고용평등 업무처리 규정(고용노동부예규 제57호, 2013.06.21., 일부개정)이 있다. 동 예규 제2조(합리적인이유 판단기준) 제1항에서는 "남녀고용평등법 제2조제1호에 따라 성을 사유로 근로자를 달리 대우함에 합리적 이유가 있으려면 해당 사업의 목적과 직무의 성질·형태·작업조건 등을 구체적·종합적으로 고려하여 기업경영상 남녀를 다르게 대우할 필요성이 인정되고 그 방법·정도 등이 적정하여야 한다."라고 규정하면서 ⓐ 예술 그 밖의 예능 분야에서 표현의 진실성을 이유로 특정 성을 필요로 하는 경우(예: 남성 역할을 위한 남성 배우·모델 등), ⓑ 직무 수행상 탈의나 신체접촉 등이 발생하여 프라이버시 유지를 위해 특정 성을 필요로 하는 경우(예: 여성 목욕탕의 여성 목욕관리사, 여성 장애인·여성 환자의 여성 도우미 등), ⓒ 사업장의 성격 또는 장소로 특정 성의 근로자가 사용자가 제공하는 시설 외에서 거주하는 것이 불가능하고 적절한 대체시설을 이용하기 어려운 경우(예: 여성 기숙사의 여성 사감 등), ⓓ 그 밖에 직무상 특정 성으로 하는 것이 불가피한 것으로 인정되는 경우를 들고 있다. 한편 동 규정은 "동일가치노동"에 대하여 고려되는 직무수행에 요구되는 기술, 노력, 책임 및 작업조건 등에 대하여 제4조 제2항에서 "㉮ 기술: 자격증, 습득된 경험 등 업무수행 능력 또는 솜씨의 객관적 수준, ㉯ 노력: 업무수행에 필요한 물리적 힘 및 정신적 부담, ㉰ 책임: 업무에 내재된 의무의 성격·범위, 사업주가 당해 직무에 의존하는 정도, ㉱ 작업조건: 소음, 열, 물리적·화학적

으므로 판례 등을 통한 검토가 필요하다. 차별판단을 위해 국내의 경우는 헌법재판소와 법원, 노동위의 판단이 검토되어야 하고, 인권위의 경우 고용영역에 대한 다양한 차별사유에 대한 규정을 두고 있고 이를 근거로 다양한 사유에 대한 차별여부판단을 내리고 있어 고용상 차별판단의 기준이 될 수 있으므로 인권위의 판단도 고려의 대상이다. 원칙적으로 헌법재판소의 평등심사기준과 노동위의 차별판단기준, 법원의 차별판단기준 및 고용관계법에 의한 차별판단이 모두 같은 의미를 가진다고 할 수는 없다. 즉, 헌법재판소는 차별적인 법률에 대하여 위헌법률심사 등을 통하여 해당법률이 기본권을 제한하거나 침해하는 사유가 발생하였는지 입법목적과 타당성 등 그 적정성을 판단하는 것이다. 반면에 법원, 노동위 등은 고용현장의 차별행위가 정당성과 합리적인 이유에 근거하여 집행되고 부합하는지를 판단함으로써 올바른 법집행과 적용을 추구하여 고용에서의 차별을 방지하는 등 역할을 한다고 할 수 있다. 그러나 본질적으로 차별을 가려서 평등을 추구한다는 점에서는 각 기관의 심사기준 내지 판단기준은 고용상 차별판단의 기준을 정립함에 있어서 참고가 될 수 있을 것이다.

평등심사 내지 차별판단기준과 관련하여서는 평등권침해여부를 판단하는 헌법소원심판과 평등원칙위반여부를 판단하는 위헌법률심판의 심사기준이 되는 것으로 우리나라 헌법재판소의 평등심사기준을 살펴본다. 아울러 법원 및 노동위의 판단기준과 인권위의 판단기준을 차례로 검토하는 것이 필요하다. 연혁적으로는 미국에서의 평등권심사기준의 형성과정과 독일의 평등심사기준을 살펴볼 필요가 있다. 그리고 이러한 심사기준 내지 판단기준을 참고하여 각각의 다양한 사안에 대하여 고용과정과 내용별(채용과 모집, 승진 및 임금 등 제반 근로조건, 정년 및 해고 등 고용종료와 관련한 사항 등)로 문제가 되는 차별행위에 대하여 합리적인 이유가 인정되는 사안과 인정되지 않는 사안에 대한 차별여부에 대한 판단을 통하여 현실적인 합리적 이유를 구체적으로 검토할 필요가 있다. 고용상 차별금지제도에서의 합리적인 이유와 그 심사기준 내지 판단기준은 차별행위가 인정되는 합리성을 갖는 사유가 무엇인지를 가리기 위한 중요한 단

위험의 정도 등 당해 업무에 종사하는 근로자가 통상적으로 처하는 작업환경"을 규정하여 그 판단기준을 제시하고 있다.

서가 되는 것이므로 합리적인 이유에 대한 근거, 심사(판단)기준, 판단요소 및 합리적인 이유가 가지는 의미와 내용을 검토하는 것은 고용차별론에서 가장 핵심적인 과정이라고 할 수 있다. 그러므로 우선 법규에서 금지하고 있는 각 차별사유에 대한 차별판단과 고용과정과 내용에서의 주요 쟁점이슈별로 차별판단을 진행하기 위한 각 기관의 차별판단심사기준에 대하여 살펴보고자 한다.

Ⅱ. 차별판단 심사기준 외국 사례

우리나라의 법령규정과 그 해석론적인 측면에서 독일의 영향을 간과할 수 없는 것이 사실이다. 아울러 점점 미국 법령과 판례들에 대한 참고가 확대되고 있는 것도 사실이다. 이들 나라의 평등심사기준들은 국내의 차별판단기관들이 고려하고 있음도 간과할 수 없다. 다만, 사안에 따라 또는 역사적인 배경에 따라서는 국내에 제도화하는 과정에서 유사하게 또는 다르게 정착되어 갈 수도 있다. 그러나 큰 흐름에서는 그 맥을 같게 하고 있는 것으로 판단된다. 그러므로 미국과 독일의 평등권심사에서 활용되고 있는 심사기준을 살펴보는 것은 차별판단 심사기준으로 참고할 만한 자료로 활용할 수 있다.

한편, 독일 등이 속한 유럽연합법과 유럽사법재판소의 차별판단근거와 원칙을 살펴보면, 차별판단은 각종 입법지침과 유럽연합조약 등에 근거하고 있다. EC조약은 유럽연합(EU)의 입법권의 한계를 명시적으로 규정[8]하고 있는데 그것은 제한적 권한 위임의 원칙(EC조약 제5조 제1항), 비례원칙(EC조약 제5조 제3항), 보충성의 원칙(EC조약 제5조 제2항) 등이다. EC조약 제5조 제2항에 의하면 공동체는 배타적 관할권이 인정되지 아니하는 분야에 대해서는 보충성

8) Article 5. The Community shall act within the limits of the powers conferred upon it by this Treaty and of the objectives assigned to it therein. In areas which do not fall within its exclusive competence, the Community shall take action, in accordance with the principle of subsidiarity, only if and in so far as the objectives of the proposed action cannot be sufficiently achieved by the Member States and can therefore, by reason of the scale or effects of the proposed action, be better achieved by the Community. Any action by the Community shall not go beyond what is necessary to achieve the objectives of this Treaty.

원칙에 따라서만 활동할 수 있다. 이는 공동체에게 배타적으로 권한이 부여된 사항이 아닌 분야에서는 개별 회원국 차원에서 행해지는 조치가 공동체의 목적을 달성하는데 충분하지 아니하고 해당 사안의 성격상 공동체 차원에서 목적이 달성될 수 있는 경우에 한하여 유럽연합의 입법권이 행사될 수 있다는 것을 뜻한다.

유럽연합의 공동체설립조약들은 유럽사법재판소(ECJ)에 각 조약의 해석 및 조약의 준수를 보장하기 위하여 관할권을 인정하고 있다. 유럽연합 법원(法源)에는 1차적 입법, 2차적 입법, 체결승인된 국제법 외에 불문법으로서 ECJ의 판결례인 법의 일반원칙이 포함된다. 그 중 특히 EC조약 제230조는 명문화된 유럽연합법 규정만이 재판권 행사에 있어서의 유일한 법적 근거가 아님을 함축하고 있다.[9] ECJ의 판례에 의하여 법의 일반원칙이 명확하게 되었는데 기본적 인권의 보호,[10] 청문권,[11] 비례성의 원칙,[12] 법적 안정성의 원칙,[13] 동등하게 대우받을 권리[14] 등이 그동안 ECJ에서 법의 일반원칙으로서 인용되어 온 것들이다. 물론, ECJ는 조약과 입법지침 등을 고려함과 동시에 유럽연합회원국 국가마다의 민족적 문화적 기원이나 특성을 반영한 판단을 하고 있다.

아울러, 유럽연합법은 그 자체가 독립된 하나의 새로운 법질서이나 그것은 회원국 법질서와 별개 또는 무관하게 존재하는 것은 아니다.[15] 유럽연합법은 회원국 법질서의 불가결한 일부를 구성하며 회원국법에 의하여 적용된다. 그 결과 유럽연합법과 회원국법의 내용이 상호 모순 또는 저촉되는 일이 발생하게 된다. 공동체설립조약에서는 이 문제의 해결을 위한 명문의 규정을 두고 있지 않다.

9) It(the Court of Justice) shall for this purpose have jurisdiction in actions brought by a Member State, the European Parliament, the Council or the Commission on grounds of lack of competence, infringement of an essential procedural requirement, infringement of this Treaty or of any rule of law relating to its application, or misuse of powers(EC 조약 제230조).

10) Case 29/69 Stauder v. Ulm (1969) ECR 419.

11) Case 17/74 Transocean Marine Paint Association v. commission (1974) ECR 1063.

12) Case 148/73 R Louwage v. commission (1974) ECR 381.

13) Case 43/75 Defrenne v. Sabena (1976) ECR 4551.

14) Case 122/78 Buitoni v. FORMA (1979) ECR 677.

15) Case 6/64 Costa v. ENEL (1964) ECR 585.

ECJ는 1964년 Costa v. ENEL 사건[16]의 판결에서 공동체설립조약의 정신과 목적에 비추어 유럽연합법 우위의 원칙[17]을 도출해냈다. 그 후 ECJ는 모든 회

16) Costa v. ENEL 사건에서 이탈리아 정부는 1962년 전력생산과 분배의 국유화를 위해 새로운 국립전력회사(ENEL : Ente Nazionale Per L'energia Elettrica)를 설립하였다. Costa는 이탈리아 정부의 이러한 조치는 회사설립의 자유의 보장과 회원국의 개입금지를 규정한 EC조약 제102조, 제53조, 제37조 제2항(현 제31조 제2항)에 대한 위반이라고 주장하였다. Costa는 이 새로운 국립전력회사로부터 청구된 전기요금의 납부를 거부하며 이를 Milan 법원에 제소하였고, Milan 법원은 ECJ에 선결적 판결을 요청하였다(Case 6/64 Costa v. ENEL (1964) ECR 585.).

17) EC 조약에서는 회원국의 조약상의 의무위반에 대한 소송을 규정하고 있다. 위원회(제226조) 또는 EU의 다른 회원국(제227조)은 ECJ에 당해 회원국의 의무위반을 제소할 수 있고, 당해 회원국은 의무위반이 인정된 경우 ECJ의 판결에 따른 필요한 조치를 취해야 한다(제228조). 만약 이 판결에 따른 필요한 조치를 취하지 않을 경우에는 제228조 소정의 절차를 거쳐 위원회는 ECJ에 금전적 제재를 부과하도록 요구할 수 있다.

Article 226. If the Commission considers that a Member State has failed to fulfil an obligation under this Treaty, it shall deliver a reasoned opinion on the matter after giving the State concerned the opportunity to submit its observations. If the State concerned does not comply with the opinion within the period laid down by the Commission, the latter may bring the matter before the Court of Justice.

Article 227. A Member State which considers that another Member State has failed to fulfil an obligation under this Treaty may bring the matter before the Court of Justice. Before a Member State brings an action against another Member State for an alleged infringement of an obligation under this Treaty, it shall bring the matter before the Commission. The Commission shall deliver a reasoned opinion after each of the States concerned has been given the opportunity to submit its own case and its observations on the other party's case both orally and in writing. If the Commission has not delivered an opinion within three months of the date on which the matter was brought before it, the absence of such opinion shall not prevent the matter from being brought before the Court of Justice.

Article 228. 1. If the Court of Justice finds that a Member State has failed to fulfil an obligation under this Treaty, the State shall be required to take the necessary measures to comply with the judgment of the Court of Justice.

2. If the Commission considers that the Member State concerned has not taken such measures it shall, after giving that State the opportunity to submit its observations, issue a reasoned opinion specifying the points on which the Member State concerned has not complied with the judgment of the Court of Justice. If the Member State concerned fails to take the necessary measures to comply with the Court's judgment within the time limit laid down by the Commission, the latter may bring the case before the Court of Justice. In so doing it shall specify the amount of the lump sum or penalty payment to be paid by the Member State concerned which it considers appropriate in the

원국에 있어서 유럽연합법의 통일적 적용이 가능하도록 직접효과이론을 구축함으로써 유럽연합법이 일정 요건 하에서 회원국 국내법 질서에 직접적인 효력을 미치는 것을 인정하고 있다. 나아가 ECJ는 간접효과이론을 확립함으로써 직접효과가 인정되지 않는 유럽연합법에 대해서도 그 간접효과를 긍정함으로써 유럽연합법의 국내법 해석에 대한 영향력을 인정하고 있다. 유럽연합법의 독특한 특성이라 할 수 있는 유럽연합법 우위의 원칙[18], 직접효과이론[19], 간접효과이

---

circumstances. If the Court of Justice finds that the Member State concerned has not complied with its judgment it may impose a lump sum or penalty payment on it. This procedure shall be without prejudice to Article 227.

18) EU법 우위의 원칙이란 EU법이 회원국의 국내법과 충돌할 경우 국내법보다 EU법의 우위를 인정하여 EU의 사법질서를 확립하고 모든 회원국에서 통일된 법의 해석과 적용을 가능케 하는 것을 말한다. 즉, EU법과 모순된 내용을 가진 회원국법의 적용을 자동적으로 배제할 뿐만 아니라 그 후 EU법과 모순되는 회원국법의 제정은 불가능하며 EU법과 모순되는 내용을 가진 국내법을 그 제정 시기를 불문하고 적용할 수가 없다(Case 106/77 Aministrazione delle Finanze Dello Stato v. Simmenthal (1978) ECR 629). 이러한 근거는 1964년 Costa v. ENEL사건의 판결에서 ECJ는 EC조약 제10조 및 제249조를 EU법 우위의 근거로 설시하였고, EC조약 제10조는 회원국이 공동체의 목적 달성을 위태롭게 하는 조치를 취하는 것을 금지하고 있다(Article 10. Member States shall take all appropriate measures, whether general or particular, to ensure fulfilment of the obligations arising out of this Treaty or resulting from action taken by the institutions of the Community. They shall facilitate the achievement of the Community's tasks. They shall abstain from any measure which could jeopardise the attainment of the objectives of this Treaty).

19) EU법의 직접 효과이론이란 EU법의 이행에 있어서 회원국의 국내입법절차를 거칠 필요 없이 EU법이 직접 회원국의 국내 법질서의 일부를 형성하는 것을 의미하고, EU법의 직접효과란 개인이 자신에게 부여된 EU법상의 권리·의무의 규정을 근거로 하여 회원국 국내법원에 직접 제소할 수 있는 것을 의미하는 것으로 양자는 문제의 차원을 달리하는 별도의 개념이며, 어느 EU법이 직접 적용된다고 하여 반드시 그것이 직접효과를 발생하는 것을 의미하지는 않고, 또한 어느 EU법이 직접 적용되지 않는다고 하여 그것이 직접효과를 발생하지 않는 것은 아니다. EU법의 직접효과는 1963년의 van Gend en Loos 사건(van Gend en Loos사건에서 van Gend en Loos는 네덜란드 수입가로서 요소포르말데히드를 독일에서 수입하고 있었는데, 당시 원고인 van Gend en Loos는 1947년의 관세법에 따라 3%의 관세를 납부하는 것이 타당하며, 이는 EEC조약 제12조 상의 "회원국 간의 새로운 관세협정의 자제"에도 타당하다고 주장하였다. 이에 대해 네덜란드 정부는 1958년 7월 25일 베네룩스 3국간에 체결되어 1959년 12월 16일에 네덜란드가 승인한 후 1960년 1월 20일에 공포한 '새로운 관세법'에 따른 8%의 수입관세의 부과를 주장하였다. van Gend en Loos의 주장은 네덜란드 세관에서 받아들여지지 않았고, van Gend en Loos는 네덜란드관세위원회에 중재를 신청하였다. 네덜란드관세위원회는 자체결정을 유보하고 ECJ에 선결적 판결을 요청하였다. 네덜란드관세위원회는 네덜란드의 헌법에 기초하여 국제법 및 조약의 적용이 이루어져야 한다는 점, 조약의 직접 효과를 인정할 경우 국내법원은 어떠한 재판권을 가지지 못한다는 점 등을 들어 이의를 제기하였으나 판결은 이

론[20]은 이처럼 ECJ의 판례에 의하여 확립·발전되어 온 개념이다.

결국, 차별관련 판단의 근거는 유럽공동체법의 1차 법원인 EC조약이며, 이 조약은 유럽연합설립 관련 조약 중 평등에 대해 특별히 언급하고 있다. 이 조약에는 차별금지와 관련된 조항이 많은데 실체적 권리를 규정하는 유형과 유럽연합기관들이 2차 입법을 할 수 있는 권한을 부여하는 유형으로 나눠 볼 수 있다. 실체적 권리를 규정하는 유형을 보면 양성간의 평등 증진을 EC의 임무 중 하나로 열거(제2조)하고, EC는 활동을 함에 있어 불평등을 없애고 양성평등을 촉진하는 것을 목표해야 한다고 규정(제3조 2항)하고, 동일노동임금에 대한 최초의 규정으로 성별에 상관없이 동일노동에 대한 동일임금을 지급할 것을 규정(제141조)하였다. 2차 입법을 할 수 있는 권한을 부여하는 유형은 제13조 1항, 제137조, 제141조가 대표적이다.[21] 즉, 차별판단과 관련한 원칙으로는 평등기회와 양성평등 대우의 원칙,[22] 차별대우 금지 및 균등대우원칙, 기본적인 인권보

를 배척하였다(Case 26/62 van Gend en Loos v. Nederlandse Administratie der Belastingen (1963) ECR 1).

20) ECJ는 1984년의 von Colson사건에서 국내법원은 지침이 요구하는 결과 달성을 위해 지침의 목적·문언에 비추어 회원국법을 해석하지 않으면 안되는 의무를 진다고 판시하였다(Case 14/83 von Colson and Kamann/Land Nordthein Westfalen (1984) ECR 1891). 사건의 쟁점으로 된 독일법은 성에 따른 고용차별에 대한 제재로서 사용자에 대한 손해배상을 인정하고 있었다. 그러나 그 손해의 범위는 근로자가 차별이 없다고 신뢰한 결과 발생하는 손실이라고 규정하고 있었으므로, 그에 따르면 이 사건의 경우 극히 소액인 교통비의 반환만이 인정될 뿐이었다. 이에 대하여 ECJ는 남녀평등에관한지침 제6조(고용에서 성차별을 받은 피해자에 대한 사법적 구제)에 대하여, 독일법을 지침에 비추어 해석하여 회원국이 위반에 대한 제재로서 보상을 선택하는 경우, 그 보상은 입었던 손해에 대하여 적당한 것이어야 하고, 구체적으로는 구직활동을 위해 지출한 실비의 반환 이상의 것이어야 한다고 판시하였다. 이와 같이 지침의 국내법적 해석에 대한 효과를 지침의 간접효과라 한다. 지침의 간접효과는 개인 간의 수평적 관계에 한정되는 것이 아니라 개인과 국가 사이의 수직적 관계에서도 주장될 수 있다(Case 80/86 Kolpmgsuls Nijmegen (1987) ECR 3969).

21) 암스테르담 조약을 통해 제141조가 개정되고(개정 이후 제119조로 바뀜) 제13조가 삽입되면서(1997년) 2차 입법권한에 대해 규정하기 시작했다. 암스테르담 조약 이전에는 사회정책에 대한 의정서가 2차입법의 근거로 활용됐다.

22) 양성평등의 판단기준과 관련하여 임금수준결정요소로 고려되어야 할 사항으로는 근로의 성질, 직업훈련의 요건, 근로조건 등 일련의 조건들, 수행된 업무가 단순한 기계적 작업 내지 육체적 노무인 반면 비교 대상인 다른 근로자집단에 의하여 수행된 업무는 특별한 기술을 요하는 작업인지 여부, 유급의 휴게시간, 독자적인 작업편성의 자유 및 작업과 관련된 어려움 등 객관적 요소에 의하여 이루어진 것인지를 고려하여 판단하게 되고, 성과급제도 하에서는 개개 근로자의 업무성과, 당해 근로자집단에 고유한 고정요소 내지 변동

호를 위한 일반원칙으로 정리할 수 있겠다.

2000년에 선포된 기본권헌장(Charter of Fundamental Rights)은 법 앞의 평등(제20조)과 차별금지 원칙(제21조)을 규정하고 있다. 즉, 유럽연합 기본권헌장 제21조에서는 "1. 성, 인종, 피부색, 출신민족이나 사회적 출신, 유전적 특성, 언어, 종교 또는 신념, 정치적 또는 다른 종류의 의견, 소수민족, 재산, 태생, 장애, 연령 또는 성적 취향과 같은 이유에 근거한 어떠한 차별도 금지된다. 2. EC조약과 유럽연합조약의 적용 범위 내이고 이 조약의 특정 규정에 대한 위반이 없는 한에서 국적에 근거한 어떠한 차별도 금지된다."고 규정하고 있다. 기본권헌장 제21조는 EC조약 제13조에서 금지하는 차별사유보다 더 많은 사유를 포함하고 있는데 이는 차별금지법의 확장을 둘러싼 논쟁을 촉발시키는 효과를 낳기도 한다. 제51조에서는 기본권헌장이 제시한 원칙들이 유럽연합정책의 발전방향을 제시하고 회원국이 이 정책들을 실행해야 한다고 한다. 모든 회원국가가 조인한 국제문서에서 도출된 기본적 인권이 공동체법의 일반원칙과 그에 대한 준수의무를 형성한다는 것이 ECJ의 일관된 입장이다.[23] 또 ECJ는 이미 공동체법을 해석할 때 기본권헌장을 중요한 참고자료로 활용해 왔고 ECJ는 성과 국적에 근거한 차별금지 원칙은 공동체법의 기본적인 권리이고 이에 대한 예외를 엄격히 해석해야 한다는 판례를 많이 내렸다.[24] 한편, 차별예외 판단사항으로 특정한 성이 직무수행에 필수적 요건인 경우,[25] 모성보호를 위한 경우[26],

요소에 따라 임금이 결정되기 때문에 임금의 변동요소를 산정하기 위하여 사용되는 산정률 또는 그 결정 요소를 특정할 수 없는 경우 사용자는 두 근로자집단 사이에 나타나는 임금 차이가 성차별에 기인한 것인지 여부를 고려하게 된다.

23) Case 29/69, Stauder v City of Ulm, Case 4/73 ECR (1969) 00419, Nold v Commission, Case C-60/00 ECR (1974) 00491, Case C-60/2000, Mary Carpenter v Secretary of State for the Home Department ECR (2002) I-006279.

24) E.g. Case C-13/94, P v S and Cornwall County Council ECR (1996) I-02143, Case C-55/00, GottardoECR (2002) I-00413.

25) 영국의 성차별금지법에서는 genuine occupational qualification(GOQ)이라고 하고, 미국에서는 bona fide occupational qualification(BFOQ)이라고 하는데, 이는 진정한 직업상 자격 또는 진정직업자격이라고 번역할 수 있다.

26) EU입법지침(76/207/EEC) 제2조 제3항은 「이 지침은 여성, 특히 임산부나 모성에 대한 보호규정에 반하지 않는다.」고 규정하고 있다. 따라서 여성의 임신 등과 같은 생리적 특성에 기초한 객관적인 사유가 존재하고, 이것이 여성의 보호를 목적으로 하는 경우에는 남녀에 대한 차별적 대우가 허용된다.

잠정적 우대조치를 통한 적극적 차별시정조치[27]인 경우가 고려되고 있다.

1. 평등심사 및 차별판단기준의 형성과정

합리적인 이유에 관한 판단기준의 형성과정을 살피기 위해서는 선례적으로 기준을 설정한 미국에서 위헌법률 심사기준이 형성되는 과정을 살펴볼 필요가 있다. 즉, 차별판단기준 내지 평등심사기준에 대하여 미국의 경우 법률이 규정하는 사안이 평등권을 침해하는지에 대한 판단과정을 통하여 정립되었다고 보고 있다. 이러한 평등권 침해여부는 '그 침해 내지 제한된 사안들이 합리성이 있는지, 각 법규가 추구하는 목적은 정당한지, 법익과의 비례성여부, 제한 등의 필요성과 적정성 등'에 대한 판단이 그것이다.[28] 이러한 과정을 통하여 미국의 판례들은 합리성심사 등의 이론적인 체계를 구축하였다. 이후 우리나라의 경우 위헌법률심사나 평등권 침해 내지 차별의 판단을 위한 심사기준으로 이러한 완화된 심사기준 등이 원용되게 되었다. 여기에서는 차별판단심사기준으로서 활용되고 있는 미국과 독일의 사례를 검토하기로 한다. 선례적인 외국의 차별판단기준이 고용상 차별금지제도에서 규정하고 있는 '합리적인 이유'에 대한 판단기준으로 우리나라에서 활용하고 있는 차별판단기준들과 어떤 상관성을 가지는지를 파악할 수 있을 것이다.

2. 미국

미국은 법률에서 차별을 행위 내지 대우(처우)를 할 수 있는 근거가 합리성이 있는지 여부를 판단하는 기준으로 크게 합리성심사, 엄격심사, 중간심사 이론이 정립되어 있다. 미 연방대법원은 이러한 심사기준을 초기(19세기)부터 오랜 기간 동안 평등권위반인 인종이나 국적에 의한 차별에만 국한하여 적용하였고, 사회경제적 차별의 경우 전통적인 합리성 심사기준을 적용하여 의회의 입법형성권을 존중하면서도 의심스러운 차별에 해당하거나 기본적인 권리에 영향을

27) 미국은 Affirmative Action, 유럽은 Positive Action이라고 한다.

28) 우리 헌법재판소의 경우도 여러 사건에서 목적의 정당성, 수단의 적합성, 피해의 최소성, 법익 균형성에 대하여 언급하고 그에 대한 판단을 내리고 있다. 이는 미국 등의 판단과 그 맥을 같이 하는 것으로 풀이된다.

미치는 경우 엄격한 심사기준(Warren 대법원기, 1953~1969년)을 적용하기에 이르렀다. 그리고 이후 성차별, 외국인 등의 차별에는 중간단계의 심사기준(Burger 대법원기, 1969~1986년)으로 발전시켰다. 이러한 기준에 따라 판단한 사안이 합리적인 이유가 있는 경우 비록 모두에게 평등한 것이 아니라도 평등보호를 위반하는 것이 아닌 것으로 취급되었다.

(1) 합리성심사기준

합리성 심사기준은 최소한의 낮은 수준의 심사기준으로 인식되고 있다. 미국은 수정헌법 제14조 평등보호조항의 적용과 관련하여 주(州)법률의 적용대상을 구별함에 있어 광범위한 재량권을 가지는 것으로 해석하여 왔는데, 주 법률이 합리적인 기준이 있고 정부의 이익과 합리적으로 연관되어 있고 그 필요성이 있는 경우 불평등한 결과를 가져와도 헌법상 평등조항에 반하는 것은 아니라는 입장이 미국 법원의 견해이다.[29] 이러한 심사기준을 Royster Guano Co v. Virginia 사건[30]을 통해서 보면, 미국 연방대법원은 동 사건에서 차별에 대하여 합리적인 것이어야 하고, 자의적인 것은 아니 되며, 차별은 동일한 상황하의 모든 이들에게 적용될 수 있도록 입법목적이 정당하고, 목적과 실질적인 관련이 있는 차별수단 간의 상당한 정도의 근거를 필요로 한다고 보고 있다. 즉, 입법목적의 정당성, 입법목적과 수단 간의 실질적 연관성 등의 합리적 근거를 요구하고 있다. 결국, 합리적 차별여부의 판단은 차별의 근거, 차별에 의해 침해되는 권리의 성격, 차별행위(입법)로 정부 등이 얻고자 하는 이익에 의하여 결정된다고 할 수 있다.[31] 합리성 심사기준을 낮은 단계의 심사기준이라고 하는 것은 여기에는 최소한의 합리적인 근거만 있으면 차별 목적의 법률이 정당성을 인정받기 때문이다. 즉, 합리성 심사기준[32]은 차별행위의 합리적인 이유 유무를 차

29) Jerome A. Barron & C. Thomas Dienes, *Constitutional Law*, 6th ed, West Group, 2003, 214면.

30) Royster Guano Co v. Virginia 253 U.S. 412(1920) : 이 사건은 국외 소득에 대하여 모두 세금을 부과하는 미국 버지니아주의 소득세 부과가 수정 헌법 제14조에서 규정한 평등권 위반에 해당한다는 문제를 제기한 소송을 다룬 사건이다.

31) Jerome A. Barron & C. Thomas Dienes, *Constitutional Law*, 6th ed, West Group, 2003, 214~215면.

32) 법에 의한 차별이 '합리적 이유'가 있는 차별이면 합헌이 되므로, 차별의 합리적 이유 유

별판단의 기준으로 보는 것으로 주로 사회적인 차별, 경제적인 차별 입법에 대한 차별문제의 경우에 활용되고 있다.

(2) 엄격심사기준

합리성 심사기준과는 달리 엄격심사기준은 보다 강화된 심사기준으로 위헌의 소지가 있는 차별의 규정은 절박한 공익의 달성을 위하여 불가피한 경우로 그 목적달성을 위하여 필요성이 강하게 요청되는 사안이어야 한다. 특히 엄격심사기준은 평등권과 관련한 심사기준으로 활용되고 있으며, 엄격심사 기준[33]은 차별행위가 헌법이나 법률에 위반하여 차별을 하는 것으로 인간의 기본적 권리에 중대한 부담을 지우는 경우 이러한 사안이 필요불가결한 것이고, 목적 달성을 위하여 엄밀히 적용되어야 하는 것을 전제로 판단되는 것이다. 당시 합리성심사기준이 일반적인 상황에서 엄격심사기준이 등장하게 된 배경에는 사회적 소수자인 흑인 등의 차별 근절을 위해서는 보다 적극적인 심사기준이 필요하다는 인식에서였다. 1938년 Carolene Products 사건[34]에서 엄격한 심사기준을 적용할 수 있는 경우를 헌법상 특수한 금지조항으로 규정된 최초의 수정헌법 10개 조항의 정치적 과정을 규제하는 법률로 소수자의 권리를 규제하는 법률임을 들고 있다. 즉, 엄격한 심사기준은 입법목적이 차별을 정당화시키는 것에 충분한 정도에 그치지 않고 불가피하고 우월한 목적일 것을 요하며, 그 목적을 달성하기 위한 수단은 필수적이어야 한다는 점이 강조되고 있다. 엄격심사기준은 주로 인종, 출신(민족, 국가 등)의 차별문제에 적용된다.

무를 위헌 판단의 기준으로 삼고 있는데, 이것은 1953년 Warren(1953~1969년) 대법원이 등장하기 전까지 미국 연방대법원의 유일한 평등 심사기준이었다(장민선, 「차별의 합리성 판단기준에 관한 비교법적 연구-미국편」, 한국법제연구원, 2011, 23면).

33) 법이 의도적으로 위헌의 의심이 가는 차별을 하거나, 시민의 근본적 권리에 중대한 부담을 지우는 경우에는 그 법의 합헌성 판단에 엄격심사기준을 적용, 그 차별이 필수불가결한 정부의 이익에 필요한 것이고, 목적달성을 위해 엄밀히 재단된 것이어야 비로소 합헌으로 판단된다(장민선, 「차별의 합리성 판단기준에 관한 비교법적 연구-미국편」, 한국법제연구원, 2011, 23면).

34) United States v. Carolene Products Company, 304 U.S. 144 (1938) : 이 사건은 일리노이주 카론렌 식품회사가 만든 제품에 사용된 재료(우유, 유지방, 오일 등)에 대하여 법에서 금지한 물질이 국민의 건강 등을 해하는 재료에 대한 문제에서 발전한 사건이다.

(3) 중간심사기준

합리성심사기준과 엄격심사기준의 중간 정도의 중도적 심사기준이 중간심사기준이다. 이러한 기준은 음주운전과 교통사고를 방지하는 법률인 오클라호마주의 청소년보호법에 맥주판매 허용 연령을 남자는 21세, 여자는 18세로 정한 것을 입법목적의 중요성과 목적과 차별수단과의 실질적인 적합성을 다툰 성차별의 문제로 다루어진 Craig v. Boren 사건[35]에서 찾을 수 있다. 이 심사기준은 성에 근거한 적극적 평등실현조치의 법률은 중간심사를, 인종에 근거한 적극적 평등실현조치 법률은 엄격심사를 받게 되는데, 중간심사기준[36]은 차별행위가 법익 목적의 달성에 실질적으로 관련되는지 여부를 판단기준으로 하는 것이다. 즉, 중간 심사기준은 전통적인 합리성 심사기준보다는 더 엄격하나 엄격한 심사기준에 의해서 해결하기에는 정도가 약한 영역에 적용되는 심사기준으로 중요한 입법목적에서 그 목적과 실질적인 관련성이 있는 차별일 것이 요구된다. 중간심사기준은 남녀차별문제에 주로 사용된다.

3. 독일

독일에서 평등권과 관련한 규정은 기본법 제3조에서 정하고 있다. 이를 구체화하는 법은 일반평등대우법(AGG)[37]으로 차별금지사항과 정당한 사유가 있는 경우 차별이 아닌 것으로 규정하고 있다.[38] 독일은 평등권심사와 관련하여 합

---

35) Craig v. Boren, 429 U.S. 190(1976).

36) 차별이 중요한 정부의 이익에 실질적으로 관련될 경우에만 합헌으로 판시하는 것으로서 합리성 심사기준과 엄격심사기준의 중간에 해당한다(장민선, 「차별의 합리성 판단기준에 관한 비교법적 연구-미국편」, 한국법제연구원, 2011, 24면).

37) 일반평등대우법(제1조)에서 그 목적으로 '인종 또는 민족적 형통, 성별, 종교 또는 세계관, 장애, 연령 또는 성적 정체성을 이유로 한 차별을 예방하고 제거하는 것'으로 규정하고 있고, 이하에서 직접차별과 간접차별, 차별금지 적용범위, 차별예외, 사용자의 의무, 취업자의 권리 및 손해배상과 권리구제 등에 대하여 체계적으로 규정하고 있다.

38) 달리 대우하는 것이 가능한 정당한 사유로 ① 위험의 예방, 손해 또는 기타 유사한 목적의 방지를 위한 경우, ② 사생활보호의 필요성을 감안한 경우, ③ 해당자에게 특별한 이익이 부여되고 평등대우를 실행할 이익이 없는 경우, ④ 종교와 관련된 경우로서, 종교단체, 법적 형태를 불문하고 이에 부속된 기관 또는 종교 또는 세계관의 부흥을 목적으로 하는 단체의 자기결정권이나 종교의 자유와 관련하여 각각의 교리를 고려하였을 때 달리 대우하는 것을 들고 있다(일반평등대우법 제20조).

리적인 차별여부에 대한 심사기준으로는 자의금지원칙과 비례성심사를 들고 있다. 입법자의 광범위한 형성의 자유를 전제하여 법 내용의 평등여부에 대한 판단인 합리성심사를 통하여 입법자가 자의적으로 차별하는 경우가 아니라면 입법자의 판단을 존중하는 것이다. 독일에서 비례성심사는 차별의 목적과 수단의 관계에서 수단의 적합성, 필요성, 균형성을 엄밀하게 요구하며 보다 강도 높은 심사를 하고 법적용의 평등과 법 내용의 평등에 관한 심사에도 일정한 경우 이를 적용한다. 또 인적 집단의 비교를 대상으로 하는 인적평등의 경우에는 엄격한 비례성 심사를 하고, 생활관계를 비교의 대상으로 하는 목적평등의 경우에는 전통적인 자의금지원칙에 따른 합리성 심사를 한다.[39] 독일에서 이러한 심사원칙은 자의금지원칙, 새로운 공식, 가장 새로운 공식으로 설명되고 있다.[40]

(1) 자의금지의 원칙

라이프홀츠(G. Leibholz)에 의하면 일반적인 평등원칙은 본질적으로 서로 평등한 것을 자의적으로 불평등하게 대우하거나 서로 불평등한 것을 자의적으로 평등하게 대우하는 것을 금지하는 것이다.[41] 예를 들어 공개경쟁시험 선발에서 남녀 응시자가 획득한 점수를 성별로 가중치를 달리 적용하는 경우는 전자에 해당하고, 사전에 공지 없이 획득점수와 상관없이 남녀의 합격자를 동수로 결정하는 경우는 후자에 해당할 것이다. 여기서 자의적이라는 것은 차별에 의해 규율하려는 사실관계에서 차별의 명백한 불합리성을 의미하는 것으로 객관적인 자의로 차별대우가 합리적인 이유를 지니지 못하는 경우를 말한다.[42] 독일에서 차별심사기준으로 자의금지원칙은 다음의 비례심사기준이 등장하기 전까지는 일반적인 기본원칙으로 여겨졌었다. 이러한 자의금지원칙은 1951년 독일연방헌법

39) 김지훈, 「차별의 합리성 판단기준에 관한 비교법적 연구-독일편」, 한국법제연구원, 2011, 93～95면.

40) 논자에 따라서는 합리적인 근거를 전제하면서 일반적 평등심사기준으로서의 자의금지, 비례성 심사기준으로 나누어 설명하고 있는 견해도 있다(정문식, “평등위반 심사기준으로서 비례원칙”, 「법학연구(통권63호)」, 부산대법학연구소, 2010, 7～16면).

41) G. Leibholz, Die Gleichheit vor dem Gesetz, 2Aufl, 1959, 72면(손상식, “평등권의 침해 여부에 대한 심사기준”, 헌법재판소 헌법재판연구원, 2013, 42면 재인용).

42) 이부하, “헌법상 평등원칙에 대한 심사기준”, 「법학연구(제19권 제2호)」, 경상대학교법학연구소, 2011, 270면.

재판소 제2재판부의 Südweststaat결정[43]에서 나타나고 있는데, 법률에 의한 차별이나 평등대우가 합리적인 근거, 사물의 본질상 도출되는 근거, 특별히 객관적으로 명백한 근거를 발견할 수 없을 경우 평등원칙을 위반하는 것이 된다. 즉, 법률규정과 입법자가 규율하려는 영역 사이에 관련성이 존재하지 않거나 관련성은 존재하지만 명백하게 불충분한 관계에 있을 때 이는 자의적인 것이며 입법자는 평등의 원칙을 벗어난 것으로 판단한다.

(2) 비례의 원칙

비례심사기준을 새로운 공식 등으로 인식하는 이유는 이전의 독일은 자의금지원칙을 기준으로 판단하였으나 자의금지원칙은 입법자의 구속을 실효성 있게 관철할 수 없고, 자의금지원칙의 기준들이 법적으로 명확성과 합리적인 심사가능성을 결여하고 있다는 비판이 제기되어 이를 보완하는 비례심사기준이 등장하면서 새로운 공식으로 인식하게 되었다.

새로운 공식은 사람과 관련한 차별과 사물과 관련한 차별을 이분화 하는 것이다. 즉, 불평등대우를 인적 평등 내지 인적 집단의 평등과 관련된 것과 물적 평등과 관련된 것으로 구분한다. 사물과 관련한 것은 완화된 심사기준을 적용하는데 반하여 사람과 관련한 것은 차별대우를 정당화할 수 있는 성질과 비중을 염두에 두고 엄격한 비례심사기준을 적용한다. 특히 새로운 공식은 입법목적의 존재, 성질과 비중에 따른 차별의 존재여부를 판단한다. 이러한 새로운 공식은 1980년 독일연방헌법재판소 제1재판부가 일반적 평등원칙의 심사척도로 비례원칙을 적용하면서 나타나고 있다.[44] 재판부는 민사소송법상 소송촉진을 위한 공격방어 방법의 신속한 제출의무를 해태한 소송당사자에게 서로 다르게 실기한 공격방어 방법에 대한 각하 규정을 둔 독일 민사소송법 제528조의 규정에 대한 헌법소원사건에서 평등심사에 있어서도 사례에 따라 각기 다른 기준을 고려할 수 있다고 판시하였다. 결국 차별에 대하여 자의적이지 아니한 근거를 제시할 것을 요구할 뿐만 아니라 상이한 취급은 비교집단의 상이성을 근거로 합리적인 이유가 있어야 하며 설득력 있게 정당화될 수 있어야 한다.

---

43) BVerfGE 1, 14, 52.

44) 손상식, "평등권의 침해 여부에 대한 심사기준", 헌법재판소 헌법재판연구원, 2013, 44면.

그러나 인적 평등의 침해와 물적 평등의 침해를 명확히 구분하는 것은 어려운 경우가 많다. 그러므로 이러한 점을 개선하고자 새로운 방법이 논의되었다. 가장 새로운 공식은 인적 집단의 차별을 가져오는 경우와 차별이 다른 기본권의 행사에 불리한 영향을 미치는 경우에는 엄격심사를 하고, 그 이외의 경우에는 자의금지심사를 하는 것이다.[45] 이러한 공식은 1993년 독일 연방헌법재판소 제1재판부의 제2차 성전환자 결정에서 나타나고 있다.[46] 일반적 평등원칙으로부터 규율대상과 차별기준에 따라 자의금지부터 비례성의 엄격한 구속까지 입법자의 한계가 도출되는데, 이러한 한계는 인적관련 사항들이 기본법 제3조 제3항에 언급한 사항에 근접할수록, 소수자의 차별에 이르게 될 위험이 클수록 강해지고, 인적관련 차별에 국한되지 않고 간접적으로 인적 집단의 불평등대우를 초래하는 경우에도 적용된다. 아울러 행위관련 차별은 당사자가 자신의 행동으로 차별실현에 영향을 미칠 수 있는가에 의해 좌우되고, 나아가 사람이나 사태의 불평등대우가 기본권으로 보호된 자유의 행사에 불리한 영향을 미칠 수 있는 정도가 클수록 입법자의 형성의 여지가 좁게 설정된다. 즉, 가장 새로운 공식은 당사자가 자력으로 불리한 상황을 회피할 가능성이 인정되는 경우에는 자의금지원칙을 적용하고, 인적집단의 불평등 대우가 소수자의 차별로 이르게 될 위험성이 크면 클수록, 사람의 불평등 대우가 기본적으로 보호된 자유의 행사에 불리한 영향을 미치면 미칠수록 엄격한 기준을 적용하는 것이다.

4. 미국과 독일 심사기준의 특징 및 시사점

일반적으로 차별판단을 위한 기준들은 평등권위반여부(위헌법률심사 등)를 판단하는 심사기준으로부터 발전한 것으로 보인다. 차별판단과 관련한 판단기준으로 이론적인 체계를 갖춘 미국의 경우는 합리성심사기준, 엄격심사기준, 중간심사기준을 활용하고 있는데, 이는 독일의 심사기준과 더불어 우리나라의 헌법재판소의 판단기준과 근접하는 것으로 판단된다. 미국과 독일의 차별판단기준은 유사한 공통적인 기준을 가지고 있다. 즉, 약간의 개념적인 차이는 있으나 본질

45) 이부하, "헌법상 평등원칙에 대한 심사기준", 「법학연구(제19권 제2호)」, 경상대학교법학연구소, 2011, 273면.

46) BVerfGE 88, 87 ff.

적인 부분에서는 자의금지를 기반으로 한 합리성 심사와 엄격한 비례성심사를 두 축으로 하여 차별판단을 하고 있다는 점이다. 다만, 미국의 경우는 이들 심사의 중간단계의 심사를 추가적으로 고려하고 있고, 독일의 경우는 엄격심사의 경우 인적요소와 물적요소를 구분하여 그 엄격성 적용여부를 달리 판단하고 있다는 점이다.

한편, 이러한 두 나라의 판단기준은 우리나라의 판단기준에 영향을 미친 것으로 풀이된다. 우리나라의 엄격한 비례심사기준은 헌법재판소의 판단을 기준으로 살펴보면 헌법이 명시적으로 차별을 금지하는 사항과 다른 기본권의 중대한 침해를 수반하는 경우에 적용되는데, 미국은 인종의 사유로 차별이 발생하는 경우 우리의 비례심사기준에 준하는 세부내용을 적용하고 있는데 이는 차별대상 내지 사유를 중심으로 다루고 있다는 점이 다르다. 독일의 경우는 가장 새로운 공식에서 나타난 것처럼 인적요소와 다른 기본권의 행사에 불리한 결과를 초래하는 경우, 평등대우가 소수자의 차별로 이르게 될 위험성이 크면 클수록, 사람의 불평등 대우가 기본적으로 보호된 자유의 행사에 불리한 영향을 미치면 미칠수록 비례심사를 하므로 우리의 심사대상보다 세부적으로 비례심사의 대상을 명확히 하고 있다. 한편, 독일은 비례심사인 새로운 공식에서 인적요소와 물적요소로 구분하여 고려하고 있다. 독일에서 사용되는 물적요소와 인적요소를 고용상 차별문제와 연관하여 접목한다면 근로자에 대하여 차별사유별로 문제가 되는 사안에서 이를 물적요소와 인적요소로 명확하게 구분하기에는 무리가 있어 보인다. 왜냐하면 인적요소에 근거하여 행해진 차별행위가 결과적으로 물적 요소(임금 등)로 귀결되는 사안들에 대하여 이를 구분하여 분리 적용하는데 기준점이 모호해진다는 점이다. 그러므로 독일의 경우는 가장 새로운 공식이 우리의 비례심사기준과 접목하고 있다. 결국 이들 국가의 차별심사기준은 우리의 심사기준인 비례심사기준과 자의금지의 원칙과 비교하여 범위의 문제에 대한 다소의 차이는 있으나 차별대상 내지 사안을 보다 엄격하게 보느냐, 보다 완화하여 보느냐 하는 기본적인 바탕은 차이가 없는 것으로 판단된다.

Ⅲ. 국내 차별판단기관의 차별판단 심사기준

우리나라의 경우 평등심사기준 내지 차별판단 심사기준의 대원칙은 합리성 심사라고 할 수 있다. 그러나 세부적으로 살펴보면 이를 다시 자의성과 비례성을 기준으로 나누고 있음을 알 수 있다. 우리나라는 법률규정의 위헌성과 평등심사 등에 대하여는 헌법재판소를 중심으로 그 판단기준이 정립되어 가고 있다. 아울러, 차별행위의 판단과 관련한 심사기준 등은 법원, 노동위원회, 국가인권위원회의 판단 기준 등을 통해서도 접근해 볼 수 있다.

1. 헌법재판소

위헌법률심사를 통해 평등권침해 심사기준을 정립한 헌법재판소가 평등위반 등에 대한 판단에서 초기에는 기준이 명확하지 않아 자의금지원칙(완화된 심사)을 적용하기도 하고, 비례의 원칙(엄격한 심사)을 적용하기도 하였는데, 제대군인 가산점 사건[47]에서 그 기준을 명확히 제시하고 있다. 즉, 이 사건에서 헌법재판소는 평등위반 여부를 심사함에 있어 엄격한 심사척도에 의할 것인지, 완화된 심사척도에 의할 것인지는 입법자에게 인정되는 입법형성권의 정도에 따라 다르게 될 것이나, 헌법에서 특별히 평등을 요구하고 있는 경우와 차별적 취급으로 인하여 관련 기본권에 대한 중대한 제한을 초래하게 된다면 입법형성권은 축소되어 보다 엄격한 심사척도가 적용되어야 할 것인 바, 가산점제도는 헌법 제32조 제4항이 특별히 남녀평등을 요구하고 있는 '근로' 내지 '고용'의 영역에서 남성과 여성을 달리 취급하는 제도이고, 또한 헌법 제25조에 의하여 보장된 공무담임권이라는 기본권의 행사에 중대한 제약을 초래하는 것이기 때문에 엄격한 심사척도가 적용된다고 판단하고 있다. 즉, 군가산점제도는 남녀차별의 문제뿐 만아니라 상대적으로 차별의 대상이 되는 자로 신체장애인, 병역면제자, 보충역복무자 등 가산점으로 구제되는 남자 군복무자보다 보호되지 않는 대상이 더 많고 이는 보호보다 차별이 더 큰 문제가 발생할 수 있는 소지가 있으

47) 헌법재판소 1999.12.23. 선고 98헌마363 결정.

며, 결과적으로 이른바 사회적 약자들의 희생을 초래하고 있으며, 우리 법체계 내에 확고히 정립된 기본질서라고 할 '여성과 장애인에 대한 차별금지와 보호'에도 저촉되므로 정책수단으로서의 적합성과 합리성을 상실한 것이다. 또, 한 사람의 제대군인을 위하여 몇 사람의 비(非)제대군인의 기회가 박탈당할 수 있게 하는 등 차별취급을 통하여 달성하려는 입법목적의 비중에 비하여 차별로 인한 불평등의 효과가 극심하므로 차별취급의 비례성을 상실하고 있다. 즉, 여성과 장애인 및 제대군인이 아닌 남성을 부당한 방법으로 지나치게 차별하는 것으로서 헌법 제11조에 위배되며, 제대군인 지원이라는 입법목적은 예외적으로 능력주의를 제한할 수 있는 정당한 근거가 되지 못하는데도 불구하고 가산점제도는 능력주의에 기초하지 아니하고 성별, '현역복무를 감당할 수 있을 정도로 신체가 건강한 자'와 같은 불합리한 기준으로 여성과 장애인 등의 공직취임권을 지나치게 제약하는 것으로서 헌법 제25조에 의한 공무담임권이 침해된다고 할 것이다. 결국 헌법재판소는 법률의 제·개정 등에 의한 국가의 차별행위가 평등권에 위반하는지 여부에 대하여 판단하게 되는데, 이 사건에서 엄격한 심사척도와 완화된 심사척도를 적시하여 평등위반 내지 차별판단에서의 심사기준을 제시하고 있다고 본다. 한편, 헌법재판소의 평등권심사기준으로 자의금지원칙에 입각한 합리성 심사라는 완화된 심사기준과 과잉금지원칙에 입각한 비례심사기준이라는 엄격한 심사기준, 중간단계심사로 구분하기도 하는데,[48] 중간심사는 이중심사기준 내지 완화된 비례의 원칙으로 엄격한 심사원칙(비례원칙)과 자의금지원칙의 중간 정도에 해당하는 원칙으로 완화된 엄격한 심사기준이라고도 한다.[49] 이 원칙은 대상이 된 사건이 비례원칙이 적용되는 경우와 적용되지 않는 경우가 동시에 해당하는 경우 비례원칙을 적용하되 완화된 정도로만 적용해야 한다는 원칙이다.[50] 결국 이 원칙에 의하면 헌법이 구체화한 평등권 침해, 중대

48) 헌법재판소 2009.02.26. 선고 2005헌마764, 2008헌마118(병합) 결정.

49) 이준일, "헌법재판소의 평등심사기준과 국가인권위원회의 차별판단기준", 「세계헌법연구(제18권 2호)」, 국제헌법학회 한국학회, 2012, 338면.

50) 국가유공자등예우및지원에관한법률 제34조 제1항 중 같은 법률 제30조 제1항 소정의 "국가기관"에 관한 부분의 규정에 따라 국가기관이 실시하는 채용시험에서 국가유공자와 그 유족 등에게 10%의 가점을 주도록 하고 있는 것은 그 이외의 자들에게는 공무담임권 또는 직업선택의 자유에 대한 중대한 침해를 의미하게 되므로, 헌법재판소가 1999. 12. 23. 선고한 98헌마363 사건의 결정에서 비례의 원칙에 따른 심사를 하여야 할 경우의 하

한 평등권 침해가 있더라도, 헌법에 근거한 차별취급은 완화된 비례의 원칙이 적용된다. 그러나 이중심사기준은 비례성 심사기준을 기반으로 하고 있고, 완화된 비례심사와 비례심사를 명확하게 구분하기에는 어려움이 있고, 큰 틀에서는 비례심사의 범주에 해당하므로 별도로 구분하지 않기로 하고, 여기서는 합리성 심사를 기반으로 비례성심사(과잉금지 내지 엄격심사), 자의성심사(완화된 심사)로 구분하여 설명하기로 한다. 이러한 심사기준의 구분에 의한 효과로는 엄격한 비례심사의 경우는 차별의 합리성 인정범위를 축소하여 차별금지가 강화되는 측면에서 합리적인 이유로 인정될 가능성이 엄격해지는 것이고, 완화된 심사기준인 자의금지원칙은 차별의 합리성 인정범위가 확대되어 차별금지가 완화되는 결과를 가져온다고 할 수 있다.

(1) 비례성 심사기준

비례성 심사기준 내지 비례의 원칙은 엄격한 심사기준에 해당하는 것으로 헌법이 차별의 근거로 삼아서는 아니되는 기준 또는 차별을 금지하고 있는 영역을 제시하고 있음에도 그러한 기준을 근거로 한 차별이나 그러한 영역에서의 차별의 경우와 차별적 취급으로 인하여 관련 기본권에 대한 중대한 제한을 초래하게 되는 경우를 들 수 있다.[51] 먼저 헌법이 스스로 평등권을 구체화하는 경우로, 성별·종교·사회적 신분에 따른 차별금지, 근로의 영역에서 여성보호와 임금 등 고용조건에서의 차별금지, 혼인과 가족생활에서의 양성평등, 병역의무이

나로 들고 있는 차별적 취급으로 인하여 관련 기본권에 대한 중대한 제한을 초래하게 되는 경우에 해당하여 원칙적으로 비례심사를 하여야 할 것이나, 구체적인 비례심사의 과정에서는 헌법 제32조 제6항이 근로의 기회에 있어서 국가유공자 등을 우대할 것을 명령하고 있는 점을 고려하여 보다 완화된 기준을 적용하여야 할 것이라고 판시하면서, 가산점제도의 입법목적은 국가유공자와 그 유족 등에게 가산점의 부여를 통해 우선적 근로기회의 제공으로 생활안정을 도모하는 등 그 목적의 정당성이 인정되고, 위와 같은 입법목적을 달성함에 있어 정책수단으로서의 적합성이 있으며, 국가유공자 등의 근로의 기회를 우선적으로 보호한다고 규정함으로써 그 이외의 자의 근로의 기회는 그러한 범위내에서 제한될 것이 헌법적으로 예정되어 있는 이상 차별대우의 필요성의 요건을 엄격하게 볼 것은 아니므로, 차별대우의 필요성의 요건도 충족되었다고 판단하고 있다(헌법재판소 2001.02.22. 선고 2000헌마25 결정). 결국, 동사건에서 입법목적의 정당성, 수단의 적절성, 차별의 필요성을 설시하면서, 이익균형 등 형평의 문제는 제외하고 있어 엄격한 심사기준의 일부만을 적용하여 판단하고 있다.

51) 헌법재판소 1999.12.23. 선고 98헌마363 결정 ; 헌법재판소 2001.06.28. 선고 2001헌마132 결정.

행에 따른 불이익금지 규정을 예시할 수 있다. 이는 모든 경우에 입법자가 평등대우를 해야 한다는 것은 아니지만, 차별대우하는 경우에는 보다 특별한 정당성을 필요로 한다는 것을 의미한다. 다시 말하면, 입법자가 차별의 근거로 삼아서는 아니된다는 징표를 언급하는 것으로 헌법 스스로 이 점에 있어서 명확한 심사기준을 제시하는 것이며, 이러한 점에서 헌법재판소는 헌법적 요청이 준수되는지 엄격하게 심사하게 된다.

다음으로 기본권에 대한 중대한 제한을 초래하는 경우 차별대우의 실질적 비중이나 당사자에 대하여 가지는 의미와 효과에 따라 달리 판단하는 것인데, 기본권에 대한 중대한 제한으로 입법형성권의 축소를 의미한다. 이러한 심사기준은 그 요건으로 입법목적의 정당성(차별의 정당성), 차별의 적합성(수단·방법의 적절성), 차별 효과에 있어 최소의 부담(피해의 최소성) 내지 불가피한 차별(차별의 불가피성), 차별로 인한 기본권 주체에 있어 발생한 부담의 비례성(공익과 균형)을 고려한다.[52] 예시로는 국가유공자 가산점 제도 판결,[53] 지방교육위원선거 관련사건,[54] 공무원임용시험시행규칙사건[55] 등을 들 수 있다.

국가유공자 가산점 사건의 판단사례를 통하여 비례심사의 기본구조를 판단해 보면, 동 사건의 내용 중 복수전공 및 부전공 교원자격증소지자에게 가산점을

52) 헌법재판소는 국가유공자등예우및지원에관한법률 제34조 제1항 위헌확인에서 평등권의 침해 여부를 심사하는 기준으로 평등권의 침해 여부에 대한 심사는 그 심사기준에 따라 자의금지원칙에 의한 심사와 비례의 원칙에 의한 심사로 크게 나누어 자의심사의 경우에는 차별을 정당화하는 합리적인 이유가 있는지 만을 심사하기 때문에 그에 해당하는 비교대상간의 사실상의 차이나 입법목적(차별목적)의 발견·확인에 그치는 반면에, 비례심사의 경우에는 단순히 합리적인 이유의 존부문제가 아니라 차별을 정당화하는 이유와 차별간의 상관관계에 대한 심사, 즉 비교대상간의 사실상의 차이의 성질과 비중 또는 입법목적(차별목적)의 비중과 차별의 정도에 적정한 균형관계가 이루어져 있는가를 심사하는 것이라고 적시하면서 그동안 헌법재판소는 평등심사에 있어 원칙적으로 자의금지원칙을 기준으로 하여 심사하여 왔고, 이따금 비례의 원칙을 기준으로 심사한 것으로 보이는 경우에도 비례심사의 본질에 해당하는 '법익의 균형성(협의의 비례성)'에 대한 본격적인 심사를 하는 경우는 찾아보기 힘들었다고 하고 있다. 또, 동 판단에서 비례의 원칙의 위반 여부를 판단하는 근거로 ㉠ 입법목적의 정당성, ㉡ 차별대우의 적합성, ㉢ 차별대우의 필요성, ㉣ 법익의 균형성을 제시하여 판단하고 있다(헌법재판소 2001.02.22. 선고 2000헌마25 결정).

53) 헌법재판소 2006.06.29. 선고 2005헌가13 결정.

54) 헌법재판소 2003.03.27. 선고 2002헌마573 결정.

55) 헌법재판소 2003.09.25. 선고 2003헌마30 결정.

부여하고 있는 교육공무원법 제11조의2 [별표 2] 제3호와 제4호에 대한 공무담임권이나 평등권의 침해여부를 다룬 사안에서, 신청인은 중등학교 2급 정교사(미술) 자격을 취득하고 2004.12.05. 실시된 2005학년도 대전광역시 공립 중등학교 교사 임용후보자 선정경쟁시험에 응시하였는데, 동 시험의 대전광역시 공립 중등학교 교사 임용후보자 선정경쟁시험 시행 요강에 따르면 복수전공 교원자격증 소지자에게는 제1차 시험 배점의 3%, 부전공 교원자격증 소지자로서 주전공 표시과목에 응시한 자에게는 2%에 해당하는 가산점을 주도록 되어 있으며, 제청신청인은 위 시험에서 최종합격점수에 미달하여 대전광역시교육감으로부터 불합격처분을 받자, 대전지방법원에 위 불합격처분의 취소를 구하는 소를 제기(대전지방법원 2005구합632)하였고, 소송계속 중 같은 법원에 위 법률조항들에 대하여 위헌제청신청을 하였는데, 위 법원이 이를 받아들여 위헌심판제청결정을 하였다.

이 사건에서 쟁점사안인 복수·부전공 가산점 규정은 필기시험에만 의존해서는 교원선발에 있어서 능력주의를 관철하는데 한계가 있음에 따라 이러한 한계를 극복하고 필기시험으로 검정되지 않는 교원의 능력을 고려한다는 정책적 판단 하에, 제7차 교육과정의 선택과목 확대에 따른 다양한 교과 영역의 교사에 대한 필요 증대에 대응하기 위한 것으로서 그 합리성을 인정할 수 있고, 가산점 비율도 다른 가산점 비율과 비교하여 형평의 범위를 일탈하였다고 보기 어려우며, 복수·가산점 규정의 혜택을 받지 못하는 응시자들에 대한 차별의 효과가 크지 않으며, 복수·부전공 가산점 규정은 복수·부전공 기이수자들과 이수예정자들의 신뢰를 보호하기 위해 한시적(2010년까지)으로 적용하는 것이라는 점에서 비례의 원칙에 반하여 청구인의 공무담임권이나 평등권을 침해하지 않으므로 헌법에 위반되지 아니한다는 것이다.

이 사건에서 차별여부판단에 고려되고 있는 것으로, 우선 복수·부전공 가산점은 헌법이 정하고 있는 차별금지 사유나 영역에는 해당하지 아니하므로, 평등실현요청에 위배되는지 여부를 심사하기 위한 기준을 설정함에 있어서는 복수·부전공 가산점으로 인한 차별이 공직취임에 대한 중대한 제한인지 여부가 문제이고, 다음으로 중등교사 임용시험에서 이 사건 복수·부전공 가산점을 받지 못하는 자가 입을 수 있는 불이익은 공직에 진입하는 것 자체에 대한 제약이라는 점에서 당해 기본권에 대한 중대한 제한이므로 복수·부전공 가산점 규정의 위헌 여부에 대하여는 엄격한 심사척도를 적용하였다는 것이다. 결국 헌법재판소는 이 사건에서 정책적 입법이 목적의 정당성, 입법목적의 달성에 필요한 수단의 적절성, 합격자 중 가산점 적용대상자 비율이 적어 차별의 효과가 크지 않고, 대부분의 대학이 복수전공 등의 제도를 운영하고 있어 누구든지 원하면 복수전공 등을 이수할 수 있어 가산점을 받을 수 있으므로 형평성을 훼손하지 않으며, 한시적으로 운영하는 것으로 피해를 초소화하기 위한 배려조치를 하고 있는 점을 인정하여 비례성원칙에 입각한 엄격한 판단의 결과 복수·부전공 가산점은 합리적인 것으로 차별이 아니라고 판단한 것이다.

결국 비례의 원칙은 국민의 기본권인 평등권 등을 제한하거나 차별하는 법률은 그 합리성을 인정받기 위해서는 목적의 정당성, 수단과 방법의 적절성, 법익의 균형성, 제한의 최소성 등을 준수해야 한다는 것이다. 한편, 헌법 제37조 제2항에 따르면 국민의 자유와 권리는 국가안전보장, 질서유지 또는 공공복리를 위하여 필요한 경우에 한하여 법률로써 제한할 수 있으며, 그 경우에도 자유와 권리의 본질적인 내용을 침해할 수 없다고 규정하여 국가가 국민의 기본권을 제한하는 내용의 입법을 함에 있어서 준수하여야 할 기본원칙을 천명하고 있다. 따라서 기본권인 평등권 등을 제한하는 입법은 입법목적의 정당성과 그 목적달성을 위한 방법의 적정성 내지 수단의 적정성, 입법으로 인한 피해의 최소성, 그리고 그 입법에 의해 보호하려는 공익과 침해되는 사익의 균형성을 갖추어야 한다는 것이고 이를 준수하지 않은 법률 내지 법률조항은 기본권제한의 입법적 한계를 벗어난 것으로서 헌법에 위반된다고 할 것이다. 아울러, 드물게 기본권에 있어 차별만 있어도 그 제한의 중대성 여부와 관계없이 비례의 원칙을 적용한다는 판단[56]을 한 바도 있다.

56) 공무원7급시험에 기능사 등 자격증 가산점 관련 사건에서 "입법자가 설정한 차별이 기본권에 관련된 차별을 가져온다면 헌법재판소는 그러한 차별에 대해서는 자의금지 내지 합리성 심사를 넘어서 목적과 수단 간의 엄격한 비례성이 준수되었는지를 심사하여야 한다. 이 경우 사람이나 사항에 대한 불평등대우가 기본권으로 보호된 자유의 행사에 불리한 영향을 미칠 수 있는 정도가 크면 클수록, 입법자의 형성의 여지에 대해서는 그만큼 더 좁은 한계가 설정되므로, 헌법재판소는 보다 엄격한 심사척도를 적용한다"고 설시하였다(헌

(2) 자의성 심사기준

자의성 심사기준 내지 자의금지원칙은 완화된 심사기준으로서 우선 침해적인 법률에 의한 차별은 입법부를 존중하여 자의금지를 우선 적용하고 예외적으로 비례의 원칙을 적용한다. 이러한 예로는 약사의 법인설립제한 관련사건,[57] 국가보안법 및 집시법위반자의 가석방시 준법서약서 제출 관련사건,[58] 지자체장의 계속 재임 3기 제한 관련사건[59]을 들 수 있다.

이에 대하여 헌법재판소는 일반적으로 이러한 평등의 원칙은 일체의 차별적 대우를 부정하는 절대적 평등을 의미하는 것이 아니라, 입법과 법의 적용에 있어서 합리적인 근거가 없는 차별을 하여서는 아니된다는 상대적 평등을 뜻하고, 따라서, 합리적인 근거가 있는 차별 또는 불평등은 평등의 원칙에 반하는 것이 아니고,[60] 합리적 근거없는 차별이란 정의에 반하는 자의적인 차별을 의미하는 것으로서, 국민의 기본권에 대한 차별적인 대우를 규정하는 입법은 그 목적이 국가안전보장, 질서유지 또는 공공복리를 위하여 필요하고 또 정당한 것이어야 하고, 나아가 그 수단 또는 방법이 위 목적의 실현을 위하여 실질적인 관계가 있어야 할 뿐만 아니라, 그 정도 또한 적정한 것이어야 하며, 이러한 요건을 갖추지 못한 입법은 헌법 제11조 제1항이 예정하고 있는 평등의 원칙에 반하는 위헌입법이라고 설시하고 있다.[61]

차별여부와 관련하여 헌법재판소는 평등위반여부를 심사함에 있어 엄격한 심사척도와 완화된 심사척도의 두 가지 척도를 구별하고, 어떤 심사척도를 적용할 것인가를 결정하는 기준으로서 엄격한 심사척도로 비례심사를 하고, 비례심사 대상[62]이 아닌 경우는 완화된 심사척도를 적용하여 판단한다. 자의심사의 경우

법재판소 2003.09.25. 선고 2003헌마30 결정).

57) 헌법재판소 2002.09.19. 선고 2000헌바84 결정.

58) 헌법재판소 2002.04.25. 선고 98헌마425 결정.

59) 헌법재판소 2006.06.23. 선고 2005헌마403 결정.

60) 헌법재판소 1998.09.30. 선고 98헌가7 결정 등.

61) 헌법재판소 1995.09.28. 선고 92헌가11 결정 등.

62) 헌법에서 특별히 평등을 요구하고 있는 경우(즉, 헌법이 스스로 차별의 근거로 삼아서는 아니되는 기준을 제시하거나 차별을 특히 금지하고 있는 영역을 제시하고 있는 경우)와 차별적 취급으로 인하여 관련 기본권에 대한 중대한 제한을 초래하게 되는 경우에는 엄격한 심사척도가 적용되어야 하고, 그렇지 않은 경우에는 완화된 심사척도에 의한다는 원칙

에는 차별을 정당화하는 합리적인 이유가 있는지 만을 심사하기 때문에 그에 해당하는 비교대상간의 사실상의 차이나 입법목적(차별목적)을 발견하고, 확인하여,[63] 그 차별이 인간의 존엄성 존중이라는 헌법원리에 반하지 아니하면서 정당한 입법목적을 달성하기 위하여 필요하고도 적정한 것인가를 기준으로 판단되어야 한다.[64]

다음으로 수익 내지 시혜적 법률에 의한 차별은 광범위한 입법형성의 자유영역으로 자의금지의 원칙을 적용하는데, 이러한 예로는 임용 결격공무원 등에 대한 퇴직보상금지급 등에 관한 특례 사건,[65] 연합뉴스를 국가기간뉴스통신사로 지정하고 이에 대한 재정지원 등을 규정한 뉴스통신진흥에 관한 법률 관련사건,[66] 공익근무요원의 병역처분변경 규정관련 사건,[67] 국가유공자법에 의한 보상의 대상과 그 범위를 정하는 법률조항에 관한 사건,[68] 2002년도 국민기초생활보장 최저생계비 고시 관련사건,[69] 임용 결격공무원 등에 대한 퇴직보상금지급 등에 관한 특례 사건,[70] 산업기능요원과 공익근무요원 경력인정 사건[71] 등을 들 수 있다.

이들 사건 중 임용 결격공무원 등에 대한 퇴직보상금지급 등에 관한 특례(임용결격공무원보상금특례) 사건에서 헌법재판소의 판단내용을 살펴보면, 특별채용된 모든 당연퇴직공무원에 대하여 일률적으로 경력 및 호봉을 불산입하도록 규정한 임용결격공무원보상금특례법 제7조 제5항의 사항을 다룬 동 사건에서

을 적용하는데, 엄격한 심사를 한다는 것은 자의금지원칙에 따른 심사 즉, 합리적 이유의 유무를 심사하는 것에 그치지 아니하고 비례성원칙에 따른 심사 즉, 차별취급의 목적과 수단간에 엄격한 비례관계가 성립하는지를 기준으로 한 심사를 행함을 의미한다(헌법재판소 1999.12.23. 선고 98헌바33 결정 ; 헌법재판소 1999. 12.23. 선고 98헌마363 결정 ; 헌법재판소 2001.02.22. 선고 2000헌마25 결정 ; 헌법재판소 2001.06.28. 선고 2001헌마132 결정.

63) 헌법재판소 2001.02.22. 선고 2000헌마25 판결.
64) 헌법재판소 1994.02.24. 선고 92헌바43 결정.
65) 헌법재판소 2004.06.24. 선고 2003헌바111 결정.
66) 헌법재판소 2005.06.30. 선고 2003헌마841 결정.
67) 헌법재판소 2007.02.22. 선고 2005헌마548 결정.
68) 헌법재판소 2005.10.27. 선고 2004헌바37 결정.
69) 헌법재판소 2004.10.28. 선고 2002헌마328 결정.
70) 헌법재판소 1993.12.23. 선고 89헌마189 결정.
71) 헌법재판소 2012.08.23. 선고 2010헌마328 결정.

차별부분에 대하여 헌법재판소는 평등원칙은 입법자에게 객관적으로 같은 것은 같게, 다른 것은 다르게 규범의 대상을 실질적으로 평등하게 규율할 것을 요구[72]하는데, 시혜적인 법률에 있어서는 국민의 권리를 제한하거나 새로운 의무를 부과하는 법률과는 달리 입법자에게 보다 광범위한 입법형성의 자유(국회가 당연퇴직공무원에 대한 특별채용 등에 관한 특례법을 제정하면서 특별채용시 반영할 호봉에 있어서 당연퇴직사유의 경중을 입법요소로서 중요하게 참작하지 않고 사실상 근무기간만을 그 기준으로 설정하였다고 하더라도)가 인정된다고 할 것이므로 입법자는 그 입법의 목적, 수혜자의 상황, 국가예산 내지 보상능력 등 제반 상황을 고려하여 그에 합당하다고 스스로 판단하는 내용의 입법을 할 권한이 있다고 할 것이고, 그렇게 하여 제정된 법률의 내용이 현저하게 합리성이 결여되어 있는 것이 아닌 한 헌법에 위반된다고 할 수는 없다고 판단하였다. 헌법재판소의 판단은 시혜적인 법률에 대한 언급을 하면서, 동 특례법 제7조(특별채용)는 임용결격 혹은 당연퇴직공무원에 대하여, 그들이 법적으로는 공무원으로서의 근무경력을 전혀 인정받을 수 없음에도 불구하고, 특별채용의 기회를 부여하는 것으로 기본적으로 수익적 규정에 해당한다고 보았다. 그러므로 동 조항상의 경력과 호봉문제에 대한 심사기준은 합리적 근거 유무에 관한 자의금지심사[73]에 의하여 판단하면서 해당 조항이 비합리적이거나 자의적이어서 청구인의 평등권을 침해한 것이라고 할 수 없다는 것이다. 이 판단에서처럼 수익적인 규정이나 시혜적인 법률의 경우는 일반적으로 입법자의 입법형성의 자유를 인정하여 자의적이지 않은 경우 합리성이 인정된다. 결국 자의금지 원칙은 상호배타적인 두 개의 비교집단이 있어야 하고, 같은 것을 다르게, 다른 것을 같게 차별 취급하는 존재가 있어야 하고, 그 차별취급의 자의성으로 차별취급의 최소성이나 차별의 적합성만으로는 위헌이 되지 않고, 그 자의성이 명백하여 합리적인 이유 없는 차별이어야 한다.

72) 헌법재판소 1998.09.30. 선고 98헌가7등 결정.
73) 헌법재판소 2001.09.27. 선고 2000헌마342 결정.

2. 법원

법원은 헌법재판소처럼 구체적으로 일반적인 차별판단기준을 제시하고 있지는 않다. 다만, 여러 사건에서 차별판단과 관련하여 관련 법령에서 규정하고 있는 합리적인 이유[74]를 들고 있으며, 차별행위가 법령에서 규정하고 있는 사항에 대하여 위반사항이 있는지 여부를 중심으로 판단하고 있다. 한편, 법원은 차별문제 외에도 불이익한 근로조건변경이나 징계권[75] 행사의 차별적 요소에 대하여 판단을 내리고 있는데, 법원이 차별과 관련한 판단에서 고려하는 사항으로 헌법재판소가 차별판단심사기준으로 활용하고 있는 엄격심사에 해당하는 비례심사기준과 완화된 심사기준인 자의금지원칙의 징표[76]를 중심으로 판단해 보고자 한다.

(1) 비례성 심사

법원이 명시적으로 비례성 심사를 근거로 판단하고 있지는 않다. 다만, 몇 가지 사건에서 헌법재판소 등이 비례성 심사기준으로 삼고 있는 근거를 판단기준으로 하고 있음을 주지할 필요가 있다.

대법원은 부당해고구제재심판정취소 사건[77]에서 직제개편을 통하여 행정직 6직급을 폐지하는 대신 상용직을 신설하여 행정직 6직급으로 근무하는 여성근로자들을 모두 상용직으로 편입하고 행정직과 상용직 사이의 직군 간 이동과 상용직 내에서의 5직급 등으로의 직급승진을 허용하지 아니하고, 직제 개편 당시 이미 근무하던 행정직 6직급 근로자들에 대하여서까지 직군 간 이동을 제한하고 기존에 허용되던 상용직 내에서의 승진조차 전혀 허용하지 아니함으로써 행

---

74) 대법원 2001.01.05. 선고 99다70846 판결 ; 대법원 2002.06.11. 선고 2001다16722 판결, 대법원 2010.01.28. 선고 2009다32362 판결, 대법원 2013.05.09. 선고 2012다64833 판결.

75) 법원은 징계권행사가 차별 내지 평등의 원칙을 위반하였는지(비례원칙이나 자의금지 등 포함)에 대하여도 언급하고 있다(대법원 2012.10.11. 선고 2012두10895 판결, 대법원 2012.05.24. 선고 2011두19727 판결, 대법원 2008.06.26. 선고 2008두6387 판결, 대법원 1999.11.26. 선고 98두6951판결, 대법원 1999.08.20. 선고99두2611판결, 대법원 2004.11.12. 선고2002두11813판결, 대법원 2005.04.15. 선고2004두14915판결 등 다수).

76) 대법원 2012.10.25. 선고 2011두7045 판결.

77) 대법원 2006.07.28. 선고 2006두3476 판결.

정직 6직급 근로자들의 직급승진의 기회를 사후에 박탈한 것(이에 따라 6직급 근로자들의 정년은 직급정년인 35세로 고정되게 되었다)은 그들이 채용 당시 가지고 있던 승진에 대한 기대이익을 침해하고, 상용직의 업무가 행정직 6직급의 그것과 동일하였고 행정직 6직급이 모두 여성근로자들로만 구성되어 있는 점에 비추어 보면 직제개편조치는 합리적 이유 없이 행정직 6직급인 여성근로자들에게만 불리하게 승진을 제한하는 차별적 대우를 한 것이라고 판단한 원심[78]의 판단은 정당하다고 인용하였다.

동 사건에 대한 대법원의 판단근거를 살펴보면, 남녀고용평등법과 근기법상의 '성별'을 이유로 한 차별금지 내지 균등대우를 들고 있다. 이는 앞서 헌법재판소의 심사기준에서 헌법이 차별의 근거로 삼아서는 아니되는 기준 또는 차별을 금지하고 있는 영역을 제시하고 있음에도 그러한 기준을 근거로 한 차별이나 그러한 영역에서의 차별의 경우에서 헌법이 스스로 평등권을 구체화하는 경우로, '성별'에 따른 차별금지에 해당하는 사안에서 대법원은 이러한 헌법적 규정에 따라 헌법적인 평등실현을 위하여 법률로 규정하고 있는 남녀고용평등법과 근기법의 규정을 적시하였다. 이는 비례성심사기준의 엄격심사를 전제하고 있는 것으로 볼 수 있다. 그러므로 동 사건을 헌법재판소의 비례성심사기준에 따라 판단해 보면, 첫째, 직제개편이 필요성을 가진다고 하더라도 성별에 의한 차별을 금지하는 헌법정신에 부합하지 않고, 실제 부당한 차별을 당하는 것은 여성이므로 합리적인 이유 없이 여성을 차별하게 되고 이는 성별(남성 또는 여성이라는 이유)에 의한 결과적인 차별이 되어 평등이념에 합목적적이지 못해 부당하다. 둘째, 직제 개편 당시 이미 근무하던 행정직 6직급 근로자들에 대하여서까지 직군 간 이동을 제한하고 기존에 허용되던 상용직 내에서의 승진조차 전혀 허용하지 아니함으로써 행정직 6직급 근로자들의 직급승진의 기회를 사후에 박탈한 것은 불리한 조치에 대한 구제수단의 완충장치를 마련하지 못하였고, 이러한 조치에 대한 차별의 불가피성(정당성)을 찾아볼 수 없다. 셋째, 직제개편으로 인하여 불이익을 당하게 되는 부분이 발생하므로 근로조건의 불이익변경에 해당하는 동의절차가 필요하나 이러한 방법 내지 수단을 거치지 않아 방

78) 서울고법 2006.01.12. 선고 2004누8851 판결.

법상의 문제도 지니고 있다. 넷째, 직제개편으로 인하여 상용직의 업무가 행정직 6직급의 그것과 동일하였고 행정직 6직급이 모두 여성근로자들로만 구성되어 있어 실제 차별의 대상은 여성에 한정되어 균형성도 결하고 있어 성별에 의한 차별에 해당한다. 이러한 점을 토대로 판단해 보면 동 사건은 헌법재판소가 명시적으로 판단하고 있는 비례심사기준에 부합하는 기준으로 판단하고 있는 것으로 보인다.

한편, 서울기독청년회 사건(서울YMCA)사례[79]를 통하여 차별판단기준을 살펴보면, 서울YMCA는 선교, 사회교육, 사회개발, 사회복지, 국제협력 등의 사업을 목적으로 하는 비법인사단으로서 1903년 설립 이래 시민운동, 청소년운동 등을 펼쳐, 이를 통하여 우리 사회의 계몽과 발전에 기여함으로써 사회에 대한 영향력을 증대시켜 왔고, 국가와 지방자치단체 등과 긴밀한 관계를 유지하면서 공적 역할을 수행하기도 하였으며, 그 결과 공익적 목적과 활동을 위한 공적 단체로서의 성격도 갖는 것으로 인식되기에 이르렀다. 당초 서울YWCA에 대칭되는 남성단체로 출발하였으나 1967년 헌장을 개정하면서 회원 자격을 여성에게도 개방하였고, 이후 여성회원이 계속 증가하여 2004년을 기준으로 보면 오히려 여성 일반회원이 남성 일반회원보다 더 많아졌다. 그런데도 남성회원에게는 별다른 심사없이 총회의결권 등을 가지는 총회원 자격을 부여하면서도 여성회원에게는 부여하지 않아 차별이 발생하였다. 이러한 조치는 헌법이 금지하고 있는 '성차별'에 해당하는 것으로 엄격한 심사기준에 의한 차별판단이 필요한데, 첫째, 단체의 성격과 추구하는 목적에 비하여 회원에게는 동등하게 부여되어야 할 참여와 권리가 특별한 이유 없이 여성회원의 권리만을 제한할 합리적인 목적을 찾을 수 없고, 둘째, 차별처우의 필요성과 불가피성에 관련해서는 그러한 차별처우가 단체의 정체성을 유지하기 위하여 여성회원을 차별할 불가피한 조치로 인정될 만큼 필요성이 존재하지 않고, 여성회원이 단체의 의사결정과정에 참여할 수 있는 유일한 수단인 총회원자격을 특별한 사유 없이 제한하는 것은 수단으로써 적절하지 않고, 셋째, 차별처우에 의한 법익 침해의 양상 및 정도와 관련해서는 여성회원이 총회원 자격이 부여되지 않아 단체의 의사결정에 참여

79) 대법원 2011.01.27. 선고 2009다19864 판결.

할 의사결정권이 없어 그 권리가 원천적으로 배제되어 있어 여성회원의 권리제한 침해가 심각하고, 넷째, 남성회원의 경우는 별도의 심사없이 총회원 자격을 부여하면서도 여성회원의 경우는 총회원자격을 부여하지 않는 것은 남녀간의 형평성이 존재하지 않는 등 차별행위에 해당한다.

그러므로 법원이 사적 단체의 구성원에 대한 성별에 따른 차별처우가 사회공동체의 건전한 상식과 법감정에 비추어 볼 때 도저히 용인될 수 있는 한계를 벗어난 경우에는 사회질서에 위반되는 행위로서 위법한 것으로 평가할 수 있고, 위와 같은 한계를 벗어났는지 여부는 사적 단체의 성격이나 목적, 차별처우의 필요성, 차별처우에 의한 법익 침해의 양상 및 정도 등을 종합적으로 고려하여 판단하여 부당한 차별로 판단한 사안은 비례심사기준을 적용한 것으로 풀이된다.[80] 이 판례에서 헌법재판소의 비례성 심사기준에서의 징표(차별행위가 목적에 부합하는 정당성, 차별처우의 필요성과 불가피성, 차별처우에 의한 법익 침해의 양상·정도, 공익적 기능 등)를 고려하여 판단하고 있음을 알 수 있다. 결국 법원은 헌법재판소의 엄격심사기준인 비례심사기준을 일정부분 수용하고 있는 징표를 보이고 있지만 정확하게 동일 수준에서 판단하고 있는 것으로 판단하기에는 어려움이 있다. 즉 법원이 현실적인 차별사건을 판단하는데 비하여 헌

80) 법원은 동 단체(피고)가 부분적으로 공공적 영역에서 활동하는 단체로서의 성격도 가지면서 그에 따른 사회봉사적 역할을 수행하여 온 점, 피고의 다양한 활동영역과 사회적 역할, 이에 대한 일반의 인식어 비추어 피고는 다른 단체로 대체될 수 없는 독자적인 정체성을 가지고 있는 것으로 보이는 점, 원고들은 이러한 피고의 활동영역과 단체적 성격에 가치를 부여하여 총회원으로 가입을 희망하고 있음에도 피고가 남성단체로 출발하였다는 연혁적 이유만으로 여성들을 차별 처우할 만한 합리적인 필요성이 있다고 볼 수 없는 점, 피고의 정체성 또한 이미 1967년도 헌장 개정으로 규범적인 의미에서뿐만 아니라, 실제 인적 구성면에서도 남성중심 단체를 탈피한 것으로 보이는 점, 비록 위와 같은 1967년의 헌장개정 이후에도 장기간에 걸쳐 남성중심의 총회운영이 관행으로 형성·유지되어 왔다고는 하나 2003년도 제100차 정기총회에서 단체 내 의사결정과정에 여성과 남성이 동등하게 참여하며 여러 가지 형태의 성차별적인 요인을 찾아 이를 해소하기로 하는 개선방향의 원칙을 분명하게 천명하고서도 이후 특별한 장애도 없이 남성단체로서의 연혁과 정체성을 들거나 헌장개정 사안이라는 이유만을 들어 실질적이고도 진지한 개선노력이 이루어지지 않았고 그 과정 중에 국가기관(국가인권위원회)으로부터 공식적으로 시정을 권고받기도 한 점, 특히 원고들은 비법인사단인 피고의 단체구성원으로서 회비를 부담하면서도 여성이라는 이유만으로 지속적으로 일반적인 사원에게 부여되는 고유하고 기본적인 권리인 총회의결권 등을 행사할 기회를 원천적으로 빼앗겨 온 점 등 차별판단의 근거로 적시했다.

법재판소는 위헌법률심사를 통하여 차별문제를 다루기 때문에 같은 의미와 기준의 심사기준을 활용한다고 하더라도 각각 세부적으로 고려되는 기준은 조금씩 다를 수가 있다. 그럼에도 법원의 판단 등에서 비례심사기준의 의미는 반영되고 있는 것으로 봄이 상당하다고 할 수 있다.

(2) 자의금지 심사

헌법재판소는 자의금지 심사로 입법자의 입법형성의 자유영역으로 인정하여 시혜적인법률 등에 의한 차별여부의 판단에 적용하는데, 이는 시혜적인 법령이 다른 개인 내지 집단에 대한 권리침해를 가져오는 것이 아니라는 것으로 입법재량권의 한계를 벗어나지 않은 경우 합리성을 인정하고 있다. 법원이 실비변상적이거나 일괄지급되는 급부에 대한 판단에서 이러한 자의금지원칙을 적용하고 있음을 알 수 있다. 즉, 군부대와 근로계약을 체결하고 민간조리원으로 근무한 이래 매년 1월 1일 1년 단위로 근로계약을 갱신하여 오다가 퇴직한 이 사건 참가인이, 근무하는 기간 동안 원고가 조리직렬 기능군무원과 달리 참가인에게 정근수당, 성과상여금, 가족수당, 정근수당가산금, 직급보조비, 교통보조비, 정액급식비, 가계지원비를 지급하지 않은 것이 차별적 처우"라고 주장하면서 차별적 처우에 대한 시정을 신청하였는데, 법원[81]은 참가인에게 가족수당, 정액급식비, 교통보조비를 지급하지 않은 것은 합리적인 이유 없는 차별로 판단하였다. 이 사건에서 원고는 비교대상근로자로 지목된 조리직렬 기능군무원은 비교대상 근로자에 해당하지 않는다는 이유로 조리직렬 기능군무원은 군무원인사법 등 관계 법령에 의해 임용된 공무원이지 기간제법에서 정한 기간의 정함이 없는 '근로계약'을 체결한 근로자에 해당하지 않아 참가인과 관계에서 조리직렬 기능군무원을 비교대상 근로자로 볼 수 없다고 주장하면서, 참가인이 단순 조리 업무 수행을 보좌하는 것과 달리 조리직렬 기능군무원은 각종 행정 업무와 부대훈련 참가 등의 업무를 추가로 담당하고 있어 참가인과 동종 또는 유사한 업무에 종사한다고도 볼 수 없어, 조리직렬 기능군무원의 업무 내용, 업무량, 수당의 지급 근거 등에 비추어 볼 때, 원고가 가족수당, 정액급식비, 교통보조비를 조리직렬

81) 서울고등법원 2011.01.27. 선고 2010누21794 판결.

기능군무원에게만 지급하고 민간조리원인 참가인에게 지급하지 않는데에 합리적 이유가 있다고 주장하였다.

그러나 법원은 참가인이 민간조리원으로서 조리직렬 기능군무원이 없는 영내 식당에서 민간조리원이 조리 업무를 전적으로 담당하기도 하는 등 상호 간에 업무 대체성이 인정되는 점, 조리직렬 기능군무원이 민간조리원에서 채용되기도 한 점 등에 비추어 볼 때, 민간조리원과 조리직렬 기능군무원 모두 조리 업무를 주된 업무로 하고 있어 양자의 업무 사이에 본질적인 차이가 있다고 볼 수 없어 동종 유사한 업무에 종사하는 자로 판단하면서 실비변상적인 급부인 교통보조비와 급식비에 대한 미지급, 가족이 존재한다는 사유만으로 지급되는 가족수당의 미지급은 합리적인 이유 없는 차별로 판단하였는데, 대법원[82] 도 이러한 원심법원의 판단이 정당하다고 인용하였다.

이 사건의 판단사항을 살펴보면, 조리직렬 기능군무원은 기간제근로자인 민간조리원에 대한 관계에서 기간제법에서 정하고 있는 '기간의 정함이 없는 근로계약을 체결한 근로자'에 해당하므로 조리직렬 기능군무원은 근무관계가 사법상 근로계약이 아닌 임용이라는 행정처분을 통해 형성되었기 때문에 비교대상 근로자가 될 수 없다는 원고의 이 부분 주장은 타당하지 않다. 아울러, 기간제법에서 기간제근로자의 비교대상 근로자로 '기간의 정함이 없는 근로계약을 체결한 근로자'를 들고 있는 것은 동일한 사업장에서 동종 또는 유사한 업무에 종사함에도 단지 근로계약이 '기간의 정함이 있는지 여부'에 따라 임금 그 밖의 근로조건에서 차별을 받아서는 아니 된다는 취지이지 '사법상 근로계약을 체결한 근로자'만을 비교대상 근로자로 보아야 하는 것으로 해석할 것은 아니므로, 조리직렬 기능군무원와 국가 사이에 근로계약이 존재하지 않아 민간조리원에 대한 관계에서 비교대상 근로자가 될 적격이 없다고 보는 것은 타당하지 않다. 결국, 조리직렬 기능군무원과 민간조리원인 이 사건 참가인의 업무가 업무 성격의 유사성, 업무에서 각 근로자 상호 간의 대체 가능성 등을 종합적으로 고려하면, 비교대상근로자가 수행하는 업무가 서로 완전히 일치하지 않더라도 주된 업무의 내용, 작업 조건 등 핵심 요소에서 본질적인 차이가 없고, 양자 사이에 '현

82) 대법원 2014.11.27. 선고 2011두5391 판결.

저한 질적 차이'가 인정될 만한 특별한 사정이 없는 한, 채용 절차나 부수적인 업무 내용 등에서 다소 차이가 있더라도 이들은 동종 또는 유사한 업무에 종사한다고 봄이 타당하므로 동등한 대우가 되어야 한다고 판단할 수 있다. 그러나 원고가 조리직렬 기능군무원에게는 가족수당, 정액급식비, 교통보조비를 지급하면서도 민간조리원인 참가인에게는 지급하지 않은 것은 합리적인 이유 없이 참가인을 불리하게 차별하여 처우한 것이라고 볼 수 있다. 즉, 이 사건에서 차별사안이 된 수당 등의 지급규정인 공무원수당 등에 관한 규정에 따른 가족수당은 업무와 관계없이 부양가족이 존재한다는 사정만으로 지급되고, 정액급식비 및 교통보조비는 실비변상차원에서 지급되는 것으로 업무 내용, 업무량 등과 관계없으며, 가족수당은 일률적으로 정한 금액을 지급하고 있는데, 원고는 참가인에게 동 규정과 지침에 의한 시혜적인 수당에 대하여 자의적으로 적용하여 차별한 것은 합리적 이유가 없다고 본 법원의 판단은 정당하다고 볼 수 있다. 결국, 앞서 헌법재판소의 판단에서도 시혜적인 법률에 대한 입법자의 재량권을 인정하면서, 자의금지원칙에 의한 판단을 하였는데 법원도 같은 입장을 취하고 있다고 판단된다.

3. 노동위원회

노동위가 소위 비정규직 차별판단에 대하여만 권한을 가지고 있어 일반적인 차별판단에 대한 심사기준을 논하기는 어려움이 있다.[83] 그러나 명확하지는 않

83) 노동위원회의 차별심사기준은 아직 이론적으로 정립되어 있지 않아 추가적인 논의가 필요한 부분이다. 다만, 노동위원회의 판단사례를 분석해 보면 노동위원회가 주로 활용하는 기준을 이론적으로 구성해 볼 수 있다. 즉, 노동위원회의 차별심사는 대략 3단계로 구분할 수 있다. 1단계는 비교대상론적 시각이다. 그리고 2단계는 직무본질론적 시각이다. 마지막으로 3단계는 동등처우론적 시각이다. 우선, Ⓐ 비교대상론적 시각에서, 소위 비정규직에 대한 차별판단을 하는 노동위원회는 차별사건이 접수되면 제일 먼저 차별대상과 비교되는 근로자의 존재여부를 탐색한다. 즉, 차별대상의 근로자와 동종유사한 직무에 종사하는 비교대상근로자가 있는지를 판단하여 존재하지 않는 경우 기각결정을 내린다(중앙노동위원회 2014.06.09. 2014차별3 결정 등). 기각결정을 하지 않고 심사를 하는 경우에도 차별여부를 비교할 수 있는 대상이 없는 경우 차별없음으로 판단하고 있다(중앙노동위원회 2014.03.11. 2013차별13 결정). 즉, 비교대상의 존재여부는 노동위원회가 차별행위에 대한 판단을 위한 가장 기초적인 요건에 해당하는 것이다. 다음으로 Ⓑ 직무본질론적 시각에서, 차별사건에서 비교대상이 존재하는 경우 노동위원회는 2단계로 동종유사한 업무를 수행하는 비정규직근로자와 비교대상근로자가 수행하는 업무의 본질적인 차이여부를 판단

아도 노동위는 헌법재판소의 판단이나 법원의 판단에 기속된다는 점을 감안할 때, 이론적인 배경은 없으나 앞서 차별판단기관들이 고려하고 있는 심사기준들을 염두에 둘 것은 자명하다. 결국 노동위도 헌법재판소나 법원의 판결처럼 차별행위에 대한 합리적 이유 판단에 엄격심사기준에 의한 비례심사기준이나 완화된 심사기준을 적용할 수 있다. 다만, 노동위는 노동현장의 판단을 전제로 하므로 각종 고용관련 법문에서 차별과 관련하여 규정하고 있는 '합리적인 이유'의 해당 여부에 대하여 충실한 판단을 내리고 있다고 보여진다. 그러나 노동위원회는 비정규직에 대한 차별판단을 하는 기관으로 비정규직차별은 고용형태를 이유로 하는 차별문제를 다루게 되고 비정규직차별은 헌법에서 특별히 규정한 차별금지사항에 해당하지 않고, 기본권에 중대한 침해를 가져오는 사안이 아니므로 완화된 심사기준(자의금지원칙)이 전제되는 것으로 보아야 한다는 입장[84] 도 있다. 이하에서는 자의금지 내지 완화된 심사기준, 비례심사의 가능성, 이중심사기준의 논의를 중심으로 검토하고자 한다.

(1) 완화된 심사기준

평등의 원칙은 본질적으로 같은 것은 같게, 본질적으로 다른 것은 다르게 취급할 것을 요구하는 것으로 일체의 차별적 대우를 부정하는 절대적 평등을 의미하는 것이 아니라 '입법과 법의 적용에 있어서 합리적인 근거가 없는 차별을 배제하는 상대적 평등'을 뜻하므로 '합리적 근거가 있는 차별'은 평등의 원칙에 반하는 것이 아니다.[85] 그러므로 평등권은 당해 공권력의 행사가 본질적으로

한다(중앙노동위원회 2015.04.13. 2015차별2결정 등). 이때 수행내용 등이 본질적으로 차이가 없음에도 불구하고 차별하는 것은 차별대상이 되지만 본질적인 차이가 있는 경우는 차별행위로 판단하지 않는다. 그러므로 수행직무의 본질적인 차이여부는 차별판단의 2단계 중요한 기준이 되는 것이다. 다음으로 © 동등처우론적 시각에서, 비교대상이 존재하고 비교대상과 차별대상이 수행하는 직무가 본질적인 차이가 없는 경우 동등한 보상 등 처우가 수반되지 않는 경우 이는 차별이 된다. 다만, 여러 보상 등의 차별항목들이 존재하는 경우 각각의 모든 항목이 모두 동등해야 하는 것은 아니며 개별사안이 조금씩 달라도 보상전체에 큰 차이가 없는 경우 이는 차별로 간주되지 않는다(중앙노동위원회 2014.12.31. 2013차별10결정).

84) 박종희, "비정규직 근로자 차별금지제도의 최근동향과 쟁점", 「외법논집(제34권제3호)」, 한국외대법학연구소, 2010, 87면 ; 박종희/강선희, "비정규직근로자에 대한 차별금지 - 차별판단의 구조와 기준을 중심으로-", 「산업관계연구(제17권 제1호)」, 한국노사관계학회, 2007, 97면.

같은 것을 다르게, 다른 것을 같게 취급하고 있는 경우에 침해가 발생하는 것이지, 본질적으로 같지 않은 것을 다르게 취급하는 경우에는 차별 자체가 존재한다고 할 수 없다.[86] 이러한 입장은 비정규직 차별사건에서 비교대상의 존부와 비교대상과의 직무내용에서 동종·유사한 사안인지를 가리고, 비교대상과 동종·유사한 직무수행을 하는 경우 동등처우를 해야 하지만 합리적인 이유 없이 동등처우를 하지 않는 경우 이는 차별행위가 된다고 노동위원회는 견지하면서, 각각의 차별사유가 합리적인 이유가 되는 사항에 해당하는지를 판단하고 있다. 즉, 노동위원회의 차별판단에서 우선 차별행위에 대하여 차별대상과 비교되는 비교대상의 존재여부를 판단하고, 이러한 비교대상은 동종·유사한 업무에 종사하는 다른 근로자이며, 비교대상의 존재에서 동종·유사한 업무는 '책임과 권한 등' 차등을 둘 수 있는 사유가 실질적인 업무수행에서 직무본질론적으로 같거나 유사한 것이어야 하고, 이렇게 같은 업무를 수행하는 자와 비교하여 차등대우가 있는 경우 차별이라고 판단하는데[87], 여기에서 같은 것은 같게 다른 것은 다르게 취급하는 것인지 여부를 가리는 판단은 헌법재판소의 판단기준인 자의금지원칙의 판단기준과 같은 선상에서 노동위원회가 고려하고 있다는 것은 차별사건 결정문에서 일관되게 나타나고 있다.[88]

한편, 차별이 가능한 합리적인 사유는 '업무의 범위와 내용, 권한, 책임, 직무, 능력, 기능, 기술, 자격, 경력, 학력, 근속연수, 업적, 실적' 등에 차이가 있는 경우를 들 수 있다.[89] 이와 관련한 중노위의 사례를 살펴보면, 모대학교의 부속시설인 미술관장의 비서업무 및 홍보업무 지원 등 기타 제반업무를 하기로 기간의 정함이 있는 근로계약을 체결하고 비서업무를 주된 업무로 하는 근로자가,

---

85) 헌법재판소 2001.06.28. 선고 99헌마516 결정.

86) 헌법재판소 2006.01.17. 선고 2005헌마1214 결정.

87) 이와 관련하여 노동위원회는 절차적으로 첫째, 비교대상근로자의 존재 여부, 둘째, (비교대상근로자가 존재한다면) 차별금지 영역에 해당하는지 여부, 셋째, (차별금지 영역에 해당한다면) 불리한 처우가 존재하는지 여부, 넷째, (불리한 처우가 존재한다면) 불리한 처우에 대한 합리적 이유가 있는지 여부 순으로 판단하고 있다(중앙노동위원회 2015.07.14. 2015차별12 결정).

88) 중앙노동위원회 2015.04.13. 2015차별2 결정 ; 중앙노동위원회 2015.05.04. 2015차별1 결정 ; 중앙노동위원회 2015.06.30. 2015차별3~11 결정 등.

89) 박종희, "비정규직 근로자 차별금지제도의 최근동향과 쟁점", 「외법논집(제34권제3호)」, 한국외대법학연구소, 2010, 87면.

비교대상근로자인 채용경로가 다른 법인직원 등과 같은 업무를 수행함에도 기본급 및 수당 등에서 차별을 받았다고 신청한 사건에서, 노동위원회는 다른 수당 등에 대하여는 합리적인 이유가 없는 차별에 해당하나, '채용방법 등의 차이와 직무내용 등의 차이'에 의한 합리적인 이유를 인정하여 기본급의 일부에 대한 차별이 합리적이라는 판단을 하였다. 즉, 기본급에 대하여, 신청인이 호봉표상 가장 낮은 업무 난이도를 수행하는 것으로 평가되는 8급 1호봉 또는 2호봉에 해당하는 기본급을 받아야 하지만, 특별한 이유 없이 기본급표의 적용을 배제하고 매월 120만원의 기본급을 지급한 것은 합리적 이유 없는 차별적 처우에 해당한다고 주장한 사안에 대하여, 노동위원회는 비교대상근로자로 지목한 법인직원들과는 '채용조건 · 기준 · 방법 절차'가 현저히 다르고, '업무의 범위 · 권한 · 책임' 등이 명백히 다르며, '직무의 경중'에 현저하게 차이가 나서 신청인을 월 120만원으로 근로계약을 체결한 점, 임금협약서를 보면 직급 및 호봉을 바탕으로 한 임금체계를 기초로 하여 기본급을 정하고 있는바, 장기고용을 전제로 연공의 축적이 근로능력의 상승으로 이어질 것을 전제한 연공급 임금체계의 취지를 고려할 때, 단기고용을 전제로 한 기간제근로자인 신청인에 대하여 비교대상근로자들과 동일한 임금체계를 적용하지 아니한 것에 상당한 이유가 있다고 볼 수 있는 점 등을 고려하면, '입직조건, 업무에 대한 책임 · 권한과 직무의 경중 차이'에 따라 기본급을 적게 지급한 것에는 합리적인 이유가 있다고 하였다.[90) 이러한 노동위의 판단은 채용조건과 방법 · 책임과 권한 · 직무의 경중 등의 차이여부를 판단의 근거로 보고 있는 비정규직에 대한 법원의 판단과 같은 입장임을 알 수 있다.[91) 그러나 채용방법의 차이가 합리적인 이유가 된다는 노동위의 판단은 납득하기 어려운 부분이다. 즉, 업무에 대한 책임과 권한 및 직무의 경중차이에 기초하였다면 합리적인 이유로 인정할 수 있지만 채용경로가 다르다는 이유는 합리적인 판단이라고 볼 수 없다. '실질적으로 수행하는 업무의 내용'이 같은 수준이라면 급부는 동등한 수준의 정도에서 이루어져야 마땅한데, 이는 기간제법 등 소위 비정규직법의 규정과 취지에서 이미 밝히고 있는 바와

90) 중앙노동위원회 2015.07.14. 2015차별12 결정.
91) 대법원 2014.11.27. 선고 2011두5391 판결 외.

같다. 그러므로 동종·유사한 직무에 종사하는 비교대상을 상정하여 직무내용이 같다면 차별할 수 없도록 규정한 비정규직법의 규정과는 상반된 판단을 한 동 사건은 합리적인 판단이라고 보기 어렵다. 급부의 조건은 일에 대한 대가로서 지급되는 것이지 채용경로의 차이에 대한 대가로서 지급되는 것이 아니다.

(2) 비례심사의 가능성

노동위원회가 비교대상과 직무본질론적인 차원에서 같은 경우 각각의 차별내용에 대하여 자의금지원칙적인 측면에서는 동등대우여부만을 판단하여 차별여부를 가린다면, 비례심사기준은 더 나아가 차별의 내용이 되는 사안에 대하여 차별목적의 타당성 및 필요성, 차별행위에 반영된 수단이나 방법의 적정성, 차별행위의 불가피한 사유 내지 비교대상과의 차별이 균형성을 가지는 것인가 등 합리적인 이유에 대하여 보다 엄밀하게 판단하게 된다. 즉, 비교대상의 존재여부와 비교대상과 관련하여 직무본질론적인 동종유사성의 여부, 차등대우의 여부와 차등대우가 가지는 합리성 내지 타당성의 근거를 보다 엄밀하게 판단하는 것이다. 그러나 아직까지 헌법재판소의 판단기준에 부합하는 비례심사를 엄격하게 적용하는 사례는 잘 나타나지 않고 있다. 이는 비정규직에 대한 차별의 목적이 정당하다는 것은 비정규직에 대한 차별을 금지하는 기간제법 등의 목적에 배치되고, 헌법재판소가 엄격심사대상으로 분류하고 있는 헌법적인 차별금지 규정 내지 다른 기본권의 중대한 침해사유가, 동일가치노동에 대한 동등보상의 문제 외에 복합적인 보상구조에서 개별사안들은 일정부분 차등이 불가피한 사유가 존재함을 인정할 수밖에 없는 점을 비정규직 차별판단에서 고려되고 있는 것으로 풀이된다. 다만, 비교대상과 동종·유사업무의 수행자에 대한 보상차이 등을 판단함에 있어, '차등대우에서의 합리적인 이유의 근거 내지 기준'을 완화하여 넓게 또는 엄격히 제한하여 좁게 판단할 여지는 있는 것으로 볼 수 있다고 할 것이다.[92] 이러한 이유의 근거 내지 기준을 엄격한 기준에서 보상차별의

92) 이러한 엄격성 정도의 차이와 관련하여 비교대상의 판단과 관련한 차별사건에서, 근로자들은 현장에서 원·부자재 입고·운반 작업을 하는 반면, 비교대상 근로자들은 동 업무 이외에도 주로 사무실에서 컴퓨터 및 내부 전산망 등을 이용하여 발주, 재고관리 등의 업무를 수행하는 등 업무내용 및 작업조건에서 차이가 있는지 여부, 비교대상 근로자들은 부자재 관리 등의 책임과 권한을 부여받아 업무를 수행하는 반면, 근로자들은 비교대상

합목적성, 보상차별 항목 내지 수단의 적절성, 차별의 수준에 대한 최소한의 불가피성, 소위 정규직과 비정규직의 등가치적인 차이를 인정할 수 있는 균형성 내지 형평성을 기준으로 개별사안에서 논지를 구성하는 것은 가능할 것[93]으로 보이므로 비례심사의 가능성을 배제한다고 볼 수는 없을 것이다.

(3) 이중심사기준의 논의

노동위원회의 차별판단기준을 엄밀하게 구분하여 완화된 심사기준(자의금지원칙)만에 의한 차별판단, 엄격한 심사기준(비례심사기준)의 배제 내지 고려되지 않는 기준 등으로 양분하여 정리하기에는 취급하는 판단 대상의 특정성에 기인하는 제약이 있다고 하더라도 문제가 있다고 보여진다. 즉, 엄격성 수준 내지 완화 수준에 따라 다소간의 유동적인 여지는 있다고 보여진다. 이러한 점에서 이중적인 심사기준으로 두 가지 심사기준의 병행에 대한 주장도 있는데, 이러한 주장은 직접차별은 비례심사를 하고 간접차별은 자의금지원칙을 적용해야 한다는 입장, 급부의 성격과 대가성에 대하여 높은 경우는 비례심사를 낮은 경우는 자의금지원칙을 적용해야 한다는 입장, 차별내용에서 임금차이가 일정비율 이상인 경우는 비례심사를 일정비율 이내인 경우는 자의금지원칙을 적용해야 한다는 입장으로 논해지고 있다.[94] 그러나 이러한 이중적인 심사기준에 대한 병행 입장은 헌법적인 평등원칙 정신에 근거한 헌법재판소의 판단기준에서 보면, 차별의 경중을 단순히 차별의 개념 내지 산술적인 보상률의 차이 등으로 구분하여 차별의 문제를 달리 판단하는 기준으로 보는 것은 설득력이 적어 보인

근로자들의 직접적인 지시에 따라 업무를 수행하고, 또한 병역대체 의무종사기간 만료 시 퇴사하는 등 업무에 대한 책임과 권한 등에 상당한 차이가 있는지 여부, 비교대상 근로자들이 부자재 등의 입고·운반 작업을 한 것을 두고 상시적이고 주된 업무라고 할 수 있는지 여부 등 제반 사실을 종합하여 실제 수행하는 업무 내용과 주된 업무와 상시성 여부 등 세부사항에 대하여 판단하고 있다(중앙노동위원회 2014.09.01. 2014차별7 결정).

93) 물론 이러한 엄격성의 차이가 헌법재판소가 판단하는 비례심사기준과 같은 수준 내지 기준으로 인식하는 것과는 다른 의미이다. 그러나 비정규직간 또는 정규직과의 차별문제에서 헌법에서 금지하고 있는 사유인 성차별 등과 연계되어 발생한 차별사안이나, 다른 기본권의 침해와 연계하여 발생한 차별사안에서는 비례심사기준이 적용될 사안들도 발생할 수 있다고 판단된다.

94) 박형정, “고용형태를 이유로 한 차별금지 법제에 관한 연구”, 아주대대학원 박사학위논문, 2013, 171면.

다. 다만, 급부의 성격과 대가성에 의한 경우는 비교대상과의 동종유사업무(업무내용에 본질적인 차이가 없는 경우[95]))를 수행하는 경우 동등보상이 원칙이므로 이러한 전제에서 직접근로제공에 의한 급부인 '기본급' 등은 등가치적인 책정을, 직접근로제공과는 무관한 시혜적인 수당 등의 경우는 달리 볼 여지가 있으므로 전자와 후자를 판단하는 기준을 구분하여 볼 여지는 있는 것으로 판단된다. 즉, 직무의 가치차이와 이에 따른 급부차이는 동일노동가치 등을 적용하여 엄밀하게 분석하여 적용하면서, 특수목적의 수당지급조건에 대한 부분을 제외한 시혜적이고 일괄적인 급부에 대하여는 그 차별의 타당성보다는 직원이라는 신분에 대한 부분을 중심으로 차별여부를 다루는 것이 노동위[96]의 일반적인 판단방향임을 감안하면 이중적인 심사의 가능성은 고려되고 있다고 판단된다.

4. 국가인권위원회

인권위는 국가기관 내지 공공기관뿐만 아니라 개인이나 집단에 의한 차별행위에 대하여도 판단을 할 수 있다.[97] 앞에서 설명했듯 인권위의 차별판단은 권고적 기능에 한정되어 그 실행력은 미약하나 고용과 관련하여 다양한 형태의

95) 중앙노동위원회 2015.04.13. 2015차별2결정 ; 중앙노동위원회 2015.05.04. 2015차별1결정 ; 중앙노동위원회 2015.06.30. 2015차별3~11(병합) 결정 ; 중앙노동위원회 2015.07.14. 2015차별12 결정 ; 중앙노동위원회 2014.12.23. 2014차별11,12(병합) 결정 등 다수의 사건에서 수행업무의 본질적인 차이여부를 중심으로 비교대상과 차별여부를 판단하고 있다.

96) 중앙노동위원회 2015.07.14. 2015차별12 결정 등.

97) 인권위는 국가기관, 지방자치단체, 「초·중등교육법」 제2조, 「고등교육법」 제2조와 그 밖의 다른 법률에 따라 설치된 각급 학교, 「공직자윤리법」 제3조의2제1항에 따른 공직유관단체 또는 구금·보호시설의 업무 수행(국회의 입법 및 법원·헌법재판소의 재판은 제외한다)과 관련하여 「대한민국헌법」 제10조부터 제22조까지의 규정에서 보장된 인권을 침해당하거나 차별행위를 당한 경우와 법인, 단체 또는 사인(私人)으로부터 차별행위를 당한 경우를 조사대상으로 규정하고 있다(제30조). 아울러, 인권위는 인권에 관한 법령(입법과정 중에 있는 법령안을 포함한다)·제도·정책·관행의 조사와 연구 및 그 개선이 필요한 사항에 관한 권고 또는 의견의 표명, 인권침해행위에 대한 조사와 구제, 차별행위에 대한 조사와 구제, 인권침해의 유형, 판단 기준 및 그 예방 조치 등에 관한 지침의 제시 및 권고 등을 할 수 있고(제19조), 인권의 보호와 향상을 위하여 필요하다고 인정하면 관계기관 등에 정책과 관행의 개선 또는 시정을 권고하거나 의견을 표명할 있으며, 권고를 받은 관계기관 등의 장은 권고를 받은 날부터 90일 이내에 그 권고사항의 이행계획을 위원회에 통지하여야 한다(제25조). 다만, 아쉽게도 인권위는 차별판단의 결과는 권고 등에 그치고 직접강제력이 동원되지 않으므로 보다 강력한 실행력이 담보되지 못하는 한계를 가지고 있다.

차별행위에 대하여 차별여부를 판단하여 고용상 차별판단의 기준을 가늠할 수 있는 근거를 제공할 수 있어 고용과정과 내용에서의 세부적인 사안에 대하여 노동위가 수행하지 못하는 부분까지 차별여부를 판단하는 근거를 제시하고 있는 점, 인권위가 헌법적 측면에서의 평등권실현을 위한 기관의 성격상 차별여부를 판단함에 있어서 진정에 의한 사안뿐만 아니라 직권으로 차별여부를 판단할 수 있는 점 등 인권위의 차별판단기준은 참고적으로 검토되어야 할 사안에 해당하므로 인권위의 차별심사 범위 및 기준에 대하여 검토할 필요성이 있다. 인권위는 일반적인 차별사유 전반에 대하여 판단을 하고 해당기관에 시정권고 등을 행하기 위하여, 당사자에 대한 출석 요구, 당사자의 진술 청취 및 진술서 제출 요구, 당사자·관계인·관계기관 등에 대한 자료 제출 요구, 실지 조사 등을 실시함으로써 당사자가 주장하는 증거 자료는 물론 당사자가 주장하지 않은 것도 수집하여 차별을 판단하는데, 인권위는 차별을 판단하기 위한 사실과 증거의 수집에 있어 변론주의와 직권탐지주의를 병행하고 있다.[98] 그렇다고 하여 인권위가 통상적 범위의 조사 외에 모든 방법을 동원하여 증거조사를 해야 할 의무가 있다고 볼 수는 없다.[99] 어떠한 증거를 인정 가능한 증거로 채택할 것인가에 대하여 개연성의 추정이라는 기준을 사용하는데, 이것은 수집된 사실과 증거가 당사자 사이에서 서로 다를 경우, 그 중 상대적으로 우월한 쪽의 것을 인정하게 하는 기준이다.[100] 인권위는 차별행위에 대하여 판단하는 기준으로 합리성

98) 변론주의라 함은 소송자료 즉 사실과 증거의 모집·제출의 책임을 당사자에게 맡기고 당사자가 수집·제출한 소송자료만을 재판의 기초로 삼아야 한다는 입장이고, 직권탐지주의는 소송자료의 수집·제출 책임을 당사자가 아닌 판단 주체가 지게 된다는 입장이다. 한편, 인권위가 통상적 범위의 조사 외에 모든 방법을 동원하여 증거 조사를 해야 할 의무가 있다고 볼 수는 없지만, 인권위는 당사자가 제시한 증거 자료에만 의존하지 않고 당사자, 관계인, 관계기관 등을 대상으로 사실과 증거를 수집하여 차별을 판단하는 등 직권탐지주의가 보다 강한데 이점은 노동위와 다른 점이다. 한편, 당사자가 미처 제시하지 못한 사항에 대하여 인권위가 적극적으로 조사·수집한 사실과 증거도 증명력을 가진다(국가인권위원회, 「국가인권위원회법 해설집」, 2005, 537면).

99) 국가인권위원회, 「국가인권위원회법 해설집」, 2005, 537면.

100) 특정 사안에 관한 법률상 규정이 없는 경우에는 형법의 '무죄의 추정(beyond reasonable doubt)' 원칙보다는 민법의 '개연성의 추정(balance of probabilities)' 원칙을 적용하는 것도 고려해야 한다. 인권 침해가 의심되는 상황에서 증거 문제가 빈번하게 발생하고, 대다수 조사제도들이 처벌보다는 구제를 목적으로 한다는 점을 감안하면 개연성의 균형원칙의 유형에 해당하는 기준을 채택하는 것이 바람직하다(국가인권위원회, 「국가인권위원회법 해설집」, 2005, 539면).

판단에 대한 자의금지원칙, 비례성 심사원칙 등을 사용하고 있다.[101] 즉, 인권위는 차별판단기준으로 헌법재판소가 활용하고 있는 엄격심사(비례심사),[102] 완화된 심사(자의금지원칙[103] 내지 합리성 심사[104]) 기준을 예시하고 있으며, 명시적이지는 않지만 유동적 접근(이중적인 심사)[105]에 대하여도 추가적으로 고려하고 있는 것으로 판단된다.[106] 그러나 본질적으로는 합리성심사나 자의금지원칙, 유동적 접근 등은 완화된 심사기준의 범주에 포함되는 것이므로 인권위의 차별심사기준도 크게 헌법재판소의 심사기준인 완화된 심사기준(자의금지)과 엄격한 비례심사기준으로 구분할 수 있다. 즉, 인권위가 인권위법(제19조 제1호)에 의거하여 국가 법령의 차별 소지 여부와 관련하여 권고 또는 의견 표명을 하고자 할 때, 해당 법령의 심사와 관련하여 헌법적 규범을 뛰어넘는 국제인권규범이 별도로 존재하지 않는 한 국가 법령의 평등권 침해 심사를 하는 헌법재판소의 심사기준의 원칙[107]을 따르는 것은 당연한 것으로 판단된다.

---

101) 국가인권위원회, 「국가인권위원회법 해설집」, 2005, 270면.

102) 헌법재판소 1997.06.26. 선고 86헌마89 결정 등.

103) 헌법재판소 2001.02.22. 선고 2000헌마25 결정 등.

104) 헌법재판소 2012.08.23. 선고 2010헌마328 결정 ; 헌법재판소 1997.06.26. 선고86헌마89 결정 등.

105) 인권위는 고용영역 및 비고용역에서의 차등대우 시 유동적 접근법을 다음과 같은 경우 적용하는 것으로 보인다. ㉠ 차별적 취급으로 인하여 해당 집단이나 개인들의 이익이 심각히 침해되거나 그들의 중요한 이익이 침해될 때, 해당 이익의 침해가 심각하면 심각할수록, 또는 침해되는 이익이 중요하면 중요할수록 더욱 더 엄격한 심사기준을 적용한다. ㉡ 해당 차별사유에 의한 차별이 우리 사회에서 심각한 것으로 인식되는 정도가 크면 클수록, 더욱 더 엄격한 심사기준을 적용한다. ㉢ 차등대우를 하는 자 또는 기관의 재량권이 광범위하게 인정되면 될수록, 더욱 더 완화된 심사기준을 적용한다. ㉣ 단, 동일 사건에서 상기의 엄격한 심사기준을 적용해야 할 경우와 완화된 심사기준을 적용해야 할 경우가 함께 존재할 경우, 엄격한 심사기준과 완화된 심사기준의 중간 단계의 심사기준을 적용한다. 이와 같은 취지로 미국연방대법원은 특정 사안의 범위를 넘어 다른 사회영역까지 차별할 가능성이 있는 경우 엄격화 하는 판단을 하고 있다(Zobel v. Williams, 457 U.S. 55 (1982). 이 사건에 대한 해석은 Suzanne B. Goldberg, 'Equality without Tiers', Southern Californial Law Review, March, 2004 참조). 반면에 입법형성권이 광범위하게 인정될수록 시장의 왜곡을 막기 위해 독점기업의 활동을 규제하는 입법, 시혜적인 법률, 자격에 관한 법률은 광범위한 입법형성권이 인정되므로 완화된 심사기준을 적용받는다 ; 헌법재판소 1999. 12. 23. 선고 98헌마363 결정.

106) 이 사항은 고용상 차별판단과는 직접적으로 문제가 될 수 없을 수도 있으나 제 법령의 규정에 대한 차별이 가져오는 결과는 개별적인 행위보다 더 방대하므로 인권위의 판단사항기준을 중심으로 설명한 것이다.

107) 헌법재판소는 평등권 침해 심사기준으로 자의금지원칙에 입각한 합리성 심사라는 완화

(1) 비례심사기준

비례심사기준은 차별을 정당화하는 이유와 차별간의 상관관계에 대한 심사로 목적의 정당성, 차별취급의 적합성 및 필요성, 법익균형성을 기준으로 보며 이 중 하나라도 충족되지 못하면 해당 차별적 취급은 평등권침해로 간주된다. 이와 관련하여 인권위는 항공기 객실승무원 모집 성차별과 관련하여 '합리적 이유'가 존재하여 '불리한 대우'가 정당화되려면 성별에 근거한 차별취급이 정당한 목적을 달성하려는 것이어야 하고 추구하는 목적은 합법적이고 합리적이어야 하며, 차별취급은 목적을 달성함에 적합하고 불가피한 것이어야 하며, 차별취급을 통해 달성하려는 목적과 차별취급의 정도가 적절한 균형관계를 이루어야 하는바, 위와 같은 비례의 원칙의 심사기준이 충족되지 않으면 차별에 해당한다고 판단하였다.[108] 한편, 인권위(2012, 안마사 자격관련 의료법 개정권고 결정)는 안마사를 수행하기 위하여 일정기간의 숙련을 위한 2년간의 교육과정으로 충분한 것이고, 안마사자격시험에 학력을 기준으로 자격취득을 제한하는 것은 불합리한 차별의 소지가 있고, 응시자격을 학력으로 제한하는 경우 엄격한 비례심사가 요구된다고 판단하고 있다. 즉, 학력제한이라는 진입규제방식이 아니더라도 안마수련과정의 이수관리를 강화하여 안마사의 전문성과 안마서비스의 질을 담보할 수 있는 것이므로 안마사 자격취득요건으로 중졸이상의 학력을 일률적으로 요구하는 것은 과도한 조치라는 판단을 하였다. 결국, 안마사의 전문성을 확보하

된 심사기준과 과잉금지원칙에 입각한 비례심사기준이라는 엄격한 심사기준으로 나누고 있다. 이러한 기준에 따라 ㉠ 헌법이 특별히 평등이나 보호를 요구하는 집단들을 차별적으로 취급할 경우, 차별적 취급으로 인하여 관련 기본권에 대해 심각한 침해가 발생하거나 중요한 기본권이 침해되는 등 차별적 취급으로 인하여 해당 집단이나 개인들의 이익이 심각히 침해되거나 그들의 중요한 이익이 침해될 때, 해당 이익의 침해가 심각할수록, 또는 중요할수록, 차별적 취급으로써 추구하는 입법의 목적이 중대하면 중대할수록, 해당 차별사유에 의한 차별이 우리 사회에서 심각한 것으로 인식되는 정도가 클수록 더욱 더 엄격한 심사기준을 적용하고, ㉡ 사회 및 경제 규제 영역에서와 같이 입법형성권이 넓게 인정되는 경우, 그리고 침해적인 법률이 아닌 시혜적인 법률과 자격에 관한 법률에서처럼 입법형성권이 넓게 인정되면 될수록, 더욱 더 완화된 심사기준을 적용하며, ㉢ 동일 사건에서 상기의 엄격한 심사기준을 적용해야 할 경우와 완화된 심사기준을 적용해야 할 경우가 함께 존재할 경우, 엄격한 심사기준과 완화된 심사기준의 중간 단계의 심사기준을 적용할 수 있다고 판단하고 있다(헌법재판소 2009.02.26. 선고 2005헌마764, 2008헌마118(병합) 결정 등).

108) 국가인권위원회, 2008.10.27. 07직차2, 07직차3 병합 결정.

고자 하는 것에 응시자격을 학력기준으로 설정하는 것은 합목적적이지 못하고, 안마사의 전문성제고라는 목적달성은 학력으로만 달성되는 것이 아니므로 수단의 적정성도 결여되었고, 학력을 제한하여야 할 불가피성도 존재하지 않으며, 중졸이라는 학력기준의 명확한 필요성도 검증되지 않고 학력과 상관없이 전문성을 가진 사람들에 대한 응시자격을 제한하여 형평성을 결여하고, 전문성제고를 위한 숙련과정은 다른 교육과정으로도 가능한 것이므로 대체수단 없이 학력제한으로 응시자격을 제한한 것은 차별이 되는 것이다.

(2) 완화된 심사기준

차별적 취급이 명백히 불합리하지 않다면 평등권 침해가 아닌 것으로 보는 기준으로서 비교대상간의 사실상의 차이나 차별 목적의 발견 내지 확인에 그치며, 해당 차별적 취급이 그로써 추구하고자 하는 정당한 목적의 달성에 어떤 정도로든 기여하기만 하면 평등권 침해로 보지 아니한다. 그 예로 선원 이주노동자의 최저임금설정 차별과 관련하여 근로자의 기본적인 생활보장을 위하여 책정된 최저임금이 국적 등에 따라 차등설정 되는 것은 차별에 해당한다고 판단하고 있다.[109] 즉, 최저임금이 근로자의 인간다운 생활 보장을 위해 책정하는 최저선의 임금으로 대다수 근로자의 실질임금은 최저임금보다 높게 책정될 수 밖에 없다는 점에서 최저임금을 정하는데 있어서 근로자의 국적 등을 이유로 차별하는 것은 합리적 이유가 있다고 보기 어려우며, 고용허가제의 적용을 받는 이주노동자와의 형평성에도 맞지 않는 것이다. 또한, 선원 이주노동자들과 내국

109) 인권위는 '2012년 어업이주노동자 인권상황 실태조사'를 수행한 결과 선원이주노동자들은 송출과정부터 사업장 이탈에 이르는 전 과정에서 인권보호의 사각지대에 놓여 있음을 확인함. 이에 국토해양부장관과 수협중앙회회장에게 연근해 선원이주노동자 인권상황을 개선하기 위한 방안을 권고함. 그 내용으로는 이주노동자 도입과정서 송출비리 차단 및 비용감소를 위해 공공기관에 의한 도입시스템 구축, 내국인선원과의 차별금지 및 동등대우원칙 「선원법」에 명문화, 표준근로계약서 도입 의무화, 국적에 따른 임금차별 개선, 주거환경개선, 선원재해보험 및 건강보험 의무가입 등 복지보장을 위한 중장기대책마련, 해사노동협약 등의 비준에 다른 제반조치 추진, 선원이주노동자들의 인권침해 및 차별실태 주기적으로 점검, 인권침해 예방 및 침해행위의 시정을 위한 제반시스템 구축, 실제 업무수행과 관련한 정보 충분히 제공, 정기인권교육 제도화, 고충처리를 위한 지원센터 설립과 통역지원서비스 제공 등이다(국가인권위원회, 2012.12.06, 연근해 선원 이주노동자 인권개선을 위한 정책 권고 결정).

인 선원 노동자들의 최저임금결정구조를 이원화하여 선원 이주노동자의 최저임금만을 단체협약으로 정하도록 하는 현행 해양수산부장관의 최저임금고시의 경우 위임의 근거규정이 없어 선원법 제54조에 위반되고 행정규칙에 의한 권리제한이 될 수 있다. 따라서 최저임금의 경우 인간다운 생활을 위한 최소의 필요요건으로 국적과 업종에 따른 차별의 합리성을 발견하기 어렵고 고용허가제의 적용을 받는 어업이주노동자의 경우 최저 임금상의 실질적 차별이 없다는 점 등을 종합적으로 고려할 때 해양수산부가 선원이주노동자의 최저임금을 단체협약으로 정하여 고시하는 제도를 개선하고, 선원법에 선원이주노동자들에 대한 차별금지 및 동등 대우원칙을 명시해야 할 것이라고 권고 결정한 사례는 합리성이 있다고 할 것이다.

한편, 완화된 비례심사기준은 비례심사의 각 단계 심사를 모두 행하되 차별적 취급의 필요성 심사는 완화된 형태로 행하는 것인데, 그것은 해당 차별적 취급의 수단 또는 방법이 그로써 추구하는 목적의 달성을 위해 불가피한 것은 아니나 상당한 정도 실질적으로 필요한 것일 경우 해당 차별적 취급은 정당화된 것으로 보는 심사기준이다. 이러한 사례로 '교원 성과상여금 제도 개선 권고 결정[110]'에서 성과상여금 차등지급기준항목 중 근무일수에서 산전후휴가(수유시간 포함)를 제외하는 것은 비록 전체 교사의 의견수렴과 찬반투표 등 민주적 과정을 통해 그 기준이 결정되었다고 하더라도 모성보호 및 임신·출산을 이유로 한 불이익금지의무 등에 비추어 그 정당성을 인정하기 어려우며 이는 결국 임신 및 출산을 이유로 하여 임금 및 임금 외 금품지급에서 불리하게 대우하거나 불이익을 주는 행위로 인권위법에서 규정한 임신 또는 출산을 이유로 한 평등권침해의 차별행위에 해당한다고 판단하였는데, 이 판단에서 엄격한 비례심사보다는 다소 완화된 판단이 보인다. 즉, 성과급의 지급사유에서 휴직으로 인하여 성과기여가 없는 기간에 해당하는 부분에 대하여 지급하지 않는 것은 목적상의 합리성이 있고, 그러한 차별을 행함에 민주적인 절차인 투표를 통하여 결정하는 것은 합리적인 절차와 수단이 된다고 할 수 있다. 그러나 동 사건은 자유로운 의사에 따라 근로조건을 결정한다고 하더라도 법령에서 보장하고 있는

110) 국가인권위원회, 2011.08.26. 10진정0796500 결정(교육공무원 성과상여금 지급 관련).

산전휴가와 이와 관련한 차별금지에 해당하는 사안으로 본인 등의 의사와 무관하게 모성보호조치 등의 강행성을 인정하는 판단이라고 풀이된다.

5. 우리나라 차별판단 심사기준의 특징

국내 주요 기관들의 평등(차별)심사기준을 살펴보면 가장 체계적인 판단기준을 정립한 기관으로 헌법재판소를 들 수 있겠다. 헌법재판소는 차별문제와 관련하여 합리성심사기준을 대전제로 하여 비례심사, 자의금지를 기준으로 하고 있고 사안에 따라 엄격하게 또는 완화된 기준을 적용하고 있다. 즉, 자의심사의 경우에는 차별을 정당화하는 합리적인 이유가 있는 지만을 심사하기 때문에 그에 해당하는 비교대상간의 사실상의 차이나 입법목적(차별목적)의 발견·확인에 그치는 반면에, 비례심사의 경우에는 단순히 합리적인 이유의 존부문제가 아니라 차별을 정당화하는 이유와 차별간의 상관관계에 대한 심사, 즉 비교대상간의 사실상의 차이의 성질과 비중 또는 입법목적(차별목적)의 비중과 차별의 정도에 적정한 균형관계가 이루어져 있는가를 심사하여 법익의 균형성 등을 판단한다. 다만, 헌법재판소는 위헌법률심사 및 헌법소원을 행하는 것으로 고용상의 개별차별사건에 대하여 직접적인 사안을 다루는 것은 아니고 평등권침해의 법률 등에 대한 판단을 하므로 현실적인 고용차별사건에 대한 판단이라고 할 수는 없다. 그럼에도 헌법재판소의 판단과 차별판단기준으로 삼고 있는 기준들은 법원이나 노동위 등 차별판단기관의 심사기준에 영향을 미치는 것으로 차별판단기준으로 중요한 의미가 있다.

법원은 일반 평등위반판단과 고용상 차별사건판단을 행한다. 즉, 비정규직에 대한 차별사건이 노동위에서 종결되지 않는 경우 법원에서 최종적인 차별여부에 대한 판단을 하고 있고, 그 외의 차별사건에 대한 사건을 다룬다. 이러한 법원의 차별판단은 법령에서 규정한 사항에 근거하여 법규의 내용에 부합하는 행위여부[111]를 판단하고 있어, 대법원의 판례에서는 합리적인 이유에 근거한 차별

111) 고용관계법령에서 차별의 전제조건으로 '합리적인 이유'없는 차별을 규정한 사안을 여러 판례에서 고용상 차별과 관련하여 언급하고 있는데 합리적인 이유가 있는지 여부는 개별 사안에서 문제된 불리한 처우의 내용과 사용자가 불리한 처우의 사유로 삼은 사정을 기준으로 기간제근로자의 고용형태, 업무의 내용과 범위, 권한과 책임, 임금 그 밖의 근로조건 등의 결정요소 등을 종합적으로 고려하여 판단하여야 한다는 입장을 보이고 있다(대법원

판단의 심사기준을 명확하게 구분하기에는 무리가 있어 보인다. 다만, 그 합리성 여부를 판단함에 있어 필요성 내지 목적의 정당성 등 헌법재판소가 비례의 원칙에서 판단하고 있는 세부기준들이 고려되고 있고, 자의금지 원칙도 고려되고 있다고 보여진다.

주로 비정규직에 대한 차별판단을 하는 노동위원회는 명확히 차별심사기준이 이론적으로 정립된 것으로 보이지는 않지만 대부분의 사건에서 완화된 심사기준을 가장 기본적인 판단기준으로 활용하고 있음을 알 수 있다. 아울러 비교대상에 대한 판단을 설시하면서 이중심사적인 입장[112]의 가능성도 보인다. 노동위원회의 비정규직 차별판단을 단계별로 설명하자면 우선 차별대상에 대비하여 비교되는 대상이 존재하는 지에 대한 판단을 한다. 비교대상이 존재한다면 다음으로 차별대상과 비교대상이 수행하는 직무의 본질적인 차이여부를 가린다. 본질적인 차이가 없다면 차등처우가 있었는지 동등처우 여부를 판단한다. 이 경우 차등처우가 합리적인 이유가 없으면 차별행위가 된다.

한편, 국가인권위원회는 주로 헌법재판소의 판단기준을 원용하여 활용하고 있으며, 고용과 관련 전 분야에 대한 차별여부를 판단하고 있어 다양한 차별행위에 대한 판단을 살필 수 있다. 다만, 인권위의 차별판단은 권고적 기능에 불과한 한계점이 있다. 그럼에도 고용과 관련된 각각의 다양한 차별사유와 행위에 대한 차별여부를 판단하고 있어 참고적으로 고용상 차별판단의 기준으로 볼 수 있는 의미가 있다.

결국 차별판단기관들의 일반적인 차별판단기준은 판단범위에서 기관의 특성에 차이는 있어도 완화된 심사기준인 자의금지원칙과 엄격심사기준인 비례심사

2012.03.29. 선고 2011두2132 판결).

112) 비록 특정 임금항목이 적거나 지급하지 않아도 종합적으로 임금이 높은 경우 차별이 아니라고 보았으나(중앙노동위원회 2012.07.25. 2012차별7결정) 일종의 직무수당인 민원수당은 민원업무를 수행하는 자에게 지급하는 것으로 다른 급부를 종합하여 해당 수당의 미지급 또는 적게 지급하는 것은 문제가 있는 것으로 판단된다. 한편 중노위(중앙노동위원회 2015.07.14. 2015차별12 결정)는 다른 사건에서 직원의 신분으로서 지급되는 수당의 경우는 차별하는 것은 불합리하고, 직무의 가치의 차이가 있는 경우는 기본급의 차이도 가능하다는 입장을 보이면서 임금항목 각각의 차별여부를 판단하였다. 이와 같이 판단한다면 앞의 사건의 동등한 직무인 상담업무를 수행하는 직무의 가치는 동등한 것이다. 이러한 면에서 다소 이중적인 면이 보인다고 판단된다.

가 핵심적인 것으로 차별판단기준의 기본적인 심사기준 내지 조건으로 고려된다고 할 수 있다. 그리고 이중심사 내지 중간심사기준을 일부 고려하려는 움직임도 있다고 보여진다. 이러한 심사기준의 구분 내지 효과에서의 차이는 엄격한 심사기준을 적용하는 경우 차별행위가 정당화되기 어렵고 차별행위로 판단될 가능성이 크며, 완화된 심사기준을 적용하는 경우 합리적인 이유가 넓게 인정되는 결과 차별 가능한 사안이 많아질 가능성이 크다고 할 것이므로, 차별행위의 정당성 내지 합리성의 범위가 달라지는 결과를 낳게 된다는 점이다.

Ⅳ. 차별판단 심사기준 적용의 시사점

차별판단심사기준으로 활용되는 국내외 심사기준은 공통적으로 엄격한 심사기준에 해당하는 비례성심사기준과 완화된 심사기준에 해당하는 자의금지원칙으로 대별된다고 할 수 있다. 물론, 다소간의 세부기준들이 나누어지고 있지만 기본적인 틀에서는 두 가지 기준에 포함되는 것으로 볼 수 있다고 할 수 있다. 우선 엄격한 심사기준을 적용하는 차별판단사항으로는 우리의 헌법재판소의 판단사항을 기준으로 보면 헌법상 차별금지사항으로 명시한 사항이 이에 해당한다. 즉, 헌법이 차별의 근거로 삼아서는 아니 되는 기준 또는 차별을 금지하고 있는 영역을 제시하고 있는 기준을 근거로 한 차별이나 차별적 취급으로 인하여 관련 기본권에 대한 중대한 침해·제한을 초래하게 되는 경우를 들 수 있다. 이러한 사항으로 헌법이 스스로 평등권을 구체화한 성별·종교·사회적 신분에 따른 차별금지, 근로의 영역에서 여성보호와 임금 등 고용조건에서의 차별금지, 혼인과 가족생활에서의 양성평등, 병역의무이행에 따른 불이익금지 규정을 예시할 수 있고, 이는 모든 경우에 평등대우를 해야 한다는 것은 아니지만, 차별대우의 경우에는 보다 특별한 정당성을 필요로 한다는 것을 의미한다고 할 수 있다. 또, 기본권에 대한 중대한 제한 내지 침해를 초래하는 경우 차별대우의 실질적 비중이나 당사자에 대하여 가지는 의미와 효과에 따라 달리 판단하는 것인데, 기본권에 대한 중대한 제한으로 입법형성권의 축소를 의미한다. 이러한 엄격한 심사기준인 비례성심사기준은 그 요건으로 입법목적의 정당성(차별의 정당성), 차별의 적합성(수단·방법의 적절성), 차별 효과에 있어 최소의 부담(피해의 최소성) 내지 불가피한 차별(차별의 불가피성), 차별로 인한 기본권 주체에 있어 발생한 부담의 비례성(공익과 균형)을 고려한다. 그 외의 경우는 입법자의 재량권을 인정하여 차별하고자 하는 입법목적의 정당성과 수단 및 방법의 적절성이 인정되는 경우에는 완화된 심사기준인 자의금지원칙을 적용한다고 볼 수 있다. 이러한 예로는 시혜적인 법률에 의한 특정 개인 내지 집단에 대한 특별조치가 수반되는 경우, 특정 개인이나 집단에게는 이익이 되지만 다른 보호되지 않는 개인이나 집단에게는 불이익하지 않거나 이로 인하여 침해되는 정도가 크지 않고, 그 보호법익의 필요성이 큰 경우가 해당된다.

이렇게 차별판단심사기준을 달리 적용하는 실익은 엄격한 심사기준을 적용하는 경우 차별행위의 정당성 등이 인정되는데 엄격하여 차별행위는 강하게 제한될 수 있고, 위반의 가능성이 커지는 효과가 있으며, 완화된 심사기준을 적용하는 경우 차별행위의 정당성이 완화되어 차별행위의 정당성이 인정될 가능성이 커지는 효과를 가져올 수 있다. 결국 엄격한 심사기준은 차별받는 대상 집단 등에 대한 보호가 강하게 실현될 수 있고, 완화된 심사기준은 차별행위의 합리성이 인정되는 범위가 확대될 수 있어 차별받는 대상 집단 등에 대한 보호가 약화될 수 있다. 그러므로 완화된 심사기준에 의하는 경우 합리적인 이유에 대한 인정범위가 넓어진다고 할 수 있다.

제 5 장

고용상 차별행위에 대한 판단

제 1 절 고용차별의 판단을 위한 유형별 분류

고용상 차별사유를 유형별로 분류하면 앞에서 정리한 것처럼 환경적 요인, 고용형태적 요인, 근로자의 외재(외형)적 요인, 근로자의 내재(내면)적 요인, 정책적 요인으로 구분해 볼 수 있다. 이러한 분류는 아직 논리적으로 정형화된 사안은 아니지만 차별사유별로 그룹화하여 유형화할 수 있는 분류라고 할 수 있고, 고용과정과 내용별로도 분류해 볼 수 있다.

환경적 요인으로는 근로환경 내지 사회문화적인 전통이나 관습 또는 관념적인 요인이 크게 작용하는 영역으로 연고주의적인 요소인 출신지역, 출신학교, 국적[1]이나 출신민족 및 인종 등, 친소관계 및 친인척, 가정 및 가족관계와 가

---

1) 국적은 국민으로서의 신분 또는 국민이 되는 자격(국적법 제1조는 '국민이 되는 요건을 정함을 목적으로 한다'고 규정하고 있다)으로, 국민이 되는 요건은 법률로 정한다(헌법 제2조)는 국적법정주의에 따라 국적법이 제정·시행되고 있다. 국적법은 단일국적주의, 부모양계혈통에 의한 속인주의(屬人主義), 부부개별국적주의를 원칙으로 한다. 출생에 의한 국적의 취득을 선천적 취득이라고 한다. 선천적 취득에는 속인주의와 속지주의(屬地主義)가 있다. 속인주의는 부모의 국적에 따라 자(子)의 국적을 결정하는 혈통주의(血統主義)로 독일, 일본, 스위스 등이 이에 속한다. 속지주의는 부모의 국적에 관계없이 자녀가 출생한 지역에 따라 국적을 결정하는 출생지주의(出生地主義)로 영국, 미국 등이 이에 속한다. 국적법은 속인주의를 기본으로 하면서 부모가 모두 분명하지 않거나 국적이 없는 때 대한민국에서 출생한 자 및 대한민국에서 발견된 기아(棄兒)에 대하여 국적의 취득을 인정하는

족상황, 성희롱 등을 들 수 있고, 고용형태적인 요인은 정규직에 대비한 비정규직 내지 기간제 근로자, 단시간 근로자, 파견근로자로 구분해 볼 수 있고, 근무형태별로 구분할 때 내근직과 외근직, 본사직과 지방직, 국내직과 국외직 등으로 구분해 볼 수 있겠다. 또, 근로자의 외재적인 요인으로는 주로 외관상 보이는 상태를 기준으로 외모나 신체조건, 장애, 남녀성별 등을 들 수 있고, 내재적인 요인으로는 신앙이나 종교, 혼인여부, 전과, 병력, 사상 및 정치적 견해, 성적지향 등을 들 수 있다. 한편, 차별이라고는 할 수 없어도 정책적으로 소수자 내지 차별된 계층을 보호하는 등의 사유로 고려될 수 있는 우대정책이다. 그러나 우대정책은 한시적이거나 잠정적이어야 하는 수준을 초과하는 과도한 경우 역차별을 유발할 수 있는 사유가 될 수 있다.

앞에서 논의된 각각의 차별사유별로 차별판단을 위한 판단기준 및 합리성 측면에서의 개념적인 검토를 토대로 유형별로 그룹화하여 개별 사유에 대한 근거와 합리적인 차별여부를 판단해 보기로 한다. 특히 각각의 노동관계법령에서 규정하고 있는 '합리적인 이유'가 없는 경우를 차별행위로 간주하여 합리성 측면의 차별행위 판단을 검토하기로 한다. 즉, 각각의 개별법령 등에서 규정하고 있는 차별사유들은 평등권실현을 위한 합목적성을 가지고 있다는 전제하에 그러한 사유들을 규제하는 것이 평등실현을 위한 충분한 필요성이 전제되어 있고, 각 규정들의 적법성이 인정된 것으로 보아 합리적 차별판단을 위한 근거가 될

(국적법 제2조) 속지주의를 가미하고 있다. 출생 이외의 사실에 의한 국적의 취득을 후천적 취득이라고 한다. 인지(제3조), 귀화(제4조), 수반(제8조), 국적회복(제9조) 등에 의한 국적의 취득이 이에 속한다. 대한민국의 국민으로서 귀화, 혼인, 입양, 인지, 수반취득 등에 의해 외국 국적을 취득한 자와 국적이탈(國籍離脫)의 신고를 한 자는 대한민국의 국적을 상실한다(제14조·제15조). 대한민국의 국적을 상실한 자는 국적을 상실한 때부터 대한민국의 국민만이 향유할 수 있는 권리는 향유할 수 없으며, 그 권리 중 대한민국의 국민이었을 때 취득한 것으로서 양도 가능한 것은 특별한 규정이 없는 한 3년 내에 대한민국의 국민에게 양도하여야 한다(제18조). 대한민국의 국적을 상실한 자는 법무부장관의 허가를 받아 국적을 회복할 수 있다(제9조). 한국국적을 취득하였다가 6개월 이내에 외국국적포기의무를 다하지 않아서 대한민국의 국적을 상실한 자가 1년 내에 그 외국 국적을 포기한 때에는 법무부장관에게 신고함으로써 국적을 재취득(再取得)할 수 있다(제11조). 통상적으로 국적은 이중 국적자를 제외하면 내국인에 대하여 외국인과 구분하는 기준으로 볼 수 있다. 결국 외국인의 경우 국민으로서의 지위에서 누리는 권리를 일부 제한(차등대우 등)할 수 있는 근거가 될 수 있다. 본서에서는 출신국가에 포함하여 차별문제를 다루기로 한다.

것이다. 아울러, 각 차별사유들은 입법자들의 자의성이 배제되어 국민들의 의사가 용인된 것으로 전제할 수 있다. 다만, 고용현장에서 법규로 적용되는 고용관계법에 근거한 단체협약, 취업규칙, 근로계약 등 규범성을 갖는 규정들은 제정에서 적용하는 단계까지 사용자 등의 자의성이 배제된다는 것을 전제로 하며, 차별행위를 통하여 침해되는 개별사안은 고용환경이나 근로자의 특성, 고용형태, 우대조치에서 그 비례성을 고려하는 측면에서 합리성 내지 합리적인 이유를 중심으로 검토될 수 있다.

제 2 절 사유별 차별에 대한 판단

Ⅰ. 환경적 차별에 대한 판단

1. 환경적 요인에 의한 차별사유

환경적 요인(차별)의 문제는 근로자 개인의 의지나 특성 및 능력과는 무관하게 생래적 또는 후천적으로 속해 있는 집단의 특성 또는 처해 있는 사회문화적인 환경 등 고용환경의 요인들에 의하여 차별이 이루어지는 것으로 이는 주로 관습적인 요소, 관행적인 행태, 고정관념적인 사고에서 비롯되는 경우가 많은 고용환경에 의한 차별행위라고 할 수 있다.

환경적 요인으로는 출신국가, 출신민족, 인종, 피부색, 출신지역, 가족형태 및 가족상황, 성희롱 등을 들 수 있다. 이들은 근로자가 선택권도 없이 이미 주어진 출신 및 처해 있는 상황에 따라 정해진 특성을 기준으로 오랜 관행처럼 습성화된 차별행위들이 환경적으로 일상에 배어 있는 것이다. 다만, 가족형태 및 가족상황 등과 같이 후천적인 상황에 의해서도 존재할 수 있지만 이는 가정 등이 부여하는 사회문화적인 환경적 요인에 의한 것으로 이를 환경적인 차별에서 다룰 수 있겠다.

성희롱은 개인적인 특성(정신적, 행태적)에 따라 이루어질 수 있는 소지가 없는 것은 아니나 해당 근로환경이 이러한 행태를 방지하거나 제어할 수 있는 인적・제도적인 환경이 구축되지 못한 경우의 근로환경으로 풀이될 수 있다. 그러므로 성희롱은 해당 직장의 문화나 분위기, 인적구성원들의 인간관계 및 인성 등 근로환경의 분위기를 좌우할 수 있는 환경적인 요인에 의하여 발생되는 것이 크다고 보아지므로 이를 환경적인 차별행위로 볼 수 있고, 조합 활동과 불이익취급의 문제도 고용환경이나 노사문화의 특성에 따른 부분이 크다고 할 수 있다.

아울러, 출신학교나 출신지 및 거주지, 친소관계 등에 의한 차별은 연고주의에 의한 차별행위로 볼 수 있다. 이는 특정한 출신 및 생활관계의 연고를 중심으로 우대되거나 배제되는 것으로 관행적인 요소 내지 친소관계적인 상황을 허용 내지 용인되는 환경적 요인들에 의하여 고용상의 우대 내지 차별을 가하는 것으로 환경적인 요인이 큰 경우라고 할 수 있다. 특히 연고주의적인 요인은 기존의 인적구성원의 연고적인 성향에 따라 좌우되는 경향이 있는 경우 이러한 요소가 근로환경에 좌우되는 경향이 크다는 점을 고려할 필요가 있다.

한편, 동일가치노동 동일임금의 문제로써 이는 통상적으로 남자근로자에 대비하여 여자근로자가 상대적으로 저임금의 구조를 가진 사회문화적인 관행 등에 근거한다고 할 수 있다. 이러한 임금구조는 관행적으로 여성근로의 강도나 수준이 남성보다 낮다는 고정관념 하에 장기간 지속되어온 환경적인 차별행위에 해당하는 것이라고 할 수 있고, 경향사업체나 지역기반 사업체의 경우 경향사업체의 목적에 부합하는 근로자를 선발하거나 지역기반사업체의 경우 해당 지역에 연고를 두거나 생활하는 자를 우선하여 선발하는 등 환경적인 요인에 기인하는 점을 염두에 둘 수 있다.

2. 인종 및 출신민족 등

(1) 인종 등을 이유로 한 차별

인종을 넓게 이해하면 인종은 피부색, 출신국가, 출신민족을 포함하는 개념이다.[2] 따라서 피부색, 출신국가, 출신민족에 따른 차별대우는 동시에 인종을 이

2) 출신민족 등을 이유로 한 차별은 사실상 출신민족이나 출신국가가 동일한 경우가 많고,

유로 한 차별대우일 수 있다. 인종과 피부색, 출신 국가, 출신 민족과의 관계를 살펴보면, 흔히 쓰는 용어 가운데 흑인종, 백인종, 황인종하는 식으로 인종의 가장 중요한 표지는 피부색이 되기 때문에 인종은 보통 피부색을 포함하는 개념으로 이해된다. 또한 인종은 지역과 혈통에 따른 특성을 반영하기 때문에 인종 개념은 출신국가와 출신민족을 포함하는 개념이기도 하다.[3] 또, 언어도 민족적인 고유의 특성을 반영하고, 그 민족적 내지 인종적인 근원을 짐작할 수 있는 근거가 될 수 있어 언어를 이유로 한 차별행위를 금지하기도 하다.[4] 한편, 외국인에 대한 차별도 금지되는데, 국적은 엄격히 말하면 출신국가와는 구별되는 사안이나 인종 등의 차별에서 다루기로 한다.

모든 형태의 인종차별 철폐에 관한 협약에서는 "인종차별이란 인종, 피부색, 가문 또는 민족이나 종족의 기원에 근거를 둔 어떠한 구별, 배척, 제한 또는 우선권을 말하며 이는 정치, 경제, 사회, 문화 또는 기타 어떠한 공공생활의 분야에 있어서든 평등하게 인권과 기본적 자유의 인정, 향유 또는 행사를 무효화시키거나 침해하는 목적 또는 효과를 가지고 있는 경우이다."라고 규정하여 인종, 피부색, 민족이나 종족적 기원을 모두 인종의 범주에 포함시켜 차별을 금지하고 있다. 또한 ILO도 인종의 의미를 언어공동체 또는 그 동일성이 종교나 문화적

특히 다인종 국가 외에 단일 인종 국가의 경우 인종과 국가가 동일한 구성원으로 되어 있으며, 같은 인종의 경우 대부분 피부색도 같은 형태를 가지고 있으므로 여기에서는 출신민족과 함께 인종, 피부색, 출신국가를 같은 영역에서 설명하고자 한다. 또, 다인종 국가의 경우나 다민족국가의 경우에도 인종 내지 민족 간의 차별행위가 발생할 수 있으므로 이들에 대한 논의는 함께 설명될 필요가 있다고 본다.

3) 국가인권위원회, 「국가인권위원회법 해설집」, 2005, 359면.

4) 인종, 피부색, 출신민족, 출신국가(이하 "인종 등"이라 한다)를 이유로 하는 간접차별은 외관상 중립적인 기준 등의 사용에 의해 특정 인종이나 국적의 사람들이 다른 집단의 사람들에 비해 불리한 상황이 결과적 불이익에 처하게 되고, 그 기준 등의 사용이 정당하지 않은 경우이다. 이때 외관상 중립적인 기준 등은 인종, 피부색, 출신민족, 출신국가가 아닌 차별 중립적인 규정, 조건, 관행 또는 행위 등을 의미한다. 사안에 따라서는 의도적인 인종 등 차별을 은폐하기 위한 구실로 중립적 기준이 활용되는 경우도 있을 수 있다. 간접차별이 문제되는 사례에서 중립적 기준은 인종 등 관련요소. 즉, 용모, 두발형, 사용 언어, 민족의상인 경우가 많다. 인종 등 관련요소는 어떤 식으로든 서로 다른 인종 등 집단에 유·불리의 영향을 준다. 즉, 용모, 두발형은 상대적으로 흑인 등 유색인종이나 후진국 출신 외국인 집단에 불리하게, 백인이나 선진국 출신 외국인 집단이나 대한민국 국민에게 유리하게 작용한다. 간접차별 판단의 핵심은 중립적 기준이 특정 인종, 피부색, 출신민족, 출신국가 집단의 구성원들에게 상대적으로 더 큰 불이익을 초래했는지, 그리고 중립적 기준의 사용이 해당 사건의 상황에서 정당한지 여부의 판단에 있다.

속성 또는 출신국적에 기하고 있는 집단으로 넓게 판단하고 있다.[5)]

(2) 인종 등의 차별금지 근거 및 고용상 차별판단

헌법 제6조에서 "헌법에 의하여 체결·공표된 조약과 일반적으로 승인된 국제법규는 국내법과 같은 효력을 가진다. 외국인은 국제법과 조약이 정하는 바에 의하여 그 지위가 보장된다."고 규정하고, 인권위법 제2조는 "출신국가,[6)] 출신민족, 인종, 피부색" 등을 이유로 한 차별행위를 금지하고 있고, 노조법 제9조에서는 "인종"을 이유로 한 차별을 금지하고 있다. 세계인권선언에서는 "모든 사람은 인종, 피부색, 언어, 민족적 또는 사회적 출신, 출생, 기타의 지위 등에 따른 어떠한 종류의 구별도 없이, 이 선언에 제시된 모든 권리와 자유를 누릴 자격이 있다."고 선언하였다.[7)]

5) ILO, Fundamental rights at work and international standards, 2003, 61면.

6) 국적에 의한 차별에 대한 접근 방향을 살펴보면, 인권위법이 국적에 의한 차별을 명시적인 차별금지 사유로 규정하지 않고 있기 때문에 국적에 의한 차별을 어떠한 방향에서 접근해야 하는지가 문제가 되고 있다. 이러한 문제에 대해서 인권위는 실질적으로 국적에 의한 차별이 문제되는 진정사건의 경우에 출신국가에 의한 차별의 관점에서 접근하거나(국가인권위원회 2003.03.10 02진차30, 31결정 ; 국가인권위원회 2006.08.29. 04진차386결정), 또는 외국인이라는 이유로 차별을 하였다고 하여 국적에 의한 차별을 인정하는 듯한 결정(국가인권위원회 2004.01.12. 03진차25결정)을 내리기도 하였다.

7) 인종 등과 관련한 국제적인 규정내용을 보면, 시민적 및 정치적 권리에 관한 국제규약에서는 「이 규약의 각 당사국은 자국의 영토 내에 있으며, 그 관할권 하에 모든 개인에 대하여 인종, 피부색, 성, 언어, 종교, 정치적 또는 기타의 의견, 민족적 또는 사회적 출신, 재산, 출생, 또는 기타의 신분 등에 의한 어떠한 종류의 차별도 없이 이 규약에서 인정되는 권리들을 존중하고 확보할 것을 약속한다. 이 규약에 외국인의 생명권 보호, 고문의 금지, 노예제도의 금지, 신체의 자유, 집회의 자유, 결사의 자유 보장 규정 등을 둔다.」고 되어 있다. 한편, 1976년 제정되고 2000년 개정된 영국의 인종관계법(Race Relations Act)은 인종적 이유로 직접적으로 또는 간접적으로 차별하는 것을 불법화하고 있다. 인종관계법상의 인종적 이유는 인종, 피부색, 국적(시민권을 포함하여) 또는 인종 내지 민족 출신이라는 이유를 의미한다.」는 내용을 담고 있고, 호주의 인종차별법(Racial Discrimination Act 1975)도 「호주에서 인종차별을 불법화하고, 인종, 피부색, 혈통, 출신국가, 출신민족, 이민자의 지위, 특정 민족성을 가지거나 기타 지위를 가진 사람의 친척 또는 동료라는 것과 관계없이 모든 사람이 자신의 인권과 자유를 완전히 평등하게 향유할 수 있다는 것을 보장하고자 한다.」고 규정하고 있다. 또, 미국 1964년 민권법 제7편은 고용주가 인종, 피부색, 종교, 성, 또는 출신민족에 근거하여 차별하는 것을 불법으로 규정하고 있다. 미국의 경우 채용에서 시민권 요건을 내세우면서 특정 외국시민의 채용은 거부하는 반면 다른 외국 시민을 채용한다면 이는 민권법 제7편의 출신국가를 이유로 한 차별로 간주된다. 그 밖의 경우에서 미국 시민권 요건은 민권법 제7편하의 차별이 아니라 이민개혁통제법(IRCA: Immigration Reform and Control Act)하의 차별일 수 있다. 법적으로 노동이 허가된 외국인의 채용을 시민권 요건을 내세워 거부하는 것은 IRCA하

한편, 출입국관리법 제56조의3에서는 "국적·사회적 신분 등에 의한 피보호자의 차별금지"를 규정하고 있으며,[8] 행형법(형의 집행 및 수용자의 처우에 관한 법률) 제1조의3에서는 "수형자 또는 미결수용자도 국적·사회적 신분 등에 의한 수용자의 차별금지"를 규정하고 있다.

미국의 고용평등위원회(EEOC)는 출신민족 차별을 광범위하게 정의하여 개인의 출생지나 그의 조상들의 출생지 또는 특정한 출신민족 집단의 신체적, 문화적, 언어적 특성에 근거하여 평등한 고용기회를 거부하는 것 등을 포함하며,[9] 출신민족차별을 여러 가지 유형으로 정의하고 있다.[10] 개인 또는 그 조상들의 출생지에 근거한 차별로 어떤 사람이 미국인이라는 이유 때문에 차별을 받았다면 이것도 출신민족 차별로 보며, 고용주가 고용과 관련해 특정한 출신민족 집단을 선호하는 것도 금지된다. 어떤 사람이 히스패닉 출신민족 사람과 결혼했다는 이유로 그의 승진을 거부하거나 여타의 방식으로 차별하는 것은 금지된다.[11]

에서 차별이 될 수 있다.

8) 헌법재판소(2001.11.29. 선고 99헌마494 결정 ; 2000.08.31. 선고 97헌가12 결정 ; 1994.12.29. 선고 93헌마120 결정)는 재외동포의 출입국과 법적 지위에 관한 법률 제2조 제2호 위헌확인 결정에서 '--중략-- 국민과 유사한 지위에 있는 외국인은 기본권의 주체가 될 수 있다.'고 판시하여 원칙적으로 외국인의 기본권 주체성을 인정하였으며, 대법원(1996.04.09. 선고 95누11405 판결)도 같은 취지를 보이고 있다. 청구인들이 침해되었다고 주장하는 인간의 존엄과 가치, 행복추구권은 대체로 인간의 권리로서 외국인도 주체가 될 수 있다고 보아야 하고, 평등권도 인간의 권리로서 참정권 등에 대한 성질상의 제한 및 상호주의에 따른 제한이 있을 수 있을 뿐이라고 하여 원칙적으로 외국인의 기본권 주체성을 인정하고 있다.

9) EEOC, Part 1606-Guidelines on discrimination because of national origin, 2002.

10) EEOC, Race & Color Discrimination, 2002, TAB A 참조.

11) 인권위는 헌법재판소가 2001.11.29. 재외동포의 출입국과 법적 지위에 관한 법률에 대하여 헌법불합치결정을 한 이후 국회 법제사법위원회에서 심의 중인 재외동포법에 관한 두 건의 개정법률안 모두 국제인권법과 헌법재판소가 제시한 합리적인 차별의 범주를 충족시킬 수 없는 문제점을 가지고 있으므로, 헌법재판소가 재외동포법의 개정시한으로 제시한 2003.12.31.까지 아직 상당한 시한이 남아 있는 점을 고려하여 충분한 연구와 검토를 거친 후에 재외동포법을 개정할 것을 다음과 같이 권고하였다. 인권위가 개정법률안의 핵심적인 문제로서 지적하고 있는 것은 "한민족의 혈통"이라는 개념을 재외동포에 대한 특혜부여의 기준으로 제시함으로써 국제인권법, 특히 인종차별철폐협약 제1조 제1호에서 말하는 "인종에 근거를 둔 우선권"에 해당하며, 이 법안의 적용을 받는 재외동포가 누리는 다양한 혜택은 결국 위 협약 제5조에서 차별을 금지하는 인권의 영역에 속하는 것이므로, 결국 외국인 사이에 혈통, 즉 인종을 바탕으로 한 차별대우에 해당한다는 것이었다. 이러한 인권위의 판단은 외국인 사이에서 특정 외국인에 대한 우대가 합리적인 차별에 해당하는지 여부에 대한 판단에 있어서 출신민족(혈통)을 기준으로 하고 있는 것이다(국가인권

인종 등에 의한 차별이 금지되는 영역은 고용 영역 즉, 고용관계의 성립 · 유지 · 종료와 관련된 영역과 비고용 영역 즉, 인권위법이 규정하는 재화 · 용역 · 교통수단 · 상업시설 · 토지 · 주거시설의 공급이나 이용과 관련된 영역, 교육시설이나 직업훈련기관에서의 교육 · 훈련이나 그 이용과 관련된 영역이다.[12)]

고용영역에서 인종 등을 이유로 하는 직접차별 및 간접차별은 고용관계의 성립 · 유지 및 종료의 모든 단계에서 금지된다. 다만, 정당한 목적을 달성하기 위해 불가피하고 적정한 수단에 해당하는 경우에는 예외로 본다. 근기법 등 고용관계법에서는 국적이나 출신민족 등에 대한 차별금지규정을 두고 있으며, 인권위법에서도 같은 규정을 두고 있다.[13)]

미국에서는 또 한 사람, 그들 중 한 명, 그 곳 사람, 너희들 모두 등과 같은 본질적으로 인종차별적인 언사에 의해 인종학대가 증명된다고 판단하고 있다.[14)] 또, 피부색이 상대적으로 짙다는 것을 이유로 한 동일 인종 내부에서 특정인을 우대 · 배제하는 것은 위법한 피부색에 의한 차별에 해당한다.[15)] 피부색이 옅은 흑인에 대한 피부색이 짙은 흑인의 차별에서는 피부색이 옅은 흑인 근로자가 짙은 피부색의 흑인 사용자에 의해 해고된 것을 차별행위로 판단하였으며,[16)]

위원회, 2001.12.21. 재외동포의 출입국과 법적지위에 관한 법률개정안에 대한 의견).

12) 캐나다 인권법(Canadian Human Rights Act)에서는 「캐나다는 인권법에 의해 인종, 국적 또는 민족, 피부색, 종교, 연령, 성, 혼인여부, 가족의 지위, 장애 및 사면 받은 유죄판결을 사유로 한 차별을 금지하고 있다. 이 법에서 금지하는 차별영역으로는 1) 판례상 일반 공중에게 제공되는 재화, 용역, 숙박 혹은 시설의 사용이나 접근을 거부하거나 다른 사람에 비해 부당하게 차별하는 경우, 2) 상업용 부동산이나 주거용 건물의 제공에 있어서 이의 사용을 거부하거나 다른 사람에 비해 부당하게 차별하는 경우, 3) 고용과 관련하여 부당하게 차별하는 경우 등이 해당된다.」고 한다.

13) 다만, 인권위법에서는 차별사유에 '국적'이라는 표현은 명기하지 않고 '출신국가'라고 표현하고 있다. 현재의 국적과 과거의 출신국적을 시차적으로 구분되는 개념으로 본다면 누락된 것으로 볼 수도 있으나 국적을 포함하는 개념으로 사용한 것이 아닌가 생각된다.

14) Aman v. Cort Furniture Rental Corp., 85 F.3d 1074, 1082(3d Cir. 1996).

15) 한국산업규격(KS)상 '살색' 색명은 1967년 한국산업규격 제정 당시 제반사항에 대한 고려 없이 일본의 공업규격을 단순 번역한 것으로서 특정 색깔의 피부를 가진 인종의 사람에 대해서만 사실과 부합되는 것이므로 기타 인종의 사람들에 대해서는 합리적인 이유 없이 헌법 제11조에 보장된 평등권을 침해할 소지가 있다. 국제화 · 세계화로 국가 및 인종간 교류가 활발한 현 상황에서 특정한 인종의 피부 색깔만을 살색으로 규정하는 것이 인종과 피부색에 대한 차별적 인식을 확대하는 것으로 시대적 흐름에 반(反)하는 것일 뿐만 아니라, 살색이라는 색명은 적정하고 합리적인 산업표준을 제정 · 보급함으로써 산업경쟁력을 향상시키고 국민경제발전에 이바지한다는 산업표준화법의 입법취지에 부합되지 않는다(국가인권위원회 2002.07.31. 01진차3 결정).

피부색 차별은 주로 자기와 다른 피부색을 가진 사람을 선호하거나 혐오할 때 발생할 수 있다. 뿐만 아니라 동일한 인종집단에 속하는 구성원이 자기보다 피부색이 더 옅거나 짙은 구성원에 대해 편견을 갖고 있을 때에도 발생할 수 있다.[17]

반면에 시민적·정치적 권리에 관한 국제규약(International Covenant on Civil and Political Rights ; 자유권규약) 제26조[18]에서 금지하는 차별사유에 국적은 포함되지 않는 것으로 해석하고 있다.[19] 미국의 경우도 Espizona v. Farah Mfg. Co. 사건에서 출신국가와 국적을 다른 것으로 보고 있는 것으로 판단된다.[20] 따라서 출신국가에 의한 차별은 국적을 이유로 한 차별, 즉 외국인 차별을 의미하는 것이 아니라, 대한민국 국적을 가진 국민 중 다른 국적 출신으로 귀화한 자 또는 그 부모나 조부모 등이 다른 국적 출신인 자를 구별하기 위한 기준으로 이해되어야 하는 측면도 있다.[21] 그 예로 헌법재판소는 정부수립 이후의 이주동포와 정부수립 이전의 이주동포에 대해 차별적 처우를 하고 있는 재외동포의 출입국과 법적 지위에 관한 법률에 대해 헌법불합치결정을 내린 바 있고,[22] 인권위는 화교학생이 한국 학교로 진학할 때 화교학교의 학력을 인정

16) 미국 조지아주 연방지방법원 판결인 Walker v. Secretary of Treasury, 713 F. Supp. 403. 407(N.D. Ga. 1989).

17) 국가인권위원회, 차별판단지침에 대한 외국사례 조사 : 출신국가, 출신민족, 인종, 피부색(2006년도 인권상황 실태조사 연구용역보고서), 2006, 8면.

18) 시민적·정치적 권리에 관한 국제규약 제26조 모든 사람은 법 앞에 평등하고 어떠한 차별도 없이 법의 평등한 보호를 받을 권리를 가진다. 이를 위하여 법률은 모든 차별을 금지하고, 인종, 피부색, 성, 언어, 종교, 정치적, 또는 기타의 의견, 민족적 또는 사회적 출신, 재산, 출생 또는 기타의 신분 등의 어떠한 이유에 의한 차별에 대하여도 평등하고 효과적인 보호를 모든 사람에게 보장한다.

19) Gueye v. France (196/1985), ICCPR, A/44/40 (3 April 1989) 189 at paras. 9.4 and 9.5.

20) Espinoza v. Farah Manufacturing Co., Inc.(414 U.S. 86, 6 EPD 8944, 1973) 사건에서 연방대법원은 근로자들 가운데 약 96%가 CP(멕시코계 미국인)와 동일한 출신민족에 속해 있기 때문에, 고용을 위한 시민권 요건은 출신민족에 근거하여 차별할 목적을 가졌거나 그러한 결과를 초래한 것이 아니며, 따라서 Title VII에 위배되지 않는다고 판결하였다.

21) 국가인권위원회, 「국가인권위원회법 해설집」, 2005, 352면.

22) 헌법재판소(2001.11.29. 선고 99헌마494 결정)는 정부수립이후의 이주동포(예, 미국 국적 동포 등)와 정부수립이전의 이주동포(ex, 중국 국적 동포 등)에 대해 차별적 처우를 하고 있는 재외동포의 출입국과 법적 지위에 관한 법률에 대하여 "이 사건 심판대상규정

받지 못하는 것은 출신국가 내지 출신민족을 이유로 한 차별에 해당한다고 본 바도 있다.[23)24)] 결국 국적은 현재의 국적상태를 출신국가는 귀화 전의 국적상태를 의미한다고 판단할 때 두 가지는 구분되는 것이 명백하다. 다만, 속지주의나 속인주의가 병존하는 상황에서 어느 것을 선택하느냐에 따라 달리 볼 수도 있고, 근원적으로 출신문제를 중심으로 본다면 같은 선상에 설 수도 있기 때문에 인종 등의 범주에서 다룰 수 있겠다.

또, 채용 조건 상 외모 기준이 특정한 인종집단의 구성원들에게 불리한 영향을 미치는 것으로서 특정한 인종의 본질적 특성과 충돌하고, 그 기준이 직무와 무관하고 경영상 불가피한 것이 아닌 경우 차별에 해당된다. 보통 복장규정, 차림새조건, 위생조건 등과 같은 외모 기준들은 근로자의 인종과 관계없이 객관적

은 실질적으로 대부분 미주지역이나 유럽 등에 거주하는 정부수립 이후 이주동포와 대부분 중국과 구소련지역에 거주하는 정부수립 이전 이주 동포를 구분하여 전자에게는 재외동포법의 광범위한 혜택을 부여하고 있고, 후자는 이러한 수혜대상에서 제외하고 있다. 그런데, 정부수립 이후 이주동포와 정부수립 이전 이주동포는 이미 대한민국을 떠나 그들이 거주하고 있는 외국의 국적을 취득한 우리의 동포라는 점에서 같고, 다만 대한민국 정부수립 이후에 국외로 이주한 자인가 또는 대한민국 정부수립 이전에 국외로 이주한 자인가 하는 점에서만 다른 것이다. 이와 같은 차이는 정부수립 이후 이주동포인지 아니면 정부수립 이전 이주동포인지는 결정적인 기준이 될 수 없는 것"이므로 헌법 제11조 평등의 원칙에 위반한다는 이유로 헌법불합치결정을 한 바 있다. 이 결정에서 헌법재판소는 외국인 사이의 차별에 대하여 출신국가를 기준으로 한 차별의 합리성 여부를 판단하고 있다.

23) 다른 외국인과는 달리 화교는 명실상부하게 한국 사회의 구성원으로서 정착해 생활하고 있는 만큼 그 특수성을 고려하여 화교의 교육권은 충분히 증진되어야 하고, 이 점은 이미 국가인권정책기본계획 권고안을 통해 권고된 바 있음이 강조되었다. 대만에 있는 한국인학교의 학생들은 대만 정부로부터 그 학력을 인정받고 있으며, 대한민국이 가입 비준한 국제인권조약은 소수민족이 자신들의 고유 언어 및 문화 등을 향유할 권리를 천명하고 있고, 그 해석상 화교들이 자신들의 고유 언어로 교육받고 고유문화를 향유할 권리를 보장받아야 함이 명백하다. 화교들이 화교학교에 진학하는 것은 바로 그러한 권리를 누리기 위한 것인바, 이러한 이유로 화교학생이 한국 학교로 진학할 때 화교학교의 학력을 인정받지 못하는 것은 출신국가를 이유로 한 차별에 해당한다고 국가인권위원회는 보았다(국가인권위원회 2006.08.29. 04진차386 결정).

24) 외국인 근로자의 고용 등에 관한 법률 제22조(차별금지)는 "사용자는 외국인근로자라는 이유로 부당한 차별적 처우를 하여서는 아니 된다."고 규정하고 있다. 또, 영국의 고용에 있어 인종평등 행위준칙(Code of Practice for Racial Equality in Employment)은 "고용에 있어서 불법적인 인종차별 및 학대를 회피하는 방법에 대한 일련의 권장사항 및 지침들이다. 이는 인종관계법에 의한 고용주의 법적 책임을 개설하고, 모든 사람에 대한 공정하고 평등한 처우를 보장하는데 도움이 될 절차와 관행에 대한 상세한 권장사항뿐 아니라 차별 및 학대에 대한 보호장치를 위하여 필요한 정책에 대한 일반적인 조언을 포함하고 있다."

이고 일관적으로 적용되는 한 법적으로 허용된다.[25)]

채용 조건으로 내국인일 것을 요구하는 것은 일반적으로 출입국관리법상의 체류자격 등 관계 규정에 비추어 불합리한 차별에 해당하지 않는다고 보는 것이 타당하지만, 영주권자는 취업활동에 있어 체류자격에 의한 제한을 받지 않는다.[26)] 따라서 사기업체의 채용 조건으로 내국인, 국민일 것을 규정하거나, 공무원 임용에 결격사유가 없을 것[27)]을 규정하거나, 사기업체의 채용 조건으로 남자의 경우 병역을 필하였거나 병역을 면제받았을 것을 규정하는 것,[28)] 영주권자에 대하여 외국인이라는 이유로 채용을 거절하는 것 등은 국적을 이유로 고용에 있어서 불합리하게 차별대우하는 것이 될 수 있다.

동일가치노동[29)]에도 불구하고 합리적 사유 없이 인종 등을 이유로 기본급,

---

25) 예를 들어, 사업주가 모든 근로자들에게 회사의 유니폼을 입도록 요구하는 복장규정을 시행하기로 결정했다고 가정해 보자. 이 경우, 사업주가 인종에 관계없이 그 복장규정을 일관적으로 적용하는 것은 인종차별에 해당하지 않는다. 왜냐하면 그 규정은 특정한 인종 집단에 불리한 영향을 미치는 것이 아니기 때문이다(국가인권위원회, 차별판단지침에 대한 외국사례 조사: 출신국가, 출신민족, 인종, 피부색(2006년도 인권상황 실태조사 연구용역 보고서), 2006, 21면).

26) 출입국관리법 제23조(외국인의 취업과 체류자격) ① 법 제18조제1항에서 "취업활동을 할 수 있는 체류자격"이라 함은 별표 1중 체류자격 9. 단기취업(C-4), 19. 교수(E-1) 내지 25. 특정활동(E-7), 25의3. 비전문취업(E-9), 25의4. 선원취업(E-10) 및 31. 방문취업(H-2)의 체류자격을 말한다. 이 경우 "취업활동"은 해당 체류자격의 범위에 속하는 활동을 말한다. ②~③ 생략. ④ 별표 1중 체류자격 28의3. 영주(F-5)의 자격에 해당하는 자는 제1항의 규정에 불구하고 별표 1의 체류자격 구분에 따른 활동의 제한을 받지 아니한다.

27) 국가공무원법 제35조, 지방공무원법 제33조, 외무공무원법 제33조에 의하여 외국인의 공무원 임용은 제한된다.

28) 병역법 시행령 제136조(수형자 등의 병역처분) ① 현역병입영대상자 또는 보충역(보충역의 장교·준사관·부사관 및 보충역의 복무 또는 의무종사를 마친 사람을 제외한다)으로서 법 제65조 제1항 제3호 및 제4호에 따라 보충역 또는 제2국민역으로 편입할 수 있는 사람은 보충역편입대상(6월 이상 1년 6월 미만의 징역 또는 금고의 실형을 선고받은 사람, 1년 이상의 징역 또는 금고의 형의 집행유예를 선고받은 사람). 제2국민역 편입대상(1년 6월 이상의 징역 또는 금고의 실형을 선고받은 사람, 외관상 식별이 명백한 혼혈인, 호적상 부모를 알 수 없는 사람, 13세 이전에 부모가 사망하고 부양할 가족(「민법」 제779조 및 제974조의 규정에 의한 가족을 말한다)이 없는 사람이나 「아동복지법」에 의한 아동양육시설에 5년 이상 수용된 사실이 있는 사람, 귀화에 의하여 대한민국국적을 취득한 사람, 중학교를 졸업하지 아니한 사람)에 의한다. 이 경우 형이 부정기형으로서 장기와 단기를 정하여 선고된 때에는 장기를 적용한다.

29) 이 원칙의 생성배경과 의의에 관해서는 한국여성연구회·한국여성노동자회·인천여성노동자회, 『여성노동자와 임금 ―동일노동 동일임금의 이론과 현실―』, 동녘, 1991, 23~32면 ; 조순경, "동일노동임금의 의의와 과제 ―직무평가제도의 가능성과 한계―", 『동일노

수당, 호봉 등을 낮게 책정하는 행위, 근무 시간 외의 초과 근무에 대한 수당, 퇴직금 등을 지급하지 않는 행위는 차별이다.[30] 또, 사용자가 시행하는 모든 교육, 훈련, 연수에 있어서 합리적 사유 없이 인종 등을 이유로 훈련을 중단시키는 행위, 특정인에게 불리한 조건을 부과하는 행위,[31] 학생이나 연수생으로 수용하는 것을 거부하는 행위,[32] 기존의 학력을 인정하지 않는 행위,[33] 교육시설이 제공하는 이익이나 시설, 서비스에 대한 접근을 거부하거나 이를 제한하는

동·동일임금의 실현을 위한 심포지움자료』, 한국여성민우회, 1991, 1~2면 ; 本多淳亮(1994), "國際的 視野からみた同一價値勞働 同一賃金の原則", 『賃金と社會保障』, 下旬号, 36-39면 ; ILO(1993), Equal Pay Protection in Industrialised Market Economics : In Search of Greater Effectiveness, 1~5면.

30) 외국인 산업연수생에 대한 퇴직금 지급 여부는 하급 법원에서의 상반된 판결이 계속되었으며 대법원은 이를 소액사건이라는 이유로 상고를 기각하며 입장을 유보해 왔다. 산업연수생에 대한 퇴직금 지급의무를 인정한 하급법원의 판결은 "노동부 예규가 산업연수생 신분의 외국인 근로자에 대하여 근기법상 퇴직금 적용을 배제하는 취지라면, 국적에 의한 차별적 처우를 금지하고 있는 헌법과 근기법에 위반되는 것"임을 지적하였으며, 대법원은 "최저임금법 제2조에 의하여 근기법 제14조에 규정된 근로자는 곧 최저임금법상의 근로자에 해당하므로, 근기법 제14조 소정의 근로자에 해당하는 외국인 산업기술연수생에 대하여도 국내의 근로자들과 마찬가지로 근기법상의 퇴직금 지급에 관한 규정이나 최저임금법상의 최저임금의 보장에 관한 규정이 그대로 적용되어야 한다."는 판결을 한 바 있다(대법원 2006.12.07. 선고 2006다53627 판결) ; 영어강사로 근무하는 진정인은 한국출생자로 유아시절 미국에 입양되어 미국국적을 보유한 사람이나 한국출생이고 외모가 한국인이라는 이유로 임금 지급에 있어 원어민 기준이 아닌 내국인기준을 적용하였는데 이에 대하여 출신민족을 이유로 한 불합리한 차별이라고 시정요청한 건에 대하여 인권위는 피진정인에게 진정인이 원어민 강사로서 받을 수 있었던 최저 임금과 진정인에게 지급한 임금과의 차액을 추가 지급하도록 하였다(국가인권위원회 2010.11.19. 10진정288400 결정).

31) 인권위는 외국인근로자도 근기법 제5조 규정에 의거 불법체류와 상관없이 근로자로 인정되어 산업재해 보상보험 급여대상 수급자이므로 산업재해보상보험법에 근거하여 시행되고 있는 직업재활훈련 신청 대상자에서 외국인근로자를 배제한 것은 인권위법 제30조 제2항 소정의 합리적인 이유 없이 출신국가를 이유로 한 차별행위라고 판단하였다(국가인권위원회 2003.03.10. 02진차30 결정).

32) 정부가 2007.07.15. 발표한 '외국인인력제도 개선방안'이 외국인 근로자의 심각한 인권문제를 개선하기에는 미흡하다고 판단하여, 최소한 산업연수생제도의 단계적 폐지, 차별논란이 없도록 취업관리제의 보완, 불법체류자의 단계적 양성화 조치 등이 포함되도록 개선안을 재검토할 것을 권고한 바 있다(국가인권위원회 2002.08.12. 02진차40 결정).

33) 국내에 있는 화교학교가 학력을 인정받지 못하고 있어 화교학교를 다니다가 한국학교로 전·입학을 하려면 반드시 검정고시를 거쳐야 하는바, 화교학교의 학력을 중국 및 다른 나라에서 인정하고 있음에도 오로지 한국만 학력을 인정하지 않고 있는 것은 출신국가를 이유로 한 차별로, 화교학교 학력을 인정하지 않는 것은 국제인권조약의 「시민적 및 정치적 권리에 관한 국제규약」 제27조, 「아동의 권리에 관한 국제협약」 제29조 및 제30조에 따라 화교들의 자기 언어로 교육받을 권리 및 행복추구권을 침해하는 것으로서 출신국가를 이유로 한 차별행위로 인정하였다(국가인권위원회 2006.08.29. 04진차386 결정).

행위, 재계약 및 재임용을 거부하는 행위는 차별이다.[34]

한편, 인종학대의 경우도 차별행위가 될 수 있는데, 심각한 학대는 반복적으로 행해지지 않더라도 불법으로 간주될 수 있지만 심각한 학대가 아닐 경우에는 문제가 되는 행위가 광범위하다고 여겨질 만큼 그 횟수가 많아야만 불법이 될 수 있다.[35] 학대에 대하여 사업주가 책임을 지지 않으려면 인종학대를 예방하고 신속하게 교정하기 위해 합리적 주의를 기울였고, 예방 또는 교정의 기회를 제공했음에도 불구하고 근로자가 그 기회를 이용하지 않았음을 입증할 수 있어야 한다.[36]

---

34) 미국 연방대법원은 미등록 노동자들에게 노동법을 적용하는 것이 이민법의 목적을 달성하는 데 기여한다고 보면서 다음과 같이 판단하고 있다. 즉, 미등록이주노동자에 대한 불합리한 고용조건과 승진탈락과 관련하여 미등록노동자 신분은 결코 차별적인 고용상의 약정과 조건 및 승진탈락(failure to promote)에 대한 정당한 이유가 되지 못하므로 직장에서 차별적으로 낮은 보수를 받았거나 학대를 당한 노동자들은 차별을 받으며 근무한 기간에 대해 소급급여를 포함해 법적으로 보장된 모든 구제를 받을 수 있다. 이 점은 차별을 받은 노동자가 차별을 받은 후에 출국을 했더라도 마찬가지이다. 왜냐하면 차별을 받지 않았더라면 그 노동자가 계속 근무할 수도 있었기 때문이다. 또, 미등록이주노동자를 배제하는 단체협약의 유효성(NLRB v. Duke City Lumber Company(251 N.L.R.B. No. 12))과 관련하여 고용주와 노동조합이 미등록노동자들을 배제하는 단체협약을 체결한 사안에서 전국노동관계위원회(NLRB)는 배제된 근로자들의 미등록 이민자 지위가 단체교섭권의 배제사유가 될 수 없고 위원회가 실시하는 선거에 참여하지 못하는 결격사유도 될 수 없다고 결정하고 있고, 미등록이주노동자에 대한 보복적 신고(Sure-Tan v. NLRB(467 U.S. 883, 1984)와 관련하여 고용주는 NLRA에 규정된 권리들을 행사한 것에 대한 보복조치로 5명의 근로자들을 이민귀화국(INS)에 신고하였는데, 고용주는 그들이 미등록 노동자들임을 알고 있었으나 그들이 노조활동에 참여하기 전까지 그들을 이민귀화국(INS)에 신고하지 않았으나 그 후 신고한 것은 그 이유가 보복에 있었음이 분명하다고 보았다. 연방대법원은 노동관계법(NLRA: National Labor Relations Act)의 적용을 받는 미등록노동자들의 범위 문제를 검토한 후, 미국 노동법에 의해 그들을 보호하는 것이 노동법과 이민법 모두의 목적을 달성하는 데 기여한다고 판결했다. 한편, 모대학교 교수인사규정에 계약제 교수에 관한 별도의 규정도 없고 발령장에도 계약제교수임을 규정한 바 없어 임용기간이 만료되어 재임용 여부를 판단하는 시점이 되어서야 계약제로 임용되었다고 하는 것은 진정인이 외국인이기 때문에 취한 차별적 조치라고밖에는 달리 해석할 여지가 없어 이는 평등권을 침해한 것이라고 판단하였다(국가인권위원회 2004.01.12. 03진차25 결정).

35) 국가인권위원회, 차별판단지침에 대한 외국사례 조사 : 출신국가, 출신민족, 인종, 피부색(2006년도 인권상황 실태조사 연구용역보고서), 2006, 24면.

36) 미국연방대법원의 Burlington Industries, Inc. v. Ellerth, 524 U.S. 742(1998).

3. 연고주의 등

(1) 연고주의 등을 이유로 한 차별

연고주의 등의 사안에는 출신지역 및 생활근거지, 출신학교, 친소관계, 친인척 등의 문제를 염두에 둘 수 있겠다. 이는 국내적인 판단이지만 크게 보면 출신민족이나 출신국가(또는 국적) 인종 등의 사유와도 연관된다. 출신지역이나 출신학교에 의한 우대, 친인척 등 친소관계에 의한 승진 및 보상간의 우대 등이 합리적인 기준(예를 들어 남녀고용평등법에서 규정하고 있는 기술, 노력, 책임 및 작업조건 등)인 업적이나 성과 및 역량에 근거하지 않는 경우 고용상의 차별과 불평등의 문제를 야기할 수 있다. 조직내 기존의 구성원이 다수를 점유하는 지역, 출신학교, 거주지, 친소관계, 친인척 등으로 구성된 경우 채용하는 과정 등 고용상의 연고주의가 작용한다고 할 수 있다. 결국 현직 구성원들이 어느 한 연고 등에 편중되어 있으면 다른 연고자 등은 자격을 갖고 있더라도 연고주의에 의해 지원 및 선발과정·승진 등에서 분리·배제될 가능성이 커 차별행위가 될 가능성이 높다. 물론, 법령 등에 따라 국가보호차원의 우대사항이나 장애인고용, 여성할당, 지역할당(지방대학 출신 할당 등) 등은 정책적인 배려사항으로 고려될 수 있다.

(2) 연고주의 등에 대한 차별금지 근거 및 고용상 차별판단

출신지역 등과 관련하여 정책법 제7조(취업기회의 균등한 보장)에서는 "사업주는 근로자를 모집·채용할 때에 합리적인 이유 없이 출신지역 등을 이유로 차별을 하여서는 아니 되며, 균등한 취업기회를 보장하여야 하고, 고용서비스를 제공하는 자는 그 업무를 수행할 때에 합리적인 이유 없이 구직자를 차별하여서는 아니 되며, 직업능력개발훈련을 실시하는 자는 훈련대상자의 모집, 훈련의 실시 및 취업지원 등을 하는 경우에 합리적인 이유 없이 훈련생을 차별하여서는 아니 된다."고 규정하고 있다.[37]

---

37) 미국의 고용평등위원회(EEOC)는 출신민족 차별을 광범위하게 정의하여 개인의 출생지나 그의 조상들의 출생지 등을 포함한다(EEOC, Part 1606-Guidelines on discrimination because of national origin, 2002).

한편, 출신학교와 관련하여서도 정책법 제7조의 규정에서처럼 합리적인 이유 없이 출신학교 등을 이유로 차별할 수 없도록 하고 있으나, 우리나라의 교육현실에서 출신대학의 이력은 졸업 후 인생의 경로를 결정하는 하나의 중요한 기준이 되고 있는 것이 현실이다.

정책법 등의 규정에서처럼 연고주의 등에 대한 차별은 금지되고 있다. 선발과정에서 학교별 배점기준을 달리 정하여 선발과정에 심사기준으로 정한 것은 차별행위라는 판단이 있었다.[38] 또, 고용과정에서는 이미 채용과정을 통하여 이들이 어학이나 적성검사 및 필기성적을 거쳐서 그 실력이 판가름이 나고 실제 업무수행에서도 이미 드러나고 있는 성과결과를 인정하지 않고 합리적인 기준이나 이유없이 출신지역 및 특정학교 출신 등을 상대적으로 배제하거나 우대하여 승진이나 업무배치 등 고용상 차별하는 것은 문제가 될 것이다.

지역기반사업체가 아니라고 하더라도 사실 창업주나 경영진의 구성 내지 주요 간부의 구성원의 출신지가 근로관계에서 작용하는 과정들이 많은 것이 사실이다. 특히 승진에서의 표면적인 차별은 물론이고 묵시적 내지 내면적으로도 지역적 차별이나 연고지에 따른 차별은 근로의욕을 감쇠시키고 노사 간의 긴장을 유발하는 심각한 부분까지 발전할 수 있는 소지가 크다고 할 수 있다.[39]

배움의 내용과 성취도·전문성을 염두에 두지 않고 소위 명문과 비명문의 양

38) ○○재단법인 장학생 선발과정에서 장학금신청자의 해당 학교를 대학의 평가순위에 따라 가산점을 차등 배점하여 장학금 지급대상자를 선발하고 있는데 이는 학벌을 이유로 한 불합리한 차별로써 인권위는 장학생 선발 시 학교군 분류에 의한 가산점이 장학생 선발여부의 결정적 차이를 가져오지 않도록 가산점의 비중을 줄이고 대학 뿐 아니라 학과별 우수성도 고려하는 등 합리적으로 개정할 것을 권고하였다(국가인권위원회 2010.05.24. 10진정793 결정).

39) 이러한 지역적 차별은 현대 우리 정치사의 병폐로도 보여져왔고 아직도 공·사직을 막론하고 광범위하게 이루어지고 있다. 법률상으로는 출신에 대한 차별을 금지하면서도 현실에서는 연고주의에 따른 계파관리를 통하여 공정한 고과를 하지 않고 성과를 조작내지 부풀리고 특정인을 키워주기 위한 묵시적인 행위들이 이루어지고 있고, 보직의 부여에서도 핵심적이거나 성과가 높이 나는 부서에 출신지나 연고주의에 관련된 사람을 배치하고 소위 말하는 기피부서나 저성과가 불가피한 부서 등에 다른 지역 출신들을 배치하는 등 특정지역 키워 주기식의 인사운영은 무시할 수 없는 우리 현실을 말하고 있다. 그럼에도 표면적으로 나타나지 않도록 은폐하므로 사실상 인지하고서도 법적인 처벌이 따라주질 않고 있으므로 더욱 심각한 문제라고 할 수 있다. 이러한 차별행위를 근절하기 위해서는 보다 체계적이고 구체적인 법적보완내지 처벌기준을 마련하고 쿼터기준을 마련하는 등의 조치가 필요할 것으로 판단된다.

극화를 조장하는 시대에 뒤떨어진 '학벌'의 차별은 문제가 된다. 이러한 명문 비명문을 따지지 않고라도 의사결정자의 출신학교라인이 교모하게 숨겨진 우대를 받음은 물론, 공공연하게 그 결속라인을 형성하는 것은 정치행정 및 공·사직을 막론하고 보편적인 현상이라고 할 수 있다.[40]

또, 친소관계는 출신지역이나 연고지 내지 출신학교와도 연관성을 가지지만 이러한 관계가 아니라도 개인적인 친분관계를 통하여 같은 직장내에서도 상대적으로 친소관계가 형성되지 않은 근로자와 달리 우대하거나 교묘한 방법 등을 통하여 인사상의 우대조치를 취하는 것은 문제가 될 것이다.[41]

4. 가족형태 등

(1) 가족형태 등을 이유로 한 차별

가족형태 또는 가족상황(이하 "가족형태 등"이라 한다)을 이유로 한 차별은 가족구성의 형태, 가족 구성원의 상황 등 가족상황을 이유로 합리적인 이유없이 불합리하게 불리한 대우를 하는 것을 말하는데 일종의 가족 내지 가정환경적인 요인에 의한 차별이라고 할 수 있고, 가족형태 등을 이유로 하는 간접차별은 외관상 중립적인 기준 등의 사용에 의해 특정한 가족형태 등에 있는 사람들이 다른 가족형태 등에 있는 사람들에 비해 불리한 상황 내지 결과적으로 불이익하게 되고 그 기준 등의 사용이 정당하지 않은 경우이다.

이러한 차별은 합리적 이유 없이 가족 전체나 가족 구성원들을 분리, 구별, 제한, 배제하거나 불리하게 대우하는 행위이다.[42] 여기서 가족[43][44]은 혈연 또

40) 특히 학벌의 문제는 단순한 차별의 문제를 벗어나 현재와 미래의 사회적인 매우 중대한 문제로 그 심각성은 매우 크다. 사회 모든 영역에서의 독점내지 독과점화(최근 원전비리 사건 등)할 수 있는 위기감을 볼 수 있다. 아주 작은 예로, 부자는 양질의 부가교육과 각종 교육을 통해 상대적으로 유리한 조건으로 학벌을 형성하지만, 저소득층의 자녀들이 경제적인 어려움으로 열악한 교육을 통해 기회가 점점 축소되는 현실에서 부와 교육의 수준이 되물림되는 악순환의 고리를 형성할 수 있는 문제로 더욱 큰 병폐가 될 수 있다.

41) 아울러, 친인척의 우대문제도 있다. 창업주내지 기업오너의 친인척의 경우 해당 기업의 임원이 되는 것은 보장된 조건으로 여겨질 정도로 인식되어 열심히 일하고 능력 있는 근로자는 승진하지 못해도 창업주나 기업의 경영권을 가지고 있는 총수 등의 자녀나 가족관계 내지 친인척의 경우는 별다른 능력과 성과에 구애됨이 없이 승진 때마다 빠르게 승진하고 부서배치도 핵심부서 들만 이동하여 그 기업의 전략적인 중심업무를 배우게 되고 이러한 과정들은 사실상 경영수업을 밟는 코스로 인식될 만큼 광범위하게 나타난다.

는 비혈연 관계로 이루어진 공동체 의식을 공유하는 집단으로,[45] 가족형태 등

42) ○○항공사의 가족마일리지 합산제도에서 합산을 인정하는 가족의 범위에 친조부모, 친손자녀는 인정하고 외조부모, 외손자녀는 제외하는 것은 모친계 가족에 대한 불합리한 차별로 인권위는 가족형태 등을 이유로 한 가족마일리지 합산 제한으로 보고, 모친계 가족을 제외하지 않도록 관련 기준을 개선할 것을 권고하였다(국가인권위원회 2009.08.17. 09진차487, 09진차1006(병합) 결정).

43) 우리나라 현행 민법(제779조)은 가족의 범위를 배우자, 직계혈족 및 형제자매, 직계혈족의 배우자, 배우자의 직계혈족, 배우자의 형제자매로서 생계를 같이하는 자로 한정하여, 가족을 혼인과 혈연을 통해 맺어진 관계로 파악하고 있다. 그러나 가족의 범위를 민법상의 혼인과 혈연관계로만 파악하는 것은 현실에 존재하는 다양한 가족을 포함하지 못하고, 그 이외의 다양한 형태의 가족을 비정상 가족으로 범주화시킬 우려가 있으며, 다양한 가족형태 중에는 그 관계가 본질적으로 같아도 다르게 취급되어 문제가 되는 경우가 많음에도 불구하고 그러한 차별행위를 규제하는 것에 소극적이 될 가능성이 많다. 그러므로 가족의 범위를 법률혼, 사실혼에 의한 배우자, 형제자매 등의 친족관계 뿐만 아니라 인척관계, 입양을 통한 비혈연 관계 등 혼인·혈연·입양에 관계없이 형성된 다양한 가족을 포함하는 것으로 해석하는 것이 바람직할 것이라는 견해를 보이고 있다(국가인권위원회, 「국가인권위원회법 해설집」, 2005, 386면). 한편, 건강가정기본법 제3조에서는 "1. '가족'이라 함은 혼인·혈연·입양으로 이루어진 사회의 기본단위를 말한다. 2. '가정'이라 함은 가족구성원이 생계 또는 주거를 함께하는 생활공동체로서 구성원의 일상적인 부양·양육·보호·교육 등이 이루어지는 생활단위를 말한다. 3. '건강가정'이라 함은 가족구성원의 욕구가 충족되고 인간다운 삶이 보장되는 가정을 말한다"고 정의하고 있다.

44) 건강가정기본법의 가족 개념에 대하여 건강가정기본법 제3조 제1호에서는 가족을 혼인·혈연·입양으로 이루어진 사회의 기본단위로 규정하며, 제3조 제2호에서는 가정을 가족구성원이 생계 또는 주거를 함께 하는 생활공동체로 정의한 것에 대하여 인권위는 이혼·사별이나 미혼부모로 인한 한 부모 가족, 조손가족, 재혼가족, 동거가족, 공동생활가족, 단독가구, 그룹 홈 및 위탁가정 등 혼인·혈연·입양의 관계가 없는 다양한 가족 및 가정이 실재하고 증가하고 있는 현실에서 동 법률상의 가족 및 가정에 대한 정의가 혼인·혈연·입양에 관계없이 형성된 가족 및 가정에 대한 차별의식이나 차별행위를 초래할 수 있으며, 건강가정기본법이라는 법률명이 건강하지 않은 가정이라는 반대개념을 쉽게 추론시키고, 이를 통해 건강하지 않은 가정이라고 생각되는 가정에 대한 편견이나 차별을 발생시킬 수 있다고 판단하여 건강가정기본법의 개정을 권고했다(인권위, 2005.10.10. 건강가정기본법에 대한 권고). 한편, 캐나다에서는 존 미론과 조셀린 발리에르는 자녀와 함께 수년간 사실혼관계에 있는 파트너였다. 가족의 자동차보험은 조셀린의 이름으로 되어 있었는데 어느 날 존이 보험 가입안된 운전자가 보험 가입안된 차량을 타고 가다가 사고를 당하였다. 더 이상 일을 할 수 없게 된 존은 자동차손해보험에 문의하여 조셀린의 배우자로서 연금을 요청하였으나 법적인 혼인관계에 있지 않다는 이유로 거부당하였다. 이 사건에 대해 캐나다 대법원은 "보험회사가, 결혼한 파트너가 이용할 수 있는 사고연금에서 법적인 혼인관계에 있지 않은 파트너를 배제하는 것은 캐나다 인권법을 위반하는 것"이라며 혼인 여부를 이유로 한 차별행위로 인정하였다. 캐나다 대법원은 점점 더 많은 사람들이 법적인 혼인이 아니라 사실혼의 관계에 있는 만큼 보험법에서 "배우자"를 법적으로 혼인한 사람에게 제한하는 것은 이에 속하지 않은 사람의 권리를 침해하는 것이며 보험법의 목적에도 부합하지 않는다고 지적하였다(Canadian Human Rights Commission, Miron v. Trudel, Supreme Court of Canada Building Ottawa, Canada, 1995).

45) 국가인권위원회, 「차별금지법 관련자료(I)」, 2005, 197면.

은 일반적으로 가족구성의 권리를 포함한 가족의 형태, 가족의 구성과정, 그리고 가족구성원 및 가족에 대한 책임과 관련한 상황을 말한다.[46] 즉, 한 부모가족, 재혼가족, 다문화가족 등 가족의 형태나 구성, 부모·남편·아내 또는 자녀라는 가족 내의 위치와 역할과 관련된 가족 구성원에 대한 책임 등으로 정의할 수 있다.[47] 가족의 범위에서 언급한 바와 같이 차별행위를 판단함에 있어서는 가족형태의 범위도 현재 민법상의 법률혼으로서 인정되는 이성애적 부부관계에 제한되지 않으며, 다양한 가족형태를 포함한다고 해석할 수 있다. 그러므로 부부중심의 이성애적 가족형태만을 정상적인 가족으로 판단하여 한 부모 가족이나 동성애 가족을 불공정하게 대하는 것,[48] 혈연가족이 아닌 입양가족 등을 이유로 다르게 혹은 불리하게 대우하는 것, 부모의 이혼이나 별거 등 가족상황을 이유로 불리하게 대우하는 것, 결혼이민자 가족(다문화 가정 등)에 대하여 비정상인 가족이라는 편견으로 그에 대한 차별을 하는 경우 등도 가족형태 등을 이유로 한 차별로 설명될 수 있다. 특히 최근 급증하는 다문화가정의 확산과 관련하여 가족상황 등을 이유로 하는 차별상황은 인종적, 민족적, 국적, 피부색, 외모 등 다양한 상태의 차별사유가 복합적으로 발생할 수 있는 이슈가 되고 있다.

또, 가족 돌봄 혹은 책임의 수행과 관련하여 이를 통상적인 특질의 기준으로

46) 차별연구모임, 「국가인권위원회법의 차별판단을 위한 지침」, 국가인권위원회, 2002, 172면.

47) 국가인권위원회, 「국가인권위원회법 해설집」, 2005, 385~386면.

48) 외국에서는 동성가족에게도 혼인으로 인한 권리와 혜택을 부여할 수 있는지 여부와 관련하여 10년 이상 지속적인 동거생활을 하며 사실상의 가족생활공동체를 이루어 온 7쌍의 동성커플들이 혼인 인가증 발급신청을 하였으나 당국에 의하여 발급이 거부되었다. 이로 인하여 혼인에 의해 받을 수 있는 법적, 재정적, 사회적 혜택을 받을 수 없게 되자 동성간의 혼인을 부정하는 법률은 뉴저지 헌법이 보장하는 자유와 동등한 보호 규정을 위반하는 것이라고 주장하며 해당 주 혼인법규의 합헌성을 검토하는 소를 제기하였다. 이에 대하여 뉴저지주 대법원은 우선 이 사건에서는 동성커플에게 법적혼인을 할 수 있는 권리가 있는가는 검토하지 않기로 하고, 단지 동성커플에게도 혼인한 이성커플에게 부여되는 권리와 혜택을 동일하게 향유할 수 있는 권리가 있는가, 즉 비슷한 상황에 놓인 두 그룹 중 한쪽에만 주어지는 혜택과 편익이 불평등한 분배인가만을 검토한다고 밝힌 후, 그 결론에 있어서 다수의 견해는 동등한 보호를 규정하는 뉴저지주 헌법 제1조 제1항에 따라 지속적인 관계에 있는 동성커플에게도 이성커플이 혼인을 통하여 향유하는 동일한 권리와 혜택이 주어져야 한다고 판단하였다. 또한, 이 판결에서는 소수의견으로서 동성커플에게도 이성커플과 같이 혼인할 권리를 부여하여야 한다는 견해가 있었다(Mark Lewis & Dennis Winslow, et al. v. Gwendolyn L. Harris, etc., et al., 2006. 10.).

삼는 것도 포함되는데, 어린 자녀는 반드시 어머니가 돌봐야 한다든가 혹은 치매노인에 대한 돌봄을 책임져야 한다는 등 돌봄의 수행을 위해 돌보아야 할 가족구성원이 있는 경우 이를 이유로 한 차별적인 대우는 허용되지 않는다고 보아야 한다.[49]

(2) 가족형태 등의 차별금지 근거 및 고용상 차별판단

ILO의 가족부양책임이 있는 남녀근로자에 대한 기회 및 대우 균등에 관한 협약(제156호[50])은 가족상황에 따른 가족부양 책임 즉, 돌봄의 책임과 관련된 차별행위를 금지하고 있다.[51] 여성은 가족 내 성별분업의 고정관념에 의해 자

49) 호주의 차별금지법(1977) 돌봄의 책임과 관련하여 위 법률에서 정한 대상자는, 자녀(혼인, 입양, 의붓, 수양 그리고 법률적 책임이 있는 모든 어린이), 현재 혹은 이전 배우자, 사실상의 이성 혹은 동성파트너의 자녀, 법적 후견인인 모든 성인, 직계가족구성원이며, 직계가족구성원에는 결혼에 의한, 또는 사실혼에 의한, 이성 혹은 동성의 배우자 혹은 이전의 배우자, 부모 또는 배우자의 부모, 이전 배우자의 부모, 형제 또는 배우자의 형제, 이전 배우자의 형제, 자매 또는 배우자의 자매, 이전 배우자의 자매, 손자 또는 배우자의 손자, 이전 배우자의 손자, 조부모 또는 배우자의 조부모, 이전 배우자의 조부모가 포함된다(SECT 49S).

50) 가족부양책임이 있는 근로자의 문제는 국가정책에서 고려해야 하는 가정과 사회에 관련된 보다 광범위한 문제의 한 측면임을 인식하여(전문), 현재 고용되어 있거나 취업하고자 하는 가족부양책임이 있는 자가 차별받지 아니하고 가능한 한 취업과 가족부양책임 사이에 충돌 없이 권리를 행사할 수 있도록 하는 것이 국가정책의 목적임(제3조)을 밝히고 있으며, 가족부양책임이 있는 근로자가 자유롭게 직업을 선택할 수 있는 권리를 행사할 수 있도록 모든 조치를 취하여야 하고(제4조), 가족부양책임이 고용종료의 정당한 사유가 되어서는 아니 된다(제8조)는 점 등을 명시하고 있다.

51) 호주의 반차별법(New South Wales Anti-discrimination Ac, 1977)은 2001년 3월부터 'carer's responsibility'를 차별 금지의 내용에 포함시켰고, 홍콩의 가정국(Home Affirs Bureau)도 '가족상황에 의한 차별규정'을 가지고 있으며 여기서 '가족상황'이란 "직계 가족을 보살펴야 하는 상황"으로 파악하고 있다. 또, 미국에서의 사례로 Philips는 취학 전 아이를 가진 여성으로서, 수습 조립 직종에 지원했는데 취학전 자녀를 두었다는 이유로 채용되지 못했다. 반면에 취학 전 자녀를 둔 남성지원자는 채용이 되었는데 이에 Philips는 성차별을 주장했으나 1심 법원은 이미 고용된 근로자의 80%가 여성이므로 이 회사의 방침이 성차별적이지 않다고 판결했다. 그러나 항소심에서 존 브라운 판사는 피고회사의 채용거부가 원고인 Philips가 여성이며 아이를 가지고 있다는 것에 근거하여 채용에서 배제된 것으로 보고 이는 미국 민권법 제7편을 위반하는 불법적인 것이라는 판결을 내렸다. 대법원 판결 내용에는 "이 경우는 모든 남성과 비교했을 때 여성에 대한 차별은 아니지만, 아이를 가진 남성과 비교했을 때 아이를 가진 여성에 대한 차별이다. 이것은 아이를 가진 남성은 직장일에 지장을 받지 않지만 아이를 가진 여성은 직장생활을 성실히 수행할 수 없다는 통념에 기반한 것"으로서 성차별이라고 보았다(Philips v. Marietta Corporation, 1971).

녀, 노인 등에 대한 돌봄이 강제되고 돌봄을 수행해야 한다는 것을 이유로 공적 영역, 특히 고용상의 차별을 받는다. 이로 인해 가족상황 특히 가족책임 및 가족 내에서 육아책임을 부담하는 지위를 이유로 발생하는 차별은 혼인 여부, 임신·출산 및 성차별의 문제도 동시에 발생시키는 경우가 많다.[52)]

인권위법 제2조 제4항에서는 평등권침해의 차별행위로 합리적인 이유 없이 가족형태 또는 가족상황을 이유로 하는 행위를 적시하고 있다.[53)] 또, 남녀고용평등법 제2조는 직접차별규정과 함께 간접차별과 관련하여서도 제2조 제1항 후문에서 "사업주가 채용 또는 근로의 조건은 동일하게 적용하더라도 그 조건을 충족시킬 수 있는 남성 또는 여성이 다른 한 성에 비하여 현저히 적고 그로 인하여 특정한 성에게 불리한 결과를 초래하며 그 기준이 정당한 것임을 입증할 수 없는 경우에도 이를 차별로 본다."고 규정하고 있는데, 가정에서의 가족부양 책임 등 성역할에 대한 부분에 참고가 될 수 있는 규정이라고 할 수 있다.

고용영역[54)]에서 가족형태 등을 이유로 하는 직접차별 및 간접차별은 고용관

---

52) '공무원수당등에관한규정' 제11조는 이혼한 공무원도 자녀학비보조수당을 지급받을 수 있으나 자녀가 동일한 호적에 있거나 주민등록표상 세대를 같이 할 것을 요구하고 있어, 이혼한 여성공무원의 경우에 자녀학비보조수당을 지급받으려면 자녀가 동일 호적에 있거나 주민등록표상 세대를 같이 하여야 하였다. 그런데 현행 호적제도상 부모 이혼시에는 자녀가 아버지의 호적에 남게 되는 것이 일반적이므로, 이혼한 남성은 자녀와의 동거여부와 무관하게 수급자격을 갖는 반면 여성의 경우 자녀와 동거해야만 수급 자격을 갖게 되므로 실질적 양육관계를 제대로 반영하지 못한 채 이혼한 여성공무원을 부당하게 차별한 것이다. 따라서 국가인권위원회는, 주민등록표상 동일세대가 아닌 자녀를 양육하는 이혼한 여성공무원에게도 자녀학비수당을 지급할 수 있도록 중앙인사위원장에게 '공무원수당등에관한규정'을 개정할 것을 권고하였다(국가인권위원회 2005.11.17. 05진차355 결정).

53) 캐나다 인권법 제3조 제1항에서는 가족의 지위라는 표현을 들어 차별행위를 하지 못하도록 규정하고 있고, 홍콩의 가족지위차별금지법령(1997) 제5조 (a)에서도 법령 규정의 목적에 관련된 상황에서 어느 개인은 가족 지위를 보유한 개인에 대하여 차별한 것이다. 후자의 가족 지위 또는 그의 특수한 가족 지위("관련 가족 지위")에 기하여, 가족 지위 또는 관련 가족 지위를 보유하지 않은 개인을 대우하거나 대우할 것보다 불리하게 대우하는 것을 차별행위로 규정하고 있고, 홍콩의 가족지위차별금지법령(1997) 제5조 (b)에서는 "동 법령 규정의 목적에 관련된 상황에서 어느 개인은 가족 지위를 보유한 개인에 대하여 차별한 것이다. 가족 지위 또는 관련 가족 지위를 보유하지 않은 개인에게 동등하게 적용하거나 적용 할 요구사항이나 조건을 적용하는 것 - (ⅰ) 그것을 충족시킬 수 있는 가족 지위 또는 관련 가족 지위를 보유하지 않은 개인의 비율보다 가족 지위 또는 관련 가족 지위를 보유한 개인의 비율이 상당히 작은 경우, (ⅱ) 그것을 적용하는 개인이 가족 지위 또는 관련 가족 지위를 보유한 것의 여부에 무관하게 그것이 정당하다고 입증할 수 없는 경우, (ⅲ) 준수할 수 없기 때문에 손해가 되는 경우"를 규정하고 있다.

54) 비교 대상자 상호간에 가족형태 또는 가족상황이 다르다는 단순한 사실만으로 고용차별

계의 성립·유지 및 종료 모든 단계에서 금지되는 점은 남녀고용평등법, 인권위법 등의 규정에서와 같다. 다만, 정당한 목적을 달성하기 위해 불가피하고 적정한 수단에 해당하는 경우에는 차별로 보지 않는다. 즉, 고용에서 가족형태 등을 이유로 하는 차등대우가 합리성을 갖기 위해서는 채택된 수단은 목적의 달성을 가능하게 하는 것이고, 차별에 대하여 중립적이거나 다른 차별적인 다른 대안이 없고, 목적에 대비하여 불이익의 정도가 너무 과도하지 않을 것 등의 요건을 충족하는 경우에 수단의 불가피성 및 적정한 비례성을 인정할 수 있을 것이다.

모집·채용 등 공공기관이나 사용자가 불특정인을 상대로 한 근로계약 체결에 이르기 위한 근로계약 개시 이전의 모든 고용과정에서 가족형태 등을 이유로 한 차별은 금지된다.[55] 모집·채용 단계에서 발생하는 차별행위 유형으로 모집·채용에서 선발기준으로 직무수행상 불필요한 부양자 유무 등의 가족상황 등을 사용하는 경우, 배우자 또는 다른 가족구성원이 이미 근무하고 있다는 이유로 채용이 거절되는 경우, 가족형태 등에 대한 고정관념과 편견에 근거하여

을 추정할 수는 없고, 채용 등의 조건에서 특정한 가족형태 또는 가족상황을 실질적 근거로 삼는 의도를 드러내는 것으로 보이는 경우, 면접과정 등에서 차별의도를 암시하는 발언이나 차별적인 질문이 있었던 경우, 합격자결정 내지 점수에서 다른 조건에 관해서는 외관상 유사한 상황에 있다고 여겨지는 서로 다른 가족형태 또는 가족상황에 속한 자들 사이에 명백한 통계적 차이가 있는 경우, 그리고 이러한 절차 등에서 공식적인 기준과 실제 적용된 기준이 일치하지 않는 경우 등에는 직·간접적인 차별이 있는 것으로 추정할 수 있을 것이다(아일랜드 고용평등법 제10조 참조).

55) Mr. Connolly는 8년 반 동안 본스 세쿠어병원에 임시직 수위로 근무하였는데 정규직 야간 수위직 두 자리가 신설되어 이에 응모했는데 떨어졌다. 탈락 이유에 대하여 수위장에게 문의하던 중 그가 결혼하여 아이들이 있기 때문이라는 말을 듣게 되었다. 평등조사관은, 수위장이 진정인 Connolly씨와 논의하던 중 결혼과 아이들에 대해 한 코멘트는 차별적임을 인정하였다. 그러나 정규직 야간 수위에 임용된 지원자들 중 한명이 채용시험을 볼 당시 결혼해서 아이가 있는 자임이 밝혀짐에 따라 Connolly씨의 탈락이 그의 혼인 여부나 가족상황 때문이 아니라고 보았으며, 다만 논의 과정에서 행한 차별적 언급에 대해 육천 파운드를 보상하도록 했다. 또한 평등조사관은 본스 세쿠어병원이 고용평등법에 의거, 인사관리부서의 직원들을 훈련시키고 직원성과 평정체계를 제대로 구축하도록 명령했다(DEC-E2005/042, Legal Review 2005, OEDI-the equality tribunal). 이와 관련하여 아일랜드의 고용평등법(1998)은 사용자가 누구를 채용할지를 결정하기 위한 절차·제도에서 차별하거나 또는 채용될 수 있는 상황이 실질적으로 다르지 않음에도 불구하고 다른 사람에게는 요구되지 않는 채용자격을 특정 사람에게 요구함으로써 차별하는 것은 채용에 관한 차별로서 금지된다(제8조 제5항). 또, 차별의도를 나타내거나 합리적으로 볼 때 차별의도를 나타내는 것으로 이해될 수 있는 모집·채용의 광고는 금지된다(제10조 제1항).

지원자를 평가하는 경우 등을 들 수 있다.[56]

근로자를 모집・채용하는 과정에서 한 부모 가구의 한 부모인 어머니가 가사 상황으로 인해 종일업무의 직책을 받아들이지 않으려고 할 것이라는 고정관념을 가지고 모집・채용 광고상에서 한 부모 가구의 여성을 기피할 경우에는 차별에 해당하고,[57] 업무와 관련이 없는 가족구성 등에 대한 내용을 지원서에 작성하게 하고 이를 근거로 특정한 가족상황 등에 있는 지원자를 조직 생활에 적합하지 않고 업무에 충실할 수 없다는 이유로 채용을 거부하는 행위는 차별이라고 본다.[58] 또, 면접과정에서 특정한 가족형태 등에 대한 편견을 드러내는 차별적 질문이나 발언은 차별의 증거가 될 수 있다.[59]

56) 헌법재판소(2006.02.23. 선고 2004헌마675・981・1022 병합)는, 유공자법 제31조의 채용시험의 가산점 등에 대해서, 가산점 수혜대상이 되는 취업보호대상자가 1984년 이후 대폭증가(국가유공자와 그 가족의 수가 과거에 비해 비약적으로 증가)하여 취업보호대상자에서 가족이 차지하는 비율이 증가하고, 공무원시험의 경쟁이 갈수록 치열해지는 상황을 고려하여 헌법 제32조 제6항의 조항에 대한 기존 해석이 필연적으로 일반 응시자의 공무담임의 기회를 제약하게 되는 결과가 될 수 있으므로 이를 엄격하게 해석할 필요가 있다고 판단하였다. 따라서 헌법 제32조 제6항의 대상자는 조문의 문리해석대로 '국가유공자' '상이군경' 그리고 '전몰군경의 유가족'이라고 보고, 명시적인 헌법적 근거 없이 국가유공자의 가족들에게 만점의 10%라는 높은 가산점을 부여하는 것은 그러한 가산점 부여대상자의 광범위성과 가산점 10%의 심각한 영향력과 차별효과를 고려할 때, 헌법상의 공정경쟁의 원리와 기회균등의 원칙을 훼손하는 것으로서 부적절하며, 국가유공자 가족의 공직취업기회를 위하여 매년 많은 일반응시자들에게 불합격이라는 심각한 불이익을 입게 하는 것은 정당화 될 수 없다고 하여, 위 법률규정에 대하여 헌법불합치 결정을 하였다. 한편, 인권위는 모대학교가 진정인의 배우자가 당해 대학교의 전임교수로 있다는 이유로 진정인을 초빙교수임용에서 배제한 사안에서, 모대학교 측은 작은 공동체에서 부부교수가 함께 일하게 되면 의사결정과정에서 함께 영향력을 행사하게 되는 등 조직에 악영향을 줄 수 있으므로 초빙교수였던 진정인의 재임용여부를 심사하지 않고 초빙교수 재임용에서 배제한 것이라고 주장하였다. 이에 인권위는 모대학교 측의 주장은 하나의 가능성과 우려일 뿐 입증된 바가 없으며, 초빙교수였던 진정인에 대한 재임용여부를 심사하지 않고 신규임용의 형식을 거치게 한 것은 내부 임용규정 등에 비추어 볼 때 적절하지 않고 이는 가족상황을 이유로 한 평등권 침해의 차별행위로 판단하였다(국가인권위원회 2005.02.25. 04진차244 결정).

57) 이승욱・김엘림, 「여성고용에서의 차별판단기준마련」, 노동부, 2005, 52면.

58) 국가인권위원회, 「국가인권위원회법 해설집」, 2005, 388면.

59) 진정인은 운수업체에 운전기사로 취업하고자 입사원서를 제출하였으나 이혼을 하였다는 이유로 원서를 되돌려 받고, 취업에 실패하였다. 이에 대하여 진정인이 위 운수업체의 행위는 차별임을 이유로 국가인권위원회에 진정을 하였는바, 조사 도중 피진정인이 응시자격요건으로서의 '기혼자' 항목을 자진하여 삭제하였고, 이후 이 항목을 이유로 하여 취업을 제한하거나 차별하지 않겠다고 밝혀, 인권위는 기각결정을 하였다. 이 사건은 비록 위와 같은 이유로 기각되었으나, 피진정인이 진정인을 이혼하였다는 이유로 채용하지 않은 행위

세대주와 비세대주를 구별하여 그 기본급에 차이를 두거나, 가족수당 등의 지급 대상자를 세대주로 한정하는 경우, 돌봄의 책임과 관련하여 특정한 가족상황을 이유로 상여금 등의 지급에 있어서 제외하는 경우에는 차별에 해당하며,[60] 유사한 상황에서 특정 가족형태 등을 기준으로 하여 임금이나 기타 금품에서 불이익을 주는 행위는 정당한 경우가 아닌 한 차별에 해당한다.[61] 아울러, 가족수당 지급 시 남성에게는 배우자의 직장에서 가족수당을 지급받는지 여부를 확인하지 않고 여성에게는 배우자의 가족수당 미지급증명서를 요구하는 것, 주택대여 시 여성에게만 배우자 직장의 주택대여 유무를 확인하여 지급하는 것은 성차별적 요소가 있을 뿐만 아니라 가족상황 등을 이유로 한 차별로도 볼 수 있다.[62]

는 모집·채용 영역에 있어서의 혼인 여부에 의한 차별일 뿐만 아니라 동시에 그를 전제로 한 이혼가족의 가족상황을 이유로 차별한 경우에 해당한다고 판단하였다(국가인권위원회 2007.05.03. 06진차702 결정).

60) 가족수당은 단체협약이나 취업규칙에 의해 사업주가 부양가족이 있는 근로자에게 지급하는 생활보장적 급여 또는 복리후생금품을 말한다. 그런데 그 지급대상인 '부양가족이 있는 근로자'란 통상 근로자에게 부모와 법률혼 배우자, 만 20세 미만의 자녀, 배우자의 부모가 있는 경우를 말하되, 이 부양가족은 주민등록부상에 등재되어 있어야 한다. 다만 사정상 부모 등이 주민등록부상에 등재되어 있지 않더라도 장남의 경우는 부양을 하고 있음을 추정하여 가족수당을 지급받을 수 있지만, 장남이 아닌 자 특히 비혼여자녀가 부모와 주민등록지를 달리하는 경우에는 다른 부양의무자가 없이 실제로 부양을 하고 있더라도 부양하고 있음을 추정 받지 못하여 가족수당은 지급되지 않는다. 또한 가족수당은 주민등록상에 신고 된 배우자가 있어야 그 배우자에 대한 가족수당을 지급받을 수 있으므로 법률혼 상태에 있지 않는 사실혼, 동성혼 등의 배우자는 지급 대상에서 제외한다. 이는 혼인 여부에 의한 차별일 뿐만 아니라 가족형태를 이유로 한 차별로도 볼 수 있다(국가인권위원회 2007.01.04. 06진차682 결정).

61) 직계가족이라는 이유로 차별을 당한 외국의 경우 고소인은 화학자인 남편의 연구 조교로 남편과 약 70편의 논문을 함께 저술했다. 그러나 1988년 캐나다 자연과학공학연구위원회(NSERC)는 연구자의 직계가족은 프로젝트에서 돈을 받지 못하도록 하는 규칙을 만들었지만 고소인은 계속 남편의 연구를 도왔고 대학 측의 협조로 월급을 받을 수 있었다. 그러나 대학의 행정을 담당하는 사람이 바뀌어 더 이상 돈을 받지 못하게 되자 캐나다인권위원회(CHRC)에 결혼과 가족상태로 인한 차별을 이유로 NSERC를 고소했다. NSERC는 그 정책은 객관적으로 기금이 신중히 사용되도록 하는 안전장치일 뿐 차별적인 의도는 없다고 주장했다. 그러나 판결은 고소인의 손을 들어 주었다. 고소인은 돈을 받지 못하는 기간 동안에도 꾸준히 남편과 함께 연구해 온 사실이 있고 일을 한 만큼은 배상을 받아야 한다고 판결했다(Chiang v. Natural Science and Engineering Research Council of Canada, Canadian Human Rights Commission, Canadian Human Rights Tribunal-Tribunal decision, Family Status grounded discrimination, 1992.).

62) 국가인권위원회, 「국가인권위원회법 해설집」, 2005, 389면.

이동 및 배치전환에서 차별을 판단할 때 특정한 가족형태 등에 대한 편견이 개입된 기준이 적용되었는가 여부, 대등하거나 보다 나은 자격을 갖추었음에도 특정한 가족형태 등에 처한 자들이 전반적으로 낮은 평가를 받았는지 여부, 인사배치 내지 보직부여 자격기준의 객관성 등을 고려할 필요가 있다.[63] 아울러, 승진[64]이나 퇴직 및 해고,[65] 복리후생급부 및 시설이용,[66] 연금이나 보험가

---

63) '○○도 교육청의 타 시·도 전출규정'에서 부부별거자를 우선시 하는 것이 차별인가가 문제되어 위 교육청 소속 교사가 국가인권위원회에 진정을 하였다. 위 규정이 부부 양쪽이 모두 있는 가족형태와 부부 중 일방만 존재하는 한부모 가족형태를 차별하는 것이라는 진정인의 주장에 대하여, 국가인권위원회는, 교원의 전출입 순위 기준에서 부부의 별거, 봉양 부모와의 별거 등 중에서 어느 것을 우선시할 것인가는 정책적 재량의 범위 내에서 존중되어야 할 사항이라고 전제한 후, 부부 별거자를 자녀별거자·봉양부모별거자·기타 사유보다 우선순위에 두는 것을 차별로 본다면 그 반대 역시 차별이라고 보지 않을 수 없고, 이는 결국 가족상황과 관련된 일체의 요소에 우선권을 주는 것은 차별로 보게 되어 가족상황과 관련된 일체의 제도를 모두 차별로 보아야 하는 문제가 발생하게 되는 결과를 초래하는 것이며, 부부 별거로 인한 경제적·정신적 부담의 정도를 고려하여 정당한 재량행위의 범위 내에서 우선순위를 설정한 것이므로, 위 규정은 합리적 이유가 인정되어 불합리한 차별이라고 볼 수 없다고 결정하였다(국가인권위원회 2007.04.11. 06진차739 결정).

64) 캐나다 왕립 기마경찰대(RCMP : Royal Canadian Mounted Police)에 속한 진정인 Jacqueline Brown은 2001년3월14일 캐나다 인권법에 의거 가족적 상황으로 인하여 승진에서 차별받았다는 서류를 캐나다인권위원회에 제출한 사건에서 브라운은 동료 콜린 브라운과 결혼하였는데 자신의 승진심사에서 결혼 상황 때문에 승진에서 불이익을 겪었다고 주장했고 이에 대해 피고는 승진 심사에서 결혼 상태를 고려하는 것은 합리적이라고 대응했다. RCMP는 순환근무제를 채택하고 있다. 진정인은 승진 대상이었고 근무하고 싶은 곳을 표기해서 냈고 자신이 2번째로 선택한 곳은 자신의 성적으로 갈 수 있다는 말을 들었다. 그러나 인사부에서는 그녀의 남편이 근무할 마땅한 곳이 없고, 그럴 경우 남편의 근무지가 정해지면 이전 비용을 두 번 들이게 된다는 비용 문제 때문에 다른 곳으로 발령을 냈다. 이에 대해 판사는 담당자들과의 인터뷰와 서류 검토 등을 통해 RCMP는 브라운 상병에게 사과의 뜻을 전하고 진정인이 원하는 근무처로 발령을 내라고 명령했다(Canadian Human Rights Commission, Canadian Human Rights Tribunal-Tribunal decision, Family Status grounded discrimination, 2004.4.2.).

65) 특정 가족형태 또는 가족상황에 있는 자에 대한 우선적 정리해고기준은 가족형태 또는 가족상황을 이유로 하는 차별에 해당한다. 고용영역에서 해고는 근로자에게 가장 큰 불이익이다. 업무능력이나 성과 등에 대한 고려 없이 특정한 가족형태 또는 가족상황만을 이유로 우선적으로 정리해고하는 기준은 차별에 해당한다. 해고 및 퇴직에 있어서 차별유형으로는 첫째, 합리적 사유 없이 가족 내 자녀양육의 책임을 이유로 우선적으로 해고되는 경우이다. 둘째, 부부가 같은 직장에 근무한다는 이유로 또는 특정인의 배우자라는 이유로 고용계약이 갱신되지 않거나 해고되는 경우이다. 법원(대법원 2002.07.26. 선고 2002다19292 판결)은 사내부부를 자진퇴직의 형식으로 해고시킨 경우와 관련하여 회사 내 지위에 비추어 자진퇴직을 권유받은 사내부부들은 이를 받아들이지 않을 경우 입게 될 불이익과 배우자들에게 미칠 영향에 대한 압박감으로 사직의사를 표현하게 되어 이는 내심의 효과의사 없는 비진의 의사표시이므로 의원면직의 외형만 갖추고 있을 뿐 실질적으로는 해고에 해당하고 나아가 부당한 차별적 해고에 해당한 것으로 판결하였다.

입[67] 등에서도 차별행위는 금지된다.

5. 성희롱

(1) 성희롱의 차별성

성희롱이란 성적 언동 등으로 상대방으로 하여금 성적 굴욕감 또는 혐오감을 느끼게 하거나 성적 언동 그 밖의 요구 등에 대한 불응을 이유로 불이익을 주는 것을 말한다.[68] 국제적 동향을 볼 때 성희롱은 성차별의 일종으로 다루어지

---

66) 영국에서는 사실혼관계의 배우자를 가족으로 인정할 것인지에 관하여 피츠패트릭은 그의 동성 파트너인 톰슨 소유의 아파트에서 살았다. 그들은 1976년부터 톰슨이 사망한 1994년까지 함께 살았는데 톰슨이 사망하자 피츠패트릭은 아파트를 비워줄 것을 요구받았다. 이에 피츠패트릭은 소송을 제기하였고 1999년 9월 28일 영국 대법원은 피츠패트릭과 톰슨이 법적인 혼인을 한 것은 아니나 실질적인 배우자에 해당하기 때문에 가족이라고 간주할 수 있으며 따라서 피츠패트릭은 임차권을 가질 수 있다고 판결하였다. 이는 동성애 커플에게 이성애 커플과 동등한 임대권을 부여한 것이었으며 또한 특정한 혼인 상태를 이유로 한 부당한 행위를 차별로 인정한 판결(Fitzpatrick v. Sterling Housing Association Ltd., 1999.)이 있었고, 우리나라도 주택자금 대출에 있어서 이혼경력을 이유로 차별에서 시정조치한 사례(국가인권위원회 2005.03.07. 04진차37 결정)가 있다.

67) 건강보험 가입자의 계부모는 동거 등 '부양요건'을 충족시키는 경우 건강보험 피부양자로 인정받을 수 있는 반면, 가입자 배우자의 계부모는 위와 같은 요건을 충족시키더라도 건강보험 피부양자 자격을 인정하지 않고 있는 '국민건강보험법 시행규칙'에 대하여, 국가인권위원회는, 헌법재판소의 호주제 위헌결정, 현행 민법상의 친족 개념 및 부양의 필요성 등을 고려하건대, 건강보험의 공동책임원리에 근거한 경제적 능력이 없는 자에 대한 부양 필요성은 가입자의 계부모와 가입자 배우자의 계부모에게 다르게 적용하여 달리 취급할 합리적 이유가 없어 평등권을 침해하는 규정이라고 결정하였다(국가인권위원회 2006.06.19. 05진차457 결정).

68) 성희롱 사건에 대한 문제제기를 이유로 고용상 불이익을 주는 것은 불합리한 차별행위이므로 인권위는 동 사건을 이유로 진정인이 입은 경제적·정신적 피해에 대한 보상으로 진정인에게 삼백만원을 지급할 것을 권고하였다(국가인권위원회 2008.09.22. 08진차480 결정). 성희롱과 관련하여 남녀고용평등법에서는 사업주, 상급자 또는 근로자가 직장내의 지위를 이용하거나 업무와 관련하여 다른 근로자에게 성적인 언동 등으로 성적 굴욕감 또는 혐오감을 느끼게 하거나 성적 언동 기타 요구 등에 대한 불응을 이유로 고용상의 불이익을 주는 것(제2조 제2항)이라고 규정하고 있고, 인권위법에서는 업무, 고용, 그 밖의 관계에서 공공기관의 종사자, 사용자 또는 근로자가 그 직위를 이용하거나 업무 등과 관련하여 성적 언동 등으로 성적 굴욕감 또는 혐오감을 느끼게 하거나 성적 언동, 그밖의 요구 등에 대한 불응을 이유로 고용상의 불이익을 주는 것(제2조 제5항)이라고 규정하고 있고, 양성평등기본법에서도 업무, 고용, 그 밖의 관계에서 국가기관·지방자치단체 또는 대통령령이 정하는 공공단체(이하 "국가기관 등"이라 한다)의 종사자, 사용자 또는 근로자가 그 지위를 이용하거나 업무 등과 관련하여 성적 언동 등으로 상대방에게 성적 굴욕감 또는 혐오감을 느끼게 하거나 성적 언동 그 밖의 요구 등에 대한 불응을 이유로 고용상의 불이익을 주는 것(제3조)이라고 규정하고 있다. 한편, 인권위법의 경우 남녀고용평등법과는 달

고,69). 성희롱은 여성에 대한 폭력으로 인권침해의 일종으로 다루어져 왔다.70) 특히 남녀고용평등법에서의 성희롱은 직장내 성희롱으로서 고용상의 성차별로 규정된다.71) 그러나 외국의 입법례는 성희롱 개념이 반드시 직장내 혹은 고용상으로 한정되지 않는다.72)

고용상 성희롱의 행위자는 사용자73) 또는 근로자가 가해주체가 된다. 사용자는 사업주와 그를 대리하여 사업을 대표하는 자 또는 근로자의 고용지위에 영

리 성희롱을 고용상의 성차별로만 규정하기보다는 보다 넓은 영역에서의 성차별로서 성희롱을 규정하고 있는 바, 법의 해석 및 적용에 있어서도 고용상이라는 범주를 벗어나 판단하고 있는 것으로 보인다.

69) 성희롱이라는 용어는 미국에서 1974년부터 논의되기 시작한 Sexual Harassment의 번역어인데, 여기에서 가장 핵심적인 것은 그것이 단순한 성적욕구에 기초한 행위가 아니라 남녀 간의 권력 불평등과 관련되어 있다는 점이다.

70) 1995년 북경여성대회가 채택한 여성폭력에 관한 행동강령 제126조에 따르면 작업장에서의 성희롱 및 기타 형태의 여성에 대한 폭력을 제거하기 위한 프로그램과 절차를 개발해야 한다며 성희롱에 대한 언급이 명시적으로 포함되어 있다. ILO역시 1985년 국제노동대회 이후 성희롱이 노동자들의 기본권 침해이고, 산업안전에 대한 위협일 뿐 아니라 차별이자 여성노동자에 대한 폭력이라고 선언한 바 있다(김유선 외, 「직장내 성희롱의 적극적 예방제도 도입방안」, 노동부, 2004.).

71) 우리나라에서 성희롱 개념은 서울대 ○○○교수 사건을 계기로 직장내 성희롱 개념으로 먼저 정착되었기 때문에 입법례에서 보여지듯이 성희롱 행위자의 범위를 공공기관의 종사자, 사용자 또는 근로자와 같이 직장 내의 범위로 국한하거나, 불이익의 범위를 고용상의 불이익으로 제한하고 있다.

72) EU 지침은 성희롱이란 상대방이 원치 않는, 성적인 성격을 갖는 언어적 또는 신체적 행위로서, 상대방의 존엄성을 훼손하며, 특히 위협적이거나 적대적인, 또는 수치심을 일으키거나 모욕적인 환경을 조장하는 경우를 말한다. 캐나다 노동법은 성희롱이란 a) 근로자에게 모욕감이나 수치심을 유발하거나, b) 합리적인 견지에서 볼 때, 고용에 있어서 또는 훈련 및 승진 기회에 있어서 성적인 조건을 부여한다고 인식되도록 하는 성적인 행위, 언사, 몸짓, 또는 신체적 접촉 등을 말한다(제247조 1항). 호주 성차별 금지법은 성희롱이란 a) 상대방이 환영하지 않는 성적 접근 또는 상대방이 원치 않는 성적인 호의를 요구하거나, b) 상대방이 환영하지 않는 성적인 성격을 갖는 행위를 범함으로써, 합리적인 사람이라면 모든 정황을 고려할 때 모욕감, 수치감, 혹은 위협감을 느낄 것이라고 인정되는 행위를 말한다. 여기에서 '성적인 성격을 갖는 행위'에는 상대방에게 직접, 혹은 상대방이 있는 자리에서 성적인 성격을 갖는 말을 하거나 글을 쓰는 것을 포함한다(2-28조 A)고 각각 규정하고 있다.

73) 사용자는 남녀고용평등법에서 규정하고 있는 사업주보다 포괄적인 개념이다. 사업주란 개인기업의 경우에는 개인을 말하고 법인체인 기업의 경우는 그 법인 자체를 말한다. 그러므로 주식회사 등 상법상 회사와 법인의 사업주는 모두 법인 그 자체이다. 사업주는 사업의 경영 주체이므로 사업경영의 결과인 손익계산이 귀속하는 자이다. 한편 근기법 및 노조법 등의 고용관계법에서의 사용자는 사업주 또는 사업 경영담당자 기타 근로자에 관한 사항에 대하여 사업주를 위하여 행위하는 자로 정의된다.

향을 미칠 수 있는 자,[74] 일상적인 직무수행에 있어서 근로자에 대해 지휘권한 등을 갖는 자이다. 성희롱 행위자가 사용자 범주에 포함되는지의 여부는 고용상의 불이익처분과 관련하여 피해자의 고용지위나 일상적인 직무수행에 영향을 미칠 수 있는지의 여부로부터 판단하여야 하고,[75] 여기에는 임금 등 근로의 대가를 받는 종사자는 아니나 공공기관과 일정한 관련을 맺고 그 기관의 업무를 수행하고 있는 사람도 포함된다.[76]

성희롱이 위법한 행위임을 규정하고 있는 남녀고용평등법과 인권위법 모두 가해자 또는 피해자를 특정한 성으로 규정하지 않고 있는데, 남성 대 남성 간의

---

74) 사용자의 지위와 관련하여 법원은 사업주의 아들이 그 회사에 근로관계나 직무를 보유하지 않고 있음에도 불구하고 그 아들이 근로자를 상대로 고용상의 지위에 있는 것처럼 행위 한 경우 이는 사용자의 행위로 본다고 판단한 사례가 있다.

75) 진정인은 2005년 1월 연구소에 입사하여 수습직을 거쳐 2006년 6월부터 상임연구위원으로 근무하고 있으며, 피진정인은 2005년 4월부터 연구소의 고문직을 맡아오다가 이 사건 이후 2006.8.3. 고문직에서 해촉되었다. 고문이나 이사 등이 인권위법상 성희롱 행위자에 포함되는지는 성희롱 규제의 취지로부터 실질적으로 판단하여야 하며 이는 행위자가 피해자의 공적활동을 제한 내지 위축시키는데 영향을 줄 수 있는 관계에 있는 자인지를 기준으로 판단하여야 할 것이다. 피진정인은 동 연구소에 후원금만을 낼 뿐 아무런 권한이 없는 고문이라고 주장하나, 피진정인은 통일운동의 원로인사이고 연구소 재정원의 한 부분을 차지하고 있으며, 진정인과 같은 연구위원들은 고문으로부터 공식적인 회의나 비공식적인 식사자리를 통해 새로운 정보를 획득하거나 사람들을 소개받아 자신의 공적활동을 펼쳐나가고 있는바, 연구소나 진정인의 공적활동에 영향을 줄 수 있는 지위에 있는 자로서 우리 위원회법상 사용자 범주에 포함된다고 판단한다(국가인권위원회 2006.12.22. 06진차425 결정). 한편, 인권위법에서는 공공기관의 종사자를 가해주체로 추가하고 있다. 공공기관의 종사자 범주에는 공공기관의 임직원뿐만 아니라, 공공기관과 일정한 관련을 맺고 공공기관의 업무를 수행하고 있는 사람도 포함한다.

76) 국민건강보험공단이 자체적으로 실시하여야 할 직원들에 대한 민원서비스기본과정 교육에 관한 위탁교육계약을 체결하고 약 2개월 사이에 8회에 걸쳐 위탁교육을 실시한 경우, 그 위탁교육을 실시한 강사가 구 남녀차별금지및구제에관한법률 상의 '공공기관의 종사자'에 해당한다고 한 사례. 법에서 말하는 '공공기관의 종사자'라 함은 공공기관의 임직원뿐만 아니라, 상당기간 공공기관과 일정한 관련을 맺고 공공기관의 업무를 수행하고 있는 사람도 포함한다고 할 것이다. 공단이 위탁하여 실시한 교육은 공단의 고유의 업무와 밀접한 관련이 있을 뿐만 아니라, 원래는 공단이 자체적으로 실시하여야 할 사항인 것이다. 그런데 공단은 이러한 교육을 위탁하여 시행하였고, 위탁기관은 공단의 승인을 얻어 그 일부를 원고에게 다시 위탁하였는바, 교육의 목표와 방향을 정하여 이를 위탁한 공단으로서는 자신이 위탁한 교육이 소기의 목적을 달성할 수 있도록 지휘·감독할 수 있는 지위에 있을 뿐만 아니라 그리 하여야 할 직무가 있는 것이고 그러한 범위에 한정하여 본다면 원고는 공단의 지휘·감독을 받는 위치에 있다고 할 것이며, 원고는 공단의 업무를 수행한 것이라고 보아야 하므로 본 법리에 비추어 원고는 공공기관인 공단의 '종사자'에 속한다고 새겨야 할 것이다(대법원 2005.07.08. 선고 2005두487 판결).

성희롱과 여성 대 여성간의 성희롱, 또한 여성이 남성에게 한 성희롱도 성희롱에 의한 차별행위로 성립될 수 있다.77) 또, 동성애자인 남성 또는 여성이 동성애자인 남성 또는 여성을 성희롱할 수 있다.78)

(2) 성희롱에 의한 차별금지 근거 및 고용상 차별판단

성희롱을 성차별로 보는 논리는 미국에서 구축되어 왔는데, 미국에서는 성별에 의한 차별을 금지하는 민권법 제7편에 근거하여 성희롱 소송이 제기되어 왔다. 미국법원이 1976년 이전에 성희롱에 대한 사용자 책임을 인정하지 않았던 이유는 성희롱을 고용관계와는 무관한 행위라고 판단했기 때문이다. 성희롱 행위자의 개인적인 성적 충동을 만족시키기 위한 목적의 행위이기 때문에 사용자가 시정할 의무를 갖는 고용상의 차별과는 관련이 없다는 것이다. 이후 판결79)

77) 남성이 남성에게 한 성희롱을 인정한 사례(국가인권위원회 2006.07.04. 06진차182 결정), 여성이 여성에게 한 성희롱을 인정한 사례(Chavez v. Thomas & Betts Corp., 396 F.3d 1088, 10th Cir.(2005)). 여성이 남성에게 한 성희롱을 인정한 사례(Oakstone v. Postmaster Gen'l, 332 F. Supp. 2d 261, D. Me.(2004)). 여성이 남성에게 한 성희롱을 인정한 사례(서울지법동부지원 2002.05.03. 선고 2001가합6471 판결).

78) 미국 EEOC는 2005년 한 해 동안 12,679건의 성희롱 제소를 접수했는데 그 중 14.3%가 남성피해자에 의한 제소였다. 최근 우리나라의 한 취업포털사이트("스카우트")가 남녀 직장인 1200여명을 대상으로 한 설문조사에 의하면 남성 직장인의 16.1%가 성희롱·성추행을 당한 경험이 있다고 답변했다고 한다. 한편, 이성애자 남성이 이성애자 남성에게 한 성희롱을 인정한 사례(Oncale v. Sundowner Offshore Services, Inc., 523 U.S. 75(1998)). 동성애자 남성이 이성애자 여성에게 한 성희롱을 인정한 사례(Font v Paspaley Pearls (2002) FMCA 142.). 동성애자 남성이 이성애자 여성에게 한 성희롱을 인정한 사례(Miller v. Edward Jones & Co., 355 F. Supp. 2d 629, D. Conn.(2005))가 있다.

79) 성희롱이 성차별임을 인정한 첫 판례는 1976년의 Williams v. Saxbe사건에 대한 판결로 여기에서 미국 법원은 원고가 여성이라는 이유로 고용의 계속을 대가로 상사의 성적 요구를 받아들일 것을 강요받았으므로 이는 민권법 제7편에 위반하는 성차별에 해당된다고 판결하였다(정형옥, "성희롱 개념의 성립과 변화", 「한국양성평등교육진흥원 성희롱 예방교육 전문강사 강의안 모음집」, 한국양성평등교육진흥원, 2006.). 1976년 미국 법원은 법무부에 근무하고 있던 여성이 남성 상사로부터 받은 여러 차례의 성적 유혹을 거부한 후 수모와 해고를 당했다고 주장하면서 그 상사와 사용자인 법무부를 상대로 구제소송을 제기한 이 사건에서, 성희롱이 한쪽 성(性)만을 대상으로 이루어졌고 고용을 보장하는 조건으로 이루어졌다면, 이는 민권법 제7편을 위반하는 성차별의 한 형태이고 가해자인 상사의 행위에 관해 사용자는 피해자에 대한 책임이 있다고 인정했다(Williams v. Saxbe, 413 F. SUPP. 654(D.D.C.)(1976). 또, 성희롱이 성차별임을 인정한 미국 연방 대법원의 판례로는 1986년 Meritor Saving Bank v. Vinson 사건이 있다. 여기에서 연방 대법원은 민권법 제7편이 경제적 혹은 실체적인 차별에만 국한되는 것은 아니라고 보면서

을 통해 성희롱을 성차별로 보는 인식이 확산되어 왔다.

우리나라의 경우 인권위법 제2조에서 성희롱행위를 차별행위로 규정하고 있고, 남녀고용평등법 제2조 및 제11조 이하에서 금지하는 규정을 두고 있다. 이러한 고용관련 법령들의 입법 취지를 감안할 때 성희롱이 고용상의 성차별과 직접적인 관련이 있다는 점을 알 수 있다.[80)]

성희롱의 발생은 반드시 근무시간 내 혹은 직장 내에서 발생하여야 한다는 것은 아니며 성희롱이 발생한 상황이 고용관계에 의한 업무상의 사유를 가지고 있다고 판단되는 경우도 포함되고,[81)] 또 업무관련성은 근무시간, 직장 내 등의 근무장소, 업무와의 직접적인 연관성에만 국한되지 않고 폭넓은 연관성 속에서 관련성의 판단이 이루어져야 하지만 근무시간 이외의 시간에서 발생한 성희롱일지라도 그 만남의 성격이 쌍방 모두 혹은 쌍방 중 어느 1인이 종사하고 있는

비경제적인 위해를 유발하는 성희롱 또한 민권법 제7편을 위반할 수 있다고 판단하였다. 즉, 메리터 은행의 전 직원인 빈슨은 자신이 그 은행의 직원으로 근무하는 동안 상사로부터 성희롱을 당했는데 이는 민권법 제7편을 위반한 것이라고 주장하면서 은행과 가해자인 상사를 상대로 소송을 제기하였다. 연방 대법원은 적대적 환경형 성희롱이 민권법 제7편을 위반할 수 있다고 보면서, 1982년의 Henson v. Dundee사건의 판결문을 다음과 같이 인용하였다. 한 성(性)의 구성원들에게 적대적이거나 모욕적인 환경을 조성하는 성희롱은 어느 모로 보나 일터에서의 성평등 실현에 대한 장애물로서 이는 특정 인종에 대한 희롱이 인종 평등을 실현하는 데 있어 장애가 되는 것과 같다. 확실히 어떤 여성 또는 남성에게 고용을 조건으로 성적인 학대를 겪어야 한다고 요구하는 것은 심한 인종 모독적 발언만큼이나 모멸적이고 상대방을 좌절시키는 것일 수 있다. 더 나아가서 연방 대법원은 성희롱이 피해자의 고용조건을 바꿀만큼 그리고 적대적인 고용환경을 창출할 만큼 충분히 심각하고 만연하다면 소송가능하다고 판시하였다(Meritor Saving Bank v. Vinson, 477 U.S. 57(1986)).

80) 성희롱은 상대방의 성에 대한 언동으로서 몸에 대한 권리의 침해일 뿐만 아니라 성희롱 행위의 효과로서 성희롱 피해자의 노동권의 침해 등 경제적인 불이익 및 기타 불이익을 발생시키거나 이러한 불이익의 발생을 이유로 하여 성희롱을 받아들일 것을 요구하기 때문에 차별로 보아야 한다. 특히 역사적으로 볼 때 성희롱은 불평등한 남녀 권력관계 하에서 여성들에게 집중적으로 가해짐으로써 여성들의 지위 저하 및 권리의 침해를 가져오는 대표적인 성차별 유형으로 이해되어져 왔다. 이러한 입법례 및 역사, 국외 판례 등에 비추어 볼 때 성희롱이 성차별이라는 점은 별도로 입증해야 할 필요는 없을 것이다.

81) 법에서 지위를 이용하거나 업무 등과 관련하여라는 요건은 포괄적인 업무관련성을 나타낸 것으로서 업무수행의 기회나 업무수행에 편승하여 성적 언동이 이루어진 경우뿐 아니라 권한을 남용하거나 업무수행을 빙자하여 성적 언동을 한 경우도 이에 포함되고, 어떠한 성적 언동이 업무관련성이 인정되는지 여부는 쌍방 당사자의 관계, 행위가 행해진 장소 및 상황, 행위의 내용 및 정도 등의 구체적인 사정을 참작하여 판단하여야 한다고 한다(대법원 2006.12.21. 선고 2005두13414 판결).

업무와 유관할 때에는 업무 관련성이 있는 것으로 판단되므로,[82] 업무와 관련한 회식자리 등의 경우도 해당된다.[83] 다만, 업무관련성에 대하여 적법한 것이었는가의 여부는 고려하지 않는다.[84]

---

82) 진정인과 피진정인이 진정인의 근무시간 외에 만나게 된 경우에 대하여, 이 사건 이전에도 진정인과 피진정인이 연구위원과 고문의 관계에서 진정인이 후원금을 받으러 직장 외의 장소에서 피진정인이 원하는 시간에 만나왔다는 점, 사건 당일 진정인은 선약이 있었지만 피진정인의 연락을 받고 모임 약속을 포기하고 나간 점, 고문이 만나자고 하면 연구위원은 선배와 원로에 대한 예우로 그 이유를 묻지 않고 만나는 것이 조직 문화라고 하는 진정인과 참고인의 진술이 있는 점에 비추어 볼 때 사건 당일의 만남은 단순히 사적인 성격의 만남이 아니라 진정인이 종사하고 있는 업무와 관련성이 있다고 판단된다(국가인권위원회 2006.12.22. 06진차425 결정).

83) 원고는 정기간행물 출판업, 광고업, 컨설팅업 등을 영위하는 회사의 대표이사로 재직하고 있는 자로서 기혼이며, 피해자는 2002.01.21. 원고 회사에 입사하여 수습기자로 근무하다가 2002.03.29. 퇴직한 자로서 미혼이다. 원고는 원고 회사의 분위기를 파악하고 수습기자인 피해자의 업무를 점검할 목적으로 2002.04.01. 피해자와 개별 면담을 하던 중 피해자의 손을 잡는 등 성적인 언행을 하였다. 원고의 피해자에 대한 개인면담은 곱창집, 복집, 호프집을 거치면서 계속되었다고 보여지고(비록 술을 마시면서 사적인 이야기도 나누었다 하더라도 업무상 개인면담을 위하여 이루어진 만남이었고, 호프집에 이르기까지 원고 회사와 관련된 이야기가 계속하여 나누어졌을 뿐 아니라, 경과에 비추어 만남의 성격이 업무상 개인면담에서 순수한 사적인 만남으로 전환되었다고 보기도 어렵다.), 원고는 피해자에게 성적 언동을 하였으며 그의 언동은 사회통념상 일상생활에서 허용되는 호의적인 행위이거나 단순한 농담의 수준을 넘는 한편, 피해자가 원하지도 않는 언동이라 할 것이어서, 결국 원고가 업무, 고용 가타 관계에서 그 지위를 이용하거나 업무 등과 관련하여 성적 언동을 하여 피해자로 하여금 성적 굴욕감이나 혐오감을 느끼게 하였다고 할 것이므로 이는 성희롱에 해당한다(서울행정법원 2003.08.12. 선고 2002구합36737 판결). 한편 인권위(국가인권위원회 2007.01.31. 06진차488 결정)도 이러한 유사한 사안에 대하여 같은 취지의 결정을 하였다.

84) 지위 이용의 정당성과 권한남용의 문제와 관련하여 현직 도지사인 원고와 제주도 도민이면서 직능단체장의 지위에 있었던 피해자가 지방자치단체장 선거를 앞두고 원고의 요청으로 집무실에서 면담(원고가 면담을 요청한 이유는 선거에서 자신을 지지해 달라고 하기 위한 것임)하는 과정에서 발생한 성희롱 사건에서 이 면담이 '업무, 고용 기타 관계에서 공공기관의 종사자인 도지사의 지위를 이용하거나 업무 등과 관련'한 것이었는지 여부에 관하여 서울행정법원은 다음과 같이 판단하였다. '남녀차별금지법에서 '그 지위를 이용한다'의 의미는 정당한 이용 이외에 그 권한의 남용도 포함하여야 하는 것으로 보아야 한다는 점 등을 감안하면, 남녀차별금지법상의 업무 관계는 상대방에게 고용상의 불이익 등 직접적인 영향력을 미칠 수 있을 정도의 구체적인 업무관계를 의미하는 것으로 한정할 수 없다.'(서울행정법원 2004.05.20 선고 2002구합36065 판결). 한편, 파업행위의 적법성 여부가 업무관련성 판단에 영향을 미치는지와 관련하여 사건 발생 당시 업무의 일환으로 회의에 참석하고 있었고 파업 중이던 노동조합원들과 대치하는 상황에서 발생한 일로서 업무 관련성이 충분히 인정되며, 진정인의 파업행위가 적법한 행위였는지의 여부는 피진정인의 행위에 대한 업무관련성 여부를 판단함에 있어 아무런 영향을 주지 않는다'고 판단하였다(국가인권위원회 2007.03.28. 06진차401 결정).

남녀고용평등법 시행규칙 및 과거 여성부 고시 남녀차별금지기준[85]에서는 성적 언동 및 요구의 구체적인 예시를 제시하고 있으나, 반드시 여기에 국한되지는 않는다. 성적 언동 및 요구는 신체적인 접촉이나 성적인 의사 표현뿐만 아니라 성적 함의가 담긴 언행도 포함되는데 여기에서 행위자의 언행에 성적 함의가 있었는가의 여부는 행위자의 의도와는 상관이 없다.[86]

시각적인 성희롱 행위는 특히 남성이 근로자의 다수를 차지하고 있는 업종이나 사업장에서 자주 발행하는 행위로서, 그러한 행위는 소수인 여성들의 근무환경을 훼손하여 여성들의 지속 근무를 어렵게 함으로써 사실상 여성들을 사업장에서 배척하는 차별행위라 할 수 있다.[87] 즉, 나체 사진 등 성적 이미지가 담

---

85) 『남녀고용평등법시행규칙』: 과거 여성부 고시 『남녀차별금지기준』
- ㅇ신체적인 성적 행위(입맞춤이나 포옹, 뒤에서 껴안기 등의 신체 접촉, 가슴, 엉덩이 등 특정 신체부위를 만지는 행위, 안마나 애무를 강요하는 행위)
- ㅇ언어적인 성적 행위(음란한 농담이나 음담패설, 외모에 대한 성적인 비유나 평가, 성적 사실관계를 묻거나 성적인 내용의 정보를 의도적으로 유포하는 행위, 성적 관계를 강요하거나 회유하는 행위, 음란한 내용의 전화통화, 회식자리 등에서 무리하게 옆에 앉혀 술을 따르도록 강요하는 행위)
- ㅇ시각적인 성적 행위(외설적인 사진, 그림, 낙서, 음란출판물 등을 게시하거나 보여주는 행위, 직접 또는 팩스나 컴퓨터 등을 통해 음란한 편지, 사진, 그림 등을 보내는 행위, 성과 관련된 자신의 특정 신체부위를 고의적으로 노출하거나 만지는 행위)
- ㅇ기타 사회통념상 성적 굴욕감을 유발하는 것으로 인정되는 언어나 행동

86) 가해자의 언행에 성적 함의가 있었는지의 여부를 판단하는 데 있어 가해자의 의도는 고려하지 않으며 해당 언행이 성적인 것인지의 여부는 사회적·문화적으로 규정되는 것인바, 그 언행을 둘러싼 제반 상황을 종합적으로 고려하면서 판단하여야 한다. 예를 들어 광고회사에서 속옷차림의 여성 또는 남성사진을 카피라이터가 보여주면서 섹시하다, 어필력이 강하다 등의 언행을 하는 경우 이를 곧바로 성적함의가 있는 것으로 해석하기는 곤란한 문제가 있을 수 있다.

87) 1991년 미국 제6연방항소법원은 Robinson v. Jacksonville Shipyards 사건 판결에서 '누드 사진을 작업장에 걸어놓는 것은 성희롱 행위'라는 것을 최초로 인정하였다. 당시 Jacksonville 조선소는 846명의 남성과 6명의 여성이 근무하고 있었는데, 법원은 "회사는 여성 근로자들의 감수성에 대한 항상적인 시각적 공격을 함으로써 작업장에 '남자들의 클럽(boys' club)' 분위기를 조성해왔다. 그러한 분위기는 여성을 더 이상 그 조선소에 머무르지 못하게 했다. 여성의 지속적인 근무를 방해하는 이러한 분위기는 '남성만을 채용(men only)'하는 행위와 크게 다르지 않은 것으로서, 명백한 성차별이다"라고 판결했다. 또, 해안 갑판을 건설하는 회사에서 청소원으로 일하는 600여 명의 근로자들 중 여성은 2명이었고, 주된 업무는 사무실과 숙소를 청소하는 일이었는데 거의 모든 방들에는 반라의 여성들이 등장하는 포르노성 포스터들이 걸려있었다. 도가 지나치다고 생각한 이들은 그곳 직원들에게 문제제기를 했다가 남자근로자들로부터 욕설을 듣거나 정신적인 학대를 받기 시작했다. 결국 두 여성은 사직을 했고 심리상담을 받게 되었다. 얼마 후 관리자와 노조 모두를 성희롱으로 인권위에 소송을 제기하여 승소했다(Horne v Press Clough Joint

긴 게시물이라 하더라도 그 게시가 발생한 맥락에 따라서, 혹은 그 게시물이 주는 불쾌감이나 모욕감의 경중에 따라서 법위반에 해당하는 성희롱으로 볼 수 없는 경우도 있고,[88] 비록 선의에서 우러나온 경미한 성적 언동으로 보이는 행위라 하더라도 맥락에 따라서는 우월한 지위나 힘을 바탕으로 상대방을 성적으로 이용함으로써 모욕과 위협을 주는 행위일 수 있는데, 가까운 직장 동료들 간에 어깨를 주물러주는 행위, 가벼운 포옹을 하는 행위 등은 동료애나 우정의 표시일 수 있으나, 신규 입사한 나이 어린 직원에게 나이든 상급자가 그러한 행위를 행한다면 합리적 견지에서 볼 때 성희롱으로 간주될 수도 있다.[89]

고용상 불이익은 가해자의 성적 언동이나 요구에 불응한다는 이유로 고용(채용, 배치, 보직부여, 평가, 승진, 교육훈련, 임금 및 복리후생급부, 퇴직 및 해고)[90]·복리후생시설 및 교육훈련시설이용 등에서의 정당한 혜택의 거부 혹은

Venture (1994) EOC 92-556; (1994) EOC 92-591).

88) 동료직원들이 자신의 우편함에 노골적인 성적 묘사가 담긴 잡지기사를 넣어둔 것과 관련하여, 재판부는 문제의 잡지기사는 수퍼마켓 등지에서 주로 여성들에게 판매되는 Glamour라는 잡지에 실린 기사라는 점을 지적하며 성희롱 주장을 기각했다. 법원은 성적 편견이 그러한 행위의 동기가 되었다는 증거를 찾을 수 없었다고 밝힌 뒤, "그러한 잡지기사를 동료직원에게 주는 것은 교양 없는 행위라 할 수 있지만 민권법 7편은 사람들의 악취미까지 법률적으로 재단하지는 않는다(Title VII provides no relief for bad tastes)"고 언급했다(Duncan v. Manager, Department of Safely, 397 F.3d 1300, 10th Cir.2005).

89) 입사한지 2주도 채 안된 직원에게 다가와 전화업무중인 그녀의 어깨를 마사지해주거나, 수고한다며 팔로 직원을 감싸 안으며 성적인 코멘트를 하는 등 원하지 않는 방식으로 자신을 만졌다고 주장했다. 호주 퀸스랜드 차별 재판소는 위의 모든 행위들이 성희롱에 해당한다고 판결했다. 재판소는 "어떤 행위가 용인될 만한 행위인가 비난받을 만한 행위인가는 그 행위가 발생한 맥락에 따라 결정된다. 이 사건의 경우 그 행위는 오랜 친구나 동료 간의 행위가 아니었다. 그 행위는 중년의 남성 매니저가 입사한 지 두 주밖에 안된 젊은 여직원에게 한 행위이다. 이 사건이 놓인 전반적인 맥락에서 고려해볼 때, 합리적인 사람이라면 '그 여성이 모욕감, 수치심, 혹은 위협감을 느낄 가능성이 있는 상황'이라고 생각하는 것이 당연하다."(Smith v Hehir and Financial Advisors Aust Pty Ltd(2001) QADT 11).

90) 남녀고용평등법 제14조(직장 내 성희롱 발생 시 조치)에서 ① 사업주는 직장 내 성희롱 발생이 확인된 경우 지체 없이 행위자에 대하여 징계나 그 밖에 이에 준하는 조치를 하여야 한다. ② 사업주는 직장 내 성희롱과 관련하여 피해를 입은 근로자 또는 성희롱 피해 발생을 주장하는 근로자에게 해고나 그 밖의 불리한 조치를 하여서는 아니 된다. 또, 동법 제14조의2(고객 등에 의한 성희롱 방지)① 사업주는 고객 등 업무와 밀접한 관련이 있는 자가 업무수행 과정에서 성적인 언동 등을 통하여 근로자에게 성적 굴욕감 또는 혐오감 등을 느끼게 하여 해당 근로자가 그로 인한 고충 해소를 요청할 경우 근무 장소 변경, 배치전환 등 가능한 조치를 취하도록 노력하여야 한다. ② 사업주는 근로자가 제1항에 따른

축소되거나 위협하는 것을 말하는데, 인권위법에서는 성적 언동 그 밖의 요구 등에 대한 불응을 이유로 한 불이익은 고용상의 불이익으로 한정되어 있다. 그러나 이 법의 성희롱 정의조항에 따르면 이 법에서 규제하는 성희롱은 업무 혹은 고용상의 관계에서 발생하는 것에만 제한되지 않으므로 성적 언동 그 밖의 요구 등에 대한 불응을 이유로 한 불이익 역시 고용상의 불이익으로만 한하여 해석·적용할 필요는 없을 것으로 판단된다.[91]

성희롱 판단기준과 관련하여 남녀고용평등법은 합리적인 사람의 기준을 채택하고 있으며, 인권위는 합리적인 여성의 기준을 채택하고 있다.[92] 합리적인 인간은 보편적인 인간, 즉 특수한 상황의 인간 내지 주관적인 관점의 인간이 아닌 객관적인 일반적·평균적 인간을 기준으로 한다는 것을 의미한다.[93] 합리적인 여성기준은 1991년 Ellison v. Brady 사건에 대한 미국 항소법원의 판결에서

피해를 주장하거나 고객 등으로부터의 성적 요구 등에 불응한 것을 이유로 해고나 그 밖의 불이익한 조치를 하여서는 아니 된다. 등을 규정하고 있다.

91) 고용상의 불이익은 고용상의 불이익 및 다양한 형태의 기타 불이익을 의미하는 것으로 본다. 그러므로 고용 이외의 사회적 영역에서 성희롱으로 인한 개인의 권리침해를 구제할 수 있어야 한다. 또, 불이익은 명시적으로 제시될 뿐만 아니라 암묵적으로도 제시될 수 있으며(여성부, 03성희롱35), 압력에 의한 자발적 사직도 불이익으로 간주될 수 있다(여성부, 04성희롱4). 미국의 경우(미국 EEOC 성차별 해설집)도 그러한 사례가 차별이 된다고 보고 있다.

92) 어떤 행위가 성희롱에 해당하는지 여부는 양당사자의 연령이나 관계, 행위가 행해진 장소 및 상황, 행위 상대방의 명시적, 추정적인 반응 등의 구체적 사정을 종합하여 상대방이 그러한 행위를 원치 않았고 불쾌감을 느꼈는지, 일반 여성의 합리적 관점에서 볼 때 성적 함의가 있는 불쾌감을 주는 행위였는지에 의해 결정하여야 한다(국가인권위원회 2005.09.13. 05진차 470 결정).

93) 성희롱의 전제요건인 '성적 언동 등'이란 남녀 간의 육체적 관계나 남성 또는 여성의 신체적 특징과 관련된 육체적, 언어적, 시각적 행위로서 사회공동체의 건전한 상식과 관행에 비추어 볼 때 객관적으로 상대방과 같은 처지에 있는 일반적이고도 평균적인 사람으로 하여금 성적 굴욕감이나 혐오감을 느끼게 할 수 있는 행위를 의미하고, 위 규정상의 성희롱이 성립하기 위해서는 행위자에게 반드시 성적 동기나 의도가 있어야 하는 것은 아니지만, 당사자의 관계, 행위가 행해진 장소 및 상황, 행위에 대한 상대방의 명시적 또는 추정적인 반응의 내용, 행위의 내용 및 정도, 행위가 일회적 또는 단기간의 것인지 아니면 계속적인 것인지 여부 등의 구체적 사정을 참작하여 볼 때, 객관적으로 상대방과 같은 처지에 있는 일반적이고도 평균적인 사람으로 하여금 성적 굴욕감이나 혐오감을 느낄 수 있게 하는 행위가 있고, 그로 인하여 행위의 상대방이 성적 굴욕감이나 혐오감을 느꼈음이 인정되어야 한다. 따라서 객관적으로 상대방과 같은 처지에 있는 일반적이고도 평균적인 사람으로 하여금 성적 굴욕감이나 혐오감을 느끼게 하는 행위가 아닌 이상 상대방이 성적 굴욕감이나 혐오감을 느꼈다는 이유만으로 성희롱이 성립할 수는 없다(대법원 2007.06.14. 선고 2005두6461 판결).

찾을 수 있는데,[94] 이 기준은 성희롱 피해자의 대부분이 여성이며 가해자의 대부분이 남성이라는 현실, 성 규범과 문화가 여성과 남성에게 다르게 작동하고 있는 현실, 특정한 언동의 성희롱여부는 가해자의 의도와 관계없이 판단되어야 한다는 원칙 등을 고려한 것이다.[95]

한편, 우리나라의 법에서는 적대적 환경을 초래하는 환경형 성희롱 여부를 판단함에 있어 성적 굴욕감 또는 혐오감을 느끼게 하는 것이라고만 기술하고 있다. 적대적 환경형 성희롱은 피해자가 성희롱의 결과로 해고되거나, 승진을 거부당하거나, 성과평가상의 불이익을 받거나 하는 등의 가시적 불이익이 없더라도 성립된다. 즉, 원치 않는 성적 언동에 의해 상사 또는 직장 동료와의 원활한 관계가 유지되기 어렵거나 심리적 위축으로 생산성이 저하할 경우 등은 적대적 환경으로 인한 성희롱이다.[96] 1986년 미국 대법원은 성희롱은 어떠한 경제적인 손실이 발생하지 않더라도 성립될 수 있다는 판례[97]를 남겼는데, 성희롱이 고

---

94) 미국의 경우 1991년 제9연방 항소법원이 다룬 Ellison v. Brady 소송에서 "합리적 여성" 기준이 처음 마련되었다. 재판부의 판결 요지는 피해자의 관점을 이해하기 위해서는 남성과 여성의 상이한 관점에 대한 분석을 요한다. 합리적인 여성이라면 충분히 심각하다고 여길 행동에 의한 적대적 환경형 성희롱을 당한 경우, 그것은 위법한 성희롱이다. 그러나 고용주는 유별나게 예민한 근로자의 특이성을 배려해야 할 필요는 없다. '합리적 여성' 기준은 합리적 여성에 대한 견해가 가변적인 만큼 앞으로도 그 내용이 가변적일 것이다. 가해자가 자신의 행위가 적대적 근로환경을 만드는지 모르고 있었다 하더라도 성희롱은 성립될 수 있다.

95) 캐나다의 한 여성은 이전 직장에서 성희롱으로 사용주를 제소한 적이 있었다. 그 후 다른 직장에 취업하기 위해 면접을 하던 중 면접관들은 그 성희롱 제소 사건에 대해 질문을 했다. 그 여성은 면접관들의 그러한 질문은 성희롱이라고 주장하며 캐나다 인권재판소에 제소했다. 재판부는 성희롱이 발생했는지의 여부를 결정할 때 어떠한 기준을 사용할 것인가에 크게 주목했다. 전통적인 기준은 "합리적 인간"일 경우 특정 행위를 성희롱으로 간주할 것인가 아닌가에 있었다. 그러나 이 사건을 심의한 재판소는 남자와 여자는 특정한 행위에 대해 상이한 관점을 가질 수 있음을 인정했다. 예컨대, 남자 관리자는 여자 부하직원에게 "다리가 예쁘다"고 말하는 것이 잘못된 언행이 아니라고 생각할 수 있는 반면, 여자 직원은 그 말에 모욕감을 느낄 수 있다. 따라서 통상적으로 사용하는 "합리적 인간" 기준은 여성이 성희롱 피해자임을 주장하는 사건에서는 불충분할 수 있다. 이러한 판단에 따라 재판부는 위 사건에 대해 "합리적 여성" 기준을 채택하는 것이 적합하다고 결정했다(Stadnyk v. Canada Employment and Immigration Commission. Canada).

96) 가해자가 피해자의 거부의사를 몰랐다고 하더라도, 피해자는 주로 목격자가 없을 때만 성희롱을 당하였고, 가해자는 피해자의 복무 및 근무평정을 담당하는 집배실장의 직위에 있었으므로 적극적으로 거부의사를 표현하기 어려웠던 점이 인정되고, 가슴을 잡는 행동은 사회통념이나 건전한 상식을 가진 사회일반인의 기준에 비추어 보더라도 백씨에게 성적 수치심을 느끼게 하기에 충분하다고 판단되므로 성희롱에 해당한다(여성부, 03성희롱55).

용조건 혹은 고용계약의 직접적인 변동을 초래하는 것은 아니지만, 특정한 성적 언동이 피해자의 고용상황을 변화시키고 학대적인 근로환경을 조성할 정도로 심각하거나 만연해 있다면 성희롱이 성립한다고 볼 수 있다고 판시했다.[98]

성희롱과 관련하여 사용자는 기관 내에서 성희롱이 발생했을 경우 성희롱의 발생을 예방하기 위한 모든 합리적인 조치를 취했다는 것을 증명할 수 없는 한 성희롱의 최종적인 책임 주체는 각 기관의 조직 성격에 따라 달라질 수 있으나[99] 그 성희롱에 대한 법적 책임을 진다.[100] 다만, 성희롱이 발생한 이후 기관의 책임자가 적절한 조치를 취했다고 인정될 경우 책임이 면제될 수 있다.[101] 그러나 기관의 책임자가 성희롱 발생 사실을 전혀 인지하지 못했다는 것이 인정되더라도 책임을 면할 수 없다.[102] 다만, 기관의 감독자는 소속 직원의 성희

97) Susan L. Webb(2001), "The History of Sexual Harassment on the Job", in Linda Lemoncheck, James P. Sterba(ed), Sexual Harassment : Issue and Answers, Oxford University Press.

98) 미국의 여성 경찰관인 Kathy Tinker는 동료 남자 경찰관들로부터 지속적인 성희롱과 따돌림을 당했는데 이와 관련하여 Kathy는 적대적 환경형 성희롱으로 법원에 제소하여 승소했다(Tina Daunt and Anne-Marie O'Conner(2001), "Sex Bias Persists in L.A. County Sheriff's Department", in Linda Lemoncheck, James P. Sterba(ed), Sexual Harassment : Issue and Answers, Oxford University Press.). 또, 미국의 O'Connor 판사는 성희롱 피해자에 대한 법적 보호는 그 성희롱 행위가 피해자의 정신건강을 완전히 파괴하기 전에 취해져야 한다고 판단했다(Susan L. Webb(2001), "The History of Sexual Harassment on the Job", in Linda Lemoncheck, James P. Sterba(ed), Sexual Harassment : Issue and Answers, Oxford University Press.).

99) 1992년 미국 대법원은 체육교사로부터 지속적으로 성희롱을 당해온 한 여자고등학생이 제소한 사건에서, 동 학생이 관할 교육구청을 상대로 손해배상 소송을 제기할 충분한 이유가 있다고 판시했다(Franklin v. Gwuinnett County Public Schools). 이와 관련하여 최종적인 책임의 주체는 성희롱이 발생한 해당 학교의 장이 아닌, 해당 학교를 관할하는 지역 교육청으로 지목되었다.

100) 1977년 미국 예일대학의 한 여학생은 한 교수로부터 자신과 성관계를 맺으면 A학점을 주겠다는 제안을 거절한 후 C학점을 받았다(Alexander v. Yale University). 학생은 자신의 부당한 학점을 원상복귀 시킬 것을 요구하였다. 1심 법원은 동 교수의 행동은 교육법에 의거한 성차별에 해당된다고 판시했다.

101) 1998년 미국 대법원은 교육기관의 책임자들이 교사에 의한 학생 성희롱 사건을 알고도 의도적으로 그것을 무시하고, 적절한 구제 조치를 취하지 않았을 경우에 한해서만 피해자는 지역 교육청을 상대로 손해배상을 청구할 수 있다고 판시했다(Gebser et al. v. Lago Vista Independent School District).

102) 시 공무원인 한 여성 인명구조원이 감독관으로부터 성희롱을 당한 사건에 대한 재판에서, 미국 대법원은 비록 시 당국의 관리들이 그러한 성희롱 발생을 몰랐다 하더라도 시 당국이 가해자인 감독관을 채용했으며, 채용과 더불어 그 감독관에서 시의 권위를 대표하

롱 행위 중 업무관련성이 있다고 보이는 행위에 대해서만 책임을 진다.[103)]

6. 조합 활동과 노사관계에서의 불이익취급

(1) 불이익취급의 차별성

노사관계는 집단적노동법의 영역으로 흔히 분류하여 논의된다. 즉 노동법체계상 개별적인 근로관계와 양분되는 개념으로 다루고 있는 것이다. 그러나 근로현장에서의 근로관계나 노사관계는 근로현장의 전반적인 근로문제와 근로조건에 관계되는 점을 다룬다는 점에서 차별문제와 관련하여 별개의 문제로 다룰 이유는 없는 것으로 판단된다.

조합 활동과 관련한 문제는 노사관계의 문화적인 관행과 환경적인 요인들에 따라 좌우될 수 있는 여지가 많은 것이 현실이다. 노조법 제9조에서도 노조의 조합원은 차별대우를 받지 않는다고 규정하고 있다. 또, 직접적인 차별행위는 아니지만 노조법 제81조에서 규정하고 있는 부당노동행위와 관련하여 불이익취급은 넓은 의미에서 차별행위에 해당한다고 할 수 있다.

결국, 조합 활동과 노사관계에서의 차별행위는 조합 활동과 관련하여 조합원에 대한 차별행위는 조합 또는 다른 조합원 내지 사용자의 차별행위를 금지하는 규정을 두고 있고, 노사관계에서 활동 등을 이유로 사용자 등이 불이익취급하는 것은 차별적 행위에 해당한다고 할 수 있다.

(2) 조합 활동에 대한 차별금지 근거 및 고용상 차별판단

노조법 제9조에서는 "노동조합의 조합원은 어떠한 경우에도 인종, 종교, 성별,

여 행동하도록 권한을 부여한 것이기 때문에 시 당국의 책임을 묻지 않을 수 없다고 판시했다(Faragher v. Supreme Court).

103) 국책 연구소에 근무하는 임모씨는 외국인 학자를 환송해주기 위해 동료 직원 김모씨가 개인적으로 마련한 회식자리에 참석하였는데 김씨는 신청인 임씨와 또다른 참석자 한모씨를 번갈아가며 끌어안고 춤을 추는 등 성희롱을 하였다. 이와 관련하여 여성부는 남녀차별금지법에서 지우는 성희롱 행위에 대해 공공기관의 장이나 사용자(감독자)에게 책임을 지우는 것은 소속직원의 행위 중 감독자가 책임을 져야 할 필요가 있는 범위(지배, 관리권이 미치는 범위 내)에서 일어나는 행위, 즉 소속직원의 행위 중 업무관련성이 있다고 보여지는 행위에 대해서만 한정하여 감독자가 책임을 지게 되는 것으로, 개인적인 사적 모임에서 있었던 행위자의 행위까지 피신청인 연구소가 책임을 져야 할 필요가 있는 범위 내, 즉 업무관련성을 인정하기 어렵다고 판단하였다(여성부, 04성희롱5).

연령, 신체적 조건, 고용형태, 정당 또는 신분에 의하여 차별대우를 받지 아니한다."라고 규정하고 있고, 동법 제81조에서는 부당노동행위와 관련하여 불이익취급 등의 사유를 규정하고 있다.[104]

노조법 제9조에서의 차별행위에 대하여 그 행위 주체가 사용자인지 조합 내지 다른 조합원 또는 비조합원인지에 대한 구체적인 명시는 없다. 그러나 사용자이든 조합자체이든 불문하고 그 행위주체가 될 것으로 판단된다. 즉, 조합의 가입부터 권리 등 활동 전반, 탈퇴 및 제명 등에 대하여 차별행위를 하지 못하며 차별대우를 받지 아니한다고 보아야 한다.

아울러, 노조법 제81조에서 규정하고 있는 불이익취급 등에 대하여서는 행위주체는 사용자임이 명백하다. 즉, 고용상의 사업주에 해당하는 행위주체는 조합원이든 조합원이 아니든 근로자라는 신분을 가진 사람에게는 모두 불이익취급 및 부당한 고용행위를 하지 못하도록 규정하고 있는 것이다. 부당노동행위 의사의 존재 여부는 피해자의 노동조합에서의 지위, 노동조합활동 내용, 처분내용·사유·시기, 사용자가 주장하는 사유의 합리성, 종래 관행과의 균형 여부, 평소 사용자의 언동이나 태도, 처분 당시 노사관계, 처분후의 노동조합 활동의 쇠퇴 여부 등을 종합하여 판단하여야 한다.[105] 다만, 불이익취급 등과 관련하여서는

104) 노조법에서 규정하고 있는 부당노동행위 5가지 중 불이익취급 사유 3가지를 규정하고 있는데, "근로자가 노동조합에 가입 또는 가입하려고 하였거나 노동조합을 조직하려고 하였거나 기타 노동조합의 업무를 위한 정당한 행위를 한 것을 이유로 그 근로자를 해고하거나 그 근로자에게 불이익을 주는 행위(1호), 근로자가 어느 노동조합에 가입하지 아니할 것 또는 탈퇴할 것을 고용조건으로 하거나 특정한 노동조합의 조합원이 될 것을 고용조건으로 하는 행위. 다만, 노동조합이 당해 사업장에 종사하는 근로자의 3분의 2이상을 대표하고 있을 때에는 근로자가 그 노동조합의 조합원이 될 것을 고용조건으로 하는 단체협약의 체결은 예외로 하며, 이 경우 사용자는 근로자가 그 노동조합에서 제명된 것 또는 그 노동조합을 탈퇴하여 새로 노동조합을 조직하거나 다른 노동조합에 가입한 것을 이유로 근로자에게 신분상 불이익한 행위를 할 수 없고(2호), 근로자가 정당한 단체행위에 참가한 것을 이유로 하거나 또는 노동위원회에 대하여 사용자가 이 조의 규정에 위반한 것을 신고하거나 그에 관한 증언을 하거나 기타 행정관청에 증거를 제출한 것을 이유로 그 근로자를 해고하거나 그 근로자에게 불이익을 주는 행위(5호)"를 부당노동행위라고 규정하고 있다.

105) 부당노동행위 의사의 존재는 사용자가 내세우는 해고사유와 그 근로자가 한 노동조합업무를 위한 정당한 행위의 내용, 징계해고를 한 시기, 사용자와 노동조합과의 관계, 동종의 사례에 있어서의 조합원과 비조합원에 대한 제재의 불균형 여부, 종래의 관행에 부합하는지 여부, 사용자의 노동조합에 대한 언동이나 태도 등 기타 부당노동행위 의사의 존재를 추정할 수 있는 제반 사정 등을 비교 검토하여 판단하여야 한다(대법원 1991.04.23. 선고

다양한 사례가 발생할 수 있으므로 보다 구체적인 판단이 필요하다.

사용자의 불이익 취급 행위가 부당노동행위로 성립되기 위해서는 원인적으로는 근로자가 정당한 노동조합 활동 등에 참여하고, 사용자가 이를 이유로 하여 근로자에게 불이익한 취급을 하여야 한다.[106] 따라서 행위결과가 결여된 단순한 의사표명에 그친 경우이거나, 원인이 결여된 근로자의 행위를 정당한 조합 활동으로 볼 수 없거나, 사용자의 불이익 취급이 정당한 조합 활동을 이유로 한 것이라고 볼 수 없는 경우에는 부당노동행위로 볼 수 없으며, 단순한 의사표명에 그친 경우는 지배·개입에 해당될 수 있을 것이다.[107]

조합 활동[108]으로서의 정당성 여부[109]는 사용자의 행동과 비교하여 상대적으

90누7685 판결). 또, 부당노동행위가 성립하기 위하여는 사용자의 반조합적 의도 내지 동기라고 하는 이른바 부당노동행위의사가 있어야 하고, 한편 근로자에 대한 징계처분에 정당한 이유가 있는 것으로 인정되는 경우에는 비록 사용자가 근로자의 조합 활동을 못마땅하게 여긴 흔적이 있다거나 사용자에게 반노동조합의사가 추정된다고 하더라도 당해 불이익처분의 사유가 단순히 표면상의 구실에 불과하다고 할 수는 없어 그와 같은 불이익처분은 부당노동행위에 해당하지 않는다(대법원 1997.07.08. 선고 96누6431 판결).

106) 노조법 제81조 제1호는 노동조합의 업무를 위한 정당한 행위를 한 것을 이유로 사용자가 그 근로자에게 불이익을 주는 행위를 부당노동행위의 한 형태로 규정하여 이를 금지하고 있는 바, 사용자의 어떤 행위가 위 법 규정에 정하여진 부당노동행위에 해당하는 것으로 인정되기 위하여는 첫째, 그 행위가 해고, 사직서의 제출강요, 근로계약의 갱신거부, 근로자에게 불리한 배치전환이나 전근, 출근정지, 승급정지, 감봉, 승임거부 등과 같이 근로자의 지위 그 자체나 그 지우에 따른 인사상·경제적 대우상의 불이익취급이거나 또는 정상적인 담당업무를 배정치 아니하고 잡역을 시키는 등의 정신적 생활상의 불이익취급이어야 하고, 둘째, 그러한 조치가 정당한 노동조합활동을 이유로 한 것이어야 한다.

107) 노조법은 제81조 제1호에서 "근로자가 노동조합에 가입 또는 가입하려고 하였거나 기타 노동조합의 업무를 위한 정당한 행위를 한 것을 이유로 그 근로자를 해고하거나 그 근로자에게 불이익을 주는 행위"를 부당노동행위라고 규정하고 사용자가 이 규정에 위반했을 경우 제90조에 이를 처벌하는 규정을 두고 있는바, 여기서 "불이익을 주는 행위"란 해고 이외에 그 근로자에게 휴직·전직·배치전환·감봉 등 법률적·경제적으로 불이익한 대우를 하는 것을 의미하는 것으로서 어느 것이나 현실적인 행위나 조치로 나타날 것을 요한다고 할 것이므로, 단순히 그 근로자에게 향후 불이익한 대우를 하겠다는 의사를 말로써 표시하는 것만으로는, 위 법 제81조 제1호 소정의 불이익을 주는 행위에 해당한다고는 볼 수 없다(법 제81조 제4호에 규정된, 노동조합의 조직 또는 운영을 지배하거나 이에 개입하는 행위에 해당한다고 할 수 있음은 별개로 함)(대법원 2004.08.30. 선고 2004도3891 판결).

108) 노동조합 활동이란 노동조합의 기관으로서 행하는 활동, 노동조합 의사로서 행하는 활동, 근로자의 단결을 지향하는 집단적 의미를 갖는 활동 등을 의미한다. 일반적으로 노동조합 주도로 이루어지는 행위로서 노동조합의 목적 달성을 위해 필요한 행위로서 단체교섭, 쟁의행위, 노동조합의 운영을 위한 총회·대의원대회, 노동조합의 교육 실시 및 참여, 노동조합의 연대감과 단결력 강화를 위한 단합대회, 운동회 등이 해당된다고 할 수 있는

로 평가되어야 한다. 조합원의 행위는 노동조합의 결정(결의, 지시 등)에 근거하거나, 노동조합의 묵시적인 수권 또는 승인을 받았다고 볼 수 있는 등 그 성질상 노동조합의 활동으로 볼 수 있는 경우에는 노동조합의 업무를 위한 행위에 해당한다.110) 또, 단체행동이란 노동조합과 관련된 단체행동을 의미하며, 업무의 정상적 운영을 저해하는 쟁의행위 뿐 만아니라 투쟁복·리본 착용 등과 같은 단체 과시행위까지 포함된다고 보아야 한다. 노동위원회에 신고·증언 및 증거 제출한 것과 관련하여 넓은 의미에서 노동조합의 정당한 활동에 포함되는 행위111)를 이유로 한 불이익 취급을 부당노동행위로 규정한 것으로써, 이는 일종의 보복적 차별대우를 금지한 것에 해당한다. 아울러, 정당한 조합 활동의 판단기준과 관련하여 노동조합 활동의 정당성은 사용자의 일정한 제재조치(불이익 취급)가 타당한가를 판단하기 위한 전제로서, 그 행위의 성질이나 목적, 수단이나 방법, 당해 노사관계의 정황 등 제반사항을 종합하여 판단하게 된다.112)

데 이러한 활동 중 어떠한 행위가 노동조합 활동에 해당되는지는 헌법 제33조에서 노동3권을 보장한 취지에 따라 해석하여야 할 것이다.

109) '노동조합의 업무를 위한 정당한 행위'란 일반적으로는 노동조합의 정당한 활동을 가리키나, 조합원이 조합의 결의나 구체적인 지시에 따라서 한 노동조합의 조직적인 활동 그 자체가 아닐지라도 그 행위의 성질상 노동조합의 활동으로 볼 수 있거나 노동조합의 묵시적인 수권 혹은 승인을 받았다고 볼 수 있을 때에는 그 조합원의 행위를 노동조합의 업무를 위한 행위로 보아야 한다(대법원 1995.06.13. 선고 95다1323 판결).

110) 시용 기간 중에 있는 근로자를 해고하거나 시용 기간 만료 시 본 계약의 체결을 거부하는 것은 사용자에게 유보된 해약권의 행사로서, 당해 근로자의 업무 능력, 자질, 인품, 성실성 등 업무 적격성을 관찰·판단하려는 시용 제도의 취지·목적에 비추어 볼 때 보통의 해고보다는 넓게 인정되나, 이 경우에도 객관적으로 합리적인 이유가 존재하여 사회통념상 상당하다고 인정되어야 한다(대법원 2006.02.24. 선고 2002다62432 판결).

111) 노조법 제81조 제5호의 노동위원회에 대하여 사용자가 이 조의 규정에 위반한 것을 신고한다는 것은 사용자의 부당노동행위에 대해 근로자 또는 노동조합이 노동위원회에 구제신청 또는 재심신청을 하는 것을 의미하며, 노동위원회의 각하, 취소, 인정 판정결과와는 무관하며, 동조 동호의 그에 관한 증언은 사용자의 부당노동행위에 대한 노동위원회의 조사 및 심문과정에서 이루어지는 일체의 증언을 말한다고 할 것이므로 부당노동행위 구제신청의 당사자, 참고인, 신청인의 위임자, 대리인 등의 증언도 포함된다고 보아야 한다(노조68107-1084, '01.09.25).

112) 대법원 1992.04.12. 선고 91도3044 판결에서는 노동조합의 활동이 근무시간 중 또는 기업시설 내에서 이루어지는 경우에 정당한 활동으로 인정되기 위해서는 그 행위가 우선 노동조합의 활동으로 볼 수 있어야 하고, 그 목적이 근로조건의 유지·개선을 위한 단결강화를 위한 것이어야 하고, 단체협약·취업규칙에 별도의 허용규정이 있거나 관행·사용자의 승낙이 없는 한 취업시간 외에 하여야 하며, 사용자의 노무지휘권이나 시설관리권에 바탕을 둔 합리적인 규율이나 제약에 따라야 하며, 사회상규에 반하지 않아야 한다고 언

해고 등 징계상 불이익 취급이 부당노동행위에 해당되는지 여부는 조합 활동의 정당성, 징계사유의 정당성, 징계양정 및 절차 등 사용자의 부당노동행위 의사를 추정하여 판단한다.[113]

조합원과 비조합원, 조합 활동에 적극적인 자와 그렇지 않은 자를 징계절차나 양정 등에 있어서 차별하는 경우 등은 사용자의 부당노동행위 의사를 추정할 수 있다. 즉, 유사한 징계사유에 대하여 비조합원이나 조합탈퇴자에 대하여는 비교적 경미하게 처분하고 조합원이나 조합 활동에 적극적인 자에 대하여는 중징계하는 경우,[114] 어느 누구에게도 문제 삼은 적이 없는 경미한 복무위반 등에 대하여 노동조합 가입 직후 또는 노동조합 활동이 활발해진 직후에 이례적으로 이를 문제 삼아 징계하는 경우,[115] 정리해고 시 조합원과 비조합원을 차

급하고 있다.

113) 대법원 1999.11.09. 선고 99두4273 판결에서는 일반적인 판단기준을 제시하였는데, 첫째, 시기와 관련하여서는 처분원인과 처분시기가 부자연스럽게 떨어져 있는지 여부, 징계처분 시 노사가 긴장관계에 있었는지 여부(조합결성 직후, 단체교섭 전후 등), 조합원 임원선거 등 조합 내부 문제 및 징계시기와 관계하여 판단하고 있다. 둘째, 징계양정과 관련하여서는 단체협약 및 취업규칙 등에 의한 징계사유에 해당되는지 여부, 징계절차의 하자 여부, 동종 사례에 있어서 제재의 불균형 여부(이례적 처분, 가혹한 처분 여부), 종래의 관행에 부합되는지 여부, 노사 간 징계면책에 관한 합의가 있었는지 여부를 들고 있다. 셋째, 사용자의 태도와 관련하여서는 사용자가 내세우는 징계사유와 노동조합 업무의 내용, 평소 회사와 노동조합과의 관계, 평소 사용자의 노동조합에 대한 언동이나 태도, 사용자 주장의 명확성, 합리성, 일관성 여부, 대상 근로자의 조합 활동 상황(중추적인 역할, 조합 활동의 적극성 등), 과거 부당노동행위 사례 존재 여부를 들고 있다. 넷째, 징계 결과와 관련하여서는 조합원의 감소 등 노동조합 조직·운영의 변화 추이, 노동조합 활동에 미친 영향, 정리해고 등에 있어 조합원이 차지하는 비율을 들고 있다.

114) 시내버스운수회가가 교통사고를 일으킨 운전사들에 대한 징계를 함에 있어서 노동조합을 탈퇴하였거나 노동조합에 가입하지 아니한 운전사들에 대해서는 감봉처분을 하면서도 그들과 동일 내지 유사한 교통사고를 일으킨 운전사로서 노동조합업무를 실질적으로 이끌어 가던 조합의 총무에 대하여는 징계사유로서는 미흡한 징계불복 등의 사유를 추가하여 징계해고 처분한 것은 노동조합활동을 혐오한데서 나온 부당노동행위라고 보아야 한다(대법원 1991.01.22. 선고 90누6132 판결).

115) 입사할 무렵부터 노동조합에 가입한 후 적극적인 조합 활동을 하여 노조대의원으로 선출된 원고가 조합총회나 대의원회의의 동의도 없이 사용자측의 뜻에 따라 임금인상시기를 변경하는 내용의 단체협약을 체결하려는 노조집행부에 반대하면서 조합원들로부터 조합총회 소집을 요구하는 서명을 받기 시작하여 노조집행부와 회사가 임금인상시기를 늦추는데에 따르는 보상안을 마련하자 위 서명작업을 중단하였으며, 그 후에도 대의원회의 등을 통하여 임의 수당을 신설할 것을 주장하는 등 계속하여 조합 활동을 하여 왔는데, 원고가 야간근무시간 중 2시간 정도 무단이탈을 한 사실이 드러나자 회사에서 수차에 걸쳐 사직을 요구하다가 이를 거절하는 원고를 징계해고 한 것은 노동조합활동을 방해할 의도로 이루어진 부당노동행위에 해당한다(대법원 1990.11.27. 선고 90누3683 판결).

별하여 불이익을 주는 경우이다. 또한 처분의 원인과 처분시기가 부자연스럽게 떨어져 있는 경우 등에도 사용자의 부당노동행위 의사를 추정할 수 있다. 즉, 처분사유나 필요성이 없어진 사유에 대하여 노동조합 결성 전후, 조합 활동이 활발해진 시기 등에 징계 처분하는 경우,[116] 징계 처분 후에 노동조합 활동의 약화, 노조탈퇴자의 증가 등 노조의 운영·조직에 변화가 발생한 경우,[117] 노조에 가입한 수습 근로자와 근로관계를 단절할 목적으로 비합리적인 평가 기준을 적용해 본계약체결을 거부한 경우 등이다.

승진 및 전보 등 인사상 불이익은 승진탈락 등 외형상의 불이익뿐만 아니라 노동조합에 가입할 자격이 부여되지 아니한 직급으로의 승진 등의 행위까지 포함된다. 인사상 불이익 조치의 부당노동행위 해당여부는 인사기준·관행의 부합여부, 인사시기와 조합 활동과의 관련성, 업무상 필요성, 인사의 합리성, 조합원과 비조합원간의 균형이나 형평성, 조합 활동에 미치는 영향 등의 요소를 종합하여 판단하게 된다.[118] 인사기준 및 관행과 관련하여 그간의 인사 관행과는

116) 원고가 다른 사원을 폭행하고, 야간작업을 방해하였으며 상사의 작업지시를 불이행하고 원고회사측의 승낙없이 지게차의 발을 제작한 잘못이 있기는 하나, 원고가 1989년도 임금협상시 강경한 입장을 취한 점, 원고회사 사장의 쟁의행위시의 언동, 소외인에 대한 징계해고사유는 모두 발생한 지 4~8개월이 지나서 문제 삼은 점 등에 비추어, 원고의 이와 같은 징계사유가 위 해고의 결정적 동기가 된 것이 아니라 노동조합활동을 혐오하여 위와 같은 소외인의 잘못을 핑계삼아 해고하였다고 본 것이 위법하다고 할 수 없다(대법원 1991.04.23. 선고 90누7685 판결).

117) 근로자의 노동조합업무를 위한 정당한 행위를 실질적인 해고이유로 한 것인지의 여부는 사용자측이 내세우는 해고사유와 근로자가 한 노동조합업무를 위한 정당한 행위의 내용, 징계해고를 한 시기, 회사와 노동조합과의 관계, 동종의 사례에 있어서 조합원과 비조합원에 대한 제재의 불균형 여부, 처분 후에 있어서 다른 노동조합원의 탈퇴 등 노동조합활동의 쇠퇴 내지 약화 여부, 기타 부당노동행위의사의 존재를 추정할 수 있는 제반 사정을 비교 검토하여 종합적으로 판단하여야 할 것이다(대법원 1991.01.22. 선고 90누6132 판결).

118) 대법원 1998.12.23. 선고 97누18035 판결에서는 일반적인 판단기준으로, 첫째, 승진과 관련하여서는 승진의 시기와 노동조합 활동과의 관련성, 업무상 필요성, 적격성과 합리성 등의 유무, 당해 근로자의 승진이 조합활동에 미치는 영향, 당해 근로자의 동기들과의 관련성, 노조원과 비노조원을 전체적으로 비교하여 승진에 있어서 격차가 있는지 여부를 기준으로 판단하게 되고, 둘째, 전보와 관련하여서는 전보명령의 동기나 목적, 전보명령에 관한 업무상의 필요성이나 합리성의 존부, 전보에 따른 근로자의 생활상의 불이익과의 비교형량, 전보명령의 시기, 사용자와 노동조합과의 관계, 전보명령에 이른 과정이나 사용자가 취한 절차, 직무환경이나 조건 또는 상사나 동료와의 관계에서 문제가 있었는지 여부, 그 밖에 전보명령 당시의 외형적, 객관적인 사정 등을 고려해서 판단한다.

달리 조합원에게 불리한 인사가 이루어진 경우,[119] 인사발령 시 비조합원의 의견은 대부분 반영하면서도 조합원의 의견은 제대로 반영하지 않은 경우에는 형평성을 상실한 것으로 판단할 수 있다. 그러나 단체협약·취업규칙 등의 인사규정, 종래의 관행·질서에 다라 인사가 합리적으로 이루어진 경우에는 부당노동행위로 보기 어렵다. 즉, 인사발령 당시에 정원의 증가로 인하여 충원이 필요하였거나, 교육훈련을 마치고 재배치의 필요성이 있었거나, 승급 등으로 보직변경이 필요하였거나, 기구 개편 등으로 정원조정이 불가피한 상황이 있는 경우,[120] 근로자의 성격, 동료와의 갈등 등 근로자간의 인화를 위한 필요성으로 전보·배치전환하는 경우,[121] 외형상 조합원과 비조합원의 승진에 격차가 있더라도 비교대상인 조합원과 비조합원간에 업무능력, 근무실적, 적격성 등에서 차이가 있는 경우[122]를 들 수 있다.

---

119) 승진규정에 직원의 승진임용은 인사고과 및 근무평정기준표에 의하되 승진소요 연한을 기준으로 승진대상자를 선정하도록 규정되어 있더라도 회사 설립이래 승진은 인사고과 및 근무평정 기준에 의하기보다는 경력순으로 승진하는 것이 일반적인 관례임에도 조합원 중 승진한 예가 없고, 근속년수가 짧은 비조합원을 먼저 승진시킨 것에 대해 노동조합에서 항의하자 뒤늦게 노조원을 승진발령한 것은 조합원이라는 이유로 부당하게 승진인사에 탈락시키는 불이익 취급에 해당한다.

120) 개원 이래 약 17년간 제도적으로 사무직 직원들에 대한 전보인사를 행하지 않음으로써 누적된 인사정체에서 벗어나 적재·적소에의 노동력배치에 의한 근로의욕의 증대와 경영의 능률증진, 각 부서간의 인사교류를 통한 업무운영의 원활화를 꾀할 목적으로 이루어진 전보처분은 업무상 필요에 따라 이루어진 것으로서 노동조합활동에 대한 보복조치로 이루어진 것이 아니다(대법원 1992.05.22. 선고 91다22100 판결).

121) '92.11월경부터 '95.2월경까지 계속하여 회사를 상대로 행정심판 청구, 감사원에 재심사 청구 등을 행하여 동료 및 상급자들이 원고에 대하여 가지고 있는 불편한 감정, 원고의 성품, 근무태도 등에 비추어 전보인사는 업무상의 필요성에 따라 행하여졌다고 인정하였다(대법원 1999.09.03. 선고 97누2528 판결). 한편, 조합원과 비조합원간의 마찰이 심화되어 비조합원들이 탄원 및 집단사직 제기 등을 통해 작업라인의 전환배치를 요구하는 등 정상적인 작업수행이 어려운 부득이한 사정으로 일시적으로 조합원과 비조합원을 분리하여 작업라인을 전환배치 하였다면 이를 노동조합의 활동을 약화시키고 단결력을 저하시킬 의사를 가지고 한 행위라고 보기 어렵다는 입장이다(노조68107-1130, '01.10.10).

122) 참가인의 승진제도가 종업원의 업무능력, 근무성적, 상위직에 대한 적격성 등의 반영에 의하여 승진이 이루어지는 능력주의 승진제도에 기초하고 있는 이상, 참가인이 영업을 시작한 이래 노조원으로서 과장에서 차장으로 승진한 사람이 전혀 없고, 1994.09.01 승진에 있어서도 과장 재직 기간이 1년을 초과하여 승진대상자로 된 과장은 비노조원 35명, 노조원 10명, 합계 45명이었는데, 그 중 비노조원 14명이 차장으로 승진하였고 노조원은 1명도 승진하지 못하였으며, 1994.09.01 승진 당시 과장으로서의 재직기간이 2년을 초과하는 과장 18명 중 승진이 되지 못한 사람은 소외 7인과 노동조합과 직·간접으로 관계가 있는 사람 및 휴직자 뿐 이어서 노조원과 비노조원을 전체적으로 비교하여 보아 승진에 있

Ⅱ. 고용형태별 차별에 대한 판단

1. 고용형태의 변화배경 및 다양한 고용형태

자본주의가 발달하는 초기에는 종신고용제와 같이 한 번 입사하면 퇴직 시까지 계속 근로하는 형태를 주로 가지고 있었다. 우리나라도 입사 시부터 미리 정해진 정년까지는 특별한 문제가 없는 한 계속하여 근로하면서 연공에 따른 승진과 급여가 주어졌다. 그러나 자본주의의 발달과 더불어 성과중심의 보상체계로 전환하면서 연공중심의 인사체계는 새로운 전기를 맞이하게 되었다. 우리나라도 금융위기 이후에 급속도로 확산되는 연봉제의 도입은 이러한 고용환경의 급격한 변화에의 적응을 요구받게 되었다. 더욱이 금융위기 이후 국제적으로 요구된 근로환경의 유연화 요구는 소위 말하는 고용과 해고를 보다 자유롭게 하는 형태를 요구하면서 그간의 사용자와 근로자 간의 첨예한 대립의 양상이 이제는 노노간의 대립 즉, 정규직과 비정규직이라는 대립상태를 추가적으로 맞이하게 되었다.

초기의 노노는 정년제에 의한 종신고용 내지 무기계약근로자와 이와 상대되는 고용형태인 유기계약근로자와 관계된 상대간의 문제로 파악할 수 있었다. 그러나 정규직과 비정규직간의 업무라든가 보상수준 등이 완전히 구분되는 것은 아니며 오히려 소위 비정규직의 보상은 더 높고 더 고난이도의 업무를 수행하는 경우도 많다. 이러한 측면에서 해고가 다소 자유로운 소위 비정규직의 고용안정문제는 새로운 고용환경의 이슈가 되었으며, 고용상의 새로운 차별화를 유발하는 노노간의 갈등양상으로 변화되어간 것이다. 즉, 정규직 외에 기간제근로자나 단시간근로자, 파견근로자, 용역근로자, 외근판매직 등 다양한 형태의 근로자를 비정규직의 범주에 포함하면서 고용상의 차별문제는 정규직과 그 외의 근

어서 외형상 격차가 있었다고 하더라도, 소외 7인이 비교의 대상으로 된 비조합원과의 사이에 업무능력, 근무실적, 상위직에 대한 적격성 등에 있어서 차이가 있었는지 여부에 따라 소외 7인이 노동조합에 가입하고 있음을 이유로 비조합원과 비교하여 승진에 있어서 불이익취급을 받았는지 여부를 판단하였어야 할 것이다(대법원 1998.02.10. 선고 96누10188 판결).

로형태를 가지는 근로자간의 비대칭 대우가 문제가 된 것이다. 또, 비정규직 외에도 관행적으로 내근직과 외근직간의 차등대우, 본부직과 지방직간의 차등대우, 국내직과 해외직간의 차등대우도 불균등의 문제를 안고 있다.[123] 이하에서는 비정규직과 기간제근로자 및 파견근로자를 중심으로 설명하고자 한다.

2. 정규직과 비정규직

(1) 정규직과 비정규의 판단

개념적으로는 정규직과 비정규직을 구분하기는 어려운 문제가 있다. 통상적으로 비정규직은 정규직이 아닌 근로자라고 표현된다. 그렇다고 정규직에 대한 개념이 명확히 정의되어 있는 것은 아니다. 우리는 일반적으로 입사하여 퇴직까지, 근로계약의 별도 갱신 없이 계속해서 해당 사업장에 근무하는 근로자를 정규직(통상 정년제 대상 근로자)으로 인식하고 있으며, 계약기간이 없는 무기계약근로자[124]라는 표현도 쓴다. 실무적으로는 관리직이나 일반직으로 규정된 직급체계에 따라 승진소요연한에 따른 승진과정과 정해진 급부시스템의 적용을 받는 근로자가 정규직으로 인식되고 있으며, 이와 관련되지 않는 경우 즉 임시직, 계약직 등의 별도 명칭을 통하여 채용되는 계약기간이 있는 근로자인 유기계약근로자를 일반적으로 비정규직으로 인식하고 있다. 물론 사업장마다, 회사마다의 그 특성에 따라 급부조건이 정규직은 높고 비정규직은 낮은 그런 관계는 아니

---

123) 내근직과 외근직 등은 근무지의 상황을 기준으로 판단되는 사항이다. 통상적으로 내근직과 외근직의 경우 내근직을 보다 우대하는 경향이 있고, 본부직과 지방직의 경우는 본부직이 우대되는 경향이 있다. 또 국내직과 해외직의 경우 국내직이 우대되는 경향이 있다. 그러나 급부조건이나 상황에 따라서는 격지근무자(지방직)가 우대되는 조건을 부여하여 운영하는 경우도 많고, 국내직보다는 해외직이 체류수당 등 보다 우대되는 조건을 유지하는 사업체들도 많다. 다만, 체재비나 격지근무에 소요되는 비용적인 측면 외에 다른 조건들이 다소 차이를 두어 운영될 수 있고, 이러한 결과가 불이익을 초래할 수 있는 소지가 크므로 이들의 근로조건 및 여건에 따른 차등대우를 검토할 필요가 있다. 물론 외근직, 지방직, 해외직의 경우 별도의 채용계획에 따라 채용하거나 현지채용을 통하여 고용관계가 형성되는 경우가 많으므로 채용 시부터 근무지나 근로조건도 다르게 규정하거나 근로계약을 하여 임용되는 경우 일정한 한도 내에서 차이를 두는 경우는 차별의 문제를 제기하기는 어려울 수도 있을 것이다.

124) 서울남부지법 2016.06.12. 선고 2014가합3508 판결에서는 무기계약직에 대한 차별판단과 관련하여 기존의 정년제 정규직에 비하여 소위 정규직인 무기계약직에 대한 차별을 인정함에 따라 정규직간의 차별도 위법하다는 새로운 판결이 나왔다.

다. 오히려 비정규직 등 전문가 집단인 유기계약근로자의 급여가 더 높은 경우도 많기 때문에 보상액을 기준으로 판단하기는 무리가 있는 것이 현실이다. 즉, 통상 근로기간의 정함에 따라 근로기간의 정함이 있는 근로자와 근로기간의 정함이 없는 근로자로 구분하는데, 이중 근로기간의 정함이 없는 근로자를 무기계약직, 정규직, 상용직 등의 형태로 인식되고, 근로기간의 정함이 있는 근로자는 비정규직, 계약직, 임시직, 일용근로자 등의 형태[125]로 인식된다. 두 종류의 근로자는 근로기간의 정함 이외에 법에서 따로 차별을 하지 않기 때문에 4대보험, 퇴직금, 수당 모두 동일하게 적용되고, 근로기간의 차이를 제외하고 근기법 및 기타 노동법에서 모두 동일하게 보호되는 근로자라고 할 수 있다.

한편, 서비스 산업은 노동 수요의 변화가 많고, 하루일과 중에도 수요가 일정하지 않는 특성이 있다. 예를 들면, 요식업의 식당이나 유통판매업의 대형 마트 등에서는 시간대에 따라 필요한 노동력이 시시각각 변화한다. 그 때문에 서비스 산업에서는 파트타임 노동자 고용을 선호하게 되었다. 또한 시대가 바뀌면서 여성의 사회 진출도 늘어났지만, 많은 여성들이 가사도 담당하고 있었기 때문에 풀타임으로 일하는 것이 어려웠고 파트타임을 선호하게 되었다. 이러한 배경에서 파트타임 근로자는 노동시장 안에서 규모가 커져 왔지만, 한편으로는 정규직과의 차별 등 여러 문제도 생기게 되었다.

(2) 비정규직 차별금지 근거 및 고용상 차별판단

실질적으로는 정규직과 같은 일을 하면서도 비정규직[126]이라는 이유로 차별

---

125) 비정규직(非正規職, Temporary worker ; Temporary Employee)은 정규직에 속하지 않는 고용형태를 뜻한다. 비정규직에는 회사에서 직접 고용한 직접고용 비정규직(기간제 및 단시간근로자, 파트타임직, 계약직, 일용직, 임시직)과 원청업체가 인력 파견회사(일명 아웃소싱 업체)나 하청업체를 통해 노동자를 고용하는 간접고용 비정규직(파견근로자)이 있다. 비정규직은 임금설정의 유연성과 해고를 쉽게 하기 위해 그러니까 고용의 유연성을 목적으로 등장했으며, 정규직과의 차별대우(최저임금제에서 정한 금액과 큰 차이가 없는 임금, 휴식시간이 거의 없는 지나친 업무강도 등), 계약기간이 만료되면 더 이상 일할 수 없는 불안정한 고용 등 원청업체가 하청업체를 통해 노동자를 고용하는 간접고용의 경우 노동운동을 이유로 하청업체가 직장의 문을 닫아버림으로써 사실상 노동자를 해직시키는 부당해고와 같은 노동자의 인권을 무시한 고용환경 등을 이유로 노동계로부터는 비판을 받아왔다.

126) 한국노동사회연구소의 분석 결과 비정규직의 시간당 임금은 평균적으로 정규직의 52.7%에 불과하지만 주당 노동시간은 50.5시간으로 정규직의 47.1시간보다 오히려 길다.

을 받는 경우가 문제가 되고 있다.[127] 비정규직 보호법은 기간제법, 파견법 등 비정규직보호 관련 법률을 통틀어 이르는 말로 간단히 비정규직법이라고도 한다. 2006년 11월 30일 비정규직 보호법이 국회에서 통과되어 2007년 7월 1일부터 300인 이상 사업장에 적용되었으며, 2008년 7월에는 100인 이상 사업장, 2009년 7월 1일에는 5인 이상 사업장으로 시행 범위가 확대되었다.[128] 비정규

사회보험 가입률은 비정규직 형태별로 22~25%에 불과하고, 상여금, 퇴직금, 시간외수당, 유급휴가·연월차 적용률은 16~23%에 그친다(한겨레21, 2001년 6월 13일). 우리나라에서는 1997년 IMF 외환위기를 계기로 정리해고가 자유로워지자 비정규직이 크게 늘어났다. 임금근로자 중 비정규직 비율은 공식 통계로 2009년 3월 현재 33.4%를 기록하고 있으며 최근 5년간 30%이상을 기록하고 있다. 실제 비율은 더 높다는 견해도 있다. 2006년부터 시행된 비정규직 보호법은 비정규직 비율을 낮추는데 어느 정도 기여하고 있다는 분석이 있다. 한편 당시 정부가 3조원을 투입한 직업 창출은 대부분 임시적인 비정규직이다. 2010년 10월 4일 기획재정부에 따르면 2010년 3월 기준으로 정규직과 비정규직의 임금에는 103만6000원 차이가 있다고 밝혔다.

127) 호봉제도는 근로자의 과거 경력이 현재 업무에 도움이 된다는 전제에 기초하고 있으므로 과거 경력에 대한 내용 분석 없이 단지 과거의 고용형태라는 형식적 요소에 의하여 호봉 인정 여부를 판단하는 것은 합리적이라 할 수 없음. 진정인이 ○○대학교병원에서 비정규직으로 근무하면서 수행한 업무의 성격 및 중요도가 정규직과 비교하여 현저히 다르다거나 낮다고 평가할 이유가 없음에도 입사 전 경력이 비정규직이라는 이유로 호봉획정 시 이를 인정하지 아니하는 것은 평등권침해의 차별행위에 해당한다(국가인권위원회 2007.12.14. 07진차908 결정). 또, 기능직공무원의 비정규직기간을 호봉획정에 반영하도록 하는 결정을 한 바도 있다(국가인권위원회 2011.08.26. 11진정0033600 결정).

128) 고용노동부는 **「고용형태에 따른 차별 개선 가이드라인」**을 발표(2011.11.28)하였는데, **"법적 차별 금지사항"**으로 사용자는 '기간제·단시간·파견 근로자'임을 이유로 '당해 사업 또는 사업장에서 동종·유사한 업무에 종사하는 근로자'에 비하여 '임금 그 밖의 근로조건 등'에 있어서 '합리적인 이유 없이' 차별적 처우를 하여서는 아니된다.

1. '당해 사업 또는 사업장에서 동종·유사한 업무에 종사하는 근로자'라 함은 기간제 근로자의 경우 '기간의 정함이 없는 근로계약을 체결한 근로자', 단시간 근로자의 경우 '통상 근로자', 파견 근로자의 경우 '사용사업주가 직접 고용한 근로자'를 말한다.
2. '임금 그 밖의 근로조건 등'이라 함은 임금(임금성 상여금 포함), 근로시간, 휴일·휴가, 안전보건 및 재해보상 등 단체협약·취업규칙·근로계약에 의해 사용자에게 지급 의무가 있거나 준수해야 할 의무가 있는 사항을 말한다.
3. 차별적 처우를 함에 있어서 합리적 이유가 없어야 하며, '업무의 범위·권한, 업무의 곤란도·책임도, 직무능력 및 실적, 근속년수'에 의한 차별은 합리적인 이유가 있는 것으로 본다.

"차별 개선을 위한 노력사항"으로

1. 사용자와 근로자대표 등은 동일한 사업 또는 사업장에서 고용형태에 따른 차별을 해소하고 근로자의 복지 증진을 위하여 사회적 책임을 토대로 상호 양보와 협력을 통해 아래와 같이 노력한다.
   ①(복리후생적 현물) 사용자는 근무복, 명절선물 등 기본적인 복리후생적 현물급여를 지급함에 있어서 고용형태를 이유로 불합리하게 차별하지 않도록 노력한다.
   ②(복리후생적 금품) 사용자는 식대, 피복비, 경조사비, 건강검진비 등 최소한의 복리

직보호법인 기간제법 제2조 및 제8조에서는 기간제근로자의 차별적 처우 및 차별행위를 금지하고 있고, 파견법 제2조 및 제21조에서 파견근로자의 차별적처우 내지 차별금지를 규정하고 있다. 이러한 보호규정은 사내하청, 즉, 원청업체와 하청업체관계에서의 비정규직에도 적용된다고 보아야 한다.[129)]

우리나라는 사실상 어떤 근로형태를 취하던 기본적인 차별은 금지된다는 전제하에, 개별근로계약에서 당사자가 특별히 합의하여 정한 사항의 경우는 다른 근로자와 달리 취급할 수 있다는 입장이 지배적이었다. 비정규직 근로자와 관련한 기간제법 등의 경우에도 동일한 조건의 근로에서 차별되는 경우나 단지 비

후생적 금품의 지급에 있어서 고용형태를 이유로 불합리하게 차별하지 않도록 노력한다. 다만, 파견근로자의 경우 파견사업주와 사용사업주는 상호 협의하여 파견근로자가 배려될 수 있도록 노력한다.

③(편의시설의 이용) 사용자는 다음 각 호(가. 구내식당, 나. 통근버스, 다. 보육시설, 라. 주차장, 마. 기숙사, 바. 체력단련 시설, 사. 기타 이에 준하는 편의시설)의 편의시설을 제공함에 있어서 고용형태를 이유로 불합리하게 차별하지 않도록 노력한다.

④(휴가) 사용자는 명절휴가 등 법정 휴가 이외의 휴가 제도를 운영함에 있어서 고용형태를 이유로 불합리하게 차별하지 않도록 노력한다.

⑤(상여금) 사용자는 상여금(성과 연동적 상여금은 제외)의 지급에 있어서 고용형태를 이유로 불합리하게 차별하지 않도록 노력한다. 다만, 파견근로자의 경우 파견사업주는 사용사업주와 상호 협의하여 파견근로자가 배려될 수 있도록 노력한다.

2. (고충처리) 사용자 및 근로자대표 등은 근로자가 차별 관련 고충을 제기할 수 있는 적절한 방안을 마련하여 고충을 신속하게 처리하도록 노력한다.
3. (직업능력개발) 사용자는 근로자의 직업능력개발 프로그램의 운영에 있어서 고용형태를 이유로 불합리하게 차별하지 않도록 노력한다.
4. (채용 기회 제공) 사용자는 당해 사업 또는 사업장의 기간제·시간제·파견 근로자가 정규직 근로자로 채용될 수 있는 기회를 보장하기 위하여 채용 관련 정보를 충분히 제공하고, 채용시 우선적으로 채용할 수 있도록 노력한다.
5. (차별 개선을 위한 협의) 사용자와 근로자대표 등은 단체교섭·노사협의회 등에서 근로자간 차별 해소 및 근로조건 격차 완화 방안을 지속적으로 협의·강구한다. 이 경우 기간제·시간제·파견 근로자 등이 의견을 개진할 수 있는 기회를 보장하기 위해 노력한다.
6. (불리한 처우 금지) 사용자는 근로자가 차별과 관련하여 고충 또는 이의 등을 제기한 것을 이유로 당해 근로자에게 불리한 처우를 하지 않도록 한다.

129) 2010년 7월 22일 대법원 제3행정부(대법원 2010.07.22. 선고 2008두4367 판결)는 ○○자동차 울산비정규직지회 그러니까 ○○자동차가 하청업체를 통해 간접 고용한 비정규직 근로자들이 권리를 주장하고 보호하기 위해 만든 노동조합의 최△△ 조합원이 낸 부당해고 구제 재심에 대해 "2년 이상 근무한 사내하청 근로자는 원청회사가 정규직으로 직접 고용한 것으로 봐야한다"라는 취지의 판결을 내렸다. 이 판결은 노동운동을 이유로 한 해고를 당한 □□오토 비정규직 근로자들이 원청업체인 ○○자동차를 상대로 복직투쟁을 벌이던 시기에 있었기 때문에, 사내하청 비정규직 그러니까 원청업체가 하청업체를 통해 간접 고용한 비정규직 근로자들의 권리투쟁에 영향을 준 판결로 평가받는다.

정규직이라는 이유로 합리적인 근거 없이 차별이 발생하는 경우 금지되는 것이므로[130] 개별근로계약을 원칙으로 하는 특성상, 법령에서 강행규정으로 금지하고 있는 사항이 아닌 한 당사자 간의 자유로운 계약내용에 따라 근로조건들이 적용되는 부분까지 차별이라고 주장하기는 무리가 있을 것이다.

3. 기간제와 단시간 근로자

(1) 기간제 및 단시간 근로자의 의의

그동안의 기간제 근로자 등의 보호입법의 논의가 결실을 맺어 기간제 및 단시간근로자보호등에 관한 법률이 2006년 12월에 제정되었다. 국제적으로는 단시간근로 기본협약에 관한 유럽입법지침(97/81/EC)과 기간제 근로에 관한 일반협약과 관련된 입법지침(99/70/EC)이 이미 오래전에 제정되었지만 국내에는 이러한 기간제 및 단시간 근로자의 보호조치가 미흡한 상태로 사회적으로는 차별행위에 대한 효율적인 저어장치가 없어 비정규직의 문제와 더불어 노동계에서는 많은 필요성을 제기하며 입법화를 촉구하였다. 그러나 당초 노동계의 요구사항보다는 흡족한 수준의 입법 장치가 되지 못했다는 여론도 있다. 그럼에도 불구하고 이러한 입법을 통한 고용상의 차별행위 등이 제어될 수 있는 틀을 마련하였다는데 의의가 있다고 할 수 있겠다.

기간제법에서는 기간제근로자 및 단시간근로자에 대한 불합리한 차별을 시정하고 기간제근로자 및 단시간근로자의 근로조건 보호를 강화함으로써 노동시장의 건전한 발전에 이바지함을 목적으로 한다면서 '불합리한 차별시정'을 목적으로 하고 있음을 밝히고 있다. 여기에서 그 대상인 기간제근로자라 함은 기간의 정함이 있는 근로계약을 체결한 근로자(제2조 제1호)를 말하고,[131] 단시간근로

130) 노동위원회는 단시간제 등 근로자들에 대한 상여금, 근속수당, 유급휴일수당 미지급은 합리적 이유없는 차별이지만 비교대상근로자들에 대한 시간비례의 원칙을 적용하여 근로자들에게 미지급 금품을 지급하는 것이 타당하다는 입장을 보이고 있어 시간비례원칙 등 일정한 기준이 합리적인 경우 달리 적용할 수 있음을 보이고 있다(전북지방노동위원회 2011.01.25. 2010차별2 결정 외 다수).

131) 기간을 정한 근로계약서를 작성한 경우에도 즉, 단기간의 근로계약이 장기간에 걸쳐서 반복하여 갱신됨으로써 그 정한 기간이 단지 형식에 불과하게 된 경우 계약서 내용과 근로계약이 이루어지게 된 동기 및 경위, 기간을 정한 목적과 당사자의 진정한 의사, 동종의 근로계약 체결방식에 관한 관행 그리고 근로자보호법규 등을 종합적으로 고려하여 그 기

자라 함은 근기법 제2조의 단시간근로자(제2조 제2호)를 말한다. 여기서 근기법 제2조에서의 단시간 근로자란 "1주 동안의 소정근로시간이 그 사업장에서 같은 종류의 업무에 종사하는 통상 근로자의 1주 동안의 소정근로시간에 비하여 짧은 근로자를 말한다(근기법 제2조 제8호)."고 규정하고 있다.

(2) 기간제 등의 차별금지 근거 및 고용상 차별판단

기간제법 제2조 제3항에서는 차별적 처우라 함은 임금 그 밖의 근로조건 등에 있어서 합리적인 이유 없이 불리하게 처우하는 것을 말한다고 하면서 기간제법에서는 기간제근로자와 단시간근로자에 대한 합리적인 이유 없는 차별을 금지하고 이를 제한하는 규정을 마련하고 있다.[132] 기간제법 제6조(단시간근로자의 초과근로 제한)에서는 사용자는 단시간근로자에 대하여 근기법 제2조의 소정근로시간을 초과하여 근로하게 하는 경우에는 당해 근로자의 동의를 얻어야 하며, 동의를 얻어도 1주간에 12시간을 초과하여 근로하게 할 수 없도록 규정하고 있으며, 단시간근로자는 사용자가 동의 없이 초과근로를 시키는 경우에는 이를 거부할 수 있도록 하고 있고, 이를 위반하는 경우 차별대우로 본다.[133] 또, 기간제법 제8조(차별적 처우의 금지)에서 사용자는 기간제근로자임을 이유

간의 정함이 단지 형식에 불과하다는 사정이 인정되는 경우에는 계약서의 문언에도 불구하고 그 경우에 사용자가 정당한 사유없이 갱신계약의 체결을 거절하는 것은 해고와 마찬가지로 무효로 판단(대법원 2006.02.24. 선고 2005두5673 판결)함으로써 기간제근로자를 형식적인 것보다는 실질적인 근로계약의 진정한 의사 등에 의해 판단할 수 있음을 예시하고 있다.

132) ○○교육청이 기간제교원에 대하여 봉급액을 최고 14호봉으로 제한하는 것은 불합리한 차별이므로 시정을 요구하는 진정 건에 대하여 인권위는 ○○교육감에게 퇴직교육공무원 출신(연금수령자에 한함)외 다른 기간제교원의 호봉이 공무원보수규정 제5조에 따라 산정되도록 계약제교원운영지침을 개정할 것을 권고하였다(국가인권위원회 2009.08.06. 08진차79결정) ; 한편, 서울행정법원 2012.11.13. 선고 2012구합16220 판결에서는 교사로 재직하다가 퇴직한 후 초등학교에서 기간제 교원으로 근무하던 갑이 '교장이 자신을 담임교사로 임용하면서 정규직 담임교사와 달리 방학기간을 계약기간에서 제외하고 방학기간 중 급여를 지급하지 않은 것' 등이 차별적 처우에 해당한다면서 관할 지방노동위원회에 시정신청을 하였으나 기각된 사안에서, 위 처우는 합리적인 이유가 없는 차별적 처우에 해당한다고 한 사례가 있다. 특히 기간제교원에 대한 차별문제를 다룬 판단은 노동위원회, 인권위, 법원 등 상당히 많은 것으로 파악된다.

133) 초과근로와 관련하여 중노위는 관련 제규정이 근로시간의 초과근무를 절대적으로 금지하고 있지 않음에도 합리적인 이유없이 근무시간을 엄격히 통제하는 것은 부당한 차별대우임은 물론 실질적인 노동조합의 활동에 대한 불이익처분이 되는 경우 부당노동행위에 해당한다고 판단하고 있다(중앙노동위원회 2009.10.12. 2009부해720 결정).

로 당해 사업 또는 사업장에서 동종 또는 유사한 업무에 종사하는 기간의 정함이 없는 근로계약을 체결한 근로자에 비하여 차별적 처우를 하여서는 아니 되며, 사용자는 단시간근로자임을 이유로 당해 사업 또는 사업장의 동종 또는 유사한 업무에 종사하는 통상근로자에 비하여 차별적 처우를 하여서는 아니 된다고 규정하고 있다. 즉, 소위 정규직 내지 비교대상 다른 근로자와의 차별을 금지하는 규정을 두고 있는 것이다.

기간제 근로에 관한 일반협약과 관련된 EU입법지침(99/70/EC)에 의하면, EU는 (a) 차별금지 원칙의 적용을 보장하여 기간제근로의 질을 향상하고, (b) 연속적 기간제 고용계약시 발생되는 남용을 방지하기 위한 틀을 제정(제1조)하였고, 고용조건과 관련하여 기간제근로자는 객관적 사유에 의해 정당화되지 않는 한, 단지 유기계약 또는 관계를 맺고 있다는 이유만으로 비교 가능한 상용근로자보다 덜 우호적인 방식으로 취급되어서는 아니 되고, 필요시 기간비례원칙을 적용하여야 하며, 특정 고용조건과 관련된 근속기간 자격은 객관적 사유에 의해 정당화되지 않는 한 기간제근로자와 상용근로자가 동일하게 적용되어야 한다(제4조)고 규정하여 차별금지 원칙을 선언하고 있다. 아울러, 단시간근로 기본협약에 관한 EU입법지침(97/81/EC)에서도 단시간근로자를 보호하는 규정을 두고 있다.[134)]

---

134) 이 기본협약의 목적은 (a) 단시간근로자에 대한 차별을 제거하고 단시간근로의 질을 개선하며, (b) 자발적 기초 위에 단시간근로의 개발을 촉진하고 사용자와 근로자의 필요를 함께 고려하는 방식으로 유연한 근로시간의 조직에 기여하는데 있다(제1조)고 규정하면서 '단시간근로자'란 1주 단위 또는 1년 이내 기간을 평균하여 계산한 소정 근로시간이 비교가능한 풀타임 근로자의 소정 근로시간보다 짧은 근로자를 말하는데, 여기에서 '비교가능한 풀타임근로자'란 동일 또는 유사 직업·직종에 종사하고, 연공, 자격, 기능을 포함하여 여타 고려사항을 적절히 배려받는 동일 유형의 근로계약 또는 근로관계를 갖는 동일 사업장내 풀타임근로자를 말한다고 규정하고 있다(제2조). 한편, 동 지침 제4조에서는 차별금지의 원칙으로 근로조건과 관련하여 단시간근로자는 차별대우가 객관적 사유에 의해 정당화되지 않는 한 단지 단시간근로라는 이유로 비교가능한 풀타임근로자보다 덜 우호적인 방식으로 대우받아서는 아니 되며, 적절한 경우 시간비례적용 원칙을 적용하고, 이 조항의 적용 준비는 회원국과(또는) 사회적 동반자가 유럽법, 국내법, 단체협약, 관행을 고려하여 정하여야 하며, 객관적 사유에 의해 정당화된 경우, 사회적 동반자와 협의를 거친 회원국과(또는) 사회적 동반자들은, 국내법, 단체협약 또는 관행에 따라 적절한 경우 근속기간, 근로시간 또는 소득자격에 따른 특별한 근로조건을 추가할 수 있다. 단시간근로자의 특별한 근로조건 추가와 관련된 자격조건은 차별금지 원칙이 제4조 제1항에 규정된 대로 준수되고 있는지 정기적으로 점검되어야 한다.

노동위는 경영성과급 미지급은 정규직에 비하여 비정규직에 대한 차별이라고 판단(중노위, 2010차별10)하였고, 법원도 경영실적평가에 따른 성과상여금을 지급하면서 기간제근로자 등을 제외한 것은 차별이라고 판단하고 있으며,[135] 기간제 및 단시간근로자와 파견근로자 등 소위 비정규직근로자와 정규직근로자의 차등대우가 합리적인 이유 없는 경우 부당한 차별행위가 된다고 판단하고 있다.[136]

4. 파견근로자

(1) 파견근로자의 의의

실무적으로는 특정업무를 대상으로 인력을 활용하는 점에서 파견법상 파견직과 용역관련법상 용역직의 구분이 모호할 수가 있다. 대략 사용사업주의 입장에서는 계약상의 문제가 어떻든 당해 사업장의 근로자로 채용되어 근무하는 것이 아니라 파견사업주에게 또는 용역회사에 채용되어 사용사업장에서 근로를 제공하는 형태이기 때문에 그 지위를 구분하기는 실무적으로 어렵다. 다만, 회사와 회사 간의 일을 목적으로 용역도급계약을 체결하여 그 도급 업무를 수행하기 위하여 파견되어 있는 용역직과 파견법에 따라 파견사업주와 사용사업주간의 특정 업무를 수행하는 근로자파견을 목적으로 체결되는 근거로 근로를 제공한다는 점에서 법상으로는 구분이 가능하다. 즉, 파견업무는 근로자파견을 목적으로 계약이 체결되고, 용역직은 도급 업무를 목적으로 기본계약이 체결된다는 점이 명확히 구분되는 것이고 실제 수행하는 업무에는 구분이 없을 수 있다는 점

135) 대법원 2012.01.27. 선고 2009두13627 판결.

136) 비정규직에 대하여 상여금과 조정금 미지급(중노위, 2013차별4 ; 중노위, 2010차별6), 설·명절휴가비(중노위, 2015차별12 ; 중노위, 2015차별1 ; 중노위, 2014차별9)·봉사료(중노위, 2015차별2 ; 중노위, 2014차별9)·경조금(중노위, 2014차별9)·복지포인트(중노위, 2013차별6) 미지급, 중식비(중노위, 2015차별12 ; 중노위, 2015차별1) 및 교통보조비 미지급(중노위, 2013차별12 ; 중노위, 2010차별3), 가족수당에서의 차등지급(중노위, 2010차별7), 기본급 및 제수당에서의 차등지급(중노위, 2012차별4 ; 중노위, 2010차별5), 피복비 차등지급(중노위, 2013차별3), 통근비·중식대·변동성과급에 대한 차등(중노위, 2010차별1 ; 중노위, 2009차별7 ; 중노위, 2009차별6), 정기상여금 차등(중노위, 2009차별4), 조정수당 차등(중노위, 2009차별12), 가족수당·정액급식비·교통보조비 등 업무량 등과는 무관한 보수지급에서의 차등지급(중노위, 2015차별1 ; 중노위, 2009차별9) 등.

이다. 다만, 용역직의 근로자에 대한 사용자는 용역회사이나, 파견근로자의 경우는 파견사업주(파견을 한 회사)와 사용사업주(파견을 받은 회사)가 그 사안에 따라 사용자가 달라진다는 차이가 있다.137) 또, 용역파견의 경우에도 사실상 해당 용역을 도급한 회사가 고용상의 업무지휘권을 행사하며 사용자의 지위와 같은 행위를 하는 경우가 있어 최근 위장도급, 사내하청 등의 문제가 이슈화된 적이 있다.138)

파견법은 근로자파견사업의 적정한 운영을 기하고 파견근로자의 근로조건 등에 관한 기준을 확립함으로써 파견근로자의 고용안정과 복지증진에 이바지하고 인력수급을 원활하게 함을 목적으로 제정되었다. 파견법 제2조(정의)에서 “차별적 처우”라 함은 임금 그 밖의 근로조건 등에 있어서 합리적인 이유 없이 불리하게 처우하는 것으로 규정하고 있다.

(2) 파견근로자의 차별금지 근거 및 고용상 차별

파견법 제21조(차별적 처우의 금지 및 시정 등)에서는 “파견사업주와 사용사업주는 파견근로자임을 이유로 사용사업주의 사업 내의 동종 또는 유사한 업무를 수행하는 근로자에 비하여 파견근로자에게 차별적 처우를 하여서는 아니 된다.”139) 고 규정하고 있다.

사용사업주는 파견근로자의 성별·종교·사회적 신분이나 파견근로자의 정당

---

137) 대법원(2003.09.23. 선고 2003두3420 판결)은 ○○○○코리아 소위 위장도급의 문제와 관련한 사건에서 업무도급(용역도급)은 용역파견회사(수급인)가 현장에 파견된 근로자에 대하여 업무지시 등의 권한을 가지는 사용자 임에도 용역파견근로자를 도급인의 같은 현장의 기존 직원들과 함께 동등하고 통일된 기준에서 일괄하여 업무지시 등 전반적인 인사관리를 직접 한 것은 수급인이 사용자가 아닌 도급인이 사용자의 지위에 있는 것으로 판단하고 이 사건은 위장도급에 해당한다고 판결하였다.

138) 대법원 2003.09.23. 선고 2003두3420 판결 ; 대법원 2003.09.23. 선고 2003두3444 판결 ; 대법원 2002.11.26. 선고 2002도649 판결.

139) 노동위는 파견근로자의 지위에서 근로제공에 따라 형성되는 기본급, 상여금, 근속수당, 체력단련비, 안전수당, 공정지원금은 근로의 질·양에서 차이가 없으므로 이를 차이를 두는 것은 차별행위라고 판단하고 있다(중앙노동위원회 2009.04.27. 2009차별2 결정). 한편, 파견근로자에 대한 임금지급 등 차별과 관련하여 인권위는 동일한 업무를 수행하는 정규직이나 다른 업무종사자에게 지급되고 진정인에게 지급되지 않은 운전수당을 지급하고, 진정인의 근속연수를 고려하여 진정인과 같은 수준의 호봉이 인정되는 기능직 10급 공무원의 봉급 이상으로 진정인의 기본급을 다시 산정하여 진정인에게 지급한 임금을 제외하고 나머지 차액을 지급할 것을 권고하였다(국가인권위원회 2010.08.18. 09진차1013결정).

한 노동조합의 활동 등을 이유로 근로자파견계약을 해지하여서는 아니 되며, 파견사업주는 사용사업주가 파견근로에 관하여 이 법 또는 이 법에 의한 명령, 근기법 또는 동법에 의한 명령, 산안법 또는 동법에 의한 명령에 위반하는 경우에는 근로자파견을 정지하거나 근로자파견계약을 해지할 수 있다(제22조). 또, 파견사업주는 정당한 이유 없이 파견근로자 또는 파견근로자로서 고용되고자 하는 자와 그 고용관계의 종료 후 사용사업주에게 고용되는 것을 금지하는 내용의 근로계약을 체결하여서는 아니 되며, 파견사업주는 정당한 이유 없이 파견근로자의 고용관계의 종료 후 사용사업주가 당해 파견근로자를 고용하는 것을 금지하는 내용의 근로자파견계약을 체결하여서는 아니 된다(제25조).

한편, 입법사례로 ILO는 파견근로자와 관련한 보호를 위해 "개인 고용 대행사와 관련된 입법지침"을 마련하고 있으며, EU도 "파견근로자의 근로조건에 관한 입법지침(2002/149/EC)"을 마련하고 있다.[140] 동 EU입법지침은 제5조(차별금지의 원칙)에서 파견중인 파견근로자는 기본적인 근로와 고용조건에 있어 최소한의 우호적인 대우를 받아야 한다. 이러한 조건은 처우에 있어 차별이 객관적인 이유에 의해 정당화되지 않는 한 직무에 있어 선임권을 포함하여 사용 기업에서 근무하는 비교 가능한 근로자와 같은 대우를 받아야 한다. 적절한 경우 기간비례원칙을 적용한다고 규정하고 있으며, 회원국은 파견업체와 상용 고용계약을 맺은 파견근로자가 사용업체에 파견되지 않은 기간에도 계속 임금을 지급받는 경우 제1항에서 정한 원칙에 대한 예외를 정할 수 있다고 규정하고 있다.

140) EU입법지침에 의하면 제2조(목적)에서 이 입법지침의 목적은 a) 파견근로자들에게 차별금지원칙의 적용을 보증함으로써 파견근로자의 질을 개선하고, b) 파견근로자의 사용이 근로 및 고용시장의 원활한 기능에 기여하도록 적절한 골격을 수립하는데 있다고 하고 있다. 지침 제3조(정의)에서는 이 입법지침의 목적을 위해 a) "근로자"란 관련 회원국에서 국내 고용법에 따라 근로자로 보호되는 사람을 의미하고, b) "비교 가능한 근로자"란 연공, 자격, 기능을 고려하여 파견업체가 파견한 근로자와 동일한 또는 유사한 업무를 수행하는 사용업체의 정규직 근로자를 의미하고, c) "파견기간"이란 파견근로자가 사용업체에 배치되어 일하는 기간을 의미하며, d) "기본적인 근로 및 고용 조건"은 i) 근로시간의 지속기간, 휴식기간, 야간근로, 유급휴가, 그리고 법적 공휴일, ii) 임금, iii) 임신부와 육아모, 어린아이와 젊은이가 수행하는 근로, iv) 성, 인종 또는 민족, 종교 또는 신념, 신체장애, 연령 또는 성적 지향을 이유로 한 차별과 싸우기 위해 취한 행동과 관련된 근로 및 고용조건을 의미한다고 규정하고 있다.

노동위[141]는 파견법상 파견근로자에 대하여 파견사업주인 사용자가 사용사업체인 사용자 소속 상용직 상담원(비교대상근로자)에 비하여 시간외 근무수당 등 여러 수당을 낮게 지급하거나 지급하지 않은 것은 합리적 이유 없는 차별이라고 판정한 사례가 있다. 즉, 이 사건근로자와 사용자 소속 상담원들은 2012.08.01.부터 교통약자지원센터에서 오전과 오후 교대조로 근무하였고, 근무당시 근무조건이나 근무내용상 차이가 없었으므로, 2012.08.01.부터 교통약자지원센터에 배치된 사용자 소속 상담원은 이 사건 근로자의 비교대상근로자로 봄이 적합하고, 이 사건 사용사업주는 상용직 상담원에 대하여 기본급, 휴일근무수당, 시간외근무수당, 정액급식비, 근속가산금, 위생수당, 기말수당, 명절휴가비, 연차유급휴가수당을 상용직 관리규정에 따라 지급하도록 규정하고 있고, 성과상여금은 매년 성과상여금 지급계획에 따라 지급하도록 규정하고 있으며, 공무원복지카드는 복지포인트 지급규정에 따라 지급하고 있으므로 이는 모두 차별금지영역인 임금 그 밖의 근로조건 등에 해당되며, 기본급을 적게 지급한 것과 통상임금 산정방법을 불리한 방법으로 적용한 것은 불리한 처우이며, 기말수당·명절휴가비·위생수당·정액급식비·가족수당·근속가산금·성과상여금·공무원복지포인트를 미지급한 것도 불리한 처우라고 보고 있다. 결국, 합리적인 이유 없는 불리한 처우는 차별행위가 된다.

Ⅲ. 근로자의 외재적 특성에 의한 차별판단

1. 근로자의 외재적 특성별 차별사유

근로자의 특성별 차별유형분류는 개인적인 특성, 즉 외재적 특성과 내재적 특성을 바탕으로 한 차별을 말하는 것으로 다소 분류기준이 모호한 것들도 있지만 편의상 여기에서는 남녀, 혼인여부, 임신, 성적지향, 용모 등 신체조건, 나이, 종교, 사상 및 정치적 의견, 전과, 장애 및 병력 등을 예로 들기로 한다. 이러한 특성들에 대하여는 앞에서 언급한 것처럼 고용관련 대부분의 법령에서 규정하

141) 중앙노동위원회 2013.06.10. 2013차별8 결정.

고 있으며, 인권위법에서도 상세히 규정하고 있는 사유들에 해당한다. 근로자의 특성별 차별사항들은 고용형태와 환경적 차별과 더불어 현재 논의되고 있는 차별사항의 내용에서 많은 부분에 해당하는 사항이기도 하다. 우선 남녀차별금지사항은 전근대적인 근로환경의 지배 하에서 고용관계가 진행되면서 관행적으로 남자보다 여자가 차별을 받아온 현실적인 상황이 누적되어 왔으며, 남녀차별의 문제는 고용상의 차별에서 가장 핵심적인 차별의 문제로 다루어져 왔다. 아울러, 혼인여부, 임신, 성희롱, 용모 등 신체조건에 의한 차별의 문제도 남성에 비하여 여성이 보다 차별되는 요인에 해당하는 것으로 넓게는 이들도 남녀의 성을 이유로 한 차이에 따른 차별의 문제라고 할 수 있다. 이는 오랜 기간 동안 가부장적인 전통사회에서의 여성에 대한 역할이 사회적으로 불균등한 지위를 점유하면서 관행적으로 진행되었던 것들(환경적 차별사항이 병존하고 있음)이며, 이러한 현실이 여성의 사회활동참여가 확대되면서 첨예한 이슈로 등장하였고 이러한 불균등한 사회적 차별사항을 해소하기 위한 노력의 결실에 따라 많이 시정되어 가고 있다고 할 수 있다. 또, 성적지향, 나이, 종교, 사상 및 정치적 의견, 전과, 장애 및 병력, 학력 등도 근로자 개인의 특성적 측면에서 분류할 수 있으므로 편의상 근로자의 외재(외관)적 특성과 근로자의 내재(내면)적 특성(사실)에 따라 분류하여 설명하기로 한다.

근로자의 외재(외관)적 특성에는 남녀라는 성별차이, 임신 등의 사유, 용모 등 신체조건, 장애와 같은 외면적으로 보이고 드러나는 상황을 이유로 한 차별행위를 들 수 있다. 이러한 차별은 근로자의 특성별 차별이나 각종 차별사유에서도 가장 많은 부분 차별행위가 발생하였고, 아직도 많은 부분 시정이 필요한 부분으로 남아 있다.

2. 남녀의 성별

(1) 남녀 성별을 이유로 한 차별

성별을 이유로 한 직접차별이란 성별을 이유로 고용상 불리한 대우를 하는 것으로서 그러한 대우가 비합리적이고 정당화되지 않는 경우를 말하는 것으로 성별을 이유로 한 차별은 대부분 남성에 대한 여성의 상대적인 차별규정[142]으로 다루어지고 있다. 불리한 대우의 원인이 성별에 기인한 경우[143]에서 성별이란 젠더(gender)를 의미하는데, 젠더란 생물학적 성(sex)과 달리 사회문화적으로 구성되고 획득된 것으로서의 여성, 남성을 강조하는 개념이지만 생물학적 성을 배제하는 개념은 아니다. 생물학적 성을 근거로 행해지는 차별과 사회통념상의 성역할 고정관념을 근거로 행해지는 차별은 성별에 의한 차별에 해당하며, 캐나다의 인권법 등에서는 성별에 의한 차별에는 임신 또는 출산을 이유로 한 차별이 포함되는 것으로 이해되고 있다.[144]

차별행위자는 주장하는 자와의 고용관계에서 반드시 사용자와 피용자의 관계에 있어야 하는 것은 아니며, 고용과 관련하여 실질적인 영향력을 행사하는 지위에 있으면서 차별의 결과를 발생시킨 자를 의미하기도 한다.[145] 통상적으로 불리한 대우를 주장하는 자가 비교대상자를 지정하는 경우가 흔하지만 비교대

142) 남녀고용평등법 제2조, ILO 제111호 협약 '고용 및 직업에 있어서 차별대우에 관한 협약(1958)' 제1조, UN '여성차별철폐협약(1979)' 제1조(여성에 대한 차별), 영국 성차별금지법(1975)에서는 「1. (1) (a)성이 다르다는 것을 이유로 하여 남성에게 대우하고 있는 또는 대우하고자 하는 것보다 불리하게 여성을 대우할 경우」를 규정하고 있다.

143) 남녀 함께 선발하던 미용고등학교에서 갑자기 여학생만을 선발하는 것으로 방침을 바꾸어 신입생 입학 전형을 시행하였고 이로 인해 남자는 입학 전형에 지원할 수 없게 되자 이는 성별을 이유로 한 불합리한 차별이라고 진정한 건에 대하여 인권위는 해당 미용고등학교에 대하여 향후 신입생 모집시 지원자격을 여학생으로만 한정하지 않도록 관련 학칙과 신입생 모집요강 등을 개정하여 입학 전형을 시행할 것을 권고하였다(국가인권위원회 2010.05.25. 09진차1218 결정). 또, 공군 사관후보생 조종장교 모집 시 지원자격을 남성으로 제한 것에 대하여 인권위는 여성에게도 지원자격을 부여할 것을 권고하였다(국가인권위원회 2010.05.25. 09진차773 결정).

144) 캐나다 인권법 제3조(차별금지근거)에서는 「(2)임신이나 출산에 대한 차별의 경우」는 성에 근거한 차별로 간주한다. 한편, 캐나다 인권재판소는 선박에 승선하여 요리사 등으로 일할 근로자를 선발하는 회사에서 여성인 응모예정자가 일상적인 관리감독 책임을 갖고 있지는 않지만 채용과정에 관한 전반적인 감독 권한과 책임을 갖고 있는 조합위원장으로부터 여성근로자를 수용할 시설 등이 없어 부적합하다는 말을 듣고 응모를 포기한 건과 관련하여 이는 여성근로자가 지원할 의사를 단념하게 만드는 결과를 초래하였다고 결론을 내린 사례가 있다(Oster v. International Longshoremen's & Warehousemen's Union(Marine Section) Local 400 (2000), TD 4/00(C.H.R.T), Canadian Human Rights Commission, 2000 Legal Reports, 15~17면).

145) KTX 여승무원은 이 회사 열차팀장과 유사한 업무를 수행함에도 임금과 고용조건 등에서 불리한 대우를 받았으며 이것은 성차별에 해당한다고 주장한 건과 관련하여 인권위는 자회사인 한국철도유통 소속의 여승무원이 성차별을 당했는지 판단함에 있어서 그 비교대상으로 한국철도공사 소속의 정규직 열차승무원들을 선정하였다. 이는 '불리한 대우'의 비교대상이 반드시 동일한 사용자에 의해 고용되어 있는 자를 의미하는 것은 아니라는 사실을 보여준다(국가인권위원회 2006.09.11. 06진차116·136 결정(병합)).

상자가 불명료하거나 적절하지 않을 수 있기 때문에 이에 전적으로 구속될 필요는 없고 적절한 비교대상자를 찾을 수 있다.[146] 다만, 성별을 이유로 하는 불리한 대우가 모두 차별이 되는 것은 아니므로 합리적인 이유가 존재하는 경우 차별이 성립하지 않는다.[147]

한편, 성별을 이유로 한 간접차별이란 성별이 아닌 외관상 중립적인 기준을 사용하지만 그 결과 특정한 성별의 구성원에게 불리한 효과를 초래하는 경우[148]로서, 문제의 사례로 중립적 기준은 주로 혼인 여부, 신체조건 등과 관련된 경우가 많은데, 사내부부, 맞벌이부부 등의 혼인 여부와 관련된 중립적 기준을 사용하였으나 특정한 성별의 구성원에게 불이익한 결과를 가져올 경우 성별에 의한 간접차별에 해당하는 동시에 혼인 여부에 의한 직접차별에 해당할 수 있다. 인권위법은 혼인 여부에 의한 차별을 별도의 사유로 분리하여 다루고 있다.[149]

사용자가 직무관련성 또는 사업상 필요성을 입증했다고 해서 그 자체로 정당성을 인정받을 수 있는 것은 아니다. 특정한 성에게 차별적인 효과를 가져오지 않으면서도 목적을 달성할 수 있는 다른 대안적 방법이 있었음에도 불구하고 사용자가 그러한 방법을 사용했다면 그 경우는 수단의 정당성을 인정받기 어렵다.[150]

---

146) 앞의 KTX 여승무원 사건과 관련하여 인권위는 차별받은 자가 지정한 비교대상자에 구속되지 않고, 이 회사 소속의 다른 정규직 열차승무원들 중에서 진정인과 근속년수 등이 가장 유사한 근로자를 비교대상자로 보아 임금 및 고용조건 등에서 차별여부를 판단하였다(국가인권위원회 2006.09.11. 06진차116·136 결정(병합)).

147) 인권위는 실질적·결과적 평등의 실현을 위하여 초·중등학교 교감·교장 승진 시 여성을 잠정적으로 우선 임용하도록 한 도교육청의 조치는 합리적 이유가 있는 차별이라고 결정했다(국가인권위원회 2006.05.29. 06진차14 결정).

148) 직제개편을 통하여 특정 직급을 상용직으로 편입하여 기존에 허용되던 상용직 내에서의 승진조차 전혀 허용하지 아니하도록 만든 것은 그들이 채용 당시 가지고 있던 승진에 대한 기대이익을 침해하는 조치로서 합리성이 없다. 직제개편으로 인하여 특정 직급을 편입조치 하였지만 해당 직급에는 여성근로자만으로 구성되어 있었던 점을 비추어 볼 때 이는 여성차별에 해당한다(대법원 2006.07.28. 선고 2006두3476 판결).

149) 인권위는 자발적인 의사가 아니라 여성 계약직이 결혼하면 퇴사하게 하는 방송사의 관행에 따라 퇴사하고 고용형태를 전환한 것으로 이러한 결혼 퇴직 관행은 여성에 한하여 결혼을 이유로 다른 남성들과 동등하게 고용될 기회를 배제하는 것으로 합리적 이유가 없는 차별이라 판단하였다(국가인권위원회 2006.12.22. 06진차481 결정).

150) 교육인적자원부는 교사임용 시 호봉획정경력으로 인정되는 농업종사경력을 입증하는 기

(2) 성별에 의한 차별금지 근거 및 고용상 차별판단

가장 전통적인 차별문제로 이슈가 되었던 것이 남녀의 성을 이유로 한 차별문제였다. 그러므로 헌법을 비롯하여, 근기법, 남녀고용평등법, 인권위법 등 많은 법령과 국제적인 인권선언 및 국제규약에서 규정되어 있다. 남녀고용평등법 제2조에서는 "차별이라 함은 사업주가 근로자에게 '성별' 등의 사유로 합리적인 이유 없이 채용 또는 근로의 조건을 달리하거나 그 밖의 불이익한 조치를 취하는 경우를 말한다."라고 규정하고 있고, 동법 제7조(모집과 채용)에서 "모집 및 채용에 있어서 남녀 차별금지, 여성근로자를 모집·채용함에 있어서 모집·채용하고자 하는 직무의 수행에 필요로 하지 아니하는 용모·키·체중 등의 신체적 조건, 미혼조건 등의 조건제시 요구 금지"를 규정하고 있고, 정책법 제19조(취업기회의 균등한 보장)는 "근로자를 모집·채용함에 있어서 합리적인 이유 없이 '성별' 등을 이유로 차별을 하여서는 아니 되며, 균등한 취업기회의 보장"을 규정하고 있다.

또, ILO 제111호 협약인 고용 및 직업에 있어서 차별대우에 관한 협약 제1조에서는 "이 협약 적용상 차별대우라 함은 '성별' 등에 의거하여 행해지는 모든 구별, 배제 또는 우대로서, 고용 또는 직업에 있어서의 기회 또는 대우의 균등을 파괴하거나 저해하는 효과가 있는 것"이라 규정하고 있다. 또, UN 여성차별철폐협약 제1조(여성에 대한 차별)에서는 "정치적·경제적·사회적·문화적·시민적 또는 기타 모든 분야에 있어서 혼인 여부와 관계없이 남녀평등의 기초 위에서 인권과 기본적 자유를 인식·향유 또는 행사하는 것을 저해하거나 무효화하는 효과 또는 목적을 가지는 성에 근거한 모든 구별·배제 또는 제한을 의미한다."라고 규정하고 있으며, 영국 성차별금지법에서는 "1. (1) (a) 성이 다르다는 것을 이유로 하여 남성에게 대우하고 있는 또는 대우하고자 하는

준으로 토지대장, 등기부등본, 농지원부 상의 소유자 및 농업인을 제시하고 있다. 이 기준에 따르면 남성을 세대의 대표자로 당연시하는 사회풍토로 인하여 실제와는 다르게 남성이 농업인의 절대다수를 차지하는 것으로 나타난다. 이러한 기준에 대해 인권위는 여성의 농업경력 인정률은 현저히 낮을 수밖에 없어 이러한 기준은 결과적으로 성별에 따른 차별을 초래한다고 결정했다. 또한 인권위는 위와 같은 기준은 목적을 달성하기 위한 수단으로도 적절하지 못하다고 밝혔다(국가인권위원회 2005.09.28. 05진차467 결정).

것보다 불리하게 여성을 대우할 경우"를 규정하고 있다.

한편, 남녀고용평등법 제2조에서는 "사업주가 채용 또는 근로의 조건은 동일하게 적용하더라도 그 조건을 충족할 수 있는 남성 또는 여성이 다른 한 성에 비하여 현저히 적고 그로 인하여 특정한 성에게 불리한 결과를 초래하며 그 조건이 정당한 것임을 입증할 수 없는 경우"를 규정하고 있다. 이는 간접차별의 근거가 되는 규정으로 성별을 이유로 하는 간접차별은 성별이 아닌 중립적인 기준을 사용하였지만 그로 인해 특정한 성별의 구성원에게 결과적으로 불리한 효과를 초래하는 경우로서, 그러한 기준을 사용하는 것이 정당화될 수 없는 때 인정된다.151) 영국 고용기회위원회의 가이드라인인 성차별실행규칙(Code of Practice-Sex Discrimination)에 의하면 "간접차별은 정당하지 않은 요건이나 조건이 양성에 동일하게 적용되지만 그것을 충족할 수 있는 특정한 성의 비율이 이를 충족할 수 있는 다른 성의 비율보다 현저하게 적기 때문에 특정한 성에 상당한 불리한 효과를 가지는 경우에 발생한다."고 보면서 전근요건은 남성보다 여성에게 장애로 작용하는 것으로 신청인은 남성보다 더 적은 수의 여성이 그러한 요건을 충족할 수 있다는 사실 및 그녀가 이를 충족할 수 없는 것이 자신의 불이익이라는 사실을 입증하여야 하고, 사용자가 그러한 요건을 성과 관계없이 정당화할 수 있는 경우에는 불법적 행위가 인정되지 않을 것이며, 불법적인 차별의 인정은 사용자가 차별할 의사가 없는 경우에도 이루어질 수 있다는 등의 예를 들고 있다.

151) 독일의 Bilka 백화점은 소속 근로자들에게 노후연금을 보장해 왔다. 1973년 10월 26일자의 회사규정에 따르면 시간제 근로자는 20년 이상 근무하면서, 그 중에서 15년을 전일제로 근무한 경우만 노후연금을 청구할 수 있었다. 진정인은 위 백화점에서 1961년부터 1976년까지 판매원으로 근무하였다. 처음에는 전일제 근로자로 근무했으나 1972년부터 근로관계가 종료된 때까지는 시간제로 근무했다. 백화점은 진정인이 전일제 근로자로서 15년을 일하지 않았기 때문에 노후연금을 받을 수 없다고 하였다. 이에 대해 진정인은 전일제로 최소 15년 이상 일해야 한다는 요건이 여성에게 불이익을 준다고 주장하면서 가족이나 아이들을 양육하기 위해서 시간제 근로를 해야 하는 근로자가 남성보다 여성이 많기 때문이라고 밝혔다. 이에 대해 유럽사법재판소는 주로 여성이 일하고 있는 백화점에서 시간제 근로자를 회사의 노후연금에서 배제시키는 조치가 여성에 대한 간접차별에 해당하는가에 대해, 시간제 근로자를 연금에서 제외한 조치가 기본적으로 남성보다는 여성과 더 많이 관계되고 이러한 조치가 객관적으로 정당하며 성차별과는 아무런 관련이 없다는 것을 해명하지 않으면 유럽경제연합조약 제119조에 위배된다고 판결하였다(Rs 170/84, Slg. 1986, S. 1620).

근기법, 남녀고용평등법, 정책법, 인권위법 등 주요 법령 등에서 남녀차별금지를 규정함은 물론 고용상 남녀차별금지는 정책적인 차원에서 많은 배려가 있는 부분에 해당하는 사안으로, 모집채용과정의 지원 자격에서 명시적으로 여성 또는 남성을 배제하는 것은 진정직업자격 등에 해당하지 않은 한 명백한 성차별에 해당하고, 지원 자격을 부여한 특정한 성의 구성원에게 특정한 체력기준을 요구하지도 않고 별도의 체력 테스트도 없이 채용을 결정하면서 다른 성별의 구성원은 모두 적합하지 않다는 이유로 배제하는 것은 성차별에 해당하고,[152] 특정한 직종을 모집하면서 여성만을 직무수행에 필요하지 않은 채용조건을 부과하는 경우도 성차별에 해당한다.[153] 인터넷으로 채용지원을 하도록 하면서 성별을 구분하는 주민등록번호 등 특정 식별번호를 입력하면 다음 단계로 넘어가지 않도록 설정하는 것도 성차별에 해당하며, 명시적으로 여성 또는 남성을 배제하지 않더라도 사실상 모집채용과정에서 특정 성별집단을 배제하는 것, 지원요건으로 병역필을 제시하는 경우 군대를 다녀오지 않은 남성도 차별의 대상에 포함되나 병역필이라는 자격요건으로 인해 여성의 대부분이 배제된다는 점에서 성차별에 해당한다.[154]

152) 현금을 수송해야 하고 무거운 샘플을 가지고 다니면서 영업을 해야 하는 점, 건설현장에서 직접 시험시공을 해야 한다는 점 등의 이유로 여성이 근무하기에 어려운 조건이라서 여성을 채용할 수 없다는 전제하에 채용공고문에 지원 자격을 남자로만 제한한 건과 관련하여 인권위는 현금의 운반은 남녀 공히 위험한 업무이고, 비록 샘플이 무겁다고 하더라도 여성 중에서도 남성보다 신체적, 체력적으로 우위에 있는 여성이 있을 수 있어 남성만이 그 일을 할 수 있는 것이 아니며, 현장에서의 시험시공 역시 여성 중에서도 남성만큼 신체적, 체력적으로 뒷받침이 될 수 있는 자가 있을 수 있다고 보았다. 즉, 강인한 체력이 요구된다는 이유로 모든 여성이 해당 직무를 수행할 수 없다고 볼 수 없다는 것이다(국가인권위원회 2007.03.28. 07진차56 결정).

153) 직무와 무관하게 성별, 외모 및 나이를 기준으로 한 것으로 성차별에 해당한다(국가인권위원회 2006.09.11. 06진차116·136 결정(병합)). 한편, 항공기 승객들이 여자 승무원을 더 선호하기 때문에 사업의 필요상 남자지원자를 배제한 건과 관련하여 미국 연방대법원은 항공사의 가장 중요한 기능은 안전한 수송이므로, 기내 서비스는 항공사업의 본질적 업무인 안전수송에 비해 부수적인 일이라고 판단하였고 남성을 배제하는 이유로 항공사측이 주장하는 고객의 선호, 구인난 등의 이유는 진정직업자격의 항변으로 정당하지 않다고 판결하였다(Diaz v. Pan American World Airways, Inc. F 2d 385 404 US 950 (1971)). 이 사건에서 법원은 본질적인 업무와 관련하여 성별은 부수적인 문제라며 진정직업자격 항변을 기각함으로써, 이후 진정직업자격 요건문제에서 '편의성(convenience)'보다 '본질적(essence)' 기준이라는 원칙이 생겼다(윤후정/신인령, 『법여성학』, 이화여자대학교출판부, 2001, 373면).

154) 다만, 이러한 경우에는 남자의 경우 병역필 또는 면제(여성은 의무사항이 아니므로)라

성별에 따라 채용예정인원 또는 비율을 명시하는 경우 성차별에 해당하며, 명시적으로 성별에 따라 채용예정인원 또는 비율을 제시하지는 않았지만 사실상 제한한 경우도 차별이다.[155] 지원자는 동일한 방법으로 처리되어야 하며, 적극적 조치에 근거한 경우가 아닌 한 성별에 따라 별도의 리스트를 작성해서는 안 된다. 또, 동일한 학력, 경력 등 다른 자격이 같음에도 성별집단에 따라 직급·직위를 다르게 채용하거나 불리한 고용형태로 채용하는 경우, 성별에 따라 다른 자격 및 요건을 요구하는 경우, 성별에 따라 응시연령을 달리 정하는 경우,[156] 여성에게만 미혼일 것을 요구하는 경우,[157] 성별에 따라 채용시험을 별도 실시하거나 합격기준을 다르게 하는 경우는 성차별에 해당한다. 단, 특정 성별집단을 우대한다는 표현을 하는 경우로서 소수인 성별에 대한 적극적 조치의 일환으로 소수 성별집단 구성원의 지원을 장려하는 것은 그러하지 아니하다. 다만, 이 경우에도 선발은 성별을 고려하지 않고 객관적인 기준에 따라 행한다는 것

고 하는 것은 무방할 것이다. 물론, 이러한 기준은 국내 근로자만을 대상으로 모집하는 경우이고 외국 근로자들도 모집대상으로 하는 경우에는 이것은 국적 등을 이유로 한 차별에 해당할 수 있으므로 국내출신 또는 한국국적의 남자는 병역필 또는 면제라고 하여야 할 것이다. 이러한 기준은 설상 외국인과 내국인을 차별하는 것으로 오인할 수 있으나 헌법 및 병역법 등에 따라 국방(병역)의 의무가 부과된 것으로 차별행위로 볼 수는 없을 것이다.

155) 경찰청장은 경찰공무원 공개채용시험에서 남성·여성별로 채용인원을 정하여 모집하며, 여성 경찰공무원의 채용인원수는 남성 경찰공무원의 채용인원수에 비하여 현저히 적다. 이에 대해 국가인권위원회는 경찰공무원 공개채용 시험에서 성별에 따라 채용인원을 정하여 구분모집 하는 것은 합리적 이유 없이 평등권을 침해하는 것이므로 경찰공무원 공개채용 시험에서 성별에 따라 채용인원을 정하여 구분모집 하지 말 것을 권고하였다. 즉, 경찰관 직무수행시 겪을 수 있는 위험 및 강인한 체력의 필요는 여성뿐 아니라 남성에게도 해당하는 것으로 위험을 예방하기 위한 조치 및 강인한 체력조건의 충족은 남성과 여성 모두에게 동등하게 적용되어야 함에도, 여성에게만 이러한 기준을 적용하면서 직무수행능력과 직접적 관련이 없는 성별을 기준으로 채용을 제한하여 여성 채용인원을 남성보다 현저히 적게 정하고 있는 것은 성별을 이유로 한 차별이다(국가인권위원회 2005.12.05. 05진기213 결정).

156) 경찰공무원 채용시험 중 순경공개경쟁채용시험의 응시연령을 남자는 30세 이하, 여자는 27세 이하로 하고 있는 것과 관련하여, 인권위는 군복무기간을 고려하여 남자의 응시 연령을 21세 이상 30세 이하로 정함으로써, 여자는 18세부터 응시기회가 주어지는데 반해 남자의 경우 여자보다 3세 늦은 21세부터 응시기회가 주어져 군복무 여부와 상관없이 21세가 될 때까지 기다려야 하는 불리한 대우를 받게 되고, 또한 남자는 30세까지 응시기회가 주어지는데 반해 여자의 경우 남자보다 3세가 빠른 27세에 응시기회가 끝나게 되어 4년제 대학을 졸업한 응시자가 늘어나고 있는 현실을 감안할 때 결과적으로 불리한 대우를 받게 된다고 판단했다(국가인권위원회 2004.10.18. 03진차589 결정).

157) 국가인권위원회 2006.12.22. 06진차399 결정.

을 명백히 해야 한다.158) 또, 모집·채용과 관련한 정보제공에 있어서 특정한 성의 구성원에 대하여 불리한 대우를 하는 경우도 성차별에 해당한다.159) 다만, 개인의 인적 사항에 대해 필요한 정보는 근로계약이 체결된 이후에 수집될 수 있다.160)

동일가치노동임에도 성별에 따라 임금체계 및 기준을 달리 적용한다면 그것은 성차별에 해당하고, 단순한 근력을 필요로 하는 업무가 섬세함과 집중력, 습득된 경험을 필요로 하는 업무에 비해 더 많은 노력과 높은 기술을 요한다고 보기 어렵다.161) 임금에 영향을 미치는 경력 등의 기준을 택함에 있어서 특정

---

158) 영국 EOC(Employment Opportunity Commission) 가이드라인 인 '성차별실행규칙(Code of Practice- Sex Discrimination)'에 의하면 일자리 광고는 양 성의 적합한 후보자로부터의 지원을 장려하는 방법으로 이루어져야 한다. 이는 광고문안에 의해서도 이루어질 수 있고, 예컨대 양 성이 접근할 가능성이 있는 출판물에 광고를 게재함으로써 이루어질 수도 있다. 고용이나 교육훈련 문제에 관련한 모든 공고물이나 관련 문건은, 남성과 여성의 고정된 역할(stereotyped roles)을 회피하는 것을 보장하기 위하여 검토되어야 한다. 그러한 고정관념은 직종에 있어서 성분리를 영속화시키는 경향에 있으며, 반대 성에 속하는 자로 하여금 특정한 일자리에 지원할 경우 채용되지 않을 것이라고 믿도록 할 수 있다. 그러므로 ① 공석이 승진이나 배치전환에 의해 채워지는 경우 그 사실이 각 성으로부터의 지원을 제한하지 않는 방법으로 모든 자격이 있는 근로자에게 공지되어야 하고, ② 주로 또는 오로지 구두에 의한 모집은 이용가능한 지원자의 선택을 불필요하게 제한할 수 있다. 그 실제에 있어서 그 방법이 반대성의 구성원이 지원하는 것을 방지하는 효과가 있다면 그 방법은 특정한 성이 지배적으로 차지하고 있는 노동력에서는 회피되어야 하며, ③ 신청인이 노동조합을 통하여 공급되고 특정한 성의 구성원만이 제공된다면, 이는 채용할 대안적인 방법에 대하여 노동조합과 협의하여야 한다.

159) 노동부 성차별적 모집·채용 판단기준에서는 ① 회사에 대한 안내 등의 자료를 특정한 성에게만 송부하고 다른 성에게는 제공하지 않는 경우, ② 회사안내 등의 자료를 제공하면서 내용을 달리 하여 한 성에게는 단순 자료만 제공하고, 다른 성에는 상세한 자료를 제공하는 경우, ③ 기업에 대한 설명회를 개최하면서 어느 한성을 배제하고 하는 경우를 들고 있다.

160) 미국 고용기회평등위원회(EEOC : Equal Employment Opportunity Commission)는 "모집, 선발, 채용상의 차별금지에 관한 실무지침" 면접시 "18세 이하의 자녀가 있는가? 자녀의 숫자는? 자녀의 나이는? 자녀를 어떠한 방법으로 양육하고 있는가?" 하는 질문들은 종종 여성을 차별하는데 이용된다. 고용이전에 여성지원자들에게만 자녀양육 방법에 관한 정보를 요구하는 것은 민권법 제7편 위반이며, 고용주는 미취학 자녀를 둔 남녀 지원자에게 상이한 채용정책을 실시할 수 없다. 세금, 보험 또는 사회보장 목적에 필요한 정보는 지원자가 채용된 이후에 획득 가능하다.

161) 대법원 2003.03.14. 선고 2002도3883 판결에 의하면 남성이 단순히 더 힘든 일을 한다는 이유만으로 임금을 차별지급한 것은 위법이라고 판결하였고, 인권위(2007.10.08. 07진차232 결정)는 모두 계약직 근로자로서 책임의 면에서 별다른 차이가 없고, 남녀근로자가 하나의 라인에서 연속된 작업공정에 배치되어 협동체로서 근무했으므로 작업조건이 본질적으로 다르다고도 할 수 없으며 단순한 근력을 필요로 하는 상차업무가 섬세함과 집중력,

한 성에게 불리한 효과를 가져 오는 기준을 사용하는 경우,[162] 가족수당 등을 지급하면서 주민등록상의 세대주일 것을 요구하는 경우, 맞벌이 부부의 경우 가족수당 등의 우선적 지급대상을 남성으로 지정하는 것은 성차별에 해당할 수 있고, 결혼을 기점으로 복지제도의 적용을 받는 남성근로자의 부모는 변화가 없으나 여성근로자에 대해서만 자신의 부모가 아닌 남편의 부모를 부모로 보아 관련 규정을 적용하는 것은 성차별에 해당한다.

오랜 기간 동안 유지된 관행은 성차별적이지 않을 경우에만 의미를 갖는 것이지 성차별이 관행에 의해 정당화될 수는 없다.[163] 즉, 교육내용 및 교육의 결과 수행하게 될 직무가 전통적으로 남성들이 주로 담당해온 직무라는 것이 남성만으로 교육대상을 제한하는 것을 정당화시켜 주는 것은 아니며,[164] 교육훈련에서 성별에 따라 교육내용 및 교과과정 편성을 달리하는 경우, 교육기관에서 남녀역할에 대한 편견을 갖도록 하는 교육목표 제시, 교육내용 구성, 생활지도 등을 하는 경우,[165] 교육기관에서 성별에 따라 활동기회를 제한하거나 활동내용을 구분하는 경우, 교육훈련에서 성별에 따라 교과 선택기회 진로선택범위 등을 제한하는 경우, 교육훈련에서 교육의 결과를 평가할 때 성별에 따라 다른 기준

습득된 경험을 필요로 하는 조립업무에 비해 더 높은 임금을 지급해야 할 만큼의 많은 노력과 높은 기술을 요한다고도 볼 수 없다고 보았다.

162) 국가인권위원회 2005.09.28. 05진차467 결정.

163) 간호사관학교의 남성입학 제한과 관련하여 신입생을 "여성"으로 제한하는 것의 합리적 이유가 인정되지 아니한다고 판단하였다(국가인권위원회 2006.08.18. 06진차6 결정).

164) ○○해양대학교의 여성입학 제한과 관련하여 인권위는 선장, 항해사, 기관장 등의 업무수행에 있어 여성이라는 성별로 인해 당해 업무수행이 반드시 불가능하다고 할 수 없고, 선박 내 여성을 위한 근무시설의 미비는 적극 개선되어야 할 사항이지 여학생의 학습권 및 직업선택의 자유 침해를 정당화 하는 사유가 되기 어렵다고 판단하였다. 또한 여성졸업생에 대한 기업의 합리적 이유 없는 채용거부 또한 여성의 평등권을 침해하는 것으로 차별 개선의 대상이 될 뿐 교육기회에서의 차별을 정당화하는 근거가 될 수 없다고 보았다. 따라서 인권위는 신입생 모집시 여학생 수를 제한하는 것은 합리적 이유 없는 성차별에 해당한다고 보고 피진정인에게 신입생 모집 시 여학생 수를 제한하지 말 것과 진정인 구제를 위해 적절한 조치를 취할 것을 권고하였다(국가인권위원회 2006.05.29. 06진차37 결정).

165) 인권위는 초등학교에서 출석부 번호를 부여할 때 남학생에게 1번부터 부여하고, 여학생에게는 남학생에 번호를 모두 부여한 이후의 번호를 부여하고 있는 것에 대하여 이는 합리적 이유 없이 여학생의 평등권을 침해한 것으로 판단하여 초등학교장에게 출석부 번호 부여시 성별에 따른 차별이 발생하지 않도록 할 것을 권고하였다(국가인권위원회 2005.09.28. 05진차517 결정).

을 적용하는 경우는 성차별에 해당한다. 합리적인 이유 없이 교육기관, 직업훈련을 주관하는 기관이나 부서에서 성별에 따라 교육여건 제공과 교육활동에 대한 행·재정지원 등을 달리하는 것, 교육기관에서 다른 객관적 기준 없이 단지 성별에 따라 장학금지급을 달리하는 것,166) 교육훈련시설의 이용 등에 차이를 두는 것은 차별행위에 해당한다.

승진과 관련한 제도167)나 규정에 명시적인 성차별 조항이 없다는 것이 성차별이 없었음을 대변해 주는 것은 아니다. 제도적으로 특정한 성의 승진을 제한하는 경우도 있었지만 그보다 더 많은 대부분의 경우에서 승진차별은 제도보다는 관행에 의해 이루어져 왔기 때문이다.168) 육아휴직은 제도적으로는 남녀 모두 사용할 수 있지만 관행적으로 여성이 다수 사용하는 현실에서 여성에 대한 차별을 초래할 가능성이 높다.169)

166) 육군본부가 대학교의 군사학과에 다니는 남학생에게는 군장학금을 지급하면서 여학생에게는 군장학금을 지급하지 않는 것은 성차별이라고 판단했다(국가인권위원회 2006.11.28. 06진차326 결정).

167) 승진을 결정하는 객관적 기준이 부재하거나, 기준이 존재한다고 하여도 사실상 특정한 성에게 불리한 경우 성차별을 추정할 수 있다. 즉, 객관적 기준 없이 승진대상자를 특정한 성에 편중하는 경우, 특정한 성보다 장기간 근속을 요건으로 하거나 특정한 성에게만 승진시험을 통과해야 하는 요건을 부과하는 등의 방법으로 특정한 성별 구성원에게 상대적으로 불리한 승진조건이나 절차를 적용하는 경우, 특정한 성에 대하여는 일정 직급 또는 직위 이상으로 승진할 수 없도록 하거나, 특정한 성의 직급 또는 직위를 더 많은 단계로 세분화하여 결과적으로 승진을 불리하게 하는 경우, 여성이 대다수인 직무에 대해 사실상 승진기회를 부여하지 않는 경우를 들 수 있다(대법원 2006.07.28. 선고 2006두3476 판결).

168) 모자동차회사에서는 5급 남자직원이 4급으로 승진하는 데 평균 7년이 소요되는 반면, 여자직원은 평균 12년이 소요되는 것과 관련하여, 인권위는 통계상의 극심한 남녀 불균형은 승진에서의 성차별이 오랜 기간 심각하게 진행되었다는 것을 보여주는 직접적이고 명백한 증거라고 판단했다. 즉, 인권위는 피진정인의 인사 관련 제도나 규정 등에 비록 명시적인 성차별 규정이 없다 하더라도 현재의 승진관련 통계상 성차별적 결과는 여성의 노동이 평가절하 될 수 있는 평가항목, 고과자의 성적 편견의 개입, 고과자의 주관적 판단에 근거한 형식적 인사고과가 이루어져 왔다는 것을 보여주는 반증이라고 보았다. 또한 여성은 결혼을 하면 일을 그만두어야 했던 과거의 관행, 남성은 집안의 가장이므로 우선적으로 승진시켜야 된다는 생각, 여성의 업무는 단순하고 가치가 낮다는 편견, 남성의 업무는 어렵고 힘들어 난이도가 높다는 고정관념 등이 남성에게 높은 고과를 주고 여성을 승진에서 배제하는 것이 당연한 관행으로 굳어졌다고 판단하고 이 사건 승진차별을 인정했다(국가인권위원회 2006.12.22. 06진차42 결정).

169) 인권위는 매년 1월 1일, 7월 1일 2회만 직원을 승진시키면서 5급까지는 최저 승진소요년수만 경과하면 특별한 사유가 없으면 승진되는 제도를 시행하고 있는 회사에서 승진소요년수에 도달한 승진대상자임에도 육아휴직중인 것을 이유로 승진에서 제외하는 것은 합리적 이유가 없는 차별이라 판단하였다. 육아휴직 기간 중에 승진심사가 있어 승진에서

특정한 성의 근로자에 대하여 명시적으로 또는 암시적으로 퇴직을 권유 또는 강요하는 것, 특정한 성의 구성원에게 정년을 달리 설정[170]하거나 관행을 이유로 퇴직을 권유 또는 강요하는 것, 특히, 결혼퇴직이 관행인 사업장에서 그로 인해 여성이 퇴직하는 것,[171] 기업의 구조조정 시 희망퇴직, 명예퇴직 등의 이름으로 특정한 성의 구성원에게 행해지는 퇴직강요는 성차별에 해당한다.[172]

사내헬스장 등에서 락카, 욕실 등의 시설의 한계를 이유로 특정한 성에 대한

제외되는 자는 복직 후 바로 승진이 되는 것이 아니라 다음 승진 일자까지 기다려야 하므로 실질적으로 승진이 늦어지는 불이익을 받게 되는데, 이와 같이 운영되는 경우 상당수 여성들이 승진과 경쟁에서 탈락하지 않기 위해 육아휴직제도 사용을 기피할 가능성이 있게 되며 이는 우리 사회의 존속을 위해 시행되고 있는 육아휴직제도의 취지에 반하는 결과를 낳게 될 것이라고 보았다(국가인권위원회 2006.10.11. 06진차308 결정).

170) 직무의 성격, 직무수행 능력을 고려하지 않고 여성이 다수를 차지하는 직무의 정년을 그렇지 않은 직무의 정년에 비해 합리적 이유 없이 낮게 설정하는 것, 직급정년제를 도입한 경우로서 합리적으로 인정할 수 없는 정도로 정년의 차이가 크고, 그로 인해 결과적으로 특정한 성의 구성원이 불이익을 받는 것은 성차별에 해당한다. 즉, 법원은 일반직원(58세)과 전화교환원(53세)의 정년을 달리 정한 것은 사회통념상 합리적인 이유가 있다고 판단하고 있다(대법원 1996.08.23. 선고 94누13589 판결). 다만, 당시 판결은 정년차별의 문제에서 비롯된 사안이지만 당시 전화교환원은 주로 여자근로자가 담당하고 있었던 점을 감안할 때 남녀의 성을 이유로 한 차별행위(간접차별)로 볼 여지도 있다고 판단된다. 한편, 명시적으로 남자(55세)와 여자(53세)를 구분하여 정년을 규정한 것은 남녀차별행위라고 판단하고 있다(대법원 1993.04.09. 선고 92누15765 판결).

171) 근로자는 계약직으로 일하다가 결혼퇴직관행에 의해 퇴사하고 프리랜서로 전환하도록 하는 것이 차별이라고 주장하였고, 사용자인 모방송사는 고용형태 전환은 근로자의 자발적 의사에 따른 것이라고 주장했다. 조사결과 인권위는 고용형태의 전환으로 인해 발생하는 예측 가능한 경제적 불이익, 남성 계약직 중 기혼자가 다수이나 여성 계약직 중 기혼자는 한 명도 없는 고용 현황, 여성 계약직이 결혼하면 퇴사하게 하는 회사의 관행이 있다는 참고인들의 진술 등을 종합하여 볼 때, 자발적인 의사가 아니라 여성 계약직이 결혼하면 퇴사하게 하는 방송사의 관행에 따라 퇴사하고 고용형태를 전환한 것으로 인정했다. 그리고 이러한 결혼 퇴직 관행은 여성에 한하여 적용되는 관행으로 남성들과 동등하게 고용될 기회를 배제하는 것으로 합리적 이유가 없는 차별이라 판단하였다(국가인권위원회 2006.12.22. 06진차481 결정).

172) 구조조정의 일환으로 사내부부에 대한 퇴직압력이 있었고, 그 즈음 사내부부 가운데 한 명씩이 사직서를 제출한 사건과 관련하여 대법원은 "회사의 중간관리자들이 계속, 반복적으로 행한 퇴직권유 또는 종용행위는 원고들에 대하여 우월적인 지위에 있는 피고회사의 강요행위라고 인식될 것이어서, 사직서를 제출한 대가로 별도의 이득도 얻지 못한 원고들이 퇴직을 원하는 내용의 사직서를 제출함으로써 표명한 사직의사는 피고의 강요에 의하여 어쩔 수 없이 이루어진 것으로서 내심의 효과의사 없는 비진의표시라 할 것이고 따라서 이는 의원면직의 외형만을 갖추고 있을 뿐 실질적으로는 피고회사에 의한 해고에 해당하고, 나아가 원고들을 해고할만한 정당한 사유가 있고 정당한 징계절차를 밟아 해고하였다거나 근기법에 따른 정리해고의 요건을 갖추었다는 점에 관하여 피고로부터 아무런 주장, 입증이 없으므로 부당해고"라고 보았다(대법원 2002.07.21. 선고 2002다19292 판결).

출입 등을 제한하거나 사내동호회에서 회원자격을 제한하는 것은 합리적인 이유가 있다고 볼 수 없다.[173] 아울러, 합리적인 이유 없이 특정한 성에게만 무료대여 서비스를 실시하지 않은 것, 신원보증보험 가입조건을 달리 정하는 것도 성차별에 해당한다. 또, 사택 및 임차주택대여 또는 이용, 사내구판장 이용, 휴양소 등 휴양시설이용 등어 차이를 두는 것도 차별행위에 해당하며, 외모에 흉터가 남는 등 신체적인 장애에 대한 재활금 등 복리후생급을 지급함에 있어서 성별에 따라 그 보상액을 달리하는 것은 성차별에 해당한다.[174]

3. 임신 등

(1) 임신 등을 이유로 한 차별

임신을 이유로 고용상 불리한 대우를 하는 것은 정당화되지 않는다. 사회통념상의 임신에 대한 고정관념을 근거로 행해지는 차별은 임신에 의한 차별에 해당하며, 임신 또는 출산(임신 등)한 여성과 남성과의 불합리한 차별뿐 아니라 임신 또는 출산한 여성과 그렇지 않은 여성 사이의 불합리한 대우도 차별행위가 될 수 있다는 것을 의미한다.[175]

임신 등은 실제 임신을 하거나 출산과 관련된 것뿐만 아니라 잠재적인 임신 가능성을 포함한 포괄적인 의미로 임신의 의미는 착상에서부터 출산에 이르기까지의 과정, 출산 후 회복기간과 수유를 포함하여 임신과 관련된 모든 상황을 의미하며, 임신에는 임신한 여성이 특별히 필요로 하는 요구와 상황이 포함되는

173) 인권위는 서울YMCA의 정체성이 남성단체이므로 여성을 총회에 참여시킬 수 없다는 주장에 대해 여성회원들에게 총회의결권 등을 배제한 것은 성차별이라고 결정하고, 서울YMCA에 대하여 여성회원들에 대하여 총회 의결권 등을 허용할 것을 권고하였다(국가인권위원회 2004.05.10. 04진차12 결정).

174) 인권위는 보험사의 장애에 대한 성별 보상액 차이가 다른 것과 관련하여 외모에 흉터가 남은 신체장애에 대하여 장해등급을 성별로 다르게 규정하여 보험금을 차등지급하는 것은 평등권 침해의 차별행위로 인정하고 외모에 흉터가 남은 신체장애에 관한 부분을 성별에 따른 차별적 요소가 없도록 개정할 것을 권고(국가인권위원회 2003.06.30. 03진차5 결정)한 바 있다. 또, 성별에 따라 신체장애등급기준이 다른 것과 관련하여 인권위는 동일한 안면장해를 입고도 남·여 간의 신체장애등급기준이 달라 장해보상금 지급 시 남·여 간의 차이를 두고 있는 현행 산업재해보상보험법 시행령 제31조(장해급여의 등급기준)가 평등권침해의 소지가 있는 것으로 판단하였다(국가인권위원회 2002.11.25. 02진차2·36 결정(병합)).

175) 국가인권위원회, 「국가인권위원회법 해설집」, 2005, 277~278면.

데, 유사산, 낙태, 임신이나 출산으로 인한 합병증, 낙태·유사산의 직·간접적인 결과로 발생된 건강상태, 출산 후 회복, 수유와 관련된 것 등을 의미한다.[176] 잠재적 임신이란 한 여성이 자녀를 낳을 수 있는 가능성이 있는 사실, 또는 한 여성이 임신이 되기를 원한다는 것을 표현하는 사실, 또는 여성이 임신할 것 같은 때 혹은 그럴 것 같아 보이는 사실을 포함하는 것을 의미한다.[177] 이때 비교할 수 있는 개인은 모든 측면에서 유사한 상황에 있는 사람을 요구하는 것이 아니라, 임신 또는 이로 인한 건강상의 영향을 받은 여성과 동일 유사한 능력 또는 한계를 가진 자이다.[178]

한편, 차별에 대한 과거의 통계는 중립적 기준의 사용이 특정한 성의 구성원에게 결과적으로 불리한 효과를 가져왔는가를 판단하는 일차적인 방법 중 하나이다. 그러나 불리한 효과를 판단하는데 있어서 반드시 통계에 얽매이지는 않으며, 사례의 수가 너무 적어 통계적으로 의미 있는 사실을 밝히기 어려운 경우, 또한 기업이 보관하고 있는 관련 자료가 부실해서 통계적 방법을 사용하기 어렵거나 신뢰하기 어려운 경우에는 통계에 얽매이지 않고 일반적 지식이나 역사적 사실 등에 의해 차별을 인정하는 것도 가능하다.[179]

(2) 임신 등의 차별금지 근거 및 고용상 차별판단

남녀고용평등법, 정책법, 인권위법, UN여성차별철폐협약 등에서 규정하고 있는 사항은 앞에서 언급한 사항과 동일하다. 남녀고용평등법 제2조에서는 "'차별'이라 함은 사업주가 근로자에게 성별, 혼인, 가족 안에서의 지위, 임신 또는 출

176) Ontario Human Rights Commission(2001), Policy on Discrimination because of Pregnancy and Breastfeeding.

177) HREOC(1999), Pregnant and Productive: It's a right not a privilega to work while pregnant.

178) Davidson v. Franciscan Health System of Ohio Valley, Inc., 82 F.Supp.2d 768(S.D. Ohio 2000), Ensley-Gaines v. Runyon, 100 F.3d 1220(6th Cir Mich 1996), 23면.

179) 예를 들어, 영국의 경우 여성은 자녀에 대한 일차적인 양육책임을 부담하는 경향이 있고 따라서 아이를 학교나 유치원에 데려가거나 데려오기 때문에 풀타임근무요건이 여성에 대해 불균등영향(disproportionate impact)을 미친다는 점을 통계적 입증 없이도 인정하려는 경향을 보이고 있다(이승욱, "고용에서의 차별판단기준", 「여성고용에서의 차별판단 지침 마련」, 노동부, 2005, 77면).

산 등의 사유로 합리적인 이유 없이 채용 또는 근로의 조건을 달리하거나 그 밖의 불이익한 조치를 취하는 경우를 말한다."고 규정하고 있고, 근기법 제5장에서는 임신 또는 출산과 관련하여 임산부의 근로조건을 특별히 보호하는 규정을 두고 있다. 캐나다 인권법 제2조에서 "이 법은 의회의 입법권한에 속하는 사안의 범위 내에서 모든 개인이 사회의 일원으로서 성, 결혼여부, 가족의 지위 등을 근거로 차별받지 않으면서 향유할 수 있고 또한 향유하기를 바라는 삶을 누릴 수 있도록 타인과 동등한 기회를 가져야 한다는 원칙을 실행하기 위하여 법적 효력이 미치도록 함을 목적으로 한다."고 규정하고 있고, 동법 제3조에서는 "(1) 이 법의 목적 범위 내에서 성, 결혼여부, 가족의 지위는 차별의 근거가 되지 아니한다. (2) 임신이나 출산에 대한 차별의 경우는 성에 근거한 차별로 간주한다."고 차별금지근거를 규정하고 있다. 간접차별은 임신이 아닌 외관상 중립적인 기준을 사용하지만 그로 인해 임신한 여성에게 결과적으로 불리한 효과를 초래하는 경우로서, 그러한 기준의 사용이 비합리적이고 정당화되지 않는 경우를 말한다. 남녀고용평등법 제2조에 의하면 "사업주가 채용 또는 근로의 조건은 동일하게 적용하더라도 그 조건을 충족할 수 있는 남성 또는 여성이 다른 한 성에 비하여 현저히 적고 그로 인하여 특정한 성에게 불리한 결과를 초래하며 그 조건이 정당한 것임을 입증할 수 없는 경우"에는 차별로 본다. 근기법 제6조에서는 "사용자는 근로자에 대하여 남녀의 차별적 처우를 하지 못한다."고 규정하고 있다. 사실상 임신 및 출산과 관련한 사항은 여성이 그 대상자에 해당하므로 이는 남녀의 성을 기준으로 하는 차별행위와 중복되는 사항이 많을 것이다.

명시적으로 임신과 관련된 여성을 배제하는 것은 진정직업자격에 해당하지 않은 한 임신차별에 해당하며, 명시적으로 임신과 관련된 여성을 배제하지 않더라도 사실상 임신과 관련된 여성을 배제하는 것도 차별이다. 채용과정에서 면접관이 임신한 여성에 대한 고정관념을 드러내는 발언 또는 차별적인 질문 즉, 면접과정에서 임신여부 또는 임신계획에 대한 질문은 문제가 될 수 있으며, 면접 인터뷰의 내용은 그 직무와 관련된 것이어야 한다.[180]

---

180) 면접에서의 임신차별에 대하여 인권위는 면접과정에서 진정인에게 출산을 앞두고 '무슨

남녀고용평등법 제8조(임금) 및 동법 제9조(임금외의 금품 등), UN여성차별철폐협약 제11조에선 동등보상에 대한 규정을 두고 있고 이를 위반하는 경우 차별에 해당하는데, 산전후휴가로 직무에 종사하지 않는 기간이 존재한다는 것을 이유로 성과급 지급대상에서 제외하는 것은 임신차별에 해당할 수 있다. 단, 성과급 지급기준으로 합리적인 기간 이상의 근무를 요건으로 하는 것은 그 기간이 산전후휴가 사용에 따른 차별을 초래하지 않는 한 합리적이라고 볼 수 있다. 한편, 현재 국내 항공사의 여성조종사의 임신은 비행휴 사유로 분류되고 있는데[181) 이에 대해 노동부는 항공법시행규칙의 기준에 의하여 판단하고 있어 동 기준에 임신을 비행휴 사유에서 제외하는 것은 합리성이 없다고 판단하였다.[182) 노동부에서 임신이 비행휴에 포함된다고 보았는데 이는 임신을 다른 질병과 동일하게 취급한 현행 항공법에 의거한 것이지만 실제로 임신은 다른 질병과는 구분되는 사유라고 보았다.[183)

남녀고용평등법 제10조에서는 "사업주는 근로자의 교육·배치 및 승진에 있

생각으로 원서를 냈는지 듣고 싶다'라는 내용으로 발언하였고 그 발언의 의도가 차별적 의도에서 한 것은 아니라도 임신 중인 응시자에 대한 편견이 깔려 있는 발언으로 질문이 금지되어야 하는 차별적 발언으로 판단된다고 하였다(국가인권위원회 2007.03.09. 06진차618 결정). 또, 면접에서의 임신차별과 관련하여 아일랜드의 평등조사관은 면접에서 간접적으로 차별적인 질문들이 행하여졌음을 발견하고 선발과정이 투명성, 객관성, 공정성과 그 상황에서 합리적으로 기대될 수 있는 모범의 준수라는 기준에 미치지 못하였음을 인정하였다(DEC-E2005/015, Legal Review 2005, ODEI-the equality tribunal).

181) ○○항공 조종사노조에 대한 2005년 단체협약 회사안 및 노조의 2005년 단체교섭 협정서에 따르면 "회사는 조합원에게 비행안전을 저해하는 의학적 사유가 발생할 경우 만 2년을 초과하지 않는 한도 내에서 비행휴를 명할 수 있고, 비행휴 기간 동안의 임금은 24개월까지는 기본급, 보안수당, 상여 및 비행수당 75시간 분을 지급하는데, 여성조종사의 출산과 관련하여 비행하지 못하는 기간 또한 비행휴에 해당함"을 명시하고 있다. ○○○○항공사의 경우도 "여성조합원이 항공법령 관련 규정에 따라 출산과 관련하여 비행승무를 할 수 없는 기간은 비행휴에 해당한다"는 중앙노동위원회의 결과에 따라 여성조종사의 임신이 비행휴 사유에 포함되었다(중앙노동위원회 2005.09.14. 2005중재3 결정).

182) 항공법 시행규칙 제95조 별표14의 신체검사기준에 따르면 비행이 가능하기 위해서는 임신하고 있지 않을 것이 요구되며, 다만 정상임신의 경우 임신 26주까지 항공 업무에 지장을 초래할 염려가 없는 경우를 제외한다.

183) 노동부, 「고용평등 및 모성보호 질의회시집」, 2003. 아울러, 노동부의 〈산전 육아휴직제도 운영안〉에 따르면 여성조종사 임신에 대하여 여성 스튜어디스와 동일한 처우를 규정하고 있으나 이 규정은 여성조종사가 사실상 동일하게 취급되어야할 남성조종사와의 합리성이 없는 차별을 발생하게 되어 동 규정의 산전휴직 관련 부분을 현행대로 여성조종사에게 적용하는 것은 타당하지 않다고 판단하고 있다(노동부, 여정 68247-222, 2001.4.21).

어서 남녀를 차별하여서는 아니 된다."고 규정하고 있고, 동법 제19조 제3항에서는 "사업주는 육아휴직을 이유로 해고 그 밖의 불리한 처우를 하여서는 아니 되며, 육아휴직 기간 동안은 당해 근로자를 해고하지 못한다.[184] 다만, 사업을 계속할 수 없는 경우에는 그러하지 아니하다."고 규정하고 있다. 특정한 직무를 수행하기 위해 의무적으로 요구되는 직무교육 기간 중 산전후휴가를 사용한 것을 이유로 추가교육을 요구하는 것은 임신차별에 해당될 수 있다.[185] 승진기준이 되는 인사고과 등[186]에 있어서 임신과 관련된 여성에 대하여 불리한 평가를 가져오는 항목을 두는 경우 차별로 추정할 수 있고, 임신관련 휴가기간에 실시된 인사고과에서 누락되었기 때문에 승진자격이 없다고 하는 것도 임신차별에 해당한다.[187] 여성부는 모 협동조합이 여성근로자에 대해 결혼·임신·출산을 이유로 부당한 전보발령을 한 것에 대해 신청인이 결혼과 출산 후에도 퇴직을 하지 않자 합리적인 이유 없이 성차별적인 전보발령을 한 것이라고 보고 시정조치를 권고한 바 있다.[188] 또, 임신가능성이 있는 여성을 특정 직무에서 배제

184) 임신과 관련한 휴가를 사용한 것을 이유로 승진에서 배제하는 것은 임신차별이다. 산전후휴가 사용과 관련한 승진차별 사안에서 아일랜드 평등조사관은 성에 의한 차별에 대해 입증하였음을 인정하였다. 즉, ㉠ 면접이 실시되지 않았다. ㉡ 승진자 선발이 단 한 사람에 의해 이루어졌고, 아무런 선발 기준과 채점 체계도 없었으며, 선발 과정에서 나와야 할 기록도 없었던 바, 선발 과정은 투명성을 결하였다. ㉢ 진정인이 일정 기간 부재하였음은 진정인이 자신이 선발되지 못한 이유를 구하였을 때 언급되었고 문제가 된 부재는 주로 모성휴가에 따른 것이었다. 평등조사관은 피진정인이 성에 의한 차별에 대한 진정인의 주장을 반박하지 못하였음을 인정하였다(DEC-E2005/020. Legal Review 2005, ODEI-the equality tribunal).

185) 인권위는 산전후휴가를 사용한 여성인턴에 대한 추가수련 요구는 출산을 이유로 한 평등권침해의 차별행위로 판단하였고(국가인권위원회 2005.03.07. 05진차6 결정), 전공의가 출산휴가를 1회 사용할 때에는 추가수련을 요구하지 않으나 2회 이상 사용할 때는 추가수련을 요구하는 것은 출산휴가를 사용하는 사람들에 대한 차별로 인권위는 2회 이상 출산휴가를 사용한 전공의에 대한 추가수련 기간을 정함에 있어 일률적이기보다 전공의의 수련 정도 등을 감안해 탄력적으로 산정할 것을 보건복지가족부장관 등에게 권고하였다.

186) 주관적 판단에 의해 결정되는 인사고과점수를 승진의 주요한 객관적인 기준으로 받아들이면서 이에 더하여 최종 결정권자의 주관적인 재량으로 사실상 승진을 결정하는 것은 합리성을 담보하기 어려울 수 있다. 예를 들어, 주관적인 고과점수 및 실적평가점수에 근거하여 형식적인 인사위원회의견 및 다단계의 심사과정을 통해 형식을 거쳐 최종단계에서 3배수 후보자가 결정되고 그 중 1명을 최고의사결정권자가 선정하는 경우도 그에 해당할 수 있다.

187) Caisse Nationale D'Assurance Viellesse Des Travailleurs Salaries (CNVATS) v Thibault(1998) IRLR 399 ECJ(이승욱, "고용에서의 차별판단기준", 「여성고용에서의 차별판단지침마련」, 노동부, 2005, 213면).

하는 것은 임신차별에 해당한다.[189] 단, 근기법 등 다른 법령에 의해 임신한 여성에 대한 취업이 금지되어 있는 경우는 그러하지 아니하다.[190] 모집채용과정에서 임신사실 고지와 관련하여 유럽사법재판소는 사용자는 모집을 함에 있어서 임신을 고려할 수 없기 때문에 근로자는 사용자에 대해 임신사실을 고지할 의무를 부담하지 않는다고 한 유럽집행위원회의 진술을 고려한 바 있다.[191] 아울러, 태아보호를 이유로 임신한 근로자를 해고하는 것도 임신차별에 해당하며,[192] 특히 임신한 계약직 근로자의 재계약거부와 관련하여 많이 발생할 수

---

188) 여성부가 이러한 사안에서 임신을 이유로 부당한 인사조치라고 판단한 근거로는 1) 해당 근로자가 입사한 이래 결혼과 2회에 걸친 출산 때마다 당해 조합으로부터 퇴직을 종용받았던 점, 2) 근로자는 당해 조합 직원들 중에서 가장 잦은, 평균 1년에 1회씩 비연고지 및 근무기피부서로만 발령을 받았던 점, 3) 징계성 발령을 하게 된 이유인 신청인의 근무태도에 관하여 살펴보아도 오히려 업무수행에 아무런 문제가 없었을 뿐만 아니라 당해 조합의 여직원회 회장으로서 여직원의 권익향상을 위해 노력했던 점 4) 근무기피부서에 근무한 후에는 본인의 희망지로 발령을 내는 관례를 깨고 해당 근로자를 계속하여 본인의 희망과 무관한 비연고지로만 발령을 낸 점, 5) 당해 조합에 근무하던 기혼 여직원은 각각 비연고지와 근무기피부서 발령을 받아 모두 퇴직한 점 6) 해당 근로자가 근무하였던 당해 조합의 모 지소장 등은 평소 기혼 여직원의 퇴직을 권고하여야 한다는 취지의 발언을 계속한 점 등을 제시했다(여성부, 99고용29).

189) 여성부 남녀차별개선위원회는 임신으로 인하여 자유복 근무를 할 수밖에 없는 여성에게 자유복 근무는 불가피하다고 통보한 것은 임신한 여성은 비서업무를 수행할 수 없다는 입장을 밝힌 것이며, 임신을 이유로 퇴직권유 및 대기발령을 한 행위는 남녀차별에 해당한다고 결정하였다(여성부, 01고용10). 한편, 임신과 관련한 신체조건의 변화로 인해 기존의 업무를 수행하기 어려운 여성이 임신기간 동안 덜 위험하고 덜 힘든 업무로 배치해 줄 것을 요구했으나 이를 거부하는 것, 임신한 여성에 대해 노동 강도가 더 강한 곳으로 배치전환을 시켜서 스스로 퇴사하기를 유도하는 것, 특정 직무를 수행하는 근로자에게 유니폼을 제공하는 회사에서 임신한 여성에게 맞는 유니폼을 제공하지 않음으로서 해당 직무에서 배제하는 것, 임신한 여성의 동의 없이 임신을 이유로 눈에 띄지 않는 부서로 배치하는 것, 임신과 관련한 건강문제로 휴가를 간 여성이 회복되어 복귀를 원할 때 복직시키지 않는 것, 산전후휴가를 사용할 수 있다는 이유로 특정 직책에 임명하지 않는 것, 산전후휴가 전후나 산전후휴가 중에 대기발령 또는 원거리 발령 등 부당인사발령을 내는 것, 산전후휴가 후에 동일하거나 유사한 직무에 복직을 시키지 않는 것은 임신차별의 사례로 들 수 있다.

190) 근기법은 임신 중인 여성에게 시키면 안 되는 일을 납, 수은, 크롬, 비소 등 유해물질을 취급하는 업무군 등에 대하여 구체적으로 열거하고 있다(동법 시행령 별표 4).

191) Tele- Danmark A/S v Handels-og Kontorfunktionaerernes Forbund I Danmark (2001) IRLR 853 ECJ.

192) 사용자가 한 성에만 적용되는 태아보호정책을 시행한다고 하려면, (1) 해로운 실질적인 위험이 존재하며 (2) 그 위험은 단지 한 성의 구성원에게만 나타나며 (3) 정책의 영향을 받은 성(여성)에게 덜 영향을 줄 수 있는 대안적인 정책이 없었다는 것을 입증해야 한다(Hayes v. Shelby Memorial Hospital 726 F 2d 1542 (7th Cir. 1984)).

있는데, 계약직 근로자의 경우 특별한 사정이 없는 한 계약갱신을 하는 것이 일반적인 회사에서 임신한 근로자만 재계약에서 탈락시키는 경우도 차별의 혐의를 받을 수 있다.[193] 또, 정리해고의 대상자를 선정함에 있어서 특정 기준 또는 특정 기준의 배점비율의 사용으로 인해 임신과 관련한 여성에게 불리한 결과를 야기하는 경우 합리성이 없는 임신차별에 해당할 수 있다.

4. 신체조건 등

(1) 신체조건 등을 이유로 한 차별

신체조건을 이유로 한 차별은 합리적 이유 없이 용모(외모 등), 근력, 키,[194] 몸무게, 민첩성, 심폐기능 등의 신체적 특징·조건·능력 등을 이유로 고용상 불리한 대우를 하는 경우이다. 신체적 특징에는 개인이 마음대로 통제할 수 없는 것들이 많은데 키, 몸무게, 몸집, 피부 등이 포함되며, 경우에 따라서는 쉽게 지울 수 없는 문신[195]도 포함될 수 있다. 그러나 신체적 특징의 요건이 반드시 쉽게 통제할 수 없어야 하는 것은 아니며, 비교적 쉽게 통제할 수 있는 신체적 특징은 대개 용모라는 개념에 상당 부분 포함된다고 할 것이다. 즉, 개인이 자신의 머리에 변화를 줄 수 있다고 하여 머리와 같은 신체적 특징이 신체적 특징이 아닌 것은 아니다. 따라서 개인의 얼굴이나 머리털에 대한 차별적 발언은 차별행위에 해당할 수 있다.[196]

신체조건이 직접적이지는 않지만 즉, 표면적으로는 동등하게 적용하는 중립적 기준을 적용하지만 결과적으로 신체조건이 다른 특성을 가진 사람에게 불이익하게 되는 행위로서 그러한 규정, 기준, 관행이 정당하다고 입증할 수 없는 경우 차별행위가 된다. 예를 들면, 곱슬머리는 모집요건에서 배제하는 경우 대부

193) 국가인권위원회 2007.03.09. 06진차618 결정.

194) 결혼정보회사에 가입하려던 남성이 키가 작다는 이유로 거절당하자 이는 용모 등 신체조건에 의한 차별이라고 진정한 건에 대하여 인권위는 해당 결혼정보회사에게 키가 일정기준 이하인 남성에 대하여 키가 작다는 이유로 회원가입을 제한하는 관행을 개선할 것을 권고하였다(국가인권위원회 2010.06.17. 09진차1688 결정).

195) 문신이 신체적 특성에 해당한다는 호주 빅토리아주 판례(Alan Jamieson v Benalla Golf Club Inc (2000) EOC 93~106면).

196) Fratas v Drake International t/a Drake Jobseek (2000) EOC 93-038.

분의 흑인들은 곱슬머리이므로 결과적으로 흑인을 모집에서 제외하는 차별행위로 가져오는 결과와 같은 것이다. 물론 이러한 경우 인종차별과도 연관이 될 것이다. 또, 노랑머리는 모집요건에서 배제하는 경우 우리나라 사람은 검은 머리이지만 노랑머리인 외국인이 많으므로 외국인에 대한 차별이 되고, 이는 출신민족이나 인종, 국적 등에 대한 차별도 될 수 있다.

(2) 신체조건 등의 차별금지 근거 및 고용상 차별판단

인권위법 제2조에서는 평등권침해의 차별행위로 '용모 등 신체조건'을 사유로 한 행위를 규정하고 있다. 즉, 인권위법에 의하면 용모 등 신체조건을 이유로 "고용과 관련하여 특정한 사람을 우대·배제·구별하거나 불리하게 대우하는 행위"는 평등권침해의 차별행위로 규정하고 있다. 미국의 콜럼비아 지구 인권법(The Human Rights Act of 1977)에서는 "개인의 용모는 성을 막론하고 신체적 조건이나 특징, 의복의 매너나 스타일, 그리고 개인의 몸단장 스타일과 관련한 개인의 외양을 의미하며 머리 및 수염 스타일도 포함한다. 그러나 그것은 공공장소의 입장을 위해 획일적으로 적용되는 경우, 또는 사업상의 합리적인 목적 때문에 근로자들에게 획일적으로 적용되는 경우, 청결, 유니폼, 또는 규칙상의 표준이라는 요건에는 적용되지 아니한다.[197)]"고 규정하면서 차별로 금지하고 있고, 호주의 빅토리아주 평등기회법(The Victorian Equal Opportunity Act of 1995)에서는 "동법에 의하여 망라되는 활동영역에서 개인의 신체적 특징에 근거하여 차별하는 것은 위법하다. 신체적 특징은 개인이 많이 통제할 수 없는 개인의 키, 몸무게, 크기 또는 다른 신체적 성격을 의미한다.[198)]"고 규정하고 있다.

합리적인 이유 없이 지원자의 키, 몸무게, 용모 등의 신체조건을 채용의 판단기준으로 사용하는 경우[199)] 차별행위가 된다. 또, 미국 오클라호마에서는 신체

---

197) 미국 미시건주의 Elliot Larsen Civil Rights Act는 키와 몸무게를 이유로 한 차별을 금지하고, 캘리포니아주 산타크루즈시에서는 키, 몸무게, 신체적 특징을 이유로 한 차별을 금지하며, 샌프란시스코는 몸무게를 이유로 한 차별을 위법한 차별로 규정하는 법을 제정하고 키와 몸무게를 이유로 한 차별을 방지하기 위한 가이드라인을 마련하였다(Compliance Guildlines to Probit Weight and Height Discrimination).

198) http://www.parliament.vic.gov.au/sarc/Equal_Opportunity/chapterthree.

199) 경찰·소방·교정직·소년보호직·철도공안직 공무원 채용 시 해당 기관들은 응시자격

조건을 이유로 차별한 건에 대하여 배상한 사례[200]도 있다. 교육시설과 직업훈련기관[201]에서 신체조건을 이유로 교육기관이나 직업훈련기관에 지원 또는 입학하는 것을 제한하는 경우,[202] 신체조건이 교육 또는 훈련을 받는데 있어서

으로 키와 몸무게를 일괄적으로 제한하는 규칙을 가지고 있다. 이에 대해 인권위는 해당 기관들이 해당 키 및 몸무게 기준이 업무상 필요한 자격요건인지 밝히지 못하였다는 점에서, 나아가 개인의 업무수행능력은 키와 몸무게와 같이 사회적 고정관념에 입각하거나 비과학적인 기준이 아니라 객관적이고도 과학적인 측정방법에 의거하여 구체적으로 측정되어야 한다는 점에서, 평등권침해의 차별행위로 판단하고 해당 기관들에 대해 공무원 채용시 응시자격요건으로 키와 몸무게를 불합리하게 제한하지 말 것을 권고하였다(국가인권위원회 2005.04.11. 03진차562 결정) : 경찰공무원 임용시험 규정에서 문신의 위치 및 노출 여부 등을 고려하지 않고 일률적으로 문신이 있는 자를 불합격 처리하도록 하는 규칙에 대해, 인권위는 해당 규칙이 업무의 필요성을 넘어서서 문신한 자에 대한 사회적 편견과 경찰 업무 수행 중 문신이 노출될 수도 있다는 막연한 가능성에 근거한 것으로서 평등권을 침해한 차별행위로 판단하여 경찰청장에게 관련 규정을 차별적인 요소가 없도록 개정할 것을 권고하였다(국가인권위원회 2005.03.23. 04진기1 결정).

200) 미국 오클라호마 매드빌에 있는 몰에 아이스크림 판매 파트타임 일자리를 구직하던 사람은 외모를 이유로 채용계획이 없다는 말로 채용을 거부하고 같은 기간 다른 사람들을 고용하였고 결국 법원은 피고가 고소인에게 55,000달러를 배상하고 18개월 동안 석 달마다 점포별 고용상황과 고용되지 않은 응모인들의 사유까지 평등고용기회위원회(EEOC)에 제출하도록 했다(EEOC v W.H.Braum, Inc, 2004(http:www.eeoc.gov)).

201) 교육기본법에 기초한 초·중등교육법, 고등교육법을 비롯하여 사회교육법, 직업훈련촉진법 등 기타 다른 법률에 의하여 설치된 교육시설과 공공기관 및 사업장에서 취업·직무수행에 필요한 지식·기술 및 태도를 학습·향상시키기 위하여 실시하는 직업훈련시설 등을 말하며 이러한 시설에서 제공되는 각종 교재, 교육내용, 서비스를 포함한다.

202) 인권위는 국군간호사관학교가 간호사관생도 모집요강에서 신입생의 키 및 몸무게를 각각 "157cm에서 183cm, 45kg에서 72kg"로 제한하고 내반슬을 가진 자를 불합격자로 정한 것이 차별인지 여부를 직권조사 하였다. 인권위는 해당 신체요건이 유사 직무를 수행하는 육군본부 간호장교의 신체요건인 "여자 신장 155cm 이상 184cm 미만", "체중은 신장에 따른 체질량 지수로 판정"이라는 요건보다도 더 엄격하여 그 합리적 이유가 인정되기 어렵고, 전문가들의 의견에 의하면 심하지 않은 내반슬을 가진 자들은 간호장교의 업무를 충분히 수행할 수 있음에도 국군 간호사관학교는 내반슬 자체를 불합격 기준으로 정하였으며, 그것은 육군본부 간호장교에 대한 관련 기준보다도 더 엄격한 기준인 바, 그 합리적 이유가 인정되지 아니한다고 판단하였다(국가인권위원회 2006.07.18. 06직차6 결정). 아울러, 인권위는 경찰대학이 「경찰대학학생모집시험규칙」에서 신입생의 자격을 나안시력이 0.2이상일 것, 색맹 및 색약이 아닐 것, 용모가 추악하지 아니할 것 등으로 정한 것이 차별인지 여부를 직권조사 하였다. 경찰대학은 해당 규칙이 경찰청의 「경찰공무원임용령시행규칙」에서 정한 기준을 따른 것이라고 주장하였으나 경찰청은 이미 해당 규칙을 개정하여 그 기준을 완화하였고, 그 결과, 경찰대학 신입생의 신체조건은 경찰청의 경찰관 채용 신체조건보다 더 엄격한 것으로 밝혀졌다. 이에 인권위는 경찰대학 학생들도 졸업과 동시에 경찰관으로 근무하는 점을 고려할 때 「경찰대학학생모집시험규칙」의 신입생 신체요건은 과도하고 합리적이지 않은 신체조건이라고 판단하였다(국가인권위원회 2006.12.22. 06직차5 결정).

배제 혹은 제한으로 작용하는 경우로 특정한 신체적 조건을 가진 사람이 사용하기에 불편한 경우에도 교육받을 기회를 박탈하는 차별행위가 될 수 있다.

배치 및 전환 등에서 직무수행에 필수적인 요건이나 업무의 특수성에 근거하지 아니하고 일정한 직무의 배치 대상에서 특정 신체조건을 이유로 배제하거나 편중하여 배치하는 경우[203]는 차별행위가 될 수 있으며, 해고에서 근로자의 의사와는 관계없이 근로자의 키, 몸무게 등의 신체조건을 이유로 사용자가 일방적인 의사표시로 장래에 대하여 근로관계를 소멸시키는 것은 금지된다.[204]

5. 장애 등

(1) 장애 등을 이유로 한 차별

장애나 병력(이하 "장애 등"이라 한다)을 사유로 한 차별은 장애 등을 사유로 제한·배제·분리·거부 등에 의해 정당한 이유 없이 장애인 및 병력인(이하 "장애인 등"이라 한다)을 고용상 불리하게 대우하는 경우를 말하는데, 장애란 신체적·정신적 손상 또는 기능상실이 장기간에 걸쳐 개인의 일상 또는 사회생활에 상당한 제약을 초래하는 상태를 말하고, 장애인이란 그러한 장애가 있는 사람을 말한다. 병력이란 과거에 질병 또는 장애를 가졌던 경험을 말하고,

---

203) 고용주가 뚱뚱한 사람은 전문직에 적합하지 않은 외모라고 판단하여 대민업무를 하는 직무에서 배재하는 것은 외모를 이유로 한 차별이다. 또한 동료나 고객이 날씬한 사람을 선호한다는 항변은 외모에 의한 차별을 정당화시킬 수 없다(Human Right Commission, City and Count of San Francisco의 Compliance Guidelines to Prohibit Weight and Height Discrimination).

204) 미국 테네시주 쿠크빌에 위치한 한 여행사는 Messianic Christian을 믿는 관리직원을 종교적인 이유로 턱수염을 밀지 않겠다고 하자 해고하였는데, 취업할 당시 총지배인은 회사의 수염 금지 정책에도 불구하고 수염을 기르도록 허락했으나 지역담당 지배인이 그를 해고하도록 명령하였다. 법원은 여행사에게 62,400달러를 배상하고 종교적 차별과 보복행위를 못하도록 명령하고 모든 지배인들에게 종교적 신념을 이유로 차별해서는 안 된다는 서류를 발송하고 읽게 했다(EEOC v. Pilot Travel Centers LLC, No. 2:03-0106(M.D. Tenn. Apr. 9, 2004)). 한편, 경비회사에서 pentecostal christian인이 종교적인 이유로 바지를 입을 수 없다고 하자 그녀를 해고하였는데, 그녀는 유니폼을 입는 사환으로 고용되었고 현금 수송용 장갑차의 승무원으로 배치되었기 때문에, 그녀는 바지 대신 치마바지를 그것도 유니폼과 같은 재질을 이용해서 만들어 입겠다고 했으나 회사는 그녀를 해고했다. 그녀가 이 사실을 미국 평등고용기회위원회(EEOC)에 제출하자 회사는 그녀를 재고용하고 치마바지를 입게 했다. 법원은 회사가 위로금으로 30,000달러를 배상하게 하고 변호사 비용으로 9,500달러를 주게 했다(EEOC v. Brink's, Inc. No. 1:02-cv-01111(C.D. Ill. December 27, 2002)).

병력인이란 그러한 병력을 가진 사람을 말한다. 비록 복지법상의 장애인으로 등록은 되어 있지 않더라도 등록 절차만 흠결되었을 뿐 복지법상의 장애인이 명백하다면 차별의 대상이 될 수 있다고 할 것이다. 장애 등을 이유로 한 차등취급은 불가피한 것으로 수단의 불가피성, 수단은 그 목적과의 관계에서 적정한 비례적인 것이어야 하므로 수단으로 채택된 장애인 등에 대한 차별 대우는 그에 따른 불이익의 정도가 적정하여야 한다.[205)]

반면에 차별행위를 하지 않으려면 과도한 부담이나 현저히 곤란한 사정 등이 발생하는 경우, 그러한 행위는 차별로 보지 아니한다. 이는 주로 정당한 편의제공과 관련하여 문제가 되는 것인데, 과도한 부담이나 현저히 곤란한 사정 등이란 해당 의무자의 규모, 성격, 재정 능력 등에 비추어 볼 때 과도하다고 여겨질 정도의 상당한 곤란이나 비용이 요구되는 경우나 물리적으로 불가능한 경우, 경영상의 곤란에 처하게 되는 경우 등을 말하고, 금지된 차별행위가 특정 직무나 사업수행의 성질상 불가피한 경우에는 이를 차별로 보지 아니한다.[206)]

(2) 장애 등의 차별금지 근거 및 고용상 차별판단

장애인차별금지법에서는 장애인을 장애를 사유로 정당한 사유 없이 제한・배제・분리・거부 등에 의하여 불리하게 대하는 경우(제4조 제1항 제1호)를 금지사항으로 규정하고 있고, 인권위법도 같은 취지를 규정하고 있다. 또, 복지법 제2조, 산재법시행규칙 제2조 등에도 규정하고 있다. 장애인차별금지법 제10조(차별금지)이하 및 인권위법 제2조 4호 가목에서 장애 등을 이유로 고용상의 차별을 금지하는 규정을 두고 있다. 장애인차별금지관련법은 많은 국가들이 도입하

205) 운동장애인의 운전능력을 운동능력평가기기에 의해 평가하고 그에 적합한 면허의 조건을 붙이기 위해 운동능력평가기기가 설치되어 있는 지정 운전면허시험장에서 적성검사를 받도록 한 것은 장애를 이유로 차별한 행위로 보기 어렵다(국가인권위원회 2006.12.22. 06진차85 결정).

206) 특정 직무나 사업 수행의 성질상 불가피한 경우 위와 같은 자격・능력을 보유하지 못한 장애인 등을 제한・배제・분리・거부 등에 의해 불리하게 대하는 것은 정당한 사유가 있는 것으로 보아 차별로 보지 아니할 수 있는데, 위와 같은 자격, 능력을 평가할 때에는 ① 어떤 개인이 직무의 필수요건(예컨대, 교육, 직무경험, 훈련, 여러 가지 기술, 각종 면허 또는 자격증, 기타 정상적인 판단력 혹은 타인들과의 협력 등 직무관련 요소들)들을 충족시키고 있는지, ② 그 개인이 적절한 편의를 제공받아 또는 제공받지 않고도 직무의 필수기능들을 수행할 수 있는지 여부 등을 통해 판단할 수 있을 것이다.

고 있다.[207] EU입법지침(2000/78/EC) Article 2(차별에 대한 정의)에서는 "1. 장애인에 대한 동등한 처우라 함은 장애를 근거로 한 직접적인 혹은 간접적인 차별행위가 없어야 함을 의미한다. 2. 장애인에 대한 직접차별 및 간접차별 즉, i) 장애인에 대한 직접차별은 상황적 조건이 같거나 혹은 현저한 차이가 없음에도 불구하고 장애를 가졌다는 이유만으로 비장애인에 비해 장애인을 덜 우호적인 방식으로 처우할 경우에 발생한다."라고 규정하고 있다. 주요한 국제기구의 협약 등을 보면 UN국제장애인권리협약[208] 제27조(근로 및 고용)에서 장애차별금지 등을 규정하고 있고, UN장애인권리선언(1975년), 국제노동기구 '신체 장애인의 직업 복귀에 관한 권고' 제99조, 세계보건기구 '기능, 장애 및 건강에 관한 국제 분류(2001년)'등에 근거를 찾아볼 수 있다.

모집과 채용에 있어서의 합리적인 이유 없이 모집요강에서 신체건강한 자, 용모단정한 자와 같이 신체 또는 외모에 대한 조건을 명시하여 장애인의 응시 자격을 제한하거나 기회를 주지 않는 행위, 모집요강에서 남자의 경우 군복무를 마친 자[209]와 같이 장애인이 참여할 수 없는 자격조건을 제시하여 장애인의 응시 자격을 제한하거나 기회를 주지 않는 행위 등을 들 수 있다.[210] 또, 승진에

207) 호주의 장애차별금지법(Disability Discrimination Act, DDA)(Sec. 5. 장애차별)에서는 "A. 한 사람이 똑같은 환경에서 혹은 실제적으로 그리 다르지 않은 환경에서 다른 사람의 장애를 이유로 덜 호의적으로 대우하는 것은 장애차별이다. B. A에서 실제적으로 그리 다르지 않은 환경이라 함은 장애인이 조정이나 필요한 편의시설을 요구할 수 있는 경우를 말한다."고 규정하고 있고, 홍콩의 장애인차별금지법 제6조(장애인에 대한 차별 등)에서는 "본 법의 규정을 적용함에 있어, 관련된 모든 상황을 고려할 때 (1) 사람을 장애를 이유로 해서, 비장애인을 대하거나 대하려 할 때보다 불리하게 대하는 경우"를 금지하고 있다. 이외에도 미국의 장애인법(ADA), 영국의 장애인법(DDA) 등에서도 같은 내용을 규정하고 있다.

208) 위 국제장애인권리협약에는 "장애는 발전하는 개념이며, 다른 사람들과 동등한 기초 위에서 완전 고용적인 사회참여를 저해하는 태도 및 환경적인 장벽과 손상을 지닌 개인과의 상호작용으로 야기된다는 것을 인정하여야 한다(전문(e))."면서, "장애인은, --중략--장기간의 신체적, 정신적, 지적 또는 감각적 손상을 가진 사람을 포함한다(제1조)."고 규정함으로써, 각 나라의 상황에 따라 단기간, 일시적인 경우까지 포함할 수 있도록 개방적인 형식을 취하고 있다.

209) 다만, 남자의 경우 군복무를 마친 자 또는 면제받은 자로 표기할 경우는 차별행위에 해당하지 않는다고 할 수 있다. 즉, 장애로 인하여 면제되는 경우에도 응모가 가능하기 때문이다. 물론 여기에서는 외국인 등과의 문제는 별외로 한다.

210) 이러한 사례로는 공무원임용시험에서의 편의제공(국가인권위원회 2004.11.12. 03진기675, 04진차17(병합) 결정), 필기시험에 있어서의 편의제공(국가인권위원회 2006.06.19. 06진차157 결정), 소음성 난청을 이유로 한 고용차별(국가인권위원회 2006.08.29. 05진차

있어서의 장애인차별 행위의 유형은 장애를 이유로 장애인을 승진에서 제외하는 행위, 업무환경을 이유로 장애인을 승진에서 제외하는 행위, 승진시험 등에 있어서 장애인에게 불리한 기준을 적용하는 행위, 업무평가 등에 있어서 장애인의 장애로 인한 작업시간의 초과, 업무내용의 조정 등을 불리하게 반영하는 행위 등이다.[211]

교육에 있어서의 장애인 차별행위의 유형은 사용자가 시행하는 모든 교육, 훈련, 연수에 있어서 합리적인 이유 없이 장애인을 배제하는 행위, 장애인 근로자가 다른 사람의 도움 없이 동등하게 참여할 수 있도록 합리적인 편의를 제공하지 않는 행위, 해외연수 등 각종 교육의 대상자 선정에 있어 본인의 의사에 반하여 장애를 이유로 장애인을 제외하거나 다른 근로자에 비해 불리한 조건을 부과하는 경우 차별이 될 수 있다.[212] 장애인차별금지법 제13조(차별금지) 및 제14조(정당한 편의제공 의무)는 교육 등과 관련한 차별금지사항과 장애인을 위한 정당한 편의제공의무를 규정하고 있는데 이를 위반시 차별행위로 간주된다.[213] 해고 및 퇴직에 있어서의 장애인 차별 행위의 유형은 합리적 사유 없이

888 결정), B형간염바이러스와 병력을 이유로 한 고용차별(국가인권위원회 2006.12.22. 06진차142 결정)이 있다. 한편, 군가산점 제도와 관련한 장애인 차별문제로 지체3급인 장애인이 1993년 공무원시험에 응시했으나 장애인이라는 이유로 군대에 갈 수 없는 상황이었음에도 불구하고 군면제자라는 이유로 군필 가산점이 부여되지 않아 점수 부족으로 공무원 임용에서 탈락되었다. 이와 관련하여 7년여의 소송을 거쳐 결국에는 군필 가산점에 대한 헌법 소원을 내 승소를 한 사례가 있다(헌법재판소 1999.12.23 선고 97헌마136 결정).

211) 인권위는 "지방자치단체장이 법률상 우선적인 임용 대상자에게 마땅히 주어야 할 승진의 기회를 신체적인 장애를 이유로 합리적인 이유 없이 제공하지 아니한 것은 평등권을 침해하는 차별행위에 해당한다."고 인정하면서도, "지방자치단체장의 차별행위가 그 의사에 반하여 당해 직을 물러날 만한 사유가 되지 않고 차기 지방자치단체장 선거의 출마문제는 본인이 판단할 문제라고 판단하여 인권위가 권고할 수 있는 구제조치의 범위에 속하지 아니한다."고 판단하였다(국가인권위원회 2002.04.11. 01진차1 결정). 국립대학교에서 장애인을 지속적으로 승진에서 배제시킨 것이 장애를 이유로 한 헌법 제11조의 평등권을 침해한 것임을 인정하고, 진정인의 평정과 승진과정에서 누적적으로 가해진 장애인 차별행위를 중지할 것과 재발방지를 위하여 당해 대학교 근무성적평정지침 등에 실효성 있는 장애인차별금지조항을 마련할 것을 권고하였다(국가인권위원회 2004.11.08. 04진차53 결정).

212) 인권위는 서울시의 현장시정지원단 교육 시 장애인 차별과 관련하여 서울시장에게 향후 교육 시행 시 장애인의 유형 및 정도, 특성 등을 고려한 교육 프로그램을 마련하여 실시할 것과 재발방지를 위한 대책을 마련할 것을 권고하였다.

213) 인권위는 대학이 특수교육진흥법 제10조 제1항에 정한 장애 종류 가운데 특정 장애 종류에 대하여서만 특수교육대상자 특별전형의 지원자격을 부여한 것은 이 밖의 장애를 가진 장애인을 교육 시설 이용에서 차별한 행위임을 인정하고, 해당 대학에게 특수교육진흥

장애를 이유로 장애인을 해고하거나 강제 퇴직하게 하는 행위, 장애인의 장애를 퇴직사유로 한 단체협약, 취업규칙, 근로계약 등 합리적 사유 없이 이 규정을 근거로 퇴직처분을 하는 행위를 들 수 있다.[214] 복리후생 운영 및 수혜 등[215]에서의 차별도 금지되므로 근로자의 능력개발 및 자아실현의 기회를 목적으로 설립된 복지센터[216] 등의 프로그램에서 장애여부에 따라 제한하거나 배제하는

법에 의거, 시각·청각·지체부자유 장애인 외의 장애인에 대해서도 특수교육대상자 특별전형의 지원자격을 부여할 것을 권고하였다(국가인권위원회 2004.02.16. 03진차27 결정). 인권위는 공립특수학교가 통학버스를 운행하면서 장애학생들을 집 근처가 아닌 집에서 과도하게 멀리 떨어진 곳에서 승하차시키는 것은, 비장애학생들과 달리 장애학생들은 독립적으로 해당 거리를 무사히 걸어서 귀가하는 것을 기대하기 어려운 점 등에 비추어볼 때, 장애학생에게 비장애학생들과 실질적으로 동등한 교육환경의 조건을 제공하는 적절한 편의제공이라고 볼 수 없는바 이는 장애인에 대한 차별에 해당한다(국가인권위원회 2006.12.10. 06진차411 결정)고 판단하였고, 장애인 가정을 방문하여 정보화교육을 실시하는 방문 정보화교육사업의 목적은 그동안 정보화 사회에서 배제되었던 장애인들의 정보접근성 및 정보활용능력을 향상시키기 위한 것이고, 한센병력자도 해당 교육을 받을 자격이 있으며 한센병은 현재 활동성 임상증후군이 소실되고 해당 증상의 진행이 정지된, 전염력이 없는 상태임을 종합해 볼 때, 교육강사가 한센병력을 이유로 교육을 실시하기를 거부한 것과 해당 교육사업의 주관기관이 그에 대해 예방조치를 게을리한 것은 피해자의 평등하게 교육받을 권리 및 인간존엄성을 침해한 것으로 판단(국가인권위원회 2005.07.19. 04진차355 결정)하였다. 또, 「헌법」 제11조의 평등권에 입각하여 청각장애학생의 학습권은 비장애학생의 학습권과 동등하게 보장되어야 하는바, 이에 따라 방송통신대학교는 청각장애학생들이 출석수업 시 강의 내용에 충분히 접근할 수 있도록 과도한 재정적 부담이 되지 않는 한 그들에게 수화통역이나 문자통역을 지원해주어야 함에도 불구하고 그러하지 아니 한 것은 평등권 침해의 차별행위에 해당하므로 방송통신대학교 총장에게 청각장애학생들의 출석수업 시 이들의 학습권이 보장되도록 수화통역이나 문자통역 등 적절한 편의조치를 제공할 것을 권고하였다(국가인권위원회 2006.12.22. 06진차409 결정).

214) 인권위(09진차490)는 업무상 과로에 따른 뇌출혈로 인해 사지 일부가 마비되어 산재판정을 받은 장애인으로 2년간의 공상휴가를 거쳐 복직하여 근무 중에 있는 근로자를 장애로 인하여 업무수행이 불가능하다는 이유로 직권면직을 하여 차별한 건에 대하여 복직시킬 것을 권고하였다.

215) 인권위(10진정0377600)는 지적장애인이라는 이유로 보험가입이 거절된 건과 관련한 진정에서 ○○보험사 대표에게 장애차별법 등 관련 법령 및 규정을 준수하여 피해자의 보험청약건을 정식으로 인수심사할 것과 보험심사업무를 담당하는 관련 직원들에 대하여 장애인차별금지와 관련된 인권교육을 실시할 것을 권고하였다. 1급뇌성마비 장애인에 대한 보험가입 거부는 차별행위이다(서울중앙지방법원, 2004.02.12. 선고 2003가단150990 판결). 또, 1급 시각장애인이 보험회사가 통신 판매한 '진단없이 가입되는 무진단 암보험'에 장애인임을 상세하게 고지하고 청약하였는데, 이 사건 보험은 암예방부터 암치료까지 보장하는 보험으로서 장애인일 경우 암발병률이 더 높다는 어떠한 의학적이고도 객관적인 근거가 없음에도 불구하고 합리적인 절차와 기준 없이 보험가입청약자가 장애인인 경우 장애가 있다는 이유로 비장애인보다 더욱 높은 비율로 건강검진대상자로 선정한 것은 장애를 이유로 한 불합리한 차별행위라고 결정하면서 그 선정기준, 절차 및 내용 등을 개선할 것을 권고하였다(국가인권위원회 2007.06.22. 06진차61 결정).

것은 정당성을 인정할 수 없고, 사택 및 임차주택대여 또는 이용, 사내구판장 이용, 구내식당 이용,[217] 휴양시설이용 등에 차이를 두는 것도 차별행위에 해당한다. 또, 장애인이 사무실이나 사무 공간, 각종 시설 및 복리후생시설 등을 동등하게 이용할 수 있도록 합리적인 편의 제공을 거부하는 행위,[218] 장애인을 불리하게 대우하거나 장애인의 이용에 대하여 불만 또는 불평을 표시하는 행위는 인정되기 어렵다.

한편, 장애를 이유로 한 괴롭힘[219]이란 집단 따돌림, 방치, 유기, 괴롭힘, 희롱, 학대, 금전적 착취, 성적 자기결정권 침해 등의 방법으로 장애인 등에게 가해지는 신체적·정신적·정서적·언어적 행위를 통해 장애인 등의 존엄성을 해하거나, 장애인 등에 대한 위협적, 적대적, 모멸감을 주는 환경을 조성하는 것을 말한다.[220] 또, 괴롭힘에 대한 차별금지사항을 규정한 입법으로 호주[221]는 해당

216) 복지관 이용 차별과 관련하여 인권위는 장애인이 많이 이용하는 공공건물 및 공중이용시설의 관리자인 지방자치단체 등 국가기관은 장애인이 안전하고 편리하게 이용하고 접근할 수 있도록 배려할 의무를 진다 할 것인데, 그 의무를 다하지 아니하여 장애인과 노약자가 많이 이용하는 장애인용 승강기를 설치하지 않았다면, 이는 장애를 이유로 「헌법」 제11조에서 보장하는 평등권을 침해하는 차별행위에 해당한다고 판단하였다(국가인권위원회 2006.01.10. 06진차50 결정). 또, 장애를 이유로 한 화장실 이용 차별과 관련하여서는 교통약자의 이동편의증진법에 따라 교통사업자인 피진정인은 장애인이 접근할 수 있는 통로에 장애인전용화장실을 설치하여야 할 의무가 있으나, 특정역에는 장애인용 화장실이 위치한 지하1층에 갈 수 있도록 설계된 엘리베이터 또는 휠체어리프트 등의 이동편의시설이 설치되지 않아 휠체어를 사용하는 장애인이 화장실에 접근하는 것이 매우 어려운 상황인바, 이는 장애를 이유로 한 차별이라 판단하였다(국가인권위원회 2006.04.10. 06진차4 결정).

217) 인권위는 식당 음식 판매 거부와 장애를 이유로 한 재화의 공급이용 차별과 관련하여 장애인이기 때문에 음식 제공을 거절한다는 직접적인 표현은 하지 않았지만, "혼자 온데다가 바쁜 시간"이라는 간접적 표현을 하면서 음식 제공을 거부한 것은 장애를 이유로 한 차별에 해당하는 것으로 판단하고 있다(국가인권위원회 2006.08.29. 05진차941 결정).

218) 인권위(09진차1175)는 발달장애인이 청소년수련관의 수영시설을 이용하고자 하였으나 해당시설에서 장애인이 참여할 수 있는 수영프로그램을 운영하지 않는 등 피해자에 대한 적정한 편의를 제공하지 않아 수영시설의 이용에 제한을 당한 건에 대한 진정사건에서 당해 시설을 운영하는 ○○광역시 ○○구 구청이 소유·지원하고 있는 청소년수련관 등의 수영장시설에 장애인이 참여할 수 있는 수영프로그램을 마련하는 등 편의를 제공할 것을 권고하였다.

219) 장애인차별금지법 제3조(정의) 제20호에서는 「"괴롭힘 등"이라 함은 집단 따돌림, 방치, 유기, 괴롭힘, 희롱, 학대, 금전적 착취, 성적 자기결정권 침해 등의 방법으로 장애인에게 가해지는 신체적·정신적·정서적·언어적 행위를 말한다.」고 규정하고 있다. 또, 동법 제32조에서는 괴롭힘 등의 금지에 대하여 규정하고 있다.

220) 인권위(10진정0568000)는 장애인에 대한 괴롭힘에 대하여 해당시설의 관리책임기관인 ○○시장에게 해당시설의 책임자를 엄중 경고조치할 것과 향후 유사한 사례가 발생되지

장애인 및 주변사람이나 측근들에 대한 차별규정도 있다.

Ⅳ. 근로자의 내재적 특성에 의한 차별판단

1. 근로자의 내재적 특성에 의한 차별사유

근로자의 내재(내면)적 특성에 따른 차별은 통상적인 외관상으로 보여지는 사유가 아닌 내면적인 신념이나 표현하기 전에는 알 수 없는 사실 또는 확인하기가 어려운 사실 등에 대하여 차별하는 것으로 이에는 혼인여부, 종교, 사상이나 정치적 견해, 학력, 전과, 성적지향, 나이 등을 들 수 있다. 내재적 특성에 의한 경우는 차별사유의 많은 부분을 차지하는데 외재적인 차별사유들도 엄격하게 말해서 표출되기 전에는 알 수 없는 경우도 많다. 다만 일반적으로 볼 때 대부분

않도록 재발방지대책을 수립하여 시행할 것, 그리고 피진정시설을 포함하여 관내 장애인시설들에 대한 지도·감독을 강화할 것을 권고하였다. 한편, EU입법지침(2000/78/EC) Article 2(차별에 대한 정의)에서는 장애인의 존엄성을 해하는 것, 장애인에 대한 위협적, 적대적, 모멸감을 주는 환경을 조성하는 것을 목적으로 혹은 그러한 효과를 발생시키는 행위는 장애인을 희롱하는 것이며, 이는 장애인에 대한 차별의 한 형태로 간주되어야 한다고 하고 있고, 영국의 장애차별금지법(DDA)(Sec. 3B. 희롱에 대한 의미)에서도 같은 내용을 규정함으로써 앞의 유럽지침과 같은 맥을 가지고 있다.

221) 호주의 장애인차별금지법(DDA)(part 3. 괴롭힘(harassment)을 포함한 차별)
Sec. 35(고용에서의 괴롭힘)
A. 장애와 관련하여 다음의 사람을 괴롭히는 것을 위법으로 본다.
1. 근로자이며/2. 장애를 가진 사람
B. 장애와 관련하여 다음의 사람을 괴롭히는 것을 위법으로 본다.
1. 차별행위자를 고용한 사람의 근로자이며/2. 장애를 가진 사람
C. 장애와 관련하여 다음의 사람을 괴롭히는 것을 위법으로 본다.
1. 차별행위자에 의한 고용이나 사용자에 의한 고용을 원하며/2. 장애를 가진 사람
D. 장애와 관련하여 다음의 사람을 괴롭히는 것을 위법으로 본다.
1. 차별행위자의 위탁대리인이나 계약 근로자이며/2. 장애를 가진 사람
E. 장애와 관련하여 다음의 사람을 괴롭히는 것을 위법으로 본다.
1. 위법 행위자를 위탁대리인이나 계약직 근로자로 고용한 사람의 위탁 대리인이나 계약직 근로자이며/2. 장애를 가진 사람
F. 장애와 관련하여 다음의 사람을 괴롭히는 것을 위법으로 본다.
1. 위법 행위자 또는 그를 위탁대리인이나 계약직 근로자로 고용한 사람의 위탁 대리인이나 계약직 근로자가 되기를 원하며/2. 장애를 가진 사람
한편, Sec. 36(고용에서의 괴롭힘)에서는 장애인 측근에 대하여 행하는 괴롭힘도 위법으로 규정하고 있다.

의 경우 외관상 구분 내지 판단이 가능한 경우가 많은데 비하여 내재적 특성의 경우는 일반적으로 외관상 판단하는 데는 어려움이 있는 사유들이라고 할 수 있다. 결국 내재적인 특성은 근로자들이 적극적으로 또는 의무적으로 적시하거나 표출하지 않고 숨기고자 한다면 알 수 없는 것이므로 그 특성을 알아내기 어려울 수도 있는 사유들이라고 할 수 있다.

2. 혼인 등

(1) 혼인 등을 이유로 한 차별

혼인 등에 의한 차별은 합리적인 이유 없이 기혼, 미혼,[222] 비혼, 이혼, 사별, 별거, 재혼, 동성혼, 혼인 가능성 등을 이유로 고용상 불리한 대우를 하는 것이다.[223] 여기서 특정인의 혼인 여부는 혼인상의 지위를 의미하는 것으로 이는 반드시 현재의 혼인상태에 국한하지 않고 과거와 미래의 혼인여부 또는 상태도 포함하는 것이며,[224] 법률혼과 사실혼을 모두 포함한다.

한편, 혼인 등을 이유로 한 간접차별은 첫째, 미혼인 자에 대해서도 동일하게 적용하거나 적용하려고 하는 조항, 관행 또는 기준 등을 적용하였다는 사실, 둘째, 기준 등이 동일한 성의 미혼인 자보다 상당히 많은 비율의 기혼인 자에게 불이익으로 될 수 있는 것이라는 사실 또는 그 반대의 사실, 셋째, 기준 등의 적용이 불이익으로 된다는 사실을 입증하여야 한다.[225] 불리한 대우는 동일한

222) 미혼독신세대주에 대하여 별도의 세대를 인정하지 않고 부지 전용허가를 불허하는 것은 합리적인 이유가 없는 것으로 인권위는 주민등록상 세대를 분리하였음에도 미혼이라는 이유로 부모 및 형제자매와 같은 세대로 간주되지 않고 실제 독립 세대 여부의 확인을 통해 판단할 것을 권고하였다(국가인권위원회 2008.10.27. 08진차226 결정).

223) Sprogis v. United Air Lines, Inc., 444 F. 2d 1194, 1198(7th Cir. 1971). 미국의 민권법 제7편은 혼인상의 지위를 이유로 한 차별을 금지하고 있지는 않다. 그러나 기혼 남성에게 동일하게 적용되지 않는 기준으로 기혼여성의 고용을 제한하거나 금지하는 것은 성차별로 금지된다(29C.F.R. §1604.4). 그 예로 시카고 연방항소법원은 여성객실승무원에 대해서만 혼인금지 규칙을 적용하는 것은 민권법 제7편을 위반한 것이라고 보았다. 아울러, 미국은 혼인 이후에 인사기록카드에서 여성의 혼인 전, 성을 바꾸도록 요구하는 정책은 민권법 제7편을 위반한 것이라고 보고 있다(Allen v. Lovejoy, 553 F. 2d 522, 524(6th Cir. 1977)).

224) 뉴질랜드 인권법(Newzland Human Rights Act, 1993, 21(b))은 혼인상의 지위에 혼인 가능성을 추가하고 있다.

225) 아동의 40%가 혼외자로 출생하며 60%는 혼인 중에 출생하기 때문에 어린 아이를 가지지 않을 것이라는 요건을 충족할 수 있는 기혼자의 비율이 동일한 성의 미혼자의 비율

것으로 평가되는 상황에서 특정인을 다른 혼인상의 지위를 가진 사람보다도 불이익하게 취급하는 것이다. 동일한 것으로 평가되는 상황이라 함은 같은 상황 또는 다소의 차이는 있으나 실질적으로 다르지 않은 상황을 의미한다. 불이익하게 취급하는 것에는 경제적 불이익뿐만 아니라 제반 생활상의 기회 박탈이나 제한을 가하는 비경제적인 불이익을 포함한다.

(2) 혼인 등의 차별금지 근거 및 고용상 차별판단

남녀고용평등법 제2조에서는 "차별이라 함은 사업주가 근로자에게 성별, 혼인 또는 가족 안에서의 지위, 임신, 출산 등의 사유로 합리적인 이유 없이 채용 또는 근로의 조건을 달리하거나 그 밖의 불이익한 조치를 취하는 경우"를 동법 제7조(모집과 채용)에서는 "사업주는 여성근로자를 모집·채용함에 있어서 모집·채용하고자 하는 직무의 수행에 필요로 하지 아니하는 '미혼조건' 그밖에 고용노동부령이 정하는 조건을 제시하거나 요구하여서는 아니 된다."고 규정하고 있고, 직안법 제2조에서는 누구든지 '혼인여부' 등을 이유로 직업소개·직업지도 또는 고용관계의 결정에 있어서 차별대우를 받지 아니한다고 규정하고 있다. 또, 인권위법 제2조에서도 평등권침해의 차별행위라 함은 합리적인 이유 없이 '기혼·미혼·별거·이혼·사별·재혼·사실혼 등 혼인 여부' 등을 이유로 한 행위를 규정하고 있다. 또, UN여성차별철폐협약 제11조에서는 "당사국은 결혼 또는 모성을 이유로 한 여성에 대한 차별을 방지하며 근로에 대한 여성의 권리를 확보하기 위하여 적절한 조치를 취하여야 한다. 임신 또는 출산휴가를 이유

보다 현저하게 낮으므로 어린 아이가 있다는 이유로 채용되지 않은 남성에 대하여 혼인에 기한 간접차별이 인정되었다(Gleed v. Pricewaterhouse Coopers, Newcastle Upon Tyne, ET case no. 6400323/01). 또, 경찰관 여수사관 G는 지역수사관직에 응모하여 합격하였으나 경찰국장은 그녀가 해당 부서의 부서장과 혼인한 사실을 발견하고 그녀의 임명을 취소하였다. 경찰국장은 모든 형사소송절차에서 G는 남편에 대한 권한 있고 강제력 있는 증인이 될 수 없다고 판단하였고 이후 그녀는 다른 지역의 지역수사관으로 배치되었다. 이에 G는 성차별과 혼인차별로 소송을 제기하였다. 이에 대해 고용심판소는 경찰국장이 혼인상 지위를 이유로 G를 직접적 및 간접적으로 차별하였다고 판단하였다. 경찰국장은 미혼인 여성 응모자보다 G를 불리하게 대우하였는데 이는 해당 직책에 채용되는 자가 다른 경관과 관계를 가져서는 안 된다는 요건은 혼인하지 않은 여성보다 더 낮은 비율의 혼인한 여성에게 간접차별을 결과할 수 있는 것이라고 보았다(Chief Constable Bedfordshire Constabulary v Graham ; 노동부, 여성고용에서의 차별판단기준마련, 2005, 203면).

로 한 해고 및 혼인 여부를 근거로 한 해고에 있어서의 차별을 금지하고 위반 시 제재를 가하도록 하는 것"이라고 규정하고 있고, 외국의 입법례[226]도 같은 취지의 내용을 규정하고 있는데, 미국 일리노이주법에서도 혼인상의 지위 때문에 고용상 차별을 당하지 않을 자유를 확보하는 것이라는 취지를 명확히 하고 있다.[227]

채용과정에서 미혼동거를 이유로 채용을 거부한 경우나 면접과정에서 혼인 여부를 질문하는 것, 배우자 또는 동거인의 특정한 상황을 이유로 고용상의 불이익을 주는 것은 혼인 여부에 의한 차별일 수 있고, 임금 및 기타 금품의 지급과 관련하여 혼인 여부를 이유로 한 차별,[228] 복리후생적 급부에 대한 차별적 요소는 금지된다.[229] 혼인 여부가 학업능력과 필연적인 관련이 있는지에 대한 고려를 하지 않고 교육기관이 합리적인 이유 없이 기혼 여성의 입학을 거부하거나 혼인 시 학업을 지속할 수 없게 하는 것[230]은 혼인 여부에 의한 차별행위이며, 이동 및 배치전환에 있어서 혼인 여부를 이유로 한 차별을 금지하는데

226) 캐나다 인권법 제3조 제1항에서 "이 법의 목적 범위 내에서 --- 혼인 여부 ---는 차별의 근거가 되지 아니한다."라고 규정하고 있다. 또, 미국의 성차별금지법(Sex Discrimination Act) 제2조에서는 "(1) 기혼의 남성 또는 여성에 대해 그 혼인상의 지위를 이유로 동성의 미혼자에 비해 불리하게 대우하는 행위(직접차별) (2) 미혼자에게 적용하려는 조건에 적합한 기혼자의 비율이 그에 적합한 동성의 미혼자의 비율보다 현저히 적으며, 그로 인해 기혼자에게 불이익을 초래하고, 그 조건의 적용이 혼인상의 지위와 관계없이 정당한 것임을 사용자가 입증할 수 없는 경우에는 미혼자에게 적용하려는 조건을 기혼자에게 동일하게 적용하는 것(간접차별)은 기혼자에 대한 고용차별이다."고 규정하고 있다.

227) 혼인 여부에 의한 고용차별을 금지하는 미국의 다른 주로는 뉴욕(1975), 알라스카(1975), 미시간(1976), 캘리포니아(1976), 플로리다(1977), 일리노이(1980), 하와이(1988) 등 21개의 주가 있다.

228) 이혼한 여성공무원의 경우 자녀학비보조수당을 지급받으려면 자녀가 동일 호적에 있거나 주민등록표상 세대를 같이 하여야 하는 것은 이혼한 여성공무원을 부당하게 차별한 것이다(국가인권위원회 2005.11.07. 05진차355 결정).

229) 가족수당의 경우 사정상 부모 등이 주민등록부상에 등재되어 있지 않더라도 장남의 경우는 부양을 하고 있음을 추정하여 가족수당을 지급받을 수 있지만 장남이 아닌 차남이나 딸, 특히 비혼여자녀가 부모와 주민등록지를 달리하는 경우에는 다른 부양의무자가 없이 실제로 부양을 하고 있더라도 부양하고 있음을 추정 받지 못하여 가족수당은 지급되지 않고, 또한 배우자에 대한 가족수당은 주민등록상 기재내역으로 판단하게 되므로 법률혼 상태에 있지 않는 사실혼, 동성혼 등의 배우자는 지급대상에서 제외하는 경우 등은 차별의 문제가 될 수 있다.

230) 과거 모 여자대학의 경우 기혼자의 입학불허, 재학 중 결혼 시 자퇴조치 등을 학칙으로 규제하고 있었으나 현재는 이를 폐지하였다. 특히, 동 대학은 총장임명 조건도 미혼자라는 기준을 가지고 있었다.

이동 및 배치전환은 사업주가 근로자를 일정한 업무에 종사하도록 하는 상태로 종사할 직무내용 및 직무의 장소 등을 주요 요소로 한다.[231] 해고 및 퇴직에 있어서 혼인 여부를 이유로 한 차별도 금지된다. 특히 부부사원의 경우 회사가 경영상 등 기타의 사유로 일방의 사직을 강요하거나 권유하는 경우가 있는데 이러한 경우 다른 합리적인 이유 없이 혼인을 이유로 하여 해고 및 퇴직처리 대상을 정하는 것은 차별에 해당한다.[232] 또, 혼인퇴직제나 합리적인 이유 없이 혼인 등을 이유로 정년을 차등 설정하는 경우 차별행위에 해당한다.

한편, 남편과의 이혼·사별 등으로 인해 홀로 자녀를 키우는 여성이나 미혼모에게 근로자사택임대를 하지 않는 것은 특정한 혼인 상태를 이유로 한 차별행위이다. 또한 이러한 경우는 혼인 여부 뿐 만 아니라 특정한 가족상황을 기반으로 하는 차별행위도 된다.[233]

---

231) 호주의 치과병원에서 감독의 지위에 있는 수석 간호사(Mrs. Bogle)의 고용형태에서 혼인을 이유로 한 차별(judgments/2000nswadt.nsf), 국내에서는 배치에서 기혼여성의 차별과 관련하여 남성과 여성의 업무를 구분할 필요가 있다는 명분으로 기혼여성에게 회계나 민원업무 등의 부서로 배치하여 승진이나 근무평점에서 불리한 결과를 초래하는 것은 혼인여부에 의한 고용상의 차별행위이다(여성부, 2000년도 남녀차별 결정사례집, 216~228면), 근무지 배치에서 기혼여성의 차별(여성부, 2000년도 남녀차별 결정사례집, 229~239면)등의 사례가 있다. 한편, 기혼여성의 부당전보발령 등의 사안을 차별행위로 보는 특정사안(여성부, 99고용29)의 근거를 보면 첫째, 근로자가 입사한 이래 결혼과 2회에 걸친 출산 때마다 피신청인이 조합으로부터 퇴직을 종용받아온 점, 둘째, 근로자가 근무하는 조합 직원들 중 가장 잦은 평균 1년에 1회씩 비연고지 및 근무기피부서로만 발령을 받았던 점, 셋째, 징계성 발령을 하게 된 이유인 근로자의 근무태도에 관하여 살펴보아도 오히려 업무수행에 아무런 문제가 없었을 뿐만 아니라 해당 조합의 여직원회 회장으로서 여직원의 권익향상을 위하여 노력해 왔던 점, 넷째, 근무기피부서에 근무한 후에 본인의 희망지로 발령을 하는 관례를 깨고 근로자는 계속하여 본인의 희망과 무관한 비연고지로만 발령을 받은 점, 다섯째, 해당 조합에 근무하던 기혼여직원은 각각 비연고지와 근무기피부서 발령을 받아 모두 퇴직한 점, 여섯째, 근로자가 근무하였던 해당인 조합 지소장과 해당 조합장은 평소 기혼 여직원의 퇴직을 권고하여야 한다는 취지의 발언을 계속하여 온 점 등에 비추어볼 때 신청인이 결혼과 출산 후에도 퇴직을 하지 아니하자 합리적인 이유 없이 남녀차별적인 전보발령을 하였다고 판단함으로써 이러한 정황들이 차별행위를 의도하거나 진행된 근거로 제시되고 있다.

232) 사내부부임을 이유로 한 명예퇴직 결과 대다수 대상자 부부 중 여성이 퇴직을 하였고 특히 명예퇴직 사유가 기혼자(혼인)임을 기준으로 하여 이루어진 차별사유에 해당되는 것으로, 사내에서 혼인 관계를 맺은 직원을 불리하게 대우한 것이므로 혼인 여부에 의한 차별로 판단할 수 있다. 또, 혼인에 따른 퇴직 관행은 부당해고에 해당하며(서울행정법원 2000.02.15. 선고 99구18615 판결), 혼인에 따른 퇴사 관행 및 고용형태의 변경과 관련하여 인권위는 합리적인 이유가 없는 차별이라고 판단하고 있다(국가인권위원회 2006.12.22. 06진차481 결정).

3. 성적지향

(1) 성적지향을 이유로 한 차별

성적지향에 의한 직접차별은 합리적인 이유 없이 어떤 사람 혹은 집단을 동성애, 이성애, 양성애 등의 성적 지향을 가졌다는 이유로 구별, 배제, 제한하거나 괴롭히는 행위, 또는 누군가를 동성애자, 이성애자, 혹은 양성애자 등이라고 판단하여 고용상 불리하게 대하거나 괴롭히는 행위를 말한다. 동성애자는 동성간에 성적으로 이끌리는 성적성향을 가진 사람, 이성애자는 이성간에 성적으로 이끌리는 성적 성향을 가진 사람, 그리고 양성애자는 동성애자와 양성애자의 성향을 모두 가진 사람인데, 성적 소수자라고 말할 때는 동성애자와 양성애자를 말한다. 한편 성적지향으로 구분되는 집단에는 그 외에도 생물학적 성과 자신이 스스로 인지하는 성이 불일치하는 사람인 트랜스젠더가 포함될 수 있으며,[234] 넓게는 성적 다수자와 구분되는 집단은 성적 취향에 의해 구분되는 집단이라 할 수 있는데 이들에 대해 배제 혹은 구별을 행한 동기가 선의에 의한 것이었다 하더라도 정당화될 수 없다.

특정한 성적지향을 가진 사람과 연계되어 있다는 이유로 불리하게 대우하는 것과 같이 당사자의 성적지향과 관계없이 성적지향에 의한 차별을 당할 수 있다. 즉, 어떤 사람이 특정한 성적취향을 가졌다고 추정하여 그에게 불리한 대우

---

233) 홍콩에서는 노점상 정책에서의 기혼 여성에 대한 차별과 관련하여 홍콩 성차별금지법 하에서 서비스나 기타 재화의 제공에서 특정한 혼인 상태를 이유로 개인을 다르게 취급하는 것은 불법이기에 이 사건의 경우 특정한 가족상황을 이유로 한, 또는 특정한 성을 이유로 한 차별행위로 판단하고 있다(여성특별위원회, 성차별분쟁조정기구 및 분쟁처리절차 비교연구, 1999, 48면). 미국 미시간 대법원은 미혼 커플에 대한 주택 임대 거부와 관련하여 집주인이 미혼 커플에게 종교상의 이유로 임대차계약을 거부한 것은 이들의 시민권을 위반한 것이며 혼인 여부를 이유로 한 주택시설 이용에서의 차별이라고 판결하였다(Thomas v. Anchorage Equal Rights Commission, 1998). 영국 대법원은 동성애커플에게 법적인 혼인을 한 것은 아니나 실질적인 배우자에 해당하는 가족이라고 간주할 수 있으며 따라서 임차권을 가질 수 있다고 판결하였다. 이는 특정한 혼인 상태를 이유로 한 부당한 행위를 차별로 인정한 판결이었다(Fitzpatrick v. Sterling Housing Association Ltd., 1999).

234) 성전환자 성별 변경 시 인권침해와 관련하여 인권위는 "성전환자의 성별정정허가신청사건 등 사무처리지침"을 인권침해가 없도록 개정할 것과 비밀누설금지 조항의 신설을 권고하고, 국회의장에게 성전환자의 성별변경에 대한 요건 및 절차를 규정한 특별법을 제정할 것을 권고하였다(국가인권위원회 2008.08.25. 06진차525・673 결정(병합)).

를 하는 것, 어떤 사람이 자신의 성적지향을 이유로 차별을 받았다는 주장을 이유로 불이익을 주는 행위, 또는 그러한 주장을 하는 사람을 옹호했다는 이유로 불이익을 주는 행위도 차별행위에 해당한다.[235]

성적지향에 의한 간접차별은 어떠한 규정, 기준, 혹은 관행이 표면적으로는 동등한 중립적인 기준을 하였으나 결과적으로 특정한 성적지향을 가진 사람들에게 불이익을 주는 행위로서, 그러한 규정, 관행, 기준이 정당하다고 입증할 수 없는 행위를 말한다. 예컨대, 사업주가 결혼한 직원들의 배우자들에게 이익을 주는 정책을 취할 경우, 결혼한 직원이라는 기준은 표면적으로는 기혼 직원과 비혼 직원들을 구분하기 위한 것이나, 사실상 동성혼이 인정되지 않는 우리의 현실에서 동성애자 직원들을 집단적으로 배제하고 불이익을 주는 결과를 가져오게 된다. 최근 동성혼, 혹은 혼인에 준하는 동성 간의 결합을 법적으로 인정하고 있는 국가들이 증가하면서 여러 나라에서 기업의 이러한 정책을 차별행위로 간주하고 있다.

(2) 성적지향의 차별금지 근거 및 고용상 차별판단

인권위법(제2조)에 따르면 합리적인 이유 없이 '성적지향'을 이유로 고용 등에서 특정한 사람을 우대, 배제, 구별하거나 불리하게 대우하는 행위는 평등권 침해의 차별행위라고 규정하고 있다. 영국은 고용평등규정(Employment Equality Regulations)에서 "모든 근로자들은 자신의 성적 지향을 이유로 차별받아서는 아니 되며, 여기에서 근로자라 함은 직접고용 근로자이거나, 계약직 근로자이거나, 혹은 파견직 근로자 모두를 포괄한다."고 한다. 또, 미국의 2007년 고용차별금지법 Sec.2.목적에서 "(8)성적지향 - 성적지향이라는 용어는 동성애자, 이성애자, 또는 양성애자를 의미한다."고 규정하면서 연방 차원에서 성적지향에 근거한 고용차별을 포괄적으로 금지한다고 규정하고 있다. 이와 관련하여 미국의 메사추세츠주에서는 동성애자가 합법적으로 혼인을 할 수 있고,[236] 부부로서 생

235) 영국의 고용평등규칙은 성적 지향에 의한 차별을 주장하는 사람을 지지했다는 이유로 불이익 받게 되는 경우를 '피해자화(victimization)' 또는 '보복'이라고 정의하며, 피해자화 역시 차별행위로 간주하고 있다.

236) 뉴욕주에서도 같은 취지의 입법을 통과시켜서 동성애자의 결혼이 합법화되어 모든 사회활동 등에서 차별받지 않게 되었다. 그러나 성적지향과 관련하여 캐나다를 비롯하여 유럽

활하는데 아무런 문제가 되지 않으며, 고용상의 어떠한 차별도 받지 않고, 이를 차별하거나 불이익한 대우하는 경우 처벌이 된다.

채용 시에 지원자의 성적지향에 관한 정보를 요구하거나 조사하는 것, 또는 지원자의 성적지향을 이유로, 또는 지원자의 성적지향을 미루어 짐작하여 불이익을 주는 것은 차별이다.[237] 기혼자만 모집하는 경우에 차별행위가 되는데, EU가이드라인에서는 대부분의 EU국가들이 동성혼을 인정하지 않고 있어 동성의 파트너와 사실혼 관계에 있는 사람들은 기혼자만 모집하는 회사에 응시조차 할 수 없고, 이 경우 고용주는 그 업무가 이성혼 관계에 있는 기혼자가 아니면 할 수 없다는 것을 입증해야 하며, 입증하지 못할 경우 차별행위에 해당한다고 보고 있다. 또, 이성애 혼인관계에 있는 직원들을 대상으로 가족수당이나 유급휴가, 의료보험, 세금감면 등 임금, 복지에 있어 각종 혜택을 제공함으로써 성적소수자인 직원을 제외하는 행위는 차별에 해당한다.[238] 사용자 및 같은 사업장에 근무하는 근로자 집단이 특정한 성적지향을 이유로 직원에게 신체상의 폭력이나 언어폭력, 농담, 모욕, 조롱, 비웃음, 경멸의 시선 등을 가하는 것은 차별에 해당한다. 여성스러운 남성, 남성스러운 여성 등에게 동성애자로 간주하여 변태, 호모 등 동성애자에 대한 혐오를 표현하는 행위는 해당 직원의 성적지향 여부와 관계없이 성적지향에 의한 차별행위에 해당한다.[239] 동성애자라고 간주

국가들이 대부분 차별금지를 규정하면서도 동성애 결혼 등에 대한 사회적인 인정은 일반화되지 않은 것으로 판단된다. 아울러, 우간다, 캐나다도 동성혼에 대한 합법화가 이루어졌으며, 독일에서는 2016년 11월부터 제3의 성을 인정하는 것이 합법화되었다. 이러한 움직임은 호주에서도 일고 있고, 멕시코에서는 동성결혼에 대한 합법화가 이슈가 되고 있다.

237) 동성애자도 아니지만 특정 행위에 대하여 동성애자로 간주하는 경우 차별이 되는 경우(헝가리), 면접 시에 성적지향을 질문하는 경우(핀란드), 채용면접 시에 성적지향에 관한 정보를 요구(스웨덴)하는 경우도 차별행위가 된다.

238) 고용주들은 종종 배우자가 동성이라는 이유로 부가급부(유급휴가, 건강보험, 연금 등)를 제공하기를 거절한다. 1996년 영국의 Lisa Grant라는 여성은 South West Trains 사가 그녀의 파트너가 여성이라는 이유로 파트너에게 주는 무료여행 티켓을 거절하였기 때문에 유럽 법정에 이를 제소했다. 1999년 10월 5일 BBC 뉴스에 의하며, 동성애 철도 노동자들은 이성애 커플들과 동일한 부가급여 권리를 확보했다.

239) 게이인 Piazza는 아일랜드 더블린에 소재한 한 호텔 종업원이었다. 호텔 레스토랑의 지배인은 Piazza를 “망할 계집애(a bloody woman)”라고 불렀으며, 주방 종업원은 그를 “게이 새끼,” “퀴어 새끼” 등으로 불렀다. 법원은 이 모든 욕설 사례들을 성적 지향을 이유로 한 괴롭힘의 증거로 받아들였고, Piazza의 고충 제기에 적절히 대응하지 않은 호텔 측에 책임을 물었다(Gabriele Piazza v The Clarion Hotel, Equality Tribunal

되는 근로자의 책상이나, 컴퓨터, 차 등에 동성애 혐오를 나타내는 낙서나 욕설, 사진 등을 공공연하게 게시하는 경우도 차별이며, 이성커플에게 허용되는 행동이 동성커플에게 허용되지 않는 것은 차별행위가 될 수 있다.

4. 연령

(1) 연령(나이)을 이유로 한 차별

특정 연령층과 관련하여 고령자고용법에서는 연령차별을 금지하고 있다.[240] 연령차별문제는 모든 연령층이 연령차별로부터 보호되며, 연령차별이 금지되는 영역은 고용영역[241]과 그 외의 제반 생활영역이다. 직접적으로 연령차별을 규정한 법령으로는 정책법을 비롯하여 고령자고용법 및 인권위법 등이 있다.[242] 특히, 고령자고용법 제4조의2에서 고령자의 고용상 차별금지를 고령자와 준고령자로 나누어 규정하고 있다. 연령은 특정인 내지 특정집단의 생물학적 연령인 경우로 연령과 동일시할 수 있는 연령 관련 특성[243]을 이유로 하는 불리한 대우

decision no. DECE2004/033. Available at http://www.equalitytribunal). ; 게이인 Whitfield는 관리자들과 동료 직원들로부터 지속적으로 언어적 괴롭힘을 당했다. 그들은 게이와 관련된 모든 비속어로 Whitfield를 불렀다. 괴로움을 견디다 못한 Whitfield는 직장을 사직했고 고용평등법에 의거해 회사를 상대로 제소했다. 이 사건은 성적 지향을 이유로 한 직장내 괴롭힘 소송에서 영국 역사상 첫 승리를 기록한 사례이다. 재판장은 판결문에서 이렇게 말했다: "Mr. Whitfield가 입은 피해는 단순한 멍 이상이다. 비록 신체적인 폭력은 사용되지 않았지만, 괴롭힘의 빈도와 그 지속성은 많은 피를 흘리게 하기에 충분할 만큼 심각한 언어적 폭력행위였다." 압력에 의한 자발적 사직, 괴롭힘, 차별 등 모든 혐의가 인정되어 Whitfield는 35,345파운드의 손해배상판결을 얻어냈다(United Kingdom, January 200521).

240) 고령자고용법(제2조)에서는 합리적인 이유없이 연령을 이유로 고용상의 차별을 금지하고 있는데, 동법 시행령에 고령자는 55세 이상, 준고령자는 50세 이상 55세 미만인 근로자를 규정하고 있다.

241) 다만, 근기법 등 고용관계법에서 취업최소연령을 설정하여 일정한 제한을 가하는 것은 성장, 교육, 안전과 건강 등을 위하여 연소자를 특별히 보호하기 위한 것으로 이를 차별로 보지 않는다.

242) 현행법상의 각종 나이차별금지 규정으로는 방송법 제6조(방송의 공정성과 공익성), 신문 등의 자유와 기능보장 등에 관한 법률 제5조(정기간행물의 공정성과 공익성), 뉴스통신 진흥에 관한 법률 제5조(뉴스통신의 공정성과 공익성), 영육아보육법 제3조(보육이념), 청소년복지지원법 제3조(청소년의 인권보장), 응급의료에 관한 법률 제3조(응급의료를 받을 권리) 등을 들 수 있다.

243) 예를 들어, 일한지 너무 오래되었다는 이유로 해고를 하거나, 젊거나 늙었다는 이유로 면접이나 채용을 거부하는 것, 채용시 예측 가능한 노동능력의 저하를 이유로 하는 계약갱신의 거부 등이 그 예이다. 한편, 준사법적 차별시정기구로서 평등심판소라는 별칭을 갖

역시 연령을 이유로 하는 불리한 대우로 본다.[244] 불이익한 취급은 경제적 불이익에 국한되지 않고, 과거·현재의 불이익한 취급뿐만 아니라 미래의 불이익하게 취급하려는 것을 포함한다. EU입법지침(2000/78/EC)은 고용영역에서 최저 연령 또는 최고 연령의 기준사용이 정당화될 수 있는 요건과 예를 제시하고 있다.[245] 연령을 이유로 한 차등취급은 불가피한 것이어야 하고, 수단은 그 목

고 있는 아일랜드 평등조사관청(ODEI)은 모집·채용 광고에서 젊고 역동적인 등 젊은이라는 표현을 두 번 사용한 것은 젊지 않는 자, 즉 중년자 및 고령자를 배제하는 의도를 명백하게 나타내거나 그러한 의도를 드러내는 것으로 이해될 수 있으므로 나이차별에 해당한다고 판단하였다(Ryanair사건(DEC-E2000-14), www.equalitytribunal.ie). 아울러, 일본에서는 이른바 실버사원으로 59세에 채용된 근로자를 나이를 이유로 계약갱신을 거부한 사안에서 일본 하급심 법원은 "일반적으로 나이가 들어감에 따라 신체적 능력과 판단력 등이 감퇴하는 것이 경험칙상 인정됨이 분명하지만 채용시에 가지고 있던 능력이 채용 후 현저하게 없어져 업무수행에 지장이 생길 정도가 되거나 업무를 견뎌낼 수 없는 정도에 이른 사정이 있는 경우는 별론으로 하고, 채용시에 용이하게 예측 가능하였던 정도의 노동능력 저하를 가지고 갱신거부의 이유로 하는 것은 신의칙에 반한다."고 판단하였다(나고야 지방재판소, 1995.03.24. 판결(다이획 사건)).

244) 기업연금을 수급할 수 있는 자격(10년의 근속기간)의 충족이 임박한 근로자를 해고하여 사용자가 연금비용의 부담을 회피하려 했던 사건(Hazen Paper Company v. Biggins, 507 U.S. 604 (1993))에서 미국 연방대법원은 고령근로자에 대한 나이차별의 핵심은 고령화되어 감에 따라 생산성과 능력이 감소한다는 편견에 기초하여 차별이 발생하는 것이라는 점을 지적하면서, 사용자의 결정이 나이 이외의 다른 요소에 전적으로 근거하였던 경우에는 편견이 발생할 여지가 없다고 하였다. 또한 '나이와 연관되어 있는 요소'(correlated with age)라고 할지라도 '근속년수는 분석적인 측면에서 볼 때 나이와는 구별되는 것'(analytically distinct from his years of service)이기 때문에, 근속년수에 근거한 사용자의 결정이 반드시 나이에 근거한 것이라고 주장하는 것은 적절치 않다고 하였다. 한편, 호주에서는 나이제한으로 지원서 제출을 포기한 자의 경우에 군 항공부대의 경력 헬리콥터 조종사로서 입대할 수 있는지를 문의하였으나 임용시점에서 19세에서 28세 미만에 해당해야 한다는 지원자격요건을 듣고 정식으로 지원서를 제출하지 않았다. 이에 호주의 인권기회평등위원회(HREOC)는 동 위원회법상 직접 피해를 입은 당사자일 것을 요구하지 않으며, 나아가 지원자격요건을 문의한 후 본인이 바꿀 수 없는 특성인 나이 때문에 부적합하다는 답변을 들은 경우 서면으로 지원서를 제출하여 절차를 진행하지 않을 것이라는 게 오히려 합리적으로 예상되므로 정식으로 지원서를 제출하지 않았다고 하여 진정자격을 부인하는 것은 지나치게 진정의 권리를 제한하는 것이라고 판단하였다(Robert Bledly사건. HREOC, Report of Inquiry into Complaints of Discrimination in Employment and Occupation Age Discrimination in the Australian Defence Force, Report No.8, Commonwealth of Australia, 2000). 아울러, 조기퇴직보상금 관련 보상금 지급기준을 달리한 사건에서 '적절한' 비교대상자의 결정사례(Perry v Garda Commissioner (DEC-E2001-29))가 있다(www.equalitytribunal.ie). 통상적으로 불리한 대우를 주장하는 진정인이 비교대상자를 지정한다. 그러나 진정인이 택한 비교대상자가 항상 적절하다고 볼 수는 없다. 따라서 진정인과 유사한 상황에 있는 적절한 비교대상자를 선택하여 비교를 행하는 것이 중요하다. 즉, 나이를 제외한 여러 변수를 동일하게 가정하고 나이에 따른 대우의 차이와 정도를 확인하는 방법이 그 예이다.

적과의 관계에서 적정한 것이어야 한다. 이러한 적정성원칙에 의하면 수단으로 채택된 연령기준의 정도 및 그에 따른 불이익의 정도가 적정하여야 한다.246)

연령을 이유로 하는 간접차별은 연령 외의 기준을 사용함으로써 표면상으로 아무런 차별이 없어 보이나 실제로는 특정 연령집단의 구성원이 다른 연령집단의 구성원에 비해 불리한 상황에 처하게 되고, 중립적 기준의 사용에 의한 특정 연령집단의 결과적 불이익이 정당화될 수 없는 경우에 인정된다.247) 간접차별에서 중립적 기준은 연령 관련 요소 즉, 일정 수준의 재직기간·지식·경력·숙련·자격 등인 경우가 많고, 연령 관련 요소는 서로 다른 연령집단에 유·불리의 영향을 준다.248) 중립적 기준이 특정의 연령집단 구성원들에게 특정의 불이익을 발생시키고 다른 연령집단의 구성원들에게는 그러한 불이익이 발생하지

245) EU입법지침(2000/78/EC) 제6조 제1항(나이에 근거한 대우의 차이의 정당화)에서는 나이를 이유로 하는 대우의 차이가 국내법적 상황에서 고용정책·노동시장 및 직업훈련상의 목적 등 합법적인 목적에 의해 객관적이고 합리적으로 정당화되고, 그러한 목적을 달성하기 위한 수단이 적절하고 필요한 경우 회원국은 이를 차별에 해당하지 않는 것으로 규정할 수 있다고 하면서 (a) 청년·고령자·부양책임자의 직업적 통합을 촉진하거나 이러한 자를 보호하기 위하여 채용·직업훈련의 기회, 해고·임금 등 고용 관련 특별한 요건의 설정, (b) 채용 또는 고용관련 특정이익 제공의 경우 나이·직업경험 또는 재직기간에 관한 최저 조건의 설정, (c) 해당 업무가 요구하는 교육훈련 또는 퇴직 이전의 합리적인 고용기간에 근거하여 채용을 위한 최고 연령의 설정 등을 들고 있다.

246) 비례원칙 위반(고령자에 대한 기간제 근로계약 체결요건의 완화)과 관련하여 유럽사법재판소(ECJ)는 Mangold v. Helm 사건(2005. 11. 22, Case C-144/04)에서 상대적으로 높은 실업률을 보이는 고령자의 고용을 촉진하기 위해 52세 이상 고령자의 경우 최고 2년을 초과하는 기간제 근로계약의 연쇄적 체결을 예외적 허용하는 독일의 개정법(2003.01.01. 시행)을 EU 고용·직업평등대우지침(2000/78/EC)에 위반하는 나이차별로 판결하였다.

247) 미국에서 간접차별은 '불평등효과'(disparate impact)라고 칭한다. 미국의 '고용기회평등위원회'와 일부 연방항소법원은 나이에 근거한 간접차별 역시 '고용상 연령차별금지법'(ADEA) 위반으로 보았지만, 일부 하급심 법원은 이를 부인하였다. 인정한 판결례로 Coleman v. Quaker Oats Co., 232 F.3d 1271(9th Cir. 2001) 및 Evers v. Alliant Techsystems, Inc., 241 F.3d 948(8th Cir. 2001)이 있고, 부인한 판결례로 Mullin v. Raytheon Co., 164 F. 3d 696(1st Cir.), cert. denied, 528 U.S. 811(1999) 및 Blacwell v. Cole Taylor Bank, 152 F. 3d 666(7th Cir. 1998)이 있다.

248) 상업분야에서의 경험이 2-3년을 초과하지 않는 대학졸업자를 구한다는 신문광고를 내었고, 사업운영의 경험과 관련 직업 및 교육의 배경을 가진 51세의 진정인이 지원하였으나 면접 대상자에서 배제되었다. 이에 대하여 아일랜드의 평등조사관청(평등심판소)은 2~3년을 초과하지 않는 직업경험에 대한 요구는 나이가 젊은 지원자들에 비해 진정인에게 불리하게 작용하는 것으로, 피진정인이 나이와 무관한 객관적인 업적(merit) 기준에 관한 증거를 제시하지 못했기 때문에 간접차별에 해당한다고 판단하였다(Tom O'Connor v LIDL Ireland GmbH(DEC-E2005-12)).

않거나 상대적으로 적다면 간접차별을 추정할 수 있다.[249] 또, 중립적 기준은 정당한 목적을 달성하기 위해 꼭 필요한 것이어야 한다.[250]

---

249) 재직기간 16년 이상 근로자에게 4주 이상의 연차유급휴가, 30년 이상 근로자에게 7주의 연차유급휴가를 제공했으나, 기업이 큰 손실에 따른 노동비용 감축의 일환으로 임금 14% 삭감 및 연차유급휴가 4주 삭감했던 사안에서 미국 연방항소법원은 선임권(상대적 장기근속)이 나이 젊은 근로자들에 비해 나이 많은 근로자들에게 더 큰 불이익을 초래하는 경우 간접차별 주장이 가능하다고 판시하였고(Finnegan v. Trans World Airlines Inc., 967 F.2d 1161(7th Cir. 1992)), Transco사는 근로자들의 능력 제고를 위해서 업무시간을 분할하고 그 시간 내에 일정한 업적을 달성하게 하는 프로그램을 만들어 48주 후 이를 종료하면서 그 결과 52명의 선발자 중 11명을 해고하였는데 그 중 10명이 40세 이상(그 중 2명의 원고가 회사를 상대로 제소) 이었다. 미국의 연방항소법원은 원고의 간접차별(불평등효과) 주장과 관련하여, 25명의 젊은 근로자 중 1명의 근로자가 해고된 것에 반해 27명의 나이 많은 근로자 중 10명이 해고된 사실이 약 10 대 1의 차이를 보여주므로 유효한 통계적 근거가 된다고 판단하고 나이 많은 근로자에게 불평등한 효과가 발생했다는 사실을 인정하였다. 그리고 해당 프로그램이 경영상의 필요에 의한 것이라는 회사측의 주장에 대해 연방항소법원은 동 프로그램에서 과도하게 높은 평가기준은 경영상 필요와 관련이 없다고 보아 회사가 법(ADEA)을 위반했다고 결정하였다(Fisher v. Transco Serv.-Milwaukee Inc., 979 F.2d 1239 (7th Cir. 1992)). 한편, 아일랜드 고용평등법(Employment Equality Act, 1998)상의 간접차별 규정(제31조제1항)에서는 비교대상 집단간에 중립적 기준 충족 비율의 현저한 차이를 명시적으로 언급하고 있다. 즉, 제31조 제1항에 의하면, 고용과 관련한 규정(요구, 관행 또는 기타 어떤 종류의 것이든 무관)이 (a) C와 D를 포함하는 모든 근로자(내지 지원자) 또는 경우에 따라서는 C와 D를 포함하는 일정한 근로자집단(내지 지원자집단)에게 적용되고, (b) D와 비교할 때 C에게 불이익하게 작용하며, (C) D와 동일한 관련 특성을 가지고 있는 근로자들(내지 지원자들)과 비교할 때 C와 동일한 관련 특성을 가지고 있는 근로자들(내지 지원자들) 중 현저히 적은 비율(a substantially smaller proportion)의 자들만이 실제로 그러한 고용 관련 규정을 충족할 수 있고, (d) 그러한 고용 관련 규정이 제반 사정에 비추어 합리적인 것으로 정당화될 수 없을 때, 사용자는 (c)에 언급된 관련 특성을 초래하는 차별사유에 근거하여 C를 차별하는 것으로 간주된다(Noonan v Accountancy Connections(DEC-E2004-42), www.equalitytribunal.ie).

250) 고용영역의 경우 미국 판례법과 EEOC해석규칙은 직무관련성 내지 사업상의 필요를 일반적 정당사유로 제시하고 있고, 도산을 피하기 위한 목적에서 이루어진 비용절감책의 고임금 근로자의 해고는 피할 수 없는 것으로 사업상의 필요에 해당한다고 보았다(Finnegan v. Trans World Airlines Inc., 967 F.2d 1161 (7th Cir. 1992)). 한편, 미국 ADEA 관련 EEOC 해석규칙(29 C.F.R. §1625.7) - 나이 이외의 합리적 요소에 근거한 차등대우(Differentiations based on reasonable factors other than age) : (a) 동법(ADEA) 제4조 (f)(1)에 의하면, "사용자, 직업소개기관 또는 노동조합이 연령 이외의 합리적 요소에 근거하여 차등 대우하는 경우에는 위법하지 않다"고 규정하고 있다. (b) "연령 이외의 합리적 요소에 근거한 차등대우"의 범위에 대하여 정확하고 명백하게 결정할 수는 없다. 그러한 차등대우의 존부는 개별 상황을 둘러싼 모든 특정한 사실과 정황을 기초로 하여 결정되어야 한다. (f) 고령근로자 그룹을 사용하는데 소요되는 평균비용을 이유로 하는 차등대우는 동법 제4조 (f), (2)에 규정된 차별예외사유로서의 근로자복지제도(employee benefit plans)와 관련된 경우를 제외하고는 위법하다.

(2) 연령에 대한 차별금지 근거 및 고용상 차별판단

고령자고용법 제4조의4(모집·채용 등에서의 연령차별 금지)에서 사업주는 모집·채용, 임금, 임금 외의 금품 지급 및 복리후생, 교육·훈련, 배치·전보·승진, 퇴직·해고와 관련하여 합리적인 이유 없이 '연령'을 이유로 근로자 또는 근로자가 되려는 자를 차별하여서는 아니 되며, 이를 적용할 때 합리적인 이유 없이 연령 외의 기준을 적용하여 특정 연령집단에 특히 불리한 결과를 초래하는 경우에는 연령차별로 보고 있다. 정책법 제19조(취업기회의 균등한 보장)에서는 "사업주는 근로자를 모집·채용함에 있어서 합리적인 이유 없이 '연령' 등을 이유로 차별을 하여서는 아니 되며, 균등한 취업기회를 보장하여야 한다. 또, 직업소개, 직업지도, 고용정보 제공 등 고용지원서비스를 제공하는 자는 그 업무를 수행함에 있어서 합리적인 이유 없이 연령 등을 이유로 구직자를 차별하여서는 아니 된다. 아울러, 직업능력개발훈련을 실시하는 자는 훈련대상자의 모집, 훈련의 실시 및 취업지원 등에 있어서 합리적인 이유 없이 연령 등을 이유로 훈련생을 차별하여서는 아니 된다."고 규정하고 있고, 인권위법에서도 연령차별을 금지하는 규정을 두고 있다. 고용영역에서 연령을 이유로 하는 직접차별 및 간접차별은 고용관계의 성립·유지 및 종료 모든 단계에서 금지된다.[251] 인권위법상 고용영역에서의 차별금지는 근기법이 정의하는 근로계약을 체결한 사용자와 근로자의 관계에 한정하지 않고 있다.[252]

251) ILO고령근로자권고 제162호(1980년)에는 나이를 이유로 하는 차별금지사항으로 직업지도 및 직업소개, 개인적 기술과 경험 및 자격을 감안한 채용과 직업교육훈련(유급교육훈련휴가 포함), 승진과 업무할당, 고용종료, 동일가치노동에 대한 보수, 사회보장조치와 복지급여, 산업안전보건조치를 포함하는 근로조건, 직업활동 내지 고용과 관련한 주택, 공공사업, 의료 등을 규정(제5조)하고 있고, EU입법지침(2000/78/EC)에서는 나이 등을 이유로 하는 차별금지사항으로 (a) 선발기준·채용조건을 포함한 고용접근(모집·채용)과 승진, (b) 실무적 현장경험을 포함한 모든 형태 및 모든 수준의 직업지도와 직업훈련, (c) 해고와 임금을 포함하는 근로조건, (d) 노사단체·직업단체에의 가입·활동 및 단체가 제공하는 이익을 규정(제3조 제1항)하고 있다.

252) 인권위의 설립 목적은 모든 개인이 가지는 불가침의 기본적 인권을 보호하고 그 수준을 향상시킴으로써 인간으로서의 존엄과 가치를 구현하고 민주적 기본질서의 확립에 이바지하는 것이다. 따라서 인권위법에서 규정하는 '고용'은 근기법 등 제반 노동법령상의 '근로관계'에 한정되는 것이 아니라 계약형식이나 명칭에 관계없이 노무를 제공하고 공급받는 상태로 포괄적으로 이해되고 있다. 즉, 인권위법에서 규정한 고용과 관련된 차별행위를 주장하기 위해 양 당사자가 반드시 근기법상의 '근로계약'을 체결한 사용자와 피용자의 관계

EU입법지침(2000/78/EC)은 "연령 등(제1조상의 차별사유)을 이유로 어떤 자를 유사한 상황에 있는 다른 자보다 불리하게 대우하고 있거나 불리하게 대우하였거나 불리하게 대우하려고 하는 것(제2조 2항 (a))"을 규정하고 있고, 영국의 고용평등(연령)규칙(2006년)은 "비슷한 상황에서 특정인을 그의 연령을 이유로 다른 사람들보다 불리하게 대우하는 것으로 객관적으로 정당화되지 않는 경우(제3조 1항 (a))" 연령차별로 금지하는 규정을 두고 있다.[253] EU입법지침(2000/78/EC)에서는 특히 고령자에게 영향을 미치는 고용차별의 예로 채용연령의 상한설정,[254] 신기술에 관한 고령 근로자의 훈련권의 제한, 승진권의 제한, 고용조정에서의 고령근로자의 해고 등을 언급하고 있다.[255]

고용영역에서 상대적으로 연령이 많은 자를 연령을 이유로 우대하거나 선호하는 행위는 정당한 목적을 달성하기 위한 불가피하고 적정한 수단인 경우에는 차별에 해당하지 않는다.[256] 미국 연방대법원은 2004년 판결[257]에서 상대적으

에 있어야 하는 요건이 필요한 것은 아니며, 피진정인이 고용과 관련하여 실질적인 영향력을 행사하는 지위에 있으면서 또한 차별의 결과를 발생시킨 자일 것이라는 요건만 갖추면 되는 것이다(국가인권위원회 2007.05.14. 05진차536 결정).

253) EU입법지침(2000/78/EC)에서 "외관상 중립적 규정, 기준 또는 관행에 의해 특정 나이의 자 등이 다른 자에 비하여 특정의 불이익에 처하게 되는 것(제2조 제2항 (b)). 다만, 외관상 중립적인 규정·기준 또는 관행이 합법적 목적에 의해 객관적으로 정당화되고, 그러한 합법적 목적을 달성하기 위한 수단이 적절하고 불가결한 경우에는 간접차별에 해당하지 않는다(제2조 제2항 (b)의 (i))."고 규정하고 있다. 또, 영국의 고용평등(연령)규칙(2006년)에서는 "외관상 중립적인 조항·기준·관행이 특정 나이집단의 사람들을 타인과 비교하여 특별히 불리한 상황에 처하게 하거나 처하게 할 수 있고, 특정 나이집단의 사람이 그 조항 등에 의하여 불리함을 겪고, 그 조항 등이 객관적으로 정당하지 않은 경우에 간접차별 성립(제3조 (1)(b))한다."고 규정하고 있다.

254) 상수도 계량기 검침업무를 위탁하면서 위탁대상자(수도 검침원)의 나이를 만 52세 이하로 제한하고 있는 건과 관련하여 인권위는 ○○시 상·하수도 계량기 검침 등의 위·수탁 사무관리규정 제7조를 개정할 것을 권고하였다(국가인권위원회 2010.11.19. 10진정570900 결정). 또, 인권위는 아파트 경비원 채용과 관련하여 71세 이상의 지원자를 불합격한 건과 관련하여 채용기회의 제공과 재발방지대책을 권고한 바 있다(국가인권위원회 2010.03.29. 10진차9·12 결정(병합)).

255) Commission of the European communities, Proposal for a Council Directive establishing a general framework for equal treatment in employment and occupation, COM(1999) 565 final, 1999. 11. 25, 3면.

256) 미국 ADEA 관련 EEOC해석규칙(29 C.F.R. §1625.2) - 법에 의해 보호되는 자들 간의 차별 : (a) 사용자가 40세 이상자들 사이에 나이를 이유로 선호함으로써 채용이나 기타 사항에서 차별하는 것은 위법하다. 만일 42세의 자와 52세의 자가 동일한 자리에 지원한 경우 사용자는 나이에 근거해 어느 한 사람을 거부할 수 없고, 다른 요소들에 근거

로 연령이 많은 고령근로자들에 대한 사용자의 우대·선호는 연령차별이 아니라고 보고 있으나, EEOC해석규칙 29 C.F.R. §1625.2(법에 의해 보호되는 자들 간의 차별)는 잘못되었다고 밝히고 있다.[258] 이러한 연방대법원의 입장에 따라 EEOC는 해석규칙의 개정안을 제안하였다.[259] 한편, 비정규직을 정규직으로 전환하기 위한 노력의 일환으로 특별채용의 기회를 부여함에 있어서 상대적으로 연령이 많고 인원도 많은 비정규직 근로자들로 구성된 직군에 대해서만 우대하는 행위는 다른 직군의 비정규직 근로자들에 대한 연령을 이유로 한 역차별을 추정해 볼 수 있다.[260] 목적 자체가 객관적으로 확인할 수 없는 주관

해 그러한 결정을 내려야 한다. (b) 법이 보호하는 나이집단(40세 이상)에 속하는 고령근로자들에게 누진적 퇴직수당과 같은 추가적 편익을 확대하는 것은, 그러한 편익이 나이차별과 관련된 문제점들에 대응하고자 하는 합리적인 근거를 갖고 있는 한에서 합법일 수 있다. 하지만 그러한 추가적 편익의 확대는 법이 금지하는 행위를 달성하기 위한 수단으로 이용될 수는 없다.

257) 상대적으로 나이 많은 자에 대한 우대 내지 선호 : 50세 미만의 근로자들에게는 퇴직건강급여(retiree health benefits)의 수급자격을 폐지하고 50세 이상의 근로자들에 대해서만 계속 인정하겠다는 사용자의 결정에 반대하여 원고들(40대)이 소를 제기했다. 미국의 하급심 법원은 일종의 역나이차별(reverse age discrimination)로 보았으나 연방대법원은 상대적으로 젊은 근로자들에게 유리하게 작동하는 차별로부터 상대적으로 고령인 근로자를 보호하려는 것이 의회의 입법의도였기 때문에 보다 나이가 많은 고령근로자들에 대한 선호는 법(ADEA) 위반이 아니라고 보았다. 미국의 연방대법원은 ADEA 제623조 ⒜상의 '나이'는 그 의미가 모호하고 두 가지(하나는 생물학적 연령, 다른 하나는 고령)로 해석할 수 있다고 지적하면서, 40세 이상의 자들만을 대상으로 하는 동법의 적용범위, 나이차별이라는 용어의 사회적 역사, 동법이 규정하고 있는 입법취지 및 의회의 기록 전반에 근거하여 위와 같은 결론을 내렸다(General Dynamics Land Systems, Inc. v. Cline, 540 U.S. 581 (2004)).

258) 이 판결이 있기 이전까지 EEOC는 법(ADEA)상의 나이를 '생물학적' 나이로 해석하였다. 현행 EEOC해석규칙 역시 40세 이상의 사람들 사이에서 나이에 근거하여 보다 나이 많은 사람을 우대하거나 보다 나이 적은 사람을 우대하는 등의 어떠한 선호도 금지하고 있다. 다만 나이차별과 관련한 문제점들에 대응하기 위해 40세 이상의 고령근로자들에게 사용자가 추가적 편익을 제공하는 것은 예외적으로 허용하고 있다. 그런데 연방대법원은 법(ADEA)상의 나이를 생물학적 나이가 아니라 고령으로 해석하여 위와 같은 결론을 도출하였다. 미국의 고용상 연령차별금지법(ADEA)은 그 적용대상이 40세 이상인 자로 한정되어 있기 때문에 동법상의 나이를 생물학적 나이가 아닌 고령으로 해석할 여지가 있지만 우리의 경우에는 나이차별로부터 보호되는 자의 범위가 특정 연령층에 국한되지 않으므로 미국처럼 해석하기는 곤란하다.

259) 미국 ADEA 관련 EEOC규칙 개정안(29 C.F.R. §1625.2) - 법에 의해 금지되는 차별 : 고용의 어떠한 측면에서도 사용자가 40세 이상이라는 이유로 사람을 차별하는 것은 법상의 예외규정이 적용되지 않는 한 위법하다. 나이를 이유로 젊은 사람보다 나이든 사람을 선호하는 것은 그 젊은 사람이 40세 이상이라고 할지라도 동법(ADEA) 하에서 위법한 차별이 아니다.

적·추상적인 것인 경우, 연령에 대한 편견이 작용한 경우에는 정당한 목적으로 볼 수 없다.[261] 목적 달성을 위한 수단으로 명시적 연령기준 또는 특정 연령집단에 결과적 불이익을 초래하는 중립적 기준을 사용하는 것이 불가피하고 적정한 수단으로 인정되어야만 연령차별이 성립하지 않는다고 보아야 한다.[262] 사

260) 상대적으로 나이 많은 비정규직 근로자들로 구성된 직렬에 대한 응시연령의 확대 : 사서직 지방공무원 제한경쟁 특별임용시험 응시연령 제한 사건에서 다른 비정규직(전산직 전산보조원, 식품위생직 영양사)의 경우 인원이 많고 나이도 30·40대가 많아 이들에게 정규직화 노력의 일환으로 응시기회를 부여하고자 응시연령을 '45세까지'로 확대·시행한 반면에 비정규 사서직의 경우 상대적으로 근무기간이 짧고 인원도 적어 응시연령 확대가 필요 없다고 판단하여 해당 인사규칙 규정에 따라 '28세까지'로 제한하였다는 주장에 대해 인권위는 현저히 낮은 나이기준을 적용한 사서직은 물론 다른 직렬에도 나이를 응시자격으로 규정해야 하는 것은 합리적 이유가 되지 못한다고 결정하였다(국가인권위원회 2005.10.18. 05진차 141 결정).

261) 멜버른을 방문하는 일본인 관광객들을 위한 여행가이드이자 통역자로서 임시직 근로자가 이른 아침의 출발과 업무의 야간종료, 신속한 이동, 가이드가 도와주어야 하는 큰 부피의 짐이 있을 수 있는 큰 규모의 그룹을 담당할 수 있는 진정인의 능력에 대하여 의문을 제기하면서 피진정인의 우려는 나이에 관계된 것이 아니라 직무의 고유한 요건을 수행할 수 있는 진정인의 능력이라고 주장하였다. 호주의 인권·기회평등위원회(HREOC)는 업무수행을 위한 진정인의 건강이나 신체적 능력에 대한 피진정인의 우려는 진정인에게 충분히 표시된 바가 없고, 일의 배정에서 진정인이 다른 가이드에 비해 차등을 받은 것은 나이 때문이라고 보고, 피진정인의 행위는 진정인과 같은 연령층의 사람들에 대한 진정인의 건강과 업무능력에 대한 가정에 기초한 것이라고 보아 피진정인이 무거운 짐을 나르는 진정인의 능력에 대한 우려가 있었다면 진정인의 건강과 관련한 진단을 구했어야 할 것이나 피진정인은 그렇게 하지 아니하고 단순히 정형화된 가정에 의존하였고 이는 나이차별에 해당한다고 판단하였다(HREOC, Report of Inquiry into a Complaint of Discrimination in Employment and Occupation Discrimination on the Ground of Age, Report No.11.). 한편, 교육공무원 해외파견 대상을 교육경력 7년 이상의 43세 이하인 교사로 제한한 것과 관련하여 인권위는 교사의 직을 오랫동안 수행해온 자들의 해외교육의 기회를 합리적인 근거 없이 연령으로 제한하는 것(국가인권위원회 2004.07.26. 03진기78 결정)이라고 보고 있으며, 공무원 장기국외훈련 대상자 선발시의 나이제한 45세 이하도 어학능력 등 객관적인 판단이 아닌 나이제한은 합리성이 없는 것(국가인권위원회 2005.11.21. 05진차651 결정)으로 보고 있고, 소비자 내지 수요자의 선호는 나이에 대한 이들의 부당한 편견이 개입되어 나타날 수 있기 때문에 원칙적으로 정당한 목적에 해당하지 않는다. 해외한국학교의 학부모와 학생들의 젊은 교사를 선호한다는 주장에 대하여 교육인적자원부가 실시한 '해외파견 교육공무원에 대한 희망연령 조사통계표'에 의하면 해외한국학교의 교육 수요자인 학부모와 학생들의 요구가 교사의 나이를 43세로 제한하여야할 만큼 절대적으로 젊은 교사를 희망하고 있다고 볼 수 없으며, 더구나 '희망연령'에 대한 응답은 파견교사의 고려사항 중에 하나일 수는 있겠으나 나이에 의해 해외파견의 기회를 원천적으로 제한할 수 있다는 것의 논리적 근거가 될 수는 없다(국가인권위원회 2004.07.26. 03진기78 결정).

262) 일괄적 구조조정을 유보하는 대신 고용안정장치(정년시까지의 고용보장, 급여의 70% 지급, 나머지는 성과급여로 전환 지급)로 역직위 제도도입과 관련하여 근로기준법 제31조

람의 생명이나 안전을 위해 연령기준을 채택한 경우 연령기준이 실제로 생명이나 안전의 보호에 기여한다는 객관적 연구결과나 증빙자료 등의 증거가 있어야 한다. 이러한 증거를 찾기 곤란한 경우에는 건전한 상식이나 사회적 통념에 비추어 합리적으로 판단한다. 또, 대체수단을 채택할 경우 사용자에게 합리적으로 수인 가능한 범위를 넘어서는 과중한 부담을 초래할 우려는 없는지도 고려해야 하며,[263] 불이익의 정도가 과도한지 여부는 추구하는 목적의 긴박성, 과거 유사한 상황에서 적용한 기준 내지 경험, 국내외 동종업계의 실태 내지 관행 등을 고려하여 판단한다.[264]

채용단계에서 발생하는 연령차별의 대표적 유형은 지원자의 연령 특히 최고연령을 제한하거나 특정 연령층을 선호하는 경우이다.[265] 연령에 관한 언급이

경영상 이유에 의한 해고를 시행할 만큼 긴박한 경영상의 필요가 있다는 점에 대해 피진정인이 입증자료를 제출하거나 주장조차 한 바 없어, '일괄적 구조조정을 유보하였다'는 주장 및 '이를 유보하기 위해 역직위제도를 도입하였다'는 피진정인의 주장은 타당성이 인정되지 아니 한다(국가인권위원회 2006.02.27. 04진차307 결정).

263) 대학교원 지원연령 제한(대학에 따라 만 40세 이하, 45세 이하 등)(국가인권위원회 2002.11.18. 02직차1 결정) ; 교사 신규채용 공개전형 응시연령 제한(40세 이하)(국가인권위원회 2004.06.28. 03진차119 결정) ; 공무원 장기국외훈련 대상자 선발시의 나이제한(45세 이하)(국가인권위원회 2005.11.21. 05진차651 결정) ; 나이기준(58세 정년까지 잔여기간이 3~5년인 자)에 의한 역직위 발령(국가인권위원회 2006.02.27. 04진차307 결정)등을 예로 들 수 있다.

264) 항공사 여자승무원 응시연령을(만 25세 이하) 제한은 국내에서 영업 중인 동종업계 외국 항공사와 비교해도 제한의 정도가 크다(국가인권위원회 2006.11.13. 05진차662 결정).

265) 채용상의 나이제한에 대하여 인권위가 차별을 인정한 사례 : 14개 국립대학의 교원 지원연령 제한(대학에 따라 만 40세 이하, 45세 이하 등)(국가인권위원회 2002.11.18. 02직차1 결정), 교사 신규채용 공개전형 응시연령 제한(교육공무원임용령 제11조의 2에 의거 40세 이하)(국가인권위원회 2004.06.28. 03진차119 결정), 9급 지방공무원 제한경쟁특별임용시험 응시연령 제한(2004년도에 '18세 이상 40세까지'로 하였다가 2005년도에는 '18세 이상 28세까지'로 변경)(국가인권위원회 2005.10.18. 05진차62 결정), 중등교원 경쟁시험 동점자들 중 연장자 우선 합격처리(국가인권위원회 2006.04.10. 06진차59 결정), 은행 청원경찰 모집 시 응시자격 제한(20세 이상 30세 미만)(국가인권위원회 2006.07.18. 05진차935 결정), 9급 국가공무원 공개경쟁채용시험 응시연령 제한(18-24세)(국가인권위원회 2006.09.11. 06직차16 결정), 항공사 여승무원 응시연령 제한(만 25세 이하)(국가인권위원회 2006.11.13. 05진차662 결정), 공무원 5급 및 6·7급 공개경쟁채용시험 응시연령제한(5급 32세 이하, 6·7급 35세 이하)(국가인권위원회 2007.04.30. 05진차317 등(병합)결정), 지방공무원 사회복지직 9급 특별채용시험 응시연령제한(40세 이하)(국가인권위원회 2007.01.10. 05진차614 결정), 경호공무원 7급 등 공개경쟁채용시험 응시연령제한(경호공무원 7급 30세 이하)(국가인권위원회 2007.04.11. 05진차492 결정), 00공사 5급 이하 직원 특별채용 응시연령제한(35세 이하)(국가인권위원회 2007.04.11. 05진차522 결정), 학예연구사 특별채용 응시연령제한(45세 이하)(국가인권위원회 2007.05.10.06진차

불이익한 결정과는 무관하거나 흔히 있을 수 있는 견해 표명에 불과한 경우 불법적인 차별의도에 해당하지 않는다.[266] 생년월일이나 연령을 묻는 것 자체를 연령차별로 단정할 수는 없지만,[267] 연령이 많은 지원자를 배제하거나 연령에 근거한 차별의도를 드러내는 것일 수 있기 때문에 연령차별에 해당할 수 있다.[268] 또, 특정 연령집단만을 대상으로 하는 모집·채용 광고는 간접차별에 해

309 결정), 외교통상직 공무원 공개채용시험 응시연령제한(30세 미만)(국가인권위원회 2007.09.11. 07진차177 결정). 한편, 영국 고용평등(연령)규칙에 관한 ACAS(The Advisory, Conciliation and Arbitration Service)의 가이드라인에서는 "면접에서 나이와 관련된 질문은 피하는 것이 좋다. 그리고 당신은 이 직책을 담당하기에는 상당히 젊다 또는 당신 같은 사람은 보다 많은 책임감이 요구되는 일을 찾아보는 것이 좋지 않겠는가? 등"과 같은 언급은 하지 않아야 한다고 규정하고 있다(ACAS, Age and the Workplace, A guide for employers, 2006, 15면).

266) Mack A. Player, *Federal law of employment discrimination*, 3rd ed., West Group, 1992, 137~138면.

267) 미국 ADEA 관련 EEOC 규칙(29 C.F.R. §1625.5) - 입사지원서 등 고용관련 신청서 : 입사지원서 등 고용관련 신청서(employment applications)에 '생년월일'이나 '나이'와 같은 정보를 밝히도록 요구하는 것 자체가 법 위반은 아니다. 그러나 그러한 요구는 고령자를 단념케 하거나 나이에 근거한 차별을 암시할 수 있기 때문에, 그러한 요구가 법이 허용 내지 금지하는 목적을 위한 것인지 확인하기 위해 위와 같은 정보를 요구하는 고용관련 신청서는 엄격한 심사의 대상이 된다. 그 목적이 법이 금지하는 것이 아니라는 점을 해당 신청서에 "1967년 고용에서의 연령차별금지법(ADEA)은 40세 이상의 자에 대한 나이를 이유로 하는 차별을 금지하고 있다"라는 취지로 명시하거나 다른 수단으로 진정인들에게 알려야 한다. '고용관련 신청서'는 고용에 관한 일체의 요구서 혹은 이력서와 자기소개서 등 채용·승진을 위한 원서를 의미하고, 채용 이전에 요구하는 서면뿐만 아니라 채용 후 근로조건 등에 관해 근로자에게 요구하는 서면을 포함한다. : 영국 고용평등(연령)규칙에 관한 ACAS의 가이드라인은 '지원서 양식에서 나이, 생년월일 기재란을 삭제하라. 또한 기간이나 날짜에 관한 불필요한 정보를 기재토록 요구하고 있지 않은지 검토해야 한다. 지원서 양식에서 나이와 관련된 정보를 요구하는 것은 나이차별에 해당할 수 있다'(ACAS, Age and the Workplace, A guide for employers, 2006, 11면.).

268) Barbara T. Lindemann and David D. Kadue, Age Discrimination in Employment Law, Washington, D.C. : Bureau of National Affairs, 2003, 1185~1186면. 한편, 직업경험의 최고 한도 설정과 관련하여 아일랜드의 평등조사관청(평등심판소)은 2~3년을 초과하지 않는 직업경험요구는 젊은 지원자들에 비해 진정인에게 불리하게 작용하는 것으로, 피진정인이 나이와 무관한 객관적 능력 기준에 관한 증거를 제시하지 못했기 때문에 간접차별에 해당한다고 판단하였고(Tom O'Connor v LIDL Ireland GmbH (DEC-E2005-12)(www.equalitytribunal.ie)), 채용광고와는 달리 직업자격경험의 사실상 최고한도 설정과 관련하여 아일랜드의 평등조사관청은 회계원들이 통상적으로 20대 중반에 자격을 갖추는 점을 감안할 때 최고 2~3년의 자격경험은 실제상 30세 이상의 연령그룹에 속하는 현저히 적은 비율의 자들이 충족할 수 있는 조건으로 보다 나이가 많은 지원자들에 대한 간접차별이고, 피진정인은 이런 조건을 객관적으로 정당화하는 증거를 제시하지 못했다고 판단하였으며(Noonan v Accountancy Connections(DEC-E2004-42)(www.equalitytribunal.ie)), 고령자가 절대 다수를 차지하는 파트타임 재고용 거부와 관련하여 희망퇴직자의 약 96%가 50

당할 수 있다. 반면에 진정직업자격이나 적극적 조치에 해당하는 경우에는 연령차별이 성립하지 않는다.[269] 모집·채용상의 명시적인 연령제한은 사업 또는 조직의 부차적 목적을 달성하기 위한 경우, 모집·채용상의 비용 및 시간을 절감하기 위한 경우, 직접 관련성이 희박한 법령 등을 준용하거나 기준으로 삼는 경우, 장기간의 국외연수 등 상대적으로 오랜 양성기간의 소요를 이유로 한 경우[270]와 같은 목적 내지 사유는 연령제한을 정당화하지 않는다. 또, 사업·조직의 주된 목적에 해당하지 않는 부차적인 목적의 경우에도 정당하지 못하다. 한편, 신규채용뿐만 아니라 비정규직 근로자를 정규직 근로자로 전환하는 경우에도 합리적 이유 없이 연령을 기준으로 차별하는 것은 허용되지 않는다.[271]

세 이상이라는 사실로부터 아일랜드의 평등조사관청은 희망퇴직자를 파트타임 재고용 대상에서 배제하는 것은 나이가 젊은 근로자들보다 50세 이상의 근로자들에게 상당히 심각한 영향을 미치고, 피진정인은 회사의 정책이 나이차별과 무관하거나 비용절감이라는 경제적인 이유 외에 다른 정당한 사유를 입증하지 못했다는 점에 근거하여 차별로 판단하였다(McLoughin v Bus Eireann(DEC-E 2004-59)(www.equalitytribunal.ie)). 아울러, 영국 고용평등(연령)규칙에 관한 ACAS의 가이드라인에서는 운전학원의 운전강사를 모집·채용함에 있어서 운전자격증을 보유하고 있고 10년 이상의 운전경력을 요구하는 경우 이러한 요구는 28세 미만인 자의 지원을 막는 차별적인 것일 수 있고, 운전강사의 자격으로 4년 이상의 운전경력이면 충분한 상황에서 28세 미만인 자가 나이차별을 주장하는 경우 사용자는 10년 이상의 운전경력이 왜 필요한지를 정당화하여야 한다(ACAS, Age and the Workplace, A guide for employers, 2006, 12면). 영국 고용평등(연령)규칙에 관한 ACAS의 가이드라인에서는 사용자가 직원을 채용함에 있어서 대학 졸업자일 것을 자격요건으로 요구하고 있는데, 오늘날에는 몇 십 년 전에 비해 훨씬 많은 사람들이 대학을 다니지만, 충분한 실무적 경험을 갖고 있는 고령자들이 대학교 졸업자일 가능성은 상대적으로 적으므로 사용자가 대학 졸업자 요구의 정당성을 입증할 수 없는 경우에는 간접적인 나이차별에 해당할 수 있다(ACAS, Age and the Workplace, A guide for employers, 2006(op. cit.), 14면).

269) EU입법지침(2000/78/EC)은 채용에서의 나이차별(직접차별)의 예외로 설정 가능하다고 규정하고 있다. 우리나라의 경우 근기법상 취업최저연령규정과 임산부와 18세 미만자의 도덕상 또는 보건상 유해하고 위험한 사업에 사용을 금지하는 규정, 항공법상 항공업무 종사자의 조종사자격증 보유규정과 자격증명 최저연령 등을 들 수 있다. 해당 업무가 요구하는 교육훈련 또는 퇴직 이전의 합리적인 고용기간에 근거한 채용상의 최고 연령의 설정(EU입법지침, 2000/78/EC)도 가능하다.

270) 외교통상직 공무원 공개채용시험 응시연령제한(30세 미만)과 관련하여 외교통상직 공무원의 경우 일반직 공무원에 비하여 상대적으로 오랜 시간의 양성기간이 소요되므로 5급 국가공무원 임용시험 응시 상한연령보다 2년을 하향조정하였다고 주장한 건과 관련하여 인권위는 이미 5급 국가공무원의 공개채용응시 상한연령을 32세 이하로 규정한 「공무원임용령」의 규정의 개선을 권고한 바 있고, 국가공무원의 응시상한연령의 합리성을 전제한 상태에서 합격자에 대한 국외연수 기간 등을 고려하여 책정한 30세 미만이라는 상한연령의 합리성은 인정되지 않는다(국가인권위원회 2007.07.11. 07진차177 결정).

연공급 임금체계 하에서 근로자 개인의 생산성을 초과하는 임금수준이 이연(移延)임금[272]에 해당하는 경우 생산성을 초과하는 임금수준은 위와 같은 임금피크제[273]를 정당화하는 합리적 이유가 된다고 보기 어려운데, 특정한 연령 이상의 근로자들에 대해 정년을 연장하는 대신에 임금을 삭감하는 제도는 임금삭감을 상쇄하는 추가적 이익이 보장되기 때문에 연령차별이 아닌 것으로 해석할 수도 있다. 또, 근속기간을 기준으로 임금을 차등지급하는 제도인 연공임금제의 경우 근속기간의 차이에 따른 임금의 차등지급은 상대적으로 연령이 적은 근로자들에게 불이익한 결과를 초래할 수 있으나,[274] 국제기준이나 외국의 입법례를 보면 일정한 요건 하에서 또는 별도의 요건 없이 연공이나 재직기간을 기준으로 하는 차등대우를 연령차별의 예외로 설정하고 있다.[275]

---

271) 모병원 영양실 업무는 식단에 따른 음식 조리, 배식, 식기세척 등을 그 내용으로 하고 있는 바, 이러한 업무를 담당하게 될 정규직 직원을 신규로 채용할 때에 40세 이하인 자로 한정하는 것이 합리적인지 여부를 먼저 살펴보면 41세 이상인 자들이 위와 같은 업무를 수행하기 곤란하다고 볼 특별한 사정이 없으며, 오히려 가정주부로서의 경험 등 유사업무에 경륜이 풍부하고 숙련도가 높은 자가 업무수행에 더욱 적격일 수 있는 것이므로, 40세 이하인 자들만을 신규로 채용하는 것을 합리적이라고 볼 수 없다. 나아가 비정규직 직원을 정규직으로 전환할 시에도 위와 같은 신규채용 나이기준을 준용하고 있는 것이 합리적인지 여부를 살펴보면, 정규직화 심사과정에서 대상자가 업무수행에 적합한지의 여부는 그 동안의 근무 태도, 경력 및 면접 등을 통하여 충분히 파악할 수 있는 것이므로, 비정규직 직원을 정규직으로 전환함에 있어 나이를 기준으로 하여 일률적으로 그 대상을 한정하는 것 역시 합리적인 이유가 없다고 판단된다(국가인권위원회 2007.04.30. 06진차292 결정).

272) 이연임금이라 함은 해당 기업에서의 직업생활 전반기에 근로자 개인의 생산성을 하회하는 임금액을 지급함으로써 발생한 임금손실의 몫만큼을 직업생활 후반기에 보상하기 위해 근로자 개인의 생산성을 초과하여 임금액을 지급하는 것을 뜻한다.

273) 임금피크제란 생산성과 조직기여도 또는 일정한 연령과 능력수준에 따라 피크임금을 설정하고 이러한 수준이 변곡점을 이루는 피크시점을 결정하여 생산성 등이 하향하는 시점에서 임금수준도 변경하여 운영하는 임금제도 또는 고용체계로써 기존의 분류유형으로는 ① 고용연장형, ② 정년보장형, ③ 정년연장형이 있는데, 기존의 이들 임금피크제는 단지 연령만을 기준으로 적용기준을 사용하고 있어 차별의 문제가 있다(임공수, 「임금피크제의 문제와 운용」, 2007, 39면. 64~66면).

274) 유럽사법재판소(ECJ) 판례에 의하면 연공은 흔히 해당 직업과 관련된 유용한 경험을 수반하기 때문에 연공에 기초한 임금상승은 일반적으로 허용되며, 해당 특정 업무수행과의 상관성을 입증할 필요는 없고(Danfoss 사건, C-109/88, 1990), 여성들은 남성들과는 다른 노동패턴을 갖는 경향이 있기 때문에 연공에 기초한 보상은 간접적인 성차별에 해당할 수 있다(Nimz사건, C-184/89, 1991).

275) EU의 평등대우지침(2000/78/EC)은 나이에 근거한 대우의 차이의 정당화(제6조 제1항)와 관련하여 「나이를 이유로 하는 대우의 차이가 국내 법적 상황에서 고용정책 · 노동시장 및 직업훈련상의 목적 등 합법적인 목적에 의해 객관적이고 합리적으로 정당화되고,

외국어능력을 선발기준으로 삼는 경우 어학능력의 평가결과에 따라 적격자를 선발할 수 있음에도 연령이 많은 사람은 어학능력이 떨어진다는 편견에 기초하여 연령기준을 두어 선발 대상에서 배재하는 것은 차별이라는 사례[276]가 있다. 많은 경우 교육훈련은 업무와 관련된 것이고, 교육훈련의 목적·기간과 비용, 교육훈련 종료 후의 재직 가능 기간을 감안할 때 일정한 연령제한을 두는 것이 합리적이라고 판단되는 경우 차별로 보지 않는다.[277] 또, 합리적이고 객관적 기준을 마련할 수 있음에도 불구하고 입학시험에서 동점자 중 연소자를 우선 합격처리하는 기준은 행정편의적인 것으로서 그 합리성을 인정할 수 없다.[278] 연

그러한 목적을 달성하기 위한 수단이 적절하고 필요한 경우 회원국은 이를 차별에 해당하지 않는 것으로 규정할 수 있다. (b) 채용 또는 고용관련 특정이익 제공의 경우 나이·직업경험 또는 재직기간에 관한 최저 조건의 설정」을 규정하고 있고, 영국의 고용평등(연령)규칙(2006년)에서는 재직기간 5년을 초과하는 근로자들에 대해 급여, 기타 이익을 제공함에 있어서 사용자가 기업경영상의 필요(예를 들어 충실장려, 동기부여 또는 경험보상)를 충족시키기 위해 재직기간을 기준으로 사용하는 것이 합리적인 경우, 어떤 근로자가 다른 근로자에 비해 재직기간이 짧아서 불이익에 처하게 되어도 위법하지 않다(제32조). 아일랜드의 고용평등법(1998년)에서는 특정의 직책에서 연공이나 재직기간(seniority or length of service)의 상대적 차이에 기초한 임금이나 기타 근로조건의 차이는 나이차별에 해당하지 않는다(제34조 제7항)고 규정하고 있고, 교사 신규채용 공개전형 응시연령 제한(40세 이하)과 관련하여 아일랜드의 평등조사관청(평등심판소)은 임금인상이 근속년수와 불가분의 관계에 있고, 진정인은 새로운 임금제도상의 특정 등급에 도달하는데 요구되는 퇴직 이전의 근속기간을 충족시킬 수 없다고 보았고, 고용평등법은 특정 직책에서의 근속기간의 상대적 차이에 근거한 임금 내지 기타 근로조건의 차이를 나이차별에 해당하지 않는 것으로 규정하고 있기 때문에 진정인은 요구되는 근속기간을 충족하여 임금제도상의 특정 등급에 도달할 수 있는 보다 나이가 젊은 동료 직원에 비해 불리하게 대우받지 않았다고 판단하였다. 또한 기존 임금제도상의 지위에 상응하는 지위가 새로운 임금제도에서도 진정인에게 부여되어야 한다는 진정인의 주장은 나이가 많은 진정인을 상대적으로 나이가 적은 동료 직원들에 비해 우대하는 것으로 법 위반에 해당할 수 있다고 판단하였다(Morrissey v Dun Laoghaire-Rathdown County Council (DEC-E2003-39))(www. equalitytribunal.ie). 미국의 고용상 연령차별금지법(1967년)에서는 동법의 목적을 회피할 의도가 없는 '진정한 연공제도'(a bona fide seniority system)의 요건을 준수하기 위한 것은 위법하지 않는다(제623조 (f)(2)(A))고 규정하고 있다.

276) 공무원 장기국외훈련 대상자 선발시의 나이제한(45세 이하)(국가인권위원회 2005.11.25. 05진차651 결정).

277) 예를 들어 전략산업 육성에 불가결한 지식과 교육 또는 전략기술의 습득에 필요한 전문교육과정이나 파견실습 등의 대상자를 선발하는 경우 이들이 복귀해서 실제 업무에 투입되어서 활용할 수 있어야 하고 이를 위해서는 일정한 기간 잔여근속기간이 있는 사람이 활용성이 크게 되는데 교육기간이 6개월인데 이들이 복귀하여 실제 업무에 적용하기 위해서는 1년 이상의 시간이 소요된다고 가정할 수 있는 교육과정의 대상자 선발에서 이제 겨우 정년이 1년 미만인 근로자를 배제한다고 하여 이것을 차별이라고 할 수 없는 것과 같은 것이다. 즉 합리적인 이유가 있는 경우 차이를 두는 것이 가능하다.

령을 이유로 한 이동 및 배치전환에서 고려하여야 할 사안으로는 연령에 대한 편견개입여부, 대등하거나 보다 나은 자격을 갖추었음에도 특정 연령그룹이 전반적으로 낮은 평가를 받았는지 여부, 후보자 연령그룹 사이에 나타나는 인사배치비율의 차이, 과거의 사례에서 특정 연령그룹의 인사배치비율, 인사배치 자격기준의 객관성 등을 들 수 있다.[279] 승진심사 면접과정에서 연령에 대한 편견을 드러내는 발언이나 질문은 차별의 증거가 될 수 있으며,[280] 업무경험이 승진평가항목에 해당하고 근속기간과 직무경험이 비례한다고 볼 수 있는 상황에서 근속기간이 오래된 후보자들이 낮은 점수를 받고 승진에서 탈락한 경우,[281] 승진 후보자 연령그룹 사이에 승진율에서 현저한 차이가 존재하고 특정 연령그룹의 승진 배제가 과거의 승진사례에서 확인 가능한 경우 연령차별을 추정할 수 있다.[282] 또, 승진을 위해 객관적으로 필요로 되는 자격요건과 무관한 기준인 5년 이상의 근속기간 및 원만한 노사관계 등을 요구함으로써 일정한 연령그

---

278) 국가인권위원회 2002.06.18. 02진차22 결정. 아울러, 고령자는 교육과정을 제대로 이수하기 어렵다는 편견에 기초하여 배제하는 행위는 합리적 이유가 없다고 판단된다(Byrne v FAS 사건(DEC-E2002-45)).

279) 나이가 많다는 이유로 간호단위관리자(소위 수간호사)에서 평간호사로 발령한 건과 관련하여 인권위는 공정하고 합리적인 기준에 따라 간호사들에 대한 보직 배치를 다시 할 것과 간호사단위관리자에게 보직을 부여할 때 나이를 이유로 한 차별이 발생하지 않도록 재발방지대책을 마련할 것을 권고하였다(인권위, 10진차159).

280) 학교 교감 승진심사 면접과정에서 심사위원장이 피면접자에게 "27년 동안이나 교직생활을 하고 있는데 지금 교감이라는 직책을 두고 다투는 것이 성가시지 않는지"를 물었다. 피면접자는 이러한 발언이 자신의 나이를 문제 삼는 것이라고 믿었다. 교감으로 승진하는 자는 원고에 비해 상당히 젊었고 7년의 교직경험을 갖고 있었다. 아일랜드의 평등조사관청은 심사위원장에게 차별의도가 없었을지라도 면접에서의 그러한 질문 자체가 차별이라고 결정하였다(Margaret O'Neill v St. Gabrel's (DEC-E2005-7)).

281) 특별의무교사(Special Duties Teacher)직으로의 승진 선발과정에 지원하였으나 탈락하였고, 상당히 나이가 젊은 지원자들이 임명되었다. 아일랜드의 평등조사관청은 해당 직책을 위해 마련된 기준에 비추어 볼 때 진정인은 승진된 자들보다 높은 자격과 많은 경험을 보유하고 있는 점을 인정하였다. 객관적으로 가장 적합한 지원자를 가리는 일은 선발위원회의 재량사항이고 평등조사관청의 임무는 아니지만 선발과정에서 나이차별이 있었는지를 검토하는 것은 평등조사관청의 임무라고 하였다. "학교에서의 경험과 열성"이라는 평가항목과 관련하여 근속기간이 가장 오랜 4명이 모두 가장 낮은 점수를 받은 것은 직무와 관련 경험 사이에 통상적으로 드러나는 객관적 관련성과 양립되기 어렵고, 자격이 덜한 승진자들이 진정인에 비해 8세에서 24세만큼 젊다는 사실은 나이차별의 개입을 낳았다고 보았다(Carroll v County Monaghon Vocational Education Committee (DEC-E2004-3)).

282) Gillen v Department of Health (DEC-E2003-35).

룹에게 불리한 결과를 초래하는 경우에는 간접차별에 해당할 수 있고,[283] 연령차별을 의미하는 비유적 발언도 해고에서 직접차별의 증거가 될 수 있다.[284] 퇴직의 자유가 보장되므로 일정한 연령그룹을 대상으로 하는 자발적인 조기퇴직제도를 연령차별로 보기는 어렵다. 그러나 조기퇴직에 대한 보상금을 지급함에 있어서는 연령을 기준으로 하는 차별이 허용될 수 없다.[285] 직종·직급별 차등적 정년[286]은 상이한 정년을 설정해야 하는 합리적 이유가 없는 한 차별로 해석된다.[287] 1980년에 채택된 ILO의 고령근로자에 관한 제162호 권고는 일정

---

283) Mcgarr v Department of Fincance(DEC-E2003-36) ; 인사고과에서 나이가 많은 특정 연령그룹에 대하여 현저히 낮은 평가를 행하고, 그 평가결과에 기초하여 이루어진 보직변경의 인사조치는 나이를 이유로 하는 차별에 해당한다(국가인권위원회 2007. 10.08. 06진차204 결정).

284) Harold S. Lewis and Elizabeth J. Norman, *Employment Discrimination Law and Practice*, West Group, 2001, 374면.

285) Perry v Garda Commissioner(DEC-E2001-29).

286) 인권위가 직급 및 직군별 차등정년제 차별행위로 판단한 사례로는 전국○○연합회 ○○조합의 직급별 정년을 1급 직원은 58세, 그 외 직원은 55세로 규정(국가인권위원회 2009.06.22. 09진차219결정), ○○공단 인사규정에 따르면 2급 이상 직원의 정년은 60세, 3급 이하 직원의 정년은 57세로 규정(국가인권위원회 2009.07.28. 09진차698결정), ○○연구원 인사규정은 직원의 정년을 책임급은 61세, 선임급·원급·전임조교 및 기능직은 58세로 규정(국가인권위원회 2009.08.17. 09진차852결정), OO공단 인사규정 제43조에서 별정직 및 일반직 2급 상당 이상 직원은 정년을 60세로, 별정직 및 일반직 3급 상당 이하 직원은 정년을 57세로 차등적용(국가인권위원회 2007.04.30. 06진차628 결정)은 정년차별에 해당한다고 판단하고 있다. 또, 직군에 따라 수행하는 업무의 종류 혹은 특성이 다르기는 하나 이것이 곧 정년을 달리해야 할 특성이라고는 볼 수 없고, 평등권을 침해하는 법령의 규정을 준용한 피진정인의 정년 규정 역시 그 합리성을 인정하기 어렵다(국가인권위원회 2007.04.30. 06진차628 결정).

287) ○○보건대학 직원들의 정년을 6급 이하는 57세, 5급 이상은 60세로 달리 규정하고 있는 것은 합리적인 이유없는 지급에 따른 차별이라는 진정건과 관련하여 인권위는 해당 인사규정을 개정할 것을 권고하였는데, 인권위가 위 사건에서 직급과 직종별 정년을 달리한 것을 차별이라고 판단한 주된 이유는 첫째, 직급들 특히 정년 연령을 구분 짓는 경계에 있는 직급들의 업무구분이 명확하지 않다는 점, 둘째, 특정 계급 이상이라고 해서 반드시 경험과 지식이 풍부하다고 일률적으로 단정하기 어렵다는 점, 셋째, 정년 때문에 승진 적체 및 조직의 비대화가 발생한 것인지 여부가 명확하지 않다는 점, 넷째, 조직의 신진대사는 인사제도 전반에 대한 관리의 문제로 접근해야 한다는 점을 들었다(인권위, 10진정150500). 같은 취지로 직급 및 직종별 차등정년을 규정한 인사규정을 차별적 요소가 없도록 개정할 것을 권고한 바 있다(인권위, 10진정1486000). 한편, 고령자고용법에서는 사업주가 근로자의 정년을 정하는 경우에는 그 정년이 60세 이상이 되도록 노력하여야 한다(제19조)고 규정하고 있다. 한편, 미국의 고용상 연령차별금지법(ADEA)에서는 정년제(강제퇴직조치)를 연령차별로 보아 금지하되 예외적으로 일부 허용하고 있는데 ADEA 제정 당시(1967년) 법적용 대상자의 상한연령 65세에서 1978년 법개정 70세로 상향규정

한 연령에 고용을 종료시키는 입법이나 기타의 규정은 고령근로자에 대한 고용차별금지의 원칙과 자발적 퇴직의 원칙 등에 비추어 검토되어야 한다고 규정하고 있다(제22조).[288] 동 권고는 정년제가 연령차별인지를 명시적으로 언급하고 있지는 않지만, 정년제가 고용차별금지원칙과 근로자의 자발적 퇴직원칙에 위반될 수 있다는 점을 내포하고 있다.[289] 직종, 직군, 직급에 따른 정년의 차등은

하고 1986년 법개정 시에는 상한연령(정년제)을 완전폐지 하였다. 다만, 경찰·소방관, 기업의 경영간부 등의 경우 일정 요건 하에서 정년제를 허용하고 있다. 영국의 고용평등(연령)규칙(2006년)에서는 65세 이상의 정년설정은 연령차별의 예외로 설정하고 제2장과 제3장은 이 규정이 적용되는 사람이 65세 이상이고 해고의 이유가 정년인 경우에는 그에 대한 해고는 위법하지 않는다(동법 제30조 2항)고 규정하고 있으나 정년퇴직 이후의 계속근무에 대한 근로자의 신청권과 그에 대한 사용자의 고려의무를 설정하고 있다. 프랑스의 노동법전(Code du travail)에서는 연금수급개시연령 60세를 하회하는 정년설정을 금지하고 일정한 요건 하에서 60세 이상 정년제를 허용하였는데 강제퇴직은 사회보장법전 L.351-8조 1호가 규정하는 연령 65세에 도달한 근로자의 근로계약을 사용자가 종료시킬 수 있는 가능성을 의미한다. 근로자가 사회보장법전상의 완전노령연금을 수급할 수 있는 경우에는 소정의 단체협약으로 그보다 하회하는 나이를 정할 수 있지만, 사회보장법전 L.351-1조 제1항이 규정하는 나이 연금수급개시연령 60세를 하회할 수는 없다(L.122-14-13조 3항). 강제퇴직의 제 요건이 충족되지 않는 경우 사용자에 의한 근로계약의 종료는 해고에 해당한다(동조 4항)고 규정하고 있다.

288) 제162호 권고는 은퇴와 관련하여 노동생활에서 퇴직으로의 점진적인 이전을 가능케 하는 체계내에서 근로자가 퇴직을 자율적으로 결정할 수 있어야 하고, 노령연금 수급연령에 융통성을 두어야 한다고 규정하고 있다(제21조). 그리고 노령연금의 수급연령에 도달하기 이전의 일정 기간 동안에 고령근로자에게 발생할 수 있는 소득의 감소 내지 상실에 따른 보호조치를 취할 것을 요구하고 있고, 고령근로자가 은퇴에 대비한 계획을 세우고 새로운 상황에 적응할 수 있도록 은퇴 이전에 퇴직준비계획을 수립할 수 있는 기간이 부여되어야 하고, 이와 관련하여 유급교육훈련휴가제도의 활용을 권하고 있다(제30조 제1항).

289) 국가인권위원회 2007.05.14. 05진차536 결정 : 외국의 입법례를 보면 정년제를 나이차별로 간주하여 불법화하는 유형(미국), 연금수급개시연령과 연계하여 일정한 나이 이상의 정년설정에 대해서 나이차별의 예외로 간주하거나 합법적 정년으로 허용하는 유형(영국, 프랑스), 나이차별금지를 법제화하지 않았지만 연금수급개시연령에 도달할 때까지 고령자의 고용이 확보될 수 있도록 조치를 취할 의무를 사용자에게 부과하는 유형(일본)으로 분류할 수 있다. 한편, 우리의 경우 연공서열 임금제도가 정년제의 합리성을 뒷받침하는 근거로 흔히 거론된다. 근속년수에 따른 직급·임금상승이 근로자의 생산성(능력)을 초과하여 무한정 계속되는 것은 경제적으로 용인될 수 없기 때문에 일정한 나이에 도달하면 근로관계를 강제적으로 종료시키는 것이 합리적이고 연령차별이 아니라고 볼 여지가 있다. 직종에 따라서는 직무의 성격상 정년 설정이 불가피한 경우도 있다. 그러나 같은 나이의 근로자간에도 능력의 차이가 존재하기 때문에 일률적인 정년의 설정은 연령차별적인 요소를 내포한다. 몇 세의 나이를 정년으로 설정하는 하는 것이 합리적인 것인지에 대한 입증 내지 평가도 용이하지 않다. 더구나 근로자의 능력은 교육·훈련 등을 통해 향상될 수 있기 때문에 초기에 설정된 일정 나이의 정년이 상당 기간 경과 후에도 합리적인 것으로 평가될 수 있는지 의문이다. 또한 근로자의 노화에 따른 능력쇠퇴로 인해 업무를 감당할 수 없는 경우 사용자는 업무수행능력의 결여를 이유로 하여 해고할 수 있는 권한이 있기 때

직업자격, 업무의 내용과 책임 등에 비추어 정년을 달리 정하여야 할 합리적 이유가 없는 한 차별적인 정년제에 해당하는 것으로 해석할 수 있으며[290] 합리적인 이유가 존재한다면 달리 정할 수 있다고 본다.[291]

5. 종교

(1) 종교를 이유로 한 차별

종교를 이유로 한 차별과 관련하여 일정한 신념이 종교에 해당하는지 여부를 판단할 때 해당 종교를 신봉하는 자 또는 해당 종교단체에 가입되어 있는 사람의 숫자는 중요한 판단기준에 해당하지 않으며,[292] 해당 종교 내부의 정통과

문에 일률적인 정년의 타당성을 인정하기 어렵다(조용만, 「고용상 연령차별금지법제의 입법론적 검토」, 한국법제연구원, 2004, 44면.).

290) 국가인권위원회 2007.04.30. 06진차628결정.

291) 아일랜드는 소방수(firefighter)의 정년 55세와 소방관리(fire officer)의 정년이 65세인 것과 관련한 사안에서 1974년 이후로 일관되게 소방수의 정년을 55세로 적용하여 왔던 점, 1972~1978년 기간에 3명의 소방수가 정년 후에도 계속 근무하였던 사실은 소방수 충원의 어려움을 극복하기 위한 예외적인 것이었고 당시에는 법 제정 이전이라 연령차별이 위법하지 않았던 점, 진정인은 정규직 소방수로 근무를 시작할 때 55세 정년을 알고 있었고 이러한 고용조건을 수락하였던 점, 소방수와 소방관리는 서로 다른 직업자격 · 임무 · 책임수준 · 승진체계를 갖는 상이한 직종이기 때문에 법 제34조 제4항에 따른 상이한 정년 연령의 설정은 위법하지 않다고 판단하였다(Leahy v Limerick City Council (DEC-E2003-38)). 한편, 아일랜드 고용평등법 제34조 제4항에 의하면, 근로자 또는 근로자의 직종에 따라 서로 다른 퇴직(자발적이든 강제적이든)의 연령을 정하는 것은 연령차별에 해당하지 않는 것으로 규정하고 있다 ; 예술단체 가입자격상의 최저 연령 제한과 관련하여 26세의 진정인은 피진정인(법정 직업단체)이 가입자격을 30세 이상으로 제한하고 있어 가입이 거부되었다. 피진정인은 그러한 자격제한이 30세 미만의 예술가들이 달성할 수 없는 예술적 성과 및 성숙의 수준을 반영하기 위한 것이라고 주장하였다. 아일랜드의 평등조사관청은 예술적 탁월성을 평가하기 위한 적합한 기준의 설정은 피진정인의 재량사항이나 본 사안에서의 최저 나이제한은 자의적이고 위법하며, 일반적으로 30세 미만의 예술가들은 불가결하게 요구되는 성과 및 성숙의 수준에 도달할 수 없지만 30세 미만의 모든 예술가들이 그렇다고 가정하는 것은 차별이라고 판단하였다(Clifford v Aosdána (DEC-E2004-46)). 한편, 월드컵 등반경기대회 출전자격상의 나이제한과 관련하여 인권위는 산악연맹은 국제산악연맹(UIAA) 주최 월드컵 등반경기 대회의 출전자격이 '16세 이상'으로 되어 있음에도 불구하고, 2004.9.15. 이사회에서 월드컵 등반경기대회에 파견할 선수의 자격을 만 28세 이하로 제한하기로 의결하여, 2004.11. 체코에서 개최된 월드컵 등반경기 대회에 변경된 이 자격기준을 적용하였다. 월드컵 등반경기 대회의 출전선수 추천권을 독점적으로 가지고 있는 피진정인이 임의적으로 파견선수의 출전자격을 '만 28세 이하'로 제한하는 것은 만 29세 이상인 선수들이 공정한 선발과정을 통해 평등하게 국제대회에 참가할 수 있는 기회를 합리적 이유 없이 제한하는 차별행위이다(국가인권위원회 2005.04.20. 04진차389 결정).

이단에 대한 판단도 중요한 판단기준에 해당하지 않는다. 종교를 이유로 한 차별행위에는 특정한 종교를 신봉하거나 특정한 종교단체에 가입한 자와 친족 또는 동료의 관계가 있다는 이유로 한 차별행위도 포함한다. 불리한 대우는 특정한 종교를 신봉하거나 특정한 종교단체에 가입했다는 사실에 대한 인식에 기초하여 고용상 불이익한 취급을 하는 것을 말한다. 특정한 종교를 신봉하거나 특정한 종교단체에 가입되어 있다는 사실에 대한 인식은 일정한 신체적·언어적·문화적 특징 등에 의해 간접적으로 추정되는 경우도 포함한다.[293]

피해자가 특정한 종교를 신봉하거나 특정한 종교단체에 가입했다는 사실에 대한 인식과 불리한 대우 사이에는 직접적인 관련성이 존재해야 하고,[294] 그러한 인식이 불리한 대우의 유일한 사유인 경우 차별에 해당하지만, 유일한 사유가 아닌 경우에는 차별이 아닐 수 있다. 불리한 대우가 합리적 이유에 근거하여 정당화되는 경우에는 차별에 해당하지 않는다.[295] 사립학교의 종교교육은 합리적인 범위를 넘는 경우에 다른 종교를 갖거나 종교를 갖지 않은 학생을 차별하

---

292) 교도소 측이 구금시설 수형자의 대부분을 차지하는 이른바 3대 종교를 신봉하는 수형자에 대해서는 종교집회를 허용하면서 소수에 지나지 않는 여호와의 증인 수용자들에 대하여는 종교집회를 허용하지 않고 있는 행위가 평등권을 침해한 차별행위인지 여부에 대하여 평등권을 침해한 차별행위로 인정하였다(국가인권위원회 2002.10.19. 01진차2 결정, 양심적 병역거부수용자에 대한 차별행위 개선).

293) 이슬람교 전통의상의 착용과 관련하여 사용자가 이슬람교 전통의상인 히잡(hijab)을 착용하는 여성근로자에게 고용을 거부한 경우에 사용자는 히잡에 대하여 동료근로자 또는 고객이 "불편하다"는 느낌이나 생각을 가지고 있다는 사실만을 근거로 고용거부를 정당화할 수 없다. 또, 시크교도의 소형단검 휴대와 관련하여 캐나다 대법원은 2006년 3월 2일 시크(sikh)교도가 휴대하고 다니는 소형단검(kirpan)을 학교내에서 절대적으로 금지하는 것은 학생들의 안전을 위한 합리적인 조치가 아니며, 시크교도 학생에게 보장된 종교의 자유를 최소한도로 제한하는 것이 아니라 완전히 박탈하는 것이라고 판시하였다(Balvir Singh Multani et al. v. Commission scolaire Marguerite-Bourgeoys 사건 : 캐나다 인권위원회의 2005년 인권보고서(Annual Report 2005), 12면.

294) 기도와 찬양을 했다는 이유로 해고를 당했다고 주장하는 진정에 대하여 선임자의 지시를 따르지 않는 등 업무태도 때문에 지적을 받아 자진 퇴직한 것이므로 차별행위에 해당하지 않는다고 기각했다(국가인권위원회 2002.10.07. 02진차27 결정).

295) 불교정신의 구현을 건학이념으로 설립된 대학교는 학칙에 이 대학에 소속된 기숙사에 입사하는 모든 학생에게 불교의식(수계대법회) 참여를 권장하면서 이 의식에 참여한 자를 우대하는 규정을 두고 있다. 이러한 학칙 규정에 대하여 인권위는 이 대학이 불교의 건학이념에 따라 설립되었다는 점, 불교의식에 참석하지 않은 학생은 1년 후에 다시 입사할 수 있다는 점 등 합리적인 이유가 있으므로 차별행위에 해당하지 않는다고 보았다(국가인권위원회 2005.12.05. 05진차181 결정).

는 행위에 해당하는데, 합리적인 범위를 넘는 경우에는 학생의 학교선택권 또는 대체과목선택권이 보장되지 않는 경우가 포함된다.[296] 종교적 양심에 따른 병역거부권의 부인은 대체복무제를 허용하지 않는 경우에 차별에 해당한다.[297]

종교를 이유로 하는 간접차별이란 외관상 중립적인 규정이나 관행이 특정한 종교를 가진 자에게 고용상 불리한 결과를 초래하는 경우로서 그것이 정당화되지 않는 경우[298]를 말하는데, 일정한 기준이 외관상으로는 중립적이지만 결과적으로 특정한 종교를 신봉하거나 특정한 종교단체에 가입되어 있는 집단 또는 개인에게 불리한 효과를 발생시키는 경우에는 잠정적으로 차별행위에 해당하고, 외관상으로는 중립적인 기준이 결과적으로 특정한 종교를 신봉하거나 특정한 종교단체에 가입되어 있는 집단 또는 개인에게 불리한 효과를 발생시키면서 합리적인 이유로 정당화되지 못한 경우에는 확정적으로 차별행위에 해당한다.

(2) 종교에 대한 차별금지 근거 및 고용상 차별판단

근기법, 정책법, 파견법, 노조법, 인권위법 등에서 신앙 또는 종교적인 이유로 차별행위를 금지하고 있다. 다만, 경향사업체 등의 경우에는 예외로 종교적인 문제를 이유로 한 대우의 차이를 인정하는 것이 일반적이다. 정책법 제19조(취업기회의 균등한 보장)에서는 "사업주는 근로자를 모집·채용함에 있어서 합리

---

296) 사립학교는 국·공립학교와는 달리 종교의 자유의 내용으로서 종교교육 내지 종교선전을 할 수 있고, 학교는 인적·물적 시설을 포함한 교육시설로써 학생들에게 교육을 실시하는 것을 본질로 하며, 특히 대학은 헌법상 자치권이 부여되어 있으므로 사립대학은 교육시설의 질서를 유지하고 재학관계를 명확히 하기 위하여 법률상 금지된 것이 아니면 학사관리, 입학 및 졸업에 관한 사항이나 학교시설의 이용에 관한 사항 등을 학칙 등으로 제정할 수 있으며, 사립대학은 종교교육 내지 종교선전을 위하여 학생들의 신앙을 가지지 않을 자유를 침해하지 않는 범위 내에서 학생들로 하여금 일정한 내용의 종교교육을 받을 것을 졸업요건으로 하는 학칙을 제정할 수 있다(대법원 1998.11.10. 선고 96다37268 판결).

297) 양심적 병역거부자에 대한 대체복무제 부인과 차별금지원칙(대법원 2004.07.15. 선고 2004도2965 판결) ; 양심적 병역거부와 대체복무제(헌법재판소 2004.08.26 선고 2002헌가1 결정) ; 인권위는 양심적 병역거부권과 양심의 자유와 관련하여 현행 병역법이 양심적 병역거부자에게 일반적인 병역기피자와 마찬가지로 병역의무 불이행에 따른 병역기피죄를 일률적으로 적용하는 것은 양심적 병역거부자의 양심의 자유에 대한 과잉 제한이라고 할 수 있다고 보고 양심적 병역거부권 및 대체복무제도에 대한 의견표명을 밝힌 바 있다(국가인권위원회 2005.12.26. 양심적 병역거부관련 의견 표명).

298) EU입법지침(2000/78/EC)에서는 외관상 중립적인 규정·기준·관행이 특정한 종교를 가진 자를 특별히 불리하게 만드는 경우로서 정당한 목적과 그 목적을 달성하기 위한 적절하고 필요한 수단에 의하여 정당화되지 않는 경우(제2조 2항 (b)) 차별로 규정하고 있다.

적인 이유 없이 '신앙' 등을 이유로 차별을 하여서는 아니 되며, 균등한 취업기회를 보장하여야 한다."고 규정하고 있고, 인권위법 제2조 제3호에서는 '평등권 침해의 차별행위'라 함은 합리적인 이유 없이 '종교' 등을 이유로 고용과 관련하여 특정한 사람을 우대·배제·구별하거나 불리하게 대우하는 행위를 금지하고 있다. EU입법지침(2000/78/EC)에서는 종교 등(제1조에 열거된 사유)을 이유로 어떤 자를 유사한 상황에 있는 다른 자보다 불리하게 대우하고 있거나 불리하게 대우하였거나 불리하게 대우하려고 하는 것(제2조 2항 (a))은 차별로 본다.[299)]

고용과 관련하여 종교를 이유로 특정한 사람을 우대·배제·구별하거나 불리하게 대우하는 행위는 그것이 합리적인 이유가 없거나 정당화되지 않는 경우에 금지된다. 이러한 근거는 각종 고용관계법령 및 인권위법에서 일치하여 규정하고 있다. 종교를 이유로 모집, 채용에서 차별하는 행위는 금지되는데,[300)] 종교를 이유로 모집, 채용에서 차별하는 행위는 특정한 종교를 신봉하거나 특정한 종교단체에 가입했다는 사실을 이유로 모집에서 우대·배제·제한하거나 채용을 거부하는 행위를 말한다.[301)] 또, 종교를 이유로 근로자에게 퇴직을 강요하거나 해고하는 행위는 차별행위에 해당한다. 한편, 외국의 경우는 사용자에게 과도한

299) 호주 인권과 기회평등위원회법(1986년)에서도 종교 등을 이유로 고용과 직업영역에서 기회와 대우의 평등을 제거하거나 손상시키는 효과가 발생하도록 하는 구별, 배제, 특혜(제3조 제1항)는 차별로 간주된다. 캐나다 인권과 기회평등위원회법(1976~1977년)에서는 종교 등을 이유로 불리하게 차별하는 것은 정당한 이유가 있는 경우에만 허용된다(제15조 제1항 (g)). 종교를 이유로 한 차별행위는 특정한 종교를 신봉하거나 특정한 종교단체에 가입되어 있다는 사실에 대한 인식을 근거로 행해지는 차별행위를 말한다. 일정한 신념이 종교에 해당하는지 여부는 그러한 신념을 보유하고 있는 주체의 진지성과 강력성을 가지고 판단한다. 미국 종교차별에 관한 가이드라인(EEOC규칙(CFR 제29장) §1605.1)에서는 종교의 범주에 전통적인 종교의 관점에서 볼 때 나타나는 강력성과 진지성이 있는 윤리적·도덕적 신념도 포함시키고 있다.

300) 종교재단 사립대학교의 행정직원 채용 시 재단 종교의 신자들만 지원하도록 제한하여 종교가 없는 사람은 지원할 수 없었고 이는 종교를 이유로 한 불합리한 차별로 인권위는 행정직 채용 시 특정 종교인으로 지원 자격을 제한하는 관행을 시정할 것을 권고하였다(국가인권위원회 2010.05.10. 09진차1241 결정).

301) 특정한 종교를 가진 사람을 우대하거나 또는 배제·제한하는 내용을 가진 채용공고는 차별행위에 해당한다. 종교를 표시하도록 강제하는 채용지원서의 사용은 종교를 이유로 한 차별행위에 해당한다. 채용을 위한 면접에서 종교에 대하여 서면 또는 구술로 질문하거나 평가하는 행위는 차별행위에 해당한다. 종교를 이유로 한 채용에서의 차별행위는 종교활동의 참여 또는 불참을 근로조건으로 채용하는 것도 포함된다.

부담을 주지 않음에도 불구하고 종교활동을 위한 상당한 편의를 제공하지 않는 경우도 종교를 이유로 한 고용영역에서의 차별행위에 해당한다고 보고 있다.[302] 과도한 부담을 이유로 거부하거나 차이를 두기 위해서 사용자는 편의의 제공으로 과도한 부담을 안게 됨을 증명해야 한다.[303] 종교활동을 위한 편의는 채용지원자에게도 제공되어야 하기 때문에 채용을 위한 시험이나 절차에서도 사용자의 편의제공의무가 적용된다.[304] 우리나라는 종교의 자유가 보장되는 만큼, 특정한 종교에 대하여는 편의제공을 하면서 다른 종교에 대하여는 하지 않는 경우 그러한 조치가 특별한 사유가 없는 경우 문제가 될 수 있다.

6. 사상 또는 정치적 의견

(1) 사상 또는 정치적 의견을 이유로 한 차별

고용상 사상 또는 정치적 의견을 이유로 한 차별은 불리한 대우가 합리적이지 않고 정당화되지 않는 경우로 사상이란 세계관적 확신을 말한다. 양심은 도덕적·윤리적 가치판단을 의미하는 것으로 세계관적 확신을 포함하는 경우에 사상에 해당한다.[305] 정치적 의견은 정치적 사안에 대한 개인의 견해로 여기서

---

302) 미국 종교차별에 관한 가이드라인(EEOC규칙, CFR 제29장), 1605.2에서는 자발적 대체근로 종교활동을 위한 편의제공이 필요한 근로자를 대신하여 그와 실질적으로 동일한 자격을 가진 자가 근로하도록 하여야 하고, 종교활동을 위한 편의제공이 필요한 근로자가 근로시간을 탄력적으로 조정하도록 하고(예를 들면 탄력적 출·퇴근시간, 탄력적 휴일제, 탄력적 휴식시간, 점심시간활용, 종교활동으로 사용한 근로시간의 사후보충 허가), 업무변경 등의 경우 편의제공을 제시하고 있다.

303) 미국 종교차별에 관한 가이드라인(EEOC규칙, CFR 제29장), 1605.2에서는 최소한의 비용 이상의 부담(① 사용자의 기업규모, ② 업무비용, ③ 편의제공이 필요한 근로자의 숫자 등을 전체적으로 고려하여 평가)이며, 대체근로자에게 정기적으로 상여금을 지급하는 것과 유사한 비용이 소요되는 경우에 과도한 부담으로 해석되나, 대체근로자에게 부정기적으로 상여금을 지급하거나 계속적으로 편의를 제공함으로써 소요되는 비용은 과도한 부담으로 해석하지 않으며 편의제공에 소요되는 행정비용은 비용에 산입하지 않는다.

304) 미국 종교차별에 관한 가이드라인(EEOC규, CFR 제29장), §1605.2에서는 채용시험 또는 절차에서 편의제공을 위해 채용시험이나 절차를 위한 시간의 조정인데 사용자가 제시한 근로시간에 근로를 제공할 수 있는지에 대한 질문은 ① 종교활동에 필요한 편의제공이 요구되는지를 확인하기 위한 것이 유일한 목적이 아닌 경우, 또는 ② 업무상 불가피한 것으로 증명되는 경우에만 할 수 있다.

305) 양심의 개념을 넓게 이해하는 경우로 헌법재판소는 이른바 '사죄광고' 판례에서 양심의 개념을 다음과 같이 넓게 정의하였다. "양심이란 세계관·인생관·주의·신조 등은 물론, 이에 이르지 아니하여도 보다 널리 개인의 인격형성에 관계되는 내심에 있어서의 가치적

정치적 사안은 국가공동체 또는 지역공동체의 의사결정에 관한 것을 말한다. 국가공동체의 의사결정에 관한 사안에는 국가공동체의 의사를 결정하는 선거 등 국가기관의 구성에 관한 사안을 포함하며, 지역공동체의 의사결정에 관한 사안에는 지역공동체의 중요한 정책결정 또는 선거에 관한 사안을 포함한다.[306] 고용에서도 기업내 의사결정에서의 경우도 같은 선상에서 판단할 수 있을 것이다.

사상·정치적 의견을 이유로 한 간접차별은 외관상 중립적인 규정이나 관행이 특정한 사상·정치적 의견을 가진 개인 또는 집단에게 불리한 결과를 초래하는 경우로서 그것이 정당화되지 않는 경우를 말하는데, 일정한 기준이 외관상으로는 중립적인 기준이 결과적으로 특정한 사상이나 정치적 의견을 가지는 집단이나 개인에게 불리한 효과를 발생시키면서 합리적인 이유가 없어 정당화되지 못한 경우에는 차별행위에 해당한다.

(2) 사상 또는 정치적 의견에 대한 차별금지 근거 및 고용상 차별판단

인권위법 제2조 제3호에서는 평등권침해의 차별행위로 '사상 또는 정치적 의견'을 이유로 고용과 관련하여 특정한 사람을 우대·배제·구별하거나 불리하게 대우하는 행위를 금지하고 있다. EU입법지침(2000/78/EC)에서는 제1조에 열거된 사유(사상 등 차별금지 사유)를 이유로 어떤 자를 유사한 상황에 있는 다

·윤리적 판단도 포함된다고 보았다(헌법재판소 1991.04.01. 선고 89헌마160 결정) : 양심의 개념을 좁게 이해하는 경우로 헌법재판소는 '준법서약제' 판례(헌법재판소 2002.04.25. 선고 98헌마425 결정)에서 "헌법이 보호하고자 하는 양심은 어떤 일의 옳고 그름을 판단함에 있어서 그렇게 행동하지 않고는 자신의 인격적 존재가치가 파멸되고 말 것이라는 강력하고 진지한 마음의 소리로서의 절박하고 구체적인 양심"이라고 양심의 개념표지로서 '강력성'과 '진지성'을 추가하였다. 또한 헌법재판소는 '양심적 병역거부' 판례(헌법재판소 2004.08.26 선고 2002헌가1 결정)에서 "헌법상 보호되는 양심은 어떤 일의 옳고 그름을 판단함에 있어서 그렇게 행동하지 아니하고는 자신의 인격적인 존재가치가 허물어지고 말 것이라는 강력하고 진지한 마음의 소리로서 절박하고 구체적인 양심"이라고 정의하여 '강력성'과 '진지성' 이외에 '절박성'과 '구체성'을 양심의 개념표지로 열거하고 있다.

306) 정치적 사안에 대한 개인의 견해는 다양한 형태로 표현될 수 있다. 따라서 차별사유가 되는 정치적 사안에 대한 개인의 견해는 표현의 형태와 상관이 없다. 다만, 기업체의 특성상 근로자에게 엄격한 정치적 중립성을 규정화하고 이를 위반할 경우 사규상 제재를 가하기로 하는 조건으로 채용되어 근무하면서 특정 정치적 의견에 동조하는 등의 경우 사규위반으로 처벌하는 것은 차별행위로 볼 수 없을 것이다. 즉, 정치적 견해 공표로 사업상 중대한 어려움을 초래한 경우를 들 수 있다. 그러나 이 경우에도 헌법상 권리인 선거권, 투표권 등 기본권을 제한할 수는 없을 것이다.

른 자보다 불리하게 대우하고 있거나 불리하게 대우하였거나 불리하게 대우하려고 하는 것(제2조 2항 (a))은 차별이라고 규정하고 있다. 뉴질랜드 인권법(1993년)은 정치적 의견 등(제21조에 열거된 사유)을 이유로 고용영역에서 채용거부, 불리한 고용조건, 고용계약해지, 퇴직(제22조)시키는 것은 차별이라고 규정하고 있고, 여기에는 특정한 정치적 견해를 갖지 않거나 아무런 정치적 견해도 갖지 않는 것도 포함(제21조)되고, 차별사유와 직접 관련된 자 및 그의 친족·동료도 피해자에 포함되며, 현재의 차별과 과거의 차별도 포함된다. 또, 차별받았다고 주장하는 자가 존재하고 있거나 존재했다고 의심·추정·확신하는 것도 포함된다. 호주 인권기회평등위원회법(1986년)에서는 정치적 의견 등을 이유로 고용과 직업영역에서 기회와 대우를 제거하거나 손상시키는 효과가 발생하도록 하는 구별·배제·특혜(제3조)는 거부된다.

고용과 관련하여 사상이나 정치적 의견을 이유로 특정한 사람을 우대·배제·구별하거나 불리하게 대우하는 행위는 그것이 합리적인 이유가 없거나 정당화되지 않는 경우에 금지된다.[307] 또, 정치적 견해에 따라 정당가입 및 활동을 이유[308]로 불이익조치를 한 경우 고용차별이 될 수 있다. 다만, 경향성을 가진 기업이나 이념적 정당의 사무원 등에게는 달리 적용할 합리적인 이유가 있을 수 있다.

사상이나 정치적 의견을 표시하도록 요구하는 채용지원서, 경향사업체가 아님에도 특정한 사상이나 정치적 의견을 가진 사람을 배제하거나 제한하는 내용을 가진 채용공고, 특정한 사상이나 정치적 의견에 대해서 서면 또는 구술로 질문하거나 평가하는 행위는 차별행위에 해당할 수 있다. 사상이나 정치적 의견을 이유로 근로자를 임금 및 기타 금품의 제공에 차별을 두는 경우, 직무의 수행결과나 성과, 수행보직 및 수행업무내용에 따라 또는 연공 등에 따라 지급되는 임금에 대하여 특정한 사상이나 정치적 의견을 가진다는 이유로 차이를 두는 것

307) 다만, 엄중한 정치적 중립을 요하는 특정한 직무(공의 직무 등)에서는 정치적 중립을 유지하여야 하므로 정치적 의견 등을 표명하는 것을 제한하고 있는데 이는 직무의 특성상 인정되는 예외라고 할 수 있다.

308) 공무원 연금관리 공단의 임·직원들의 정당가입 및 활동의 자유를 제한하고 있는 인사규정을 개정하도록 권고한 바 있다(국가인권위원회 2008.08.25. 08진차527 결정).

은 차별행위에 해당하고, 사상이나 정치적 의견을 이유로 근로자를 교육·훈련 등에 차이를 두어서는 아니 된다. 특정한 사상이나 정치적 의견을 가진다는 이유로 특별한 교육과정을 운영하거나 특별히 해당 교육과정을 별도로 수강하도록 하거나 그러한 결과에 대하여 인사상, 고용상의 차이를 두는 경우는 차별행위에 해당한다. 또 교육훈련 선발과정에서 사상이나 정치적 의견의 차이를 기준으로 선발·배제·제한하는 행위, 교육시설이나 직업훈련기관에서의 교육·훈련이나 그 이용과 관련하여 사상이나 정치적 의견을 이유로 특정한 사람을 우대·배제·구별하거나 불리하게 대우하는 행위는 그것이 정당화되지 않는 경우에 금지된다. 즉, 사상이나 정치적 의견을 이유로 교육시설이나 직업훈련기관에서의 교육·훈련·이용을 거부하거나 제한 또는 불리한 조건을 부과하는 행위, 특정한 사상이나 정치적 의견에 대한 편견이나 혐오 또는 차별을 포함하는 교육내용이나 교육과정을 두는 것, 사상이나 정치적 의견을 이유로 교육시설이나 직업훈련기관에서 자퇴나 전학을 강요하거나 퇴학시키는 행위는 차별행위에 해당한다.

사상이나 정치적 의견을 이유로 근로자를 이동 및 배치전환에서 차별하는 행위로 기피부서나 지역에 지속적인 배치를 한다거나 특정한 직무를 요하는 직무에 이와 관계없는 자를 사상이나 정치적 의견에 따라 이동 및 배치전환 하는 것, 사상이나 정치적 의견을 이유로 근로자를 승진에서 요구되는 절차나 과정에서 심사조건을 달리 하거나 배제 혹은 제한하거나, 불리하게 기준을 마련하여 적용하는 경우 이는 차별행위가 된다. 또, 사상이나 정치적 의견을 이유로 근로자에게 퇴직을 강요하거나 해고하는 행위는 차별행위에 해당한다. 특히 해고기준의 마련 등에서 이러한 이유를 기준으로 사용하거나 불리하게 작용하도록 하는 것은 차별행위에 해당한다. 특정한 사상이나 정치적 의견을 가진 근로자를 정년에 차이를 두는 경우, 퇴직 사유를 별도로 부과하는 경우 등은 차별행위에 해당한다. 각종 복리후생의 급부, 복리후생시설의 이용과 관련하여 사상이나 정치적 의견을 이유로 특정한 사람을 우대·배제·구별하거나 불리하게 대우하는 행위는 그것이 정당화되지 않는 경우에 금지되며, 편의수단이나 시설의 제공이나 접근을 거부하거나 제한하는 행위 및 접근에서 불리한 조건을 부과하는 행위는 차별행위에 해당한다.

7. 형이 실효된 전과

(1) 전과 및 실효된 전과의 의의

인권위법 제2조에서 규정하고 있는 '실효된 전과'를 이유로 한 차별은 실효된 전과를 이유로 고용상 불리한 대우를 하는 것으로 그러한 대우가 비합리적이고 정당화되지 않는 경우를 말한다.[309] 전과는 수형인 또는 범죄의 경력을 말하는데, 수형인의 경력은 자격정지 이상의 형을 받은 경력을 말하고(형의 실효 등에 관한 법률(이하 "형실효법"이라 한다) 제2조 제2호 및 제3호), 범죄의 경력은 벌금[310] 이상의 형이나 보호감호, 치료감호, 보호관찰 등을 받은 경력을 말한다(형실효법 제2조 제5호). 차별사안의 경우에 수사경력은 범죄의 경력에 포함된다. 수사경력은 수사기관의 수사를 받고 기소되어 무죄 또는 벌금미만의 형을 선고받거나 검사의 불기소처분을 받은 경력을 말한다(형실효법 제2조 제6호).[311]

309) 법령이 아니라도 고용상에서는 취업규칙(인사규정, 징계규정 등) 등의 사규를 통하여 종업원의 복무를 규율하고 있고, 상황에 따라서는 면직외의 징계를 통한 징벌을 통해 규율하는 규정을 두고 있다. 이러한 징계규정들은 대부분 입사부터 퇴직까지 모든 근속기간을 규율하지 않고 특정 직급 또는 직책에 대하여만 적용되고 일정기간이 지나면 삭제 또는 불이익을 금지하고 있는 것이 대부분이다. 그러나 이러한 규정상의 규율을 위반하고 지속적으로 기록을 관리하여 해당 근로자에게 다양한 불이익을 주는 행위는 사규 위반이라고 할 수 있다. 즉, 사규상 징계기록 등의 경우 실효기간이 지났음에도 불구하고 이를 이유로 불이익(승진, 전보, 교육, 해고 등)하게 대우하는 행위 등은 차별행위가 될 수 있다. 또 일정기간 경과 후 삭제하도록 되어 있는 징계기록을 말소하지 않고 인사담당자 등이 별도로 관리하며 불이익을 주는 경우도 차별행위에 해당할 수 있다. 물론, 사유에 따라서는 사회적으로도 용인할 수 없는 행위에 해당한다든가, 해당 기관의 존속내지 영업상 불가결한 사유라면 일정부분 달리 적용될 수 있을 것이다.

310) 서울시 ○○보건소의 전산분야 전임계약직 채용에 응시하여 합격통보를 받았으나 음란물유포 등의 위반으로 벌금형을 받은 경력을 이유로 임용이 불승인되어 불합격처리 한 건과 관련하여 벌금형은 지방공무원법상 임용 결격사유에 해당하지 아니함에도 벌금형 전과를 이유로 임용에서 배제한 것은 전과를 이유로 한 불합리한 차별로 인권위는 임용 불합격처분을 취소할 것과 공무원 임용 불합격사유를 법률에 근거하도록 관련규정을 정비할 것을 권고하였다(국가인권위원회 2008.10.27. 08진차615 결정).

311) 형의 실효 등에 관한 법률 제2조(정의) 이 법에서 사용하는 용어의 정의는 다음과 같다.

1. "수형인"이라 함은 형법 제41조에 규정된 형을 받은 자를 말한다.
2. "수형인 명부"라 함은 자격정지 이상의 형을 받은 수형인을 기재한 명부로서 검찰청 및 군검찰부에서 관리하는 것을 말한다.
3. "수형인명표"라 함은 자격정지 이상의 형을 받은 수형인을 기재한 명표로서 수형인

실효된 전과는 수형인명부에서 삭제되거나 수형인명표가 폐기된 전과를 말하는데,[312] 징역·금고·벌금형의 경우에는 형의 집행이 종료되거나 형의 집행이 면제된 날로부터 일정기간이 경과한 때 수형인명부에서 삭제되고 수형인명표를 폐기하는 실효된 전과가 된다.

불리한 대우는 유사한 상황에서 실효된 전과가 있는 특정인을 다른 사람보다도 불이익하게 취급하는 것을 말한다. 불리한 대우에는 실효된 전과를 이유로

의 본적지 시·구·읍·면사무소에서 관리하는 것을 말한다.

4. "수사자료표"라 함은 수사기관이 피의자의 지문을 채취하고 피의자의 인적사항과 죄명 등을 기재한 표(전산입력되어 관리되거나 자기테이프, 마이크로필름 그 밖에 이와 유사한 매체에 기록·저장된 표를 말한다)로서 경찰청에서 관리하는 것을 말한다.
5. "범죄경력자료"라 함은 수사자료표 중 벌금 이상의 형의 선고·면제 및 선고유예, 보호감호, 치료감호, 보호관찰 그 밖에 대통령령이 정하는 사항에 관한 자료를 말한다.
6. "수사경력자료"라 함은 수사자료표 중 벌금 미만의 형의 선고 및 검사의 불기소처분에 관한 자료 등 범죄경력자료를 제외한 나머지 자료를 말한다.
7. "전과기록"이라 함은 수형인명부·수형인명표 및 범죄경력자료를 말한다.
8. "범죄경력조회"라 함은 신원 및 범죄경력에 관하여 수형인명부 또는 전산입력된 범죄경력자료를 열람·대조확인(정보통신망에 의한 열람·대조확인을 포함한다)하는 방법으로 하는 조회를 말한다.
9. "수사경력조회"라 함은 신원 및 수사경력에 관하여 전산입력된 수사경력자료를 열람·대조확인(정보통신망에 의한 열람·대조확인을 포함한다)하는 방법으로 하는 조회를 말한다.

312) 형의 실효 등에 관한 법률 제7조(형의 실효)① 수형인이 자격정지 이상의 형을 받음이 없이 형의 집행을 종료하거나 그 집행이 면제된 날부터 다음 각호의 기간이 경과한 때에는 그 형은 실효된다. 다만, 구류·과료는 형의 집행을 종료하거나 그 집행이 면제된 때에 그 형이 실효된다.
1. 3년을 초과하는 징역·금고는 10년 / 2. 3년 이하의 징역·금고는 5년 / 3. 벌금은 2년
② 하나의 판결로 수개의 형이 선고된 경우에는 각 형의 집행을 종료하거나 그 집행이 면제된 날부터 가장 중한 형에 대한 제1항의 기간이 경과한 때에는 형의 선고는 효력을 잃는다. 다만, 제1항 제1호와 제2호의 규정을 적용함에 있어서 징역과 금고는 동종의 형으로 보고 각 형기를 합산한다.
제8조(수형인명부 및 수형인명표의 정리)① 다음 각 호의 어느 하나에 해당하는 경우 수형인명부는 그 해당란을 삭제하고 수형인명표는 이를 폐기한다.
1. 제7조 또는 형법 제81조의 규정에 따라 실효된 때 / 2. 형의 집행유예기간이 경과한 때 / 3. 자격정지기간이 경과한 때 / 4. 일반사면이나 형의 선고의 효력을 상실하게 하는 특별사면 또는 복권이 있은 때
② 제1항의 규정에 따라 수형인명부의 해당란을 삭제하는 방법 등은 대통령령으로 정한다.
형법 제81조(형의 실효)징역 또는 금고의 집행을 종료하거나 집행이 면제된 피해자의 손해를 보상하고 자격정지 이상의 형을 받음이 없이 7년을 경과한 때에는 검사의 신청에 의하여 그 재판의 실효를 선고할 수 있다.

한 괴롭힘이 포함되고, 보복이란 실효된 전과를 이유로 한 차별행위에 대하여 진정이나 소송을 제기했거나 할 것이라는 이유로 한 차별행위를 말한다. 보복은 직접적인 보복과 보복을 하겠다는 위협을 포함한다. 보복의 대상은 진정인 또는 피해자, 그리고 그 가족이나 동료를 포함한다. 법령상 허용되지 않는 범죄경력조회나 수사경력조회를 회보받거나 취득한 경우에는 범죄경력자료 또는 수사경력 자료를 회보받거나 취득한 자의 차별행위가 추정되고,[313] 법령에서 정한 삭제기간을 도과한 전산입력된 수사경력자료를 취득한 경우에는 그러한 수사경력자료를 취득한 자의 차별행위가 추정된다.[314]

---

313) 형의 실효 등에 관한 법률 제6조(범죄경력조회·수사경력조회 및 회보제한 등)① 수사자료표에 의한 범죄경력조회 및 수사경력조회와 그 회보는 다음 각 호의 1에 해당하는 경우에 그 전부 또는 일부에 대하여 조회목적에 필요한 최소한의 범위내에서 할 수 있다.
1. 범죄수사 또는 재판을 위하여 필요한 경우
2. 형의 집행 또는 사회봉사·수강명령의 집행을 위하여 필요한 경우
3. 보호감호·치료감호·보호관찰 등 보호처분 또는 보안관찰업무의 수행을 위하여 필요한 경우
4. 수사자료표의 내용을 확인하기 위하여 본인이 신청하는 경우
5. 국가정보원법 제3조 제2항의 규정에 따른 보안업무에 관한 대통령령에 근거하여 신원조사를 하는 경우
6. 외국인의 체류허가에 필요한 경우
7. 각군 사관생도의 입학 및 장교의 임용에 필요한 경우
8. 병역의무의 부과와 관련하여 현역병 및 공익근무요원의 입영에 필요한 경우
9. 다른 법령에서 규정하고 있는 공무원임용, 인·허가, 서훈, 대통령표창, 국무총리표창 등의 결격사유 또는 공무원연금 지급제한 사유 등을 확인하기 위하여 필요한 경우
10. 그 밖에 다른 법률에서 범죄경력조회 및 사수경력조회와 그 회보를 하도록 규정되어 있는 경우

② 수사자료표를 관리하는 자 또는 직무상 수사자료표에 의한 범죄경력조회 또는 수사경력조회를 하는 자는 그 수사자료표의 내용을 누설하여서는 아니된다.
③ 누구든지 제1항에서 정하는 경우외의 용도에 사용할 목적으로 범죄경력자료 또는 수사경력자료를 취득하여서는 아니된다.
④ 제1항의 규정에 의하여 범죄경력자료 또는 수사자료를 회보받거나 취득한 자는 법령에 규정된 용도 외에는 이를 사용하여서는 아니된다.
⑤ 제1항 각 호의 규정에 의하여 범죄경력조회·수사경력조회 및 그 회보를 할 수 있는 구체적인 범위는 대통령령으로 정한다.

314) 형의 실효 등에 관한 법률 제8조의2(수사경력자료의 정리)① 다음 각 호의 어느 하나에 해당하는 경우 제2항의 해당 기간이 경과한 때에 전산입력된 수사경력자료의 해당 사항을 삭제한다.
1. 검사의 혐의없음·공소권없음·죄가안됨 또는 기소유예의 불기소처분이 있는 경우
2. 법원의 무죄·면소 또는 공소기각의 판결이 확정된 경우
3. 법원의 공소기각의 결정이 확정된 경우

② 제1항 각 호에 대한 수사경력자료의 보존기간은 EDMA 각 호와 같다. 이 경우 기간은

(2) 형이 실효된 전과에 대한 차별금지 근거 및 고용상 차별판단

인권위법 제2조 제3호에서는 평등권침해의 차별행위로 합리적인 이유 없이 '형의 효력이 실효된 전과' 등을 이유로 고용과 관련하여 특정한 사람을 우대·배제·구별하거나 불리하게 대우하는 행위를 금지하고 있다. 캐나다 인권법에서는 실효된 전과 등을 이유로 고용 또는 고용유지의 거부 및 고용기간 중 불리하게 차별하는 행위(제7조), 실효된 전과 등을 이유로 한 제한, 분류, 특혜를 표현하는 채용지원서의 사용·배포 및 채용공고나 서면·구술질문(제8조)을 규정하고 있고, 실효된 전과 등을 이유로 한 괴롭힘은 차별행위에 해당(제14조)한다고 규정하고 있다. 불리한 대우에는 보복(retaliation)이 포함된다. 캐나다 인권법은 실효된 전과 등을 이유로 한 차별행위에 대한 진정에 대응하여 행해지는 보복은 차별행위에 해당(제14조)한다고 한다. 또, 여기에는 직접적인 보복과 보복의 위협이 포함되고, 보복의 대상에 차별행위의 피해자와 진정인도 포함된다.

고용과 관련하여 실효된 전과를 이유로 특정한 사람을 우대·배제·구별하거나 불리하게 대우하는 행위는 그것이 정당화되지 않는 경우에 금지되는데, 실효된 전과를 이유로 차별하는 행위는 고용의 모든 과정에서 발생할 수 있기 때문에 고용의 모든 과정에서 발생하는 실효된 전과를 이유로 한 차별은 금지된다. 실효된 전과를 표시하는 채용지원서의 사용, 실효된 전과를 가진 사람을 배제하거나 제한하는 내용을 가진 채용공고, 실효된 전과에 대해서 서면 또는 구술로 질문하거나 평가하는 행위는 차별행위에 해당한다. 범죄경력이 있는 채용지원자 또는 근로자는 자신의 범죄경력에 대해서 자발적으로 공개할 의무가 없으므로, 범죄경력이 있는 채용지원자 또는 근로자가 자신의 범죄경력에 대해서 자발적

해당 처분이 있거나 결정 또는 판결이 확정된 날부터 기산한다.

1. 법정형이 사형, 무기징역·무기금고, 장기 10년이상의 징역·금고에 해당하는 죄는 10년
2. 법정형이 장기 2년 이상의 징역·금고에 해당하는 죄는 5년
3. 법정형이 장기 2년 미만의 징역·금고, 자격상실·자격정지, 벌금, 구류 또는 과료에 해당하는 죄는 즉시 삭제. 다만, 제1항 제1호의 기소유예 처분이나 제1항 제2호 및 제3호의 판결 또는 결정이 있는 경우는 5년간 보존한다.

③ 제1항의 규정에 따라 수사경력자료의 해당 사항을 삭제하는 방법은 대통령령으로 정한다.

으로 공개하지 않았다는 이유로 차별하는 행위는 금지된다. 범죄경력에 대한 자발적 공개의 의무는 범죄경력이 차별행위를 정당화하는 근거가 되는 경우에는 허용된다. 따라서 범죄경력이 차별행위를 정당화하는 근거가 되는 경우에는 채용지원자 또는 근로자에게 자신의 범죄경력에 대해서 자발적으로 공개하도록 요구할 수 있다.[315] 범죄경력에 대한 질문은 이것이 고용에 관한 결정에서 중요한 요소인 경우에만 허용된다. 범죄경력이 없을 것이 진정직업자격인 경우에는 범죄경력에 대한 질문이 허용되고, 범죄경력을 가진 채용지원자 또는 근로자는 범죄경력에 대한 질문이 고용에 관한 결정에서 중요한 요소가 아니라고 판단되는 경우에는 답변을 거부할 수 있다. 하지만 범죄경력에 대한 질문이 고용에 관한 결정에서 객관적으로 중요한 경우에는 채용지원자 또는 근로자는 이에 대한 답변을 거부하거나 사실과 다른 답변을 하는 것은 금지된다.[316]

실효된 전과를 이유로 근로자를 임금 및 기타 금품의 지급에 있어서 차별을 두는 것은 금지된다. 또, 사규에 따라 징계를 받은 경우 징계기록의 말소 또는 징계시효가 경과하여 실효된 징계를 이유로 임금 및 기타 금품의 지급에 차이를 두는 것도 금지된다고 보아야 하고, 사규에 따라 징계를 받은 경우 징계기록의 말소 또는 징계시효가 경과하여 실효된 징계를 이유로 승진 심사 및 기준에

315) 1997년 8개월의 징역형을 받고 복역한 여성이 이러한 범죄경력을 면접 시에 공개하지 않은 채 채용되었다. 이후에 다른 사람이 이 사실을 공개하여 사용자는 이 여성을 해고하였다. 호주에서는 이 여성이 제기한 진정에 대하여 사용자가 범죄경력을 이유로 해고하지 않았고, 범죄경력을 공개하지 않았다는 이유로 해고하였기 때문에 차별에 해당하지 않는다고 결정하였다(Human Rights and Equal Opportunity Commission(호주), DISCRIMINATION IN EMPLOYMENT ON THE BASIS OF CRIMINAL RECORD, Discussion paper December 2004, 28~29면).

316) 교도소 교도관으로 채용되어 수습을 받던 남성이 마리화나 소지죄로 처벌받은 범죄경력이 발각되어 채용이 취소되었다. 채용지원서에는 범죄로 인하여 기소되었거나 유죄를 받은 사실이 있는지 여부에 관한 질문이 포함되어 있었지만 이 남성은 이 사실이 중요하지 않다고 판단하여 그 사실을 기재하지 않았다. 이 남성의 채용은 범죄사실확인을 조건으로 이루어졌다. 사용자는 이 남성이 잘못된 정보를 제공하였고 범죄경력이 없을 것은 교도관의 진정직업요건이기 때문에 채용취소는 정당하다고 주장하였다. 호주 인권위는 이 남성이 제기한 진정에 대해서 채용을 취소한 결정은 진정인이 정직하지 못했다는 이유로 이루어졌다는 점, 그리고 범죄경력이 없을 것은 교도관의 진정직업요건이라는 이유로 기각하였다(Human Rights and Equal Opportunity Commission(호주), DISCRIMINATION IN EMPLOYMENT ON THE BASIS OF CRIMINAL RECORD, Discussion paper December 2004, 30면).

활용하거나 불리하게 대우하는 것도 차별행위에 해당한다.

실효된 전과를 이유로 근로자에게 퇴직을 강요하거나 해고하는 행위는 차별행위에 해당한다. 또, 해고기준의 적용에서도 이러한 이유를 해고 심사기준으로 적용하여 불이익한 대우를 하는 경우도 차별행위에 해당하고, 퇴직 사유를 이러한 경력이 있는 근로자를 별도로 규정하여 적용하거나 분리하는 경우도 차별행위에 해당한다.

8. 학력

(1) 학력을 이유로 한 차별의 의미

학력차별은 합리적인 이유 없이 고졸, 대졸 등 수업연한의 차이, 특정 교육기관의 졸업 및 이수여부에 따라 고용상 차별 대우하는 것을 말한다.[317] 수업연한의 차이는 교육연한의 차이를 말하는데 교육연한의 차이가 차별발생의 원인이 되는 경우는 통상 의무교육이 보장되는 수업연한 이후를 기점으로 수업연한이 상대적으로 짧은 사람이 긴 사람과 비교하여 차별 받는 경우를 말한다. 그러나 수업연한이 상대적으로 긴 사람을 짧은 사람과 비교하여 고용이나 재화와 용역의 공급이나 이용 또는 교육시설이나 직업훈련기관에서의 교육자격 요건을 제한한다면 역차별의 문제제기도 가능하다. 수업연한의 차이는 중학교 졸업자와 고등학교 졸업자 혹은 대학 졸업자와 대학교 이상 졸업자간의 차이를 말한다. 학력에 따른 임금·소득수준, 취업기회, 승진 등의 차이는 일정 정도는 사회적으로 용인된다. 능력이 우수한 사람이 더 많은 보상을 받는 것은 자본주의 사회의 경제관념으로 이러한 차이에 대한 차등은 정당화해 준다. 그러므로 합리적 이유 없다는 것은 학력차이에 대한 차등대우를 인정하지 않는 것이 아니라 학력이 개인의 능력·성과·역량보다 과도하게 또는 무관하게 평가되어 보상 등의 합리성이 없는 것을 의미한다.

---

317) 예비 장교후보생 제도를 도입하면서 육군3사관학교에 예비 장교후보생으로 지원할 수 있는 자격을 4년제 대학교 1학년 재학생으로 정하여 전문대학 학생들의 육군3사관학교 진출을 제한한 것은 학력을 이유로 한 불합리한 차별행위로 인권위는 전문대학 재학생들이 배제되지 않도록 군인사법 시행령 제8조의2를 개정할 것을 권고하였다(국가인권위원회 2010.07.29. 10진정242400 결정).

헌법상에서 학력차별을 다룰 수 있는 근거규정으로는 제11조를 들 수 있다. 한편, 헌법재판소[318]는 사회적 신분을 사회에서 장기간 점하는 지위로서 등급적인 일정한 사회적 평가를 수반하는 지위로 넓게 개념화함으로써 선천적 신분은 물론 후천적으로 취득된 신분도 포함시킨다. 이때 장기간이라 함은 그 신분에서 벗어나기가 쉽지 않아 상당히 오래 머물 수밖에 없거나 많은 경우 일생동안 벗어날 수 없음을 의미하는 것으로 볼 수 있다. 이 같은 헌법재판소의 개념정의를 따르면, 학력도 사회적 신분으로 분류될 수 있는데, 수업연한이나 출신학교는 일면 개인의 자발적 선택이 가능한 것처럼 보이나 일단 진입한 이후에는 가입이나 탈퇴는 물론 이동이 용이하지 않고 개인의 일생을 통해 소위 사회적 꼬리표효과가 크므로 후천적으로 취득된 신분으로서 다룰 수 있다고 본다. 중립적인 기준을 적용하였으나 그 기준이 특정 학력이나 학벌을 소지한 집단이나 이에 속한 개인에게 현저하게 불리한 결과를 야기하는 경우 이는 학력을 이유로 한 간접차별에 해당한다.[319]

(2) 학력에 의한 차별금지 근거 및 고용상 차별판단

헌법 제11조에서는 "모든 국민은 법 앞에 평등하다. 누구든지 성별・종교 또는 사회적 신분에 의하여 정치적・경제적・사회적・문화적 생활의 모든 영역에 있어서 차별을 받지 아니한다."고 선언하고 있다. 또, 정책법 제7조(취업기회의 균등한 보장)에서는 "사업주는 근로자를 모집・채용할 때에 합리적인 이유 없이 '사회적 신분, 학력, 출신학교' 등을 이유로 차별을 하여서는 아니 되며, 균등한 취업기회를 보장하여야 하고, 고용서비스를 제공하는 자는 그 업무를 수행할 때에 합리적인 이유 없이 구직자를 차별하여서는 아니 되며, 직업능력개발훈

318) 헌법재판소 1995.02.23. 선고 93헌바43 결정.

319) 이러한 예로는 대졸자만 모집하는 모집공고가 아니라도 전공을 특정하여 모집하는 경우(대졸이상자만 응시하는 제한 효과), 특정 대학 또는 여자 대학 및 특수대학에만 설치된 학과 출신자만을 응시할 수 있는 조건을 제시하는 경우 등을 들 수 있다. 이는 비록 고등학교에서 전공이 있다고 하더라도 중졸이하에게는 차별행위가 된다. 또, 특정한 자격증을 취득하기 위해서는 해당 전공을 반드시 이수한 자가 응시할 수 있도록 한 자격증을 채용시에 응모조건으로 제시한 경우 결과적으로는 일정 학력이하 즉 그 과정의 대학이나 대학원의 과정을 이수하지 못한 사람은 그러한 자격증을 보유할 수 없으므로 학력을 기준으로 한 차별에 해당한다.

련을 실시하는 자는 훈련대상자의 모집, 훈련의 실시 및 취업지원 등을 하는 경우에 합리적인 이유 없이 훈련생을 차별하여서는 아니 된다."고 규정하고 있다. 아울러, 인권위법 제2조 제3호에서는 합리적인 이유 없이 '학력'을 이유로 한 차별을 금지하고 있다. 물론, 현존하는 차별을 해소하기 위하여 특정한 사람을 잠정적으로 우대하는 행위와 이를 내용으로 하는 법령의 제·개정 및 정책의 수립·집행은 평등권침해의 차별행위로 보지 아니한다.

채용과정에서 직무에 필요하다고 인정되는 합리적 기준 이상의 학력을 요구하는 것은 해당 직무 수행에 필요한 기술과 자격을 보유하였으나 단지 사용자가 요구하는 학력수준을 충족시키지 못한 자의 응시기회를 박탈하는 것이므로 학력에 의한 차별에 해당한다. 합리적 기준 이상의 요구라 함은 진정직업자격기준 등을 통해 해당 직무수행에 필요하다고 인정할 수 있는 학력 수준 이상을 요구하거나, 사회적 통념이 인정하는 범위 이상의 학력을 요구할 경우에 해당한다. 사용자의 요구가 정당하기 위해서는 학력과 수행 직무간의 연관성을 명확하게 드러낼 수 있어야 한다.[320] 학력별로 직급을 달리하여 모집하는 것은 임금과 승진 등에서 차이가 반영되고 이 차이는 개인의 노력이나 능력변화와 무관하게 지속되고 고착된다는 점에서 차별행위에 해당할 수 있으므로 학력별로 직급을 달리하여 모집하는 것은 이러한 차등 대우에 대한 합리성 여부를 판단하는 것이 중요하다. 이 때 합리성 여부는 학력이 가지는 사회적 가치를 임금에 반영해 주는 것이 차별에 해당하는지 여부, 학력인정 외에 취업 등 경력인정이

320) 은행 신입직원 공채에서 지원자격을 4년제 대졸이상으로 제한한 것과 관련하여 인권위는 은행이 경영, 법학, 회계학 등의 지식이 반드시 필요한 직무이므로 대졸 이상의 학력을 채용해야 한다고 한데 대해, 대졸 이상의 지식수준이 필요한 직무는 전체 금융 업무의 일부에 지나지 않고 여기 종사하는 신입사원들도 17,317명 중에서 1,280명에 그치고 있으므로 신입직원 전원에게 응시자격을 대졸 학력자로 제한하는 것은 고졸 이하 학력자들의 응시기회를 박탈하는 것으로 판단하였다(국가인권위원회 2006.11.06. 05진차333 결정). 또, 항공사 국제선 승무원의 자격요건을 4년제 대졸로 제한한 것과 관련하여서도 인권위는 소속 승무원의 업무 매뉴얼에서 승무원의 업무를 국내선과 국제선으로 구분하고 있지 않으며, 노선별로 서비스 절차나 취항지별 출입국 절차, 기내방송 등의 업무에 있어 차이가 있을 수 있으나 이러한 차이가 학력의 차이를 두어야 할 합리적 이유가 될 수 없다고 보았다. 또한, 현행 국제선 승무원 선발 절차에 외국어 능력, 체력, 수영 능력 등 업무수행에 필요한 기본적 능력과 개인의 적격여부를 판단할 수 있는 수단이 이미 존재하므로 굳이 4년제 대학 이상의 학력을 국제선 승무원 지원을 위한 필수적 자격요건이라고 볼 수 없다고 판단하였다(국가인권위원회 2007.10.09. 07진차202, 07진차97(병합)결정).

제대로 이루어지고 있어 학력인정이 유일한 입직 기준이 아니라 경력인정 기준의 하나로 볼 수 있는지, 채용과정에서 경력인정을 통한 채용 경로가 있는지, 또 실제로 이 채용경로가 활성화되어 있는지, 분리 모집이 호봉차이로만 나타나는지, 승진 등 인사관리에 다른 차별적 결과가 초래되고 있지 않은지, 직무가 학력별 직급에 따라 구분되어 있어 학력별 직급 분리 모집과 직무와의 연관성이 확보되어 있는지 등을 살펴서 판단할 수 있다.[321)]

자격이 동일한 사람이 있을 때 업무수행 능력을 평가할 수 있는 다른 수단이 있음에도 불구하고 학력을 결정적 기준으로 삼는 경우 이는 학력에 의한 차별에 해당한다. 채용에 있어 특정 목적을 가진 학교 출신자를 우대할 경우 직무관련성을 엄격하게 적용하게 되는데, 엄격한 적용이란 진정직업자격에 의해 직무와의 관련성을 엄격히 판단해야 한다는 것이다. 이는 헌법재판소의 비례성 심사와 유사한 것으로 합리적 사유의 유무를 심사하는 것에 그치지 않고 목적의 정당성, 수단의 적정성, 차별의 불가피성, 차별대우로 발생하는 경영효과와 차별피해 정도간의 균형성을 적용해야 한다.[322)] 학교별 등급 가중치가 입학 당시의

321) 모집단계에서의 학력별 직급 분리모집과 관련하여 인권위는 학력별 직급 분리 모집이 호봉을 달리 대우하는 것에 그치는 것이 아니라 직급에 의한 승진 소요 연수의 차이로 이어지고, 이러한 직급간의 차별적 구조는 입직 단계에서 결정되어 개인의 능력변화나 경력갱신을 반영하지 못한 채 채용 이후의 임금과 승진에 지속적이고도 체계적으로 영향을 미치고 있으므로 학력별 직급 분리 채용을 중지할 것을 권고하였다(국가인권위원회 2007.10.30. 06진차788 결정).

322) 헌법재판소(1990.10.08. 선고 89헌마89 결정)는 교사의 신규채용에 있어 국공립사범대학 출신자 우선 채용과 관련하여 교육공무원법 제11조 제1항이 국·공립학교 교사채용에 있어 국·공립 사범대학 출신자를 우선 채용하도록 함으로써 사립사범대졸업자와 일반대학 교직과정이수자의 교육공무원 임용기회를 제한 또는 박탈하고 있다고 보고 이러한 차별을 정당화할 합리적 근거가 없으므로 헌법에 위배된다고 판시하였다. 또, 헌법재판소는 이 사건 판단을 위해 비례성 심사 원칙을 적용하였는데, 이 사건은 비례성 심사원칙 적용이 오늘날의 체계를 갖추는데 중요 기점이 되는 1999년 제대군인 공무원채용시험 가산제도 사건보다 9년 전의 사건이므로 비례성 심사원칙을 적용한다는 명시적인 문구는 없으나 사실상의 비례성 심사원칙을 적용하였다. 동 판례에서 국공립사범대학 출신자 우선 채용제도가 우수교사 확보라는 입법목적에 긍정적으로 부합하는 기능을 하고 있는지, 사립대학 출신자 가운데 우수교사가 제대로 채용되고 있거나 사립대학과 국공립대학 간의 경쟁구도가 유지되어 우수교사 확보라는 목적을 달성하는 수단으로서 적정한지, 국공립대학과 사립대학의 교과과정과 교사 선발방식의 비교를 통해 사립대학 출신자들이 완전히 배제되는 현재의 상황과 법익간의 균형을 비교하여 이를 정당화할 수 있는지를 판단하였다. 이력서상에 출신학교를 기입하게 하고 이를 근거로 대부분의 기업들은 출신학교 별 가중치 사용을 암묵적으로 사용하고 있는데 이는 출신학교에 의한 차별행위에 해당한다. 대학별로 등

성적만으로 졸업이후의 개인의 능력까지 판단한다는 것인데 이를 두고 합리적이고 객관적인 채용기준이라고 할 수 있는지, 학교별 등급 가중치가 학력고사 당시의 입학사정표로부터 작성되어 변화를 거친 것인데, 공식적인 개인 평가 지표로 쓰이기에 적합한 것인지, 등급별 가중치 부여의 기준은 무엇인지, 학교별 등급 가중치가 이중으로 가산 효과를 내는 것은 아닌지 등을 확인할 필요가 있다.[323] 동등한 직무를 수행하는 사람에게 사용자가 임금의 차이를 두고자 할 때 학력 등의 경력과 직무의 복잡성, 수익창출에 대한 기여도 등을 임금의 기준으로 삼을 수 있다.[324]

교육훈련에 있어 그것과의 합리적 관련성 없이 학력을 자격조건으로 제시하여 기회를 박탈하는 것은 학력에 의한 차별에 해당한다.[325] 한편, "교육공무원 유학휴직 운용지침"상의 규정과 관련한 인권위의 판단은, 피진정인이 제시한 국내 석사학위 소지자로 제한한 것의 근거가 높은 학력에 대해 가치를 부여하는

급을 부과하여 개인의 업무수행 능력과 무관하게 특정 대학 출신이라는 이유만으로 차등적인 가산점을 적용하는 것을 두고 객관적인 채용평가라고 보기 어렵고, 채용과정에서 학교별 서열에 따라 가중치를 두거나 이에 따라 가산점을 주는 것은 환경적 차별에서 설명한 환경적 차별의 일종으로 출신학교에 의한 소위 학벌차별이다.

323) 일반사무직 공채를 하면서 서류전형에서 응시자의 전공과 학교성적, 어학점수와 더불어 출신학교별 등급 가중치를 사용한 건과 관련하여 학교별 등급가중치는 학교별 등급분류 기준이 명확하지 않고 등급간 점수 차이에 대한 객관화된 근거나 합리적 이유가 발견되지 않는다. 따라서 학교별 등급가중치에는 출신학교에 의한 차별효과가 내재된 것이므로 이를 사용함으로써 발생하는 차별효과 역시 분명하므로 사회적 통념에 미루어 이를 정당화시킬 수 없다. 사용자가 우수한 인재를 우선적으로 채용하고자 하는 노력은 사용자의 고유권한에 해당하나 객관적이고 실효성 있는 자료의 확보와 공식적이고 객관적인 판단기준을 개발하는 것 역시 인사권자에게 부여된 책임이다. 이 때문에 객관성과 공식성이 확인되지 않은 학교별 등급 분류기준을 사용하여 능력을 파악하는 손쉬운 수단으로 사용하는 것이 정당화될 수는 없다(국가인권위원회 2004.11.01. 04진차15 결정).

324) 비사범계 교원과 사범계 교원간의 호봉 차별을 규정한 공무원 보수규정(별표 23) 별표 11의 봉급표를 적용받는 교육공무원의 학력 가감 산정표에서 사범계 대학 졸업자에게 가산연수를 부여하여 비사범계 대학 졸업자보다 높은 호봉을 받도록 하는 것이 차별이라는 주장에 대해 인권위는 사범계 대학이 교직과목 중 교과교육, 교육실습 등을 비사범계 대학보다 더 많이 이수하도록 하고 있고 비사범계 대학의 교육과정에 없는 교과내용을 전공케 하는 등 교직의 특성에 맞는 전문교육을 실시하고 있으므로 가산점 부여 등 우대조치가 합리적임을 인정하였다(국가인권위원회 2004.08.31. 03진차537 결정).

325) 다만, 학위과정선발의 경우 석사과정 대상자를 선발함에 있어 학사학위가 있는 것을 요건으로 하거나 해당과정의 전공과 연계성을 갖는 전공자를 요구하는 경우 이를 제한하는 것은 무방할 것이다. 또한 박사학위 대상 선발시 석사학위를 취득 또는 취득예정인 자를 대상으로 하는 것도 차별행위로 볼 수 없다.

막연한 사회적 통념에 따른 것이 아닌지, 교육재정 부담과 교육부실을 막을 수 있는 다른 대안적 방법이 없었는지, 국내외 교육과정에 대한 불명확한 이해가 비합리적 판단으로 결과되지 않았는지 등의 검토가 필요하다고 한다.[326] 인권위[327]는 영어 학원 설립조건으로서 대졸 학력을 요구하는 것의 차별성 여부와 관련한 판단에서 최종학력이 고등학교 졸업인 자로 영어학원의 강사가 되고자 하였으나 현행 법[328]에 의하면 최종학력이 고등학교졸업 이하인 자들에게는 교원자격소지, 교습과목과 동일한 종목의 자격증소지 또는 2년 이상의 전임교습 경력 등 추가 요건을 요구하고 있는바, 이는 학력을 이유로 한 합리적 이유 없는 차별이므로 이에 대한 시정을 원하였다. 인권위는 헌법재판소의 기각 결정[329]이 있으므로 진정의 취지가 당해 진정의 원인이 된 사실에 관한 헌법재판

326) 교육공무원의 유학휴직 신청자격을 국내 석사학위 소지자로 제한한 것과 관련하여 인권위는 교육공무원의 유학 휴직 신청자격을 국내 석사학위 소지자로 제한하고 있는 "교육공무원 유학휴직 운용지침"의 규정은 합리적 이유가 없다고 보고 교육감에게, 교육공무원의 학위취득을 목적으로 하는 유학휴직 신청자격을 국내 석사학위 소지자로 제한하지 않도록 동 운용지침을 개정할 것을 권고하였다. 외국의 경우 석·박사 과정이 명확히 구분되어 있지 않은 경우가 대부분이고 모든 외국 유학과정이 국내 석사과정보다 심화된 교육과정인 것은 아니므로 반드시 국내 석사학위가 전제되어야 외국 유학을 할 수 있다고 볼 수 없으며, 비용이 많이 소요되는 사업에 신청자가 증가하지 않도록 하고 기간제교사의 채용 증가로 인해 교육부실을 막는 방편으로서 높은 학력을 요구한 것에 대해 합리적 이유 없다고 판단하였다. 또, 유학휴직 기회를 부여하는 것은 수익적 규정에 해당하므로 교육공무원의 학위취득 목적의 유학휴직 신청자격을 국내 석사학위 소지자로 제한하는 것이 합리적인지 여부에 대한 심사기준은 자의금지심사 원칙을 적용하였다(국가인권위원회 2005.12.12. 05진차246 결정).

327) 국가인권위원회 2006.07.04. 05진차225결정.

328) 학원의설립운영및과외교습에관한법률(학원법)시행령 제12조 제2항 별표2.

329) 영어 학원 설립 조건으로서 대졸 학력을 요구하는 것의 차별성 여부와 관련하여 이 사건 법률조항은 학원 강사의 자격에 관한 입법위임을 하면서 그 자체로 위임의 구체적 기준이나 범위를 한정하고 있지는 아니하나, 위 법률의 입법목적과 여러 규정들을 상호 유기적·체계적 관련 하에서 파악하여 볼 때 학원 강사로 하여금 학습자에게 평생교육의 일환으로서 필요한 지식·기술·예능을 교습하기에 적합한 자질과 능력을 갖추도록 하기 위하여 학력, 교습과정에 대한 전문지식 또는 기술·기능, 교습경력 등과 같은 요소들을 기준으로 한 자격기준이 위임입법에 규정될 것임을 능히 예측할 수 있으므로, 이 사건 법률조항은 위임조항의 내재적 위임의 범위와 한계를 객관적으로 확정할 수 있는 경우에 해당하여 위임입법의 명확성을 구비하고 있다. 이 사건 심판대상 조항들이 요구하는 자격기준을 갖추지 못한 사람이 당장 일반학원의 강사라는 직업을 선택할 수 없는 제한을 받게 된다 하더라도, 그로 인한 불이익은 학원교육의 질적 수준을 보장하여 교육소비자를 보호하고 국가 전체적으로 평생교육을 성공적으로 실현한다는 공동체이익을 능가할 정도로 심각하다고 보이지 아니하므로, 충돌하는 법익 상호간의 균형성도 구비되어 있으며, 자질과 능력을 갖춘 강사를 확보하여 학원교육의 질을 높이거나 유지하는 방법으로서 이 사건 심판

소의 결정에 반하는 경우에 해당한다고 보고 각하 처리한 바 있다.

제3절 고용과정별 쟁점차별에 대한 판단

고용상 차별금지문제는 헌법에서 규정하고 있는 평등권과 차별금지규정을 근거로 하고 있다. 헌법은 평등권을 비롯하여 직접적으로 차별금지규정을 두고 있고, 고용관련 개별법령들은 고용에서의 차별금지를 위하여 헌법규정의 실행을 위한 구체화된 규정을 두고 있다. 헌법이 금지하고 있는 차별금지규정을 위반하는 입법은 엄격한 심사의 대상이 되고, 다른 기본권의 침해를 수반하는 경우에도 같은 기준에서 다루어지고 있다. 아울러, 개별법령은 특별히 보호하여야 할 대상에 대한 차별금지를 규정하고 있다. 이러한 규정들은 입법자의 입법형성권 범위를 넘어 규정할 수는 없으며, 시혜적인 법률이나 개별법령에서 규정하고 있는 차별금지규정 등은 완화된 기준에 의해 차별여부를 판단하게 된다.

고용과정과 연계하여 차별문제에서 다루어지는 주요 차별사유로 고용관계법령에서는 성별, 인종(출신민족, 출신국가,[330] 국적, 언어 등), 종교, 장애, 연령,

---

대상 조항들과 같이 일률적으로 자격기준을 설정하여 통제하는 방식만큼의 효과를 거둘 만한 다른 제도나 절차를 쉽게 찾아보기 어려우므로 최소 침해의 원칙도 문제되지 않는다(헌법재판소 2003.09.25. 선고 2002헌마519 결정)고 판단하였다.

330) 국적은 국민으로서의 신분 또는 국민이 되는 자격(국적법 제1조는 '국민이 되는 요건을 정함을 목적으로 한다'고 규정하고 있다)으로, 국민이 되는 요건은 법률로 정한다(헌법 제2조)는 국적법정주의에 따라 국적법이 제정·시행되고 있다. 국적법은 단일국적주의, 부모양계혈통에 의한 속인주의, 부부개별국적주의를 원칙으로 한다. 출생에 의한 국적의 취득을 선천적 취득이라고 한다. 선천적 취득에는 속인주의와 속지주의가 있다. 속인주의는 부모의 국적에 따라 자(子)의 국적을 결정하는 혈통주의로 독일, 일본, 스위스 등이 이에 속한다. 속지주의는 부모의 국적에 관계없이 자녀가 출생한 지역에 따라 국적을 결정하는 출생지주의로 영국, 미국 등이 이에 속한다. 국적법은 속인주의를 기본으로 하면서 부모가 모두 분명하지 않거나 국적이 없는 때 대한민국에서 출생한 자 및 대한민국에서 발견된 기아에 대하여 국적의 취득을 인정하는(국적법 제2조) 속지주의를 가미하고 있다. 출생 이외의 사실에 의한 국적의 취득을 후천적 취득이라고 한다. 인지(제3조), 귀화(제4조), 수반(제8조), 국적회복(제9조) 등에 의한 국적의 취득이 이에 속한다. 대한민국의 국민으로서 귀화, 혼인, 입양, 인지, 수반취득 등에 의해 외국 국적을 취득한 자와 국적이탈의 신고를 한 자는 대한민국의 국적을 상실한다(제14조·제15조). 대한민국의 국적을 상실한 자는 국적을 상실한 때부터 대한민국의 국민만이 향유할 수 있는 권리는 향유할 수 없으

고용형태 등을 규정하고 있다. 이러한 차별사유들에 대하여 모집 및 채용과정, 채용 후 근무기간 중에서의 임금, 승진 등 근로조건의 중심적 사항에 해당하는 고용내용, 정년이나 해고 및 퇴직 등 고용종료와 관련하여 고용과정과 내용별로 차별여부에 대한 주요 쟁점사안별 검토를 진행하고자 한다.

Ⅰ. 모집 · 채용과정에서의 합리적 이유 판단

1. 모집 및 채용과정에서의 차별쟁점

고용과 관련한 차별의 문제 중 모집 및 채용과정에서의 차별은 인권위에서 다룬 고용관련 전체 사건에서 가장 큰 비중을 차지하고 있다.[331] 모집 및 채용과정에서의 차별행위에 대한 가장 큰 이슈는 모집요건과 자격 및 선발기준 등에 관한 것이다. 모집요건에서의 차별금지는 고용기회를 동등하게 부여하여야 하고, 동등한 기준을 전제하여 모집과정을 진행하여야 한다는 것이다.[332] 이들 차별은 고용현장으로의 진입장벽을 만들어 기회를 주지 않거나 제한하는 문제로 발생하는데 차별사유별로 보면 장애, 연령, 성별, 학력,[333] 어학(특히 언어적

며, 그 권리 중 대한민국의 국민이었을 때 취득한 것으로서 양도 가능한 것은 특별한 규정이 없는 한 3년 내에 대한민국의 국민에게 양도하여야 한다(제18조). 대한민국의 국적을 상실한 자는 법무부장관의 허가를 받아 국적을 회복할 수 있다(제9조). 한국국적을 취득하였다가 6개월 이내에 외국국적포기의무를 다하지 않아서 대한민국의 국적을 상실한 자가 1년 내에 그 외국 국적을 포기한 때에는 법무부장관에게 신고함으로써 국적을 재취득할 수 있다(제11조). 통상적으로 국적은 이중 국적자를 제외하면 내국인에 대하여 외국인과 구분하는 기준으로 볼 수 있다. 결국 외국인의 경우 국민으로서의 지위에서 누리는 권리를 일부 제한(차등대우 등)할 수 있는 근거가 될 수 있다.

331) 차별사유로는 장애(41.7%), 사회적 신분(9.9%), 성희롱(9.3%), 나이(7.5%) 순이지만, 고용에서의 차별은 모집(6.9%), 채용(6.8%), 임금(3.9%) 순으로 나타나고 있다(국가인권위원회, 「연간보고서(2012)」, 2013, 154~5면). 한편, 노동위원회의 비정규직 차별사건에서는 상여금 및 성과급 601건, 복리후생 532건, 제수당 453건, 기본급 251건, 기타 근로조건 93건, 근로시간 35건 순으로 나타나고 있다(김인재 · 김미영 · 남궁준 · 노호찬 · 이주환, "노동위원회 60년 평가와 향후 발전방안 연구", 중앙노동위원회, 2014, 182면).

332) 국가인권위원회는 모항공사의 객실 승무원 모집 시에 '남성'에 대하여 특별히 까다롭게 운영하는 것에 대하여 문제가 된 사안에서, '남성'은 일반직 공채로 입사한 직원 중에서 사내공모를 통해서만 가능한 반면, '여성'은 사내공모와 공개채용을 병행하여 채용하여 운영하는 것은 합리적인 이유 없이 '남성'을 차별하는 것이라고 판단하였다(국가인권위원회 2008.10.27. 07직차2 결정).

능력에 대한 정당성) 등에 연관된 이슈가 많다. 특히 응모요건과 관련한 쟁점, 선발과정인 면접과정 등에서의 차별적인 발언이나 질문(성차별적 요소, 가정이나 가족상황 등에 관한 선입견, 장애, 연령 등), 선발기준 등에 관한 쟁점을 들 수 있다.[334] 아울러, 할당제(청년, 여성, 지역, 취약계층, 이공계, 고졸 등), 국가유공자 및 장애인 등 우선선발이나 가점제도 등은 쟁점사항에 해당하는 사안들이다. 이들의 차별적인 사유에서는 기회의 동등한 보장 측면에서의 차별문제와 적극적 개선조치나 진정직업자격 및 우대정책 들에 대한 정당성 문제와도 연관을 갖는다. 모집·채용과 관련하여 차별금지를 규정한 법령은 정책법, 남녀고용평등법, 장애인차별금지법 및 장애인고용법, 연령차별금지법, 인권위법을 들 수 있다. 이들 법령 중 모집채용과 관련하여 강제성을 지닌다고 할 수 있는 남녀고용평등법, 장애인차별금지법 및 장애인고용법, 연령차별금지법과 관련한 쟁점사항을 중심으로 여기서는 주요 차별사유별로 합리적인 사유측면에서, 채용관련 쟁점사항 중 신체적인 요건 및 용모(성차별적 요소, 장애 등), 군필요건(국적, 외국인, 장애, 여성 등), 언어적인 요건(국적, 외국인 등), 연령제한, 미혼요건(성차별적인 요소 등)에 대한 문제를 중심으로 검토하고자 한다.

2. 신체적 요건과 합리적 이유

신체적 요건을 부과하는 경우에는 특정한 성을 배제하기 위한 경우나 상대적으로 까다로운 요건을 요구하는 경우, 장애인의 신체적 결함을 이유로 하는 경우, 인종적인 요소를 전제하여 차별이 발생하는 경우가 문제될 수 있다. 즉, 이러한 신체적 요건은 근로자의 안전상의 문제 등 특별한 사유와 연관되지 않는

333) 사실상 학력요건은 정부방침에 따라 공공기관의 경우는 폐지를 강제하여 적극적 활용은 불가하다. 즉, 학력수준에 따라 응모직급을 달리하는 것은 없어졌으나 본인의 희망에 따라 직급별 응모는 가능하며, 직급별 시험의 난이도를 구분하여 선발하는 것이 일반적이다.

334) 실태조사서에서는 채용과정의 차별관행을 개선하기 위하여 모집공고에서 금지되어야 할 사항으로, 지원자의 나이를 제한하는 것, 특정시기 이후 졸업자만을 대상으로 하는 것, 요구경력기간에 따라 나이를 제한하는 것, 직무의 내용과 관련 없이 학력을 제한하는 것, 직무의 내용과 관련 없이 외모 신체조건을 제한하는 것, 한 성만을 대상으로 하는 것, 직군별로 남녀를 구분하여 채용하거나, 성별 제한인원을 설정하는 것, 남녀에게 다른 채용조건을 적용하는 것, 차별개선을 위한 적극적 조치가 아님에도 불구하고 성별, 나이, 학력 등 특정 지원 자격을 우대하는 것을 제시하고 있다(박귀천·김선미·손향미·이영희·이희진·정란아, "기업채용과정의 차별관행에 대한 실태조사", 국가인권위원회, 2011, 280면).

경우 차별의 문제가 있다. 신체적 요건 및 용모는 주로 성차별, 장애인차별, 인종적인 차별과 연관된다. 여기에서 성차별의 금지는 헌법적인 차별금지사항에 해당하고, 신체장애자의 경우 헌법에서 법률이 정하는 바에 따라 국가의 보호를 받는다고 규정(제34조 제5항)한 점을 고려할 필요가 있다.

(1) 성차별

특정 직종을 모집함에 있어서 특정한 성이 충족하기 어려운 신장·체중·체력 등을 채용조건으로 한 것으로 인하여 특정한 성의 채용비율이 다른 성에 비해 현저하게 적은 경우(다만, 직무관련성, 정당성 등에 대한 사업주의 입증이 있는 경우는 제외)나 특히 신체적 요건과 관련하여 용모가 수려한 조건, 신장, 체중 등 특정한 성에게 부과하는 경우 문제가 될 수 있다. 모집과정에서의 차별사안들을 살펴보면, 모집채용과정의 지원 자격에서 명시적으로 여성 또는 남성을 배제하는 것은 직무의 속성에 내재된 특별한 사유 등에 해당하지 않은 한 명백한 성차별에 해당하고, 지원 자격을 부여한 특정한 성의 구성원에게 특정한 체력기준을 요구하지도 않고 별도의 체력 테스트도 없이 채용을 결정하면서 다른 성별의 구성원은 모두 적합하지 않다는 이유로 배제하는 것은 성차별에 해당한다.[335] 이러한 신체적 요건으로서 제시되는 사항들은 직무수행과 관련하여 일반적으로는 그 필요성이 인정될 수 없는 사안들에 해당한다. 특히 성차별적인 문제는 헌법이 규정하고 있는 차별금지사항으로 엄격한 심사의 대상에 해당하며 남녀고용평등법에서도 금지하고 있는 사항에 해당한다. 즉, 성별로 신체적 요건을 차별하기 위해서는 '차별목적의 정당성'이 있어야 하는데 이러한 경우 직무본질상으로 달리 볼 사유가 없는 한 차별목적의 정당성이 없으며, 신체적

---

335) 현금을 수송해야 하고 무거운 샘플을 가지고 다니면서 영업을 해야 하는 점, 건설현장에서 직접 시험시공을 해야 한다는 점 등의 이유로 여성이 근무하기에 어려운 조건이라서 여성을 채용할 수 없다는 전제하에 채용공고문에 지원 자격을 남자로만 제한한 건과 관련하여 인권위는 현금의 운반은 남녀 공히 위험한 업무이고, 비록 샘플이 무겁다고 하더라도 여성 중에서도 남성보다 신체적, 체력적으로 우위에 있는 여성이 있을 수 있어 남성만이 그 일을 할 수 있는 것이 아니며, 현장에서의 시험시공 역시 여성 중에서도 남성만큼 신체적, 체력적으로 뒷받침이 될 수 있는 자가 있을 수 있다고 보았다. 즉, 강인한 체력이 요구된다는 이유로 모든 여성이 해당 직무를 수행할 수 없다고 볼 수 없다는 것이다(국가인권위원회 2007.03.28. 07진차56 결정).

요건이 선발과정에서 요건으로 부합되는 사안은 특수한 경우가 아닌 한 '채용수단으로서의 정당성'도 없다. 또, 신체적 요건으로 차별하기 위해서는 '불가피한 사유'가 있어야 하는데 일반적으로 특정한 성의 신체적 요건이 요구되는 불가피한 사유는 근로자의 생명 등의 보호를 위한 사항 내지 법상 사용금지직종(임신, 연소근로자 등)에 해당하지 않는 한 인정하기 어려우며, 특히 특정한 성에게만 신체적 요건 내지 기준을 별도로 요구하는 것은 상대적으로 다른 성에 비하여 '형평성'에 맞지 않는다고 할 것이다. 물론, 예술 등 예능분야에서 표현의 진실성이 요구되는 경우는 신체적 요건이나 용모가 용인될 여지는 있어 보인다.[336)] 결국, 신체적 요건이 성차별적인 요소와 연관을 가지는 경우는 헌법 등에서 금지한 차별사유에 해당하는 사안으로 특별한 사정이 없는 한 직무본질적인 문제와 연관되어 나타날 가능성은 없으므로 그 차별행위의 합리성 등에 대한 판단은 엄격한 심사기준에 의하여야 한다.

(2) 장애

장애인이 충족하기 어려운 신체적 조건을 부여하는 경우는 문제가 될 수 있다. 즉, 모집요강에서 "신체건강한 자, 용모단정한 자"와 같이 신체 또는 외모에 대한 조건을 명시하여 장애인의 응시 자격을 제한하거나 기회를 주지 않는 행위, 채용 면접시에 모집하는 직무와 무관한 신체적 능력을 요구하거나 질문하는 행위, 채용 면접시에 면접자에게 작업 현장에 편의시설 등의 환경이 갖추어지지 않았으므로 채용할 수 없다고 거절하는 행위, 채용 면접시에 면접자에게 채용 후에 합리적인 편의제공에 대하여 고용주에게 요청하거나 요구하지 않을 것을 약속하도록 강요하는 행위는 차별이 된다. 이처럼 모집과 채용에 있어서 합리적인 이유 없이 모집요강에서 신체건강한 자, 용모단정한 자와 같이 신체 또는 외모에 대한 조건을 명시하여 장애인의 응시자격을 제한하거나 기회를 주지 않는 행위, 모집요강에서 남자의 경우 군복무를 마친 자[337)]와 같이 장애인

336) 진정직업자격과 관련하여서는 남녀고용평등업무처리규정(2013.06.21. 예규 제57호) 제2조(합리적 이유 판단기준) 참조. 이는 성별차이를 인정할 수 있는 기준으로 규정한 것이지만 신체적 조건상 남성이나 여성이 다른 점을 고려할 때 일정부분 신체적 조건을 부여할 수 있는 근거를 예시한 것으로 풀이될 수 있다.

337) 다만, '남자의 경우 군복무를 마친 자 또는 면제받은 자'로 표기할 경우는 차별행위에

이 참여할 수 없는 자격조건을 제시하여 장애인의 응시자격을 제한하거나 기회를 주지 않는 행위 등은 차별행위가 될 수 있으므로 엄격한 기준에서 판단되어야 하는 것으로 볼 수도 있을 것이다.[338] 다만, 비록 헌법에서 신체장애자를 법률(장애인차별금지법 등)이 정하는 바에 따라 국가보호규정을 두고 있다고 하더라도 장애의 내용이나 수행할 업무의 성격에 따라서는 장애로 인하여 수행불가 상황도 고려할 수 있을 것이므로 이 경우 차별의 문제보다 '장애인의 보호차원에서 또는 직무의 성격차원'에서 고려되어지는 것이라고 할 수 있다. 이점에 대하여는 장애인차별금지법에서도 '특정 직무나 사업 수행의 성질상 불가피한 경우'로 인정하고 있는 바와 같다. 또, 편의제공의무도 불가피한 사유가 있는 경우는 적절한 편의제공불가 상황(물리적·구조적인 사유로 시설보완 불가, 과도한 부담으로 경영상 곤란한 경우 등)이 발생할 여지도 있는 것이므로 이 경우 적절한 편의제공이 이루어지지 않았다고 하여 곧 차별이라고 보기에는 무리가 있다고 보아야 한다. 결국 장애인 차별에서 합리성이 인정되는 사안에서는 '합목적성과 불가피성'을 인정할 수 있을 것이므로 이러한 경우는 완화된 심사기준에 의해 판단되어야 한다고 본다.

(3) 안전 등의 문제

특정한 직무는 너무 작은 키나 너무 큰 키가 직무수행이나 근로자의 안전을 이유로 제한이 가능할 수 있다. 승마기수의 몸무게나 신체조건 제한, 과도한 몸무게가 정상적인 업무수행에 지장을 초래하는 경우는 일정부분 제한이 가능하다. 즉, 민첩성을 요하는 직무에서 과도한 몸무게는 부적합할 수 있는데, 일정무게 이상을 과도하게 초과하는 경우 기계적인 결함 등 직무수행이 불가능한 경우는 제한사유(합목적성, 불가피성 등)가 될 수도 있다. 또, 상당한 근력·악력을 필요로 하는 직무, 대부분의 업무에서 순발력과 기동성을 요하는 직무 등 일정부분 신체적 특성요소가 선발기준으로 활용되어 직무를 수행하여야 할 사안도 있다고 판단되므로 합리성이 인정될 수 있으나 이 경우에도 일반적으로

해당하지 않는다고 할 수 있다. 즉, 장애로 인하여 면제되는 경우에도 응모가 가능하기 때문이다. 물론 여기에서는 외국인 등과의 문제는 별외로 한다.

338) 헌법재판소 1999.12.23 선고 97헌마136 결정.

몸무게 등을 채용요건으로 제시하는 경우는 보다 명확한 근거가 필요하다고 할 것이다. 그러나 사실상 키나 몸무게 등은 사무직의 경우 직무를 수행하기 위한 필수요건에 해당하는 경우는 극히 드물다.

한편, 운전면허시험에서는 듣지 못하는 사람(청각 장애), 보지 못하는 사람(시각 장애), 양쪽 팔의 팔꿈치관절 이상을 잃은 사람이나 양쪽 팔을 전혀 쓸 수 없는 사람(지체장애)의 경우 면허교부가 불가능하다.[339] 결국 운전업무에 종사하는 사람은 면허교부조건을 유지하여야 정상적인 운전이 가능하므로 채용하고자 할 경우 일정수준의 신체적 조건을 제한할 수 있을 것이다. 이처럼 특정 직무수행을 위해서는 신체적인 조건이 불가피하게 필요한 경우가 있다. 이는 개인의 안전을 고려한 점도 있지만 운전을 통하여 다른 사람의 안전문제도 고려한 조치로 그 합리성(합목적성, 수단의 적합성, 필요성 등)이 인정되는 것이다. 한편, 정상수준이지만 고도의 신체적 조건을 요하는 경우도 있다. 즉, 항공업무의 조종사 등 공중근무자의 신체조건은 일반인 보다 까다로운데, 이는 정상적인 지상의 근무조건과 달라 고도의 압력과 기압 등 신체조건에 따라 근로자의 안전을 위협할 수 있고, 승객의 안전을 담보하기 위한 것으로 합리성이 있다고 할 수 있다. 이처럼 신체적 조건이 특정 직무의 성격에 따라서는 직무수행을 위한 채용과정에서 필수 불가결한 요소가 될 수 있고 근로자의 안전 등과 관련되어 질 수 있어 신체적 요건을 전제로 채용수단으로 활용하는 경우 합목적성과 수단의 적정성 등이 인정될 소지가 있다. 그러나 대부분 사무직의 경우는 신체적 요건이 직무수행과는 무관한 것이 일반적이므로 수행직무의 성격에 따라 그 적정성을 판단하여야 할 것이다. 즉, 본인의 생명과 안전 및 승객이나 다른 사람의 안전까지 연관된 직무의 경우는 합리적인 수단으로서 인정될 여지가 크고, 그렇지 않은 경우는 수단의 적정성으로서 인정될 여지가 적다고 할 것이므로

339) 도로교통법 제82조(운전면허의 결격사유) 제1항에서는 운전면허 교부 금지사항으로 연령제한과 더불어 ① 교통상의 위험과 장해를 일으킬 수 있는 정신질환자 또는 뇌전증 환자로서 대통령령으로 정하는 사람, ② 듣지 못하는 사람(제1종 운전면허 중 대형면허·특수면허만 해당한다), 앞을 보지 못하는 사람이나 그 밖에 대통령령으로 정하는 신체장애인, ③ 양쪽 팔의 팔꿈치관절 이상을 잃은 사람이나 양쪽 팔을 전혀 쓸 수 없는 사람(다만, 본인의 신체장애 정도에 적합하게 제작된 자동차를 이용하여 정상적인 운전을 할 수 있는 경우에는 그러하지 아니하다) 등 신체적인 장애의 경우를 규정하고 있다.

신체적 특성이 불가피하거나 근로자의 생명·안전 등에 관련되는 부분은 합리적인 이유가 된다고 할 것이다. 이런 점에서 신체적 요건이 성별 등과 연관된 사안이 아닌 경우 직무별 특성에 따라서는 불가피성이 고려될 수 있어 완화된 심사기준이 활용된다고 보아야 한다.

3. 군필요건과 합리적 이유

헌법은 국방의 의무를 규정하고 있다. 그러나 채용과 관련하여 군필요건은 차별의 관점에서 보면 이를 충족할 수 없는 여성, 장애인, 외국인, 면제자 등에 대하여는 상대적으로 차별의 문제를 유발할 수 있다. 즉, 군필요건이 근로자를 채용함에 있어 채용요건으로 합목적이고 수단의 적정성을 갖기 위해서는 수행하게 될 직무의 특성상 군필요건이 불가피하게 필요성이 요구되어야 하는데, 이는 군생활을 통하여 익힌 지식, 기술, 기능 등이 활용되어 기본적이고 실질적인 직무수행에의 연관성을 가질 것을 요구한다. 그렇지 않은 경우 채용요건으로서의 군필요건은 그 합리성을 갖기 어려울 것이다.

그러나 예외적으로 군필요건은 합리적인 이유가 될 수도 있다. 즉, 헌법재판소는 국가정보원 직원 채용 시 응시자격을 '남자는 병역을 필한 자'로 제한한 것과 관련하여 국가기관이 처한 개별적인 특수성에 따라 효율적으로 인적자원을 배분하고, 국가정보원의 조직과 인원에 대한 '보안 유지를 통하여 공공복리 내지 국가안전보장을 달성하기 위한 것'으로서 그 목적의 정당성이 인정되고, 차별의 효과는 응시기회의 일시 정지에 그치는 것이며, 군필자의 경우 응시자격의 상한 연령을 연장해 주고 있어, 차별취급이 불합리한 것이라 할 수 없으므로 평등권을 침해하지 아니한다고 보았다.[340]

헌법재판소의 이러한 판단은 재론의 여지가 있는 것으로 판단된다. 즉, 모든 국정원 응시자를 군필자로 제한한 것에 합리적인 이유가 있다고 본 헌법재판소의 판단은 납득하기 어렵다. 이러한 논거로 국정원의 업무가 군복무를 통하여 습득한 여러 기능들이 일부 기본전제가 된다고 하더라도 모든 국정원의 업무가 반드시 군필요건을 요한다고 할 수 없으므로 특수직렬 내지 수행직무를 특정하

340) 헌법재판소 2007.05.31. 선고2006헌마627결정.

여 군필요건을 운용하는 것이 바람직하다고 볼 수 있으며, 모든 직무에 대하여 원천적으로 군필요건을 전제하는 것은 불가피한 사유로 군필요건을 갖추지 못한 사람들에게 응시자체를 못하도록 하는 것은 과잉조치라고 판단될 여지도 있다고 보아야 한다. 또, 일률적으로 모든 응시자를 군필요건을 전제하는 것은 직업선택의 자유를 침해(군가산점사건에서 헌법재판소도 국민의 공직취임권에 대한 침해라고 판단하고 있음)하는 것이 될 수 있으므로 이는 다른 기본권의 침해 내지 제한을 초래하는 결과가 될 수 있어 엄격한 심사기준에 의한 판단이 필요한데, 이러한 제한이 '합목적이기 위한 타당성'이 전제되어야 하고, 이를 위해서는 대상 직무에 대한 직무분석과 이를 토대로 한 직무설계가 구체화되어 직무명세서상 직무요건으로 증빙되는 경우에 그 합목적성을 인정받을 수 있을 것이다. 또, 수단으로서의 적절성과 관련하여서는 군필요건이 아니라도 단위 직무에 따라서는 다른 경험을 통해서도 가능한 부분이 있을 수 있으므로 군필요건으로 일괄하여 제한하는 것은 '수단의 적절성'도 결여된 것으로 판단되고, '불가피성'의 측면에서도 군필요건이 반드시 관철되어야 할 합리적인 이유가 된다고 볼 수 없다. 나아가 자발적으로 기피할 수 없는 군복무의 판단은 징병검사를 통하여 결정되는 것으로 군필요건이 이를 수행할 수 없는 사람에게는 대체·보완할 수단이 없으므로 '이익균형성'도 없다고 보아야 한다. 그러므로 모든 응시자에게 원천적으로 군필요건을 제시하는 것은 합리성이 없으며, 명확한 필요성이 검증된 특정 단위직무에 대하여 제한하는 것이 필요하다고 할 것이다.

(1) 여성

남성이 의무복무로 규정되어 있는 병역법의 상황에서 여성은 선택적(직업적으로 자발적인 판단에 의함)으로 군복무를 하게 된다. 결국 일반적으로 여성이 군복무하지 않는 상황에서 성별을 구별하지 않고 군필요건을 제시하는 것은 진정직업자격이 아닌 한 차별행위가 된다. 이와 관련하여 군복무자에 대한 군가산점제도가 위헌결정[341]이 내려진 것은 군복무자에 대한 우대 내지 보호보다는 이로 인하여 피해를 보게 되는 면제자, 여성, 장애인 등 특히 상대적으로 절대

341) 헌법재판소 1999.12.23. 선고 98헌마363결정.

다수의 여성이 차별받는 불이익이 더 크다는 점을 분명히 밝히고 있다. 결국 군필요건이 합목적성을 갖는다고 하더라도 남녀간의 이익균형이 불가능하다는 문제가 있다. 즉, 군필요건은 이를 수행할 수 없는 다수(여성, 장애인, 면제자 등)의 이익을 해하는 것으로 이익균형이 없으며, 채용조건으로서 직무와 무관한 군필요건이 수단의 적절성으로 인정받기 위한 관련성이 없고, 채용에 있어 앞서 국정원 사건(특정 단위 업무에 대하여만 가능성 있어 보임)처럼 군필요건이 필요한 불가피성이 인정될 수 없다. 또한 다수(여성 등)의 차별로 소수(군필자)의 보호를 강화해야 할 차별의 합목적성 및 균형성도 없으므로 인구통계상 반수이상에 해당하는 여성 등의 이익을 과도하게 침해하는 결과를 초래할 수 있으므로 성차별적인 요소를 배제할 수 없다. 그러므로 이는 헌법과 헌법에 의한 고용관련법령에서 차별금지사유로 규정한 사항에 해당하는 것으로 엄격한 심사기준에 의하여 판단되어야 한다.

(2) 장애인

모집요강에서 "남자의 경우 군복무를 마친 자"와 같이 장애인이 참여할 수 없는 자격조건을 제시하여 장애인의 응시 자격을 제한하거나 기회를 주지 않는 행위는 차별이 된다. 이러한 경우는 장애인이 참여할 수 없는 자격을 직접 설정한 것은 아니지만 결과적으로 간접차별에 해당될 수 있다. 이런 사례로 지체3급인 응시자가 1993년 ○○시 7급 공무원 시험에 응시했으나 장애인이라는 이유로 군대에 갈 수 없는 상황이었음에도 불구하고 군면제자라는 이유로 군필 가산점이 부여되지 않아 점수 부족으로 공무원 임용에서 탈락되었다. 이에 청구인은 7년여의 소송을 거쳐 결국에는 헌법소원을 낸 사례[342]가 있고, 지방공무원 채용시험의 불합격처분취소 사건(구 국가유공자예우등에관한법률 제70조 등 헌

342) 헌법재판소 1999.12.23. 선고 97헌마136 결정. 한편, 이사건 법원의 판단을 살펴보면 대전고법(94구680)과 대법원(95누7055)의 견해가 갈리고 있다. 즉, 고등법원은 장애인의 무고용인원의 산정에서 상시고용인원의 "100분의 2 이상"에 대하여 갈리고 있는데, 상사고용인원의 고용률 이상을 유지하도록 한 법령의 규정상 정수외의 단수를 포함하여야 한다는 것이 고등법원의 입장인데 반면에 대법원은 단수를 버려야한다는 것이다. 그러나 법규에서 100분의 2 이상을 고용하도록 하였으므로 단수를 버리면 '이상'이 되지 않으므로 대법원의 판단은 납득하기 어렵다. 고등법원의 견해처럼 100분의 2 이상에서 단수는 포함되어야 법령의 규정에 부합하는 것이라 판단된다.

법소원)에서도 이러한 문제가 다루어졌는데,[343] 이 사건에서 가산점을 받을 수 있는 현역복무를 하게 되는지 여부는 병역의무자의 의사와 관계없이 징병검사의 판정결과에 따라 정해지는 것이므로, 가산점제도는 현역복무를 할 수 있는 신체 건장한 남자와 심신장애 등으로 병역을 감당할 수 없는 남자를 차별하는 제도라고 판단하고 있다. 즉, 제대군인에 대하여 여러 가지 사회정책적 지원을 강구하는 것이 필요하다 할지라도, 그것이 사회공동체의 다른 집단에게 동등하게 보장되어야 할 균등한 기회 자체를 박탈하는 것이어서는 아니 되는데, 가산점제도는 아무런 재정적 뒷받침 없이 제대군인을 지원하려 한 나머지 결과적으로 장애인 등 이른바 사회적 약자들의 희생을 초래하고 있으며, 각종 국제협약, 실질적 평등 및 사회적 법치국가를 표방하고 있는 우리 헌법과 이를 구체화하고 있는 전체 법체계 등에 비추어 우리 법체계 내에 정립된 기본질서라고 할 '장애인에 대한 차별금지와 보호'에도 저촉되므로 정책수단으로서의 적합성과 합리성을 상실한 것이 되는 것이다. 결국 가산점제도는 상당수의 장애인들이 공직에 진출하는 데에 걸림돌로 작용하고 있으며, 공무원채용시험에서 각 과목별 만점의 5퍼센트 또는 3퍼센트를 가산함으로써 당락에 결정적 영향을 미치게 되고, 제대군인에 대한 이러한 혜택을 몇 번이고 아무런 제한 없이 부여함으로써 한 사람의 제대군인을 위하여 많은 다른 사람들의 기회가 박탈당할 수 있게 하는 등 차별취급을 통하여 달성하려는 입법목적의 비중에 비하여 차별로 인한 불평등의 효과가 극심하므로 가산점제도는 차별취급의 비례성을 상실하고 있다. 그러므로 가산점제도는 제대군인에 비하여 제대군인이 아닌 자를 비례의 원칙에 반하여 차별하는 것으로서 헌법 제11조에 위배되어 평등권이 침해된다고 할 수 있다. 결국 군필요건은 신체적인 장애 등으로 군 복무를 수행할 수 없는 장애인에게는 응모의 기회를 박탈하는 제한적 요소가 되므로 차별행위가 된다. 한편, 군필요건이 직무 및 사업장의 특성과 장애인의 신체적인 특성과 안전성의 확보를 위하여 불가피한 사유로 차별하는 경우에는 합리적인 이유가 될 가능성이 크므로 이러한 경우에는 완화된 심사기준에 의한 판단이 필요하다. 그러나 군필요건과 가산점 등 다른 요건이 결합되어 이중적으로 장애인에게 불리한 결과를

343) 헌법재판소 1999.12.23. 선고 98헌바33 결정.

초래하는 경우는 엄격한 기준에 의한 판단이 필요하다고 할 것이다. 이 경우는 장애인에게 이중적인 차별행위로 나타나 과도한 차별의 결과가 발생되기 때문이다.

(3) 외국인 등

외국인의 경우는 국내의 군복무를 할 수 없는 사람들로 실제 이러한 요건을 제시하는 경우 외국인에게 응시기회를 사전에 박탈하는 기준이 될 수 있고, 이는 국적이 다른 사람이 참여할 수 없는 기준이 되고, 인종적으로도 차별의 문제가 될 소지가 있다. 즉, 채용 조건으로 내국인일 것을 요구하는 것은 일반적으로 출입국관리법상의 체류자격 등 관계 규정에 비추어 불합리한 차별에 해당하지 않는다고 보는 것이 타당하지만, 이를 군필요건과 연관시켜 채용조건으로 활용하는 경우는 문제가 될 수 있다. 영주권자는 취업활동에 있어 체류자격에 의한 제한을 받지 않는다.[344] 따라서 채용 조건으로 내국인 또는 국민일 것을 요구하거나, 공무원 임용에 결격사유가 없을 것[345]을 요구하거나, 채용 조건으로 병역을 필하였을 것을 요구하는 것[346]은 문제가 될 수 있다. 또, 영주권자에 대

344) 출입국관리법 제23조(외국인의 취업과 체류자격) ① 법 제18조제1항에서 “취업활동을 할 수 있는 체류자격”이라 함은 별표 1중 체류자격 9. 단기취업(C-4), 19. 교수(E-1) 내지 25. 특정활동(E-7), 25의3. 비전문취업(E-9), 25의4. 선원취업(E-10) 및 31. 방문취업(H-2)의 체류자격을 말한다. 이 경우 “취업활동”은 해당 체류자격의 범위에 속하는 활동을 말한다. ②~③ 생략. ④ 별표 1중 체류자격 28의3. 영주(F-5)의 자격에 해당하는 자는 제1항의 규정에 불구하고 별표 1의 체류자격 구분에 따른 활동의 제한을 받지 아니한다.

345) 국가공무원법 제35조, 지방공무원법 제33조, 외무공무원법 제33조에 의하여 외국인의 공무원 임용은 일부 제한된다.

346) 병역법 시행령 제136조에 의할 경우 혼혈인, 귀화에 의하여 대한민국 국적을 취득한 사람은 제2국민역으로 편입(현역, 보충역, 예비군복무 면제)되기 때문에 이러한 채용조건이 인종 또는 출신국가에 의한 차별에 해당하지는 않는다. 그러나 영주권자인 외국인에게 병역의무 자체가 부과되지 않기 때문에 이러한 채용조건을 충족하지 못한다는 이유로 영주권자에 대한 채용을 거부하는 것은 ‘국적’을 이유로 한 차별에 해당할 수 있다. 병역법 시행령 제136조(수형자 등의 병역처분)에서는 ① 현역병입영대상자 또는 보충역(보충역의 장교 · 준사관 · 부사관 및 보충역의 복무 또는 의무종사를 마친 사람을 제외한다)으로서 법 제65조 제1항 제3호 및 제4호에 따라 보충역 또는 제2국민역으로 편입할 수 있는 사람은 보충역편입대상(6월 이상 1년 6월 미만의 징역 또는 금고의 실형을 선고받은 사람, 1년 이상의 징역 또는 금고의 형의 집행유예를 선고받은 사람), 제2국민역 편입대상(1년 6월 이상의 징역 또는 금고의 실형을 선고받은 사람, 외관상 식별이 명백한 혼혈인, 호적상 부모를 알 수 없는 사람, 13세 이전에 부모가 사망하고 부양할 가족(민법 제779조 및

하여 채용을 거절하는 것은 국적을 이유로 고용에 있어서 불합리하게 차별대우하는 것이 될 수 있다. 다만, 헌법에서 국가안전보장 및 질서유지, 공공복리를 위한 경우 기본권의 본질적인 부분 외에 일정한 제한이 가능하며, 이러한 조치가 국민의 안전을 보호하고 공공의 복리증진을 추구하는 것인 경우에는 국가와 국민의 권익보호를 위한 것이므로 내국인을 우선할 여지가 있는 국가기밀업무 등에 외국인이 고용되는 경우 기밀누설로 안전에 문제가 발생할 소지가 있으므로 직무의 내용에 따라서 완화된 심사가 적용되어야 할 것으로 판단된다. 그러나 국방의 의무(군필요건)는 국민의 의무이므로 국민이 아닌 외국인에게 군필요건을 요구하는 것은 물리적으로 실현가능성이 희박하고, 실현 불가능한 요건을 요구하는 것은 사실적인 채용거부에 해당하며, 일반적인 직무의 경우는 외국인이라고 차별하여 달리 볼 합리적인 이유가 없다고 보이므로 군필요건은 대상직무별로 합리성여부를 판단하여야 할 것이다.

4. 모집 · 채용의 여러 쟁점요건과 합리적 이유

(1) 미혼요건과 성차별

미혼요건은 채용·응모 시에 기혼자는 지원이 불가능하고 미혼인 경우에만 지원이 가능하도록 자격을 제한하는 것이다. 또한, 재직 중 미혼요건을 유지할 것을 조건으로 하는 경우도 해당하고, 결혼을 이유로 퇴직을 강제하는 것도 관련이 된다(결혼정년 내지 결혼퇴직제는 후술하기로 한다). 미혼요건은 한 때 고용상의 쟁점사항으로 주로 여성에 대한 미혼요건이 문제가 되어 남녀차별이라는 관점에서 다루어져 왔다. 그러나 여성만의 문제가 아니라 남성의 경우도 대상이 될 수 있으며, 이는 정상적인 가정생활(혼인의 자유)을 방해는 문제와 직업선택의 자유까지 위협하는 쟁점이 될 수 있는 사안으로 진정직업자격요건 등에 해당하지 않는 한 차별행위가 된다. 남녀고용평등법(제7조)에서는 사업주는 여성 근로자를 모집·채용할 때 그 직무의 수행에 필요하지 아니한 '미혼 조건'

제974조의 규정에 의한 가족을 말한다)이 없는 사람이나 아동복지법에 의한 아동양육시설에 5년 이상 수용된 사실이 있는 사람, 귀화에 의하여 대한민국국적을 취득한 사람, 중학교를 졸업하지 아니한 사람)에 의한다. 이 경우 형이 부정기형으로서 장기와 단기를 정하여 선고된 때에는 장기를 적용한다고 규정하고 있다.

을 제시하거나 요구하여서는 아니 된다고 규정하여 특히 여성에 대한 차별금지를 규정하고 있다. 이러한 성차별적인 부분은 헌법에서 금지하는 사항에 해당하고, 다른 기본권의 제약을 가져올 수 있는 미혼요건에 의한 차별은 엄격심사의 대상이다.

1) 관행에 의한 차별

남녀고용평등법은 특별히 여성의 차별을 금지하는 규정을 목적으로 하므로 규율대상은 남성[347]에 비하여 상대적으로 차별적인 요소를 여성에게 적용하는 것을 금지하고 있다. 특히 문제가 되었던 것은 결혼을 하면 퇴직하는 조건을 관행적으로 모집·채용 시 또는 근로계약 등에서 정하는 경우[348]가 문제가 되었다. 이와 관련하여 ○○제분(주)의 사업장에서는 현실적으로 미혼요건을 유지할 것이 관행적으로 있어 왔다. 즉, 미혼자를 선발하여 입사 시에 회사의 요구에 따라 결혼과 동시에 사직하겠다는 내용의 여직원계약서(일명 결혼퇴직각서)를 제출하였으며 회사에서 여직원이 결혼을 하면 퇴직하는 관행이 있어 왔음을 주장하였다. 이러한 점을 뒷받침하는 증빙으로 원고회사는 창립 이후 이 사건 재심판정 당시까지 결혼 후에도 계속 근무하였던 여직원은 없었고, 당시 원고회사의 근로자 중 정규 사무직 여직원 전원이 미혼여성이라는 점이 확인되었으나, 동 각서가 미혼요건을 유지하는 각서로 인정되지는 않았다. 위 사건에서 청구인이 주장하는 바와 현실적으로 해당 사업장에 근무하고 있는 여성근로자의 상황을 보아도 미혼요건이 관행적으로 적용되고 있음(추정)을 알 수 있지만, 이에 대하여 재판부는 사직서의 효력(동 사업장에서 미혼요건 유지를 할 수 없는 경우 사직서를 내는 관행이 비진의 표시에 의한 사직서의 제출인지 여부와 그에 대한 효력)여부에 쟁점을 두어 사업장의 관행적인 고용행태에는 큰 관심을 두지 않은 것으로 풀이된다. 한편, 현실적으로 비서직 등의 경우 미혼여성을 주로

347) 미혼여성에 비하여 미혼남성의 차별문제는 크게 이슈가 되지는 않았다. 그러나 미혼여성과 마찬가지로 미혼남성을 채용조건으로 전제하는 경우도 남녀평등이라는 관점에서 보면 양성 모두에게 관련된 것이므로 차별문제가 발생한다고 할 것이다. 물론 객관적으로 진정직업자격이 인정되는 사안이라면 달리 볼 여지는 있다고 할 것이나 그러한 부분이 인정되기는 어려울 것으로 판단된다.

348) 대법원 2001.12.27. 선고 2000두7797 판결.

활용하는 관행이 남아 있는데, 특정 업무가 미혼이 전제가 되어야 할 합리적인 전제조건이 될 수 없으며, 진정직업자격의 경우에서도 인정하기 어려운 부분이 있다. 미혼조건이 직무수행에 불가피하다는 연관성을 증명하지 못하는 한 미혼조건은 차별에 해당한다. 과거에 미혼조건이 관념적으로 여성에 대한 차별로 인식되어 왔고, 이러한 조건은 성차별로 인식되고 있다. 그렇기 때문에 헌법에서 성차별을 금지하고 있는 사항을 남녀고용평등법에서 이를 해소하기 위하여 명시적으로 금지사유로 규정하고 있는 것으로 판단된다. 결국 관행이 합법적이고 정당하지 않은 경우 이는 위법행위가 되며, 명시적으로 규범화되지 않았다고 하더라도 간접적으로 또는 결과적으로 차별행위가 되는 경우 이는 정당성을 인정할 수 없다고 보아야 한다.

2) 다른 기본권의 침해여부

고용과 관련한 국민의 기본권은 평등권과 더불어 직업선택의 자유권 등도 포함된다. 즉, 채용에서 미혼 조건을 요구하는 것은 직업선택의 자유권을 제한하는 사유가 될 수 있다. 그리고 혼인과 가족생활에서의 양성평등은 헌법(제36조)의 규정에 의하여 보호되고 있고, 혼인여부와 관련한 차별금지 규정은 특별히 개별법(남녀고용평등법, 직업안정법 등)에서 보호하고 있는 상황이다. 결혼의 자유도 행복추구권 등으로 보호되는 기본권에 해당하는 사안으로 어떤 기준을 적용해도 기본권의 본질적인 부분을 제한하는 차별은 금지되어야 할 사안이다. 특히, 미혼요건은 어떤 성을 기준으로 적용해도 차별의 문제에 자유로울 수 없으며, 헌법적인 규정은 물론 관련법령의 위반에 해당하는 사안으로 인정되기 어렵다. 결국 미혼요건은 성차별에 해당하고 특히 여성에 대한 차별의 문제가 크며, 미혼 요건이 직업을 선택할 자유를 침해함은 물론, 결혼의 자유가 보장되는 현실에서 행복한 가정생활을 추구할 자유를 침해하는 등 다른 기본권에 대한 중대한 침해가 된다고 할 것이므로 그 합리성을 인정받기는 어렵다고 할 것이다.

3) 가족 돌봄의 책임

모집·채용 등 공공기관이나 사용자가 불특정인을 상대로 한 근로계약 체결에 이르기 위한 근로계약 개시 이전의 모든 고용과정에서 가족형태 등을 이유로 한 차별은 금지되는데,[349] 이러한 차별행위 유형으로 모집·채용에서 미혼이 아닌 경우가 전제가 된 응모자에 대하여 직무수행상 불필요한 부양자 유무 등의 가족상황 등을 사용하는 경우, 배우자 또는 다른 가족구성원이 이미 근무하고 있다는 이유로 채용이 거절되는 경우, 가족형태 등에 대한 고정관념과 편견에 근거하여 지원자를 평가하는 경우 등을 들 수 있다.[350] 아울러, 근로자를 모집·채용하는 과정에서 기혼자인 편부모 가구의 편모가 가사상황으로 인해 종일업무의 직책을 받아들이지 않으려고 할 것이라는 고정관념을 가지고 모집·채용 광고상에서 편부모 가구의 여성을 기피할 경우에는 차별에 해당하고[351],

349) Mr. Connolly는 8년 반 동안 본스 세쿠어병원에 임시직 수위로 근무하였는데 정규직 야간 수위직 두 자리가 신설되어 이에 응모했는데 떨어졌다. 탈락 이유에 대하여 수위장에게 문의하던 중 그가 결혼하여 아이들이 있기 때문이라는 말을 듣게 되었다. 평등조사관은, 수위장이 진정인 Connolly씨와 논의하던 중 결혼과 아이들에 대해 한 코멘트는 차별적임을 인정하였다. 그러나 정규직 야간 수위에 임용된 지원자들 중 한명이 채용시험을 볼 당시 결혼해서 아이가 있는 자임이 밝혀짐에 따라 Connolly씨의 탈락이 그의 혼인 여부나 가족상황 때문이 아니라고 보았으며, 다만 논의 과정에서 행한 차별적 언급에 대해 육천 파운드를 보상하도록 했다. 또한 평등조사관은 본스 세쿠어병원이 고용남녀고용평등법에 의거, 인사관리부서의 직원들을 훈련시키고 직원성과 평정체계를 제대로 구축하도록 명령했다(DEC-E2005/042, Legal Review 2005, OEDI-the equality tribunal) ; 아일랜드의 고용남녀고용평등법(1998)은 사용자가 누구를 채용할지를 결정하기 위한 절차·제도에서 차별하거나 또는 채용될 수 있는 상황이 실질적으로 다르지 않음에도 불구하고 다른 사람에게는 요구되지 않는 채용자격을 특정 사람에게 요구함으로써 차별하는 것은 채용에 관한 차별로서 금지된다(제8조 제5항). 또, 차별의도를 나타내거나 합리적으로 볼 때 차별의도를 나타내는 것으로 이해될 수 있는 모집·채용의 광고는 금지된다(제10조 제1항).

350) 헌법재판소는, 국가유공자법 제31조의 채용시험의 가산점 등에 대해서, 가산점 수혜대상이 되는 취업보호대상자가 1984년 이후 대폭증가(국가유공자와 그 가족의 수가 과거에 비해 비약적으로 증가)하여 취업보호대상자에서 가족이 차지하는 비율이 증가하고, 공무원시험의 경쟁이 갈수록 치열해지는 상황을 고려하여 헌법 제32조 제6항의 조항에 대한 기존 해석이 필연적으로 일반 응시자의 공무담임의 기회를 제약하게 되는 결과가 될 수 있으므로 이를 엄격하게 해석할 필요가 있다고 판단하였다. 따라서 헌법 제32조 제6항의 대상자는 조문의 문리해석대로 '국가유공자', '상이군경' 그리고 '전몰군경의 유가족'이라고 보고, 명시적인 헌법적 근거 없이 국가유공자의 가족들에게 만점의 10%라는 높은 가산점을 부여하는 것은 그러한 가산점 부여대상자의 광범위성과 가산점 10%의 심각한 영향력과 차별효과를 고려할 때, 헌법상의 공정경쟁의 원리와 기회균등의 원칙을 훼손하는 것으로서 부적절하며, 국가유공자 가족의 공직취업기회를 위하여 매년 많은 일반응시자들에게 불합격이라는 심각한 불이익을 입게 하는 것은 정당화될 수 없다고 하여, 위 법률규정에 대하여 헌법불합치 결정을 하였다(헌법재판소 2006.02.23. 선고 2004헌마675·981·1022 병합)).

351) 이승욱·김엘림, 「여성고용에서의 차별판단기준마련」, 노동부, 2005, 52면.

업무와 관련이 없는 가족구성 등에 대한 내용을 지원서에 작성하게 하고 이를 근거로 특정한 가족상황 등에 있는 지원자를 조직생활에 적합하지 않고 업무에 충실할 수 없다는 이유로 채용을 거부하는 행위는 차별이다.[352] 또, 면접과정에서 특정한 가족형태 등에 대한 편견을 드러내는 차별적 질문이나 발언은 차별의 증거가 될 수 있다.[353] 결국 가족 돌봄의 책임주체를 여성으로 간주하여 기혼의 경우 가족 돌봄의무로 인해 직무몰입이 어렵다는 것이 여성의 미혼요건을 강조하는 이유 중에 하나이기도 한데, 가족 돌봄의 문제는 남녀를 구분할 소지의 것이 아니다. 아울러 미혼요건은 남녀고용평등법에서 일과 가정의 양립지원을 위한 조치들이 규정되어 있는 점은 결혼으로 인하여 가정생활 내지 가족 돌봄의 문제를 보호·지원하여 여성 등이 근로활동을 원만하게 수행할 수 있도록 하는 취지에도 어긋나는 것이라고 할 수 있다.

4) 직무의 본질로서의 미혼요건 가능성

미혼요건이 진정직업자격이 될 가능성은 없는 것인가가 문제가 될 수 있다. 예를 들어 종교적인 경향사업체에서 수녀가 활동할 수도 있는데 이때 수녀가 되는 조건과 해당직무를 수행하는 역할에서 일정부분 미혼요건이 진정직업자격으로 인정될 여지가 있을 것으로 판단된다. 즉, 종교단체가 운영하는 학교의 경우 해당종교 수행과정과 생활 등의 과목을 교육하는 수녀가 있을 수 있고, 이는 당연히 수녀조건에서 이미 미혼요건을 가진 것으로 진정직업자격성을 가질 여지가 있어 보인다. 한편, 과거 모 여대 학칙에서 미혼요건을 규정한 바가 있으나 여대의 특성을 반영한 것이라고 하더라도 그 정당성을 갖기는 어려운 것이 현실이었으므로 현재는 폐지된 상태이다. 결국 엄격하게 보자면 극히 제한적인

352) 국가인권위원회, 「국가인권위원회법 해설집」, 2005, 388면.

353) 진정인은 운수업체에 운전기사로 취업하고자 입사원서를 제출하였으나 이혼을 하였다는 이유로 원서를 되돌려 받고, 취업에 실패하였다. 이에 대하여 진정인이 위 운수업체의 행위는 차별임을 이유로 국가인권위원회에 진정을 하였는바, 조사 도중 피진정인이 응시자격 요건으로서의 '기혼자' 항목을 자진하여 삭제하였고, 이후 이 항목을 이유로 하여 취업을 제한하거나 차별하지 않겠다고 밝혀, 인권위는 기각결정을 하였다. 이 사건은 비록 위와 같은 이유로 기각되었으나, 피진정인이 진정인을 이혼하였다는 이유로 채용하지 않은 행위는 모집·채용 영역에 있어서의 혼인 여부에 의한 차별일 뿐만 아니라 동시에 그를 전제로 한 이혼가족의 가족상황을 이유로 차별한 경우에 해당한다고 판단하였다(국가인권위원회 2007.05.03. 06진차702 결정).

경우 외에는 일반적인 경우에는 미혼요건은 직무의 본질적인 문제와 접목될 수 없는 사유에 해당한다고 할 것이다. 아울러, 미혼요건은 남성보다는 여성에 대한 성차별이라는 문제로 여겨져 왔고 이러한 점이 여성의 사회활동에 제약요인으로 작용하였다. 이러한 문제를 해소하기 위하여 고용관련 법령에서 모집·채용할 때 '미혼 조건' 등과 관련한 차별금지의 규정은 특히 여성[354]에 대한 차별금지를 중심으로 규정하고 있다.

(2) 연령제한

1) 연령상한제한과 차별예외

연령차별금지에서 우리나라는 고령자 등에 대한 차별을 금지하고 있다. 최저취직연령(연소근로자)을 제한하는 것은 근로자의 학업과 건강을 위한 조치이지만, 취업에서 건강상의 문제 등과 관련이 없는 한 연령(나이)이 응모요건의 전제가 되는 것은 연령차별에 해당한다. 연령차별과 관련한 문제는 특히 고령자에 대한 차별이 문제가 되는데, 최근에는 청년실업과 관련하여 특별법이 마련되는 등 세대간의 이견이 있는 것이 현실이다.

고령자고용법에서는 모집·채용 등에서의 연령차별은 금지되지만 '직무의 성격'에 비추어 특정 연령기준이 불가피하게 요구되는 경우, '근속기간의 차이'를 고려하여 임금이나 임금 외의 금품과 복리후생에서 합리적인 차등을 두는 경우, 이 법이나 다른 법률에 따라 근로계약, 취업규칙, 단체협약 등에서 '정년을 설정'하는 경우, 이 법이나 다른 법률에 따라 특정 연령집단의 '고용유지·촉진을 위한 지원조치'를 하는 경우는 차별금지예외(제4조의5)로 규정하고 있다. 이러한 규정을 살펴보면, 직무의 성격상 심신이 미약한 고령자가 수행하기 어려운 직무, 근속기간의 차이에 의한 임용 시에 임금 등의 차등을 두는 것, 정년을 설정하는 것, 고령자 등에 고용유지·촉진을 위한 우대조치로 채용 시에 우선하여 선발하는 경우 등은 차별이 아니 될 수도 있다.

354) 남녀고용평등법(제7조)에서 모집 및 채용에 있어서 남녀를 차별금지를 규정하면서, 여성근로자를 모집·채용함에 있어서 모집·채용하고자 하는 직무의 수행에 필요로 하지 아니하는 용모·키·체중 등의 신체적 조건, 미혼조건 등의 조건제시 요구 금지를 규정하고 있고, 정책법(제19조)은 근로자를 모집·채용함에 있어서 합리적인 이유 없이 '성별' 등을 이유로 차별을 하여서는 아니 되며, 균등한 취업기회의 보장을 규정하고 있다.

헌법재판소는 경찰공무원임용령(2005.05.13. 대통령령 제18826호로 개정된 것) 제39조 제1항 중 순경 공개경쟁채용시험의 응시연령 상한을 '30세 이하'로 규정한 부분, 소방공무원임용령(2003.01.20. 대통령령 제17887호로 개정된 것) 제43조 제1항 별표 2 중 소방사・지방소방사 공개경쟁채용시험 및 특별채용시험의 응시연령 상한을 '30세 이하'로 규정한 부분 및 제2항 중 소방간부후보생 선발시험의 응시연령 상한을 '30세 이하'로 규정한 부분이 청구인들의 공무담임권을 침해한다고 판단하였다.[355]

이 사건에서 획일적으로 30세까지로 응시연령을 제한하고 있는 순경과 소방사・지방소방사 및 소방간부후보생에 대하여 살펴보면, 직무수행에 필요한 최소한도의 자격요건을 갖추고 있는데도 불구하고 단지 30세가 넘으면 그러한 자격요건을 상실한다고 보기에는 납득하기 어려운 부분이 있다. 즉, 같은 법령에서 순경을 특별 채용하는 경우 응시연령을 40세 이하로 제한하고, 소방사・지방소방사와 마찬가지로 화재현장업무 등을 담당하는 소방교・지방소방교의 경우 특채시험의 응시연령을 35세 이하로 제한하고 있는 점만 보아도 연령에 대한 형평성・균형성이 없어 보이고 이러한 차등을 두는 객관적인 근거가 없는 상황에서 합리성을 찾기 어려워, 연령에 의한 제한은 차별의 방법 내지 수단에서의 합리성이 인정되기 어렵다.

결국, 해당 법령 조항들이 순경 공채시험, 소방사 등 채용시험, 그리고 소방간부 선발시험의 응시연령의 상한을 '30세 이하'로 규정하고 있는 것은 합리적이라고 볼 수 없으므로 침해의 최소성 원칙(최소 침해성)에 위배된다고 보아야 한다. 다만, 순경 공채시험, 소방사 등 채용시험, 소방간부 선발시험에서 응시연령의 상한을 제한하는 것이 전면적으로 허용되지 않는다고 단정하기는 어렵고, 경찰 또는 소방공무원의 채용 및 공무수행의 효율성을 도모하여 국민의 생명과 재산을 보호하기 위하여 필요한 최소한도의 제한은 허용되어야 할 것인바, 그 한계는 경찰 및 소방업무의 특성 및 인사제도 그리고 인력수급 등의 상황을 고려하여 입법기관이 결정할 사항이므로 엄격한 척도를 적용하기보다는 완화된 심사기준이 필요하다고 할 것이다.

---

355) 헌법재판소 2012.05.31. 선고 2010헌마278 결정.

2) 연령제한과 직무의 본질

필요 최소요건으로 취업가능 연령에 대한 부분과 성인이 수행해야 하는 업무에 미성연자금지직종 등을 고려하면 성인요건 이상의 연령을 요구하는 경우는 문제가 되지 않는다. 이러한 근거로 근기법 제64조(최저 연령과 취직인허증), 동법 제65조(사용금지) 등을 들 수 있다. 또한 과도한 육체적 노동을 요하는 업무의 경우 객관적으로 고연령이 수행하기에 어려운 업무에 대하여는 합리적인 근거(생물학적, 의학적인 객관적 근거 등)가 있는 경우 이를 제한하는 것은 허용될 수 있다. 그러나 이러한 고연령도 신체적인 나이와 실제연령에는 차이가 있는 점 등을 고려하여야 하며, 일률적인 연령기준 만에 의한 제한은 문제가 될 소지가 있다. 연령제한은 연소근로자 내지 미성연자 고용금지직종이 아닌 한 사실상 정당성을 인정하기에는 어려운 부분이 있다. 비록 역할연기가 필요한 부분이라고 하더라도 정신연령(내면연기의 표출 등)이 주가 되는 것이고, 분장 등을 통하여 소화될 수 있는 여지가 많아, 표면적인 연령은 사실상 직무의 본질적인 부분을 이루는 요소로 인정하기에 무리가 있기 때문이다.

한편, 비정규직을 정규직으로 전환하기 위한 노력의 일환으로 특별채용의 기회를 부여함에 있어서 상대적으로 나이가 많고 인원도 많은 비정규직 근로자들로 구성된 직군에 대해서만 우대하는 행위는 다른 직군의 비정규직 근로자들에 대한 나이를 이유로 한 역차별을 추정해 볼 수 있고,[356] 목적 자체가 객관적으로 확인할 수 없는 주관적·추상적인 것인 경우, 나이에 대한 편견이 작용한 경우에는 정당한 목적으로 볼 수 없다.[357] 그러므로 목적 달성을 위한 수단으로

356) 상대적으로 나이 많은 비정규직 근로자들로 구성된 직렬에 대한 응시연령의 확대 : 사서직 지방공무원 제한경쟁 특별임용시험 응시연령 제한 사건에서 다른 비정규직(전산직 전산보조원, 식품위생직 영양사)의 경우 인원이 많고 나이도 30·40대가 많아 이들에게 정규직화 노력의 일환으로 응시기회를 부여하고자 응시연령을 '45세까지'로 확대·시행한 반면에 비정규 사서직의 경우 상대적으로 근무기간이 짧고 인원도 적어 응시연령 확대가 필요 없다고 판단하여 해당 인사규칙 규정에 따라 '28세까지'로 제한하였다는 주장에 대해 인권위는 현저히 낮은 나이기준을 적용한 사서직은 물론 다른 직렬에도 나이를 응시자격으로 규정해야 하는 것은 합리적 이유가 되지 못한다고 결정하였다(국가인권위원회 2005.10.18. 05진차 141 결정).

357) 멜버른을 방문하는 일본인 관광객들을 위한 여행가이드이자 통역자로서 임시직 근로자가 이른 아침의 출발과 업무의 야간종료, 신속한 이동, 가이드가 도와주어야 하는 큰 부피의 짐이 있을 수 있는 큰 규모의 그룹을 담당할 수 있는 진정인의 능력에 대하여 의문을

명시적인 나이 기준 또는 특정 나이 집단에 결과적 불이익을 초래하는 중립적 기준을 사용하는 것이 불가피하고 적정한 수단으로 인정되어야만 나이차별이 성립하지 않는다고 보아야 한다.[358] 사람의 생명이나 안전을 위해 나이기준을 채택한 경우 나이기준이 실제로 생명이나 안전의 보호에 기여한다는 객관적 연구결과나 증빙자료 등의 증거가 있어야 한다. 또, 대체수단을 채택할 경우 사용자에게 합리적으로 수용 가능한 범위를 넘어서는 과중한 부담을 초래할 우려는 없는지도 고려해야 하며, 불이익의 정도가 과도한지 여부는 추구하는 목적의 긴박성, 과거 유사한 상황에서 적용한 기준 내지 경험, 국내외 동종업계의 실태 내지 관행 등을 고려하여 각각의 사안과 업무내용 및 특성에 따라서 판단되어야 한다.[359]

연령차별에서 문제가 되는 사유 중 경험에 대한 활용과 경륜의 개연성을 고려하는 것인데, 직무경험이 곧 연령과 연동되는 것은 아니라는 점이며, 경륜도 단지 연령만의 문제와 직접적으로 연동되는 사안으로 판단하기에는 어려움이 있다. 특정 업무에 대한 직위나 직책을 수행할 사람을 모집(경력직 모집)하면서 일정기간의 직무경험을 요구하는 것은 문제가 없으나 이와 연동하여 일정 연령 이상을 요구하는 것은 상대적으로 차별이 될 수 있다. 반대로 일정 연령 이하를

제기하면서 피진정인의 우려는 나이에 관계된 것이 아니라 직무의 고유한 요건을 수행할 수 있는 진정인의 능력이라고 주장하였다. 호주의 인권·기회평등위원회(HREOC)는 업무수행을 위한 진정인의 건강이나 신체적 능력에 대한 피진정인의 우려는 진정인에게 충분히 표시된 바가 없고, 일의 배정에서 진정인이 다른 가이드에 비해 차등을 받은 것은 나이 때문이라고 보고, 피진정인의 행위는 진정인과 같은 연령층의 사람들에 대한 진정인의 건강과 업무능력에 대한 가정에 기초한 것이라고 보아 피진정인이 무거운 짐을 나르는 진정인의 능력에 대한 우려가 있었다면 진정인의 건강과 관련한 진단을 구했어야 할 것이나 피진정인은 그렇게 하지 아니하고 단순히 정형화된 가정에 의존하였고 이는 나이차별에 해당한다고 판단하였다(HREOC, Report of Inquiry into a Complaint of Discrimination in Employment and Occupation Discrimination on the Ground of Age, Report No.11.).

358) 일괄적 구조조정을 유보하는 대신 고용안정장치(정년시까지의 고용보장, 급여의 70% 지급, 나머지는 성과급여로 전환 지급)로 역직위 제도도입과 관련하여 근로기준법 제31조(현행 제24조) 경영상 이유에 의한 해고를 시행할 만큼 긴박한 경영상의 필요가 있다는 점에 대해 피진정인이 입증자료를 제출하거나 주장조차 한 바 없어, '일괄적 구조조정을 유보하였다'는 주장 및 '이를 유보하기 위해 역직위제도를 도입하였다'는 피진정인의 주장은 타당성이 인정되지 아니 한다(국가인권위원회 2006.02.27. 04진차307 결정).

359) 항공사 여자승무원 응시연령을(만 25세 이하) 제한은 국내에서 영업 중인 동종업계 외국 항공사와 비교해도 제한의 정도가 크다(국가인권위원회 2006.11.13. 05진차662 결정).

대상으로 제한하는 경우도 차별의 문제가 될 수 있다. 즉, 직무경험에서 연령은 개연성은 있으나 객관적인 기준이 될 수 없으며, 연령자체는 과학적이고 객관적인 증거가 없는 한 직무의 본질적인 문제와의 개연성을 가질 가능성이 적다고 보아야 하므로 연령을 이유로 하는 채용기준은 정당성을 가질 수 없다고 보아야 한다.

3) 연령제한과 고령자차별

채용단계에서 발생하는 연령차별의 대표적 유형은 지원자의 연령 특히 최고연령을 제한하거나 특정 연령층을 선호하는 경우이다.[360] 연령에 관한 언급이 불이익한 결정과는 무관하거나 흔히 있을 수 있는 견해 표명에 불과한 경우 불법적인 차별에 해당하지 않는다.[361] 생년월일이나 연령을 묻는 것 자체를 연령차별로 단정할 수는 없지만,[362] 연령이 많은 지원자를 배제하거나 연령에 근거한 차별행위를 드러내는 것일 수 있기 때문에 연령차별에 해당할 수 있다.[363]

---

360) 영국 고용평등(연령)규칙에 관한 ACAS(The Advisory, Conciliation and Arbitration Service)의 가이드라인에서는 "면접에서 나이와 관련된 질문은 피하는 것이 좋다. 그리고 당신은 이 직책을 담당하기에는 상당히 젊다 또는 당신 같은 사람은 보다 많은 책임감이 요구되는 일을 찾아보는 것이 좋지 않겠는가? 등"과 같은 언급은 하지 않아야 한다고 규정하고 있다(ACAS, Age and the Workplace, A guide for employers, 2006, 15면).

361) Mack A. Player, *Federal law of employment discrimination*, 3rd ed., West Group, 1992, 137~138면.

362) 미국 ADEA 관련 EEOC 규칙(29 C.F.R. §1625.5) - 입사지원서 등 고용관련 신청서 : 입사지원서 등 고용관련 신청서(employment applications)에 '생년월일'이나 '나이'와 같은 정보를 밝히도록 요구하는 것 자체가 법 위반은 아니다. 그러나 그러한 요구는 고령자를 단념케 하거나 나이에 근거한 차별을 암시할 수 있기 때문에, 그러한 요구가 법이 허용 내지 금지하는 목적을 위한 것인지 확인하기 위해 위와 같은 정보를 요구하는 고용관련 신청서는 엄격한 심사의 대상이 된다. 그 목적이 법이 금지하는 것이 아니라는 점을 해당 신청서에 "1967년 고용에서의 연령차별금지법(ADEA)은 40세 이상의 자에 대한 나이를 이유로 하는 차별을 금지하고 있다"라는 취지로 명시하거나 다른 수단으로 진정인들에게 알려야 한다. '고용관련 신청서'는 고용에 관한 일체의 요구서 혹은 이력서와 자기소개서 등 채용·승진을 위한 원서를 의미하고, 채용 이전에 요구하는 서면뿐만 아니라 채용 후 근로조건 등에 관해 근로자에게 요구하는 서면을 포함한다. : 영국 고용평등(연령)규칙에 관한 ACAS의 가이드라인은 '지원서 양식에서 나이, 생년월일 기재란을 삭제하라. 또한 기간이나 날짜에 관한 불필요한 정보를 기재토록 요구하고 있지 않은지 검토해야 한다. 지원서 양식에서 나이와 관련된 정보를 요구하는 것은 나이차별에 해당할 수 있다'(ACAS, Age and the Workplace, A guide for employers, 2006, 11면).

363) Barbara T. Lindemann and David D. Kadue, *Age Discrimination in Employment*

또, 특정 연령집단만을 대상으로 하는 선발기준을 제시하는 경우 차별에 해당할 수 있으나, 진정직업자격이나 적극적 조치에 해당하는 경우에는 연령차별이 성립하지 않는다.[364] 선발과정상의 명시적인 연령제한은 사업 또는 조직의 부차적 목적을 달성하기 위한 경우, 선발과정상의 비용 및 시간을 절감하기 위한 경우, 직접 관련성이 희박한 법령 등을 준용하거나 기준으로 삼는 경우, 국외근무자 등 상대적으로 오랜 양성기간의 소요를 이유로 한 경우[365]와 같은 목적 내지

Law, Washington, D.C. : Bureau of National Affairs, 2003, 1185~1186면 ; 직업경험의 최고 한도 설정과 관련하여 아일랜드의 평등조사관청(평등심판소)은 2~3년을 초과하지 않는 직업경험요구는 젊은 지원자들에 비해 진정인에게 불리하게 작용하는 것으로, 피진정인이 나이와 무관한 객관적 능력 기준에 관한 증거를 제시하지 못했기 때문에 간접차별에 해당한다고 판단하였다(Tom O'Connor v LIDL Ireland GmbH (DEC-E2005-12)(www.equalitytribunal.ie)) ; 채용광고와는 달리 직업자격경험의 사실상 최고한도 설정과 관련하여 아일랜드의 평등조사관청은 회계원들이 통상적으로 20대 중반에 자격을 갖추는 점을 감안할 때 최고 2~3년의 자격경험은 실제상 30세 이상의 연령그룹에 속하는 현저히 적은 비율의 자들이 충족할 수 있는 조건으로 보다 나이가 많은 지원자들에 대한 간접차별이고, 피진정인은 이런 조건을 객관적으로 정당화하는 증거를 제시하지 못했다고 판단하였다(Noonan v Accountancy Connections(DEC-E2004-42)(www. equalitytribunal.ie)) ; 고령자가 절대 다수를 차지하는 파트타임 재고용 거부와 관련하여 희망퇴직자의 약 96%가 50세 이상이라는 사실로부터 아일랜드의 평등조사관청은 희망퇴직자를 파트타임 재고용 대상에서 배제하는 것은 나이가 젊은 근로자들보다 50세 이상의 근로자들에게 상당히 심각한 영향을 미치고, 피진정인은 회사의 정책이 나이차별과 무관하거나 비용절감이라는 경제적인 이유 외에 다른 정당한 사유를 입증하지 못했다는 점에 근거하여 차별로 판단하였다(McLoughin v Bus Eireann(DEC-E 2004-59)(www. equalitytribunal.ie)) ; 영국 고용평등(연령)규칙에 관한 ACAS의 가이드라인에서는 운전학원의 운전강사를 모집・채용함에 있어서 운전자격증을 보유하고 있고 10년 이상의 운전경력을 요구하는 경우 이러한 요구는 28세 미만인 자의 지원을 막는 차별적인 것일 수 있고, 운전강사의 자격으로 4년 이상의 운전경력이면 충분한 상황에서 28세 미만인 자가 나이차별을 주장하는 경우 사용자는 10년 이상의 운전경력이 왜 필요한지를 정당화하여야 한다(ACAS, Age and the Workplace, A guide for employers, 2006, 12면) ; 영국 고용평등(연령)규칙에 관한 ACAS의 가이드타인에서는 사용자가 직원을 채용함에 있어서 대학 졸업자일 것을 자격요건으로 요구하고 있는데, 오늘날에는 몇 십 년 전에 비해 훨씬 많은 사람들이 대학을 다니지만, 충분한 실무적 경험을 갖고 있는 고령자들이 대학교 졸업자일 가능성은 상대적으로 적으므로 사용자가 대학 졸업자 요구의 정당성을 입증할 수 없는 경우에는 간접적인 나이차별에 해당할 수 있다(ACAS, Age and the Workplace, A guide for employers, 2006, 14면).

364) EU입법지침(2000/78/EC)은 채용에서의 나이차별(직접차별)의 예외로 설정 가능하다고 규정하고 있다. 또, 해당 업무가 요구하는 교육훈련 또는 퇴직 이전의 합리적인 고용기간에 근거한 채용상의 최고 연령의 설정도 가능하다.

365) 외교통상직 공무원 공개채용시험 응시연령제한(30세 미만)과 관련하여 외교통상직 공무원의 경우 일반직 공무원에 비하여 상대적으로 오랜 시간의 양성기간이 소요되므로 5급 국가공무원 임용시험 응시 상한연령 보다 2년을 하향조정하였다고 주장한 건과 관련하여

사유는 연령제한을 정당화하지 않는다. 또, 외국어능력을 선발기준으로 삼는 경우 어학능력의 평가결과에 따라 적격자를 선발할 수 있음에도 연령이 많은 사람은 어학능력이 떨어진다는 편견에 기초하여 연령기준을 두어 선발 대상에서 배재하는 것은 차별행위에 해당한다.

(3) 언어능력 요건

언어능력은 직무를 수행하기 위해서는 필수적인 요소로, 원만한 의사소통은 직무수행상 직접적이면서도 매우 중요한 요소에 해당한다. 특히 안전사고 등이 관련되어 있는 사업장의 경우는 안전보건조치에도 중요한 문제가 될 수 있는데, 이 경우에는 근로자의 보호측면에서도 차별의 합리성이 인정될 소지가 크다. 아울러, 의사소통이 원만하지 못하여 의사전달이 잘못되거나 잘못 이해되어 정상적인 직무수행이 불가능하다면 사실상 의도하는 직무를 정상적으로 수행할 수 없게 된다. 그러므로 미국도 언어적인 능력에 대하여는 가이드라인을 통하여 필수요건으로 제시하고 있다. 다만, 언어능력과 연계하여 필요 이상의 과도한 외국어 어학능력을 요하거나 상대적으로 업무능력에 차이가 없고 다른 부분에 많은 역량을 가지고 있음에도 불구하고 외국어 어학점수에만 의한 채용 내지 모집은 문제가 있을 수 있다.

결국, 언어능력은 의사소통능력(이해·표현능력)과 어학능력(외국어 등 어학점수)으로 구분해 볼 수 있는데, 언어적인 표현능력과 이해력 부족(언어적인 장애)과 외국어 능력은 구분하여 판단할 여지가 있다. 즉, 언어적인 장애는 차별의 문제라기보다는 직무수행을 위한 근본적인 요건에 해당하는 것이고, 외국어 능력(어학능력 내지 어학점수)은 직무상 불가결한 사유가 인정되는 경우와 그렇지 않은 경우로 나누어 보아야 한다. 결국, 차별의 문제는 전자보다는 후자의 문제가 될 것이다.

인권위는 이미 5급 국가공무원의 공개채용응시 상한연령을 32세 이하로 규정한 「공무원임용령」의 규정의 개선을 권고한 바 있고, 국가공무원의 응시상한연령의 합리성을 전제한 상태에서 합격자에 대한 국외연수 기간 등을 고려하여 책정한 30세 미만이라는 상한연령의 합리성은 인정되지 않는다(국가인권위위원회 2007.07.11. 07진차177 결정) ; 대법원 1992.2.25. 선고 91다26232 판결.

1) 어학점수에 의한 응모요건

일정 어학점수(특히 외국어 어학점수[366]))가 특정 직무수행을 위하여 의사소통에 적정한 수준에 해당하고, 그러한 어학능력이 특정 직무수행을 위한 기준이 되는 불가결한 사안이라면 이는 진정직업자격 요건에 해당하는 사안으로 그 정당성이 인정될 수 있다. 그러나 해당 직무수행에 반드시 필요한 요건이 아님에도 다른 변별력을 가진 선발요건을 고려하지 않고 어학점수만을 기준으로 선발기준으로 삼아 응모대상에서 배제하는 것은 차별이 될 수 있다. 어학은 일반적으로 직무수행능력에 비하여 부가적인 요건에 해당하는 것이고, 일정한 어학점수가 언어능력(직무수행능력으로서의 의사소통능력)을 객관적으로 인정하는 기준이 되는 것은 아니기 때문이다. 즉, 인사제도관리측면에서도 신규인력의 채용은 직무수행능력의 우수성이 본질이 되어야 하는 것이지 어학점수가 본질이 될 수는 없는 것이며, 고유직무를 수행하기 위한 전문지식, 지적수준, 기술, 스킬 등 직무수행과 직접적으로 관련된 객관적인 기준들을 활용하여 판단되어야 하기 때문에 모든 직무에 일반적으로 어학점수를 기반으로 선발하는 것은 문제가 될 수 있다고 보아야 한다.

2) 언어능력과 특정한 직무의 본질

특정 직무 내지 특정 국가를 상대로 하는 업무 등을 수행하는 경우 특정 국가의 언어능력 내지 어학능력은 직무수행에 필요 불가결한 요소가 될 수 있다. 이러한 사례로 '특정 어학교사의 경우, 특정 언어권의 국가를 상대로 하는 무역이나 사업을 위해 해당 업무에 종사하는 경우, 특정 언어로 기록된 문헌을 해독하거나 문서를 작성하거나 활용해야 하는 업무 및 특정 언어권의 연구와 관련된 업무의 경우, 특정 언어 학습지 교사' 등은 그 직무관련성을 인정할 수 있을 것이다. 즉, 진정직업자격이 인정되는 경우 해당 언어능력은 직무수행을 위한 불가결한 요소에 해당한다고 할 것이다. 그러나 부수적인 업무의 경우에는 달리 볼 여지가 있다. 그러므로 수행직무의 특성과 역할 등에 대한 고려가 전제되어

366) 특히 직무와 연관성이 없는 경우에도 특정 외국어시험성적 등의 일정 점수 이상의 어학점수를 보유한 자에 한하여 응시원서 제출이 가능하도록 제한하는 경우 문제가 크다고 할 것이다.

야 그 합리성을 인정받을 수 있을 것이다. 즉, 특정 직무의 본질적인 부분에 해당하는지 여부와 그러한 직무를 수행하는지 여부에 따라 판단되어야 한다.

3) 언어능력과 외국인 차별 가능성

절대적인 어학성적 외에 제도·문화적인 이해가 필요하고, 구체적이고 세밀한 언어능력이 필요한 경우는 특정 언어권의 우대 내지 차별은 합리적인 이유가 될 가능성이 높다. 반면에 단순히 언어능력만을 기준으로 업무를 수행할 수 없는 직무라면 이러한 요건들은 인종적이거나 국적에 관한 또는 외국인 상호간에 대한 차별과도 연관 될 수 있는 사안에 해당한다. 이는 비원어민의 경우 현실적으로 원어민을 능가하는 언어능력을 갖추기는 어렵기 때문이다. 언어능력과 관련하여 원칙적으로 의사소통이 전제되어야 특정 직무수행을 원만하게 할 수 있다는 점에서 차별요소에서 배제될 수도 있으나, 한편으로는 출신민족이나 국가에 대한 차별의 문제도 발생할 수도 있다는 점이다.[367] 즉, 특정한 분야에 권위 있는 기술과 능력을 가진 외국인에 대하여 한국어 능력이 다소 부족하다고 하여 선발에서 제외해 버린다면 이는 외국인에 대한 차별과 더불어 기업의 입장에서는 사업의 성공과 성과에도 지대한 영향을 미칠 수 있는 사안에 해당할 수도 있다는 점을 고려할 필요가 있을 것이다. 그러므로 언어적으로 다소 부족한 결점이 객관적이고 우월한 업무적인 능력의 차이를 부인하는 수준의 언어능력 위주의 선발에도 신중한 판단이 필요하다고 할 것이다.

(4) 선발 기준 · 절차상의 문제

모집채용과정에서 활용되는 선발기준은 객관적이고 공정한 방법과 절차[368]를 통하여 이루어져야 한다. 그렇지 않은 경우 차별의 문제가 될 수 있는데, 채용

---

367) Fragnate사건(Fragnate v. City and County of Honolulu 888 F 2d 591(9th Cir. 1989)) ; EEOC(2002), Part 1606-Guidelines on discrimination because of national origin.

368) 모집과 채용에서의 성차별과 관련하여 사업주에게 특정 성을 차별하지 않을 의무가 발생하지만 사업주의 계약체결의 자유 자체가 부인되지 않으며, 이 경우 위반에 대하여 해당 응모자가 다른 응모자의 채용행위가 무효라고 주장하거나, 채용절차의 재심을 요구할 수 없고, 벌칙의 적용만이 문제가 될 수 있다는 견해가 있다(김형배, 『노동법』, 박영사, 2012, 231면).

과정은 선발기준이나 점수부여방식에서 차별이 발생할 수 있다. 이와 관련하여 가점제도나 경력인정 차별 등은 임용여부를 결정지을 수 있는 요인들에 대한 차별로 진입장벽의 대표적인 문제가 될 수 있다. 아울러, 성별분리기준을 통한 선발 등에서는 성차별적인 문제가 될 가능성이 크며, 특정 대상에게만 요구하는 서류, 절차 등에서도 차별의 문제가 될 수 있고, 면접과정 등 선발과정에서의 차별적인 질문도 문제가 된다고 보아야 한다.

1) 성별분리기준

모집채용과정에서 금지되는 성차별적 요소[369]로 논의되는 사유로는 직종·직무별로 남녀를 분리하여 모집하거나 성별로 채용 예정인원을 배정함으로써 특정 직종·직무에 특정한 성의 채용기회를 제한하는 경우, 채용시 특정한 성에게만 합리적인 이유 없이 별도의 구비서류 등을 요구하는 경우, 모집·채용에 있어 특정한 성만을 지칭하는 직종의 명칭을 사용하는 경우, 학력·경력 등이 같거나 비슷함에도 불구하고 특정한 성을 다른 성에 비해 낮은 직급 또는 직위에 모집·채용하는 경우, 남녀가 같거나 비슷한 자격을 갖추고 있음에도 불구하고 특정한 성을 다른 성보다 불리한 고용형태로 채용하는 경우, 구인광고 내용에 합리적인 이유 없이 특정한 성을 우대한다는 표현을 하는 경우(AA제외), 서류전형·면접·구술시험 등 채용절차에서 객관적인 기준에 의하지 아니하고 특정한 성을 불리하게 대우함으로써 채용기회를 제한하는 경우, 모집·채용에 관한 정보를 성별에 따라 다르게 제공하는 경우를 들 수 있다. 선발기준 등이 성차별적인 요소와 연관되는 경우에는 직무본질적인 요소와 적극적 개선조치가 아닌 한 엄격한 심사기준이 적용되어야 한다. 다만, 적극적 개선조치의 경우는 현존하는 차별상태의 심각성과 개선의 필요성 내지 불가피성이 전제되어야 하며 상대적으로 차별받는 대상과의 균형성을 고려하여야 한다.

결국, 채용과 관련하여 선발기준(선발방법, 채점기준, 가점제도[370], 적용기준

---

369) 남녀고용평등 업무처리 규정(고용노동부예규 제57호, 2013.6.21.) 제3조 제2항 각 목 내용 참조.

370) 헌법재판소 1999.12.23 선고 97헌마136 결정 ; 헌법재판소 2013.05.15. 선고2013헌마259 결정 ; 헌법재판소 2013.02.26. 선고 2013헌마68 결정 등.

등)은 특별한 사유[371]가 없는 한 동등한 기준을 적용하여야 하며, 선발과정에서의 차별도 금지된다. 즉, 응시(지원)자는 동일한 방법으로 처리되어야 하며, 적극적 조치 등 합리적인 사유에 근거한 경우가 아닌 한 성별에 따라 별도의 리스트를 작성해서는 아니 된다. 또, 동일한 학력, 경력 등 다른 자격이 같음에도 성별집단에 따라 직급·직위를 다르게 채용하거나 불리한 고용형태로 채용하는 경우, 성별에 따라 다른 자격 및 요건을 요구하는 경우, 성별에 따라 채용시험을 별도 실시하거나 합격기준을 다르게 하는 경우는 성차별에 해당한다. 단, 특정 성별집단을 우대한다는 표현을 하는 경우로서 소수인 성별에 대한 적극적 조치의 일환으로 소수 성별집단 구성원의 지원을 장려하는 것은 허용될 수 있다. 다만, 이 경우에도 선발은 성별을 고려하지 않고 객관적인 기준에 따라 행한다는 것을 명백히 해야 한다.[372] 또, 모집·채용과 관련한 정보제공에 있어서 특정한 성의 구성원에 대하여 불리한 대우를 하는 경우도 성차별에 해당한다.[373] 또, 개인의 인적정보 등은 동의를 구한 경우에 수집할 수 있으며, 동의 없이 사전에 징구하여 채용자료로 활용하는 것은 문제가 될 수 있고, 면접시에 성차별적인 질문(성차별적 질문을 평가기준으로 활용하는 경우도 문제가 된다)

371) 국가유공자예우등에관한법률 제31조 참조.

372) 영국 EOC(Employment Opportunity Commission) 가이드라인 인 '성차별실행규칙(Code of Practice- Sex Discrimination)'에 의하면 일자리 광고는 양성의 적합한 후보자로부터의 지원을 장려하는 방법으로 이루어져야 한다. 이는 광고 문안에 의해서도 이루어질 수 있고, 예컨대 양성이 접근할 가능성이 있는 출판물에 광고를 게재함으로써 이루어질 수도 있다. 고용이나 교육훈련 문제에 관련한 모든 공고물이나 관련 문건은, 남성과 여성의 고정된 역할(stereotyped roles)을 회피하는 것을 보장하기 위하여 검토되어야 한다. 그러한 고정관념은 직종에 있어서 성 분리를 영속화시키는 경향에 있으며, 반대 성에 속하는 자로 하여금 특정한 일자리에 지원할 경우 채용되지 않을 것이라고 믿도록 할 수 있다. 그러므로 ① 공석이 승진이나 배치전환에 의해 채워지는 경우 그 사실이 각 성으로부터의 지원을 제한하지 않는 방법으로 모든 자격이 있는 근로자에게 공지되어야 하고, ② 주로 또는 오로지 구두에 의한 모집은 이용가능한 지원자의 선택을 불필요하게 제한할 수 있다. 그 실제에 있어서 그 방법이 반대성의 구성원이 지원하는 것을 방지하는 효과가 있다면 그 방법은 특정한 성이 지배적으로 차지하고 있는 노동력에서는 회피되어야 하며, ③ 신청인이 노동조합을 통하여 공급되고 특정한 성의 구성원만이 제공된다면, 이는 채용할 대안적인 방법에 대하여 노동조합과 협의하여야 한다.

373) 노동부 성차별적 모집·채용 판단기준에서는 ① 회사에 대한 안내 등의 자료를 특정한 성에게만 송부하고 다른 성에게는 제공하지 않는 경우, ② 회사안내 등의 자료를 제공하면서 내용을 달리 하여 한 성에게는 단순 자료만 제공하고, 다른 성에는 상세한 자료를 제공하는 경우, ③ 기업에 대한 설명회를 개최하면서 어느 한성을 배제하고 하는 경우를 들고 있다.

등은 차별의 문제가 될 수 있다.[374] 특정한 직종을 모집하면서 여성만을 직무 수행에 필요하지 않은 기준을 부과하는 경우도 성차별에 해당한다.[375] 인터넷으로 채용지원을 하도록 하면서 성별을 구분하는 특정 주민등록번호를 입력하면 다음 단계로 넘어가지 않도록 설정하는 것도 성차별에 해당하며, 명시적으로 여성 또는 남성을 배제하지 않더라도 사실상 선발과정에서 특정 성별집단을 배제하는 것은 차별에 해당한다.

2) 선발기준의 차별성

① 선발기준 및 절차와 방법

선발기준은 채용에서 응모자를 대상으로 채용하고자 하는 인력을 결정하는 기준으로 서류전형, 필기시험, 적성검사, 면접 등 다양한 방법이 활용된다. 이러한 선발기준은 공정성이 전제되어야 하므로 차별 없이 동등한 조건으로 적용되어야 하며, 동일한 직무 및 직급 등의 경우 동일한 기준으로 선발이 이루어져야 한다.[376] 만약 성별에 따라 다른 기준을 적용하거나, 별도의 기준을 부과하여 추가적인 기준을 적용하는 경우 이는 차별이 될 수 있다. 동일한 직무에 대하여

---

374) 미국 고용기회평등위원회(EEOC : Equal Employment Opportunity Commission)는 "모집, 선발, 채용상의 차별금지에 관한 실무지침" 면접시 "18세 이하의 자녀가 있는가? 자녀의 숫자는? 자녀의 나이는? 자녀를 어떠한 방법으로 양육하고 있는가?" 하는 질문들은 종종 여성을 차별하는데 이용된다. 고용이전에 여성지원자들에게만 자녀양육 방법에 관한 정보를 요구하는 것은 민권법 제7편 위반이며, 고용주는 미취학 자녀를 둔 남녀 지원자에게 상이한 채용정책을 실시할 수 없다. 세금, 보험 또는 사회보장 목적에 필요한 정보는 지원자가 채용된 이후에 획득 가능하다.

375) 항공기 승객들이 여자 승무원을 더 선호하기 때문에 사업의 필요상 남자지원자를 배제한 건과 관련하여 미국 연방대법원은 항공사의 가장 중요한 기능은 안전한 수송이므로, 기내 서비스는 항공사업의 본질적 업무인 안전수송에 비해 부수적인 일이라고 판단하였고 남성을 배제하는 이유로 항공사측이 주장하는 고객의 선호, 구인난 등의 이유는 진정직업자격의 항변으로 정당하지 않다고 판결하였다(Diaz v. Pan American World Airways, Inc. F 2d 385 404 US 950 (1971)). 이 사건에서 법원은 본질적인 업무와 관련하여 성별은 부수적인 문제라며 진정직업자격 항변을 기각함으로써, 이후 진정직업자격 요건문제에서 '편의성(convenience)'보다 '본질적(essence)' 기준이라는 원칙이 생겼다(윤후정·신인령, 『법여성학』, 이화여자대학교 출판부, 2001, 373면.).

376) 그러나, 내규에서 직급 및 직종별 다른 선발기준을 마련하고 해당 직무 및 직급에 상응하는 경력을 가진 사람과 경력이 없는 사람에 대하여 별도의 채용기준을 마련하여 적용하는 것은 정의와 형평의 원칙에 반하거나 신의성실의 원칙에 어긋나지 않는다(대법원 1992.06.23. 선고 91다19210 판결).

다른 응모자들은 필기시험만을 적용하여 일정 점수 이상 자를 선발하면서, 특정 대상자에게는 특별조건을 부여하는 것은 문제가 될 수 있다. 예를 들어 성별에 차이를 두어 서류전형기준을 달리 적용한다든가, 필기시험의 인정기준을 달리 적용한다든가 하는 경우 차별이 될 수 있다. 결국, 방법론적인 측면에서도 같은 직무를 수행하게 될 응시자들 중 특정 대상자를 대상으로 집합연수를 통하여 생활상황을 평가한다든가, 학교생활기록부를 별도로 평가한다든가, 어학성적을 별도로 요구하거나 부과한다든가 하여 평가하는 등, 그 선발방법을 달리 하는 경우 차별이 될 수 있다. 물론, 직무와 직급 내지 직책이 다른 경우 별도의 방법을 적용하는 것은 문제시 할 수 없을 것이다.

② 가중치 및 가점제도

채점기준의 문제는 특히 서류전형·필기시험에서 많이 발생한다. 선발채점은 법에서 특별히 가점을 인정하도록 부과하지 않는 한, 같은 점수는 같은 기준으로 채점을 해야 하는데, 동일 직무 내지 직책을 수행할 대상자들 중 특정 대상자만을 대상으로 그 가중치를 달리 적용하여 평가하는 경우 차별이 될 수 있다. 물론, 수행할 직무가 다른 경우 등의 사안에서는 특정 평가 가중치를 달리 하여 부과하는 것은 문제시하기 어려울 것이다.[377] 아울러, 학교성적을 달리 가중치를 적용하는 경우, 같은 직무를 수행할 대상자를 선발하면서 학력에 대한 채점기준을 달리 하는 경우 등도 차별이 될 수 있다.[378]

선발기준에서의 가장 큰 이슈는 가점의 문제에 있다. 아주 작은 점수 차이로 합격과 불합격이 결정되는 채용에서 특정 집단에게 가점을 적용하는 경우 불리한 입장에 서게 되는 집단이 발생하게 된다. 과거 공무원 시험에서 군가산점제도가 문제가 된 사안이 있었다.[379] 다만, 적정성의 문제는 별개로 하더라도 특

377) 공무원임용시험에서도 수행할 직무나 직급에 따라 학력 등의 기본요건을 달리 규정하고 있다.

378) 인권위는 채용시에 서류전형 점수 채점기준과 관련하여 출신대학별 등급점수를 달리하는 것은 차별이라는 결정을 한 바도 있지만, 채용과 관련한 차별관행실태 조사에 의하면 채용과정의 차별관행을 설명하면서 특히 입사시 동일직무 수행자를 선발하면서 고졸, 전문대졸, 대학졸, 대학원졸 등 학력에 의한 채점기준을 달리하는 차별실태를 지적하고 있다(박귀천·김선미·손향미·이영희·이희진·정란아, "기업채용과정의 차별관행에 대한 실태조사", 국가인권위원회, 2011).

379) 헌법재판소 1999.12.23. 선고 98헌마363 결정.

별히 국가유공자법에서 '유공자와 그 자녀의 가산점부여' 부분에 대한 사건은 합리성이 인정된 바 있다.[380]

두 사건을 살펴보면, 국가유공자법에 의한 가점제도[381]는 공무원 채용시험에 있어 전체 합격자 중 취업보호대상자가 차지하는 비율 등에 비추어 볼 때 전체적으로 입법목적의 비중과 차별대우의 정도가 균형을 이루고 있다고 할 것이므로, 개별적 시험에 있어서 일부 소수직렬의 경우 채용인원이나 시험의 난이도 등에 따라 취업보호대상자 이외의 자가 합격하기 매우 어렵게 되거나 합격 자체가 불가능하게 되는 일이 발생할 수 있다고 하여 이러한 점만으로 그 균형이 깨졌다고 볼 것은 못된다고 할 수 있고, 유공자 가산점제도는 국가유공자 등에게 우선적으로 근로의 기회를 제공할 것을 규정하고 있는 헌법 제32조 제6항에 근거를 두고 있는 제도라는 점을 고려하면, 유공자 가산점제도가 법익균형성을 상실한 제도라고는 볼 수 없다는 점이다. 반면에 제대군인 가산점제도는 헌법이 특히 금지하고 있는 성차별적인 성격을 띠고 있으며, 국민이면 누구나 국방의 의무를 가지고 있으나 군복무는 징병검사를 통하여 일방적으로 결정되는 사안으로, 군복무를 할 수 없는 여성·장애인·면제자 등 보호되는 소수에 비하여 침해되는 다수의 법익이 크다고 하는 문제가 있다. 결국, 가점제도는 그 보호하여야 할 대상의 필요성이 인정되는 정당한 사유(유공자법 사건)가 존재해야 하며, 가산점제도로 인하여 피해를 보게 되는 집단의 이익형량(군가산점 사건)을 고려하여야 정당성이 인정될 수 있다고 할 것이다.

3) 자격의 대우와 경력 산정

① 동등자격과 전문자격의 대우

동등자격과 대우의 차별문제는 주로 경력직을 채용할 때 발생하는 경우가 많다. 물론 경력사항의 차이가 현격하고 선발기준(절차, 방법, 모집단위 등)이 다

380) 헌법재판소 2001.02.22. 선고 2000헌마25 결정.

381) 국가유공자법 제30조에서는 국가기관, 지방자치단체, 군부대, 국립학교와 공립학교, 일상적으로 하루에 20명 이상을 고용하는 공·사기업체 또는 공·사단체(다만, 대통령령으로 정하는 제조업체로서 200명 미만을 고용하는 기업체는 제외한다), 사립학교를 취업보호실시기관으로 규정하면서, 동법 제31조에서는 취업보호실시기관은 10%, 5%에 대한 가점을 부여하도록 규정하고 있다.

른 경우에는 문제가 되지 않는다.[382] 그러나 같은 수준의 자격을 가지고 있는 경우에도 현격한 차이를 가진 직급을 부여하는 경우 문제가 될 수 있다. 또, 자격이나 자격증의 인정기준은 해당 직무의 전문성과 필요성에서 본질적으로 요구되는 경우에 합리성을 인정받을 수 있다.[383] 특히 이러한 자격 인정 부분의 대우문제는 국가공인자격증 특히 법률이나 전문 직무·기술에 해당하는 자격증의 경우에 발생하는데, 그 전문성이 고도로 인정되는 부분에 해당하는 것으로 직무수행상 필요불가결(소송 및 법무업무를 수행할 사내변호사 선발 등)한 경우 차별로 보기는 어려울 가능성이 크다. 한편, 전산직렬 공무원임용시험에서 전산관련 산업기사 이상의 자격증 소지자를 응시자격으로 요구한 것은 전문적인 직무와 관련되는 것으로 정당성을 인정하고 있는데,[384] 이는 전산기술업무의 전문성제고를 위한 것으로 전산시스템 개발과 운영에서 일정수준의 기술적인 자격을 인정할 수 있는 최소한의 기본적인 요건을 정한 것으로 그 합리적인 이유가 있다고 할 것이다.

---

382) 대법원 1992.6.23. 선고 91다19210 판결.

383) 구 지방공무원보수업무 등 처리지침(2014. 8. 8. 안전행정부 예규 제104호로 개정되기 전의 것, 이하 '지침'이라 한다) [별표 1]의 문언·체제·취지 등에 비추어, 지침은 자격증·면허증·박사학위(이하 '자격증 등'이라 한다) 취득 후 동일한 전문분야에서 근무한 경력(제1유형)에 관하여는 경력이 공무원임용시험에서 요건이 되었는지와 무관하게 호봉 획정에서 고려할 수 있도록 정한 반면, 자격증 등 없이 근무한 경력으로서 지방공무원법 제27조 제2항 제3호 등 각 직종별로 민간근무경력을 요건으로 하는 경력경쟁임용시험 등에서 관련 직무분야로 인정받은 경력(제2 유형)에 관하여는 민간근무경력을 요건으로 하는 경력경쟁임용시험 등에서 관련 직무분야로 인정받은 경력에 한하여 호봉 획정에 고려하도록 정하고 있는 점, 지침이 제2유형에 관하여 민간근무경력을 요건으로 하는 경력경쟁임용시험 등에서 관련 직무분야로 인정받은 경력에 한하여 호봉 획정에 고려하도록 정한 취지는, 자격증 등 취득에 해당하지 아니하는 경우 임용된 직류와 유사한 민간근무경력 전부가 당연히 호봉 획정에 고려되는 것은 아니라는 전제 아래 지방공무원법 제27조 제2항 각 호 중 민간근무경력 또는 연구경력이 임용요건으로 된 경우에 한하여 호봉 획정에 고려할 수 있도록 함으로써, 전문적인 지식과 경력을 가진 민간 인력의 공무원 임용을 촉진하기 위한 것인 점, 만약 제2 유형에 관하여 '그에 상응하는 경력'을 정하고 있음을 들어 공무원의 임용과정에서 임용요건 등으로 심사되지 아니한 경력까지 호봉 획정에 반영토록 하는 것은 자격증 등 취득 유무에 따라 호봉 산입 여부를 달리 정한 지침의 취지에 부합한다고 보기 어려운 점 등을 고려하면, 지침 중 '그에 상응하는 경력'이란 구 지방공무원법 제27조 제2항이 정한 경력경쟁임용시험에서 각 직종별로 민간근무경력 자체가 임용요건은 아니었더라도 임용과정에서 민간근무경력에 대한 실질적인 심사가 이루어진 결과 민간근무경력의 인정 여부가 임용 여부에 영향을 미치는 등 제2유형에 준하는 것으로 평가할 수 있는 경우를 의미한다(대법원 2016.01.28. 선고 2015두53121 판결).

384) 헌법재판소 2012.07.26. 선고 2010헌마264 결정.

② 경력 산정

경력인정비중을 달리 적용하는 경우 차별문제가 발생할 수 있다. 경력산정의 차별은 직접직무수행(전담직무수행)과 간접직무수행(비전담업무수행)을 구분하여 가중치를 달리 하는 경우는 문제가 되지 않는다. 그러나 단위직무관련성과 절대경력의 차이를 둔 경우, 기업규모에 따른 경력산정의 차별성을 가지는 경우, 고용형태의 차이에 따른 경력산정에 차이를 두는 경우는 차별의 문제가 될 수 있다. 특히 기업규모에 의한 차별의 문제에서 대규모기업의 경력자들은 대부분의 경력을 인정받는데 비하여 중소규모의 경력자들은 삭감된 비율인정을 하는 경우 문제가 된다. 직무수행경력서상의 경력 등이 기업의 규모가 클 경우 세부분장이 가능하여 실제수행업무가 직접적으로 모집단위에 근접할 수 있는 가능성은 크다. 그렇다고 실제수행내용과는 무관하게 경력기업의 규모에 따라 차별하는 것은 문제가 될 것이다. 아울러, 직급부여에서도 절대경력기간이 동등하거나 비등한 경우에도 출신기관의 규모에 따라 직급부여에 차등을 두는 경우는 차별행위에 해당한다. 특히 경력인정비율은 직급부여를 위한 기준과 더불어 연공급체계의 호봉책정 등 임금수준을 결정하는 기준으로 활용되는 경우가 많아서 임금 등에 대한 차별과도 연동되는 사안에 해당한다.

그런데, 대법원[385]은 경력기간의 기산점이 자격취득후의 경력기간을 전제로 하는 공고문의 취지에 부합하는 것으로 합리적이라고 판단하였다. 법원은 취업규칙에 정규직인 일반직 직원의 초임연봉을 정할 때 공기업 근무경력 등을 100% 인정하도록 정하고 있었는데, 그 후 정부의 '공공부문 비정규직 종합대책'에 따라 비정규직인 계약직에서 일반직으로 전환되는 직원의 초임기본연봉을 비정규직 직원으로 근무 시에 받은 보수를 기준으로 산출한 등급의 금액으로 하도록 정한 부칙조항을 신설하여, 을 등(원고)이 비정규직인 계약직에서 일반직으로 전환되면서 계약직 직원으로 근무한 기간이 산입된 초임연봉등급을 받지 못한 사안에서, 공공부문 비정규직 종합대책에 따라 비정규직인 계약직에서 일반직으로 전환되는 을 등과 공개경쟁시험을 통해 일반직으로 임용되거나 정규직 내의 직렬 통합에 따라 일반직으로 자동 전환된 직원들 사이에는 임용경

385) 대법원 2015.10.29. 선고 2013다1051 판결.

로에 차이가 있고, 갑 공단(피고)이 비정규직 근로자를 차별할 의도로 형식적으로만 임용경로를 구분해 놓은 것이라고 보이지 않을 뿐 아니라 대상자에 따라 일반직 임용경로가 다르게 적용된 것에는 합리적 이유가 있다고 인정되며, 임용경로의 차이에서 호봉의 차이가 발생한 것이므로, 을 등과 공개경쟁시험을 통해 일반직으로 임용된 직원들 또는 정규직인 업무직에서 일반직으로 자동 전환된 직원들이 본질적으로 동일한 비교집단에 속한다고 볼 수 없어, 부칙조항이 근기법 제6조의 차별금지 조항에 위배되지 않는다고 판단하였다. 그러나 이 사건에서 임용경로의 차이로 인한 절대경력기간을 달리 판단하여 호봉책정을 달리 판단한 사례는 납득하기 어렵다. 즉, 직무경력은 직무수행의 질과 내용을 기준으로 판단되어야 하는 것이지 비정규직과 정규직을 달리 판단할 여지의 것이 아니다. 이는 동종·유사한 업무의 경우 동등한 임금을 전제하고 있는 기간제법 등 비정규직입법취지와 부합하지 않고, 동일가치노동 동일임금의 취지에도 부합하지 않는다. 결국, 같은 수준의 직무경험은 같은 가치로 평가받아야 하며, 연공급 임금체계에서 직급, 임금수준을 결정하는 호봉책정기준에 고용형태 내지 임용경로가 다르다는 이유로 그간의 경력인정을 달리 적용하는 것은 차별행위에 해당한다고 할 것이다.

4) 단체협약상 채용우대조항의 문제

채용과 관련하여 단체협약으로 직원의 자녀에 대하여 또는 특정인을 대상으로 특별채용규정을 둘 수 있는지? 그러한 단체협약은 정당성이 있는가? 즉, 조합원이 재직 중 재해로 인하여 사망한 경우 그 자녀를 특별채용 하도록 규정한 단체협약은 가능한 것인지가 문제가 된 사례[386]가 있다.

우선, 이 사건의 사실관계를 살펴보면, ○○자동차가 노동조합과 체결한 단체협약에는 “업무상 재해로 사망한 조합원의 직계가족 1인에 대하여 결격사유가 없는 한 요청일로부터 6월 이내 특별 채용하도록 한다”라고 규정되어 있다. 이에 근거하여 근로계약관계에서 발생하는 근로자에 대한 안전배려의무위반을 이유로 손해배상을 구하면서, 재해사망 근로자의 자녀 1명을 단체협약에 근거하여

386) 서울중앙지방법원 2015.10.15. 선고 2014가합17034 판결.

○○자동차에 대해 채용에 대한 승낙의 의사표시를 구하는 소송을 제기하였다. 이에 1심 법원은 ○○자동차에게 망인에 대해 재해사망의 인과관계를 인정하여 이에 따른 손해배상을 일부 인정하였으나, ○○자동차와 망인의 자녀에 대한 채용청구에 대해서는 근거가 되는 단체협약을 무효로 판단하여 기각하였다.

이러한 기각결정에 대한 법원의 판단은 세 가지 측면에서 고려되고 있다. 첫째, 근로관계의 당사자의 동의 없는 노무청구권의 양도는 인정될 수 없다는 것이다. 즉, 업무상 재해로 사망한 조합원의 직계가족 1인에 대하여 결격사유가 없는 한 요청일로부터 6월 이내 특별채용 하도록 한 단체협약 규정은 실질적으로 근로자의 직계가족 1인에 대하여 근로자의 지위 상속을 허용하는 취지의 규정으로, 사용자와 근로자 사이에 존재하는 특별한 인적 신뢰관계와는 조화되지 않는 규정으로 보고 있다. 둘째, 단체협약의 대상 여부와 관련하여 단체교섭의 대상이 되는 사항은 근로조건의 결정에 관한 사항 및 그 밖에 근로조건의 결정에 영향을 미치는 기타 노동관계에 관한 사항에 한정되고, 기업경영과 인사에 관한 사항은 원칙적으로 단체교섭의 대상이 될 수 없다고 보았다. 셋째, 고용계약은 사용자와 노무자 간의 특수한 인적 신뢰관계가 전제되는 계약이자 장기간 계속적 급부의 제공을 내용으로 하는 계약으로, 이와 같은 성질의 고용계약을 장래 불특정 시점에 불특정인과 체결하도록 강제하는 내용의 단체협약은 사용자의 고용계약의 자유를 심하게 제한하는 것으로, 민법 제103조 소정의 '선량한 풍속 기타 사회질서'에 반하는 것으로 판단하였다.

이 사건 사실관계와 법원의 판단을 기준으로 조합원의 자녀에 대한 특별채용을 규정한 단체협약의 문제를 판단해 보면, 우선, 인사권은 원칙적으로 사용자의 고유권한에 속하는 것으로, 단체협약이 사적자치가 인정되는 부분이라고 하더라도 이 사건의 단체협약은 근로자의 채용 자체에 관한 사항을 규정하고 있으므로, 근로자의 근로조건의 결정에 관한 사항 및 그 밖의 근로조건의 결정에 영향을 미치는 기타 노동관계에 관한 사항에 해당한다고 볼 수 없다. 또한 업무능력과 관련 없는 요건 충족에 의해 불특정인을 근로자로 채용할 것을 강요하는 규정으로 사용자의 고용계약 체결의 자유를 제한하는 내용의 규정이므로 이 사건 단체협약은 단체협약의 대상이 될 수 없는 것을 약정한 것으로 무효라고 할 것이다.

아울러, 단체협약의 내용 자체는 반사회질서적인 것이 아니라고 하여도 법률적으로 이를 강제하거나 법률행위에 반사회질서적인 조건 또는 금전적인 대가가 결부됨으로써 반사회질서적 성질을 띠게 되는 경우 및 표시되거나 상대방에게 알려진 법률행위의 동기가 반사회질서적인 경우 등을 포함하므로, 일률적으로 직계가족 1인에게 결격사유가 존재하지 않는 한 채용의무를 부과하여 업무상 재해로 사망한 조합원의 가족이라는 혈연적 요건을 채용의 가장 중요한 요건으로 규정하고 있는 것은 문제가 있다고 볼 것이다. 이는 헌법 제11조 및 정책법 제7조에도 배치되는 사안에 해당한다. 또, 취업기회의 제공은 평등하게 주어져야 함에도 이 사건에서처럼 결격사유가 없는 한 유족의 채용을 확정하도록 단체협약을 통해 제도화하는 방식은 사실상 일자리를 물려주는 결과를 초래하고 나아가 사실상 귀족 근로자 계급의 출현으로 이어질 가능성도 있어 우리 사회의 정의 관념에 반한다. 사용자의 보호의무 위반으로 근로자가 업무상 사망한 경우 유족의 생계보장은 금전으로 이루어지는 것이 채무불이행에 의한 손해배상의 원칙에 부합하는 방식이고, 또 그것으로 상당부분 목적을 달성할 수 있다. 이 사건 단체협약과 같은 방식을 통한 배상은 기회의 공정성에 대한 사회 구성원들의 신뢰를 희생한 결과 얻어지는 것인바, 인정여부 및 그 인정범위를 정함에 있어 신중을 기할 필요가 있음에도 이 사건 단체협약은 일률적으로 사용자에게 직계가족 1인에 대한 채용의무를 부과할 뿐만 아니라, 근로자의 능력적 측면에서 어떠한 요건도 요구하지 아니하여 과도한 혜택을 부여하는 것으로 무효라고 판단한 법원의 결정은 합리적이라고 할 수 있다.

Ⅱ. 고용내용에서의 합리적 이유 판단

1. 고용내용에서의 차별쟁점

근기법을 비롯한 대부분의 고용관련법령에서의 고용내용(근로조건 등)에 대한 차별금지를 규정하고 있다. 고용내용에서의 가장 큰 이슈는 임금 및 그 밖의 금품(이하 "임금 등"이라 한다)에 관한 부분이다. 특히 임금 등 차별의 부분은 고용내용에서 차별사유의 핵심부분에 해당하는 사안으로 그 중 비정규직에 대한 임금차별문제(기본급, 각종 수당, 복리후생 등)가 많이 부각되었고, 성별에 의한 임금차별 및 복지수혜부분에서의 차별 등이 이슈가 되고 있다. 아울러, 승진에서의 여성차별[387]과 여성승진할당제 등에 대한 정당성, 연령 및 장애 등과 연계된 교육선발 및 기회에서의 문제 등도 쟁점의 대상이다. 임금 등은 근로조건에서 핵심적인 사항에 해당하며, 근로제공과 이에 대한 반대급부라고 할 수 있어, 성별 등에 대한 차별판단에서 동일가치노동의 기준에 따라 엄격하게 판단되어야 한다. 다만, 특수목적의 수당 등 급부에 대하여는 합리적인 기준과 요건을 전제로 하는 경우 등 차별의 정당성이 존재한다고 할 수 있는 사안에 대하여는 완화된 심사기준이 적용되어야 할 것이다.

2. 임금에서의 차별과 합리적 이유

임금에서의 차별문제는 전통적으로 성별[388]에 대한 차별, 기간제 및 단시간 근로자와 파견직 등 비정규직에 대한 차별문제가 쟁점이 되어 왔다. 최근에는 외국인에 대한 임금차별과 연령에 의한 임금차별의 문제도 부각되고 있다. 이러한 임금에서의 차별문제는 합리성에 근거하여 동일가치노동 동일임금의 원칙, 동종·유사업무수행여부에 대한 판단, 책임과 권한 및 근로성격 등 직무상의 특성, 성과 등 직무수행결과에 대한 판단 등이 고려되어야 한다. 이하에서는 임금에서의 차별문제로 동일가치노동에 대한 판단, 기본급, 성과급 등 직접적인 근로의 가치대가에 대한 부분을 중심으로 검토하고자 한다.

(1) 노동가치판단에서의 동일가치노동

1) 동일가치노동 판단기준

전통적으로 임금 등 차별에서 동일가치노동 동일임금의 문제는 성별 임금차별을 논하는 주요 쟁점사항이었으나, 근래에는 성별 외에도 고용형태, 외국인 등 기타 사유에 의해서도 문제가 되고 있다. 동일가치노동 동일임금에 대하여

---

387) 남녀고용평등 업무처리 규정(고용노동부예규 제57호, 2013.06.21.) 제8조 참조.

388) 남녀고용평등 업무처리 규정(고용노동부예규 제57호, 2013.06.21.) 제4조 및 제5조 참조.

남녀고용평등법 제8조에서는 “사업주는 동일한 사업 내의 동일가치노동에 대하여는 동일한 임금을 지급하여야 하고, 동일가치노동의 기준은 직무 수행에서 요구되는 기술, 노력, 책임 및 작업 조건 등”으로 규정하고 있다.

법원[389)]은 동 내용과 관련하여 ‘동일가치의 노동’이라 함은 당해 사업장 내의 서로 비교되는 남녀 간의 노동이 동일하거나 실질적으로 거의 같은 성질의 노동 또는 그 직무가 다소 다르더라도 객관적인 직무평가 등에 의하여 본질적으로 동일한 가치가 있다고 인정되는 노동에 해당하는 것을 말하고, 동일가치의 노동인지 여부는 소정의, 직무수행에서 요구되는 기술, 노력, 책임 및 작업조건을 비롯하여 근로자의 학력·경력·근속연수 등의 기준을 종합적으로 고려하여 판단하여야 하며, ‘기술, 노력, 책임 및 작업조건’은 당해 직무가 요구하는 내용에 관한 것으로서, ‘기술’은 자격증, 학위, 습득된 경험 등에 의한 직무수행능력 또는 솜씨의 객관적 수준을, ‘노력’은 육체적 및 정신적 노력, 작업수행에 필요한 물리적 및 정신적 긴장 즉, 노동 강도를, ‘책임’은 업무에 내재한 의무의 성격·범위·복잡성, 사업주가 당해 직무에 의존하는 정도를, ‘작업조건’은 소음, 열, 물리적·화학적 위험, 고립, 추위 또는 더위의 정도 등 당해 업무에 종사하는 근로자가 통상적으로 처하는 물리적 작업환경을 말한다고 판단하고 있다.

이 사건은 해당사업장의 신규입사자를 포함하여 근로자의 임금책정을 성별을 달리하여 남녀차이를 둔 점이 가장 근본적인 임금차별의 원인에 해당하고, 이러한 차등에는 동일가치노동의 판단기준에 의해 엄밀히 판단해 보아도 차이를 둘 근거도 없고, 동등업무수행자가 분명한 여성근로자에게 임금차별을 한 것은 명백한 차별임이 인정된다는 것으로, 명시적으로는 비례심사기준에 의한 설시는 아니었지만 남녀고용평등법 등이 규정한 가치차이의 기준들에 대하여 세부적으로 엄격히 판단하고 있다. 결국 동일가치노동의 문제는 노동의 질과 수준 등에 따라서는 임금에 차이를 두어도 차별이 되지 않는다는 것을 함의하고 있다. 그러나 동일가치노동에 대한 비교가 명확한 경우만 있는 것은 아니기 때문에 현실에서는 이러한 사안을 명확히 구분하기는 어려움이 있어 문제가 되기도 한다. 세세한 부분까지 명료하게 가치차이를 판단할 수 있다면 그러한 판단의 합리적인 기준에

389) 대법원 2003.03.14. 선고 2002도3883 판결.

의하여 임금차이를 두는 것은 문제가 없을 것이다. 그러나 비교가 곤란한 직무에 대한 차이, 비교적 차이가 없는 직무의 경우는 동일임금이 전제되어야 하므로 이러한 경우 동일임금은 가치판단이 전제되지 않아도 차이를 두는 것이 합리성과 적정성을 담보할 수 없는 경우로 동일한 급부가 되어야 할 것이다.

2) 동일가치노동 판단사건 사례검토

① 사건개요

이 사건의 당사자관계를 살펴보면, 피고(TDK한국(주))는 페라이트 코아(FERRITE CORE), 세라믹콘덴서 등의 전자부품 제조, 판매와 금형제작, 판매 등을 영위하는 법인이고, 원고는 1999.10.19. 피고 회사에 일용직 주부사원으로 입사하여 소성실에서 일하다가 2000.01.18. 시간제 사원으로 전환된 근로자이다. 원고는 피고 회사의 소성실에서 작업을 함에 있어서 소성실[390] 전기로를 관리하는 남자 직원 및 포장실[391] 남자 직원과 비교하여 '동일가치 노동' 내지 '동종 또는 유사한 업무'를 수행하였음에도 불구하고, 피고는 원고가 단지 여

390) 이 사건에서 소성실 남자 직원들의 작업 내용으로 주된 작업은 '소성 공정의 전기로 가동 작업'으로서, 코아를 지정된 전기로에 지정된 온도로 소성하여 요구되는 지정된 특성을 얻는 것이다. 그 구체적 작업 공정은 ① 준비작업(규정된 배전반 전력비, 온도 관리 설정), ② 본 작업(작업지시판에 의한 온도 설정, 'pusher' 가동), ③ 기록작업(현품표, 작업일보 작성), ④ 온도교체작업(온도가 다른 제품을 소성할 경우 각 전기로 별로 온도 차에 따라 일정한 숫자의 공(공)대반을 넣음), ⑤ 로(로) 출 후 작업(현품표와의 확인, 정리), ⑥ 특별 작업으로 소성 '시작(시작)' 작업('시작품'의 경우 온도를 시작하여 판정표에 기록, 판정부로 보내 평가) 등이다. 이 밖에 정전시, 고장시 등에 별도의 온도 관리와 수리 부서 연락, 조치(단선 전기로 및 휴즈 교환) 등을 행한다. 전기로는 모두 3가지 유형으로(TDK, RH, AP) 총 9기가 있으며 각각의 온도설정 표준이 있어 피고의 영업비밀로 관리된다. 이상의 내용을 담고 있는 피고의 내규(명칭은 '소성 전기로'로 1994년 제정되어 거의 매년 한 두 차례씩 개정)상 전기로 관리는 "입사 후 소성에서 3개월 이상 근무 후 교대 근무한" 남자 직원 8명에 의하도록 하고 있다. 소성실은 연중 24시 가동되므로(품목당 가동 시간 12시간), 이들은 4조 3교대(주간, 야간, 심야)로 근무한다.

391) 이 사건에서 포장실 남자 직원들의 작업 내용은 ① 생산관리부서에서 출하 리스트가 넘어오면 품명별로 박스수를 계산하고 잔수를 체크하여 담당자에게 넘겨준다. ② 작업담당자는 다시 한번 계산하여 잔수를 포장하며 운반대차에 옮겨 둔다. ③ 출하일이 되면 업무부서에서 발행한 패킹리스트(복사본)를 보고 품목별로 리스트 수량에 맞게 준비한 제품을 출하할 수 있게 출하 장소에 적재한다. ④ 출하품 적재가 끝나면 출하 리스트 원본을 보고 품명별로 박스 수량 및 잔수 수량을 확인하고 검은색 매직으로 품명별 박스 번호를 기입한다. ⑤ 출하체크가 끝나면 박스번호별로 출하카드를 회수하여 따로 보관한다. ⑥ 출하카드 회수가 끝나면 압인선별로 압인선 도장을 의장박스 왼쪽이나 라벨 상단 빈 공간에 찍는다. ⑦ 박스 수 확인이 끝나면 출하카드로 확인을 다시 하고, 운송차에 실어서 출하한다.

자이고 비정규직 시간제라는 이유만으로 임금에서 부당한 차별을 하고 있으므로, 피고는 원고에게 2004.03.부터 2007.12.까지의 임금 차액으로 청구취지 기재 금액을 지급할 의무가 있다고 주장하였으나, 법원은 원고의 업무 수행과 소성실 남자 직원의 업무 수행은 '책임'과 '노력'의 측면에서 다르다고 판단되므로 '동일가치' 노동으로 볼 수 없고, 원고의 업무와 포장실 남자 직원의 업무는 '책임'과 '작업조건'의 측면에서 다르다고 판단되므로 역시 '동일가치' 노동으로 볼 수 없고, 여기에다가 원고가 시간제 주부사원으로 근무하고 있는 점과 원고의 임금수준은 동일한 근속의 피고 남자직원의 임금수준과 비교하여 볼 때 82.33% 내지 85.53%에 달하는 점을 종합하여 보면, 원고와 남자 직원 사이의 임금 차별이 불합리하다고 볼 수 없다고 판단하였다.[392]

② 동일가치노동에 대한 법원의 판단

이 사건에서 법원은 동일가치노동 판단기준인 기술, 노력, 책임, 작업조건에 의하여 소성실 남자직원 및 포장실 남자직원과 원고(시간제 여성근로자)와의 동일가치노동인지 여부를 판단하였다. 먼저 소성실 남자직원(전기로 가동작업)과의 비교에서, Ⓐ '기술'과 관련하여서는 : 피고는 전기로 관리 작업이 공업고 혹은 동등 이상 학력을 필요로 하는 업무인 반면 원고 작업은 주부 사원으로 족한 작업이라며 기술의 차이를 주장하지만, 앞에 나온 증거들에 의하면, 남자 직원들 중 관련 공업고 출신은 2명에 불과할 뿐만 아니라, 전기로 설정 온도는 외부에서 주어지는데, 전기로 온도 설정 작업은 소성실 배치 후 현장 교육으로 충분하고, 사전에 자격, 학위, 경험을 필요로 하는 것으로는 보이지 않으므로, 원고의 직무 수행과 소성실 남자 직원의 그것이 기술의 측면에서 다르다고 볼 수는 없다고 보았다. 그러나 Ⓑ '노력'에 대하여는 : 남자 직원의 작업인 전기로 1회 공정은 12시간 가량의 장시간이고 오작동이 일어나는 경우 이러한 긴 공정이 허사가 될 뿐만 아니라 물량 손실도 크며, 24시 3교대 체제로 업무 인수인계가 필요한 점에 비추어 보면, 원고의 직무 수행과 비교하여 정신적 노력과 긴장의 차이를 인정할 수 있으므로, 노력의 측면에서 다르다고 볼 수 있고, Ⓒ '책임'에 대해서도 : 원고는 원고와 남자 직원이 직제상 같은 소성실에 배치

392) 서울고등법원 2010.10.29. 선고 2009나41184 판결.

되고, 원고가 이 사건 소송으로 문제를 삼기 이전에 남자 직원이 정렬 작업을 하는 등 일부 중복된 일을 하기도 하였다는 점을 들어 비교 대상 남자 직원과 사실상 동일한 업무를 하였고 단지 일부 작업만 구분되었을 뿐이라고 주장하나, 앞에 나온 증거들 및 1994년경부터 각기 운영된 작업규정과 원고의 경력서 기재에 의하여 알 수 있는 사정을 종합하여 보면, 원고의 직무 수행과 남자 직원의 그것은 책임의 측면에서 다르다[393]고 판단하였다. 한편, Ⓓ '작업조건'에 대하여 : 피고는 전기로가 1천도가 넘는 고온으로 가동되고 수리시 화상의 위험성도 있다고 주장하나, 로(爐)출 구역 이외의 나머지 구역은 특별히 가혹하다고 보기 어렵고, 원고도 정렬 제품의 운반을 위해 수시로 드나들며, 남자 직원은 별도로 소성실 내 사무실 냉방 구역에서 휴식을 취할 수 있는 점에 비추어 보면, 원고의 직무 수행과 남자 직원의 그것이 작업조건의 측면에서 다르다고 볼 수 없다고 판단하였다.

다음으로 포장실 남자직원(출하업무)과의 비교에서, Ⓐ '기술'에서는 : 앞서 본 포장업무의 내용에 비추어 포장부 남자 직원에게 사전에 자격, 학위, 경험이 요구되는 것으로 보이지 아니하므로, 기술의 측면에서 다르다고 볼 수 없고, Ⓑ '노력'에 대하여도 : 앞서 본 포장업무의 내용과 작업표준에 비추어 보면, 원고의 업무와 포장부 남자 직원의 업무 사이에 정신적 노력과 긴장, 노동강도의 차이를 인정하기 어려우므로, 노력의 측면에서 다르다고 보기는 어렵다고 보았다. 반면에 Ⓒ '책임'에 대하여는 : 앞서 본 포장업무가 출하시까지 운반, 적재, 확인 등의 일련의 업무를 모두 수행하는 것임에 비추어 보면, 중간작업에 불과한

---

393) ① 원고의 정렬 작업과 남자 직원의 전기로 관리 작업은 각기 본연의 업무로 보이고, 특히 원고는 남자 직원이 전담하는 온도 관리 업무에 관여한 적이 전혀 없다. ② 남자 직원이 원고의 정렬 업무를 수행하기도 한 것은 유휴 시간을 이용하여 전기로 가동률을 높일 목적 하에 여자 직원들을 위한 호의적인 업무수행으로 보일 뿐만 아니라, 남자 직원이 원고의 업무를 수행할 수 있었다는 점은 원고 업무를 단순 노동으로 볼 근거가 될 수도 있다. ③ 소성실 전기로 온도 관리가 잘못될 경우 당해 전기로에 투입된 모든 제품이 손상되는 반면에(온도설정의 잘못 및 비상시 조치 미흡으로 인하여 한 번에 많게는 960만개에서 적게는 3만개 가량의 코아의 불량이 발생할 수 있다), 정렬 업무가 초래하는 위험은 당장에 정렬 작업 중인 소량의 수량에 불과하다. ④ 남자 직원의 전기로 작업은 모든 제품을 대상으로 하고, 품목별 설정 온도는 영업비밀로서 관리되는 피고의 핵심 작업인 반면, 원고의 정렬 작업은 수취기로 자동 정렬이 안 되는 전체 20~25% 가량의 제품만을 대상으로 할 뿐이다.

원고의 업무와 포장업무는 책임의 측면에서 다르다고 볼 수 있고, Ⓓ '작업조건'도 : 앞서 본 바와 같이 원고의 업무와 포장부 남자 직원의 업무는 그 내용이 전혀 다르므로 작업조건의 측면에서 다르다고 볼 수 있다고 판단하여, 원고가 피고 회사의 소성실에서 작업을 함에 있어서 소성실 전기로를 관리하는 남자 직원 및 포장실 남자 직원과 비교하여 '동일가치노동' 내지 '동종 또는 유사한 업무'를 수행하였음을 전제로 하는 원고의 청구는 이유 없으므로 기각한다고 판단하였고, 대법원[394]도 원심인 고등법원의 결정을 인용하였다.

③ 동일가치노동 판단기준 항목별 검토

동일가치노동에 대한 판단기준인 기술, 노력, 책임, 작업조건에 대하여 앞의 사건에 대한 법원의 판단과 일반적인 사안을 평가 판단해 본다면, 우선 동일가치노동에서의 Ⓐ '기술'이란 업무를 수행하는데 요구되는 경험, 훈련, 교육, 그리고 능력과 같은 요소들을 말한다. 중요한 문제는 개개 근로자가 어떠한 기술을 가지고 있느냐가 아니라 해당 업무에 어떠한 기술이 필요한가이다. 즉, 자동차 정비기술자, 항공기정비기술자 등 정비업무를 하는 근로자 중 한 명이 경제학 박사학위를 가지고 있다 하더라도 그 학위가 '업무에서 요구되는 직접적인 기술' 관련 학위가 아닌 경우 그 학위 소지자가 정비기술을 가지고 있는 근로자에 비하여 기술이 더 높다고 평가할 수 없다. 그러므로 사업주는 직무에서 사용되지 않는 기술을 가진 근로자에게 해당업무와 관련한 기술을 가진 근로자보다 더 많은 급여를 지급하여서는 아니된다. 또한 동일임금을 지급하기 위해서는 동일한 또는 실질적으로 동일한 기술을 요구한다. 즉, 완전히 똑같은 기술이 아닌, 요구되는 기술의 정도가 본질적으로 같을 때, 수반되는 기술의 차이점은 임금의 차이를 정당화하지 못할 것이다. 미국에서는 병원의 남성잡역부와 여성 견습 간호사는 다른 기술을 요하는 다른 업무를 수행하지만 그들 직무의 일반적 성격이 동일하다면, 각각 요구되는 기술의 정도는 본질적으로 같다고 판시[395]한 바가 있다. 기술과 관련하여 기술수준의 차이에 의한 수당 등의 지급에서 차등이 가능한데, 건축직의 경우 건축기사2급, 건축기사1급, 건축기술사가 있다고 한다

394) 대법원 2013.03.14. 선고 2010다101011 판결.
395) Hodgson v. Brookhaven General Hospital 판결(436 F.2d 719 5th Cir. (1972)).

면 기초적인 수준의 건축기사2급보다는 건축기사1급이 더 높은 수준의 기술수준을 보유하고 있는 것을 의미하고 건축기술사는 더 높은 기술수준의 보유를 의미한다. 아울러 이러한 건측기술수준의 정도는 건축사업을 수행하는데 있어 기업의 업무범위 내지 도급자격여부에도 관련되는 등 필수 기술인력의 조건을 갖추어야 하는 건축사업의 경우 기술수준과 더불어 기술관련자격증의 수준은 해당사업의 기본조건을 이루는 것이라고 할 수 있다. 그러므로 이러한 기술자격증의 수준(가치)에 따른 수당수준이 달리 책정되게 되는데, 이러한 임금책정은 합리적인 이유가 된다고 할 수 있다. 결국, 기술수준과 비례하여 임금수준의 책정이 가능하고 이러한 사유는 기술수준과 가치에 대한 임금책정기준이 될 수 있다고 볼 수 있을 것이다. 그러나 앞서 사건에서는 소성실업무에 공업고 이상의 학력을 요한다고 주장하였지만 사실상 공업고 출신은 2명에 불과하고 대상업무의 수행을 위한 기초지식은 단기간의 입직교육으로 가능하다는 점을 들어 비교대상근로자와 차이가 없다고 한 것은 기술수준이 현격하게 차이가 나지 않는 직무요건에 해당함을 인정한 것이라고 할 수 있다. 다음으로 Ⓑ '노력'과 관련하여 동일한 노력이란 그 직무수행에 필요한 신체적 또는 정신적 노력이나 긴장의 양이 동일하거나 실질적으로 차이가 없는 경우를 말한다. 만약 사업주가 남성근로자에 의해 수행된 부가적인 직무를 이유로 여성근로자보다 더 많은 급여를 지급하기 위해서는 사업주는 그 부가적인 직무가 정기적으로 반복되고 지속되는 것이 요구되며, 실질적으로 일정 시간을 소비한다는 것을 입증해야 한다. 또한 부가적인 업무가 부가적인 급여에 상응한다는 점을 보여주어야 한다. 예를 들면, 남성과 여성이 함께 같은 부서에서 같은 업무를 하고 있고, 그 중 한 명이 회계 및 출납 등 부서 서무업무를 병행하고 있는 경우 이 서무업무가 '늘상 또는 항상 반복적이고 지속적인 경우' 서무업무는 본질적인 것이고 일반적인 업무에 해당한다면 이 서무업무를 병행하는 담당자는 다른 업무를 수행하는 사람과 동등한 것으로 간주되기는 힘들 것이다. 즉, 동급의 신입사원이 입사하여 동급의 통상적인 업무를 수행하면서 동급의 신입사원과 구별되는 '별도의 부가적인 다른 직무'를 수행하고 있다면 이는 직무등급이 같다고 하더라도 동일한 노력의 기준으로 평가되어서는 아니되는 징표가 되는 것이다. 앞서 사건에서 소성실의 업무에서 남자 직원이 수행하는 업무는 장시간이 소요되는 업무이고 오작동이 발생할 경우 공정에 장애가 발생하고 손실까지 발생할 수 있는 업무로 그 차이점을 인정하고 있다. 그러나 포장실의 업무에는 이러한 노력이나 긴장도가 별로 차이가 없는 것으로 판단하였다. 한편, Ⓒ '책임'과 관련하여서는 소성실과 포장실의 남자 직원과 모두 차이가 난다고 판단하였다. 동일한 책임은 본질적으로 직무수행에서 요구되는 동일한 정도의 책임을 의미한다. 책임의 수준을 결정함에 있어 고려되어야 할 요소는 근로자가 감독 없이 일하는 범위, 근로자가 감독기능을 수행하는 범위, 남성 또는 여성의 직무수행에 대한 사용자의 영향이다. 그리하여 남성과 여성의 일이 유사한 감독을 조건으로 할 때, 남성과 여성의 책임은 동일하다. 그러나 남성의 일이 감독을 필요로 함에 반해 여성의 일이 감독을 필요로 하지 않는다면, 책임은 동일하지 않다. 즉, 판매점에서 현금결재를 일반적으로 하는 계산대에서 구매자의 개인수표를 받아줄 것인지 말 것인지를 결정할 의무를 대리하는 판매직 근로자는 다른 근로자보다 더 큰 책임이 있다. 반면, 마감시간에 문단속을 하는 업무를 담당하는 것과 같은 근소한 차이는 차별적 임금을 정당화시키지 못한다. 책임의 정도는 일의 수행과 결과에서의 '부담과 권한'이 다른 수준을 의미하고 이러한 부담과 권한수준이 다른 경우는 동일한 직무라고 볼 수 없다. 그러므로 소성실업무에서 남자직원은 정렬업무 외에도 전기로 관리업무 등을 수행하는 등 그 업무수행상의 책임범위가 다르고, 포장실의 업무에서도 포장실의 전반적인 업무를 수행하는 남자 직원에 비하여 일부분만 수행하는 원고의 직무와는 직무의 범위와 책임에서 차이가 난다고 할 것이다. Ⓓ '작업조건'과 관련하여서는 소성실이 고온의 작업조건을 가지고 있는 점과 남자 직원 휴게실을 함께 출입·사용할 수 있는 점에서는 작업조건이 같으나, 포장실의 작업조건은 원고가 소성실에 근무하는 근로자로 다르다고 보고 있다. 여기에서 작업조건이란 소음, 열, 물리적·화학적 위험의 정도 등 당해 업무에 종사하는 근로자가 통상적으로 처하는 작업환경을 말한다. EPA는 본질적으로 동일한 노동은 유사한 작업조건에서 이루어질 것을 요구한다. 1974년의 미국 대법원 판결[396]에 따르면, 작업조건은 직무가 수행되는 주변환경과 위험을

396) Corning Glass Works v. Brennan 417 U.S. 188(1974).

포함한다. 더위, 추위, 소음, 연기, 먼지, 사고의 위험에 노출되는 것 또는 열악한 환기시설이 작업조건의 예이다. 실외에서 수행되는 직무는 실내에서 수행되는 직무와는 다른 작업조건을 수반한다. 또한 유독성물질로 작업하는 근로자는 안전한 물질로 작업하는 근로자보다 높은 임금을 받을 가능성이 높다. 이처럼 작업조건의 '열악성 내지 위험성 수준'에 따른 임금차등이 가능하다고 할 것이다. 소위 근로자가 기피하는 업무는 선호하는 업무에 비하여 그 위험부담 등 작업조건이 열악한 사유가 많은데 이러한 경우 동일가치 노동이 아닌 것으로 판단되고, 이는 위험수당 등과 같은 보상에서의 특별한 차등을 두는 예가 일반적이다. 오지 내지 격지근무를 기피하여 이를 장려하기 위하여 주어지는 격지수당 등도 근무지에 대한 열악한 조건을 보상하는 것으로 이러한 예도 작업조건의 차이를 인정하는 예라고 할 수 있다. 이상의 검토 내용을 통해서 판단해 보면, 동 사건은 동일가치노동이라고 볼 수 없으므로 동일임금이 지급되지 않더라도 차별이라고 볼 수 없다고 보는 법원의 판단은 합리적인 판단이 전제되고 있다고 볼 것이다.

3) 노동가치 판단과 임금 등

① 노동가치 판단기준과 임금

동일가치노동의 판단기준을 '직무수행에서 필요한 기술이나 기능, 노력정도, 의사결정권의 난이도, 책임과 직무가 수행되는 작업조건 내지 직무수행요건'에 두고 있다. 이러한 노동으로는 같거나 실질적으로 차이가 없는 유사한 노동, 다르지만 동일한 것으로 평가되는 노동과 동일가치를 가진 것으로 평가되는 노동을 포함한다고 보아야 한다. 통상 직무평가에서 같은 수준으로 평가되는 직무의 권한과 난이도, 직무수행에 요구되는 지식이나 기술, 해당직무가 조직이나 성과에 기여되는 비중, 즉 직무의 값이 같은 것으로 평가되는 경우 그 노동의 가치는 같은 것으로 판단하고 있다. 남녀고용평등법 및 남녀고용평등업무처리규정에서는 이러한 판단기준으로 '기술, 노력, 책임, 작업조건'을 규정하고 있다.

한편, 임금차별의 가치판단과 관련하여 미국은 EEOC의 동일임금 조사메뉴얼을 운영하고 있는데, 임금차별여부를 위한 비교분석방법은 크게 3가지로 구성되어 있다. 즉, ⓐ 직무의 유사성이나 다른 객관적인 요소로 원고와 유사한 상황에 놓인 근로자를 찾아내고 그들의 임금을 비교하고, ⓑ 원고의 임금수준이 비교대상 근로자의 임금수준보다 낮은 경우 그와 같은 임금격차가 차별적이지 않다는 것을 설명할 수 있는 자료를 요청하고 기업주의 설명을 평가하고, ⓒ 위원회는 통계를 활용하여 체계적인 조사가 필요한 지를 검토한다. 다음으로 차별적인 효과(간접차별)에 대하여 분석하는데, 차별적인 효과 분석의 목적은 '형식적으로는 공정하지만 그 운영에 있어서는 차별적인 제도'를 찾아내는 것이다. 이것은 사용자의 중립적인 임금정책이나 제도가 보호대상 근로자 집단에게 불이익을 주는지 여부에 초점을 두어 임금차별이 발생했는지를 판단하는 분석 수단이다. 임금 영역에 있어서 차별적인 효과 분석의 대상이 되는 제도에는 교육상의 자격, 업적평가, 시험, 자격기준 및 기타의 정책이나 제도들이 포함된다. 차별적인 효과에 대한 분석은 차별적인 대우와 관련해서 통계적 방법을 사용할 수 있고 차별적인 효과 분석을 이용하여 특정한 정책이나 제도가 그러한 차이를 가져왔는지의 여부에 대해서 결정한다. 만일 사업주가 가장인 남자근로자에게 추가적인 보수를 지급한다면 그 정책은 여성에게는 차별적인 효과를 주게 될 것이다. 이러한 사안에서 사업주의 의사결정 과정을 구성하는 요인들을 분리해서 분석할 수 없는 경우에는 의사결정과정 전체를 하나의 통일된 고용제도로 분석해도 된다. 차별적인 효과들이 발견된다면 그러한 임금제도나 정책이 문제된 직위와 관련된 직무인지 혹은 사업필요성과 연관되어 있는지의 여부를 결정해야만 한다. 그리고 임금제도나 정책이 직무 관련성이 있거나 사업상에 필요한 경우라고 하더라도 보호대상 근로자 집단에 대한 차별적인 효과를 가져 오지 않는 사용자의 사업상 필요를 충족시킬 수 있는 하나 또는 그 이상의 대안적 제도가 존재하는지를 판단하게 된다.[397]

---

397) 동일가치노동·동일임금원칙의 위반사례 : EEOC는 ⓐ 법에서 보호하고 있는 집단에 속하는 근로자에게 다른 비슷한 상황에 있는 근로자보다 낮은 임금을 지불하고 그에 대한 사용주의 설명이 만족스럽지 못한 경우, ⓑ 사용자가 중립적인 임금정책이나 제도를 도입, 실시함에도 불구하고 그러한 정책이나 제도가 보호대상 집단에 속하는 근로자에게 상대적으로 불리한 결과를 초래하고, 기업주가 그러한 제도나 정책이 직무와 관련되어 있거나 혹은 업무상 필요에 의한 것이라고 정당화할 수 없는 경우, ⓒ 사용자가 보호대상이 아닌 근로자집단이 집중적으로 종사하고 있는 직무에 대해서는 직무평가결과에 따라 일관성 있게 임금을 지불하는 반면에 보호대상 근로자들이 집중적으로 종사하는 직무에 대해서 직무평가 결과에 의해서 지불되어야 할 수준보다 낮은 임금을 지불하는 경우, ⓓ 차별적인

② 노동가치판단에서의 직무가치 등과 임금

앞서의 노동가치 판단의 기준인 '기술, 책임, 노력, 작업조건' 외에 실무적으로 추가적인 몇 가지 가치차별과 임금문제를 검토할 수 있을 것으로 판단된다. 즉, '전문성과 자격, 직무에 대한 숙련성, 직무수행의 성취수준, 직무의 가치' 등에 의한 경우는 그 적정성을 가늠할 수 있을 것으로 판단된다. 법원[398]은 기능직 근로자와 생산직 근로자에 대한 임금기준을 다르게 설정해 결과적으로 같은 공정(작업 단계)에서 일하는 여성 근로자와 남성 근로자의 임금에 차등이 생겼더라도 남녀차별이라고 볼 수 없다고 하였다. 법원은 판결문에서 "동일가치의 노동인지 여부는 직무수행에 요구되는 기술과 노력, 책임과 작업조건 등을 비롯해 근로자의 '학력과 경력, 근속연수' 등을 종합적으로 고려해 판단해야 한다"며 "생산직 여성근로자들과 비교대상 근로자를 같은 공정에서 근무하는 기능직 남성 근로자로 한정하지 않고 종합공정, 방사공정, 권취공정 등에서 근무하는 기능직 남성근로자도 포함해야 한다고 판단한 원심은 정당하다"고 하였다. 이 사건은 형식적으로는 같은 생산라인에서 같은 공정업무를 수행하는 근로자라고 하더라도 실제 수행하는 내용에서는 차이가 있는 점에 주목했는데 남성근로자가 '추가적으로 부가업무'를 수행하고 있는 점에 주목하여 동일가치노동 여부를 판단하였고, 비교대상을 같은 생산라인이 아니라 사업장 내 근로자라는 점에 주목하여 비교대상의 범위를 다른 공정의 근로자로 확대하여 보았다는 점에 의미가 있다. 결국, 주 업무에 대하여는 동일하게 수행하면서 부가적인 업무를 수반하는 경우 해당 '부가적인 업구가 반복적이고 지속적인 경우' 이러한 가치 차이는 임금수준을 달리할 사유가 된다고 할 것이다. 즉, 같은 생산라인이라는 장소적인 의미 내지 단위 직무적인 의미에서 동일업무라는 추정은 가능하지만 실제 수행하는 업무는 장소적인 의미, 단위 직무적인 의미를 말하는 것이 아니라 업무의 내용적인 부분이 중요한 기준이 된다고 할 것이다. 이러한 판단은 비정규

임금제도는 시정되었으나 그러한 제도에 의해서 발생된 임금격차가 해소되지 않는 경우, ⓔ 임금에 영향을 주는 차별적인 제도 예컨대, 보호대상 집단에 속하는 근로자를 그렇지 않는 집단에 속하는 근로자보다 낮은 임금을 지급하는 직무에 배치하거나 혹은 승진이나 업적평가, 훈련기회 등에서 차별하기 때문에 보호대상 집단에 속하는 근로자의 임금이 인위적으로 낮아지는 경우 등을 위반 사례로 들고 있다.

398) 대법원 2013.05.09. 선고 2010다23821 판결.

직 차별판단과 관련하여 동종·유사한 업무의 판단에서 노동위의 일관된 견해인 '형식적인 업무가 아니라 실제 수행하는 업무'라는 논점과도 같은 것이라고 할 것이다.

우선, 근로자가 보유한 전문성 및 자격에 의한 차등대우가 가능한가 하는 문제이다. 근로자가 보유한 전문성은 특정 직무를 수행함에 있어 실무적으로 필요불가결한 사안에 해당하는 경우 직무수행의 내용에 있어서 동종의 근로자가 존재하더라도 차이를 두는 것은 실무적으로 인정되고 있다. 또, 전문직의 자격증도 자격수당을 별도로 지급하는 등 그 차이를 인정할 수 있는데, 이는 단순히 수행하는 직무의 종류만을 기준으로 판단할 수 없으며, 수행하는 내용의 '난이도 등 그 활용가능성'을 염두에 둔 것으로 전문성과 자격증의 보유여부에 의한 임금의 차이를 두는 것은 가치에 차이를 둔 합리성이 있다고 판단된다.[399] 즉, 사내 법무업무를 수행하는 근로자가 일반근로자와 변호사자격증을 가진 근로자가 있는 경우 업무의 내용이 같은 법무업무라고 하더라도 변호사라는 자격증과 전문성에 주목할 필요가 있으며, 특히 소송 등 법원관련 대외업무의 활용가능성과 시장임금 등도 고려되어야 할 것이다.

다음으로, 직무수행의 숙련성 및 성취도에 따라 차등대우가 가능한가 하는 문제이다. 통상 직무수행에서 직무의 경험과 숙련성에 의한 가치판단과 의사결정은 사실상 측정이 곤란한 경우도 많지만, 이러한 '가치판단과 의사결정 등이 직무수행의 신속성, 정확성에 기여하고 결과적·사후적으로 직무성과와 연계되어 나타나는 경우'에는 명확한 증거가 될 수 있다. 이러한 결과적인 상황을 토대로 경력이나 경험에 대하여 가치를 부여하여 가산금(근속수당, 근속호봉, 연공급 임금체계 등)을 인정하는 것이 일반적인 현실을 감안할 때 노동가치판단의 입장에서 일응 합리성을 가진다고 할 수 있다. 또, 같은 직무를 수행해도 수행한 내용의 성과에 대하여 차등을 두는 것은 성과주의 임금체계(성과연봉제나 성과급체계 등)에서는 용인되는 것이 현실이다. 이러한 직무에 대한 성과는 통상 직무수행의 숙련성에 기반 한 직무수행의 완성도(오류나 흠결이 없는 경우)나 성취도(성과 업적 내지 수행영향도, 기여도 등 성과물)에 의한 차이를 근거로 임

399) 대법원 2016.01.28. 선고 2015두53121 판결.

금수준도 달리 정하게 되는데 그러한 기준이 합리적이고 적정한 경우 성과가치 등에 대한 차이를 인정하여 합리성을 가질 수 있을 것으로 판단된다.

아울러, 수행하는 직무의 가치에 따른 차등대우가 가능한가 하는 문제이다. 동일한 단위직무는 동일한 가치를 가진 것으로 오해할 수 있으나 각 단위 직무들도 수행내용에 따라서는 그 직무가치가 다르다. 즉, 인사업무를 수행하는 같은 단위직무에서도 거시적인 인력정책에 따라 수요인력과 공급인력의 적정성분석과 경기동향을 분석하여 사업전략과 연동된 인력확보전략 및 개발운영전략을 입안하는 업무를 수행하는 것과 입안된 프로세스에 따라 단순 집행하는 업무와는 같은 직무단위에 해당하지만 그 내용에서의 가치의 차이가 분명해진다. 그러므로 객관적인 직무의 가치평가에 의한 차등은 그 합리성을 가지며[400], 이러한 점을 고려한 인사제도 및 임금제도가 직무등급과 직무급으로 운영되고 있다. 물론 같은 직무등급의 경우에도 그 내용에 따라 세부적으로 구분될 수 있으며 임금배분기준도 달리 규정할 수 있는데 이러한 '객관적인 직무가치에 의한 차등'은 그 합리성을 가질 수 있다고 볼 수 있다.[401] 객관적인 가치평가의 수단으로 직무평가가 활용되는데, 이른상 직무평가제도의 성편견이 쟁점화되기도 했으나, 성편견 문제는 대부분의 기존 직무평가제도가 시장상황을 반영하고 있다는 데에 기인한다. 직무평가가 직무내용에 기초하여 직무의 가치를 체계화하는 수단으로서 장려되었지만 실제로 그것은 시장임금률과 직무내용을 연동시키는 작용을 한다. 미국의 경우는 시장의 수급상황이 직무평가제에 반영되는 사례가 많다. 예를 들어, 시장이 섬세함보다 무거운 물건을 끌어올리는 것에 보다 큰 가치를 두면 직무평가제도도 이러한 요소에 보다 큰 가중치를 준다. 미국 법원은 사용주가 이러한 직무평가제도를 사용했다면 고의적으로 여성을 차별하고 있지 않은 것으로 받아들였고, EPA[402]와 민권법 제7편도 특정한 방법으로 동일노동

400) 대법원 2013.03.14. 선고 2010다101011 판결.

401) 중앙노동위원회 2015.07.14. 2015차별12 결정.

402) 사용자의 방어와 입증책임과 관련하여 EPA에 의해 사용자는 실질적으로 동일한 직무에서 성에 기인한 임금차별이 연공급체계, 업적급체계, 생산물의 양 또는 질에 의해 임금을 산정하는 임금체계, 성 이외의 다른 요인 중의 하나에 기인하여 발생했음을 입증하면 임금차별은 정당화된다. 연공급체계, 업적급체계, 생산물의 양 또는 질에 의해 임금을 산정하는 임금체계로 임금 차별을 정당화하기 위해서는 사용자는 그러한 임금체계의 채택과 시행방법이 정당하고 모든 근로자에게 동일하게 적용된다는 것을 입증해야 한다. 업적급체계는 근

여부를 결정해야 한다고 규정하고 있지 않다. 영국과 같이 사실인정과정에서 중립적인 전문가에게 직무평가를 지시할 수 있는 절차도 없다. 직무평가의 실시는 전적으로 당사자들의 선택에 맡겨져 있다. 미국의 동일임금법 아래에서 제기되는 대부분의 소송은 남녀의 노동이 동일하거나 실질적으로 유사한 경우가 많다. 따라서 법원은 비분석적인 방법으로 남녀노동을 비교한다. 이에 비해 민권법 제7편에 의한 동일가치노동관련 소송은 서로 다른 두 직무를 비교해야 하기 때문에 보다 복잡한 방법이 요구되므로 소송당사자들에 의해 직무평가가 활용될 수 있고, 제7편의 소송에 있어서 쟁점은 사용주가 임금결정에 있어 고의적으로 성차별을 했느냐 하는 점에 있다.

③ 노동가치차이 등과 무관한 차별적 임금 등

임금 등과 관련하여 성별에 의한 차등대우는 전통적인 차별문제로 이슈가 되었다. 동일가치노동 동일임금[403]임에도 성별에 따라 임금체계 및 기준을 달리 적용한다면 그것은 성차별에 해당하고, 단순한 근력을 필요로 하는 업무가 섬세함과 집중력, 습득된 경험을 필요로 하는 업무에 비해 더 많은 노력과 높은 기술을 요한다고 보기 어렵다.[404] 임금에 영향을 미치는 경력 등의 기준을 택함에 있어서 특정한 성에게 불리한 효과를 가져 오는 기준을 사용하는 경우, 맞벌이 부부의 경우 가족수당 등의 우선적 지급대상을 남성으로 지정하는 것은 성

로자의 우수성에 대한 주관적인 결정에서 나아가 다른 근로자와의 임금 차별의 정도와 사유가 공식적이고 객관적이어야 하며, 객관적인 업무수행에 기초하여야 한다. 성별 이외의 요소의 방어는 야간교대근무를 하거나 교육훈련을 받은 모든 근로자에게 추가 수당을 주는 경우에 할 수 있다. 그러나 만약 여성이 야간 교대근무나 교육훈련의 대상자에서 제외되어 있는 경우에는 방어요인이 될 수 없다. 성 이외의 또 다른 요소의 예는 red circle에 의한 임금률이다. 예를 들어 건강의 악화로 기계공에서 서기로 전직한 근로자의 경우, 모든 여성 서기 종사자들의 임금을 올리지 않고도 그의 높은 임금을 그대로 지급할 수 있다. 현재까지 미국의 법원이 인정하는 차별의 정의는 다음의 두 원칙으로 요약된다. 첫째는 고용, 임금, 승진, 배치 등의 측면에서 남녀의 차별대우를 금지하는 원칙이다. 이때는 피고가 입증책임을 가지나, 만약 피고가 부당한 처우를 경영상의 이유를 들어 정당화할 수 있다면 원고측이 피고의 차별적인 의도를 입증해야 한다. 둘째로 고용, 임금, 승진, 배치 등에서 기업이 갖고 있는 기준 자체가 여성에게 불리하면 불법이라는 원칙이다. 이 경우 입증책임은 피고에게 있다. 따라서 '부당한 처우'를 주장한 경우보다 원고가 유리하다.

403) 대법원 2003.03.14. 선고 2002도3883 판결 ; 김형배, 『노동법』, 박영사, 2012, 235~236면.

404) 법원은 남성이 단순히 더 힘든 일을 한다는 이유만으로 임금을 차별지급 한 것은 위법이라고 판결하였다(대법원 2003.03.14. 선고 2002도3883 판결).

차별에 해당할 수 있고,[405] 결혼을 기점으로 복지제도의 적용을 받는 남성근로자의 부모는 변화가 없으나 여성근로자에 대해서만 자신의 부모가 아닌 남편의 부모를 부모로 보아 관련 규정을 적용하는 것은 성차별에 해당한다.[406] 동일가치노동[407]에도 불구하고 합리적 사유 없이 인종 등을 이유로 기본급·수당을 차별하는 행위나 퇴직금 등을 지급하지 않는 행위는 차별이다.[408] 또, 외국인 근로자에 대한 임금 등 차등지급은 차별이 될 수 있다.[409] 한편, 임금 등에서의

---

405) 한 여성공무원은 이혼소송중이면서 딸 1명을 직접부양하고 있는 자신은 가족수당 등을 지급받지 못하고, 별거중인 남편이 지급받고 있다며 진정을 제기하였다. 이에 대해 여성부 남녀차별개선위원회는 그 근거가 되는 지방공무원수당 등의 업무처리지침(2002년)은 가족수당과 자녀학비보조수당 지급방법에 있어서 부부가 공무원인 경우에는 남자배우자를 기준으로 남자에게만 가족수당을 지급하고, 여자배우자가 지급받으려면 남자배우자의 동의를 받아야 하도록 하고 있는데 이는 남녀차별에 해당한다고 결정하였다(여성부, 02남녀차별31).

406) 복리후생에서의 성차별과 관련하여 여성부는 모대학교 의료원이 기혼남녀직원의 본인 부모와 배우자 부모 간 진료비 감면율을 다르게 정한 것은 남녀차별에 해당한다고 결정하였다(여성부, 04남녀차별34 ; 여성부, 04이의신청6). 또, 남성은 친부모 사망 시, 여성은 시부모 사망 시에 부조금을 지급하는 것은 성차별이라고 보고 있다(여성부, 02남녀차별35).

407) 이 원칙의 생성배경과 의의에 관해서는 한국여성연구회·한국여성노동자회·인천여성노동자회, 『여성노동자와 임금 ―동일노동 동일임금의 이론과 현실―』, 동녘, 1991, 23~32면 ; 조순경, "동일노동임금의 의의와 과제 ―직무평가제도의 가능성과 한계―", 『동일노동·동일임금의 실현을 위한 심포지움자료』, 한국여성민우회, 1991, 1~2면 ; 本多淳亮, "國際的 視野からみた同一價値勞働 同一賃金の原則", 『賃金と社會保障』, 下旬号, 1994, 36-39면 ; ILO(1993), Equal Pay Protection in Industrialised Market Economics : In Search of Greater Effectiveness, 1~5면 참조.

408) 외국인 산업연수생에 대한 퇴직금 지급 여부는 하급 법원에서의 상반된 판결이 계속되었으며 대법원은 이를 소액사건이라는 이유로 상고를 기각하며 입장을 유보해 왔다. 산업연수생에 대한 퇴직금 지급의무를 인정한 하급법원의 판결은 "노동부 예규가 산업연수생 신분의 외국인 근로자에 대하여 근기법상 퇴직금 적용을 배제하는 취지라면, 국적에 의한 차별적 처우를 금지하고 있는 헌법과 근기법에 위반되는 것"임을 지적하였으며, 대법원은 "최저임금법 제2조에 의하여 근기법 제14조에 규정된 근로자는 곧 최저임금법상의 근로자에 해당하므로, 근기법 제14조 소정의 근로자에 해당하는 외국인 산업기술연수생에 대하여도 국내의 근로자들과 마찬가지로 근기법상의 퇴직금 지급에 관한 규정이나 최저임금법상의 최저임금의 보장에 관한 규정이 그대로 적용되어야 한다."는 판결을 한 바 있다(대법원 2006.12.07. 선고 2006다53627 판결) ; 영어강사로 근무하는 진정인은 한국출생자로 유아시절 미국에 입양되어 미국국적을 보유한 사람이나 한국출생이고 외모가 한국인이라는 이유로 임금 지급에 있어 원어민 기준이 아닌 내국인기준을 적용하였는데 이에 대하여 출신민족을 이유로 한 불합리한 차별이라고 시정요청한 건에 대하여 인권위는 피진정인에게 진정인이 원어민 강사로서 받을 수 있었던 최저 임금과 진정인에게 지급한 임금과의 차액을 추가 지급하도록 하였다(국가인권위원회 2010.11.19. 10진정288400 결정).

409) 미국 연방대법원은 미등록 노동자들에게 노동법을 적용하는 것이 이민법의 목적을 달성하는 데 기여한다고 보면서 다음과 같이 판단하고 있다. 즉, 미등록이주노동자에 대한 불합리한 고용조건과 승진탈락과 관련하여 미등록노동자 신분은 결코 차별적인 고용상의 약

차별 중 가족상황 내지 가족에서의 지위를 이유로 하는 경우 불이익을 주는 행위는 정당한 경우가 아닌 한 차별에 해당한다.[410] 아울러, 주택대여 시 여성에게만 배우자 직장의 주택대여 유무를 확인하여 지급하는 것은 성차별적 요소가 있을 뿐만 아니라 가족상황 등을 이유로 한 차별로도 볼 수 있다.[411] 또, 복리후생 급부 및 시설이용[412]에서도 차별행위는 금지된다고 보아야 한다. 결국, 근

정과 조건 및 승진탈락(failure to promote)에 대한 정당한 이유가 되지 못하므로 직장에서 차별적으로 낮은 보수를 받았거나 학대를 당한 노동자들은 차별을 받으며 근무한 기간에 대해 소급급여를 포함해 법적으로 보장된 모든 구제를 받을 수 있다. 이 점은 차별을 받은 노동자가 차별을 받은 후에 출국을 했더라도 마찬가지이다. 왜냐하면 차별을 받지 않았더라면 그 노동자가 계속 근무할 수도 있었기 때문이다. 또, 미등록이주노동자를 배제하는 단체협약의 유효성(NLRB v. Duke City Lumber Company(251 N.L.R.B. No. 12))과 관련하여 고용주와 노동조합이 미등록노동자들을 배제하는 단체협약을 체결한 사안에서 전국노동관계위원회(NLRB)는 배제된 근로자들의 미등록 이민자 지위가 단체교섭권의 배제사유가 될 수 없고 위원회가 실시하는 선거에 참여하지 못하는 결격사유도 될 수 없다고 결정하고 있고, 미등록이주노동자에 대한 보복적 신고(Sure-Tan v. NLRB(467 U.S. 883, 1984)와 관련하여 고용주는 NLRA에 규정된 권리들을 행사한 것에 대한 보복조치로 5명의 근로자들을 이민귀화국(INS)에 신고하였는데, 고용주는 그들이 미등록 노동자들임을 알고 있었으나 그들이 노조활동에 참여하기 전까지 그들을 이민귀화국(INS)에 신고하지 않았으나 그 후 신고한 것은 그 이유가 보복에 있었음이 분명하다고 보았다. 연방대법원은 노동관계법(NLRA: National Labor Relations Act)의 적용을 받는 미등록노동자들의 범위 문제를 검토한 후, 미국 노동법에 의해 그들을 보호하는 것이 노동법과 이민법 모두의 목적을 달성하는 데 기여한다고 판결했다.

410) 직계가족이라는 이유로 차별을 당한 외국의 경우 고소인은 화학자인 남편의 연구 조교로 남편과 약 70편의 논문을 함께 저술했다. 그러나 1988년 캐나다 자연과학공학연구위원회(NSERC)는 연구자의 직계가족은 프로젝트에서 돈을 받지 못하도록 하는 규칙을 만들었지만 고소인은 계속 남편의 연구를 도왔고 대학 측의 협조로 월급을 받을 수 있었다. 그러나 대학의 행정을 담당하는 사람이 바뀌어 더 이상 돈을 받지 못하게 되자 캐나다인권위원회(CHRC)에 결혼과 가족상태로 인한 차별을 이유로 NSERC를 고소했다. NSERC는 그 정책은 객관적으로 기금이 신중히 사용되도록 하는 안전장치일 뿐 차별적인 의도는 없다고 주장했다. 그러나 판결은 고소인의 손을 들어 주었다. 고소인은 돈을 받지 못하는 기간 동안에도 꾸준히 남편과 함께 연구해 온 사실이 있고 일을 한 만큼은 배상을 받아야 한다고 판결했다(Chiang v. Natural Science and Engineering Research Council of Canada, Canadian Human Rights Commission, Canadian Human Rights Tribunal-Tribunal decision, Family Status grounded discrimination, 1992.).

411) 국가인권위원회, 「국가인권위원회법 해설집」, 2005, 389면.

412) 영국에서는 사실혼관계의 배우자를 가족으로 인정할 것인지에 관하여 피츠패트릭은 그의 동성 파트너인 톰슨 소유의 아파트에서 살았다. 그들은 1976년부터 톰슨이 사망한 1994년까지 함께 살았는데 톰슨이 사망하자 피츠패트릭은 아파트를 비워줄 것을 요구받았다. 이에 피츠패트릭은 소송을 제기하였고 1999년 9월 28일 영국 대법원은 피츠패트릭과 톰슨이 법적인 혼인을 한 것은 아니나 실질적인 배우자에 해당하기 때문에 가족이라고 간주 할 수 있으며 따라서 피츠패트릭은 임차권을 가질 수 있다고 판결하였다. 이는 동성애

로의 대가성에 기하는 임금 등의 조건은 노동가치의 차이에 의한 차별 임금 등이 전제되어야 하며, 복리후생이나 시혜적인 급부는 실비변상적인 급부가 아닌 경우 일정부분 합리적인 이유에 의한 차등은 가능할 것으로 판단되다. 다만, 이 경우에도 직원의 신분이라는 관점에서 직무수행의 내용과 무관하게 일괄하여 지급되는 급부에 차등을 두는 경우 차별의 소지가 있다.

(2) 임금항목별 차별여부 판단

임금항목에서 가장 기본이 되는 항목은 기본급이다. 기본급은 직접적인 근로제공에 대한 근로가치와 그에 대한 대가로서 지급되는 임금이다. 그리고 임금항목에서 주요한 것으로 성과급을 들 수 있는데, 이는 특정한 성과에 대한 임금이기도 하지만 명칭은 성과급이면서도 일반적인 임금 내지 특수목적 수당의 성격으로 운영되는 경우 등 그 성격을 특정하기 어려운 다양한 형태가 존재한다고 할 수 있다. 특히, 각종 수당은 명칭과 목적도 다양하여 그 성격을 명확하게 규명하는데 곤란한 경우도 있는데, 이러한 수당은 지급기준, 지급대상, 근로와의 대가성 등 종합적인 구조·성격을 분석하여 판단할 수밖에 없다. 이하에서는 기본급, 성과급, 각종 수당으로 나누어 검토하고자 한다.

1) 기본급

임금에서 기본급은 특정 직무, 직종, 직위, 직급, 직책 등에 주어지는 기본적인 근로가치에 대한 임금을 말한다. 통상 연공급 임금체계나 직무급임금체계에서 활용되고 있지만 연봉제 임금체계에서도 기본연봉이라는 개념으로 운영되고 있다. 즉, 기본급은 근로계약, 취업규칙, 단체협약 등에 의하여 소정근로시간 또는 법정근로시간에 대하여 지급하기로 정하여진 기본임금을 말한다. 이러한 기본급은 같은 직무단위 내지 동일한 직무수준에 해당하는 경우 같은 임금수준을 유지한다는 것이 특징이다. 물론, 성과 등과 연계하여 기본급의 변동이 가능하도록 설정하는 경우도 있다. 그러나 일반적으로는 같은 직종·직무·직위·직

커플에게 이성애 커플과 동등한 임대권을 부여한 것이었으며 또한 특정한 혼인 상태를 이유로 한 부당한 행위를 차별로 인정한 판결(Fitzpatrick v. Sterling Housing Association Ltd., 1999.)이 있다.

급·직책 등의 경우는 같은 수준의 기본급을 책정하는 것이 실무적으로 보편적인 것이라고 할 수 있다. 그러므로 기본적인 조건이 같은 상황에서 성별 등의 사유로 기본급에 차이를 두는 것은 차별의 문제가 될 소지가 있다고 할 수 있다. 앞서의 동일가치노동 동일임금의 문제에서 등가치적인 직무의 경우 같은 수준의 임금이 지급되어야 한다는 문제는 이러한 기본급의 문제와 가장 큰 연관성을 갖는 사유가 된다. 동일가치노동의 문제에서 동종·유사한 업무의 경우 같은 수준의 직무로 보아 임금수준이 동등하여야 한다는 입장을 갖는 것은 노동위원회의 일관된 판단이다. 즉, 수행업무의 본질적인 차이가 없고 같은 직무에서 혼재하여 근무하며 대체가능성이 존재하는 업무는 본질적으로 같은 업무라고 보는 것이 노동위의 입장이다.[413] 결국, 동일한 조건에서 수행되는 업무는 임금에서도 같은 수준을 유지하여야 하지만 그렇지 않은 경우 불리한 처우가 되는 것이다. 이러한 불리한 처우와 관련하여 대법원도 다르게 처우할 필요성이 인정되지 않거나 다르게 처우할 필요성이 인정되는 경우에도 그 방법·정도 등이 적정하지 않은 경우를 의미하고, 그러한 불리한 처우가 합리적인 이유가 있는지 여부는 개별 사안에서 문제된 불리한 처우의 내용과 사용자가 불리한 처우의 사유로 삼은 사정을 기준으로 고용형태, 업무의 내용과 범위, 권한과 책임, 임금 그 밖의 근로조건 등의 결정요소 등을 종합적으로 고려하여 판단하여야 한다[414]고 보고 있다.

기본급지급과 관련한 노동위의 사건[415]을 살펴보면, 채용절차 등이 다르지만, 같은 비서업무를 수행하는 근로자(법인직원과 기간제근로자)에 대한 기본급차별문제와 관련하여 노동위는 법인직원 신분의 비서와 입직조건(채용요건 및 절차), 업무에 대한 책임과 권한 및 직무의 난이도에 있어 어느 정도 차이가 존재하나, 미술관장 일정관리, 문서수발, 내방객 응대 등 미술관장의 업무를 직접 지원하는 비서업무를 주로 수행하였으므로 법인직원 신분의 비서들과 동종 또는 유사한 업무를 수행했다고 봄이 상당하다고 판단하여, 이 사건 비교대상근로자들은 이 사건 근로자와 동종 또는 유사 업무에 종사하는 자에 해당한다고 보

413) 중앙노동위원회 2015.04.13. 2015차별2 결정 등.
414) 대법원 2012.03.29. 선고 2011두2132 판결.
415) 중앙노동위원회 2015.07.14. 2015차별12 결정.

면서, 비교대상근로자와의 기본급차이는 이 사건 근로자가 비교대상근로자로 지목한 법인직원들과는 채용조건·기준·방법 절차가 현저히 다르고, 업무의 범위·권한·책임 등이 명백히 다르며, 직무의 경중에 현저하게 차이가 나서 이 사건 근로자와 월 120만원으로 근로계약을 체결한 점, 임금협약서를 보면 직급 및 호봉을 바탕으로 한 임금체계를 기초로 하여 기본급을 정하고 있는바, 장기고용을 전제로 연공의 축적이 근로능력의 상승으로 이어질 것을 전제한 연공급 임금체계의 취지를 고려할 때, 단기고용을 전제로 한 기간제근로자인 이 사건 근로자에 대하여 비교대상근로자들과 동일한 임금체계를 적용하지 아니한 것에 상당한 이유가 있다고 볼 수 있는 점 등을 고려하면, 입직조건, 업무에 대한 책임·권한과 직무의 경중 차이에 따라 기본급을 적게 지급한 것에는 합리적인 이유가 있다고 판단하였다.

이 판단에 기초하면 채용방법 등이 다르면 동종·유사한 업무를 수행하여도 임금차별이 가능하고, 고용형태에 따라 임금수준을 달리할 수 있다고 보고 있다는 점이다. 결국 이러한 판단은 현실적으로 동종·유사한 업무를 수행하여도 해당 기관이 연공급 임금체계를 기반으로 채용방법이나 고용형태에 따라 다르게 호봉기준을 달리하여 임금차별을 하는 것이 합리적인 이유가 된다고 보는 것인데 이는 동일가치노동 동일임금원칙의 기준에서 보면 납득하기 어려운 부분이라고 할 수 있다. 첫째, 연공급체계라고 하더라도 동종·유사한 업무를 수행하는 경우 동일가치노동 동일임금의 원칙에 반하게 된다. 물론, 수행하는 직무가 같아도 연공급체계에서 호봉이 높은 사람이 수행하는 경우와 호봉이 낮은 사람이 수행하는 경우 기본급에서는 차이가 날 수 있다. 그러나 실제 직무수행내용에서 차이가 없는 경우 초임임금의 수준은 같은 호봉의 수준에서 책정하여 지급하는 것이 동일가치노동 동일임금원칙에 부합하는 것이라고 할 수 있다. 둘째, 직무급체계에서 이러한 결정은 수용할 수 없는 조건이 된다. 즉, 직무값에 대하여 기본급이 책정된 것으로 해당 직무를 수행하는 경우 고용형태와 상관없이 동등한 임금지급이 전제되어야 하므로 직무급체계에서는 명백한 차별행위가 된다고 보아야 한다. 셋째, 연봉제체계에서도 직무급체계에서와 같이 동일한 직무를 수행하는 경우 기본급에서의 차이를 두는 것은 차별이 된다고 보아야 한다.

결국, 임금체계의 상이에 따라 노동가치가 다르다고 볼 수 없으며, 고용형태나 채용절차의 차이가 다르다고 하여 달리 볼 것이 아니라고 판단된다. 즉, 임금결정은 실제 직무수행에서 동일가치노동의 경우에는 동일임금이 적용되어야 한다는 원칙이 전제되어야 차별행위가 되지 않을 것이다. 그러므로 상기 노동위원회가 동종·유사업무를 수행하고 있다는 점을 인정하면서도 기본급의 책정을 채용경로 등이 다르다는 이유로 기간제근로자에 대하여 기본급에 차등을 두는 것이 합리적인 이유가 된다고 판단한 것은 노동위가 일관되게 기간제근로자에 대한 차별판단에서 전제하고 있는 동종·유사한 업무에 대하여는 동일가치노동 동일임금원칙이 준수되어야 함에도 이를 다르게 판단한 것은 납득하기 어렵다고 할 수 있다.

2) 성과급

성과급은 개인이나 집단이 수행한 업무성과나 능률을 평가해 그 결과에 따라 지급하는 임금으로, 업적급·능률급, 상여금 또는 성과상여금이라 부르기도 한다. 즉, 근로자가 달성한 업적·성과 내지 기여도에 따라 차등적으로 임금을 지급하거나 일괄하여 지급하는 것으로 성과급은 생산성을 높이려는 데 주된 목적이 있다. 성과급지급과 관련하여 법원[416)]은 성과상여금이 2006년도의 경영실적 평가에 따른 것이라고 하더라도 기간제법상 차별금지 규정이 시행되기 이전에는 아직 구체적 법률관계가 형성되었다고 볼 수 없고, 참가인들이 위 경영실적 평가 기간인 2006년에 그 평가의 대상이 되는 근로를 제공하여 그들에 대한 성과상여금의 지급이 가능하였던 이상, 원고가 주장하는 사정만으로 참가인들을 성과상여금 지급대상에서 배제한다는 점에 관하여 정당한 신뢰가 형성되어 있었다거나 그로 인하여 차별금지 규정의 시행에도 불구하고 참가인들을 성과상여금 지급대상에서 제외시킬 수밖에 없는 불가피한 사유가 있었다고 볼 수 없으므로, 참가인들을 성과상여금 지급대상에서 배제한 원고의 이 사건 처우는 기간제법상 차별금지 규정의 적용대상이 된다고 판단하고 있다.

동 사건의 발단은 정부경영평가에 따른 경영성과급의 지급과 관련하여 한국

416) 대법원 2012.01.27. 선고 2009두13627 판결.

철도공사가 내부적으로 취업규칙이나 단체협약에서 기간제근로자의 경우 경영성과급을 지급하는 대상에서 제외하고 있으므로 지급대상이 아니라는 것이었고, 법원은 경영성과급의 지급대상기간에 근로하여 성과에 기여한 부분은 제외할 수 없으며, 취업규칙이나 단체협약에서 제외하기로 정한 사정이 인정될 수 없다는 것이고, 제외할 수밖에 없는 불가피한 사유가 없는 한 성과기여분에 대한 미지급은 차별행위가 된다는 것이다. 노동위원회[417]도 기간제근로자에 대하여 성과급지급대상에서 제외한 건과 관련하여 기간제 근로자들이 정규직과 혼합된 조별로 현장 조장·반장으로부터 업무지시를 받고, 주·야간근로 및 토요휴일 특근을 하여 수행한 업무에 있어서 비교대상 근로자와 차이가 없이 동일한 업무를 수행한 점, 채용방법 및 고용형태 등의 차이로 인해 업무수행 결과인 근로의 질·양에 있어서 이 사건 실습생들이 정규직 생산사원에 비하여 낮다고 단정할 수 없는 점, 이 사건 사용자가 이 사건 실습생에게 지급한 자기계발수당은 광주지방고용노동청의 근로감독 결과 통상임금으로 확인되어 상여금으로 볼 수 없는 점, 이 사건 사용자가 채용방법 및 절차, 고용형태상의 차이를 주장할 뿐 이 사건 실습생이 구체적인 업무능력에 있어 비교대상 근로자에 비해 기술·능력 등의 차이가 현저함을 입증할 만한 객관적인 자료를 제시하지 못한 점 등을 종합하여 볼 때 이 사건 실습생들과 정규직들 간 노동의 질의 차이를 일부 인정하여 그 액수를 각기 달리하여 상여금을 지급하는 것이 합리적인지는 별론으로 하고 이 사건 실습생들에게만 상여금을 전혀 지급하지 아니한 것은 합리적 이유 없는 차별적 처우라고 판단하였다. 결국, 성과급은 직무수행성과 내지 성과에 기여한 부분에 대한 임금이므로 고용형태가 다르다고 하여 달리 볼 것이 아니고, 단체협약으로도 제외할 수 없는 것으로 보아야 하고, 이를 위반하는 경우 차별행위가 된다고 보아야 한다.[418] 즉, 성과급은 성별·고용형태 등 차별금지사유에 의한 차등은 인정될 수 없으며, 성과의 수준에 대한 차등을 전제하여야 한다. '성과'라는 의미에는 직무수행에 대한 결과의 정도에 대한 수준이 판단근거가 되어야 성과급의 의미에 부합하는 급부가 된다고 할 수 있다. 그러므로

417) 중앙노동위원회 2013.05.06. 2013차별4 결정.
418) 대법원 2015.05.29. 선고2015두38078 판결.

성과급에서의 차등이 합리적인 이유가 되기 위해서는 성과급이 재직 중인 근로자 모두에게 일괄하여 지급하는 경영성과에 대한 배분적인 인센티브가 아닌 한, 업적의 수준(영업실적 등), 노동생산성의 수준, 직무수행결과에 대한 기여도 등 객관적인 기준에 대한 급부기준이 전제가 되어야 한다고 볼 수 있다.

3) 각종 수당

각종 수당은 생활보장 내지 지원차원에서 지급되는 수당, 근속수당 및 장려수당 등 특수목적을 위한 다양한 수당이 존재한다. 이러한 수당으로는 직무수당, 직책수당, 장기근속수당, 정근수당, 가족수당, 특별상여, 명절수당 내지 휴가비 등 각종 휴가비를 포함하여 그 명칭과 종류도 다양하다. 이 중에는 특수목적에 부합하는 조건을 충족하는 경우 지급되는 경우도 있고, 특별한 조건을 부과하지 않고 일괄하여 지급하는 경우도 있다. 즉, 같은 명칭과 목적을 가진 수당에도 실제 운영하는 내용에 따라서는 기업의 특성을 반영하여 조건 없이 일괄하여 지급하기도 하고, 일정한 조건을 충족하는 경우에 지급하기도 하는 등 그 운영 방법과 내용이 매우 다양하다. 그러므로 이러한 수당은 임금적인 성격도 있으면서, 한편으로는 그 밖의 금품에 해당하는 경우도 있다고 할 수 있다.

이러한 수당에서 근속수당 등 특수목적을 가진 임금은 특별한 사유를 요건으로 한다. 근로관계에서 동등보상이 원칙이지만 특별히 달리 보상할 필요성과 목적이 명확한 경우 특수한 목적을 가진 급부는 달리 취급할 여지가 있다고 할 수 있다. 즉, 장기근속을 유도하여 조직의 안정성을 기하고 전문성을 제고함은 물론 일정기간 조직에 계속 근로하여 이에 대한 공로보상으로 지급되는 정근수당[419]은 지급사유가 명확하고 구분이 가능한 것으로 차별이 아니다. 이와 같은 성격으로 장기근속수당도 합리성이 인정되는 사안에 해당한다고 할 것이다.[420] 법원[421]은 장기근속수당에 대한 사건에서 장기근속수당은 장기근속에 대한 대

419) 중앙노동위원회 2015.07.14. 2015차별12 결정.

420) 한편, 전문적인 업무수행을 효과적으로 수행하기 위하여 그리고 원활한 직무수행을 위하여 불가피하게 필요한 자격증에 대한 보상은 합리성이 인정될 수 있다고 볼 수 있다. 즉, 특수목적의 급부는 그러한 급부가 불가피한 필요성이 인정되고 합목적적이며 변별력이 있는 사안에 해당하는 경우 차등대우는 합리적인 이유 있는 보상이라고 판단할 수 있다.

421) 대법원 2014.09.24. 선고 2012두2207 판결.

가로 지급되는 외에 장기근속을 장려하기 위한 목적에서 지급되는 것으로 볼 수 있는 점, 원고들의 기간제 근로형태와 이 사건 비교대상 근로자들의 정규직 근로형태가 채용 목적, 근로 범위나 권한 등의 측면에서 차이가 있는 것을 부정할 수 없는 점 등을 종합하여 볼 때, 기간제 근무기간을 장기근속수당 산정을 위한 근속기간에 포함시키지 아니한 것에는 합리적인 이유가 없다고 판단하고 있다. 즉, 장기근속수당은 장기근속자를 우대하기 위한 공로보상의 특수목적이 있는 급부로서 기간제근로자와 달리 적용할 여지가 없다고 할 것이다. 또, 비교대상근로자는 '정규직 근무기간'이 장기근속수당 산정에 필요한 근속기간에 포함되는 것에 비하여, 청구인들의 경우 그 '기간제 근무기간'이 장기근속수당 산정에 필요한 근속기간에 포함되지 아니한 것은 불리한 처우에 해당한다고 보았다. 즉, 장기근속수당을 산정하기 위한 기초가 되는 근속기간은 해당 사업장 내지 사업에 적을 둔 기간(고용된 기간)에 해당하는 모든 기간으로 이러한 기간이 기간제이든 정규직이든 고용형태에 따라 달리 볼 사안이 아니라고 보아야 한다. 아울러, 노동위원회[422]도 비교대상근로자인 조리원들에게는 조리보조원으로 일한 기간까지 포함하여 근속기간에 따른 단계별 근속수당을 지급하고, 이 사건 근로자들에게는 근속수당이 없고 실제 근무한 시간을 기준으로 임금을 지급하므로, 주휴일과 근로자의 날을 제외한 나머지 휴일은 근무하지 않으면 임금이 지급되지 않은 점을 고려할 때, 자의성에 기초하여 객관적 합리성이 결여된 차별적 처우로 판단하였다. 즉, 조리보조원들은 장기간 근무해도 근속수당의 지급대상에서 제외된 점, 약정휴일을 부여받는 조리원들에 비해 이 사건 근로자들은 받지 못하는 점은 형평성에 맞지 않아 불합리한 것으로 판단하였다.

이 두 사건은 공통적으로 장기근속수당을 지급함에 있어 차별이 발생하였고, 일부는 장기근속수당의 지급을 위한 근무기간에 포함하고 일부는 포함하지 않은 점이 문제가 되고 있다. 근속수당은 일정기간 근속기간을 전제로 하여 지급되는 수당으로 장기간 근속한 근로자에 대한 공로보상과 장기근속을 유도하고자 하는 목적을 지니고 있음에도, 비정규직기간 내지 근속수당지급대상기간에서 각각의 근로자에 대하여 차별적 처우를 했다는 점이다. 즉, 채용형태나 근무형

422) 전북지방노동위원회 2011.01.25. 2010차별2～37병합 결정.

태가 다르다는 점을 들어 차별을 하였는데, 근속기간의 산정에서는 시간제, 기간제, 정규직 등 고용형태를 달리 볼 문제가 아니며, 근무내용과 형태가 다르다고 달리 볼 소지의 것도 아니라는 점이다. 그러므로 차별적 처우로 인한 시정금액은 근무시간 비례의 원칙을 적용하여 차액분을 지급하는 것이 타당하다. 사용자가 근속수당은 조리보조원 중에서 근무성적이 우수하여 조리원으로 승격한 조리원들에게 장기근속에 대하여 적절한 보상을 함으로써 사기진작을 하려는 목적이 있다고 주장하고 있으나, 청구인 조리보조원의 경우 장기근속한 경우에 해당됨에도 근속수당을 전혀 받지 못하였으나 청구인 조리보조원보다 늦게 입사한 경우라도 조리원이 되면 조리보조원의 기간까지 포함하여 근속수당을 수령하는 경우도 발생할 수 있으므로 이는 불합리하고, 근속수당의 목적달성을 위한 적정한 수단으로 볼 수 없다. 따라서 이는 객관적인 합리성을 결여한 자의적인 기준에 의한 것으로 볼 수밖에 없다. 결국, 특수한 목적을 가진 수당(임금)도 그러한 특수목적에 충족하는 요건에 해당하는 근로자에게만 지급된다는 것이 합법성과 합리성을 가질 수 있는 것으로 보이지만 이러한 요건이 고용형태라든가 법령 등에서 차별을 금지하고 있는 사항에 배치될 수는 없으며, 동등한 조건을 전제하여야 하고, 그러한 기준과 요건은 합리적인 기준이 되어야 한다. 형식적으로 별도의 요건을 가진 것으로 특정하면서도 상대적으로 또는 직·간접적으로 성별, 고용형태 등을 이유로 하는 차별금지사항에 해당하는 경우는 그 합리성을 인정받기 어려운 문제라고 할 수 있다.

한편, 일괄적으로 지급되는 임금이냐 아니면 개별적인 조건을 전제로 하는 임금이냐에 따라 특수목적의 수당이 합리적인 경우도 있고 차별적인 경우도 있다. 이러한 사례로 가족수당의 경우를 들 수 있는데, 법원[423]은 가족수당은 업무와 관계없이 부양가족이 존재한다는 사정만으로 지급되는 경우 고용형태를 이유로 지급대상과 비지급대상을 정하는 것은 합리적인 이유 없는 차별이라고 판단하였다. 그러므로 가족수당이라는 명목으로 지급되는 임금이 가족 유무 내지 가족의 수와 상관없이 지급되는 경우라면 이는 고용형태 등에 따라 차별할 수 있는 대상이 아니라고 보아야 한다. 한편, 가족수당이라는 명목으로 지급되는 임금이

423) 대법원 2014.11.27. 선고 2011두5391 판결.

일정한 조건에 의하여 지급되는 경우는 차등이 가능하다고 할 수 있다. 즉, 가족이 있는 근로자에게는 가족수당을 지급하고 가족이 없는 근로자에게는 지급하지 않는 경우 이러한 조건[424]은 가족수당의 목적이 가족부양의무를 지원하기 위한 것으로 그 합리성이 인정된다고 할 수 있다. 또, 가족수당을 지급함에 있어 가족의 수에 따라 차등하여 지급하는 조건을 가지는 경우에도 합리성이 인정된다고 볼 수 있다. 이는 가족 수에 따라 부양의무가 커지는 것을 지원하기 위한 것으로 차별의 문제라고 할 수는 없을 것이다.

3. 그 밖의 금품에서의 차별과 합리적 이유

고용내용에서 임금외의 '그 밖의 금품'에는 금전적인 것, 현물적인 것 등을 모두 포함한다고 할 수 있는데, 각종 사은품 및 현물 급부, 각종 휴가비, 경조금, 중식대, 교통비, 출장비, 피복비, 복지포인트 등 명칭과 목적도 다양한 형태의 금품이 근로자에게 지급되는 경우 이에 해당한다고 할 수 있다. 이때 각종 수당은 명칭은 같아도 실제는 임금에 해당하는 부분도 있으나 명칭에 상관없이 임금이 아닌 복리후생적인 성격의 급부는 그 밖의 금품에 해당하는 것으로 볼 수 있다. 또, 복리후생시설의 이용 등도 그 밖의 금품 등에 해당한다고 할 수 있다. 이러한 금품 등에 대하여 시혜적인 금품, 일괄적으로 지급되는 금품, 실비변상적인 금품, 기타 금품으로 나누어 검토하기로 한다.

(1) 시혜적인 금품

시혜적인 금품은 금전적인 것이나 현물적인 것을 모두 포함한다고 할 수 있는데, 사용자가 근로의 대가와는 무관하게 재직하고 있는 근로자에게 지급되는 급부라고 할 수 있다. 이러한 급부에서 특정 대상자를 제외하는 경우 차별의 문

424) 지급조건과 관련하여 임금성격을 달리보고 있다. 즉, 법원은 부양가족이 있는 근로자에게만 지급되는 가족수당과 같이 소정근로의 가치 평가와 무관한 사항을 조건으로 하여 지급되는 임금은 그것이 그 조건에 해당하는 모든 근로자에게 지급되었다 하더라도 여기서 말하는 '일정한 조건 또는 기준'에 따른 것이라 할 수 없어 '일률성'을 인정할 수 없으므로, 통상임금에 속한다고 볼 수 없으나, 모든 근로자에게 기본금액을 가족수당 명목으로 지급하면서 실제 부양가족이 있는 근로자에게는 일정액을 추가적으로 지급하는 경우 그 기본금액은 소정근로에 대한 대가에 다름 아니므로 통상임금에 속한다는 입장을 보이고 있다(대법원 2013.12.18. 선고 2012다89399 전원합의체 판결).

제 소지가 있다. 즉, 각종 기념일에 사은품을 지급하면서 특정한 대상의 근로자에게는 지급하지 않는 경우, 명절휴가비를 지급하면서 차별하는 경우, 휴가비를 지급하면서 차별하는 경우 등은 시혜적인 금품의 지급에서의 차별행위라고 할 수 있다. 노동위는 명절휴가비지급[425]에서의 차별문제와 관련하여 미술관의 자체직원으로 채용된 이 사건 근로자의 경우, 교육공무원법, 국가공무원법 등 이 사건 사용자가 법인으로 전환되기 이전에 적용된 법령에 따라 호봉제 및 제 수당으로 구성된 임금체계를 적용받는 법인직원과는 달리, 미술관장과의 개별 협상 후 체결된 근로계약에 따라 제 수당을 지급하지 아니한 것으로 차별적 처우에 합리적 이유가 있다고 주장한 건과 관련하여, 명절휴가비는 그 성격상 직무의 성질, 업무량, 업무의 난이도 등과 무관하게 고용관계를 유지하고 있는 모든 직원에게 지급하는 수당이므로 이 사건 근로자에게 이러한 제 수당을 원천적으로 지급하지 아니한 것은 합리적 이유가 없는 차별에 해당한다고 판단하였다.

즉, 이 사건에서 대상근로자와 비교대상근로자는 주된 업무가 비서업무로서 비교대상근로자들과 동종 또는 유사한 업무에 종사하는 자로 비교대상근로자들과 달리 명절휴가비를 차등하여 지급한 것은 합리적 사유가 없는 차별적 처우로 인정한 것은 합리적인 결정이라고 판단된다. 이러한 시혜적인 금품은 모든 재직 중인 근로자에게 지급되는 것으로 근로의 직접적인 대가적 가치판단에 기하여 지급되는 임금과는 구분되는 것이고 직무의 가치 차이에서 오는 차등대우가 가능한 것이라고 할 수 없는 성격의 것이다. 그러므로 그러한 차등지급에는 합리적인 이유가 존재하여야 한다. 예를 들어 비록 시혜적인 급부라고 하더라도 근무기간에 비례하여 지급되는 경우, 동액 내지 동일한 가치의 지급은 아니지만 기본급에 기반하여 동일한 비율에 따라 지급하는 경우(이 경우에도 산정 기초 금액에 문제가 있는 경우 차별이 될 수 있음), 특별한 공로에 대하여 포상금(동등한 포상에서 특정인의 지급금품을 차등하는 경우는 차별이 될 수 있음)을 지급하는 등 대상자를 특정할 만한 합당한 사유가 존재하는 경우, 노사간의 민주적인 절차에 따라 합리적인 기준을 합의하여 근로자의 동의를 구한 경우 등은 합리적인 사유가 있는 경우라고 할 수 있다. 그러나 고용형태, 성별 등 특정

425) 중앙노동위원회 2015.07.14. 2015차별12 결정.

대상자에게는 지급하지 않거나 합리적인 이유 없이 차등하여 지급하는 경우는 차별행위가 될 수 있다고 보아야 한다.

(2) 일괄적으로 지급되는 금품

일괄하여 지급되는 금품의 경우는 지급조건이 특정되지 않고 모든 근로자에게 지급되는 성격의 금품으로서 차등대우가 내재적으로 배제되어 있다고 볼 수 있다. 그러므로 실제 금품의 지급에서 특정 대상을 제외하는 경우는 차별의 문제가 될 수 있다. 또, 일괄적 지급에는 동등한 수준에서의 금품지급을 의미하므로 기념일에 사은품을 지급하면서 특정인에게는 지급하지 않거나 지급수량을 달리하는 경우는 차별의 문제가 될 수 있다. 이와 관련하여 노동위[426]는 기간제 근로자에 대한 피복비지급에서의 차별문제를 다루었는데, 이 사건에서 이 사건 근로자들과 창구업무를 수행하는 5, 6, 7급 및 별정직 근로자(이하, '비교대상근로자')들 모두 주요 업무는 '빠른 창구 업무'인 점, 일부 금융점포의 업무분장 상 비교대상근로자들의 대(對)직자로 이 사건 근로자들이 지정되어 있는 점 등을 볼 때 비교대상근로자들은 이 사건 근로자들의 비교대상으로 적합함을 인정하면서, 피복비는 매년 반기마다 전 직원들에게 고정적・정기적으로 지급되는 점, 근로자들의 직무수행능력, 업무 책임・권한의 정도, 근속기간 등과 관계없이 이 사건 사용자와의 근로관계에 기인하여 당연히 지급되는 금품인 점 등을 볼 때 차별적 처우 금지영역에 해당한다고 판단하면서, 고용형태에 따라서 피복비를 5만원씩 차등 지급한 것은 기간제근로자인 이 사건 근로자들은 정규직인 비교대상근로자들에 비하여 불리한 처우를 받았다고 판단하였다.

이러한 차별행위에 대하여 합리적인 이유 여부를 살펴보면, 이 사건의 피복비는 사용자가 영업지원직 등 직군별로 구분하여 피복비를 차등 지급할 뿐, 동일한 직군 간에는 근무기간에 따라 피복비를 달리 지급하지 않은 점에 비추어 볼 때, 이 사건 근로자인 기간제 근로자에게도 해당 직군에 해당하는 조건에 부합하는 피복비를 지급하지 않는 것은 합리적인 이유가 없고, 또한, 근로자들의 직무수행능력, 책임・권한의 정도, 근속기간 등과 관계없이 이 사건 사용자와의

426) 중앙노동위원회 2013.03.13. 2013차별3 결정.

근로관계에 기인하여 당연히 모든 재직 중인 근로자에게 일괄하여 지급되는 금품인 이 사건 피복비를 기간제근로자들에게 차등 지급한 것은 합리적 이유 없는 불리한 처우라고 할 것이다. 결국, 일괄적인 금품지급의 경우에도 특히 현물적인 급부에서는 지급일 현재 또는 향후 상당기간 근로제공기간에서 제외될 사유 즉, 장기간의 휴가·휴직 중(피복비의 용도가 실제 근무하는 근로에서의 직무수행에서 착용하는 근무복에 대한 비용을 지원하는 것에 해당하는 것으로 계절적으로 다른 피복을 착용하게 되고 장기간의 휴가·휴직 등의 경우는 실제 피복비의 소요가 없다는 점을 감안할 때 합리적인 사유가 될 수 있음)에 있다거나 하는 특별한 사유가 없는 한 지급대상에서 제외하는 경우는 합리적인 이유가 없는 차별이 된다고 할 것이다.

(3) 실비변상적인 금품

직무수행과 관련하여 실비변상적인 금품 내지 급부는 정액급식비 내지 중식대, 교통비, 연구활동비, 영업활동비 등을 들 수 있다. 이러한 급부는 직무수행에 수반하여 발생하는 비용의 성격을 지니는 것으로 업무상 발생한 비용을 근로자에게 부담시키지 않기 위하여 지급되는 금품이라고 할 수 있으며, 근로자의 부담을 제거하여 업무활동을 장려하는 성격도 지니는 것이라고 할 수 있다. 이러한 차별문제와 관련하여 법원[427]은 중식대와 통근비를 비교 대상 근로자인 영업마케팅·내부통제점검자 및 자점검사전담자에 대한 중식대와 통근비보다 적은 금액으로 책정하여 지급한 것은 불리한 처우에 해당하고, 중식대와 통근비가 실비변상의 성격을 가진 점, 원고가 텔러직, 지원직 등 다른 기간제 근로자들에게도 중식대와 통근비를 지급한 사정에 비추어 이들 수당을 장기근속 유도와 직접 연관시키기 어려운 것으로 보이는 점 등을 종합하면, 위와 같이 원고가 참가인들에게 중식대와 통근비를 불리하게 지급한 데에 합리적인 이유가 있는 것으로 볼 수 없다고 판결하였다.

이 사건에서 중식대와 통근비의 성격을 살펴보면, 근로자의 고용형태가 다르다고 하여 중식비가 더 들고 덜 든다고 볼 수 없는데, 직종이나 직무의 성격에

---

427) 대법원 2012.10.25. 선고 2011두7045 판결.

따라 달리 차등하는 것은 납득하기 어려운 부분이라고 할 수 있다. 또, 통근비의 경우도 대중교통 등 통상적인 교통수단이 고용형태 등에 따라 다르게 요금 책정이 되는 것이 아니라는 점이며, 이러한 실비는 직무수행을 위한 불가피한 비용을 지급하는 것으로 실비정산의 개념에서 접근한다면 차등의 합리적인 이유가 될 여지가 없다고 판단된다.

아울러, 노동위[428]는 근로자들이 비교대상근로자에 비하여 연구 활동비에 있어서 불리한 처우를 받은 사실을 인정하면서, 근로자들과 비교대상근로자의 주된 업무가 연구과제 업무수행으로 사실상 동일한 점, 근로자들과 비교대상근로자 모두 박사학위 소지자로서 학력의 차이도 없는 점, 사용자가 개인별 업무평가에 있어서 근로자들과 비교대상근로자에 대하여 동일한 평가지표와 절차를 적용하였던 점 등을 종합해 볼 때 불리한 처우에 합리적인 이유가 없다고 판단하였다.

이 사건에서 정규직과 비정규직 연구원은 연구과제별로 한 팀으로 구성되어 연구과제를 수행하며, 과제책임자를 정규직 연구원이 아닌 비정규직 연구원이 맡은 바도 있는 등 연구 업무 수행에 있어서 정규직 연구원과 비정규직 연구원이 동일하게 업무를 수행하였다. 결국, 동종의 업무를 혼재하여 수행하면서 직무의 범위나 책임 등에도 차이가 없는 점을 감안하면 연구활동비가 자료수집 등에 소요되는 비용 등을 지원하기 위한 것으로 볼 수 있고, 이러한 급부는 실비변상적인 성격의 것으로 차등지급에 합리적인 이유를 둘 여지가 없다고 할 수 있다. 결국, 이들 사건에서 판단되는 것처럼 직무수행을 위하여 '실비변상적인 비용'을 차등지급하는 것은 합리적인 이유 없는 차별행위로 납득하기 어려운 부분이다. 즉, 특정 직무 수행을 위한 영업비용 내지 직무수행비용은 해당 직무를 수행하는데 소요되는 비용이지 성별, 고용형태(정규직, 비정규직)에 따라 더 많이 들고 덜 드는 것이 아니라는 점이다. 그러므로 근로자에게 직무수행에 소요되는 실비변상적인 비용 내지 급부 등을 지급함에 있어서 차등대우를 하는 경우 차별행위가 된다고 보아야 한다. 아울러, 일반근로자에게는 장기출장비[429]

428) 중앙노동위원회 2014.02.25. 2013차별15 결정.

429) 다만, 실비와 관련하여 필요비용을 상회하는 비용을 지급하는 경우에서는 차등이 가능할 수도 있다. 즉, 출장비를 산정하는 기준으로 교통수단으로 철도를 이용한다고 가정할

를 지급하면서 기간제근로자에게는 지급하지 아니한 경우도 실비변상적인 비용으로 차별행위에 해당한다.[430]

(4) 경조금 및 경조휴가

금품에는 재해보조를 위한 급부, 경조사에 대한 보조를 위한 급부, 통합 내지 선택적 복지제도에 의한 급부 등 다양한 형태의 급부가 운영되고 있다. 대표적인 것으로 경조금은 경조사가 발생한 경우 조건적으로 일정한 급부조건에 따라 급부가 주어진다. 경조금 지급 및 경조휴가 부여와 관련하여 노동위[431]는 차별대상 근로자들이 비교대상근로자들에 비하여 경조금, 경조휴가(결혼)에 있어서 불리한 처우를 받은 사실을 인정하면서, 비교대상근로자들과 근속기간에 현저한 차이가 있다고 볼 수 없는 점, 경조금 등은 '직원 사기 진작 등'을 위한 것이고, 근로자들이 종사한 업무가 전체 업무범위의 84.5%를 차지하여, 비교대상근로자들과 차이가 크다고 볼 수 없는 점, 근로자들은 정규직의 육아휴직 등의 대체인력으로 채용되어 동일한 근무시간 및 휴게시간의 적용을 받아 비교대상근로자들과 달리 적용해야 할 특별한 사정이 보이지 않는 점 등을 종합하여 볼 때, 불리한 처우에 있어 합리적인 이유가 없다고 판단하였다.

이 사건에서 정규직 근로자들에게는 단체협약 제49조 및 복리후생규정시행세칙 제7조에 따라 결혼경조금 30만원을 지급하였고, 단체협약 제35조에 따라 5일의 유급 경조휴가(휴일이 포함되어 있는 경우 제외)를 부여하였으나, 이 사건 근로자는 결혼을 하였으나, 경조금을 지급하지 않고 경조휴가도 부여하지 않았다. 기간제법에서는 임금차별을 금지함은 물론 그 밖의 금품에 대하여도 차별을 금지하고 있다. 경조금 및 경조휴가는 경조사유의 발생여부에 따라 지급되는 부

때 객실의 등급이 일반실과 특실로 구분되는 사안에서 '해당 직무수행을 하기 위하여 목적지까지 갈 수 있는 필요비 내지 실비는 일반실이 기준이 된다'고 볼 수 있는데, 일반적으로 필요한 실비는 일반실을 기준으로 책정하여 지급하되 직책(팀원, 팀장)에 따라 객실등급을 달리하여 팀장에게는 추가로 지급되는 경우(특실 기준으로 지급되는 경우)는 직무수행에 필요한 실비인 기초비용을 상회하는 것으로 팀원에 불리한 조건이 아니고 상대적인 차별이라기보다는 팀장에 대한 우대라고 할 수 있어 이러한 기준이 노사간의 적법한 절차에 따라 합의되고 근로자에게 동의된 사안이라면 차별이라고 단정하기에는 무리가 있다고 보아야 한다.

430) 중앙노동위원회 2010.08.18. 2010차별9 결정.

431) 중앙노동위원회 2014.10.21. 2014차별9 결정.

여되는 것으로 이 사건 근로자는 기간제근로자로 정규직근로자와 동종·유사한 업무를 혼재하여 수행하고 있는 상황에서 기간제근로자라는 이유로 경조금과 경조휴가를 부여하지 않는 것은 합리적인 이유 없는 차별행위라고 할 수 있다. 아울러, 단체협약에서 조합원의 가입조건에서 계약직 등을 제외하여 정하고 조합원에 대하여만 경조금을 지급하도록 규정한 사안은 단체협약을 통한 차별행위가 될 소지가 크다. 이러한 점은 법원[432]과 노동위[433]도 같은 입장을 보이고 있다. 결국, 임금 외의 '그 밖의 금품'에 경조금 등이 해당되고, 기간제근로자의 경우 업무적인 동종·유사성이 인정됨에도 불구하고 고용형태를 이유로 하는 차별은 합리적인 이유가 될 수 없다는 점을 알 수 있다. 급부의 지급조건이 일정 사유를 전제하는 급부도 있을 수 있고, 그 사유에 따라 다소의 금액 등의 차이가 날 수도 있다. 이러한 차이는 합리적인 수준에서 결정될 사안이지만, 동일한 조건에 대하여 지급을 하지 않는 경우는 합리성이 없는 차별행위가 된다고 보아야 할 것이다. 아울러, 각종 복리후생에 대한 급부 및 복리후생시설의 이용 등에서도 합리적인 이유 없는 차등은 배제되어야 하고 동등한 급부와 동등한 기회가 부여되어야 한다.

(5) 복지포인트에 대한 논쟁

복지포인트의 경우는 일괄하여 포인트를 부여하는 경우도 있지만 근로자의 근속기간, 가족 수 등 다양한 요소를 산술적으로 포인트를 책정하는 경우 등 다양하게 급부기준을 마련하여 운영된다. 복지포인트 지급과 관련하여 노동위[434]는 이 사건 근로자인 ○○시의 무기계약근로자는 복지포인트를 지급하면서 이 사건 근로자에게 복지포인트를 지급하지 아니한 것은 불리한 처우에 해당한다고 하면서, 판단이유로 이 사건 사용자가 공무원과 무기계약근로자 등에게 근무기간, 직급 등과 관계없이 복지포인트(기본포인트)를 일률적으로 배정하고 있는 점, 복지포인트는 ○○시에 근무하는 직원들의 근무능률을 높이기 위하여 제정

432) 서울고등법원 2015.01.28. 선고2014누51779 판결, 대법원 2015.05.29. 선고 2015두38078 판결.

433) 중앙노동위원회 2013.10.02. 2013차별12 결정.

434) 중앙노동위원회 2013.05.15. 2013차별6 결정.

한 복지제도로서 근로자들이 맡고 있는 업무의 난이도나 직급, 내지 직책에 따른 권한과 책임의 범위에 따라 차별을 둘 성질의 것이 아닌 점, 정부가 2012.01.16. 「상시·지속적 업무 담당자의 무기계약직 전환기준」 고용개선 추진 지침에서 "1년이상 근무한 기간제 근로자에 대하여 기본 복지포인트로 1인당 30만원 수준 일률 지급, 6개월~1년 미만 근무자는 근무기간 등을 고려하여 지급"하도록 이 사건 사용자에게 시달하였음에도 이 사건 근로자에게 근무기간 등을 고려하여 복지포인트를 지급하지 아니한 점 등에 비추어볼 때 이 사건 사용자가 비교대상근로자인 무기계약근로자에게는 복지포인트를 배정하면서 이 사건 근로자에게 위 정부지침의 지급기준에 따라 이 사건 근로자들의 근무기간 등을 고려하여 위 복지포인트를 지급하지 아니한 것은 합리적인 이유가 존재한다고 볼 수 없다고 판단하였다.

이러한 복지포인트에서의 논쟁은 임금으로 보는 경우와 기타 금품으로 보는 경우에 대한 논쟁이 있다. 임금으로 본 경우로 맞춤형 복지포인트와 관련하여 법원은 통상임금에 해당한다고 판단하고 있다. 즉, 카드 포인트 형식으로 배분받은 맞춤형 복지포인트(복지포인트 1점은 1,000원에 해당)는 매년 단위로 지급되고 신규채용·면직·해임·파면·휴직·파견의 경우 월할 계산되어 지급되는 사실이 인정되는바, 복지포인트를 부여받은 근로자들은 원칙적으로 해당 복지포인트 전체에 관한 처분권한을 보유하고 있으므로, 이는 근로자에게 확정적으로 지급된 것으로 평가할 수 있고, 현행법상 현실의 근로제공을 전제로 하지 않고 단순히 근로자로서의 지위에 기하여 발생한다는 생활보장적 임금(임금 2분할설)을 인정할 수 없으므로, 복지포인트가 단순히 호의적·은혜적으로 제공된 것에 불과하다고 볼 수는 없고, 맞춤형 복지제도에 관하여는 다른 수당과 마찬가지로 보수규정, 복리후생관리규정 등에 규정되어 있는 점에 비추어 보면, 사용자가 기존에 자기개발비용 등 복지항목상 금품을 지급하던 방식이 맞춤형 복지포인트 제도로 전환된 것으로, 정기적·일률적·고정적으로 지급되는 임금으로서 통상임금에 해당한다고 봄이 타당하다고 판단하였다.[435] 아울러, 소정근로를 제공하기만 하면 매 월마다 그 지급이 확정된 맞춤형 복지카드는 소정 근

435) 서울남부지방법원 2016.05.26. 선고 2013가합11035 판결.

로의 양이나 질에 대하여 지급하기로 된 임금으로서 실제 근무일수나 수령액에 구애됨이 없이 정기적, 일률적으로 임금 산정 기간에 지급하기로 정하여진 고정급 임금으로 통상임금에 해당한다고 판단한 예도 있다.[436]

반면에, 법원[437]은 매년 맞춤형 복지제도 운영지침에 따라 근로자에게 일정액의 복지포인트를 배정하였다고 하더라도, 지정된 용도에 따른 근로자의 구매와 이에 따른 복지포인트 결제신청의 조건이 성취되어야 금전지급의무가 발생하므로, 위와 같은 별도 조건이 성취되지 않는 한 그 금전지급이 확실히 예정된 것이라고 볼 수 없고, 복지포인트의 사용 용도는 사용을 허락한 범위(건강검진, 건강관리, 자기계발, 여가활용, 가족친화)로 제한하고 있으며, 복지포인트의 구체적인 배정 금액은 매년 피고의 재정상황, 영업실적, 정책 목표 등을 감안하여 노사합의 등에 따라 달리 정해지고 있어 임의의 시점에 근로자에게 배정될 구체적 포인트를 사전에 확정할 수 없고, 보수규정에 복지포인트에 대하여 별도로 보수로서 명시하지 않고 있으므로, 이러한 복지포인트는 근로시간과 관계없이 근로자에게 복리후생적으로 지급되는 금품이라는 성격이 강하고, 복지포인트 중 가족포인트의 경우, 가족의 유무, 가족의 수와 같이 근로의 가치 평가와 무관한 사항을 조건으로 하여 지급되는 것이어서 일률성이 인정되기 어려운 점 등의 사정들에 비추어 보면, 복지포인트가 소정근로의 대가로서 통상임금에 해당한다고는 볼 수 없다고 판단하였다. 아울러, 근로자들에게 제공하는 복지포인트는 용도에 부합하는 사용 및 사용자의 승인을 조건으로 하는 급부(또는 기회제공)로서 매년 노사협의를 통해 정해지는 것이므로 일률성, 고정성을 갖추지 못하였고, 따라서 통상임금에 해당한다고 볼 수 없다고 판단한 사례도 있다.[438]

이러한 복지포인트에 대한 논쟁의 핵심은 복지포인트의 지급방식이나 근거, 포인트의 사용권한 등의 차이에 따라 임금으로 보기도 하고, 기타 금품인 복리후생적인 급부로 보고 있는 것으로 판단된다. 즉, 통상임금으로 보는 판례는 근로제공하는 모든 근로자에게 지급되는 것으로 일정액의 복지포인트가 지급되고, 포인트의 사용권한이 전적으로 근로자에게 부여되어 있으며, 보수규정 등에 명

436) 부산지방법원 2015.02.12. 선고 2014구합3397 판결.
437) 서울고등법원 2016.01.15. 선고 2015나2016215 판결.
438) 대구고등법원 2015.10.21. 선고 2015나305 판결.

시된 근거를 토대로 지급하는 경우(임금지급의 대체수단)는 임금이라고 보는 것이다. 반면에 복지포인트에 대한 근거를 별도로 운영하는 것이 아니라 매년 노사협의회에서 지급여부를 결정하고, 일정한 요건에 부합하는 사유와 항목에 대하여 사용 전후에 사용자의 추가적인 승인을 요하는 경우는 임금이 아닌 복리후생적인 급부로 보고 있다는 점이다. 그러므로 각종 수당은 명칭의 동질 내지 유사성이 아닌 실제 지급되는 조건과 방식 등에 따라서는 임금이 되기도 하고 기타 금품이 되기도 한다고 할 수 있다. 결국, 복지포인트의 지급에서의 차별여부는, 임금으로 볼 수 있는 경우는 앞서의 임금에서의 차별에 대한 부분을 준용하여야 하고, 복리후생급부를 볼 수 있는 경우는 기타 금품의 성격에 따라 판단되어야 할 것이다.

4. 임금 등 차별적용 기준 · 대상관련 문제

임금 등에서의 차별금지는 성별, 연령, 장애, 고용형태 등에 따라 합리적인 이유 없이 차별하는 것은 금지되고 있다. 이러한 문제와 관련하여 앞서의 검토문제 외에도 연령기준 임금피크제의 문제, 단체협약에 의한 차별문제, 소위 비정규직인 기간제 및 단시간근로자와 파견근로자에 대한 차별문제, 장애를 이유로 하는 차별문제에 대한 검토가 필요하다고 할 수 있다.

(1) 연령기준 임금피크제의 차별문제

임금피크제란 생산성과 조직기여도 또는 일정한 연령과 능력수준에 따라 피크임금을 설정하고 이러한 수준이 변곡점을 이루는 피크시점을 결정하여 생산성 등이 하향하는 시점에서 임금수준도 변경하여 운영하는 인재전략이라고 할 수 있다. 그러나 현실적으로는 일정 연령을 기준으로 임금, 근로시간, 근로일수 등을 통해 임금을 조정해 나가는 대신 일정기간 동안 고용을 보장하는 제도[439]로 인식되고 있다. 임금피크제의 필요성[440]은 별개로 하더라도, 임금피크제가

439) 고용노동부, "업종별 임금피크제 일반모델안", 2015, 4면.

440) 고용노동부, "업종별 임금피크제 일반모델안", 2015, 5~7면에서는 2016년 60세 정년 연장이 시행됨에 따라 기업부담 완화 및 신규고용 촉진 등을 위해 필요하고, 임금체계 개편이 필요하다는 것이다. 아울러, 임금피크제를 통하여 실질적 고용안정이 가능하고, 신규채용에 도움이 된다고 설명하고 있다.

단순한 임금제도가 아닌 인재전략제도여야 하는 이유는 단순한 임금제도가 변하는 것이 아니라 고용기간, 직무부여, 직급 및 직책운영, 승진체계, 퇴직금 정산, 임금 등의 기준까지 근로조건과 인력정책에서 중심이 되는 사안에 대한 체계를 재정립해야 하는 중요한 문제이기 때문이다. 한편, 현재 운영되는 임금피크제의 대부분이 연령기준으로 설정되고 있어 고령자고용촉진과 배치되고 연령차별이라는 문제가 부각되고 있다. 그러므로 임금피크제를 연령기준으로 운영하는 경우 연령차별에 대한 문제의 검토가 필요한 사안이라고 할 수 있다.

1) 임금피크제의 유형 및 내용

통상 임금피크제는 정년보장형, 정년연장형, 고용연장형으로 논의되어 왔다. 그러나 최근 정부 모델안[441]에는 조금 달리 논의되고 있다. 기존 논의를 중심으로 임금피크제의 유형과 내용을 살펴본다면, 첫째, 정년보장형 임금피크제는 기존의 정년을 보장하되 일정 연령부터 임금을 삭감하는 것이다. 즉, 기존의 58세 정년은 보장하되 55세 등에서부터 일정비율 임금을 삭감하여 운영하는 방식이다. 정년보장형은 대략 정년 3년 전부터 임금삭감을 적용하는 것이 일반적이었는데, 기업에 따라서는 2~5년 전부터 적용하는 사례도 있다. 이 유형은 차별의 문제에 관한 논의가 필요한 유형이다. 둘째, 정년연장형 임금피크제는 기존의 정년을 연장하되 연장된 부분에 대하여는 임금을 삭감하거나, 일정 연령부터 임금을 삭감하는 방식이다. 즉, 58세에서 정년을 60세로 연장하면서 58세부터 일정비율 임금을 삭감하거나, 정년연장과 더불어 57세 등에서부터 일정비율 삭감해 나가는 방식이다. 후자의 형식은 차별의 문제에 대한 논의가 필요한 부분이다. 셋째, 고용연장형 임금피크제는 기존의 정년으로 고용관계는 종료하고 신규채용형식을 통하여 고용을 연장하는 방식이다. 즉, 58세 정년으로 퇴직처리하고 60세 등까지 재고용하는 방식이라고 할 수 있다. 물론 재고용기간에 대하여는 일정비율 임금을 삭감하여 적용하는 것이다. 이때 고용형태는 정규직, 비정규직 어느 형태도 가능하다.[442] 이 유형의 경우는 고령자고용촉진정책과 연관하

441) 고용노동부, "업종별 임금피크제 일반모델안", 2015, 11면에서는 정년 연장형, 근로시간 단축형, 재고용형으로 구분하여 설명하고 있다.

442) 노동위원회는 정년퇴직 후 촉탁직 기간제 근로자로 재입사한 사안에 대하여 수행업무가

여 급부수준의 차이가 발생해도 차별문제와는 가장 관련이 없다.

2) 피크임금의 산정기준 및 적용시점

임금피크제에서는 피크임금의 시점을 어디에 둘 것인가, 피크기준을 무엇으로 할 것인가가 관건이 된다고 할 수 있다. 이러한 피크임금의 산정기준은 여러 가지로 고려할 수 있다. 일반적인 모델인 특정 연령기준(통상 퇴직 전 3~5년을 기준으로 적용시점을 정함)으로 적용시점에 수령하는 임금수준을 기준으로 하여 삭감기준을 정하는 방식, 생산성이 피크인 시점을 기준으로 임금수준을 정하여 삭감기준을 정하는 방식, 직무 등 성과가 피크인 시점을 기준으로 임금수준을 정하여 삭감기준으로 정하는 방식이다. 첫째, 연령기준 피크임금설정이다. 연령기준 임금피크제는 당초 정년연장이 논의되기 전에는 주로 55세를 기준으로 임금삭감을 실행하였다. 그러나 정년연장이 확정되면서 최근 도입하는 사례의 대부분은 57세를 기준점으로 정하고 있다. 이러한 양상은 과거 정년이 통상 58세였던 점을 고려하면 대략 정년시점으로 역산하여 3년 전부터 적용하고 있는 것을 알 수 있다. 현재 임금피크제를 도입하는 사례의 대부분이 이러한 연령기준 임금피크제를 활용하고 있어 연령차별의 문제가 논의되는 단초가 되고 있다. 둘째, 생산성기준 피크임금설정이다. 생산성기준 임금피크제는 생산성이 최고점인 시점(일정기간의 생산성 추이를 분석하여 적용)을 기준하여 생산성이 저하되는 기간에 대하여 그러한 생산성이 저하된 부분만큼 임금삭감을 정하는 임금피크제이다. 그러나 생산성기준은 사람마다 육체적·정신적 능력에 따라 그 시점이 다르고, 생산성이 일정한 패턴을 유지하지 않고 등락을 반복한다면 기준점을 잡기가 어려운 점이 있다. 다만, 생산성기준 임금피크제는 노동의 양과 질적인 측면에서 노동의 가치판단을 전제로 하므로 임금수준의 합리성을 제고할 수 있다는 장점이 있다. 이 방식은 직무급체계와 연계하여 고려될 수 있다. 셋째, 성과기준 피크임금설정이다. 성과기준 임금체계는 다양한 형태의 성과지표를 토대로 임금수준을 결정하는 방식이기 때문에 주로 인센티브나 성과급 책정에 활

동종유사한 경우에도 종전 임금보다 30% 적은 임금은 합리적이라고 판단하여 고용연장형 임금피크제의 경우 고용형태나 임금삭감은 차별이 아님을 예시하고 있다(중앙노동위원회 2012.02.07. 2011차별6 결정).

용되는데 이러한 지표를 활용하여 임금피크제(일정기간의 성과수준을 분석하여 적용)에 활용하는 방식이다. 다만, 성과가 단기적으로 나타나는 부분도 있고, 장기적인 과정을 통하여 나타나는 부분이 있기 때문에 장단기 성과수준을 비교분석하여 적정한 수준을 책정해야 합리성을 가질 수 있다. 성과기준 방식은 생산성기준 방식과 더불어 임금수준을 책정함에 있어 합리성을 가질 수 있기 때문에 수용성을 가질 수 있다. 다만, 연공급체계를 중심으로 운영되는 현실을 감안할 때 연공급부분과 성과급부분(연봉제 등)을 합리적으로 설정할 필요가 있다.

3) 임금피크제가 연령차별이 되는 경우

임금피크제가 원천적으로 연령차별이 되는 것은 아니다. 임금수준[443]이나 그 밖의 근로조건 및 내용에 따라 달라지겠지만, 운영되고 있는 유형 중 정년보장형의 경우는 기존의 정년을 보장하면서 일정 연령기준으로 임금을 삭감하는 것으로 연령차별이 될 가능성이 높고, 정년연장형의 경우도 적용시점에 따라서 그리고 삭감률에 따라서는 차별이 될 가능성도 있다. 결국, 합리적인 적정기준을 설정하지 못하는 경우 연령기준 임금피크제는 연령을 이유로 하는 차별행위가 될 수 있다. 여기서는 연령 단일기준설정 및 연령과 다른 요소를 종합한 기준으로 나누어 검토하기로 한다.

우선, 연령 단일 기준 적용시 차별문제이다. 임금피크제가 단지 연령만을 기준으로 적용한다면 연령차별금지와 저촉문제가 될 수 있다. 특히 정년보장형의 경우는 당초 별문제가 없는 경우 정년까지 근무할 근로자를 대상으로 일정 연령을 기준으로 단지 나이가 많다는 이유로 임금을 삭감하는 경우 이는 차별문제에서 자유로울 수 없다. 아울러, 정년연장형의 경우에도 정년연장으로 근로기간이 늘어나면서 불이익여부는 종합적으로 판단되어야 할 문제이므로 이는 별개로 하더라도 연령기준으로 임금을 삭감하는 것은 연령차별에서 자유로울 수

443) 판례는 임금피크제 적용근로자의 차별여부를 다룬 것은 아니고 임금피크제 적용근로자와 기간제근로자 간의 수당 등의 지급차별에 대한 사건이지만 이 사건의 내용에서 삭감임금이 50% 내지 40%를 적용한 사례로 현행 정년연장제의 법상 근거로 따져보면 2년이 늘어나는데 연간급여가 반이하로 책정되는 경우 노동가치의 차별이 심각한 수준이고 2년 근로를 통하여 1년치의 연봉을 받는 것과 같이 현격한 임금삭감은 문제가 있을 것으로 판단된다(대법원 2012.10.25. 선고 2011두7045 판결).

없다.444) 더욱이 연장전부터 삭감이 발생하는 부분에 대하여는 더욱 차별문제를 피할 수는 없을 것으로 판단된다.445) 정년연장형의 경우 연장전에는 임금삭감이 없고 연장부분에 대하여만 임금삭감이 이루어지는 경우는 차별문제와 무관하다고 보아야 한다. 이 경우는 고용연장의 경우와 같은 의미로 해석할 수 있기 때문이다. 그러나 정년을 연장하되 당초 정년기간 전부터 일정기간을 삭감기간으로 설정하여 운영하는 경우는 달리 보아야 한다. 연장기간을 포함하여 지급되는 임금총액이 당초보다 적은 경우는 불이익한 경우가 명백하다. 한편, 임금총액은 다소 많아도 근로제공기간이 늘어나면서 동일조건의 직무수행에 따른 노동가치에 대한 차등대우에서 오는 문제와 임금피크제 적용시점 이후에 수행하는 직무내용의 변경으로 오는 차등대우는 그 가치적인 측면에서 달리 판단될 여지가 있다고 할 것이다. 이 경우 전자는 동일가치노동 동일임금의 원칙에 따라 판단

444) 종래의 정년을 보장하는 조건으로 정년 이전의 연령부터 임금을 인하하거나 동결하는 정년보장형 임금조정제는 그 문제점이 일찍이 지적된 바 있고, 60세 정년의무규정의 시행 전에 이미 60세 정년을 실시하고 있었던 기업을 전제할 때 이러한 임금조정제는 연령차별의 관점에서 보면 특별한 사정이 없는 한 이를 정당화할 합리적인 이유는 발견하기 어렵고, 현행 연령차별금지법은 정년제의 설정을 연령차별로 보지 않는다고 할 뿐, 임금, 임금 외의 금품 지급의 분야에서 합리적인 이유 없이 연령을 이유로 차별하여서는 아니 된다고 명시하고 있기 때문이라고 한다. 아울러, 정년보장형 임금조정제가 연령차별의 소지가 있다면 근로자 과반수의 동의만으로 완전한 합법성을 획득한다고 단언하기는 어렵다고 보면서, 합리적인 이유의 존재 여부를 판단함에 있어서 과반수노동조합의 동의 및 그 배경을 당연히 고려해야겠지만 그것만이 충분조건이라고 볼 수는 없으며, 현행 법률상 연령차별금지가 규정되었다면 그것은 엄연히 '개인'에게 차별받지 않을 주관적 권리를 부여한 것이라고 보아야 하므로 집단적이고 획일적인 근로조건 변경을 전제로 하는 취업규칙의 불이익변경제도와 서로 대체적 관계가 아니기 때문이라고 설명하고 있다(전윤구, "연령차별관점에서 본 정년연장과 임금조정제", 「노동법포럼(제15호)」, 노동법이론실무학회, 2015, 61~68면).

445) 58세 정년제를 채택하고 있던 사업장에서 법률의 시행에 따라 60세 정년으로 연장하게 된 경우에 56세부터 임금을 감액하는 것은 외형상 정년연장형 임금조정제이지만 실질적으로는 정년보장형 임금조정제에 가깝다고 할 것이고, 일본에서는 연령차별금지규정이 원칙적으로 존재하지 않기 때문에 이러한 경우에도 차별문제는 발생하지 않겠지만 우리 법체계에서는 56세부터의 임금감액 및 조정은, 설령 정년이 60세로 연장된다고 하더라도 연령차별에서 말하는 불리한 처우가 된다. 문제는 이때 60세 정년연장이 이런 불리한 처우의 합리적인 이유가 될 수 있느냐 하는 것이다. 이 문제는 결국 정년연장에 따른 사용자의 추가적인 인건비부담을 경감하기 위해 종래의 정년연령 도달 전에 미리 임금을 감액하는 것이 정당화되는가 하는 문제가 있고, 다른 사정이 동일하다면 이것이 합리적 이유가 되기는 원칙적으로 어렵다고 설명하고 있다(전윤구, "연령차별관점에서 본 정년연장과 임금조정제", 「노동법포럼(제15호)」, 노동법이론실무학회, 2015, 62~63면).

할 여지가 있으며, 후자는 변경된 직무가 동일가치노동이 아닌 경우는 차등대우의 문제는 없는 것으로 판단할 수 있을 것이다.

다음으로 연령과 다른 요소가 결합된 경우에서의 차별문제이다. 사실상 연령이란 단순한 기간적인 개념으로 사람마다 노동에 필요한 육체적, 정신적 연령이 다르고 육체노동과 정신노동의 질이 다르다. 그렇다면 연령은 임금수준을 달리 정할 만큼 합리적인 기준이 될 수 있는 것일까. 그리고 합리적인 피크시점은 언제일까에 대한 의문이 선다. 과학적인 연구결과는 없다. 다만, 사람마다 정신연령과 육체연령이 항상 동일하게 나타나는 것은 아니라는 것만은 분명하다. 정신노동에 종사하는 사람의 경우는 정신연령과 생산성의 연관성을 분석해야 할 것이고, 육체노동에 종사하는 사람의 경우는 육체연령과 생산성의 연관성을 분석해야 할 것이다. 이는 적어도 아직까지 개인의 노동에 대한 임금수준을 결정함에 있어 생산성(성과를 포함한다)만큼 명확하고 합리적인 기준을 제시하기 어려운 점이 있다. 그러므로 연령과 각 노동과의 상관성 및 실적 중심의 생산성 등 객관적인 통계를 활용하여 피크수준을 설정한다면 보다 합리성을 가질 수 있을 것이다. 물론, 이러한 경우에도 연령에 대한 비중을 크게 확대하여 설정되는 연령중심의 임금피크제가 되는 경우는 차별이 아니라고 단정할 수는 없을 것이다.

4) 이연임금제와 임금피크제

연공급 임금체계 하에서 근로자 개인의 생산성을 초과하는 임금수준이 이연(移延)임금[446]에 해당하는 경우, 특정한 나이 이상의 근로자들에 대해 정년을 연장하는 대신에 임금을 삭감하는 제도는 임금삭감을 상쇄하는 추가적 이익(연장으로 인하여 임금의 총액차원에서 추가적으로 급부가 이루어지고, 복리후생 등 급부가 수반되기 때문)이 보장되기 때문에 생산성을 초과하는 임금수준(위와 같은 이유가 임금피크제를 정당화하는 합리적 이유가 된다고 보기는 어렵지만)은 나이차별이 아닌 것으로 해석될 수도 있다. 또, 근속기간[447]을 기준으로

446) 이연임금이라 함은 해당 기업에서의 직업생활 전반기에 근로자 개인의 생산성을 하회하는 임금액을 지급함으로써 발생한 임금손실의 몫만큼을 직업생활 후반기에 보상하기 위해 근로자 개인의 생산성을 초과하여 임금액을 지급하는 것을 뜻한다.

임금을 차등지급하는 제도인 연공임금제의 경우 근속기간의 차이에 따른 임금의 차등지급(근속수당지급에서의 차이와 생산성에서의 차이 등)은 상대적으로 나이가 적은 근로자들에게 불이익한 결과를 초래할 수 있으나, 국제기준이나 외국의 입법례를 보면 일정한 요건 하에서 또는 별도의 요건 없이 연공이나 재직기간을 기준으로 하는 차등대우를 나이차별의 예외로 설정하고 있다.[448] 결국, 임금피크제는 단순히 연령만을 기준으로 임금삭감을 수반하는 경우는 차별의 문제가 되는 것이다. 다만, 임금피크제가 정년연장이나 고용연장을 수반하는 경우 조건적으로 일정부분 임금삭감을 수반하여 전반적인 근로조건에서의 이익을

447) 유럽사법재판소(ECJ) 판례에 의하면 연공은 흔히 해당 직업과 관련된 유용한 경험을 수반하기 때문에 연공에 기초한 임금상승은 일반적으로 허용되며, 해당 특정 업무수행과의 상관성을 입증할 필요는 없고(Danfoss 사건, C-109/88, 1989), 여성들은 남성들과는 다른 노동패턴을 갖는 경향이 있기 때문에 연공에 기초한 보상은 간접적인 성차별에 해당할 수 있다(Nimz사건, C-184/89, 1991).

448) EU의 평등대우지침(2000/78/EC)은 나이에 근거한 대우의 차이의 정당화(제6조 제1항)와 관련하여 「나이를 이유로 하는 대우의 차이가 국내 법적 상황에서 고용정책·노동시장 및 직업훈련상의 목적 등 합법적인 목적에 의해 객관적이고 합리적으로 정당화되고, 그러한 목적을 달성하기 위한 수단이 적절하고 필요한 경우 회원국은 이를 차별에 해당하지 않는 것으로 규정할 수 있다. (b) 채용 또는 고용관련 특정이익 제공의 경우 나이·직업경험 또는 재직기간에 관한 최저 조건의 설정」을 규정하고 있다. 또, 영국의 고용평등(연령)규칙(2006년)에서는 재직기간 5년을 초과하는 근로자들에 대해 급여, 기타 이익을 제공함에 있어서 사용자가 기업경영상의 필요(예를 들어 충실장려, 동기부여 또는 경험보상)를 충족시키기 위해 재직기간을 기준으로 사용하는 것이 합리적인 경우, 어떤 근로자가 다른 근로자에 비해 재직기간이 짧아서 불이익에 처하게 되어도 위법하지 않다(제32조) ; 아일랜드의 남녀고용평등법(1998년)에서는 특정의 직책에서 연공이나 재직기간(seniority or length of service)의 상대적 차이에 기초한 임금이나 기타 근로조건의 차이는 나이차별에 해당하지 않는다(제34조 제7항)고 규정하고 있고, 교사 신규채용 공개전형 응시연령 제한(40세 이하)과 관련하여 아일랜드의 평등조사관청(평등심판소)은 임금인상이 근속년수와 불가분의 관계에 있고, 진정인은 새로운 임금제도상의 특정 등급에 도달하는데 요구되는 퇴직 이전의 근속기간을 충족시킬 수 없다고 보았고, 남녀고용평등법은 특정 직책에서의 근속기간의 상대적 차이에 근거한 임금 내지 기타 근로조건의 차이를 나이차별에 해당하지 않는 것으로 규정하고 있기 때문에 진정인은 요구되는 근속기간을 충족하여 임금제도상의 특정 등급에 도달할 수 있는 보다 나이가 젊은 동료 직원에 비해 불리하게 대우받지 않았다고 판단하였다. 또한 기존 임금제도상의 지위에 상응하는 지위가 새로운 임금제도에서도 진정인에게 부여되어야 한다는 진정인의 주장은 나이가 많은 진정인을 상대적으로 나이가 적은 동료 직원들에 비해 우대하는 것으로 법 위반에 해당할 수 있다고 판단하였다(Morrissey v Dun Laoghaire-Rathdown County Council (DEC-E2003-39))(www. equalitytribunal.ie) ; 미국의 고용상 연령차별금지법(1967년)에서는 동법의 목적을 회피할 의도가 없는 '진정한 연공제도'(a bona fide seniority system)의 요건을 준수하기 위한 것은 위법하지 않는다(제623조 (f)(2)(A))고 규정하고 있다.

도모하는 경우라면 차별이라고만 하기는 무리가 있을 것으로 판단된다.[449] 즉, 고령자고용법(제4조의5)에서도 '근속기간의 차이를 고려하여 임금이나 임금 외의 금품과 복리후생에서 합리적인 차등을 두는 경우'와 '특정 연령집단의 고용유지・촉진을 위한 지원조치를 하는 경우'는 차별예외로 규정하고 있으므로 합리적인 수준에서의 임금피크제는 차별이 아니라고 판단하여야 하며, 이러한 판단은 연령이 생산성 등과 같이 객관적인 근거에 의한 차별이 가능한 경우, 고령자고용법 등에 의한 정책적인 고려에 의한 경우 등 보다 완화된 심사기준이 활용되어야 한다.

(2) 기간비례 및 시간비례의 원칙

소위 비정규직근로자에 대한 차별문제는 주로 정규직과 비교하여 비정규직에 대한 차별로 다루어지는데, 비정규직에서 쟁점이 되는 근로자는 기간제 및 단시간근로자와 파견근로자로 임금 등에서의 차별이 문제가 되고 있다.[450] 이러한 비정규직의 차별여부는 차별행위가 된 사안에서 '고용형태, 업무의 내용과 범위・권한・책임, 임금 등의 결정요소' 등을 종합적으로 고려하여 판단하여야 한다.[451] 소위 비정규직에 대한 차별에서 합리적인 이유로 인정되는 사안으로 기

449) 연령차별관점에서의 임금조정제(임금피크제)에 대한 검토 참조(전윤구, "연령차별관점에서 본 정년연장과 임금조정제", 「노동법포럼(제15호)」, 노동법이론실무학회, 2015, 53~73면).

450) 정규직에 비하여 비정규직에게 차별적용하는 경영성과급 미지급(중앙노동위원회 2010.08.18. 2010차별10 결정). 한편 법원은 경영실적평가에 따른 성과상여금을 지급하면서 기간제근로자 등을 제외한 것은 차별이라고 판단하고 있다(대법원 2012.01.27. 선고 2009두13627 판결), 상여금과 조정금 미지급(중앙노동위원회 2013.05.06. 2013차별4 결정 등), 설・명절휴가비(중앙노동위원회 2015.07.14. 2015차별12 결정 등)・봉사료(중앙노동위원회 2015.04.13. 2015차별2 결정 등)・경조금(중앙노동위원회 2014.10.21. 2014차별9 결정)・복지포인트(중앙노동위원회 2013.05.15. 2013차별6 결정). 미지급, 중식비(중앙노동위원회 2015.07.14. 2015차별12 결정 등) 및 교통보조비 미지급(중앙노동위원회 2013.10.02. 2013차별12 결정 등), 가족수당에서의 차등지급(중앙노동위원회 2010.07.28. 2010차별7 결정), 기본급 및 제수당에서의 차등지급(중앙노동위원회 2012.06.26. 2012차별4 결정 등), 피복비 차등지급(중앙노동위원회 2013.03.13. 2013차별3 결정), 통근비・중식대・변동성과급에 대한 차등(중앙노동위원회 2010.03.08. 2010차별1 결정 등), 정기상여금 차등(중앙노동위원회 2009.05.20. 2009차별4 결정), 조정수당 차등(중앙노동위원회 2009.12.30. 2009차별12 결정), 가족수당・정액급식비・교통보조비 등 업무량 등과는 무관한 보수지급에서의 차등지급(중앙노동위원회 2015.05.04. 2015차별1 결정 등)등은 합리적인 이유 없이 기간제 등 근로자를 부당하게 차별하는 행위로 판단된다.

451) 대법원 2014.11.27. 선고 2011두5391 판결 : 기간제근로자에 대한 차별사건을 다룬 창

간비례 내지 시간비례원칙이 적용되고 있다. 즉, 기간비례원칙은 기간제근로자 및 파견근로자 공히 적용되는 원칙으로 시간비례원칙 등에 의한 차등대우[452]는 합리성이 인정된다. 기간제 근로에 관한 일반협약과 관련된 EU입법지침(99/70/EC)에 의하면, EU는 고용조건과 관련하여 기간제근로자는 객관적 사유에 의해 정당화되지 않는 한, 단지 유기계약 또는 관계를 맺고 있다는 이유만으로 비교 가능한 상용근로자보다 덜 우호적인 방식으로 취급되어서는 아니되고, 필요시 '기간비례원칙'을 적용하여야 하며, 특정 고용조건과 관련된 근속기간 자격은 객관적 사유에 의해 정당화되지 않는 한 기간제근로자와 상용근로자가 동일하게 적용되어야 한다(제4조)고 규정하여 차별금지 원칙을 선언하고 있다. 아울러, 단시간근로 기본협약에 관한 EU입법지침(97/81/EC) 제4조에서는 차별금지의 원칙으로 근로조건과 관련하여 단시간근로자는 차별대우가 객관적 사유에 의해 정당화되지 않는 한, 단지 단시간근로자라는 이유로 비교가능한 풀타임근로자보다 덜 우호적인 방식으로 대우받아서는 아니 되며, 적절한 경우 '시간비례적용 원칙'을 적용하고, 이 조항의 적용 준비는 회원국과(또는) 사회적 동반자가 유럽법, 국내법, 단체협약, 관행을 고려하여 정하여야 하며, 객관적 사유에 의해 정당화된 경우, 사회적 동반자와 협의를 거친 회원국과(또는) 사회적 동반자들은, 국내법, 단체협약 또는 관행에 따라 적절한 경우 근속기간, 근로시간 또는 소득자격에 따른 특별한 근로조건을 추가할 수 있다고 규정하고 있다.[453] 또, EU는 파견근로자의 근로조건에 관한 입법지침(2002/149/EC) 제5

원시설관리공단 사건에서도 같은 취지를 인용하고 있다(1심 서울행정법원 2014.05.08. 선고 2013구합62183 판결, 2심 서울고등법원 2015.01.28. 선고 2014누51779 판결, 대법원 2015.05.29. 선고 2015두38079 판결(심리불속행 기각)).

452) 노동위원회는 단시간제 등 근로자들에 대한 상여금, 근속수당, 유급휴일수당 미지급은 합리적 이유없는 차별이지만 비교대상근로자들에 대한 시간비례의 원칙을 적용하여 근로자들에게 미지급 금품을 지급하는 것이 타당하다는 입장을 보이고 있어 시간비례원칙 등 일정한 기준이 합리적인 경우 달리 적용할 수 있음을 보이고 있다(전북지방노동위원회 2011.01.25. 2010차별2 결정 외 다수).

453) 동 지침 제5조에서는 이 협약 제1조와 파트타임 및 풀타임 근로자 간에 차별금지 원칙과 관련하여 (a) 국내법 또는 관행에 따라 사회적 동반자들과 협의를 거친 회원국은 단시간근로 기회를 제약할 수 있는 법률적, 행정적 성격의 장애물을 확인하고 검토하고 적절한 경우 이를 제거하여야 하고, (b) 그들의 권한 범위 내에서 단체협약이 정한 절차에 따라 행동하는 사회적 동반자들은 단시간근로 기회를 제약할 수 있는 법률적, 행정적 성격의 장애물을 확인하고 재검토하고 가능한 한 이를 제거하여야 한다. 풀타임에서 파트타

조에서도 "파견중인 파견근로자는 기본적인 근로와 고용조건에 있어 최소한의 우호적인 대우를 받아야 하고, 이러한 조건은 처우에 있어 차별이 객관적인 이유에 의해 정당화되지 않는 한 직무에 있어 선임권을 포함하여 사용 기업에서 근무하는 비교 가능한 근로자와 같은 대우를 받아야 하며, 적절한 경우 '기간비례원칙'을 적용한다"고 규정하고 있다.

결국, 동종·유사한 업무이면서 난이도, 책임, 권한 등이 차이가 없는 직무를 수행한다고 가정할 때, 기본적으로 급부는 '근로시간 내지 근로제공기간에 비례'하여 주어지는 것은 그 합리성을 가진다고 할 수 있다. 이러한 기간비례원칙은 유럽입법지침이나 우리의 노동위 판단에서도 같은 입장이다. 이와 관련한 사건으로 앞서 근속수당, 정근수당 및 장기정근수당의 사건에서 나타나고 있다. 즉, 일정기간 계속근로로 기여한 공로를 인정하면서, 장기근속을 유도하고자 하는 목적의 취지에 부합하는 것으로 차이를 인정하는 것은 합리적인 이유가 된다고 판단하고 있다.[454] 또, 이러한 근속수당은 근속기간의 산정에도 정규직이나 비정규직 등 근로형태의 차이와도 상관이 없고,[455] 파견근로의 경우에도 달리 볼

임, 파트타임에서 풀타임으로의 전환을 근로자가 거부했다고 해서 이것이 고용종료의 정당한 사유가 될 수 없다. 고용종료는 국내법, 단체협약, 관행에 따라, 그리고 관련 사업장의 영업상 필요에서 비롯된 다른 사유에 의해 공평하게 이루어져야 한다. 아울러, 사용자는 가능한 한 (a) 사업장 내에서 가능해진 풀타임에서 단시간근로로의 전환에 대한 근로자의 요청, (b) 파트타임에서 풀타임 근로로의 전환이나 기회가 주어질 때 근로시간을 늘리고자 하는 근로자의 요청, (C) 파트타임에서 풀타임, 풀타임에서 파트타임으로 전환을 촉진하기 위해 사업장내 파트타임과 풀타임 일자리의 이용 가능성에 관한 시기적절한 정보 제공, (d) 숙련직, 관리직을 포함하는 기업의 모든 수준에서 단시간근로의 이용을 촉진하는 조치. 적절한 경우 경력 기회와 직업의 이동성을 증진하기 위한 단시간근로자의 직업훈련 이용을 촉진하는 조치, (e) 기존의 근로자 대표 기구에게 기업내 단시간근로에 관한 적절한 정보 제공 등을 고려하여야 한다고 한다.

454) 중앙노동위원회 2015.07.14. 2015차별12 결정 등.

455) 초임기본연봉에 대하여 이 사건 취업규칙조항을 적용하지 않는다고 함으로써 그 적용범위를 원고들의 초임기본연봉에 대한 산정으로 명시하여 규정하고 있을 뿐 장기근속수당에 관한 보수규정 제29조의 적용 배제에 관하여는 규정하지 아니하였고, 보수규정 제29조가 장기근속수당의 산정기초로 삼는 '직원으로서의 근무기간'에 비정규직 직원으로서 종전에 근무한 기간을 배제하여야 할 특별한 사정이 없다는 이유를 들어, 원고들은 계약직 근무기간을 포함한 근속기간에 따라 산정된 장기근속수당을 청구할 수 있다고 판단하였다. 원심판결 이유 및 원심이 일부 인용한 제1심판결 이유를 적법하게 채택된 증거들에 비추어 살펴보면, 위와 같은 원심의 판단에 장기근속수당의 성격 또는 그 산정의 기초인 근속기간 등에 관한 법리를 오해하여 보수규정 제29조의 해석에 관한 판단을 그르친 위법이 없다(대법원 2015.10.29. 선고 2013다1051 판결).

것이 아니라고 할 것이다. 통상 근속기간은 해당 사업장 내지 사업체에 적을 둔 기간에 해당하는 것으로 재직기간과 같은 의미로 이해될 수 있으며 기간의 개념에서는 차이를 둘 소지가 아니다.

(3) 단체협약에 의한 임금 등 차별적용

균등대우의 원칙은 강행성을 가지는 규정으로 근기법 등에서 규정하고 있다. 즉, 근기법 등에서 근로조건에서의 균등대우를 천명하고 있으므로 동일한 단체협약에 근거하여 특정 개인이나 집단에게 임금 등에서 차등하여 적용하는 것은 차별행위가 될 것이다. 단체협약서와 같은 처분문서는 특별한 사정이 없는 한 그 기재 내용에 의하여 그 문서에 표시된 의사표시의 존재 및 내용을 인정하여야 하고, 단체협약은 근로자의 근로조건을 유지·개선하고 복지를 증진하여 근로자의 경제적·사회적 지위 향상을 목적으로 근로자의 자주적 단체인 노동조합이 사용자와 사이에 근로조건에 관하여 단체교섭을 통하여 체결하는 것이므로 그 명문의 규정을 근로자에게 불리하게 해석할 수는 없으며,[456] 파업 등 쟁의행위는 헌법과 법률에 따라 보장된 근로자의 권리행사로서 정당한 쟁의행위를 이유로 근로자를 부당하거나 불리하게 처우하는 것은 법률상 금지되므로, 노동조합과 체결한 단체협약에서 지급기준일 현재 재직 중인 근로자에 한하여 휴가비를 지급하되, 지급기준일 현재 파업에 참가한 자에게는 휴가비를 지급하지 않는 것은 합당하지 않다.[457] 그러나 복수노조가 인정되고 있는 상황에서 동일 사업장 내라도 조합을 달리하는 경우, 각각의 조합은 당해 조합원을 위하여 별도의 단체협약을 체결할 수 있으므로 노조 간의 근로조건이 다른 단체협약을 맺을 수는 있다. 이 경우 각각의 조합간의 근로조건이 달리 정하여질 수 있으나 이는 사적자치의 결과로 불가피한 사유가 될 수 있다. 그럼에도 동일직무를 수행하는 조합원과 비조합원, 노조 간에 달리 처우하는 것은 차별의 문제가 될 수 있다고 할 것이다. 이러한 경우로 정규직 단일노조가 있는 사업장에서 비정규직에 대한 차별적용 문제, 복수노조가 있는 사업장에서의 단체협약 내용 차별문제, 비조합원에 대한 단체협약 적용문제에 대한 검토가 필요하다.

---

456) 대법원 2005.09.09. 선고 2003두896 판결.
457) 대법원 2014.02.13. 선고 2011다86287 판결.

1) 동종·유사업무의 비정규직에 대한 단체협약 적용 차별

절대다수의 근로자(정규직)가 속한 노조가 있고 일부 기간제 등 소위 비정규직 근로자가 있는 경우 단체협약에 의해 정규직근로자에게는 유리한 조건이 적용되고, 단체협약의 적용을 받지 않는 비정규직 근로자에게는 불리한 근로조건을 적용하는 경우 문제가 될 수 있다. 즉, 이는 단체협약으로 근로조건을 불리하게 적용할 수 있는가의 문제와도 연관된다. 이와 관련하여 법원은 근로조건 등이 사용자와 노조간의 합의에 의해 정해진 경우에도 무기계약근로자와 동종 또는 유사한 업무에 종사하는 기간제근로자나 단시간 근로자에 대한 불리한 처우는 정당화될 수 없고, 근무형태가 달랐다는 사정은 상여금 등의 지급에서 비정규직에게 불리한 처우를 정당화하는 합리적인 이유가 될 수 없다고 판단하였다.[458] 대상판결은 사용자가 기간의 정함이 없는 근로자로 조직된 노조와 체결한 단체협약이 기간제 근로자에 대한 불리한 처우를 정당화하는 합리적인 이유에 해당하는지 여부와 관련하여 근로자의 '근무 형태, 직위, 업무 난이도, 업무량' 등과 무관하게 근로의 대가로서 일률적·정기적으로 지급되는 상여금, 명절휴가비, 교통보조비 등의 지급에 있어서, 근무형태가 다르다는 사정이 기간제 근로자에게 위 수당 등이 미지급되는 불리한 처우를 정당화하는 합리적인 이유가 될 수 없음을 명백히 하였다는 것이다. 즉, '근로의 대가로 지급되는 급부'는 동등대우 원칙에 의하여 동일가치노동에 대한 급부가 전제되어야 하는 것이며, 정규직과 비정규직이 달리 취급되는 것은 차별행위가 된다고 할 것이다. 물론 근로에 대한 대가적인 급부는 동종·유사한 업무수준이 아니고 달리 취급해야 할 가치적인 차이가 있는 업무라면 달리 볼 여지가 있다고 할 것이다. 아울러, '정기적·일률적으로 지급되는 임금 등'은 재직 중인 근로자에게는 모두 지급되는 것으로 고용형태가 다르다고 달리 볼 이유가 없으며, '실비변상적인 교통비 등의 경우도 직무수행에 필요한 비용'을 지급함에 있어 실 수요비용이 고용형태가 다르다고 하여 달리 발생하는 것이 아니므로 차등지급하는 경우는 차별대우가 되는 것이다.

---

458) 서울고등법원 2015.01.28. 선고2014누51779 판결. 이 사건은 대법원 2015.05.29. 선고 2015두38078 판결에서 심리불속행 기각으로 확정되었다.

한편, 동 사건을 다룬 중앙노동위원회[459]의 판단사항에서 주목할 대목으로, 업무의 범위 내지 업무의 난이도 등에 따라 차등 지급될 것이 아닌 점과 기간제 근로자는 단기적인 근로계약기간 등의 특성상 현실적으로 노동조합을 조직하기도 어려운 상황에서 단체협약만을 이유로 차별적 처우가 허용된다면 기간제 근로자 등 비정규직 근로자는 임금 등 근로조건을 보호받지 못하는 결과를 초래할 것이므로 이는 기간제법의 입법취지에도 어긋난다는 점을 적시하고 있다. 즉, 노동위는 '업무의 난이도' 등 차등대우할 합리적인 이유가 있는 것은 차별이 아니라고 하면서 동 사건에서는 업무의 난이도 등과 무관하게 고용형태를 이유로 차별하는 것은 문제가 있다는 점이고, 또 기간제 등의 경우 단기간에 조합을 결성하고 이를 토대로 단체협약을 체결할 여건이 어렵다는 점을 들어 정규직 등의 단체협약에 의한 배제 내지 차별적용은 합리적인 이유가 되지 못한다는 점을 적시한 것이다. 결국, 이 사건은 상여금 등은 근로자의 '근무 형태, 직위, 업무 난이도, 업무량' 등과 무관하게 일률적・정기적으로 지급되는 것으로서, 근무형태가 달랐다는 사정은 상여금 등의 지급에 있어서 참가인에 대한 불리한 처우를 정당화하는 합리적인 이유에 해당한다고 볼 수 없고, 기간제 근로자에게 단체협약이 적용되지 않는다는 사정이 불리한 처우에 대한 합리적인 이유에 해당할 수 없다는 점을 분명히 하였다고 할 수 있다.

2) 복수노조에서의 노조간 단체협약 내용 차별

단체협약은 노조와 사용자간에 근로조건 등에 대하여 체결하는 것으로 노조는 당해 조합원의 근로조건 등의 개선을 위하여 협약을 체결한다. 그런데 동일 사업장에 복수노조가 있는 경우에는 모든 노조와 사용자가 동일한 조건의 단체협약을 체결하리라는 보장은 없다. 일반적으로 차별의 문제가 발생할 수도 있고, 다른 노조와의 형평문제로 분쟁이 발생할 소지도 배제하기 어려울 것이다. 그럼에도 각각의 노조와 사용자는 다른 조건의 협약을 체결하는 경우 이를 차별이라고 할 수 있는 것인지가 문제가 될 수 있다. 당사자 간의 자유로운 협약이므로 원칙적으로 단체협약의 내용이 달리 체결되는 것을 불법이라고 할 수는 없

459) 중앙노동위원회 2013.10.02. 2013차별12 결정.

다. 그러나 동일사업장에 동일한 직무를 수행하는 근로자가 혼재하고, 동일한 사업장에 같은 직무를 수행하는 근로자가 각각의 다른 노조에 속해서, 각기 다른 단체협약의 내용으로 근로조건이 결정되는 경우 이는 노동가치차별의 문제가 된다고 보아야 한다. 즉, 앞서 비정규직과의 노동가치차별에 대한 법원과 노동위의 동종·유사업무종사의 예와 달리 볼 것이 아니라고 판단된다. 아울러, 노조간 조합원의 근로조건에 대한 차별은 노노간의 갈등유발, 근로자의 단결력 약화, 사용자의 지배개입의 단초가 될 수 있어 근로환경의 평화를 해치고 생산성을 저하시키는 요인이 될 수 있다는 점을 고려해야 할 것이다.[460)]

3) 비조합원의 단체협약 적용 문제

단체협약은 당해 조합원을 위하여 체결하는 것이므로 원칙적으로 당해 조합원이 아닌 근로자는 단체협약의 적용대상이 아니다. 조합의 입장에서 보면 조합원이 아닌 근로자가 조합원의 근로조건향상을 위하여 체결한 조건을 비조합원에게 동등하게 적용하는 것은 조합의 결속력을 저하시키고, 조합비 등 조합에 대한 의무는 하지 않고 그 성과만을 얻어가는 상황을 허락하기 힘들 것이다. 즉, 조합원과 비조합원 간의 차이를 두는 단체협약의 적용에서의 차이는 원칙적으로 차별이 아니라고 보아야 한다. 그러나 일반적인 경우 각 사업장은 무기계약직만 있는 경우 단일노조와 비조합원이 상존한다. 이 경우 조합원을 위하여 체결한 단체협약은 비조합원에게도 동일한 수준에서 적용되는 것이 일반적이다. 이때 단체협약의 적용문제에서 사실은 협약의 수혜자로서 적용대상이 되는 것이 아니라 단체협약에서 정한 근로조건의 내용수준을 비조합원에게도 같은 수준에서 적용하는 것이다. 이는 같은 수준의 임금 등에 대한 내용을 단체협약의 내용에 의제하여 비조합원에게 근로조건을 적용한 것이며, 조합원과 비조합원은 임금 등 근로조건의 결정구조가 다른 차이에서 오는 결과라고 보아야 한다. 다만, 동일사업장의 반수 이상의 근로자가 단체협약을 적용받는 경우 이는 단체협약의 일반적 구속력에서도 인정되는 사안으로 단체협약에서 정한 동일한 근로조건을 적용받게 될 수도 있다.

---

460) 이러한 사안은 교섭창구단일화와 공정대표의무 등 노조법 규정에서 차별금지규정을 두고 있다고 하더라도 여전히 발생할 소지를 배제할 수는 없는 것이 현실이다.

(4) 파견근로자에 대한 임금 등 차별

1) 파견근로자에 대한 차별 쟁점

파견법에서는 기간제법에서 규정하고 있는 임금 등에 대하여 "파견사업주와 사용사업주는 파견근로자임을 이유로 사용사업주의 사업 내의 동종 또는 유사한 업무를 수행하는 근로자에 비하여 파견근로자에게 차별적 처우를 하여서는 아니 된다"고 규정하고 있고, 파견근로자에 대한 합리적인 이유 없는 차별을 금지하고 이를 제한하는 규정을 마련하고 있다.[461] 이러한 파견근로자에 대한 차별문제는 비교대상근로자에 비해 임금 등 및 근로조건에서의 차별내용도 고려되어야 하지만, 파견근로자 차별의 비교대상이 파견사업주의 다른 근로자인지 또는 사용사업주의 다른 근로자인지의 문제와 이러한 차별에 대한 책임은 파견사업주인지 사용사업주인지의 문제(연대책임) 등이 쟁점이 될 수 있다. 이중 전자와 관련하여 파견근로자와 파견사업주의 사업장에 근로하는 근로자와의 차별문제도 그 비교대상이 될 수 있을 것이나, 이는 이론적으로는 가능할지언정 현실적으로 발생가능성이 거의 없다. 이런 취지에서 파견법도 파견근로자의 차별금지사항 등은 기간제법이 규정하고 있는 사항과 동등한 수준에서 다루어지고 있으므로 기간제근로자의 차별판단문제와 달리 볼 것이 아니므로 완화된 심사기준에 의한 판단이 필요하다고 할 것이다.

2) 비교대상 및 동종·유사업무 종사자

파견법 제21조의 내용을 토대로 판단해 보면 차별적 처우의 비교대상근로자는 파견근로자가 파견되어 근무하는 사용사업주의 사업 내에 근무하는 동종 또는 유사한 업무를 수행하는 근로자이다. 이러한 동종·유사한 업무를 수행하는 비교대상은 대략 세 가지로 구분해 볼 수 있다. 즉, 파견근로자를 사용하는 사

---

461) 고용노동부는 「고용형태에 따른 차별 개선 가이드라인」을 발표(2011.11.28)하였는데, "법적 차별 금지사항"으로, 사용자는 '기간제·단시간·파견 근로자'임을 이유로 '당해 사업 또는 사업장에서 동종·유사한 업무에 종사하는 근로자'에 비하여 '임금 그 밖의 근로조건 등'에 있어서 '합리적인 이유 없이' 차별적 처우를 하여서는 아니된다고 하면서, 합리적 이유로 '업무의 범위·권한, 업무의 곤란도·책임도, 직무능력 및 실적, 근속년수'를 들고 있다.

업주는 통상 특정 직무에 대하여 일체로 파견직을 활용하는 것이 일반적이나, 기존 '정규직과 혼재'하여 사용하는 경우(같은 단위직무 내지 같은 부서, 같은 생산라인에서 혼재하여 근무하면서 대체가능성이 존재하여 업무의 본질적인 차이가 없는 업무)[462]도 있을 수 있고, 사용사업주는 직접 고용한 '비정규직과 혼재'하여 활용하는 경우도 있고, '복수의 파견업체로부터 파견받아 혼재'하여 사용하는 경우가 있다.

우선 'Ⓐ사용사업주의 정규직과의 차별문제'이다. 사용사업주의 사업장에서 같은 직무를 수행하면서 한편으로는 파견근로자를 활용하고 한편으로는 정규직을 활용하는 경우 동종업무의 수행자 간에 임금 등에 차이를 두는 것은 차별에 해당한다. 이는 파견법의 취지에서도 명백히 하고 있다. 즉, 사용사업주의 사업장에 파견직과 동종 유사한 업무(근로의 질과 양에 있어 별다른 차이점이 없는 경우)를 수행하는 경우, 특히 같은 업무를 파견직과 혼재하여 수행하는 경우로 근로의 질과 양에 별다른 차이가 없고 업무의 권한과 범위, 책임에 차이가 없는 경우 차등대우는 차별행위가 되므로 동등대우가 이루어져야 한다.[463]

다음으로 'Ⓑ사용사업주의 비정규직과의 차별문제'이다. 사용사업주가 동일한 사업장의 동일한 업무에 파견근로자와 기간제 등 비정규근로자를 함께 활용하는 경우에 임금 등에서 차이를 두는 경우 이는 비정규직 간의 차별행위가 된다. 즉, 파견법에서는 사용사업주의 사업 내의 동종 또는 유사한 업무를 수행하는 근로자에 비하여 파견근로자에게 차별적 처우를 하지 못한다고 규정하고 있어, 사용사업주의 사업장에서 근로하는 근로자의 고용형태를 특정하지 않고 있다. 이는 비정규직 근로자이든 정규직 근로자이든 동종 유사한 업무를 수행하는 경우 그 고용형태를 불문하고 비교대상으로서의 지위를 인정하고 있는 것이므로 차등대우는 허용되지 않고 동등한 대우를 하여야 한다는 것을 의미한다고 할 것이다. 인권위도 같은 취지의 판단[464]을 하고 있다. 결국, 직무수행의 내용과 질, 양 등 본질적인 차이가 없는 경우 차별대우가 금지되므로 임금 등에서 차등

462) 중앙노동위원회 2015.06.30. 2015차별3～11(병합) 결정.
463) 중앙노동위원회 2015.07.14. 2015차별12 결정.
464) 인권위는 사용사업주가 자체 채용한 비정규직과 파견근로자의 보상을 동등하게 할 것을 권고하였다(국가인권위원회 2013.08.14. 13진정0271300결정).

지급해야 할 합리적인 이유가 없는 한 제반 급부상에서의 차등대우는 차별이 된다고 할 것이다.

그리고 '©사용사업주의 사업내 다른 파견업체근로자와의 차별문제'이다. 통상의 경우는 특정 직무에 대하여 특정 파견사업주의 근로자를 일체하여 파견을 받거나 도급용역을 하는 것이 일반적이지만, 복수의 파견사업주로부터 동종 유사한 업무에 각각 파견을 받아 활용하는 경우[465]가 있을 수 있다. 이 경우 파견업체 간 임금 등에서 근로자 간의 차이를 두는 경우가 발생할 수 있다. 업무와 임금 등의 내용은 각각의 계약에서 결정되는 사안이지만 본질적으로 같은 업무[466]를 각각의 파견사업주의 근로자를 혼재하여 사용하는 경우 임금 등에서 차이를 두는 것은 차별행위가 된다고 보아야 한다. 즉, 각각의 파견근로자가 수행하는 직무가 같고, 단지 파견사업주만 다른 경우 급부수준을 달리 볼 여지가 없다고 보아야 하며, 이러한 경우의 차별은 합리성을 찾기 어렵다고 할 것이다.

3) 차별적 처우에 대한 사용자 책임의 범위

파견법에서는 사용사업주와 파견사업주에 대하여 차별적 처우의 금지 및 시정의무에 대하여 책임을 지우면서, 파견중인 근로자의 파견근로에 관하여는 파견사업주 및 사용사업주를 근기법 제2조의 규정에 의한 사용자로 보아 동법을 적용하되, 임금 등의 적용에 대하여는 파견사업주를, 근로시간・휴게・휴가 등의 적용에 있어서는 사용사업주를 사용자로 보고 있다. 또, '사용사업주가 정당한 사유없이 근로자파견계약을 해지한 경우와 사용사업주가 정당한 사유없이 근로자파견계약에 의한 근로자파견의 대가를 지급하지 아니한 경우'등 사용사업주의 귀책사유로 인하여 파견사업주가 근로자의 임금을 지급하지 못한 때에는 사용사업주는 당해 파견사업주와 연대책임을 지우고 있다. 이 경우 근기법 제43조(임금지급원칙) 및 제68조(미성년자 임금청구)의 규정을 적용함에 있어서는 파

465) 중앙노동위원회 2015.06.30. 2015차별3~11 병합 결정. 동 사건에서는 사용사업주의 사업장에 6개의 다른 파견사업주로부터 생산직 근로자를 파견 받았다.

466) 노동위원회도 수행업무의 본질적(수행업무의 가치, 책임, 업무량 등)인 차이가 없고 상호대체가능성이 존재하는 업무의 경우 차등대우는 합리성이 없다고 판단하고 있다(중앙노동위원회 2015.04.13. 2015차별2 결정). 이는 기간제근로자에 대한 차별문제에 대한 판단이지만 파견직 근로자라고 하여 달리 볼 것은 아니라고 판단된다.

견사업주 및 사용사업주를 같은 법 제2조의 규정에 의한 사용자로 보아 동법을 적용하고, 근기법 제55조, 제73조 및 제74조제1항의 규정에 의하여 사용사업주가 유급휴일 또는 유급휴가를 주는 경우 그 휴일 또는 휴가에 대하여 유급으로 지급되는 임금은 파견사업주가 지급하여야 하며, 파견사업주와 사용사업주가 근기법을 위반하는 내용을 포함한 근로자파견계약을 체결하고 그 계약에 따라 파견근로자를 근로하게 함으로써 동법을 위반한 경우에는 그 계약 당사자 모두를 동법 제15조의 규정에 의한 사용자로 보아 해당 벌칙규정을 적용한다. 아울러, 파견법에서는 "차별적 처우"라 함은 '임금, 정기상여금·명절상여금 등 정기적으로 지급되는 상여금, 경영성과에 따른 성과금, 그 밖에 근로조건 및 복리후생 등에 관한 사항'에 있어서 합리적인 이유 없이 불리하게 처우하는 것을 규정하고 있다.

이러한 법문의 내용을 살펴보면, 임금 등에 대하여는 파견사업주가 책임을 지고,[467] 근로시간 및 휴가 등에 대하여는 사용사업주에게 책임을 지우고 있다. 임금 등에 대하여는 파견사업주에게 책임이 있으므로 하계휴가기간을 유급으로 처리하지 않은 것은 임금 등에 관한 사항이므로 파견사업주에게 책임 있다고 보고 있다.[468] 그러나 사용사업주의 귀책사유(파견용역비 미지급 등)에 의한 임금 등 미지급의 경우에는 파견사업주와 사용사업주에게 연대책임을 지우고 있다. 이러한 사례로 파견근로자의 산재사고와 관련하여 사용사업주 등에게 과실이 있는 경우에 파견사업주도 산재사고로 인한 손해배상책임을 부담한다고 판단하고 있다.[469] 파견근로자와 비교대상근로자 간의 업무대체가 가능한 업무로 본질적인 차이가 없음에도 파견근로자들에게 상여금을 적게 지급하고 연차유급휴가를 부여하지 않은 것은 차별행위에 해당하며, 수년 간 지속적으로 차별을 행한 것은 반복적이고 고의성 있는 것으로 판단하여 파견사업주와 사용사업주에게 연대하여 배액금전배상 명령을 내린 사례[470]가 있다.

㈜모베이스 사건을 살펴보면, 중노위는 파견근로자의 상여금과 연차휴가를 고

467) 중앙노동위원회 2012.06.26. 2012차별5,6병합 결정.
468) 중앙노동위원회 2013.06.10. 2013차별7,9병합 결정.
469) 수원지방법원 2008.07.11. 선고 2008나6950 판결.
470) 중앙노동위원회 2015.06.30. 2015차별3~11(병합) 결정.

의로 반복 차별한 것에 대해, 사용사업주와 파견사업주가 연대하여 손해액의 2배를 지급하라고 명령하였는데, 그러한 판단 논거로, 사용사업주와 파견사업주 모두에게 차별적 처우의 금지 및 시정의무가 부여되어 있는 점, 사용사업주가 차별행위가 있음을 충분히 알 수 있었던 점, 파견사업주들이 파견근로자들의 근로조건을 독립적·자율적으로 정할 수 없었던 점 등에 비추어 사용사업주와 파견사업주 모두에게 당사자 적격이 인정된다고 판단하였다.

이 사건에서 파견근로자와 비교대상근로자는 같은 생산라인에서 혼재하여 근무하면서 서로 업무대체가 가능하였고, 주된 업무에 있어 본질적인 차이가 없었음에도, 사용사업주와 파견사업주가 합의하여 파견근로자들의 상여금을 적게 지급하고 연차유급휴가를 부여하지 않아 발생한 연차유급휴가수당을 지급하지 않은 것은 합리적 이유가 없는 차별적 처우에 해당한다. 원칙적으로는 수당 등 임금의 경우는 파견사업주의 책임[471]에 해당하는 것이지만, 이 사건에서 상여금과 수당의 책정을 사용사업주와 파견사업주가 결정하여 지급하였고, 사용사업주와 파견사업주는 차별적 처우가 포함된 근로자파견계약을 반복적·연속적으로 체결하면서 수년간 다수의 파견근로자들에게 지속적으로 차별적 처우를 행한 것은 고의성이 명백한 반복적인 차별에 해당한다. 즉, 사용사업주는 파견계약을 통해 이 사건 파견사업주와 함께 파견근로자들의 근로조건을 정하였으므로, 파견근로자들이 이 사건 사용사업주의 근로자들에 비해 불리한 처우를 받고 있다는 사실을 충분히 알 수 있었고, 이 사건 파견근로자들의 상여금, 연차유급휴가 등의 근로조건은 파견사업주들이 자율적인 상태에서 단독으로 정한 것이 아니라, 이 사건 사용사업주와 합의한 근로자파견계약에 따른 것이므로, 이 사건 파견사업주에게만 차별적 처우에 대한 사용자로서의 책임을 지우는 것은 불합리하므로 연대책임을 결정한 것은 합리적이라고 할 수 있다. 또, 법원도 파견법 위반을 이유로 고용의무 발생이전의 기간을 포함하여 사용사업주와 파견사업주 모두에게 차별적 처우에 따른 책임과 차별행위에 따른 손해배상책임이 있다고 인정하였다.[472] 파견법(제34조)에서는 근기법의 적용에 있어 사용자의 책임을 구체적

471) 중앙노동위원회 2012.06.26. 2012차별5,6병합 결정.
472) 서울중앙지방법원 2014.09.18. 선고 2010가합112481 판결.

으로 정하고 있을 뿐, 파견근로자에 대한 차별적 처우의 금지의무 부담자와 시정명령의 이행의무자를 규정한 것으로 보기 어려워 이 사건 파견사업주들 뿐만 아니라 이 사건 사용사업주에게도 차별적 처우의 금지 및 시정 의무가 연대하여 인정된다는 것은 파견근로자 차별시정제도의 입법취지 및 파견법의 규정에 따른 합리적인 결정이라고 할 수 있다. 특히, 고의적이고 반복적으로 차별적 처우를 행한 사유로 배액배상명령을 내린 것은 최근에 도입된 징벌적 손해배상명령의 취지를 살려 고의성 등에 기하여 행한 차별행위를 징벌하고자 하는 의미도 담긴 결정이라고 할 수 있겠다.

다만, 차별적 처우의 비교대상이 사용사업주의 사업장에 근로하는 비교대상근로자를 전제로 하므로 파견근로계약의 성격상 비교대상근로자와 동등한 임금을 파견용역비로 파견사업주에게 지급하는 계약을 맺는다고 하더라도 파견수수료 등으로 파견사업주가 이득으로 취하고 실제 파견근로자에게 지급되는 임금 등은 비교대상근로자에 비하여 적은 것이 일반적이라는 점을 감안하면 차별적 처우의 수준에 대한 의문이 선다. 즉, 사용사업주가 지불하는 인건비 등이 직접고용하여 지급하는 인건비와 파견근로자에게 지급하는 파견근로자의 인건비가 같다고 가정하면 실제 파견근로자에게 지급되는 인건비는 비교대상근로자보다 적게 되어 차별이 발생한다. 반면에 실제 수령금액을 기준하여 파견사업주의 파견수수료 등을 감안하여 추가적인 지불을 하게 되는 경우 사용사업주는 직접고용하는 비용보다 크게 되므로 파견근로자를 활용할 실익이 크게 떨어진다. 그러므로 현실적으로는 동일한 임금수준의 지급기준을 파견근로자의 실수령액으로 할 것인지 사용사업주가 지불하는 금액으로 볼 것인지의 문제는 남는다. 아직까지 이 부분에 대한 판례의 명확한 입장은 없으나, 파견법의 취지로 보면 파견용역비가 아니라 파견근로자에게 실제 지급되는 인건비를 대상으로 차별여부를 판단하는 것이 상당하다고 본다.

한편, 비교대상근로자와 혼재되어 동일하게 직무를 수행하고 있어 근로의 질·양에 있어 차이가 없음에도 근로제공에 따라 형성되는 기본급, 상여금, 안전수당(작업 수행의 위험도를 반영해서 현장 작업자들에게 지급), 공정지원금(작업 공정별로 업무 난이도를 고려해서 지급)에 대해 불리한 처우를 한 것은 합리적 이유가 없는 차별적 처우라고 판단하면서, 가족수당, 근속수당, 정기승호, 회사 창립기념 유급휴가, 체력단련비, 교통비, 성과배분 및 생산장려금은 그 성격상 사용사업주와의 직접 고용관계에 따라 형성되는 근로조건으로 볼 수 있으므로 파견근로자인 이 사건 근로자들에게 위 근로조건에 대한 불리한 처우는 합리적 이유가 있어 이를 차별적 처우라고 할 수 없다고 판단한 사례가 있다.[473] 이 판단에 따르면, 파견근로자에 대한 임금지급의 의무는 파견사업주에게 있고, 고용관계는 파견사업주와의 관계에 있으므로 사용사업주의 사업장에 파견되어 근로하는 경우에도 고용관계를 전제로 하는 수당 등의 급부는 파견근로자가 사용사업주의 근로자가 아니므로 차등대우가 가능하다는 점을 적시하고 있다. 즉, 근로의 대가적인 급부는 동종·유사한 업무를 수행하는 사용사업주의 사업장에 종사하는 근로자와 동등한 보상이 요구되지만 고용관계를 전제로 하여 직원이라는 신분에 대하여 특별히 주어지는 급부는 달리 보아야 한다는 것으로 이러한 노동위의 판단은 합리적인 것으로 판단된다.

4) 합리적 차등처우의 가능성

파견법(제2조)에서 '차별적 처우'라 함은 임금 그 밖의 근로조건 등에 있어서 합리적인 이유 없이 불리하게 처우하는 것으로 규정하고 있고,[474] 또, 동법(제21조)에서는 파견사업주와 사용사업주는 파견근로자임을 이유로 사용사업주의 사업 내의 동종 또는 유사한 업무를 수행하는 근로자에 비하여 파견근로자에게 차별적 처우를 하여서는 아니 된다[475]고 규정하고 있는 바, 이는 기간제근로자에 대한 규정과 같은 취지로 규정하고 있는 것으로 차별여부를 판단함에 있어 기간제근로자에 대한 차별판단과 달리 볼 필요는 없다고 본다. 아울러, 파견법

473) 중앙노동위원회 2009.04.27. 2009차별2 결정.

474) 대법원은 파견근로자로 근무하다가 사용사업주가 직접 고용한 것으로 간주(2년을 초과하여 계속 파견)되는 파견근로자의 근로조건이 사용사업주의 근로자 중 파견근로자와 동종 또는 유사한 업무를 수행하는 근로자에게 적용되는 취업규칙 등에서 정한 근로조건과 동일한 근로조건이 적용되어야 한다고 판단하고 있다(대법원 2016.01.14. 선고 2013다74592 판결).

475) 노동위는 파견근로자의 지위에서 근로제공에 따라 형성되는 기본급, 상여금, 근속수당, 체력단련비, 안전수당, 공정지원금은 근로의 질·양에서 차이가 없으므로 이를 차이를 두는 것은 차별행위라고 판단하고 있다(중앙노동위원회 2009.04.27. 2009차별2 결정).

(제2조 및 제21조)에서의 파견근로자의 차별적처우 내지 차별금지 규정은 외국 국적의 근로자에게도 적용[476]된다고 보아야 한다.

우선, 특수목적의 수당 및 급부에서의 차별가능성을 살펴본다면, 특수목적의 수당 및 급부는 특정한 요건을 기반으로 한다. 이러한 급부에는 장기근속을 장려하기 위하여 지급하는 근속수당, 장기근속수당 등을 들 수 있고, 특정한 근로자의 생활지원을 위하여 요건이 충족되는 근로자에 한하여 지급지는 가족수당 등 각종 임금 및 금품을 들 수 있다. 이러한 급부에서의 근속기간에 대하여는, 파견법상 파견근로자에 대하여 파견사업주인 사용자가 사용사업체인 사용자 소속 상용직 상담원(비교대상근로자)과의 차별을 다룬 사건에서 근속기간의 차이에 의한 차등대우는 합리적인 이유가 있다고 보고 있는데, 파견근로자와 비교하여 근속기간이 다른 경우 기본급(월급)을 달리 정한 것은 차별행위가 아니라고 보고 있다. 즉, 근속수당의 경우 5년 이상 근무한 상용직 근로자에게만 지급되는 것이므로 교통약자지원센터에서 총 2년 6개월간 근무한 근로자에게 이를 지급하지 않은 것은 합리적인 이유가 있다고 판단하였다.[477] 이 사건에서 동등업무를 수행하므로 근속기간에 상관없이 기본급에는 별 차이 없이 적용되더라도 특정기간 이상 근속한 근로자에게만 지급되는 근속수당에 차이를 두는 것은 근속수당의 지급목적과 근속기간이 현저히 다른 사유에 의한 것이고, 이러한 근속수당의 목적에 부합하는 것으로 합리적이라는 점이다. 결국, 파견직의 경우 합리적인 사유가 존재하고 합당한 기준에 의하는 경우 일정부분 예외적인 적용이 가능하다 할 것이다. 이러한 특수목적의 수당 등에서 가족수당의 경우는 가족의 존재여부에 따라 지급요건을 정하여 가족이 없는 경우 지급하지 않는 것은 합리적인 이유가 된다고 볼 수 있는데, 특수목적의 수당 등도 기본적인 전제요건으로 정한 사유가 합리적인 것이어야 한다. 명칭은 가족수당인데, 가족의 유무와 상관없이 재직 중인 근르자에게 일괄하여 지급하는 경우 파견근로자에게만 지급하지 않는 것은 차별이 된다고 보아야 한다.

---

476) 대법원 2000.09.29. 선고 2000도3051 판결.

477) 10년간 근로한 비교대상근로자의 기본급 1,192,680원과 2년 6개월 근무한 이 사건 근로자의 기본급 1,096,030원을 비교하면 그 차액에 있어서는 합리적 이유가 있다고 판단하였다(중앙노동위원회 2013.06.10. 2013차별8 결정).

다음으로, 시혜적·일괄적·실비변상적인 임금 등에서의 차별가능성이다. 노동위는 위생수당은 상용직 근로자 중 현장창구에서 고객을 대면하는 직원을 위해 지급되는 용모비용이므로, 동일업무를 수행하는 근로자에게 이를 지급하지 않은 것은 합리적인 이유가 없는 차별에 해당한다고 보고 있다. 즉, 위생수당은 비교대상근로자에게 정기적·일률적으로 지급된 금품으로 통상임금 산정기준에 포함되었던바, 동일 기준을 적용하여야 할 것이라고 판단하고 있다. 또, 정액급식비, 복지카드 등은 재직하는 모든 근로자에게 지급되는 것으로 차별적 처우는 합리적이지 못하다[478]고 보고 있다. 이러한 판단에는 직무의 성질, 업무량, 업무의 난이도 등과 무관하게 '고용관계를 유지하고 있는 모든 근로자에게 일괄하여 지급'되는 수당인 정액급식비는 차등지급하는 경우 차별이 된다는 점을 전제하고 있다. 아울러, 실비변상적이고 생활보조적인 복리후생적 차원에서 지급되는 피복비는 직무수행능력, 업무의 책임 및 권한 정도, 근속기간 등과 관계없이 지급되므로 차등지급한 것은 불리한 처우에 해당하는데, 이러한 급부로는 출장비 등을 들 수 있다. 즉, 비교대상근로자에게는 장기출장비를 지급하면서 파견근로자에게는 지급하지 아니한 경우 차별행위에 해당한다. 특히 이와 관련한 차별행위에서 직무수행을 위하여 필요한 '실비변상적인 급부'에서 차등지급하는 것은 합리적인 이유 없는 차별행위로 납득하기 어려운 부분이다. 즉, 특정 직무 수행을 위한 영업비용 내지 직무수행비용은 해당 직무를 수행하는데 소요되는 비용이지 정규직이라고 하여 더 많이 들고 파견근로자라고 하여 덜 드는 것이 아니라는 점이다. 결국, 직원이라는 소속관계 내지 구성원이라는 일체성에 기하여 지급되는 일괄적인 성격의 시혜적 급부 및 직무수행에 소요되는 실비변상적인 비용 내지 급부 등은 차등대우를 두는 경우 차별행위가 된다고 보아야 한다.

(5) 장애를 이유로 한 임금 등 차별 가능성

1) 장애에 의한 임금 등 차별 쟁점

장애를 이유로 하는 임금 등 차별은 합리적인 이유가 존재하는 경우 이는 장애인차별금지법에서 규정하고 있는 차별행위 예외사항(금지된 차별행위가 특정

478) 중앙노동위원회 2013.06.10. 2013차별8 결정.

직무나 사업 수행의 성질상 불가피한 경우, 제4조)에 해당하는 것으로 정당성이 인정된다. 이러한 합리적인 이유로는 일반인과 비교하여 '장애인이 수행하는데 곤란한 직무 또는 장애인이 일반인과 비교하여 생산성이 현격히 떨어지는 직무와 관련된 경우, 장애인이 수행하는 경우 오히려 장애인을 위험하게 할 수 있는 직무' 등을 들 수 있다. 만일 생산성에도 별 차이가 없는 직무의 경우에는 단지 장애를 이유로 차별하는 것은 문제가 될 것이다. 장애를 이유로 하는 차별은 장애인이 수행할 수 있는 업무 특성 내지 수행성과 등 직무적인 특성과 장애인 개인의 상태 등 예외적인 사항을 고려하여야 하는 것으로 임금 등에서의 차별 판단은 완화된 기준이 적용되어야 한다. 다만, 장애인이 성별이유와 결부되는 경우나 종교적인 문제와 결부되는 경우 및 사회적인 신분문제와 결부되어 있는 경우는 헌법에서 금지하는 사유에 해당하므로 보다 엄격한 심사기준이 적용되어야 한다.

2) 장애와 임금 등 차별의 정당성여부

장애는 육체적 정신적 장애가 다양한 유형으로 구분되는 만큼, 장애의 상태에 따라서는 불가피하게 특정 직무를 수행함에 부적합한 상태가 있을 수 있다. 예를 들어 시각장애인에게 정밀한 조립작업을 부여하는 경우 정상적인 업무가 불가능하게 될 것이고, 이로 인하여 생산성과 성과가 현저히 떨어지게 될 것이다. 이처럼 직무의 특성과 장애의 상태에 따라서는 불가피하게 장애인을 차등대우하여야 할 합리적인 사유가 존재한다고 보아야 한다. 그럼에도 불구하고 장애임을 이유로 하는 차별은 해당 직무를 수행함에 있어 합리적인 차등수준, 다른 근로자와 비교하여 형평성 등을 고려하여야 한다. 즉, 적어도 장애임을 이유로 하는 수행직무의 적합도를 기준으로 그 결과 등에 있어서 합리적인 차등의 필요성 등이 인정되어야 차별이 아닌 것으로 될 수 있다. 한편, 직무성격과 편의제공의 문제와 관련하여, 통상 장애임을 이유로 하는 차별은 장애인이 일반인과 비교하여 해당 직무가 적합하지 않은 경우, 즉, 육체적인 지체장애인이 수행하는데 곤란한 직무, 또는 정신 지적장애의 경우 의사결정 등에 있어서 문제가 있는 경우 등을 고려할 수 있다. 이러한 경우 지체장애 등의 경우 등 적절한 편의제공의무[479]를 제공받지 못하여 정상적인 업무를 수행하지 못한 결과 발생한 부분 등을 고려하지 않고 차등 대우하는 것은 차별의 문제가 될 수 있다. 물론 적절한 편의제공의무를 다하였음에도 불구하고 차이가 발생하는 부분에 대하여는 일정부분 차등대우가 가능할 수 있다. 결국, 장애상태를 고려하지 않고 일반인과 동등한 조건으로 수행하기 어려운 직무를 부여하여 원만하게 수행하지 못한 결과를 토대로 임금 등에서 차별하는 경우 차별의 문제로 될 가능성이 높다고 할 것이다. 그러므로 이러한 경우에는 형평에 맞는 기준을 마련하여야 할 것이다. 또, 장애와 관련하여 생산성 차이에 의한 차등은 합리성을 갖는가가 문제가 될 수 있다. 지체장애나 지적장애의 경우 민첩성이 떨어지고 결국 생산성에도 차이를 가져올 수 있다. 현격한 생산성의 차이는 임금 등에서의 차별을 어느 정도 인정할 수 있을 것이다. 그렇다고 모든 생산성의 차이가 차별을 정당화하는 것은 아니다. 그러한 생산성의 차이가 순전히 장애근로자의 귀책사유에 의한 것인지, 장애인이 정상적인 업무를 수행할 수 없는 편의제공 미비(근로환경)에 의한 것인지 등 제반 조건들을 합리적으로 고려하여야 할 것이다. 그럼에도 불구하고 현실적으로는 장애로 인하여 수행하는 업무의 제약 및 생산성 등의 문제에서 오는 차등은 불가피할 수 있다고 보아야 한다.

3) 장애와 복리후생시설이용 등 차별

장애인에 대한 차별은 임금 외에도 복리후생 운영 및 수혜 등[480]에서의 차별도 금지되므로 근로자의 능력개발 및 자아실현의 기회를 목적으로 설립된 복지센터 등의 프로그램에서 장애여부에 따라 제한하거나 배제하는 것은 정당성을 인정할 수 없고, 사택 및 임차주택대여 또는 이용, 사내구판장 이용, 구내식당 이용, 휴양시설이용 등에 차이를 두는 것도 차별행위에 해당한다. 또, 장애인이 사무실이나 사무 공간, 각종 시설 및 복리후생시설 등을 동등하게 이용할 수 있

479) 동 의무와 관련하여서는 장애인차별금지법 제11조와 제14조 및 동법 시행령 제12조 이하에서 상세히 규정하고 있다.

480) 법원(서울중앙지방법원, 2004.02.12. 선고 2003가단150990 판결)은 1급뇌성마비 장애인에 대한 보험가입 거부는 차별행위라고 판단하였고, 인권위(인권위(10진정0377600)는 지적장애인이라는 이유로 보험가입이 거절된 건과 관련한 진정에서 ○○보험사 대표에게 장애차별법 등 관련 법령 및 규정을 준수하여 피해자의 보험청약건을 정식으로 인수 심사할 것과 보험심사업무를 담당하는 관련 직원들에 대하여 장애인차별금지와 관련된 인권교육을 실시할 것을 권고하였다.

도록 합리적인 편의제공을 거부하는 행위,[481] 장애인을 불리하게 대우하거나 장애인의 이용에 대하여 불만 또는 불평을 표시하는 행위는 인정되기 어렵다. 즉, 임금 등에서의 차별과 편의제공의무 불이행(불가피한 사유가 있는 경우 제외[482])은 장애인차별금지법 제13조(차별금지) 및 제14조(정당한 편의제공 의무)의 위반행위에 해당한다. 아울러, 근로자라는 직원의 신분에서 부여되는 각종 일괄적이고 시혜적인 복리후생급부는 차등의 전제조건으로 부여될 수 없는 사안에 해당하므로 이를 차별하는 것은 합리적인 이유가 될 수 없으며, 업무수행상의 실비변상적인 급부 등의 경우도 장애를 이유로 차등하는 것은 합리적인 이유 없는 차별행위가 된다고 보아야 한다.

5. 승진에서의 차별과 합리적 이유

승진에서의 차별은 특정한 성을 우대하거나 또는 차별하는 경우, 연령을 이유로 차별하는 경우, 장애를 이유로 차별하는 경우 등은 모두 이해관계자 간 차별의 문제를 피하기는 어렵다. 특히 장애인의 신체적 제약을 이유로 승진을 탈락시키는 경우 그 정당성에 대하여는 해당업무에 대한 수행가능성, 활동성 등 차별의 당위성(진정직업자격 등)을 어떻게 찾을 것인가도 고려의 대상이다. 한편, 어떤 사람이 특정 출신민족 사람과 결혼했다는 이유로 그의 승진을 거부하거나 여타의 방식으로 차별하는 것은 금지되는데 이는 인종에 대한 차별문제와도 관련된다.[483] 이하에서는 성별, 연령, 장애를 중심으로 승진에서의 차별문제를 검

---

481) 인권위는 발달장애인이 청소년수련관의 수영시설을 이용하고자 하였으나 해당시설에서 장애인이 참여할 수 있는 수영프로그램을 운영하지 않는 등 피해자에 대한 적정한 편의를 제공하지 않아 수영시설의 이용에 제한을 당한 건에 대한 진정사건에서 인권위는 당해 시설을 운영하는 ○○광역시 ○○구 구청이 소유·지원하고 있는 청소년수련관 등의 수영장 시설에 장애인이 참여할 수 있는 수영프로그램을 마련하는 등 편의를 제공할 것을 권고하였다(국가인권위원회, 2011.01.06. 09진차1175결정).

482) 장애인차별금지법 제4조 제3항에서는 "과도한 부담이나 현저히 곤란한 사정 등이 있는 경우와 차별행위가 특정 직무나 사업 수행의 성질상 불가피한 경우"를 들고 있다.

483) 인권위는 헌법재판소가 2001.11.29. 재외동포의 출입국과 법적 지위에 관한 법률에 대하여 헌법불합치결정을 한 이후 국회 법제사법위원회에서 심의 중인 재외동포법에 관한 두건의 개정법률안 모두 국제인권법과 헌법재판소가 제시한 합리적인 차별의 범주를 충족시킬 수 없는 문제점을 가지고 있으므로, 헌법재판소가 재외동포법의 개정시한으로 제시한 2003.12.31.까지 아직 상당한 시한이 남아 있는 점을 고려하여 충분한 연구와 검토를 거친 후에 재외동포법을 개정할 것을 다음과 같이 권고하였다. 인권위가 개정법률안의 핵심

토한다.

(1) 직무 · 관행과 성별 특성에 의한 차별

여성관리자의 발탁인사는 상대적으로 남성차별이라고 볼 수도 있고, 적극적 개선조치나 우대조치로 볼 수도 있을 것이다. 그러나 동일직급으로 같은 날에 입사하여 근무성과 및 업무능력 등도 차이가 없거나 낮은데도 불구하고 여성에게 우대조치 등을 통하여 남성보다 우선 승진시키는 것은 그 정당성에서 문제(역차별의 문제 등)를 제기할 수도 있을 것이다. 결국 직무의 특성이 성별 차이에 따라 달리 우선시될 수밖에 없는 불가피한 사유 내지 직무상의 진정성(여성기숙사의 사감, 여성전용 사우나의 관리인 등)등이 결정적인 요인이 아닌 한 승진에서의 차등대우는 차별행위가 된다고 할 것이다.

한편, 승진과 관련한 제도나 규정에 명시적인 성차별 조항이 없다는 것이 성차별이 없었음을 대변해 주는 것은 아니다. 즉, 승진을 결정하는 객관적 기준이 부재하거나, 기준이 존재한다고 하여도 사실상 특정한 성에게 불리한 경우 성차별을 추정할 수 있다. 즉, 객관적 기준 없이 승진대상자를 특정한 성에 편중하는 경우, 특정한 성보다 장기간 근속을 요건으로 하거나 특정한 성에게만 승진시험을 통과해야 하는 요건을 부과하는 등의 방법으로 특정한 성별 구성원에게 상대적으로 불리한 승진조건이나 절차를 적용하는 경우, 특정한 성에 대하여는 일정 직급 또는 직위 이상으로 승진할 수 없도록 하거나, 특정한 성의 직급 또는 직위를 더 많은 단계로 세분화하여 결과적으로 승진을 불리하게 하는 경우, 여성이 대다수인 직무에 대해 사실상 승진기회를 부여하지 않는 경우를 들 수 있다.[484] 제도적으로 특정한 성의 승진을 제한하는 경우도 있었지만 그보다 더

적인 문제로서 지적하고 있는 것은 "한민족의 혈통"이라는 개념을 재외동포에 대한 특혜부여의 기준으로 제시함으로써 국제인권법, 특히 인종차별철폐협약 제1조 제1호에서 말하는 "인종에 근거를 둔 우선권"에 해당하며, 이 법안의 적용을 받는 재외동포가 누리는 다양한 혜택은 결국 위 협약 제5조에서 차별을 금지하는 인권의 영역에 속하는 것이므로, 결국 외국인 사이에 혈통, 즉 인종을 바탕으로 한 차별대우에 해당한다는 것이었다. 이러한 인권위의 판단은 외국인 사이에서 특정 외국인에 대한 우대가 합리적인 차별에 해당하는지 여부에 대한 판단에 있어서 출신민족(혈통)을 기준으로 하고 있는 것이다(국가인권위원회, 2001.12.21. 재외동포의 출입국과 법적지위에 관한 법률개정안에 대한 의견).

484) 대법원 2006.07.28. 선고 2006두3476 판결.

많은 대부분의 경우에서 승진차별은 제도보다는 관행에 의해 이루어져 왔기 때문이다.[485] 또, 육아휴직은 제도적으로는 남녀 모두 사용할 수 있지만 관행적으로 여성이 다수 사용하는 현실에서 여성에 대한 승진차별을 초래할 가능성이 높다.[486] 즉, 법상 보호되는 육아휴직을 주로 사용하는 여성근로자에게 육아휴직 중이거나 육아휴직으로 실제 근로하지 않았다고 하는 이유로 승진기회를 주지 않는 경우나 승진대상에서 제외하는 경우는 차별이 될 수 있다. 한편, 승진기준이 되는 인사고과 등에 있어서 임신과 관련된 여성에 대하여 불리한 평가를 가져오는 항목을 두는 경우 차별을 추정할 수 있는데, 임신관련 휴가기간에 실시된 인사고과에서 누락되었기 때문에 승진자격이 없다고 하는 것도 임신차별에 해당할 수 있다.[487] 그러므로 인사고과 등 평가제도가 있는 경우 사용자는 평가기준이 차별적이지 않다는 것을 입증해야 하고 그러한 제도가 실제로는 어떻게 운영되고 있는지를 평가하기 위해서 모니터링 되어야 한다.

(2) 승진에서의 연공과 능력

승진에서 종종 문제가 되는 것은 '업무능력'도 뛰어나고 '근무성과'도 높은데도 불구하고 연령이 적다는 이유로 승진에서 탈락하는 경우와 경쟁상태에서 연령이 많다는 이유로 승진에서 탈락하는 경우이다. 저연령자의 승진탈락의 경우에 대한 논리는 아직 기회가 많으니 고연령자를 배려하자는 것이고, 고연령자의 승진탈락의 경우에 대한 논리는 활용도가 높고 조직의 활력을 위해 선배가 양

485) 능력·성과 등이 다소 부족한 조건을 가지고 있거나 동등한 경우에도 리더십이 있다거나, 활동적이라거나, 추진력이 있다거나, 육체적으로 어려운 일도 해낼 수 있거나 하는 등의 남성 중심적인 관념이 우선 승진의 관행으로 고려되어 왔다고 할 수 있다.

486) 인권위는 매년 1월 1일, 7월 1일 2회만 직원을 승진시키면서 5급까지는 최저 승진소요년수만 경과하면 특별한 사유가 없으면 승진되는 제도를 시행하고 있는 회사에서 승진소요년수에 도달한 승진대상자임에도 육아휴직중인 것을 이유로 승진에서 제외하는 것은 합리적 이유가 없는 차별이라 판단하였다. 육아휴직 기간 중에 승진심사가 있어 승진에서 제외되는 자는 복직 후 바르 승진이 되는 것이 아니라 다음 승진 일자까지 기다려야 하므로 실질적으로 승진이 늦어지는 불이익을 받게 되는데, 이와 같이 운영되는 경우 상당수 여성들이 승진과 경쟁에서 탈락하지 않기 위해 육아휴직제도 사용을 기피할 가능성이 있게 되며 이는 우리 사회의 존속을 위해 시행되고 있는 육아휴직제도의 취지에 반하는 결과를 낳게 될 것이라고 보았다(국가인권위원회 2006.10.11. 06진차308 결정).

487) Caisse Nationale D'Assurance Viellesse Des Travailleurs Salaries(CNVATS) v Thibault(1998) IRLR 399 ECJ(이승욱, "고용에서의 차별판단기준", 「여성고용에서의 차별판단지침마련」, 노동부, 2005, 213면 재인용).

보하라는 것이다. 그러나 합리적인 근거가 없이 단지 연령을 기준으로 한편으로는 저연령자를 한편으로는 고연령자를 차별하는 것은 문제가 될 것이다. 통상 연령과 리더십을 연동시키는데 단순히 연령과 리더십은 비례함수관계에 있는 것은 아니지만, '리더십'이 뛰어나서 실제 직무수행과 성과 등으로 나타나고 이러한 내용이 객관적으로 인정되는 경우에는 리더십은 승진요소에서 중요한 기준이 될 가능성이 있다. 그리고 연령과 근무기간이 일치하는 것은 아니지만 연령에 비례하여 근무기간에 차이가 날 수 있는 부분을 배제하기는 어려우므로 연공급과 연공체계의 승진제도에서는 일정부분 연령이 고려되는 부분을 배제하기는 어렵고, 이러한 경우 '연공(오랜기간 근무한 공로)'은 승진심사의 요소 중에서 하나의 기준이 될 가능성은 있으나 단지 연령이 그 중심이 되거나 연령만에 의한 경우 연령차별의 문제가 될 가능성이 있다고 할 것이다. 다만, 동등하게 최소근무기간 등의 조건을 부여하는 것(해당 직무수행을 위한 필요최소요건인 승진소요최저연수 등)은 차별의 문제는 아니라고 할 것이다. 또, 승진심사 면접과정에서 나이에 대한 편견을 드러내는 발언이나 질문은 차별의 증거가 될 수 있으며,[488] 업무경험이 승진평가항목에 해당하고 근속기간과 직무경험이 비례한다고 볼 수 있는 상황에서 근속기간이 오래된 후보자들이 낮은 점수를 받고 승진에서 탈락한 경우,[489] 승진 후보자 나이그룹 사이에 승진율에서 현저한

488) 학교 교감 승진심사 면접과정에서 심사위원장이 피면접자에게 "27년 동안이나 교직생활을 하고 있는데 지금 교감이라는 직책을 두고 다투는 것이 성가시지 않는지"를 물었다. 피면접자는 이러한 발언이 자신의 나이를 문제 삼는 것이라고 믿었다. 교감으로 승진하는 자는 원고에 비해 상당히 젊었고 7년의 교직경험을 갖고 있었다. 아일랜드의 평등조사관청은 심사위원장에게 차별의도가 없었을지라도 면접에서의 그러한 질문 자체가 차별이라고 결정하였다(Margaret O'Neill v St. Gabrel's(DEC-E2005-7)).

489) 특별의무교사(Special Duties Teacher)직으로의 승진 선발과정에 지원하였으나 탈락하였고, 상당히 나이가 젊은 지원자들이 임명되었다. 아일랜드의 평등조사관청은 해당 직책을 위해 마련된 기준에 비추어 볼 때 진정인은 승진된 자들보다 높은 자격과 많은 경험을 보유하고 있는 점을 인정하였다. 객관적으로 가장 적합한 지원자를 가리는 일은 선발위원회의 재량사항이고 평등조사관청의 임무는 아니지만 선발과정에서 나이차별이 있었는지는 검토하는 것은 평등조사관청의 임무라고 하였다. "학교에서의 경험과 열성"이라는 평가항목과 관련하여 근속기간이 가장 오랜 4명이 모두 가장 낮은 점수를 받은 것은 직무와 관련 경험 사이에 통상적으로 드러나는 객관적 관련성과 양립되기 어렵고, 자격이 덜한 승진자들이 진정인에 비해 8세에서 24세만큼 젊다는 사실은 나이차별의 개입을 낳았다고 보았다(Carroll v County Monaghon Vocational Education Committee (DEC-E2004-3)).

차이가 존재하고 특정 나이그룹의 승진 배제가 과거의 승진사례에서 확인 가능한 경우 나이차별을 추정할 수 있다.490) 또, 승진을 위해 객관적으로 필요로 되는 자격요건과 무관한 기준인 5년 이상의 근속기간 및 원만한 노사관계 등을 요구함으로써 일정한 나이그룹에게 불리한 결과를 초래하는 경우에는 간접차별에 해당할 수 있고,491) 나이차별을 의미하는 비유적 발언도 차별의 증거가 될 수 있으며,492) 특정 연령집단과 연동된 가족상황이나 가족형태 등과 연관시켜 승진에 배제·분리하는 것은 차별행위에 해당한다.493) 결국 승진에서의 객관적인 기준으로 판단할 수 있는 요소인 직무수행에 필요한 전문성과 지식·기술, 직무수행성과 등 업무능력을 고려하지 않고 연령이 많고 적음에 기하여 불이익을 주는 경우는 승진심사에서 중요한 요소가 되는 업무능력과 무관하게 연령차별이 될 가능성이 높다고 할 것이다.

(3) 장애와 직책수행

승진에 있어서의 장애인차별 행위의 유형은 장애를 이유로 장애인을 승진에서 제외하는 행위, 업무환경을 이유로 장애인을 승진에서 제외하는 행위, 승진시험에 있어서 장애인에게 불리한 기준을 적용하는 행위, 업무평가 등에 있어서 장애인의 장애로 인한 작업시간의 초과, 업무내용의 조정 등을 불리하게 반영하

490) Gillen v Department of Health (DEC-E2003-35).

491) Mcgarr v Department of Fincance (DEC-E2003-36).

492) Harold S. Lewis and Elizabeth J. Norman, *Employment Discrimination Law and Practice*, West Group, 2001, 374면.

493) 캐나다 왕립 기마경찰대(RCMP : Royal Canadian Mounted Police)에 속한 진정인 Jacqueline Brown은 2001년 3월 14일 캐나다 인권법에 의거 가족적 상황으로 인하여 승진에서 차별받았다는 서류를 캐나다인권위원회에 제출한 사건에서, 브라운은 동료 콜린 브라운과 결혼하였는데 자신의 승진심사에서 결혼 상황 때문에 승진에서 불이익을 겪었다고 주장했고 이에 대해 피고는 승진 심사에서 결혼 상태를 고려하는 것은 합리적이라고 대응했다. RCMP는 순환근무제를 채택하고 있다. 진정인은 승진 대상이었고 근무하고 싶은 곳을 표기해서 냈고 자신이 2번째로 선택한 곳은 자신의 성적으로 갈 수 있다는 말을 들었다. 그러나 인사부에서는 그녀의 남편이 근무할 마땅한 곳이 없고, 그럴 경우 남편의 근무지가 정해지면 이전 비용을 두 번 들이게 된다는 비용 문제 때문에 다른 곳으로 발령을 냈다. 이에 대해 판사는 담당자들과의 인터뷰와 서류 검토 등을 통해 RCMP는 브라운 상병에게 사과의 뜻을 전하고 진정인이 원하는 근무처로 발령을 내라고 명령했다(Canadian Human Rights Commission, Canadian Human Rights Tribunal-Tribunal decision, Family Status grounded discrimination, 2004.4.2.).

는 행위 등이다.

승진에서의 차별사례로 국내에서는 보건소장 승진임용 탈락과 관련하여 인권위에 진정을 하고,[494] 피해자를 위한 적극적인 구제조치가 이루어지지 않아 별도로 처분무효확인소송과 손해배상소송을 제기했는데, 처분무효확인소송의 경우 1심[495]에서 기각되어 항소하였으나 기각되었고,[496] 대법원은 보건소장을 승진임용함에 있어서 오랫동안 위 보건소에서 의무과장 등으로 근무해 온 의사인 원고에게 별다른 승진임용결격사유가 존재하지 아니함에도 피고가 인사교류를 통하여 다른 지방자치단체에서 전입받은 소외인을 내심 후임 보건소장으로 결정한 상태에서 원고와 소외인의 각 근무성적, 경력평정 기타 능력의 실증에 관한 실질적인 비교·검토 없이 진행된 인사위원회의 심의결과를 토대로 소외인을 신임 보건소장으로 임용한 처분은 신체장애를 이유로 차별적 취급을 함으로써 헌법 제11조 제1항, 장애인복지법 제8조 제1항, 지역보건법 시행령 제11조 제1항 등의 규정에 위배하여 재량권을 일탈·남용한 위법성이 일부 있다고 인정되나 이러한 인사권행사가 중대하거나 명백한 위법은 아니라고 판단하였다.[497] 민사소송에서는 3,000만원의 위자료 배상책임이 인정되었는데[498] ○○시에서 항소하였으나 기각·확정되었다.[499]

이 사건의 판단사항을 살펴보면, 이 사건에서 청구인은 장애를 이유로 한 차별행위라고 주장하였으나, 법원은 장애인이라는 부분에 초점을 두지 않고, 인사권자의 재량권에 기초하여 자의금지원칙을 적용한 것으로 판단된다. 그러므로 승진심사 대상자를 전입자나 기존 근무자를 동일선상에서 놓고 같은 후보자로서 적격여부에 초점을 두었던 것으로 판단된다. 이 사건 승진심사과정과 내용을

494) 인권위는 지방자치단체장이 법률상 우선적인 승진임용 대상자에게 마땅히 주어야 할 기회를 신체적인 장애를 이유로 합리적인 이유 없이 제공하지 아니한 것은 평등권을 침해하는 차별행위에 해당한다고 인정하면서도, 지방자치단체장의 차별행위가 그 의사에 반하여 당해 직을 물러날 만한 사유가 되지 않고 차기 지방자치단체장 선거의 출마문제는 본인이 판단할 문제라고 판단하여 국가인권위원회가 권고할 수 있는 구제조치의 범위에 속하지 아니한다고 판단하였다(국가인권위원회 2002.04.11. 01진차1 결정).

495) 청주지법 2003.11.07. 선고 2002구합986 판결.

496) 대전고법 2005.05.12. 선고 2004누20 판결.

497) 대법원 2006.02.24. 선고 2005두5741 판결.

498) 청주지법 제천지원 2004.02.12. 선고 2002가단2276판결.

499) 대전고법 2004.11.04. 선고 2004나2968판결.

살펴보면, 해당 보건소는 승진심사에 '근무성적, 경력, 인품 및 적성 기타 능력'을 종합적으로 고려하여 결정한다는 규정은 있으나 구체적인 심사 및 평가기준을 가지고 있지 않고, 전입자에 대한 임용조치는 절차적이나 실체적으로도 위법사유가 존재하지 않고 전례가 있는 점, 그리고 전입자의 근무성적 등이 상대적으로 낮지 않은 점 등을 고려하면 '인사위원회와 인사권자가 내린 결정은 재량권의 행사'로서 가능한 점을 고려하면 중대하다거나 명백하게 차별적인 조치가 아닌 한 차별행위로 보기에는 무리가 있어 보인다. 그리고 같거나 유사한 능력 등의 조건을 가진 경우 장애인을 우선하여 승진시켜야 한다는 적극적 우대규정을 가지고 있는 것도 아니며, 승진결정은 일정부분 인사권자의 재량권이 인정된다는 점을 고려하면 법원의 판단은 합리적인 결정으로 판단된다. 즉, 승진심사 및 결정·배제에서 신체장애가 결정적인 요인이 되는 것이라고 단정할 수 없고, 근무성적 등 다른 요소들을 종합적으로 판단함에는 인사위원회나 인사권자의 재량권의 범위내에 있는 것으로 본다면 법원의 판단은 합리적인 결정이라고 판단된다.[500] 다만, 당시 청구인의 주장과 사회 일각의 장애인단체 등의 주장과 시장의 발언 등에서 장애를 이유로 한 차별의 가능성을 완전히 배제할 수 없는 점을 감안하면 내심 인사권자는 장애라는 이유가 승진결정에서 작용한 정황이 있음에도 이를 재판부가 고려하지 않은 것은 아쉬움이 있다고 판단된다. 그럼에도 승진의 결정에 참고된 자료가 '근무성적 등 객관적인 증거'가 우선시되어야 함은 변론의 여지가 없고, 비등한 조건을 가진 경우 인사권자는 합리적인 범위에서 대상자를 결정할 재량권이 인정된다고 볼 수 있으므로 오로지 장애가 결정적인 요인이라고 할 수 없는 점은 재판부의 판단이 합리적인 결정이었다고 할 것이다. 결국, 이러한 경우 장애를 이유한 차별행위가 되기 위해서는 차별의 주된 원인과 내용이 장애라는 문제가 개입되어야 하는데, 승진심사에서의 기본적인 기준은 인사고과 등 그 동안의 성과 등에 대한 객관적인 자료가 우선시

500) 그러나 동 사건은 당시 장애인단체 및 시민단체의 거센 항의가 있었고, 언론에서도 이슈가 되었던 건으로 인사권자인 시장이 16만명의 시민의 건강을 책임지는 보건소장이 장애(오른쪽 다리마비, 지체장애3급)로 그 직책을 감당하기 어렵다고 판단하였다는 등의 발언을 하였는데, 법원이나 인권위의 판단과는 무관하게 사실상 장애를 이유로 한 차별행위로 인식되고 있다.

되는 점을 고려하면 장애가 주된 원인이라고 단정하기에는 무리가 있어 보인다. 이와 관련하여 장애인차별금지법에서도 "차별의 원인이 2가지 이상이고, 그 '주된 원인'이 장애라고 인정되는 경우 그 행위는 이 법에 따른 차별로 본다(제5조)"고 규정한 것을 고려할 필요가 있다고 할 것이다.

한편, 미국의 사례를 통하여 장애를 이유로 한 승진차별사건을 살펴보면, 미국 텍사스 연방지구 법원에서는 성과 신체장애를 근거로 한 차별이 있었다는 사실을 발견하고 원고를 승진시킬 것을 명령했다. 즉, 휠체어를 사용하는 하지마비 장애인인 스미스는 1962년 GS-7 등급으로 미국 항공우주국에 근무하고 있었다. 1963년 GS-9로 승진했으나 체력이 떨어진다는 이유로 GS-5로 강등되었고 다시 1973년에 GS-7로, 1974년에 GS-9로 승진했다. 스미스와 같은 시기에 고용된 두 남자 직원은 거의 같은 자격을 갖고 있으면서도 GS-9등급에서 출발했으며 두 사람 가운데 강등된 사람은 아무도 없었다. 스미스에게는 일상적인 사무와 관련된 업무만 주어진 반면, 자격이 같은 다른 직원들에게는 고급 연구계획과 관련된 업무가 주어졌다. 스미스는 1971년 성과 신체장애를 근거로 한 차별에 대해 공무원 임용위원회에 소송을 제기했다. 그러나 공무원 임용위원회에서는 아무런 특별 구제 조치명령도 내리지 않았다. 행정기록을 검토한 결과 법원은 스미스가 '여성이라는 이유와 장애'가 있다는 이유 때문에 신체적으로 충분히 수행할 수 있고 또한 마땅히 승진할 수 있는 직책을 맡지 못했다고 판단했고, 공무원법과 그 시행령을 위반한 사건이라고 판결하면서 소급 승진과 함께 급여를 소급 지급하라는 명령을 내렸다.[501] 동 사건은 장애차별 자체만을 고려한 것은 아니고 여성차별이라는 문제도 함께 고려한 것으로 판단된다. 즉, 장애차별과 더불어 성차별이라는 이중적인 차별문제에 관련된 사안이 쟁점이 된 것으로 판단된다. 장애와 관련한 부분에서 해당업무가 그러한 장애로 인하여 수행할 수 없는 업무가 아니라는 점을 적시했는데, 이는 반대로 보면 장애로 인하여 수행이 불가능한 경우는 달리 볼 여지가 있음도 고려할 수 있으므로, 직무수행 내용에 따라서는 해당 직책이 장애인이 활동적으로 수행하기 곤란한 부분

501) 스미스 대 플레쳐 사건 : 인도주의실천의사협의회 역, 『장애인의 권리』, 장애우권익문제연구소, 1992, 191면.

도 있을 수 있다고 판단된다. 즉, 직무수행에 본질적으로 해당하는 부분을 정상적으로 수행하기 곤란한 경우는 예외로 판단할 수 있다고 보여 진다. 예를 들어 승진대상 직책이 장거리 출장(이러한 사유는 ○○시 보건소장의 직책도 시 영역 전체에 대한 보건지소 등을 관리하며, 상황에 따라서는 현장진료도 필요한 것이고, 보건소장이 보건소 내에서만 일하는 것은 아니므로 시장의 발언은 일응 타당성이 인정될 가능성도 있어 보인다)을 수시로 다녀야 하는 직무의 경우 거동이 불편한 지체장애인의 경우, 시각디자인을 주 업무로 하는 직무에 시각장애인의 경우 등 특수한 경우 등에는 불가피성이 인정될 수 있다. 이와 관련하여 우리의 장애인차별금지법에서도 "특정 직무나 사업수행의 성질상 불가피한 경우"에는 차별이 가능하다고 규정하고 있는 점도 같은 취지라고 판단된다. 그러나 특수한 경우를 제외하고 다소 불편한 수준에 해당하거나 직무수행역량에 큰 차이가 없음에도 불구하고 장애인이라는 편견과 장애사유로 승진에서 일방적으로 불이익을 주는 경우는 차별행위가 될 것이다. 이는 특별히 법에서 장애인을 보호하고자 하는 취지에서도 명시적으로 밝히고 있는 점이다.

6. 교육훈련에서의 차별과 합리적 이유

교육훈련은 직무수행능력을 향상시키기 위한 대내외 입직교육이 일반적이지만 교육내용과 과정에 따라서는 대상자를 선발함에 있어 공로보상적인 측면을 고려하는 성격도 가진다고 할 수 있다. 그러므로 교육대상선발과 기회의 측면에서 합리적이고 공정한 선발기준과 공평한 기회의 부여가 필요하다고 할 수 있다. 그렇지 않은 경우 차별의 문제가 될 가능성이 있다. 이러한 교육훈련에서의 차별은 남녀고용평등법, 장애인차별금지법, 고령자고용법 등 많은 고용관련 법령에서 금지사항으로 규정하고 있고, 근로자의 교육훈련은 자기성장과 직무수행의 향상을 기하는 수단으로 활용되기도 하는 중요한 문제라고 할 수 있다. 한편, 근로자의 교육훈련과 관련한 차별금지를 규정한 근로자직업능력개발법에서는 적용대상 근로자를 "사업주에게 고용된 사람과 취업할 의사가 있는 사람(제2조)"이라고 규정하고 있다. 이 법에서는 특히 직업능력개발훈련은 근로자의 '성별, 연령, 신체적 조건, 고용형태, 신앙 또는 사회적 신분 등'에 따라 차별하여 실시되어서는 아니 되며, 모든 근로자에게 균등한 기회가 보장되도록 하여야 한다고 규정하면서, 고령자·장애인, 여성근로자, 기간제 및 단시간근로자, 파견근로자, 국가유공자 등 취업보호대상자에 대한 직업능력개발훈련은 중요시되어야 한다(제3조)고 규정하고 있다. 교육훈련에서의 차별은 선발대상조건에서의 학력문제, 남녀 성별에 의한 교육선발에 대한 문제, 고령자와 장애인에 대한 교육기회의 문제 등을 들 수 있다.

(1) 교육훈련에서의 학력

학력차별은 합리적인 이유 없이 고졸, 대졸 등 수업연한의 차이 및 특정 교육기관의 졸업 및 이수여부에 따라 고용상 차별 대우하는 것을 말한다.[502] 수업연한의 차이라 할 때 수업연한의 차이는 교육연한의 차이를 말하는데 교육연한의 차이가 차별발생의 원인이 되는 경우는 통상 의무교육이 보장되는 중학교 졸업 이후를 기점으로 수업연한이 상대적으로 짧은 사람이 긴 사람과 비교하여 차별 받는 경우를 말한다. 그러나 수업연한이 상대적으로 긴 사람을 짧은 사람과 비교하여 고용이나 재화와 용역의 공급이나 이용 또는 교육시설이나 직업훈련기관에서의 교육자격 요건을 제한한다면 역차별의 문제제기도 가능하다. 학력에 따른 임금·소득수준, 취업기회, 승진 등의 차이는 일정 정도는 사회적으로 용인된다. 능력이 우수한 사람이 더 많은 임금 등을 받는다는 자본주의 사회의 경제관념이 이러한 차이와 차등 및 구별을 정당화해 준다. 그러므로 합리적 이유 없다는 것은 학력차이에 대한 차등대우를 인정하지 않는 것이 아니라 학력이 개인의 능력보다 과도하게 또는 능력과 무관하게 평가되는 것을 의미한다.

학력차별을 다룰 수 있는 근거규정으로는 헌법 제11조를 우선 들 수 있다. 헌법재판소[503]는 사회적 신분을 사회에서 장기간 점하는 지위로서 등급적인 일정한 사회적 평가를 수반하는 지위로 넓게 개념화함으로써 선천적 신분은 물론

502) 예비 장교후보생 제도를 도입하면서 육군3사관학교에 예비 장교후보생으로 지원할 수 있는 자격을 4년제 대학교 1학년 재학생으로 정하여 전문대학 학생들의 육군3사관학교 진출을 제한한 것은 학력을 이유로 한 불합리한 차별행위로 인권위는 전문대학 재학생들이 배제되지 않도록 군인사법 시행령 제8조의2를 개정할 것을 권고하였다(인권위, 10진정 242400).

503) 헌법재판소 1995.02.23. 선고 93헌바43 결정.

후천적으로 취득된 신분도 포함시킨다. 이때 장기간이라 함은 '그 신분에서 벗어나기가 쉽지 않아 상당히 오래 머물 수밖에 없거나 많은 경우 일생동안 벗어날 수 없음을 의미'하는 것으로 볼 수 있다. 이 같은 헌법재판소의 개념정의를 따르면, 학력도 사회적 신분으로 분류될 수 있는데, 수업연한이나 출신학교는 일면 개인의 자발적 선택이 가능한 것처럼 보이나 일단 진입한 이후에는 가입이나 탈퇴는 물론 이동이 용이하지 않고 개인의 일생을 통해 소위 사회적 꼬리표 효과가 크므로 후천적으로 취득된 신분으로서 다룰 수 있다고 본다. 중립적인 기준을 적용하였으나 그 기준이 특정 학력이나 학벌을 소지한 집단이나 이에 속한 개인에게 현저하게 불리한 결과를 야기하는 경우 이는 학력을 이유로 한 간접차별에 해당한다.[504] 이외에도 학력의 문제로 정책법 제7조(취업기회의 균등한 보장)에서는 "① 사업주는 근로자를 모집·채용할 때에 합리적인 이유 없이 사회적 신분, 학력, 출신학교[505] 등을 이유로 차별을 하여서는 아니 되며, 균등한 취업기회를 보장하여야 한다. ③ 직업능력개발훈련을 실시하는 자는 훈련대상자의 모집, 훈련의 실시 및 취업지원 등을 하는 경우에 합리적인 이유 없이 학력 등을 이유로 훈련생을 차별하여서는 아니 된다."고 규정하고 있고, 인권위법 제2조 제4호에서도 합리적인 이유 없이 '학력'을 이유로 한 차별을 금지하고 있다.

통상 근로자의 입직교육에서의 대상자 선발에 학력이 전제되는 경우는 드문 경우에 해당한다. 그러므로 합리적인 이유 없이 교육훈련과정의 선발이나 선발

---

504) 이러한 예로는 대졸자만 모집하는 모집공고가 아니라도 전공을 특정하여 모집하는 경우(대졸이상자만 응시하는 제한 효과), 특정 대학 또는 여자 대학 및 특수대학에만 설치된 학과 출신자만을 응시할 수 있는 조건을 제시하는 경우 등을 들 수 있다. 이는 비록 고등학교에서 전공이 있다고 하더라도 중졸이하에게는 차별행위가 된다. 또, 특정한 자격증을 취득하기 위해서는 해당 전공을 반드시 이수한 자가 응시할 수 있도록 한 자격증을 채용시에 응모조건으로 제시한 경우 결과적으로는 일정 학력이하 즉 그 과정의 대학이나 대학원의 과정을 이수하지 못한 사람은 그러한 자격증을 보유할 수 없으므로 학력을 기준으로 한 차별에 해당한다.

505) 교사의 신규채용에 있어 국공립사범대학 출신자 우선 채용과 관련하여 교육공무원법 제11조 제1항이 국·공립학교 교사채용에 있어 국·공립 사범대학 출신자를 우선 채용하도록 함으로써 사립사범대졸업자와 일반대학 교직과정이수자의 교육공무원 임용기회를 제한 또는 박탈하고 있다고 보고 이러한 차별을 정당화할 합리적 근거가 없으므로 헌법에 위배된다고 판시(헌법재판소 1990.10.08. 선고 89헌마89 결정)는데, 이는 출신학교에 대한 차별문제로 다루어진다.

기준에서 단순히 학력만을 이유로 하는 운영은 차별행위가 될 수 있다. 오히려 교육훈련의 대상에는 학력이 부족한 사람에게 교육훈련이 필요한 경우가 일반적이라고 할 수 있는데, 이는 근로자의 능력을 향상시켜 생산성을 높이기 위한 장치 내지 과정이 될 수 있기 때문이며, 안전교육 등을 통하여 사업장의 사고방지 등 원만한 사업운영을 기하는데 목적이 더 크기 때문이다. 물론 신규 사업전략 등의 추진과 직무역량강화를 위하여 고도의 전문지식습득이 필요한 교육과정이 운영되는 부분도 고려할 수 있다. 그러나 일반적인 교육과정(예를 들어 전공이 필요 없는 업무 일반 사항인 서비스 교육이나 예절교육 등)에서 그 대상을 학력을 기준에서 운영하는 것은 차별행위가 될 수 있다.

교육훈련에 있어 교육과정 등과의 합리적 관련성 없이 학력을 자격조건으로 제시하여 기회를 박탈하는 것은 학력에 의한 차별에 해당하지만, 학위과정의 선발과 같이 특정한 전단계의 학력을 기반으로 하는 경우나 전공을 위한 필수 이수과정이 기반이 되어야 하는 과정의 경우는 예외가 될 수 있다. 즉, 학위과정 선발의 경우 석사과정 대상자를 선발함에 있어 학사학위가 있는 것을 요건으로 하거나 해당과정의 전공과 연계성을 갖는 전공자를 요구하는 경우 이를 제한하는 것은 무방할 것이다. 또한 박사학위 대상 선발시 석사학위를 취득 또는 취득 예정인 자를 대상으로 하는 것도 차별행위로 볼 수는 없다. 인권위는 "교육공무원 유학휴직 운용지침"상의 규정 자체가 차별판단의 대상이 된 사안에서 피진정인이 제시한 국내 석사학위 소지자로 제한한 것의 근거가, 높은 학력에 대해 가치를 부여하는 막연한 사회적 통념에 따른 것이 아닌지, 교육재정 부담과 교육부실을 막을 수 있는 다른 대안적 방법이 없었는지, 국내외 교육과정에 대한 불명확한 이해가 비합리적 판단으로 귀결되지 않았는지 판단이 필요하다[506]고

---

506) 교육공무원의 유학휴직 신청자격을 국내 석사학위 소지자로 제한한 것과 관련하여 인권위는 교육공무원의 유학 휴직 신청자격을 국내 석사학위 소지자로 제한하고 있는 "교육공무원 유학휴직 운용지침"의 규정은 합리적 이유가 없다고 보고 교육감에게, 교육공무원의 학위취득을 목적으로 하는 유학휴직 신청자격을 국내 석사학위 소지자로 제한하지 않도록 동 운용지침을 개정할 것을 권고하였다. 외국의 경우 석· 박사 과정이 명확히 구분되어 있지 않은 경우가 대부분이고 모든 외국 유학과정이 국내 석사과정보다 심화된 교육과정인 것은 아니므로 반드시 국내 석사학위가 전제되어야 외국 유학을 할 수 있다고 볼 수 없으며, 비용이 많이 소요되는 사업에 신청자가 증가하지 않도록 하고 기간제교사의 채용 증가로 인해 교육부실을 막는 방편으로서 높은 학력을 요구한 것에 대해 합리적 이유 없

보고 있다. 한편, 인권위[507]는 영어 학원 설립조건으로서 대졸 학력을 요구하는 것의 차별성 여부와 관련한 판단에서 최종학력이 고등학교 졸업인 자로 영어학원의 강사가 되고자 하였으나 현행 학원의설립운영및과외교습에관한법률(이하 "학원법"이라 한다)시행령 제12조 제2항 별표2에 의하면 최종학력이 고등학교 졸업 이하인 자들에게는 교원자격소지, 교습과목과 동일한 종목의 자격증소지 또는 2년 이상의 전임교습 경력 등 추가 요건을 요구하고 있는바, 이는 학력을 이유로 한 합리적 이유 없는 차별이므로 이에 대한 시정을 원하였다. 인권위는 헌법재판소의 기각 결정[508]이 있으므로 진정의 취지가 당해 진정의 원인이 된 사실에 관한 헌법재판소의 결정에 반하는 경우에 해당한다고 보고 각하 처리한 바 있으며, 헌법재판소는 이러한 최소한의 제한이 합리성이 있다고 판단하였다.

결국, 학력의 문제는 차별하는 목적이 합리성을 가져야 함을 전제로 하는 것이라고 할 수 있다. 그러나 일반적으로는 근로자의 입직교육의 대부분은 이러한 학력을 기준으로 선발하는 예는 특정한 과정 등 예외적인 경우에 해당하므로 학력을 기준으로 교육대상자를 선발하는 경우 선발목적을 명확히 하고 대상결정 등에 차별상황이 발생하는 문제는 신중히 고려할 필요가 있다고 할 것이다. 결국, 업무의 성격 또는 업무수행의 상황에 비추어 특정 학력 또는 학력 관련 특성이 해당업무의 정상적인 수행을 위해 불가결하게 요구되고 다른 수단이 존재하지 않는 경우 학력 제한은 차별에 해당하지 않는데,[509] 이러한 경우에 교육대상자의 선발에서 학력은 합리적인 기준이 될 수도 있다. 즉, 신뢰할만한 객

다고 판단하였다. 또, 유학휴직 기회를 부여하는 것은 수익적 규정에 해당하므로 교육공무원의 학위취득 목적의 유학휴직 신청자격을 국내 석사학위 소지자로 제한하는 것이 합리적인지 여부에 대한 심사기준은 자의금지심사 원칙을 적용하였다(국가인권위원회 2005.12.12. 05진차246 결정).

507) 국가인권위원회 2006.07.04. 05진차225 결정.

508) 헌법재판소 2003.09.25. 선고 2002헌마519 결정.

509) 법원은 합리적인 이유나 요건을 가지는 경우 그 차이를 인정하고 있는 것 같다. 즉, 직종에 따른 정원과 신규채용의 자격, 호봉산정 등에 관한 규정은 당해 사업장에서 근로자가 제공하는 근로의 성질, 내용, 근무형태, 인력수급상황 등 제반 여건을 고려하여 합리적인 기준을 둔다면 같은 사업장 내에서도 직종과 직급 등에 따라 서로 차이가 있을 수 있는 것이고 이러한 기준에 따라 사용자가 정한 인사규정이 공무원이나 동종회사 근로자에 관한 것과 다르다거나 그보다 다소 불리하다고 하여 이를 법률상 무효라고 할 수 없다(대법원 2002.02.26. 선고 2000다39063 판결).

관적 증거에 의해 해당 교육과정을 정상적으로 이수하는데 특정 학력 사이에 직접적인 상관관계가 있는 경우 합리성을 갖는다고 할 것이다.

(2) 연령을 이유로 하는 기회의 차별

연령(나이)에 근거한 대우의 차이는 정당한 목적을 달성하기 위한 것이어야 하므로, 정당한 목적은 실제상의 필요에 부응하는 것이어야 하고, 객관적인 증거에 의해 뒷받침되어야 하며, 단순한 주장이나 견해만으로는 불충분하다. EU 입법지침(2000/78/EC)은 교육훈련 등 고용영역에서 최저 연령 또는 최고 연령의 나이기준의 사용이 정당화될 수 있는 요건과 예를 제시하고 있다.[510] 나이를 이유로 한 차등취급은 불가피한 것이어야 하고, 수단은 그 목적과의 관계에서 적정한 것이어야 한다. 이러한 적정성원칙에 의하면 수단으로 채택된 나이 기준의 정도 및 그에 따른 불이익의 정도가 적정하여야 한다.[511] 나이를 이유로 하는 간접차별은 나이 외의 기준을 사용함으로써 표면상으로 아무런 차별이 없어 보이나 실제로는 특정 나이집단의 구성원이 다른 나이집단의 구성원에 비해 불리한 상황에 처하게 되고, 이러한 상황 즉, 중립적 기준의 사용에 의한 특정 나이집단의 결과적 불이익이 정당화될 수 없는 경우에 인정된다.[512] 고용영

510) EU입법지침(2000/78/EC) 제6조 제1항(나이에 근거한 대우의 차이의 정당화)에서는 나이를 이유로 하는 대우의 차이가 국내법적 상황에서 고용정책·노동시장 및 직업훈련상의 목적 등 합법적인 목적에 의해 객관적이고 합리적으로 정당화되고, 그러한 목적을 달성하기 위한 수단이 적절하고 필요한 경우 회원국은 이를 차별에 해당하지 않는 것으로 규정할 수 있다고 하면서 (a) 청년·고령자·부양책임자의 직업적 통합을 촉진하거나 이러한 자를 보호하기 위하여 채용·직업훈련의 기회, 해고·임금 등 고용 관련 특별한 요건의 설정, (b) 채용 또는 고용관련 특정이익 제공의 경우 나이·직업경험 또는 재직기간에 관한 최저 조건의 설정, (c) 해당 업무가 요구하는 교육훈련 또는 퇴직 이전의 합리적인 고용기간에 근거하여 채용을 위한 최고 연령의 설정 등을 들고 있다.

511) 교육훈련의 기회와 직접적으로 관련된 사안은 아니지만 연령차별 내지 고용촉진을 위한 조치가 적정성(비례원칙)을 가져야 한다는 사례가 있다. 즉, 비례원칙 위반과 관련하여 유럽사법재판소(ECJ)는 Mangold v. Helm 사건(2005. 11. 22, Case C-144/04)에서 상대적으로 높은 실업률을 보이는 고령자의 고용을 촉진하기 위해 52세 이상 고령자의 경우 최고 2년을 초과하는 기간제 근로계약의 연쇄적 체결을 예외적 허용하는 것은 EU 고용·직업평등대우지침(2000/78/EC)에 위반하는 나이차별로 판결하였다. 이는 단지 나이 때문에 안정적 고용의 이익으로부터 배제될 위험(즉, 고령근로자의 고용권 약화)이 있기 때문에 고령자의 직업적 통합을 달성하기 위한 적절하고 불가결한 수단의 범위를 벗어났다는 것이 판단의 이유이다.

512) 미국에서 간접차별은 '불평등효과'(disparate impact)라고 칭한다. 미국의 '고용기회평등위원회'와 일부 연방항소법원은 나이에 근거한 간접차별 역시 '고용상 연령차별금지

역에서 나이를 이유로 하는 직접차별 및 간접차별은 고용관계의 성립·유지 및 종료 모든 단계에서 금지된다.[513] 다만, 정당한 목적을 달성하기 위해 불가피하고 적정한 수단에 해당하는 경우에는 차별로 보지 않는다.[514]

법'(ADEA) 위반으로 보았지만, 일부 하급심 법원은 이를 부인하였다. 인정한 판결례로 Coleman v. Quaker Oats Co., 232 F.3d 1271(9th Cir. 2001) 및 Evers v. Alliant Techsystems, Inc., 241 F.3d 948(8th Cir. 2001)이 있고, 부인한 판결례로 Mullin v. Raytheon Co., 164 F. 3d 696(1st Cir.), cert. denied, 528 U.S. 811(1999) 및 Blacwell v. Cole Taylor Bank, 152 F. 3d 666(7th Cir. 1998)이 있다.

513) 나이를 이유로 하는 고용차별의 전형적인 예는 나이를 기준으로 ① 모집·채용에서 배제·제한하거나 기타 불이익을 주는 행위, ② 임금 및 기타 금품을 차등 지급하는 행위, ③ 교육·훈련 및 배치·승진에서 배제·제한하거나 기타 불이익을 주는 행위, ④ 우선적으로 퇴직케 하거나 해고하는 행위 등이다.

514) ILO고령근로자권고 제162호(1980년)에는 나이를 이유로 하는 차별금지사항으로 직업지도 및 직업소개, 개인적 기술과 경험 및 자격을 감안한 채용과 직업교육훈련(유급교육훈련휴가 포함), 승진과 업무할당, 고용종료, 동일가치노동에 대한 보수, 사회보장조치와 복지급여, 산업안전보건조치를 포함하는 근로조건, 직업활동 내지 고용과 관련한 주택, 공공사업, 의료 등을 규정(제5조)하고 있고, EU입법지침(2000/78/EC)에서는 나이 등을 이유로 하는 차별금지사항으로 (a) 선발기준·채용조건을 포함한 고용접근(모집·채용)과 승진, (b) 실무적 현장경험을 포함한 모든 형태 및 모든 수준의 직업지도와 직업훈련, (c) 해고와 임금을 포함하는 근로조건, (d) 노사단체·직업단체에의 가입·활동 및 단체가 제공하는 이익을 규정(제3조 제1항)을 두고 있으며, 미국의 고용상 연령차별금지법(ADEA, 1967년)에서는 나이를 이유로 한 불법행위로 채용을 거부하거나 해고하는 행위 또는 보수·고용조건·고용기간·고용상의 이익과 관련하여 차별하는 행위(제623조 (a)(1)), 고용기회를 박탈하거나 피용자로서의 지위에 부정적 영향을 미치는 방식으로 근로자를 제한, 분리하거나 분류하는 행위(제623조 (a)(2)), ADEA의 준수를 목적으로 임금을 삭감하는 행위(제623조 (a)(3)), ADEA 위반과 관련한 구제신청, 소송제기, 증언, 지원 또는 참여를 이유로 차별하는 행위(제623조 (d)), 나이에 근거한 선호·제한·특정 또는 차별을 드러내는 인쇄물이나 광고를 제작·발간하거나 그렇게 하도록 지시하는 행위(제623조 (e))에 대한 규정을, 호주의 연령차별금지법(2004년) 제18조에서 정한 고용차별 규정으로는 (1) 사용자(또는 사용자를 위해 일하거나 일하려는 사람)가 다음의 경우에 나이를 이유로 하여 사람을 차별하는 것은 위법. 즉, ((a) 누구를 고용할 것인지를 결정하기 위한 목적으로 이루어지는 예비과정에 있어서 또는, (b) 누구를 고용할 것인지 결정함에 있어서 또는, (c) 고용의 조건에 있어서), (2) 사용자(또는 사용자를 위해 일하거나 일하려는 사람)가 다음의 경우에 나이를 이유로 하여 근로자를 차별하는 것은 위법((a) 사용자가 근로자에게 제공하는 고용의 조건에 있어서 또는, (b) 승진·전보, 훈련기회 또는 고용과 관련된 다른 어떤 혜택에 근로자의 접근을 거부하거나 제한함으로써 또는, (c) 근로자를 해고함으로써 또는, (d) 근로자에게 다른 어떤 손해를 줌으로써)하다는 규정을, 영국의 고용평등(연령)규칙(2006년) 제7조(채용지원자와 근로자에 대한 차별) (1) 사용자가 고용과 관련해서 (a) 고용 여부를 결정하기 위한 과정에서, (b) 고용을 제안하는 조건에서, (c) 고용에서 그를 거부하고 고의적으로 제외시키는 등 개인을 차별하는 것은 위법하고, (2) 근로자에 대하여 (a) 고용의 조건에서, (b) 승진, 전보, 훈련, 또는 기타의 혜택을 위한 기회에서, (c) 그와 같은 기회의 제공을 거절하거나 고의로 제공하지 않음으로써, (d)해고 기타 불리한 조건을 부과함으로써 차별하는 것은 위법하다는 규정을 두고 있다.

EU입법지침(2000/78/EC)제안서에서는 특히 고령자에게 영향을 미치는 고용차별의 예로 신기술에 관한 고령 근로자의 훈련권의 제한 등을 언급하고 있다.[515] 고용영역에서 상대적으로 나이가 많은 자를 나이를 이유로 우대하거나 선호하는 행위는 정당한 목적을 달성하기 위한 불가피하고 적정한 수단이었던 경우에는 차별에 해당하지 않는데,[516] 미국 연방대법원은 2004년 판결[517]에서 상대적으로 나이가 많은 고령근로자들에 대한 사용자의 우대·선호는 나이차별이 아니며, EEOC해석규칙(29 C.F.R. §1625.2, 법에 의해 보호되는 자들 간의 차별)은 명백히 잘못되었다고 밝히고 있다. 이러한 연방대법원의 입장에 따라 EEOC는 해석규칙의 개정안을 제안하였다.[518] 나이 차별의 목적 자체가 객관적으로 확인할 수 없는 주관적·추상적인 것인 경우, 나이에 대한 편견이 작용

515) Commission of the European communities, Proposal for a Council Directive establishing a general framework for equal treatment in employment and occupation, COM(1999) 565 final, 1999. 11. 25, 3면 참조.

516) 미국 ADEA 관련 EEOC해석규칙(29 C.F.R. §1625.2) - 법에 의해 보호되는 자들 간의 차별 : (a) 사용자가 40세 이상자들 사이에 나이를 이유로 선호함으로써 채용이나 기타 사항에서 차별하는 것은 위법하다. 만일 42세의 자와 52세의 자가 동일한 자리에 지원한 경우 사용자는 나이에 근거해 어느 한 사람을 거부할 수 없고, 다른 요소들에 근거해 그러한 결정을 내려야 한다. (b) 법이 보호하는 나이집단(40세 이상)에 속하는 고령근로자들에게 누진적 퇴직수당과 같은 추가적 편익을 확대하는 것은, 그러한 편익이 나이차별과 관련된 문제점들에 대응하고자 하는 합리적인 근거를 갖고 있는 한에서 합법일 수 있다. 하지만 그러한 추가적 편익의 확대는 법이 금지하는 행위를 달성하기 위한 수단으로 이용될 수는 없다.

517) 상대적으로 나이 많은 자에 대한 우대 내지 선호 : 50세 미만의 근로자들에게는 퇴직건강급여(retiree health benefits)의 수급자격을 폐지하고 50세 이상의 근로자들에 대해서만 계속 인정하겠다는 사용자의 결정에 반대하여 원고들(40대)이 소를 제기했다. 미국의 하급심 법원은 일종의 역나이차별(reverse age discrimination)로 보았으나 연방대법원은 상대적으로 젊은 근로자들에게 유리하게 작동하는 차별로부터 상대적으로 고령인 근로자를 보호하려는 것이 의회의 입법의도였기 때문에 보다 나이가 많은 고령근로자들에 대한 선호는 법(ADEA) 위반이 아니라고 보았다. 미국의 연방대법원은 ADEA 제623조 (a)상의 '나이'는 그 의미가 모호하고 두 가지(하나는 생물학적 연령, 다른 하나는 고령)로 해석할 수 있다고 지적하면서, 40세 이상의 자들만을 대상으로 하는 동법의 적용범위, 나이차별이라는 용어의 사회적 역사, 동법이 규정하고 있는 입법취지 및 의회의 기록 전반에 근거하여 위와 같은 결론을 내렸다(General Dynamics Land Systems, Inc. v. Cline, 540 U.S. 581 (2004)).

518) 미국 ADEA 관련 EEOC규칙 개정안(29 C.F.R. §1625.2) - 법에 의해 금지되는 차별 : 고용의 어떠한 측면에서도 사용자가 40세 이상이라는 이유로 사람을 차별하는 것은 법상의 예외규정이 적용되지 않는 한 위법하다. 나이를 이유로 젊은 사람보다 나이든 사람을 선호하는 것은 그 젊은 사람이 40세 이상이라고 할지라도 동법(ADEA) 하에서 위법한 차별이 아니다.

한 경우에는 정당한 목적으로 볼 수 없는데,[519] 위와 같은 목적 달성을 위한 수단으로 명시적 나이기준 또는 특정 나이 집단에 결과적 불이익을 초래하는 중립적 기준을 사용하는 것이 불가피하고 적정한 수단으로 인정되어야만 나이차별이 성립하지 않는다고 보아야 한다.[520] 또, 채택된 수단은 추구하는 목적의 달성을 실제로 가능케 하는 것이어야 하는데, 사람의 생명이나 안전을 위해 나이기준을 채택한 경우 나이기준이 실제로 생명이나 안전의 보호에 기여한다는 객관적 연구결과나 증빙자료 등의 증거가 있어야 한다. 이러한 증거를 찾기 곤란한 경우에는 건전한 상식이나 사회적 통념에 비추어 합리적으로 판단하여야 하고, 대체수단을 채택할 경우 사용자에게 합리적으로 수인 가능한 범위를 넘어서는 과중한 부담을 초래할 우려는 없는지도 고려해야 한다. 채택된 수단은 목적에 비추어 상이한 취급에 따른 불이익의 정도가 과도하지 않아야 한다. 즉, 추구하는 정당한 목적을 고려할 때 차별을 주장하는 자가 당연히 또는 통상적으로 감수하여야 하는 범위를 넘어서는 정도의 불이익이 있는 경우에는 수단의 적정성을 인정하기 곤란하다. 불이익의 정도가 과도한지 여부는 추구하는 목적의 긴박성, 과거 유사한 상황에서 적용한 기준 내지 경험, 국내외 동종업계의 실태 내지 관행 등을 고려하여 판단한다.

519) 교육공무원 해외파견 대상을 교육경력 7년 이상의 43세 이하인 교사로 제한한 것과 관련하여 인권위는 교사의 직을 오랫동안 수행해온 자들의 해외교육의 기회를 합리적인 근거 없이 연령으로 제한하는 것(인권위, 03진기78)이라고 보고 있으며, 공무원 장기국외훈련 대상자 선발시의 나이제한 45세 이하도 어학능력 등 객관적인 판단이 아닌 나이제한은 합리성이 없는 것(인권위, 05진차651)으로 보고 있고, 소비자 내지 수요자의 선호는 나이에 대한 이들의 부당한 편견이 개입되어 나타날 수 있기 때문에 원칙적으로 정당한 목적에 해당하지 않는다. 해외한국학교의 학부모와 학생들의 젊은 교사를 선호(피진정인 주장) : 교육인적자원부가 실시한 '해외파견 교육공무원에 대한 희망연령 조사통계표'에 의하면 해외한국학교의 교육 수요자인 학부모와 학생들의 요구가 교사의 나이를 43세로 제한하여야할 만큼 절대적으로 젊은 교사를 희망하고 있다고 볼 수 없으며, 더구나 '희망연령'에 대한 응답은 파견교사의 고려사항 중에 하나일 수는 있겠으나 나이에 의해 해외파견의 기회를 원천적으로 제한할 수 있다는 것의 논리적 근거가 될 수는 없다(인권위, 03진기78).

520) 일괄적 구조조정을 유보하는 대신 고용안정장치(정년시까지의 고용보장, 급여의 70% 지급, 나머지는 성과급여로 전환 지급)로 역직위 제도를 도입하였다는 피진정인의 주장과 관련하여 근기법 제31조(현행 제24조) 경영상 이유에 의한 해고를 시행할 만큼 긴박한 경영상의 필요가 있다는 점에 대해 피진정인이 입증자료를 제출하거나 주장조차 한 바 없어, '일괄적 구조조정을 유보하였다'는 주장 및 '이를 유보하기 위해 역직위제도를 도입하였다'는 피진정인의 주장은 타당성이 인정되지 아니한다(인권위, 04진차307).

근로자에 대하여 교육훈련 대상자의 선발은 나이와 무관한 객관적 기준에 따라야 한다. 외국어능력을 선발기준으로 삼는 경우 어학능력의 평가결과에 따라 적격자를 선발할 수 있음에도 나이든 사람은 어학능력이 떨어진다는 편견에 기초하여 나이기준을 두어 선발 대상에서 배재하는 것[521]은 차별행위가 된다고 할 것이다. 많은 경우 교육훈련은 업무와 관련된 것이고, 교육훈련의 목적·기간과 비용, 장기간 교육훈련 종료 후의 재직 가능 기간을 감안할 때 일정한 나이제한을 두는 것이 합리적이라고 판단되는 경우 차별로 보지 않을 가능성도 있다고 판단되므로,[522] 이러한 경우 교육기회에서의 배제가 가능할 수도 있다. 반면에, 교육훈련의 목적이 업무와 직접적인 관련성이 없는 단기간 일반적 소양교육의 경우에는 나이제한의 합리성이 인정되기 어렵다.[523]

결국, 합리적 이유 없이 나이를 이유로 교육기회의 제공에 있어 구별·배제·제한을 두거나 나이별로 교육대상 인원을 배정하는 것, 교육기관·직업훈련을 주관하는 기관이나 부서에서 나이에 따라 교육여건 제공과 교육활동에 대한 행·재정지원 등을 달리한 결과 특정 연령대의 사람들에게 불리한 결과가 나타나는 경우 등은 교육시설이나 직업훈련기관의 이용과 관련한 나이차별에 해당한다. 또, 합리적이고 객관적인 기준을 마련할 수 있음에도 불구하고 교육선발

---

521) 공무원 장기국외훈련 대상자 선발시의 나이제한(45세 이하)(인권위, 05진차651).

522) 예를 들어 전략산업 육성에 불가결한 지식과 교육 또는 전략기술의 습득에 필요한 전문교육과정이나 파견실습 등의 대상자를 선발하는 경우 이들이 복귀해서 실제 업무에 투입되어서 활용할 수 있어야 하고 이를 위해서는 일정한 기간 잔여근속기간이 있는 사람이 활용성이 크게 되는데 교육기간이 6개월인데 이들이 복귀하여 실제 업무에 적용하기 위해서는 1년 이상의 시간이 소요된다고 가정할 수 있는 교육과정의 대상자 선발에서 이제 겨우 정년이 1년 미만인 근로자를 배제한다고 하여 이것을 차별이라고 할 수 없는 것과 같은 것이다. 즉 합리적인 이유가 있는 경우 차이를 두는 것이 가능하다.

523) 호주의 연령차별금지법(2004년)에 의하면 나이를 이유로 하는 입학거부, 입학지원서의 수령거부, 입학조건에서의 차별, 해당 교육기관이 제공하는 이익에 대한 교육생의 접근을 거부하거나 제한하는 것, 퇴학이나 기타 불이익에 처하게 하는 것 등을 금지하고 있다. 다만, 특정 연령 이상의 자를 대상으로 설립된 교육기관이 입학과 관련하여 연령 미달을 이유로 하는 차별은 동법이 금지하는 나이차별에 해당하지 않는다. 또, 아일랜드의 평등지위법(2000년)에 의하면 연령 등을 이유로 교육기관은 ① 입학 또는 입학자격(조건), ② 해당 교육기관이 제공하는 교육과정, 설비 또는 이익, ③ 해당 교육기관에서의 학생의 참여조건, ④ 퇴학 또는 기타 징계와 관련하여 차별하여서는 아니 된다(제7조 제2항). 다만, 체육시설 또는 스포츠행사의 제공·조직과 관련하여 성별, 연령 또는 장애에 근거한 교육생 대우의 차이가 해당 시설이나 행사의 성격에 비추어 합리적이고 필수적인 경우에는 차별에 해당하지 않는다(제7조 제4항).

내지 입학시험에서 동점자 중 연소자를 우선 합격처리하는 기준은 행정편의적인 것으로서 그 합리성을 인정할 수 없으며,[524] 고령자는 교육과정을 제대로 이수하기 어렵다는 편견에 기초하여 배제하는 행위는 합리적 이유가 없다고 판단되고,[525] 연령이 교육훈련에서의 배제·제한하는 조건으로 인정될 가능성은 극히 제한적인 특수한 사안이 아닌 한 합리성을 인정하기 어렵다고 보아야 하므로, 일반적인 경우 연령기준에 의한 교육훈련에서의 선발 등은 연령차별이 된다고 보아야 한다.

(3) 선발과정과 내용에서의 성차별

해당 기관, 교육시설, 직업훈련기관에서 운영하는 교육프로그램에서 합리적인 이유 없이 교육대상자 선발에서 특정한 성을 배제·제한하는 것은 성차별이다. 교육내용 및 교육의 결과 수행하게 될 직무가 전통적으로 여성들이 주로 담당해온 직무라는 것이 여성만으로 교육대상을 제한하는 것을 정당화시켜 주는 것은 아니다. 오랜 기간 동안 유지된 관행은 성차별적이지 않을 경우에만 의미를 갖는 것이지 성차별이 관행에 의해 정당화될 수는 없기 때문이다.[526] 마찬가지로 교육내용 및 교육의 결과 수행하게 될 직무가 전통적으로 남성들이 주로 담당해온 직무라는 것이 남성만으로 교육대상을 제한하는 것을 정당화시켜주는 것은 아니다.[527] 또, 정당한 이유 없이 임신을 이유로 교육대상에서 배제하거나 포함시키는 것, 해외연수 등의 교육 대상자 선발에 있어서 정당한 이유 없이 임신과 관련된 여성을 제외하는 것은 성차별적 요소(임신차별)에 해당한다. 또,

524) 국가인권위원회 2002.06.18. 02진차22 결정.

525) Byrne v FAS 사건(DEC-E2002-45).

526) 간호사관학교의 남성입학 제한과 관련하여 신입생을 "여성"으로 제한하는 것의 합리적 이유가 인정되지 아니한다고 판단하였다(국가인권위원회 2006.05.29. 06진차6 결정). 비록 입학과 관련된 사안이지만, 남성이 간호사직을 수행하는 것은 국외사례를 보아도 일반화되어 있는 점을 볼 때, 직업적인 관행이 성차별의 정당성을 인정해 주는 것이 아니라는 판단에 해당한다.

527) ○○해양대학교의 여성입학 제한과 관련하여 인권위는 선장, 항해사, 기관장 등의 업무수행에 있어 여성이라는 성별로 인해 당해 업무수행이 반드시 불가능하다고 할 수 없고, 선박 내 여성을 위한 근무시설의 미비는 적극 개선되어야 할 사항이지 여학생의 학습권 및 직업선택의 자유 침해를 정당화하는 사유가 되기 어렵다고 판단하였다(국가인권위원회 2006.08.18. 06진차37 결정).

특정한 직무를 수행하기 위해 의무적으로 요구되는 직무교육 기간 중 산전후휴가를 사용한 것을 이유로 추가교육을 요구하는 것은 임신차별에 해당한다.[528] 반면에, 전통적으로 특정한 성별 구성원에 의해 주로 행해지고 있는 작업에 대해 다른 성의 근로자를 교육훈련시키는 것은 적극적 조치의 하나로 볼 수 있다. 즉, 상대적으로 여성이 덜 진입한 직무에 대한 직업훈련을 실시할 때 적극적 조치의 하나로서 여성을 우선적인 대상으로 선발하는 것, 여성의 관리직 비율이 현저하게 낮은 사업장에서 적극적 조치의 일환으로 여성에게 관리자교육에 지원하도록 장려하거나, 여성관리자 양성을 위한 특별한 교육훈련대상자를 선발하여 실시하는 교육은 적극적 조치로 고려될 수 있다고 판단된다.

(4) 장애인 편의제공

교육훈련에 있어서 장애인 차별행위의 유형은 사용자가 시행하는 모든 교육훈련·연수에서 합리적인 이유 없이 장애인을 배제하는 행위, 사용자가 시행하는 모든 교육훈련·연수에서 장애인 근로자가 다른 사람의 도움 없이 동등하게 참여할 수 있도록 합리적인 편의를 제공하지 않는 행위, 해외연수 등 각종 교육훈련의 대상자 선정에 있어 본인의 의사에 반하여 장애를 이유로 장애인을 제외하거나 다른 근로자에 비해 불리한 조건을 부과하는 경우를 들 수 있다.[529]

장애인 교육훈련에서의 가장 큰 부담은 편의제공의무를 들 수 있다. 정상인과 같은 교육수강을 위해서 사용자 및 교육기관은 편의제공의무를 다하여야 한다. 교육훈련을 위한 이동에서의 편의제공과 수강과정에서의 편의제공 특히 수강과정에서의 편의제공은 시청각교구의 지원 등 장애의 상태에 따라서 맞춤형의 편의제공이 필요하다. 이러한 이유로 교육훈련선발 내지 위탁교육에서의 적극적인

528) 산전후휴가를 사용한 여성인턴에 대한 추가수련 요구는 출산을 이유로 한 평등권침해의 차별행위로 판단(인권위, 05진차6)하였고, 전공의가 출산휴가를 1회 사용할 때에는 추가수련을 요구하지 않으나 2회 이상 사용할 때는 추가수련을 요구하는 것은 출산휴가를 사용하는 사람들에 대한 차별로 인권위는 2회 이상 출산휴가를 사용한 전공의에 대한 추가수련 기간을 정함에 있어 일률적이기보다 전공의의 수련 정도 등을 감안해 탄력적으로 산정할 것을 보건복지가족부장관 등에게 권고하였다(인권위, 08진차818).

529) 인권위는 서울시의 현장시정지원단 교육 시 장애인 차별과 관련하여 서울시장에게 향후 교육 시행 시 장애인의 유형 및 정도, 특성 등을 고려한 교육 프로그램을 마련하여 실시할 것과 재발방지를 위한 대책을 마련할 것을 권고하였다(인권위, 09진차938).

교육훈련 기회를 주지 않는 것은 차별에 해당한다. 그러나 편의제공의무를 모든 조건에서 부여하여야 하는 것은 아니므로 불가피한 사유가 있는 경우에는 제공하지 않을 수도 있으며, 현실적으로 편의제공이 불가능한 경우에는 차별행위로 볼 수는 없을 것이다. 이러한 현실적인 불가피성은 영세사업장에서의 편의제공의무가 과중한 부담이 되는 경우를 들 수 있겠다. 또, 교육과정의 내용이 특수한 장애를 이유로 수강이 불가능한 경우 등은 교육훈련의 선발 등에서 제외하여도 차별행위라고 할 수는 없을 것이다. 이러한 차별의 정당성은 장애인차별금지법에서도 특정 직무나 사업 수행의 성질은 교육 등에도 적용된다고 밝히고 있는 점을 주지할 필요가 있다.

(5) 외국인근로자와 교육훈련기회

사용자가 시행하는 교육훈련, 연수에 있어서 합리적 사유 없이 인종·피부색·출신국가·출신민족 또는 국적을 이유로 특정인을 배제하는 행위, 특정인에 대한 교육훈련을 중단시키는 행위, 특정인에게 불리한 조건을 부과하는 행위를 하여서는 아니된다. 이러한 근거로 근기법에서는 '국적'을 이유로 근로조건에 대하여 차별하는 것을 금지한다고 규정하고 있고, 교육훈련은 근로조건의 내용을 이루는 것이므로 외국인에 대한 교육훈련기회에서의 차별은 금지된다. 인권위는 외국인근로자도 근기법 규정에 의거 불법체류와 상관없이 근로자로 인정되어 산업재해 보상보험 급여대상 수급자이므로 산업재해보상보험법에 근거하여 시행되고 있는 직업재활훈련 신청 대상자에서 외국인근로자를 배제한 것은 인권위법 소정의 합리적인 이유 없이 출신국가를 이유로 한 차별행위이므로 외국인근로자에 대하여 직업재활훈련 신청대상자에서 배제하는 일이 없도록 직업재활훈련 대상자 선정제도를 개선 할 것을 권고한 바 있다.[530] 교육시설·직업훈련기관에서의 교육훈련이나 그 이용과 관련하여 인종·피부색·출신국가·출신민족을 이유로 특정인을 학생이나 연수생으로 수용하는 것을 거부하는 행위, 인종·피부색·출신국가·출신민족 또는 국적을 이유로 기존의 학력을 인정하지 않는 행위,[531] 인종·피부색·출신국가·출신민족을 이유로 교육시설이 제공하는 이

530) 국가인권위원회 2003.03.10. 02진차30 결정.

531) 국내에 있는 화교학교가 학력을 인정받지 못하고 있어 화교학교를 다니다가 한국학교로

익이나 시설, 서비스에 대한 접근을 거부하거나 이를 제한하는 행위는 차별이다. 결국 외국인근로자도 근기법상의 근로자로 인정하고 있는 것이 법원의 판단이므로 근로자로서의 지위가 인정되는 만큼 근로자의 교육훈련선발 등에서의 차별은 금지된다고 보아야 한다.[532] 아울러 외국인고용법에서 차별금지 등을 규정하여 보호하고 있으며, 특히 외국인근로자에 대한 차별은 인종 등의 차별문제와도 연동된다고 볼 수 있다. 다만, 외국인근로자의 경우 언어적인 문제가 장애요인으로 작용할 수 있는데, 이 경우 교육훈련을 위한 편의제공(언어 통·번역 등 의사소통문제)은 불가피한 경우가 아닌 한 제공되어야 할 것으로 판단된다. 비록 법령에서는 이러한 의무규정이 없지만 교육훈련의 실효성확보와 교육훈련에 부합하는 소기의 목적을 달성하기 위해서는 불가피한 조치라고 판단된다.

7. 인사이동 · 배치전환에서의 차별과 합리적 이유

(1) 인사이동 · 배치전환과 인사권

인사이동 또는 배치전환은 통상 전보, 전근, 인사명령, 보직변경·명령, 근무처변경 등 다양한 용어로 사용된다. 차별문제와 관련하여 근로자가 근무기간에 업무내용 및 근무지와 근무부서가 변경되는 것을 통칭하여 인사이동 내지 배치전환(이하 "인사이동"으로 표기한다)으로 다루기로 한다. 인사이동은 수직이동 또는 수평이동으로 구분되는데 수직이동은 승진이나 강등으로, 수평이동은 부서

전·입학을 하려면 반드시 검정고시를 거쳐야 하는바, 화교학교의 학력을 중국 및 다른 나라에서 인정하고 있음에도 오로지 한국만 학력을 인정하지 않고 있는 것은 출신국가를 이유로 한 차별이다. 화교학교 학력을 인정하지 않는 것은 국제인권조약의 「시민적 및 정치적 권리에 관한 국제규약」 제27조, 「아동의 권리에 관한 국제협약」 제29조 및 제30조에 따라 화교들의 자기 언어로 교육받을 권리 및 행복추구권을 침해하는 것으로서 출신국가를 이유로 한 차별행위로 인정되므로 인권위법 제44조 제1항 제2호에 의거 권고한 바 있다(국가인권위원회 2006.08.29. 04진차386 결정).

532) 근로를 제공하고 그 대가로 임금을 받아 왔다면, 이러한 계약은 그 명칭이나 형식에도 불구하고 실질적으로 고용계약이라 할 것이고 그 외국인 연수자는 근로기준법 소정의 근로자에 해당한다(대법원 1995.09.15. 선고 94누12067 판결 ; 대법원 1995.12.22. 선고 95누2050 판결 ; 대법원 1997.03.28. 선고 96도694 판결 ; 대법원 2005.11.10. 선고 2005다50034 판결). 또, 타인과의 사용종속관계하에서 근로를 제공하고 그 대가로 임금 등을 받아 생활하는 사람은 노동조합법상 근로자에 해당하고, 노동조합법상의 근로자성이 인정되는 한, 그러한 근로자가 외국인인지 여부나 취업자격의 유무에 따라 노동조합법상 근로자의 범위에 포함되지 아니한다고 볼 수는 없다(대법원 2015.06.25. 선고 2007두4995 전원합의체 판결).

변경이나 근무지변경, 업무내용변경으로 구분할 수 있겠다(여기에서는 수평이동의 문제를 가지고 다루기로 한다). 통상 인사이동은 적재적소에 인력배치 또는 부서간의 인사교류라는 목적을 가지고 있으며, 인사권으로 인식되는 이러한 인사이동은 일정한 원칙과 근거를 가지고 이루어지는 것이 일반적인데, 근로계약·취업규칙·단체협약 등에 의하여 '경영상의 필요와 근로자의 능력, 근로자의 희망' 등에 따라 이루어진다. 인사권에 대하여 학설은 근로자가 그의 노동력의 사용을 사용자에게 포괄적으로 맡기는 합의를 포함한다고 하는 포괄적 합의설과 근로장소 등에 대하여 근로계약상 합의된 범위내에서 구속력을 가진다는 계약설로 보고 있다.[533] 판례는 "근로자에 대한 전직이나 전보처분은 근로자가 제공하여야 할 근로의 종류·내용·장소 등에 변경을 가져온다는 점에서 근로자에게 불이익한 처분이 될 수도 있으나, 원칙적으로 인사권자인 사용자의 권한에 속하므로 업무상 필요한 범위 안에서는 상당한 재량을 인정하여야 하고, 그것이 근로자에 대하여 정당한 이유 없이 해고·휴직·정직·감봉 기타 징벌을 하지 못하도록 하는 구 근로기준법(2007.04.11. 법률 제8372호로 개정되기 전의 것) 제30조 제1항(현, 제23조 제1항)에 위배되거나 권리남용에 해당하는 등 특별한 사정이 없는 한 무효라고는 할 수 없고, 전직처분 등이 정당한 인사권의 범위 내에 속하는지의 여부는 당해 전직처분 등의 업무상의 필요성과 전직에 따른 근로자의 생활상의 불이익을 비교·교량하고, 근로자가 속하는 노동조합(노동조합이 없으면 근로자 본인)과의 협의 등 그 전직처분을 하는 과정에서 신의칙상 요구되는 절차를 거쳤는지 여부를 종합적으로 고려하여 결정하여야 한다"고 판시하고 있다.[534] 판례는 인사이동에 대하여 인사권자인 사용자의 권한에 속하는 것으로 사용자의 '재량권'이 인정되는 것이라고 하여, 권리남용이 없고 정당한 이유가 있으면 그 정당성을 인정하고 있어 포괄적 합의설에 기초

533) 김형배, 『노동법』, 박영사, 2012, 544면.

534) 대법원 2009.04.23. 선고 2007두20157 판결 ; 대법원 2000.04.11. 선고 99두2963 판결 ; 대법원 1991.07.12. 선고 91다12752 판결. 기업이 그 활동을 계속적으로 유지하기 위하여는 노동력을 재배치하거나 그 수급을 조절하는 것이 필요 불가결하므로, 인사명령은 원칙적으로 인사권자인 사용자의 고유권한에 속한다 할 것이고, 따라서 이러한 인사명령에 대하여는 업무상 필요한 범위 안에서 사용자에게 상당한 재량을 인정하여야 하며, 이것이 근로기준법 등에 위반되거나 권리남용에 해당하는 등의 특별한 사정이 없는 한 위법하다고 할 수 없다(대법원 2005.02.18. 선고 2003다63029 판결).

하고 있는 것으로 판단된다. 그러나 인사이동은 기본적으로는 근로계약 등에 따라 합의된 내용의 범위 내에서 재량권이 인정되는 것으로 보아야 한다. 다만, 인력운영상의 불가피한 사유가 있는 경우 또는 근로자의 생활편의 등을 고려한 신뢰관계의 고려 등을 감안하면 제한적 합의 내지 계약내용과 경영상의 불가피성 등이 조화된 부분이 고려된 인사권자의 재량권이 인정되는 것이라고 할 것이다. 즉, 모든 인사권의 행사를 합의된 계약내용에만 근거하여 할 수 있다고 보는 것은 무리가 있다고 판단된다. 결국, 정당한 이유가 없다면 부당한 인사명령이 되는데 이러한 사유가 있는지는 '업무상의 필요성, 근로자의 생활상의 불이익, 노조와의 협의 등 신의칙상의 절차' 등이 요구된다고 할 수 있다.[535] 이하에서는 인사이동과 관련하여 일과 가정양립을 방해할 수 있는 성차별과 모성보호조치, 장애, 연령차별문제를 중심으로 살펴보기로 한다. 이들 문제는 부당한 이동조치로 인하여 모성보호를 훼손하거나 가족돌봄의 문제로 직장을 포기하는 불이익도 발생할 수 있고, 고령자의 한직배치 등으로 간접적인 해고압력과도 연관될 수 있고, 장애인의 경우 장애로 인하여 변경된 근무지에서의 근로가 불가능한 경우도 발생할 수 있다.

(2) 업무배정과 성차별

인사이동에서도 교육훈련이나 승진에서와 같이 성차별과 관련하여 남녀고용평등법과 UN여성차별철폐협약 등에서 차별금지규정을 두고 있다. 직무수행상 필요 불가결한 요건이나 업무의 특수성에 근거하지 않고 일정한 직무의 배치대상에서 특정한 성별 구성원을 배제하거나 특정한 성별 구성원을 편중하여 배치하는 것, 동일 학력·자격으로 채용하였음에도 특정한 성별 구성원은 주로 기간

535) 인사이동이 적재적소에의 인력배치라는 목적을 가지고 있으므로 업무상 필요성이 있어 해당 업무와 근무지에 대상근로자를 배치하는 것은 정당한 사유가 될 수 있다. 그러나 적재적소라는 전제가 있어도 근로자의 생활상의 불이익도 고려하여야 하므로 근로자에게 해당 근무지로 갈 수 없는 불가피한 사유가 있거나 생활상에 중대한 지장을 초래하는 경우는 정당성이 없다고 보아야 한다. 아울러, 노조와의 협의 등 신의칙상의 절차 등을 고려하고 있는 것은 통상 노조 집행간부의 경우 인사권을 남용하여 격지로 배치하는 경우 노조의 결속력을 훼손할 수 있고, 노조활동의 와해 내지 장애요인으로 작용할 수 있으므로 사전에 노조와의 협의를 통하여 배려하기로 하는 신사협정을 맺는데 이러한 점을 고려하여야 한다.

업무 내지 소위 중요업무에 배치하고 다른 성별 구성원은 본인의 의사와 관계없이 정형적인 단순·보조업무에 배정·배치하는 것, 특정한 성별의 구성원을 특정 직군에 배치하거나 지원하도록 종용하는 것, 합리적인 이유 없이 직종 간의 인사이동을 제한하거나 배제하는 것, 승진시험에 합격하거나 일정 경력에 이르렀음에도 특정한 성별에 대해서만 그에 상응하는 업무에 배치시키지 아니하는 것, 근로자를 정기적으로 순환근무시키면서 특정한 성별의 구성원에 대하여는 본인의 의사에 관계없이 특정 업무만을 계속 근무시키는 것 등은 성차별에 해당할 수 있다. 또, 인사이동에 있어서 혼인 여부를 이유로 한 차별은 금지된다. 이때 인사이동이라 함은 사업주가 근로자를 일정한 업무에 종사하도록 하는 상태를 말하며 종사할 직무내용 및 직무의 장소 등을 주요 요소로 한다.[536] 한편, 근기법에서는 임신 또는 출산과 관련하여 임산부의 근로조건을 특별히 보호하는 규정을 두고 있다.[537] 여성부는 모 협동조합이 여성근로자에 대해 결혼·임신·출산을 이유로 부당한 전보발령을 한 것에 대해 신청인이 결혼과 출산 후에도 퇴직을 하지 않자 합리적인 이유 없이 성차별적인 전보발령을 한 것이라고 보고 시정조치를 권고한 바 있다.[538] 또, 임신가능성이 있는 여성을 특정 직무에서 배제하는 것은 임신차별에 해당할 수 있다. 단, 근기법 등 다른 법령

536) 호주의 치과병원에서 감독의 지위에 있는 수석 간호사(Mrs. Bogle)의 고용형태에서 혼인을 이유로 한 차별(judgments/2000nswadt.nsf), 국내에서는 배치에서 기혼여성의 차별과 관련하여 남성과 여성의 업무를 구분할 필요가 있다는 명분으로 기혼여성에게 회계나 민원업무 등의 부서로 배치하여 승진이나 근무평점에서 불리한 결과를 초래하는 것은 혼인여부에 의한 고용상의 차별행위이다(여성부, 2000년도 남녀차별 결정사례집, vol.1, 216~228면), 근무지 배치에서 기혼여성의 차별(여성부, 2000년도 남녀차별 결정사례집, Vol.1, 229~239면) 등의 사례가 있다.

537) 세부 금지직종은 근기법 제65조 및 동법시행령 별표4에서 상세히 규정하고 있다.

538) 여성부가 이러한 사안에서 임신을 이유로 부당한 인사조치라고 판단한 근거로는 1) 해당 근로자가 입사한 이래 결혼과 2회에 걸친 출산 때마다 당해 조합으로부터 퇴직을 종용받았던 점, 2) 근로자는 당혀 조합 직원들 중에서 가장 잦은, 평균 1년에 1회씩 비연고지 및 근무기피부서로만 발령을 받았던 점, 3) 징계성 발령을 하게 된 이유인 신청인의 근무태도에 관하여 살펴보아도 오히려 업무수행에 아무런 문제가 없었을 뿐만 아니라 당해 조합의 여직원회 회장으로서 여직원의 권익향성을 위해 노력했던 점 4) 근무기피부서에 근무한 후에는 본인의 희망지로 발령을 내는 관례를 깨고 해당 근로자를 계속하여 본인의 희망과 무관한 비연고지로만 발령을 받은 점, 5) 당해 조합에 근무하던 기혼 여직원은 각각 비연고지와 근무기피부서 발령을 받아 모두 퇴직한 점 6) 해당 근로자가 근무하였던 당해 조합의 모 지소장 등은 평소 기혼 여직원의 퇴직을 권고하여야 한다는 취지의 발언을 계속한 점 등을 제시했다(여성부, 99고용29).

에 의해 임신한 여성에 대한 금지업무로 되어 있는 경우는 그러하지 아니하다.[539] 임신과 관련한 신체조건의 변화로 인해 기존의 업무를 수행하기 어려운 여성이 임신기간 동안 덜 위험하고 덜 힘든 업무로 인사발령해 줄 것을 요구했으나 이를 거부하는 것, 임신한 여성에 대해 노동 강도가 더 강한 곳으로 인사이동을 시켜서 스스로 퇴사하기를 유도하는 것, 특정 직무를 수행하는 근로자에게 유니폼을 제공하는 회사에서 임신한 여성에게 맞는 유니폼을 제공하지 않음으로서 해당 직무에서 배제하는 것,[540] 임신한 여성의 동의 없이 임신을 이유로 눈에 띄지 않는 부서로 인사이동시키는 것, 임신과 관련한 건강문제로 휴가를 간 여성이 회복되어 복귀를 원할 때 복직시키지 않는 것, 산전후휴가를 사용할 수 있다는 이유로 특정 직책에 임명하지 않는 것, 산전후휴가 전후나 산전후휴가 중에 대기발령 또는 원거리 발령 등 부당인사발령을 내는 것, 산전후휴가 후에 동일하거나 유사한 직무에 복직을 시키지 않는 것은 임신차별의 사례로 들 수 있다.

임신을 이유로 한 진정직업자격 예외규정은 엄격하게 협의로 해석되어야 한다. 사용자는 임신과 관련된 여성이 그 직무의 본질적인 의무를 수행할 수 없다는 것을 보여줌으로써 진정직업자격을 입증할 수 있다. 임신과 관련된 사건에서 사용자는 고객의 안전, 태아의 안전, 사업의 본질적인 필요성 등을 이유로 진정직업자격을 주장하는 경우가 있는데,[541] 고객의 안전을 주장하는 경우 일반적으

539) 근기법은 임신 중인 여성에게 시키면 안 되는 일을 납, 수은, 크롬, 비소 등 유해물질을 취급하는 업무군 등에 대하여 구체적으로 열거하고 있다(동법 시행령 별표 4).

540) 여성부 남녀차별개선위원회는 임신으로 인하여 자유복 근무를 할 수밖에 없는 여성에게 자유복 근무는 불가피하다고 통보한 것은 임신한 여성은 비서업무를 수행할 수 없다는 입장을 밝힌 것이며, 임신을 이유로 퇴직권유 및 대기발령을 한 행위는 남녀차별에 해당한다고 결정하였다(여성부, 01고용10).

541) 고객의 안전과 태아의 안정 등과 관련하여 여성 객실 승무원의 임신 사실이 알려지는 경우 즉시 모성 휴가를 실시하도록 한 항공사의 정책이 임신차별에 해당하느냐와 관련하여, 미국 법원은 승객의 안전을 위해 여성객실 승무원의 임신 사실을 알게 되는 즉시 모성휴가를 개시하도록 하는 항공사의 정책이 진정직업자격에 의해 정당화된다고 판결했다(Harris v. Pan American World Airways, Inc. 649 F 2d 670(9th Cir. 1980)). 미국 법원은 이후 Levin v. Delta Air Lines 730 F 2d 994(5th Cir. 1984) 사건에서도 유사한 판결을 하였다. 사업의 본질적인 필요성과 관련하여 8세에서 18세 사이의 젊은 여성들을 위한 프로그램을 제공하는 사설 비영리단체인 Omaha Girls Club Inc.에 공예강사로 고용된 미혼여성 Chambers는 임신 사실을 알리자 클럽규정을 이유로 해고되었다. 이에 대해 법원은 클럽의 역할모델규칙이 클럽의 기본적인 목적과 명백한 관계가 있고 클

로 안전에 관한 필요가 클수록, 임신으로 인해 정상적인 업무를 수행하는 것이 불가능하다는 사용자의 주장에 대해 설득력이 높아질 수 있다. 때로 사업의 본질과 관련하여 특정한 고용관행이 진정직업자격으로 인정받을 수 있는데, 이 때 사용자는 문제가 되는 정책 없이는 사업의 본질이 위태롭게 될 것이라는 것을 입증해야 한다.[542)]

남녀고용평등법 제2조에서는 근로여성의 임신·출산·수유 등 모성보호를 위한 조치[543)]를 취하는 경우는 차별이 아닌 것으로 규정하고 있다. 생후 1년 미만의 유아를 가진 여성근로자에게 유급수유시간을 주는 것은 차별행위가 아니다. 또, 장애인편의법에 의거 임산부를 위한 각종 편의시설을 설치하는 경우는 차별에 해당하지 않는다. 한편, 인사이동에서 차별을 판단할 때 특정한 가족형태 등에 대한 편견이 개입된 기준이 적용되었는가 여부, 대등하거나 보다 나은 자격을 갖추었음에도 특정한 가족형태 등에 처한 근로자들이 전반적으로 낮은 평가를 받았는지 여부, 인사배치 내지 보직부여 자격기준의 객관성 등을 엄격하게 고려할 필요가 있고,[544)] 이러한 성차별적인 요소들은 특히 여성차별이라는

럽 운영을 위해 합리적으로 필요하다는 것을 입증한 사용자가, 10대 소녀들을 위한 역할 모델로서 행동하기 위한 근로자를 필요로 하기 때문에, 결혼하지 않고 임신한 근로자를 해고하는 클럽의 규정은 진정직업자격 항변으로서 정당화된다고 판결했다(Chambers v. Omaha Girls Club Inc, 834 F 2d 697(8th Cir. 1987)).

542) 미국의 건전지 제조업체인 Johnson Control Inc.는 그 공정 중 납 성분 노출 가능성이 있는 직무에 여성이 근무하는 것에 대하여 OSHA(Occupational Safety and Health Administration)의 기준을 초과하는 납 성분 노출과 관련된 업무에 종사하는 것을 금지하는 이른바 태아보호정책을 발표하였다. 이에 대해 연방대법원은 회사의 태아보호정책이 가임 여성을 납 성분에 노출되는 업무에서 제외함으로써 성을 근거로 여성을 차별하였다고 판결하였다(International Union, United Auto.,etc. v. Johnson Controls, Inc. 449 US 187(1991).). 민권법 제7편은 사업주로 하여금 진정직업자격에 해당하는 경우에만 성에 근거한 차별을 예외적으로 인정하는데, 사용자는 모든 여성이 일을 안전하고 효율적으로 수행 할 수 없다는 실질적인 근거를 보여주지 못했으며, 다음 세대의 복지에 관한 사용자의 관심은 여성의 불임에 대한 진정직업자격을 입증하기에 충분하지 않다고 판결했다(Daniels(1993), "From Protecting the Women to Privileging the Fetus-The Case of Johnson Controls", At Women's Expense, Harvard Univ. Press.).

543) 근기법 제74조 및 제75조, 여성발전기본법 제18조, 건강가정기본법 제8조, 장애인·노인·임산부등의편의증진보장에관한법률(이하 "장애인편의법"이라 한다) 제3조 및 제4조 및 동법 제6조.

544) '강원도 교육청의 타 시·도 전출규정'에서 부부별거자를 우선시하는 것이 차별인가가 문제되어 위 교육청 소속 교사가 국가인권위원회에 진정을 하였다. 위 규정이 부부 양쪽

문제와 연관되며, 합리적인 이유가 없는 차별행위가 된다고 할 것이다.

(3) 연령차별

나이를 이유로 한 인사이동에서 고려하여야 할 사안으로는 보직부여를 위한 심사면접과정에서 나이편견이 개입되었는지 여부, 대등하거나 보다 나은 자격을 갖추었음에도 특정 나이그룹이 전반적으로 낮은 평가를 받았는지 여부, 후보자 나이그룹 사이에 나타나는 인사배치 비율의 차이, 과거의 사례에서 특정 나이그룹의 인사배치 비율, 인사배치 자격기준의 객관성 등을 들 수 있다. 인권위는 나이가 많다는 이유로 간호단위관리자(소위 수간호사)에서 평간호사로 발령한 건과 관련하여, 공정하고 합리적인 기준에 따라 간호사들에 대한 보직 배치를 다시 할 것과 간호사단위관리자에게 보직을 부여할 때 나이를 이유로 한 차별이 발생하지 않도록 재발방지대책을 마련할 것을 권고하였다.[545)]

일정 수준 이상의 '신체적 적합성이 요구되는 업무' 특히 생명·안전과 관련된 경호, 항공기 조종[546)], 소방 등 업무의 경우 나이제한이 진정직업자격에 해당하는지 문제된다. 해당 업무의 정상적 수행과 특정한 나이 사이의 직접적 관련성에 대한 신뢰할만한 의학적 증거 등 객관적인 증거가 존재하고, 개인의 업무수행능력에 대한 개별적 평가가 불가능하거나 비현실적인 경우에는 나이제한이 진정직업자격에 해당할 수 있다. 그러나 나이와 직무수행능력의 직접적 상관관계에 대한 의심이 있는 경우(예, 상반된 견해·증거의 존재, 나이에 대한 근

이 모두 있는 가족형태와 부부 중 일방만 존재하는 한부모 가족형태를 차별하는 것이라는 진정인의 주장에 대하여, 국가인권위원회는, 교원의 전출입 순위 기준에서 부부의 별거, 봉양 부모와의 별거 등 중에서 어느 것을 우선시할 것인가는 정책적 재량의 범위 내에서 존중되어야 할 사항이라고 전제한 후, 부부 별거자를 자녀별거자·봉양부모별거자·기타 사유보다 우선순위에 두는 것을 차별로 본다면 그 반대 역시 차별이라고 보지 않을 수 없고, 이는 결국 가족상황과 관련된 일체의 요소에 우선권을 주는 것은 차별로 보게 되어 가족상황과 관련된 일체의 제도를 모두 차별로 보아야 하는 문제가 발생하게 되는 결과를 초래하는 것이며, 부부 별거로 인한 경제적·정신적 부담의 정도를 고려하여 정당한 재량 행위의 범위 내에서 우선순위를 설정한 것이므로, 위 규정은 합리적 이유가 인정되어 불합리한 차별이라고 볼 수 없다고 결정하였다(인권위, 06진차739).

545) 국가인권위원회 2010.09.14. 10진차159 결정.

546) Rober Bledly 사건. HREOC, Report of an Inquiry into Complaints of Discrimination in Employment and Occupation : Age Discrimination in the Australian Defence Force, Report No.8, Commonwealth of Australia, 2000, 19면 이하 참조.

거 없는 편견의 개입 등) 또는 개인의 직무능력에 대한 개별적 평가가 현실적으로 가능한 경우에는 그러하지 않다. 이와 관련하여 미국의 고용상 연령차별금지법(ADEA, 1967년)에서는 경찰 및 소방관의 경우 주법(州法)으로 채용상 최고 연령을 정할 수 있는데, 나이제한은 법(ADEA)의 적용을 회피하기 위한 구실이 아닐 것을 요건으로 하고 있다(제623조 (i)). 즉, '경찰, 소방관' 직종은 고령화와 업무수행 부적격성간에 강한 상관관계가 있기 때문에 ADEA에서 그 적용 예외를 규정하고 있다[547]고 할 수 있다. 결국, 이동에서의 연령문제는 '연령과 신체적인 상태, 직무수행상의 근로자의 안전이 고려되거나 고객 등 공중의 안전이 고려되는 직무, 특수한 직무의 성격에 따른 고령자의 수행상의 객관적인 증거에 의한 곤란성' 등을 고려한 배려는 차별의 문제가 되질 않는다. 그러나 합리적인 이유 없이 고령자에 대하여 성취감을 느낄 수 없는 소위 잡무 등에 배치, 고령자가 생활하기 곤란한 오지 내지 격지배치, 고령자의 건강상의 문제 등을 고려하지 않는 업무배분 및 배치 등 고령자가 그간의 근로를 통하여 쌓아온 업적과 무관하게 상대적인 박탈감과 소외감, 허탈감을 수반할 수 있는 직무 내지 근로 장소에 배치하여 간접적인 퇴직압력 등으로 작용하는 경우는 차별문제가 될 가능성이 높다고 할 것이다.

(4) 편의제공과 장애차별

장애인차별금지법에서는 '배치·승진·전보'에 있어 장애인을 차별하여서는 아니 된다고 규정하고 있다. 업무상 필요성이 인정된다고 하더라도 장애인의 경우는 해당 장애로 인하여 수행할 수 없는 업무에 배치하거나, 장애인이 이동하는데 어려움이 있는 장거리 근무지에 배치하거나, 인사이동으로 인하여 이동근무지환경이 장애인에게 정당한 편의제공이 수반되지 않아 정상적인 직무수행이 불가능한 경우 등은 정당한 사유가 있는 경우가 아닌 한 인사이동으로 인한 차별문제가 될 수 있다고 보아야 한다. 여기에서 "정당한 편의"라 함은 장애인이 장애가 없는 사람과 동등하게 같은 활동에 참여할 수 있도록 장애인의 성별, 장애의 유형 및 정도, 특성 등을 고려한 편의시설·설비·도구·서비스 등 인적·

547) Michael Evan Gold, *An Introduction to the Law of Employment Discrimination*, 2nd ed., Cornell University Press, 2001, 39면.

물적 제반 수단과 조치를 말하고, "정당한 사유가 있는 경우"란 차별행위를 하지 않음에 있어서 과도한 부담이나 현저히 곤란한 사정 등이 있는 경우, 금지된 차별행위가 특정 직무나 사업 수행의 성질상 불가피한 경우 등을 말한다. 편의제공과 관련하여 세부적으로 사용자는 장애인이 해당 직무를 수행함에 있어서 장애인 아닌 사람과 동등한 근로조건에서 일할 수 있도록 시설·장비의 설치 또는 개조, 재활, 기능평가, 치료 등을 위한 근무시간의 변경 또는 조정, 훈련 제공 또는 훈련에 있어 편의 제공, 지도 매뉴얼 또는 참고자료의 변경, 시험 또는 평가과정의 개선, 화면낭독·확대 프로그램, 무지점자단말기, 확대 독서기, 인쇄물음성변환출력기 등 장애인보조기구의 설치·운영과 낭독자, 한국수어 통역자 등의 보조인 배치 등의 정당한 편의제공을 하여야 한다. 또, 사용자는 정당한 사유 없이 장애를 이유로 장애인의 의사에 반하여 다른 직무에 배치하여서는 아니된다. 결국, 장애인에게는 근로제공 등과 관련하여 정상적인 직무수행에 필요한 특별한 보호조치로 편의제공 등의 의무가 사용자에게 부과되고 있고, 장애인근로자의 의사에 반하는 인사이동이 금지되므로 사업상의 필요성보다 우선하여 고려되어야 하는 문제로 장애인의 정상적인 근로제공을 방해하는 인사이동, 장애인이 정상적인 직무수행이 불가능한 장소로의 인사이동 등은 허용되지 않는다고 보아야 한다. 다만, 장애인이 정상적인 업무수행이나 개인적인 사정으로 인하여 특정 지역 내지 장소나 업무로의 요청이 있는 경우에는 불가피한 사유가 없는 한 장애인에 대한 배려와 편의제공의 의미상 수용하는 것이 필요하다고 할 것이다.

Ⅲ. 고용종료에서의 합리적 이유 판단

1. 고용종료에서의 차별쟁점

고용종료와 관련한 차별문제는 정년차등과 해고요건(대상, 선정기준 등)에 관한 문제가 핵심쟁점사항이다. 특히 차별사유별로는 성별에 의한 차별과 고용형태에 의한 차별이 중심을 이루고 있고, 직종 및 직급에 대한 정년차등의 문제도 쟁점사항에 해당한다. 또한 해고와 관련하여 대상자 선정 및 선정기준의 정당성,

성별이나 고용형태 등 차별사유별로 달리 정하는 해고요건에 대한 차별 등이 쟁점이 될 수 있다. 해고는 근로자의 경제적인 지위의 상실과 사회활동의 단절 등 근로자 개인의 물질적·정신적 피해와 신분상의 영향이 매우 중대한 사안으로 해고과정에서의 차별문제는 매우 엄격한 심사기준에 의하여 판단되어야 한다. 다만, 정년설정과 관련하여서는 헌법에서 금지하고 있는 성차별적인 차등정년이 아닌 한, 직종 내지 직급 및 사업장의 사정에 부합하는 합리적인 수준에서 노사간의 합의에 따라 설정이 가능하다고 할 수 있으므로 완화된 심사기준이 적용되어야 할 것이다.

2. 정년에서의 차별과 합리적 이유

정년제도는 종신고용제하에서 연공급 임금체계를 전제로 하는 인사관리시스템에서 운영되는 것으로 근로자가 일정 연령에 도달하면 그의 능력이나 의사에 상관없이 근로관계를 종료시키는 제도이다. 이는 인사노무관리상 업무의 성질이나 내용을 참작하여 고임금·고연령 근로자를 배제하고 조직의 인력구조에서 신진대사를 제도적으로 확보하려는데 그 취지가 있다고 할 수 있다. 현재 고령자고용법(제19조)에서는 정년을 60세 이상으로 정할 것을 규정하고 있다. 이러한 정년에서의 차별쟁점은 성별 차등정년문제,[548] 직급별 또는 직종별 차등정년문제, 고용형태별 차등정년문제 등을 들 수 있다.

(1) 결혼정년과 성별 차등정년

성별 차등정년에서의 쟁점사항은 남성에 비하여 여성의 정년을 불리하게 정하는 경우, 특히 여성이 결혼하면 퇴직하도록 하는 결혼정년(퇴직)제도(이 경우

548) 남녀고용평등 업무처리 규정(고용노동부예규 제57호, 2013.6.21., 일부개정) 제10조(퇴직)에 따르면, "퇴직"이란 근로자에 의한 근로계약의 해지뿐만 아니라 근로자의 사망·기업의 소멸·정년 등도 포함하여 근로관계가 종료되는 것을 말하며, ① 특정 성의 근로자에 대하여 혼인, 임신, 출산, 육아 등의 이유로 퇴직을 강요하는 경우, ② 사내 결혼을 이유로 특정 성의 근로자를 퇴직시키는 경우, ③ 퇴직기준이나 조건은 성 중립적이나 그 기준이나 조건이 특정 성이 충족하기 현저히 어려워 결과적으로 특정 성에게 불이익이 발생한 경우(다만, 그 기준이나 조건의 정당성에 대한 사업주의 입증이 있는 경우는 제외한다), ④ 그 밖에 합리적인 이유없이 남녀를 차별하여 특정 성의 근로자를 퇴직시키는 경우는 퇴직에서의 남녀 차별적인 행위에 해당한다.

일방의 성에 대하여 적용하는 경우도 같다)를 들 수 있다. 특정한 성의 구성원에게 정년을 달리 설정[549]하거나 관행을 이유로 퇴직을 권유 또는 강요하는 것, 특히, 결혼퇴직이 관행인 사업장에서 그로 인해 여성의 퇴직이 강요되는 것, 기업의 구조조정 시 희망퇴직, 명예퇴직 등의 이름으로 특정한 성의 구성원에게 행해지는 퇴직강요는 성차별에 해당한다.

1) 결혼정년

결혼정년제(결혼퇴직제도)란 결혼이라는 신분상의 변동에 의해 근로자 본인의 의사, 업무능력, 근로조건 등과 관계없이 일률적으로 근로자로서의 지위를 상실케 하는 제도를 말한다. 사내결혼의 경우 남녀를 불문하고 어느 일방을 퇴직하게 하는 것도 법 위반으로 무효가 된다. 결혼퇴직제는 주로 여자근로자의 경우에 문제되어 왔는바, 임신·출산을 이유로 하는 경우도 마찬가지이다. 이는 원칙적으로 성별을 이유로 한 차별로써 그 합리적인 근거를 찾아낼 수 없는 것이므로 단체협약, 취업규칙, 근로계약 등에 명시하더라도 헌법, 근기법, 남녀고용평등법 등에 위반되어 효력이 없는 것이다.

법원은 결혼퇴직제와 관련한 사건[550]에서 "피해자가 근무하고 있는 회사가

---

549) 직무의 성격, 직무수행 능력을 고려하지 않고 여성이 다수를 차지하는 직무의 정년을 그렇지 않은 직무의 정년에 비해 합리적 이유 없이 낮게 설정하는 것, 직급정년제를 도입한 경우로서 합리적으로 인정할 수 없는 정도로 정년의 차이가 크고, 그로 인해 결과적으로 특정한 성의 구성원이 불이익을 받는 것은 성차별에 해당한다. 즉, 법원은 일반직원(58세)과 전화교환원(53세)의 정년을 달리 정한 것은 사회통념상 합리적인 이유가 있다고 판단하고 있다(대법원 1996.08.23. 선고 94누13589 판결). 다만, 당시 판결은 정년차별의 문제에서 비롯된 사안이지만 당시 전화교환원은 주로 여자근로자가 담당하고 있었던 점을 감안할 때 남녀의 성을 이유로 한 차별행위(간접차별)로 볼 여지도 있다고 판단된다. 한편, 명시적으로 남자(55세)와 여자(53세)를 구분하여 정년을 규정한 것은 남녀차별행위라고 판단하고 있다(대법원 1993.04.09. 선고 92누15765 판결).

550) 대법원 1987.09.08. 선고 86다카816 판결(한국전기공사협회 사건) : 이사건의 원심판결(서울고등법원 1986.03.04. 선고 85나1683 판결)에서도 취업규칙에 정년에 관한 규정을 두고 있지 않고, 다만 취업규칙에 규정이 없는 사항은 일반관례에 의한다고 규정하고 있어 통례에 따라 55세를 정년으로 하여 인사관리를 해오고 있는 회사의 미혼의 여자사원의 경우, 근간의 우리 사회 및 가정생활의 경험칙상 미혼의 직장여성이 결혼하게 되면 반드시 퇴직하게 되는 것이라고 할 수는 없고 또 위 회사의 취업규칙에 미혼의 여사원이 결혼을 하면 퇴직케 하는 규정을 두고 있지도 않고 실제로 기혼여성을 사원으로 채용하여 근무시킨 일도 있다면 위 회사 미혼 여사원의 정년도 통례에 따라 55세라 봄이 상당하다고 판단하였다.

취업규칙에 종업원의 정년에 관한 규정을 두고 있지 않지만 통례에 따라 55세를 정년으로 하여 인사관리를 하여 왔다면 피해자가 '미혼의 여성'으로 문서수발 등 단순한 보조업무를 취급하였더라도 사고가 없었다면 정년인 55세까지 회사에 근무할 수 있다고 하여야 할 것이다"라고 판단하여 결혼퇴직제도가 무효임을 판단하였다. 이 사건 이후 1987년 12월 제정된 남녀고용평등법은 "사업주는 여성 근로자의 혼인, 임신 또는 출산을 퇴직 사유로 예정하는 근로계약을 체결하여서는 아니된다"는 조항과 이를 위반한 사업주를 처벌하는 조항을 두었다. 그러나 그 후에도 여성 결혼퇴직제의 고용 관행은 사라지지 않았다. 대전의 모 병원은 노동조합과 체결한 단체협약에 여직원의 복무는 결혼 후 6개월까지만 할 수 있다는 조항을 넣고 이를 근거로 갓 결혼한 여직원을 1990년 1월 말 직권 면직시켰다. 이 여직원의 신청에 따라 대전시는 충남지방노동위원회의 의결을 얻어 1990년 4월 단체협약 변경명령을 내렸다. 또 대전지방노동청 고용문제조정위원회는 1990년 5월 병원 측에 이 여직원을 즉시 원직 복직시키고 해고가 없었다면 지급했을 임금을 지급하라는 내용의 권고를 담은 조정을 통해 문제를 해결했다.[551] 그럼에도 불구하고 결혼퇴직제의 관행과 이를 둘러싼 분쟁은 끊이지 않았고, 2006년 국가인권위원회도 결혼퇴직제와 관련하여 위헌적이며 위법하다는 판단을 내려 개선권고 결정을 내린 바 있다.[552]

결혼퇴직제도는 명시적인 사규도 문제이지만 관행적으로 운영되는 경우가 더 문제라고 할 수 있다. ○○제분사건[553]의 내용을 살펴본다면, 우선 노동위와 서

551) 이는 남녀고용평등법에 근거해 성차별 분쟁을 조정으로 해결하기 위해 설치된 행정기구가 첫 번째로 활용된 사례다. 이 사건의 영향으로 결혼퇴직제에 따라 해고 예고를 통보받은 대전지역 기혼 여성 근로자 7명이 모두 구제됐다. 또 1995년 8월 남녀고용평등법이 개정될 때 사업주가 여성 근로자를 채용할 때 미혼을 채용 조건으로 제시하면 처벌받는다는 조항도 신설됐다.

552) 방송사에서 일하던 계약직 여성 근로자가 진정한 사건에서 여성에 대해서만 결혼을 퇴직 조건으로 채용하거나 결혼할 때 사직서를 제출하게 하는 것은 여성의 노동권과 평등권을 침해하는 행위로 위헌·위법이므로 방송사는 결혼퇴직 관행을 개선하고 재발 방지 대책을 수립, 시행할 것을 권고했다(국가인권위원회 2006.12.22. 06진차481결정).

553) 여직원이 결혼하면 퇴직하는 것이 관례화되어 있는 신청인회사에서, 피신청인이 결혼 후에도 계속 근무의사가 있었음에도 결혼퇴직관례가 관련법규에 위배되는 줄 모르고 어쩔 수 없이 사직서를 제출한 경우 진의에 의한 사직서 제출이라고 볼 수 없다고 판정한 사례가 있다(대법원 2001.12.27. 선고 2000두7797 판결 ; 서울고등법원 2000.08.30. 선고 2000누2187 판결. 이 사건 관련 중앙노동위원회 1999.06.04. 1999부해115 결정).

울행정법원은 동 사업장이 '결혼퇴직제도의 관행'이 있음을 인정하고, 이러한 관행에 따라 제출된 사직서는 '비진의 표시'에 의한 것으로 부당해고에 해당하는 것이라고 판단하였지만, 고등법원과 대법원은 결혼퇴직관행을 인정하지 않고 동 사직서의 제출이 비진의 표시에 의한 것이라고 볼 수 없어 부당해고가 아니라고 판단하였다. 그러나 동 사업장의 결혼퇴직관행은 이 사건 회사가 설립된 1953년 이래 재직 중 결혼사실이 밝혀진 사례는 한 건도 없었고, 사건 당시 재직 중인 여직원 56명(본사 20명, 영업소 13명, 인천공장 23명)은 모두 미혼인 점만을 보아도 객관적으로 결혼퇴직의 관행이 존재함을 추정할 수 있음에도 이를 인정하지 않는 고등법원과 대법원의 판단은 납득하기 어렵고, 입사와 동시에 결혼하는 경우 사직하겠다는 소위 여직원계약서의 실체를 인정하지 않은 점은 관행적인 적폐(積弊)로 자리하고 있는 동 사업장의 현실을 바르게 파악하지 못한 결과라고 판단된다. 결국 결혼퇴직제도 즉, 혼인을 이유로 하는 퇴직조건의 채용이나 결혼을 이유로 하는 퇴직(정년)제도는 그 합법성과 합리성이 인정될 수 없는 사안으로 이는 명백한 성차별에 해당한다고 할 것이다. 또, 헌법 제36조에서 혼인과 가족생활은 개인의 존엄과 양성의 평등을 기초로 성립되고 유지되어야 하며, 국가는 이를 보장한다고 천명하고 있다. 혼인과 가족생활은 개인의 자유로운 선택에 의하여 결정되어지는 자유권적인 기본권이다. 특히 헌법은 이를 보장하고 있으며, 보장할 의무를 국가적인 의무로 규정하고 있다. 아울러 혼인과 가족안에서의 지위 등을 이유로 하는 차별을 금지하고 있는 남녀고용평등법에도 배치되는 사안에 해당하며, 넓게 보면 성차별적인 문제가 된다고 보아야 한다. 그러므로 헌법과 근기법 등 강행법규에서 금지한 성차별금지 위반에 해당하고 다른 기본권의 침해까지 수반하는 결혼정년(퇴직)제는 합리성이 없다고 할 것이며, 엄격하게 판단되어야 한다.

2) 성별 차등정년

판례는 직제 개편으로 인한 승진에 있어서의 불합리성을 시정하지 아니한 채 참가인의 직급정년제 규정을 일률적으로 적용하게 된다면 행정직 6직급에 있다가 상용직에 편입되어 10여 년간 승진이 제한된 상황에서 다시 행정직 6직급에 재편된 여성근로자의 경우 낮은 직급으로 인하여 조기에 정년이 도래할 것임이 분명하므로 이러한 여성근로자들에 대하여서까지 조기정년의 직급정년제 규정을 그대로 적용하는 것은 현저하게 합리성을 잃은 조치로서 부당하다고 판단[554]하였다. 이 사건에서 대상 하위직급에는 대부분이 여성들이 포함되어 있어 성차별적인 문제와 결부되어 이러한 직제개편에 따른 직급정년제 설정은 합목적성이 결여되었고, 대상 근로자집단의 동의 없이 사용자가 일방적으로 도입한 직급정년제(불리한 근로조건) 도입은 절차적 정당성도 결여되었으며, 형평성 측면에서 상용직과 행정직의 직군간 이동 및 상용직 내의 직급승진 불인정 등은 합리성이 없다고 할 것이다. 즉, 결과적으로 불이익을 받는 대상이 성차별적인 결과로 이어짐으로써 성차별금지를 규정한 헌법과 개별법령에 위배되는 사안으로 직급정년을 도입하면서 불이익을 당하게 되는 직급에 대한 최소 침해를 보완할 수 있는 완충장치를 마련하지 않고, 직군간 이동 내지 직급승진을 원천봉쇄하여 이익형평성을 고려하지 않은 부분은 차별행위에 해당하는 것으로 법원의 판단은 합리성을 가진다고 할 수 있으며, 특히 성차별적인 요소가 결부된 만큼 엄격한 심사기준을 적용한 것은 타당성을 갖는다고 할 것이다.

또, 명시적으로 남자와 여자를 구분하여 합리적인 이유 없이 정년을 규정한 것은 남녀차별행위에 해당한다. 즉, 법원은 사용자와 노동조합과의 단체협약에서 "조합원의 정년은 남자 55세, 여자 53세로 하되 일반직 부서에 해당되는 조합원은 제외된다"라고 정하고 있고, 취업규칙에서는 "종업원의 정년퇴직 연령은 남자 만 55세, 여자 만 53세가 되는 다음날로 한다"고 정하고 있는 사실은, 위 각 규정의 해석상 소속 근로자의 정년에 대하여 원칙적으로 남녀를 달리 취급하여 남자는 55세, 여자는 53세로 하되, 3차 검사부, 최종검사부, 기계부를 제외

554) 대법원 2006.07.28. 선고 2006두3476 판결. 아울러, 동 사건의 원심판결에서는 젊은 근로자가 상위 직급을 맡는 경우 조직의 위계질서에 영향이 미칠 것을 막기 위하여 직급에 따라 하위직급의 조기정년제도를 마련해 두고 있는 것이라 할 것이므로, 참가인협회 취업규칙의 정년에 관한 규정 중 하위직급일수록 조기에 정년이 도래하도록 규정한 부분 자체는 여성을 합리적 이유 없이 차별한 것이라고 볼 수 없다. 그러나 앞서 본 바와 같은 직제 개편으로 인한 승진에 있어서의 불합리성을 시정하지 아니한 채 참가인협회의 직급정년제 규정을 일률적으로 적용하게 된다면 행정직 6직급에 있다가 상용직에 편입되어 10여년 간 승진이 제한된 상황에서 다시 행정직 6직급에 재편된 여성근로자의 경우 낮은 직급으로 인하여 조기에 정년이 도래할 것임이 분명하므로 참가인협회가 이러한 여성근로자들에 대하여서까지 조기정년의 직급정년제 규정을 그대로 적용하는 것은 현저하게 합리성을 잃은 조치로서 부당하다고 판단하였다(서울고등법원 2006.01.12. 선고 2004누8851 판결).

한 7개 일반부서의 근로자의 경우에는 그 적용을 배제하여 남녀 모두 55세로 정하고 있는 것으로 보고, 위 3개 부서에 관하여 성별 작업구분이나 근로조건의 구분을 명확히 하지 아니한 채 남녀를 차별하여 정년을 규정한 것은 합리적인 이유 없다고 판단하였다.[555] 결국, 이러한 성별 차등정년제는 남녀의 차별적 대우를 하지 못하도록 한 헌법 및 근기법과 근로자의 정년에 관하여 여성인 것을 이유로 남성과 차별해서는 아니된다고 한 남녀고용평등법 등 강행법규에 위배되어 무효라고 할 것이다. 즉, 성별로 정년을 달리 정해야 할 합리적인 이유가 없는 성별차등정년제는 강행법규를 위반하는 차별이 된다고 할 것이다.[556] 만약에 남녀의 정년연령을 달리 정하는 것이 합리적인 이유가 되기 위한 것이라면, 이러한 차등정년설정에 대한 객관적인 근거가 제시되어야 하는데 이러한 명확한 근거로 인정될 가능성이 있는 소지는 없어 보인다. 즉, 의학적인 상관성이 있는 타당한 근거, 특정한 업무와 정년연령과의 상관성이 증빙되는 객관적인 증거 등이 필요한데, 이러한 증거가 될 자료는 현실적으로 없어 보인다. 그러므로 단지 성별차이에 의한 정년의 차이는 합리성을 가질 수 없으며, 정년에서 성별을 이유로 차이를 두는 것은 성차별이 되는 것이고, 이러한 성차별은 헌법과 고용관련법령이 금지하고 있는 사안으로 부당한 차별이 된다고 할 것이다.

(2) 직종 내지 직급별 차등정년

직종・직급・직군별 차등적 정년[557]은 상이한 정년을 설정해야 하는 합리적

---

555) 대법원 1993.04.09. 선고 92누15765 판결.

556) 김형배, 『노동법』, 박영사, 2012, 243면.

557) 인권위가 직급 및 직군별 차등정년제 차별행위로 판단한 사례로는 전국○○연합회 ○○조합의 직급별 정년을 1급 직원은 58세, 그 외 직원은 55세로 규정(국가인권위원회 2009.06.22. 09진차219결정), ○○공단 인사규정에 따르면 2급 이상 직원의 정년은 60세, 3급 이하 직원의 정년은 57세로 규정(국가인권위원회 2009.07.28. 09진차698결정), ○○연구원 인사규정은 직원의 정년을 책임급은 61세, 선임급・원급・전임조교 및 기능직은 58세로 규정(국가인권위원회 2009.08.17. 09진차852결정), OO공단 인사규정 제43조에서 별정직 및 일반직 2급 상당 이상 직원은 정년을 60세로, 별정직 및 일반직 3급 상당 이하 직원은 정년을 57세로 차등적용(국가인권위원회 2007.04.30. 06진차628 결정)은 정년차별에 해당한다고 판단하고 있다. 또, 직군에 따라 수행하는 업무의 종류 혹은 특성이 다르기는 하나 이것이 곧 정년을 달리해야 할 특성이라고는 볼 수 없고, 평등권을 침해하는 법령의 규정을 준용한 피진정인의 정년 규정 역시 그 합리성을 인정하기 어렵다(국가인권위원회 2007.04.30. 06진차628 결정).

이유가 없는 한 차별로 해석되는데,[558] 법원은 일반직원(58세)과 전화교환원(53세)의 정년을 달리 정한 것은 사회통념상 합리적인 이유가 있다고 판단하고 있다. 이러한 합리적인 이유는 일반직원의 경우에는 잉여인력의 발생이 없었으나 교환직렬에서는 잉여인력이 발생하였고, 교환직렬의 연령별 인력구성이 고령화되어 가고 있었음에도 불구하고 신규인력을 채용할 수 없었으며 이러한 고령화로 교환원의 야간근로 등을 수행하는 것도 무리가 있었으며, 연공급체계에서 고령화에 따른 인건비부담도 가중되고, 구성원들도 정년의 단축이 필요하다고 인식하고 있었고, 차등정년설정을 위하여 노사간의 협의를 거쳐서 적정점을 설정하였다는 점에서 합리성을 가질 수 있다고 판단된다. 다만, 당시 판결은 직종별 정년차별의 문제에서 비롯된 사안이지만 당시 전화교환원은 여자근로자가 담당하고 있었던 점을 감안할 때 남녀의 성을 이유로 한 차별행위(간접)로 볼 여지도 있다고 판단된다.[559] 결국, 직종, 직군, 직급에 따른 정년의 차등은 진정직업자격, 업무의 내용과 책임 등에 비추어 정년을 달리 정하여야 할 합리적 이유가 없는 한 차별적인 정년제에 해당하는 것으로 해석할 수 있으며 합리적인 이유가 존재한다면 달리 정할 수 있다고 본다.[560] 즉, 정년의 문제는 법령에서

558) ○○보건대학 직원들의 정년을 6급 이하는 57세, 5급 이상은 60세로 달리 규정하고 있는 것은 합리적인 이유없는 직급에 따른 차별이라는 진정건과 관련하여 인권위는 해당 인사규정을 개정할 것을 권고하였는데, 인권위가 위 사건에서 직급과 직종별 정년을 달리한 것을 차별이라고 판단한 주된 이유는 첫째, 직급들 특히 정년 연령을 구분 짓는 경계에 있는 직급들의 업무구분이 명확하지 않다는 점, 둘째, 특정 계급 이상이라고 해서 반드시 경험과 지식이 풍부하다고 일률적으로 단정하기 어렵다는 점, 셋째, 정년 때문에 승진 적체 및 조직의 비대화가 발생한 것인지 여부가 명확하지 않다는 점, 넷째, 조직의 신진대사는 인사제도 전반에 대한 관리의 문제로 접근해야 한다는 점을 들었다(인권위, 10진정150500). 같은 취지로 직급 및 직종별 차등정년을 규정한 인사규정을 차별적 요소가 없도록 개정할 것을 권고한 바 있다(인권위, 10진정1486000).

559) 대법원 1996.08.23. 선고 94누13589 판결.

560) 아일랜드는 소방수(firefighter)의 정년 55세와 소방관리(fire officer)의 정년이 65세인 것과 관련한 사안에서 1974년 이후로 일관되게 소방수의 정년을 55세로 적용하여 왔던 점, 1972~1978년 기간에 3명의 소방수가 정년 후에도 계속 근무하였던 사실은 소방수 충원의 어려움을 극복하기 위한 예외적인 것이었고 당시에는 법 제정 이전이라 연령차별이 위법하지 않았던 점, 진정인은 정규직 소방수로 근무를 시작할 때 55세 정년을 알고 있었고 이러한 고용조건을 수락하였던 점, 소방수와 소방관리는 서로 다른 직업자격·임무·책임수준·승진체계를 갖는 상이한 직종이기 때문에 법 제34조 제4항에 따른 상이한 정년 연령의 설정은 위법하지 않다고 판단하였다(Leahy v Limerick City Council (DEC-E2003-38)). 한편, 아일랜드 고용평등법 제34조 제4항에 의하면, 근로자 또는 근로자의 직종에 따라 서로 다른 퇴직(자발적이든 강제적이든)의 연령을 정하는 것은 연령

금지하는 제한 사유가 아닌 한 사업장의 근로자와 사용자가 합리적인 수준에서 결정할 수 있으므로 민주적인 절차에 따라 근로조건의 결정 및 변경절차에 합당하게 달리 정하는 경우 이를 차별이라고 보기는 어려울 것이다. 다만, 정년을 달리 정하는 것이 합리적인 목적과 절차적으로 문제가 없다고 하더라도 직·간접적으로 성차별 등 차별금지사항으로 규정하고 있는 강행법규를 위반하는 결과가 되어서는 아니될 것이다.

(3) 정년제와 연령차별

정년제도[561]는 연령에 따라 근로자의 능력이나 의사에 상관없이 근로관계를 종료시키는 제도로서, 이는 고임금·고연령 근로자를 배제하고 인사의 신진대사를 제도적으로 확보하려는 데 그 취지가 있다. 정년제와 관련하여, 당초 정년규정이 없던 취업규칙에 정년제를 규정하여 운영하는 것은 부당하다는 판례[562]가 있다. 이 판례에서 사용자가 임의로 정년규정을 두면서 불이익한 근로조건에 해당하는 정년규정을 노사간의 합의도 없이 규정하였고, 정년규정이 없는 경우 평온하게 계속 근로할 가능성이 있었으나 일정연령이 되면 퇴직해야 하는 정년규정의 신설은 불이익한 규정으로 부당하다고 판단한 것이다. 즉, 입사시부터 예정되어 있는 무정년의 상태가 일정 연령의 경우 퇴직이 되어야 한다는 것은 중요한 근로조건의 변경에 해당하고 이는 불리한 근로조건의 변경절차에 따라 이루어져야 하는데 사용자가 일방적으로 정년을 설정하여 근로상의 불이익을 초래하는 경우 차별의 문제로 귀결될 수 있다고 보아야 한다. 한편, 1980년에 채택된 ILO의 고령근로자에 관한 제162호 권고는 일정한 연령에 고용을 종료시키는 입법이나 기타의 규정은 고령근로자에 대한 고용차별금지의 원칙과 자발

차별에 해당하지 않는 것으로 규정하고 있다.

561) 우리나라의 경우 2016년부터 정년 60세로 의무화되었지만 아직도 다른 나라에 비하여 상대적으로 낮은 상태이다. 즉, 독일과 스페인은 67세, 일본은 65세, 영국과 미국은 이미 정년을 폐지한 상태이다.

562) 취업규칙에 정년규정이 없던 운수회사에서 55세 정년규정을 신설한 경우, 그 운수회사의 근로자들은 정년제 규정이 신설되기 이전에는 만 55세를 넘더라도 아무런 제한 없이 계속 근무할 수 있었으나, 그 정년규정의 신설로 인하여 만 55세로 정년에 이르고, 회사의 심사에 의하여 일정한 경우에만 만 55세를 넘어서 근무할 수 있도록 되었다면 이와 같은 정년제 규정의 신설은 근로자가 가지고 있는 기득의 권리나 이익을 박탈하는 불이익한 근로조건을 부과하는 것에 해당한다(대법원 1997.05.16. 선고 96다2507 판결).

적 퇴직의 원칙 등에 비추어 검토되어야 한다고 규정하고 있다.[563] 동 권고는 정년제가 연령차별인지를 명시적으로 언급하고 있지는 않지만, 정년제가 고용차별금지원칙과 근로자의 자발적 퇴직원칙에 위반될 수 있다는 점을 내포하고 있다.[564] 우리의 경우 연공서열 임금제도가 정년제의 합리성을 뒷받침하는 근거로 흔히 거론된다. 근속년수에 따른 직급·임금상승이 근로자의 생산성(능력)을 초과하여 무한정 계속되는 것은 경제적으로 용인될 수 없기 때문에 일정한 나이에 도달하면 근로관계를 강제적으로 종료시키는 것이 합리적이고 연령차별이 아니라고 볼 여지가 있다. 직종에 따라서는 직무의 성격상 정년 설정이 불가피한 경우도 있다. 그러나 같은 나이의 근로자 간에도 능력의 차이가 존재하기 때문에 일률적인 정년의 설정은 연령차별적인 요소를 내포한다. 몇 세의 나이를 정년으로 설정하는 것이 합리적인 것인지에 대한 입증 내지 평가도 용이하지 않다. 더구나 근로자의 능력은 교육·훈련 등을 통해 향상될 수 있기 때문에 초기에 설정된 일정 나이의 정년이 상당 기간 경과 후에도 합리적인 것으로 평가될 수 있는지 의문이다. 또한 근로자의 노화에 따른 능력쇠퇴로 인해 업무를 감당할 수 없는 경우 사용자는 업무수행능력의 결여를 이유로 하여 해고할 수 있는 권한이 있기 때문에 일률적인 정년의 타당성을 인정하기 어렵다.

한편, 퇴직의 자유가 보장되므로 일정한 나이그룹을 대상으로 하는 자발적인 조기퇴직제도를 나이차별로 보기는 어렵다. 그러나 조기퇴직에 대한 보상금을 지급함에 있어서는 나이를 기준으로 하는 차등지급은 차별이 될 수 있다.[565]

---

563) 第162호 권고는 은퇴와 관련하여 노동생활에서 퇴직으로의 점진적인 이전을 가능케 하는 체계내에서 근로자가 퇴직을 자율적으로 결정할 수 있어야 하고, 노령연금 수급연령에 융통성을 두어야 한다고 규정하고 있다(제21조). 그리고 노령연금의 수급연령에 도달하기 이전의 일정 기간 동안에 고령근로자에게 발생할 수 있는 소득의 감소 내지 상실에 따른 보호조치를 취할 것을 요구하고 있고, 고령근로자가 은퇴에 대비한 계획을 세우고 새로운 상황에 적응할 수 있도록 은퇴 이전에 퇴직준비계획을 수립할 수 있는 기간이 부여되어야 하고, 이와 관련하여 유급교육훈련휴가제도의 활용을 권하고 있다(제30조 제1항).

564) 외국의 입법례를 보면 정년제를 나이차별로 간주하여 불법화하는 유형(미국), 연금수급개시연령과 연계하여 일정한 나이 이상의 정년설정에 대해서 나이차별의 예외로 간주하거나 합법적 정년으로 허용하는 유형(영국, 프랑스), 나이차별금지를 법제화하지 않았지만 연금수급개시연령에 도달할 때까지 고령자의 고용이 확보될 수 있도록 조치를 취할 의무를 사용자에게 부과하는 유형(일본)으로 분류할 수 있다(조용만, 「고용상 연령차별금지법제의 입법론적 검토」, 한국법제연구원, 2004, 44면.).

565) Perry v Garda Commissioner(DEC-E2001-29).

결국, 비록 정년제의 타당성(유한한 일자리를 후진에게 양보, 조직의 신진대사 촉진 등)은 별개로 하더라도, 퇴직이나 해고에서 고령자를 차별하는 것은 고령자고용법(제4조의4)에서 규정하고 있는 것처럼 합리적인 이유가 없는 경우 법률위반이 된다고 할 것이다. 그럼에도 불구하고 입사시부터 예정되어 있는 정년은 고용기간의 최장기간으로 인식될 수 있고, 예고된 고용종료일에 해당하는 것으로 정년제 자체가 고령자 차별이라고는 할 수 없을 것이다. 다만, 없던 정년규정이 설정되는 경우는 앞서 판례에서처럼 합의 등 절차적 정당성이 확보되지 않는 경우 달리 볼 여지는 있다고 판단된다.

(4) 고용형태별 차등정년 가능성

고용형태별 차등정년의 문제는 비정규직의 정년문제와 연관되는 부분으로 판단할 수 있다. 다만, 기간제근로자와 파견직근로자의 경우 정년의 개념은 상대적으로 계약기간의 개념으로 접근되어질 문제로 판단된다. 즉, 정규직으로 전환하지 않는 한 특정된 기간에서의 근로를 전제로 한다는 점에서 정년의 문제와는 관계없는 것으로 보인다. 그러나 정규직 등의 정년 내지 근속관련 문제와 연동하여 차별적인 요소들이 결부될 수 있는 사안에 대하여는 논의의 여지가 있다고 할 수 있다. 노동위[566]는 기간제근로자에 대하여 명예퇴직금의 경우 정년까지 계속 고용에 대한 기대권을 인정할 수 없어 기간제근로자에게는 달리 취급할 수 있다고 보고 있어[567], 기간제 근로자의 경우 성격상 정년의 개념을 달리 정하여 운영할 수 있으므로, 이 경우 정년설정을 달리 정한 것을 차별행위로 볼 수는 없을 것이다. 다만, 최근 경력단절여성에 대한 일과 가정양립지원을 위

566) 중노위는 '정기상여금은 근로의 대가로 지급되는 임금에 해당한다 할 것이고, 이 사건 사용자가 이 사건 근로자들에게 비교대상근로자와 비교하여 정기상여금을 불리하게 지급한 것은 합리적 이유(근로계약과 취업규칙에서 정기상여금을 차등지급한다고 규정하고 있다는 사정은 불리한 처우에 대한 합리적 이유로 인정될 수 없음)없는 차별적 처우이나, 명예퇴직금은 정년까지의 근무를 전제로 하여 지급되는 금품으로, 정년까지의 계속 고용에 대한 기대권을 인정할 수 없는 기간제근로자에게는 인정될 수 없다 할 것인바, 이 사건 사용자가 이 사건 근로자들에게 지급한 명예퇴직금은 계약기간 만료 이전에 계약을 합의해지 하는데 따른 위로금이지 재직 중 근로관계에서 발생하는 근로의 대가성 있는 금품으로 사용자에게 지급의무가 있는 임금 그 밖의 근로조건 등으로 볼 수 없다'고 판단하고 있다(중앙노동위원회 2009.05.20. 2009차별4 결정).

567) 중앙노동위원회, 2013.05.13, 2013부해191 결정도 같은 취지를 밝히고 있다.

한 '시간제 정규직'의 경우 정년을 달리 정할 수 있는가가 문제될 수 있다. 시간제 정규직의 경우 대부분의 급부조건은 시간비례원칙을 적용하면서도 정년은 종일근로자와 동등하게 운영하고 있는 것이 일반적이다. 통상 정규직의 경우 정년은 계속근로기간의 최장기간을 설정한 개념으로 보면 근로형태가 시간제라고 하여 달리 볼 필요는 없을 것으로 판단된다. 결국, 기간제 및 단시간근로자의 경우 기간비례원칙이나 시간비례원칙의 적용을 통한 합리적인 경우 차별로 보기 어려울 것이다.[568]

3. 해고에서의 차별과 합리적 이유

해고에서의 쟁점사항으로는 단시간근로자 등 소위 비정규직을 포함하는 고용형태를 이유로 하는 차별문제, 성차별[569]로서의 부부사원의 선택적 해고문제, 장애를 이유로 하는 해고상의 문제, 종교활동을 이유로 한 해고상의 차별문제 등을 들 수 있다.[570] 해고[571]와 관련하여서는 근로자의 신분변화와 권리침해로

568) 기간제 근로에 관한 일반협약과 관련된 EU입법지침(99/70/EC) 제4조에 의하면 필요시 기간비례원칙을 적용할 수 있다고 규정하고 있고, 영국의 단시간근로자규칙 제5조 제3항에서는 시간비례원칙을 적용할 수 있는 근거를 볼 수 있으며, 우리 노동위원회도 같은 취지의 결정을 내린 바 있다(전북지방노동위원회, 2011.01.25. 2010차별2 결정 외).

569) 남녀고용평등 업무처리 규정(고용노동부예규 제57호, 2013.6.21., 일부개정) 제11조(해고)에 따르면, "해고"란 근로자의 의사와는 관계없이 사용자가 일방적인 의사표시로 장래에 대하여 근로관계를 소멸시키는 것을 말하며, ① 혼인, 임신, 출산, 육아 등을 이유로 특정 성의 근로자를 해고하는 경우, ② 경영상 이유에 의한 해고에 있어 합리적인 이유없이 특정 성을 다른 성보다 앞서 해고하는 경우, ③ 징계사유, 징계수준, 절차 등에 있어 특정 성을 다른 성에 비해 불리하게 대우하여 해고하는 경우, ④ 부부가 같은 직장에 근무한다는 이유로 특정 성의 근로자를 해고하는 경우, ⑤ 그 밖에 합리적인 이유없이 남녀를 차별하여 해고하는 경우는 해고에서의 남녀 차별적인 행위에 해당한다. 그리고 남녀차별적인 해고는 「근로기준법」 제23조제1항에 따른 정당한 이유없는 해고로 규정하고 있다.

570) 고용영역에서 해고는 근로자에게 가장 큰 불이익이다. 업무능력이나 성과 등에 대한 고려 없이 특정한 가족형태 또는 가족상황만을 이유로 우선적으로 정리해고하는 기준은 차별에 해당한다. 해고 및 퇴직에 있어서 차별유형으로는 첫째, 합리적 사유 없이 가족 내 자녀양육의 책임을 이유로 우선적으로 해고되는 경우이다. 둘째, 부부가 같은 직장에 근무한다는 이유로 또는 특정인의 배우자라는 이유로 고용계약이 갱신되지 않거나 해고되는 경우이다. 법원은 사내부부를 자진퇴직의 형식으로 해고시킨 경우와 관련하여 회사 내 지위에 비추어 자진퇴직을 권유받은 사내부부들은 이를 받아들이지 않을 경우 입게 될 불이익과 배우자들에게 미칠 영향에 대한 압박감으로 사직의사를 표현하게 되어 이는 내심의 효과의사 없는 비진의 의사표시이므로 의원면직의 외형만 갖추고 있을 뿐 실질적으로는 해고에 해당하고 나아가 부당한 차별적 해고에 해당한 것으로 판결하였다(대법원 2002.07.26. 선고 2002다19292 판결).

물질적・정신적 피해의 심각성이 크므로 엄격한 심사기준이 적용되어야 하나, 헌법 등 법령에서 특별히 금지하고 있지 않은 사안에 대하여는 완화된 심사기준이 적용될 수 있다고 할 것이다. 이하에서는 성차별적인 요소로 부부사원의 선택적 해고, 장애를 이유로 하는 해고, 종교 활동과 해고, 비정규직 해고를 중심으로 합리성여부를 판단하고자 한다.

(1) 부부사원의 선택적 해고

해고(정리해고 포함)와 관련하여 특정한 성의 근로자에 대하여 명시적으로 또는 암시적으로 퇴직을 권유 또는 강요하는 것, 형식은 선택권이 부여되었지만 사실상 강제된 경우, 일방적으로 특정한 성을 해고 대상으로 정한 경우, 중립적인 기준을 적용했지만 결과적으로 특정한 성을 해고 대상으로 강제한 경우 등은 차별문제가 발생할 소지가 있다. 물론, 일방적으로 특정한 성을 해고 대상자로 정한 경우. 즉, 부부사원의 해고와 관련하여 개인들에게 자유로운 선택을 하도록 하는 것이 아닌 강요하거나 강제하는 것, 해고대상자를 선정하면서 부부사원 중 특정한 성을 정하여 일방적으로 해고하는 것은 특정한 성에 대한 성차별이면서, 부당해고로 그 정당성을 인정할 수 없음은 제론의 여지가 없다고 할 것이다.

부부사원의 선택적 해고와 관련하여 큰 파장을 가져온 사건은 1997년 외환위기 직후 금융권의 구조조정과정에서 나타났다. ○○중앙회는 당시 762쌍의 부부사원 중 752쌍의 부부사원 1명이 명예퇴직 하였고 그 중 688쌍에서 여성사원이 퇴직하였다. 명예퇴직과정에서 부부사원을 우선대상으로 결정하고 관리자들이 설득작업을 하면서 여성사원에게 수차례 사직권유(남편을 순환휴직대상자로 한다거나 휴직 후에 복직은 불투명하고 정리해고대상자가 될 것이라는 사안을 고지

571) 해고보다 처분의 심각성이 덜한 징계에서도 임용권자의 징계권 행사는 임용권자의 맡겨진 재량권에 의한 것이라 하더라도 공익적 목적을 위하여 징계권을 행사하여야 할 공익의 원칙에 반하거나 일반적으로 징계사유로 삼은 비행의 정도에 비하여 균형을 잃은 과중한 징계처분을 선택함으로써 비례의 원칙을 위반하거나 또는 합리적인 사유 없이 같은 정도의 비행에 대하여 일반적으로 적용하여 온 기준과 어긋나게 공평을 잃은 징계처분을 선택함으로써 평등의 원칙에 위반한 경우라면 이러한 징계처분은 재량권의 한계를 벗어난 처분으로서 위법하다는 엄격한 심사기준으로 판단하고 있다(대법원 2012.10.11. 선고 2012두10895 판결).

하는 등)를 하였다. 이후 이들 사원은 부당해고와 '성차별'이라는 문제를 들어 소를 제기하였으나, 당시 사회적인 분위기가 부부사원 중 1인이 퇴직하는 것이 다른 근로자들보다 경제적 충격이 상대적으로 덜하다는 측면과 부부사원 중 대부분이 여성사원이었으나 그 중 일부는 남성사원도 있었다는 점 등을 들어 위법하지 않다는 판결을 내렸다.[572] 동 사건의 쟁점은 '사직강요에 의한 비진의 표시' 등에 대한 것이었으므로 강제성이 강하게 표출되었는지 여부가 중요한 것이었고, 이러한 사태가 아니었으면 사직의 의사가 없었을 상황에서 직·간접적인 사직의 압력과 본인이 아니면 다른 배우자가 정리해고 되어야 하는 상황에서 부부 1인의 명예퇴직은 불가피한 선택으로 비진의 표시가 될 가능성이 크고, 결과적으로 성차별적인 면이 명백함에도 이를 인정하지 않았다는 것은 당시 외환위기 상황에서 국가적으로 처한 현실에 대한 파장을 감안한 것으로 판단된다.

한편, 사내부부의 선택적 해고와 관련하여, 법원[573]은 구조조정의 일환으로 사내부부에 대한 퇴직압력이 있었고, 그 즈음 사내부부 가운데 한 명씩이 사직서를 제출한 사건과 관련하여 법원은 회사의 중간관리자들이 '계속·반복적으로 행한 퇴직 권유 또는 종용행위'는 원고들에 대하여 우월적인 지위에 있는 피고회사의 강요행위라고 인식될 것이어서, 사직서를 제출한 대가로 별도의 이득도 얻지 못한 원고들이 퇴직을 원하는 내용의 사직서를 제출함으로써 표명한 사직 의사는 피고의 강요에 의하여 어쩔 수 없이 이루어진 것으로서 내심의 효과의사 없는 비진의표시라 할 것이고 따라서 이는 의원면직의 외형만을 갖추고 있을 뿐 실질적으로는 피고회사에 의한 해고에 해당하고,[574] 나아가 원고들을 해고할만한 정당한 사유가 있고 정당한 징계절차를 밟아 해고하였다거나 근기법에 따른 정리해고의 요건을 갖추었다는 점에 관하여 피고로부터 아무런 주장·입증이 없으므로 부당하다고 보았다.

---

572) 대법원 2002.11.08. 선고 2002다35379 판결.

573) 대법원 2002.07.21. 선고 2002다19292 판결.

574) 사용자가 근로자로부터 사직서를 제출받고 이를 수리하는 의원면직의 형식을 취하여 근로계약관계를 종료시킨 것이라 할지라도, 사직의 의사가 없는 근로자로 하여금 어쩔 수 없이 사직서를 작성·제출하게 한 경우에는, 실질적으로 사용자의 일방적 의사에 의하여 근로계약관계를 종료시키는 것이어서 해고에 해당한다고 할 것이다(대법원 2001.01.19. 선고 2000다51919, 51926 판결 ; 2002.06.14. 선고 2001두11076 판결 ; 대법원 2005.11.25. 선고 2005다38270 판결).

결국, 부부사원의 해고에서 형식은 선택권을 부여했지만 사실상 일방을 강제하는 경우 이는 어느 일방의 입장을 보더라도 차별의 문제에서 자유로울 수 없으며, 자발적인 사직이 아닌 강제해고에 해당하는 것으로 해고 절차상에도 문제가 있다고 할 것이다. 즉, 계속·반복적인 퇴직권유와 종용행위는 강제성을 가진 것으로 부당한 강제해고에 해당하며, 정리해고과정에서 사내부부 중 1인을 해고대상으로 선정하기로 하고 사전에 희망퇴직을 신청받는 과정에서 1인이 신청을 제출한 경우 나머지 1인은 해고대상에서 제외하는 등의 조치가 수반됨에 따라 희망퇴직과정에서 퇴직 의사가 없었는데도 어쩔 수 없이 조기퇴직신청서를 제출하여 퇴직신청 수리된 것은 의원면직의 형식을 취하였을 뿐 실질적으로는 사용자의 일방적인 의사표시에 의하여 근로계약관계를 종료시키는 것이어서 부당해고에 해당한다고 보아야 하며, 이러한 해고가 정당하기 위해서는 긴박한 경영상의 필요, 해고회피를 위한 상당한 노력, 합리적이고 공정한 기준에 따른 해고대상자 선정, 근로자측과의 성실한 협의 등의 요건을 갖추어야 하는데, 사내부부의 1인을 해고대상자로 선정하는 기준이 합리적인 절차와 합리적인 이유가 있다고 하더라도 자발적 의사에 의한 판단을 막고 희망퇴직이라는 절차를 통하여 직·간접적으로 강제한 것은 실질적인 해고에 해당하므로 정당하지 못하다고 보아야 한다. 즉, 이러한 해고는 정리해고의 절차적 정당성은 물론 성차별적인 차별금지사항에 대한 합리적인 이유 등 이중적인 엄격한 심사가 필요한 사안이라고 할 수 있다.

판례는 의사표시문제로 접근하였으나 해고대상자 사내부부 중 여직원이 퇴직대상 88쌍 중 86명이 되어 결과적으로 대부분의 여성근로자가 해고를 당하게 되었다. 물론, 방법론적으로는 희망퇴직의 형식을 통했지만 자발성이 없고, 강압성이 작용하여 사실상 강제해고와 성차별적인 해고의 문제를 가져와 그 정당성을 인정받지 못하였다. 결국, 해고의 기준으로서 성별에 의한 결정기준은 당연히 차별행위가 된다. 그런데, 부부사원의 경우 정리해고를 하면서 그 중 1인을 강압적인 요소 없이 선택적 또는 자발적으로 퇴직하게 하는 경우에도 문제가 될 수 있다. 통상적으로 부부사원 중 특정한 성을 지정하지 않아도 사업장의 분위기가 여성사원이 퇴직을 선택하게 되는 경우(여성사원이 퇴직할 것이 예견되는 상황)가 많아 이는 곧 성에 의한 차별로 귀결될 수 있기 때문에 '중립적인 기준을 적용해도 결과적으로 여성사원을 차별하게 되는 상황'에 해당하므로 정리해고를 선발하는 기준으로서 정당하다고 할 수 없다.[575] 즉, 중립적 기준이 결과적으로 차별이 발생했다는 것은 표면상으로는 중립적인 기준이지만 결과적으로는 강요된 해고와 효과면에서 달리 볼 것이 아니라고 판단되므로 간접적인 성차별이 된다.

(2) 장애를 이유로 하는 해고

해고 및 퇴직에 있어서의 장애인 차별행위의 유형은 합리적 사유 없이 장애를 이유로 장애인을 해고하거나 강제 퇴직하게 하는 행위, 장애인의 장애를 퇴직사유로 한 단체협약, 취업규칙, 근로계약 등 합리적 사유 없이 이 규정을 근거로 퇴직처분을 하는 행위를 들 수 있는데 특히 업무상 재해로 인하여 장애가 발생한 경우는 특별히 해고처분에서 부당성이 인정될 가능성이 크다.[576] 반면에, 근로자의 귀책사유로 장애를 유발하고 이로 인하여 정상적인 업무수행이 불가능한 경우는 달리 판단할 여지가 있을 것으로 판단된다. 즉, 장애를 이유로 해고를 하거나 퇴직을 강요하거나 직무를 부여하지 않아 사실상 퇴직을 강제하는 경우 차별이 될 가능성이 크지만, 근로자 개인의 귀책사유로 인하여 장애가 발생한 경우 사용자는 대체근로자를 선발하지 않을 경우 정상적인 사업수행이 곤란하게 된다면, 그리고 장애를 이유로 다른 직무로의 직무변경이 불가능한 경우라면 차별여부는 구체적인 사안판단에 따라 달리 볼 여지도 있다고 할 것이다.

원칙적으로 장애인차별금지법에 따라 고용은 물론 모든 사회생활에서의 차별을 금지하면서 장애인에 대한 편의제공의무를 다하지 않는 경우도 차별로 간주되고 있다. 그러므로 장애를 이유로 하는 해고는 그 자체가 차별행위이면서 불법행위가 된다. 그러나 장애로 인하여 정상적인 직무수행이 불가능하다면 장애

---

575) 전윤구, "근로관계에서의 균등대우원칙에 관한 연구", 고려대박사학위논문, 2004, 275~277면.

576) 인권위(09진차490)는 업무상 과로에 따른 뇌출혈로 인해 사지 일부가 마비되어 산재판정을 받은 장애인으로 2년간의 공상휴가를 거쳐 복직하여 근무 중에 있는 근로자를 장애로 인하여 업무수행이 불가능하다는 이유로 직권면직을 하여 차별한 건에 대하여 복직시킬 것을 권고하였다.

보상의 문제는 별개로 하더라도 해고가 불가능한 것인가. 또, 근로자가 업무외의 사유로 사업장 밖에서 장애를 얻고 이를 이유로 정상적인 업무를 수행할 수 없는 경우 해고할 수 있는 것인가. 해고를 할 수 없다면 사용자는 장애인을 고용하여 임금 등의 부담을 가져야 하는 것인가. 장애에 의한 합리적인 보상문제는 별개로 하더라도 이러한 경우 해고가 불가능하다면 사용자에게는 너무 과중한 부담이 될 것이다. 한편으로 장애는 정상적인 업무를 수행할 수 없도록 하여 영업상의 차질을 불러올 수도 있는 등 기업에게는 큰 손실이 될 수도 있다. 즉, 근로관계에서 근로자는 근로제공의무 내지 성실한 직무수행의 의무가 있다. 성실한 직무수행을 위하여는 개인의 건강을 관리하고 정상적인 근로제공이 가능하도록 유지해야 할 의무도 있는 것이므로 근로와 무관하게 발생한 장애는 근로자가 근로제공의무를 성실하게 수행할 준비를 다하지 못한 것이 된다. 그러므로 직무수행과 무관하게 발생한 장애와 개인의 현격한 중과실적 귀책사유로 발생한 장애로 정상적인 직무수행이 불가능한 경우는 합리적인 이유가 있는 해고의 경우에 해당하고 이 경우 해고는 정당성이 있다고 보아야 하고, 장애를 이유로 하는 차별행위라고 할 수는 없을 것이다. 또, 장애로 인하여 정상적인 직무수행이 불가능한 경우라면 업무상 재해로 인한 장애이든 업무 외의 사유로 발생한 장애이든 달리 볼 것은 아니라고 판단된다. 다만, 업무상 재해로 인한 장애의 경우는 특별한 보상의 문제가 수반됨은 관련법령에 의해 보호된다.

한편, 장애로 인하여 당초의 직무는 수행이 불가능하지만 다른 직무는 수행할 수 있는 경우 직무전환을 통한 고용유지는 불가능한 것인가. 장애란 신체적·정신적 손상 또는 기능상실이 장기간에 걸쳐 개인의 일상 또는 사회생활에 상당한 제약을 초래하는 상태를 말한다. 그러므로 재직 중 장애를 당한 근로자의 경우 신체적으로나 정신적인 손상 등 기능상실로 인하여 당초 수행하던 업무를 정상적으로 수행할 수 없지만 대체가능한 수단 즉, 직무전환을 통하여 수용가능성이 있다면 고용을 유지해야 하는가의 의문을 갖게 한다. 일시적인 장애가 아닌 한, 장애는 상당한 기간 또는 영구적으로 기능상실을 초래하는 경우가 일반적인 것이 현실이다. 그러므로 사용자의 입장에서는 대체인력을 투입하여 근로를 시키는 것이 가장 효율적인 방법이 될 것이다. 그럼에도 장애인차별금지법 등의 취지를 고려한다면 직무전환 등 수용가능성이 있다면 우선적으로 이를 고려하여야 하며, 그러한 대체 가능성이 없는 경우라면(업무상재해로 장애가 발생하고 일시보상 등의 조치 후 퇴직처리는 별개로 하더라도) 장애를 이유로 하는 해고도 차별문제라고 할 수단은 없을 것이다. 이러한 가능성은 장애인차별금지법(제4조)에서도 '특정 직무나 사업 수행의 성질상 불가피한 경우' 차별이 가능한 것으로 규정하고 있는 점을 고려할 수 있다.

(3) 종교 활동과 해고

종교 활동에서의 차별문제는 그 사회의 역사·정치·문화 등의 배경을 기반으로 하여 달리 판단될 여지가 있는 사안이다. 우리 헌법은 '종교'를 이유로 하는 차별금지를 규정하고 있다. 이는 자유로운 종교 활동을 보장하고 종교 활동과 관련하여서는 차별이 없어야 한다는 점을 천명한 것이라고 할 수 있다. 결국, 종교를 이유로 근로자에게 퇴직을 강요하거나 해고하는 행위는 차별행위에 해당한다. 사용자에게 과도한 부담을 주지 않음에도 불구하고 종교 활동을 위한 상당한 편의를 제공하지 않는 경우도 종교를 이유로 한 고용영역에서의 차별행위에 해당할 수 있다.577) 우리나라는 고용관련법령에서 명시적으로 종교 활동에 대하여 편의제공의무를 규정하고 있지는 않지만 특정 종교에 대하여는 편의제공을 하면서도 다른 종교에 대하여는 편의제공을 하지 않는 경우는 차별이 될 수 있다. 이때 과도한 부담을 이유로 거부하거나 차이를 두기 위해서 사용자는 편의제공으로 과도한 부담을 안게 됨을 증명하여야 한다.578) 결국, 이러한 편의

577) 미국 종교차별에 관한 가이드라인(EEOC규칙, CFR제29장), 1605.2에서는 자발적 대체근로 종교활동을 위한 편의제공이 필요한 근로자를 대신하여 그와 실질적으로 동일한 자격을 가진 자가 근로하도록 하여야 하고, 종교활동을 위한 편의제공이 필요한 근로자가 근로시간을 탄력적으로 조정하도록 하고(예를 들면 탄력적 출·퇴근시간, 탄력적 휴일제, 탄력적 휴식시간, 점심시간활용, 종교활동으로 사용한 근로시간의 사후보충 허가), 업무변경 등의 경우 편의제공을 제시하고 있다.

578) 미국 종교차별에 관한 가이드라인(EEOC규칙, CFR제29장), 1605.2에서는 최소한의 비용 이상의 부담(① 사용자의 기업규모, ② 업무비용, ③ 편의제공이 필요한 근로자의 숫자 등을 전체적으로 고려하여 평가)이며, 대체근로자에게 정기적으로 상여금을 지급하는 것과 유사한 비용이 소요되는 경우에 과도한 부담으로 해석되나, 대체근로자에게 부정기적으로 상여금을 지급하거나 계속적으로 편의를 제공함으로써 소요되는 비용은 과도한 부담으로 해석하지 않으며 편의제공에 소요되는 행정비용은 비용에 산입하지 않는다.

제공 등의 이행에 대하여 부담을 가지고 해고에서 차별행위를 하는 경우, 종교활동을 이유로 하는 해고는 차별행위가 될 수 있다. 다만, 경향사업체 등 종교적 이유가 고용 내지 해고의 요건이 될 수 있는 점을 고려할 필요가 있다고 할 것이다.

1) 종교의 자유와 개종자의 해고 가능성

종교의 자유는 헌법적인 권리에 해당한다. 즉, 종교의 자유는 특정 종교를 신봉할 자유와 더불어 특정 종교를 갖지 않을 자유(무종교)도 해당된다. 그러므로 종교의 자유는 개종의 자유도 당연히 포함된다고 보아야 한다. 자유로운 개종의 자유가 보장되지 않는다면 종교의 자유가 완전히 보장된 것이라고 할 수는 없을 것이다. 통상 종교단체가 운영하는 경향사업체는 해당 종교를 신봉하는 근로자를 채용하거나 신봉할 것을 전제로 고용하는 것이 일반적이다. 그러나 종교단체의 경향사업체라고 하더라도 해당종교사업의 핵심적이고 본질적인 기능에 해당하는 종사자만이 이를 강제할 수 있으며, 모든 근로자를 강제하는 것은 종교의 자유를 해하는 결과가 될 수 있다. 그렇다면 이러한 경향사업체에서 고용되어 있는 중에 근로자가 해당 종교와 다른 종교로 개종한 경우에, 해당 근로자를 해고할 수 있는가 하는 문제가 있다. 개종의 자유는 누구에게나 인정되는 것이므로 이를 이유로 하는 해고는 문제의 소지가 있다. 그러나 해당종교의 핵심업무(해당 신학과목을 가르치는 교사 등)를 수행하는 사람의 경우는 경향사업체의 특성상 해당 종교를 유지할 것이 요청된다고 볼 수 있으므로 해고 사유가 될 소지가 크다. 그럼에도 불구하고 종교사업의 직접적이고 핵심적인 부분의 범위에 대한 판단은 엄격하게 제한적으로 판단되어야 한다. 너무 넓게 판단하는 경우 종교의 자유를 해하는 결과를 가져올 수도 있기 때문이다.

2) 근로조건과 경향성에 의한 불가피성

특정 종교에 대한 사업을 영위하는 경향사업체의 경우 해당 종교에서 요구하는 특정한 종교행위 내지 활동을 강제할 수 있는가. 이는 사실상 종교행위를 근로조건으로 부여하는 것과 같은 효과를 가져 온다. 종교단체가 설립한 고교에서 학생들에게 선택권이 없이 특정일에 예배행사를 강제하게 하는 것은 문제가 있다는 판결[579]이 있었다. 즉, 종교단체가 운영하는 경향사업은 선택권이 없이 단체 안에 활동하게 된 사람과 자발적인 선택으로 단체 안에서 활동하는 사람을 달리 보아야 한다는 것이다. 전자의 경우는 종교의 자유를 침해하는 것이 명백하다고 할 수 있고, 후자의 경우처럼 자발적인 선택으로 일원이 되었다는 것은 해당 종교의 신봉이나 종교형위에 대하여 성실하게 활동하겠다는 의지를 보였다는 의미로 파악될 수 있다. 그럼에도 불구하고 종교 활동의 핵심적인 직무를 수행하지 않는 사람과 핵심적인 직무를 수행하는 사람이 달리 판단되어야 한다. 앞에서 살펴본 것처럼 종교 단체의 경향성을 갖는 핵심적인 부분에 해당하는 근로자만이 종교적 성향에 의해 통제된다고 보아야 한다. 결국, 경향사업체라고 하더라도 해당근로자의 자발적인 동의하에 핵심직무를 수행하는 근로자에 대하여는 해당 종교의 종교 활동에서 요구되는 행위를 의무적으로 수행할 것을 조건으로 하는 것은 해당 종교의 전파와 유지를 위하여 불가피성이 인정된다고 할 것이다.

3) 종교 활동과 정상적인 직무활동 장애

경향사업체외에도 개별사업장에서 특정 종교를 신봉하는 근로자들이 근무시간 중 종교 활동을 하는 경우, 이러한 종교 활동으로 정상적인 업무수행에 지장을 초래하는 경우에 제재가 가능한가. 사적인 시간에 종교 활동을 하는 것은 문제가 없지만 업무시간에 또는 종교 활동으로 정상적인 업무활동에 지장을 초래한다면 복무규율로서 제재조치가 가능하다고 보아야 한다. 한편, 경향사업체의 경우 타 종교행사를 하는 경우에도 일정한 경우 제재가 가능하다고 해야 할 것이다. 즉, 업무 중 종교 활동으로 직무수행에 지대한 지장을 초래하거나 지대한

579) 종립학교가 고등학교 평준화정책에 따라 학생 자신의 신앙과 무관하게 입학하게 된 학생들을 상대로 종교적 중립성이 유지된 보편적인 교양으로서의 종교교육의 범위를 넘어서서 학교의 설립이념이 된 특정의 종교교리를 전파하는 종파교육 형태의 종교교육을 실시하는 경우에는 그 종교교육의 구체적인 내용과 정도, 종교교육이 일시적인 것인지 아니면 계속적인 것인지 여부, 학생들에게 그러한 종교교육에 관하여 사전에 충분한 설명을 하고 동의를 구하였는지 여부, 종교교육에 대한 학생들의 태도나 학생들이 불이익이 있을 것을 염려하지 아니하고 자유롭게 대체과목을 선택하거나 종교교육에 참여를 거부할 수 있었는지 여부 등의 구체적인 사정을 종합적으로 고려하여 사회공동체의 건전한 상식과 법감정에 비추어 볼 때 용인될 수 있는 한계를 초과한 종교교육이라고 보이는 경우에는 위법성을 인정할 수 있다(대법원 2010.04.22. 선고 2008다38288 전원합의체 판결).

영업방해 내지 손실을 초래하는 경우, 경향사업체의 근로자가 타종교를 신봉하여 해당 경향사업체의 종교를 강하게 비판하는 등 그 파급정도가 커서 다른 종사자들에게 악영향을 끼치는 경우, 사업장 분위기를 위태롭게 하는 등의 경우 일정부분 제재가 가능하다고 보아야 한다. 이는 종교 활동이 기업질서를 해하는 결과가 될 수도 있기 때문에 고려되는 부분이라고 할 수 있다.

(4) 고용형태에 의한 해고

고용형태에 의한 해고에서의 차별은 동종·유사한 업무를 수행하는 정규직에 대비한 기간제근로자 등 비정규직의 차별문제에서 쟁점이 되는데, 법원[580]은 차별적 처우와 관련하여 그 비교대상을 정규직과 기간제 근로자를 비교하였다. 또, 기간제법의 차별금지사항을 인용하면서 차별처우의 전제조건인 '합리적인 이유'와 관련하여, 기간제 근로자를 달리 처우할 필요성이 인정되지 않거나, 달리 처우할 필요성이 인정되더라도 그 방법·정도 등이 적정하지 않은 것을 의미한다고 하면서, 나아가 합리적인 이유가 있는지는 개별 사안에서 문제가 된 불리한 처우의 내용 및 사용자가 불리한 처우의 사유로 삼은 근로자의 고용형태, 업무내용과 범위·권한·책임, 임금 그 밖의 근로조건 등의 결정요소 등을 종합적으로 고려하여 판단하여야 한다고 보고 있다. 결국, 차별적 처우에서 '임금 그 밖의 근로조건'으로 규정하고 있는 점을 감안할 때, 해고도 그 밖의 근로조건에 포함되는 것으로 고용형태를 이유로 하는 합리적인 이유 없는 해고는 차별행위가 된다고 할 것이다. 이러한 법문의 내용은 단시간근로자나 파견근로자도 같은 내용으로 규정하고 있으므로, 개별계약에서 특별히 별도로 정할 정당한 사유가 없는 한, 달리 적용할 여지는 없어 보인다. 고용종료에서의 기간제 등 소위 비정규직의 차별문제는 해고나 정리해고 등에서 정규직에 비하여 우선적으로 해고대상으로 정할 수 있는가 하는 문제가 될 것이다.

우선 정리해고에서의 우선대상선정문제와 관련하여서는 구조조정으로 인한 해고 후 남은 일자리에 대하여 통상근로에 적합한 직무인지 단시간근로자의 활용성이 있는 직무인지를 나누어서 통상근로에만 적합한 경우는 단시간근로자의

580) 대법원 2014.09.24. 선고 2012두2207 판결.

우선해고 정당성이 인정될 가능성도 있다고 보면서 단지 비용절감 등을 위한 경우에는 단시간근로자의 우선적 해고는 합리적인 이유가 없는 차별이라고 보는 견해가 있다.[581] 통상적으로 구조조정은 특정사업의 폐지 내지 사업부서의 폐지 또는 축소 등으로 나타날 수 있어 폐지 내지 축소되는 부분에 적합 대상자를 기준으로 선정하는 것은 합리적인 견해로 보인다. 또, 구조조정으로 인하여 사업 내지 특정사업 부서를 통폐합하지 않고 단지 인력만을 축소하는 경우에는 전 부서 내지 전 사업의 인력감축에서 단시간 등 소위 비정규직을 이유로 우선하여 정리해고 하는 경우는 앞의 견해에서처럼 합리적인 이유가 될 수 없을 것으로 판단된다.

이러한 해고에서의 비정규직 차별과 관련하여 동일한 내용 및 수위의 비위행위를 행한 비교 대상 근로자인 정규직근로자는 '감봉3월' 처분에 그치고, 기간제근로자에게는 가장 중한 '해고' 처분을 한 것은 차이가 과도하여 합리적 이유가 없는 차별적 처우에 해당한다고 노동위는 판단하고 있다.[582] 이 사건에서 노동위는 징계는 직장질서 유지를 위한 사용자의 인사권의 행사로서, 사업장에서 발생한 비위행위의 내용과 경중에 따라 징계의 종류가 적용되는 것으로, 담당업무에 따라 달리 적용될 수 있는 성질이 아니고, 불리한 처우가 비위행위로 인해 발생된 해고 등 징계처분이라면, "동종 또는 유사한 업무"를 엄격하게 해석하지 않고 넓게 해석하여 기간의 정함이 없는 근로자가 "동등한 비위행위"를 행하였는지 여부로 비교 대상 근로자의 존재여부를 판단하는 것이라고 하고 있다. 결국, 이 사건에서 정규직근로자와 기간제근로자는 직장내 성희롱 등 비위행위 관련자로 기간제관리규정, 단체협약, 인사규정 등에서 징계 및 해고에 관한 사항을 명시하여 근로자의 근로관계를 규율하고 있으므로 징계 및 해고에 관한 사항은 차별적 처우 금지 영역에 해당함에도, 이 사건 사용자가 기간제근로자와 정규직근로자의 직장 내 성희롱 수위가 비슷한 사안에 대하여 징계양정을 결정함에 있어 정규직근로자와 다르게 처분을 하는 것은 합리적인 이유가 없다고 판단된다. 다만, 이 사건 사용자가 체육·문화·레저 프로그램 등을 시민에게

581) 박종희 외, "비정규직 차별금지 판단기준 및 운영에 관한 연구", 중앙노동위원회, 2006, 221면.

582) 경기지방노동위원회 2012.07.31. 2012차별 결정.

제공하고 있는 공기업이고, 기간제근로자가 시민들에게 수영을 가르치는 업무를 수행하고 있기 때문에 정규직근로자보다 이 사건 사용자의 대외적 이미지를 훼손하고 앞으로 경영에 지장을 줄 수 있음을 고려할 때 정규직근로자보다 높은 수위의 징계를 할 수 있다 하더라도, 동일한 내용 및 수위의 비위사실에 대하여 고용형태를 이유로 기간제근로자에게는 가장 중한 '해고'처분을 한 것은 과도한 처분으로 같은 징계사유를 달리 판단한 것은 형평에 어긋나는 합리적인 이유가 없는 차별행위라고 할 수 있다.

제 6 장 고용차별에 대한 권리구제

제1절 서 설

고용상 차별의 문제를 구제하거나 다툼에 대하여 조정, 판정, 재판 등의 업무를 수행하는 기관은 고용노동부와 노동위원회, 국가인권위원회, 법원 등이다. 아울러, 헌법재판소의 경우는 직접적인 차별사건을 판단한다기보다는 위헌법률심사나 헌법소원을 통하여 권리구제가 이루어진다. 이 중 고용노동부는 노동정책의 입안 및 집행, 근로감독, 고용상 지도업무를 수행하고, 사안에 따라서는 예규나 지침, 법령의 제·개정, 질의회시 등 포괄적인 고용관련 업무를 수행하는 주무부처이다. 여기에 노동위원회는 고용노동부관할이나 독립적인 준사법적 합의제 행정기관으로 각종 노동분쟁의 조정 및 중재, 차별시정업무 등을 수행한다.

한편, 국가인권위원회는 국가적인 인권문제를 통합적으로 다루는 기관으로 고용상의 차별문제도 사실상 가장 포괄적으로 인권적인 관점에서 다루고 있으며, 시정권고, 차별판단 등의 결정과 이를 입법, 사법, 행정기관의 권고를 통하여 법령적인 보완장치, 집행적인 시정조치 등을 가능하게 하는 중요한 기능을 수행하는 기관이라고 할 수 있다. 고용상 차별문제에 관하여도 가장 체계적인 접근이 이루어지고 있다.

또, 법원은 모든 기관과 사인간의 분쟁의 해결을 위한 최종 귀착점으로서 법원은 차별문제를 형사상의 처벌, 민사상의 손해배상이나 위자료 사건 등의 법률적인 재판을 통하여 고용상의 차별문제를 다루고 있다. 우리나라는 3권 분립의 원칙에 입각하여 실질적으로 모든 분쟁의 최종적인 판단권을 가지는 기관이라고 할 수 있다.

다만, 차별행위를 한 자를 처벌하여 재발하지 못하도록 하여 차별 없는 고용환경을 만드는 것이 최선의 목적이지만 어떠한 기관이나 방법을 통하여 차별행위에 대하여 구제를 받는다고 하더라도 현행 법령이나 제도적인 장치로는 이러한 문제를 제어하는데 완벽하다고 볼 수는 없는 실정이며, 정책적인 과제를 안고 있는 부분이라고 할 수 있다.

현재 고용노동부를 통하여 시행되고 있는 차별시정제도는 기간제법, 파견법에서 새로이 도입된 제도로 차별시정제도는 사용자가 기간제·단시간·파견근로자(이하 통칭 비정규직근로자라고 함)를 무기계약·통상·직접 고용근로자에 비하여 임금 그 밖의 근로조건 등에 있어서 합리적인 이유 없이 불리하게 처우하는 것을 금지하는 제도이며, 현행법은 차별시정요구에 대하여 차별하지 않았다는 사실에 대한 입증책임을 사용자에게 부여하고 있다. 물론, 현행 법령상의 고용상 차별금지를 규정하고 편의제공의무 등을 통하여 차별행위를 억제하는 등의 규정들이나 제도적인 장치들도 모두 차별시정제도의 범위에 해당한다. 차별시정제도의 대상인 차별적 처우란 사용자가 임금 그 밖의 근로조건 등에 있어서 합리적인 이유 없이 불리하게 처우하는 것을 말한다. 이러한 금지대상은 직접적인 차별뿐만이 아니라 간접적인 차별도 포함된다. 즉, 형식적으로는 동일한 근로조건을 적용하지만, 특정 부류의 근로자에게 일방적으로 불리한 처우를 행하는 것도 차별이 될 수 있다는 점이다. 사용자는 근로자가 차별적 처우의 시정신청, 노동위원회에의 참석 및 진술, 재심신청 또는 행정소송의 제기, 시정명령 불이행의 신고 등을 이유로 해고, 그 밖의 불리한 처우를 하지 못한다. 위반시 2년 이하의 징역 또는 1천만원 이하의 벌금에 처해질 수 있다. 아울러, 사용자는 확정된 시정명령을 정당한 이유 없이 이행하지 아니한 경우 1억원 이하의 과태료에 처해질 수 있다.

한편, 소규모 사업장(5인 미만 사업장)은 차별금지법이 적용되지 않는 사안도 있다. 따라서 노동위원회를 통한 권리구제신청을 할 수 없다. 그러나 헌법 제11조와 근기법 제6조에 정해진 바에 따라 차별처우를 받지 않을 고유권리가 있으므로 차별처우를 받는 경우 고용노동부 근로감독과에 진정, 고소, 고발이 가능하며 차별임금에 대한 소급청구를 할 수 있다. 다만 이 경우는 입증책임의 전환이나 고소의 내용에 따르는 무고가능성에 염두를 두어 명백한 증거를 확보하여야 한다.

제 2 절 고용상 차별의 구제제도 외국 입법례

Ⅰ. 미국의 입법례

민권법 706조(g)(1)에 의하면 법원은 위법적인 차별에 대해 해당행위의 금지, 피고용자의 백페이(back pay)부 복직이나 채용을 포함하는 적절한 적극적 시정조치, 그 밖에 법원이 적절하다고 판단되는 모든 형평법상의 구제를 명할 수 있다고 규정하고 있다. 당초 민권법은 징벌적 손해배상제도를 규정하지는 않았으나 1991년 개정시에 도입하였다. 이를 통하여 차별피해자의 적절한 보상과 효과적인 차별억제 및 현존하는 보호의 강화 등을 기할 수 있다고 판단하고 있다. 이후 고용상 차별행위와 관련하여 고용상 연령차별금지법(ADEA), 장애인법(ADA) 등에서 징벌적 손해배상 등 배상제도를 도입하고 있다.

미국의 구제제도의 특징은 고용기회평등위원회(EEOC[1])의 기능과 역할 및 징벌적 손해배상제도를 들 수 있다. 즉, 미국의 고용차별구제절차는 EEOC의 전치주의를 택하고 있어, 고용에 관한 권리를 침해받았다고 생각하는 사람은 법원에 차별소송을 제기하기 전에 EEOC에 구제신청을 하여야 한다. 아울러, 징

1) 민권법 제705조에서는 EEOC설치근거를 규정하면서, 5인의 위원으로 구성하며, 위원회 권한으로 동법에서 규정한 조정 또는 구제 조치에 의한 시행지원, 동법에 의거 피해자에 의해, 정부, 정부 기관 또는 행정기관이 아닌 피고를 상대로 제기된 민사소송에서의 조정 등의 업무를 규정하고 있다. 아울러, 각 기업에 대한 인종별·성별 고용 실태조사를 실시, 위반했을 때에는 직접 연방재판소에 제소할 수 있는 권한을 가지고 있다.

벌적 손해배상제도는 행위자의 악의, 부주의 등에 대한 징벌을 목적으로 하거나 일반인들에게 본보기로 잘못된 행위를 억제하기 위하여 취해지는 실제 손해액을 넘는 손해배상이다. 이는 가해자의 비도덕적이고 무분별한 불법행위에 대한 일종의 제재를 부과하는 것이다.

Ⅱ. 독일의 입법례

독일은 고용상 차별구제를 일반평등대우법(AGG)에 규정하고 있다. 즉 차별금지원칙을 위반한 경우 사용자는 이로 인해 발생한 유형의 손해를 배상할 의무를 부담하고, 취업자는 무형의 손해에 대해서도 사용자에게 금전적 보상을 요구할 수 있다(제15조). 다만, 사용자가 의무위반에 대한 책임이 없는 경우에는 유형의 손해배상책임은 없고, 단체협약이나 경영협정 등에 대한 집단적 합의에 근거한 차별의 경우에는 사용자의 고의 또는 중과실이 있는 경우에만 손해배상책임을 진다. 아울러, AGG는 재산적 손해뿐만 아니라 정신적 손해에 대하여도 청구할 수 있고, 손해배상청구와는 별도로 침해배제를 요구할 수 있다.[2)]

독일에서 고용상 차별구제는 연방차별금지위원회와 노동법원이 담당하고 있다. AGG는 연방차별금지처의 설치근거를 두고 있으나 궁극적인 해결은 노동법원을 통해 이루어진다. 노동법원은 조정과 화해를 통해 분쟁이 해결되도록 노력하는 한편, 재판과 판결로 분쟁이 해결되더라도 신속하면서도 저렴한 비용을 보장하고 있다.

2) AGG 제21조 제1항에서는 "차별을 당한 자는 차별금지에 대한 위반이 있는 경우 손해배상청구와는 별도로 침해의 배제를 요구할 수 있다. 추가적인 침해가 우려되는 경우 차별을 당한 자는 부작위를 청구할 수 있다"라고 규정하고 있다.

제 3 절 국내 차별구제기관별 구제방법

Ⅰ. 헌법재판소

헌법재판소가 차별구제와 관련하여 행하는 제도적인 장치는 위헌법률심사와 헌법소원을 통한 것이다. 기본권인 평등권이 침해된 차별금지위반에 대한 법령의 헌법위반에 대한 위헌법률심사가 그 하나이고, 헌법소원을 통한 구제신청이 그 하나이다.

1. 헌법소원

공권력의 행사 또는 불행사(不行使)로 인하여 헌법상 보장된 기본권을 침해받은 자는 헌법재판소에 헌법소원을 청구할 수 있다. 고용상 차별금지행위를 위반하여 기본권인 평등권이 침해된 경우 이해관계자는 헌법소원을 통하여 구제받을 수 있다. 이러한 헌법소원을 권리구제형 헌법소원이라고 하며, 입법작용, 집행작용(행정작용), 사법작용에 대한 헌법소원으로 나누어지는데 이러한 권리구제형 헌법소원이 본래적 의미의 헌법소원으로 볼 수 있다. 한편, 위헌법률심판의 제청이 법원에 의하여 기각된 경우에 제청신청을 한 당사자가 청구하는 헌법소원을 위헌심사형 헌법소원이라고 한다.

결국, 공권력의 행사 또는 불행사로 인하여 헌법상 보장된 기본권이 침해된 모든 국민은 헌법소원을 청구할 수 있고(침해사유가 발생하였음을 안 날로부터 90일 이내에, 사유가 발생한 날로부터 1년 이내에 청구하여야 한다. 다만, 위헌심사형 헌법소원은 위헌법률심판의 제청신청이 기각된 날로부터 30일 이내에 청구하여야 한다), 이러한 청구에 대하여 헌법재판소의 결정이 내려지면 권리구제를 받을 수 있다. 다만, 입법부작위 헌법소원은 제한적으로만 인정하는 것이 일반적이라고 할 수 있다.[3)]

2. 위헌법률심사

우리 헌법은 법률이 헌법에 위반되는 여부가 재판의 전제가 된 경우[4]에는 법원은 헌법재판소에 제청하여 그 심판에 의하여 재판한다(제107조)고 규정하고 있다. 차별처우를 받은 개인에게는 직접적이지는 않지만 각각의 법령상에 규정된 차별금지사항을 위반하여 평등권위반의 근거된 사건에서 법원을 통한 구제를 신청하고 법원이 당해사건의 문제가 된 법률규정을 대상으로 위헌법률심사를 청구할 수 있으므로 간접적으로 위헌법률심사를 통한 구제도 가능하다고 보아야 한다. 물론 법원은 직권으로 재판의 전제가 된 법률의 위헌법률심사를 신청할 수 있고, 이러한 신청에 따라 위헌법률판정이 내려지면 해당 법률조항 등에 따라 권리가 침해된 개인 등은 권리구제를 받을 수 있다. 특히 헌법재판소의 결정은 국민의 기본권을 보장하는 기능을 함으로써 이후 법률조항의 적용 및 해석에서, 그리고 법원의 재판 등에서 그 기속력을 가지며, 입법권을 가지는 국회도 해당법률의 위헌여부가 결정되면 이를 폐지 내지 개정을 하여야 하므로 궁극적으로 권리침해에 대한 권리구제를 받을 수 있다.[5]

3) 입법부작위에 대한 헌법소원은 헌법에서 기본권보장을 위하여 법령에 명시적인 입법위임을 하였음에도 입법자가 상당한 기간 내에 이를 이행하지 아니한 경우이거나 헌법해석상 특정인에게 구체적인 기본권이 생겨 이를 보장하기 위한 국가의 행위의무 내지 보호의무가 발생하였음이 명백함에도 불구하고 입법자가 아무런 입법조치를 취하지 아니한 경우에 한하여만 허용된다고 보는 것이 헌법재판소의 확립된 판례이다(헌법재판소 2016.10.11. 2016헌마833 결정 등).

4) 법원이 어느 법률의 위헌 여부의 심판을 제청하기 위해서는 해당 법률이 헌법에 위반되는지가 재판을 하기 위한 전제가 되어야 하고, 여기에서 재판의 전제가 된다는 것은 위헌 여부가 문제되는 법률이 법원에 계속 중인 해당 사건의 재판에 적용되고, 그 법률이 헌법에 위반되는지에 따라 해당 사건을 담당하는 법원이 다른 판단을 하게 되는 경우를 말한다(대법원 2015.10.15. 선고 2015아69 판결).

5) 제대군인지원에관한법률 제8조 제1항 등 위헌확인사건에서 헌법재판소는 제대군인에게 가산점을 규정한 동 법률의 규정은 헌법에서 이러한 가산점을 부여하도록 규정한 근거도 없고, 가산점으로 인하여 불이익을 받게 되는 대다수의 여성, 장애인 등 차별로 인하여 불이익을 받게 되는 대상이 큰 점 등을 들어 위헌결정이 내려졌고, 이로 인하여 동 법률조항은 효력을 상실하여 여성 등의 평등권침해에 대한 권리구제가 되었다고 볼 수 있다(헌법재판소 1999.12.23. 98헌마363 결정). 그러나 국가유공자 가산점제도와 관련하여 헌법재판소는 헌법 제32조 제6항은 "국가유공자·상이군경 및 전몰군경의 유가족은 법률이 정하는 바에 의하여 우선적으로 근로의 기회를 부여받는다."라고 규정하여 근로기회의 부여에 있어 국가유공자 등을 우대해야 할 헌법적 의무를 입법자에게 부과하고 있다. 그러나 입법자는 위 헌법규정에서 명시하고 있는 대상에 대해서뿐만 아니라 보호대상으로 명시하고

Ⅱ. 법원

1. 법원을 통한 권리구제의 의의

법원[6])을 통한 차별시정 등의 문제는 노동위 결정 등에 대한 행정소송[7]), 차별조치에 대한 위자료 등 손해배상 소송, 해고에 따른 근로자지위확인 소송 등으로 진행된다고 할 수 있는데, 이러한 절차에서 행정소송은 조정 등의 결정주체가 노동위원회로서 행정기관이기 때문이다. 또 이러한 행정기관의 결정 이외에도 별도로 법원에 직접[8]) 소송을 제기할 수 있는데 이러한 경우 민사소송절차가 일반적일 것이나 벌칙규정에 따라 벌금형이나 징역형이 부과된 경우 형사벌에 해당하므로 형사소송의 절차에 의한 경우도 가능할 것이다. 결국 법원을 통한 권리구제는 현실적인 권리구제의 확정적 효력을 가지며, 법원은 실질적인 권리구제의 기능을 갖는다고 할 것이다.

있지 않은 자에 대해서도 위 조항 및 헌법 전문에 나타난 대한민국의 건국이념 등을 고려하여 국가보훈적 예우가 필요하다고 판단되는 경우 이들을 특별히 배려하는 입법을 할 수 있으며, 그것이 현저히 자의적인 경우가 아니라면 평등권 침해라고 보기 어렵다고 판단하였다(헌법재판소 2016.09.29. 2014헌마541 결정).

6) 법원은 파견법에 따라 직접고용간주 근로자의 차별적인 근로조건의 적용사건과 관련하여, 사용사업주가 2년을 초과하여 계속적으로 파견근로자를 사용함으로써 해당 파견근로자를 직접 고용하여야 할 경우의 근로조건에 관하여 '사용사업주의 근로자 중 해당 파견근로자와 동종 또는 유사업무를 수행하는 근로자가 있는 경우 그 근로자에게 적용되는 취업규칙 등에서 정하는 근로조건'에 의하도록 규정하고 있는데, 이는 사용사업주와 직접고용관계를 맺게 된 모든 파견근로자에게 해석상 응당 적용되어야 할 근로조건을 다시금 확인하는 차원에서 명시한 것으로 보일 뿐 새삼스레 그 근로조건을 기존보다 상향하여 설정하기 위한 것이라고 하기는 어려운 점 등을 종합하여 보면, 직접고용간주 규정에 따라 사용사업주가 직접 고용한 것으로 간주되는 파견근로자의 근로조건은 사용사업주의 근로자 중 해당 파견근로자와 동종 또는 유사업무를 수행하는 근로자가 있을 경우 그 근로자에게 적용되는 취업규칙 등에서 정한 근로조건과 동일하다고 보는 것이 타당하다고 판단하였다(대법원 2016.01.14. 선고 2013다74592 판결).

7) 대법원 2014.11.27. 선고 2011두5391 판결 등.

8) 대법원 2015.10.29. 선고 2013다1051 판결 등.

2. 구제절차

(1) 신청권자 및 신청시기

불이익처분 및 차별시정 등을 이유로 법원을 통하여 신청할 수 있는 자(원고 또는 소의이익이 있는 자)는 불이익 취급이나 차별대우를 받은 근로자 등이다. 또, 소의 제기시기는 불이익처분이나 차별대우를 받은 때이다. 물론 중노위의 결정에 대하여 행정법원에 소제기를 하는 경우 중노위의 결정이 있은 날로부터 2주이지만 일반적으로 법원에 직접 소송을 제기하는 경우는 실효의 원칙이 적용되는 기간이전에는 하여야 한다.

(2) 청구의 형태

1) 가처분

노동관련 소송에서는 가처분이 많이 활용되고 있는데, 가처분은 피보전권리(보전하여야 할 권리)의 존재가 인정되고, 긴급한 필요성이 있는 경우에 허용되는 신속한 절차이므로, 유동적인 노사관계의 성격상 널리 이용될 수 있는 절차이다. 근로자 또는 노동조합이 사용자를 상대로 하여 제기할 수 있는 가처분에는 해고 등을 다투는 지위보전가처분, 임금지급가처분, 단체협약의 효력정지가처분, 단체교섭 응낙가처분, 조합사무실 등의 출입방해금지가처분 등을 들 수 있다. 반대로 사용자는 사업장 출입금지가처분, 단체행동금지가처분, 업무방해금지가처분, 유인물 등 배포금지가처분 등을 신청할 수 있다.

가처분이 제대로 활용되면 좋을 것이나, 노동관계의 특성상 실제에 있어서는 본안소송과 같이 심리를 진행할 수밖에 없는 사정도 있다. 하지만, 심리기간이 길어져 가처분제도가 가진 신속한 구제수단으로서의 실효성을 상실하게 하거나, 반대로 사용자의 출입금지 등의 가처분은 쉽게 받아들여, 그로써 사회경제적으로 약자의 지위에 있는 근로자와 노동조합에는 많은 타격을 주는 결과를 낳기도 한다.

2) 본안소송

불이익 취급 등(차별규정위반에 대한 불이익처우의 원상회복, 근로자지위확인,

손해배상 등)의 부당노동행위에 대하여 근로자와 노동조합은 구체적으로 행한 불이익 처분 무효의 소(부당노동행위구제심판),[9] 처분의 효력을 다투어 노동계약상의 권리의 존재확인을 구하는 소, 무효나 존재확인으로서 발생하는 임금지급 청구의 소, 부당노동행위가 불법행위에 해당하므로 손해배상 청구의 소 등을 제기하게 된다. 사용자의 경우 주로 명예훼손, 업무방해, 기물파손 등에 대해 노동조합이나 임원, 조합원에게 손해배상을 청구하여 조합비·재산 등에 압류 절차를 진행하는 경우가 많다. 일반적으로는 위 가처분의 본안화 현상이 두드려져, 분쟁이 본안소송으로 가지 않은 상태에서 종결되는 경우가 많다. 소송이 진행되면 주로 민사소송절차에 따라 진행하게 된다.

(3) 소의이익

중앙노동위원회의 판정에 대해 행정법원에 취소소송을 제기할 수 있는데, 이때 역시 소의이익이 문제가 된다. 중앙노동위원회 판정 후 사정의 변화에 따라 그 취소소송을 한다 하더라도, 그 판정의 실현이 무의미하거나 불능으로 된 때에는 판정의 당부에 대한 실체적 판단에 앞서, 취소를 구할 법률상의 이익이 없게 되어 소의이익이 없으므로 취소소송이 각하된다. 예를 들면 해고를 한 회사가 실질적으로 폐업을 하게 되어 복귀할 회사가 없어진 이상 구제신청의 이익이 없게 된다.[10] 구제이익[11]이나 소의 이익은 실질적인 내용은 같다 할 것이고, 다만 그것이 문제되는 시기가 구제절차냐 소송절차냐의 문제일 뿐이다.

---

9) 대법원 2011.07.28. 선고 2009두9574 판결.

10) 질병근로자들이 노동조합을 결성하고 원고를 조합장으로 선출하여 단체교섭을 요구하자 병원경영자가 노동조합을 혐오하여 위 병원을 폐업하고 원고를 비롯한 노동자를 모두 해고한 것이고 위장폐업이 아니라면, 그 사업체를 폐업함으로써 원고가 복귀할 사업체가 없어진 이상 원고의 부당노동행위 구제신청은 실익이 없게 되었다고 판시한 바 있다(대법원 1990.02.27. 선고 89누6501 판결).

11) 근로자가 부당해고 구제신청을 하여 해고의 효력을 다투던 중 근로계약기간의 만료 등으로 근로관계가 종료하였다면 근로자로서는 해고기간 중의 지급받지 못한 임금을 지급받기 위한 필요가 있다고 하더라도 이는 임금청구소송 등 민사소송절차를 통하여 해결될 수 있어 더 이상 구제절차를 유지할 필요가 없게 되었으므로 구제이익은 소멸한다고 보아야 한다(대법원 2012.06.28. 선고 2012두4036 판결).

(4) 위법성의 판단시점

위법성의 판단시점은 처분시의 상태를 기준으로 하여야 할 것이므로, 노동위원회는 사용자의 처분시를 기준으로 하여 위법성을 판단하고, 법원은 피고인 중앙노동위원회 판정시[12]를 기준으로 처분의 위법성을 판단하게 되나, 그 취소를 구할 법률상의 이익에 관해서는 특히 앞서와 같이 변화된 사정이 있는 경우 그 판단시점[13]을 기준으로 한다.

(5) 구제이익 또는 소의 이익과 관련한 판단

구제이익 또는 소의 이익이 문제되는 사례를 보면, 구제절차의 진행 중에 퇴직 등으로 계약관계가 종료된 경우[14]에 있어서, 사직원을 제출하여 계약관계가 종료되었다면 이후 해고의 정당성 판단 여하에 따라 이미 사용자로부터 지급받은 임금을 부당이득으로 반환하여야 하는 의무의 존부가 결정되므로 이를 면하기 위한 필요가 있거나, 퇴직금 산정시 해고기간을 합산할 이유가 있다고 하더라도 그러한 이익은 민사소송을 통해 하여야 할 것이지 중앙노동위원회의 판정을 다툴 소의 이익은 없다[15]고 하였고, 폐업을 한 경우에 복귀할 사업장이 없으므로 부당노동행위 구제신청의 이익이 없고[16] 단체교섭 거부를 이유로 한 구제신청에서 이후 교섭이 타결된 경우 소의 이익이 없다[17]고 판단하고 있다. 반면에, 사용자의 소의 이익과 관련하여서는, 구제명령을 이행한 후에 취소소송을 제기하는 경우 구제명령의 이행은 공법상의 의무(행정기관(노동위원회)의 구제명령을 따를 의무)를 이행한 것에 불과한 것이므로 취소를 구할 소의 이익이 있고[18] 계약관계가 종료되었다 하더라도 임금지급명령을 따를 공법상의 의무가 있다 할 것이므로 이를 면하기 위하여 취소를 구할 소의 이익이 있다.[19]

---

12) 중앙노동위원회의 판정을 행정처분으로 보므로 이때가 처분시가 된다.

13) 법원은 사실심인 2심법원의 변론종결시점을 판단시점으로 본다.

14) 근로자가 부당해고 구제신청을 하여 해고의 효력을 다투던 중 근로계약의 만료 등으로 근로관계가 종료한 경우에는 구제이익이 없다고 보고 있다(대법원 2012.06.28. 선고 2012두4036 판결 ; 대법원 2012.05.24. 선고2010두917 판결).

15) 대법원, 1997.07.08. 선고 96누5987 판결.

16) 대법원 1990.02.27. 선고 89누6501 판결 ; 대법원 1991.12.24. 선고 91누2762 판결.

17) 대법원 1995.03.10. 선고 94누3209 판결.

18) 대법원 1996.04.23. 선고 95다53102 판결.

법원의 판결에서 나타나는 구제이익[20] 등의 판단에 대해서, 퇴직 등으로 원직복귀명령은 불가능하다 하더라도 임금지급명령을 받을 필요성은 있고, 폐업이 되었다 하더라도 보상문제 등과 관련이 있을 수도 있으며, 조업재개 요구나 동일한 회사에 고용을 요구할 수도 있거나 폐업기간 동안의 임금지급 의무를 확인할 수 있고, 또한 이로 인한 정신적인 피해 배상을 청구할 권리가 있다고 할 수 있을 뿐만 아니라, 단체교섭이 타결되었다 하더라도 추후 그와 같은 행위를 하지 않을 부작위 명령을 받거나 사과문 게시명령을 구할 이익이 있을 수 있고, 지배개입 역시 재발 방지를 위한 명령을 구할 이익이 있다고 할 수 있다. 사용자의 경우 위와 같이 구제이익 등이 넓게 인정되고 있으므로 근로자의 경우도 마찬가지로 인정해야 할 것이고, 또한 부당노동행위의 행정구제절차의 특수성(준사법적인 합의제 행정기관인 노동위원회를 통해 신속한 구제)에 비추어 하나의 절차 내에서 분쟁을 간명하게 해결하는 것이 타당하다고 보아야 한다.

(6) 구제명령 및 그 내용

구제명령은 대체로 신청인의 신청취지(구제신청서에 기입하는 구제의 내용)에 따르게 되는데, 신청이유, 즉 신청취지를 받아들여야 한다는 주장(이유)에 대하여 심리한 다음, 그 주장이 이유 있다고 판단되면, 신청취지에 따라 구제명령을 하게 된다. 반대로, 그 주장이 이유 없다고 판단되면, 구제신청을 기각하는 결정을 하고, 또한 구제이익이 없다거나, 신청기간을 지나쳐 버린 경우, 신청인 또는 피신청인 적격이 없는 경우 등에 있어서는 각하하는 결정을 하게 된다.

구제명령은 대체로 신청취지에 따르게 되나, 구제신청서에는 신청취지, 신청이유 등을 기재하여야 하는데, 이 때 신청취지는 민사소송에서처럼 엄격히 할 것은 아니고, 신청의 전체 취지로 보아 어떠한 구제를 구하고 있는지 알 수 있을 정도면 되고, 노동위원회는 재량에 의해 신청하고 있는 구체적인 사실에 대응하여 적정한 구제를 할 수 있는 것으로 구제 내용이 구체적으로 특정되지 않

19) 대법원 1993.04.27. 선고 92누13196 판결 ; 대법원 1994.04.29. 선고 93누16680 판결.

20) 법원은 근로계약기간이 만료하였다는 이유만으로 기간제근로자가 차별적 처우의 시정을 구할 시정이익이 소멸하였다고 볼 수 없다고 판단하였다(대법원 2016.12.01. 선고 2014두43288 판결).

았다고 하더라도 부당노동행위 또는 정당한 이유 없는 해고 등을 구성하는 구체적인 사실을 주장하고 있다면, 그에 관한 구제신청도 하고 있는 것으로 보아야 한다.[21] 즉, 적당한 구제명령을 할 수 있고, 반드시 신청취지만의 구제명령을 하는 것은 아니다.

일반적인 구제명령의 내용은 차별 내지 불이익취급에 대한 구제명령은 불이익취급으로부터 원상회복명령(예를 들면, 해고의 경우 원직복직 등)과 소급임금지급명령(불이익취급이 없었다면 얻을 수 있는 임금상당액)을 하게 된다.[22] 아울러, 소급임금지급명령에서 말하는 임금상당액의 액수는 통상임금에 한할 것이 아니라 할 것이고, 평균임금에 포함할 수 있는 모든 임금이 포함된다.[23] 따라서 상여금이 임금으로 볼 수 있다면 상여금 역시 포함된다 할 것이다. 시간외근로수당, 야간근로수당, 휴일근로수당 등 법정수당도 실제로 그렇게 지급 받을 수 있다고 보이는 사정(그 동안 그러한 수당을 받아왔고, 해고된 기간에도 그러한 사유로 다른 근로자들이 수당을 받아온 사정 등)이 있다면, 그 상당액을 지급받을 수 있다.[24] 연월차휴가근로수당의 경우에도 지급 받을 수 있다는 사정(회사가 휴가 대신 휴가수당을 지급하는 관행이 있었고, 그 동안 그렇게 해온 경우 등)이 있는 경우 지급 받을 수 있다. 호봉승급이 예상되거나 임금인상이 있거나 하는 사정이 있다면, 그 때 역시 지급청구를 할 수 있다.[25] 다만, 그 해고기간이 무급휴직 등과 겹친 경우 무급휴직의 사유가 해고와 관련이 있어, 무효가 되지 않는 이상 그 기간 동안에는 임금이 지급되지 않는다고 보아야 한다.[26]

21) 대법원 1999.05.11. 선고 98두9233 판결.

22) 반조합계약의 경우 그 계약에 의해 불이익을 받은 경우, 위 불이익취급과 같은 명령을 하게 되고, 단체교섭거부의 경우는 단체교섭에 임하라거나 단체교섭에 성실히 임한다는 취지의 게시문을 공고하라거나 하는 명령을 하게 되고, 지배개입의 경우는 지배개입을 하지 말라거나 사과문을 게시하라거나 앞으로도 그런 행위는 하지 말라거나 그러한 뜻을 게시하라거나 하는 등의 명령을 하게 된다.

23) 대법원 1993.12.21. 선고 93다11463 판결.

24) 대법원 1992.12.08. 선고 92다39860 판결.

25) 대법원 1993.09.24. 선고 93다21736 판결.

26) 대법원 1994.09.13. 선고 93다50017 판결 ; 대법원 1994.10.25. 선고 94다25889 판결.

3. 판결의 구속력

(1) 당사자

소송의 당사자는 원고와 피고 및 이해관계자가 된다. 그러나 고용현장에서의 당사자는 주로 사용자, 근로자, 노동조합, 사용자단체 등 크게 네 가지 부류로 구성되어 있다. 특히 사용자와 근로자가 중심이 되고 있으며 노동조합이 없는 경우는 개별근로자와 사용자가 고용상 분쟁의 양 당사자가 된다. 이러한 당사자는 법원의 판결이 확정되면 이에 따라야 할 의무가 있고, 이를 위반하는 것은 곧 법률을 위반하는 결과가 된다. 즉, 소송의 당사자는 법원의 판결에 대하여 구속을 받게 되는 것이다. 만일 법원의 판결이 소송의 양당사자에게 구속력이 없다면 이는 재판을 할 필요가 없는 것과 마찬가지인 것이다. 그러므로 법원의 판결에 따라 가집행 등 집행절차를 취할 수 있으며 재산상의 보전조치가 가능하다. 물론 일정한 경우 추가적인 법원의 판결이 필요한 경우도 있다. 그러나 사건의 핵심이 된 내용에 대하여는 집행구속력을 가진다고 보아야 한다.

(2) 행정기관

법원의 판결이 성문헌법이 아니므로 원칙적으로 당사자를 제외한 제3자는 구속력이 없다. 다만, 중앙노동위원회의 결정에 대하여 불복하여 행정소송을 제기한 결과 법원에서 종국결정이 내려지지만 이 사건의 피고인 중앙노동위원회(중앙노동위원회위원장)는 그 판결에 따라야 한다. 그러므로 모든 행정기관이 따라야 하는 것은 아니지만 당해 행정기관은 이에 따라야 하는 구속력을 가진다. 또, 선결례원칙에 따라 유사한 사건의 경우 유사한 판단이 가능하므로 유사한 다른 사건의 당해 기관은 당해 사건에서 선결례를 인용하여 구속할 수 있을 것이다.

Ⅲ. 국가인권위원회

1. 인권위를 통한 권리구제의 의의

인권위법 제1조(목적)에서는 모든 개인이 가지는 불가침의 기본적 인권을 보호하고 그 수준을 향상시킴으로써 인간으로서의 존엄과 가치를 구현하고 민주적 기본질서의 확립에 이바지함을 목적으로 한다고 동법의 목적을 천명하고 있다. 또, 동법 제2조(정의) 제4호에서는 평등권침해의 차별행위라 함은 합리적인 이유 없이 성별, 종교, 장애, 나이, 사회적 신분, 출신지역(출생지, 등록기준지, 성년이 되기 전의 주된 거주지역 등을 말한다), 출신국가, 출신민족, 용모 등 신체조건, 기혼·미혼·별거·이혼·사별·재혼·사실혼 등 혼인 여부, 임신 또는 출산, 가족형태 또는 가족상황, 인종, 피부색, 사상 또는 정치적 의견, 형의 효력이 실효된 전과, 성적(性的) 지향, 학력, 병력(病歷) 등을 이유로 한 고용(모집, 채용, 교육, 배치, 승진, 임금 및 임금 외의 금품 지급, 자금의 융자, 정년, 퇴직, 해고 등을 포함한다)과 관련하여 특정한 사람을 우대·배제·구별하거나 불리하게 대우하는 행위를 말한다고 규정하고 있다.

고용노동부와 노동위가 고용상의 문제에서 차별문제를 다루는 데 비하여 인권위는 모든 국가행위와 사회일반의 차별행위를 다루는 국내의 유일한 기관이라고 할 수 있다. 이를 성실히 수행할 수 있도록 하기 위하여 동법 제3조에서는 그 독립성을 천명하고 있다.

인권위를 통한 차별행위에 대한 권리구제의 의의는 무엇보다도 사회 모든 분야에 대한 차별문제를 다루고 있다는 점이다. 고용부분에만 국한하여 본다고 하더라도 개별 고용관련법령이 해당 법률의 목적에 부합하는 차별사유만을 이유로 하는 차별문제를 다루는데 비하여 인권위는 고용과 관련한 모든 부분에 대한 차별문제를 가장 포괄적으로 다루고 있다는 점이다. 다만, 인권위의 결정이나 권고는 직접적인 강제력 내지 집행력을 가지지 못하는 한계[27]가 있다. 즉,

27) 국가인권위원회법 제19조(업무)에서는 위원회의 업무로, 인권에 관한 법령(입법과정 중에 있는 법령안을 포함한다)·제도·정책·관행의 조사와 연구 및 그 개선이 필요한 사항에 관한 권고 또는 의견의 표명, 인권침해행위에 대한 조사와 구제, 차별행위에 대한 조사와 구제, 인권상황에 대한 실태 조사, 인권에 관한 교육 및 홍보, 인권침해의 유형, 판단기준 및 그 예방 조치 등에 관한 지침의 제시 및 권고, 국제인권조약 가입 및 그 조약의 이행에 관한 연구와 권고 또는 의견의 표명, 인권의 옹호와 신장을 위하여 활동하는 단체 및 개인과의 협력, 인권과 관련된 국제기구 및 외국 인권기구와의 교류·협력, 그 밖에 인권의 보장과 향상을 위하여 필요하다고 인정하는 사항으로 규정하고 있다. 그러나 동법 제44조(구제조치 등의 권고)에서는 위원회가 진정을 조사한 결과 인권침해나 차별행위가 일어났다고 판단할 때에는 피진정인, 그 소속 기관·단체 또는 감독기관(이하 "소속기관등"이라 한다)의 장에게 "구제조치의 이행, 법령·제도·정책·관행의 시정 또는 개선"의

인권위의 판단과 권고는 법원이나 노동위의 판단처럼 직접적인 집행력을 갖지 못하고, 입법이나 행정, 사법 등의 해당기관이 집행하는 법령 등의 행위에 권고적으로 작용하여 기존의 법령 및 제도 개선, 새로운 정책에의 반영 등에 간접적으로 작용한다고 보아야 한다. 그럼에도 불구하고 인권위의 결정이 다른 판정기관의 참고가 될 수 있고, 집행기관 등의 정책적인 판단에 영향을 미칠 수 있으므로 차별을 시정하고 평등을 촉진하는 매우 중요하고도 의미 있는 것이라고 할 수 있다. 이러한 집행력을 보완하기 위하여 차별금지법안[28]이 발의되었으나 회기도과로 폐기됨에 따라 아쉬움을 남기고 있다. 그러나 폐기 후에도 여러 차례 차별금지법안이 보완되어 발의되고 있는 점은 향후 인권위의 역할과 차별구제제도의 실효성 확보에 중요한 기준이 될 것으로 판단된다.

사항을 권고할 수 있다고 규정하여 그 집행의 실행력이 강하게 담보되지 못하는 한계를 가지고 있다.

28) 차별금지법안은 헌법의 평등이념에 따라 성별, 연령, 인종, 피부색, 출신민족, 출신지역, 장애, 신체조건, 종교, 정치적 또는 그 밖의 의견, 혼인, 임신, 사회적 신분 등을 이유로 한 정치적·경제적·사회적·문화적 생활의 모든 영역에서 합리적인 이유 없는 차별을 금지·예방하고 불합리한 차별로 인한 피해를 구제하기 위한 기본법으로서의 의도하에 법안이 마련되었는데 주요 내용에서 차별행위에 대하여 구제 효과를 높이고자 하였다. 안 제28조 및 제29조에서는 차별에 대한 구제 조치로 불합리한 차별로 인한 피해자가 권리구제를 위하여 취할 수 있는 조치를 명확히 하고, 특히 법원이 차별시정을 위한 적극적인 조치를 명할 수 있도록 할 필요에 따라 차별행위의 피해자 또는 그 사실을 알고 있는 사람이나 단체가 국가인권위원회에 진정을 제기할 수 있음을 명시하는 한편, 법원이 피해자의 청구에 따라 차별의 중지 등 그 시정을 위한 적극적 조치 및 손해배상 등의 판결을 할 수 있도록 하여 차별 관련 구제절차가 활성화되고, 특히 법원이 손해배상 외에도 개별적인 사건에서 적절한 차별시정을 할 수 있게 됨으로써 차별피해에 대한 효과적 구제가 가능하도록 하였고, 안 제30조 및 제31조에서는 입증책임의 배분과 관련하여 차별행위의 피해주장자와 그 상대방이 가지고 있는 정보 및 정보에 대한 접근성의 차이로 차별의 입증이 곤란함을 고려하여 차별행위의 피해주장자의 입증 부담을 완화할 필요에 따라 차별행위에 고의 또는 과실이 없었음에 대한 입증책임은 차별행위자가 부담하도록 하고, 재산상 손해 및 손해액의 입증에 관한 특례를 규정함과 아울러 차별이 있었다는 사실의 입증책임은 차별을 받았다고 주장하는 자가, 이 법에서 금지한 차별이 아니라거나 정당한 사유가 있었다는 점의 입증책임은 차별을 받았다고 주장하는 자의 상대방이 부담하도록 하여 차별행위의 피해자의 입증 부담을 경감하여 차별피해에 대한 효과적인 구제에 기여할 수 있도록 하였다. 이러한 법안의 내용은 차별행위에 대한 권리구제제도에서 고려되어야 할 것으로 판단된다.

2. 구제절차 및 방법

(1) 구제절차

위원회는 직권으로 인권침해의 소지가 있는 경우 조사할 수 있고, 관계기관 등에 권고 등의 조치를 할 수 있으며, 한편으로는 차별을 당했다고 하는 진정인의 진정에 의하여 조사심문 등에 착수하는 신청접수주의도 병행하고 있다. 위원회는 진정이 접수되면 관계기관에 자료제출을 요청하고 사실조회 및 청문회를 열어 심문하고 시설의 방문조사 등을 통하여 현장실사를 할 수 있고, 질문 및 검사권을 행사할 수 있으며, 수사기관과 협조를 할 수 있다. 조사 및 심문과정에서 이해관계인의 의견진술을 청취하고, 법령 등을 검토하여 조정위원회 등 위원회에 상정하면 협의하여 결정을 내리게 된다.

(2) 조정 및 결정 등 절차

위원회는 차별행위상담 등 진정이 접수되면 진정을 조사한 결과 진정의 내용이 사실이 아님이 명백하거나, 사실이라고 인정할 만한 객관적인 증거가 없는 경우, 조사결과 인권침해나 차별행위에 해당하지 아니하는 경우, 이미 피해회복이 이루어지는 등으로 별도의 구제조치가 필요하지 아니하다고 인정하는 경우에는 그 진정을 '기각'[29]하고, 이 경우 위원회는 진정의 당사자에게 그 결과와 이유를 통보하여야 한다. 위원회는 조사 중이거나 조사가 끝난 진정에 대하여 사건의 공정한 해결을 위하여 필요한 구제조치를 당사자에게 제시하고 합의를 '권고'[30]할 수 있다. 또, 조정위원회는 인권침해나 차별행위와 관련하여 당사자

---

29) 국가인권위원회 소속 조사관이 학교를 방문하여 피해자를 조사하는 과정에서 진정취하서를 작성·교부받은 사실은 인정되나 위 조사관의 행위는 국가인권위원회법상의 현장조사·진술청취·합의권고 규정에 따른 것이며, 그 작성 당시 피해자는 만 16세 5개월의 고등학생이었으므로 이러한 연령과 지식수준의 피해자가 작성한 진정취하서는 유효하다고 할 것이다. 그렇다면 국가인권위원회가 위 진정취하 과정에서 있었던 소속 조사관의 행위가 인권침해에 해당하지 아니한다고 판단하여 진정 기각결정을 한 것은 자의적인 공권력 행사로 보기 어려워 청구인의 기본권을 침해하지 아니한다(헌법재판소 2012.07.26. 2011헌마829 결정(전원재판부)).

30) 피진정인이 임용예정직에 상응하는 전문지식을 가진 사람을 임용한다는 취지에서 실시하는 경찰행정학과 특별채용의 응시자격을 정함에 있어, 「고등교육법」에 따른 전문대학 또는 대학에서 경찰행정학 전공이수로 인정될 수 있는 과목을 이수한 자로만 한정하고, 학점은

의 신청이나 위원회의 직권으로 조정위원회에 회부된 진정에 대하여 조정절차를 시작할 수 있으며, 조정[31]은 조정절차의 개시 이후 당사자가 합의한 사항을 조정서에 기재한 후 당사자가 기명날인하고 조정위원회가 이를 확인함으로써 성립한다.

한편, 조정위원회는 조정절차 중에 당사자사이에 합의가 이루어지지 않는 경우 사건의 공정한 해결을 위하여 조정에 갈음하는 결정을 할 수 있다. 이 경우 결정에는 조사대상 인권침해나 차별행위의 중지, 원상회복·손해배상 그 밖의 필요한 구제조치, 동일 또는 유사한 인권침해나 차별행위의 재발을 방지하기 위하여 필요한 조치사항을 포함시킬 수 있으며, 조정에 갈음하는 결정을 한 경우에는 지체 없이 그 결정서를 당사자에게 송달하여야 하며 이 경우 당사자가 결정서를 송달받은 날부터 14일 이내에 이의를 신청하지 아니하는 때에는 조정을 수락한 것으로 본다.

(3) 구제방법 및 유형

1) 합의 권고 및 구제 조치 등 권고

인권위는 조사 중이거나 조사가 끝난 진정에 대하여 사건의 공정한 해결에 필요한 구제조치를 당사자에게 제시하고 합의를 권고할 수 있다. 또, 인권위는 구제조치 및 제도개선 권고를 할 수 있다. 즉, 인권위가 진정을 조사한 결과 인권침해나 차별행위가 일어났다고 판단할 때에는 피진정인, 그 소속기관·단체 또는 감독기관(소속기관 등)의 장에게 조사대상 인권침해나 차별행위의 중지, 원상회복, 손해배상, 그 밖의 필요한 구제조치 및 동일 또는 유사한 인권침해나 차별행위의 재발을 방지하기 위하여 필요한 조치 등의 이행 또는 법령·제도·정책·관행의 시정 또는 개선[32]을 권고할 수 있다.

행제 교육훈련기관에서 관련 과목을 학습하고 학점을 인정받은 자를 배제하는 것은 합리적인 이유 없는 차별행위에 해당한다고 판단되므로, 경찰청장에게 학점은행제 교육훈련기관에서 관련 과목을 이수하고 학력인정을 받은 경우 경찰행정학과 특별채용의 지원자격에서 배제되지 않도록 「경찰공무원임용령」 제16조 제4항 제2호를 개정할 것을 권고한다(국가인권위원회 2015.07.22. 15진정0281500 결정).

31) 장애에 의한 교육시설 이용차별에 대한 조정서 참조(국가인권위원회 2004.05.10. 03진차665 결정).

32) 국가인권위원회는 직급에 따른 정년 차별과 관련하여, 헌법 제11조(평등권)와 국가인권

2) 고발 및 징계권고

인권위는 진정을 조사한 결과 진정의 내용이 범죄행위에 해당하고 이에 대하여 형사처벌이 필요하다고 인정할 때에는 검찰총장에게 그 내용을 고발할 수 있다. 이 경우에 고발을 받은 검찰총장, 군 참모총장 또는 국방부장관은 고발을 받은 날부터 3개월 이내에 수사를 종료하고 그 결과를 인권위에 통보하여야 한다. 인권위가 진정을 조사한 결과 인권침해가 있다고 인정할 때에는 피진정인 또는 인권침해에 책임이 있는 자에 대한 징계를 소속기관 등의 장에게 권고할 수 있다. 이 경우에 인권위로부터 권고를 받은 소속기관 등의 장은 이를 존중하여야 하며 그 결과를 인권위에 통보하여야 한다.

3) 수사의뢰 및 피해자를 위한 법률구조 요청

진정의 원인이 된 사실이 범죄행위에 해당한다고 믿을 만한 상당한 이유가 있고 그 혐의자의 도주 또는 증거인멸 등을 방지하거나 증거의 확보를 위하여 필요하다고 인정할 경우에 인권위는 검찰총장 또는 관할수사기관의 장에게 수사의 개시와 필요한 조치를 의뢰할 수 있다.

아울러, 진정에 관한 인권위의 조사, 증거의 확보 또는 피해자의 권리구제를

위원회법 제2조 제3호를 들면서, 이 진정 사건에서 피진정인이 직원의 정년을 직급별로 달리 정한 것이 평등권 침해의 차별행위에 해당하는지 여부를 판단하기 위해서는 피진정인이 정년을 달리 정한 것에 합리적인 이유가 있는지 여부를 살펴보아야 할 것이다. 그러나 위 인정사실 라항과 같이 ○○과학기술원 책임급 직원의 업무와 선임급 이하 직원들의 업무 구분이 명확하지 않다는 점, 특정 직급 이상이라고 해서 반드시 경험과 지식이 풍부하다거나 그 활용가치가 높아 장기간 고용할 필요가 있다고 일률적으로 단정할 수 없다는 점, 정년 때문에 승진 적체 및 조직의 비대화가 발생한 것인지 여부가 명확하지 않다는 점, 조직의 신진대사는 인사제도 전반에 대한 관리의 문제로 접근해야 한다는 점 등을 종합적으로 고려해 볼 때, 피진정인이 직급에 따라 정년을 달리할 합리적인 이유가 없는 것으로 보인다. 또한 피진정인은 직원들의 정년을 직급별로 달리 정한 이유에 대해서는 구체적으로 언급하지 않은 채, 단지 피진정기관이 교육과학기술부의 관리·감독을 받는 기관이기 때문에 기관장이 임의로 직원들의 정년을 정할 수 없다고 주장하고 있다. 그러나 위 인정사실 나항과 같이 ○○과학기술원법시행령 제18조(조직)에 제시되어 있는 절차에 따라 기관에서 직원인사규정을 개정할 수 있으므로 피진정인의 주장은 타당하다고 할 수 없다. 따라서 피진정인이 직원인사규정 제10조(정년)에 직원들의 정년을 규정하면서 책임급은 61세, 선임급 이하는 58세로 정한 것은 국가인권위원회법제2조 제3호의 합리적 이유 없는 평등권 침해의 차별행위에 해당하는 것으로 판단되므로 직원의 직급에 따라 정년을 달리 규정하고 있는 직원인사규정을 개정할 것을 '권고'한다고 결정하였다(국가인권위원회 2012.03.21. 11진정0434500 결정).

위하여 필요하다고 인정하는 경우에 인권위는 피해자를 위하여 대한법률구조공단 또는 그 밖의 기관에 법률구조를 요청할 수 있다.

4) 긴급구제조치의 권고

인권위는 진정을 접수한 후 조사대상 인권침해나 차별행위가 계속 중에 있다는 상당한 개연성이 있고, 이를 방치할 경우 회복하기 어려운 피해발생의 우려가 있다고 인정할 때에는 그 진정에 대한 결정 이전에 진정인이나 피해자의 신청에 의하여 또는 직권으로 피진정인, 그 소속기관 등의 장에게 의료・급식・피복 등의 제공, 장소・시설・자료 등에 대한 실지조사 및 감정, 시설수용소의 구금 또는 수용장소의 변경, 인권침해나 차별행위의 중지, 공무원 등의 직무로부터의 배제, 그 밖에 피해자의 생명・신체의 안전을 위하여 필요한 사항의 조치를 하도록 권고할 수 있다.

5) 조정

당사자의 신청 또는 직권에 의해 진정사건을 조정위원회에 회부할 수 있다. 조정위원회는 당사자 또는 관계인의 진술청취 등을 통해 당사자들의 합의가 이루어질 수 있도록 노력한다. 합의가 이루어지지 않는 경우 조정에 갈음하는 결정을 하거나 조정위원회 회부 직전의 조사 또는 심의 절차로 돌아가 진정사건 처리를 진행한다.

3. 결정 등의 구속력

위원회는 인권의 보호와 향상을 위하여 필요하다고 인정하는 경우 관계기관 등에 대하여 정책과 관행의 개선 또는 시정을 권고하거나 의견을 표명할 수 있고, 권고를 받은 기관의 장은 그 권고사항을 존중하고 이행하기 위하여 노력하여야 한다. 그리고 권고를 받은 기관의 장이 그 권고내용을 이행하지 않을 경우 그 이유를 위원회에 문서로 설명할 의무를 부과하고 있다. 아울러, 위원회는 필요하다고 인정하는 경우 위원회의 권고와 의견표명 및 권고를 받은 기관의 장이 설명한 내용을 공표할 수 있다.[33)]

---

33) 인권위의 결정에 대하여 권고적인 기능은 차별여부의 판단에 무게가 있지만 그러한 판단

또, 인권위법은 이 법에 의한 조정과 조정에 갈음하는 결정은 재판상의 화해와 같은 효력이 있다고 규정하고 있다. 이러한 효력은 피진정인, 그 소속기관·단체 또는 감독기관(소속기관 등)의 장에게 구제조치의 이행, 법령·제도·정책·관행의 시정 또는 개선 사항을 권고할 수 있다고 규정하고 있으며, 권고를 받은 소속기관 등의 장에 관하여는 이행 또는 노력의무 등을 부과하고 있다.

아울러, 위원회는 진정을 조사한 결과 진정의 내용이 범죄행위에 해당하고 이에 대하여 형사처벌이 필요하다고 인정할 때에는 검찰총장에게 그 내용을 고발할 수 있다(다만, 피고발인이 군인 또는 군무원인 경우에는 소속 군 참모총장 또는 국방부장관에게 고발할 수 있다). 이때 고발을 받은 검찰총장, 군 참모총장 또는 국방부장관은 고발을 받은 날부터 3월 이내에 수사를 종료하고 그 결과를 위원회에 통보하여야 한다(다만, 3월 이내에 수사를 종료하지 못할 때에는 그 사유를 소명하여야 한다). 한편, 위원회가 진정을 조사한 결과 인권침해가 있다고 인정할 때에는 피진정인 또는 인권침해에 책임이 있는 자에 대한 징계를 소속기관 등의 장에게 권고할 수 있다. 이때 위원회로부터 권고를 받은 소속기관 등의 장은 이를 존중하여야 하며 그 결과를 위원회에 통보하여야 한다.

Ⅳ. 노동위원회 및 고용노동부

1. 노동위원회와 고용노동부의 차별관련 업무

노동관련 분쟁을 조정하고 해결하기 위하여 중앙노동위원회 및 각급 노동위원회를 운영하고 있다. 노동위원회는 노동위원회법 제2조의2(노동위원회의 소관사무)에 의하면 노조법·근기법·근참법·교원노조법·공무원노조법·기간제법 및 파견법에 따른 판정·결정·의결·승인·인정 또는 차별시정 등에 관한 업무, 노조법·교원노조법 및 공무원노조법에 따른 노동쟁의 조정·중재 또는 관

에 대한 집행력(실행력)에는 한계가 있다. 즉, 권고적 기능은 해당 당사자 및 기관에 강한 구속력을 갖지 못하는 문제가 있다. 그럼에도 이러한 판단을 통하여 실제적인 차별행위가 차별행위인지 아닌지를 구분할 수 있고, 감독기관에게는 간접적인 부담을 주어 법령 및 정책집행에 구속력을 가질 수 있고, 입법기관 등에는 해당 법령의 개정 등을 통하여 보완 내지 시정될 수 있는 수단이 될 수 있다는데 의미가 크다고 할 수 있다.

계 당사자의 자주적인 노동쟁의 해결지원에 관한 업무, 상기 업무수행과 관련된 조사·연구·교육 또는 홍보 등에 관한 업무, 그 밖에 다른 법률에 따라 노동위원회의 소관으로 규정된 업무를 수행한다. 법에서 규정한 것처럼 고용노동부관할 하에 독립적인 행정기관인 노동위원회를 설치하여 운영하고 있으며, 합의제 의사결정을 통한 고용 및 노동관계 분쟁조정 등의 업무를 수행한다.

또한, 고용노동부는 전반적인 고용 및 노동관계정책을 입안하여 추진한다. 고용노동부의 일선 행정청에서는 근로감독이나 지도를 통하여 노동관계에서 건전한 고용환경을 조성하기 위한 업무들이 추진되고 있다. 또, 각종 예규 및 지침을 마련하여 공정한 근로관계와 차별사항이 발생하지 않도록 사례 및 절차예시를 하여 미연에 방지할 수 있도록 함은 물론, 사안별로 업무질의회시를 통하여도 지침을 제시하고 지도업무를 수행한다. 결국 현장에서 발생하는 고용상 차별의 직접적인 관리감독기관으로서의 역할과 차별행위 판단기능을 한다. 다만, 현행법에서는 차별행위 판정을 비정규직에 한정하여 노동위 권한으로 부여하고 있지만, 고용노동부가 지도감독업무를 통하여 여타의 고용현장에서의 현실적인 차별문제를 처리하고 있다고 할 것이다.

2. 노동위원회의 권리구제

(1) 신청권자

차별 내지 불이익 취급(고용상 차별 내지 불이익취급은 징계, 해고, 감급, 보직해임 등 인사조치 등으로 나타날 수 있어 넓은 의미에서의 차별 및 불이익취급을 포함하는 것으로 전제한다)이나 반조합계약의 경우 근로자 및 노조가 신청권자[34])이며, 노조를 조직하려 하였다는 이유로 한 부당노동행위에 대해서는 이후 설립된 노조도 구제신청이 가능하다. 한편, 노조법상 노조가 아니면 구제신청을 할 수 없으나(§7①), 제81조 제1호[35]), 제2호[36]), 제5호[37])의 규정에 의

34) 노조가 어용화되어 다툴 의사가 없는 경우에는 조합원 개인이 구세신청을 할 수 있다는 견해가 다수설이라고 한다.

35) 근로자가 노동조합에 가입 또는 가입하려고 하였거나 노동조합을 조직하려고 하였거나 기타 노동조합의 업무를 위한 정당한 행위를 한 것을 이유로 그 근로자를 해고하거나 그 근로자에게 불이익을 주는 행위.

36) 근로자가 어느 노동조합에 가입하지 아니할 것 또는 탈퇴할 것을 고용조건으로 하거나

한 근로자의 보호를 부인하는 것으로 이를 해석할 수 없다고 규정하여(§7②) 법외노조의 경우라도 근로자가 위와 같은 경우 직접 구제신청을 할 수 있다.

(2) 신청기간

신청기간은 그 행위가 있는 날(계속하는 행위는 그 종료일)로 3월 이내에 하여야 하며, 이 때 차별행위로서의 징계처분은 그 처분과 동시에 처분행위가 종료되는 것이지 정직기간 동안 처분행위가 계속되는 것은 아니며[38], 해고 등 징계처분에 대하여 취업규칙 등에 재심절차가 규정되어 있다 하더라도, 그 취소나 변경이 재심절차에서 변경되지 않는 한 원래의 처분 시부터 효력을 가지는 것으로 원래의 처분 시부터 신청기간은 기산된다.[39]

(3) 구제이익과 구제이익 판단시점

구제이익이라 함은 구제명령을 받는데 관하여 구체적인 이익을 가지고 있어야 하는데, 그 이익을 가리키는 말입니다. 차별사건에서의 구제이익은 차별행위로 인하여 피해를 본 경우 차별이 없었다면 가능했던 상황을 회복하거나 보상받거나 하는 등을 말한다. 구제이익이 존재하지 않는 경우는 구제이익이 없음을 이유로 하여 신청을 각하결정. 즉 적법한 구제신청이 아니어서 부당한 차별행위인지에 대한 실체적인 판단을 하지 아니한다는 취지의 결정을 하게 된다. 이러한 구제이익의 존부에 대한 판단시점은 지방노동위원회(지노위)의 경우 지노위의 판정 시점에, 중앙노동위원회(중노위)의 경우 중노위의 판정 시점을 기준으로 한다.

특정한 노동조합의 조합원이 될 것을 고용조건으로 하는 행위. 다만, 노동조합이 당해 사업장에 종사하는 근로자의 3분의 2 이상을 대표하고 있을 때에는 근로자가 그 노동조합의 조합원이 될 것을 고용조건으로 하는 단체협약의 체결은 예외로 하며, 이 경우 사용자는 근로자가 그 노동조합에서 제명된 것 또는 그 노동조합을 탈퇴하여 새로 노동조합을 조직하거나 다른 노동조합에 가입한 것을 이유로 근로자에게 신분상 불이익한 행위를 할 수 없다.

37) 근로자가 정당한 단체행위에 참가한 것을 이유로 하거나 또는 노동위원회에 대하여 사용자가 이 조의 규정에 위반한 것을 신고하거나 그에 관한 증언을 하거나 기타 행정관청에 증거를 제출한 것을 이유로 그 근로자를 해고하거나 그 근로자에게 불이익을 주는 행위.

38) 대법원 1993.03.23. 선고 92누15406 판결.

39) 대법원 1996.08.23. 선고 95누11238 판결.

(4) 위법성의 판단시점

위법성의 판단시점은 '처분시'의 상태를 기준으로 하여야 할 것이므로, 노동위원회는 사용자의 처분시를 기준으로 하여 위법성을 판단하고, 법원은 피고인 중노위 판정시(중노위의 판정을 행정처분으로 보므로 이때가 처분시가 된다)를 기준으로 처분의 위법성을 판단하게 되나, 그 취소를 구할 법률상의 이익에 관해서는 특히 앞서와 같이 변화된 사정이 있는 경우 그 판단시점(노동위원회는 판정시점, 법원은 사실심(2심법원)변론종결시점)을 기준으로 한다.

(5) 구제명령

구제명령은 대체로 신청인의 신청취지(구제신청서에 기입하는 구제의 내용)에 따르게 되는데, 신청이유, 즉 신청취지를 받아들여야 한다는 주장(이유)에 대하여 심리한 다음, 그 주장이 이유 있다고 판단되면, 신청취지에 따라 구제명령을 하게 된다. 반대로, 그 주장이 이유 없다고 판단되면, 구제신청을 기각[40] 하는 결정을 하고, 또한 구제이익이 없다거나, 신청기간을 지나쳐 버린 경우, 신청인 또는 피신청인 적격이 없는 경우 등에 있어서는 각하[41]하는 결정을 하게

40) 연봉제 전문계약직 근로자에게 명절 및 가정의 달 상여금을 미지급하고 종합건강검진을 미실시한 것은 불리한 처우에 해당하지 않는다고 판정하여 '기각'결정을 내렸다. 이러한 결정을 내린 사유로, "명절 및 가정의 달 상여금 미지급"은 ① 이 사건 근로자는 전문계약직으로 연봉제 형태의 임금체계를 적용받고 비교대상근로자는 호봉제를 적용받는 점, ② 이 사건 근로자의 근무기간(약 1년) 급여를 호봉제로 환산하였을 경우 비교대상근로자(1993년 입사)보다 적다고 단정하기 어려운 점, ③ 이 사건 근로자는 채용 당시 전문성을 고려하여 호봉제가 적용되는 정규직 직원보다 상향된 보수를 지급하는 내용의 결재를 거쳐 채용된 점, ④ 비교대상근로자의 경우 보수규정에 따라 750%의 상여금을 지급받고 있고 이 중 일부를 설, 추석, 가정의 달에 지급한 것이므로 위 상여금을 지급하였는지 여부만을 볼 것이 아니라 전체보수를 기준으로 판단하여야 하는 점 등을 종합적으로 고려하면 이 사건 근로자에 대한 처우에 있어 차별이 있다고 보기 어렵다고 보았다. 또, "종합건강검진 미실시"와 관련하여서는, 종합건강검진 제도는 관련규정에 따라 35세 이상 및 2년 이상 재직자에게 적용되는데 근속기간과 연령이 요건에 부합되면 고용형태를 고려하지 않고 동일하게 적용되므로 근로자에 대한 처우에 있어 차별이 있다고 보기 어렵다는 이유를 설시했다(서울지방노동위원회 2016.09.30. 2016차별11 결정).

41) 차별적 처우 시정신청의 제척기간이 도과하여 '각하'결정한 사례로, 이 사건 근로자의 차별적 처우 시정신청에 구제이익이 있는지 여부를 살펴보면, ① 근로자는 실질적으로 학교 교무보조 등의 유사 직무를 지속적으로 수행해 온 것으로 보이고, 이는 기간제법에서 정하고 있는 예외사유에 해당한다고 보기는 어려운 점, ② 사용자가 행한 '교육장 채용 직종으로의 전환' 절차는 내부질서를 규율할 뿐 이러한 절차가 계속 근로한 총 기간이 2년을

된다.

구제명령은 대체로 신청취지에 따르게 되므로 구제신청서에는 신청취지, 신청 이유 등을 기재하여야 하는바, 이때 신청취지는 민사소송에서처럼 엄격히 할 것은 아니고, 신청의 전체 취지로 보아 어떠한 구제를 구하고 있는지 알 수 있을 정도면 되고, 노동위원회는 재량에 의해 신청하고 있는 구체적인 사실에 대응하여 적정한 구제를 할 수 있는 것으로 구제 내용이 구체적으로 특정되지 않았다고 하더라도 부당노동행위 또는 정당한 이유 없는 해고 등(차별행위)을 구성하는 구체적인 사실을 주장하고 있다면, 그에 관한 구제신청도 하고 있는 것으로 보아야 한다[42]라고 하여, 노동위원회는 적당한 구제명령을 할 수 있다고 보이므로, 반드시 신청취지만의 구제명령을 하는 것은 아니다. 그러므로 차별사건에 대한 조정[43]결정을 통한 권리구제도 가능하다고 할 것이다.

일반적인 구제명령의 내용으로 차별행위나 불이익취급에 대한 구제명령은 차별행위나 불이익취급으로부터 원상회복명령(예를 들면, 차별적인 해고의 경우 원직복직 등)과 소급임금지급명령(불이익취급이 없었다면 얻을 수 있는 임금상당액, 손해배상[44] 등)을 하게 된다. 아울러, 이러한 차별행위가 반복적·고의적

초과할 경우 기간의 정함이 없는 근로자로 전환된 것으로 간주됨을 명시하고 있는 기간제법 제4조를 무력화하는 효력을 가질 수는 없는 점, ③ 사용자는 2011.03.01. 이후 매년 근로계약기간이 종료된 이후 새로이 근로계약서를 작성하였고, 각 근무기간 사이에 근로관계의 단절이 없었던 점 등을 종합하여 볼 때, 근로자는 기간제법 제4조에 따라 계속 근로한 총 기간이 2년을 초과한 시점인 2013.03.01.에 기간의 정함이 없는 근로계약을 체결한 근로자로 전환되었다고 보아야 할 것이다. 또한 양 당사자가 2015.05.28. 작성한 화해조서에 따라 근로자가 원직에 복직하여 교육장 채용 직종으로 전환된 일련의 절차를 볼 때, 원직에 복직한 시점인 2015.06.08. 기간의 정함이 없는 근로계약을 체결한 근로자로 복직되었음을 부인하기도 어렵다. 따라서 근로자는 기간제법 제4조제2항에 의거 기간의 정함이 없는 근로계약을 체결한 근로자로 전환되었고, 기간제근로자로서 노동위원회에 차별적 처우 시정을 신청할 제척기간이 도과되었는바 비교대상근로자 존재여부, 차별적 처우 금지영역 해당 여부, 불리한 처우의 존재여부 및 불리한 처우에 대한 합리성 여부 등에 대하여 더 이상 살펴볼 필요가 없다(경기지방노동위원회 2016.05.04. 2016차별2 결정).

42) 대법원 1999.05.11. 선고 98두9233 판결.

43) 서울지방노동위원회 2013.03.21. 서울2013차별2 조정결정 외.

44) 파견근로자의 상여금과 연차휴가를 고의로 반복 차별한 것에 대해, 사용사업주와 파견사업주가 연대하여 손해액의 2배를 지급하라고 명령한 사례에서, 사용사업주와 파견사업주 모두에게 차별적 처우의 금지 및 시정의무가 부여되어 있는 점, 사용사업주가 차별행위가 있음을 충분히 알 수 있었던 점, 파견사업주들이 파견근로자들의 근로조건을 독립적·자율적으로 정할 수 없었던 점 등에 비추어 사용사업주와 파견사업주들 모두에게 당사자 적격이 인정되고, 파견근로자들과 같은 생산라인에서 혼재하여 근무하면서 업무대체가 가능한

인 경우에는 배액명령(징벌적 손해배상)[45]을 내릴 수 있다. 한편, 반조합계약의 경우도 그 계약에 의해 불이익을 받은 경우, 위 불이익취급과 같은 명령을 하게 된다.

3. 고용노동부의 차별시정업무

(1) 정책입안 및 집행을 통한 권리구제

노동위원회가 합의제 의사결정기관으로써 부당노동행위와 고용상 차별행위에 대한 판정을 하지만 실질적인 고용관계상의 법령 제·개정 및 고용정책의 입안과 집행을 수행하는 것은 고용노동부이다. 그러므로 질의회신 같은 행정해석은 물론, 각종 예규 및 지침을 만들어 고용현장에서의 정책적인 집행력을 강화시키고 가이드라인을 제시하는 등 실질적인 차별시정업무를 담당하는 최고의 정책기관이라고 할 수 있다. 이러한 고용노동부의 차별시정활동을 크게 두 가지로 나눈다면 법령 등의 제·개정과 관련한 제도적인 차별시정과 실제 근로현장의 감독관을 운영하는 근로감독관제도를 들 수 있다. 그러므로 정책부서인 고용노동부는 법령 제·개정을 통하여 불합리한 차별행위에 대한 시정업무를 실질적이고 직접적으로 수행하는 기관이라고 할 수 있다.

점 등 주된 업무에 있어 본질적인 차이가 없어 비교대상근로자 선정은 타당하고, 사용사업주와 파견사업주들이 합의하여 파견근로자들의 상여금을 적게 지급하고 연차유급휴가를 부여하지 않아 발생한 연차유급휴가수당을 지급하지 않은 것은 합리적 이유가 없는 차별적 처우에 해당한다. 또한, 사용사업주와 파견사업주들은 차별적 처우가 포함된 근로자파견계약을 반복적·연속적으로 체결하면서 파견근로자들의 차별행위 금지를 위해 필요한 정보를 제공하지 아니하는 등, 수년간 다수의 파견근로자들에게 지속적으로 차별적 처우를 행한 것은 고의성이 명백한 반복적인 차별에 해당하므로, 차별적 처우로 인해 발생한 손해의 2배액을 금전배상금으로 지급하도록 함이 타당하다고 판단하였다(중앙노동위원회 2015.06.30. 2015차별3 결정).

45) 2011년 하도급 관계에서 원사업자가 수급사업자의 기술자료를 유용하여 손해가 발생한 경우 발생한 손해액의 3배까지 배상할 수 있도록 하는 「하도급거래 공정화에 관한 법률 일부개정법률안」이 국회를 통과함으로써 민사상 징벌적 손해배상제도가 최초로 입법화된 바 있고, 고용과 관련하여서는 기간제법(제13조)의 2014년 개정시에 차별행위에 대한 시정명령으로 배상명령이 가능하도록 규정하였는데, 이는 고용상 차별행위에 대하여 고의적이고 반복적인 경우 징벌적인 손해배상을 적용하여 차별금지의 실효성확보에 목적이 있다고 할 수 있다.

(2) 제도적인 차별시정

1) 법령의 제 · 개정

고용과 관련한 정책적인 문제는 대부분 고용관계법령에 규정되어 있다. 이러한 법령의 제 · 개정은 주로 국회에서 하지만, 실질적인 법 집행기관인 고용노동부 및 예하기관에서 실행하고 있다. 특히 법률은 국회 외에도 행정입법도 가능하므로 실무적으로나 정책적으로 필요한 법률의 내용을 검토하고 연구하여 제 · 개정함은 물론 시행령인 대통령의 제정과 개정 및 고용노동부령인 규칙을 제 · 개정하는 업무를 수행한다. 이렇게 고용과 관련한 많은 법령 등의 제 · 개정 작업은 종합적으로 고용노동부가 입안하여 추진하고 있다고 해도 과언이 아닐 것이다.

2) 각종 예규 및 지침의 마련

고용상의 문제는 법령에 모든 사항을 담을 수 있는 것은 아니다. 그러므로 각종 예규 및 지침이 마련되어 있고, 경제환경이나 여러 가지 환경적인 변화에 즉시적으로 대응할 수 있는 사안별 예규와 지침이 만들어져 있다. 이러한 예규와 지침은 고용현장에서 실질적인 업무 가이드라인이 되고 있으며 실행법의 성격마저 가지고 있다는 것이 특징이다.[46)]

3) 질의 회신

고용노동부 각급 부서 및 기관은 고용현장에서의 각종 질의회신을 접수하고 법령과 예규 등을 참고하여 질의회신을 발하고 있다. 이러한 질의회신은 고용현장에서는 행정해석과 같은 역할을 하며 실질적인 살아 움직이는 법으로써의 역할도 하고 있다. 법령 및 예규나 지침에 근거하여 명확하지 않은 내용들은 고용관계법의 주무부처인 고용노등부가 해석하여 제시함으로써 고용현장에서의 적용성을 높여주고, 고용관계법이 보다 살아있는 법으로서의 역할을 다하게 되는 것이다.

---

46) 차별과 관련한 대표적인 것으로 남녀고용평등업무처리규정(개정 2013.06.21. 고용노동부 예규 제57호)이 있다. 동 규정은 차별행위와 판단기준 등을 상세히 규정하고 있다.

(3) 근로감독 및 지도

사업체의 현장에서는 고용관련 법령과 예규 및 지침이 있어서도 사실상 사업주 등이 이를 정확히 지키는 것만은 아니며 때로는 몰라서 때로는 알면서도 위반하는 경우도 있다. 이러한 현상이 발생하면 기본적인 근로관계의 기준이 흔들리고 근로자의 인권 내지 근로권 등이 보장될 수 없게 된다.

이러한 점을 고려하여 고용노동부는 각 산하기관으로 지방노동청과 지청 등을 운영하고 있고, 각각 관할 행정구역상의 사업장에 대한 각종 진정과 고발 등 민원을 현장에서 접수하고 심문하고 조사하여 이를 조정 내지 해소하는 역할을 하고 있다. 사실상 고용현장의 사법경찰과 같은 기능을 하는 것이다. 그렇기 때문에 고용차별과 관련하여 근로감독관의 역할은 매우 중요하다고 할 수 있다. 근로감독관은 이러한 진정, 고발 등에 대한 조치 외에도 지도활동을 통하여 사전적, 사후적 차별시정업무를 수행한다고 할 수 있다.

제 4 절 권리구제의 내용 및 효과와 정책적 과제

고용차별에 대한 권리구제는 헌법재판소, 법원, 국가인권위원회, 노동위원회 등의 기관을 통한 구제가 일반적이지만 구제의 효과면에서 구제제도는 권리침해배제 및 차별행위중지, 원상회복, 손해배상, 동일유사행위 재발방지를 위한 필요조치, 법령제도정책, 관행의 시정 또는 개선, 고발 및 징계 등 다양한 형태의 권리구제제도를 들 수 있다.[47]

47) 박성희, "고용상 차별의 구제에 관한 연구", 단국대박사학위논문, 2012, 78~100면에서는 행정상 구제, 형사상 구제, 민사상 구제로 설명하고 있다.

Ⅰ. 권리구제의 내용 및 효과

1. 침해배제

고용상 평등권 침해 내지 차별행위로 불이익한 조치가 발생한 경우 인권위 및 노동위 등 차별구제기관 등을 통한 차별행위 중지 조치 및 이와 관련한 동일유사한 행위의 재발방지를 위한 필요한 조치를 취하도록 요청할 수 있다.[48) 아울러, 법령이나 제도 및 정책적인 과제, 관행 등의 불합리하거나 차별금지를 위반하는 경우 해당 법령 등의 시정 또는 개선조치를 내릴 수 있다. 침해배제는 자력에 의한 청구를 통하여 구제기관의 조사와 결정으로 내려지겠지만, 구제기관은 직권으로 조사하여 시정 및 개선명령을 내릴 수도 있다.[49) 또한 차별행위 등에 대하여 위반자를 고발조치할 수 있고, 필요한 경우 징계 등을 통하여 침해방지 및 재발방지의 효과를 가져올 수도 있다.

2. 원상회복

차별행위 등으로 권리가 침해되거나 불이익한 조치가 내려진 경우 이로 인하여 개인 등이 입은 지위나 권리에 대한 원상회복조치를 내릴 수 있다. 예를 들어 차별행위로 인하여 승진심사에서 누락된 경우 재심사를 통하여 가부결정을 통해 승진조치를 취하는 경우, 차별행위로 인하여 객관적으로 우월한 자가 채용에서 탈락한 경우 재 심사과정을 통하여 입사를 결정하는 경우, 차별행위를 통하여 불이익한 조치나 징계를 받은 자가 불이익한 조치의 해소 및 징계의 철회 등을 들 수 있겠다. 원상회복은 보직의 경우에도 마찬가지로 차별조치에 따라 보직해임된 경우 차별조치를 시정하여 원직에 보임되는 경우도 같은 조치의 일

48) 국가인권위원회는 사립대학교 직원에 대한 직급별 정년차등과 관련하여 5급 이상 일반직 근로자는 만 60세로 6급 이하 일반직근로자 등은 만 57세로 정년을 달리 정하고 있는 모 대학교에 직원의 직급에 따라 정년을 달리 정하고 있는 관련 인사규정을 개정할 것을 권고 결정한 바 있다. 이러한 결정은 결론적으로 차별행위가 지속되는 것을 중지하여 침해배제조치를 수반하는 결과로 귀결된다고 할 수 있다(국가인권위원회 2016.07.19. 16진정0122900 결정).

49) 국가인권위원회 2016.11.14. 16직권0001700・16진정0246200(병합) 결정.

환으로 볼 수 있다.[50] 원상회복은 궁극적으로 차별조치에 대하여 차별행위를 받은 자가 원하는 결론이 될 것이다. 그러나 부가적으로 재발방지를 위한 조치 내지 차별행위자의 처벌조치도 병행되어야 그 실효성이 확보될 수 있을 것이다.

3. 손해배상 및 징벌적 손해배상

차별행위로 인하여 불이익한 손해 즉, 금전적 비금전적 손해를 받은 경우 그에 상응하는 손해배상을 명할 수 있다. 보직해임 등으로 정상적인 경우 받을 수 있었던 보수차액을 계산하여 청구할 수 있고, 정신적인 손해로 인하여 발생한 비용 내지 위자료 등도 청구가 가능할 것이다. 아울러, 차별행위금지 규정은 통상적으로 형사처벌 등이 수반되는 점을 감안할 때 벌금형도 부과될 수 있고, 재발방지 등을 위하여 징벌적인 손해배상명령을 손해액에 일정배수를 추가하여 부과하는 경우도 있다. 다만, 아직 국내법으로는 극히 일부법령규정을 제외하면 징벌적 손해배상제도가 미약한 상황이므로 다른 국가들에서 운영되고 있는 제도적인 벤치마킹이 필요한 사안이라고 할 수 있다. 그럼에도 현행법령으로 근기법 제33조에서 규정한 이행강제금제도는 징벌적 손해배상제도에 원용할 수도 있을 것이다. 한편, 징벌적 손해배상의 경우 그 차별행위의 고의성, 차별행위의 지속성 및 반복성, 차별피해자에 대한 보복성, 차별 피해의 내용 및 규모 등을 고려하여 그 경중을 달리 판단할 수 있어야 할 것이다.[51]

4. 강제이행명령

고용상 강제이행명령제도는 근기법 제30조에서 규정하고 있는 부당해고 등에 대하여 구제명령을 발할 수 있는데, 강제이행명령제도의 기능을 한다.[52] 아울러, 노조법 제85조에서 규정하고 있는 부당노동행위에 대한 구제명령도 강제이행명령제도의 일환으로 운영되고 있다. 고용상 차별금지사항을 위반한 경우나 불이익취급한 경우 그 위반을 해소하거나 구제내용의 실현을 위하여 징벌적 또는 강제력을 갖는 강제이행명령의 구속력은 차별행위를 근절하고 평등권을 실현하

---

50) 중앙노동위원회 2016.12.01. 2016부해975 결정 외.
51) 중앙노동위원회 2015.06.30. 2015차별3 결정 참조.
52) 중앙노동위원회 2016.02.05. 2016긴급1 결정 외.

는데 중요한 장치가 될 수 있을 것이다.

5. 부당노동행위

현행 노조법상의 부당노동행위는 명시적으로 고용상 차별금지사항에 대하여 규정하고 있는 것은 아니지만 제81조 제1호 내지 2호, 5호 등의 규정내용을 살펴보면 차별행위(불이익취급 등)를 근거로 부당노동행위로 간주하여 구제받을 가능성은 크다고 할 수 있다.[53] 물론 필요한 경우 차별행위에 대하여 적극적으로 규정하여 부당노동행위로 처벌하는 규정을 마련하는 것도 고려해 볼 수 있다.

Ⅱ. 권리구제제도의 정책적 과제

고용상 차별금지제도는 헌법의 평등권에 근거하여 개별법령에서 사유별로 규정하고 있다. 헌법적인 평등권은 인권으로 인식되면서 민주주의원리의 근간을 이루고 있다고 평가 받고 있다. 즉, 기본권 중의 기본권인 평등권은 인권으로서 고용상에서도 지켜져야 하는 하나의 원리라고 할 수 있고, 차별금지제도는 이러한 평등권을 고용상에서 실현하기 위한 장치라고 할 수 있다.

그러므로 차별금지제도는 그 실효성 확보를 위하여 법령에서 위반행위에 대한 벌칙규정을 일반적으로 담고 있으며, 법원을 통한 권리구제, 노동위원회를 통한 권리구제 등 차별구제기관을 통하여 그 권리구제의 직·간접적인 방법이 가능하다. 이러한 권리구제기관은 법원과 노동위원회를 비롯하여 헌법재판소, 국가인권위원회를 들 수 있으며, 고용노동부를 통한 권리구제도 가능하도록 되어 있다. 그리고 고용상 차별에서의 권리구제 형태는 결과적으로 원상회복, 손해배상이 주가 된다고 할 수 있다. 아울러, 강제이행명령제도도 권리구제의 실효성을 확보하는 수단이라고 할 수 있으며, 부당노동행위를 통한 권리구제도 가능하다고 할 수 있다. 다만, 앞서 살펴본 것처럼 국가인권위원회의 권고적 기능은 일정한 한계를 안고 있다. 결국, 고용상 차별의 권리구제는 현실적으로 법원의 판단에 의하여 그 확정적인 실효성을 가지고, 노동위원회는 소위 비정규직에 대

53) 중앙노동위원회 2016.09.02. 2016부해587 결정 외.

한 차별사건 외에도 부당노동행위 등 넓은 의미의 차별사건에 대한 판단도 가능하므로 법원과 더불어 차별행위에 대한 중심적인 권리구제기관이라고 할 수 있다.

한편, 현행 우리나라의 고용상 차별에 대한 권리구제는 그 실효성을 강화하기 위하여 몇 가지 보완점을 가지고 있다. 우선 피해자를 위한 법률구조 요청이 가능하도록 해야 한다. 즉, 진정에 관한 조사, 증거의 확보 또는 피해자의 권리구제를 위하여 필요하다고 인정하는 경우에 피해자 또는 노동위원회는 피해자를 위하여 대한법률구조공단 또는 그 밖의 기관 및 단체에 법률구조를 요청할 수 있고, 법률구조는 피해자의 명시적인 의사에 반하지 않아야 한다. 결국, 법률구조는 법률자문 및 소송지원이라는 형태를 통하여 실현되는데 차별행위로 인정된 사건 중에서 피진정인이 판정기관의 결정에 불응하고 사안이 중대하다고 판단하는 경우에는 해당 사건의 소송을 지원할 수 있도록 하여야 한다.

아울러, 법원은 금지된 차별행위에 관한 소송 제기 전 또는 소송 제기 중에 피해자의 신청으로 피해자에 대한 차별이 소명되는 경우에는 본안 판결 전까지 차별행위의 중지 등 그 밖의 적절한 임시조치를 명할 수 있어야 하고, 법원은 피해자의 청구에 따라 차별행위의 중지, 원상회복, 임금 등 근로조건의 개선, 그 시정을 위한 적극적 조치 등의 판결을 할 수 있어야 한다. 또, 법원은 차별행위의 중지, 원상회복, 그 밖에 차별시정을 위한 적극적 조치가 필요하다고 판단하는 경우에는 그 이행 기간을 정하여 이행하도록 명하고, 이행기간까지 이행하지 아니하는 경우에는 늦어진 기간에 따라 일정한 배상을 하도록 민사집행법에 따라 명할 수 있도록 하여야 한다.

또한, 고용상 차별로 인하여 침해된 권리를 구제하는 것은 사후적인 조치 외에도 사전적으로 침해가 되지 않도록 예방하는 조치(교육의 의무부과를 통한 의식개선 등)가 중요하다.[54] 이를 위하여 고용차별에 대한 이해관계자들의 의식수준을 제고하는 것, 국가 및 지자체, 고용기관의 차별방지조치를 강구하고 실행할 수 있는 의무사항의 부과 등이 중요한 것이 된다. 아울러, 관련법령의

54) 이러한 의식제고 및 예방노력은 성희롱예방교육 등 양성평등촉진을 위한 남녀고용평등에 대한 정책적인 고려에 의하여 실행되고 있으나 모든 차별행위에 대하여 실행될 필요가 있다.

고지제도를 강화하여 위반자에 대한 고지제도를 강화하고, 위반자에 대한 관련 법령과 제도적인 내용에 대한 교육부과 등을 통하여 재발방지 및 사회적 징벌 내지 감시기능의 효과도 기대할 수 있다. 더하여 제3자를 통한 중재, 각종 판정 기관 및 위원회 등에 의한 중재를 통한 구제방법도 가능할 것이다. 아울러 차별 예방 내지 피해자가 구제를 수월하게 받을 수 있도록 입증책임의 배분을 통하여 차별에 해당하는 행위가 있었다는 사실은 차별행위를 당하였다고 주장하는 자가 입증하되, 차별행위가 법에서 금지하는 차별행위가 아니라거나 그 행위에 정당한 사유가 있었다는 점은 차별행위를 당하였다고 주장하는 자의 상대방이 입증하도록 하여 피해자의 구제에 대한 실효성을 제고하여야 한다.

제 7 장

고용차별에 대한 정책적 과제

제1절 서 설

차별사유별로 차별행위가 발생하고 있는 사안을 여러 측면에서 판단해 보면 다양한 형태의 차별행위가 발생되고 있음을 알 수 있다. 이는 법령상에서 차별금지로 규정하고 있는 명백한 직접차별 행위에서부터 간접차별 행위까지 매우 광범위하다. 다만, 차별행위라고 하더라도 직무의 특성이나 수행상의 객관적인 요건 등에서 또는 장기간 차별행위가 진행되면서 차별받아온 개인이나 집단에 대한 차별해소를 위한 적극적 개선 조치에서 또는 국제노동기준 등에 부합하는 조치에서 또는 국가안전보장 등의 사유 등에서 또는 사회적 약자를 보호하기 위한 각종 우대조치 등에서 차별행위로 보지 않는 경우도 있음을 알 수 있다. 이러한 차별행위들에 대한 판단은 그 행위가 합목적성을 갖거나 적법한 절차성을 갖거나 합리적인 수준에서 발생하는지 여부가 차별여부의 관건이 되고 있음을 알 수 있다.

결국, 차별행위가 정당성 내지 합리성을 갖느냐의 문제는 매우 유동적이다. 즉, 절대적인 수치로 환산될 수 있는 문제는 아니라는 점이며, 상대적인 관점이 많이 고려될 수 있는 사안으로 보아야 하며, 비교대상과 차별을 받는 대상간의 상관성에 근거하여 차별적인 행위를 어떠한 역사적인 배경과 사회적인 필요성에 따라 법안을 만들고 개선조치를 하려는 목적을 의도하고 있느냐의 문제라고 할 수 있다. 물론 입법자의 판단에 따라 명시적으로 차별금지사항을 규정하고 있는 경우 합리성 여부는 명백한 법문의 내용에 따라 판단하게 됨은 반론의 여지가 없다 할 것이다. 그러나 법문의 내용과 현실에 괴리가 있고, 명백성이 없는 사안들에 대하여 적용하여 판단할 때 그 수준의 적정성과 적합성, 정당성, 법익의 균형성 및 필요성 등 합리적인 사유가 고려되어야 한다. 아울러 차별행위를 판단하는 것은 합리적이라는 대전제 하에 접근해서 사유별 대상간의 비례성을 가지는 것을 2차적으로 고려하여야 한다. 이러한 전제하에 사안에 따라서는 보다 엄격한 기준을 적용하거나 보다 완화된 기준을 적용할 수 있겠다.

아울러, 합리적인 사유가 있는 경우 외관상으로는 차별적 처우에 해당하지만 실질적으로 상존하는 차별을 해소하기 위한 제도적인 조치, 국제적으로 용인될 수 있고 보호되어야 하는 기준, 공공의 안녕과 질서유지 및 국가안보에 중대한 영향을 미치는 경우, 업무나 사업 및 직업의 특수성에 따라 분리·배제·우대하는 것이 용인될 수 있는 경우 등은 차별행위가 아니다. 다만, 합리적인 차별사항으로 볼 수 있는 차별행위의 예외사항은 무한대로 인정되는 것이 아니다. 이러한 경우에도 잠정성과 한시성, 필요성, 비례성, 합목성 등 적정성이 고려되어야 한다. 또, 합리적인 차별인 차별행위의 예외사항은 각각의 차별사유별로 그 특수성이 고려된다. 즉, 가족형태 등의 사유에 의한 경우 기초생활 보장을 위한 조치나 모성보호조치 등과 같이 개별사안의 특수성이 고려되는데 이러한 사유들도 합리적인 측면에서 설정되어야 할 것이다. 이하에서는 합리적인 고용차별 관리를 정책적인 과제를 중심으로 그 대안과 보완책을 정리해 보기로 한다.

제 2 절 개념적 정의 및 차별사유 등의 명확화

Ⅰ. 차별개념요소에 대한 정의의 명확화

우선 고용상차별과 관련한 용어의 정의 및 명확한 개념적 규정 등의 조치가 필요하다. 차별행위에 대한 금지, 특히 고용상의 차별금지는 헌법 제11조 제1항에 명시된 법 앞의 평등의 보장과 부당한 차별의 금지・예방 및 그로 인한 피해구제라는 수단을 통하여 궁극적으로 인간으로서 존엄과 가치를 고용현장에서 실현함을 목적으로 하는 것이다. 그러므로 현재 법령들에서 명확한 개념 규정이 없는 점을 감안하여 무엇이 차별[1]이고 차별행위[2]에 대한 합리적인 수준은 어떤 것들인지에 대한 명확한 개념정의가 필요하다.

1. 차별에 대한 개념의 명확화

고용상 차별(차별사유) 내지 차별행위란 고용(모집, 채용, 교육, 배치, 승진・승급, 임금 및 임금외의 금품 지급, 복리후생, 자금의 융자, 정년, 퇴직, 해고 등을 포함한다)과 관련하여 합리적인 이유 없이 성별, 장애, 병력, 나이, 언어, 국적, 출신국가, 출신민족, 인종, 피부색, 출신지역(출생지, 등록기준지, 성년이 되기 전의 주된 거주지역 등), 출신학교, 용모 등 신체조건, 혼인여부(기혼・미혼・별거・이혼・사별・재혼・사실혼 등), 임신 또는 출산, 가족형태 및 가족상황, 종교, 사상 또는 정치적 의견, 형의 효력이 실효된 전과, 성적지향, 성별정

1) "차별"이란 각 법령에서 금지하고 있는 차별금지사항은 물론 특정한 개인 또는 집단을 비교되는 다른 개인이나 집단에 비하여 불이익하게 대우하는 것을 말하며, 그러한 차별이 비합리적이거나 정당하지 않은 경우를 말한다. 또, 중립적인 기준을 적용하였으나 특정한 개인 또는 집단이 다른 비교되는 개인이나 집단에 비하여 결과적으로 차별이 되는 경우도 차별로 본다.

2) "차별행위"란 각 법령에서 규정한 차별금지사항을 위반한 행위 및 그러한 행위를 의도하고 실행한 행위나 의도하고 있는 행위, 의도하지는 않았으나 결과적으로 차별이 실행된 행위(그 원인행위를 포함한다)를 말한다.

체성, 학력, 고용형태, 사회적 신분 등(이하 "차별사유"라 한다)을 이유로 고용영역에서 특정 개인이나 집단을 분리·구별·제한·배제·거부 등 불리하게 대우하는 행위를 금지하는 규정에 대한 각각의 개념적 명확화가 필요하다. 또, 차별사유에는 괴롭힘, 성희롱[3] 등도 포함되어야 한다.[4]

2. 직접차별에 대한 일반적 개념정의의 명확화

직접차별의 개념적인 규정으로 합리적인 이유 없이 차별사유를 이유로 특정 개인이나 집단에 대한 분리·구별·제한·배제·거부 등 불리한 대우를 하는 것으로 이러한 대우에는 이를 표시하거나 조장하는 광고(통상적으로 불리한 대우를 조장하는 광고효과가 있는 것으로 인정되는 행위를 포함한다)를 직접 하거나 그러한 광고를 허용·조장하는 행위를 포함해야 한다. 또한, 개별적인 법령의 규정에서 금지하는 사유 등을 포함하여야 한다.

3. 간접차별에 대한 일반적 개념정의의 명확화

간접차별의 개념적인 규정으로 외견상 차별사유에 관하여 중립적인 기준을 적용하였으나 그에 따라 특정 집단이나 개인에게 합리적인 이유 없이 불리한

---

3) 차별금지영역에 있어서는 고용, 재화·용역의 공급이나 이용, 교육(직업훈련 포함) 분야를 규정한 것은 공통적이지만, 국가인권위원회법에서는 이러한 분야의 세부영역에 대하여 기술하고, "성희롱"을 규정하고 있는 반면, 김재은의원이 대표발의한 「차별금지법안」(2012.07.03.) 제정안에서는 '법령의 정책과 집행'을 규정함으로써 공권력의 불행사까지 포괄하고 있는 점이 특징적인데, 이와 관련하여 법무부는 '공권력의 행사 또는 불행사'에 있어서의 평등원칙 위반에 대해서는 차별금지법이 적용되지 않더라도 행정심판, 행정소송, 헌법소원을 통한 구제절차가 이미 충분히 마련되어 있고, 제정안과 같이 구제수단으로 법원의 적극적 조치 판결까지 인정하는 경우에는 행정소송에서 의무이행소송을 인정하지 않고 있는 현행 법체계와 상충되는 문제점이 있으므로 '법령과 정책의 집행'은 삭제되어야 한다는 입장임(법무부 인권국, 「차별금지법안」(김재연의원 대표발의)에 대한 검토의견서, 2013.).

4) 차별의 범위 관련하여 근기법은 제6조(균등대우)에서 "사용자는 근로자에 대하여 남녀의 성(性)을 이유로 차별적 대우를 하지 못하고, 국적·신앙 또는 사회적 신분을 이유로 근로조건에 대한 차별적 처우를 하지 못한다."고 규정하고 있고, 국가인권위원회법 제2조 제3호에서는 "평등권침해의 차별행위"를 정의하면서 차별금지사유로 "성별, 종교, 장애, 나이, 사회적 신분, 출신지역(출생지, 등록기준지, 성년이 되기 전의 주된 거주지역 등), 출신국가, 출신민족, 용모 등 신체조건, 기혼·미혼·별거·이혼·사별·재혼·사실혼 등 혼인 여부, 임신 또는 출산, 가족형태 또는 가족상황, 인종, 피부색, 사상 또는 정치적 의견, 형의 효력이 실효된 전과, 성적 지향, 학력, 병력 등"을 규정하고 있으며, 차별금지영역을 고용, 경제, 교육 및 성희롱의 4분야로 나누고 있다.

결과가 초래된 경우를 말하는데, 이러한 간접차별은 겉으로는 중립적인 기준을 적용하였으나 그 기준 자체가 특정 집단이나 개인에게 편향적이어서 불리한 결과를 야기시키는 것을 말한다. 남녀고용평등법,[5] 장애인차별금지법[6] 등에서도 간접차별은 차별의 한 형태로 규정되어 있다. 간접차별 개념의 특성상 중립적이고 합리적인 기준이라고 신뢰하여 차별의 의사 없이 특정한 기준을 적용하더라도 그 결과가 불평등하면 차별행위를 한 것으로 인정되므로 선의인 자도 차별행위의 가해자로 취급될 수 있어 차별금지에 관하여 장애인차별금지법과 같이 "정당한 사유가 없어야 할 것" 등과 요건을 포함하는 등 간접차별의 요건을 보완하는 방안에 대하여 규정할 필요가 있다.[7]

---

5) 남녀고용평등과 일·가정 양립 지원에 관한 법률 제2조 (정의) 이 법에서 사용하는 용어의 정의는 다음과 같다.

1. "차별"이라 함은 사업주가 근로자에게 성별, 혼인, 가족 안에서의 지위, 임신 또는 출산 등의 사유로 합리적인 이유 없이 채용 또는 근로의 조건을 달리하거나 그 밖의 불이익한 조치를 취하는 경우(사업주가 채용 또는 근로의 조건은 동일하게 적용하더라도 그 조건을 충족할 수 있는 남성 또는 여성이 다른 한 성에 비하여 현저히 적고 그로 인하여 특정 성에게 불리한 결과를 초래하며 그 조건이 정당한 것임을 입증할 수 없는 경우를 포함한다)를 말한다. 다만, 다음 각 목의 어느 하나에 해당하는 경우를 제외한다.

가.~다. (생략)

6) 장애인차별금지 및 권리구제 등에 관한 법률 제4조 (차별행위) ① 이 법에서 금지하는 차별이라 함은 다음 각 호의 어느 하나에 해당하는 경우를 말한다.

2. 장애인에 대하여 형식상으로는 제한·배제·분리·거부 등에 의하여 불리하게 대하지 아니하지만 정당한 사유 없이 장애를 고려하지 아니하는 기준을 적용함으로써 장애인에게 불리한 결과를 초래하는 경우

7) 이에 관한 외국입법례를 살펴보면,

1. 뉴질랜드 인권위원회법은 15(1)(b)에서 "실질적으로 같거나 유사한 자격을 가진 근로자를 성별, 혼인상의 지위, 종교, 신념 등의 이유로 고용상의 조건이나 기간, 부가급여, 훈련기회, 승진, 배치 등에서 차별하는 것을 금지"하고 있으며, 제27조에서는 "속임수에 의한 차별(discrimination by subterfuge)"을 정의하고 있다. 속임수에 의한 차별은 "고용주가 제시한 어떤 조건이나 요구가 이 법에 명백히 위배되지는 않지만 특수한 인종, 피부색, 국적, 성별, 혼인상의 지위, 종교, 신념 등을 가진 사람들에게 불리한 영향을 끼치고, 이러한 조건을 부과하는 것이 합리적이며, 법을 회피하기 위한 속임수가 아니라는 것이 밝혀지지 않는다면 이는 위법한 것"이라고 정의하고 있다.
2. 영국 성차별금지법 1(1)(b)는 간접차별을 다음과 같이 정의하고 있다.

(b) 남녀가 동등하게 응시할 수 있는 자격 요건이나 조건이 제시되지만,

(i) 이것을 충족시킬 수 있는 여성이 남성의 비율에 비해 현저히 적어야 하며, (ii) 이러한 조건이 성별과 무관한 것임을 입증할 수 없고, (iii) 이 조건을 충족시킬 수 없는 여성들이 불이익을 당할 때 성립된다.

3. 독일 베를린주의 평등지위(Landesgleichstellungsgesetz, 1990) 제2조 제2항은 "간

4. 고용상 차별과 관련한 몇 가지 개념적인 용어의 정의

먼저 고용상의 차별문제를 다루게 되므로 근로자와 사용자의 개념적인 정리가 필요하다. "근로자"란 직업의 종류를 불문하고 사업 또는 사업장에 임금을 목적으로 근로를 제공하는 자, 근로계약을 체결하지 아니한 자라도 특정 사용자의 사업에 편입되거나 상시적 업무를 위하여 노무를 제공하고 그 사용자 또는 노무 수령자로부터 대가를 얻어 생활하는 자로 취업의 목적을 가지고 구직 중(채용응모자 및 취업기관에 등록되어 구직활동을 실질적으로 하고 있는 자)에 있는 자 및 해고의 효력을 다투고 있는 자(노동위원회 및 법원 등)를 포함하여야 한다. 한편, 사용자란 근기법 제2조에 따른 사용자를 말한다. 다만, 근로계약 체결의 당사자가 아닌 경우라도 해당 근로자의 근로조건 등을 결정하는 데에 사실상 영향력을 행사하는 자는 사용자로 포함하여야 한다. 그 외에도 다양한 내용의 개념정의가 필요하다. 차별행위의 주체를 비롯하여 비교대상설정, 차별행위 예방기관 등에 대한 개념정의 등등 차별행위를 판단하는 범주에 해당하는 용어들에 대한 일반적이고 세부적인 명확한 개념정의가 있어야 할 것이다.[8] 한

접차별도 허용되지 아니한다. 어떤 규칙 또는 조치가 중립적으로 표현되어 있더라도 실제로 여성에 대해 불리하게 적용하는 일이 남성에 비해 많거나 여성에 대해 유리하게 작용하는 일이 남성에 대한 것보다도 적으며, 이러한 결과가 성별 또는 성역할에 근거하고, 또한 객관적으로 정당화되지 않는 경우에는 간접차별로 본다."라고 규정하고 있다(박찬운, "차별금지법 제정의 의미와 「차별금지법안」의 주요내용", 국가인권위원회 「차별금지법안」 공청회자료집, 2007, 22~23쪽에서 재인용).

4. 미연방대법원은 1971년 Griggs v. Duke Power Co. 판결에서 처음으로 간접차별에 대하여 언급하였는데, ".1964년 민권법하에서 관행들, 절차들 또는 평가들이 외견적으로 중립적이고, 의도에 있어서도 중립적이라 하더라도, 과거의 차별적 고용관행들의 현상유지를 고착화시키게 운영된다면 허용될 수 없다."고 판시하였다(Under Civil Rights Act of 1964, 42 U.S.C.S. §2000e, practices, procedures, or tests neutral on their face, and even neutral in terms of intent, cannot be maintained if they operate to "freeze" the status quo of prior discriminatory employment practices.) Griggs v. Duke Power Co., 401 U.S. 424, 430 (1971).

8) 개념정의가 필요한 몇 가지를 예시하면 다음과 같다. ① "성별"이란 여성, 남성 기타 여성 또는 남성으로 분류하기 어려운 성을 말한다. ② "장애"란 신체적·정신적 손상 또는 기능상실이 장기간에 걸쳐 개인의 일상 또는 사회생활에 상당한 제약을 초래하는 상태를 말한다. ③ "병력"이란, 질병이 치유된 상태, 현재 질병이 진행되고 있지만 적절한 치료 등을 통하여 잘 관리되고 있는 상태, 질병의 속성상 신체기능에 문제가 되지 않는 상태를 말한다. ④ "출신지역"이란 출생지, 등록기준지, 성년이 되기 전 주된 거주지역을 말한다.

가지 예로 교육 및 교육기관에서의 차별문제를 다루기 위하여 다른 법령에서 개념적인 내용을 살펴보면, 통상 고용상의 교육은 입직교육을 비롯하여 업무와 관련하여 수행되는 모든 교육을 포함하는 것으로 사내교육과 사외교육으로 구

---

⑤ "학력(學歷)"이란 「초·중등교육법」, 「고등교육법」에서 정한 교육기관의 졸업 또는 이수, 「학점인정 등에 관한 법률」에서 정한 교육인적자원부장관의 평가인정을 받은 교육훈련기관에서의 학습과정의 이수, 「독학에 의한 학위취득에 관한 법률」에서 정한 학위취득종합시험에 합격한 자에 대한 학사학위취득, 「평생교육법」에 의한 평생교육시설의 교육과정 이수에 따른 학력 또는 학위의 취득, 「초·중등교육법」 제43조 제1항, 제47조 제1항에 따른 학력인정을 포함한 수학 경력 및 특정 교육기관의 졸업·이수 여부를 말한다. ⑥ "성적(性的) 지향"이란 이성애, 동성애, 양성애 등 성에 대한 취향을 말한다. ⑦ "교육기관"이란 「영유아보육법」 제6조의 규정에 따른 보육시설, 「유아교육법」 제2조 제2호, 「초·중등교육법」 제2조 및 「고등교육법」 제2조에 따른 각급 학교, 「평생교육법」 제2조 제3호에 따른 평생교육시설, 「학점인정 등에 관한 법률」에서 정한 교육인적자원부장관의 평가인정을 받은 교육훈련기관, 「직업교육훈련촉진법」 제2조 제2호에 따른 직업교육훈련기관, 기타 대통령령에서 정한 기관을 말한다. ⑧ "고용형태"란 근로관계에서 근로자의 근로형태를 구분하는 개념으로 고용계약의 유형을 말한다. ⑨ "사회적 신분"이란 사회에서 장기간 점하는 지위로서 일정한 사회적 평가를 수반하는 것을 말한다. ⑩ "언어"란 사람이 의사소통의 수단으로 사용하는 말 등 표현방식과 문화를 말한다. ⑪ "국적"이란 특정한 국가의 국민으로서의 신분 또는 국민이 되는 자격을 말한다. ⑫ "출신민족"이란 사람이 태어날 때 속한 민족을 말하는데, "민족"은 일정한 지역에서 장기간에 걸쳐 공동생활을 함으로써 언어·풍습·종교·정치·경제 등 각종 문화내용을 공유하고 집단귀속감정에 따라 결합된 인간집단의 최대단위로서의 문화공동체를 말한다. ⑬ "인종"이란 유전적으로 공통적인 선조를 가지고 있는 인류를 피부색 등 신체적인 특성을 기준으로 분류한 인간의 종을 말한다. ⑭ "피부색"이란 인류학에서의 인종과 관련되는 외관적인 피부의 빛깔을 말한다. ⑮ "사상이나 정치적 견해"에서 사상이란 감정이나 의지에 대한 사고적 현상으로 인식대상을 이해하는 작용으로 인간들이 생활하면서 지니게 되는 세계관을 총칭한 개념이고, 정치적 견해란 정치적 이념 내지 활동에 대한 의견 및 신념 등을 말한다. ⑯ "가족상황 및 가정환경"이란 가정내에서의 경제적, 사회적, 심리적, 문화적 환경등의 종합적 환경을 말하는 것으로 특히 아이의 양육에 영향을 미치는 것과 같은 가정문제 전반을 문제로 삼는 경우로 부모의 개인적 조건(연령·결혼력, 교육정도, 생활경험, 재산이나 수입의 정도, 직업, 부모로서의 인지나 역할의 이해도, 자식에 대한 태도나 기대 등)이나 부모의 부부관계(애정·불만·불화에 대한 태도, 의견이나 사고방식의 일치도 등) 형제관계, 또 이들 가족집단의 분위기나 역동적 측면 등의 상황 등을 말한다. ⑰ "연령"이란 출생시부터 생존해 온 시간으로 나이를 말한다. ⑱ "괴롭힘"이란 개인이나 집단에 대하여 존엄성을 해치거나, 수치심·모욕감·두려움을 야기하거나 적대적·위협적·모욕적인 분위기를 조성하는 등의 방법으로 신체적·정신적 고통을 주는 일체의 행위를 말한다. ⑲ "고용기관"이란 국가, 지자체, 공공기관, 근로자를 사용하여 사업을 영위하는 모든 개인 및 단체를 말한다. ⑳ "사용자"란 「근로기준법」 제2조 제1항 제2호에 따른 사용자 및 근로계약의 체결의 당사자가 아닌 경우라도 해당 근로자의 근로조건 등을 결정하는 데에 사실상 영향력을 행사하는 자를 말한다. ㉑"근로자"란 직업의 종류를 불문하고 사업 또는 사업장에 임금을 목적으로 근로를 제공하는 자 및 근로계약을 체결하지 아니한 자라도 특정 사용자의 사업에 편입되거나 상시적 업무를 위하여 노무를 제공하고 그 사용자 또는 노무 수령자로부터 대가를 얻어 생활하는 자를 말한다.

분해 볼 수 있는데, 교육선발과정이나 운영, 성과측정 등에 대한 문제를 염두에 둘 수 있다. 법령에서 논의되는 교육기관으로는 영유아보육법 제2조 제3호에 따른 보육시설, 유아교육법 제2조 제2호, 초·중등교육법 제2조 및 고등교육법 제2조에 따른 각급 학교, 평생교육법 제2조 제3호에 따른 평생교육시설, 학점인정 등에 관한 법률 제3조 제1항에 따라 교육인적자원부장관의 평가인정을 받은 학습과정을 운영하는 교육훈련기관, 직훈법 제2조 제2호에 따른 직업교육훈련기관, 그 밖에 대통령령으로 정하는 기관 등을 염두에 둔다고 할 것이다. 통상 법령에서 영유아보육법 제2조 제3호에 따른 어린이집[9]을 교육기관의 정의에 포함하고 있고,[10] 교육기본법 및 유아교육법에 따른 유치원은 학교의 하나로서 교육서비스의 성격을 가지는 점을 감안할 때 교육기관의 정의에 포함시키는 것은 당연하지만, 가정양육 지원에 관한 사회복지서비스인 어린이집을 교육기관의 정의에 포함시키는 것에 대하여는 의문이 있을 수 있다. 그러나 장애인차별금지법에서 영유아보육법에 따른 어린이집을 교육기관의 범위에 포함시키고 있는 점[11]과 어린이집의 교육적 기능을 부인하기 어렵다는 점을 감안하면 어린이집을 교육기관의 정의에 포함시킨다고 하더라도 별다른 문제는 없을 것으로 판단된다.

Ⅱ. 차별영역과 차별사유의 명확화

고용에서의 차별금지에 대한 세부영역 등의 명확화가 필요하다. 고용차별에 대한 판단을 위해서는 고용이라는 영역과 그에 대한 차별사유 등의 세부사항이

9) 2011.04.29. 제299회 국회 제8차 본회의에서 의결된 영유아보육법 개정안은 '보육시설'을 보다 친근한 이미지인 '어린이집'으로 변경하였다.

10) 영유아보육법 제2조(정의) 2. "보육"이란 영유아를 건강하고 안전하게 보호·양육하고 영유아의 발달 특성에 맞는 교육을 제공하는 어린이집 및 가정양육 지원에 관한 사회복지서비스를 말한다. 3. "어린이집"이란 보호자의 위탁을 받아 영유아를 보육하는 기관을 말한다.

11) 장애인차별금지 및 권리구제 등에 관한 법률 제3조(정의) 이 법에서 사용하는 용어의 정의는 다음과 같다.

6. "교육기관"이라 함은 「영유아보육법」에 따른 어린이집, 「유아교육법」·「초중등교육법」 및 「고등교육법」에 따른 각급 학교, 「평생교육법」에 따른 평생교육시설, 「학점인정 등에 관한 법률」에서 정한 교육인적자원부장관의 평가인정을 받은 교육훈련기관, 「직업훈련교육 촉진법」에 따른 직업교육훈련기관, 그 밖에 대통령령으로 정하는 기관을 말한다.

명확히 규정되어야 한다.

1. 차별 개념의 범위에 관한 것

차별의 개념과 범위[12]는 시대에 따라 가변적인 것으로 입법기술상 일률적으로 정하기가 곤란하다는 점을 고려해 볼 때, 향후 차별금지의 내용을 포괄할 수 있도록 차별의 형태를 여러 가지로 나열하는 것이 적절한 것으로 판단된다. 즉, 법의 집행을 명확히 하고 차별사유에 따른 처벌 등이 수반되는 점을 감안하여 그 사유를 명확히 할 필요가 있다고 보여진다. 아울러, 시대의 변화에 따라 추가적인 차별사유의 발생이 되는 경우 개정을 통하여 보완하면 될 것이다.[13] 이와 관련하여 외국의 차별금지 입법례를 보아도 차별금지 사유를 열거하여 규정하고 있음을 볼 수 있다.[14]

---

12) 차별행위의 범위에 대하여 다음 각 호의 어느 하나에 해당하는 행위 또는 경우로 규정할 수 있을 것이다. ① 합리적인 이유 없이 성별, 장애, 병력, 나이, 언어, 출신국가, 출신민족, 인종, 피부색, 출신지역, 출신학교, 용모 등 신체조건, 혼인여부, 임신 또는 출산, 가족형태 및 가족상황, 종교, 사상 또는 정치적 의견, 전과, 성적지향, 성별정체성, 학력, 고용형태, 사회적 신분 등(이하 "성별 등"이라 한다)을 이유로 ⓐ 고용(모집, 채용, 배치, 승진·승급, 임금 및 임금외의 금품 지급, 정년, 퇴직, 해고 등을 포함한다), ⓑ 복리후생 및 그 시설의 이용, ⓒ 교육훈련 및 그 시설의 이용, ⓓ 법령과 정책의 집행의 어느 하나의 영역에서 특정 개인이나 집단을 분리·구별·제한·배제·거부하거나 불리하게 대우하는 행위, ② 외견상 성별 등에 관하여 중립적인 기준을 적용하였으나 그에 따라 특정 집단이나 개인에게 합리적인 이유 없이 불리한 결과가 초래된 경우, ③ 성별 등을 이유로 한 괴롭힘, ④ 합리적인 이유 없이 성별 등을 이유로 특정 개인이나 집단에 대한 분리·구별·제한·배제·거부 등 불리한 대우를 표시하거나 조장하는 행위(통상적으로 불리한 대우를 조장하는 효과가 있는 것으로 인정되는 행위를 포함한다)를 직접 하거나 그러한 행위를 허용·조장하는 행위 등.

13) 기존의 관련 입법례 및 입법 당시의 사회적 상황을 참고하여 가능한 한 차별로 인식되고 있는 분야 내지 내용을 최대한 규정함으로써 향후 차별금지법안의 집행이나 재판시 해석기준을 제시해 주는 것이 바람직하다는 관점에서 최근 사회적 논란이 되고 있는 가족형태, 성적지향, 성별 정체성, 고용형태 등을 포함하여 규정할 필요가 있다고 보여진다.

14) 주요국의 주요 차별사유 규정을 보면 ① 미국(US Code) : 인종, 피부색, 출신민족 종교, 성별, 장애(질병·병력 포함), 연령, ② 영국(2010년 평등법) : 연령, 장애, 성전환, 혼인 및 동성결혼, 임신 및 모성, 인종, 종교 또는 신념, 성별, 성적 지향, ③ 독일(일반평등대우법) : 인종, 출신민족, 성별, 종교·세계관, 장애, 연령, 성적 정체성, ④ 캐나다(캐나다인권법) : 인족, 출신민족, 피부색, 종교, 연령, 성별, 성적 지향, 혼인 여부, 가족 상황, 장애, 사면된 범죄의 유죄판결을 규정하고 있다.

2. 고용에서의 차별금지에 대한 세부영역 내지 사항에 관한 것

차별금지영역과 관련하여 모집, 채용, 교육, 배치, 승진·승급, 임금 및 임금외의 금품 지급, 복리후생, 자금의 융자, 정년, 퇴직, 해고 등 고용관련 모든 분야가 포함되어야 한다. 고용영역[15]에서는 고용개시와 관련되는 모집·채용·근로계약에서부터 고용관계유지를 위한 근로조건, 임금·금품 등의 지급, 교육·훈련, 배치, 승진 및 고용관계 해소에 관한 해고·퇴직 등 불이익처분이 금지되며, 이러한 사용자의 차별행위 외에 노동조합과 직업소개소에 대하여도 차별금지 및 예방의무를 부과하여야 한다. 이러한 규정은 고용에 있어서 평등한 기회보장 및 대우를 정한 남녀고용평등법 제2장 제1절에서 모집, 채용, 임금, 임금외 금품 등, 교육, 배치, 승진, 정년, 퇴직, 해고 등으로 근로관계를 상세히 예시한 것을 참고해야 할 것이다.[16] 이를 좀더 세부적으로 살펴본다면 Ⓐ 모집 및 채용과정에서의 차별금지로 사용자는 모집·채용을 할 때에 차별사유를 이유로 모

---

15) 한편, 고용의 영역에서는 고려되어야 할 사항으로, 채용 전에 응모자에게 건강진단을 받게 하거나 건강진단 자료의 제출을 요구하는 행위와 관련하여 채용시의 건강진단은 응시기회를 전적으로 박탈하는 것이 아니고, 사용자의 입장에서는 건강상 문제 있는 자를 채용하지 아니하여 다른 근로자를 보호함과 동시에 업무효율성을 도모할 권리가 있다는 점 및 채용예정자나 사용자 모두에게 채용 후 건강상 문제가 발견되어 해고 등의 조치를 하는 것보다는 채용단계에서 이를 발견하는 것이 기회비용적 측면에서도 효율적이라는 점 등에서 채용 전 건강진단의 문제를 고려하여야 할 것이다.

16) 남녀고용평등법 제7조(모집과 채용) ① 사업주는 근로자의 모집 및 채용에 있어서 남녀를 차별하여서는 아니된다. ② 사업주는 여성근로자를 모집·채용함에 있어서 모집·채용하고자 하는 직무의 수행에 필요로 하지 아니하는 용모·키·체중 등의 신체적 조건, 미혼조건 그 밖에 노동부령이 정하는 조건을 제시하거나 요구하여서는 아니된다.

남녀고용평등법 제8조(임금) ① 사업주는 동일한 사업내의 동일가치의 노동에 대하여는 동일한 임금을 지급하여야 한다. ② 동일가치 노동의 기준은 직무수행에서 요구되는 기술, 노력, 책임 및 작업조건 등으로 하고, 사업주가 그 기준을 정함에 있어 제25조의 규정에 의한 노사협의회의 근로자를 대표하는 위원의 의견을 들어야 한다. ③ 임금차별을 목적으로 사업주에 의하여 설립된 별개의 사업은 동일한 사업으로 본다.

남녀고용평등법 제9조(임금외의 금품 등) 사업주는 임금외에 근로자의 생활을 보조하기 위한 금품의 지급 또는 자금의 융자 등 복리후생에 있어서 남녀를 차별하여서는 아니된다.

남녀고용평등법제10조 (교육·배치 및 승진) 사업주는 근로자의 교육·배치 및 승진에 있어서 남녀를 차별하여서는 아니된다.

남녀고용평등법제11조 (정년·퇴직 및 해고) ① 사업주는 근로자의 정년·퇴직 및 해고에 있어서 남녀를 차별하여서는 아니된다. ② 사업주는 근로여성의 혼인, 임신 또는 출산을 퇴직사유로 예정하는 근로계약을 체결하여서는 아니된다.

집 · 채용의 기회를 주지 아니하거나 제한하는 행위, 모집 · 채용 광고 시 차별사유를 이유로 한 배제나 제한을 표현하는 행위, 서류지원 및 면접 시 직무와 관련 없는 차별사유의 정보를 제시요구하거나 채용 시 차별사유를 평가 기준으로 하는 행위를 하여서는 아니 된다는 점을 규정할 필요가 있다. 아울러, 근로계약 체결과정에서 근로조건 등의 설정에서의 차별금지도 포함되어야 한다. Ⓑ 고용과정에서의 차별금지로 임금 · 금품 지급 등 보상의 차별금지는 사용자가 차별사유를 이유로 임금 및 금품을 차등 지급하거나 호봉산정을 다르게 정하여서는 아니 되며, 근로자가 유사한 직무(ⓐ 두 근로자가 동일 내지 비슷한 조건하에서 상호 대체가 가능한 동일한 작업을 수행하는 경우, ⓑ 어떤 근로자가 수행하는 작업이 다른 근로자가 수행하는 작업과 유사한 성질을 갖고 있고, 각자가 행하는 작업이나 작업수행조건 사이의 차이가 해당 작업 전체적으로 볼 때 작거나 유의미하지 아니한 경우, ⓒ 어떤 근로자가 행하는 작업이 기술, 신체적 내지 정신적 요구, 책임, 근무조건 등에 비추어 다른 근로자가 행하는 작업과 동일한 가치를 갖는 경우)를 수행하는 다른 근로자에게 지급되는 것과 임금이 차등 지급된 경우 차별로 간주되어야 한다. 아울러, 단체협약의 규정에 차별사유를 이유로 임금액의 차이를 정한 경우 그 규정은 무효로 보아야 한다. 또, 복지 및 복리후생시설의 이용 등에서의 차등대우[17], 교육 및 교육훈련시설의 이용 등에서의 차별,[18] 전환 및 배치상의 차별금지, 승진상의 차별금지, 노동활동에서의 차별금지, 고용종료과정에서의 차별금지 등이 고려되어야 한다.

3. 괴롭힘의 금지에 관한 것

괴롭힘의 문제는 자유권에 대한 침해적 성격을 갖고 있어서 일률해서 차별적 취급으로 단정하기는 어려움이 있을 수 있으나, 최근 사회적으로 왕따 등의 문제에서처럼 이를 차별사유로 취급하는 것은 필요하다고 할 것이다.[19] 다만, 괴

17) 예컨대 자동차보험에서 특정 연령대의 특정 性을 사고율이 높다는 이유로 다른 집단보다 높은 요율을 적용하는 경우 개인적으로 아무리 조심스러운 사람이라 하더라도 그러한 연령과 성별에 해당하는 사람이면 원칙적으로 높은 요율에서 벗어날 수 없게 된다.

18) 특히, 특정 性만 입학을 허용하는 공립 중 · 고등학교나 사립대학이 성차별을 하고 있는지 논란이 될 수 있다.

19) 캐나다의 「인권법」에서는 12개 차별사유(인종, 출신국가, 출신민족, 피부색, 종교, 연령,

롭힘의 개념적인 명확성과 그 판단의 기준을 명확히 할 필요가 있다고 하겠다. "괴롭힘"이란 개인이나 집단에 대하여 존엄성을 해치거나, 수치심·모욕감·두려움을 야기하거나 적대적·위협적·모욕적인 분위기를 조성하는 등의 방법으로 신체적·정신적 고통을 주는 일체의 행위를 말하는 것으로 고용상 차별사유에 해당하는 사항인 바 정의규정에서 그 내용을 명확히 할 필요가 있다.[20] 또, 괴롭힘을 당한 피해자는 상담 및 치료, 법률구조, 그 밖의 적절한 조치를 받을 권리가 있으며, 괴롭힘의 피해를 신고하였다는 이유로 불이익한 처우를 받아서는 아니된다는 점을 명시할 필요가 있고, 국가 및 지방자치단체는 차별사유를 이유로 한 괴롭힘을 근절하기 위한 인식개선 및 괴롭힘 등 방지 교육을 실시하는 등 적절한 시책을 마련하여야 할 것이다.

4. 불이익 조치 금지의 범위에 관한 것

사용자 및 임용권자 등은 차별을 받았다고 주장하는 자 또는 그 관계자가 법률이 정한 구제절차의 준비 및 진행 과정에서 국가관계기관에 진정, 증언, 자료 등의 제출을 하거나 답변을 하였다는 이유로 해고, 전보, 징계, 그 밖에 신분이나 처우와 관련하여 불이익한 조치를 해서는 아니 된다는 점을 규정할 필요가 있다. 즉, 구제절차가 노동위원회 및 국가인권위원회, 근로감독관 및 고용노동부, 법원에서의 증언, 자료 등의 제출, 답변을 한 경우 등에 있어서는 불이익 조치 금지 규정이 모두 포괄적으로 적용되도록 하여야 한다.

5. 차별금지의 예외에 관한 것

차별금지의 예외 사유로 남녀고용평등법이나 장애인차별금지법 등에서 규정하고 있는 것처럼 Ⓐ 특정 직무나 사업 수행의 성질상 불가피한 경우, Ⓑ 현존

성별, 성적지향, 혼인여부, 가족상황, 장애, 사면된 전과)에 기인하여 고용, 상품 및 서비스 제공, 편의도모, 주거 및 용역 상업용지 등의 시설을 거부하거나 고용 등에 있어 차별(개인이나 집단에 대하여 다르게 대우, 모든 괴롭힘 형태, 외견상 중립적인 정책이나 실행이지만 사실상 차별적임)을 금지하고 있다(국가인권위원회, 차별금지법안 공청회 자료집. 2006).

20) 장애인차별금지법 제3조 제20호에서는 "괴롭힘 등"이라 함은 집단따돌림, 방치, 유기, 괴롭힘, 희롱, 학대, 금전적 착취, 성적 자기결정권 침해 등의 방법으로 장애인에게 가해지는 신체적·정신적·정서적·언어적 행위로 정의하고 있다.

하는 차별을 해소하기 위하여 특정한 개인이나 집단을 잠정적으로 우대하는 행위와 이를 내용으로 하는 법령의 제정 · 개정 및 정책의 수립 · 집행, Ⓒ 국제기준에 부합하고자 하는 정책적인 사항, Ⓓ 국가안전보장 등 국가안위와 관련한 사항 등 헌법에서 일반적인 법률유보사항으로 규정하고 있는 불가피한 사유 등은 차별금지의 예외사유로 명기할 필요가 있다. 다만, 예외 사유인 적극적 우대조치 등은 그 목적에 필요한 최소한의 한도이고, 그 목적 달성에 필요한 한시적인 제한적 사유이어야 할 것이다. 너무 장기간 포괄적으로 예외사항을 규정하는 경우 오히려 역차별의 문제와 평등실현에 장애가 될 수도 있을 것이다. 한편, 차별예외 사항은 다른 법률의 규정에 따른 차별이나 차별금지 예외에 관하여 별도의 규정을 두어야 할 것이다. 왜냐하면 법률 상호 간에 상충 문제가 발생할 수 있으므로 다른 법률의 규정을 차별금지의 예외로 신설할 필요가 있다. 또한 실효적 구제수단을 수반하므로 그 적용을 받게 되는 수범자의 예측가능성을 제고하고 현실과 조화로운 차별 판단이 가능하도록 하기 위해 차별금지 예외 사유를 보다 구체화하는 방안을 검토할 필요가 있다. 실제로 외국 입법례의 경우 일반적인 차별금지 예외 사유 외에 각 차별금지 영역별로 차별금지 예외 사유를 구체화하고 있다.

〈차별금지 예외 사유에 대한 입법례〉

국가(법률명)	주요 차별금지 예외 사유	
영국(2010년 남녀고용평등법)	일반	법령상 규정, 국가안전보장 목적의 비례적 행위, 자선행위(피부색 제외), 스포츠, 법령이나 행정부에 의하여 권한이 부여된 행위, 종교 또는 신념과 관련된 단체(종교·신념, 성적 지향 대상), 공동숙박시설(성별, 성전환 대상)
	고용	여성 고용·임용을 규율하는 법률 준수, 직업상의 요건(진정직업자격), 종교적인 요건(교리 준수, 상충 회피 등), 군대 관련 요건(성별, 성전환 대상), 연령과 관련된 예외, 연금, 생명보험·재해보험 정책 기타 위험평가 포함 사안-보험통계 기타 합리적으로 신뢰할 만한 근거자료에 의한 행위
	교육	연령(초·중·고등학교), 혼인, 동성결혼, 교과 내용, 남녀공학이 아닌 교육기관(성별 대상), 기숙시설(성별 대상), 종교적 성격의 초·중·고등학교(종교·신념 대상)
	서비스	18세 미만 자 관련 연령, 혼인 및 동성결혼, 입법, 사법, 군대(연령, 장애, 성전환, 성별 대상), 보안기관, 건강 및 보호, 출입국(장

국가 (법률명)		주요 차별금지 예외 사유
	공적 기능	애, 종교·신념 대상), 이민법 집행(국적, 인종, 출신민족 대상), 보험-보험통계 기타 합리적으로 신뢰할 만한 근거자료에 의한 행위(장애, 성전환, 임신 및 모성, 성별 대상), 분리된 일방 성에 대한 서비스-합법적 목적 달성을 위한 비례적 수단, 종교 관련 직무수행자의 서비스(성별 대상), 일반적으로 차별금지 사유를 공유하는 사람들에게만 제공되는 서비스, 전기통신네트워크 상의 “내용서비스”
	부동산	연령, 혼인 및 동성결혼, 사법기능의 집행으로 이루어진 처분 허가, 소유주인 점유자의 개인적 처분(인종 제외), 소규모 부동산(인종 제외)
	사단 (社團)	혼인 및 동성결혼, 25인 미만의 사단, 차별금지 사유를 공유하는 사람들로만 구성된 단체(피부색 제외, 정당 제외), 임신 여성의 건강·안전
독일 (일반평등 대우법)	일반	차별시정 적극적 조치
	고용	직업상 필요(진정직업자격), 종교단체, 연령에 의한 정당화 사유
	민법상 거래	주택임대 상 예외, 친족·상속법 상 채권관계, 특별한 신뢰관계가 있는 채권관계, 위험의 회피, 손해의 예방 목적, 사생활 또는 개인의 안전 보호, 평등대우의 실익이 없는 경우, 종교단체, 보험수학적 통계자료를 기초로 한 위험평가
캐나다 (캐나다 인권법)	일반	캐나다인권위원회의 가이드라인, 차별 예방·제거·감소를 위한 특별 프로그램 등
	고용	유사 직책 근무자의 일반적 퇴직 연령, 캐나다인권위원회의 가이드라인 상 요인에 기초한 남녀 임금 차등 지급, 진정 직업자격, 법령에 따른 고용 최저연령, 최고연령, 임신·출산 관련 여성근로자에 대한 특별휴가 등, 자녀보호 지원을 위한 특별휴가 등
	재화· 용역	거부·차별의 진정한 정당성

제 3 절 구제제도의 인식제고 강화 및 법령부정합 해소

Ⅰ. 차별구제제도 등의 강화

1. 차별행위에 대한 침해자 등의 권리구제방안 마련

권리구제 제도는 고용과정에서 차별사유로 불이익취급 등을 받은 경우에는 피해자는 근로감독관 및 고용노동부, 노동위원회, 법원, 국가인권위원회 등 국가구제기관에 진정 및 제소를 통하여 구제받을 수 있도록 하여야 한다. 특히, 고용상 노동문제에 대하여 가장 전문성과 충분한 인력을 보유한 고용노동부(근로감독관)는 각종 고용관련 차별시정 지도와 감독의무에 따라 차별행위시 적발하여 구제조치, 명령, 송치, 고발 등을 통하여 구제되도록 해야 하고, 노동위원회는 고용상 차별행위에 대한 전속적인 차별시정판정 등을 수행하는 기관으로 정하여 부당노동행위 등과 같이 구제받을 수 있도록 해야 한다. 물론 기본권적인 측면에서 국가인권위원회에 진정도 가능하며, 법원을 통한 구제절차를 진행하는 것도 병행될 수 있도록 규정할 필요가 있다.

2. 소송지원제도

소송지원제도는 차별피해의 실질적이고 효과적인 구제를 도모한다는 면에서 필요하지만, 소송지원의 내용(즉 법률자문지원, 금전적 지원을 할 것인지, 국선 또는 공공 및 민간법률구조기관, 소속 변호사 등 법률전문가의 조력을 할 것인지와 요건 등)을 명확히 할 필요가 있다. 따라서 소송을 지원하기 위한 요건, 절차 및 지원의 내용에 대한 세부사항을 명확히 규정할 필요가 있다. 현재 법률구조공단을 통한 소송지원제도와 국선변호인선임 등을 통한 소송지원제도가 활용되고 있다.

3. 징벌적 손해배상

차별행위를 보다 실효적으로 금지시키기 위해서는 징벌적 손해배상[21]도 일반적으로 허용되어야 할 것이다. 즉, 법에서 금지한 차별행위가 악의적인 것으로 인정되는 경우,[22] 법원은 차별행위를 한 자에 대하여 재산상 손해액 외에 손해액의 일정배수 이상의 배상금을 지급하도록 판결할 수 있도록 하여야 한다. 징벌적 손해배상제도를 도입하게 되면 불법행위 예방 및 억제, 피해자에 대한 손해전보액의 현실화 등의 장점이 있다. 다만, 고액의 손해배상액수로 가해자에게 지나친 부담을 주게 된다는 점, 민사영역인 손해배상영역에 대해 형사벌적 제재인 징벌적 개념 도입으로 헌법상 이중처벌 금지원칙에 위배될 가능성이 있다는 점 등이 문제로 지적될 수 있으므로 충분한 검토와 적정한 수준의 확보가 필요하다고 할 것이다.[23] 한편, 우리 법체계상 손해배상은 실제로 발생한 손해만큼을 금전으로 전보(塡補)하는 '전보배상의 법리'를 채택하고 있는 바, 징벌적 손해배상의 대상을 금지된 차별행위를 전체로 할 것인지 또는 제한할 것인지, 손해액에 대한 배상금수준의 적정성 등에 대한 논의가 필요할 것으로 보인다.

Ⅱ. 차별행위방지를 위한 인식제고활동 강화

1. 차별행위에 대한 사회구성원의 인식제고 방안의 마련

대표적인 것으로 각 사업장의 의식교육강화의무 시행, 차별행위금지 등에 대한 제도 고지 및 위반자에 대한 사후 고지제도, 감독기관의 지도감독강화, 그리

21) "징벌적 손해배상제도"란 가해자가 악의로 불법행위를 하는 경우 민사상의 손해배상제도에 형사적 제재를 가미하여 그액의 손해배상금을 부과하도록 하는 제도로서, 영국과 미국 등 일부 영미법국가에서 명예훼손, 불법감금, 공무원의 가혹행위영역 또는 제조물책임, 공해소송, 운송인책임소송 등에서 인정되고 있는 사례가 있다.

22) 악의적이란 차별행위의 고의성, 차별행위의 지속성 및 반복성, 차별피해자에 대한 보복성, 차별 피해의 내용 및 규모 등을 고려하여 판단하여야 한다.

23) 2011.03.11. 하도급 관계에서 원사업자가 수급사업자의 기술자료를 유용하여 손해가 발생한 경우 발생한 손해액의 3배까지 배상할 수 있도록 하는 「하도급거래 공정화에 관한 법률 일부개정법률안」이 국회를 통과함으로써 민사상 징벌적 손해배상제도가 최초로 입법화된 바 있고, 기간제법에서도 2014년부터 도입되었다.

고 국가 등 고용기관의 차별시정의무 등을 들 수 있다. 즉, 차별예방을 위한 조치 등에 관한 것이다. 모든 사업장은 소속 구성원들이 차별행위에 대한 문제를 정확히 인식하여 차별행위를 하지 않도록 예방하고, 차별행위에 대한 처벌과 제재사항 등을 인식하여 상호간에 바람직한 고용환경을 조성할 수 있도록 하는 정기적인 의무교육을 부과하고, 수시교육을 수행토록 하는 등 그 결과를 보고토록 하여 고용감독기관에서 실사하고, 감독하도록 하여야 한다.[24] 또, 사업장내의 의사결정과정에서의 참여기회의 동등한 부여 및 차별행위 금지, 노조활동에서의 참여와 의사결정 과정 등에서의 동등한 기회부여, 징계 등 인사위원회 등의 의사결정에서의 소명기회 등에 대한 동등한 부여, 장애나 특정 신체조건을 가진 자 등이 장애인이 아닌 자 등과 동등한 근로조건에서 근로할 수 있도록 편의를 제공하여야 한다. 다만, 경영상 과도한 부담이 있음을 입증하는 경우에는 그러하지 아니할 수 있다. 아울러, 국가 및 지자체, 공공기관, 고용주는 차별환경개선을 위한 노력의무를 비롯하여 실질적인 예방의무를 부담하도록 하여야 한다. 이를 위하여 매년 차별시정계획 수립, 교육훈련을 통한 인식개선노력 등 다양한 형태의 차별예방 조치를 수반하여야 할 것이다.

2. 국가 및 지방자치단체 등의 차별시정 의무에 관한 것

국가 및 지방자치단체, 공공기관 및 고용기관 등은 고용상 차별이 발생하지 않도록 하여야 하며, 이를 시정하기 위하여 필요한 조치를 취할 의무를 지도록 해야 한다. 즉, 고용을 통하여 사업을 영위하는 모든 기관은 차별사유 등을 이유로 소속 근로자를 차별하여서는 안 된다. 특히 정부는 차별금지 및 차별의 예방 등 차별시정을 위한 차별시정기본계획을 일정기간마다 수립·시행하여야 하고, 중앙행정기관의 장, 지방자치단체의 장 및 시·도교육감은 기본계획에 따른 연도별 세부시행계획을 수립하고 이에 필요한 행정 및 재정상 조치를 취하여야 할 의무를 가지도록 하여야 한다. 국가나 지방자치단체 등의 책무·책임 또는 정책수립의무 등에 관한 규정은 그 법률의 목적달성을 위하여 국가나 지방자치

24) 남녀고용평등법 제13조에서는 성희롱예방교육을 의무적으로 실시하도록 규정하고 있고, 동법 시행령 제3조에서는 연 1회 이상의 실시규정을 두고 있다. 이를 참고하여 차별교육도 횟수, 연간교육시간, 교육내용 등을 부과할 필요가 있다.

단체 등이 수행하여야 할 책무를 법률로 명확히 정함으로써 정부의 적극적인 법률 집행을 유도하고 정부나 행정책임자의 교체에 관계없이 장기적인 관점에서 효율적인 국가발전 또는 근로환경개선과 국민복지 향상을 위한 정책 등을 추진하기 위하여 규정되어야 한다.[25] 이러한 책임에는 국가 및 지방자치단체 등의 차별시정 의무, 국가 및 지방자치단체의 책임사항, 차별시정기본계획의 수립, 중앙행정기관의 장 등의 세부시행계획의 수립 등, 국가 및 지방자치단체의 책임 등을 규정하여야 한다. 통상 국가나 지방자치단체 등의 책무·책임 및 정책·시책을 함께 규정하는 경우 책무·책임을 먼저 규정하고, 그에 따른 정책·시책을 나중에 규정하는 것이 순서이므로 조문 순서를 그에 맞추어 규정하는 것이 적절할 것이다. 또, 국가 및 지방자치단체는 상기 사항에 반하는 기존의 법령, 조례와 규칙, 각종 제도 및 정책을 조사·연구하여 이의 취지에 부합하도록 시정하여야 하되, 이러한 시정조치시마다 사전에 해당 정책위원회 등 관계기관의 의견을 듣도록 하여야 그 정합성과 합리성을 제고할 수 있을 것이다. 다만, 차별규정과 관련하여 현행 인권위법에서 인권위의 의견을 듣도록 하는 내용을 규정하고 있으므로 그 정합성을 위한 조치가 필요하다.[26]

결국, 법령으로 정부 및 지자체, 기관, 사업주 또는 근로자, 노동조합 등 고용관련 이해관계자들의 차별예방조치의무를 부과하는 것이다. 통상적으로 노력의무를 부과하거나 차별시정의무를 부과하는 방법 등이 고려될 수 있다. 그러나 실효성을 확보하기 위해서는 보다 강한 의무를 부담하는 것이 바람직할 것이다.

3. 차별시정제도 교육의무 부과

차별시정을 위하여 사업장, 고용기관을 비롯한 사용자, 근로자 등에 대한 차별시정제도 등 전반에 대한 교육의무의 부과이다. 사업주 등의 교육의무 외에 근로자들에게도 인식제고를 위한 의무교육을 부과하여 차별행위에 대한 대응을

25) 국회 법제실, 『2011 법제실무』, 세븐스가든, 2011, 212면.

26) 인권위법 제19조에서 "인권에 관한 법령(입법과정 중에 있는 법령안을 포함한다)·제도·정책·관행의 조사와 연구 및 그 개선이 필요한 사항에 관한 권고 또는 의견의 표명"(제1호) 및 "그 밖에 인권의 보장과 향상을 위하여 필요하다고 인정하는 사항"(제10호) 등을 국가인권위원회의 업무로 명시하고 있어 국가인권위원회는 필요한 경우 국가나 지방자치단체에 의견제시를 할 수 있다.

할 수 있도록 유도하여야 한다.[27] 이를 위하여 사업장에서는 연간 관련교육에 대한 일정시간 이상 이수를 의무화하고 교육계획제출과 교육내용 및 결과보고를 의무화하도록 하여야 그 실행력을 담보할 수 있다.

4. 고지제도 및 신고제도 확립

차별시정과 관련한 각종 관련 법령 및 제도의 인식제고를 위한 사업장의 고지제도와 신고제도의 강화 및 권리구제제도의 주지의무 등도 강화하여 운영해야 한다.[28] 그리고 위반자 및 위반사항에 대한 사후 고지의무를 부과하여 사업장 구성원들이 모두 주지할 수 있도록 하여 의식고취를 유도할 필요가 있다.

5. 지도점검 강화

근로감독관 등 지도점검을 강화하여 사업장에서의 차별행위가 억제될 수 있도록 하여야 할 것이다. 지도점검은 형식적인 것을 피하고 실질적인 지도감독이 될 수 있도록 하고, 정기적인 지도점검 및 수시점검을 실행하고 그 점검 내용 등을 기록보고 함은 물론, 문제점 및 제도개선조치 등에 대한 의견제출 등 실행력을 강화할 필요가 있다. 또는 차별행위에 대한 신고제도의 활성화와 진정・신고자의 비밀 및 신변보장 등의 조치도 필요하다.

Ⅲ. 법령간 부정합 해소 및 고용차별금지기본법의 제정

1. 법령・제도간의 부정합 해소 및 정합성 확보

헌법상의 평등권과 관련된 고용관련 차별금지사항의 법령을 개정하는 경우나 관련 제도 및 정책을 수립하는 경우에는 각 법령의 정합성을 고려할 필요가 있다. 동일한 사안을 가지고 각 법령에서 규정하는 취급이나 처벌기준들이 다르다면 법 적용과 관련하여 혼동을 가져올 수 있기 때문이다. 현재 우리 노동관계법

27) 현재 성희롱예방과 같은 경우 연간 교육의무를 부과하고 있다(남녀고용평등과일가정양립지원에관한법률 제13조).

28) 취업규칙 및 법령 등의 고지의무 및 주지의무를 부과하고 있는 것처럼 차별관련 법규 및 권리구제, 교육, 기타 제도사항 등에 대한 고지 및 주지의무를 부과하는 방법이다.

령은 차별금지와 관련하여 여러 법령이 각각 규정하고 있기 때문이다.[29] 결국, 별도(고용차별금지 사항 등) 내지 새로운 내용을 기존의 법령에 삽입하는 경우 구제절차 등과 관련하여 예를 들면 "이 법은 차별에 관한 다른 법률에 따른 권리구제 절차의 이용에 영향을 미치지 아니한다"는 취지를 규정함으로써, 기존 차별금지 관련 개별법상의 구제절차가 제·개정안에 따라 제한되거나 상충되지 않도록 하여야 할 것으로 판단된다.

고용상 차별금지를 위한 통합법령의 제정을 통한 정합성 확보이다. 헌법의 평등이념에 따라 헌법상의 평등권을 실현하는 방법으로서 노동법적인 고용상의 차별행위금지는 실질적으로 평등권을 실현하는 과정이라고 할 수 있으며, 이러한 제도적인 장치 내지 법률적인 규정은 그 실효성을 확보하기 위하여 필요하다고 할 수 있다. 차별행위금지는 우선적으로 그 차별행위로서 금지되는 사유를 명확히 하고 세부적으로 규정할 필요가 있고, 차별행위이지만 차별행위로 볼 수 없는 차별행위예외사유에 대한 명확한 기준의 마련, 차별행위가 있는 경우 이를 판단·구제할 수 있는 절차적·방법적인 장치의 마련, 이를 수행하는 전문성을 갖춘 기관을 지정하는 것, 고용과 관련한 당사자들의 차별행위에 대한 인식을 제고할 수 있는 장치 마련 등 많은 부분의 정책적인 고려가 필요하다. 이러한 정책적인 제도적 장치는 기존의 법령을 개정하여 보완하는 방법 또는 새로운 가칭 고용차별금지기본법을 마련하는 방법을 고려할 수 있겠다.[30] 과거로부터

29) ① 근기법(성별, 국적, 신앙, 사회적 신분) : 노동위원회의 구제명령, 벌칙, ② 남녀고용평등법 : 입증책임 특칙, 벌칙, 과태료, ③ 고령자고용법 : 국가인권위 진정, 고용노동부장관(지방고용노동청장) 시정명령 및 과태료, 벌칙(모집·채용), ④ 장애인차별금지법 : 국가인권위 진정, 법무부장관 시정명령 및 과태료, 손해배상 특칙, 입증책임 배분, 법원의 임시조치 및 적극적 조치, 벌칙(악의적 차별) 등을 들 수 있다.

30) 어느 것을 선택하든 우선 고용상 논의될 수 있는 차별행위로 앞에서 설명된 사유들을 종합적으로 규정할 필요가 있다. 그 사유들로는 성별, 장애, 병력, 나이, 언어, 국적, 출신국가, 출신민족, 인종, 피부색, 출신지역, 출신학교, 용모 등 신체조건, 혼인여부, 임신 또는 출산, 가족형태 및 가족상황, 종교, 사상 또는 정치적 의견, 전과, 성적지향, 성별정체성, 학력(學歷), 고용형태, 사회적신분 등을 이유로 한 고용(노동법)상의 모든 영역에서 합리적인 이유 없는 차별을 금지·예방하고 복합적으로 발생하는 차별을 효과적으로 다룰 수 있는 포괄적이고 실효성 있는 고용차별금지 규정을 마련함으로써 고용상의 모든 영역에서 평등을 추구하는 헌법 이념을 실현하고, 실효적인 차별구제수단들을 도입하여 차별피해자에 대한 신속하고 실질적인 구제를 도모할 필요가 있다고 할 것이다. 결국, 헌법 제11조 제1항 등에 규정되어 있는 평등의 원칙을 실현하는 고용상의 기본법이 없는 현실에서, 차별의 시정을 위한 국내외 요구에 맞추어 차별관련 개별법의 적용을 보완하고 성별·장

현재까지 이러한 내용을 법령으로 규정하고자 하는 시도는 계속되어 왔고 지금도 진행 중이라고 할 수 있다. 대표적으로 모든 국민의 정치·경제·사회·생활면에서 차별을 금지하는 내용으로 시도된 것이 「차별금지법안」인데 이는 정부제출안(2007)[31]과 노회찬의원의 대표발의안(2008)이 있었으나 심사 중 임기만료로 폐기되었고, 박은수의원이 대표발의한 "차별금지기본법안(2011)"과 권영길의원이 대표발의한 "차별금지법안(2011)" 역시 심사 중 임기만료로 폐기되었으며, 김재은의원이 대표발의한 "차별금지법안(2012)"도 제출된 바 있다. 그러나 고용차별금지만을 통합적·체계적으로 다루는 법률제정안은 아직까지 시도된 바가 없다. 한편, 노동법(고용)상의 차별금지규정들은 각각의 개별법령에서 규정하고 있는데, 특히 근로관계의 기준법에 해당하는 근기법의 균등대우 규정과 관련하여 차별사유를 추가확대하려는 개정안[32]들이 제시되고 있다. 그러나 이러한 개정안들이 대부분 사회적인 이슈가 되는 사항들에 대한 사유들을 하나 둘씩 추가하는 형식이어서 보다 체계적이고 구체적인 차별금지사유와 구제절차 등 종합적인 법령상의 규정 내지 정책적인 고려가 요청된다고 할 것이다.

애·병력·나이·인종 등을 이유로 고용과 관련하여 노동법상의 모든 영역에서 합리적인 이유 없는 차별을 금지·예방하며, 불합리한 차별로 인한 피해자에 대한 구제조치를 정하는 기본사항을 법령으로 정책적인 제도로 확정할 필요성은 매우 크다고 할 것이다.

31) 2006.07.25. 국가인권위원회가 국무총리실에 차별금지법안을 권고하여 2007년 4월부터 차별시정위원회, 법무부, 노동부, 국가인권위원회 등으로 구성된 "차별금지법 제정추진기획단"에서 국가인권위원회 권고법안을 기초로 조정안을 마련하였으며, 2007년 7월부터 차별금지법 제정추진업무가 법무부로 이관되어 입법예고, 규제심사 등을 거쳐 2007.12.12. 국회에 제출되었다.

32) 개정 논의되었던 법률안을 살펴보면, 심상정의원이 대표발의(2012.07.03제출, 13인)한 근로기준법 개정안에서는 제6조의 균등대우와 관련하여 그 사유를 "인종·연령·신체조건·고용형태·정당"을 추가하는 내용으로 되어 있고, 제6조의2를 신설하여 "동일가치노동에 대한 동일임금 규정"을 두는 한편, 제9조의2를 신설하여 "상시적 업무에서의 간접고용의 금지" 규정을 두고 있다. 또, 홍영표 의원이 대표발의(2012.05.30 제출, 126인)한 근로기준법 개정안에서 균등대우와 관련하여 '근로형태'를 추가하고 있다. 그 내용은 "① 사용자는 근로자에 대하여 남녀의 성(性)을 이유로 차별적 대우를 하지 못하고, 근로형태 또는 국적·신앙·사회적 신분을 이유로 임금 등 그 밖의 근로조건에 대한 차별적 처우를 하지 못한다. ② 사용자는 동일한 사업 내의 동일가치 노동에 대하여는 동일한 임금을 지급하여야 한다. ③ 동일 가치 노동의 기준은 직무 수행에서 요구되는 기술, 노력, 책임 및 작업 조건 등으로 하고, 사용자가 그 기준을 정할 때에는 제25조에 따른 노사협의회의 근로자를 대표하는 위원의 의견을 들어야 한다. ④ 사용자가 임금차별을 목적으로 설립한 별개의 사업은 동일한 사업으로 본다"로 되어 있다.

2. 근기법 등의 개정을 통한 정합성 확보

근기법의 개정을 통한 차별사유의 강화를 ○○○의원이 대표발의 하였던 개정법률안의 내용을 중심으로 살펴본다면, 개정법률안은 차별사유로 신앙·인종·연령·신체조건·고용형태·정당을 추가하였고, 제2항과 제3항과 제6조의2를 신설하였다. 개정안에서는 고용형태(파견, 기간제, 단시간 등)에 따른 차별을 금지하는 내용을 중심으로 규정하고 있다. 개정안의 취지는 차별적 처우 금지대상을 확대하고 형사처벌 수위를 높임으로써 차별적 처우의 사각지대를 좁히는 동시에 균등처우규정의 실효성을 제고하려는 것으로 판단된다. 특히 '고용형태'를 추가할 경우 균등처우규정을 위반한 사용자에게 기간제법에 따라 과태료를 부과하는 방법 외에도, 근기법에 의해 2년 이하 징역 또는 1천만원이하 벌금형(현행법에 따르면 500만원 이하의 벌금)에 처함으로써 사용자의 비정규직근로자 차별행위를 더욱 강하게 억제할 수 있을 것으로 예상된다. 다만, 사용자가 '고용형태'를 이유로 차별적 처우를 하였을 경우 근기법과 기간제법에 의해 근로자의 권리구제방법이 이원화됨에 따라 법집행상 혼란이 발생할 수 있는 점을 고려할 필요가 있다. 또한 '연령'과 '신체조건'에 따른 차별적 처우는 이미 다른 개별 법률에 의해 금지되고 있어 개정안에 이를 추가할 경우 근기법과 개별 법률의 처벌조항이 달라지는 문제가 발생하므로, 이에 대해서는 신중한 결정이 필요하다고 할 것이다.

한편, 개정안에 동일가치노동 동일임금부분은 정규직과 비정규직의 임금수준을 동등하게 함으로써 비정규직 근로자에 대한 차별적 처우를 방지하고, 소득양극화문제를 개선하여 사회통합에 기여할 수 있다고 보여진다. 반면에 '동일가치노동'과 '동일임금'의 판단기준이 명확하지 않아 법해석 및 적용에 상당한 어려움이 나타날 수 있고, 연공급 비중이 높은 우리나라 임금체계 하에서 동일임금원칙을 적용할 경우 근로자 사이에 대립과 갈등이 심화될 가능성도 배제할 수 없다. 동 개정안의 입법취지에 타당성이 있음에도 이를 실현하는 과정에서 적지 않은 혼란이 발생할 수 있으므로, 우선 각계각층의 의견을 수렴하고 외국사례를 참고하여 '동일가치노동'과 '동일임금'에 대한 판단기준을 정립한 다음, 동일가치노동 동일임금원칙을 근기법에 명문화할 필요가 있을 것으로 판단된다. 다만, 개정안과 같이 동일가치노동 동일임금원칙을 근기법에 규정한다고 하더라도 법 개정에 따른 실효성을 확보하기 위하여 법 위반에 따른 벌칙조항을 마련해야 할 것으로 보인다.

그러나, 이처럼 기존의 법률인 근기법의 일부개정을 통하여 차별사유를 이슈 중심으로 하나씩 추가하는 것은 고용상의 차별문제를 근본적으로 해결하는데 한계가 있어 보인다. 또, 기존의 다른 법령에서 규정하고 있는 차별사유 등에 대한 정합성의 문제도 여전히 상존하고 있고, 근기법의 특성상 채용이후부터의 문제를 다루고 있어 채용과정에서부터의 문제를 다루는데 한계가 있어 보이고, 이 경우 근기법은 상당부분 전면개정이 불가피하고, 체계적이고 효율적인 운영을 위해서는 통합법을 별도로 마련하는 것이 바람직할 것이다.

3. 통합 고용차별금지기본법의 제정을 통한 정합성 확보

근기법이 고용관계가 형성(채용)된 후부터 고용관계가 종료하는 시점까지를 규율하는 법이므로 전제조건이 근로관계에서 근로자라는 신분으로 고용관계를 맺기 위한 과정(구직부터)에서 고용과정과 고용관계가 종료하는 시점(퇴직)까지 발생되는 모든 과정에 대하여 적용하는 고용차별금지법령이 필요한 것으로 판단된다. 소위 통합고용차별금지기본법이 담아야 할 내용으로는 앞에서 정책적 방향에서 다루었던 내용을 중심으로 차별개념(직접, 간접 등), 차별행위의 주체, 차별을 당하는 객체, 비교집단, 차별사유, 차별행위 및 영역, 차별의 예외사항, 차별판단기준 및 가이드라인, 권리구제 방법과 절차, 손해배상에 대한 청구방법과 절차, 차별행위에 대한 저지 방법 및 절차 내지 이행명령제도(교육명령 포함), 사업장 차별교육의무부과, 노동위의 판정과 권고사항 등의 효력, 차별행위에 대한 입증책임, 벌칙 등 종합적인 내용이 담아져야 한다. 이를 통하여 현재 각 법령에서 차별사항 및 처벌규정 등에 대하여 부정합하게 규정되어 있는 내용들에 대한 정합성을 확보할 수 있을 것이다. 즉, 고용차별과 관련한 사항에 대하여는 기본법으로서 일반법적인 지위를 부여하여 운영토록 하는 것이다.

제 4 절 차별판단 가이드라인 및 제도보완

Ⅰ. 차별판단기준 및 가이드라인 마련

차별판단기준의 마련과 차별행위관리를 위한 가이드라인의 마련이다. 헌법재판소나 법원, 노동위와 인권위 등의 차별행위 판단에서 합리성 등의 판단기준으로 고려되는 사항들에 대하여 고용상 차별사유별 판단기준 등 가이드라인의 제정운영이 필요하다. 미국의 경우 EEOC의 가이드라인은 우리에게 시사하는 바가 크다고 할 것이다. 우선, 차별행위에 대한 전반적인 인식제고를 위한 교육등을 통하여 제도 전반에 대한 인식하에 차별행위 발생 시 권리구제를 위한 조치가 가능하다는 점을 인식토록 하여 구제기관을 통한 권리구제 청구 및 고발조치 등 행동요령에 대한 가이드라인을 마련하여 각 사업장과 고용기관 및 근로자에게 주지시킬 필요가 있다. 그리고 각 사업장 및 고용기관과 근로자가 각각의 차별행위 사유에 대하여 차별여부를 판단할 수 있는 가이드라인을 만들어 배포하여야 한다. 이를 근거로 사업장에서 고용상 행위들에 대하여 차별여부를 판단할 수 있도록 하여 위반을 예방하고 합리적인 고용관리가 가능하도록 하여야 한다. 또, 차별행위 등 불이익대우나 처분이 발생할 경우 그 판단기준을 토대로 권리구제가 가능하도록 해야 한다. 물론 각 차별행위에 대한 판단기준인 가이드라인을 만드는 일은 매우 방대한 작업이다. 그러나 지금까지의 논의를 토대로 판단해 본다면 각각의 차별사유에 대한 법령의 규정과 판결례 및 국내외 가이드라인 등을 참고하여 마련한다면, 각각의 사유에 대한 가이드라인의 마련이 가능할 것으로 보인다.

Ⅱ. 차별판단기능 및 지도감독기능 일원화

차별판정과 권고기능이 강화된 노동위원회의 기능조정의 필요성이다. 현재 노동위원회가 차별문제와 관련하여 담당하고 있는 비정규직 차별 문제뿐만 아니라 고용관계 전반에 대한 차별문제를 모두 취급할 수 있도록 하는 권한부여가 필요하다. 이를 통하여 노동분야 최고의 전문성을 가지고 있는 노동위원회가 판정 및 권고 내지 권리구제기능을 효율적으로 수행할 수 있다고 보여진다. 아울러, 고용노동부 소속의 근로감독관의 인력과 실무현장의 상황을 보다 현실감 있게 수용할 수 있고, 사후처리에 대한 실행력도 함께 강화시킬 수 있다. 또, 노동위원회가 직권조사가 가능하도록 하고 차별행위에 대한 고발 및 처벌기능도 가질 수 있어야 그 실효성이 커질 수 있을 것이다.

Ⅲ. 강제이행명령제도 도입 및 부당노동행위 보완

차별금지위반에 대한 처벌을 강화하고 차별시정 및 재발방지를 위한 강제이행명령제도를 도입하여야 한다. 부당노동행위 및 부당해고 등에서 시행되고 있는 이행명령제도 등을 원용할 필요가 있다. 아울러, 차별행위를 부당노동행위로 간주하여 처리하는 것이다. 현재 노조법 제81조에서 규정하고 있는 부당노동행위 외에 차별행위를 부당노동행위의 항목으로 추가하는 방안이다. 법령의 규정상 노조법보다는 근기법이나 다른 통합법령에 규정하는 것이 바람직할 수 있으나, 법령의 체계상의 문제는 별개로 하더라도, 차별행위를 보다 근본적으로 금지하기 위한 장치로서 기능할 것으로 보인다. 아울러, 차별행위 등에 따른 부당노동행위에 대하여 처벌을 강화하는 규정을 마련하는 것이 필요하다.

〈參考文獻〉

1. 國內文獻

〈단행본〉
강성태·김근주·김기선·박수근 編譯, 「독일 노동법전」, 한국노동연구원, 2013.
강현주·이승욱·조용만, 「쟁의행위 정당성의 국제비교」, 한국노동연구원, 2000.
국가인권위원회, 「국가인권위원회법 해설집」, 2005.
국가인권위원회, 「연간보고서」, 2002~2015.
국가인권위원회, 「외국 차별금지법령집」, 2004.
국가인권위원회, 「차별금지법 관련자료 (I)」, 2005.
국가인권위원회, 「차별금지법 권고법안권고 결정문」 및 「차별금지법 권고법안」, 2006.
국가인권위원회, 「차별금지법안 공청회 자료집」, 2006.
국미애, 『성희롱과 법의 정치』, 푸른사상, 2004.
국회 법제실, 『2011 법제실무』, 세븐스가든, 2011.
권영성, 『헌법학원론』, 법문사, 2010.
권중동, 『ILO와 국제노동기준』, (주)중앙경제, 2003.
김두수, 「EU소송법상 선결적 부탁절차」, 한국학술정보(주), 2005.
김도승·전주열·한동훈, 「차별의 합리성 판단기준에 관한 비교법적 연구-프랑스 편」, 한국법제연구원, 2011.
김엘림·박현미·윤덕경, 「20세기 여성인권법제사」, 한국여성개발원, 2001.
김엘림·이승욱, 「여성고용에서의 차별판단기준마련」, 노동부, 2005.
김유선 외, 「직장내 성희롱의 적극적 예방제도 도입방안」, 노동부, 2004.
김지훈, 「차별의 합리성 판단기준에 관한 비교법적 연구-독일 편」, 한국법제연구원, 2011.
김진·김태선·정형옥, 「진정직업자격 등 고용차별 판단기준에 관한 외국 판례 조사」, 국가인권위원회. 2005.
김형배, 『노동법』, 박영사, 2012.
노동부, 「각국의 근로기준법 제도」, 노동부 근로기준과, 2001.
노동부, 「고용평등 및 모성보호 질의회시집」, 2003.
문무기·윤문희, 「근로자 균등대우 실현을 위한 노동법적 과제」, 한국노동연구원, 2007.
문숙재·윤소영, 『결혼과 노동』, 교문사, 2000.
박종희·강선희, 『비정규차별시정 판정 및 판례 분석집』, 사마출판(고려대 노동문제연구소), 2013.
박제성 譯(Alain Supiot 著), 『프랑스 노동법』, 도서출판 오래, 2011.

박지순 · 이흥재 · 전광석, 『사회보장법』, 신조사, 2011.
박찬운, 『인권법』, 한울아카데미, 2011.
법무부, 「각국의 차별금지법 제1권」, 2008.
법무부, 「각국의 차별금지법 제2권」, 2008.
법무부, 「각국의 차별금지법 제3권」, 2008.
법무부, 「독일 평등대우법의 제정과정에 관한 연구」, 2008.
법무부 인권국, 「차별금지법안」(김재연의원 대표발의)에 대한 검토의견서, 2013.
신수식 · 김동원 · 이규용, 『고용관계론』, 박영사. 2004.
안주엽 · 윤문희 · 이인재 · 조용만/淸家篤, 「노동과차별(1) : 선진국의 반차별 법제도」, 한국노동연구원, 2006.
여성부, 「2000년도 남녀차별 결정사례집(vol.1)」, 2001.
윤석영 책임편집, 「비정규직에 관한 EU국가의 최근 입법경향」, 최저임금위원회, 2003.
윤석진, 「차별의 합리성 판단기준에 관한 비교법적 연구-영국 편」, 한국법제연구원, 2011.
윤후정 · 신인령, 『법여성학』, 이화여자대학교 출판부, 2001.
이상엽 · 황건하, 『노동경제학과 노사관계론』, 형설출판사, 2003.
이상윤, 『노동법』, 법문사, 2005.
이석용, 『국제인권법』, 세창출판사. 2005.
이승길, 「미국의 노동법제」, 한국경영자총협회, 2005.
이정 譯(管野和夫 著), 『일본노동법』, 법문사, 2007.
이정 역(스게노 저), 『일본노동법의 이론과 실제』, 한국경총, 2004.
이준일, 『인권법』, 홍문사, 2010.
이준일, 『차별금지법』, 고려대학교출판부, 2007.
이학춘 譯(Brox/Rüthers 著), 「독일노동법」, 한국경총(부설 노동경제연구원), 2002.
이호선, 『유럽연합의 법과 제도』, 세창출판사, 2006.
임공수, 『임금피크제의 문제와 운용』, 올리브나무, 2007.
임공수, 『고용상 차별과 평등』, Jinhan M&B, 2013.
임종률, 『노동법』, 박영사, 2012.
장민선, 「차별의 합리성 판단기준에 관한 비교법적 연구-미국 편」, 한국법제연구원, 2011.
장의성 · 조재정, 「최신 근로기준법 노동부 행정해석 모음」, (주)중앙경제, 2004.
정인섭, 『국제인권조약집』, 사람생각, 2000.
정인섭, 『에센스 국제조약집』, 박영사, 2010.
조용만, 「고용차별금지법의 국제비교」, 한국노동연구원, 2004.
중앙노동위원회, 「차별시정 판정 사례집」, 2009.
차별연구모임, 「국가인권위원회법의 차별판단을 위한 지침」, 국가인권위원회, 2002.
채형복, 『국제인권법』, 높이깊이, 2009.
채형복, 「유럽연합법」, 한국학술정보(주), 2005.
최승철, 『차별금지법의 이해』, 한울, 2012.

최저임금위원회, 「비정규직에 관한 EU국가의 최근 입법경향」, 2003.
최환용, 「차별의 합리성 판단기준에 관한 비교법적 연구-종합보고서」, 한국법제연구원, 2011.
하경효, 『노동법사례연습』, 박영사, 2008.
한국경총, 「노동관계법 쟁점사항 국제비교」, 2005.
한국경총, 「미국의 노동법제」, 경총부설 노동경제연구원, 2005.
한국노동연구원, 「여성근로자 모성보호의 현황과 정책방안」, 2004.
한희원, 『국제인권법론』, 삼영사, 2012.
허 영, 『한국헌법론』, 박영사, 2000.

〈논문 등〉

강홍진, "프랑스의 고용관계에서의 평등 확립을 위한 법제", 「최신외국법제정보(2012년 제2호)」, 한국법제연구원, 2012.
고용노동부, "적극적 고용개선조치 산업별 여성고용기준 개선방안 연구", 한국여성경제학회, 2013.
고준기, "고령자 고용촉진을 위한 임금 등 보상체계의 변경을 둘러싼 법적 과제", 「기업법연구(제21권제3호)」, 한국기업법학회, 2007.
고준기, "고령자 고용촉진을 위한 기업 정년제의 문제점과 법적과제", 「법학연구(제22집제2권)」, 원광대 법학연구소, 2006.
구미영, "동아시아 국가의 고용차별금지법 비교", 「노동법학(제42호)」, 한국노동법학회, 2012.
국가인권위원회, "차별판단지침에 대한 외국사례 조사: 출신국가, 출신민족, 인종, 피부색(2006년도 인권상황 실태조사 연구용역보고서)", 2006.
국제노동법연구원(이승욱 · 김엘림), 「여성고용에서의 차별판단기준」, 노동부, 2005.
국제노동법연구원(이철수 · 이승욱), "우리나라와 EU의 노동법제 비교연구", 노동부, 2007.
국제노동법연구원(조용만 · 이인재), "연령차별 금지제도의 사회경제적 영향분석 및 도입방안", 노동부, 2007.
권 혁, "고령자 고용에 있어 연령차별과 고용촉진제도의 법이론적 의미", 「비교법학(제22집)」, 부산외대비교법연구소, 2011.
권 혁, "정년연장에 따른 임금체계개편과 취업규칙 변경법리", 「노동법포럼(제15호)」, 노동법이론실무학회, 2015.
권혁남 · 전상길, "여성고령자의 고용 장애 요인과 고용촉진 활성화를 위한 국가별 전략 연구", 「아시아여성연구(제48권 4호)」, 숙명여대아시아여성연구소, 2009.
금재호, "적극적 고용개선조치의 강화가 필요하다", 「월간노동리뷰(2012년11월호)」, 한국노동연구원, 2012.
김 진, "동일가치노동 · 동일임금 규정의 규범력", 노동판례비평, 2001.
김기영, "미국에서의 평등권에 관한 이론", 「아 · 태공법연구(제7집)」, 아세아 · 태평양공법학회, 2000.
김도균, "공정으로서의 정의관에서 본 남녀평등", 「법철학연구(제5권 제2호)」, 2002.
김대환, "유럽연합법원(EuGH)판결에 나타난 비례성원칙의 내용과 심사강도", 「세계헌법연구(제17권 제3호)」, 국제헌법학회 한국학회, 2011.
김문현, "평등에 관한 헌법재판소판례의 다단계 위헌심사기준에 대한 평가-미연방대법원판례 및 관련이론을 바탕으로-", 「미국헌법연구(제17권 제2호)」, 미국헌법학회, 2006.
김복기, "미국의 적극적 평등실현조치와 위헌심사기준", 「노동법연구(제24호)」, 서울대노동법연구회, 2008.
김삼룡, "독일 기본법에서의 '일반적 평등권'에 대한 연방헌법재판소의 해석 변화", 「공법연구(제40집 제1호)」, 한국공법학회, 2011.
김상호, "동일가치노동 동일임금원칙에 관한 입법론적 고찰", 「비정규노동(제3권 제19호)」, 한국비정규노동센터, 2003.
김선욱·장명선, "적극적 조치에 관한 유럽사법재판소 판례의 최근 동향", 「법학논집(제8권 제1호)」, 이화여대법학연구소, 2003.
김영환, "최근 미국 연방대법원의 판례에 나타난 적극적 평등실현조치의 합헌성 기준", 「공법학연구(제8권 제4호)」, 한국비교공법학회, 2007.
김엘림, "고용상 성차별의 개념과 판단기준", 「노동법학(제15호)」, 한국노동법학회, 2002.
김엘림, "고용차별분쟁처리제도의 문제와 정비과제", 「법제연구(제39호)」, 한국법제연구원, 2010.
김엘림, "남녀동일가치노동의 동일임금원칙의 적용", 「노동법률(제144호)」, 2003.
김엘림, "동일가치노동·동일임금원칙에 관한 쟁점", 「노동법학(제17호)」, 한국노동법학회, 2003.
김엘림, "부부사원 중 여성의 절대다수가 명예퇴직한 사건의 위법성 여부", 「노동법률(제134호)」, 중앙경제사, 2002.
김엘림, "외국의 고용평등제도의 비교분석", 노동부, 1999.
김연진, "차별의 시정인가, 우대인가 : 소수세력차별시정정책과 그에 대한 논쟁", 「미국사연구(제18호)」, 한국미국사학회, 2003.
김영문, "고령사회와 고령자고용촉진을 위한 법제개선방안", 한국법제연구원, 2004.
김은철, "헌법상 평등심사기준에 관한 연구", 「미국헌법연구(제26권제1호)」, 미국헌법학회, 2015.
김인재·김미영·노호찬·이주환·남궁준, "노동위원회 60년 평가와 향후 발전방안 연구", 중앙노동위원회, 2014.
김주환, "일반적 평등원칙의 심사 기준과 방법의 합리화 방안", 「공법학연구(제9권 제3호)」, 한국비교공법학회, 2008.
김주환, "기본권의 규범구조와 제3자적 효력", 사법행정, 2001.
김주환, "입법자의 평등에의 구속과 그에 대한 통제", 「헌법논총(제11집)」, 2000.

김주환, "평등권의 다차원적 성격", 인권과 정의, 2004.

김진·정형옥·김태선, "진정직업자격 등 고용차별판단기준에 관한 외국 판례 조사", 국가인권위원회, 2005.

김진태, "고령자 고용촉진을 위한 정년제의 문제점과 법제화방안", 「동아법학(제52호)」, 동아대법학연구소, 2011.

김철수, "평등권에 관한 연구", 「학술원논문집-인문·사회과학편(제44집)」, 2005.

김태홍·양혁승·이승길, "동일가치노동의 판단을 위한 비교기준 및 평가방법 연구", 노동부, 2001.

김태홍·전윤구, "동일가치노동에 대한 동일임금모델 개발", 노동부, 2002.

김현철, "미국 헌법상 평등보호와 엄격심사기준에 관한 연구", 연세대박사학위논문, 2001.

김현철, "헌법재판소의 평등권 심사", 「헌법의 규범력과 법질서(정천허영박사정년기념논문집)」, 박영사, 2002.

김환일, "임금관리와 임금법제", 중앙경제사, 2004.

노동부, "동일가치노동의 판단을 위한 비교기준 및 평가방법연구", 2001.

노동부, "적극적 고용개선조치 도입관련 자료집-Affirmative Action", 2005.

노상헌, "고용차별금지법과 차별시정제도의 법적 쟁점", 「서울법학(제20권 제3호)」, 서울시립대법학연구소, 2013.

문무기, "고령자 고용촉진을 위한 법·제도 분석 및 개선방안", 「한양법학(통권 제43집)」, 한양법학회, 2013.

박가영, "고용차별규제에서의 연령차별에 관한 연구-모집·채용단계를 중심으로-", 「입법정책(제7권제2호)」, 한국입법정책학회, 2013.

박귀천·김선미·손향미·이영희·이희진·정란아, "기업채용과정의 차별관행에 대한 실태조사", 국가인권위원회, 2011.

박선영·박복순·김진, "고용상 차별관련 정책의 효율성 제고방안", 노동부, 2008.

박성희, "고용상 차별의 구제에 관한 연구", 단국대박사학위논문, 2012.

박승호, "연령차별과 장애차별에 관한 미연방대법원 판례", 「미국헌법연구(제21권제1호)」, 미국헌법학회, 2010.

박은정, "동일노동동일임금의 판단에 관한 소고", 「노동정책연구(제5권 제1호)」, 한국노동연구원, 2005.

박인수, "유럽헌법의 규범체계", 「세계헌법연구」, 국제헌법학회, 2007.

박제성, "프랑스의 차별시정 사례 연구", 중앙노동위원회, 2007.

박주영, "비정규직 차별사건의 쟁점과 과제", 「민주법학(통권37호)」, 관악사, 2008.

박종희, "경영권에 관한 연구", 한국경총, 2005.

박종희, "고령화 사회에서의 노동법적 과제(정년제 및 고령자 고용과 관련하여)", 「노동법학 (제20호)」, 한국노동법학회, 2005.

박종희, "고령화사회에서의 노동법적 과제", 「노동법학(제20호)」, 한국노동법학회, 2005.

박종희, "독일에 있어서 정년제와 고령자 고용", 「고령자고용과 정년제의 법적과제」, 한국법제연구원, 2003.
박종희, "비정규직 근로자에 대한 차별금지 제도의 쟁점 검토", 「조정과 심판(2008/가을호)」, 중앙노동위원회, 2008.
박종희, "비정규직 근로자 차별금지 제도의 최근 동향과 쟁점", 「외법논집(제34권제3호)」, 한국외대법학연구소, 2010.
박종희, "비정규·간접고용 근로자의 노동단체권 행사에 관한 법리 연구", 노동부, 2005.
박종희, "임금피크제와 취업규칙 변경절차에 관한 법적 검토", 「노동법포럼(제15호)」, 노동법이론실무학회, 2015.
박종희, "차별시정제도 시행 1주년 평가와 향후 입법정책적 논의 방향", 「노동리뷰(통권 제47호)」, 2008.
박종희, "파견근로자에 대한 차별금지 판단의 대상과 내용", 「노동법률(통권227호)」, 중앙경제, 2010.
박종희 외, "고령자 고용촉진을 위한 노동시장법제 개선방안 연구", 노동부, 2008.
박종희 외, "비정규근로자에 대한 차별금지 - 차별판단의 구조와 기준을 중심으로 -", 「산업관계연구(제17권 제1호)」, 한국노사관계학회, 2007.
박종희 외, "유럽연합 내에서의 비정규직 차별금지법제에 관한 검토", 「유럽법학(제2호)」, 한국유럽법연구회, 2007.
박종희 외, "비정규직 차별금지에 관한 선진국 제도운용 연구", 노동부, 2005,
박종희 외, "비정규직 차별금지 판단기준 및 운영에 관한 연구", 중앙노동위원회, 2006.
박지순, "노동시장의 변화와 독일 공동결정제도의 대응(독일경영조직법의 개정 배경과 주요 개정 내용)", 「노동정책연구(제2호)」, 한국노동연구원, 2001.
박지순, "독일의 노동시장 및 노동법 개혁(노동법과 사회법에서의 새로운 패러다임의 모색)", 「노동법학(제18호)」, 한국노동법학회, 2004.
박지순, "독일의 최근 노동입법 동향", 「노동법학(제12호)」, 한국노동법학회, 2001.
박지순, "유럽노동법에 관한 기초적 연구"(유럽노동법의 의의, 발전 그리고 규율 대상), 「산업관계연구(제15권 제1호)」, 한국노사관계학회, 2005.
박지순, "유럽노동법의 기본구조와 관련 EU입법지침의 개관", 「국제노동브리프(제3권8호)」, 한국노동연구원, 2005.
박지순, "유럽노동법의 기본구조와 관련 EU입법지침의 개관Ⅰ", 「국제노동브리프 2005년 8월호」, 한국노동연구원, 2005.
박지순, "유럽노동법의 기본구조와 관련 EU입법지침의 개관Ⅱ", 「국제노동브리프(2005년 9월호)」, 한국노동연구원, 2005.
박형정, "고용형태를 이유로 한 차별금지 법제에 관한 연구", 아주대박사학위논문, 2013.
박호환, "미국 EEOC의 차별구제 절차", 「조정과심판(제20호)」, 중앙노동위원회, 2005.
서혜진, "차별적 처우 금지 위반의 효과 및 구제의 내용", 「노동연구(제19집)」, 고려대노동문제연구소, 2010.
손희권, "국가인권위원회가 제시한 교육행정에서의 연령차별의 합리성 판단기준의 의의와 한계", 「한국교육(제34권 제2호)」, 한국교육개발원, 2007.
송초아, "군병원의 동성애자 차별-차별행위의 이론과 실제-", 국가인권위원회, 2002.
심재진, "남녀고용평등법의 실효성문제에 대한 고찰", 「민주법학(제22호)」, 2002.
심재진, "평등과 노동권에 근거한(영미)고용차별법의 가치론적 이해", 「노동법연구(제26호)」, 서울대노동법연구회, 2009.
안경환, "평등권 - 미국헌법을 중심으로-", 「헌법재판연구(제6권)」, 2001.
오계택·이인재·조용만·박호환, "임금차별 판단기준 마련을 위한 연구", 노동부, 2007.
오병선, "남녀평등과 적극적 평등화조치", 「법철학연구(제4권 제1호)」, 2001.
오정진, "여성노동현안에 관한 국내외 판례의 동향과 과제", 한국여성개발원, 2003.
유성재, "정년제 및 연령차별금지에 관한 비교법적 고찰", 「중앙법학(제13집제1호)」, 중앙법학회, 2011.
이달휴, "승급에서의 성차별과 구제", 「노동법학(제15호)」, 2002.
이명웅, "미국 연방대법원의 3단계 심사기준의 성립과정", 「헌법논총(제22집)」, 헌법재판소, 2011.
이명웅, "자유와 평등의 관계 - 상호 조화의 관점 -", 「헌법논총(제14집)」, 헌법재판소, 2003.
이병운, "고령사회와 고령자 고용에 관한 법제도 개선과제", 「사회법연구(제2호)」, 2004.
이부하, "평등보호의 사법심사기준에 관한 소고-미대법원 판례를 중심으로-", 「한양법학(제12집)」, 한양법학회, 2001.
이부하, "헌법상 평등원칙에 대한 심사기준", 「법학연구(제19권 제2호)」, 경상대법학연구소, 2011.
이수연, "차별의 정당성 판단기준", 「노동법학(제41호)」, 한국노동법학회, 2012.
이승길, "고령자 고용안정 및 고용촉진을 위한 노동법정책의 개편방안 연구", 「경희법학(제48권제1호)」, 경희법학연구소, 2013.
이승욱, "고용에서의 차별판단기준", 「여성고용에서의 차별판단지침 마련」, 노동부, 2005.
이승욱, "남녀고용평등법상 동일가치노동의 판단기준 대상판결", 「조정과 심판(제21호)」, 중앙노동위원회, 2005.
이승욱, "여성고용에서의 간접차별에 대한 실효적 규제를 위한 법적 규율", 「노동법학(제17호)」, 2003.
이승욱, "외국의 차별시정 사례 연구-영국", 중앙노동위원회, 2007.
이승욱·이철수, "우리나라와 EU의 노동법제 비교연구", 노동부, 2007.
이우영, "미국의 위헌심사기준으로서의 '이중 기준'", 「서울대학교 법학(제50권 제1호)」, 서울대법학연구소, 2009.
이유정, "간접차별의 근거규정", 「차별행위 이론과 실제(I)」, 국가인권위원회, 2002.
이종근, "평등권 보장에 있어서의 위헌법률심사기준-미국에 있어서 엄격심사기준의 최근의 이론적 동향을 중심으로-", 「공법학연구(제9권 제3호)」, 한국비교공법학회, 2008.
이종수, "사회적 신분에 의한 차별금지의 헌법적 의미", 「공법연구(제31집 제1호)」, 2002.

이종수, “사회적 차별과 평등의 실현”, 「연세법학연구(제10권 제2호)」, 2004.
이주희, “간접차별의 개념과 판단기준-외국의 주요입법례와 사례를 중심으로”, 「청주법학(제32권 제2호)」, 청주대 출판부, 2010.
이준일, “헌법상 비례성원칙”, 「공법연구(제37집 제4호호)」, 한국공법학회, 2009.
이준일, “헌법재판소의 평등심사기준과 국가인권위원회의 차별판단기준”, 「세계헌법연구 18권 2호)」, 국제헌법학회 한국학회, 2012.
이학춘·고준기·전만길, “고령자 고용촉진과 고용연장·유지를 위한 임금피크제의 문제점과 개선방안”, 「노동법논총(제21집)」, 한국비교노동법학회, 2011.
이호근, “법을 통한 통합 : 유럽통합의 역사적 ‘진화’와 그 ‘영향’”, 「동서연구(제24권 제4호)」, 연세대동서문제연구원, 2012.
임공수, “고용상 차별금지제도에서의 합리적 이유에 관한 연구”, 고려대박사학위논문, 2016.
임공수, “고용상에서 ‘연령요소’에 의한 차별”, 「고려법학(제85호)」, 고려대학교 법학연구원, 2017.
임공수, “고용차별에서 진정직업자격의 적용요건”, 「사회과학연구(제24권 제2호)」, 동국대학교 사회과학연구원, 2017.
임공수, “고용차별판단 심사기준”, 「노동법논총(제39집)」, 한국비교노동법학회, 2017.
임공수, “단체협약위반에 대한 권리구제”, 「노동법포럼(제13호)」, 노동법이론실무학회, 2013.
임공수, “모집·채용에서의 우대조치에 대한 합리적 이유”, 「산업관계연구(제27권제1호)」 한국고용노사관계학회, 2017.
임공수, “임금 등 차별에서의 합리적 이유”, 「노동법포럼(제19호)」, 노동법이론실무학회, 2016.
임공수, “임금피크제의 노동법적 문제에 관한 연구”, 고려대석사학위논문, 2006.
임지봉, “미국 연방대법원의 평등심사 기준”, 「법조(제51권 제7호)」, 법조협회, 2002.
임지봉, “적극적 평등실현조치와 실질적 평등”, 법조협회, 2003.
장지연, “미국의 적극적조치 논쟁과 시사점”, 「남녀고용평등토론회-한국노동연구원 토론회 자료집」, 2006.
장지연외7인, “노동시장차별과 적극적 고용개선조치”, 한국노동연구원, 2006.
전상구, “유럽연합에 있어서의 적극적 평등실현조치의 근거와 사법심사기준”, 「공법학연구(제12권 제1호)」, 한국비교공법학회, 2011.
전윤구, “근로관계에서의 균등대우원칙에 관한 연구”, 고려대박사학위논문, 2004.
전윤구, “비정규법안과 차별금지”, 「노동법학(제23호)」, 한국노동법학회, 2006.
전윤구, “연령차별관점에서 본 정년연장과 임금조정제”, 「노동법포럼(제15호)」, 노동법이론실무학회, 2015.
전윤구, “연령차별금지의 실효성과 도입방안 연구”, 「경기법학논총(제10호)」, 경기대법학연구소, 2010.
정문식, “평등위반 심사기준으로서 비례원칙”, 「법학연구(제51권 제1호, 통권63호)」, 부산대법학연구소, 2010.

정순돌·이미우, "우리나라, 미국, 네덜란드의 공요상 연령차별 금지법: 연령차별의 개념과 적용대상", 「보건사회연구(제32권 제2호)」, 한국보건사회연구원, 2012.

정이환·김유선·박영삼·김노원, 「유럽연합(EU)의 비정규고용 지침과 주요 국가들의 노동입법 동향」, 비정규노동센터·프리드리히에베르트재단, 2003.

정태호, "일반적 평등권 침해여부의 심사", 고시계, 2002.

정형옥, "성희롱 개념의 성립과 변화", 「한국양성평등교육진흥원 성희롱 예방교육 전문강사 강의안 모음집」, 한국양성평등교육진흥원, 2006.

조경배, "간접고용의 문제점과 해결방안", 「비정규직정책토론회 발표 논문」, 2002.

조경배, "비정규근로자의 보호", 「노동법강의」(기업구조조정과 노동법의 중요과제), 법문사, 2002.

조성혜, "고령자의 고용촉진을 위한 법적 과제", 「법제연구(제38호)」, 한국법제연구원, 2010.

조순경 외, "간접차별 판단기준을 위한 연구", 노동부, 2002.

조순경, "차이의 신화와 차별의 현실", 「한국인권의 현황과 과제」, 한국인권재단(인권학술회의), 2002.

조순경, "합법을 가장한 위법의 논리(농협의 사내부부 우선해고와 '의도적 차별')", 「노동과 페미니즘」, 이화여대 출판부, 2000.

조용만, "고용상 차별에 대한 과제와 전망", 「노사포럼(제20호)」, 경총 노동경제연구원, 2003.

조용만, "고용상 연령차별금지법제의 입법론적 검토", 한국법제연구원, 2004.

조용만, "고용차별 해소를 위한 적극적 조치의 정당성-미국 판례법에 기초한 남녀고용평등법의 해석론", 「노동법연구(제20호)」, 서울대노동법연구회, 2006.

조용만, "국가인권위원회 고용차별시정 10년 사례의 분석", 「노동정책연구(제12권 제1호)」, 한국노동연구원, 2012.

조용만, "근로조건의 변경과 근로계약 : 프랑스의 근로계약변경법리", 「노동법학(제10호)」, 한국노동법학회, 2000.

조용만·이인재, "퇴직·해고 부분에서의 연령차별금지제도 시행시기 방안 연구", 노동부, 2009.

조홍석, "평등심사에 관한 미국연방대법원의 현대적 경향", 「헌법학연구(제6권 제2호)」, 한국헌법학회, 2000.

주벨기에대사관 겸 구주연합대표부, 「EU정책브리핑」, 애드컴 서울, 2004.

중앙노동위원회, "독일의 비정규직 근로자 차별적 처우에 관한 노동법원 판례 연구 보고서", 중노위, 2007.

피용호, "민권법상 성차별 고용행위와 진정직업자격(BFOQ)의 인정범위", 「노동법논총(제15집)」, 한국비교노동법학회, 2009.

하갑래, "취업규칙 불이익변경에 있어 사회통념상 합리성", 「법률논총(제33권 제2호)」, 단국대법학연구소, 2009.

하경효, "독일일반평등대우법에 대한 평가와 시사점", 법무부, 2009.

하경효・박종희・이철수・이정・김재훈・김홍영, "근로관계법상 균등처우 관련 제도개선 방안 연구", 노동부, 2006.

한국노동연구원(이주희・황혜정・노수경), "고용차별개선을 위한 적극적 시정조치 도입방안", 노동부, 2003.

한수웅, "엄격한 기준에 의한 평등원칙 위반여부의 심사", 「법학연구(제6집)」, 2004.

한수웅, "헌법 제37조 제2항의 과잉금지원칙의 의미와 적용범위", 「저스티스(통권 제95호)」, 한국법학원, 2006.

Joyce P. Jacobsen, "미국의 적극적 고용개선조치 : 절차와 성과", 「국제노동브리프(vol.6 no. 6)」, 한국노동연구원, 2008.

2. 外國文獻

ACAS, Age and the Workplace, A guide for employers, 2006.

Barbara T. Lindemann and David D. Kadue, *Age Discrimination in Employment Law*, Washington, D.C. : Bureau of National Affairs, 2003.

Bob Hepple, *The Making of Labour Law in Europe*, Hart Publishing, 2010.

Bonta, J., Dauvergne, M., & Rugge, T., The Reconviction rate of Federal offenders: 2003-02, *Public Works and Government Services*, Canada, 2003.

Canadian Human Rights Commission, *Canadian Human Rights Annual Report*, 2005.

Canadian Human Rights Commission, Canadian Human Rights Tribunal-Tribunal decision, *Family Status grounded discrimination*, 2004.

Canadian Human Rights Commission, Miron v. Trudel, Supreme Court of Canada Building Ottawa, Canada, 1995.

Chiang v. Natural Science and Engineering Research Council of Canada, Canadian Human Rights Commission, Canadian Human Rights Tribunal-Tribunal decision, *Family Status grounded discrimination*, 1992.

Commission of the European communities, Proposal for a Council Directive establishing a general framework for equal treatment in employment and occupation, COM 565 final, 1999.

Communities and Local Government, Discrimination Law Review - A Framework for Fairness : Proposals for a Single Equality Bill for Great Britain, June 2007.

Communities and Local Government, Discrimination Law Review - A Framework for Fairness : Proposals for a Single Equality Bill for Great Britain, June 2007.

Daniels, "From Protecting the Women to Privileging the Fetus-The Case of Johnson Controls", *At Women's Expense*, Harvard Univ. Press, 1993.

DEC-E2005/015, Legal Review, ODEI-the equality tribunal, 2005.

Diamond Ashiagbor, "The Right to Work", *Social Rights in Europe*, Oxford University Press, 2005.

EEOC Technical Assistance Program, Age Discrimination : *Employment Discrimination Prohibited by the Age Discrimination in Employment Act of 1967*, as amended, 2002.

EEOC, Job Advertising and Pre-employment Inquiries under the Age Discrimination in Employment Act of 1967 - EEOC Policy Guidance, 1989.

EEOC, Part 1606-Guidelines on discrimination because of national origin, 2002.

EEOC, Race & Color Discrimination(TAB A), 2002.

European Commission, European employment and social policy: a policy for people, Office for Official Publications of the European Communities, 2000.

European Commission, GREEN PAPER- Equality and non-discrimination in an enlarged European Union(COM 379 final), 2004.

Evelyn Ellis, EU Anti-Discrimination Law, Oxford University Press, 2005.

Frank Schmalleger., Criminal Justice, 6th, Pearson Prentice Hall, 2006.

George A. Rutherglen & John J. Donohue Ⅲ, 「Employment Discrimination-Law and Theory」 2nd. Edition, Foundation Press, 2009.

Gomez-Majia, L. R., Balkin, D. B. & Cardy, R. L., 「Managing Human Resource」 4nd. Edition, Prentice Hall, 2004.

Harold S. Lewis and Elizabeth J. Norman, Employment Discrimination Law and Practice, West Group, 2001.

HREOC, Age matters : a report on age discrimination, Sydney : Human Rights and Equal Opportunity Commission, 2000.

HREOC, Pregnant and Productive: It's a right not a privilega to work while pregnant, 1999.

HREOC, Report of an Inquiry into Complaints of Discrimination in Employment and Occupation : Age Discrimination in the Australian Defence Force, Report No.8, Commonwealth of Australia, 2000.

HREOC, Response to information Paper Containing Proposals for Commonwealth Age Discrimination Legislation, Sydney: Human Rights and Equal Opportunity Commission, 2002.

Human Rights and Equal Opportunity Commission, DISCRIMINATION IN

EMPLOYMENT ON THE BASIS OF CRIMINAL RECORD, Discussion paper December 2004.

ILO, Equal Pay Protection in Industrialised Market Economics: In Search of Greater Effectiveness, 1993.

ILO, Equality in Employment and Occupation, General Survey of the Reports on the Discrimination (Employment and Occupation) Convention (No. 111) and Recommendation (No. 111), 1958.

ILO, Fundamental rights at work and international standards, 2003.

ILO, International Labour Conference 89th Session(Report III(1A)), 2001.

ILO, International Labour Conference, 75th Session, 1988.

Jane Hodges-Aeberhard, 'Affirmative Action in Employment: Recent Court Approaches to a Difficult Concept', *International Labour Review*, Vol. 138(No.3), 1999.

Jo Shaw, Law of the European Union, PALGRAVE MACMILLAN, 2000.

Mack A. Player, *Federal law of employment discrimination*, 3rd ed., West Group, 1992.

Mark Hall, "Beyond Recognition? Employee Representation and EU Law", *Industral Law Journal*, 1996.

Mathis, R. L., & Jackson, J. H., 「Human Resource Management」 10nd. Edition, Tomson South-Western, 2003.

Michael Evan Gold, *An Introduction to the Law of Employment Discrimination*, 2nd ed., Cornell University Press, 2001.

Michael Stolleis, *History or Social Law in Germany*, Springer, 2013.

Ontario Human Rights Commission, *Policy on Discrimination because of Pregnancy and Breastfeeding*, 2001.

Oster v. International Longshoremen's & Warehousemen's Union(Marine Section) Local 400 (2000), TD 4/00(C.H.R.T), *Canadian Human Rights Commission*, 2000 Legal Reports, 2000.

Richard, A. P., & James, B. D., "The Joint Employment, the NLRB and Changing Rights for Contingent Workers", *Labor Law Journal*, 1997.

Roger Blanpain, European Labour Law 9th edi, *Kluwer Law International*, 2003.

Susan L. Webb, "The History of Sexual Harassment on the Job", in Linda Lemoncheck, James P. Sterba(ed), Sexual Harassment : Issue and Answers, Oxford University Press, 2001.

Tina Daunt and Anne-Marie O'Conner, "Sex Bias Persists in L.A. County Sheriff's Department", in Linda Lemoncheck, James P. Sterba(ed), Sexual Harassment : Issue and Answers, Oxford University Press, 2001.

U. S. Department of Labor, Occupational Safety & Health Administration, OSHA 3169 Publication -Special Text Version, Title29 of the Code of Federal Regulations Part1904, *Recording and Reporting Occupational Injuries and Illnesses*, 1996.

Ullmann, V. E., 「Labor and Employment Law」, Tomson Delmar Learning, 2003.

Zinger, I. Actuarial risk assessment and human rights : Acommentary. *Canadian Journal of Criminology and Criminal Justice*, 46(5), 607-620. 2004.

高齢者雇傭開發協會, 「60世までの継續雇用制度マニュアル」, 2000.

小西國友,『國際労働法』, 信山社, 2012.

外尾健一,『労働法入門』, 有斐閣双書, 2005.

遠藤仁,『正しい成果主義を實現する'Band型'賃金制度導入の手順』, 中京出版, 2004.

日本労働研究機構, 「職場での高年齢者の活用等に關する實態調査報告書」, 2000.

Databank, 「諸國Database會社硏監」, 2004.

菅野和夫,『労働法(第九版)』, 弘文堂, 2010.

水町勇一郎,『労働法入門』, 岩波新書, 2012.

緒方桂子, "労働契約の基本原則",『労働契約と法』, 旬報社, 2011.

下井隆史,『労働基準法(第4版)』, 有斐閣, 2009.

和田肇 ,『人權保障と労働法』, 日本評論社, 2008.

野川忍・山川隆一,『労働契約の理論と實務』, 中央經濟社, 2009.

政經研究所, "停年後の再雇用・囑託制度に關する實態調査概要", 「旬刊労動實務」, 2003.

本多淳亮, "國際的 視野カらみた同一價値労働 同一賃金の原則",『賃金と社會保障』, 下旬号, 1994.

森ます美淺・倉むつ子編, "同一價値労働同一賃金原則の實施システム", 有斐閣 , 2011.

荒木尙志・濱口桂一郎・奥田香子・有田謙司外, 「雇用形態による均等處遇についての研究報告書」, 労働政策研究・研修機構, 2011.

安部主介, "差別の禁止の基礎にあるもの-アメリカ法における「平等」からの 示唆 「法律時報」79巻3号, 2007.

奥田香子, "労使自治と平等取扱原則", 「労働法律旬報」 1741号, 2011.

本庄淳志, "改正労働者派遣法をめくる諸問題-施行後の抜本的再檢討に向けて-", 「季刊労働法」 237号, 2012.

浜村彰, "労働者派遣法の今後の法的規制のあり方", 「日本労働法學誌」112号, 2008.

和田肇, "パート労働者法の均等待遇", 「労働法律旬報」1485号, 2000.

和田肇, "雇用形態の多様化と均等處遇", 「法律時報」75巻5号, 2003.

山田三, "労働法における均等待遇原則の課題", 「労働法律旬報」1495-96号, 2001.

山田三, "派遣法改革とは間接雇用法にすること?", 「労働法律旬報」1751号, 2010.

宮崎由佳, “2010平等法と男女間同一賃金規制”, 「季刊勞働法」 232号, 2011.

大木正俊, “非典型勞働者と均等待遇をめぐる法理論”, 「季刊勞働法」 234号, 2011.

大內伸哉, “賃金格差の違法性(2)-日本郵便遞事件”, 『新重要判例200(勞働法)』, 弘文堂 , 2009.

陳浩展, “パート勞働側から見た改正パートタイム勞働法の評價と問題點”, 「季刊勞働法」 220号, 2008.

兩角道代, “均衡待遇と差別禁止- 改正 パート勞働法の意義と課題”, 「日本勞働硏究雜誌」 576号, 2008.

川田知子, “パートタイム勞働法八條の差別禁止規定の問題と今後の課題”, 「勞働法律旬報」 1711号, 2008.

川田知子, “雇用形態間の均等待遇の特質”, 山田三・石井保雄編著 「勞働者人格權の硏究下卷」 信山社, 2011.

川田知子, “ドイツ勞働者派遣法における均等待遇原則の機能と限界”, 「季刊勞働法」 225号, 2009.

緒方桂子, “雇用形態における均等待遇”, 「日本勞働法學誌」 117号, 2011.

烏蘭格日樂, “有期勞働契約の法規制のあり方に關する比法的檢討-日本・中國・ドイツを比して-”, 「日本勞働法學誌」 118号, 2011.

濱口桂一郎, “雇用形態による均等處遇”, 「季刊勞働法」 237号, 2012.

3. 其他 參考資料

EU 관련 사이트 : www.businesseurope.eu/www.europa.eu/eur-lex.europa.eu/www.curia.europa.eu

ILO 홈페이지(www.ilo.org) 및 관련사이트(www.ilo.org/dyn/natlex).

고용노동부 홈페이지(www.moel.go.kr) 각종 노동자료.

국가인권위원회 홈페이지(www.humanrights.go.kr) 결정문 등.

국회관련 홈페이지(www.nanet.go.kr/http://likms.assembly.go.kr) 의안 및 각종 자료 등.

대법원 홈페이지(www.scourt.go.kr/glaw.scourt.go.kr), 판례 자료 등.

도서출판 돌베개, 「ILO 조약・권고집(1919-1991)」, 1991.

미국노동부 홈페이지(www.dol.gov), 미국노동법령 및 결정문 등.

미국고용평등기회위원회(EEOC) 홈페이지(www.eeoc.gov), 각종 기준 및 결정문 등.

미국산업안전보건청 홈페이지(www.osha.gov), 미국노동법령자료 등.

아일랜드평등조사청(평등심판소) 홈페이지(www.equalitytribunal.ie), 각종 자료 등.

영국 평등인권위원회 홈페이지(www.equalityhumanrights.com), 각종 자료 등.

유럽EU입법지침 및 일본노동법 번역자료 등.

일본후생노동성 홈페이지(www.mhlw.go.jp), 각종 자료 등.

중앙노동위원회 홈페이지(www.nlrc.go.kr), 결정사례 등.

캐나다인권위원회 홈페이지(www.chrc-ccdp.ca) 자료 등.
통계청 홈페이지(www.nso.go.kr) 사회 및 노동통계 등.
한국경영자총협회 홈페이지(www.kef.or.kr) 고용·임금관련 각종 자료.
한국국제노동재단 홈페이지(www.koilaf.org) 각종 노동자료.
한국노동연구원 홈페이지(www.kli.re.kr) 각종 자료.
헌법재판소 홈페이지(www.ccourt.go.kr), 결정 자료.
호주인권기회평등위원회(HREOC) 홈페이지(www.humanrights.gov.au) 자료 등.

[부록]

고용차별금지기본법(안)

제1장 총 칙

제1조(목적) 이 법은 고용과정 및 고용전후의 모든 고용영역에서 차별을 예방하고 금지하여 차별로 인한 피해를 효과적으로 구제함으로써 고용평등을 실현하고 인간으로서의 존엄과 가치를 구현함은 물론 합리적이고 효율적인 고용환경을 확보하는데 목적이 있다.

제2조(용어의 정의) 이 법에서 사용하는 용어의 정의는 다음과 같다.

1. “차별”이란 각 법령에서 금지하고 있는 차별금지사항은 물론 특정한 개인 또는 집단을 비교되는 다른 개인이나 집단에 비하여 불이익하게 대우하는 것을 말하며, 그러한 차별이 비합리적이거나 정당하지 않은 경우를 말한다. 또, 중립적인 기준을 적용하였으나 특정한 개인 또는 집단이 다른 비교되는 개인이나 집단에 비하여 결과적으로 차별이 되는 경우도 차별로 본다.
2. “차별행위”란 각 법령에서 규정한 차별금지사항을 위반한 행위 및 그러한 행위를 의도하고 실행한 행위나 의도하고 있는 행위, 의도하지는 않았으나 결과적으로 차별이 실행된 행위(그 원인행위를 포함한다)를 말한다.
3. “성별”이란 여성, 남성 기타 여성 또는 남성으로 분류하기 어려운 성을 말한다.
4. “장애”란 신체적·정신적 손상 또는 기능상실이 장기간에 걸쳐 개인의 일상 또는 사회생활에 상당한 제약을 초래하는 상태를 말한다.
5. “병력”이란, 질병이 치유된 상태, 현재 질병이 진행되고 있지만 적절한 치료 등을 통하여 잘 관리되고 있는 상태, 질병의 속성상 신체기능에 문제가 되지 않는 상태를 말한다.
6. “출신지역”이란 출생지, 등록기준지, 성년이 되기 전 주된 거주지역을 말한다.
7. “학력(學歷)”이란 「초·중등교육법」, 「고등교육법」에서 정한 교육기관의 졸업 또는 이수, 「학점인정 등에 관한 법률」에서 정한 교육인적자원부장관의 평가인정을 받은 교육훈련기관에서의 학습과정의 이수, 「독학에 의한 학위취득에 관한 법률」에서 정한 학위취득종합시험에 합격한 자에 대한 학사학위취득, 「평생교육법」에 의한 평생교육시설의 교육과정 이수에 따른 학력 또는 학위의 취득, 「초·중등교육법」 제43조 제1항, 제47조 제1항에 따른 학력인정을 포함한 수학 경력 및 특정 교육기관의 졸업·이수 여부를 말한다.
8. “성적(性的) 지향”이란 이성애, 동성애, 양성애 등 성에 대한 취향을 말한다.
9. “교육기관”이란 「영유아보육법」 제6조의 규정에 따른 보육시설, 「유아교육법」 제2조 제2호, 「초·중등교육법」 제2조 및 「고등교육법」 제2조에 따른 각급 학교, 「평생교육법」 제2조 제3호에 따른 평생교육시설, 「학점인정 등에 관한 법률」에서 정한 교육인적자원부장관의 평가인정을 받은 교육훈련기관, 「직업교육훈련촉진법」 제2조 제2호에 따른 직업교육훈련기관, 기타 대통령령에서 정한 기관을 말한다.

10. "고용형태"란 근로관계에서 근로자의 근로형태를 구분하는 개념으로 고용계약의 유형을 말한다.
11. "사회적 신분"이란 사회에서 장기간 점하는 지위로서 일정한 사회적 평가를 수반하는 것을 말한다.
12. "언어"란 사람이 의사소통의 수단으로 사용하는 말 등 표현방식과 문화를 말한다.
13. "국적"이란 특정한 국가의 국민으로서의 신분 또는 국민이 되는 자격을 말한다.
14. "출신민족"이란 사람이 태어날 때 속한 민족을 말하는데, 민족은 일정한 지역에서 장기간에 걸쳐 공동생활을 함으로써 언어·풍습·종교·정치·경제 등 각종 문화내용을 공유하고 집단귀속감정에 따라 결합된 인간집단의 최대단위로서의 문화공동체를 말한다.
15. "인종"이란 유전적으로 공통적인 선조를 가지고 있는 인류를 피부색 등 신체적인 특성을 기준으로 분류한 인간의 종을 말한다.
16. "피부색"이란 인류학에서의 인종과 관련되는 외관적인 피부의 빛깔을 말한다.
17. "사상이나 정치적 견해"에서 사상이란 감정이나 의지에 대한 사고적 현상으로 인식대상을 이해하는 작용으로 인간들이 생활하면서 지니게 되는 세계관을 총칭한 개념이고, 정치적 견해란 정치적 이념 내지 활동에 대한 의견 및 신념 등을 말한다.
18. "가족상황 및 가정환경"이란 가정내에서의 경제적, 사회적, 심리적, 문화적 환경등의 종합적 환경을 말하는 것으로 특히 아이의 양육에 영향을 미치는 것과 같은 가정문제 전반을 문제로 삼는 경우로 부모의 개인적 조건(연령·결혼력, 교육정도, 생활경험, 재산이나 수입의 정도, 직업, 부모로서의 인지나 역할의 이해도, 자식에 대한 태도나 기대 등)이나 부모의 부부관계(애정·불만·불화에 대한 태도, 의견이나 사고방식의 일치도 등) 형제관계, 또 이들 가족집단의 분위기나 역동적 측면 등의 상황 등을 말한다.
19. "연령"이란 출생시부터 생존해 온 시간으로 나이를 말한다.
20. "괴롭힘"이란 개인이나 집단에 대하여 존엄성을 해치거나, 수치심·모욕감·두려움을 야기하거나 적대적·위협적·모욕적인 분위기를 조성하는 등의 방법으로 신체적·정신적 고통을 주는 일체의 행위를 말한다.
21. "고용기관"이란 국가, 지자체, 공공기관, 근로자를 사용하여 사업을 영위하는 모든 개인 및 단체를 말한다.
22. "사용자"란 「근로기준법」 제2조 제1항 제2호에 따른 사용자 및 근로계약의 체결의 당사자가 아닌 경우라도 해당 근로자의 근로조건 등을 결정하는 데에 사실상 영향력을 행사하는 자를 말한다.
23. "근로자"란 직업의 종류를 불문하고 사업 또는 사업장에 임금을 목적으로 근로를 제공하는 자 및 근로계약을 체결하지 아니한 자라도 특정 사용자의 사업에 편입되거나 상시적 업무를 위하여 노무를 제공하고 그 사용자 또는 노무 수령자로부터 대가를 얻어 생활하는 자를 말한다.

제 3 조(차별의 범위) 이 법에서 차별이란 다음 각 호의 어느 하나에 해당하는 행위 또는 경우를 말한다.

1. 합리적인 이유 없이 성별, 장애, 병력, 나이, 언어, 출신국가, 출신민족, 인종, 피부색,

출신지역, 출신학교, 용모 등 신체조건, 혼인여부, 임신 또는 출산, 가족형태 및 가족상황, 종교, 사상 또는 정치적 의견, 전과, 성적지향, 성별정체성, 학력, 고용형태, 사회적 신분 등(이하 "성별 등"이라 한다)을 이유로 다음 각 목의 어느 하나의 영역에서 특정 개인이나 집단을 분리·구별·제한·배제·거부하거나 불리하게 대우하는 행위

가. 고용(모집, 채용, 배치, 승진·승급, 임금 및 임금외의 금품 지급, 정년, 퇴직, 해고 등을 포함한다)

나. 복리후생 및 그 시설의 이용

다. 교육훈련 및 그 시설의 이용

라. 법령과 정책의 집행

2. 외견상 성별 등에 관하여 중립적인 기준을 적용하였으나 그에 따라 특정 집단이나 개인에게 합리적인 이유 없이 불리한 결과가 초래된 경우
3. 성별 등을 이유로 한 괴롭힘
4. 합리적인 이유 없이 성별 등을 이유로 특정 개인이나 집단에 대한 분리·구별·제한·배제·거부 등 불리한 대우를 표시하거나 조장하는 행위(통상적으로 불리한 대우를 조장하는 효과가 있는 것으로 인정되는 행위를 포함한다)를 직접 하거나 그러한 행위를 허용·조장하는 행위

제4조(차별의 예외) 제3조에도 불구하고 다음 각 호의 어느 하나에 해당하는 경우에는 차별로 보지 아니한다.

1. 특정 직무나 사업 수행의 성질상 불가피한 경우. 다만, 이 경우 세부사항 및 기준을 대통령령으로 정하여 제한적으로 허용한다.
2. 현존하는 차별을 해소하기 위하여 특정한 개인이나 집단을 잠정적으로 우대하는 적극적 개선조치와 이를 내용으로 하는 법령의 제정·개정 및 정책의 수립·집행
3. 국제기준에 부합하는 행위
4. 국가 안전보장 및 공공의 복리를 위해 불가피한 행위

제5조(보복적 차별금지) 누구든지 고용상 제3조에 따른 차별을 하여서는 아니 되며, 이를 이유로 피해자가 방어·구제 등을 위한 일체의 행위 등에 대한 보복적인 차별행위도 금지된다.

제6조(다른 법령 및 제도와의 관계) 「대한민국헌법」상의 평등권과 관련된 법령 및 고용상 차별내지 평등과 관련한 법령을 제정·개정하는 경우나 관련 제도 및 정책을 수립하는 경우에는 이 법의 취지에 부합하도록 하여야 한다.

제2장 국가 및 지방자치단체 등의 차별시정 의무

제7조(차별시정기본계획의 수립) ① 정부는 고용상 차별금지 및 차별의 예방 등 차별시정을 위한 차별시정기본계획(이하 "기본계획"이라 한다)을 5년마다 수립하여야 한다.

② 기본계획에는 다음 각 호의 사항이 포함되어야 한다.

1. 차별시정정책의 기본방향과 추진목표
2. 차별금지 및 구제에 관한 법령·제도 개선사항
3. 그 밖에 대통령령으로 정하는 차별시정을 위한 주요 시책

③ 기본계획의 수립절차에 필요한 사항은 대통령령으로 정한다.

제8조(기본계획안의 제출) ① 고용노동부장관은 지자체 등과 협의하여 기본계획안을 마련하여 기본계획 수립 1년 이전까지 대통령에게 제출하여야 한다.

② 기본계획의안의 마련 및 제출절차 등에 필요한 사항은 대통령령으로 정한다.

제9조(세부시행계획의 수립 등) ① 고용노동부장관, 지방자치단체의 장 및 시·도교육감은 기본계획에 따른 연도별 세부시행계획을 수립하고, 이에 필요한 행정 및 재정상 조치를 취하여야 한다.

② 시·도교육감은 제1항에 따른 세부시행계획을 수립할 때에는 교육기관의 이용과 관련되는 영역에서의 차별을 시정하기 위한 내용이 포함되도록 하여야 한다.

③ 고용노동부장관은 지자체장 및 사업주 등에게 제1항에 따른 세부시행계획의 이행 결과를 제출할 것을 요구할 수 있다.

④ 고용노동부장관, 지방자치단치의 장 및 시·도교육감은 제3항에 따른 세부시행계획의 이행 결과를 공개해야 한다.

제10조(국가 및 지방자치단체의 책임) 국가 및 지방자치단체는 이 법에 반하는 기존의 법령, 조례와 규칙, 각종 제도 및 정책을 조사·연구하여 이 법의 취지에 부합하도록 시정하여야 한다. 이 경우 사전에 고용차별개선위원회의 의견을 들어야 한다.

제3장 고용에서의 차별금지

제11조(모집·채용상의 차별금지) 사용자는 모집·채용을 할 때에 다음 각 호의 어느 하나의 행위를 하여서는 아니 된다.

1. 성별 등을 이유로 모집·채용의 기회를 주지 아니하거나 제한하는 행위
2. 모집·채용 광고 시 성별 등을 이유로 한 배제나 제한을 표현하는 행위
3. 서류지원 및 면접 시 직무와 관련 없는 성별 등의 정보를 제시요구하거나 채용 시 성별 등을 평가 기준으로 하는 행위
4. 채용 전에 응모자에게 건강진단을 받게 하거나 건강진단 자료 제출을 요구하는 행위

제12조(근로계약) ① 근로계약상 성별 등을 이유로 근로자에게 차별적인 대우를 규정한 부분은 무효로 본다.

② 같은 사용자에게 고용되어 실질적으로 다르지 아니한 직무를 수행하는 근로자 사이에 한 근로자의 근로계약이 다른 근로자의 근로계약보다도 불리한 내용을 포함하고 있는 경우에 불리한 근로계약의 내용은 불리하지 아니한 내용으로 수정되는 것으로 간주된다. 다만, 사용자가 성별 등을 이유로 한 차별이 아닌 정당한 이유라는 점을 입증하는 경우에는 그러하지 아니하다.

제13조(근로조건) 사용자는 성별 등을 이유로 근로조건, 작업환경, 시간외근로, 교대근로, 근로시간단축, 징계를 달리 적용해서는 아니 된다.

제14조(임금·금품 지급상의 차별금지) ① 사용자는 성별 등을 이유로 임금 및 금품을 차등 지급하거나 호봉산정을 다르게 정하여서는 아니 된다.

② 근로자가 유사한 직무를 수행하는 다른 근로자에게 지급되는 것과 임금이 차등 지급된 경우 차별로 간주된다.

③ 제2항에서 유사한 직무란 다음 각 호의 어느 하나에 해당하는 경우를 말한다.

1. 두 근로자가 동일 내지 비슷한 조건하에서 상호 대체가 가능한 동일한 작업을 수행하는 경우
2. 어떤 근로자가 수행하는 작업이 다른 근로자가 수행하는 작업과 유사한 성질을 갖고 있고, 각자가 행하는 작업이나 작업수행조건 사이의 차이가 해당 작업 전체적으로 볼 때 작거나 유의미하지 아니한 경우
3. 어떤 근로자가 행하는 작업이 기술, 신체적 내지 정신적 요구, 책임, 근무조건 등에 비추어 다른 근로자가 행하는 작업과 동일한 가치를 갖는 경우

④ 단체협약의 규정에 성별 등을 이유로 임금액의 차이를 정한 경우 그 규정은 무효로 본다.

제15조(복리후생상의 차별금지) 사용자는 임금 외에 근로자의 생활을 보조하기 위한 금품의 지급 또는 자금의 융자 등 복리후생에 있어서 성별 등을 이유로 차별하여서는 아니 된다.

제16조(교육훈련 상의 차별금지) 성별 등을 이유로 교육·훈련에서 배제·구별하거나 직무와 무관한 교육·훈련을 강요하여서는 아니 된다.

제17조(배치상의 차별금지) 사용자는 근로자를 배치를 할 때에 다음 각 호의 어느 하나에 해당하는 행위를 하여서는 아니 된다.

1. 성별 등을 이유로 특정 직무나 직군에서 배제하거나 편중하여 배치하는 행위
2. 성별 등을 이유로 특정 보직을 부여하지 아니하거나 근무지를 부당하게 변경하는 행위

제18조(승진상의 차별금지) 사용자는 성별 등을 이유로 승진에서 배제하거나 승진조건·절차를 달리 적용하여서는 아니 된다.

제19조(해고·퇴직 등의 불이익 처분의 금지) 사용자는 성별 등을 이유로 근로자의 정년·퇴직 및 해고 등에 있어서 불이익처분을 하여서는 아니 된다.

제20조(노동조합에서의 차별금지) 노동조합은 성별 등을 이유로 해당 단체에의 가입이나 단체가 제공하는 이익, 해당 직업에의 입직이나 직업수행과 관련하여 차별하여서는 아니 된다.

제21조(괴롭힘의 금지) ① 누구든지 성별 등을 이유로 한 괴롭힘으로부터 자유로울 권리가 있다.

② 누구든지 성별 등을 이유로 한 괴롭힘을 하여서는 아니 된다.

③ 괴롭힘을 당한 피해자는 상담 및 치료, 법률구조, 그 밖의 적절한 조치를 받을 권리가 있으며, 괴롭힘의 피해를 신고하였다는 이유로 불이익한 처우를 받아서는 아니 된다.

④ 국가 및 지방자치단체는 성별 등을 이유로 한 괴롭힘을 근절하기 위한 인식개선 및 괴롭힘 등 방지 교육을 실시하고 적절한 시책을 마련하여야 한다.

제22조(사용자의 편의제공 의무) ① 사용자는 장애나 특정 신체조건을 가진 자 등이 장애인이 아닌 자 등과 동등한 근로조건에서 근로할 수 있도록 편의를 제공하여야 한다. 다만, 경영상 과도한 부담이 있음을 입증하는 경우에는 그러하지 아니할 수 있다.

② 제1항에 따른 편의를 제공하는 데에 관한 구체적인 내용은 대통령령으로 정한다.

제 4 장 차별예방조치

제23조(차별예방조치) ① 국가 및 지자체의 장, 공공기관 및 고용기관의 장, 근로자를 고용하여 사업을 영위하는 단체·기관·개인(이하 "사용자 등"이라 한다)은 고용상차별을 예방하기 위하여 적극 노력하여야 한다.

② 사용자 등은 국가의 차별시정을 위한 정책에 적극 동참하여야 한다.

제24조(차별예방 간주) 사용자 등의 차별시정을 위한 노력은 차별예방을 위한 조치로 간주될 수 있다.

제25조(차별시정을 위한 교육 등) 모든 사용자 등은 차별예방 및 인식제고를 위한 교육을 년 2회이상 소속근로자를 대상으로 실시하고 그 결과를 즉시 서면으로 고용노동부의 관할 행정기관에 제출하여야 한다.

제26조(고지제도) ① 고용차별을 감독하는 감독기관은 차별행위 발생기관에 대한 고지를 통하여 차별행위가 재발하지 않도록 하여야 한다.

② 고용차별행위를 한 기관은 감독기관이 차별행위 적발사실에 대하여 처벌 등 고지한 내용을 소속 근로자 등이 알 수 있도록 공시하고 주지시켜야 한다.

제27조(지도감독) ① 근로감독관은 통상적인 근로감독의 일환으로 관할 사업장의 차별행위에 대하여 지도감독할 권한을 가진다.

② 근로감독관은 관할사업장(고용기관 등)의 차별행위가 발생한 경우 관계법령 및 근로감독관직무규정에 따라 조치하여야 한다.

③ 근로감독관은 차별행위 등을 인지한 경우 또는 발생 우려가 있는 사업장에 대하여 직권으로 조사하고 탐문할 수 있고, 차별행위자·의심자·참고인 등 관계인을 심문할 권한을 가지며, 위반자에 대한 검찰송치, 처분요구, 고발 등의 조치를 통하여 차별행위를 방지하도록 하여야 한다.

④ 전항에 따른 근로감독관의 처분요구를 받은 감독기관 및 사업주는 처분요구서를 접수한 날로부터 2주 이내에 처분절차를 진행하고 처분결과는 즉시 회신하여야 한다.

제 5 장 차별로 인한 피해의 구제

제28조(진정 등) ① 이 법에서 금지하는 차별행위를 당한 사람(이하 "피해자"라 한다) 또는 그 사실을 알고 있는 사람이나 단체는 노동위원회(차별사건을 다루는 관할 노동위원회를 말한다. 이하 "위원회"라 한다)에 그 내용을 진정할 수 있다.

② 위원회는 제1항의 진정이 없는 경우에도 이 법에서 금지하는 차별행위가 있다고 믿을 만한 상당한 근거가 있고 그 내용이 중대하다고 인정할 때에는 이를 직권으로 조사할 수 있다.

③ 진정 방법 및 절차 등은 대통령령으로 정한다.

제29조(차별판단 등) ① 이 법에서 금지하는 차별행위에 대하여 진정을 접수한 위원회는 차별금지사항 등을 고려하여 합리적이고 공정한 판단을 하여야 한다.

② 차별판단 기준 및 가이드라인은 대통령령으로 정한다.

제30조(준용규정) 제34조에 의한 진정 및 직권에 따른 조사와 구제에 관한 사항은 이 법에 별도로 정하지 아니하는 한 [노동위원회법] 등에 따른다.

제31조(피해자를 위한 법률구조 요청) ① 진정에 관한 조사, 증거의 확보 또는 피해자의 권리구제를 위하여 필요하다고 인정하는 경우에 위원회는 피해자를 위하여 대한법률구조공단 또는 그 밖의 기관 및 단체에 법률구조를 요청할 수 있다.

② 제1항에 따른 법률구조는 피해자의 명시적인 의사에 반하여 할 수 없다.

③ 제1항에 따른 법률구조 요청의 절차·내용 및 방법에 관하여 필요한 사항은 대통령령으로 정한다.

제32조(소송지원) ① 위원회는 차별행위로 인정된 사건 중에서 피진정인이 위원회의 결정에 불응하고 사안이 중대하다고 판단하는 경우에는 해당 사건의 소송을 지원할 수 있다.

② 제1항에 따른 소송을 지원하기 위한 요건 및 절차 및 지원의 내용 등은 대통령령으로 정한다.

제33조(법원의 구제조치) ① 법원은 이 법에 의해 금지된 차별행위에 관한 소송 제기 전 또는 소송 제기 중에 피해자의 신청으로 피해자에 대한 차별이 소명되는 경우에는 본안 판결 전까지 차별행위의 중지 등 그 밖의 적절한 임시조치를 명할 수 있다.

② 법원은 피해자의 청구에 따라 차별행위의 중지, 원상회복, 침해배제조치, 임금 등 근로조건의 개선, 그 시정을 위한 적극적 조치 등의 판결을 할 수 있다.

③ 제2항과 관련하여 법원은 차별행위의 중지, 원상회복, 그 밖에 차별시정을 위한 적극적 조치가 필요하다고 판단하는 경우에는 그 이행 기간을 정하여 이행하도록 명하고, 이행기간까지 이행하지 아니하는 경우에는 늦어진 기간에 따라 일정한 배상을 하도록 명할 수 있다. 이 경우 「민사집행법」 제261조를 준용한다.

제34조(손해배상) ① 이 법을 위반하여 타인에게 손해를 가한 자는 그 피해자에 대하여 손해배상의 책임이 있다. 다만, 차별행위를 한 자가 고의 또는 과실이 없음을 증명한 경우에는 그러하지 아니하다.

② 이 법을 위반한 행위로 재산상 손해가 발생된 것은 인정되나, 차별행위 피해자가 재산상 손해를 입증할 수 없을 경우에는 차별행위를 한 자가 그로 인하여 얻은 재산상 이익을 피해자가 입은 재산상 손해로 추정한다.

③ 법원은 제2항에도 불구하고 차별행위의 피해자가 입은 재산상 손해액을 입증하기 위하여 필요한 사실을 입증하는 것이 해당 사실의 성질상 곤란한 경우에는 변론 전체의 취지와 증거조사의 결과에 기초하여 상당한 손해액을 인정할 수 있다.

④ 이 법에서 금지한 차별행위가 악의적인 것으로 인정되는 경우, 법원은 차별행위를 한 자에 대하여 제3항에서 정한 재산상 손해액 외에 손해액의 2배 이상 5배 이하에 해당하는 배상금을 지급하도록 판결할 수 있다. 다만, 배상금의 하한은 500만원 이상으로 한다.

⑤ 제4항에서 악의적이란 다음 각 호의 사항을 고려하여 판단하여야 한다.

1. 차별행위의 고의성
2. 차별행위의 지속성 및 반복성
3. 차별피해자에 대한 보복성
4. 차별 피해의 내용 및 규모

제35조(입증책임의 배분) ① 이 법률과 관련한 분쟁해결에 있어서 차별에 해당하는 행위가

있었다는 사실은 차별행위를 당하였다고 주장하는 자가 입증하여야 한다.

② 제1항에 따른 차별행위가 이 법에서 금지하는 차별행위가 아니라거나 그 행위에 정당한 사유가 있었다는 점은 차별행위를 당하였다고 주장하는 자의 상대방이 입증하여야 한다.

제36조(정보공개 의무) ① 고용과 관련하여 차별의 피해를 받았다고 주장하는 자는 사용자 또는 임용권자에게 그 기준, 당사자가 속한 대상자군과 대비한 평가 항목별 등위표, 그 밖에 대통령령으로 정하는 사항에 대하여 문서로 정보공개를 청구할 수 있으며, 사용자 또는 임용권자는 이를 거부해서는 아니 된다.

② 사용자 또는 임용권자는 제1항에 따른 정보공개청구를 받은 때로부터 30일 이내에 그 내역을 문서로 공개하여야 한다.

③ 사용자 또는 임용권자가 정보공개를 거부하거나 제2항에서 정한 기한 내에 이를 공개하지 아니하는 경우에는 사용자 또는 임용권자가 제1항의 정보공개를 청구하는 피해자에 대하여 차별행위를 한 것으로 추정한다. 다만, 정당한 사유가 있는 경우에는 그러하지 아니하다.

제37조(불이익 조치의 금지) ① 사용자 및 임용권자, 교육기관의 장은 차별을 받았다고 주장하는 자 또는 그 관계자가 이 법에서 정한 구제절차의 준비 및 진행 과정에서 위원회에 진정, 증언, 자료 등의 제출을 하거나 답변을 하였다는 이유로 해고, 전보, 징계, 퇴학, 그 밖에 신분이나 처우와 관련하여 불이익한 조치를 해서는 아니 된다.

② 사용자 및 임용권자, 교육기관의 장이 제1항의 불이익 조치를 한 경우 그 불이익 조치는 무효로 한다.

제 6 장 벌칙 및 보칙

제38조(벌칙) 이 법을 위반한 경우 다음 각호의 규정에 따른다.

1. 사용자등(고용기관 및 사용자를 말한다. 이하 같다)이 이 법에서 규정하는 차별행위를 고의적으로 실행한 경우에는 5년 이하의 징역 또는 5천만원 이하의 벌금에 처한다.
2. 사용자등이 제37조를 위반하여 불이익 조치를 한 경우에는 3년 이하의 징역 또는 3천만원 이하의 벌금에 처한다.
3. 사용자등이 제5조, 제11조, 제14조 내지 제21조를 위반하여 불이익 조치를 한 경우에는 1년 이하의 징역 또는 1천만원 이하의 벌금에 처한다.
4. 사용자등이 제36조를 위반한 경우에는 6월 이하의 징역 또는 5백만원 이하의 벌금에 처한다.
5. 사용자등이 이 법에서 규정하는 차별판단 등에 따라 내려진 위원회 및 법원의 결정을 기한 내에 이행하지 않는 경우 처분기관은 그 처벌을 가중할 수 있고, 이를 이행하지 않는 경우에는 6월 이하의 징역 또는 3백만원 이하의 벌금에 처한다.
6. 제27조 제3항에 의거 근로감독관의 처분요구에 대하여 기한내에 실행하지 않은 감독기관 및 사업주는 1천만원이하의 벌금에 처한다.

제39조(양벌규정) 법인의 대표자나 법인 또는 개인의 대리인·사용인, 그 밖의 종업원이 그 법인 또는 개인의 업무에 관하여 이 법이 금지하는 위반행위를 한 때에는 행위자를 벌하

는 외에 그 법인 또는 개인에 대하여도 해당 조문의 벌금형을 과(科)한다. 다만, 법인 또는 개인이 그 위반행위를 방지하기 위하여 해당 업무에 관하여 상당한 주의와 감독을 게을리 하지 아니한 경우에는 그러하지 아니하다.

제40조(보칙) ① 정부는 고용차별을 시정하기 위한 정책사항 등을 입안하고, 집행하는 고용차별개선위원회를 별도로 설치할 수 있다.

② 고용차별개선위원회의 설치·운영 등에 관한 사항은 대통령령으로 정한다.

부　　칙

(시행일) 이 법은 공포 후 1년이 경과한 날부터 시행한다.

(경과규정) 이 법의 고용차별개선위원회가 설치되기 전에는 노동위원회가 그 기능을 대신한다.

[저자 소개]

• 林昇洙(임공수, LIM GONGSOO)

저자는 인사담당자 및 인사팀장 등 인사업무와 노조업무를 수행한 실무경험자로 법학박사 학위(사회법 전공)를 받았고, 경영지도사(인적자원관리)이다. 노동부 노동정책전문가, 한국표준협회 경영전문위원 등을 역임하였고, 한국정책학회(이사), 노동법이론실무학회(이사), 한국고용노사관계학회 등 회원으로 활동하고 있으며, 차별(인권)분야 연구를 꾸준히 수행하면서 HUG 연구원장으로 근무하고 있다.

주요 연구는 『임금피크제의 문제와 운용』, 올리브나무, 2007. 『역량중심 인재전략』, 올리브나무, 2008. 등을 저술하였고, "임금피크제의 노동법적 문제에 관한 연구", 고려대학교, 2006. "단체협약위반에 대한 권리구제", 「노동법포럼」 제11호, 노동법이론실무학회, 2013. "고용상 차별금지제도에서의 합리적 이유에 관한 연구", 고려대학교, 2016. "임금 등 차별에서의 합리적 이유", 「노동법포럼」 제19호, 노동법이론실무학회, 2016. "모집·채용에서의 우대조치에 대한 합리적 이유", 「산업관계연구」 제27권 제1호, 한국고용노사관계학회, 2017. "고용차별판단 심사기준", 「노동법논총」 제39집, 한국비교노동법학회, 2017. "고용차별에서 진정직업자격의 적용요건", 「사회과학연구」 제24권 제2호, 동국대학교 사회과학연구원, 2017. "고용상에서 '연령요소'에 의한 차별", 「고려법학」 제85호, 고려대학교 법학연구원, 2017.

고용차별론

2018년 1월 20일 초판인쇄
2018년 1월 30일 초판발행

저 자 임 공 수
발행인 유 성 열
발행처 **청목출판사**
서울특별시 영등포구 신길로 40길 20
전화 (02) 849-6157(代)·2820 / 833-6090~1
FAX (02) 849-0817
등록 제318-1994-000090호

파본은 바꾸어 드립니다. 값 30,000원

http : //www.chongmok.co.kr

이 책의 무단 전재 또는 복제 행위는 저작권법 136조 1항에 의거, 5년 이하의 징역 또는 5,000만원 이하의 벌금에 처하게 됩니다.

ISBN 978-89-5565-744-9